Treinamento de Força para o Desempenho Humano

C456t Chandler, T. Jeff.

Treinamento de força para o desempenho humano / T. Jeff Chandler, Lee E. Brown ; tradução Márcia Dornelles ... [et al.] ; consultoria, supervisão e revisão técnica Ronei Silveira Pinto. – Porto Alegre : Artmed, 2009.

512 p. ; 28 cm.

ISBN 978-85-363-1770-0

1. Educação física. 2. Treinamento. I. Brown, Lee E. II. Título.

CDU 613.73

Catalogação na publicação: Renata de Souza Borges CRB-10/Prov-021/08

T. Jeff Chandler,
EdD, CSCS*D, NSCA-CPT, FNSCA, FACSM
Editor in Chief, Strength and Conditioning Journal
Professor and Department Head, HPER
Jacksonville State University
Jacksonville, AL

Lee E. Brown,
EdD, CSCS*D, FNSCA, FACSM
NSCA President 2006-2009
Associate Professor
California State University, Fullerton
Department of Kinesiology
Fullerton, CA

Treinamento de Força para o Desempenho Humano

Tradução:
Márcia Dornelles
Orlando Laitano
Renata Paiva Lupi
Ronei Silveira Pinto

Consultoria, supervisão e revisão técnica desta edição:
Ronei Silveira Pinto
Professor adjunto da Escola de Educação Física da UFRGS
Doutor em Ciências do Desporto pela Universidade Técnica de Lisboa (UTL)/Portugal

artmed®

2009

Obra originalmente publicada sob o título
Conditioning for Strength and Human Performance, 1st Edition

ISBN 978-0-7817-4594-9

Indicações, reações colaterais, e programação de dosagens estão precisas nesta obra mas poderão sofrer mudanças com o tempo. Recomenda-se ao leitor sempre consultar a bula da medicação antes de sua administração. Os autores e editoras não se responsabilizam por erros ou omissões ou quaisquer conseqüências advindas da aplicação de informação contida nesta obra.

Capa: *Mário Röhnelt*

Preparação de original: *Juliana Ludwig Gayer*

Leitura final: *Juliana Thiesen Fuchs*

Supervisão editorial: *Laura Ávila de Souza*

Editoração eletrônica: *Techbooks*

ARTMED® EDITORA S.A.
Av. Jerônimo de Ornelas, 670 – Santana
90040-340 – Porto Alegre-RS
Fone: (51) 3027-7000 Fax: (51) 3027-7070

SÃO PAULO
Av. Angélica, 1.091 – Higienópolis
01227-100 – São Paulo-SP
Fone: (11) 3665-1100 Fax: (11) 3667-1333

SAC 0800 703-3444

IMPRESSO NO BRASIL
PRINTED IN BRAZIL

Colaboradores

CLINT ALLEY, MS, CSCS
Strength and Conditioning Coach
University of Charleston, Charleston, WV

JOSÉ ANTONIO, PHD, CSCS, FACSM
Chief Executive Officer
International Society of Sports Nutrition
Deerfield Beach, FL

C. ERIC ARNOLD, MS
Assistant Professor
Exercise Science Director, Exercise Physiology Laboratory
Marshall University
Huntington, WV

TRAVIS BECK, MPE
Graduate Assistant
University of Nebraska-Lincoln
Lincoln, NE

JOHN BERARDI, PHD, CSCS
Adjunct Assistant Professor
University of Texas at Austin
Austin, TX

JAKE BLEACHER, MS, PT, OCS, CSCS
Clinic Director
Gilbert Physiotherapy Associates
Gilbert, AZ

BRITT CHANDLER, MS, CSCS, NSCA-CPT
Sports Performance Specialist
Lexington Tennis Club/Fitness Wellness Services
Lexington, KY

JOHN M. CISSIK, MS, CSCS*D, NSCA-CPT*D
Director of Fitness and Recreation
Texas Woman's University
Denton, TX

JARED W. COBURN, PHD, CSCS*D
Associate Professor
Dept. of Kinesiology
California State University, Fullerton
Fullerton, CA

HERBERT A. DEVRIES, PHD
Emeritus Professor of Kinesiology
University of Southern California
Los Angeles, CA

TODD S. ELLENBECKER, MS, DPT, SCS, OCS, CSCS
Clinic Director, Physiotherapy Associates Scottsdale Sports Clinic
National Director of Clinical Research
Scottsdale, AZ

ANDREW C. FRY, PHD, CSCS
Director, Exercise Biochemistry Laboratory
Department of Health and Sport Sciences
The University of Memphis
Memphis, TN

JOHN F. GRAHAM, MS, CSCS*D
Vice President, Performance & Preventative Health Services
Orthopaedic Associates of Allentown
Allentown, PA

PATRICK HAGERMAN, EDD, CSCS, NSCA-CPT
Assistant Professor of Exercise and Sports Science
The University of Tulsa
Tulsa, OK

ALLEN HEDRICK, MA, CSCS*D
Head Strength and Conditioning Coach
United States Air Force Academy
Colorado Springs, CO

JAY R. HOFFMAN, PHD, FACSM, CSCS*D
Professor, Chair
Department of Health and Exercise Science
The College of New Jersey
Ewing, NJ

TERRY J. HOUSH, PHD
Professor
Department of Nutrition and Health Sciences
University of Nebraska–Lincoln
Lincoln, NE

DUANE KNUDSON, PHD, FACSM
Associate Dean, College of Communication and Education
Professor, Department of Kinesiology
California State University, Chico
Chico, CA

WILLIAM J. KRAEMER, PHD, FACSM, CSCS
Professor
Human Performance Laboratory
Department of Kinesiology
University of Connecticut
Storrs, CT

MOH H. MALEK, MS, CSCS*D, NSCA-CPT*D
Doctoral Student/Graduate Assistant
Human Performance Laboratory
University of Nebraska-Lincoln
Department of Nutrition and Health Sciences
Lincoln, NE

RON MENDEL, PHD
President
Ohio Research Group
Wadsworth Medical Center
Wadsworth, OH

CHRISTOPHER R. MOHR, MS, RD
Owner, Mohr Results, Inc.
Louisville, KY

DANIEL P. MURRAY, MS, PT, CSCS
Adjunct Faculty
Physical Therapy Department
Bouve College of Health Sciences
Northeastern University
Boston, MA

ROBERT U. NEWTON, PHD, CSCS
Foundation Professor of Exercise and Sport Science
Associate Dean for Research and Higher Degrees
Edith Cowan University
Perth, Western Australia, Australia

STEVEN PLISK, MS, CSCS*D
Sports Performance Director
Velocity Sports Performance
Trumbull, CT

BARRY A. SPIERING, MS, CSCS
Doctoral Fellow
Human Performance Laboratory
University of Connecticut
Storrs, CT

MEG STONE, MS
Assistant Track and Field Coach
Director of the Sports Performance Enhancement Consortium
East Tennessee State University
Johnson City, TN

MICHAEL H. STONE, PHD, UKSCA
Laboratory Director
Kinesiology, Leisure and Sports Sciences
East Tennessee State University
Johnson City, TN

ANNA THATCHER, PT, OCS, ATC, CSCS
Physical Therapist
Achieve Orthopaedic and Sports Therapy, PC
Phoenix, AZ

JASON D. VESCOVI, PHD, CSCS
Postdoctoral Fellow
Women's Exercise and Bone Health Laboratory
University of Toronto
Toronto, Ontario, Canada

JOSEPH P. WEIR, PHD FACSM
Professor
Physical Therapy Program
Des Moines University, Osteopathic Medical Center
Des Moines, IA

ANN M. YORK, PT, PHD
Assistant Professor
Postprofessional DPT Program
Des Moines University
Des Moines, IA

TIM N. ZIEGENFUSS, PHD, CSCS, FISSN
Chief Executive Officer, Ohio Research Group
Wadsworth Medical Center
Wadsworth, OH

Revisores

Os autores fazem um agradecimento especial aos diversos profissionais que compartilharam seu conhecimento e auxiliaram no desenvolvimento deste livro, ajudando a aperfeiçoar esta edição e preparar o terreno para edições subseqüentes.

GAIL PARR, PHD
Assistant Professor of Kinesiology
Towson University
Towson, MD

DIXIE STANFORTH
Lecturer, Department of Kinesiology
University of Texas at Austin
Austin, TX

NICHOLAS J. DICICCO, EDD
Director of Health and Exercise Science
Nova Southeastern University
Blackwood, NJ

DAVID SANDLER, PHD
Assistant Professor
Florida International University
Miami, FL

TIMOTHY HOWELL, EDD
Program Director, Athletic Training
Alfred University
Alfred, NY

Para minha esposa, Pam, por seu amor, dedicação e apoio constantes.
Eu te amo. – Jeff
Para Theresa, por salvar a minha vida... duas vezes. Eu te amo. – Lee

Agradecimentos

No desenvolvimento deste livro, muitas pessoas desempenharam papéis cruciais. Gostaríamos de agradecer a Robyn Alvarez, Editor de Desenvolvimento, e a toda a equipe editorial da Lippincott Williams & Wilkins por sua dedicação e seu empenho neste projeto.

Lee Brown gostaria de agradecer o apoio dos seus alunos de pós-graduação e do corpo docente do Departamento de Cinesiologia da California State University, em Fullerton. Jeff Chandler gostaria de agradecer a seus ex-colegas professores e ex-alunos na Divisão de Ciência do Exercício, Esporte e Recreação da Marshall University, em Huntington, WV, e a seus atuais alunos e colegas professores no Departamento de Saúde, Educação Física e Recreação da Jacksonville State University, em Jacksonville, AL.

Gostaríamos também de reconhecer os esforços de Britt Chandler em seu trabalho de desenvolver os subsídios para este livro.

Temos a sorte de estar envolvidos com um notável grupo de profissionais da área de treinamento de força e condicionamento. Agradecemos por suas contribuições e seu incessante e árduo trabalho para fazer nossa disciplina avançar.

Apresentação

O objetivo fundamental dos treinadores de força e condicionamento e dos *personal trainers* é melhorar o desempenho humano, tanto em atletas como em entusiastas da aptidão física. *Treinamento de força para o desempenho humano* fornece a base do conhecimento de que esses profissionais necessitam. Esta obra é apropriada para profissionais da área de força e condicionamento que trabalhem com a população geral, para a qual um dos principais objetivos de um programa de condicionamento é atingir a saúde global e a aptidão física, bem como para profissionais que trabalhem em centros esportivos de instituições de ensino médio e superior, nos quais a meta principal de um programa de condicionamento é alcançar o desempenho físico em eventos esportivos.

Alguns textos voltados para os profissionais da área de força e condicionamento declaram ser embasados em pesquisa e ciência. No entanto, boatos e idéias populares geralmente constituem uma parte significativa dos tópicos abordados. Todos os colaboradores deste livro fundamentaram os dados apresentados em seus respectivos capítulos em pesquisa e ciência, o que é um importante aspecto para o desenvolvimento não apenas dos profissionais da área, mas também da profissão em si.

Na primeira parte do livro, encontram-se informações relacionadas a fisiologia, anatomia e biomecânica, todas apresentadas de forma clara e compreensível. Essas informações são necessárias para o correto desenvolvimento de programas de força e condicionamento. O restante da obra apresenta capítulos que tratam de praticamente todos os aspectos da administração de tais programas. Os leitores encontrarão, por exemplo, capítulos sobre a importância do auxílio em exercícios de treinamento de força; os exercícios pliométricos, de velocidade e de agilidade; o papel da força e do condicionamento na prevenção de lesões e na reabilitação; o auxílio ergogênico; e o uso de outros implementos que não equipamentos tradicionais, barras e halteres, em programas de força e condicionamento. Tais capítulos especiais são escritos por profissionais renomados dessas áreas específicas do campo da força e do condicionamento.

É importante ressaltar que os autores dos capítulos deste livro constituem um grupo de cientistas do esporte, treinadores de força e condicionamento e profissionais liberais da área da saúde, dando à obra um equilíbrio entre informações confiáveis em ciência do esporte e sua aplicação no desenvolvimento de programas de força e condicionamento. Recomendo este livro a todos os indivíduos que trabalham na área.

Steven J. Fleck, Ph.D.

Prefácio

OBJETIVO E PÚBLICO-ALVO

Treinamento de força para o desempenho humano é um livro didático de nível introdutório para disciplinas que abordem treinamento de força, condicionamento e treinamento personalizado. Tais disciplinas são geralmente oferecidas nos dois últimos anos do currículo do curso de Educação Física e apresentam vários pré-requisitos recomendados, incluindo anatomia e fisiologia, fisiologia do exercício e biomecânica. O livro começa com uma revisão da ciência básica aplicada ao treinamento e ao condicionamento e depois se volta para a aplicação prática dos princípios desta. Uma opção importante para o professor é o componente laboratorial, com várias atividades que podem ser ensinadas no laboratório (sala de musculação/sala de exercícios). O público-alvo deste livro consiste em estudantes de cinesiologia, ciência do exercício e programas de treinamento esportivo, bem como de cursos técnicos na área da saúde. A ciência do exercício e as principais disciplinas relacionadas geralmente incluem áreas de estudo associadas a profissões como *personal trainer* e treinador de força e condicionamento.

O conhecimento no campo da força e do condicionamento está aumentando rapidamente. Um dos motivos pelos quais decidimos produzir este livro foi o de proporcionar aos estudantes da área informações atualizadas a partir dessa crescente consistência de pesquisa. O campo do treinamento de força é dinâmico e continuará a crescer e mudar. Crenças antes sustentadas serão desafiadas; algumas permanecerão, outras cairão por terra.

Outro motivo pelo qual preparamos esta obra foi o de disseminar conhecimento, talvez de uma forma um pouco diferente da que vinha sendo feita anteriormente. Os estudantes possuem estilos de aprendizagem diferentes, e esperamos ter oferecido oportunidades de adquirir conhecimento para cada um deles.

O conhecimento que adquirimos como profissionais não deve ser privativo. Não somos "proprietários" das informações que aprendemos, e devemos compartilhá-las livremente com outras pessoas. Na realidade, se quisermos que a disciplina de treinamento de força e condicionamento desenvolva-se e sobressaia-se como deve, temos de nos responsabilizar por transmitir o conhecimento mais corrente em nosso campo.

CARACTERÍSTICAS DOS CAPÍTULOS

Os elementos pedagógicos do livro foram planejados para apresentar o conteúdo básico de uma maneira clara e concisa, bem como para desafiar os estudantes a irem além e buscarem informações que respondam a questões mais complexas. Alguns estudantes aprenderão melhor com a leitura e a análise das figuras e dos pontos-chave. Outros aprenderão mais facilmente a partir das questões e atividades de aplicação recomendadas no texto. Encorajamos todos os estudantes a participarem de todas as atividades propostas, compreendendo que cada um aprende melhor quando as informações são apresentadas em um formato que se ajuste ao seu perfil. Uma vez que não existe um estilo universal de aprendizagem, os professores são estimulados a utilizar uma variedade de atividades para disseminar as informações deste livro.

Os capítulos dispõem de diversos recursos didáticos para auxiliar na compreensão e na retenção da matéria e oferecem muitas oportunidades para os estudantes aplicarem seu conteúdo nos seus contextos profissionais.

Pontos-chave

Os pontos-chave são resumos sucintos, de uma a três frases, que sintetizam brevemente os principais conceitos da seção anterior. Cada ponto-chave é destacado como um parágrafo separado no corpo do texto, seguindo-se ao texto que contém as informações que resume.

Aplicação na realidade

Esses quadros contêm analogias ou metáforas que ligam os conceitos teóricos com a aplicação prática ou com dicas práticas, relacionando o conteúdo do capítulo com a realidade.

Perguntas e respostas da área

Esta é uma coluna simulada do tipo "pergunte ao especialista". As perguntas partem do ponto de vista de um profissional da área abordada em cada capítulo.

Questões técnicas

Essas questões ou atividades planejadas para estimular a reflexão crítica aparecem nos finais dos capítulos. Baseiam-se nas situações da vida real e podem ter um conteúdo desafiador, ao qual os estudantes talvez não sejam capazes de responder com base no capítulo precedente. Elas levarão os estudantes a pensarem além do que acabaram de ler.

Exemplos de caso

Os exemplos de caso familiarizam os estudantes com o planejamento e a implementação de um programa. Eles se baseiam no seguinte modelo:

1. Experiência
2. Recomendações/Consideração
3. Implementação
4. Resultados

RECURSOS DIDÁTICOS

O livro vem com um CD-ROM (em inglês) que oferece um sem-número de oportunidades para os estudantes reforçarem sua aprendizagem. Um conjunto de quase 200 perguntas do tipo *quiz* vai ajudá-los a testar os conhecimentos adquiridos. Um teste prático utiliza vídeos para demonstrar vários exercícios, e questões de múltipla escolha possibilitam ao leitor praticar a identificação de exercícios e da forma apropriada de executá-los. Os estudantes podem, ainda, aplicar seu conhecimento em exemplos de caso adicionais e tarefas de laboratório, o que contextualiza o conteúdo do livro.

Os recursos didáticos disponíveis no CD-ROM (em inglês) são:

- Apresentações de PowerPoint por capítulo
- Gerador de testes
- Banco de imagens
- Respostas das "Questões Técnicas" dos capítulos

Encorajamos os leitores, tanto professores como estudantes, a fornecer *feedback* sobre a utilidade de cada componente do livro. Juntos, podemos continuar contribuindo para a área de treinamento de força e condicionamento.

Jeff Chandler e Lee Brown

Guia do usuário

O Guia do Usuário apresenta os diversos recursos do *Treinamento de força para o desempenho humano*. Aproveitando ao máximo esses recursos, você não apenas lê sobre força e condicionamento: envolve-se em atividades que o ajudam a aprender e a pôr em prática seu conhecimento.

Cada capítulo é repleto de recursos que ajudam a focar nos pontos-chave, aprofundar seu conhecimento e aplicar suas novas habilidades.

A **introdução** que inicia cada capítulo explica por que a matéria é importante e apresenta um resumo do que você encontrará no capítulo.

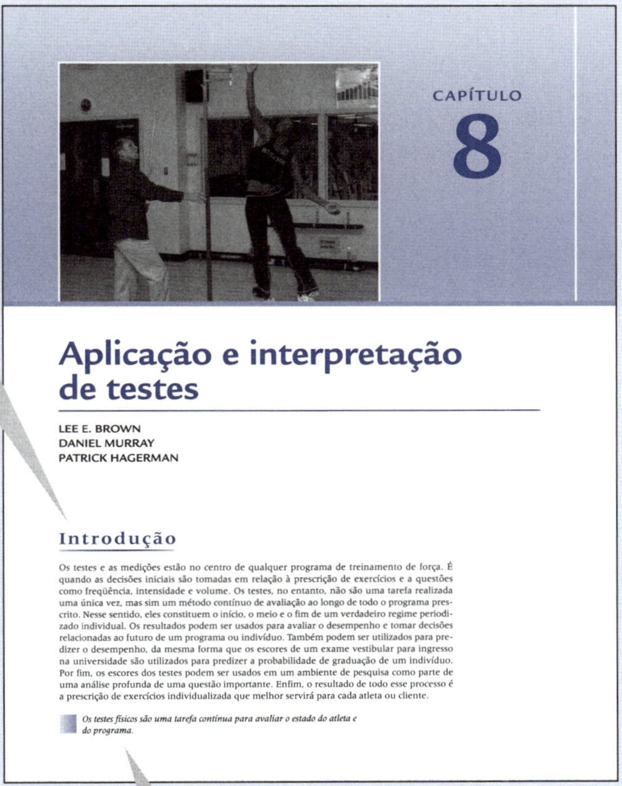

CAPÍTULO

8

Aplicação e interpretação de testes

LEE E. BROWN
DANIEL MURRAY
PATRICK HAGERMAN

Introdução

Os testes e as medições estão no centro de qualquer programa de treinamento de força. É quando as decisões iniciais são tomadas em relação à prescrição de exercícios e a questões como freqüência, intensidade e volume. Os testes, no entanto, não são uma tarefa realizada uma única vez, mas sim um método contínuo de avaliação ao longo de todo o programa prescrito. Nesse sentido, eles constituem o início, o meio e o fim de um verdadeiro regime periodizado individual. Os resultados podem ser usados para avaliar o desempenho e tomar decisões relacionadas ao futuro de um programa ou indivíduo. Também podem ser utilizados para predizer o desempenho, da mesma forma que os escores de um exame vestibular para ingresso na universidade são utilizados para predizer a probabilidade de graduação de um indivíduo. Por fim, os escores dos testes podem ser usados em um ambiente de pesquisa como parte de uma análise profunda de uma questão importante. Enfim, o resultado de todo esse processo é a prescrição de exercícios individualizada que melhor servirá para cada atleta ou cliente.

Os testes físicos são uma tarefa contínua para avaliar o estado do atleta e do programa.

Os **pontos-chave** resumem e reforçam os conceitos fundamentais que você precisa saber ao concluir uma seção.

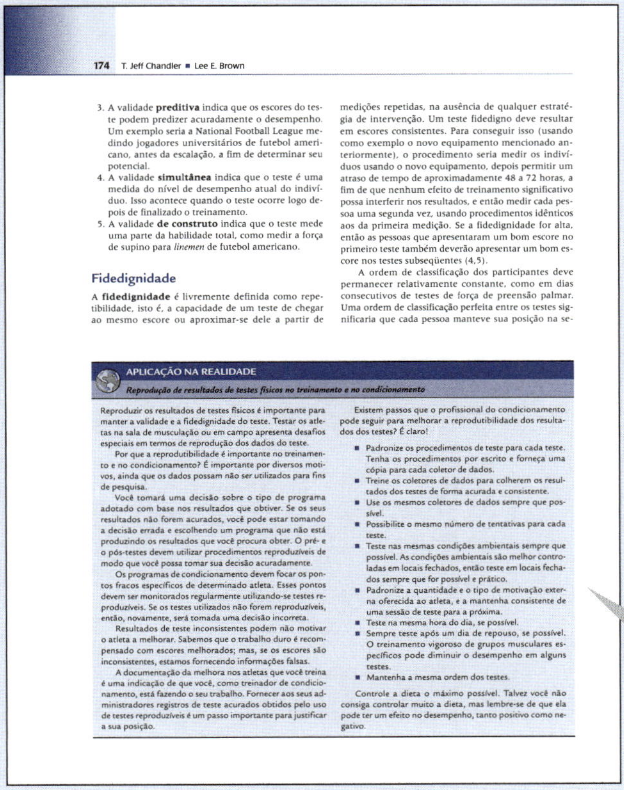

174 T. Jeff Chandler ■ Lee E. Brown

3. A validade **preditiva** indica que os escores do teste podem predizer acuradamente o desempenho. Um exemplo seria a National Football League medindo jogadores universitários de futebol americano, antes da escalação, a fim de determinar seu potencial.
4. A validade **simultânea** indica que o teste é uma medida do nível de desempenho atual do indivíduo. Isso acontece quando o teste ocorre logo depois de finalizado o treinamento.
5. A validade **de construto** indica que o teste mede uma parte da habilidade total, como medir a força de supino para *linemen* de futebol americano.

Fidedignidade

A **fidedignidade** é livremente definida como repetibilidade, isto é, a capacidade de um teste de chegar ao mesmo escore ou aproximar-se dele a partir de medições repetidas, na ausência de qualquer estratégia de intervenção. Um teste fidedigno deve resultar em escores consistentes. Para conseguir isso (usando como exemplo o novo equipamento mencionado anteriormente), o procedimento seria medir os indivíduos usando o novo equipamento, depois permitir um atraso de tempo de aproximadamente 48 a 72 horas, a fim de que nenhum efeito de treinamento significativo possa interferir nos resultados, e então medir cada pessoa uma segunda vez, usando procedimentos idênticos aos da primeira medição. Se a fidedignidade for alta, então as pessoas que apresentaram um bom escore no primeiro teste também deverão apresentar um bom escore nos testes subseqüentes (4,5).

A ordem de classificação dos participantes deve permanecer relativamente constante, como em dias consecutivos de testes de força de preensão palmar. Uma ordem de classificação perfeita entre os testes significaria que cada pessoa manteve sua posição na se-

APLICAÇÃO NA REALIDADE

Reprodução de resultados de testes físicos no treinamento e no condicionamento

Reproduzir os resultados de testes físicos é importante para manter a validade e a fidedignidade do teste. Testar os atletas na sala de musculação ou em campo apresenta desafios especiais em termos de reprodução dos dados do teste.

Por que a reprodutibilidade é importante no treinamento e no condicionamento? É importante por diversos motivos, ainda que os dados possam não ser utilizados para fins de pesquisa.

Você tomará uma decisão sobre o tipo de programa adotado com base nos resultados que obtiver. Se os seus resultados não forem acurados, você pode estar tomando a decisão errada e escolhendo um programa que não está produzindo os resultados que você procura obter. O pré- e o pós-testes devem utilizar procedimentos reproduzíveis de modo que você possa tomar sua decisão acuradamente.

Os programas de condicionamento devem focar os pontos fracos específicos de determinado atleta. Esses pontos devem ser monitorados regularmente utilizando-se testes reproduzíveis. Se os testes utilizados não forem reproduzíveis, então, novamente, será tomada uma decisão incorreta.

Resultados de teste inconsistentes podem não motivar o atleta a melhorar. Sabemos que o trabalho duro é recompensado com escores melhorados; mas, se os escores são inconsistentes, estamos fornecendo informações falsas.

A documentação da melhora nos atletas que você treina é uma indicação de que você, como treinador de condicionamento, está fazendo o seu trabalho. Fornecer aos seus administradores registros de teste acurados obtidos pelo uso de testes reproduzíveis é um passo importante para justificar a sua posição.

Existem passos que o profissional do condicionamento pode seguir para melhorar a reprodutibilidade dos resultados dos testes? É claro!

- Padronize os procedimentos de teste para cada teste. Tenha os procedimentos por escrito e forneça uma cópia para cada coletor de dados.
- Treine os coletores de dados para colherem os resultados dos testes de forma acurada e consistente.
- Use os mesmos coletores de dados sempre que possível.
- Possibilite o mesmo número de tentativas para cada teste.
- Teste nas mesmas condições ambientais sempre que possível. As condições ambientais são melhor controladas em locais fechados, então teste em locais fechados sempre que for possível e prático.
- Padronize a quantidade e o tipo de motivação externa oferecida ao atleta, e a mantenha consistente de uma sessão de teste para a próxima.
- Teste na mesma hora do dia, se possível.
- Sempre teste após um dia de repouso, se possível. O treinamento vigoroso de grupos musculares específicos pode diminuir o desempenho em alguns testes.
- Mantenha a mesma ordem dos testes.

Controle a dieta o máximo possível. Talvez você não consiga controlar muito a dieta, mas lembre-se de que ela pode ter um efeito no desempenho, tanto positivo como negativo.

Os quadros de **aplicação na realidade** demonstram como aplicar o que você aprendeu em situações reais de treinamento.

Os **desenhos** e os **gráficos** são uma maneira rápida e fácil de obter uma visão geral das relações e informações essenciais.

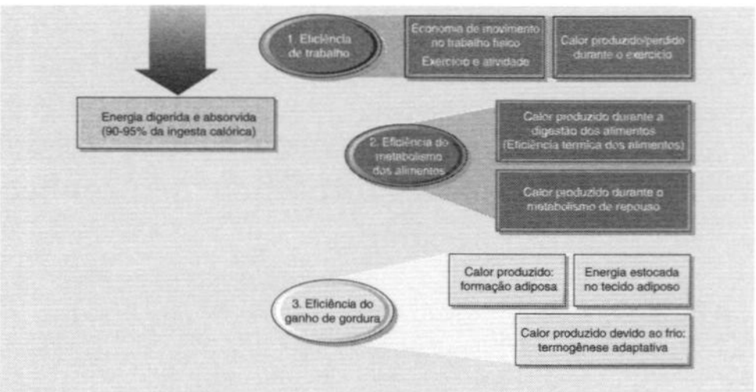

FIGURA 7.1 Fatores relacionados à eficiência do acúmulo e do gasto de energia. (Reproduzida com permissão de Rampone, AJ; Reynolds, PJ. Obesity: thermodynamic principles in perspective. Life Sci 1988;43:93-110.)

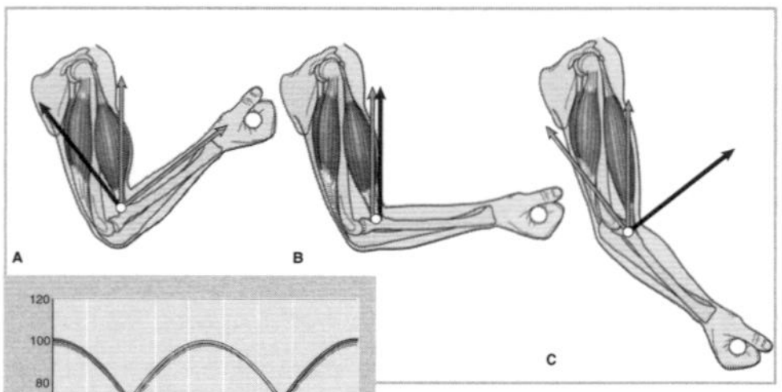

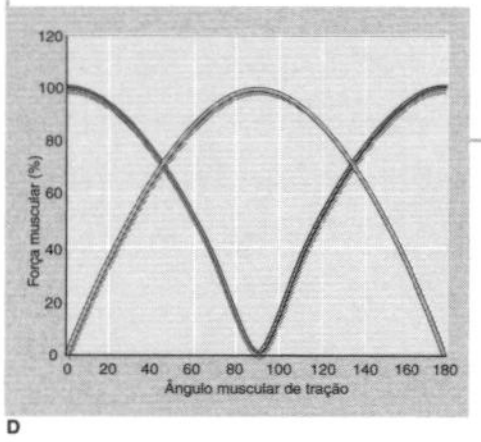

FIGURA 5.5 Ângulo muscular de tensão. **A**, **B** e **C** representam os flexores do cotovelo em três ângulos articulares diferentes. A seta cinza representa a força muscular; a seta preta é o componente dessa força produzindo rotação em torno da articulação; e a seta azul indica a força estabilizadora (se direcionada à articulação) ou a força de deslocamento (se não direcionada à articulação). **A.** O ângulo de tração é menor do que 90°, e a força de deslocamento é evidente. **B.** O ângulo de tração é de 90°, e 100% da força muscular estão contribuindo para a rotação articular sem uma força de deslocamento ou uma força estabilizadora. **C.** O ângulo de tração é maior do que 90°, e uma força estabilizadora é evidente. **D.** O ângulo muscular de tração determina o percentual de força muscular que contribui para a rotação articular (linha cinza) ou para as forças de deslocamento e estabilizadora (linha azul).

são muscular desenvolvida. Por exemplo, quando o ângulo de tração é de 30° em relação ao eixo longo da alavanca óssea, a força contrátil é somente 50% eficiente em termos da transferência em torque em torno da articulação.

Curva de força

A combinação do efeito comprimento-tensão e do ângulo de tensão resulta na curva de força para o movimento particular. É importante observar que a **curva de força** é a combinação final de todos os músculos, ossos e articulações envolvidos no movimento. Assim, para um único movimento articular, como a extensão do cotovelo, somente o comprimento e o ângulo de tração do tríceps braquial combinam-se para produzir a curva de força. Para um movimento multiarticular mais complexo, como o supino, todos os músculos envolvidos na adução horizontal do ombro e na extensão do cotovelo combinam-se para produzir a curva de força para esse movimento. O resultado é uma série de curvas de força de diferentes formatos para cada movimento. A mais comum é a **ascendente**, que descreve movimentos como o agachamento e o supino. Em ambos os casos, da fase inicial à fase final do levantamento, a capacidade de geração de força do sistema musculoesquelético aumenta.

Linha e magnitude de resistência

A direção da força que deve ser superada durante o treinamento de força é denominada **linha de resistência**. No treinamento com pesos livres, ela é sempre verticalmente descendente, porque a resistência é a força-peso gravitacional que atua na barra ou no haltere (Fig. 5.6). Usando-se combinações de alavancas e polias, a linha de resistência para um dado exercício pode ser em qualquer direção. Por exemplo, em um equipamento

As **fotografias** mostram exatamente como você deve executar técnicas de treinamento específicas.

FIGURA 8.5 Salto vertical com contramovimento. **A.** Primeiro, determine a altura que o atleta consegue alcançar em pé no solo. **B.** Depois, peça que o atleta salte para determinar a altura máxima.

FIGURA 8.6 Metida ao peito. **A.** Posição inicial. **B.** Agarre.

Exercícios de treinamento de força

Exercícios de potência
"Metida ao peito"*
Arranque
Arremesso desenvolvido com barra

Exercícios para quadris/coxas
Agachamento dorsal
Agachamento frontal
Levantamento-terra
Passada à frente com barra
Levantamento-terra com os joelhos estendidos (ou "peso morto")
Pressão de pernas 45°
Extensão dos joelhos
Flexão dos joelhos
Flexão plantar em pé

Exercícios para o peitoral
Supino reto com halteres
Supino reto com barra
Supino inclinado com halteres
Supino inclinado com barra
Crucifixo com halteres

Exercícios para a região dorsal
Serrote com haltere
Puxada pela frente
Remada sentado

Exercícios para os ombros
Desenvolvimento sentado com halteres
Desenvolvimento em equipamento
Remada vertical com barra
Crucifixo dorsal

Exercícios para os tríceps
Rosca tríceps deitado
Rosca tríceps

Exercícios para os bíceps
Rosca bíceps com barra
Rosca bíceps alternada com halteres sentado

Exercícios para os antebraços
Rosca punho direta
Rosca punho invertida

Exercícios abdominais e para a região lombar
Abdominal parcial
Extensão lombar

* N. de R. T.: Em inglês, *Power clean*.

EXERCÍCIOS DE POTÊNCIA

"Metida ao peito"

Tipo de exercício

Exercício de potência (explosivo) para todo o corpo

Músculos envolvidos

Glúteo máximo, isquiotibiais (semimembranoso, semitendinoso, bíceps femoral), quadríceps (vasto lateral, vasto intermédio, vasto medial, reto femoral), sóleo, gastrocnêmio, trapézio e deltóide (partes clavicular, acromial e espinal).

Posição inicial

Use uma barra-padrão. A posição de levantamento é idêntica à do arranque, exceto pela posição das mãos. Os pés ficam afastados a uma distância entre a largura dos quadris e a dos ombros, e apontados para a frente ou ligeiramente para fora. Agache e agarre a barra com as mãos pronadas na largura dos ombros ou um pouco mais ampla, usando uma empunhadura fechada ou em gancho. Os braços ficam do lado de fora dos joelhos; os cotovelos, estendidos e apontados para fora. Posicione-se em pé de forma que a barra fique acima da parte central do dorso dos pés e próxima das pernas. As costas ficam rígidas e eretas ou levemente arqueadas. A cabeça fica reta ou ligeiramente hiperestendida. O peito fica reto e para fora. As escápulas devem ficar retraídas. O trapézio e a região dorsal devem ficar relaxados e levemente alongados. Com os calcanhares sempre em contato com o solo, o peso do corpo deve ficar equilibrado na parte central dos pés. Os ombros ficam ligeiramente à frente ou acima da barra (Fig. 10.1A,B).

Movimento ascendente: primeira puxada

Inicie a "metida ao peito" inspirando profundamente e prendendo a respiração. Levante a barra do solo mediante uma vigorosa extensão dos quadris e joelhos. Mantenha uma posição constante do tronco em relação ao solo, do começo ao fim da primeira puxada. Em outras palavras, certifique-se de que os quadris não se elevem mais rápido ou antes que os ombros e mantenha as costas eretas ou levemente arqueadas. A cabeça deve permanecer em uma posição neutra em relação à coluna vertebral. Os ombros devem permanecer ligeiramente adiante ou acima da barra. Os cotovelos ainda devem estar totalmente estendidos. Durante a primeira puxada, mantenha a barra o mais próximo possível das pernas. Continue a prender a respiração (Fig. 10.1C,D).

Os **quadros de exercícios** apresentam instruções passo a passo e ilustrações de exercícios e movimentos que você utilizará com os atletas que treina.

Perguntas e respostas da área é uma coluna simulada do tipo "pergunte ao especialista" que oferece novas visões e perspectivas ao responder a perguntas formuladas por estudantes e profissionais.

Pergunta e resposta da área

O treinador principal de força e condicionamento da equipe de futebol americano da nossa universidade utiliza somente quatro testes com os jogadores: o teste de tiro de corrida de 36,6 m, o salto vertical, o 1 RM no agachamento e 1 RM no supino. Tivemos uma temporada tão boa no ano passado, quando vencemos nosso campeonato da liga, que os testes parecem adequados; mas devemos realizar mais testes?
– estudante de pós-graduação em estágio

Certamente devemos levar muitas coisas em consideração ao planejar um protocolo de testes. Um grupo de jogadores maduros e bem-treinados pode ser capaz de continuar apresentando um bom desempenho com um mínimo de testes. Para determinar quais testes são adequados, devemos revisar os motivos para testar atletas. Lembre-se das principais razões para realizar testes:

1. Determinar a base de aptidão física do atleta
2. Determinar as características de desempenho dos melhores jogadores no esporte
3. Motivar os atletas a continuarem treinando duro

Há outras razões possíveis para a realização de testes. Uma delas poderia ser que o treinador de condicionamento e força está na fase de justificar sua posição na equipe técnica. Dados bons e sólidos demonstrando melhora em algumas características de desempenho nas equipes que ele treina forneceriam uma evidência sólida de que ele está prestando um importante serviço a esses atletas.

Para obter um quadro completo da base de aptidão física do atleta, você provavelmente precisará de testes em algumas áreas de desempenho. Essas áreas poderiam incluir o seguinte:

1. força da região superior do corpo
2. força da região inferior do corpo
3. resistência da região superior do corpo
4. resistência da região inferior do corpo
5. potência da região superior do corpo
6. potência da região inferior do corpo
7. capacidade aeróbia
8. velocidade
9. resistência de velocidade
10. capacidade anaeróbia máxima.

Você pode escolher alguns testes que envolvam duas dessas características ou pode determinar que um teste não é adequado a um esporte específico. Testes de capacidade anaeróbia máxima que causam uma elevação acentuada na produção de ácido lático podem não ser apropriados para um jogador de golfe, por exemplo. Lembre-se de que, no entanto, a capacidade aeróbia é utilizada na recuperação, mesmo em esportes anaeróbios. Lembre-se também de que baseamos nossas decisões sobre o tipo de programa de treinamento necessário nos resultados dos testes. Em um grupo de atletas maduros e de alto rendimento, é possível que os protocolos de treinamento sejam bem estabelecidos e os dados dos testes não afetem muito o programa. Assim, um protocolo de testes mínimo poderia funcionar em algumas situações específicas. Levar menos tempo testando permite mais tempo para o condicionamento ou a prática do esporte, o que pode ser uma vantagem em algumas situações.

Em suma, há diversos motivos para considerar a inclusão de testes no protocolo de testes descrito acima. Também é possível despender tempo e energia demais em testes, tomados do tempo de treinamento e de prática. A resposta correta à sua pergunta depende dos objetivos do seu protocolo de testes. Os atletas precisam de mais motivação para treinar duro? Testes adicionais podem dar a motivação adicional. É importante para o treinador de força e condicionamento fornecer dados para justificar seu valor para a equipe? Testes adicionais podem provar essa importância. Os testes escolhidos representam adequadamente as demandas físicas do esporte? Se não, testes adicionais podem fornecer os dados que faltam. Os testes são específicos para cada posição? No futebol americano, as demandas físicas das diferentes posições podem variar. Um tiro de corrida de 36,6 m pode ser adequado para *backs*, enquanto um tiro de corrida de 9,1 ou 18,3 m pode ser mais adequado para *linemen*. Ajustar os testes às demandas físicas específicas de cada posição fornecerá informações úteis. O programa de treinamento deve oferecer a cada atleta benefícios específicos à sua posição.

Cada grupo de atletas diferirá em certa medida, e a filosofia dos programas de condicionamento também variará de escola para escola. Um treinador de força e condicionamento está sempre pensando no que pode fazer para manter a motivação alta e os atletas trabalhando duro, com uma atitude positiva com respeito ao treinamento. O protocolo de testes deve avaliar a melhora do desempenho específica do esporte de futebol americano, bem como da posição do atleta. Um protocolo de testes adequadamente planejado pode ser um componente-chave no alcance desses objetivos!

sultados devem ser combinados com os de outros testes para identificar os pontos fortes e fracos de um atleta. Ele não deve ser utilizado como um preditor direto de como será o desempen...

SALTO EM DISTÂNCIA EM PÉ

O salto em distância em pé também é um bom teste funcional que mede a potência total da região inferior...

Os **resumos** ao final de cada capítulo destacam os conceitos mais importantes discutidos.

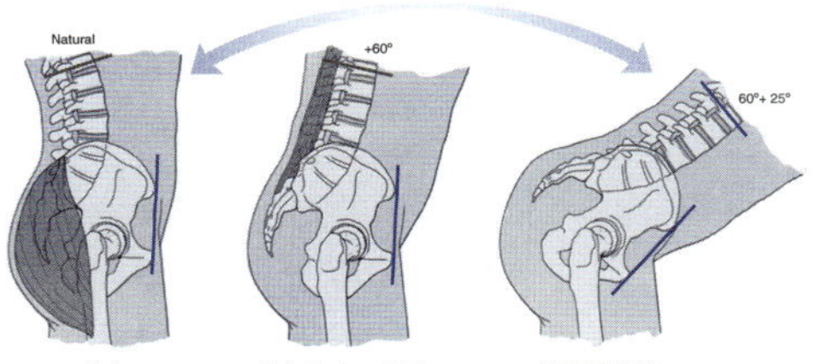

FIGURA 17.12 Atividade muscular na inclinação à frente. A inclinação à frente é um movimento em duas partes o qual envolve a coluna vertebral e a pelve. A primeira parte envolve os primeiros 60° de movimento; e a segunda parte, mais 25° de flexão do tronco à frente.

RESUMO

A prevenção e a reabilitação de lesões envolvem um esforço coordenado de vários profissionais da saúde. Os profissionais da área de condicionamento e força devem estar cientes do estresse imposto aos tecidos do corpo, durante exercícios de fortalecimento, para minimizar o risco de lesões. Quando ocorrer dor ou lesão, a atividade precisa ser modificada, e deve-se fazer o encaminhamento a um profissional da saúde apropriado conforme a necessidade. A comunicação entre os profissionais da medicina do esporte é vital ao se fazer a transição de um atleta de um programa de reabilitação supervisionado para um retorno a um programa esportivo intervalado e, por fim, a um programa de condicionamento independente. A condução de avaliações físicas pré-participação, a identificação de déficits de força e resistência musculares, o conhecimento dos mecanismos articulares e corporais durante exercícios de fortalecimento e a adequada progressão de atividades são maneiras de minimizar o risco de lesões e maximizar o rendimento esportivo.

QUESTÕES TÉCNICAS

1. Um jogador de basquetebol em uma escola rural de ensino médio sofreu uma entorse de tornozelo. Não há nenhum profissional da saúde presente no momento da lesão. Que ações devem ser tomadas?
2. Que músculos devem ser trabalhados pelos exercícios em um programa de estabilização elementar?

EXEMPLO DE CASO
Membros superiores

HISTÓRICO

Um atleta recreacional tem como meta retornar um programa de levantamento de peso para aptidã física geral. Ele afirma que, cinco anos atrás, subme teu-se a uma cirurgia de ombro devida a uma longa história de tendinites no ombro que começou quando estava na faculdade jogando beisebol. Ele não tem idéia do tipo de levantamento que deve exe-

(continua)

QUESTÕES TÉCNICAS

1. Antes de elaborar um programa de exercícios de força, você deve primeiro analisar as necessidades do indivíduo. Analise as necessidades de uma equipe de basquetebol usando como um guia as questões apresentadas na seção "Análise de necessidades", na página 274.
2. Assuma que você é um treinador de força e condicionamento de uma equipe escolar de futebol americano. Durante a temporada, o treinador principal designa você para elaborar uma sessão de treinamentos dentro desse período que tenha uma duração não muito maior do que 45 minutos. Você pode escolher exercícios de força. Liste os exercícios que você escolheria e as razões da sua escolha.
3. Você é um treinador de força e condicionamento de uma escola secundária. A escola está construindo uma nova sala de treinamento de força, e o diretor desportivo da escola quer equipar a sala com equipamentos de força. Você tem um encontro com o diretor desportivo para discutir sua preferência por equipamentos de peso livre. Saliente os principais pontos que você apresentaria ao diretor nesse encontro.

As **questões técnicas** ajudam você a utilizar seus novos conhecimentos e habilidades para solucionar problemas que se baseiam em situações da vida real.

EXEMPLO DE CASO
Elaborando um programa de treinamento de força para um atleta de futebol americano universitário

HISTÓRICO

Você é um profissional de força e condicionamento em uma universidade e foi solicitado a elaborar um programa de treinamento de força para um jogador de futebol americano. O jogador é um atacante que está entrando na temporada júnior e tem cinco anos de experiência no treinamento de força, incluindo exercícios poliarticulares e levantamentos estilo olímpico. Analise as necessidades e elabore um programa de treinamento individualizado.

CONSIDERAÇÕES

O futebol americano é um desporto de alta intensidade com períodos curtos de jogo (aproximadamente cinco segundos) alternados com pequenos períodos de repouso (aproximadamente 30 segundos). Os atacantes requerem força, velocidade e potência para terem sucesso. Esses atletas apresentam adequada massa muscular e pouca gordura corporal; por essa razão, alterações na hipertrofia e na massa corporal não são necessárias. O atleta está iniciando suas férias de verão e está na fase de treinamento pré-temporada. O atleta não tem lesões ou problemas de saúde.

IMPLEMENTAÇÃO

Seleção de exercícios. Exercícios poliarticulares, exercícios que envolvam grandes grupos musculares e que incluam exercícios de potência devem ser enfatizados.
Ordem dos exercícios. (1) Exercícios de potência; (2) exercícios poliarticulares de grande massa muscular; (3) exercícios monoarticulares de pequena massa muscular.
Carga. Exercícios de potência: 30 a 50% de 1 RM; exercícios de força: > 80% de 1 RM
Volume. Múltiplas séries, uma a seis repetições por série
Intervalos de repouso. Exercícios primários: dois a três minutos; exercícios secundários: um a dois minutos
Freqüência. Quatro sessões por semana
Estrutura da sessão. Rotina dividida
Ações musculares. Concêntricas e excêntricas
Velocidade das repetições. Exercícios de potência – as repetições devem ser realizadas o mais rapidamente possível; exercícios de força: velocidade volitiva

RESULTADOS

Exemplo de uma semana de treinamento.

Segunda-feira	Terça-feira	Quarta-feira	Quinta-feira	Sexta-feira
Arremessos no banco:	Arremessos:	Dia livre	Supino inclinado:	Salto agachado:
4 séries	3 séries		3 séries	4 séries
3 repetições	3 repetições		6 repetições	3 repetições
30% de 1 RM (uso de *medicine ball*)	30% de 1 RM		6 RMs	30% de 1 RM

Os **exemplos de caso** apresentam uma série de situações e então orientam passo a passo o planejamento e a implementação de um programa de treinamento.

RECURSOS PARA O ESTUDANTE

O CD-ROM que acompanha o livro inclui diversas atividades para testar e praticar suas habilidades.

RECURSOS PARA O PROFESSOR

No site www.artmed.com.br, área do professor, estão disponíveis outros recursos didáticos (em inglês) exclusivos para professores.

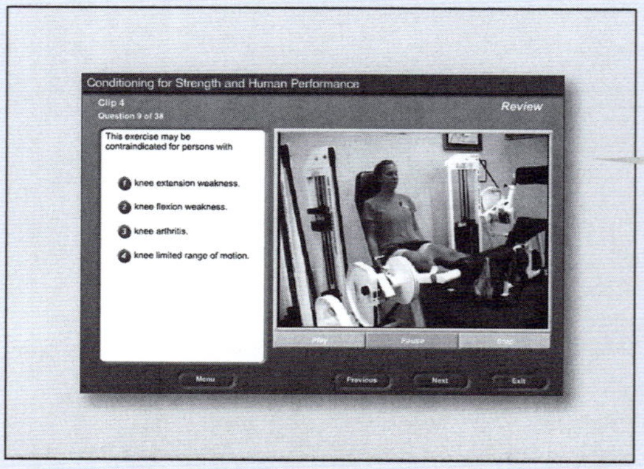

Os vídeos com **testes práticos** demonstram exercícios e vêm acompanhados de questões de múltipla escolha para identificar os exercícios e a forma apropriada de praticá-los.

Chandler & Brown
Conditioning for Strength and Human Performance
Chapter 9: Warm-up and Flexibility
Lab Assignment

Lab Assignment: Measuring Flexibility

Note: All flexibility testing should be done with slow, controlled movements to prevent injury and ensure accurate scoring. Circle the highest score from each test.

Sit & Reach → *Remove shoes and place feet flat against board with knees extended. Exhale as you bend forward at the waist, pushing with both middle fingers.*

Trial 1 = ______cm   Trial 2 = ______cm   Trial 3 = ______cm

Back Extension → *Lie on your stomach with your hands to your sides and a partner holding your feet. Raise your chest up, looking directly in front of you. A third partner measures the vertical displacement of your chin.*

Trial 1 = ______cm   Trial 2 = ______cm   Trial 3 = ______cm

Back Scratch → *With one shoulder internally rotated (elbow pointed down) and one shoulder externally rotated (elbow pointed up) attempt to grasp your hands behind your back. A partner with a ruler can measure the amount of space between (-) or overlap (+) of the middle fingers.*

As **tarefas de laboratório** oferecem sugestões de atividades de laboratório para você praticar e desenvolver ainda mais suas habilidades.

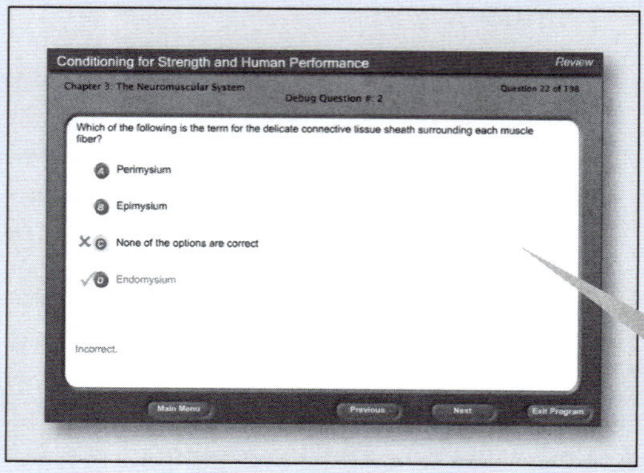

Os ***quizzes*** permitem que você avalie seu domínio do conteúdo.

Sumário

Sumário detalhado

PARTE I

Ciência Básica

CAPÍTULO
1

Bioenergética

T. JEFF CHANDLER
C. ERIC ARNOLD

Introdução

O movimento humano requer energia, e esta é vital para o desempenho esportivo. A bioenergética é o fluxo de energia nos sistemas biológicos, sendo uma consideração fundamental durante o exercício. Para qualquer atividade física, a energia precisa ser gerada e utilizada pelo corpo para a realização da tarefa. A fonte de energia influencia a capacidade do velocista para completar os 100 m rasos ou do maratonista para completar uma corrida. A compreensão do metabolismo, mais especificamente dos sistemas energéticos utilizados durante vários tipos de exercício, é crucial no desenvolvimento de programas eficazes de condicionamento específicos para uma atividade. Com um conhecimento básico de bioenergética, o estudante pode compreender por que as reações químicas que ocorrem nos músculos esqueléticos são ativadas e como a energia dessas reações abastece os músculos durante o exercício.

A bioenergética é o estudo das fontes de energia em organismos vivos e de como essa energia é finalmente utilizada.

Os alimentos que ingerimos contêm energia química. Nós armazenamos essa energia em nosso corpo nas formas de glicose, gordura e proteína. Ao final, essa energia química armazenada pode ser liberada para fornecer a energia necessária para produzir trifosfato de adenosina (ATP). O ATP é a fonte de energia mais importante no sustento da contração muscular durante o exercício.

A estrutura do ATP é composta de um grupamento adenina, um grupamento ribose e três grupamentos fosfato ligados (Fig. 1.1). A formação do ATP ocorre pela combinação de difosfato de adenosina (ADP) e fosfato inorgânico (Pi). Esse processo requer uma quantidade substancial de energia, que precisa ser captada do alimento que ingerimos.

O ATP é a molécula de alta energia responsável pela contração muscular e por outras reações metabólicas vitais no corpo humano.

O ATP é uma molécula de alta energia que armazena energia na forma de ligações químicas. A energia é liberada quando as ligações químicas que unem o ADP e o Pi para formar o ATP são quebradas (Fig. 1.2). A energia química derivada da quebra das ligações químicas fornece energia para a execução de vários tipos de exercício.

O metabolismo é o total da soma de processos **anabólicos** e **catabólicos**. Um processo catabólico quebra compostos maiores em compostos menores. No metabolismo, isso envolve a quebra de substâncias como o carboidrato com o propósito de fornecer combustível para os músculos durante o exercício. Uma reação anabólica forma substâncias maiores a partir de substâncias menores.

METABOLISMO = CATABOLISMO + ANABOLISMO.

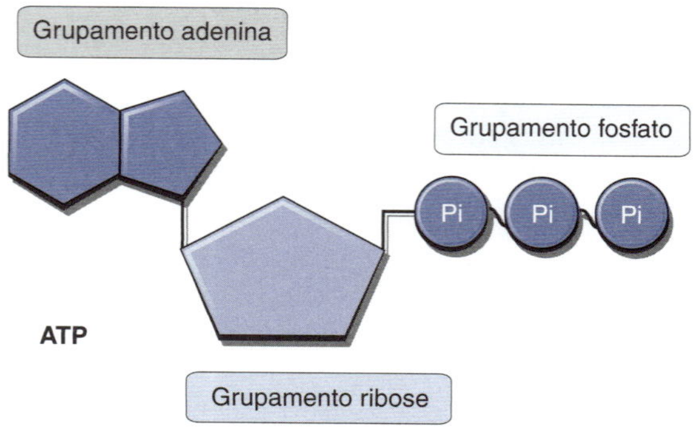

FIGURA 1.1 Estrutura básica do ATP. A energia é armazenada nas três ligações fosfato.

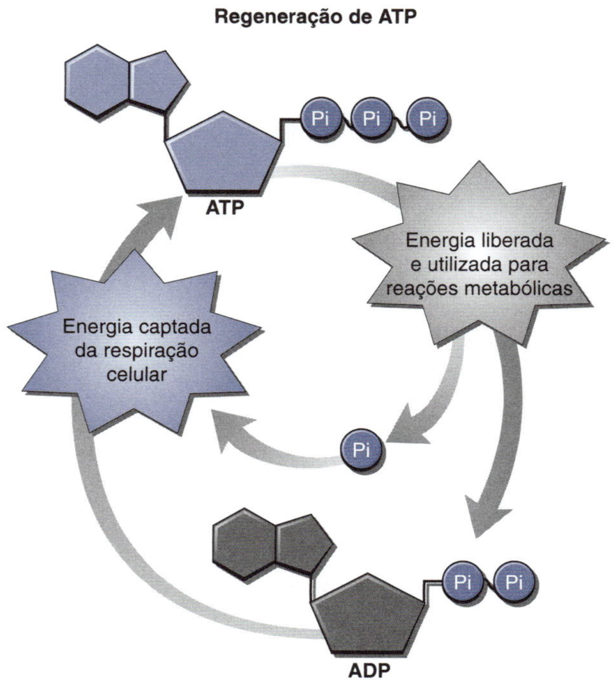

FIGURA 1.2 Regeneração do ATP. A energia é liberada quando o ATP é decomposto em ADP e Pi. O ATP é regenerado a partir do ADP, e a energia é captada do alimento.

ENZIMAS

As **enzimas** são moléculas estruturadas de proteínas, que aceleram ou facilitam certas reações químicas mediante a diminuição da energia de ativação de uma reação química (7). A energia de ativação é considerada como uma barreira de energia que precisa ser superada para que uma reação química ocorra (Fig. 1.3). As enzimas diminuem a **energia de ativação**, ou a quantidade de energia necessária para provocar uma reação química. Assim, as enzimas facilitam as reações químicas metabólicas. A enzima não se torna uma parte do produto, mantendo-se intacta.

Uma reação química é classificada como exergônica ou endergônica. Uma reação **exergônica** libera energia, e uma reação **endergônica** absorve energia do meio externo. Durante uma corrida de 100 m, o ATP é quebrado nos músculos, e a energia é tanto liberada (reação exergônica) quanto utilizada (reação endergônica) pelos músculos que são ativamente recrutados durante a atividade. Uma reação exergônica está ilustrada na Figura 1.4, onde A $\rightarrow$ B é uma reação descendente espontânea. Nesse exemplo, o nível de energia do reagente (A) (ATP) é maior do que o do(s) produto(s) (ADP + Pi) (7).

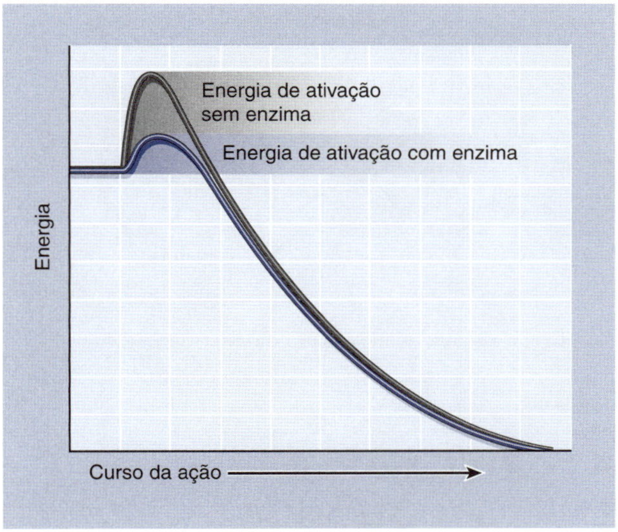

FIGURA 1.3 Energia de ativação. Uma enzima diminui a quantidade de energia que precisa ser superada para que ocorra uma reação química.

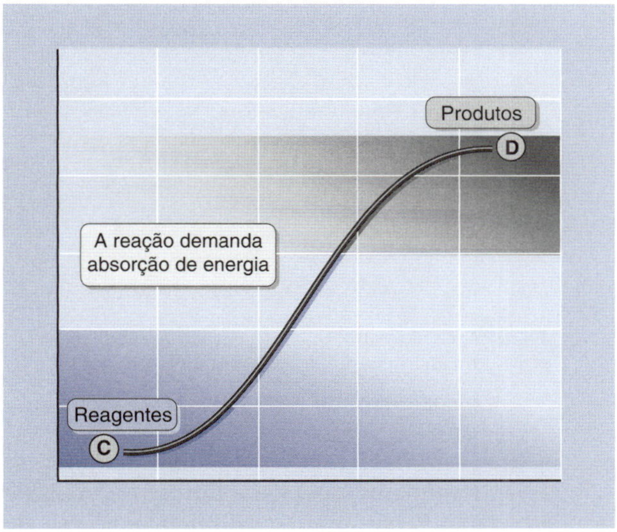

FIGURA 1.5 Reação química endergônica. Numa reação endergônica, o nível de energia do(s) produto(s) é maior que o do(s) reagente(s).

Uma reação endergônica está ilustrada na Figura 1.5, onde C → D é uma reação ascendente não-espontânea (7). Nesse exemplo, o nível de energia do(s) produto(s) é maior do que o do(s) reagente(s) (7). A transição C → D não ocorrerá a menos que uma enzima esteja presente para diminuir a energia de ativação (7). Assim, a energia de ativação funciona como uma barreira de energia para a reação química (7). O Quadro 1.1 compara uma ratoeira às reações exergônica e endergônica.

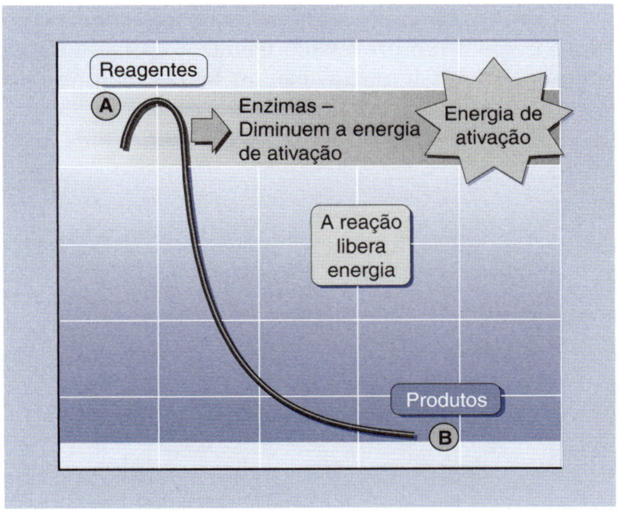

FIGURA 1.4 Reação química exergônica. Numa reação desse tipo, o nível de energia do(s) reagente(s) é maior que o do(s) produto(s).

Metabolismo é uma série de reações químicas controladas por enzimas com o propósito de armazenar ou usar energia. O metabolismo (Fig. 1.6) começa com um substrato, que é o material inicial na reação. Em cada reação, o substrato sofre uma alteração química catalisada por enzimas e é modificado; os compostos modificados são chamados de intermediários. Na reação final, o composto resultante é chamado de produto.

Em uma série de reações metabólicas, uma das enzimas é geralmente chamada de enzima limitante. Uma **enzima limitante** é definida como a que catalisa

QUADRO 1.1 ANALOGIA DA RATOEIRA

A seguinte reação bioquímica tem papel decisivo na contração muscular: ATP → ADP + PI + energia (ATPase é a enzima que catalisa essa reação).

Durante a contração muscular, as ligações que unem os grupamentos fosfato na molécula de ATP são quebradas e desprendem energia. A liberação de energia pelas ligações fosfato é denominada exergônica. A quebra das ligações libera essa energia (exergônica) e abastece a contração muscular (endergônica). A ratoeira pode ser utilizada para ilustrar tais reações bioquímicas. Puxando-se a mola da ratoeira para trás, gera-se energia armazenada na mola; quando esta é solta, ocorre uma reação exergônica. A reação endergônica é ilustrada pelo estalo da ratoeira (a armadilha consumindo a energia).

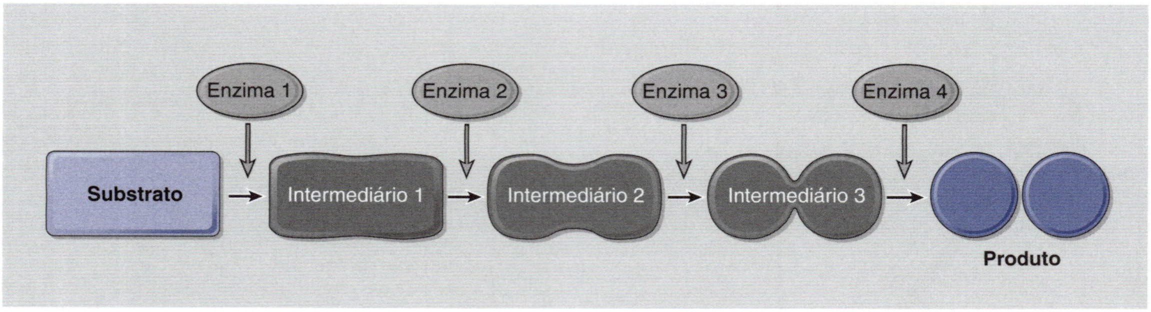

FIGURA 1.6 Metabolismo. Nesta rota metabólica, as enzimas facilitam as reações químicas que convertem um substrato em intermediários e, finalmente, em um produto.

a etapa mais lenta em uma série de reações químicas (Fig. 1.7). Geralmente, a enzima limitante catalisa a primeira etapa. Para estimular ou inibir uma série de reações, uma substância precisa afetar a reação limitante. Isso é conhecido como um sistema de *feedback* negativo, porque a alteração que ocorre é no sentido contrário ao que estava acontecendo antes do *feedback*.

As enzimas são influenciadas por alterações no pH e na temperatura. As alterações no pH podem influenciar enzimas essenciais, que controlam as rotas metabólicas. Durante o exercício de alta intensidade, o pH diminui dentro do músculo, o que pode afetar a função enzimática e desacelerar a glicólise, reduzindo, assim, a quantidade de ATP disponível para a contração muscular.

A temperatura pode ter um efeito importante nas reações enzimáticas. Tal efeito é estudado alterando-se a temperatura em múltiplos de 10°C, constituindo o **efeito Q10**. O aumento da temperatura em 10°C duplica a velocidade da reação enzimática. Numa perspectiva prática, aquecer os músculos antes de iniciar uma atividade física permite ao atleta aproveitar o efeito Q10.

A "CRIAÇÃO" DE ENERGIA QUÍMICA

De onde vem a energia? A energia não é criada nem destruída, mas pode ser convertida de uma forma para outra. Esse conceito reforça a primeira lei da termodinâmica, a ciência física que lida com a troca de energia, em que a energia é "convertida" de uma forma para outra. A primeira lei da termodinâmica, também conhecida como lei da conservação de energia, pode ser aplicada para a contração muscular. Ela determina que o aumento da energia interna de um sistema é igual à quantidade de energia adicionada a este pelo aquecimento mais a quantidade adicionada na forma de trabalho realizado no sistema. Durante o exercício, a energia química, na forma de ATP, é transformada em energia mecânica, na forma de contração muscular. Sem a energia química da quebra do ATP, a energia mecânica como contração muscular não poderia ocorrer.

A origem da energia química que assimilamos em nosso corpo é um processo anabólico chamado fotossíntese. Na fotossíntese, as plantas verdes, na presença

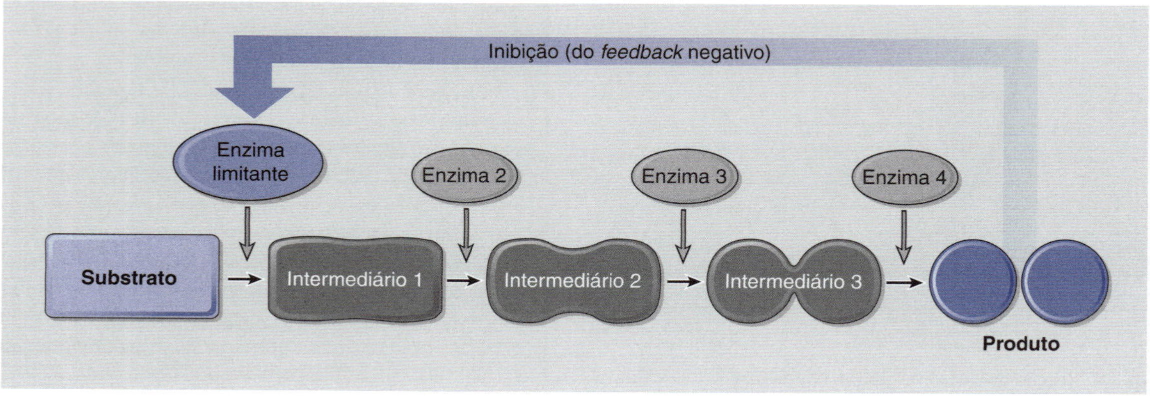

FIGURA 1.7 Inibição de uma reação química. Uma enzima limitante é inibida pelo produto final da reação por meio do mecanismo de *feedback* negativo.

da luz solar e da clorofila, absorvem dióxido de carbono e água e os convertem em carboidrato (um composto de carbono/hidrogênio/oxigênio), e o oxigênio é liberado na atmosfera. É essa reação que converte a energia solar na energia química de que precisamos para viver e que também reabastece de oxigênio a atmosfera. Esse composto de carboidrato formado nas plantas verdes é a forma básica de energia necessária para os seres humanos. Sua estrutura de carbono pode ser modificada por meio de reações anabólicas para formar gorduras, que também contêm carbono, hidrogênio e oxigênio, e proteínas, que contêm carbono, hidrogênio, oxigênio e nitrogênio.

SISTEMAS ENERGÉTICOS

Três sistemas energéticos distintos, porém fortemente integrados, operam juntos, de forma coordenada, para fornecer energia para a contração muscular: o sistema de fosfocreatina, o sistema glicolítico anaeróbio e o sistema oxidativo. Os sistemas de fosfocreatina e glicolítico anaeróbio fornecem ATP a uma taxa alta para sustentar a contração muscular durante explosões curtas de exercício de alta intensidade, tais como um *sprint* de 200 m. A quantidade de ATP suprida por estes, contudo, é limitada.

> *Três sistemas energéticos fornecem ATP para o trabalho muscular: o sistema de fosfocreatina, o sistema glicolítico anaeróbio e o sistema oxidativo.*

O sistema oxidativo predomina durante exercícios de intensidade baixa a moderada, quando há oxigênio disponível para o músculo. Em intensidades de exercício mais baixas, como durante uma caminhada, a demanda de ATP é baixa, e a energia pode ser suprida a uma taxa elevada o suficiente pelos sistemas energéticos oxidativos (19). Em intensidades de exercício mais altas, a demanda de ATP é alta, e a energia não pode ser suprida somente pelo metabolismo oxidativo (19). Portanto, o sistema glicolítico anaeróbio deve preencher essa lacuna entre o sistema de fosfocreatina e o oxidativo. Durante o exercício de alta intensidade, o suprimento de ATP deve ser derivado dos sistemas energéticos de fosfocreatina e glicolítico anaeróbio.

É importante notar que todos os três sistemas energéticos estão ativos em um dado ponto no tempo, mas um sistema predominará com base nas condições desse tempo (Tabela 1.1). Cada sistema energético opera como um *dimmer*, no sentido de que não está completamente desligado, mas em transição de um sistema para o próximo, com base nas demandas de energia do músculo durante o exercício. A Figura 1.8 traz uma representação gráfica da sobreposição e da duração dos principais sistemas energéticos. O Quadro 1.2 oferece um resumo da transição de um sistema para o seguinte.

> *A intensidade do exercício é a variável mais importante relacionada a qual sistema energético é ativado para produzir ATP para o trabalho muscular.*

A intensidade, a duração e a modalidade de exercício são decisivas na determinação de qual sistema energético predominará durante o exercício, embora a intensidade do exercício tenha o papel mais importante na indicação de qual será ativado.

A intensidade do exercício é prescrita utilizando-se uma porcentagem do consumo máximo de oxigênio (%$\dot{V}O_{2máx}$). O consumo máximo de oxigênio é definido como a maior quantidade de utilização de oxigênio que ocorre durante o exercício dinâmico e é medido em mL/kg/min ou L/min. Por exemplo, pode-se prescrever para um indivíduo um exercício que demande 70% do seu $\dot{V}O_{2máx}$.

TABELA 1.1 Os sistemas energéticos e suas contribuições aproximadas para várias durações de exercício *em intensidade máxima (1)*

Sistema energético	Duração
Sistema de fosfocreatina	0-10 s
Sistema de fosfocreatina e sistema glicolítico (lento)	10-30 s
Sistema glicolítico (rápido)	30 s-2 min
Sistema glicolítico (rápido) e sistema oxidativo	2-3 min
Sistema oxidativo	< 3 min e repouso

Nota: Em intensidade submáxima, cada sistema pode suprir ATP por um período mais longo. A recuperação de todos os tipos de gasto energético é aeróbia.

Fonte: Adaptada com permissão de Bassett DR Jr., Howley ET. Limiting factor for maximum oxygen uptake and determinants of endurance performance. Med Sci Sports Exerc 2000;32(1):70-84.

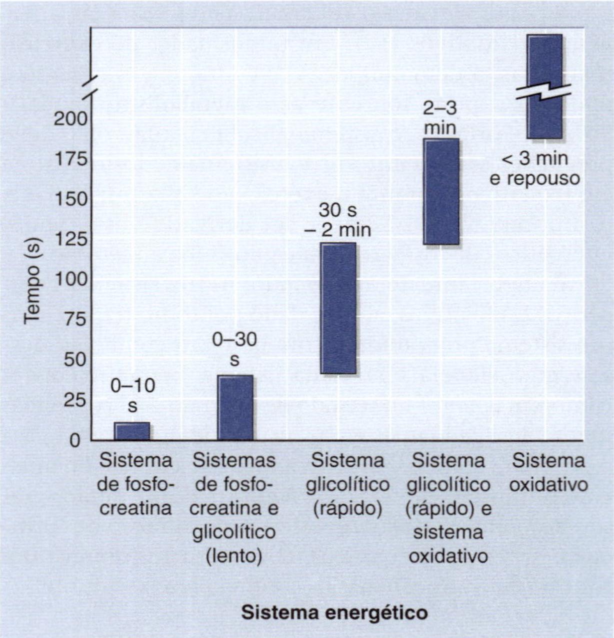

FIGURA 1.8 Os sistemas energéticos e suas contribuições aproximadas a várias durações de exercício em intensidade máxima. Note a sobreposição e a duração dos vários sistemas energéticos.

Entender como um sistema energético específico é convertido durante várias atividades e/ou eventos esportivos pode ajudar o treinador de força a desenvolver programas metabolicamente específicos.

O sistema de fosfocreatina

O ATP é quebrado para liberar energia (um processo catabólico) e pode ser regenerado a partir de suas partes componentes: um grupamento adenosina e três **grupamentos fosfato**. Inversamente, é necessário energia para adicionar um grupamento fosfato a um grupamento adenosina, o que é um processo anabólico. O Quadro 1.3 lista as características do sistema de fosfocreatina.

Quando a energia muscular é necessária por um curto período, o sistema de fosfocreatina é capaz de suprir a maior parte do ATP necessário. Esse sistema também suprirá energia nos estágios iniciais de todos os tipos de exercício. O ATP é produzido no sistema de fosfocreatina anaerobiamente (sem a presença de oxigênio). Três reações básicas ocorrem no sistema de fosfocreatina (Fig. 1.9). Quando a atividade física inicia, o ATP armazenado nos músculos é utilizado. Todas as atividades são iniciadas anaerobiamente, já que se leva tempo para se começar a produzir ATP aerobiamente. O sistema de fosfocreatina pode regenerar ATP anaerobiamente, permitindo que a atividade anaeróbia prossiga em um nível máximo ou próximo do máximo, mas somente por um curto período.

REAÇÃO DA MIOSINA ATPase

A primeira reação no sistema de fosfocreatina é a quebra de ATP em ADP + Pi na presença da enzima miosina ATPase. Essa reação produz energia para a contração muscular anaerobiamente. Parte do ATP é armazenada nos músculos para realizar essa tarefa. Conforme mencionado, a iniciação de toda atividade depende desse ATP armazenado. Seguindo-se à quebra inicial de ATP, há duas reações que regeneram ATP anaerobiamente. Essas reações são geralmente denominadas com base nas enzimas que as catalisam: a reação creatinacinase e a reação miocinase.

QUADRO 1.2 TRANSIÇÃO DO SISTEMA ENERGÉTICO

O recrutamento e/ou a ativação dos sistemas energéticos durante o exercício são análogos a um *dimmer* que controla o nível de iluminação de uma sala. O sistema energético de fosfocreatina é o primeiro sistema energético recrutado, seguido pela glicólise anaeróbia e pela fosforilação oxidativa (p. ex., metabolismo aeróbio). O *dimmer* fornece mais luz à medida que o botão é girado para cima e menos luz conforme é girado para baixo. Essa relação aplica-se a todos os sistemas energéticos - de fosfocreatina, de glicólise anaeróbia e oxidativo. À medida que o exercício progride, ocorre a transição de um sistema energético para o seguinte, de modo a fornecer o ATP necessário para suprir a energia de que os músculos precisam para trabalhar. Assim que um sistema vai-se tornando ineficiente, o próximo começa a assumir a demanda de produção de energia.

QUADRO 1.3 CARACTERÍSTICAS DO SISTEMA DE FOSFOCREATINA

1. Envolve apenas uma reação química.
2. É catalisado pela enzima creatinacinase (CK).
3. Sua reação química é muito rápida.
4. É gerado um ATP por molécula de fosfocreatina.
5. A reação dura de 5 a 10 s em intensidade máxima.
6. É anaeróbio.
7. A fadiga está associada com a depleção de fosfocreatina.
8. É o sistema energético dominante em eventos de velocidade e potência.

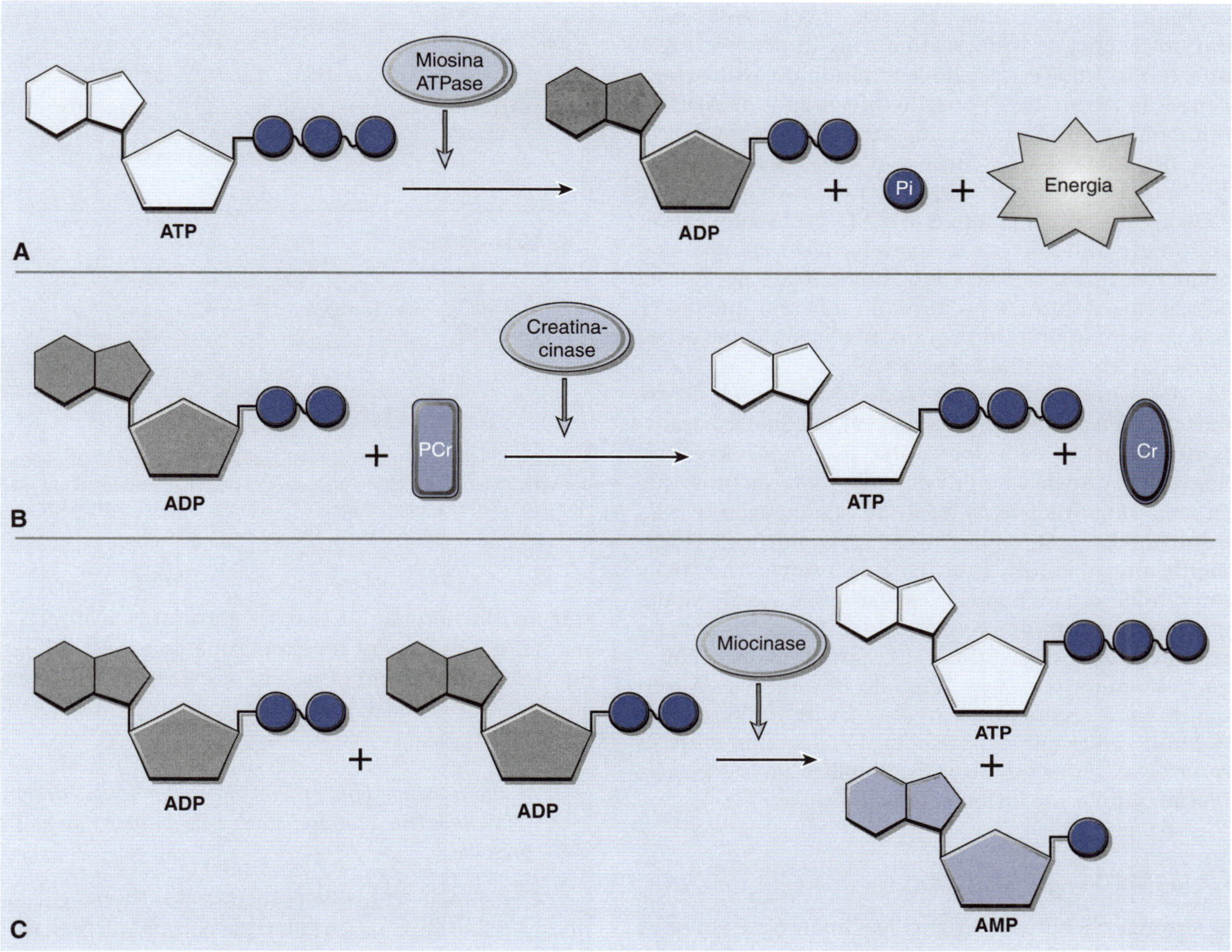

FIGURA 1.9 Reações do sistema fosfagênio. **A.** Reação da miosina ATPase; **B.** reação da creatinacinase; e **C.** reação da miocinase.

REAÇÃO DA CREATINACINASE

Na reação da creatinacinase, a fosfocreatina é combinada com ADP na presença da enzima creatinacinase para formar um novo ATP.

REAÇÃO DA MIOCINASE

Uma segunda reação que pode regenerar ATP anaerobiamente por um curto período é a reação da miocinase, que o regenera a partir de dois ADPs. Essa reação resulta na produção de uma molécula de ATP e uma molécula de monofosfato de adenosina (AMP). A produção do AMP é importante para o controle do metabolismo, já que ele é um potente estimulador da glicólise.

Em suma, o ATP utilizado no sistema de fosfocreatina inicia com a energia proveniente dos carboidratos (ou das gorduras, ou das proteínas), com a energia do alimento armazenado nas ligações químicas entre a adenosina e o fosfato (ver Fig. 1.2). O ATP é quebrado para fornecer energia e pode também ser "recarregado" anaerobiamente. Quando o ATP é renegerado, a energia é armazenada. Quando é utilizado para energia, esta é liberada. O ATP é a fonte final de energia para a contração muscular.

Regulação da produção de energia

A **carga energética da célula (razão ATP/ADP)** tem um papel essencial na regulação do sistema de fosfocreatina. A carga energética da célula muscular fornece informações sobre a quantidade de energia (ATP) disponível no músculo para sustentar a atividade. Uma concentração aumentada de ADP na célula estimula a creatinacinase, a enzima essencial de controle regulador do sistema de fosfocreatina. Um aumento no ATP intracelular inibe essa enzima, diminuindo assim a taxa de reação enzimática. Portanto, níveis altos de ADP estimulam a creatinacinase, que acelera a quebra de PCr + ADP → ATP + Cr e fornece energia para o exercício de alta intensidade e curta duração. Níveis altos de ADP no músculo refletem que o ATP está sendo extensivamente utilizado por ele para fornecer energia para gerar força, como ocorre em uma corrida de 200 m. Níveis baixos de ADP no músculo refletem que o ATP não está sendo utilizado em um nível alto, como acontece em uma caminhada lenta.

A ressíntese pós-exercício de fosfocreatina ocorre entre 2 e 3 min de recuperação (19), mediante o transporte energético de fosfocreatina. Esse processo envolve o transporte de Cr e PCr entre os locais de utilização (p. ex., miofibrilas) e os locais de regeneração (p. ex., mitocôndrias). Quando estiver treinando especificamente a recuperação do sistema de fosfocreatina, pode ser vantajoso para o atleta realizar *sprints* de 37 m para permitir 2-3 min de recuperação, a fim de otimizar a ressíntese de fosfocreatina (12). Isso também se aplica ao treinamento de força, quando um atleta está treinando para recuperação do sistema de fosfocreatina. Permitir um tempo de recuperação adequado entre os *sprints* e as séries de força disponibiliza mais ATP pela reação química de fosfocreatina.

O sistema glicolítico

O sistema glicolítico, ou glicólise anaeróbia, envolve a quebra de carboidrato anaerobiamente para produzir energia. As gorduras e as proteínas não podem ser metabolizadas nesse sistema. O carboidrato (substrato) provém da glicose sangüínea ou do glicogênio estocado no fígado ou nos músculos. Os dois tipos de glicólise são a glicólise rápida e a glicólise lenta (Fig. 1.10). A glicólise lenta é, às vezes, chamada "glicólise aeróbia" (7), porque o piruvato é convertido em acetil-CoA na presença de oxigênio e em ácido lático na ausência de oxigênio. O Quadro 1.4 fornece uma analogia para as fases de investimento e de geração de ATP na glicólise.

A glicólise rápida quebra a glicose (CHO) em piruvato e, finalmente, em ácido lático anaerobiamente, com a produção líquida de dois ATPs. Se o glicogênio for o substrato, um ATP é poupado, e há uma produção líquida de três ATPs.

A glicólise lenta é o caminho que o piruvato toma se há oxigênio suficiente para o metabolismo aeróbio. Na presença de oxigênio, o piruvato é convertido, por uma série de reações bioquímicas, em acetil-CoA, o primeiro composto no ciclo de Krebs. A glicólise lenta prepara o composto de carbono (piruvato) para entrar na rota aeróbia. As reações glicolíticas acontecem, na maioria dos casos, no citoplasma da célula, o meio aquoso entre a membrana celular e os núcleos. A reação final na glicólise lenta, do piruvato para o acetil-CoA, ocorre nas mitocôndrias.

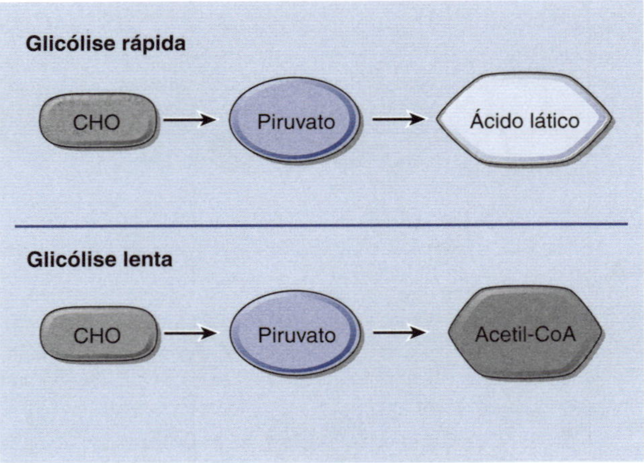

FIGURA 1.10 Reações das glicólises rápida e lenta. O piruvato é convertido em ácido lático na ausência de oxigênio e em acetil-CoA no ciclo de Krebs, na presença de oxigênio. CHO = carboidrato.

> *A glicólise anaeróbia produz um ganho líquido de dois ATPs, mas tem a capacidade de agir quando não há O_2 presente.*

A enzima de controle regulador do sistema glicolítico é a fosfofrutocinase (PFK). Ela é a enzima limitante que controla a taxa de glicólise. A PFK é inibida por

QUADRO 1.4 FASES DE INVESTIMENTO E DE GERAÇÃO DE ATP NA GLICÓLISE

Nas fases iniciais da glicólise anaeróbia, dois ATPs precisam ser investidos no sistema, e quatro ATPs são produzidos ao final, para um ganho líquido de dois ATPs. Esse investimento de ATPs é como um investimento em um certo tipo de ações (p. ex., da IBM), e a geração de ATP é como um lucro obtido desse estoque. Assim, um total líquido de dois ATPs é gerado do metabolismo de uma molécula de glicose na glicólise. A glicólise é semelhante a um investimento em ações em que você investe R$ 200,00 e recebe de volta R$ 400,00 ao final do trimestre. Portanto, você tem um ganho líquido de R$ 200,00, ou o dobro do que você tinha quando investiu inicialmente nas ações.

níveis altos de ATP, fosfocreatina, citrato, ácidos graxos livres e um pH marcadamente reduzido. É estimulada por concentrações altas de fosfato inorgânico (Pi), ADP, fosfato e amônia, e é fortemente estimulada pelo AMP. O Quadro 1.5 resume as características básicas do sistema glicolítico.

O sistema oxidativo

O sistema oxidativo oxida ou "queima" aerobiamente carboidratos (ou outras estruturas que contenham carbono obtidas da gordura e da proteína). Os combustíveis preferidos para o metabolismo aeróbio são os carboidratos e as gorduras, mas a proteína pode ser **desaminada** pela remoção do grupamento amino, o componente nitrogenado do composto carbono/hidrogênio/oxigênio/nitrogênio, e pela oxidação do composto carbono/hidrogênio/oxigênio remanescente. O sistema oxidativo é um processo complexo que envolve duas partes: o ciclo de Krebs (ciclo do ácido cítrico) (Fig. 1.11) e o sistema de transporte de elétrons (STE) (Fig. 1.12).

O ciclo de Krebs é uma série complexa de reações metabólicas controladas por enzimas. Localiza-se nas mitocôndrias, o local de produção aeróbia de ATP, e tem papel essencial na oxidação de carboidratos, gorduras e proteínas. A cadeia de transporte de elétrons está localizada na membrana interna das mitocôndrias e é responsável pela produção aeróbia de ATP. O ciclo de Krebs gera elétrons na forma de íons de hidrogênio transportados pelo STE por carregadores de elétrons (FAD^+ ou NAD^+). É no STE que muitas moléculas de ATP são geradas. As reações metabólicas aeróbias ocorrem nas mitocôndrias, organelas dentro da membrana celular no citoplasma. Uma molécula de glicose oxidada produz aerobiamente 36 a 38 ATPs (7).

O sistema aeróbio pode produzir muito mais ATPs por molécula do que o sistema anaeróbio, mas não pode produzir ATP rapidamente: a intensidade deve permanecer em estado de equilíbrio ou abaixo dele.

As gorduras também podem ser oxidadas aerobiamente para formar ATP. Primeiro, elas são quebradas em glicerol e ácidos graxos livres. Os três ácidos graxos livres entram nas mitocôndrias e, mediante um processo chamado betaoxidação, são degradados em acetil-CoA e átomos de hidrogênio. O acetil-CoA entra no ciclo de Krebs diretamente como composto intermediário.

Embora não seja uma fonte de energia preferida, a proteína pode ser quebrada e oxidada aerobiamente. Primeiro, as proteínas são catabolisadas em seus componentes menores, os aminoácidos. Os aminoácidos podem então ser desaminados. A porção carbono/hidrogênio/oxigênio do composto pode ser convertida em glicose por meio da gliconeogênese, piruvato e outros intermediários do ciclo de Krebs. A contribuição dos aminoácidos para a produção de energia é mínima para atividades anaeróbias mas pode contribuir com até 18% das demandas de energia para o exercício aeróbio (3). Os aminoácidos de cadeia ramificada são os principais aminoácidos utilizados pelo músculo esquelético para produção de energia. O resíduo de nitrogênio, a porção amino do aminoácido, é eliminado do corpo como uréia ou amônia. A amônia contribui potencialmente para a fadiga (18).

O controle do sistema oxidativo está relacionado a vários fatores. Primeiro, quantidades adequadas de FAD^+ devem estar presentes para transportar íons de hidrogênio para dentro do STE. Uma redução de FAD^+ e NAD^+ leva a uma diminuição da taxa de metabolismo oxidativo. O STE é inibido por concentrações altas de ATP e estimulado por concentrações altas de ADP (7). O Quadro 1.6 resume as características do sistema oxidativo.

QUADRO 1.5 CARACTERÍSTICAS DO SISTEMA GLICOLÍTICO

1. De suas 18 reações químicas, seis são repetidas.
2. Abrange 12 compostos químicos e 11 enzimas.
3. A fosfofrutocinase (PFK) é a enzima limitante.
4. É rápido, mas não tanto quanto o sistema de fosfocreatina.
5. Utiliza dois ATPs, se o substrato for a glicose, e três, se for o glicogênio.
6. É anaeróbio.
7. Funciona por 1 a 2 min em alta (não máxima) intensidade.
8. A fadiga associada com pH diminuído reflete um aumento em íons de hidrogênio.
9. É o sistema energético predominante em exercício não-máximo de alta intensidade (p. ex., uma corrida de 800 m).

LACTATO

O ácido lático resultante da glicólise rápida é imediatamente tamponado e convertido em um sal chamado lactato. Embora o ácido lático seguramente esteja associado com a fadiga, o lactato torna-se um substrato que pode ser reconvertido em piruvato e utilizado no

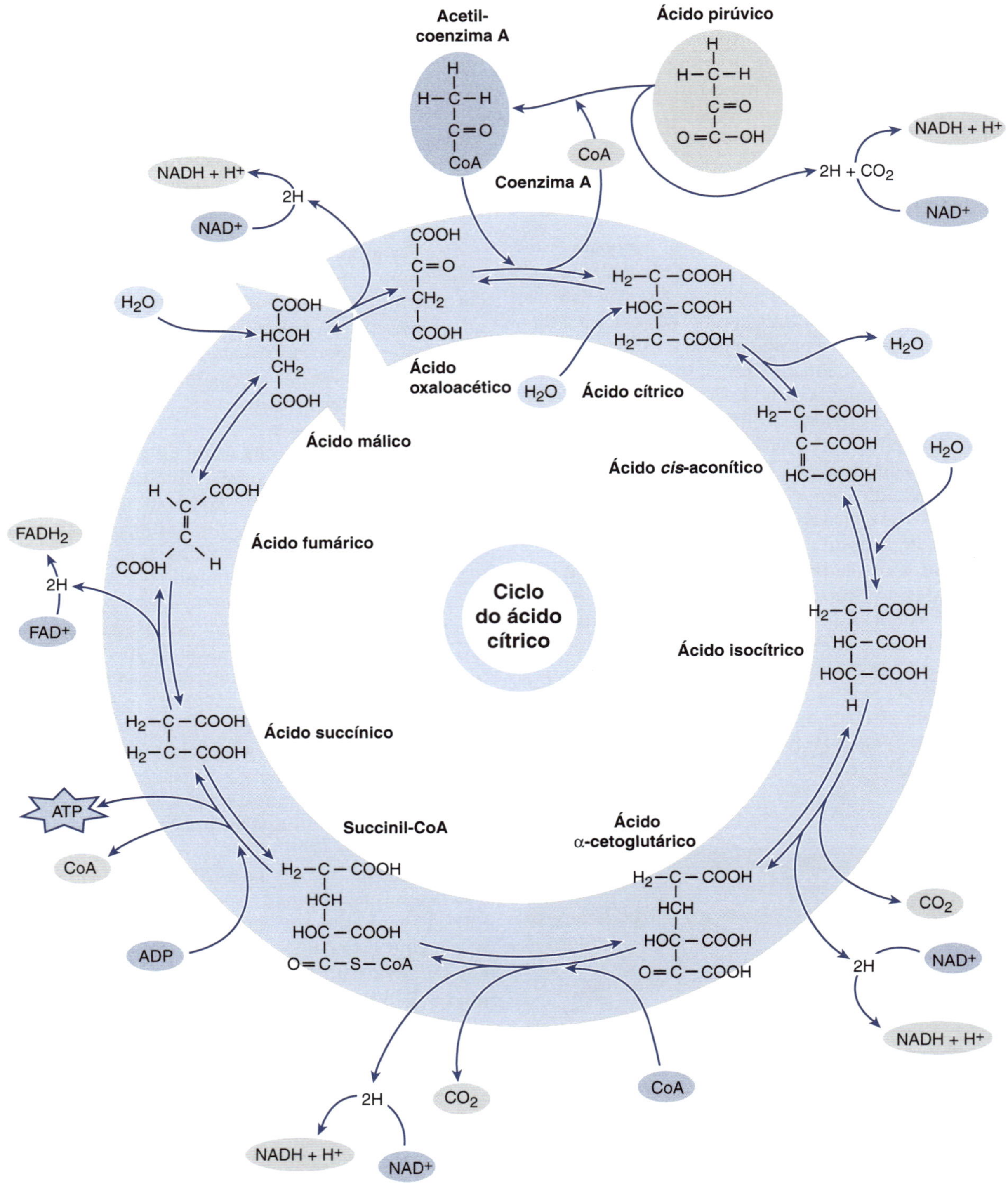

FIGURA 1.11 Ciclo de Krebs. Também conhecido como ciclo do ácido cítrico, é uma série complexa de reações metabólicas controladas por enzimas.

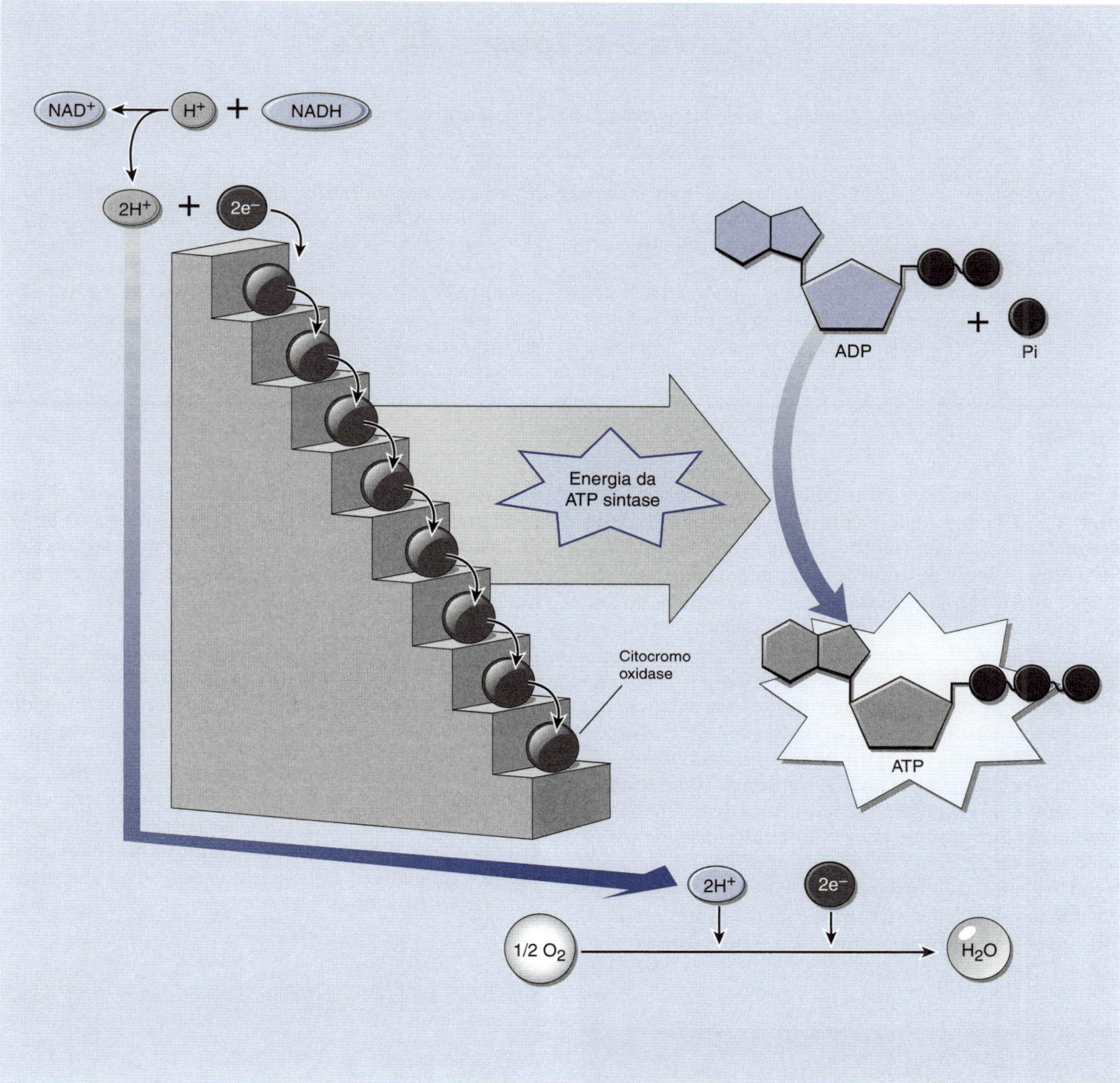

FIGURA 1.12 Sistema de transporte de elétrons (STE), responsável pela produção aeróbia de ATP.

ciclo de Krebs, particularmente no coração e nas fibras musculares de contração lenta (3,8).

O ácido lático produzido durante o exercício de alta intensidade é rapidamente convertido em lactato. O lactato é um composto metabólico útil que pode ser transportado para o fígado e transformado em glicose em um processo chamado "glicogênese". Pode ser utilizado pelo corpo como combustível durante a recuperação do exercício.

O lactato já foi percebido como um resíduo metabólico; hoje, no entanto, é considerado uma importante fonte de combustível. A hipótese do transporte de lactato explicava que o lactato tinha uma importante função na distribuição da energia do carboidrato entre vários tecidos e compartimentos celulares (6). A hipótese original do transporte de lactato foi depois renomeada para "transporte de lactato célula-célula" (4), que envolve o transporte do lactato produzido por fibras musculares de contração rápida (tipo IIx), durante

Pergunta e resposta da área

Sempre ouvi dizer que o ácido lático causa fadiga. É verdade?

O ácido lático é um subproduto do metabolismo anaeróbio. O exercício anaeróbio é, por definição, de alta intensidade, e o produto final será o ácido lático. Também por definição, o exercício anaeróbio de alta intensidade levará à fadiga rapidamente. De certo modo, a produção de ácido lático é paralela à fadiga. Também pode ser que suas moléculas interfiram na contração muscular eficiente. O ácido lático é também responsável pela queima imediata no músculo que está sendo exercitado em uma intensidade alta. Essa queima não deve ser confundida com a dor muscular tardia que ocorre ao longo das 24 a 48 horas seguintes, a qual não se deve ao ácido lático. O ácido lático produzido é rapidamente tamponado em lactato. O lactato pode ser transportado para o fígado e convertido em glicose. Ele é uma fonte de energia útil para recuperação do exercício anaeróbio intenso.

o exercício, para fibras musculares de oxidação lenta (tipo 1). O lactato produzido pelas fibras musculares de oxidação rápida é transportado diretamente para as fibras musculares de contração lenta adjacentes, onde ocorre a oxidação. Algo em torno de 75 a 80% do lactato é descartado pela oxidação, e o restante é convertido em glicose ou glicogênio, em um processo chamado glicogênese (5). Durante esse processo, o composto deixa as fibras musculares de contração rápida, circula pelo sangue e é distribuído para o fígado, onde ocorre a formação de glicose, a partir de não-carboidratos.

O lactato sangüíneo pode ser utilizado como teste de laboratório para predizer o desempenho de resistência. O teste usual incorporado para estimar a velocidade máxima em estado de equilíbrio é o limiar de lactato. Para determiná-lo, um sujeito corre em uma esteira ergométrica em várias velocidades de corrida, em diferentes estágios, até não conseguir mais continuar. Durante cada estágio, obtém-se uma amostra de seu sangue para fornecer uma medida da concentração de lactato sangüíneo. O limiar de lactato (LL) representa o ponto em que o lactato sangüíneo começa a aumentar de modo não-linear, em uma intensidade de exercício específica (Fig. 1.13).

O limiar de lactato é um fator importante no desempenho. Se dois atletas participantes de um evento aeróbio tiverem o mesmo $\dot{V}O_{2máx}$, o atleta com o maior limiar de lactato provavelmente vencerá a competição.

A velocidade de corrida em que ocorre o limiar de lactato é utilizada como um preditor de desempenho (1). A medida da velocidade de corrida máxima em estado de equilíbrio é útil na predição do sucesso em eventos do gênero, em distâncias de 3 km até a maratona (8-10,14-16).

QUADRO 1.6 CARACTERÍSTICAS DO SISTEMA OXIDATIVO

1. Abrange 124 reações químicas.
2. Contém 30 compostos e 27 enzimas.
3. As enzimas limitantes são PFK, ID e CO.
4. Opera lentamente.
5. Um ATP a menos é produzido se a glicose for o substrato, comparada ao glicogênio.
6. Tem duração potencialmente ilimitada em uma intensidade mais baixa.
7. A fadiga do sistema está associada com a depleção de combustível (glicogênio muscular).
8. É o sistema energético predominante em eventos de resistência, tais como as maratonas.

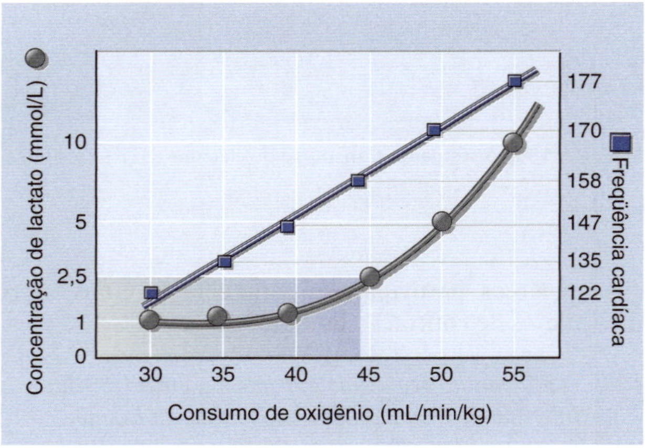

FIGURA 1.13 Limiar de lactato, que representa o ponto em que o lactato sangüíneo começa a aumentar de modo não-linear, em uma intensidade de exercício específica (18). À medida que a intensidade aumenta, os níveis sangüíneos de ácido lático começam a acumular-se de forma exponencial.

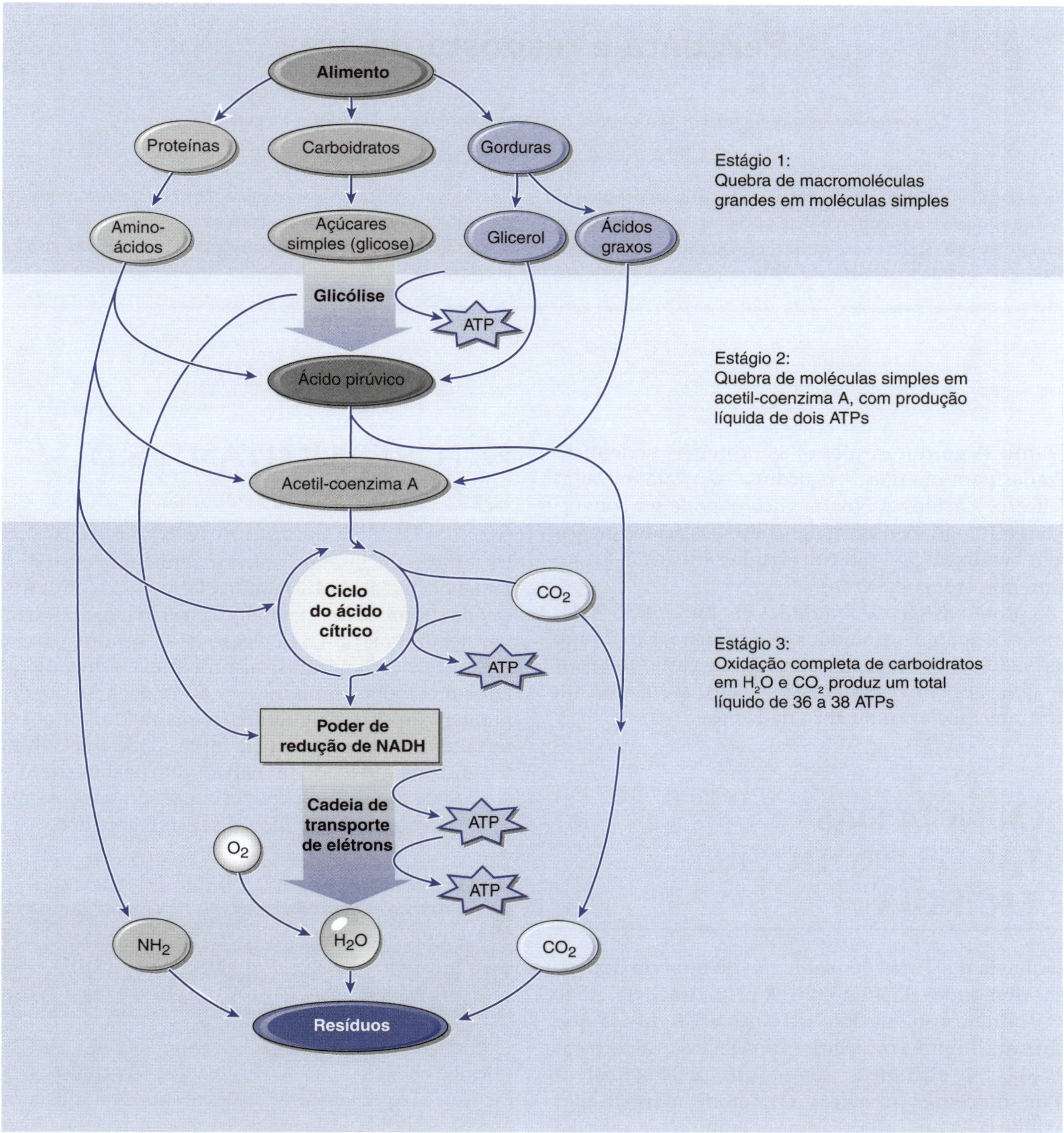

FIGURA 1.14 Resumo dos processos catabólicos envolvidos na quebra de alimento em energia.

RESUMO DOS PROCESSOS CATABÓLICOS NA PRODUÇÃO DE ENERGIA CELULAR

A Figura 1.14 resume a quebra de alimento (processo catabólico) para a produção de energia. O alimento que ingerimos é composto de gorduras, carboidratos e proteínas. Os carboidratos são quebrados em glicose sangüínea, que pode ser usada para energia ou estocada como glicogênio. Quando as reservas de glicogênio no fígado e nos músculos estão cheias, a glicose é armazenada como gordura. A glicose, por meio da glicólise, é convertida em ácido pirúvico e depois em ácido lático, na ausência de oxigênio (glicólise rápida), ou em acetil-CoA, se há oxigênio na célula. O acetil-CoA entra, então, no ciclo de Krebs e no sistema de transporte de elétrons para produzir ATP, com os conseqüentes produtos finais de CO_2 e H_2O.

Pergunta e resposta da área

Os carboidratos que ingerimos são sempre armazenados como carboidrato no corpo?

A quantidade de glicose que pode estar contida no sangue e a quantidade de glicogênio que pode ser armazenada no fígado e nos músculos são limitadas. Quando a quantidade de carboidrato contida no sangue como glicose e no fígado e no músculo como glicogênio é máxima, o excesso de calorias consumido pode ser convertido em gordura. Você não precisa comer gordura para armazenar gordura corporal.

Tanto as gorduras quanto as proteínas podem ser utilizadas para energia. As gorduras são catabolizadas em glicerol e ácidos graxos. O glicerol pode ser convertido em piruvato e entrar na glicólise. Os ácidos graxos sofrem betaoxidação, são convertidos em acetil-CoA e entram no sistema de Krebs.

As proteínas são catabolizadas em aminoácidos. Os aminoácidos são desaminados, e o grupamento amino é secretado como uréia. O composto de carbono resultante pode ser convertido em piruvato, acetil-CoA ou outros intermediários do ciclo de Krebs.

EFICIÊNCIA DAS ROTAS DE PRODUÇÃO DE ENERGIA

A eficiência das rotas de produção de energia depende das demandas da atividade. À primeira vista, pode parecer que a rota aeróbia é a mais eficiente, já que produz muito mais moléculas de ATP do que as rotas anaeróbias. A eficiência, no entanto, pode ser calculada de diferentes maneiras. O método mais simples de examiná-la em cada sistema metabólico é relativo à tarefa em questão. Se a tarefa for um *sprint* de 100 m, o sistema oxidativo será muito ineficiente, uma vez que ele não tem o tempo requerido para produzir ATP. Da mesma forma, se a modalidade for a maratona, as rotas anaeróbias serão bem menos eficientes, já que não têm a capacidade de produzir ATP por um longo período. Tendo em vista essa lógica, os sistemas energéticos anaeróbios são os mais eficientes em produzir ATP imediatamente, e o sistema energético aeróbio é o mais eficiente para produzir ATP por um período continuado. O Quadro 1.7 oferece uma analogia para explicar melhor a eficiência desses sistemas.

FATORES LIMITANTES DO DESEMPENHO

Os fatores que limitam o desempenho do ponto de vista metabólico (Tabela 1.2) estão relacionados com a formação de subprodutos metabólicos (ácido lático e, possivelmente, amônia) ou a depleção de PCr ou de substratos (gorduras, carboidratos ou proteínas). Obviamente, o fator metabólico limitante em uma dada atividade dependerá do sistema energético envolvido, o qual é determinado basicamente pela intensidade e pela duração desta. Uma atividade de baixa intensidade, como uma corrida de longa distância, resultará fundamentalmente na depleção de glicogênio muscular e hepático.

QUADRO 1.7 EFICIÊNCIA DOS SISTEMAS ENERGÉTICOS AERÓBIO E ANAERÓBIO

A eficiência deve ser associada a uma tarefa específica. Por exemplo, um veículo movido a um sistema híbrido gás-elétrico é mais econômico ou eficiente em termos de quilômetros por litro do que um enorme caminhão 4 x 4 para uma viagem *cross country*, mas o caminhão é mais eficiente ao carregar ou puxar uma carga pesada ou subir um morro íngreme. A eficiência deve ser vista como específica da tarefa. Os sistemas energéticos anaeróbios são mais eficientes em produzir ATP rapidamente. O sistema aeróbio é muito ineficiente na produção de ATP se a demanda for imediata, mostrando-se mais eficiente em produzir ATP durante mais tempo e com uma carga de trabalho menor. O sistema anaeróbio, como o caminhão, é ineficiente para realizar um trabalho de baixa intensidade por um longo período. O sistema aeróbio, como o híbrido, é ineficiente para trabalhar em alta intensidade, como na tração de cargas pesadas ou na subida de um morro íngreme.

TABELA 1.2 Fatores metabólicos que limitam o desempenho

Atividade	Principais fatores limitantes
Maratona	Glicogênio muscular, glicogênio hepático
De alta intensidade repetida (9 x 37 m)	ATP, glicogênio muscular, pH reduzido
De alta intensidade (400 m)	pH reduzido

Atividades de alta intensidade que não são repetidas em intervalos curtos (i.e., intercaladas por uma grande quantidade de repouso) não apresentam praticamente nenhum fator metabólico limitante. Em atividades de alta intensidade repetidas, o glicogênio muscular, o ATP/PCr e a redução do pH são todos possíveis fatores limitantes. Os íons de hidrogênio desprendidos da formação de ácido lático têm mostrado diminuir a produção de força no músculo esquelético (13), possivelmente pela competição com os sítios de ligação na troponina.

CONSUMO DE OXIGÊNIO

Consumo de oxigênio é a capacidade do corpo de absorver e usar esse elemento para produzir energia. Pode ser estimado utilizando-se um analisador de gases, que pode medir o conteúdo de oxigênio do ar inspirado e expirado. O consumo máximo de oxigênio é considerado uma medida da **resistência cardiorrespiratória**. É também representado por $\dot{V}O_{2máx}$, que pode ser medido em mililitros/quilograma/peso corporal (mL/kg/pc) ou em litros/minuto (L/min). O $\dot{V}O_{2máx}$ é medido em mL/kg/min quando dois indivíduos estão sendo comparados, pois o peso corporal influencia o consumo máximo de oxigênio. O segundo índice (L/min) é utilizado quando os dados de um indivíduo estão sendo comparados de um teste para outro. De uma perspectiva prática, um treinador desenvolve um programa de treinamento para seus atletas de *cross country* e deseja medir o impacto desse programa no $\dot{V}O_{2máx}$ dos atletas. Antes de iniciar o programa de treinamento, o treinador obtém uma medida de referência do $\dot{V}O_{2máx}$, e depois o programa começa. Então, o treinador realiza um segundo teste de $\dot{V}O_{2máx}$ nos atletas, para determinar se ocorreram alterações significativas em seus respectivos valores.

Um acréscimo importante ao teste de $\dot{V}O_{2máx}$ seria a capacidade de obter níveis de lactato sangüíneo durante o teste. O treinador faria seus atletas correrem numa esteira ergométrica em várias velocidades e obteria uma amostra de lactato sangüíneo em cada estágio do protocolo. As informações obtidas incluiriam:

1. Em que $\dot{V}O_2$ ocorre o limiar de lactato?
2. Em que porcentagem do $\dot{V}O_{2máx}$ ocorre o limiar de lactato?
3. Em que velocidade de corrida ocorre o limiar de lactato?
4. Em que freqüência cardíaca (os indivíduos precisariam de um monitor de freqüência cardíaca) foi alcançado o limiar de lactato?

As informações fornecidas podem ajudar o treinador e os atletas a planejarem um programa específico com base nos seus $\dot{V}O_{2máx}$ que indique em que ponto e/ou porcentagem ocorreu o LL e quais freqüências cardíacas (FCs) foram alcançadas no LL.

Na recuperação do trabalho anaeróbio, a energia (ATP) é suprida aerobiamente. Considerando-se que leva tempo para o sistema oxidativo começar a produzir ATP suficiente para sustentar uma atividade aeróbia, todo exercício é sustentado inicialmente pelo metabolismo anaeróbio. A porção inicial da energia suprida anaerobiamente é denominada déficit de oxigênio. Após o exercício, o "complemento" deve ser reabastecido aerobiamente. Esse reabastecimento do sistema anaeróbio é denominado débito de oxigênio, ou excesso de consumo de oxigênio pós-exercício (EPOC). O termo *EPOC* é mais preciso do que *débito de oxigênio*. O termo *débito* implica uma reposição direta do déficit ou complemento inicial. O EPOC delimita diversos processos metabólicos que entram em funcionamento pós-exercício, tais como:

1. FC elevada durante a recuperação.
2. Taxa de respiração elevada durante a recuperação.
3. Metabolismo elevado para dissipação do calor.
4. Metabolismo elevado para a quebra de hormônios liberados durante o exercício.
5. Ressíntese de reservas de ATP e CP.
6. Ressíntese de glicogênio proveniente do lactato.
7. Restauração de tecidos corporais (sangue e tecido muscular) com oxigênio (2,11,17).

O consumo de oxigênio, o déficit de oxigênio e o EPOC estão representados para o trabalho aeróbio na Figura 1.15A, e para o trabalho anaeróbio na Figura 1.15B. O exercício em que o suprimento de oxigênio é igual à demanda de oxigênio é denominado exercício em estado de equilíbrio. No exercício aeróbio, o metabolismo anaeróbio supre energia para os poucos minutos iniciais, criando um déficit de oxigênio. Embora parte desse déficit possa ser recuperada durante a atividade, deve haver a compensação após o exercício.

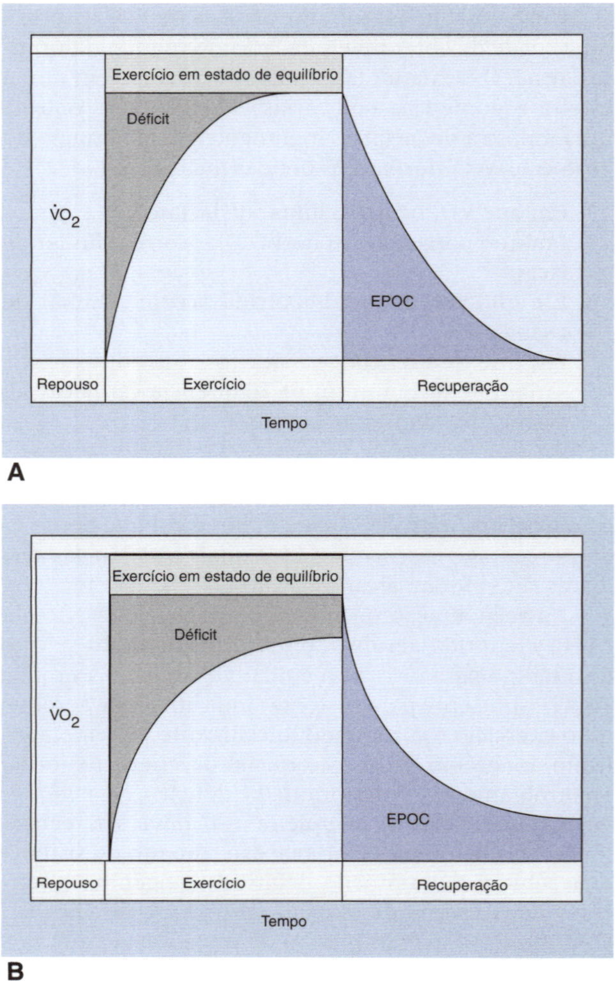

FIGURA 1.15 Déficit de oxigênio e EPOC (excesso de consumo de oxigênio pós-exercício). **A.** Para exercício aeróbio e **B.** para exercício anaeróbio.

Novamente, a energia para a atividade metabólica pós-exercício provém de fontes aeróbias. Com a atividade anaeróbia, observe que o déficit de oxigênio é muito maior, porque a demanda de energia é maior do que o estágio inicial de atividade aeróbia.

ESPECIFICIDADE METABÓLICA

A especificidade do treinamento é um conceito fundamental na área de treinamento e condicionamento. Se o treinamento tiver de ser específico para um esporte ou uma atividade real, então deve focar as mesmas rotas energéticas metabólicas utilizadas no esporte ou na atividade. É importante notar que todos os sistemas energéticos estão, de algum modo, ativos o tempo todo. E a intensidade da atividade também é um fator determinante para a determinação de qual deles será utilizado.

O treinamento dos sistemas energéticos envolve a manipulação da intensidade e da duração da atividade. A especificidade metabólica não significa que *todo* treinamento tenha exatamente a mesma intensidade e a mesma duração que a atividade. A maioria das atividades é difícil de classificar exatamente em termos de intensidade e duração. O Quadro 1.8 fornece exemplos de especificidade de treinamento.

RESUMO

Os conceitos da bioenergética são fundamentais para entender o desempenho humano, bem como as prescrições de exercícios que vão melhorá-lo. A fonte de energia para um esporte ou uma atividade específica depende de sua intensidade e sua duração. A quebra do alimento e a sua transformação na energia de que precisamos para nos movimentar e viver constituem um processo complexo. Considerando que a adaptação humana ao treinamento é específica ao tipo deste, devemos aprender a treinar atletas de forma tal que o sistema energético apropriado seja estimulado e incrementado no momento adequado.

QUADRO 1.8 EXEMPLOS DE ESPECIFICIDADE DE TREINAMENTO

1. Se o ponto médio do tênis for 6 s e a intensidade média for 60% da máxima, isso não significa que todo o treinamento deva ser realizado por 6 s a 60% da intensidade máxima. Alguns pontos são mais curtos, e outros, mais longos. Alguns são mais intensos, e outros, menos. A duração e a intensidade, então, devem ser usadas para determinar uma faixa razoável dentro da qual a maioria do treinamento deva ficar. A progressão do treinamento geral para o treinamento metabolicamente específico também é um fator.
2. Jogadores de futebol americano realizam predominantemente explosões curtas de alta intensidade. A explosão curta de atividade requer os sistemas energéticos fosfocreatina e glicolítico anaeróbio. Planejar um programa de condicionamento que inclua atividade de *sprint*/agilidade em 5 a 10 s de exercício sustentado de alta intensidade ativaria o sistema de fosfocreatina. O sistema energético glicolítico anaeróbio seria ativado durante os *sprints* mais longos (30 s a 2 min).

QUESTÕES TÉCNICAS

1. O treinamento dos sistemas energéticos é específico para cada esporte e pode ser específico para posições dentro de um esporte. Considere um jogador de futebol americano. Cite algumas coisas que você precisaria considerar ao planejar um programa de treinamento metabolicamente específico para um jogador de futebol americano.
2. O que acontece com o excesso de carboidrato que consumimos em nossa dieta quando as reservas de glicogênio muscular estão cheias?
3. Qual o destino do ácido lático que produzimos durante o exercício?

REFERÊNCIAS

1. Bassett DR Jr, Howley ET. Limiting factors for maximum oxygen uptake and determinants of endurance performance. Med Sci Sports Exerc 2000;32(1):70–84.
2. Borsheim E, Bahr R. The effect of exercise intensity, duration, and mode on excess post oxygen consumption. Sports Med 2003;33(14):1037–1060.
3. Brooks GA. Amino acid and protein metabolism during exercise and recovery. Med Sci Sports Exerc 1987(5 Suppl);19:S150–S156.
4. Brooks GA. Intra- and extracellular lactate shuttles. Med Sci Sports Exerc 2000;32(4):790–799.
5. Brooks GA. Lactate shuttles in nature. Biochem Soc Trans 2002;30(2):258–264.
6. Brooks GA. The lactate shuttle during exercise and recovery. Med Sci Sports Exerc 1986;18(3):360–368.
7. Brooks GA, Fahey TD, Baldwin K. Exercise Physiology: Human Bioenergetics and Its Applications. New York: McGraw-Hill, 2005.
8. Costill D, Thompson H, Roberts E. Fractional utilization of the aerobic capacity during distance running. Med Sci Sports 1973;5(4):248–252.
9. Farrell P, Wilmore J, Coyle EF, et al. Plasma lactate accumulation and distance running performance. Med Sci Sports 1979;11(4):338–344.
10. Foster C. Blood lactate and respiratory measurement of the capacity for sustained exercise. In: Maud P, Foster D, eds. Physiological Assessment of Human Fitness. Champaign, IL: Human Kinetics, 1995.
11. Gaesser GA, Brooks GA. Metabolic bases of excess post oxygen consumption. Med Sci Sports Exerc 1984;10(1):29–43.
12. Harris RC, Edwards RHT, Hultman E, et al. The time course of phosphocreatine resynthesis during recovery of the quadriceps muscle in man. Pfluegers Arch 1976;97: 92–397.
13. Hermansen L. Effect of metabolic changes on force generation in skeletal muscle during maximal exercise. In: Porter R, Whelan J, eds. Human Muscle Fatigue. London: Pitman Medical, 1981.
14. Lafontaine T, Londeree B, Spath W. The maximal steady state versus selected running events. Med Sci Sports Exerc 1981;13:190–192.
15. Lawler J, Powers S, Dodd S. A time saving incremental cycle ergometer protocol to determine peak oxygen consumption. Br J Sports Med 1987;21(4):171–173.
16. Lehmann M, Burg A, Kapp R, et al. Correlations between laboratory testing and distance running performance in marathoners of similar ability. Int J Sports Med 1983;4(4): 226–230.
17. Mole P. Exercise metabolism. In: Exercise Medicine: Physiological Principles and Clinical Application. New York: Academic Press, 1983.
18. Smith SA, Montain SJ, Matott RP, et al. Creatine supplementation and age influence muscle metabolism during exercise. J Appl Physiol 1998;85(4):1349–1356.
19. Spriet LL, Howlett RA, Heigenhauser GJF. An enzymatic approach to lactate production in human skeletal muscle during exercise. Med Sci Sports Exerc 2000;32(4): 756–763.

CAPÍTULO

2

Sistema cardiorrespiratório

JAY R. HOFFMAN

Introdução

A principal função do sistema cardiorrespiratório é suprir as demandas de energia do corpo. À medida que estas aumentam, como se pode esperar durante o exercício, o sistema cardiorrespiratório pode compensar aumentando a quantidade de oxigênio consumido e o volume de sangue bombeado para dentro da circulação. Durante o treinamento físico prolongado, os sistemas fisiológicos são capazes de se adaptar às demandas aumentadas. Essas adaptações são específicas ao tipo de estímulo de exercício apresentado. Este capítulo revisa os sistemas cardiovascular e respiratório, bem como as alterações observadas durante o exercício intenso e as adaptações que ocorrem durante o treinamento prolongado. Os fatores ambientais que afetam a função cardiorrespiratória também são discutidos.

SISTEMA CARDIOVASCULAR

O sistema cardiovascular consiste em uma elaborada rede de vasos que abrange o sistema circulatório e uma poderosa bomba (o coração) responsável pela distribuição de oxigênio e nutrientes para ativar órgãos e músculos, bem como pela remoção de resíduos do metabolismo. O coração é um órgão muscular de quatro câmaras localizado no centro da cavidade torácica. Sua fronteira anterior é o esterno, e limita-se posteriormente com a coluna vertebral. Os pulmões situam-se nas fronteiras laterais do coração. Abaixo do coração está o diafragma.

Morfologia do coração

O músculo cardíaco, chamado **miocárdio**, assemelha-se em aparência ao músculo esquelético estriado. As fibras do miocárdio, no entanto, são multinucleadas e interconectadas de ponta a ponta por **discos intercalados**. Estes contêm desmossomos, que mantêm a integridade das fibras cardíacas durante a contração, e junções do hiato, que permitem a transmissão rápida do impulso elétrico que sinaliza a contração. A estrutura do miocárdio pode ser pensada em termos de três áreas separadas: atrial, ventricular e condutiva. As áreas atrial e ventricular do miocárdio funcionam de forma semelhante ao músculo esquelético, uma vez que se contraem em resposta a estímulos elétricos. Ao contrário da função das fibras do músculo esquelético, entretanto, um estímulo elétrico para uma única célula de cada câmara inicia um potencial de ação que se expande rapidamente para as outras células do miocárdio atrial e ventricular, resultando em um mecanismo contrátil coordenado. Além disso, as fibras cardíacas em cada uma dessas áreas podem funcionar separadamente. O tecido de condução encontrado entre as câmaras oferece uma rede para a rápida transmissão de impulsos condutores, permitindo a ação coordenada das câmaras atrial e ventricular.

Os detalhes estruturais do coração podem ser vistos na Figura 2.1. Há uma notável diferença na anatomia e na fisiologia dos lados direito e esquerdo do coração, que está relacionada às suas funções específicas. O lado direito recebe sangue de todas as partes do corpo (átrio direito), enquanto o ventrículo direito bombeia sangue desoxigenado para os pulmões através da circulação pulmonar. O lado esquerdo do coração recebe sangue oxigenado dos pulmões (átrio esquerdo) e o bombeia do ventrículo esquerdo para a aorta e através da circulação sistêmica inteira. O ventrículo esquerdo é uma câmara elipsoidal circundada por uma musculatura grossa que fornece a potência para ejetar o sangue por todo o corpo. O ventrículo direito tem a forma de meia-lua, com uma musculatura fina que reflete as pressões de ejeção reduzidas requeridas desse ventrículo, 25 mmHg, comparadas a aproximadamente 125 mmHg no ventrículo esquerdo em repouso. Uma parede muscular sólida e grossa, o **septo interventricular**, separa os dois ventrículos.

O fluxo sangüíneo do átrio direito para o ventrículo direito passa pela válvula tricúspide (que consiste em três cúspides, ou folhetos, que permitem apenas um fluxo unidirecional de sangue). A válvula bicúspide, ou mitral, permite o fluxo sangüíneo entre o átrio esquerdo e o ventrículo esquerdo. As válvulas semilunares, localizadas nas paredes arteriais externas dos ventrículos, evitam que o sangue reflua para o coração entre as contrações. Durante a sístole, as cúspides posicionam-se contra suas ligações da parede arterial; durante a diástole, ou fluxo retrógrado, contudo, as cúspides caem passivamente para dentro, selando o lúmen.

Ciclo cardíaco

A fase contrátil, em que os átrios ou ventrículos expelem o sangue de suas câmaras, é chamada de **sístole**. A fase de relaxamento, em que essas câmaras enchem-se novamente de sangue, chama-se **diástole**. Uma revolução completa de sístole e diástole é chamada de ciclo cardíaco. Em repouso, o coração gasta a maior parte do tempo (aproximadamente 60%) enchendo-se de sangue (diástole) e menos tempo (aproximadamente 40%) expelindo o sangue (sístole). Durante o exercício, no entanto, a situação é revertida, com a maior parte do ciclo cardíaco gasta em sístole. Durante a sístole, as válvulas tricúspide e mitral estão fechadas. Todavia, o fluxo sangüíneo da circulação pulmonar e sistêmica continua dentro dos átrios. Quando a sístole termina, as válvulas atrioventriculares abrem-se rapidamente, e o sangue acumulado nos átrios penetra rapidamente nos ventrículos, respondendo por 70 a 80% do enchimento ventricular. Três períodos específicos ocorrem na diástole: durante o primeiro terço, há um enchimento rápido; durante o segundo terço, chamado diástase, muito pouco sangue penetra no ventrículo; e durante o último terço, o enchimento ventricular é completado, com um adicional de 20 a 30% de sangue bombeado dentro do ventrículo como resultado da sístole atrial.

O volume de sangue no ventrículo ao final da diástole é chamado de **volume diastólico final (VDF)**. Durante a sístole, duas fases principais ocorrem: pré-

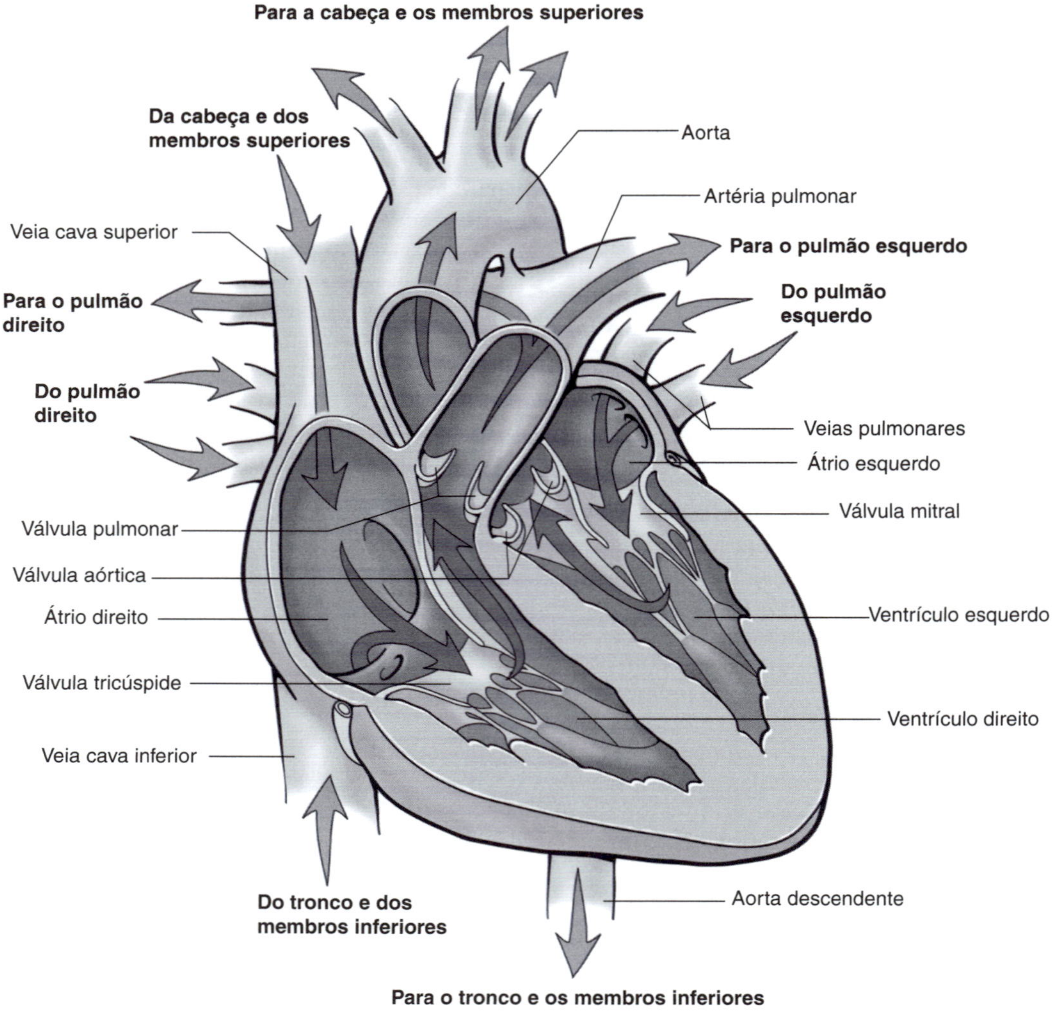

FIGURA 2.1 Anatomia do coração.

ejeção e ejeção. A fase de pré-ejeção inclui um atraso eletromecânico, que é o atraso de tempo entre o início da excitação ventricular (despolarização) e o aparecimento da contração ventricular e isovolumétrica. Esta última é a parte da fase de pré-ejecção em que a pressão intraventricular é elevada antes do início da ejeção, ocorrendo entre o fechamento da válvula mitral e a abertura da válvula semilunar (abertura da válvula aórtica). Durante a **fase de ejeção**, o sangue no ventrículo é bombeado para dentro da circulação sistêmica através da válvula semilunar aberta. Essa fase termina com o fechamento da válvula semilunar. O sangue que fica no ventrículo ao final da ejeção é chamado **volume sistólico final (VSF)**. A diferença entre o VDF e o VSF é chamada de **volume sistólico**. A proporção de sangue bombeado para fora do ventrículo esquerdo com cada batimento é chamada de **fração de ejeção (FE)**, e é determinada por VS/VDF. A média da fração de ejeção em repouso é de aproximadamente 60%. Isso significa simplesmente que 60% do sangue no ventrículo esquerdo ao final da diástole serão ejetados com a próxima contração.

O tempo gasto na sístole ou na diástole varia se o indivíduo está em repouso ou em exercício.

Freqüência cardíaca e condução

Uma característica única do coração é a sua habilidade para contrair-se ritmicamente sem estimulação neural ou hormonal. Essa auto-ritmicidade deve-se a um sistema especializado de condução intrínseca que é constituído pelo nodo sinoatrial (nodo SA), pelas vias internodais, pelo nodo atrioventricular (nodo AV) e pelas fibras de Purkinje. O sistema de condução intrínseca do coração pode ser visto na Figura 2.2.

O nodo SA – uma massa de células especializadas capazes de gerar impulso elétrico – localiza-se no átrio direito. Devido à sua habilidade distintiva, é alcunhado, com propriedade, de marca-passo do coração. Uma vez que um impulso parte do nodo SA, ele se propaga para a esquerda e para baixo, expandindo-se pelo sincício atrial, primeiro do átrio direito, e depois do esquerdo, através das vias internodais que se fundem no nodo AV, localizado próximo ao centro do coração, na parede atrial inferior direita.

O nodo AV, ou junção AV (que compreende o nodo AV e o feixe de His), retarda a transmissão do impulso por um décimo de segundo. Esse breve atraso da excitação e da contração ventricular permite que os átrios contraiam-se e também limita o número de sinais transmitidos pelo nodo AV. Tal mecanismo parece proteger os ventrículos de taquiarritmias atriais. O feixe de His é encontrado distalmente na junção AV e divide-se em segmentos (ramos) direito e esquerdo, que transmitem os impulsos elétricos para os ventrículos direito e esquerdo, respectivamente. As fibras de Purkinje encontram-se nas extremidades distais dos ramos direito e esquerdo, e estendem-se para dentro das paredes dos ventrículos, acelerando a velocidade de condução do impulso para o restante do ventrículo. A velocidade de condução das fibras de Purkinje pode ser quatro vezes mais rápida do que a verificada no feixe de His.

Conforme mencionado anteriormente, o nodo SA, o nodo AV e as fibras de Purkinje são capazes de iniciar impulsos elétricos espontaneamente. O sistema nervoso autônomo, contudo, também pode influenciar a freqüência de formação de impulsos (chamada cronotropismo), o estado contrátil do miocárdio (inotropismo) e a freqüência de propagação do impulso de excitação. Os sistemas nervosos simpático e parassimpático, bem como certos hormônios, podem influenciar a contratilidade cardíaca. Os átrios são bem supridos com os neurônios simpáticos e parassimpáticos, ao passo que os ventrículos são principalmente inervados pelos neurônios simpáticos. A estimulação simpática libera as catecolaminas epinefrina e norepinefrina das fibras neurais simpáticas. Esses hormônios neurais aceleram

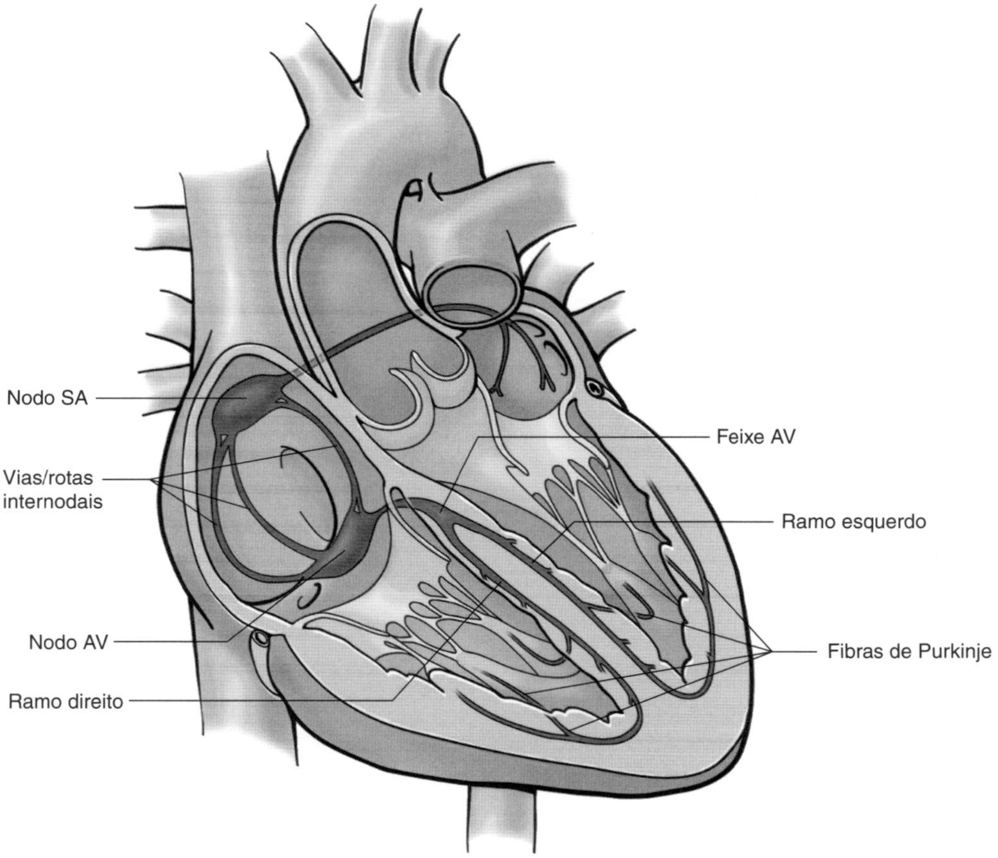

FIGURA 2.2 Sistema de condução intrínseca do coração.

Pergunta e resposta da área

Minha freqüência cardíaca em repouso é de aproximadamente 45 batimentos por minuto. Sou corredor de longa distância. Ela é muito baixa?

Uma freqüência cardíaca em repouso baixa pode indicar problemas cardíacos. No caso de um atleta saudável, a resposta é, provavelmente, não. A realização regular de exercício aeróbio geralmente resulta em uma freqüência cardíaca em repouso diminuída em aproximadamente 5 a 25 batimentos por minuto (bpm). Isso se deve à eficiência aumentada do coração e a adaptações do sistema nervoso que afetam a freqüência cardíaca. Parece haver uma menor redução oriunda do treinamento de força na freqüência cardíaca. Os efeitos do treinamento de força no coração parecem estar relacionados ao volume e à intensidade do treinamento.

a freqüência cardíaca, mediante o aumento da atividade do nodo SA, e aumentam a força contrátil atrial e ventricular. Uma freqüência cardíaca aumentada é denominada **taquicardia**.

A estimulação parassimpática através dos nervos vagos libera o neuro-hormônio acetilcolina, que apresenta um efeito reducente na atividade nodal e diminui a força contrátil atrial. Uma freqüência cardíaca diminuída é denominada **bradicardia**. A estimulação simpática pode aumentar a freqüência cardíaca em acima de 120 batimentos por minuto (bpm), e a força de contração em 100%, embora a estimulação vagal máxima possa diminuir a freqüência cardíaca em 20 a 30 bpm e reduzir a força de contração em aproximadamente 30% (1).

Débito cardíaco

Débito cardíaco é o produto da freqüência cardíaca e do volume sistólico. Refere-se à quantidade de sangue bombeado pelo coração em um minuto. O débito cardíaco responde às demandas de energia do corpo. No homem adulto médio (independentemente do estado de treinamento), o volume total de sangue bombeado para fora do ventrículo esquerdo por minuto em repouso é de aproximadamente 5 L. Se a freqüência cardíaca em repouso de um indivíduo fosse de 70 bpm, o volume sistólico teria de ser de aproximadamente 71 mL por batimento. No atleta de resistência aeróbia, a freqüência cardíaca é geralmente muito mais baixa em repouso, devido a um tônus vagal maior e uma estimulação simpática reduzida. Se a freqüência cardíaca desse atleta fosse de 50 bpm, o volume sistólico seria de 100 mL por batimento. Uma comparação do débito cardíaco entre homens treinados e sendentários pode ser vista na Tabela 2.1. O mecanismo que aciona essa adaptação em particular não está totalmente claro, mas provavelmente está relacionado ao aumento do tônus vagal observado como resultado do treinamento de resistência aeróbia e de adaptações morfológicas do coração.

Sistema vascular

O sistema vascular é composto de uma série de vasos que transportam sangue oxigenado do coração (sistema arterial) aos tecidos e levam sangue desoxigenado dos tecidos de volta para o coração (sistema venoso). O coração tem seu próprio sistema vascular, que é responsável pelo suprimento de oxigênio e nutrientes para o miocárdio. O sistema arterial recebe o sangue do ventrículo esquerdo do coração e o distribui a todas as partes do corpo. O sangue é primeiro ejetado do ventrículo esquerdo para dentro de um vaso grosso e elástico chamado aorta. Da aorta, é circulado por

TABELA 2.1 Débito cardíaco em repouso em homens sedentários e treinados em resistência

	Débito cardíaco (L)	Freqüência cardíaca (batimentos·minuto^{-1})	Volume sistólico (mL)
Sedentários	5	70	71
Treinados	5	50	100

todo o corpo através de uma rede de artérias, arteríolas (pequenos ramos arteriais), metarteríolas (ramos menores) e capilares. As paredes das artérias são fortes e espessas o bastante para resistir ao rápido transporte de sangue, sob alta pressão, para os tecidos. A espessura desses vasos previne qualquer troca gasosa com os tecidos circundantes. Além disso, o sistema vascular arterial é inervado pelo sistema nervoso simpático, permitindo que seja efetivamente estimulado para regular o fluxo sangüíneo. Quando o sangue alcança os tecidos, é desviado para ramos menores do sistema arterial. No final das metarteríolas (o menor vaso arterial), encontram-se os capilares microscópicos. Os capilares têm aproximadamente 0,01 mm de diâmetro, e suas paredes consistem em uma única camada de células endoteliais. Como resultado desse pequeno diâmetro, a taxa de fluxo sangüíneo diminui à medida que o sangue circula para os capilares e dentro deles. Além disso, há uma extensa ramificação da microcirculação capilar, criando uma grande área de superfície entre a vasculatura capilar e os tecidos circundantes. A combinação de uma grande área, uma taxa de fluxo sangüíneo baixa e uma fina camada de células endoteliais torna os capilares um local ideal para troca gasosa entre o sangue e os tecidos.

Quando o sangue sai dos capilares, entra na circulação venosa. Assim como o sistema arterial, o sistema venoso é composto de vasos de vários tamanhos, que ficam maiores à medida que se aproximam do coração. O sangue desoxigenado que sai dos capilares entra nas vênulas (pequenas veias), que aumentam a taxa de fluxo sangüíneo (devido à menor área de secção transversa do sistema venoso em comparação com o sistema capilar). O sangue é transportado de volta para o coração pelas veias cavas superior (sangue venoso que retorna das áreas acima do coração) e inferior (sangue venoso que retorna das áreas abaixo do coração). O sangue desoxigenado entra então no átrio direito, atravessa o ventrículo direito e é bombeado para os pulmões para ser reoxigenado e em seguida transportado de volta para o lado esquerdo do coração, para entrar na circulação arterial.

Durante o repouso, o fluxo sangüíneo é controlado pelo sistema nervoso autônomo, sendo primeiramente distribuído para o fígado, os rins e o cérebro. Durante o exercício, entretanto, o fluxo sangüíneo é redistribuído para os músculos envolvidos, que podem receber 75% ou mais do sangue disponível, à custa de outros órgãos. Em combinação com um maior débito cardíaco, os músculos em exercício podem receber um aumento de até 25 vezes no fluxo sangüíneo. O fluxo de sangue para os músculos e órgãos em repouso e durante o exercício é mostrado na Figura 2.3.

Durante o exercício, o fluxo sangüíneo é desviado de outros órgãos para os músculos em exercício.

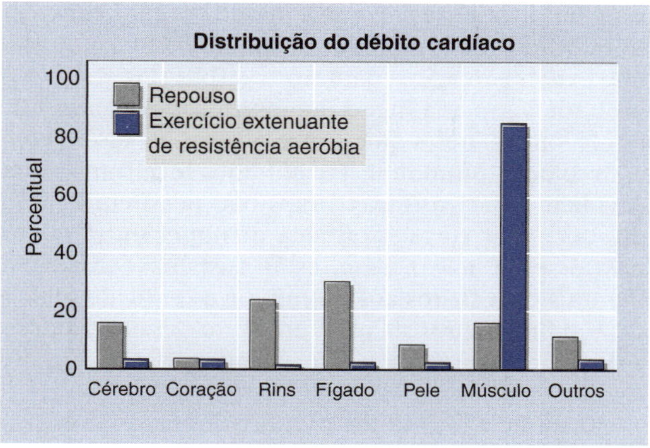

FIGURA 2.3 Distribuição do débito cardíaco.

Pressão arterial

Durante cada contração, o sangue é bombeado para dentro da aorta, partindo do ventrículo esquerdo (sístole). A pressão dentro da aorta sob condições de repouso normais chega a aproximadamente 120 mmHg. Essa medida é chamada de pressão arterial sistólica e representa a tensão contra as paredes arteriais durante a contração ventricular. Uma vez que a ação de bombeamento ou contração do ventrículo esquerdo do coração é de natureza pulsátil, a pressão arterial flutua de um nível elevado durante a sístole a um nível mais baixo durante a fase de relaxamento, a diástole. A pressão arterial diastólica é de aproximadamente 80 mmHg em repouso e fornece uma indicação da resistência periférica, ou da facilidade com que o sangue flui para os capilares. À medida que o sangue flui pela circulação sistêmica, a pressão continua a cair e chega a aproximadamente 0 mmHg quando o fluxo atinge o átrio direito. A diminuição da pressão arterial em cada segmento sucessivo da circulação sistêmica é diretamente proporcional à resistência vascular em cada segmento. As alterações na resistência da circulação sistêmica são muito importantes na regulação do fluxo sangüíneo.

SISTEMA RESPIRATÓRIO

A coordenação entre os sistemas cardiovascular e respiratório fornece ao corpo um eficiente meio para transportar oxigênio para os tecidos e remover dióxido de carbono. Durante a respiração, o ar é inalado (**inspiração**) pela cavidade nasal ou pela boca. O ar então percorre a faringe, a laringe e a traquéia, e finalmente entra nos pulmões. Uma vez nos pulmões, o ar flui através de um sistema elaborado, composto de ramos denominados brônquios e bronquíolos, que expandem a área para troca gasosa (Fig. 2.4). Dos bronquíolos, o ar atinge a menor unidade respiratória, os alvéolos. É neles que ocorre a permuta gasosa com a circulação pulmonar. Os pulmões localizam-se na cavidade torácica (tórax), mas não possuem ligação direta com as costelas ou com qualquer outra estrutura óssea. Em vez disso, estão suspensos por sacos pleurais conectados aos pulmões e à cavidade torácica. Um fluido que está presente entre os sacos pleurais e os pulmões previne a ocorrência de fricção durante a respiração.

Durante a inspiração, os músculos da cavidade torácica (diafragma e intercostal externo) contraem-se, provocando a dilatação do tórax. Em conseqüência, os pulmões expandem-se, iniciando uma redução da pressão de ar dentro deles. Quando a pressão interna dos pulmões é reduzida a níveis inferiores à externa, o gradiente de pressão faz com que o ar flua rapidamente para dentro dos pulmões. Durante o exercício, outros músculos (i.e., peitoral e esternocleidomastóideo) podem ser recrutados, provocando um maior movimento do tórax e gerando uma expansão ainda maior dos pulmões.

Quando o ar é exalado (**expiração**), os músculos inspiratórios relaxam; durante a expiração forçada, no entanto, a contração dos músculos intercostal interno e abdominal faz com que o tórax retorne à sua posição normal. Conseqüentemente, a pressão interna dos pulmões expande para níveis superiores à pressão externa, provocando a expiração.

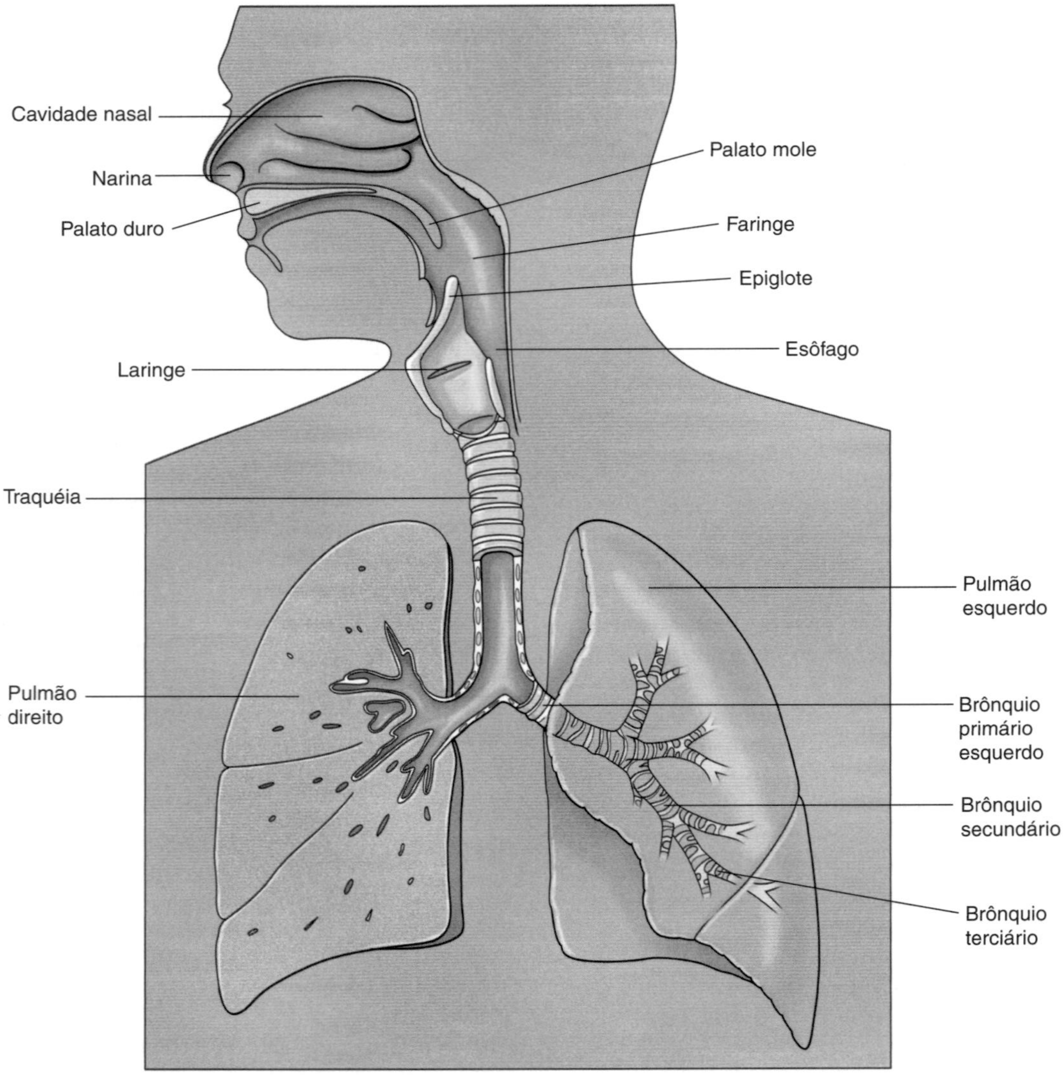

FIGURA 2.4 Anatomia do sistema respiratório.

A alteração na pressão é o primeiro mecanismo pelo qual o ar e os gases fluem para dentro e para fora dos pulmões e por meio dos sistemas respiratório e circulatório inteiros. Para que a ventilação ocorra (processo de inspiração e expiração), são necessárias apenas pequenas alterações na pressão entre os pulmões e o meio externo. Por exemplo, a pressão atmosférica é de 760 mmHg, e apenas pequenas mudanças na pressão intrapulmonar (pressão dentro dos pulmões) são necessárias para que o ar seja inalado. Durante uma ascensão em altitude, esse processo não é tão simples; será explicado em mais detalhes posteriormente.

Diferenciais de pressão nos gases

Além das alterações na pressão que provocam inspiração e expiração, os diferenciais de pressão nos gases do ar que respiramos são o principal estímulo causador da troca de oxigênio e dióxido de carbono. O ar que respiramos contém uma mistura de gases, e cada um deles exerce uma pressão proporcional à sua concentração na mistura, conhecida como **pressão parcial**. Esse ar consiste em 79,04% de nitrogênio, 20,93% de oxigênio e 0,03% de dióxido de carbono. Ao nível do mar, em que a pressão atmosférica é de 760 mmHg, a pressão parcial de oxigênio é de 159,1 mmHg (20,93% de 760 mmHg), e a de dióxido de carbono, 0,2 mmHg (0,03% de 760 mmHg).

Quando o ar alcança os alvéolos, as pressões parciais dos gases neles e as dos gases no sangue produzem um gradiente de pressão (Fig. 2.5). Esta é a base da troca gasosa. Se as pressões parciais dos gases em ambos os lados da membrana forem iguais, não haverá troca gasosa. Quanto maior for o gradiente de pressão, mais rapidamente acontecerá a difusão dos gases de lado a lado da membrana. À medida que o ar se move dentro dos alvéolos, a pressão parcial de oxigênio (PO_2) fica entre 100 e 105 mmHg (em razão da mistura de ar dentro dos alvéolos). No nível capilar pulmonar, o sangue é despojado da maior parte do seu oxigênio pelos tecidos. Normalmente, a PO_2 no nível capilar pulmonar fica entre 40 e 45 mmHg. Conseqüentemente, o gradiente de pressão favorece o oxigênio que vai dos alvéolos para o vaso capilar. Além disso, o gradiente de pressão de dióxido de carbono favorece a troca dos capilares para os alvéolos, onde o gás é exalado do corpo durante a expiração. O gradiente de pressão do dióxido de carbono na membrana alveolocapilar não é tão elevado quanto o do oxigênio. Não obstante, o dióxido de carbono difunde-se muito facilmente ao longo da membrana, apesar do baixo gradiente de pressão, devido à sua maior solubilidade da membrana comparada com a do oxigênio.

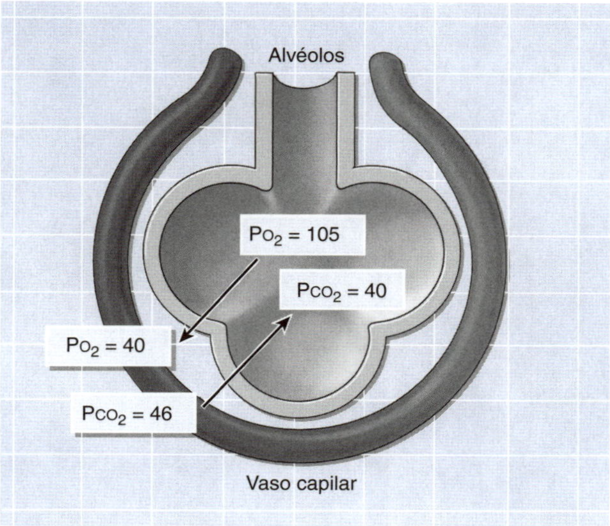

FIGURA 2.5 Gradiente de pressão entre os capilares e os alvéolos dentro dos pulmões.

A troca gasosa que ocorre no nível dos capilares e alvéolos, e entre os capilares e os tecidos, resulta de diferenciais de pressão que fazem com que o oxigênio e o dióxido de carbono difundam-se de uma área de alta concentração para uma de baixa concentração.

Transporte de oxigênio e dióxido de carbono

O oxigênio é transportado no sangue combinado com hemoglobina (98%) ou dissolvido no plasma sangüíneo (2%). Cada molécula de hemoglobina pode carregar quatro moléculas de oxigênio. Essa ligação também depende da PO_2 no sangue e da afinidade entre oxigênio e hemoglobina. Quanto maior a PO_2, mais saturadas estão as moléculas de hemoglobina com oxigênio. Além disso, a temperatura e o pH do sangue também afetam essa afinidade. À medida que o pH do sangue diminui, a afinidade entre hemoglobina e oxigênio também diminui, e este é liberado. O deslocamento dessa curva para a direita é conhecido como **efeito de Bohr** (Fig. 2.6) e é importante durante o exercício, quando é necessária uma quantidade maior de oxigênio na musculatura ativa. Todavia, quando o pH é alto, como nos

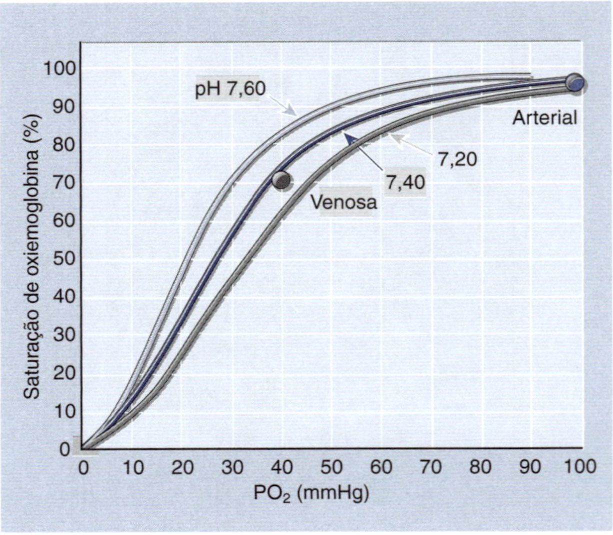

FIGURA 2.6 Efeito de Bohr.

pulmões, há uma afinidade maior entre oxigênio e hemoglobina, o que ajuda a saturar as moléculas desta com oxigênio.

O transporte de dióxido de carbono no sangue ocorre principalmente na forma de íon de bicarbonato (aproximadamente 60 a 70%). O dióxido de carbono também é transportado dissolvido no plasma (7 a 10%) ou ligado à hemoglobina. No entanto, ele não compete com o oxigênio, pois possui seu próprio sítio de ligação, na molécula de globina. Ao contrário, o sítio de ligação do oxigênio é na molécula de heme. Quando o dióxido de carbono difunde-se do músculo para o sangue, combina-se com água para formar ácido carbônico. Este é um ácido muito instável, que se dissocia, liberando um íon de hidrogênio (H^+) e formando um íon de bicarbonato (HCO_3^-). O resultado é um aumento de acidez, o que, por sua vez, faz com que a hemoglobina perca sua afinidade com o oxigênio, bem como aumenta a taxa de difusão do oxigênio para os tecidos.

A troca gasosa é afetada por alterações no pH e na temperatura.

SANGUE

O sangue é um fluido viscoso composto de células e plasma. Mais de 99% das células no sangue são eritrócitos, e as restantes são leucócitos. O plasma é parte do fluido extracelular do corpo. É bastante semelhante em sua composição ao fluido intersticial situado entre as células teciduais; a principal diferença é a quantidade de proteína que os dois fluidos contêm (o plasma contém aproximadamente 7%; o fluido intersticial contém cerca de 2%). O percentual do sangue em forma de células é chamado hematócrito. O hematócrito do homem médio é de aproximadamente 42, e o da mulher média é de aproximadamente 38. Em outras palavras, 42% do sangue nos homens, comparado com 38% nas mulheres, é composto por células. O componente restante é plasma.

RESPOSTA CARDIOVASCULAR AO EXERCÍCIO AGUDO

O consumo de oxigênio ($\dot{V}O_2$) é elevado durante o exercício agudo, para atender às demandas de energia mais altas do músculo em exercício. À medida que a intensidade do exercício aumenta, uma demanda maior de energia é suprida por um aumento no débito cardíaco e/ou por uma maior extração de oxigênio da rede vascular (uma maior diferença a–$\bar{V}O_2$). Durante os estágios iniciais, aumentos na freqüência cardíaca e no volume sistólico ocorrem rapidamente, provocando elevações no débito cardíaco. A Figura 2.7 demonstra os efeitos de várias intensidades de exercício na freqüência cardíaca, no volume sistólico e no débito cardíaco.

Débito cardíaco

O débito cardíaco em repouso é de aproximadamente 5 L. No entanto, durante o exercício de resistência aeróbia máxima, ele pode aumentar até 20 L em homens sedentários jovens; já em homens atletas jovens treina-

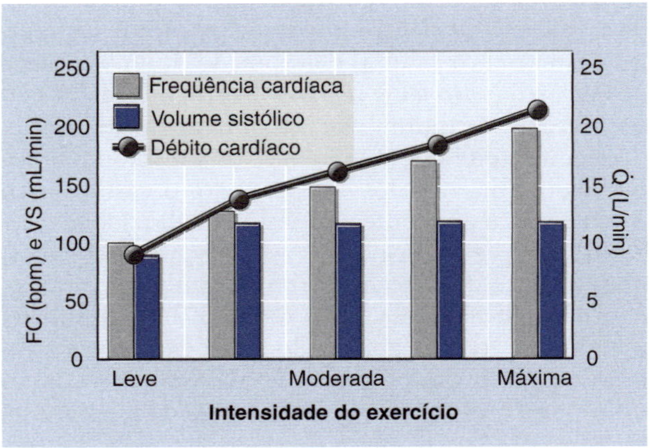

FIGURA 2.7 Efeito da intensidade do exercício na freqüência cardíaca, no volume sistólico e no débito cardíaco. FC = freqüência cardíaca; VS = volume sistólico; $\dot{Q}$ = débito cardíaco.

dos em resistência aeróbia, ele pode chegar a 40 L. Examinando essa considerável diferença, podemos ver que a freqüência cardíaca máxima desses dois indivíduos (assumindo que ambos tenham 20 anos de idade) será de aproximadamente 200 bpm (freqüência cardíaca máxima = 220 – idade). Assim, a diferença no volume sistólico deve responder pelas grandes diferenças no débito cardíaco. Em nosso exemplo, o volume sistólico do homem sedentário seria de aproximadamente 100 mL por batimento, enquanto o do atleta pode chegar a 200 mL por batimento.

A importância de um débito cardíaco elevado para o atleta de resistência aeróbia é refletida pela relação linear entre o débito cardíaco e o consumo de oxigênio (22). Essa relação é vista não apenas em adultos mas também em crianças e adolescentes (9), bem como entre indivíduos treinados e sedentários (43).

Os aumentos no débito cardíaco durante o exercício resultam de alterações no volume sistólico e na freqüência cardíaca.

Freqüência cardíaca

A elevação da freqüência cardíaca durante o exercício é controlada principalmente pela estimulação simpática dos centros somatomotores cerebrais superiores. A resposta da freqüência cardíaca é diretamente proporcional e linear à intensidade do exercício. À medida que a intensidade do exercício aumenta, a freqüência cardíaca continua a aumentar até alcançar um platô. É nesse ponto que o indivíduo aparentemente atingiu seu nível máximo.

Os aumentos iniciais da freqüência cardíaca estão também relacionados à remoção do estímulo parassimpático. Isso ocorre durante exercícios de baixa intensidade. Quando o exercício tem uma duração continuada ou aumenta em intensidade, observa-se uma maior estimulação simpática, e esta se torna a força motriz na elevação da freqüência cardíaca. A ativação simpática ocorre a partir dos mecanismos de *feedback* nos receptores periféricos mecânicos e químicos que monitoram as alterações no pH, na hipoxia, na temperatura e em outras variáveis metabólicas que podem alterar a estimulação simpática.

À medida que a freqüência cardíaca aumenta, o volume de sangue bombeado na circulação também aumenta. Entretanto, tal efeito é limitado: quando a freqüência cardíaca ultrapassa certo nível, a força de cada contração pode diminuir devido a uma sobrecarga metabólica. Mais importante, a taxa de contração aumentada resulta em menos tempo gasto na diástole. O período entre as contrações torna-se tão reduzido que não há tempo suficiente para o sangue fluir dos átrios para os ventrículos; assim, o volume total de sangue disponibilizado para a circulação é reduzido. É por isso que, durante a estimulação elétrica artificial, a freqüência cardíaca eleva-se apenas a 100-150 bpm. Todavia, as elevações na freqüência cardíaca causadas pela estimulação simpática resultam em 170 a 250 bpm, com a diferença de que a estimulação simpática também resulta em uma contração sistólica mais forte, diminuindo a duração da sístole e possibilitando, assim, mais tempo para o enchimento durante a diástole.

Decréscimos na freqüência cardíaca de repouso provavelmente refletem alterações nas estimulações simpática e parassimpática.

Volume sistólico

Os aumentos no volume sistólico acontecem logo no início do exercício, causados principalmente pelo aumento no volume diastólico final (VDF) do ventrículo esquerdo. Esse rápido aumento do volume sistólico é devido ao **mecanismo Frank-Starling**, que está relacionado ao volume aumentado de sangue que retorna ao coração durante o exercício. Com um maior volume de sangue retornando ao coração, os ventrículos dilatam-se mais do que o normal e respondem com uma contração mais forte, o que resulta na entrada de um volume maior de sangue na circulação sistêmica com cada batimento cardíaco. Esse mecanismo parece ocorrer logo no começo do exercício e em um nível de intensidade de exercício relativamente baixo. O mecanismo Frank-Starling pode provocar um aumento aproximado de 30 a 50% no volume sistólico (4). À medida que o exercício continua, os aumentos no VDF atingem um platô, apesar de a intensidade do exercício ainda ser submáxima. Novos aumentos no volume sistólico são atribuídos à melhora na função contrátil do ventrículo esquerdo (controlada por uma estimulação simpática aumentada), resultando em maior diminuição do volume ventricular sistólico final.

Dois mecanismos parecem ser responsáveis pelo aumento no VDF durante o exercício. O mecanismo inicial envolve o uso dos músculos em exercício como uma bomba para aumentar a taxa de retorno do sangue para o coração. Curiosamente, seria esperado que isso aumentasse as pressões dentro da cavidade ventricular durante o enchimento, elevando assim a pressão diastólica. Entretanto, isso não ocorre no coração sadio. Ao contrário, o relaxamento observado no ventrículo esquerdo reduz a pressão ventricular abaixo daquela do átrio esquerdo provocando a abertura da válvula mitral e o início do enchimento ventricular. Conforme mencionado anteriormente, a resposta simpática intensificada durante o exercício aumenta o tempo de relaxamento durante a diástole. Nesse período, o aumento em tamanho do ventrículo esquerdo ocasiona uma nova redução na pressão, gerando um efeito de sucção e recolhendo mais sangue para dentro da câmara. Tal facilitação do mecanismo de sucção pelo impulso simpático é o segundo mecanismo que contribui para o aumento do volume sistólico; ele é crucial no recrutamento dos mecanismos Frank-Starling (4).

Desvio cardíaco

Conforme um exercício é prolongado ou quando ele é realizado em ambiente quente, um aumento gradual na freqüência cardíaca e um decréscimo no volume sistólico podem ocorrer mesmo quando a intensidade do exercício é mantida. Isso se chama **desvio cardiovascular**, e supõe-se que ocorra quando, devido ao aumento da temperatura interna, uma porcentagem maior de sangue circulante é desviada para a pele de modo a dissipar o calor do corpo. A maior concentração de sangue na periferia e a perda de volume plasmático no suor resultam na redução do retorno do sangue para o coração. Essa diminuição do VDF resulta num volume sistólico reduzido. A freqüência cardíaca então se eleva para compensar a alteração no volume sistólico e manter o débito cardíaco.

Diferença a–$\bar{V}O_2$

Durante o repouso, num indivíduo com uma concentração normal de hemoglobina, cada litro de sangue contém aproximadamente 200 mL de oxigênio. Considerando que o débito cardíaco normal é de 5 L por minuto em repouso, aproximadamente 1 L de oxigênio é disponibilizado para o corpo. Apenas 250 mL, ou 25% do oxigênio disponível, são de fato extraídos do sangue arterial (diferença a–$\bar{V}O_2$) durante o repouso, deixando os 750 mL de oxigênio restantes disponíveis como reserva.

Como se poderia esperar, a extração de oxigênio do sangue arterial durante o exercício é aumentada. Até 75% do oxigênio disponível podem ser utilizados pelos músculos em exercício. Esse aumento na extração de oxigênio parece estar relacionado à intensidade do exercício, podendo ser intensificado como resultado de programas de treinamento de resistência aeróbia. A capacidade do corpo de extrair oxigênio do sangue e o volume sangüíneo total disponível para os músculos são cruciais na determinação da capacidade aeróbia de um indivíduo. Pode-se observar isso pela **equação de Fick**:

$$\dot{V}O_{2máx} = \text{débito cardíaco máximo} \times \text{diferença a–}\bar{V}O_2 \text{ máxima}$$

Curiosamente, pode haver diferenças muito pequenas entre indivíduos moderadamente treinados e atletas de resistência aeróbia na capacidade de extrair oxigênio, apesar de grandes diferenças em $\dot{V}O_{2máx}$. Portanto, o principal fator a determinar a capacidade aeróbia provavelmente é o débito cardíaco.

Distribuição do débito cardíaco

Durante o exercício, a maior parte do sangue circulante é desviada para os músculos em atividade (ver Fig. 2.3). A extensão do desvio depende das condições ambientais e, possivelmente, de outros fatores, incluindo tipo de exercício e fadiga. O desvio é geralmente efetivado mediante o desvio do fluxo sangüíneo dos órgãos ou regiões do corpo que podem tolerar uma redução de fluxo sangüíneo para os músculos em exercício. No entanto, certos órgãos, como o coração, não podem funcionar sem um fluxo sangüíneo normal e não comprometerão seu suprimento durante o exercício.

Pressão arterial

A pressão arterial normalmente aumenta de forma linear durante exercícios dinâmicos, tais como caminhada, *jogging* ou corrida. Em indivíduos saudáveis, o aumento é observado somente na resposta sistólica. Essa resposta parece ser tamponada em grande medida pela diminuição da resistência periférica causada pela vasodilatação na vasculatura dos músculos em exercício (23). Tal decréscimo também parece explicar a alteração mínima ou inexistente observada na pressão diastólica, que também pode diminuir durante uma seqüência de exercícios de maior intensidade.

Durante um exercício que envolve apenas a região superior do corpo, tanto a pressão sistólica quanto a diastólica são mais altas do que quando o exercício é executado somente com as pernas (53). Supostamente, isso ocorre porque a massa muscular e a vasculatura dos braços são relativamente menores. Mesmo quando esses vasos são dilatados ao máximo, o mesmo efeito na resistência periférica observado com exercícios para a região inferior do corpo parece não ocorrer. A resposta vasoconstritora mais alta observada com o exercício para a região superior do corpo tem importantes implicações na determinação da prescrição de exercícios para indivíduos com cardiopatia coronariana.

Durante o exercício de força, podem ser observados grandes aumentos nas pressões sistólica e diastólica (24,25,41). Durante esforços máximos que envolvam uma grande massa muscular, têm sido relatadas pressões arteriais que excedem 350/250 mmHg em homens jovens saudáveis (25). A elevada resposta vasoconstritora observada durante o treinamento de força é uma combinação da compressão vascular nos músculos em contração e de uma manobra de Valsalva (que se realiza tentando-se expirar o ar pela glote fechada). A magnitude da resposta vasoconstritora está também relacionada ao tamanho relativo da massa muscular envolvida e à intensidade do esforço. A pressão arterial aumenta com cada repetição em uma série até a falha, e depois cai rapidamente até os níveis de repouso após a última repetição (25,41). É uma redução transitória e provavelmente está relacionada à grande dilatação dos vasos que foram ocluídos durante a contração muscular. Ela pode contribuir para a tontura que às vezes é sentida após uma sessão de exercícios intensa.

Grande parte da resposta vasoconstritora observada durante o treinamento de força é atribuída a uma **manobra de Valsalva** (23). O rápido aumento da pressão intratorácica durante uma manobra de Valsalva resulta em um aumento nas pressões sistólica e diastólica (24). No entanto, se tal manobra for mantida, ambas as pressões começam a cair dentro de alguns segundos, porque o enchimento diastólico é reduzido pelo retorno venoso prejudicado. Apesar de geralmente ser contra-indicada durante o exercício de resistência, a manobra de Valsalva pode, na verdade, ser benéfica e ter um efeito protetor em indivíduos saudáveis que treinam força (23,32). O aumento da pressão intratorácica observado durante a manobra fornece estabilização à coluna vertebral e reduz a pressão transmural (pós-carga) do ventrículo esquerdo (21). Isso contrasta com a alta pós-carga normalmente esperada quando a pressão sistólica é elevada. Além disso, o aumento da pressão intratorácica é também transmitido para o fluido cerebrospinal, reduzindo assim as pressões transmurais dos vasos cerebrais e prevenindo dano vascular no momento de pico de resistência periférica (30).

Durante o exercício, a pressão arterial sistólica aumenta de acordo com alterações na intensidade do exercício; a pressão arterial diastólica, entretanto, permanece a mesma ou diminui levemente.

VENTILAÇÃO PULMONAR DURANTE O EXERCÍCIO

Durante o exercício submáximo, a ventilação aumenta linearmente em relação ao consumo de oxigênio. O aumento deste é fundamentalmente o resultado do aumento no volume corrente (quantidade de ar inspirado ou expirado durante um ciclo respiratório normal). À medida que a intensidade do exercício aumenta, o aumento no consumo pode depender mais do aumento da freqüência respiratória. Durante o exercício em estado de equilíbrio, a ventilação minuto (litros de ar respirados por minuto) chega a um platô quando a demanda de oxigênio é suprida. A ventilação minuto relativa ao consumo de oxigênio é denominada equivalente ventilatório, sendo simbolizada por $\dot{V}E/\dot{V}O_2$. Durante o exercício submáximo, o equivalente ventilatório em indivíduos saudáveis é de aproximadamente 25:1 (56); isto é, 25 L de ar são inspirados para cada litro de oxigênio. Essa relação pode ser levemente mais alta em crianças (40) e também pode ser afetada pela modalidade de exercício (natação *versus* corrida) (29). Durante o exercício máximo, contudo, a ventilação minuto aumenta desproporcionalmente em relação ao consumo de oxigênio, e o equivalente ventilatório pode atingir 35 a 40 L de ar por litro de oxigênio consumido no adulto saudável.

ADAPTAÇÕES CARDIOVASCULARES AO TREINAMENTO

A participação prolongada em programas de exercício resulta em diversas adaptações cardiovasculares específicas ao tipo de programa utilizado. O treinamento de resistência aeróbia e o treinamento de força são modalidades que representam duas demandas fisiológicas distintas. Embora muitas das adaptações cardiovasculares observadas nesses programas de treinamento sejam semelhantes, outras são bastante diferentes. Um resumo dessas adaptações, discutidas abaixo, é apresentado na Tabela 2.2.

Débito cardíaco e volume sistólico

Aumentos no $\dot{V}O_{2máx}$ são característicos de programas de treinamento de resistência aeróbia. São geralmente acompanhados por aumentos no débito cardíaco e por uma melhorada capacidade de extração dentro do músculo esquelético (aumento na diferença a–$\bar{V}O_2$). A melhora na extração de oxigênio está relacionada a uma maior capacidade de perfusão do músculo em exercício. Considerando que as freqüências cardíacas máximas não são afetadas pelo treinamento e não diferirão entre atletas de resistência aeróbia de elite e indivíduos sedentários de mesma idade, aumentos no débito cardíaco são fundamentalmente o resultado da melhora do volume sistólico.

TABELA 2.2 Adaptações cardiovasculares a treinamentos prolongados de resistência aeróbia e força

	Treinamento de resistência aeróbia		Treinamento de força	
	Repouso	*Exercício*	*Repouso*	*Exercício*
Freqüência cardíaca	D	NA	D ou NA	NA
Volume sistólico	A	A	A ou NA	A ou NA
Débito cardíaco	NA	A	NA	A ou NA
Pressão arterial				
Sistólica	D ou NA	D ou NA	D ou NA	D ou NA
Diastólica	D ou NA	D ou NA	NA	D ou NA
Adaptações morfológicas				
Massa do ventrículo esquerdo	A		A	
Diâmetro do ventrículo esquerdo	A		A ou NA	
Espessura paretal				
Ventrículo esquerdo	A		A	
Septo	A		A	

A = aumenta; D = diminui; NA = não se altera.

O treinamento de resistência aeróbia é um potente estímulo para aumentar o volume sistólico, tanto em repouso quanto durante o exercício máximo. Os aumentos no volume sistólico estão relacionados à dilatação da câmara ventricular (chamada **hipertrofia excêntrica**), causada pelo aumento crônico do enchimento ventricular, como observado durante o exercício de resistência aeróbia. Supostamente, essa pré-carga aumentada estaria relacionada à expansão do volume plasmático associada a esse treinamento (5,8).

O treinamento de força resulta em pequena ou nenhuma alteração no débito cardíaco. Embora volumes sistólicos significativamente maiores tenham sido relatados em levantadores de peso de elite comparados a levantadores recreacionais (36), esse aumento parece ser mais um fator relacionado ao tamanho corporal aumentado do que uma adaptação ao treinamento (13).

Os aumentos no débito cardíaco após treinamento de resistência aeróbia prolongado resultam do aumento do volume sistólico.

Freqüência cardíaca

A diminuição da freqüência cardíaca em repouso e a diminuição relativa da freqüência cardíaca em qualquer $\dot{V}O_2$ submáximo dado são adaptações comumente observadas em atletas que realizam treinamento de resistência aeróbia (3,6). Tal redução é provavelmente devida a um volume sistólico melhorado e também reflete uma melhora na economia do exercício. O mecanismo que regula a bradicardia induzida pelo treinamento não é completamente compreendido, mas pode estar relacionado a uma alteração no equilíbrio entre as atividades simpática e parassimpática. Além disso, um decréscimo na freqüência de disparo intrínseca do nodo SA após treinamento de longa duração também pode ser um fator na resposta bradicárdica a esse treinamento (47).

Pressão arterial

Em indivíduos normotensos, as pressões sistólica e diastólica em repouso geralmente são não-responsivas a programas de treinamento. Já em indivíduos hipertensos, com base em diversos estudos e em outras investigações epidemiológicas que examinam o exercício e a hipertensão, o exercício parece ser um estímulo potencial para reduzir as pressões sistólica e diastólica (48). A redução da pressão arterial em repouso parece ocorrer durante sessões de exercícios de resistência aeróbia realizadas de 3 a 5 vezes por semana, com pelo menos 30 min de duração, e que mobilizem entre 50 e 70% do $\dot{V}O_{2máx}$ (12,48).

Durante o exercício de resistência aeróbia, mostrou-se que a resposta da pressão arterial diminui para um determinado nível de intensidade da atividade

Pergunta e resposta da área

O treinamento de força pode ser prejudicial ao coração? Ouvi dizer que ele pode aumentar o tamanho do coração.

O coração é um músculo, e o exercício, incluindo o treinamento de força, aumenta sua carga de trabalho. O coração pode hipertrofiar assim como qualquer outro músculo. Fisiculturistas e levantadores de peso podem ter um coração aumentado, o que, por si só, não causa nenhum problema cardíaco. O treinamento de força fará com que o músculo cardíaco engrosse sem o alargamento da sua cavidade. Isso possibilita que o órgão trabalhe melhor sob a pressão intratorácica aumentada que ocorre com o exercício anaeróbio. Outras causas de um coração aumentado (certas doenças) estão associadas com problemas cardíacos específicos. O exercício de resistência aeróbia pode diminuir o tamanho de um "coração grande", entre outros benefícios.

(23). É provável que isso esteja relacionado ao nível inicial de condicionamento do indivíduo, e que atletas de resistência bem-condicionados devam treinar em uma alta intensidade do exercício, por uma longa duração, para observar tais adaptações.

O treinamento de força parece resultar em nenhuma alteração ou em leve diminuição da pressão arterial em repouso (18), mas também em uma redução significativa da resposta da pressão arterial durante o exercício de força com a mesma carga absoluta (31,42). Qualquer decréscimo na pressão arterial em repouso subseqüente ao treinamento de força provavelmente é resultado da diminuição da gordura corporal e da possível redução no impulso simpático para o coração (semelhantemente ao que pode estimular a redução da pressão arterial durante o exercício de resistência aeróbia) (15).

As alterações da pressão arterial em repouso dependem do nível inicial de condicionamento do indivíduo.

Morfologia cardíaca

O coração de um atleta é bastante grande comparado ao de um indivíduo treinado recreacionalmente ou sedentário. Por muitos anos, acirrou-se um debate para saber se isso era conseqüência de alguma doença patológica ou de uma adaptação fisiológica. Todavia, os avanços tecnológicos dos últimos 30 anos permitiram um exame muito mais cuidadoso das adaptações fisiológicas do coração associadas ao treinamento prolongado.

Durante o treinamento prolongado, o coração adapta-se para dar conta da carga de trabalho imposta ao ventrículo esquerdo, a fim de manter uma relação constante entre a pressão na cavidade sistólica e a razão entre a espessura parietal e o raio ventricular (49). As adaptações à morfologia do coração são governadas pela lei de Laplace, que determina que a tensão parietal é proporcional à pressão e ao raio de curvatura (16). Durante uma sobrecarga de pressão, comum em programas de exercícios de força, o septo e a parede posterior do ventrículo esquerdo aumentam de tamanho, de modo a normalizar a tensão parietal miocárdica. Durante uma sobrecarga de volume, comum em programas de treinamento de resistência aeróbia, o aumento ocorre predominantemente no diâmetro interno do ventrículo esquerdo (modificando o tamanho da cavidade), com um aumento proporcional no septo e na parede posterior do ventrículo. Tanto o treinamento de resistência aeróbia quanto o de força estão em ambas as extremidades do espectro em termos de estresses de volume e pressão impostos ao coração. A maioria dos esportes, contudo, tem um impacto paralelo sobre a dimensão da cavidade e a espessura parietal (51). Nesses esportes, os atletas realizam uma combinação de treinamentos aeróbio e anaeróbio, resultando em adaptações cardiovasculares associadas com o alargamento da cavidade diastólica e o aumento da espessura parietal. Nos esportes que enfatizam uma única forma de treinamento, as alterações morfológicas no coração podem ser mais extremas.

Atletas que treinam resistência aeróbia têm apresentado o diâmetro interno do ventrículo esquerdo maior do que o normal, com paredes levemente mais grossas (26,34,37,51). Esse tipo de hipertrofia do ventrículo esquerdo é denominado hipertrofia excêntrica e é considerado uma resposta fisiológica à sobrecarga de volume (volumes diastólicos finais maiores) consistente com o treinamento de resistência prolongado.

Já os atletas que treinam força possuem diâmetros internos normais, mas paredes significativamente mais grossas (14,32,34,36). Esse tipo de hipertrofia é chamado de **hipertrofia concêntrica**, e às vezes pode atingir os níveis observados na **cardiomiopatia hipertrófi-**

ca, uma doença do miocárdio associada com o espessamento substancial do septo e da parede posterior à custa do tamanho da cavidade, debilitando sobremaneira a função do ventrículo esquerdo. É importante salientar que a hipertrofia concêntrica observada no atleta que treina força não afeta o diâmetro interno do ventrículo. Além disso, o tipo de hipertrofia observado na cardiomiopatia é geralmente assimétrico, enquanto em atletas de potência ou que treinam força a alteração do tamanho parietal é geralmente simétrica. A Figura 2.8 compara alterações morfológicas no ventrículo esquerdo entre indivíduos adeptos de cada um dos dois tipos de treinamento.

A massa do ventrículo esquerdo em atletas altamente treinados é, em média, 45% maior do que em sujeitos-controle de mesma idade (26). Esse aumento da massa está relacionado aos aumentos no diâmetro interno do ventrículo esquerdo e na espessura da parede ventricular. Quando examinada relativamente a alterações da massa corporal ou da área de superfície corporal, a massa ventricular significativamente maior ainda está presente. Alguns estudos têm sugerido que tais diferenças são mais comuns em atletas de elite do que em atletas de menor calibre (13).

As alterações morfológicas do coração dependem do tipo de programa de treinamento realizado.

ADAPTAÇÕES RESPIRATÓRIAS AO TREINAMENTO

Na maioria dos casos, o sistema respiratório não é um fator limitante no suprimento do oxigênio necessário para os músculos em exercício. Assim como a maior parte dos outros sistemas fisiológicos, o respiratório também pode adaptar-se ao exercício físico para maxi-

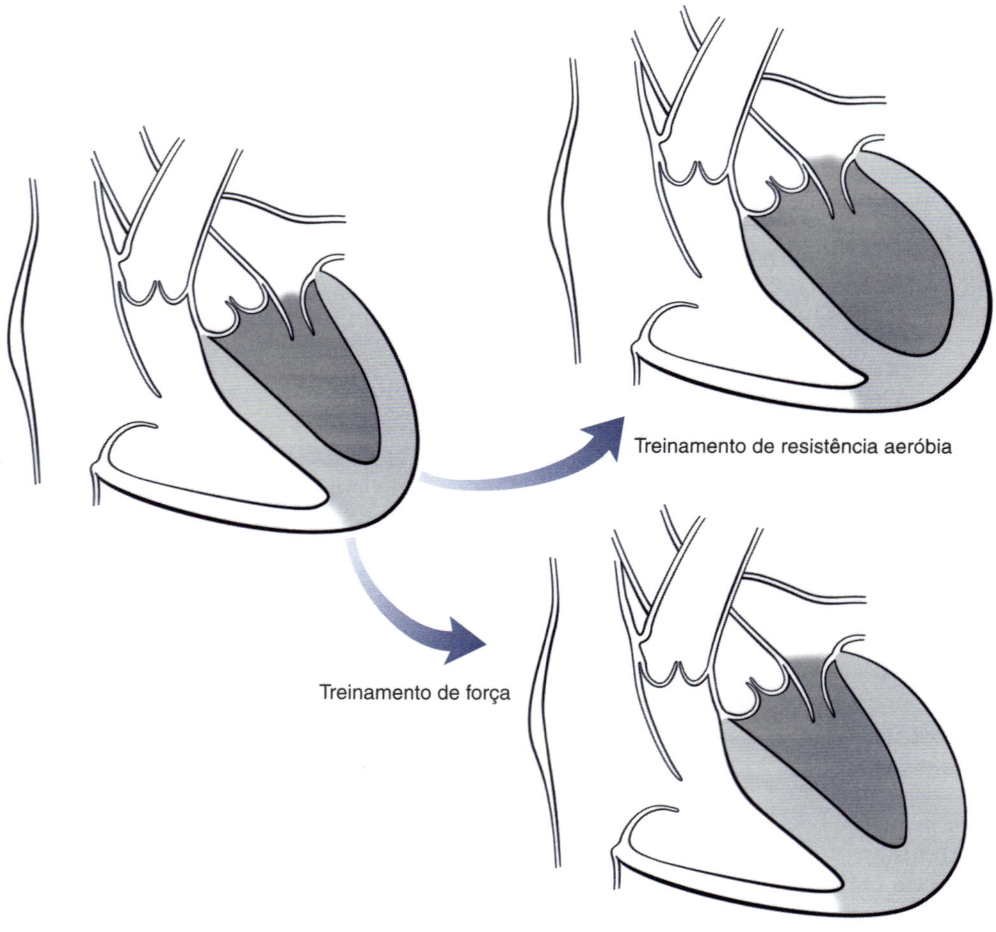

FIGURA 2.8 Representação das adaptações morfológicas do ventrículo esquerdo subseqüentes aos treinamentos de resistência aeróbia e de força.

mizar sua eficiência. Em geral, o volume e a capacidade pulmonares alteram-se muito pouco em conseqüência do exercício físico. Durante o exercício máximo, a capacidade vital parece poder aumentar levemente, mas isso provavelmente está relacionado à pequena redução do volume residual (a quantidade de ar remanescente nos pulmões após uma expiração máxima) (58).

A capacidade respiratória não parece ser afetada significativamente pelo exercício físico.

Equivalente ventilatório e ventilação minuto

O treinamento de resistência aeróbia parece reduzir o equivalente ventilatório (i.e., a quantidade de ar inspirado a uma determinada taxa de consumo de oxigênio) durante o exercício submáximo (17,61). Conseqüentemente, o custo de oxigênio do exercício atribuível à ventilação é reduzido. Esse benefício pode ser percebido pela redução na fadiga da musculatura ventilatória e pela maior disponibilidade para os músculos em exercício (27).

A ventilação minuto também parece diminuir durante o exercício submáximo subseqüente ao treinamento de resistência aeróbia, refletindo a melhora da eficiência do exercício resultante desse treinamento. Durante o exercício máximo, no entanto, o treinamento de resistência aeróbia parece provocar o aumento da ventilação minuto, um efeito supostamente relacionado a aumentos no $\dot{V}O_{2máx}$ (28). Em sujeitos não-treinados, a ventilação minuto pode aumentar de 120 $L \cdot min^{-1}$ para cerca de 150 $L \cdot min^{-1}$ após o treinamento (58). Além disso, ela pode aumentar para 180 $L \cdot min^{-1}$ em atletas de resistência aeróbia altamente treinados, e tem sido relatado que chega a 240 $L \cdot min^{-1}$ em remadores de elite (58).

ADAPTAÇÕES DO VOLUME SANGÜÍNEO AO TREINAMENTO

O treinamento de resistência aeróbia parece ser um potente estímulo para provocar **hipervolemia** (aumentos do volume sangüíneo). Essa adaptação parece ocorrer dentro das 2 a 4 semanas iniciais do treinamento, e supõe-se que seja o resultado da expansão do volume plasmático (7). À medida que o treinamento progride, novos aumentos do volume sangüíneo resultam da expansão continuada do volume plasmático e do aumento do número de eritrócitos.

Acredita-se que o acréscimo do volume plasmático seja devido a aumentos nos hormônios reguladores dos fluidos, no hormônio antidiurético e na aldosterona, que provocam crescimento da retenção de líquidos pelos rins. Além disso, o exercício ocasiona um aumento nas proteínas plasmáticas, principalmente na albumina (60), provocando uma pressão osmótica maior, de modo que mais fluido é retido no sangue.

Os aumentos do volume sangüíneo são aparentemente devidos à expansão do volume plasmático e ao acréscimo do número de eritrócitos, embora o primeiro fator pareça contribuir significativamente para hipervolemia (19). A Figura 2.9 mostra o efeito do treinamento de resistência aeróbia prolongado na expansão do volume sangüíneo e as contribuições da expansão do volume plasmático e do número de eritrócitos. Embora ambos aumentem, eles não o fazem proporcionalmente. Assim, o hematócrito diminuirá. Um hematócrito reduzido diminuirá a viscosidade do sangue e facilitará o fluxo sangüíneo através da circulação. As reduções do hematócrito não parecem preocupantes com relação a concentrações baixas de hemoglobina. Na realidade, as concentrações hemoglobínicas em atletas que treinam resistência aeróbia estão normalmente acima do normal e fornecem oxigênio em abundância para suprir as necessidades do corpo durante o exercício.

Os aumentos do número de eritrócitos e do volume plasmático em conseqüência do treinamento de resistência aeróbia provocam redução no hematócrito.

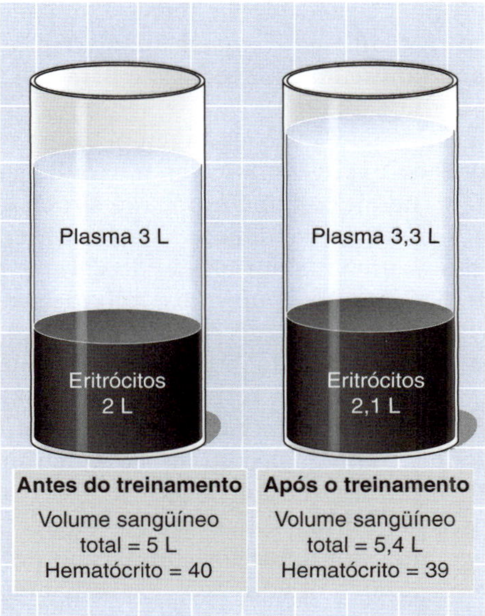

FIGURA 2.9 Efeito do treinamento de resistência aeróbia no volume sangüíneo, no volume plasmático e no hematócrito. Modificada com permissão de Hoffman JR. Physiological Aspects of Sport Training and Performance. Champaign, IL: Human Kinetics, 2002.

FATORES AMBIENTAIS QUE AFETAM A FUNÇÃO CARDIORRESPIRATÓRIA

O exercício realizado sob condições ambientais severas pode prejudicar sobremaneira a capacidade do sistema cardiorrespiratório de suprir as necessidades de oxigênio do corpo. Além das potenciais limitações de desempenho, o exercício sob tais condições impõe riscos significativos à saúde e ao bem-estar do indivíduo. A discussão a seguir focaliza os efeitos do exercício realizado em condições de calor e de altitude na função cardiorrespiratória.

Resposta cardiorrespiratória ao exercício no calor

Durante o exercício no calor, um grande volume de sangue circulante (até 7 L/min) é desviado para a pele, a fim de ajudar a dissipar o calor do corpo (39). À medida que o fluxo sangüíneo para a pele aumenta, a vasculatura periférica fica complacente e obstruída com sangue, criando acúmulos (46). As concentrações de sangue na periferia ocasionam uma redução do retorno venoso e, subseqüentemente, uma diminuição do enchimento cardíaco. A tensão cardiovascular resultante é refletida em decréscimo no volume sistólico. Para compensar e manter o débito cardíaco, a freqüência cardíaca precisa aumentar. Além disso, o fluxo sangüíneo das regiões esplâncnicas e renais é novamente reduzido, para compensar o maior fluxo sangüíneo desviado para o músculo em exercício e para a dissipação do calor periférico (39).

Para combater elevações na temperatura corporal resultantes do exercício no calor, a taxa de sudorese aumentará, de modo a melhorar o resfriamento por evaporação. Isso contribui para a tensão cardiovascular por causar uma maior redução do volume sangüíneo (45). No entanto, conforme o volume sangüíneo é reduzido, menos sangue estará disponível para a periferia; como resultado, a produção de suor diminuirá e a capacidade do corpo de dissipar calor será reduzida. Conseqüentemente, a temperatura interna aumentará e, combinada com um volume sangüíneo reduzido, elevará a tensão cardiovascular e aumentará o risco de indisposição devida ao calor. Quando o exercício no calor ainda for complicado por déficit na água corporal, a desidratação exacerbará a tensão fisiológica.

O déficit de água corporal tem implicações significativas na função cardiovascular. A **hipoidratação** (déficit de água corporal) resulta na redução do volume plasmático. Em conseqüência, menos sangue fica disponível para o músculo em exercício e para a pele. Além disso, os decréscimos no volume plasmático estão associados à redução do volume sistólico (35). Para compensar e manter o fluxo sangüíneo normal, a freqüência cardíaca aumentará. Entretanto, dependendo da magnitude do déficit de água corporal, o aumento da freqüência cardíaca pode ser insuficiente para compensar completamente o volume sistólico reduzido. Como resultado, o débito cardíaco também será reduzido (35, 44), embora pareça que ele pode ser mantido em altos graus de hipoidratação se esta ocorrer na ausência de uma tensão térmica (52).

A função cardiovascular pode ser comprometida durante o exercício no calor pela redução do volume sistólico.

Efeito da altitude na resposta cardiorrespiratória

À medida que se sobe acima do nível do mar, a pressão parcial de oxigênio (PO_2) é reduzida. Lembre-se de que o gradiente de pressão entre a PO_2 arterial e a tecidual é de aproximadamente 64 mmHg ao nível do mar (a diferença entre uma PO_2 arterial de 104 mmHg e uma PO_2 tecidual de 40 mmHg). Isso gera um gradiente de pressão, fazendo com que o oxigênio difunda-se facilmente para os tecidos. Em altitude, entretanto, a redução da PO_2 arterial provoca decréscimo no gradiente de pressão, reduzindo a capacidade de difusão do oxigênio da vasculatura para dentro dos tecidos. Por exemplo, em uma elevação de 2.500 m, a PO_2 arterial cai para cerca de 60 mmHg, enquanto a PO_2 tecidual permanece em 40 mmHg, gerando um gradiente de pressão de apenas 20 mmHg. Essa redução de 70% do gradiente de pressão provoca uma redução significativa da velocidade com que o oxigênio se move entre os capilares e os tecidos. A redução do gradiente de pressão entre a rede vascular e os tecidos tem implicações importantes na manutenção do exercício em altitude. Para compensar a PO_2 reduzida em altitude, a freqüência respiratória é aumentada. À medida que esta aumenta (**hiperventilação**), a pressão parcial de dióxido de carbono (PCO_2) nos alvéolos também é reduzida. Como resultado, o estímulo para manter uma taxa ventilatória alta pode ser removido, já que a PCO_2 é parte integrante da força motriz por trás da hiperventilação.

Para compensar a disponibilidade reduzida de oxigênio em altitude, ocorrem elevações do débito cardíaco em repouso e durante o exercício. O principal mecanismo que resulta no débito cardíaco aumentado parece ser um acréscimo da freqüência cardíaca, a qual tem mostrado elevar-se entre 40 e 50% em repouso sem qualquer alteração do volume sistólico (54). Mesmo durante o exercício, o aumento do débito cardíaco parece ser o principal resultado do aumento da freqüência cardíaca. Ao contrário do que é normalmente observado durante o exercício realizado no nível no mar, durante o exercício em altitude, o volume sistólico diminui (20). Isso é aparentemente devido à redução do volume plasmático observada dentro de um curto período após a chegada à altitude (50,59).

Durante a exposição inicial à altitude (observada em elevações acima de 3.000 m), os decréscimos no volume plasmático parecem resultar da diurese e da natriurese (excreção acentuada de sódio) (20). A diurese pode ser explicada pela grande perda de calor evaporatório causada pela ventilação do ar seco inspirado em altitude. A natriurese parece ser resultante da estimulação neural dos rins para diminuir a absorção de sódio devida ao estímulo **hipóxico** (baixo teor de oxigênio) (20). Mesmo durante exposição prolongada à altitude, o volume plasmático ainda permanecerá abaixo dos níveis normais. Estudos que examinaram indivíduos residentes em alta altitude relataram volumes plasmáticos mais baixos em comparação a residentes em comunidades localizadas ao nível do mar (57). Assim, a aclimatação não parece ter qualquer efeito significativo sobre um retorno do volume sangüíneo a níveis pré-exposição.

Alterações da pressão parcial de oxigênio como resultado de ascensão a altitude prejudicarão a troca gasosa nos pulmões e tecidos.

ALTERAÇÕES CARDIORRESPIRATÓRIAS DEVIDAS À EXPOSIÇÃO PROLONGADA À ALTITUDE

Durante os primeiros dias em altitude, são observadas alterações na resposta respiratória. Inicialmente, a freqüência respiratória aumenta, ao passo que a PO_2 arterial diminui. Após alguns dias em altitude, a PO_2 arterial começa a se elevar, à medida que os valores da PCO_2 caem, apesar de a taxa ventilatória continuar a subir, em conseqüência de alterações na resposta ventilatória aos níveis de CO_2 e na sensibilidade do corpo carotídeo. O corpo carotídeo situa-se acima da bifurcação da artéria carótida. Ele funciona como um sensor de saturação de oxigênio no sangue, e sua localização é ideal para tal, uma vez que recebe um grande suprimento de sangue, permitindo-lhe responder à saturação de oxigênio, não ao conteúdo do elemento (55). A sensibilidade aumentada do corpo carotídeo parece levar a uma resposta bifásica. A resposta inicial pode ser um decréscimo da resposta ventilatória hipóxica durante os primeiros 3 a 5 dias de exposição à altitude; no entanto, passados esses dias iniciais, observa-se um aumento na resposta ventilatória (55).

Além das alterações na resposta ventilatória, outro componente de adaptação respiratória à altitude pode ser a capacidade de difusão do oxigênio. Relata-se que, após 7 a 10 semanas de exposição à altitude, as capacidades de difusão aumentam entre 15 e 20% (57). Embora a maior parte dessa difusão melhorada possa ser explicada por aumentos nas concentrações de hemoglobina, estudos comparando indivíduos que residem permanentemente em altitude com outros que residem no nível do mar também relataram diferenças significativas na capacidade de difusão de oxigênio entre esses grupos populacionais (10). Tais diferenças podem estar relacionadas aos volumes pulmonares maiores desenvolvidos pela exposição à hipoxia crônica e ao desenvolvimento subseqüente de uma maior área de superfície de difusão de oxigênio (2).

Depois de várias semanas de exposição à altitude, o débito cardíaco permanece semelhante aos valores observados no nível do mar. De forma semelhante ao que ocorre durante a exposição aguda à altitude, os aumentos do débito cardíaco após longas permanências em elevação também parecem ser atribuíveis principalmente a aumentos da freqüência cardíaca. O volume sistólico, entretanto, permanece reduzido (38). Uma das adaptações mais conhecidas à exposição prolongada à altitude é o acréscimo do número de eritrócitos por unidade de volume sangüíneo. A exposição a condições hipóxicas resulta na liberação do hormônio eritropoietina. A **eritropoietina** é responsável pela estimulação da produção de eritrócitos e aumenta em 2 horas de exposição à altitude; ela atinge seu índice máximo em aproximadamente 24 a 48 horas (11). Após três semanas de exposição à altitude, as concentrações de eritropoietina parecem retornar aos níveis de referência, mas não até terem contribuído para um aumento aproximado de 20 a 25% no volume globular (33). A massa de eritrócitos continua a crescer mesmo após o retorno da eritropoietina aos níveis normais (33), embora o mecanismo subjacente a isso não seja conhecido. Essa adaptação fisiológica à altitude é um dos motivos pelos quais muitos atletas de resistência aeróbia moram em alta altitude e treinam no nível do mar.

À medida que o volume de eritrócitos aumenta, também aumenta a concentração hemoglobínica no sangue, permitindo que uma maior quantidade de oxigênio seja carregada por unidade de volume sangüíneo. No entanto, conforme o volume de eritrócitos e a concentração de hemoglobina crescem, a viscosidade do sangue também aumenta, apresentando um perigo inerente associado às adaptações fisiológicas à altitude.

RESUMO

Neste capítulo, vimos o efeito do exercício agudo na função cardíaca e como o coração compensa as demandas energéticas aumentadas dos músculos em exercício. Essa compensação é manifestada por alterações no débito cardíaco, reguladas em parte pela melhora do impulso simpático e pelo aumento do retorno venoso. Além disso, o fluxo sangüíneo é desviado dos músculos inativos e dos órgãos não-essenciais para os músculos em exercício, possibilitando a distribuição de mais oxigênio. Também discutimos as diferenças na resposta cardíaca aguda entre os programas de treinamento de resistência aeróbia e de força. O debate também focou a relação coordenada entre os sistemas cardiovascular e respiratório e o efeito do treinamento agudo e prolongado sobre eles. Examinamos também os efeitos do treinamento prolongado nas adaptações cardiovasculares e respiratórias, com o foco direcionado para como essas adaptações dependem do tipo de programa de treinamento empregado. Finalmente, foram revisados os efeitos dos estresses ambientais. Uma discussão específica foi direcionada ao exercício agudo no calor e em altitude. Também revisamos brevemente a adaptação à exposição prolongada à altitude.

QUESTÕES TÉCNICAS

1. Usando este capítulo e outros recursos, discuta as alterações fisiológicas que ocorrem no corpo do atleta relacionadas ao treinamento em altitude.
2. Você está trabalhando com uma atleta de elite que lhe pergunta sobre tomar o hormônio eritropoietina. Ela ouviu falar que ele melhorará sua resistência aeróbia no desempenho esportivo. Utilizando as informações fornecidas neste capítulo, bem como outras fontes, como você descreveria os efeitos da eritropoietina no desempenho?
3. Usando as Tabelas 2.1 e 2.2 e outros recursos, compare os efeitos dos treinamentos aeróbio e de força no sistema cardiorrespiratório.

REFERÊNCIAS

1. Adamovich DR. The Heart: Fundamentals of Electrocardiography, Exercise Physiology and Exercise Stress Testing. Freeport NY: Sports Medicine Books, 1984.
2. Bartlett D, Remmers JE. Effects of high altitude exposure on the lungs of young rats. Respir Physiol 1971;13: 116–125.
3. Blomqvist CG, Saltin B. Cardiovascular adaptations to physical training. Annu Rev Physiol 1983;45:169–189.
4. Bonow RO. Left ventricular response to exercise. In Fletcher GF, ed. Cardiovascular Response to Exercise. Mount Kisco, NY: Futura, 1994:31–48.
5. Carroll JF, Convertino VA, Wood CE, et al. Effect of training on blood volume and plasma hormone concentrations in the elderly. Med Sci Sports Exerc 1995; 27:79–84.
6. Charlton GA, Crawford MH. Physiological consequences of training. Cardiol Clin 1997;15:345–254.
7. Convertino VA, Keil LC, Bernauer EM, et al. Plasma volume, osmolality, vasopressin, and renin activity during graded exercise in man. J Appl Physiol: Respir Environ Exerc Physiol 1981;50:123–128.
8. Convertino VA. Blood volume: its adaptation to endurance training. Med Sci Sports Exerc 1991;23:1338–1348.
9. Cunningham DA, Paterson DH, Blimkie CJ, et al. Development of cardiorespiratory function in circumpubertal boys: a longitudinal study. J Appl Physiol 1984;56; 302–307.
10. Dempsey JA, Reddan WG, Birnbaum ML, et al. Effects of acute through life-long hypoxic exposure on exercise pulmonary gas exchange. Respir Physiol 1971;13:62–89.
11. Eckardt K, Boutellier U, Kurtz A, et al. Rate of erythropoietin formation in humans in response to acute hypobaric hypoxia. J Appl Physiol 1989;66:1785–1788.
12. Fagard RH. Exercise characteristics and the blood pressure response to dynamic physical training. Med Sci Sports Exerc 2001;33:S484–S492.
13. Fleck SJ. Cardiovascular adaptations to resistance training. Med Sci Sports Exerc 1988;20:S146–S151.
14. Fleck SJ, Henke C, Wilson W. Cardiac MRI of elite junior Olympic weight lifters. Int J Sports Med 1989;10:329–333.
15. Fleck SJ, Kraemer WJ. Designing Resistance Training Programs. Champaign, IL: Human Kinetics, 1997.
16. Ford LE. Heart size. Circ Res 1976;39:299–303.
17. Girandola RN, Katch FL. Effects of physical training on ventilatory equivalent and respiratory exchange ratio during weight supported, steady-state exercise. Eur J Appl Physiol Occup Physiol 1976;21:119–125.
18. Goldberg L, Elliot DL, Kuehl KS. A comparison of the cardiovascular effects of running and weight training. J Strength Condition Res 1994;8:219–224.
19. Green HJ, Sutton J, Coates G, et al. Response of red cells and plasma volume to prolonged training in humans. J Appl Physiol 1991;70:1810–1815.
20. Honig A. Role of arterial chemoreceptors in the reflex control of renal function and body fluid volumes in acute arterial hypoxia. In: Acher H, O'Regan RG, eds. Physiology of the Peripheral Arterial Chemoreceptors. New York: Elsevier, 1983:395–429.
21. Lentini AC, McKelvie RS, McCartney N, et al. Assessment of left ventricular response of strength trained athletes during weightlifting exercise. J Appl Physiol 1993;75:2703–2710.
22. Lewis SF, Taylor WF, Graham RM, et al. Cardiovascular responses to exercise as functions of absolute and relative work load. J Appl Physiol 1983;54;1314–1323.

23. MacDougall JD. Blood pressure responses to resistive, static, and dynamic exercise. In: Fletcher GF, ed. Cardiovascular Response to Exercise. Mount Kisco, NY: Futura, 1994:155–174.
24. MacDougall JD, McKelvie RS, Moroz DE, et al. Factors affecting blood pressure response during heavy weightlifting and static contractions. J Appl Physiol 1992;73; 1590–1597.
25. MacDougall JD, Tuxen D, Sale DG, et al. Arterial blood pressure response to heavy resistance exercise. J Appl Physiol 1985;58:785–790.
26. Maron BJ. Structural features of the athletic heart as defined by echocardiography. J Am Coll Cardiol 1986;7: 190–203.
27. Martin B, Heintzelman M, Chen HI. Exercise performance after ventilatory work. J Appl Physiol 1982;52: 1581–1585.
28. McArdle WD, Glaser RM, Magel JR. Metabolic and cardiorespiratory response during free swimming and treadmill walking. J Appl Physiol 1971;30:733–738.
29. McArdle WD, Katch FI, Katch VL. Exercise Physiology. Energy, Nutrition, and Human Performance. 4th ed. Baltimore, MD: Williams & Wilkins. 1996:417–456.
30. McCartney N. Acute responses to resistance training and safety. Med Sci Sports Exerc 1999;31:31–37.
31. McCartney N, McKelvie RS, Martin J, et al. Weight-training-induced attenuation of the circulatory response of older males to weight lifting. J Appl Physiol 1993;74: 1056–1060.
32. Menapace FJ, Hammer, WJ, Ritzer TF, et al. Left ventricular size in competitive weight lifters: an echocardiographic study. Med Sci Sports Exerc 1982;14:72–75.
33. Milledge JS, Coates PM. Serum erythropoietin in humans at high altitude and its relation to plasma renin. J Appl Physiol 1985;59:360–364.
34. Morganroth J, Maron BJ, Henry WL, et al. Comparative left ventricular dimensions in trained athletes. Ann Intern Med 1975;82:521–524.
35. Nadel ER, Fortney SM, Wenger CB. Effect of hydration on circulatory and thermal regulation. J Appl Physiol 1980;49:715–721.
36. Pearson AC, Schiff M, Mrosek D, et al. Left ventricular diastolic function in weight lifters. Am J Cardiol 1986;58: 1254–1259.
37. Pelliccia A, Maron BJ, Spataro A, et al. The upper limit of physiologic cardiac hypertrophy in highly trained elite athletes. N Engl J Med 1991;324:295–301.
38. Reeves JT, Groves BM, Sutton JR, et al. Operation Everest II: preservation of cardiac function at extreme altitude. J Appl Physiol 1987;63:31–539.
39. Rowell LB. Human Circulation Regulation during Physical Stress. New York: Oxford University Press, 1986.
40. Rowland TW, Green GM. Physiological responses to treadmill exercise in females: adult-child differences. Med Sci Sports Exerc 1988;20:474–478.
41. Sale DG, Moroz DE, McKelvie RS, et al. Comparison of blood pressure response to isokinetic and weight-lifting exercise. Eur J Appl Physiol 1993;67:115–120.
42. Sale DG, Moroz DE, McKelvie RS, et al. Effect of training on the blood pressure response to weight lifting. Can J Appl Physiol 1994;19:60–74.
43. Saltin B, Astrand PO. Maximal oxygen uptake in athletes. J Appl Physiol 1967;23:353–358.
44. Sawka MN, Pandolf KB. Effects of body water loss on physiological function and exercise performance. In: Gisolfi CV, Lamb DR, eds. Fluid Homeostasis during Exercise: Perspectives in Exercise Science and Sports Medicine, vol 3. Indianapolis, IN: Benchmark Press, 1990:1–38.
45. Sawka MN, Knowlton RG, Critz JB. Thermal and circulatory responses to repeated bouts of prolonged running. Med Sci Sports Exerc 1979;11:177–180.
46. Sawka MN, Wenger CB, Young AJ, et al. Physiological responses to exercise in the heat. In: Marriott BM, ed. Nutritional Needs in Hot Environments. Washington, DC: National Academy Press 1993:55–74.
47. Schaefer ME, Allert JA, Adams HR, et al. Adrenergic responsiveness and intrinsic sinoatrial automaticity of exercise-trained rats. Med Sci Sports Exerc 1992;24: 887–894.
48. Seals DR, Hagberg JM. The effect of exercise training on human hypertension: a review. Med Sci Sports Exerc 1984;16:207–215.
49. Shapiro L. The morphological consequences of systemic training. Cardiol Clin 1997;15:373–379.
50. Singh MV, Rawal SB, Tyagi AK. Body fluid status on induction, reinduction and prolonged stay at high altitude on human volunteers. Int J Biometeorol 1990;34:93–97.
51. Spirito P, Pelliccia A, Proschan M, et al. Morphology of the "athlete's heart" assessed by echocardiography in 947 elite athletes representing 27 sports. Am J Cardiol 1994; 74:802–806.
52. Sproles CB, Smith DP, Byrd RJ, et al. Circulatory responses to submaximal exercise after dehydration and rehydration. J Sports Med Phys Fit 1976;16:98–105.
53. Toner MM, Glickman EL, McArdle WD. Cardiovascular adjustments to exercise distributed between the upper and lower body. Med Sci Sports Exerc 1990;22:773–778.
54. Vogel JA, Harris CW. Cardiopulmonary responses of resting man during early exposure to high altitude. J Appl Physiol 1967;22:1124–1128.
55. Ward MP, Milledge JS, West JB. High Altitude Medicine and Physiology. London: Chapman & Hall Medical, 1995.
56. Wasserman K, Whipp BJ, Davis JA. Respiratory physiology of exercise: Metabolism, gas exchange, and ventilatory control. Int Rev Physiol 1981;23:149–211.
57. West JB. Diffusing capacity of the lung for carbon monoxide at high altitude. J Appl Physiol 1962;17:421–426.
58. Wilmore JH, Costill DL. Physiology of Sport and Exercise. Champaign, IL: Human Kinetics, 1999.
59. Wolfel EE, Groves BM, Brooks GA, et al. Oxygen transport during steady-state submaximal exercise in chronic hypoxia. J Appl Physiol 1991;70:1129–1136.
60. Yang RC, Mack GW, Wolfe RR, et al. Albumin synthesis after intense intermittent exercise in human subjects. J Appl Physiol 1998;84:584–592.
61. Yerg II, JE, Seals DR, Hagberg JM, et al. Effect of endurance exercise training on ventilatory function in older individuals. J Appl Physiol 1985;58:791–794.

CAPÍTULO

3

Sistema neuromuscular: bases anatômicas e fisiológicas e adaptações ao treinamento

JARED W. COBURN
TRAVIS W. BECK
HERBERT A. DEVRIES
TERRY J. HOUSH

Introdução

O sistema nervoso pode ser dividido, anatomicamente, em sistemas central (cérebro e medula espinal) e periférico (fora da medula espinal), ou, funcionalmente, em sistemas somático (voluntário) e autônomo (involuntário). O sistema nervoso autônomo é composto dos sistemas simpático e parassimpático, que controlam o funcionamento involuntário de vários órgãos internos, do sistema circulatório (incluindo a vasoconstrição e a vasodilatação) e das glândulas endócrinas. O movimento humano voluntário, no entanto, é controlado pelo sistema nervoso somático. Quando decidimos executar uma ação muscular, a atividade elétrica que desencadeia a contração muscular origina-se no córtex motor do cérebro e percorre os sistemas central e periférico até o músculo.

O sistema nervoso controla tanto as funções voluntárias como as involuntárias. O movimento humano voluntário é controlado pelo sistema nervoso somático, enquanto o funcionamento involuntário dos órgãos internos, do sistema circulatório e das glândulas endócrinas é controlado pelo sistema nervoso autônomo.

O NEURÔNIO

Uma célula nervosa, ou **neurônio**, é a unidade estrutural básica do sistema nervoso. No sistema nervoso, há milhões de neurônios; normalmente, vários neurônios são interconectados por **sinapses** (conexões entre neurônios) para formar vias de condução de impulsos nervosos. Os neurônios que conduzem os impulsos sensoriais da periferia ao sistema nervoso central são chamados neurônios **sensoriais** ou **aferentes**. Os neurônios que conduzem impulsos do sistema nervoso central até os músculos são chamados **motoneurônios** ou **eferentes**. Embora os neurônios sejam microscópicos em diâmetro, uma célula pode ter aproximadamente 90 cm de comprimento, como um neurônio que se estende da medula espinal até um músculo do pé.

O motoneurônio típico (Fig. 3.1) inclui um corpo celular, **dendritos** (que recebem impulsos e os conduzem para o corpo celular) e um **axônio** (que conduz os impulsos para longe da célula). O corpo celular do motoneurônio, que inerva o músculo esquelético, localiza-se na massa cinzenta no corno ventral da medula espinal; seu axônio liga-se a vários axônios de outros motoneurônios (e a muitos axônios sensoriais) para formar um nervo espinal. Esse nervo é espesso o suficiente para ser observado em uma dissecação macroscópica. O motoneurônio divide-se em muitos ramos, que se redividem em ramos menores, e cada um destes inerva uma fibra muscular.

Uma característica de muitos neurônios é a presença de **mielina**, que reveste o axônio como uma bainha. É uma substância lipóide branca, produzida por **células de Schwann** no sistema nervoso periférico. A bainha de mielina dispõe-se em segmentos ao longo do comprimento do axônio, resultando em espaços chamados **nodos de Ranvier**. Nos axônios mielinizados, a velocidade de condução do potencial de ação é aumentada, porque este salta de um nodo de Ranvier para o próximo. Isso se chama **condução saltatória**. De modo geral, quanto mais grossa a bainha de mielina

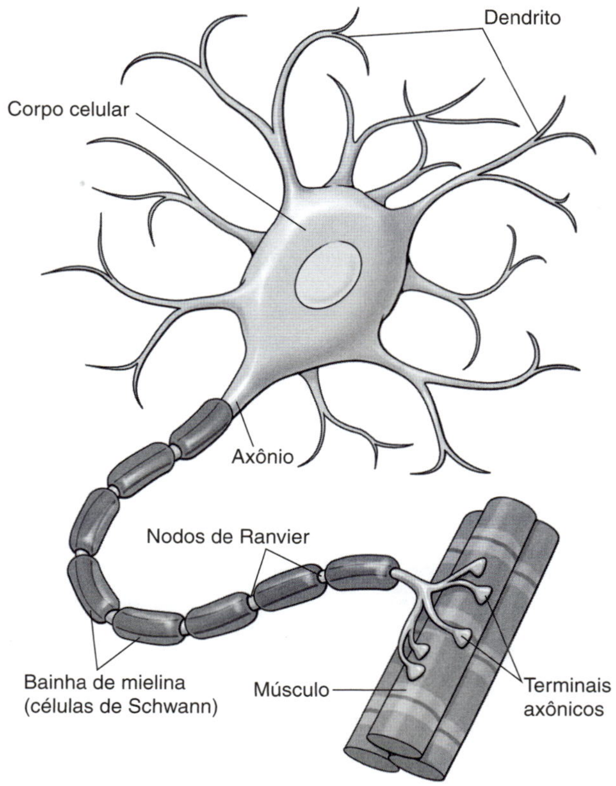

FIGURA 3.1 O neurônio e seus componentes. Cada neurônio consiste em dendritos, um corpo celular e um axônio.

em volta de um axônio, maior a velocidade de condução de um potencial de ação.

Os neurônios conduzem impulsos elétricos para e do sistema nervoso central.

REFLEXOS E MOVIMENTOS INVOLUNTÁRIOS

Um **reflexo** é melhor definido como uma resposta motora involuntária a um dado estímulo. Uma ilustração é a resposta automática de extensão da perna quando um médico bate de leve no tendão patelar com um malho de borracha. Nessa forma mais simples, um reflexo consiste em uma descarga a partir de uma terminação nervosa sensorial (aferente), com os impulsos percorrendo a fibra nervosa sensorial até uma sinapse na medula espinal, com um motoneurônio (eferente). Quando o motoneurônio é estimulado para descarregar, os impulsos percorrem seu axônio até o músculo, provocando o seu movimento. Esse arco reflexo simples é chamado reflexo **miotático** ou reflexo de estiramento; por envolver apenas uma sinapse na medula espinal, é chamado **reflexo monossináptico**. Outros reflexos mais complexos (tais como remover a mão de uma superfície quente) podem envolver múltiplos neurônios e sinapses.

Um reflexo é uma resposta involuntária a um dado estímulo.

PROPRIOCEPÇÃO E CINESTESIA

A coordenação ótima da atividade motora pelo sistema nervoso central depende de um suprimento constante de *feedback* sensorial durante o movimento. Esse *feedback* das informações sensoriais sobre o movimento e a posição corporal é chamado **propriocepção**. Os receptores para a propriocepção são de dois tipos: vestibular e cinestético.

Os **receptores vestibulares** localizam-se no ouvido interno e respondem ao movimento de um líquido chamado **endolinfa**. Indiretamente, a inércia da endolinfa fornece dados ao cérebro referentes à aceleração ou desaceleração rotacional do movimento, como o de girar ou saltar. O movimento em si, no entanto, não é reconhecido. Por exemplo, mover-se quase à velocidade do som em um avião não produz sensação alguma, a menos que ocorra uma mudança de direção ou velocidade.

O sistema vestibular também inclui uma estrutura do ouvido interno chamada **utrículo**, que fornece dados relacionados ao orientação espacial. Estruturas especializadas no utrículo respondem pela aceleração e pela inclinação lineares, e são então a fonte que nos informa de nossa postura e nossa orientação espacial. Por exemplo, as informações sensoriais do utrículo são responsáveis por nossa capacidade de dizer se estamos em pé ou deitados, mesmo com os olhos fechados.

O sentido cinestético ou muscular é crucial para nossa capacidade de executar movimentos com propriedade; ele fornece informações sobre o que nossos membros ou segmentos corporais estão fazendo, sem termos de olhar. Por exemplo, a maioria dos indivíduos não tem dificuldade de tocar o nariz com o dedo indicador, mesmo com os olhos vendados. Além disso, é possível adivinhar com razoável precisão o peso de um objeto apenas levantando-o.

As duas principais estruturas receptoras que auxiliam a **cinestesia** (sentido de movimento e localização das regiões corporais no espaço) são os fusos musculares e os órgãos tendinosos de Golgi. Os fusos musculares são grandes o suficiente para serem visíveis a olho nu, e estão amplamente distribuídos por todo o tecido muscular. Sua distribuição, no entanto, varia de músculo para músculo. Em geral, os músculos utilizados para movimentos refinados (como os músculos dos dedos) têm muitos fusos musculares, enquanto os músculos envolvidos principalmente em movimentos amplos têm poucos.

Em humanos, cada fuso inclui de cinco a nove **fibras musculares intrafusais (IF)**. Essas fibras IF não devem ser confundidas com fibras musculares esqueléticas (extrafusais ou EF), que provocam contração muscular. As fibras IF dos fusos musculares são inervadas por motoneurônios gama, enquanto as fibras EF são inervadas por motoneurônios alfa. Os motoneurônios alfa formam cerca de 70% do total das fibras eferentes; os motoneurônios gama formam os 30% restantes. A estrutura de um fuso muscular está demonstrada na Figura 3.2. É importante notar que os fusos musculares são orientados paralelamente às fibras EF.

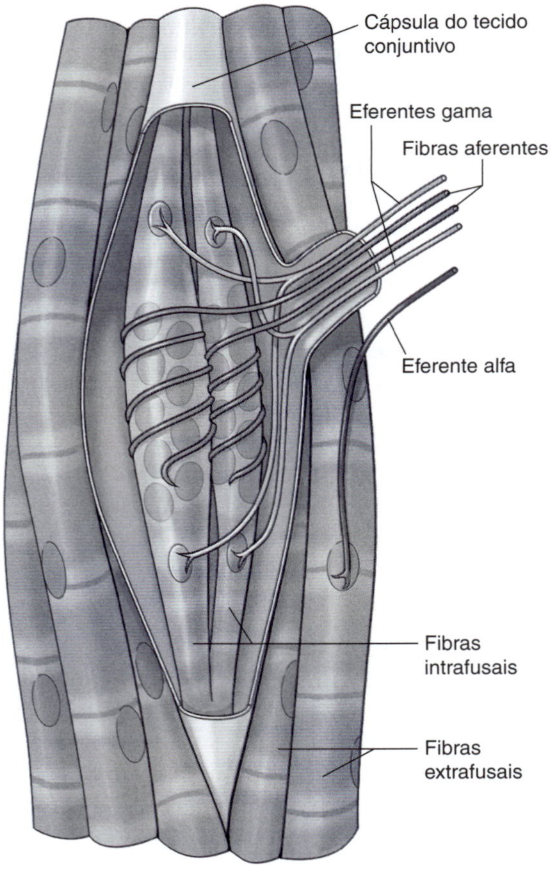

FIGURA 3.2 Fuso muscular. Esse receptor sensorial é sensível ao alongamento e ajuda a monitorar o comprimento muscular.

Como as fibras IF dispõem-se longitudinalmente, paralelas com as fibras esqueléticas (EF), um alongamento aplicado externamente resulta no estiramento tanto das fibras IF como das EF. Assim, o alongamento resulta em uma descarga aferente sensorial partindo dos fusos musculares, a qual leva à contração do músculo que foi alongado. Essa resposta subjaz ao reflexo de estiramento (ou miotático) quando um médico bate no tendão patelar.

O órgão tendinoso de Golgi (Fig. 3.3) situa-se na junção musculotendinosa e dispõe-se em séries com as fibras musculares EF (esqueléticas). Dessa forma, o encurtamento ativo do músculo (contração) provoca a descarga do órgão tendinoso de Golgi, ao passo que o fuso muscular descarrega somente quando o músculo é alongado. O fuso muscular cessa o disparo quando a contração começa porque ele está em paralelo com as fibras musculares EF e é então descarregado assim que as fibras EF se encurtam na contração.

A diferença funcional fundamental entre o fuso muscular e o órgão tendinoso de Golgi é que o primeiro facilita a contração, ao passo que o segundo inibe a contração, não apenas no músculo de origem, mas também no grupo muscular funcional inteiro. Assim, o órgão tendinoso de Golgi pode oferecer um mecanismo de proteção que previne danos ao tecido muscular ou a uma articulação durante contrações extremas. A atividade desse órgão que previne o estresse excessivo dos tecidos é chamada **reflexo miotático invertido**.

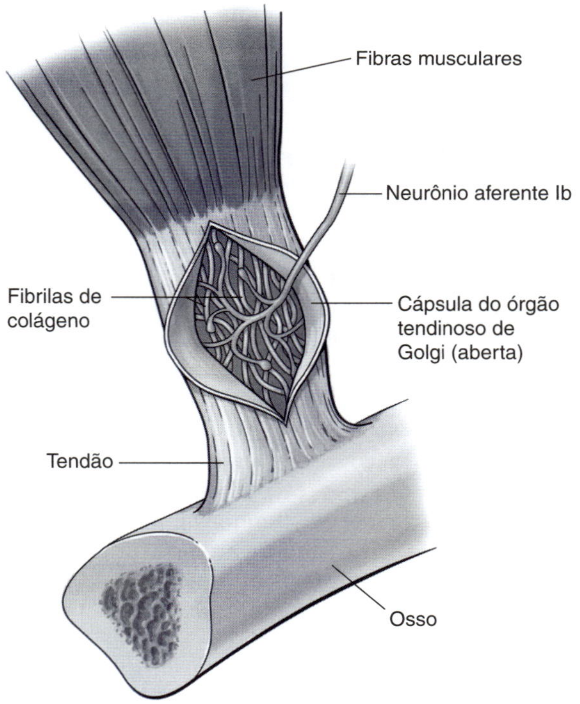

FIGURA 3.3 Órgão tendinoso de Golgi. Localizado na junção musculotendinosa, esse receptor sensorial monitora a tensão.

A propriocepção envolve o feedback *sensorial sobre os movimentos e a posição corporal. A cinestesia é por vezes chamada sentido muscular e envolve as funções dos fusos musculares e do órgão tendinoso de Golgi.*

CENTROS NERVOSOS SUPERIORES E CONTROLE MUSCULAR VOLUNTÁRIO

A atividade muscular voluntária é controlada por três sistemas principais: o sistema piramidal, o sistema extrapiramidal e o sistema cerebelar proprioceptivo.

APLICAÇÃO NA REALIDADE

A fisiologia do alongamento

Tem-se teorizado que o alongamento pode melhorar o desempenho e prevenir lesões. Também é importante, contudo, considerar como se deve alongar. Especificamente, devemos considerar o efeito do fuso muscular na flexibilidade e no alongamento.

Um músculo que é alongado rapidamente com um movimento abrupto responderá contraindo-se. A magnitude e a taxa dessa contração variam diretamente com a magnitude e a taxa do movimento que causa o alongamento rápido. Essa contração é um resultado do reflexo miotático ou de estiramento. O alongamento rapidamente aplicado provoca a ativação dos fusos musculares localizados entre as fibras musculares esqueléticas (extrafusais). Esse alongamento rápido faz com que um impulso aferente seja conduzido por um neurônio sensorial à medula espinal, onde o neurônio forma uma sinapse com um motoneurônio. O motoneurônio, então, carrega um impulso de volta ao músculo esquelético, provocando a sua contração. O ponto importante é que se, na tentativa de alongar o músculo, o alongamento for aplicado com um movimento abrupto e insistente, o resultado será a ativação do reflexo miotático e uma contração do músculo que for o objeto do alongamento. Isso pode levar, na melhor das hipóteses, a um alongamento não tão ótimo, e, na pior, a uma lesão.

O alongamento estático, aquele em que o alongamento é aplicado lentamente, não invoca o reflexo miotático. Movendo-se lentamente até a posição alongada, a ativação dos fusos musculares é evitada. Isso permite que o músculo relaxe enquanto está sendo alongado, levando a um alongamento mais efetivo.

O sistema piramidal

Estimulação elétrica e observações clínicas têm sido utilizadas para identificar as funções das várias partes do córtex cerebral. O mapa arquitetônico mais comumente utilizado do córtex humano, que relaciona a localização à função, é o de Brodmann (Fig. 3.4).

O **sistema piramidal** origina-se em grandes neurônios em forma de pirâmide, encontrados principalmente na área 4 do mapa de Brodmann, muitas vezes chamada córtex motor. Os axônios dos motoneurônios, com corpos celulares na área 4 formam grandes vias motoras descendentes, chamadas **tratos piramidais**, que se dirigem diretamente (na maioria dos casos) para sinapses com os motoneurônios no corno ventral da medula espinal. Os neurônios com corpos celulares no cérebro são chamados **motoneurônios superiores**, ao passo que aqueles na medula espinal são chamados **motoneurônios inferiores**. Cerca de 85% ou mais dos neurônios do trato piramidal atravessam de um lado para outro (cruzam), alguns no nível da medula, outros no nível do motoneurônio inferior. O córtex motor é orientado pelo movimento, não pelo músculo. Isto é, a estimulação do córtex motor não resulta em uma contração de um músculo, mas em um suave movimento sinergista de um grupo de músculos.

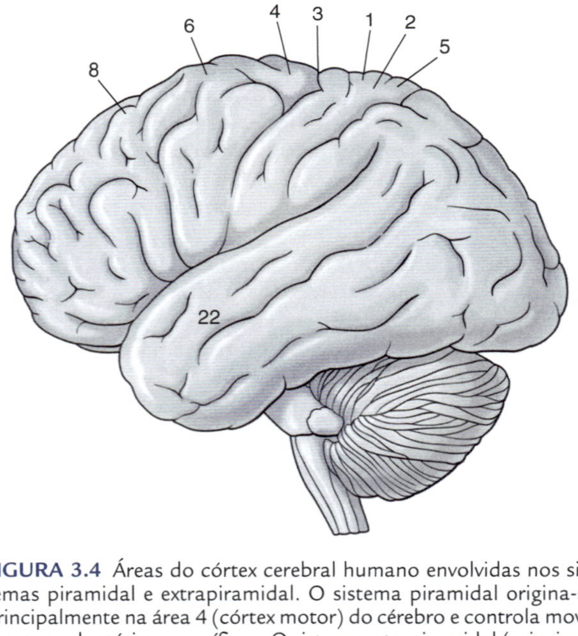

FIGURA 3.4 Áreas do córtex cerebral humano envolvidas nos sistemas piramidal e extrapiramidal. O sistema piramidal origina-se principalmente na área 4 (córtex motor) do cérebro e controla movimentos voluntários específicos. O sistema extrapiramidal (principalmente a área 6, mas também as áreas 1 a 3, 5, 8 e 22) ocupa-se dos padrões de movimentos gerais e amplos e do controle postural.

O sistema extrapiramidal

O **sistema extrapiramidal**, ou córtex pré-motor, origina-se principalmente na área 6 do mapa de Brodmann. Entretanto, algumas das fibras que descendem nos tratos extrapiramidais originam-se em outras áreas do córtex, tais como as áreas 1, 2, 3, 5 e 8.

Os tratos descendentes do córtex pré-motor são mais complexos do que os do córtex motor. Esses neurônios não se unem em sinapse diretamente com os motoneurônios inferiores, mas percorrem estações retransmissoras chamadas **núcleos motores**. Os núcleos motores mais importantes são o **corpo estriado**, a **substância negra** e o **núcleo vermelho**. Alguns neurônios, no entanto, também passam pela ponte para o cerebelo.

Existem importantes diferenças funcionais entre os sistemas piramidal e extrapiramidal. Por exemplo, a estimulação elétrica da área 4 produz movimentos específicos, enquanto a estimulação da área 6 produz apenas padrões de movimentos amplos. Assim, é provável que a aprendizagem de uma nova habilidade em que seja necessário devotar muita atenção aos movimentos (como na aprendizagem de um novo movimento de ginástica, em que cada aspecto do movimento é contemplado) envolva a área 4. À medida que um indivíduo fica mais habilidoso, supõe-se que a origem do movimento mude para a área 6 (muitas vezes, os ginastas não precisam concentrar-se nos seus pés mas sim em padrões de movimento bastante gerais). A área 4, entretanto, ainda participa como uma estação retransmissora, com as fibras conectando a área 6 à área 4.

O sistema cerebelar proprioceptivo

A cinestesia e o sistema vestibular envolvem as funções sensoriais do **sistema cerebelar proprioceptivo**. Normalmente, a via associada à propriocepção vestibular leva direta ou indiretamente (via medula) ao cerebelo. Todavia, o conhecimento sensorial consciente do movimento decorrente da cinestesia percorre o tálamo, o córtex e o cerebelo. O cerebelo é fundamental para a reunião de informações sensoriais sobre posição, equilíbrio e movimento. Ele recebe informações sensoriais de músculos, articulações, tendões e pele, bem como *feedback* audiovisual. Assim, a perda da função cerebelar pode levar à debilitação dos movimentos volitivos, a distúrbios de postura e à diminuição do controle do equilíbrio.

Três sistemas fundamentais controlam o movimento voluntário humano: o sistema piramidal, o sistema extrapiramidal e o sistema cerebelar proprioceptivo.

ESTRUTURA MACROSCÓPICA DO MÚSCULO ESQUELÉTICO

Um músculo esquelético é revestido por uma bainha de tecido conjuntivo chamada **epimísio**, que se situa sob a pele, o tecido adiposo subcutâneo e a fáscia superficial. O epimísio funde-se com o tecido conjuntivo do tendão, o que permite que a força produzida pela contração muscular seja transmitida através dos tecidos conjuntivos para o tendão e o osso, resultando em movimento.

As células ou fibras musculares do músculo esquelético estão orientadas em feixes chamados fascículos. Cada fascículo, o que contém de poucas fibras musculares a várias centenas delas, é revestido por um tecido conjuntivo chamado perimísio. A Figura 3.5 ilustra essas e outras estruturas macro e microscópicas do músculo esquelético.

As estruturas macroscópicas do músculo esquelético são importantes para a transdução da força de contração muscular ao tendão e ao osso, resultando em movimento.

ESTRUTURA MICROSCÓPICA DO MÚSCULO ESQUELÉTICO

Cada fibra muscular é revestida por uma delicada bainha de tecido conjuntivo conhecida como **endomísio**. Assim, o endomísio envolve uma única fibra, o perimísio envolve um fascículo, e o epimísio envolve todo o músculo. A força produzida dentro de uma fibra muscular é transferida, em séries, para o endomísio, o perimísio, o epimísio, o tendão e depois o osso.

O diâmetro de fibras musculares individuais pode variar de aproximadamente 10 a 100 µm (1.000 µm = 1 mm), enquanto o comprimento, de 1 mm ao comprimento do músculo todo. A espessura da fibra está relacionada à quantidade de força que esta pode produzir, e cada músculo possui fibras de tamanho característico. Por exemplo, os músculos do olho possuem fibras de pequeno diâmetro, enquanto as fibras dos músculos do quadríceps femoral são grandes.

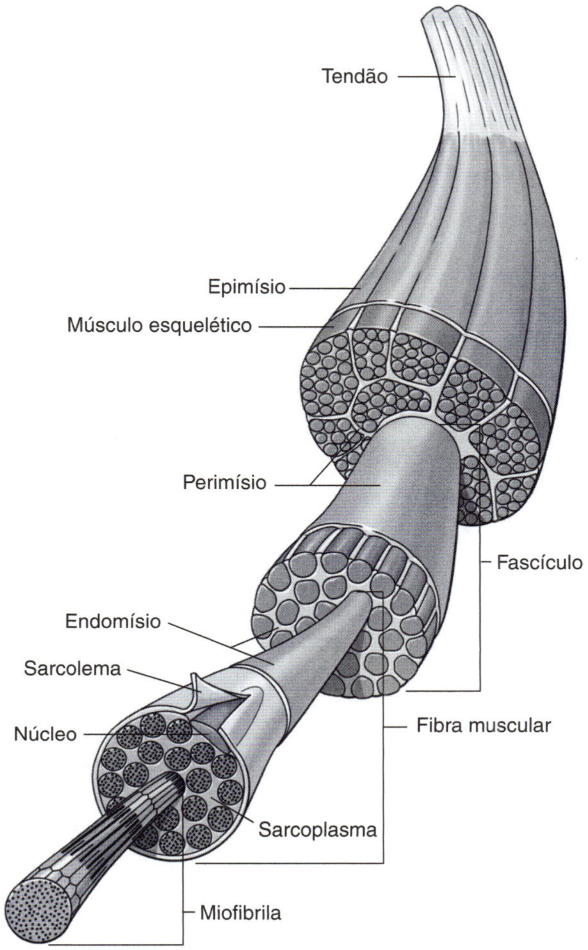

FIGURA 3.5 Fibras musculares e bainhas de tecido conjuntivo. Cada fibra muscular (fibra, fascículo e músculo inteiro) é revestida por um tecido conjuntivo (chamado endomísio, perimísio e epimísio, respectivamente).

Estrutura da fibra muscular

Cada fibra muscular esquelética é revestida por uma membrana celular conhecida como **sarcolema**. Situados dentro do sarcolema estão muitos núcleos, que direcionam a síntese protéica dentro da célula. A parte líquida, ou citoplasma, da célula muscular é chamada **sarcoplasma**. A maior parte do sarcoplasma é ocupada por estruturas cilíndricas conhecidas como miofibrilas. Estrias claras e escuras alternadas estendem-se ao longo das miofibrilas. O alinhamento exato dessas faixas, de uma miofibrila para outra, é o que confere à fibra muscular a aparência estriada característica sob o microscópio simples.

As fibras musculares podem variar muito em tamanho e comprimento, e ainda ter as mesmas estruturas (i.e., membrana celular, citoplasma) de outras células no corpo.

Tipos de fibra muscular

Antigamente, as fibras musculares eram classificadas com base simplesmente em sua aparência. As fibras vermelhas eram consideradas apropriadas para atividades de resistência aeróbia, tais como aquelas que envolviam contrações de longa duração. As fibras brancas, no entanto, eram consideradas especializadas para velocidade de contração, porém suscetíveis à fadiga. Recentemente, a identificação de tipos de fibra musculoesquelética mediante o uso de técnicas histoquímicas tornou possível examinar os constituintes químicos dessas fibras, fornecendo assim os meios para correlacionar sua estrutura e sua função.

De dois a oito tipos diferentes de fibra muscular foram identificados. A nomenclatura para descrever as várias fibras musculares baseou-se na sua aparência, na sua função e em suas propriedades bioquímicas e histoquímicas. O antigo sistema de classificação de tipos de fibra em "contração rápida" (fibra branca) *versus* "contração lenta" (fibra vermelha) tornou-se inadequado, já que há dois subtipos de fibras de contração rápida que são fisiológica e histoquimicamente diferentes. Assim, a nova nomenclatura (proposta por Peter et al.) para três tipos diferentes de fibra muscular baseia-se na função e nas propriedades bioquímicas da fibra (70).

Os três principais tipos de fibras no músculo esquelético humano são oxidativas de contração lenta (OL), glicolíticas oxidativas de contração rápida (GOR) e glicolíticas de contração rápida (GR) (70). Esses tipos de fibras também são identificados como tipo I, tipo IIA e tipo IIB, respectivamente, por Dubowitz e Brooke (15). A nomenclatura anterior, no entanto, é mais descritiva, uma vez que fornece informações sobre as características e o funcionamento dos vários tipos de fibras. Por exemplo, as fibras OL têm uma velocidade de contração lenta e favorecem a produção de energia oxidativa (aeróbia), enquanto as fibras GR apresentam uma velocidade de contração rápida e favorecem a produção de energia glicolítica (anaeróbia). A Tabela 3.1 compara os sistemas de nomenclatura e lista as características dos tipos de fibra muscular.

A unidade funcional básica do sistema neuromuscular é a **unidade motora**, que consiste em um motoneurônio (nervo) e todas as fibras que este inerva. Todas as fibras dentro de uma unidade motora particular são do mesmo tipo, embora as fibras de unidades motoras diferentes sejam misturadas. Em músculos pequenos, uma única unidade motora pode consistir em apenas poucas fibras; em músculos grandes, cada unidade motora pode conter várias centenas de fibras.

Os padrões de distribuição dos tipos de fibra nos vários músculos estão relacionados às funções do músculo. Por exemplo, os músculos posturais devem ser resistentes à fadiga e, portanto, são normalmente compostos de fibras OL. Os músculos oculares, no entanto, não se contraem por períodos estendidos e, então, con-

TABELA 3.1 Características dos tipos de fibra muscular

Nomenclatura			
Sistemas antigos	Vermelha de contração lenta (CL)	Branca de contração rápida (CR)	
Dubowitz e Brooke (15)	Tipo I	Tipo IIA	Tipo IIB
Peter et al. (70)	Oxidativa lenta (OL)	Glicolítica oxidativa rápida (GOR)	Glicolítica rápida (GR)
Características			
Velocidade de contração	Lenta	Rápida	Rápida
Força de contração	Baixa	Alta	Alta
Fatigabilidade	Resistente à fadiga	Fatigável	Muito fatigável
Capacidade aeróbia	Alta	Média	Baixa
Capacidade anaeróbia	Baixa	Média	Alta
Tamanho	Pequena	Grande	Grande
Densidade capilar	Alta	Alta	Baixa

sistem principalmente em fibras de contração rápida. O padrão dos tipos de fibra de cada indivíduo é geneticamente determinado, estabelecido antes da idade adulta, e provavelmente não se altera depois disso. Embora o treinamento possa resultar em melhoras significativas das capacidades de desempenho dos três tipos de fibra, as proporções de fibras de contrações rápida e lenta dentro de um músculo não são alteradas.

Atividades esportivas diferentes impõem demandas diferentes nos músculos esqueléticos. Competidores de elite, em atividades de resistência aeróbia ou de velocidade/potência, apresentam padrões extremos de distribuição dos tipos de fibra (i.e., a maioria do tipo contração lenta ou rápida). Não-atletas, contudo, normalmente têm um padrão razoavelmente equilibrado de distribuição dos tipos de fibra.

Estrutura da miofibrila e mecanismo contrátil

O **sarcômero** é a unidade funcional da miofibrila (Fig. 3.6). Ele se estende de uma **linha Z** para uma linha Z adjacente. O sarcômero contém dois **miofilamentos** (proteínas contráteis), **miosina** e **actina**, que se dispõem paralelamente uma à outra. O filamento de miosina é aproximadamente duas vezes mais grosso que o filamento de actina, e define o comprimento da **banda A**. É a banda A que forma a parte escura do efeito de estriamento. Os filamentos de actina são mais longos que os de miosina, e estendem-se internamente das linhas Z em direção ao centro do sarcômero. Dentro da banda A, encontra-se uma região mais clara conhecida como **zona H**, área da banda A que não contém filamentos de actina. A **banda I** é a área entre as extremidades dos filamentos de miosina. Por ser menos densa que a banda A, a banda I também tem a cor mais clara. Essas áreas alternadas de maior e menor densidade óptica conferem ao músculo esquelético sua aparência "listrada" ou "estriada" característica.

A TEORIA DOS FILAMENTOS DESLIZANTES DA CONTRAÇÃO MUSCULAR

A **teoria dos filamentos deslizantes** tem sido utilizada para descrever os mecanismos da contração muscular. Ela estabelece o que segue:

1. A contração muscular voluntária é iniciada no córtex cerebral.
2. Normalmente, a corrente elétrica, ou **potencial de ação**, percorre um **motoneurônio** superior e forma sinapse com um motoneurônio inferior no corno ventral da medula espinal.
3. O potencial de ação passa ao longo de um motoneurônio inferior (**bulbo terminal**) até sua extremidade e provoca a liberação do neurotransmissor estimulador **acetilcolina (ACh)**. A intersecção entre um motoneurônio inferior e uma fibra muscular é chamada **junção mioneural** ou **junção neuromuscular**.
4. A ACh é liberada dentro de um pequeno espaço entre o motoneurônio e a fibra muscular chamado **sinapse**. A ACh liga-se então a sítios receptores na membrana da fibra muscular em um local chamado **placa terminal motora**.

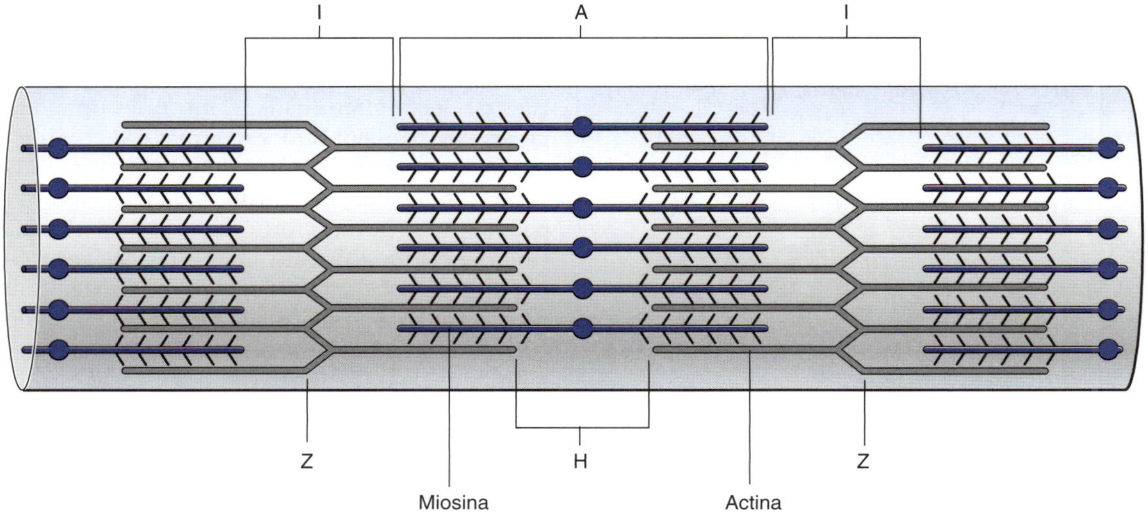

FIGURA 3.6 Um sarcômero estende-se de uma linha Z a outra linha Z. Ele é a unidade funcional da miofibrila.

5. A ligação de ACh com os receptores na placa terminal motora faz com que um potencial de ação espalhe-se ao longo do sarcolema da fibra muscular.
6. O potencial de ação percorre o sarcolema e desce pelos canais que levam para a fibra muscular, chamados **túbulos transversos** ou **túbulos t**.
7. O potencial de ação desce pelos túbulos t e atinge uma estrutura intracelular chamada **retículo sarcoplasmático (RS)**. Uma função do RS é estocar cálcio. Quando estimulado pelo potencial de ação, o RS libera cálcio dentro do sarcoplasma da fibra.
8. O cálcio liga-se a uma proteína chamada **troponina**, que é ligada a outra proteína chamada **tropomiosina**. Sob condições de repouso, as proteínas contráteis actina e miosina são separadas pela presença da tropomiosina. A ligação do cálcio à troponina altera a forma da molécula de tropomiosina e expõe os sítios de ligação na molécula de actina. A Figura 3.7 ilustra essas proteínas contráteis.
9. As **pontes cruzadas de miosina**, ou cabeças de miosina, unem-se então ao sítio de ligação na molécula de actina.
10. A quebra de **trifosfato de adenosina (ATP)** em **difosfato de adenosina (ADP)** é necessária para a contração muscular. Múltiplas teorias têm sido formuladas em relação à forma como a energia liberada da quebra de ATP contribui para a contração muscular (71). A teoria tradicional dos filamentos deslizantes indica que a ligação dos filamentos de actina e miosina ativa uma enzima chamada **miosina ATPase**, que quebra uma ligação da molécula de ATP para as pontes cruzadas de miosina. A quebra de ATP libera a energia que faz com que a ponte cruzada de miosina gire em direção ao centro do sarcômero. À medida que a molécula de miosina gira, ela traciona as moléculas de actina e as linhas Z do sarcômero juntas. Isso provoca um encurtamento do sarcômero, ou uma contração muscular.
11. Uma vez que a ponte cruzada de miosina tenha girado, uma nova molécula de ATP liga-se a ela e provoca a quebra da ligação actina/miosina. Isso permite que a ponte cruzada de miosina retorne à posição vertical, ligue-se a outro sítio de ligação de actina e reinicie o processo de contração. Esse processo que se repete é chamado **reciclagem de pontes cruzadas** ou **recarga de pontes cruzadas**. A Figura 3.8 resume a teoria dos filamentos deslizantes da contração muscular.

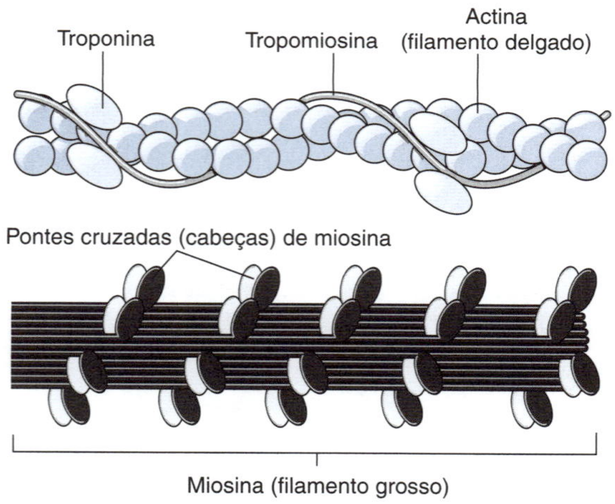

FIGURA 3.7 Proteínas contráteis actina, miosina, troponina e tropomiosina. A interação de miosina (filamento grosso) e actina (filamento delgado) permite que a contração muscular ocorra.

A contração muscular é iniciada pelo sistema nervoso central e gerada no nível da molécula mediante a interação das proteínas contráteis actina e miosina.

GRADAÇÃO DE FORÇA

O sistema nervoso central controla a gradação da força muscular, variando o número de unidades motoras ativadas, ou **recrutamento** de unidades motoras, e aumentando e diminuindo a freqüência de disparo das unidades motoras ativas, ou **freqüência de ativação** (Fig. 3.9). O recrutamento de unidades motoras, geralmente, segue o que se chama **princípio do tamanho**, de acordo com o qual contrações de intensidade progressiva são alcançadas pelo recrutamento de unidades motoras cada vez maiores. Unidades motoras menores são, normalmente, compostas de fibras OL e apresentam os mais baixos limiares de estímulo para contração. Assim, elas estão ativas durante contrações de baixa intensidade. Contrações de intensidade progressiva, no entanto, requerem o recrutamento de unidades motoras maiores, que contenham fibras de contração rápida. Além disso, unidades motoras ativas podem produzir mais força disparando em freqüências (freqüência de ativação) mais altas. As contribuições relativas do recrutamento ou da freqüência de ativação para a produção aumentada de força variam de músculo para músculo. Em geral, músculos grandes, com diferentes tipos de fibra, como o quadríceps, tendem a depender mais do recrutamento do que músculos pequenos, como os dos dedos, que dependem mais da freqüência de ativação.

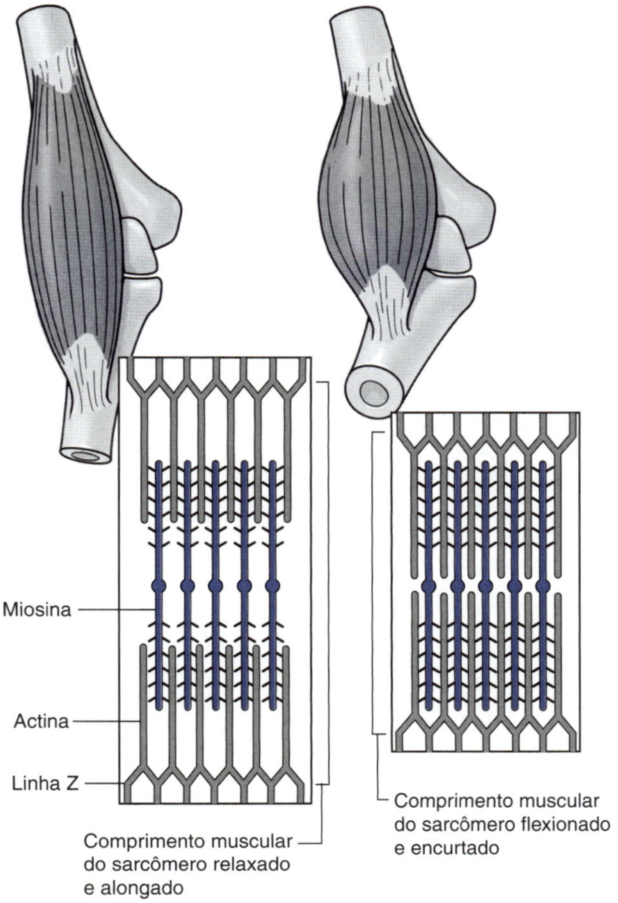

FIGURA 3.8 Teoria dos filamentos deslizantes da contração muscular. Essa teoria propõe que os filamentos deslizam, passando um pelo outro, durante a contração muscular, sem que alterem seu comprimento.

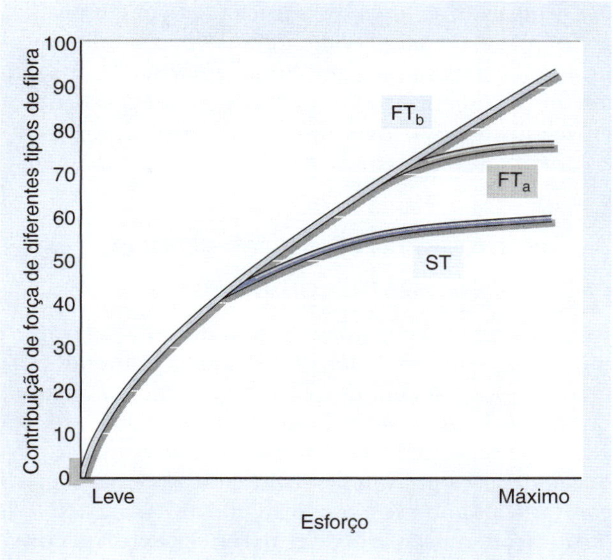

A

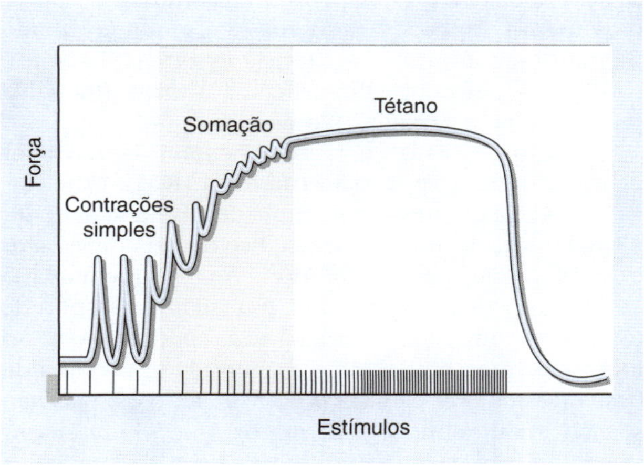

B

FIGURA 3.9 Contribuições de **A**. recrutamento de unidades motoras e **B**. freqüência de disparo para a produção de força. O sistema nervoso utiliza esses dois métodos para variar a produção de força de músculos inteiros.

A força muscular é modulada por dois mecanismos: o recrutamento de unidades motoras e a freqüência de ativação. As contribuições relativas desses dois mecanismos à produção de força variam conforme o músculo.

TIPOS DE AÇÕES MUSCULARES

O termo *contração muscular* implica encurtamento muscular. Os músculos, no entanto, podem produzir força enquanto encurtam, alongam ou mantêm determinado comprimento. O termo *ação muscular* é, portanto, mais preciso e descritivo. Os tipos de ações musculares incluem ações isométricas, de resistência externa constante dinâmica (RECD), isocinéticas, concêntricas e excêntricas.

Ações musculares isométricas

As **ações musculares isométricas** envolvem a produção de força sem movimento articular ou encurtamento das fibras musculares. Poucas atividades esportivas envolvem ações musculares isométricas; assim, a força isométrica não prediz muito bem o sucesso em atividades esportivas. A força isométrica também é específica ao ângulo articular, devido a graus variados de sobreposição dos filamentos de actina e miosina, bem como a fatores biomecânicos. Ao comparar a força isométrica entre indivíduos, é importante considerar o ângulo articular em que a ação muscular isométrica é executada.

Ações musculares de resistência externa constante dinâmica

As ações musculares que ocorrem durante o levantamento de pesos livres têm sido tradicionalmente chamadas ações musculares isotônicas. Durante essa ação, um músculo gera uma quantidade constante de força em toda a amplitude do movimento. Entretanto, a produção de força por um músculo raramente permanece constante quando se altera o ângulo articular. Assim, o termo ações musculares de **resistência externa constante dinâmica (RECD)** descreve mais precisamente as ações musculares que ocorrem durante esse tipo de movimento. Embora o peso que está sendo levantado permaneça constante (resistência externa constante), com alterações no ângulo articular, a força produzida pelo músculo é variável ou dinâmica.

A força de RECD é geralmente expressa em termos de uma carga de **repetição máxima (RM)**. Uma carga de RM é a quantidade máxima de peso que pode ser elevada por um número específico de repetições. Por exemplo, uma carga de 1 RM é a quantidade máxima de peso que pode ser elevada, por meio da amplitude total de movimento, por uma única repetição, ao passo que uma carga de 6 RMs é a quantidade máxima de peso que pode ser elevada por seis repetições, mas não sete. Normalmente, o teste de força de RECD envolve um procedimento de tentativa e erro, em que pesos progressivamente mais pesados são experimentados até que 1 RM seja determinada. Pelo fato de a força ser específica ao ângulo articular, a força de RECD é limitada pelo ponto mais fraco da amplitude de movimento; dessa forma, a carga de 1 RM é o peso máximo que pode ser elevado no ponto mais fraco da amplitude de movimento.

Ações musculares isocinéticas

Uma **ação muscular isocinética** é um movimento dinâmico que ocorre em uma velocidade constante. Normalmente, as ações musculares isocinéticas são executadas em um dinamômetro, equipamento que acomoda a contra-resistência com base na quantidade de torque que está sendo produzida. Isso permite que o movimento ocorra em uma velocidade constante independentemente da produção de torque. O teste de força isocinética tem vantagens sobre os testes isométrico e de RECD, porque, durante uma ação muscular isocinética máxima, o torque máximo (**pico de torque**) é produzido ao longo de toda a amplitude do movimento.

Ações musculares concêntricas e excêntricas

Uma **ação muscular concêntrica** ocorre quando um músculo produz torque (tecnicamente, o músculo produz força, resultando em torque ao redor da articulação) e encurta. Quando um músculo alonga enquanto produz torque, está executando uma **ação muscular excêntrica**. As ações musculares de RECD e isocinéticas podem ser realizadas concêntrica e excentricamente (Fig. 3.10). A força produzida concentricamente diminui à medida que a velocidade aumenta. Quando a velocidade de uma ação muscular concêntrica é baixa, as fibras de contração lenta e de contração rápida contribuem para a produção de força; em velocidades mais altas, a taxa de encurtamento muscular é muito alta para as fibras de contração lenta contribuírem para a produção de torque. Devido ao fato de as fibras de contração lenta serem "descarregadas" em velocidades altas, menos fibras musculares contribuem para a produção de torque; assim, o torque é diminuído. Em contrapartida, a força excêntrica altera-se pouco com a velocidade aumentada. Durante ações musculares excêntricas, as pontes cruzadas de miosina são separadas das moléculas de actina. Teoricamente, a quantidade de força necessária para separar as cabeças de miosina das moléculas de actina é independente da velocidade.

> *Os três tipos de ação muscular são isométrica, de resistência externa constante dinâmica (RECD) e isocinética. As ações musculares isocinética e de RECD podem ser executadas concêntrica ou excentricamente.*

ADAPTAÇÕES NEUROMUSCULARES AO TREINAMENTO DE FORÇA

A discussão a seguir está centrada nas alterações neuromusculares resultantes do treinamento de força prolongado.

Adaptações da força muscular

O treinamento pode levar a ganhos de força, independentemente do tipo de força (25). Os programas isométricos, isocinéticos, de resistência variável e de RECD são todos efetivos em promover ganhos de força, assumindo-se que os princípios científicos de planejamento de programas sejam aplicados. Os ganhos de força, no

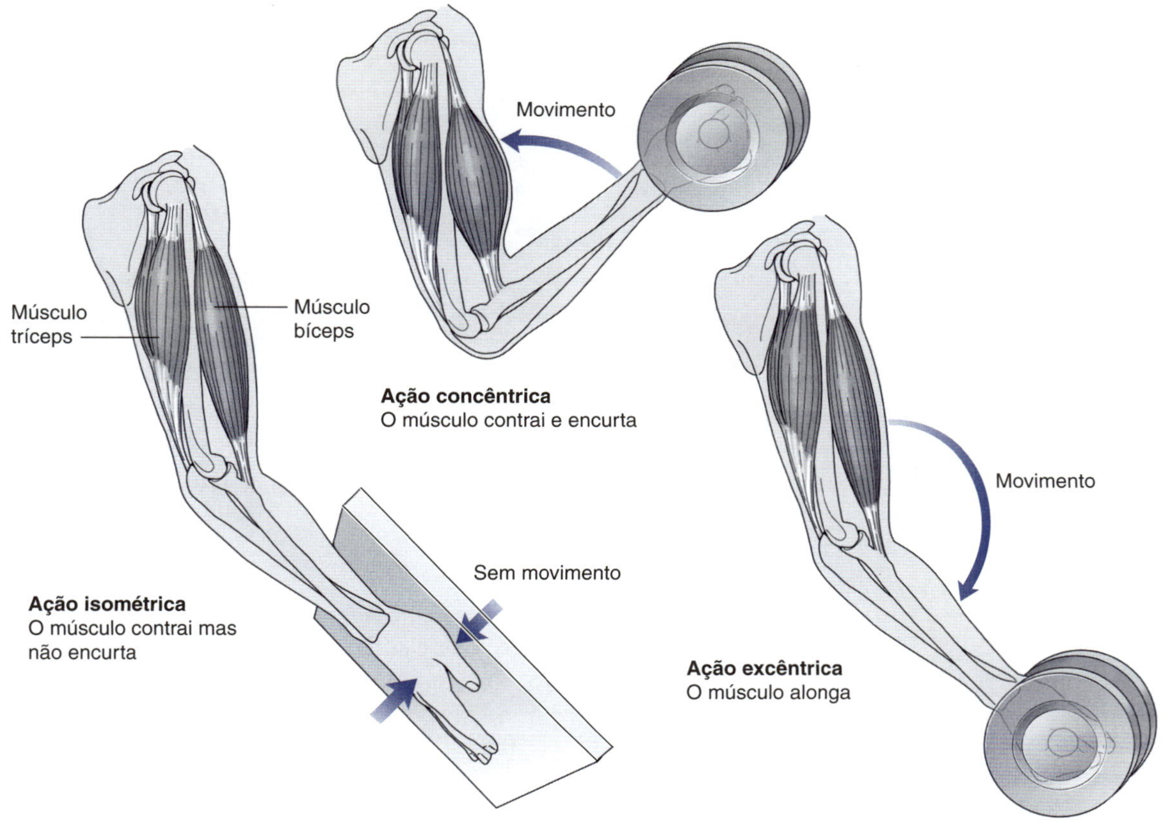

FIGURA 3.10 Tipos de ações musculares. O músculo pode produzir força enquanto encurta, alonga ou mantém um comprimento constante.

entanto, tendem a ser sensíveis ao tipo de treinamento. Por exemplo, o treinamento isométrico leva a ganhos maiores de força isométrica do que de força isocinética (25). Mesmo dentro de um tipo específico de treinamento, pode haver especificidade. Por exemplo, no treino com ações musculares isocinéticas, ganhos maiores de força muscular tendem a ocorrer em velocidades o mais próximas possível da velocidade de treinamento (12). Assim, a especificidade do treinamento deve ser considerada se o objetivo de um programa de treinamento de força for transferir a força recentemente desenvolvida para outras atividades, tais como atividades esportivas, recreacionais ou ocupacionais.

Ganhos de força resultantes do treinamento de força tendem a ser específicos ao tipo de treinamento realizado.

Em termos do peso absoluto levantado, os homens tendem a ser mais fortes do que as mulheres. Isso porque os homens são geralmente maiores e têm mais massa muscular. As mulheres tendem a ter aproximadamente 40 a 50% da força dos homens em movimentos da região superior do corpo e 50 a 80% em movimentos da região inferior do corpo (25). Contudo, quando a força é expressa relativamente à área de secção transversa muscular, não há diferenças de gênero na força muscular (45) (Fig. 3.11). Assim, para uma dada quantidade de músculo, homens e mulheres produzem a mesma quantidade de força.

A qualidade do músculo é a mesma para homens e mulheres. Além disso, homens e mulheres respondem ao treinamento de força de maneira semelhante.

Para muitos atletas, a capacidade de desenvolver força rapidamente é tão importante, se não mais, quanto desenvolver força máxima. Geralmente, leva-se no máximo 0,3 a 0,4 s para se gerar a força máxima (89). No entanto, devido ao fato de o tempo ser limitado durante muitas atividades esportivas (i.e., 0,22 a 0,27 s durante o lançamento de peso e 0,101 a 0,108 s durante um *sprint*) (55,62), os músculos ativados devem exercer o máximo de força possível em um curto período de tempo. Essa capacidade pode ser medida determinando-se a **taxa de produção de força (TPF)**. A execução de exercícios de treinamento "de potência" ou "explosivos" (pliométricos, arranques, puxadas, saltos com sobrecarga, etc.) pode aumentar a TPF (31).

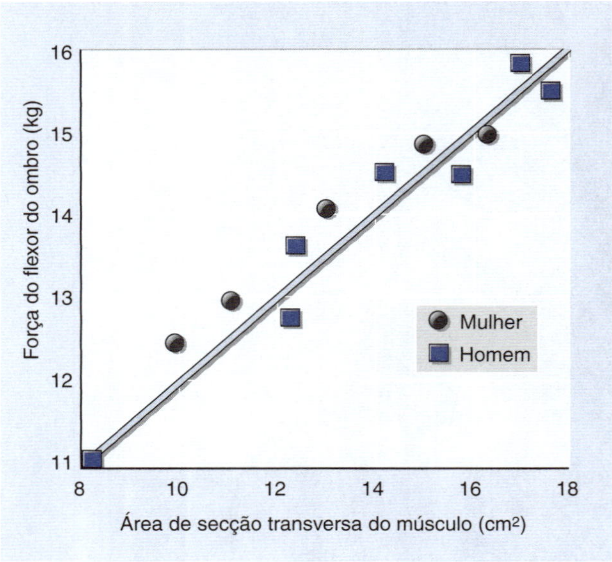

FIGURA 3.11 Força muscular por unidade de área de secção transversa do músculo humano. Não há diferenças qualitativas na força por unidade de tamanho muscular entre os gêneros.

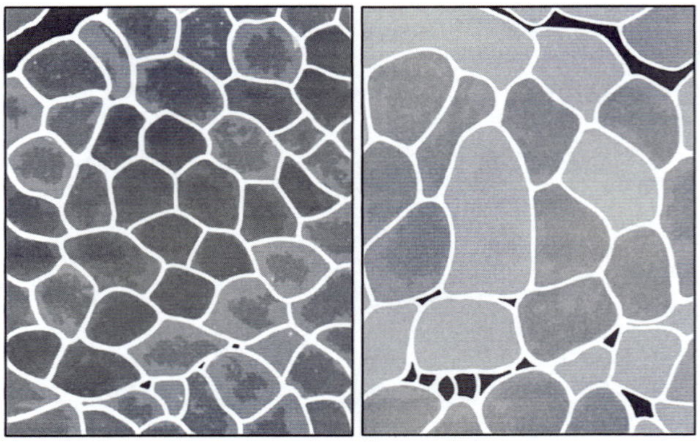

FIGURA 3.12 Hipertrofia muscular após treinamento de força. **A**. Pré-treinamento. **B**. Pós-treinamento. A hipertrofia resulta de um conteúdo aumentado de proteína contrátil (actina e miosina) no músculo.

Adaptações das fibras musculares

O treinamento de força, normalmente, resulta em aumentos no tamanho muscular e na força. Essas adaptações podem ser parcialmente explicadas pelas adaptações das fibras musculares.

HIPERTROFIA E HIPERPLASIA

Talvez a adaptação mais óbvia ao treinamento de força seja o aumento dos músculos treinados. O crescimento em tamanho muscular pode resultar de um aumento no tamanho das fibras musculares existentes (**hipertrofia**) ou de um aumento no número de fibras musculares (**hiperplasia**).

Evidências substanciais sustentam que a hipertrofia das fibras musculares é o primeiro mecanismo do aumento do tamanho muscular (4,5,16,28,35,40,78) (Fig. 3.12). Esse aumento é devido principalmente a um aumento da quantidade e do tamanho dos filamentos de actina e miosina (26). Tais filamentos são adicionados à periferia das miofibrilas, resultando no aumento das miofibrilas existentes. Uma vez que a miofibrila atinge um tamanho crítico, ela quebra, produzindo duas ou mais miofibrilas-filhas (26). Embora as fibras tanto de contração lenta como de contração rápida aumentem em tamanho, as últimas parecem ser mais sensíveis ao treinamento de força (26,53).

Tem-se sugerido que as ações musculares excêntricas são necessárias para induzir a hipertrofia muscular (11). A hipertrofia, no entanto, pode ocorrer após o treinamento concêntrico apenas (41,65), o que sugere que ela não requer ações musculares excêntricas. Entretanto, numerosos estudos sugerem que as ações musculares excêntricas podem ser mais efetivas para induzir a hipertrofia do que as concêntricas (9,23,37,40,68,76).

As mulheres respondem ao treinamento de força de forma muito semelhante aos homens (38). Embora os ganhos absolutos no tamanho muscular sejam maiores nos homens, os aumentos percentuais são semelhantes para os dois gêneros (7,14).

Evidências de estudos em animais de laboratório sugerem que a hiperplasia pode contribuir para aumentos do tamanho muscular induzidos pelo treinamento de força (6,27). Embora haja algumas informações conflitantes (57,82), o consenso geral em humanos é de que a hipertrofia responde pelo aumento do tamanho muscular induzido pelo treinamento e a hiperplasia, provavelmente, é de pouca ou nenhuma significância (25).

A hipertrofia é o principal mecanismo pelo qual os músculos aumentam de tamanho.

TRANSFORMAÇÃO DAS FIBRAS MUSCULARES

A possibilidade de que o treinamento possa alterar os tipos de fibra muscular tem intrigado cientistas do exercício e praticantes de treinamento de força por anos. A transformação de uma fibra tipo I (OL) em uma fibra tipo II (GOR ou GR), ou vice-versa, tem implicações óbvias para o desempenho de força e potência. Até agora, as evidências sugerem que o treinamento de força de alta intensidade pode transformar apenas fibras musculares de um dado tipo, isto é, do tipo IIB para o IIA (53,79). A transformação de fibras tipo IIB em tipo

Pergunta e resposta da área

O treinador principal da nossa equipe feminina de voleibol está hesitante em implementar um programa de treinamento de força para a nossa equipe. Ele não acredita que as atletas possam ganhar força e tamanho muscular como os atletas do sexo masculino. É verdade que as mulheres são menos treináveis do que os homens quando se trata de treinamento de força?

— estudante de graduação em estágio

Temos todos os motivos para acreditar que as mulheres atletas adaptar-se-ão ao treinamento de força de forma semelhante aos homens atletas. A mulher atleta típica será menor e mais fraca e terá menos massa muscular do que o homem atleta. Seus ganhos em tamanho e força também serão menores do que os do homem se expressos em uma base absoluta, isto é, peso levantado em quilogramas. No entanto, quando os ganhos em tamanho e força são expressos como um aumento percentual relativo aos valores iniciais, a mulher experienciará ganhos comparáveis aos do homem. O músculo da mulher é da mesma qualidade que o do homem e é tão treinável quanto.

IIA ocorre rapidamente com o treinamento de força de alta intensidade (2,35,48,80). No entanto, a implicação funcional dessa transformação não está clara.

Adaptações do sistema nervoso

Embora os músculos produzam força, é o sistema nervoso que possibilita a ativação do tecido muscular. Não é surpresa, portanto, que os programas de treinamento de força levam a adaptações nos sistemas nervoso e muscular.

EVIDÊNCIAS DE ADAPTAÇÕES NEURAIS

Várias evidências apontam para o papel das **adaptações neurais** no treinamento de força. Por exemplo, podem ocorrer aumentos na força muscular sem a co-ocorrência de alterações no tamanho muscular (33,64). Se não houver aumento no tamanho das fibras musculares que produzem força, a conclusão lógica é de que as adaptações no sistema nervoso são responsáveis pelos ganhos de força observados.

Tem-se mostrado que os primeiros ganhos de força que se seguem à iniciação de um programa de treinamento de força freqüentemente ocorrem na ausência de hipertrofia muscular (46,64). Sujeitos previamente não-treinados podem ter dificuldades em ativar completamente suas unidades motoras, e os ganhos de força resultantes das primeiras semanas de treinamento de força têm sido atribuídos à aprendizagem do recrutamento dessas unidades (64). Embora as adaptações neurais sejam, muitas vezes, associadas à fase inicial do treinamento de força (46,64), um estudo descobriu que dois anos de treinamento levam a aumentos significativos de força e potência, apesar de alterações mínimas no tamanho das fibras musculares, em levantadores de peso olímpicos (33). Os levantadores de peso competem em categorias de peso corporal e, geralmente, desejam desenvolver o aumento de força sem alterações na massa muscular que possam levar a alterações no peso corporal (25). Assim, as adaptações neurais são um mecanismo essencial de aumento de força entre esses atletas.

Ganhos iniciais de força são devidos a fatores neurais, enquanto ganhos em longo prazo são devidos principalmente à hipertrofia.

A realização do treinamento de força com um membro pode levar a aumentos de força no membro não-treinado, no lado oposto (contralateral) do corpo (22,36,42,43,65,86-88,90). O fenômeno é conhecido como **efeito contralateral** ou de **treinamento cruzado**. O ganho de força no membro não-treinado é, normalmente, igual ou menor que 60% do ganho no membro treinado (90). O efeito contralateral demonstra a especificidade do treinamento. Por exemplo, o treinamento de força unilateral para uma perna aumentará a força da perna contralateral, mas não do braço contralateral. Também há especificidade com relação ao tipo de ação muscular. O treinamento com ações musculares concêntricas leva a ganhos maiores no membro não-treinado quando testado concentricamente e não excentricamente (90). As teorias que explicam esse efeito contralateral incluem (1) a ativação neural dos músculos correspondentes em ambos os lados do corpo, (2) a ativação do músculo do membro contralateral para manter a estabilidade durante as ações musculares unilaterais ou (3) algum mecanismo espinal não-identificado (36,90).

A força medida com ambos os membros simultaneamente (bilateralmente) é, normalmente, menor do que a soma da força desenvolvida por cada membro independentemente (unilateralmente) (13,67,86,87) (Fig. 3.13). Esse **déficit bilateral** pode ser o resultado de menos ativação para cada grupo muscular durante a ativação bilateral do que para os dois grupos musculares ativados maximamente sozinhos (44). Isso sugere que haja um mecanismo inibitório que limita a ativação máxima durante as ações musculares bilaterais. O treinamento com ações musculares bilaterais reduz o déficit bilateral, aproximando a produção de força bilateral da soma da produção de força unilateral (19).

O efeito contralateral e a redução do déficit bilateral fornecem evidências das adaptações neurais ao treinamento de força.

EVIDÊNCIAS ELETROMIOGRÁFICAS DAS ADAPTAÇÕES NEURAIS

A **eletromiografia (EMG)** registra e quantifica a atividade elétrica nas fibras musculares das unidades motoras ativadas (75) (Fig. 3.14). Ela reflete o número de unidades motoras ativadas e suas freqüências de ativação (75). Normalmente, as ações musculares isométricas são caracterizadas por aumentos lineares ou curvilíneos da amplitude EMG com torque (ou força) (3,17,18,30,60,66,77). Portanto, um aumento da atividade EMG máxima refletiria um aumento da ativação das unidades motoras (uma adaptação neural). O aumento da atividade EMG pode resultar do número aumentado de unidades motoras ativas (i.e., unidades motoras de limiar alto), de freqüências aumentadas de ativação de unidades motoras ou da sincronização de unidades motoras.

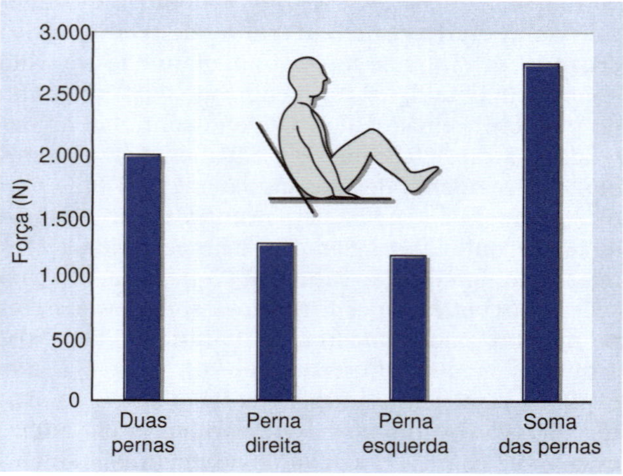

FIGURA 3.13 Déficit bilateral, mostrando que a força bilateral (duas pernas) é menor do que a soma das pernas esquerda e direita agindo separadamente (soma das pernas).

Numerosas investigações mostraram aumentos da atividade EMG como um resultado do treinamento de força (1,37,65). Indivíduos não-treinados (aqueles não-familiarizados com um exercício de treinamento de força) podem não ser capazes de recrutar as unidades motoras de limiar alto (tipos IIA e IIB) (1,37,39,40,65,74). Isso é indicativo de uma incapacidade de ativar completamente o(s) músculo(s) agonista(s). Um aumento da capacidade de recrutar essas unidades motoras de limiar alto pode aumentar a expressão da força muscular. Por exemplo, unidades motoras tipo IIB compõem apenas 5% do número total de unidades motoras do tríceps braquial, mas essas unidades contêm aproximadamente 20% da quantidade total de fibras musculares (21,75).

O aumento da freqüência de ativação das unidades motoras também pode afetar a força produzida pelas unidades motoras ativadas. As unidades motoras podem aumentar em dez vezes sua força alterando suas freqüências de ativação (73). Sem nenhuma surpresa, então, o treinamento de força tem mostrado aumentar as freqüências de ativação de unidades motoras após o treinamento (49,69,85).

A sincronização aumentada de unidades motoras tem sido observada após treinamento de força (24,63). Quanto mais síncrona a ativação das unidades motoras, mais unidades motoras serão ativadas em qualquer momento dado. Teoricamente, isso poderia levar a um aumento da produção de força máxima, embora algumas evidências sugiram que a ativação assíncrona de unidades motoras pode ser mais efetiva do que a ativação síncrona na produção de força durante ações musculares submáximas (56,72). Assim, o papel da sincronização da ativação de unidades motoras na produção de força continua pouco claro (25,75).

O impulso neural aumentado resulta do recrutamento aumentado de unidades motoras, da freqüência aumentada de ativação de unidades motoras ou da sincronização da ativação de unidades motoras.

Uma ação muscular máxima de um músculo ou grupo muscular agonista é, normalmente, acompanhada pela ativação simultânea do músculo ou grupo muscular antagonista (75). Isso é conhecido como **co-ativação** (ou co-contração) **antagonista**. Por exemplo, uma contração voluntária máxima dos flexores (agonistas) do cotovelo pode também envolver a ativação dos extensores (antagonistas) do cotovelo. Essa co-ativação reduz o torque na direção pretendida, reduzindo o desempenho no teste de força. A co-ativação pode ser uma estratégia utilizada para auxiliar a estabilização da articulação, particularmente se o indivíduo é inexperiente ou está indeciso quanto a levantar uma carga (20). O treinamento de força reduz a co-ativação dos grupos musculares antagonistas, levando a um aumento da expressão de força muscular (8,29).

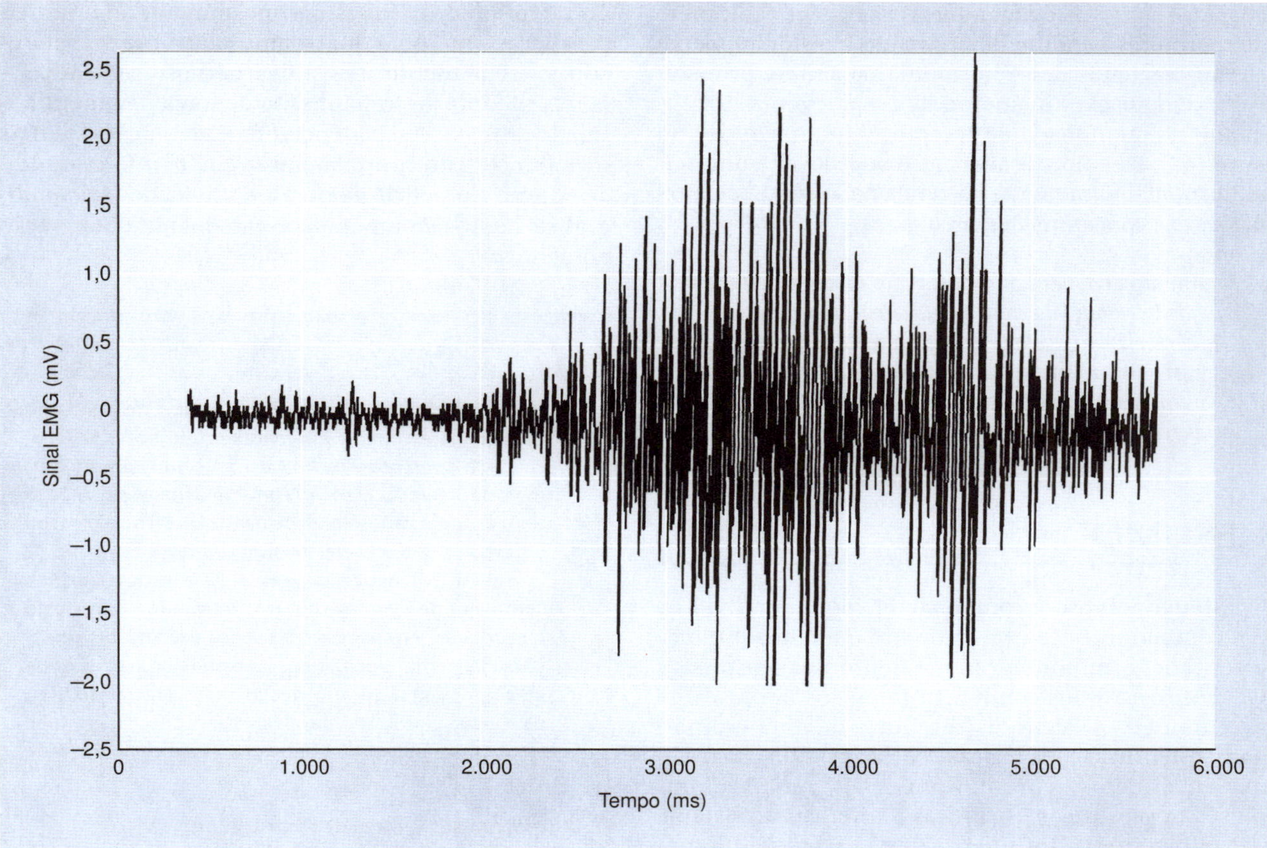

FIGURA 3.14 Sinal eletromiográfico (EMG) bruto. EMG é o registro dos potenciais de ação muscular.

Adaptações metabólicas

Algumas evidências apontam para uma disponibilidade aumentada de combustível após o treinamento de força. Um estudo mostrou aumentos dos níveis de ATP (18%), fosfocreatina (PC) (25%) e glicogênio (66%) após cinco meses de treinamento de força de alta intensidade (59). Outro estudo mostrou níveis aumentados de atividade de várias enzimas essenciais envolvidas no metabolismo anaeróbio de energia (creatinacinase, miocinase e fosfofrutocinase) (10). Outros, no entanto, concluíram que o treinamento de força não aumenta os níveis de ATP ou PC (83) nem leva a atividades aumentadas de enzimas associadas com os sistemas energéticos fosfagênio, glicolítico ou oxidativo (81). As diferenças entre estudos podem ser devidas ao estado pré-treinamento dos sujeitos, aos músculos examinados e a variações no delineamento dos programas de treinamento (25).

Adaptações endócrinas

Os dois hormônios mais importantes para as adaptações ao treinamento de força são a **testosterona** e o **hormônio do crescimento**. Tem-se mostrado que uma seqüência aguda de exercícios de força pode aumentar os níveis circulantes desses hormônios anabólicos (50-52), que são sensíveis a variáveis do delineamento do programa, tais como a carga e o período de repouso. A testosterona, por exemplo, elevou-se após o uso de cargas de 5 RMs, com períodos de repouso de 3 min, e de cargas de 10 RMs, com períodos de repouso de 1 min. O hormônio do crescimento, no entanto, tornou-se o mais alto possível após uma carga de 10 RMs, com períodos de repouso de 1 min entre as séries múltiplas.

Os relatos conflitam com relação a alterações crônicas nos níveis circulantes de testosterona após o treinamento de força. Alguns estudos relataram níveis aumentados de testosterona em repouso (33,80), enquanto outros não (32,34). As discrepâncias podem ser atribuídas a diferenças no volume e na intensidade dos programas de treinamento empregados (32). Os níveis circulantes de hormônio do crescimento não parecem alterar-se com o treinamento de força (54,61). O efeito cumulativo de aumentos agudos do hormônio do crescimento após sessões de treinamento de força talvez seja o mecanismo mais importante que leva a adaptações. Deve-se notar que as alterações do número de receptores para um determinado hormônio podem alterar os efeitos desse hormônio na síntese protéica. Por exemplo, o treinamento de força levou a um aumento da quantidade de receptores androgênicos em ratos (47). Esse tipo de adaptação pode levar a um efeito hormonal aumentado na célula na ausência de alterações das concentrações circulantes.

Alterações agudas ou crônicas dos níveis de testosterona e de hormônio do crescimento circulantes podem ocorrer após o treinamento de força. Essas alterações parecem ser sensíveis ao delineamento do programa de treinamento, como a carga e o período de repouso entre as séries.

RESUMO

O sistema nervoso é complexo; ele pode ser dividido em componentes centrais (cérebro e medula espinal) e periféricos (motoneurônios e neurônios sensoriais). Os motoneurônios conduzem impulsos nervosos do sistema nervoso central (cérebro e medula espinal) para estruturas periféricas, como os músculos esqueléticos; já os neurônios sensoriais conduzem impulsos nervosos das estruturas periféricas ao sistema nervoso central. Um reflexo é uma resposta motora involuntária a um dado estímulo. Dos muitos tipos de reflexos, os reflexos miotáticos (de estiramento) e os reflexos miotáticos invertidos são especialmente importantes para aqueles que desenvolvem força e condicionamento.

As fibras individuais contidas no músculo esquelético são dispostas em feixes chamados fascículos. Cada fibra muscular (fibra, fascículo e músculo inteiro) é revestida por um tecido conjuntivo (chamado endomísio, perimísio e epimísio, respectivamente). Esses tecidos conjuntivos transmitem a força de contração muscular para os tendões, que se ligam aos ossos e geram movimento. A teoria dos filamentos deslizantes da contração muscular descreve como a actina e a miosina interagem para causar a contração e, conseqüentemente, a produção de força.

Os três tipos de fibra muscular encontrados em humanos são a oxidativa lenta (OL), a glicolítica oxidativa rápida (GOR) e a glicolítica rápida (GR). Esses tipos de fibra diferem uns dos outros por suas características contráteis e metabólicas. As proporções de cada tipo de fibra diferem entre as pessoas, e são largamente determinadas pela genética.

O treinamento de força aumenta o tamanho muscular e a força. A *hipertrofia* refere-se a um aumento do tamanho das células e, supostamente, é o principal mecanismo pelo qual os músculos ficam maiores com o treinamento. O sistema nervoso central também se adapta ao treinamento de força de alta intensidade crônico. As evidências das adaptações neurais incluem o efeito contralateral (treinamento cruzado), a redução do déficit bilateral, a atividade eletromiográfica (EMG) aumentada e a reduzida co-ativação antagonista.

QUESTÕES PRÁTICAS

1. Você está trabalhando com um grupo de atletismo que deseja estimar a porcentagem de fibras musculares de contração rápida no músculo quadríceps, mas não tem acesso à tecnologia necessária para uma biópsia muscular. Você sabe que Thorstensson e Karlsson (84) desenvolveram um teste fatigante de extensão isocinética de perna para estimar a porcentagem de fibras de contração rápida no músculo quadríceps. Nesse teste, o sujeito executa 50 extensões de perna isocinéticas máximas consecutivas a 180° por segundo, e o declínio percentual do pico de torque é utilizado para estimar a porcentagem de fibras musculares de contração rápida por meio da seguinte equação:

   Percentual de fibras de contração rápida
   = (declínio percentual - 5,2)/0,9

   Declínio percentual
   = [(pico de torque inicial - pico de torque final)/ pico de torque inicial] × 100

   Estime a porcentagem de fibras musculares de contração rápida para sujeitos com declínios de 25, 40, 67 e 83%.
2. Uma atleta treinadora de peso inexperiente completou as primeiras duas semanas de um programa de treinamento de força planejado para aumentar o tamanho muscular e a força. A atleta chega a você e expressa sua frustração por não ver qualquer sinal de aumento do tamanho muscular ou da massa corporal livre de gordura. Considerando o decurso de tempo das contribuições das adaptações neurais *versus* o da hipertrofia, explique à atleta por que isso é normal após somente duas semanas de exercício de força.
3. Um atleta está intrigado com o fato de não conseguir exercer a mesma quantidade de força durante ações musculares concêntricas de velocidade mais alta *versus* velocidade mais baixa, apesar de fazer um esforço máximo sob cada condição. Explique por que há uma relação negativa entre força e velocidade para ações musculares concêntricas.

REFERÊNCIAS

1. Aagaard P, Simonsen EB, Andersen JL, et al. Neural inhibition during maximal eccentric and concentric quadriceps contraction: effects of resistance training. J Appl Physiol 2000;89;2249–2257.
2. Adams GR, Hather BM, Baldwin KM, Dudley GA. Skeletal muscle myosin heavy chain composition and resistance training. J Appl Physiol 1993;74:911–915.
3. Alkner BA, Tesch PA, Berg HE. Quadriceps EMG/force relationship in knee extension and leg press. Med Sci Sports Exerc 2000;32:459–463.
4. Alway SE. Characteristics of the elbow flexors in women bodybuilders using androgenic-anabolic steroids. J Strength Cond Res 1994;8:161–169.
5. Alway SE, Grumbt WH, Gonyea WJ, Stray-Gundersen J. Contrasts in muscle and myofibers of elite male and female bodybuilders. J Appl Physiol 1989;67:24–31.
6. Alway SE, Winchester PK, Davis ME, Gonyea WJ. Regionalized adaptations and muscle fiber proliferation in stretch-induced enlargement. J Appl Physiol 1989;66:771–781.
7. Brown CH, Wilmore JH. The effects of maximal resistance training on the strength and body composition of women athletes. Med Sci Sports 1974;6:174–177.
8. Carolan B, Cafarelli E. Adaptations in coactivation after isometric resistance training. J Appl Physiol 1992;73: 911–917.
9. Colliander EB, Tesch PA. Effects of eccentric and concentric muscle actions in resistance training. Acta Physiol Scand 1990;140:31–39.
10. Costill DL, Coyle EF, Fink WF, et al. Adaptations in skeletal muscle following strength training. J Appl Physiol 1979;46:96–99.
11. Cote C, Simoneau JA, Lagasse P, et al. Isokinetic strength training protocols: do they induce skeletal muscle fiber hypertrophy? Arch Phys Med Rehabil 1988;69:281–285.
12. Coyle EF, Feiring DC, Rotkis TC, et al. Specificity of power improvements through slow and fast isokinetic training. J Appl Physiol 1981;51:1437–1422.
13. Cresswell AG, Ovendal AH. Muscle activation and torque development during maximal unilateral and bilateral isokinetic knee extensions. J Sports Med Phys Fit 2002;42: 19–25.
14. Cureton KJ, Collins MA, Hill DW, McElhannon FM Jr. Muscle hypertrophy in men and women. Med Sci Sports Exerc 1988;20:338–344.
15. Dubowitz V, Brooke MH. Muscle Biopsy: A Modern Approach. Philadelphia: Saunders, 1973.
16. Dudley GA, Tesch PA, Miller BJ, Buchanan P. Importance of eccentric actions in performance adaptations to resistance training. Aviat Space Environ Med 1991;62: 543–550.
17. Ebersole KT, Housh TJ, Johnson GO, et al. MMG and EMG responses of the superficial quadriceps femoris muscles. J Electromyogr Kinesiol 1999;9:219–227.
18. Eloranta V. Patterning of muscle activity in static knee extension. Electromyogr Clin Neurophysiol 1989;29: 369–375.
19. Enoka RM. Muscle strength and its development. New perspectives. Sports Med 1988;6:146–168.
20. Enoka RM. Neuromechanics of Human Movement. 3rd ed. Champaign, IL: Human Kinetics, 2002:xix, 556.
21. Enoka RM, Fuglevand AJ. Motor unit physiology: some unresolved issues. Muscle Nerve 2001;24:4–17.
22. Farthing JP, Chilibeck PD. The effect of eccentric training at different velocities on cross-education. Eur J Appl Physiol 2003;89:570–577.
23. Farthing JP, Chilibeck PD. The effects of eccentric and concentric training at different velocities on muscle hypertrophy. Eur J Appl Physiol 2003;89:578–586.
24. Felici F, Rosponi A, Sbriccoli P, et al. Linear and non-linear analysis of surface electromyograms in weightlifters. Eur J Appl Physiol 2001;84:337–342.
25. Fleck SJ, Kraemer WJ. Designing Resistance Training Programs. 2nd ed. Champaign, IL: Human Kinetics, 1997:xi, 275.
26. Goldspink G, Harridge S. Cellular and molecular aspects of adaptation in skeletal muscle. In: Komi PV, ed. Strength and Power in Sport. Oxford, UK: Blackwell Scientific, 2003:231–251.
27. Gonyea, W. J., D. G. Sale, F. B. Gonyea, and A. Mikesky. Exercise induced increases in muscle fiber number. Eur J Appl Physiol Occup Physiol 1986;55:137–141.
28. Haggmark T, Jansson E, Svane B. Cross-sectional area of the thigh muscle in man measured by computed tomography. Scand J Clin Lab Invest 1978;38:355–360.
29. Hakkinen K, Kallinen M, Izquierdo M, et al. Changes in agonist-antagonist EMG, muscle CSA, and force during strength training in middle-aged and older people. J Appl Physiol 1998;84:1341–1349.
30. Hakkinen K, Komi PV. Electromyographic changes during strength training and detraining. Med Sci Sports Exerc 1983;15:455–460.
31. Hakkinen K, Komi PV, Alen M. Effect of explosive type strength training on isometric force- and relaxation-time, electromyographic and muscle fibre characteristics of leg extensor muscles. Acta Physiol Scand 1985;125:587–600.
32. Hakkinen K, Pakarinen A, Alen M, et al. Relationships between training volume, physical performance capacity, and serum hormone concentrations during prolonged training in elite weight lifters. Int J Sports Med 1987; 8(Suppl 1):61–65.
33. Hakkinen K, Pakarinen A, Alen M, et al. Neuromuscular and hormonal adaptations in athletes to strength training in two years. J Appl Physiol 1988;65:2406–2412.
34. Hakkinen K, Pakarinen A, Alen M, Komi PV. Serum hormones during prolonged training of neuromuscular performance. Eur J Appl Physiol Occup Physiol 1985;53: 287–293.
35. Hather BM, Tesch PA, Buchanan P, Dudley GA. Influence of eccentric actions on skeletal muscle adaptations to resistance training. Acta Physiol Scand 1991;143:177–185.
36. Hellebrandt FA. Cross education; ipsilateral and contralateral effects of unimanual training. J Appl Physiol 1951;4:136–144.
37. Higbie EJ, Cureton KJ, Warren GL III, Prior BM. Effects of concentric and eccentric training on muscle strength, cross-sectional area, and neural activation. J Appl Physiol 1996;81:2173–2181.
38. Holloway JB, Baechle TR. Strength training for female athletes. A review of selected aspects. Sports Med 1990;9: 216–228.
39. Hortobagyi T, Devita P. Favorable neuromuscular and cardiovascular responses to 7 days of exercise with an eccen-

tric overload in elderly women. J Gerontol A Biol Sci Med Sci 2000;55:B401–410.
40. Hortobagyi T, Hill JP, Houmard JA, et al. Adaptive responses to muscle lengthening and shortening in humans. J Appl Physiol 1996;80:765–772.
41. Housh DJ, Housh TJ, Johnson GO, Chu WK. Hypertrophic response to unilateral concentric isokinetic resistance training. J Appl Physiol 1992;73:65–70.
42. Housh, DJ, Housh TJ, Weir JP, et al. Effects of unilateral concentric-only dynamic constant external resistance training on quadriceps femoris cross-sectional area. J Strength Cond Res 1998;12:185–191.
43. Housh, DJ, Housh TJ, Weir JP, et al. Effects of unilateral eccentric-only dynamic constant external resistance training on quadriceps femoris cross-sectional area. J Strength Cond Res 1998;12:192–198.
44. Howard JD, Enoka RM. Maximum bilateral contractions are modified by neurally mediated interlimb effects. J Appl Physiol 1991;70:306–316.
45. Ikai M, Fukunaga T. Calculation of muscle strength per unit cross-sectional area of human muscle by means of ultrasonic measurement. Int Z Angew Physiol 1968;26: 26–32.
46. Ikai M, Fukunaga T. A study on training effect on strength per unit cross-sectional area of muscle by means of ultrasonic measurement. Int Z Angew Physiol 1970; 28:173–180.
47. Inoue K, Yamasaki S, Fushiki T, et al. Rapid increase in the number of androgen receptors following electrical stimulation of the rat muscle. Eur J Appl Physiol Occup Physiol 1993;66:134–140.
48. Kadi F, Thornell LE. Training affects myosin heavy chain phenotype in the trapezius muscle of women. Histochem Cell Biol 1999;112:73–78.
49. Kamen G. Resistance training increases vastus lateralis motor unit firing rates in young and old adults. Med Sci Sports Exerc 1998;30:S337.
50. Kraemer WJ, Fleck SJ, Dziados JE, et al. Changes in hormonal concentrations after different heavy-resistance exercise protocols in women. J Appl Physiol 1993;75: 594–604.
51. Kraemer WJ, Gordon SE, Fleck SJ, et al. Endogenous anabolic hormonal and growth factor responses to heavy resistance exercise in males and females. Int J Sports Med 1991;12:228–235.
52. Kraemer WJ, Marchitelli L, Gordon SE, et al. Hormonal and growth factor responses to heavy resistance exercise protocols. J Appl Physiol 1990;69:1442–1450.
53. Kraemer WJ, Patton JF, Gordon SE, et al. Compatibility of high-intensity strength and endurance training on hormonal and skeletal muscle adaptations. J Appl Physiol 1995;78:976–989.
54. Kraemer WH, Staron RS, Hagerman FC, et al. The effects of short-term resistance training on endocrine function in men and women. Eur J Appl Physiol Occup Physiol 1998;78:69–76.
55. Lanka, J. Shot putting. In: Zatsiorsky VM, ed. Biomechanics in Sport: Performance Enhancement And Injury Prevention. Oxford, UK, and Malden, MA: Blackwell Science, 2000:435–457.
56. Lind AR, Petrofsky JS. Isometric tension from rotary stimulation of fast and slow cat muscles. Muscle Nerve 1978;1:213–218.
57. MacDougall JD, Sale DG, Alway SE, Sutton JR. Muscle fiber number in biceps brachii in bodybuilders and control subjects. J Appl Physiol 1984;57:1399–1403.
58. MacDougall JD, Sale DG, Elder GC, Sutton JR. Muscle ultrastructural characteristics of elite powerlifters and bodybuilders. Eur J Appl Physiol Occup Physiol 1982;48: 117–126.
59. MacDougall JD, Ward GR, Sale DG, Sutton JR. Biochemical adaptation of human skeletal muscle to heavy resistance training and immobilization. J Appl Physiol 1997;43:700–703.
60. Matheson GO, Maffey-Ward L, Mooney M, et al. Vibromyography as a quantitative measure of muscle force production. Scand J Rehabil Med 1997;29:29–35.
61. McCall GE, Byrnes WC, Fleck SJ, et al. Acute and chronic hormonal responses to resistance training designed to promote muscle hypertrophy. Can J Appl Physiol 1999;24: 96–107.
62. Mero A, Komi PV. Force-, EMG-, and elasticity-velocity relationships at submaximal, maximal and supramaximal running speeds in sprinters. Eur J Appl Physiol Occup Physiol 1986;55:553–561.
63. Milner-Brown HS, Stein RB, Lee RG. Synchronization of human motor units: possible roles of exercise and supraspinal reflexes. Electroencephalogr Clin Neurophysiol 1975;38:245–254.
64. Moritani T, Devries HA. Neural factors versus hypertrophy in the time course of muscle strength gain. Am J Phys Med 1979;58:115–130.
65. Narici MV, Roi GS, Landoni L, et al. Changes in force, cross-sectional area and neural activation during strength training and detraining of the human quadriceps. Eur J Appl Physiol Occup Physiol 1989;59:310–319.
66. Nonaka H, Mita K, Akataki K, et al. Mechanomyographic investigation of muscle contractile properties in preadolescent boys. Electromyogr Clin Neurophysiol 2000; 40:287–293.
67. Oda S, Moritani T. Maximal isometric force and neural activity during bilateral and unilateral elbow flexion in humans. Eur J Appl Physiol Occup Physiol 1994;69: 240–243.
68. O'Hagan FT, Sale DG, MacDougall JD, Garner SH. Comparative effectiveness of accommodating and weight resistance training modes. Med Sci Sports Exerc 1995;27: 1210–1219.
69. Patten C, Kamen G, Rowland DM. Adaptations in maximal motor unit discharge rate to strength training in young and older adults. Muscle Nerve 2001;24:542–550.
70. Peter JB, Barnard RJ, Edgerton VR, et al. Metabolic profiles of three fiber types of skeletal muscle in guinea pigs and rabbits. Biochemistry 1972;11:2627–2633.
71. Pollack GH. Muscles and Molecules: Uncovering the Principles of Biological Motion. Seattle: Ebner, 1990.
72. Rack PM, Westbury DR. The effects of length and stimulus rate on tension in the isometric cat soleus muscle. J Physiol 1969;204:443–460.
73. Sale D, Quinlan J, Marsh E, et al. Influence of joint position on ankle plantarflexion in humans. J Appl Physiol 1982;52:1636–1642.
74. Sale DG. Neural adaptation to resistance training. Med Sci Sports Exerc 1988;20:S135–S145.
75. Sale DG. Neural adaptations to strength training. In: Komi PV, ed. Strength and Power in Sport. Oxford, UK: Blackwell Scientific, 2003:281–314.

76. Seger JY, Arvidsson B, Thorstensson A. Specific effects of eccentric and concentric training on muscle strength and morphology in humans. Eur J Appl Physiol Occup Physiol 1998;79:49–57.
77. Shinohara M, Kouzaki M, Yoshihisa T, Fukunaga T. Mechanomyogram from the different heads of the quadriceps muscle during incremental knee extension. Eur J Appl Physiol Occup Physiol 1998;78:289–295.
78. Shoepe TC, Stelzer JE, Garner DP, Widrick JJ. Functional adaptability of muscle fibers to long-term resistance exercise. Med Sci Sports Exerc 2004;35:944–951.
79. Staron RS, Johnson P. Myosin polymorphism and differential expression in adult human skeletal muscle. Comp Biochem Physiol B 1993;106:463–475.
80. Staron RS, Karapondo DL, Kraemer WJ, et al. Skeletal muscle adaptations during early phase of heavy-resistance training in men and women. J Appl Physiol 1994;76: 1247–1255.
81. Tesch PA, Komi PV, Hakkinen K. Enzymatic adaptations consequent to long-term strength training. Int J Sports Med 1987;8(Suppl 1):66–69.
82. Tesch PA, Larsson L. Muscle hypertrophy in bodybuilders. Eur J Appl Physiol Occup Physiol 1982;49: 301–306.
83. Tesch PA, Thorsson A, Colliander EB. Effects of eccentric and concentric resistance training on skeletal muscle substrates, enzyme activities and capillary supply. Acta Physiol Scand 1990;140:575–580.
84. Thorstensson A, J. Karlsson J. Fatiguability and fibre composition of human skeletal muscle. Acta Physiol Scand 1976;98:318–322.
85. Van Cutsem M, Duchateau J, Hainaut K. Changes in single motor unit behaviour contribute to the increase in contraction speed after dynamic training in humans. J Physiol 1998;513 (Pt 1):295–305.
86. Weir JP, Housh DJ, Housh TJ, Weir LL. The effect of unilateral eccentric weight training and detraining on joint angle specificity, cross-training, and the bilateral deficit. J Orthop Sports Phys Ther 1995;22:207–215.
87. Weir JP, Housh DJ, Housh TJ, Weir LL. The effect of unilateral concentric weight training and detraining on joint angle specificity, cross-training, and the bilateral deficit. J Orthop Sports Phys Ther 1997;25:264–270.
88. Weir JP, Housh TJ, Weir LL. Electromyographic evaluation of joint angle specificity and cross-training after isometric training. J Appl Physiol 1994;77:197–201.
89. Zatsiorsky, V. M. Biomechanics of strength and strength testing. In: Komi PV, ed. Strength and Power in Sport. Oxford, UK: Blackwell Scientific, 2003:439–487.
90. Zhou S. Chronic neural adaptations to unilateral exercise: mechanisms of cross education. Exerc Sport Sci Rev 2000;28:177–184.

CAPÍTULO

4

Sistema esquelético

T. JEFF CHANDLER
CLINT ALLEY

Introdução

O esqueleto vivo é muito mais do que os ossos calcificados que estudamos em anatomia. É um sistema dinâmico com células vivas, que continuamente remodelam o osso, e responde mediante adaptação às demandas impostas a ele pelo treinamento e pelo condicionamento. Protocolos específicos de aplicação de carga aos tecidos ósseos causam adaptações aos ossos, aos ligamentos, aos tendões e à cartilagem. Os **ligamentos** conectam um osso a outro; os **tendões** conectam o músculo ao osso; e a **cartilagem** protege as extremidades dos ossos. Este capítulo discute a anatomia, a fisiologia e a resposta ao treinamento do sistema esquelético.

Os ossos do sistema esquelético fornecem a estrutura interna do corpo, isto é, abrangem as alavancas e articulações que possibilitam que nos movamos. Uma **alavanca** é uma barra rígida que se move em torno de um eixo de rotação. As **articulações**, onde um osso encontra outro, permitem o movimento e funcionam como os eixos em torno dos quais o movimento ocorre. Os ossos servem para proteger nossos órgãos vitais de traumas; eles também produzem células sangüíneas, incluindo os eritrócitos, que transportam oxigênio para os tecidos. Além de tudo isso, eles servem como depósitos para os minerais de que necessitamos para nos manter saudáveis.

ESTRUTURA DO SISTEMA ESQUELÉTICO

O esqueleto humano é dividido em duas partes principais: axial e apendicular (Fig. 4.1). O esqueleto axial consiste em crânio, coluna vertebral, sacro, cóccix, costelas e esterno. O esqueleto apendicular pode ser subdividido nas cinturas escapular e pélvica. A cintura escapular inclui a clavícula e a escápula. A cintura pélvica é composta dos ossos coxais do quadril. Os ossos do sistema esquelético apendicular formam articulações ou juntas que permitem o movimento quando forças são aplicadas pelos músculos.

O sistema esquelético é composto de um esqueleto axial e um esqueleto apendicular.

O movimento corporal é de natureza geral (tanto angular como linear) e pode variar desde a locomoção e o posicionamento geral até manipulações hábeis das mãos e dos pés.

Tecido ósseo

Uma forma de classificar os ossos é pela sua aparência (Fig. 4.2). Os ossos longos (fêmur, tíbia, úmero e rádio) determinam o comprimento dos braços e das

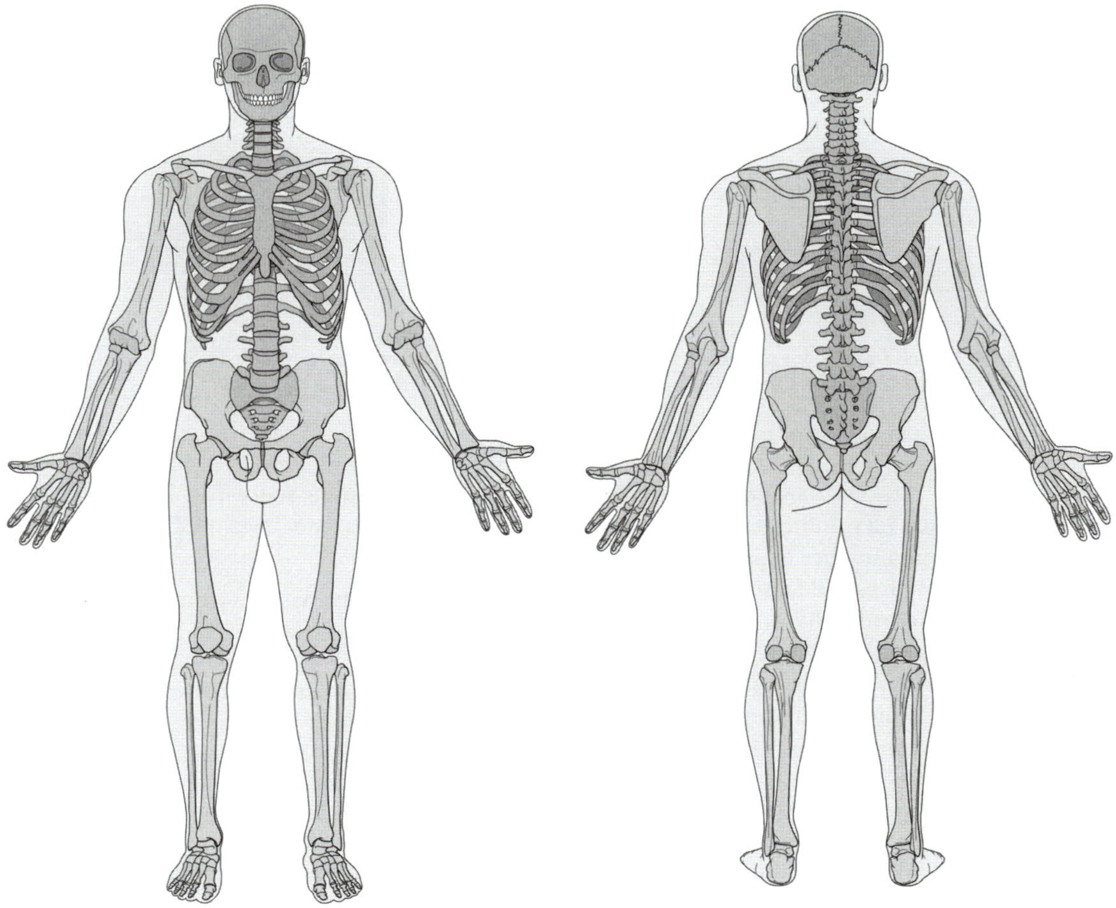

FIGURA 4.1 Esqueleto axial e esqueleto apendicular. O esqueleto axial consiste em crânio, coluna vertebral e costelas. O esqueleto apendicular consiste em membros, cintura escapular e cintura pélvica.

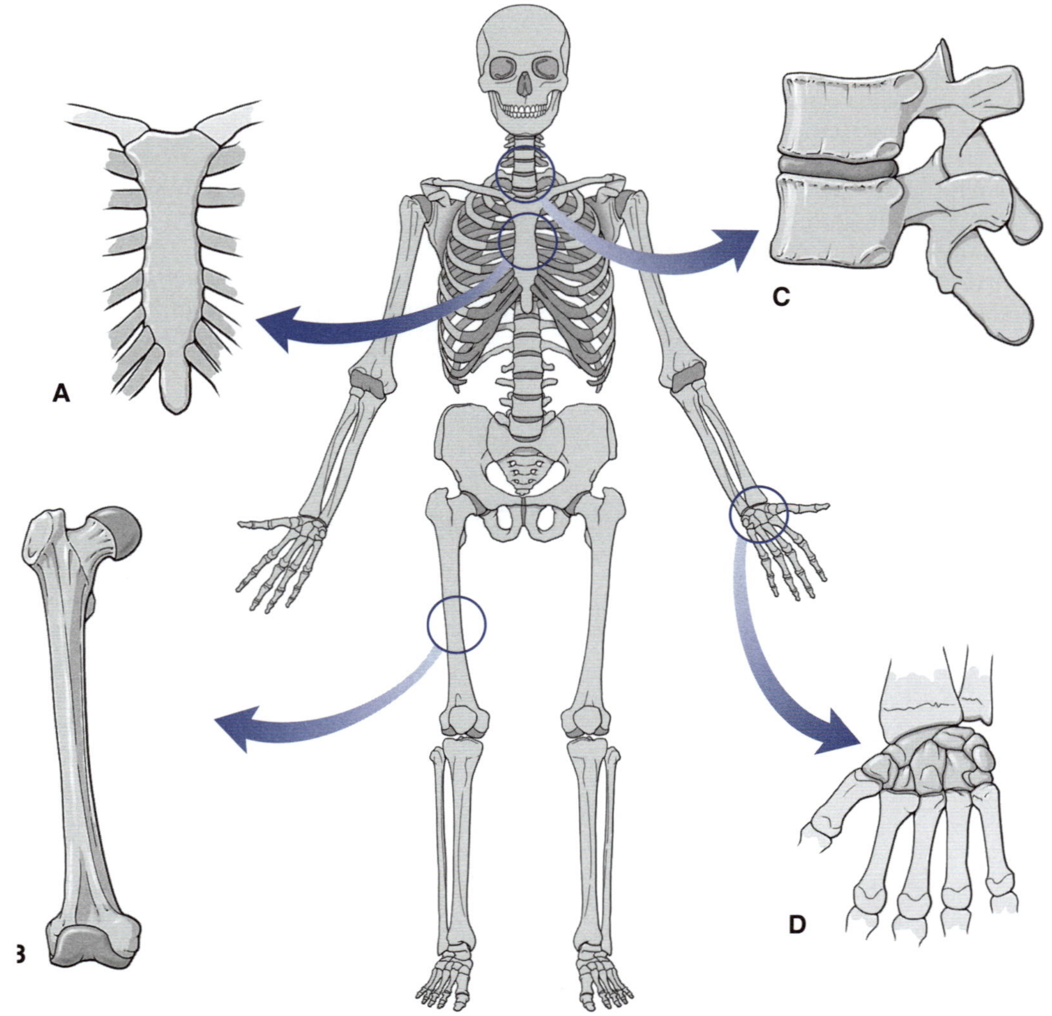

FIGURA 4.2 Classificação dos ossos por sua aparência. **A**. O esterno é um osso chato. **B**. O fêmur é um osso longo. **C**. As vértebras são ossos irregulares. **D**. Os carpais são ossos curtos.

pernas, são os maiores responsáveis por nossa altura final e servem de local para a produção de células sangüíneas. Esses ossos são geralmente mais longos do que largos. Os ossos curtos (carpais e tarsianos) são mais cubiformes. Vários ossos curtos adjacentes fornecem às mãos e aos pés uma base flexível para a destreza nas articulações distais. Os ossos chatos (costelas, escápula, ossos do crânio e esterno) propiciam outro local para a produção de células sangüíneas e protegem os órgãos vitais. Por último, os ossos irregulares (as vértebras e as maxilas) têm diferentes formas, dependendo de suas funções. Eles podem oferecer múltiplas facetas para articulação e ligação muscular ou um singular poder de alavanca, dependendo de sua localização.

Para melhor compreender a função e a natureza do osso e sua relação com a atividade física, olhemos primeiramente para sua estrutura no nível celular e para seus termos associados. A Figura 4.3 ilustra essas estruturas.

1. **Óstio**: Estruturas predominantes encontradas no osso cortical que compõem a matriz.
2. Osteócitos: Células ósseas. Há dois tipos de células ósseas: os osteoclastos e os osteoblastos, ambos localizados nas lacunas. Os **osteoclastos** são responsáveis por restaurar cálcio para os processos metabólicos e remover o osso danificado. Os **osteoblastos** são responsáveis pela formação de uma nova matriz óssea para restituir o osso removido pela atividade osteoclástica.
3. **Canalículos**: Pequenos canais que permitem a disseminação de nutrientes e metabólitos para os osteócitos e o tecido circundante.

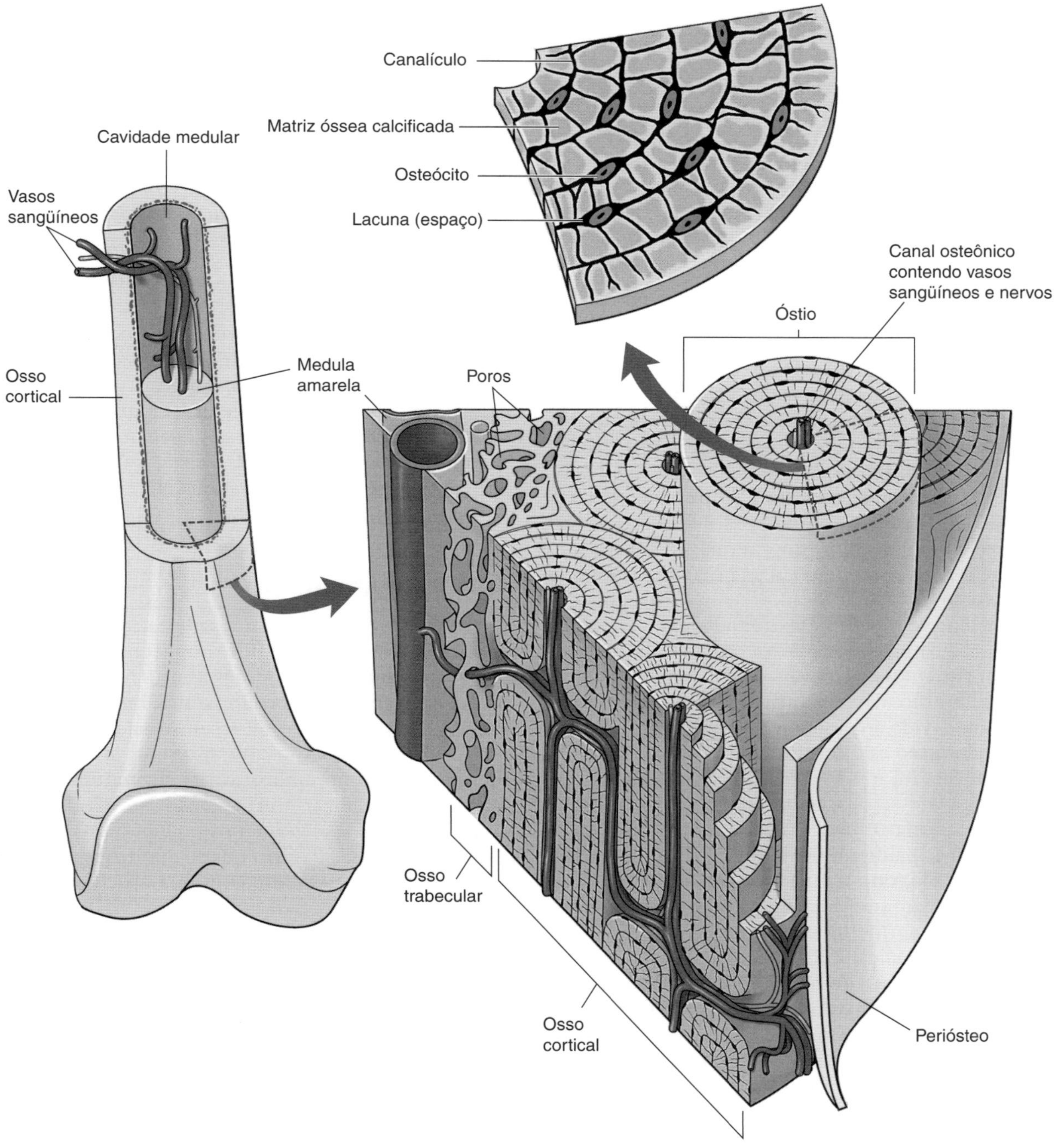

FIGURA 4.3 Secção transversa longitudinal de um osso longo maduro. Os canais osteônicos estendem-se longitudinalmente ao longo dos ossos. Os osteócitos dispõem-se em lamelas concêntricas em torno do canal osteônico.

4. **Lacunas**: Pequenos espaços nos centros dos canalículos que abrigam os osteócitos.
5. **Canal osteônico**: Um canal longitudinal no centro do óstio, que possibilita a passagem de nutrientes e resíduos metabólicos. Os canais osteônicos abrigam arteríolas e vênulas, que transportam sangue e nutrientes para o tecido ósseo; são interconectados por canais perfurantes que se estendem paralelamente a eles.

Em um corte transversal ampliado de um osso longo maduro, os canais osteônicos estendem-se paralelamente à diáfise do osso longo e são circundados por uma matriz concêntrica calcificada que os une. Muito semelhantes aos anéis concêntricos que vemos em uma árvore cortada transversalmente, as lamelas concêntricas expandem-se a partir do canal osteônico. Os canalículos estão estrategicamente situados para dispersar o fluido para o tecido circundante. Os osteócitos localizados nas lacunas estão distribuídos ao longo das lamelas concêntricas para auxiliar o metabolismo de partes específicas do osso. Todas as lamelas concêntricas que circundam um canal osteônico formam um óstio.

Há dois tipos de osso no tocante à porosidade. O **osso cortical** é altamente mineralizado e denso, e tem uma baixa porosidade. Esse tipo de osso é encontrado nas diáfises dos ossos longos e na maioria dos ossos pequenos, curtos e irregulares que estão regularmente sujeitos a forças de compressão. O osso **trabecular** é menos mineralizado, mais poroso e, portanto, menos denso. É encontrado nas extremidades dos ossos longos e é encaixado no osso cortical, o que fornece certas vantagens ao permitir o movimento. O osso cortical é mais denso e, portanto, contém mais minerais, que contribuem para o seu peso e a sua rigidez. Devido ao fato de o osso trabecular localizar-se nas extremidades dos ossos longos, o peso na extremidade do osso é diminuído, reduzindo assim a força que os músculos devem gerar para mover a alavanca. Se o esqueleto inteiro fosse composto de osso cortical, o movimento seria prejudicado devido ao peso dos ossos.

O tecido ósseo está continuamente sendo reabsorvido e reformado, e o exercício é um estímulo fundamental para esse processo. Quando o osso é tensionado de forma ótima, os osteoblastos depositam minerais, principalmente fosfato de cálcio, na matriz colágena. O **colágeno** é uma proteína espessa e flexível encontrada em outro tecido conjuntivo bem como no osso. Particularmente em pré-adolescentes, e em certa medida em adolescentes, o osso é mais flexível, porque menos fosfato de cálcio foi depositado na matriz colágena. O **periósteo** é uma espessa membrana fibrosa que cobre toda a superfície do osso. À medida que envelhecemos, nossos ossos continuam crescendo em circunferência, porque um novo osso está se desenvolvendo sob o periósteo.

Os **discos epifisários** são o local onde o osso aumenta o seu comprimento. Os ossos longos continuam a crescer em comprimento até o momento do fechamento epifisário. Antes desse fechamento, o tecido ósseo nessa região é mais propenso a lesões resultantes de tensões anormais. As lesões na epífise, antes do seu fechamento, podem causar a suspensão do alongamento ósseo, o que pode levar a uma discrepância no comprimento dos membros. Embora o treinamento de força seja uma preocupação nesse aspecto, um programa de treinamento de força bem planejado controla mais rigorosamente as tensões aplicadas ao sistema esquelético do que o faz a participação em muitos esportes e atividades.

O tecido ósseo é um tecido vivo que é continuamente remodelado. Diversos fatores – incluindo estado hormonal, estado nutricional e exercício – determinam a densidade óssea.

Forças adequadamente aplicadas fortalecerão o sistema esquelético. É possível que o desenvolvimento da densidade óssea na juventude ajude a manter a densidade óssea por toda a vida. Muitos dos problemas esqueléticos associados ao envelhecimento estão relacionados a decréscimos na densidade mineral. Alguns desses problemas podem estar relacionados ao estado hormonal ou nutricional; outros, à nossa falha em atingir a densidade óssea máxima à medida que amadurecemos para a vida adulta.

Tecido ligamentoso

Os ligamentos são constituídos por tecido fibroso forte e com pouca elasticidade. Eles impedem que as articulações movam-se em padrões anormais. Por sua disposição, eles podem permitir o movimento somente em um plano ou restringi-lo em uma direção anormal. Numa articulação que apresente uma lassidão inerente, como no ombro, vários ligamentos funcionam para estabilizar a articulação em vários planos de movimento. Os ligamentos podem também servir para fixar um osso a outro quando pouco ou nenhum movimento é pretendido, como na articulação acromioclavicular.

Cartilagem

A **cartilagem articular** (Fig. 4.4) envolve as extremidades dos ossos longos e reduz a fricção na articulação enquanto esta se movimenta sob pressão. Basicamente, os seus componentes estruturais consistem em uma densa malha de fibrilas colágenas, macromoléculas de proteoglicanos (PGs) e água, criando uma substância gelatinosa firme. O tecido é semitransparente, com quatro camadas distintas:

1. A superfície articular, que é superlisa. Essa camada reduz significativamente a fricção entre duas superfícies articulares ósseas.
2. A zona média, composta de fibras colágenas e proteoglicanos inchados de líquido.

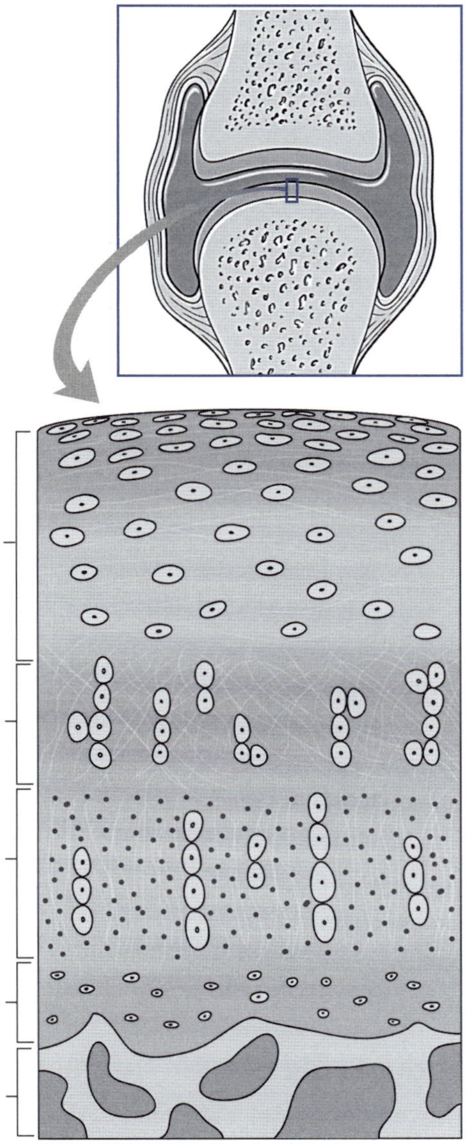

FIGURA 4.4 Camadas de cartilagem articular. A cartilagem articular reveste as extremidades dos ossos longos.

3 e 4. A zona profunda e a região "ondulada" (*tidemark region*), onde a matriz cartilaginosa entrelaça-se com a própria estrutura do osso.

Mantendo-se o conteúdo líquido no tecido em níveis normais, as propriedades de proteção e redução da fricção da cartilagem são retidas (22). O dano ao tecido cartilaginoso resulta na deterioração da articulação e no aumento do potencial de lesões (14).

Articulações

As articulações são onde os ossos se juntam. Nelas, o contato é mantido pela cartilagem e por forças associadas ao movimento articular. Esse arranjo permite o crescimento ósseo, a conversão do movimento angular em linear e a destreza nas extremidades distais. Também possibilita a fusão, o suporte, a somação e o movimento conforme a localização, o tipo e a função da articulação.

As articulações podem ser classificadas pelo tipo de tecido conjuntivo usado para formá-las. Temos as articulações sinartrose, anfiartrose e diartrose. Cada tipo de articulação possui características específicas em termos da quantidade de movimento permitida. Segue uma descrição das classificações (Fig. 4.5):

1. Sinartrose: Articulações imóveis, unidas firmemente por tecido fibroso.
2. Anfiartrose: Articulações pouco móveis, cartilaginosas.
3. Diartrose: Articulações livremente móveis, sinoviais.

FUNÇÕES DO SISTEMA ESQUELÉTICO

Os ossos do esqueleto fornecem estrutura, permitem o movimento e protegem nossos órgãos, além de outras funções fisiológicas. Examinemos cada uma dessas funções mais detalhadamente.

Estrutura e proteção

Sem os ossos, seríamos incapazes de ficar em pé, sentar ou nos movimentar. O comprimento dos ossos longos determina o comprimento dos segmentos corporais. Por exemplo, o astrágalo, o calcâneo, a tíbia e o fêmur formam o comprimento da perna e permitem a flexão e a extensão do tornozelo e do joelho, e a compensação total de irregularidades na superfície, de forma que possamos nos manter eretos. Podemos caminhar sobre uma superfície irregular ou acidentada porque o pé pode compensar o declive com essa base adaptável de sustentação.

Movimento

Os ossos proporcionam uma inserção proximal e distal aos músculos, permitindo o movimento quando uma tensão suficiente é desenvolvida no músculo que atravessa uma articulação. A **inserção proximal** é mais

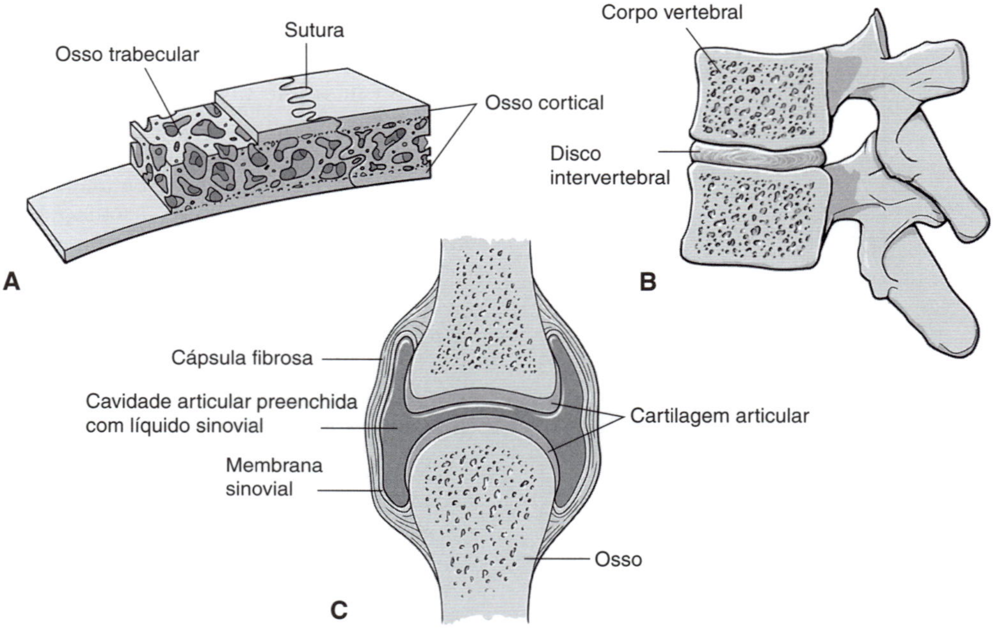

FIGURA 4.5 Tipos de articulações. **A**. Uma sutura craniana é uma articulação sinartrodial. **B**. O ombro é uma articulação anfiartrodial. **C**. O joelho é uma articulação diartrodial.

próxima ao tronco, e a **inserção distal** é mais distante do tronco. Os ossos do esqueleto apendicular e, em menor medida, do esqueleto axial são arranjados como séries de alavancas com superfícies reciprocamente dispostas, que permitem que seja mantido contato máximo na articulação durante o movimento. As articulações funcionam como eixos de rotação em torno dos quais é gerado torque pela força muscular.

A estrutura do sistema esquelético permite que este realize uma das suas funções essenciais: o movimento.

Os ossos do esqueleto atuam como uma estrutura mecânica para o movimento e a fixação dos músculos. Os ossos irregulares da coluna vertebral (os corpos vertebrais) são especificamente projetados para sustentar o peso total que está acima de determinada articulação vertebral. Os corpos vertebrais distribuem o peso ao longo de uma grande área de superfície para distribuir as pressões crescentes em cada nível vertebral descendente. As pernas, particularmente o fêmur e a tíbia, são estruturadas de tal forma que a parte cortical do osso resiste a forças compressivas do peso do corpo inteiro em cima delas. Os quadris podem experienciar até seis vezes o peso corporal durante uma subida normal de escadas (6). Os ossos suportam até cinco vezes o seu peso em tecido mole no adulto normal.

Uma função do crânio e da coluna vertebral é proteger o cérebro e a medula espinal de lesões. As vértebras torácicas têm processos espinhosos que restringem a hiperextensão na região torácica. Esses processos fornecem superfícies adicionais para a fixação muscular. As costelas e o esterno protegem o coração, o fígado, o baço, os pulmões e os grandes vasos sangüíneos no tórax. A coluna vertebral e a pelve também protegem mecanicamente os órgãos abdominais ou viscerais e, em menor grau, os genitais.

Produção de células sangüíneas

O osso esponjoso abriga a medula vermelha, que produz as células sangüíneas. A produção de eritrócitos e leucócitos é um resultado da diferenciação das células-tronco sangüíneas maduras que se situam principalmente nos ossos chatos do crânio, das costelas, do esterno e das extremidades dos ossos longos. Como o baço destrói naturalmente os eritrócitos danificados, estes precisam ser continuamente repostos. A cada segundo, o corpo produz mais de 2 milhões de eritrócitos (17).

CRESCIMENTO DO SISTEMA ESQUELÉTICO

Os ossos alteram seu tamanho e suas características funcionais mediante dois processos: 1) crescimento normal; e 2) remodelação devida a cargas aplicadas.

O crescimento normal é basicamente uma função de migração da epífise, resultando em um aumento do comprimento e do diâmetro ósseos antes da maturidade esquelética. Os condrócitos secretam uma estrutura de cartilagem e minerais que depois se depositam na matriz óssea, enrijecendo-a e fortalecendo-a. Esse processo é passivo e demorado. A Figura 4.6 representa a região epifisária de um osso longo.

O segundo mecanismo, a remodelação, é um resultado dos estresses e tensões (ou da ausência destes) aplicados ao sistema esquelético pela atividade diária ou pelo exercício planejado. Nesse processo, o osso adapta-se aos estresses devido à atividade osteoclástica e osteoblástica, que serve para fortalecer o osso para resistir às forças aplicadas. A remodelação é mais ativa na manutenção da integridade óssea; ela aumenta e diminui a circunferência do osso em relação ao nível de atividade. É aqui que temos a maior oportunidade de gerar adaptação óssea ao treinamento. Aplicando uma carga em formato de exercício/treinamento, podemos influenciar essa adaptação e, assim, a força do osso.

Crescimento ósseo primário na epífise

Ao nascermos, o sistema esquelético é composto de uma estrutura cartilaginosa que tem a forma geral do esqueleto, mas não se distingue em proporção, estrutura específica ou limites definitivos. No primeiro estágio de crescimento, inicia-se a calcificação da estrutura cartilaginosa. O desenvolvimento do periósteo é evidenciado pelo colar ósseo periósteo ao longo do centro da diáfise e pelo desenvolvimento de **cartilagem articular** nas extremidades do fêmur. O colar aparece como um anel de osso calcificado ao redor da diáfise, aproximadamente na linha média. Pouco tempo depois, o colar ósseo periósteo torna-se o centro primário de ossificação, e os capilares epifisários desenvolvem-se nas extremidades proximais e distais do osso.

Logo, a ossificação (depósito de cálcio) da **diáfise** do osso fica evidente no centro da diáfise, e as placas epifisárias ou centros de crescimento ficam aparentes nas extremidades dos centros altamente mineralizados. Quando os discos epifisários formam um novo osso, eles migram para as extremidades distais. Ainda mais tarde, centros de crescimento adicional originam-se em ambas as extremidades, formando as características estruturais únicas de um osso longo. Os centros secundários de ossificação formam um osso esponjoso, que é revestido por cartilagem articular. À medida que esse crescimento em comprimento vai ocorrendo, a camada na superfície logo abaixo do periósteo vai aumentando a circunferência do osso em resposta às cargas de compressão, cisalhamento, tensão e torção impostas pelo movimento e pelo exercício. Os ossos longos atingem seu comprimento final no início da fase adulta, quando os discos epifisários estão completamente fechados. A Figura 4.7 ilustra a transição do osso de cartilaginoso para totalmente ossificado.

Os condrócitos são células ativas especializadas na geração da estrutura ou matriz cartilaginosa protéica. No crescimento humano, elas sintetizam a matriz

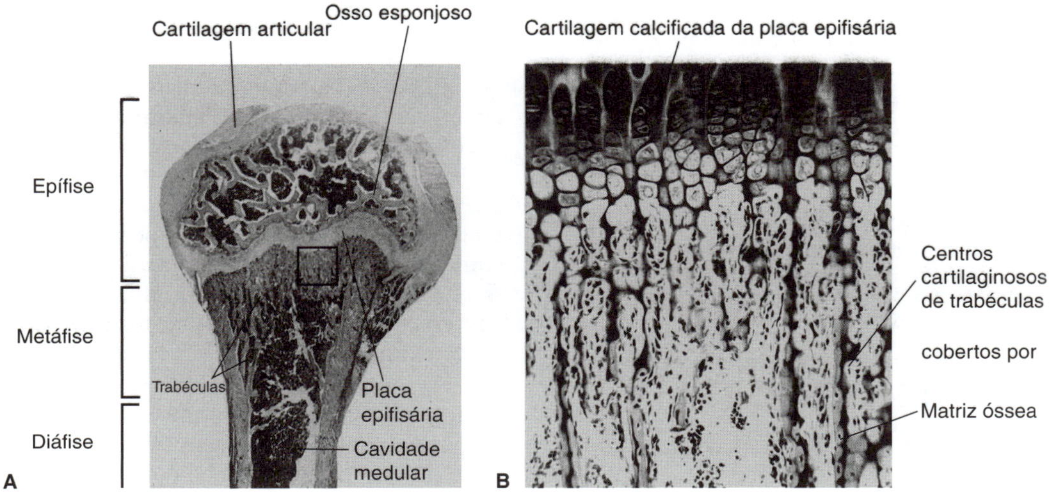

FIGURA 4.6 Região de crescimento epifisário. **A.** Extremidade de um osso longo revestida por osso esponjoso e cartilagem articular. O disco epifisário separa a epífise da metáfise. **B.** Uma secção ampliada da metáfise sofrendo a calcificação da matriz cartilaginosa. De Cormack DH. Essential Histology. 2. ed. Philadelphia: Lippincott Williams & Wilkins, 2001. Com permissão.

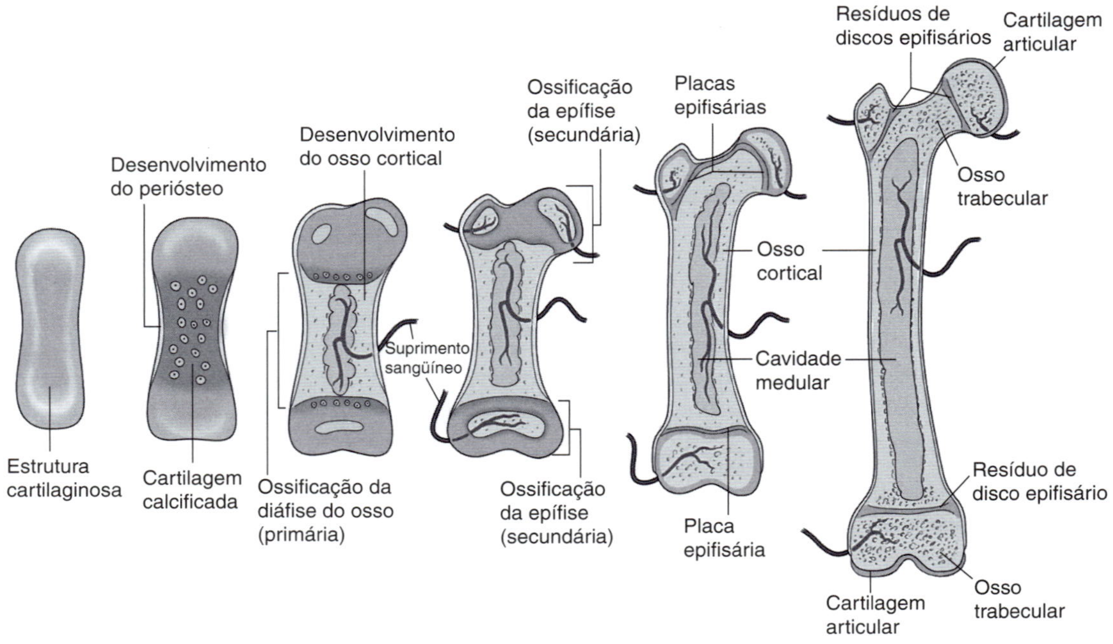

FIGURA 4.7 Antes da ossificação, o osso começa como uma estrutura cartilaginosa.

dentro do espaço extracelular (1). A hipertrofia dos condrócitos é um processo ativo que resulta em quantidades aumentadas de material intercelular, incluindo mitocôndrias e retículo endoplasmático. Aumentos na altura da coluna de condrócitos são responsáveis por 44 a 59% do crescimento ósseo longitudinal; o restante é devido à síntese da matriz e à proliferação de condrócitos. A taxa de diferenciação de células-tronco mesenquimatosas em condrócitos é um fator que regula a síntese da matriz e, conseqüentemente, a taxa de crescimento ósseo (1). Além da matriz colágena que está sendo formada, os osteoclastos e osteoblastos estão sendo diferenciados próximo à epífise, onde há uma faixa de células estreita chamada "região de proliferação" da placa de crescimento. Nesse local, os condrócitos multiplicam-se e secretam materiais da matriz, provocando a migração do centro de crescimento ativo para as extremidades proximais e distais dos ossos longos. O material da matriz é o molde para a ossificação.

ADAPTAÇÕES DO SISTEMA ESQUELÉTICO À APLICAÇÃO DE CARGAS

As cargas aplicadas ao sistema esquelético provocam adaptações específicas ao tipo de carga.

Lei de Wolff

A adaptação ao treinamento pode ser definida de acordo com a lei de Wolff, que estabelece que "as densidades e, em menor medida, os tamanhos e as formas dos ossos são determinados pela magnitude e direção das forças aplicadas ao osso".

O crescimento em circunferência age para distribuir as forças compressivas sobre uma área de secção transversa aumentada e, assim, reduz a quantidade de pressão por unidade ao quadrado da superfície de secção transversa do osso. Em experimentos com animais, tem-se demonstrado a ocorrência de crescimento em regiões de estresses e tensões mais altos (16). Essas adaptações podem de fato alterar a arquitetura do osso e, conseqüentemente, a resposta a um movimento repetitivo ou a uma tensão. A espessura aumentada na direção da aplicação da força e da curvatura serve para melhor acomodar a flexão repetida. Os ossos, assim como os músculos, adaptam-se à sobrecarga progressiva. Se aumentarmos a carga, aumentaremos a flexão no osso. A Figura 4.8 demonstra como o osso, sob carga axial, "enverga-se", estimulando o depósito de osso sob o periósteo, no local específico onde ocorreu a curvatura. Os exercícios que envolvem a sustentação do peso corporal são mais efetivos em garantir a saúde geral (tamanho e densidade) do sistema esquelético em um indivíduo saudável.

A resposta do tecido ósseo ao estresse é específica ao tipo de estresse aplicado.

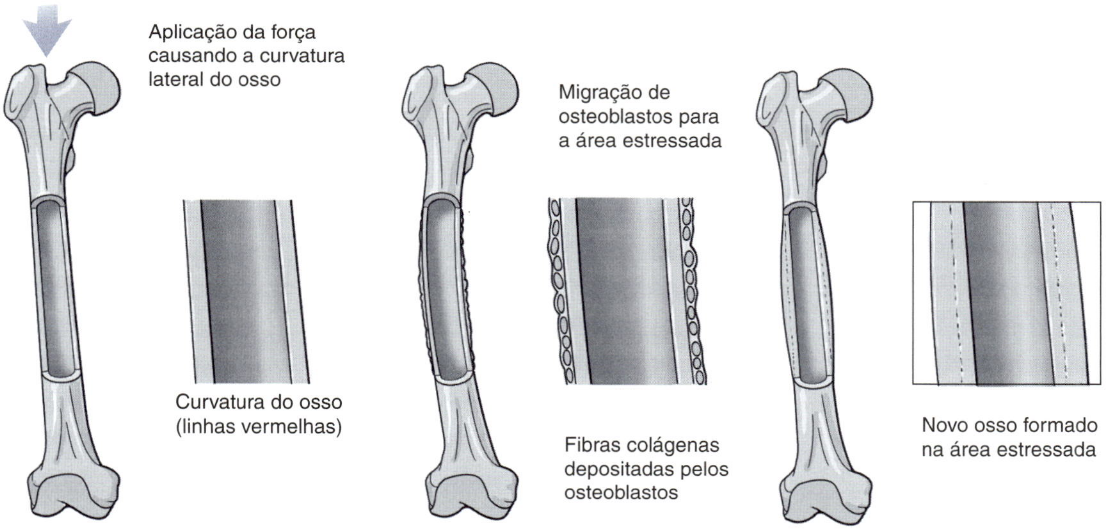

FIGURA 4.8 Lei de Wolff. Se a carga e a velocidade do movimento forem altas o suficiente, o osso vai "curvar-se" ante uma carga axial. Isso estimulará o depósito de cálcio no local específico do estresse. Conseqüentemente, o osso responderá à "curvatura" ficando mais espesso na direção da carga.

Pelo fato de o diâmetro do osso ser aumentado com o crescimento na superfície externa, o espaço no centro do osso – necessário para a medula, os nervos e o suprimento sangüíneo – não é reduzido. Considerando-se que essas funções são essenciais para um osso saudável, a hipertrofia nas superfícies externas não reduz o espaço funcional interior, mas permite aumentar a carga de acomodação.

Tensão essencial mínima

A **tensão essencial mínima (TEM)** corresponde ao volume e à intensidade de carga mínimos necessários para provocar um aumento na densidade corporal. Aproximadamente 10% da tensão requerida para fraturar o osso é considerada o limiar em que a formação de um novo tecido ósseo é desencadeada (8). A interação de tensão na matriz e fluxo de líquido pode, efetivamente, ser a fonte de interação do sinal de remodelação no tecido ósseo (12). Seja o estresse proveniente do exercício ou do ambiente de trabalho, a remodelação óssea ocorrerá se o estresse precipitar a migração dos osteoblastos para a região tensionada do osso. O Quadro 4.1 faz uma analogia para ilustrar o conceito de remodelação óssea.

Um programa de exercícios que não alcance o nível de tensão essencial mínima será ineficaz na promoção da densidade óssea.

A TEM varia conforme a idade e o indivíduo. Uma pessoa obesa terá cargas maiores impostas ao sistema esquelético em atividades diárias normais do que terão as pessoas mais leves. O indivíduo obeso, no entanto, será também provavelmente menos ativo.

A densidade óssea diminui com a idade, começando por volta dos 30 anos. A quantidade de tensão necessária para iniciar o processo de remodelação pode ocorrer nos idosos com uma carga diminuída. Em uma população

QUADRO 4.1 ANALOGIA DA REMODELAÇÃO ÓSSEA

Imagine a força de uma viga I ampliada proporcionalmente por aumentos na espessura de partes específicas da viga. Os aumentos na espessura da parte vertical da viga estimulam um aumento em rigidez resultante da densidade mineral óssea (DMO) aumentada. Como você pode ver, há uma dificuldade aumentada de envergar a viga I à direita *versus* à esquerda. Se a força do osso fosse aumentada devido ao aumento da DMO em conseqüência da remodelação, então a tensão essencial mínima (TEM) aumentaria à medida que o osso se fortalecesse.

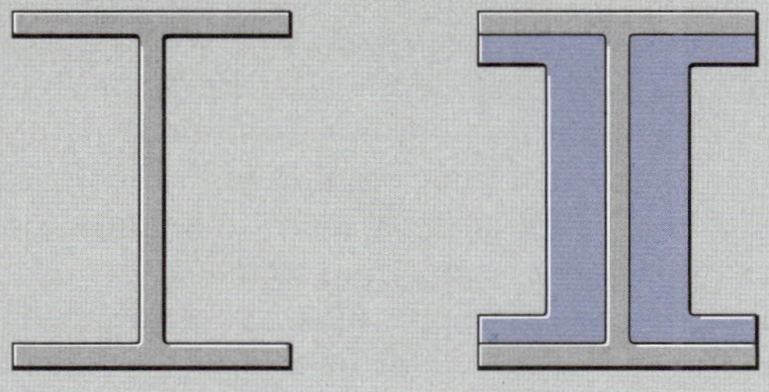

Pergunta e resposta da área

Minha mãe e minha avó têm osteoporose. Existe alguma coisa que eu possa fazer para diminuir as minhas chances de ter osteoporose quando eu envelhecer?

A hereditariedade certamente é um fator de risco. Nas mulheres, as alterações hormonais que acompanham a menopausa são um fator de risco. Diversos fatores relacionados ao estilo de vida aumentam o risco de osteoporose: tabagismo, deficiências nutricionais, consumo excessivo de álcool e falta de exercícios que envolvam sustentação do peso corporal. Todos nós vamos perdendo densidade óssea à medida que envelhecemos. É importante maximizá-la quando se é mais jovem com um programa de exercícios envolvendo sustentação do peso corporal planejado para melhorar a densidade óssea.

mais jovem e mais ativa, as necessidades de TEM devem ser mais altas, com base em níveis individuais mais altos de densidade óssea. Assim, exercícios mais rigorosos podem ser requeridos para atingir a TEM em uma população jovem e ativa. Embora os estresses aplicados ao osso e a subseqüente remodelação sejam contínuos, o osso segue aumentando em diâmetro. O estresse total requerido para iniciar o crescimento de um novo tecido ósseo por remodelação é aumentado se o osso for mais forte.

Adaptações do sistema esquelético ao treinamento

A resposta do osso às forças aplicadas é específica a essas forças. A ativação da tensão altera uma pequena secção da superfície externa do osso do estado normal para um estado de remodelação. O local da adaptação é embaixo da camada externa do osso – no periósteo. A área ativada do osso inicia a reabsorção, ou a remoção, do osso danificado pelos osteoclastos. Isso levará de uma a três semanas. Em seguida, há uma inversão da atividade originalmente osteoclástica para a atividade osteoblástica, o que leva mais uma a duas semanas. Os osteoblastos começam a formar um novo tecido ósseo, produzindo uma matriz na área de absorção agora desobstruída, o que leva aproximadamente três meses e meio.

A mineralização do osso ocorre pela precipitação de cristais de fosfato de cálcio, que se ligam à matriz protéica e a preenchem. A calcificação aumenta o diâmetro do osso e a espessura da camada externa do osso cortical. A calcificação da matriz aumenta a rigidez do osso. Essa adaptação pode ser estimulada pela sobrecarga do exercício e pode resultar em um aumento da densidade óssea durante o progresso de uma condição menos treinada para uma mais treinada.

Estudos com mulheres idosas mostraram não haver alterações significativas na densidade óssea do fêmur e do antebraço após um período de treinamento de força de cinco meses ou mais (20). Em estudos com animais, pequenas alterações na densidade óssea resultam em uma alteração significativa na força óssea (16). Em todos os casos, deve-se ter cuidado no treinamento de idosos e de indivíduos não-treinados, a fim de reduzir o risco de lesões. Nessas populações, a sobrecarga aguda pode requerer menos força do que a necessária para resultar no dano ou na falha do osso.

O SISTEMA ESQUELÉTICO E A SAÚDE

Embora um crescimento equilibrado, uma mineralização adequada e um bom treinamento sejam indicadores importantes de boa saúde, podem ocorrer patologias em decorrência de distúrbios específicos do sistema esquelético e de estresses no sistema esquelético. Esta seção discute a perda de massa óssea, o alinhamento inadequado, o dano estrutural e a restauração do osso.

Densidade óssea e saúde

O pico de densidade óssea é um indicador de saúde esquelética de longa duração. É geralmente aceito que aqueles que atingem um pico de massa óssea mais alto têm menos risco de fratura por osteoporose em uma fase mais avançada da vida. A **osteoporose** é uma doença caracterizada por uma perda de densidade óssea; é insidiosa pelo fato de não apresentar sinais ou sintomas até que ocorra a fratura de um osso que tenha perdido sua densidade mineral. Três populações distintas têm risco mais alto de ter osteoporose: (1) mulheres pós-menopáusicas após a idade aproximada de 50 anos; (2) homens e mulheres após a idade aproximada de 70 anos; e (3) mulheres atletas jovens que também tenham transtornos alimentares, nas quais a osteoporose é um componente da tríade da mulher atleta (discutida mais adiante neste capítulo).

Sabemos que a dose apropriada de atividade física pode aumentar a densidade mineral óssea (DMO) ao longo de nossas vidas (13). Considere uma pessoa que alcança um pico de densidade óssea mais alto e uma reserva inicial de cálcio maior. À medida que envelhece, ela provavelmente será menos propensa a desenvolver osteoporose.

Se a reserva mineral óssea inicial fosse pequena, reduções na mineralização óssea e decréscimos em força alcançariam um estado crítico mais rapidamente. A redução da mineralização óssea e, conseqüentemente, da integridade estrutural do osso torna os idosos mais suscetíveis a fraturas ósseas. Um quadril quebrado em um indivíduo idoso pode ocorrer assim como uma fratura no colo do fêmur sob a carga normal de locomoção, fazendo com que a pessoa caia. Na locomoção normal, o estresse no osso pode ser duas a três vezes o do peso corporal. Essas fraturas ocorrem porque a densidade e a força ósseas, em um ponto vital de sustentação do peso corporal, são diminuídas devido à atividade osteoclástica relativa aumentada.

Quanto mais alta a densidade óssea alcançada nos anos ativos, melhor a capacidade de manter a densidade óssea ao longo do processo de envelhecimento no período de regressão. A atenção dada à dieta e ao exercício na juventude pode fazer a diferença funcional em fases mais avançadas da vida (19). Embora a formação de novos tecidos ósseos possa ocorrer em qualquer momento da vida, os maiores ganhos são alcançados na pré-adolescência e na adolescência. Adultos que começaram a se engajar em esportes que envolvem sustentação do peso corporal antes da puberdade tiveram 22% a mais de conteúdo mineral ósseo do que um grupo-controle. Isso se compara com um grupo semelhante de adultos que iniciou a participação em atividades envolvendo sustentação do peso corporal na vida adulta; embora esses indivíduos também tenham tido um conteúdo mineral aumentado, ele foi apenas 8,5% maior do que o do grupo-controle (19). No caso da tríade da mulher atleta, no período da vida quando a densidade mineral óssea deveria estar no pico, essas atletas sobrecarregam intencionalmente seus sistemas, reduzindo assim grandemente sua probabilidade de uma boa saúde óssea na velhice.

Anomalias do alinhamento da coluna vertebral

As anomalias da coluna vertebral apresentadas a seguir estão relacionadas a uma curvatura inadequada ou exagerada da coluna. Uma curvatura torácica exagerada, a curvatura das vértebras associadas com as costelas e a região cervical, é chamada cifose. Essa anomalia pode resultar em uma postura grosseira da cabeça projetada adiante, ou de "corcunda". Outra deformidade da coluna é a curvatura das vértebras lombares chamada lordose. Tanto a lordose como a cifose ocorrem principalmente no plano sagital.

Uma curvatura lateral da coluna vertebral que pode ser prejudicial à saúde em casos extremos é a escoliose, que pode ocorrer simultaneamente nos planos frontal e transversal (3), resultando em um diagnóstico muito mais complexo (Fig. 4.9). Essa curvatura não

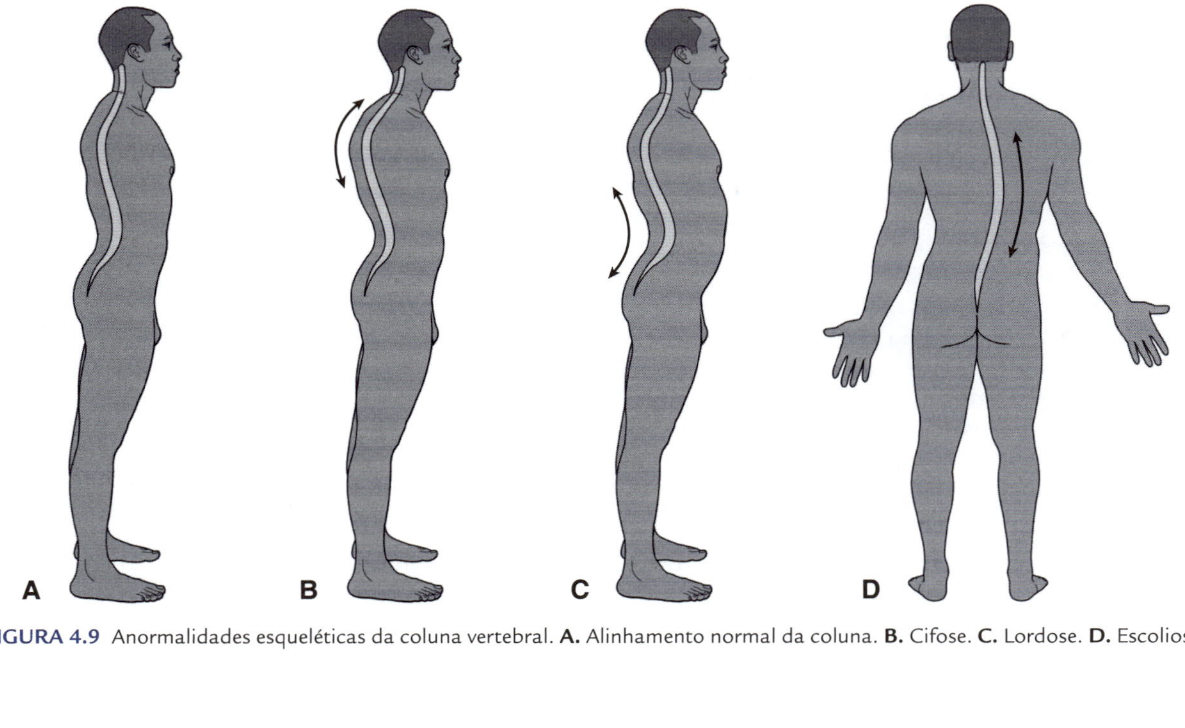

FIGURA 4.9 Anormalidades esqueléticas da coluna vertebral. **A.** Alinhamento normal da coluna. **B.** Cifose. **C.** Lordose. **D.** Escoliose.

é um mero exagero, mas, antes, não deveria existir e não tem função alguma. Em uma população que se exercita, devemos estar atentos a essas anormalidades e às restrições que elas podem impor ao indivíduo. Os programas de exercícios que acomodam ou minimizam os efeitos desses distúrbios devem ser considerados o máximo possível.

Tríade da mulher atleta

A tríade da mulher atleta é uma doença encontrada, predominantemente, em mulheres cujo esporte, treinamento ou competição é intensificado por uma razão reduzida entre a gordura corporal e a massa corporal magra. Seus componentes são osteoporose, distúrbio alimentar (geralmente anorexia nervosa) e amenorréia. Fundistas e ginastas parecem particularmente suscetíveis a essa anomalia, embora também seja possível que algumas jovens escolham esses esportes a fim de mascarar seus distúrbios. A adicção ao exercício causada pela adicção à endorfina também tem sido proposta como uma causa desse comportamento. Muitas vezes, essas atletas tentam melhorar seu desempenho reduzindo a gordura corporal. A redução da gordura corporal melhora o desempenho, modificando a razão força/peso, aumentando a potência e reduzindo a carga de trabalho total. Quando esse processo é levado a extremos, a tríade da mulher atleta pode ocorrer.

Os três fatores que constituem o distúrbio são descritos conforme segue:

1. Um distúrbio alimentar (normalmente a anorexia nervosa) geralmente acompanhado por uma imagem corporal distorcida. Uma atleta anoréxica ver-se-á gorda mesmo quando se tenha forçado a passar fome até um nível perigosamente baixo.
2. A osteoporose é a perda de densidade mineral óssea e a destruição de materiais da matriz associados. A perda de tecido ósseo pode comprometer a saúde e tornar o osso quebradiço. Atletas competidoras geram forças muito maiores do que o normal no corpo, e seus ossos podem não suportá-las.
3. Amenorréia (irregularidade ou completa ausência de menstruação). A atleta reduz a ingesta nutricional ao ponto em que não resta gordura essencial o bastante para produzir os hormônios femininos suficientes. O estrogênio é o principal hormônio responsável pelo equilíbrio das atividades osteoclástica e osteoblástica. Se a atleta não consegue produzir estrogênio suficiente, a atividade osteoclástica eleva-se e perde-se tecido ósseo.

Uma carga de treinamento alta (freqüentemente auto-imposta) é geralmente uma parte do programa de treinamento de uma atleta competidora. A tríade da mulher atleta é provavelmente uma interação de sobretreinamento, dieta pobre e falta de gordura corporal adequada para produzir os hormônios requeridos para gerar o ciclo menstrual. Também pode ser desencadeada por fatores psicológicos, incluindo o desejo de ser magra (2).

Diferentes tipos de mulheres atletas foram comparados dentro e fora de temporada, em busca de fatores relacionados à tríade da mulher atleta. A exposição por longo período a níveis reduzidos de estrogênio foi associada quase que linearmente à diminuição da densidade mineral óssea. Uma exposição prolongada ao estrogênio reduzido localmente gera compostos que causam um ambiente favorecedor à formação de osteoclastos e inibidor de apoptose nos osteoclastos quando sinalizada (4). Uma falta de tônus (tensão muscular em repouso normal) nos músculos, a despeito de um estado de treinamento de alto nível, pode ser um importante indicador de anormalidade. Em suma, essas atletas forçam-se a passar fome e ainda continuam a treinar intensamente em um esforço para melhorar seu desempenho.

PRESCRIÇÃO DE EXERCÍCIOS PARA PROMOÇÃO DA DENSIDADE ÓSSEA

Agora que entendemos os mecanismos do crescimento ósseo, o próximo passo é criar programas de treinamento que promoverão o crescimento ósseo máximo, a densidade óssea e a saúde geral. Para testar adequadamente a força óssea, precisaríamos remover o osso do corpo e medir as forças que provocam a sua quebra. Como isso não é possível, temos de depender de estudos com animais e células ósseas em cultura para compreender as características e respostas aos estímulos apresentadas nessas situações. Os estudos atuais não definem o número exato de repetições, séries, porcentagem de RM, velocidade e evolução de aplicação da carga, nem nos fornecem uma combinação ou fórmula "mágica". Geralmente, quando examinamos uma população de não-atletas comparada com uma população de atletas, encontramos diferenças maiores nas densidades minerais ósseas.

Em atletas de esportes que utilizam raquete, encontramos uma densidade óssea aumentada no braço dominante comparado ao não-dominante (11). Níveis de atividade elevados no atleta provocam estresses musculoesqueléticos que melhoram a DMO para além daquela da população menos ativa (13). Atualmente, não podemos descrever a melhor forma de alcançar a meta desejada. Podemos, no entanto, fornecer alguma

Pergunta e resposta da área

Ouvi dizer que a natação não é uma boa atividade para promover a densidade óssea. Isso é verdade? Por quê? Ela parece ser uma atividade muito boa para a densidade óssea.

A natação, ou qualquer atividade na água, ocorre em um ambiente com semi-ausência de peso. Os astronautas perdem densidade óssea pela exposição prolongada a um ambiente livre da ação da gravidade. Pelo fato de a natação não ser uma atividade que envolva a sustentação do peso corporal, ela não fornece o estímulo mínimo ao osso para estimular o crescimento.

compreensão sobre os possíveis resultados de programas de treinamento específicos e seus efeitos na densidade óssea.

Velocidade de aplicação da carga

Estudos foram desenvolvidos para determinar o efeito do treinamento propositadamente lento na densidade óssea. A aplicação estática de carga tem repetidamente mostrado produzir um efeito pequeno ou não-significativo no crescimento de um novo osso. A aplicação dinâmica de carga, por outro lado, tem mostrado produzir aumentos significativos na formação de um novo tecido ósseo (9).

As células ósseas são extremamente sensíveis a alterações na pressão hidrostática. Movimentos e cargas de treinamento que maximizem as flutuações na pressão hidrostática dentro das células ósseas estimularão o crescimento ósseo.

Isso ocorre, principalmente, porque a carga dinâmica provoca flutuações na pressão fluídica dentro do sistema canalículo-lacunar. As células ósseas são bastante sensíveis a essas flutuações. Podemos presumir que, para estimular o crescimento de um novo tecido ósseo, nossos movimentos devam ser de natureza dinâmica.

Taxa e freqüência de aplicação da carga

Os ossos respondem muito efetivamente a exercícios dinâmicos que envolvam rápida aplicação de carga (9). A freqüência de um exercício também afeta a taxa de formação óssea. Um corredor que corra com uma freqüência de passada de 90 ciclos por minuto formará mais osso na pelve e nos membros inferiores do que alguém que corra com uma cadência mais baixa de 60 ciclos por minuto.

O exercício dinâmico com uma alta taxa de aplicação da carga estimula o desenvolvimento ósseo. Movimentos deliberadamente lentos provavelmente não promoverão adaptação óssea na mesma medida que movimentos dinâmicos.

Direção da carga e resposta

Em experimentos com ratos, um processo de emprego de carga na ulna direita foi aplicado para o lado direito do animal, com o lado esquerdo não-estressado e usado como controle (16). Os dados foram coletados após uma aplicação de carga por 16 semanas. Antes e depois, foram realizados testes de absortometria de raio X de dupla energia (DEXA). Observou-se um modesto aumento de 5,4% de densidade mineral óssea. Após a DEXA, as ulnas foram removidas e testadas para verificar a força seguindo o protocolo de aplicação de carga. Determinou-se que o aumento na quantidade máxima de força que o osso poderia suportar antes de falhar era de 64%. Então, um aumento relativamente pequeno na densidade mineral óssea pode converter-se em um aumento muito maior da força até a falha. A maior parte do crescimento ósseo ocorreu consistente com a direção da aplicação da carga. De acordo com a lei de Wolff, o estímulo de aplicação da carga realmente alterou a arquitetura do osso.

Programas de treinamento que utilizem vários padrões de movimento e de aplicação da carga provavelmente estimularão o desenvolvimento ósseo em maior medida.

Intensidade do exercício

Atividades envolvendo a sustentação do peso corporal que imponham uma carga axial ao esqueleto induzirão uma maior formação óssea. Nesse sentido, exercícios como corrida ou salto promoverão uma maior formação óssea do que uma caminhada (10). Exercícios dinâmicos de sustentação do peso corporal (tais como o

Pergunta e resposta da área

Qual a melhor atividade para promover a densidade óssea em todo o sistema esquelético?

No momento, pareceria que o treinamento de força de intensidade moderada a alta que utilizasse uma variedade de exercícios e padrões de movimento causaria a adaptação máxima do sistema esquelético. Os exercícios devem aplicar axialmente a carga no corpo, tais como o supino para a região superior do corpo ou o agachamento para a região inferior. Outras atividades não estimulam a densidade óssea em todo o esqueleto. O *jogging* provoca algum aumento na densidade óssea dos quadris, mas não na região superior do corpo. O tênis pode estimular aumentos na densidade óssea do braço dominante, mas não no não-dominante.

esporte de levantamento de peso e os levantamentos de estilo olímpico) impõem mais carga ao esqueleto por repetição do que, digamos, roscas diretas. Em experimentos com animais, a maior parte da formação de um novo tecido ósseo (mais de 95%) é estimulada pelas primeiras 40 repetições de um exercício (23). Repetições adicionais não aumentam significativamente a quantidade de osso formado.

Os exercícios que impõem uma carga axial ao sistema esquelético são provavelmente superiores, em termos de melhora da densidade óssea, a exercícios que não a impõem.

Seqüências curtas de exercícios seguidas de repouso são melhores do que sessões de exercícios prolongadas (18). Os receptores androgênicos no corpo que estimulam o crescimento de um novo tecido ósseo sofrem dessensibilização após certo tempo. Eles necessitam de um período de recuperação antes de poderem ser estimulados novamente para promover o crescimento ósseo.

O osso leva cerca de seis a oito horas para recuperar sua capacidade de estimular um novo tecido ósseo (18). Depois que os receptores androgênicos que regulam o crescimento de um novo tecido ósseo tornam-se saturados, ficam novamente disponíveis após seis a oito horas de repouso. Em havendo mais receptores disponíveis, a estimulação completa proveniente da nova seqüência de exercícios pode ocorrer. Se uma segunda sessão de treinamento iniciar antes desse período de recuperação, a formação de um novo tecido ósseo pode ser levemente comprometida.

Freqüência do treinamento

Parece ser melhor adicionar sessões à programação de treinamento do que estender as sessões existentes, contanto que haja repouso suficiente entre as sessões. Ratos que foram treinados para executar 120 saltos cinco vezes por semana experienciaram o dobro do crescimento ósseo em seus membros do que outro grupo treinado para executar 300 saltos duas vezes por semana (10). O mesmo número de saltos distribuído ao longo de um número maior de sessões de exercícios aumentou significativamente o desenvolvimento de um novo tecido ósseo.

Vibração

Com a viagem espacial, aprendeu-se que os astronautas perderam densidade óssea enquanto estavam no espaço (21). Nos vôos de longa duração na Mir nos anos 1990, os cosmonautas perderam 20% da sua densidade óssea. Em um ambiente livre da ação da gravidade, como no espaço, a sobrecarga axial sobre o sistema esquelético devido à gravidade não ocorre. Uma das soluções consideradas para esse problema é a vibração. Algumas informações sugerem o uso da vibração como um método de treinamento alternativo ou suplementar para maximizar ou manter a densidade óssea.

Quando examinamos a sensibilidade de osteócitos maduros a alterações da pressão hidrostática e ao aumento da atividade osteoblástica, a vibração alteraria a direção e o fluxo do líquido intracelular em uma taxa rápida. A taxa seria adequada para inspirar a formação de um novo osso? E se fosse, que taxa seria ótima?

Experimentos para combater os efeitos da microgravidade utilizando a aplicação vertical de carga vibratória para promover ganhos de força óssea e DMO estão em andamento (22). Aplicações terapêuticas de vibração para melhorar ou manter a densidade óssea estão sendo investigadas em clínicas de reabilitação (5).

Um estudo utilizou uma plataforma vibratória para manipular ratas com ovários removidos. Supõe-se que as alterações hormonais após a menopausa sejam pelo menos parcialmente responsáveis pela perda óssea em mulheres. Por um período de 12 semanas, os pesquisadores avaliaram o efeito da vibração relativo à perda óssea e compararam a condição experimental com uma condição-controle (7). Os resultados mostraram menos perda óssea ao longo de um período de cinco semanas no grupo treinado com vibração comparado ao grupo-controle.

A vibração como um estímulo para crescimento ósseo pode promover a densidade óssea e prevenir sua perda sob condições específicas.

Alguns fatores importantes na pesquisa sobre vibração incluem dinâmicas de ressonância harmônica, modulação da freqüência, aplicação consistente da carga e do estímulo e extensão do estudo. A ressonância harmônica ocorre em certas freqüências de vibração. Em algumas freqüências, pode ocorrer dano ao tecido. A modulação da freqüência está associada com a construção e a aplicação de vibração sônica. O mecanismo de aplicação de carga de vibração mecânica deve ser quantificável e repetível.

RESUMO

Mecanismos internos ao corpo humano provocam a adaptação do tecido esquelético em resposta aos estresses impostos (15). A aplicação dinâmica de carga estimula o crescimento ósseo. A taxa e a freqüência de aplicação da carga em modelos com animais têm um efeito direto no crescimento ósseo. O estresse do osso em múltiplas direções vai fortalecê-lo especificamente nessas direções. Alterações modestas na DMO podem representar grandes alterações na força óssea. Seqüências curtas com cargas de intensidade alta provavelmente são superiores na promoção de força óssea. A vibração promoverá a densidade óssea em certas populações, sob condições específicas.

Exercícios freqüentes, curtos e dinâmicos seguidos por seis a oito horas de repouso parecem ser ótimos para a manutenção da saúde óssea em atletas e outros. O repouso permite que a atividade osteoclástica torne-se mais proeminente do que a atividade osteoblástica. Isso deve ser considerado no planejamento de programas de treinamento ou de sessões de exercícios em que sessões múltiplas sejam realizadas em um dia.

QUESTÕES TÉCNICAS

1. Uma mulher não-atleta expressa sua preocupação a você sobre o possível risco de ter distúrbios de perda óssea quando ficar mais velha. Planeje um programa de condicionamento para promover a densidade óssea máxima dela.
2. Você acredita que uma atleta da equipe de atletismo esteja em risco de ter osteoporose e que ela possivelmente tenha um transtorno alimentar, complicando a situação. Que medidas você deve tomar para lidar com essa situação de forma apropriada?
3. Um atleta de um esporte de colisão tem uma história de lesões ósseas, principalmente fraturas por estresse. Ele está acostumado ao treinamento de alta intensidade e tem experiência em várias técnicas de levantamento. Atualmente, não está lesionado. Planeje um programa de treinamento de força para esse atleta para promover a densidade óssea máxima.

REFERÊNCIAS

1. Ballock RT, O'Keefe RJ. Current concepts review: the biology of the growth plate. J Bone Joint Surg 2003; 85a(4):715–726,
2. Bemben DA, Torey D, Buchanan, et al. Influence of type of mechanical loading, menstrual status, and training season on bone density in young women athletes. J Strength Cond Res 2004;8(2):220–226.
3. Burwell RG. Aetiology of idiopathic scoliosis: current concepts. Pediatr Rehabil 2003;6(3–4);137–170.
4. Chan GK, Duque G. Age-related bone loss: old bone, new facts. Gerontology 2002;48:62–71.
5. Cheung JT, Zhang M, Chow DH. Biomechanical responses of the intervertebral joint to static and vibrational loading: a finite elemental study. Clin Biomech 2003;9:790–799.
6. Costigan PA, Deluzio KJ, Wyss UP. J. Gait Posture Aug 2002;16(1):31–37.
7. Flieger J, Karchaolis T., Khaldi L, et al. Mechanical stimulation in the form of vibration prevents post-menopausal bone loss in ovariectomized rats. Calcif Tissue Int 1998;63: 510–514.
8. Frost H. From Wolff's law to the Utah paradigm: insights about bone physiology and its clinical applications. Anat Rec 262;398–419.
9. Hert J, Liskova M, Landa J. Reaction of bone to mechanical stimuli. 1. Continuous and intermittent loading of the tibia in rabbits. Folia Morphol (Praha) 1971;19;290–300.
10. Hsieh YF, Turner CH. Effects of load frequency on mechanically induced bone formation. J Bone Min Res 2001;16: 918–924.
11. McClanahan BS, Harmon-Clayton K, Ward, KD, et al. Side-to-side comparisons of bone mineral density in upper and lower limbs of collegiate athletes. J Strength Cond Res 2002;16(4):586–590.
12. Nauman E, Wesley C, Chang W, et al. Microscale engineering applications in bone adaptation. Microscale Thermophys Eng 1998;2;139–172.
13. Nutter J. Physical Activity increases bone density. NSCA J 1986;8(3):67–69.
14. Olsen S, Oloyede A. A finite element analysis methodology for representing the articular cartilage structure. Comp Meth Biomech Biomed Eng 2002;5(6):377–386.

15. Platen P, Chae E, Antx R, et al. Bone mineral density in top level male athletes of different sports. Eur J Sport Sci 2001;1:5.
16. Robling AG, Hinant FM, et al. Improved bone structure and strength after long term mechanical loading is greatest is loading is separated into short bouts. J Bone Min Res 2002;17:1545–1554.
17. Rothenberg E, Lugo JP. Differentiation and cell division in the mammalian thymus. Dev Biol 1985;112:1–17.
18. Rubin C, Lanyon L. Regulation of bone formation by applied dynamic loads. J Bone Joint Surg 1985;66-A; 397–402.
19. Silverwood B. Pediatr Nurs 2003;15(5):27–29.
20. Simpkin A, Ayalon J, Leichter I. Increased trabecular bone density due to bone loading exercises in postmenopausal osteoporotic women. Calcif Tissue Int 1987; 40:59–63.
21. Shackelford LC, Oganov V, LeBlanc A, et al. Bone mineral loss and recovery after shuttle-Mir flights. Available at www.hq.nasa.gov/osf/station/issphase1sci.pdf. Accessed June 24, 2006.
22. Teshima R, Nawata J, et al. Effects of weight bearing on the tidemark and osteochondral junction of articular cartilage. Acta Orthop Scand 1999;70(4):381–386.
23. Torvinen S, Kannua P, Sievanen H, et al. Effect of 8-month vertical whole body vibration on bone, muscle performance, and body balance: a randomized controlled study. 2003.
24. Umemura Y, Ishiko T, Yamauchi M, et al. Five jumps per day increase bone mass and breaking force in rats. J Bone Min Res 1997;12:1480–1485.

CAPÍTULO

5

Biomecânica dos exercícios de condicionamento

ROBERT U. NEWTON

Introdução

A **biomecânica** é a ciência da aplicação de princípios mecânicos a sistemas biológicos tais como o corpo humano. Ela tem muito a oferecer à área de força e condicionamento. Um conhecimento básico de biomecânica é essencial para o especialista envolvido na avaliação e no treinamento de pessoas, pois os princípios mecânicos ditam a produção de movimento e os resultados em termos de desempenho. Como veremos, o corpo humano é formado por uma série de máquinas biológicas que lhe permitem produzir a inacreditável amplitude de movimento envolvida no esporte, no treinamento, na dança e nas atividades diárias. Em nome da simplicidade, alguns dos conceitos biomecânicos são explicados com leves variações das definições mecânicas estritas. Na área de força e condicionamento, é mais importante transmitir significado para que os conceitos sejam compreendidos do que ser pedante em relação à terminologia.

O propósito deste capítulo é transmitir alguns conhecimentos biomecânicos essenciais para compreender como produzimos movimento, como vários equipamentos de exercícios funcionam e interagem com o praticante, e como os testes e equipamentos são utilizados para avaliar o desempenho. Todos os movimentos esportivos resultam da aplicação de forças geradas pelos músculos do atleta operando as alavancas ósseas e outros maquinários do sistema esquelético. O movimento humano é inacreditavelmente complexo em todas as inúmeras atividades de que participamos, mas isso talvez seja mais eloqüentemente expresso nas extraordinárias façanhas dos atletas. Por exemplo, saltar verticalmente no ar é um movimento comum que a maioria de nós realiza sem pensar, mas os fenômenos mecânicos subjacentes que contribuem para o salto são numerosos e complexos. A compreensão e a aplicação da biomecânica têm um importante papel no trabalho do especialista em força e condicionamento, e contribui para planejamentos de programas de exercícios mais efetivos e seguros. Esse processo ocorre em vários níveis:

- O conhecimento de biomecânica aumenta o entendimento de como determinado movimento é realizado e quais os principais fatores que limitam o desempenho.
- Um aspecto importante é a análise da técnica, pois uma maior compreensão do movimento traz consigo uma melhor capacidade de identificar técnicas ineficientes e/ou perigosas.
- A variedade de equipamentos disponíveis para força e condicionamento é considerável e crescente. A análise biomecânica diferenciará equipamentos úteis e bem-projetados daqueles que são potencialmente perigosos ou indesejáveis. Um entendimento de biomecânica também permite o desenvolvimento de novos equipamentos e exercícios com base na ciência.
- Em uma perspectiva biomecânica, o atleta pode ser visto como uma máquina com controle e *feedback* neurais, acionadores mecânicos, estruturas biológicas com certas propriedades, e interação com o ambiente e com equipamentos. Isso traz uma excelente compreensão dos fatores limitantes do desempenho e dos mecanismos de lesão. O resultado é o melhor planejamento de programas de treinamento.

CONCEITOS BIOMECÂNICOS PARA FORÇA E CONDICIONAMENTO

É importante desenvolver um entendimento básico de algumas variáveis e relações mecânicas fundamentais, a fim de que possamos explorar mais detalhadamente os conceitos biomecânicos de exercício de força e condicionamento, testes de desempenho e interpretação de testes.

> *Sermos capazes de conceituar várias quantidades mecânicas fundamentais aumentará muito nossa compreensão de força e condicionamento como uma ciência.*

Todos nós sentimos a passagem do **tempo** no fato de que nos lembramos do que recém experienciamos e sabemos que ocorrerão eventos no futuro. O tempo é medido em várias unidades, mas principalmente segundos, horas, dias, meses e anos são utilizados em força e condicionamento para representar diferentes quantidades de tempo.

O termo ***distância*** tem um significado um pouco diferente de *deslocamento*, mas os dois são comumente utilizados de modo intercambiável. Na área de força e condicionamento, comumente nos referimos ao comprimento da trajetória ao longo da qual o corpo ou um objeto se move, e isso é correntemente denominado *distância*. A distância é a medida de uma alteração de posição ou localização no espaço e tem duas formas: linear e angular. A distância linear é normalmente medida em metros (m) e é o comprimento da trajetória percorrida. A distância angular refere-se a quão longe um objeto rotou e é normalmente medida em graus. Você também pode ver a medida angular medida em radianos. Um radiano é igual a aproximadamente 57 graus.

Velocidade é a taxa de alteração da distância ao longo do tempo. Ela é calculada como a distância movida dividida pelo tempo que se leva para cobrir essa distância; é expressa em unidades de metros por segundo (m/s) (sistema métrico) ou pés por segundo (f/s) (sistema britânico). O Quadro 5.1 mostra esse cálculo utilizando o exemplo da corrida de *sprint*.

QUADRO 5.1 CÁLCULO DA VELOCIDADE MÉDIA DURANTE UMA CORRIDA DE *SPRINT*

Num evento de corrida, a velocidade média no decorrer da corrida determinará o vencedor. O atleta que inicia como o mais rápido certamente tem uma vantagem, mas o corredor com a velocidade média mais alta terminará primeiro. Neste exemplo, um atleta está completando um *sprint* de 40 m. Temos células fotoelétricas a 10, 20 e 30 m do sinal de partida. A velocidade média ao longo dos últimos 10 m poderia ser utilizada como uma indicação de velocidade máxima de corrida. Assumamos os tempos e as distâncias a seguir:

Distância	10	20	30
Tempo	1,741	2,890	3,995

A velocidade é a alteração em distância ao longo da alteração no tempo. Assim, velocidade = (30 – 20)/(3,995 – 2,890) = 10/1,105 = 9,05 m/s.

Aceleração é a evolução da taxa de variação da velocidade sobre o tempo. Ela se refere não apenas a alterações na rapidez com que ocorre o movimento, mas também à mudança de direção. A mudança de direção da corrida ao realizar uma manobra de desvio requer uma aceleração diferente de zero, ainda que a velocidade do movimento possa ser mantida. A aceleração é calculada como a alteração da velocidade dividida pelo tempo ao longo do qual isso ocorre. As unidades de medida são comumente metros por segundo por segundo (m/s/s) (sistema métrico) ou pés por segundo por segundo (f/s/s) (sistema britânico).

Deve-se notar que tanto a *velocidade* como a *aceleração* referem-se não apenas ao movimento linear como também ao movimento angular ou rotação.

Massa é a quantidade de matéria que compõe determinado objeto. Esse conceito soa um tanto abstrato, mas felizmente é fácil de medir, porque freqüentemente equivalemos massa a peso. Os dois conceitos não são o mesmo, no entanto, pois peso é, na realidade, a força gerada pela gravidade (definida a seguir) agindo sobre a massa.

Inércia é a resistência de um objeto a mudanças em seu estado de movimento. Em outras palavras, se o objeto estiver parado, ele resistirá a ser movido. Se já estiver se movendo, resistirá a mudanças da direção ou da velocidade do movimento. A inércia, em termos lineares, é medida em quilogramas e é funcionalmente o mesmo que a massa. Por exemplo, um jogador de futebol americano que pesa 120 kg é muito mais difícil de parar do que uma ginasta pesando 50 kg.

A **força** pode ser mais facilmente visualizada como um empurrão ou um puxão, para uma força linear, ou uma torcedura, para uma força de rotação (denominada *torque*). A força é medida em unidades chamadas newtons (N), ou newton-metros (N.m) no caso do torque. Para produzir uma alteração do movimento (aceleração), deve haver aplicação de uma força ou um torque. A quantidade de alteração resultante depende da inércia do objeto. Para calcular a força total de resistência em um dado ponto no tempo, a seguinte fórmula é utilizada:

$$F = m\,(a + g)$$

onde

F = força
m = massa da barra ou do haltere
a = aceleração instantânea
g = aceleração devida à gravidade (9,81 m/s/s)

O torque é calculado como a força aplicada multiplicada pelo comprimento do braço de alavanca:

$$T = F \times d$$

Gravidade é uma força específica produzida por causa do enorme tamanho do planeta Terra. A massa da Terra cria uma força atrativa sobre todos os objetos próximos a ela. É por isso que, quando você arremessa uma bola no ar, ela cai de volta ao solo. A forma mais comum de treinamento de força usa esse princípio. O treinamento de força consiste em elevar e abaixar objetos contra a força da gravidade.

Momento é a quantidade de movimento que um objeto possui. É calculado como a velocidade multiplicada pela massa. Esse conceito tem relevância em relação à área de força e condicionamento em vários aspectos, incluindo os mecanismos de lesão e a avaliação do desempenho. Por exemplo, muitas vezes é útil expressar a capacidade de *sprint* não apenas em termos de tempo e velocidade mas também de momento: um atleta com massa de 100 kg correndo a 10 m/s tem consideravelmente mais momento do que um atleta de 80 kg correndo à mesma velocidade. Em esportes de colisão, como rúgbi ou futebol americano, é o momento que normalmente determina o resultado.

O **trabalho** é calculado como a força aplicada multiplicada pela distância movida. É um conceito útil no campo de força e condicionamento. Por exemplo, ao se treinar um atleta, o volume de uma sessão de treinamento de força é calculado com mais precisão como a quantidade de trabalho realizado. O trabalho é medido em unidades chamadas joules (J).

Potência é a taxa de realização de trabalho e pode ser calculada como o trabalho dividido pelo tempo ao longo do qual é realizado. Também pode ser calculada como a força aplicada multiplicada pela velocidade. A potência é medida em unidades chamadas watts (W), embora também seja freqüentemente expressa em cavalo-vapor (hp), em que 1 hp = 745,7 W. O Quadro 5.2 mostra o cálculo de trabalho e potência usando o exemplo do treinamento de força.

A fricção é a força que resiste a duas superfícies deslizando uma sobre a outra. O conceito é importante para força e condicionamento porque utilizamos essa fricção em equipamentos de exercício (p. ex., o cicloergômetro Monarch), e também é um fator no treinamento de força (p. ex., quando se aplica giz nas mãos). A fricção é uma força e, portanto, é medida em newtons; está relacionada à natureza das duas superfícies e à força que as comprime. É importante dizer que a fricção é a interação de ambas as superfícies. Por exemplo, um tênis de basquetebol de solado macio tem uma excelente aderência no piso de madeira polida da quadra, mas pouca aderência em um campo gramado de futebol. Um exemplo que ilustra como o aumento da força que comprime duas superfícies afeta a fricção é o cicloergômetro Monarch, que é comumente utilizado para testes de esforço e treinamento. Quando você ajusta a tensão no cinto em volta da roda, este é em-

QUADRO 5.2 CÁLCULO DE TRABALHO E POTÊNCIA DURANTE TREINAMENTO DE FORÇA

O cálculo do trabalho e da potência pode ser muito importante no delineamento de programas de treinamento e condicionamento. O trabalho total é útil no planejamento do volume e da intensidade totais de treinamento em um programa de condicionamento periodizado. Para que o programa de treinamento seja específico à produção de potência do esporte ou da atividade, o cálculo da potência é outra medição útil. Utilizemos o exemplo do supino para demonstrar o cálculo de trabalho e potência. Se a massa da barra for de 80 kg, então a força da gravidade equivalente será de 784 newtons (N) (80 x 9,81). Durante a repetição, se o levantador mover a barra a uma distância de 0,70 m, o trabalho realizado será de aproximadamente 549 joules (J) (80 x 9,81 x 0,7). Agora assumamos que o levantamento seja realizado em 1,5 s. A produção média de potência durante o levantamento pode ser calculada como o trabalho dividido pelo tempo, o que equivale a 366 watts (W) (549/1,5). Um programa de treinamento provavelmente seria planejado para incorporar várias produções de potência, progredindo para velocidades de movimento específicas ao esporte à medida que se aproxima a competição.

purrado com mais força sobre o aro da roda, de forma que a fricção aumenta assim como a força requerida para empurrar os pedais.

RELAÇÃO FORÇA-VELOCIDADE-POTÊNCIA

Devido à estrutura do músculo e a como ele se alonga e encurta ao desenvolver tensão, a quantidade de força que pode ser produzida está relacionada à velocidade em que o músculo altera seu comprimento (Fig. 5.1).

A maioria dos esportes requer a aplicação de produção de potência máxima em vez de força. Uma compreensão da quantidade mecânica de potência e dos fatores que contribuem para sua geração é inestimável para o especialista em força e condicionamento.

A discussão a seguir assume que o músculo está sendo maximamente ativado; diversos pontos importantes para a área de força e condicionamento originam-se deste fenômeno:

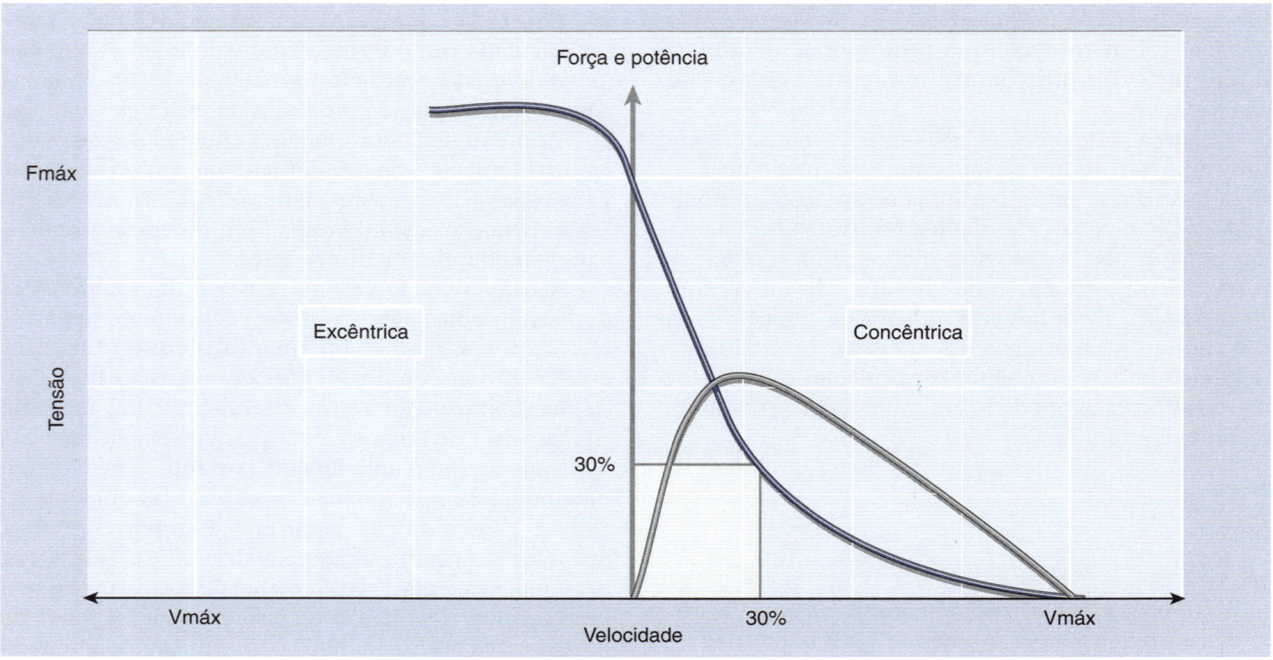

FIGURA 5.1 A relação força-velocidade-potência no músculo. A força (linha azul) é mais baixa durante a contração muscular concêntrica e aumenta à medida que a velocidade da contração concêntrica baixa para zero ou atinge uma condição isométrica. Quando a velocidade fica negativa (excêntrica), a força continua a elevar-se, mas depois atinge um platô ou pode até decrescer em contrações excêntricas rápidas. A interação de força e velocidade resulta em uma curva de potência (linha cinza) que atinge o pico por volta de 30% da força isométrica e da velocidade de encurtamento máxima. Fmáx, força máxima; Vmáx, velocidade máxima.

1. A tensão mais baixa pode ser desenvolvida durante contrações **concêntricas** (encurtamento).
2. Quando a velocidade é zero, isso é denominado *contração isométrica*, condição em que o músculo está gerando tensão, mas não está ocorrendo movimento. Uma tensão maior é desenvolvida durante contrações **isométricas** do que durante contrações concêntricas.
3. Velocidades negativas indicam que o músculo está alongando enquanto desenvolve tensão; isso é denominado contração **excêntrica**. O músculo pode gerar sua maior tensão enquanto está alongando. Note que, em velocidades de alongamento mais altas, a força não aumenta e pode até diminuir levemente, muito provavelmente devido à inibição reflexa.
4. A potência positiva pode ser produzida somente durante contrações concêntricas, e quanto mais alta a velocidade de encurtamento muscular, menos força o músculo pode desenvolver. Quando o músculo está contraindo frente a uma carga externa alta, a força é elevada, mas a velocidade é baixa. Se a carga for leve, pode-se alcançar uma velocidade de contração alta, mas a força é baixa. Por causa dessa interação de força e velocidade, o produto das duas é maximizado em um ponto entre elas. Na realidade, a produção de potência é maior quando o músculo está encurtando a cerca de 30% da velocidade de encurtamento máxima. Isso, por definição, corresponde a uma força de aproximadamente 30% da produzida durante uma contração isométrica.

Observamos esse fenômeno regularmente na sala de musculação. Por exemplo, no agachamento com cargas mais elevadas, a velocidade do movimento diminui. Para levantamentos máximos, a velocidade poderia ser muito baixa – na verdade, atingindo a velocidade zero em certas fases da amplitude de movimento quando o levantador tenta maximizar a força aplicada. Além disso, ao se realizar um treinamento cujo objetivo é aumentar a produção de potência, cargas mais baixas tendem a ser utilizadas, mas movidas em velocidades muito mais altas – por exemplo, 30 a 50% do máximo isométrico.

MAQUINÁRIO MUSCULOESQUELÉTICO

Os músculos desenvolvem tensão, que é aplicada aos ossos para produzir movimento ou resistir a ele. Essencialmente, esses sistemas são uma forma de **máquina**, absorvendo a tensão desenvolvida pelo músculo e convertendo-a no movimento de um osso em torno de uma articulação. O corpo humano contém vários exemplos dessas máquinas; quando elas são controladas com precisão pelo computador que é o nosso sistema nervoso, o resultado é a desconcertante exibição de movimentos humanos que observamos a cada dia. Nesse caso, o maquinário musculoesquelético desempenha a função de transformar uma produção de força elevada e uma pequena alteração no comprimento muscular em uma força de baixa magnitude, mas produzida em alta velocidade e amplitude de movimento, na outra extremidade do osso em que o músculo é integrado.

Sistemas de alavancas

O maquinário musculoesquelético mais comum no corpo é o **sistema de alavancas**, em que um músculo traciona um osso que pode rotar em torno de uma articulação. Uma alavanca é uma máquina comum de uso diário; por exemplo, pode-se usar uma chave de fenda para se abrir uma lata de tinta ou uma chave de roda para se retirar uma calota. Nesses exemplos, o comprimento do braço de força é muito maior do que o do braço de resistência. Assim, empurrar a alavanca com, por exemplo, 100 N resulta em 1.000 N aplicados na tampa da lata de tinta para abri-la. Mas note que a extremidade do cabo da chave de fenda deve percorrer 10 vezes a distância da extremidade da lâmina sob a tampa. Esse equilíbrio entre distância e força é chamado **vantagem mecânica**. De forma interessante, o maquinário musculoesquelético dos seres humanos normalmente trabalha em desvantagem mecânica em termos de força, mas em vantagem em termos de distância movida e, conseqüentemente, de velocidade potencial. Somos projetados mais para velocidade do que para alta produção de força (Fig. 5.2).

> *O sistema musculoesquelético é antes projetado para velocidade e amplitude de movimento do que para alta produção de força.*

Três tipos possíveis de alavancas podem ser observados no corpo humano. A classe da alavanca baseia-se no arranjo entre o eixo de rotação (E: ponto de rotação ou centro de articulação), a resistência (R: ponto de aplicação da resistência) e a força (F: ligação muscular e, assim, ponto de aplicação da força muscular). Uma boa maneira de se lembrar das três classes de alavanca é pelo acrônimo ERF, pois ele resume os três possíveis arranjos ou classes de alavanca (Fig. 5.3). Em uma alavanca de primeira classe, o eixo de rotação (E) está no meio; em uma alavanca de segunda classe, o braço de resistência (R) está no meio; e

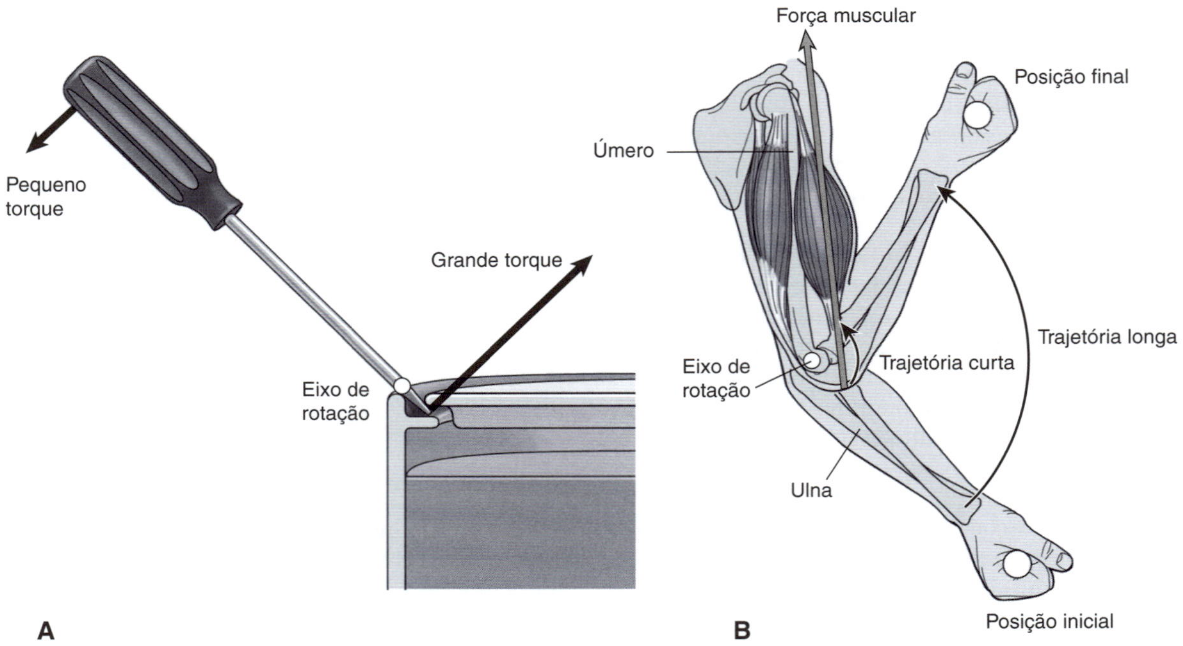

FIGURA 5.2 Exemplos de sistemas de alavancas básicos projetados para forças elevadas ou para grande amplitude e alta velocidade de movimento. **A.** Uma alavanca longa (uma chave de fenda) é utilizada para criar torque para abrir a tampa de uma lata de tinta. Uma grande amplitude de movimento e menos força na extremidade longa resultam em torque elevado mas amplitude de movimento limitada aplicados ao objeto que está sendo movido. **B.** Na flexão do cotovelo, um pequeno encurtamento do músculo resulta em um grande deslocamento na mão; contudo, uma força muito mais alta é requerida pelo músculo para produzir torque no cotovelo e movimento na mão.

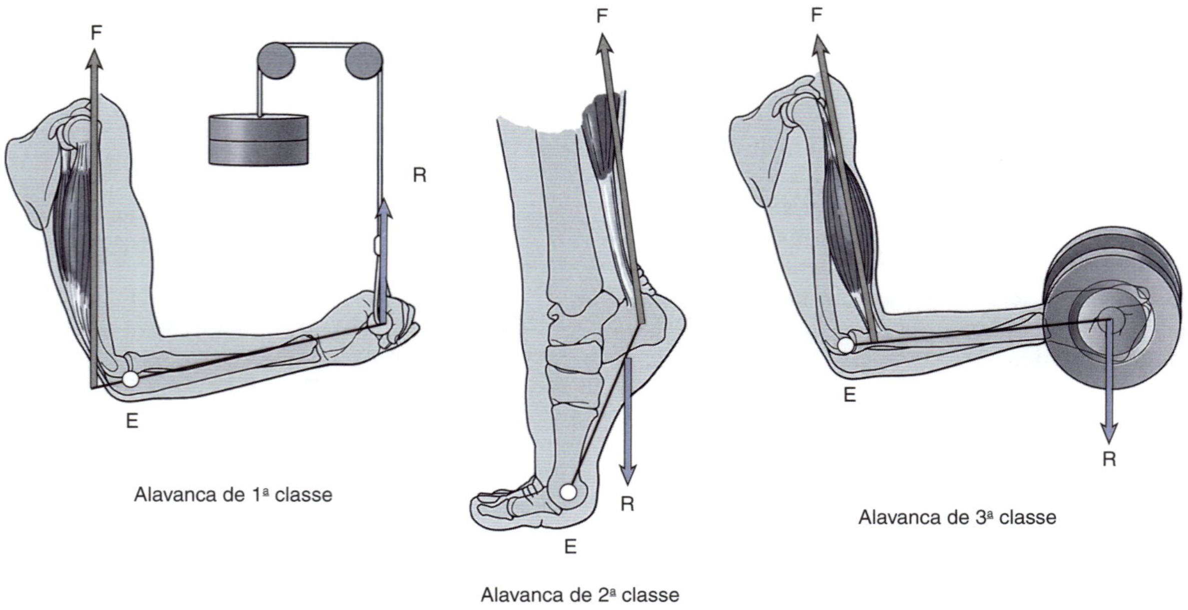

FIGURA 5.3 Arranjo do eixo de rotação (E), do braço de força (F) e do braço de resistência (R) para as três diferentes classes de alavanca.

em uma alavanca de terceira classe, o braço de força (F) é que está no meio. No corpo humano, a alavanca de terceira classe é a mais comum, pois é a mais bem projetada para grande amplitude e alta velocidade de movimento. A de primeira classe é a segunda mais comum, porque, dependendo de o eixo de rotação estar mais próximo do braço de força ou do braço de resistência, a alavanca pode favorecer a produção de força ou a amplitude de movimento. As alavancas de segunda classe são as menos comuns nos seres humanos, pois seu arranjo sempre resulta em vantagem mecânica e, portanto, em velocidade e amplitude de movimento reduzidas. Lembre-se: somos projetados para velocidade e amplitude de movimento, não para produção de força.

Sistemas eixo-roda

Os **sistemas eixo-roda** ocorrem somente em articulações esferoidais, portanto o quadril e o ombro são exemplos particularmente importantes e estão comumente envolvidos em força e condicionamento. Quando qualquer uma dessas articulações move-se em rotação interna ou externa, os músculos e os ossos trabalham como um sistema de eixo de roda. Quando o tendão do músculo agonista envolver parcialmente a extremidade do osso, a tensão muscular tenderá a rotar o osso em torno de seu longo eixo, como um eixo em um automóvel. Examinemos o exemplo da articulação do ombro sendo rotada internamente. O tendão do músculo peitoral maior insere-se no úmero, e quando o ombro é externamente rotado, o tendão é parcialmente envolvido em torno do osso. O encurtamento muscular rota internamente o úmero, o antebraço e a mão. Se o cotovelo for flexionado, a mão percorrerá uma distância muito maior do que o antebraço; assim, o sistema age como uma máquina que converte a força na extremidade proximal do úmero no aumento da distância e da velocidade de movimento na mão.

BIOMECÂNICA DA FUNÇÃO MUSCULAR

Vários aspectos fundamentais de como o músculo funciona são importantes para entender a biomecânica da força e do condicionamento.

A força ou potência aplicada é determinada por uma complexa série de interações neurais e mecânicas dentro do músculo, entre o músculo e o tendão e entre o músculo e o maquinário do esqueleto.

Efeito comprimento-tensão

O músculo gera tensão pela interação de filamentos de miosina e actina em um mecanismo discutido em capítulo anterior. Esse processo resulta no músculo sendo capaz de gerar diferentes quantidades de tensão em variados comprimentos. Isso é denominado **efeito comprimento-tensão**, sendo uma relação em "U" invertido, no sentido de que a tensão mais elevada é produzida quando o músculo está no seu comprimento de repouso ou próximo dele, e uma tensão contrátil substancialmente menor pode ser desenvolvida quando o músculo é alongado ou encurtado acima ou abaixo desse comprimento. A real produção de força do músculo é levemente diferente desta porque, quando o músculo alonga além do comprimento de repouso, outra força aumenta em contribuição – a retração elástica do músculo alongado e do tendão (Fig. 5.4).

Ângulo muscular de tração

Os músculos tracionam os ossos para produzir movimento, resistir ao movimento ou manter certa posição corporal. Essa força que atua nas alavancas ósseas gera uma força de torcedura, denominada **torque**. A força muscular é mais eficientemente convertida em torque quando o ângulo em que a força é aplicada é de 90º em relação ao eixo longo do osso. Em ângulos não-perpendiculares, somente uma porção da força muscular é direcionada para produzir rotação articular; o restante tende a comprimir a articulação (**força estabilizadora**) ou separá-la (**força de deslocamento**) (Fig. 5.5). O ângulo muscular de tração tem um impacto muito grande na efetividade da ten-

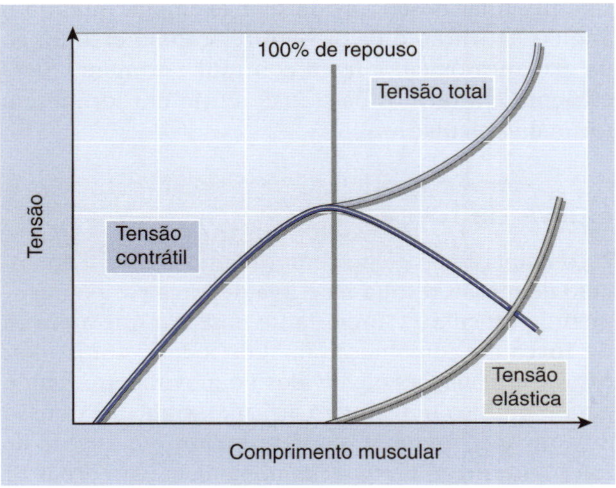

FIGURA 5.4 Efeito comprimento-tensão no músculo esquelético, mostrando componentes de tensão contrátil e tensão elástica.

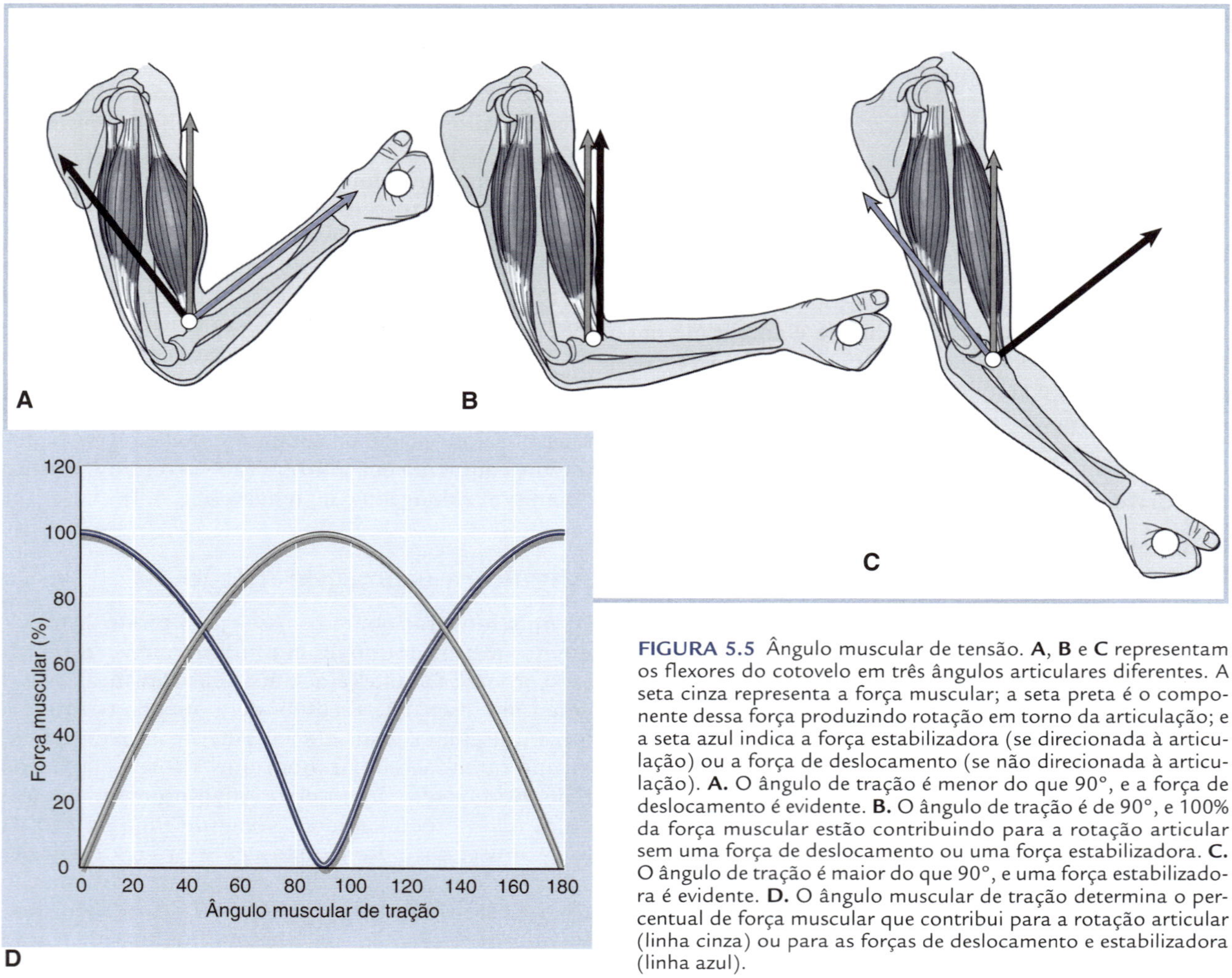

FIGURA 5.5 Ângulo muscular de tensão. **A**, **B** e **C** representam os flexores do cotovelo em três ângulos articulares diferentes. A seta cinza representa a força muscular; a seta preta é o componente dessa força produzindo rotação em torno da articulação; e a seta azul indica a força estabilizadora (se direcionada à articulação) ou a força de deslocamento (se não direcionada à articulação). **A.** O ângulo de tração é menor do que 90°, e a força de deslocamento é evidente. **B.** O ângulo de tração é de 90°, e 100% da força muscular estão contribuindo para a rotação articular sem uma força de deslocamento ou uma força estabilizadora. **C.** O ângulo de tração é maior do que 90°, e uma força estabilizadora é evidente. **D.** O ângulo muscular de tração determina o percentual de força muscular que contribui para a rotação articular (linha cinza) ou para as forças de deslocamento e estabilizadora (linha azul).

são muscular desenvolvida. Por exemplo, quando o ângulo de tração é de 30° em relação ao eixo longo da alavanca óssea, a força contrátil é somente 50% eficiente em termos da transferência em torque em torno da articulação.

Curva de força

A combinação do efeito comprimento-tensão e do ângulo de tensão resulta na curva de força para o movimento particular. É importante observar que a **curva de força** é a combinação final de todos os músculos, ossos e articulações envolvidos no movimento. Assim, para um único movimento articular, como a extensão do cotovelo, somente o comprimento e o ângulo de tração do tríceps braquial combinam-se para produzir a curva de força. Para um movimento multiarticular mais complexo, como o supino, todos os músculos envolvidos na adução horizontal do ombro e na extensão do cotovelo combinam-se para produzir a curva de força para esse movimento. O resultado é uma série de curvas de força de diferentes formatos para cada movimento. A mais comum é a **ascendente**, que descreve movimentos como o agachamento e o supino. Em ambos os casos, da fase inicial à fase final do levantamento, a capacidade de geração de força do sistema musculoesquelético aumenta.

Linha e magnitude de resistência

A direção da força que deve ser superada durante o treinamento de força é denominada **linha de resistência**. No treinamento com pesos livres, ela é sempre verticalmente descendente, porque a resistência é a força-peso gravitacional que atua na barra ou no haltere (Fig. 5.6). Usando-se combinações de alavancas e polias, a linha de resistência para um dado exercício pode ser em qualquer direção. Por exemplo, em um equipamento

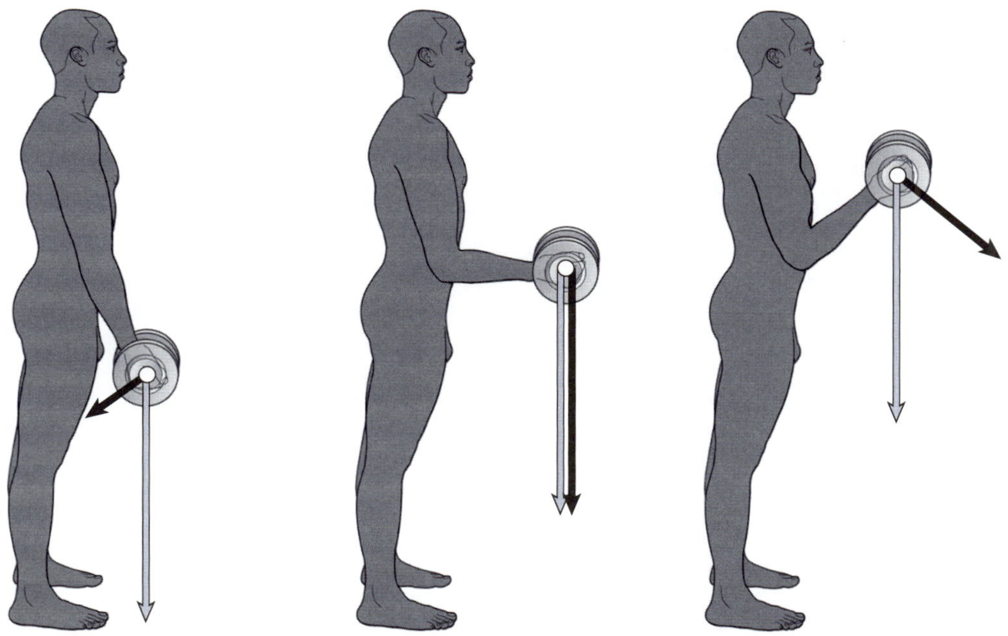

FIGURA 5.6 Linha de resistência para a rosca direta. A seta azul representa o vetor de resistência, e a preta, o componente produzindo torque em torno da articulação. O comprimento da seta preta indica a quantidade de força de resistência aplicada. Observe que o torque de resistência é maximizado quando o antebraço está na horizontal, e é consideravelmente menor em ângulos superiores ou inferiores.

de puxada dorsal, uma polia é utilizada para reverter a direção da força gravitacional descendente da pilha de anilhas, a fim de produzir uma força verticalmente ascendente. De forma semelhante, utilizam-se polias, em um equipamento de remada sentada, para direcionar a linha de resistência horizontalmente.

Para movimentos essencialmente lineares, tais como o agachamento, o desenvolvimento e o supino, a resistência de um peso livre permanece constante exceto por alterações na velocidade. Como já vimos, a força é igual à massa multiplicada por (a + g). O resultado é que, quando a velocidade do movimento é constante, a aceleração é zero; portanto, a resistência é simplesmente a força-peso da barra. No entanto, ao aumentar a velocidade no início do levantamento (aceleração positiva), a resistência a ser superada é mais alta do que a força-peso sozinha. No topo do levantamento, quando a velocidade decresce (aceleração negativa), a resistência a ser superada é efetivamente menor do que a força-peso da barra.

As alterações na magnitude da resistência tornam-se ainda mais complexas para movimentos rotacionais, tais como roscas diretas ou extensões de joelho com pesos livres. O torque de resistência em torno da articulação mudará de modo semelhante a uma onda senoidal, então ele será o maior possível quando o membro estiver na horizontal e zero quando o membro estiver na vertical.

Ponto de maior sobrecarga

Combinar a curva de força com a linha de resistência para um dado movimento resulta em graus de dificuldade variados ao longo da amplitude de movimento. Ainda que a resistência externa possa ser constante, algumas partes do levantamento são mais difíceis do que outras. Isso é denominado **ponto de maior sobrecarga**, e é o ponto no movimento em que o levantamento é mais provável de falhar. Por exemplo, em um exercício de flexão do cotovelo (rosca direta) em pé usando um haltere, o ponto de maior sobrecarga fica em torno de 90 a 110° do ângulo articular. De forma interessante, esta é uma região de capacidade de torque elevada em uma curva de força, mas é também onde o torque de resistência gerado pelo haltere está no pico. Para o supino, o ponto de maior sobrecarga fica de 5 a 10 cm do peito. Como este é um levantamento linear, a linha e a magnitude da resistência não se alteram de forma apreciável; mas nessa etapa a curva de força está em um ponto baixo devido ao ângulo de tração ineficiente para o peitoral maior.

Arquitetura muscular, força e potência

Os músculos no corpo humano possuem uma série de desenhos, ou arquiteturas, específicos às demandas funcionais requeridas. As duas divisões principais

Pergunta e resposta da área

Se os flexores do cotovelo são o mais fortes possível a 90° de flexão, por que o "ponto de maior sobrecarga" está na amplitude média do movimento?

O cotovelo é o mais forte possível na flexão a 90° porque o comprimento do braço de força (a distância perpendicular da inserção do músculo ao eixo de rotação) é máximo a 90°. No entanto, o braço de resistência – a distância perpendicular do ponto de aplicação de força ao eixo de rotação – também é o maior possível na amplitude média do movimento para um exercício isotônico. Embora a vantagem mecânica dos flexores do cotovelo seja a maior possível a 90°, o comprimento crescente do braço de resistência em um exercício isotônico intenso supera essa vantagem. O ponto de maior sobrecarga ocorrerá a aproximadamente 90° de flexão.

são fusiforme e peniforme, e cada uma possui diversos subtipos. Os músculos **fusiformes** (p. ex., o bíceps braquial) têm fibras e fascículos musculares dispostos paralelamente a um tendão na origem e na inserção. O comprimento de suas fibras é maior, e eles são capazes de gerar um bom grau e, especialmente, uma velocidade mais alta de encurtamento. A arquitetura dos músculos **peniformes** envolve fibras musculares dispostas obliquamente ao tendão. Essa estrutura permite que mais fibras sejam agrupadas no músculo, o que favorece uma maior produção de força.

O ângulo em que as fibras musculares são alinhadas relativamente ao tendão é denominado **ângulo de penação**, o qual também tem um impacto na capacidade relativa do músculo em termos de produção de força *versus* potência. Um maior ângulo de penação favorece a produção de força, embora um ângulo menor permita ao músculo produzir uma amplitude de movimento maior e uma velocidade de contração mais alta. É importante para o especialista em força e condicionamento compreender esses aspectos da arquitetura muscular e do ângulo de penação devido às suas implicações nas funções e, conseqüentemente, no desempenho. É de particular interesse o fato de que o ângulo de penação pode ser alterado pelo treinamento. Por exemplo, um estudo demonstrou alterações no ângulo de penação muscular em apenas cinco semanas de treinamento de força (9). O treinamento de força de alta intensidade leva a um aumento do ângulo de penação e, conseqüentemente, da capacidade de força. O treinamento balístico de velocidade mais alta produz adaptações de diminuição do ângulo de penação e, conseqüentemente, aumento da velocidade e da produção de potência. O fato de que essas alterações ocorrem em apenas cinco semanas de treinamento tem importância considerável para a periodização do delineamento do programa de treinamento.

Músculos multiarticulados, insuficiências ativa e passiva

Muitos músculos do corpo são multiarticulados: eles cruzam mais de uma articulação e, portanto, podem produzir movimento em cada articulação que cruzam. Esse arranjo tem grandes benefícios em termos de eficiência e efetividade de contração muscular. Dois atributos, no entanto, devem ser considerados para força e condicionamento. Um músculo pode encurtar somente até certa quantidade, normalmente a 50% de seu comprimento em repouso. O resultado é que, se o músculo já estiver encurtado em torno de uma articulação, ele não poderá contrair com muita força para produzir movimento sobre a outra articulação que ele cruza. Isso se denomina **insuficiência ativa** e tem significância para o treinamento de força. Na seleção de certos exercícios, pode-se mudar a ênfase em um determinado grupo muscular. Por exemplo, no treinamento dos músculos da panturrilha, a flexão plantar do tornozelo pode ser realizada com o joelho estendido (flexão plantar em pé) ou flexionado (flexão plantar sentado), e pode-se mudar a ênfase do treinamento do gastrocnêmio para o sóleo. Em uma flexão plantar em pé, o gastrocnêmio é alongado sobre a articulação do joelho e, portanto, é o músculo primário que produz a flexão plantar do tornozelo. Em uma flexão plantar sentado, no entanto, o gastrocnêmio já está encurtado em torno da articulação do joelho e não pode contribuir com muita força em torno do tornozelo. O sóleo torna-se o músculo motor primário nesse caso.

De forma semelhante, um músculo pode ser alongado somente até certo ponto. Os músculos multiarticulados são alongados sobre todas as articulações que eles cruzam. Se um dado músculo já estiver em um estado de alongamento para permitir movimento até o fim da amplitude de uma articulação, ele pode não ser capaz de ser alongado além desse ponto para permitir a amplitude completa de movimento na outra articulação que ele cruza. Isso é denominado **insuficiência passiva**. Para uma aplicação desse princípio ao exercício, usaremos novamente o gastrocnêmio e o sóleo. Para alongar adequadamente os músculos da panturrilha, devem-se realizar dois alongamentos: um com o joelho estendido, que tende a alongar o gastrocnêmio, e o outro com o joelho flexionado, para alongar o sóleo. Assim que você flexiona o joelho, o gastrocnêmio não está mais completamente alongado em torno do joelho e, assim, pode permitir mais flexão dorsal do tornozelo. O sóleo, então, torna-se o músculo limitante e é, portanto, efetivamente alongado.

TAMANHO E FORMA CORPORAIS E RAZÃO POTÊNCIA-PESO

Para entender diferenças individuais em força e potência, é importante entender o tamanho e a forma corporais. Por exemplo, um tronco longo e braços e pernas curtos favorecem a prática do levantamento de potência e do levantamento de peso, porque os comprimentos de alavanca mais curtos permitem maior produção de força se tudo o mais for igual. A alta velocidade de movimento (p. ex., arremesso ou chute), no entanto, é mais facilmente alcançada por um atleta que tenha comprimentos relativos maiores dos membros. Em geral, quanto maiores o tamanho e a massa corporais do atleta, maior a sua capacidade de força, pois a força absoluta é muito dependente da massa muscular e da área de secção transversa totais. Em muitos esportes, a força e a potência relativas são mais importantes do que as medidas absolutas. Essas medidas são as razões força-peso e potência-peso, respectivamente, e são simples de calcular. Por exemplo, a força relativa para um movimento dado é simplesmente o 1 RM dividido pela massa corporal. Se assumirmos um agachamento de 1 RM de 120 kg em uma massa corporal de 80 kg, a força relativa para esse movimento será de 1,5. Em qualquer esporte em que a projeção do corpo seja importante (p. ex., salto vertical, corrida de velocidade), a razão potência-peso do atleta é uma medida crucial, porque determina a quantidade de aceleração e, portanto, os picos de velocidade que podem ser atingidos. Por exemplo, um atleta que produziu 6.000 W em um salto vertical com uma massa corporal de 100 kg tem uma razão potência-peso de 60 W/kg.

EQUILÍBRIO E ESTABILIDADE

É útil ter um conhecimento da biomecânica do equilíbrio e da estabilidade ao analisar movimentos de força e condicionamento. **Equilíbrio** é o processo de controlar a posição corporal e os movimentos em equilíbrio estático ou dinâmico com determinada finalidade. **Estabilidade** é a facilidade ou dificuldade com que esse equilíbrio pode ser perturbado. Considerando que todo exercício requer equilíbrio, a manipulação da estabilidade pode afetar o grau de dificuldade e o risco de lesões, ou pode ser utilizada para introduzir um estímulo de treinamento diferente – por exemplo, o treinamento de equilíbrio.

> *Ser capaz de alterar a estabilidade por meio da modificação do exercício é útil para tornar a tarefa mais desafiadora, alterando as demandas de equilíbrio, ou para reduzir a dificuldade e aumentar a segurança.*

Fatores que contribuem para a estabilidade

A estabilidade é determinada pelos seguintes fatores:

1. **A base de sustentação**, ou as dimensões físicas da área definida pelos pontos de sustentação. Por exemplo, na execução do exercício de pressão de ombros, a base de sustentação é a área definida pelo retângulo que encerra os pés. Se os pés estiverem bem afastados lateralmente, a base de sustentação e a estabilidade serão maiores. Se for adotada a posição de pés separados diagonalmente, a área aumentará ainda mais, particularmente no plano ântero-posterior (Fig. 5.7). Quando o atleta estiver sentado em um banco com os pés bem afastados, a área e, portanto, a estabilidade serão ainda maiores.
2. A massa do objeto ou do corpo. Objetos mais pesados são inerentemente mais estáveis, porque a inércia (resistência à mudança do estado de movimento) e a força-peso gravitacional são maiores. Por exemplo, a colocação de anilhas em um equipamento Smith ou em um *rack* para levantamento torna o equipamento mais estável.
3. A altura do centro de massa. O centro de massa pode ser pensado como um ponto em torno do qual a massa do corpo ou do objeto é igualmente distribuí-

A

B

C

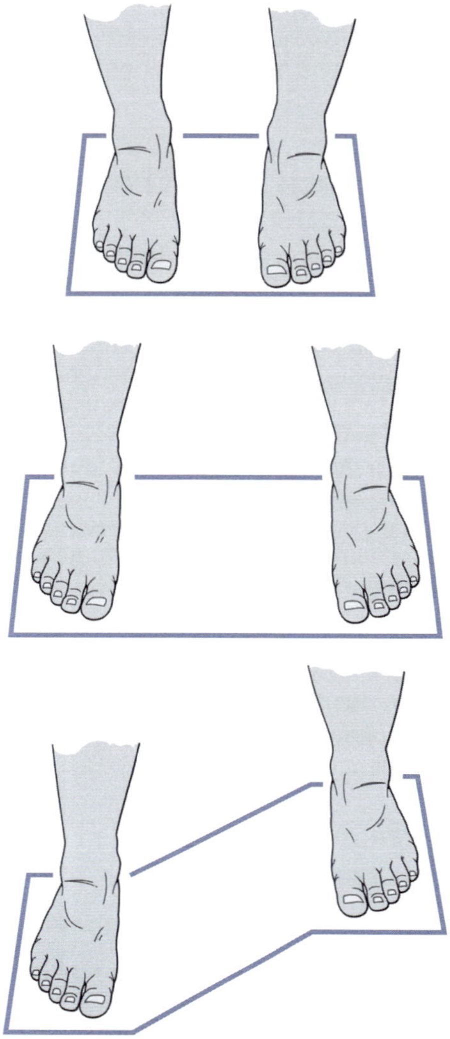

FIGURA 5.7 Base de sustentação para o afastamento dos pés na postura ereta (posições semi-afastados e bem afastados lateralmente) *versus* a posição separados diagonalmente. A mudança de **A.** posição semi-afastados para **B.** bem afastados aumenta a estabilidade nos movimentos de um lado para o outro. **C.** A alteração para a posição separados diagonalmente aumenta a estabilidade nos movimentos para frente e para trás.

da. Na posição ereta humana, com os braços suspensos lateralmente ao corpo, o centro de massa situa-se no centro do corpo, aproximadamente 5 cm abaixo do umbigo. Elevar os braços acima da cabeça eleva o centro de massa; inclinar-se flexionando os quadris e os joelhos abaixa o centro de massa. Quanto mais alto o centro de massa, menos estável é o objeto.

4. A localização do centro de massa em relação às bordas da base de sustentação. Se uma linha descendo do centro de massa estiver próxima a uma borda da base de sustentação, o corpo terá baixa estabilidade nessa direção.

Com esse conhecimento, o especialista em força e condicionamento pode alterar a posição corporal e o equipamento utilizado para aumentar ou diminuir a estabilidade. Por exemplo, se uma pessoa idosa estiver com dificuldade de manter o equilíbrio durante a execução de roscas diretas, fazê-la sentar em um banco facilitará o exercício devido ao aumento da base de sustentação e ao abaixamento do centro de gravidade. Se um atleta estiver instável na execução do exercício de rosca tríceps, por exemplo, afastar os pés e posicioná-los um à frente e um atrás e flexionar levemente os joelhos permitirá uma estabilidade muito maior.

Em alguns casos, é desejável menor estabilidade para aumentar as demandas de equilíbrio da tarefa. Isso pode ser alcançado no exercício de desenvolvimento com haltere, por exemplo, simplesmente mantendo-se ereto em uma perna só.

Movimento de saída ou alteração do movimento

Quando um atleta tenta acelerar rapidamente ou mudar a direção, ele diminuirá sua estabilidade na direção do movimento. Isso significa que qualquer força dada que ele exerça nessa direção resultará em uma rápida aceleração. Por exemplo, ao iniciar um *sprint*, o atleta inclina-se bem à frente, acima das mãos, de forma que a linha de gravidade caia muito próxima à borda da base de sustentação do atleta.

CICLO ALONGAMENTO-ENCURTAMENTO

Quase todos os movimentos humanos envolvem uma ação preparatória na direção oposta, seguida pelo movimento pretendido. Essa seqüência envolve um alongamento dos músculos usados para produzir o movimento, seguido por um encurtamento, e isso se tem denominado **ciclo alongamento-encurtamento (CAE)**. Este é um fenômeno biomecânico relevante do sistema neuromuscular que tem importância para a força e o condicionamento, pois essa ação é executada em certa medida em todos os exercícios de treinamento. Na realidade, alguns exercícios, como os pliométricos, são delineados especificamente para desenvolver a capacidade do CAE. O movimento preparatório envolve contração muscular excêntrica, e essa fase potencia o movimento concêntrico subseqüente em cerca de 15 a 20%. Isto é, os movimentos executados sem pré-alongamento produzem 15 a 20% menos potência do que os movimentos seguros do CAE. Cerca de seis mecanismos são propostos para explicar esse fenômeno, mas o fator predominante é que um nível mais alto de força (denominado *pré-carga*) pode ser gerado no início do movimento concêntrico se um pré-alongamento for realizado. Embora o reflexo de estiramento e o estoque e a recuperação da energia de tensão elástica também sejam freqüentemente apregoados, o papel desses dois mecanismos provavelmente é menos importante, particularmente em movimentos balísticos de curta duração, tais como o agachamento, o salto vertical e o arremesso.

O CAE é inerente a quase todos os movimentos esportivos, e esse mecanismo é crucial para a produção de níveis altos de força e potência.

FIGURA 5.8 Pesos livres.

BIOMECÂNICA DOS EQUIPAMENTOS DE FORÇA

A variedade de equipamentos desenvolvidos para força e condicionamento é extraordinária. Eles são projetados para mudar a direção da resistência e, em alguns casos, variar a magnitude da resistência ao longo da amplitude de movimento. A maioria utiliza a força-peso gravitacional, mas há também uma superabundância de equipamentos que utilizam arrasto elástico, hidráulico e aerodinâmico ou resistência pneumática. A forma como esses equipamentos interagem com o corpo humano é determinada por princípios biomecânicos. Embora alguns tenham sido bem projetados, outros não incorporaram uma boa biomecânica; o resultado tem sido uma baixa efetividade ou até mesmo o risco de lesões. A seguir, tem-se uma discussão sobre os modelos predominantes de equipamentos de força.

Entender os mecanismos subjacentes a um equipamento de treinamento de força ou condicionamento ajudará nas decisões de compras iniciais, bem como na seleção dos exercícios.

Pesos livres

Trabalhar contra a inércia e a força-peso gravitacional de uma massa que se move livremente, tal como um haltere ou uma barra, representa a forma mais simples, mas talvez a mais utilizada, de treinamento de força (Fig. 5.8). A biomecânica de um equipamento como esse é igualmente descomplicada, com a resistência agindo sempre na direção verticalmente descendente. A força pode ser calculada como $F = mg$, onde m = massa e g = aceleração devida à gravidade (9,81 m/s/s). Quando o peso também está sendo acelerado, existe uma resistência adicional devida à inércia do objeto; essa força extra pode ser calculada como $F = ma$. Para movimentos rápidos, esse componente da resistência ao movimento pode tornar-se bastaste significativo – por exemplo, no arranque e arremesso ou no arranque. Lembre-se de que, quando o peso está decrescendo em velocidade de movimento, a aceleração é negativa, e a resistência a ser vencida é efetivamente reduzida. Isso explica por que a fase superior de um agachamento ou um supino requer menos esforço do que a fase concêntrica inicial.

Equipamentos com base na gravidade

Uma desvantagem dos pesos livres é que a linha de resistência é sempre verticalmente descendente. Um segundo problema é que a resistência é constante – isto é, a força-peso do haltere ou da barra. Esta não se iguala às curvas de força para vários movimentos, e, dessa forma, a quantidade de peso que pode ser levantada é limitada àquela que pode ser movida com sucesso através do ponto de maior sobrecarga discutido anteriormente. Por essa razão, diversos equipamentos que utilizam várias técnicas têm sido desenvolvidos, todos usando a força-peso gravitacional, mas modificando a curva de resistência para mais se aproximar da curva de força para o movimento. A Figura 5.9 mostra um exemplo de um equipamento baseado na gravidade. A biomecânica dessas técnicas é discutida a seguir.

POLIAS

A modificação mais básica foi construir equipamentos que permitissem o redirecionamento da força-peso. As versões iniciais utilizavam anilhas comuns, mas as últimas incorporaram cabos e polias para oferecer uma resistência direcionada verticalmente para cima ou horizontalmente.

Pergunta e resposta da área

O exercício de agachamento completo é perigoso sob uma perspectiva biomecânica?

Qualquer exercício de treinamento de força executado de forma inadequada pode causar lesão. Esse risco aumentado de lesões pode estar relacionado a volume excessivo, carga excessiva, má forma física, falta de flexibilidade ou fadiga. Com força e flexibilidade adequadas, qualquer atleta deve ser capaz de executar um agachamento de forma segura até o ponto em que a parte superior das coxas fique paralela ao solo. Dependendo das demandas do esporte, alguns atletas podem beneficiar-se do agachamento abaixo dessa posição "paralela". Os agachamentos realizados de forma apropriada não afetam negativamente a estabilidade dos joelhos. O exercício de agachamento é importante tanto para a população geral como para atletas, devido a sua funcionalidade e sua similaridade aos movimentos esportivos e às atividades da vida diária.

EQUIPAMENTOS COM PINO DE SELEÇÃO DE CARGA

Para superar os problemas de adicionar e remover anilhas nesses equipamentos antigos, uma pilha de anilhas foi incorporada com um pino, utilizado para selecionar a carga. Essa facilidade aumentada de uso ajudou a manter a sala de musculação mais em ordem e reduziu o risco de lesões advindo dos atos de adicionar e remover as anilhas.

ALAVANCAS E CAMs

O problema seguinte a ser superado foi o desacordo entre o perfil de resistência e a curva de força para o movimento. Por exemplo, no supino com pesos livres ou em equipamentos de resistência constante, a carga levantada é limitada à quantidade que pode ser movida através da fase inferior da amplitude. Uma vez removida a carga do peito do levantador, o esforço requerido diminui à medida que a curva de força ascendente excede a carga de resistência constante numa proporção crescente. Nessa situação, o sistema neuromuscular não é tão estressado quanto na fase superior da amplitude de movimento, e a intensidade é limitada pelo ponto de maior sobrecarga. Para solucionar esse problema, desenvolveu-se uma série de equipamentos de **resistência variável**. Os modelos iniciais envolviam alavancas corrediças; um exemplo seria o equipamento de resistência variável universal. O princípio era simples: quando o movimento de supino ou pressão de pernas partisse da posição inferior para a superior, o braço de alavanca deslizaria, mudando o ponto de aplicação da carga na pilha de anilhas e aumentando o braço-momento e, assim, a quantidade de resistência a ser vencida pelo levantador.

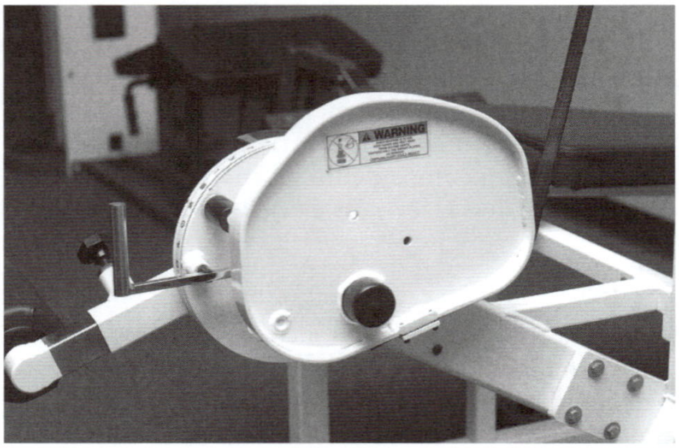

FIGURA 5.9 Um aparelho de força à base de CAM é um tipo de equipamento baseado na gravidade.

Modelos posteriores utilizavam **CAMs de raio variável**; por exemplo, Nautilus, para alcançar o mesmo resultado. Nesse caso, um cabo ou uma corrente enrolados em um CAM com um raio variável alteravam o comprimento do braço de resistência e, portanto, a quantidade de resistência que o levantador devia superar. Aplicando princípios biomecânicos, os CAMs poderiam ser projetados para igualar a curva de força para vários exercícios de treinamento.

Uma das implementações mais recentes do conceito de resistência variável no treinamento de força é a linha de equipamentos Hammerstrength. A biomecânica desses equipamentos é bastante simples, contudo efetiva. As anilhas são encaixadas em pinos localizados na extremidade de uma alavanca. Na posição inferior, a alavanca é girada partindo da horizontal e, como no caso dos conceitos discutidos anteriormente referentes à linha de resistência, nem toda a força-peso das anilhas é direcionada contra o levantador. À medida que o levantamento é executado, o braço de alavanca move-se na direção horizontal, de forma que a força-peso verticalmente descendente move-se a cerca de 90° do braço de alavanca, e a quantidade de carga transferida para o levantador aumenta, aproximando-se mais da curva de força para o movimento.

Resistência hidráulica

Os equipamentos de **resistência hidráulica** utilizam um aríete hidráulico e a resistência do óleo (fluido hidráulico) sendo forçado através de uma pequena abertura (Fig. 5.10). Duas tecnologias diferentes são empregadas. Uma envolve o controle de fluxo, para o qual o tamanho da abertura é ajustado, alterando assim a velocidade em que o fluido pode escoar e, portanto, a velocidade do movimento. À medida que mais força é exercida contra o equipamento, a resistência aumenta para equipará-la, uma vez que o fluido é incompressível, e a velocidade do fluxo é, até certo grau, independente da pressão. O segundo tipo utiliza uma configuração de válvula liberadora de pressão. A válvula é inicialmente mantida fechada por uma mola tensionada, mas quando uma força maior do que a resistência da válvula é aplicada, a válvula abre-se, permitindo o escoamento do fluido. Essa tecnologia oferece uma resistência mais constante, semelhante à dos pesos livres, comparada à velocidade quase constante dos sistemas de controle de fluxo.

FIGURA 5.10 Um equipamento de resistência hidráulica.

É importante notar que ambos os sistemas são passivos e, dessa forma, oferecem uma modalidade de exercício puramente concêntrica. Esses equipamentos encontraram um nicho no planejamento de programas de treinamento em circuito e também para utilização com populações especiais, pois a dor muscular é reduzida (não há fase excêntrica), eles são fáceis de utilizar e não é produzido momento, reduzindo assim o risco de lesões.

Resistência pneumática

Os equipamentos de **resistência pneumática** utilizam a pressão atmosférica para oferecer resistência aos exercícios concêntrico e excêntrico. Um aríete pneumático semelhante a uma enorme seringa é pré-carregado até determinada pressão, usando ar comprimido. Quanto mais alta a pressão, maior a resistência oferecida. Quando o movimento é executado, o aríete comprime ainda mais o ar, elevando a pressão e, desse modo, a resistência. Isso oferece uma curva de resistência ascendente que se equipara razoavelmente bem à curva de força ascendente da maioria dos movimentos humanos. No movimento de retorno, o atleta está trabalhando para controlar a velocidade do gás expansível, portanto esses equipamentos permitem tanto a fase excêntrica como a concêntrica.

Resistência elástica

Os modelos variam de peças simples como o Theraband até equipamentos como o VertiMax. Todos utilizam a resistência desenvolvida quando um material elástico, como uma corda de borracha ou uma correia elástica, é esticado. Tais dispositivos também oferecem uma curva de resistência ascendente, porque a tensão elástica fica maior quanto mais o material for deformado. Eles também permitem o exercício excêntrico quando os músculos trabalham para controlar a velocidade da retração elástica.

EQUIPAMENTOS *VERSUS* PESOS LIVRES

Comparar as vantagens e desvantagens de equipamentos *versus* pesos livres para o treinamento de força é uma discussão biomecânica interessante. Claramente, cada um tem benefícios, e é realmente uma questão de compreender os princípios biomecânicos que se aplicam a cada um e escolher os equipamentos e exercícios apropriados ao indivíduo. A Tabela 5.1 traz uma avaliação.

TABELA 5.1 Comparação biomecânica entre equipamentos e pesos livres

Pesos livres	Equipamentos
Menor estabilidade requer maior controle do equilíbrio; isso pode ter um efeito de treinamento adicionado.	Maior estabilidade facilita o exercício para iniciantes e certas populações em que as demandas de controle do equilíbrio podem ser arriscadas ou comprometer ganhos de força.
A linha de resistência é constante e verticalmente descendente.	A linha de resistência pode ser alterada para qualquer plano e direção.
A força de resistência é constante e proporcional à massa, e não necessariamente se iguala à curva de força para um movimento específico.	A força de resistência pode ser variada mediante o uso de alavancas e CAMs em uma tentativa de se igualar à curva de força.
A resistência é mais específica às massas livres que devem ser usualmente manipuladas na prática desportiva e nas tarefas da vida diária.	O controle do plano de movimento, a variação da resistência e a mudança da linha de resistência reduzem a especificidade do treinamento.
Embora não se equipare às curvas de força, o movimento tridimensional *livre* dos pesos livres permite uma grande variação de peso, altura, sexo e comprimento de alavanca.	Mesmo a melhor aplicação da biomecânica pode apenas aproximar a pessoa média, e desvios em altura, peso, sexo e comprimento de alavanca resultam em um considerável desacordo entre o equipamento e a mecânica corporal.
O levantamento de pesos livres, particularmente na posição em pé, requer uma considerável ativação dos músculos que atuam como fixadores e estabilizadores, o que aumenta a eficiência do treinamento e fortalece os músculos nessas importantes funções.	Embora uma menor ativação de outros músculos que não os agonistas seja requerida ao se utilizarem equipamentos, isso permite uma concentração nos músculos agonistas para uma maior ativação.
Tanto a fase excêntrica como a concêntrica dos levantamentos com pesos livres podem gerar considerável momento, o qual o levantador deve controlar ao final da amplitude para evitar lesões.	Os equipamentos, especialmente os hidráulicos e pneumônicos, reduzem a quantidade de momento gerado; isso pode ser mais seguro desse ponto de vista.
Requerem menor esforço em carregar a barra, levantar e abaixar as anilhas, e levantar as barras e anilhas do *rack*. Todas essas ações requerem esforço e podem ser uma fonte de lesões se não executadas com uma boa ergonomia.	A carga é facilmente selecionada e alterada.
Não no aspecto biomecânico mas no administrativo, os pesos livres requerem maior esforço para serem mantidos em ordem e limpos.	É fácil manter o ambiente de exercícios limpo e seguro.
Se um levantamento não puder ser completado, em alguns exercícios, tais como supino e agachamento, é difícil escapar debaixo da barra.	A pilha de anilhas simplesmente cai de volta e pára se o levantador não conseguir completar o exercício ou falhar na tentativa.

RESUMO

A biomecânica tem uma aplicação considerável na compreensão de vários aspectos de força e condicionamento. De uma apreciação dos determinantes de fricção e de como um atleta pode desenvolver força contra o solo até os princípios de projeto da enorme variedade de equipamentos de força disponíveis, o conhecimento de biomecânica capacitará o profissional da área de força e condicionamento a aumentar a efetividade e a segurança do seu trabalho.

QUESTÕES TÉCNICAS

1. Você quer incorporar um pouco de levantamento olímpico ao seu programa de força e condicionamento para a equipe de voleibol. O problema é que os atletas estão tendo muita dificuldade para aprender a executar os levantamentos corretamente. Como a biomecânica poderia ser utilizada para ajudá-lo a ensinar os atletas?

2. O treinador de futebol disse a você que quer que seus jogadores realizem somente exercícios uniarticulares em equipamentos de força com pino de seleção de carga e baixa velocidade. Sua lógica é evitar que os atletas se lesionem na sala de musculação. A partir do seu conhecimento de biomecânica, você não acredita que um programa como esse seja ótimo, mas você tem de convencer o treinador. Escreva um texto argumentativo delineando o fundamento para também utilizar movimentos poliarticulares com apoio do solo, incluindo exercícios de alta velocidade como os agachamentos com salto e os levantamentos olímpicos.

REFERÊNCIAS

1. Baker D, Nance S. The relation between running speed and measures of strength and power in professional rugby league players. J Strength Cond Res 1999;13(3):230–235.
2. Baker D, Newton RU. Acute effect on power output of alternating an agonist and antagonist muscle exercise during complex training. J Strength Cond Res 2005; 19(1):202–205.
3. Baker D, Newton RU. Methods to increase the effectiveness of maximal power training for the upper body. Strength Cond J 2005;27(6):24–32.
4. Berthoin S, Dupont G, Mary P, Gerbeaux M. Predicting sprint kinematic parameters from anaerobic field tests in physical education students. J Strength Cond Res 2001; 1(1):175–180.
5. Blazevich AJ, Gill ND, Bronks R, Newton RU. Training-specific muscle architecture adaptation after 5-wk training in athletes. Med Sci Sports Exerc 2003;35(12):2013–2022.
6. Blazevich AJ, Jenkins DG. Predicting sprint running times from isokinetic and squat lift tests: a regression analysis. J Strength Cond Res 1998;12(2):101–103.
7. Brown LE, Whitehurst M. The effect of short-term isokinetic training on force and rate of velocity development. J Strength Cond Res 2003;17(1):88–94.
8. Brown LE, Whitehurst M, Findley BW, et al. Effect of repetitions and gender on acceleration range of motion during knee extension on an isokinetic device. J Strength Cond Res 1998;12(4):222–225.
9. Carlock JM, Smith SL, Hartman MJ, et al. The relationship between vertical jump power estimates and weightlifting ability: a field-test approach. J Strength Cond Res 2005; 18(3):534–539.
10. Corn RJ, Knudson D. Effect of elastic-cord towing on the kinematics of the acceleration phase of sprinting. J Strength Cond Res 2003;17(1):72–75.
11. Cronin JB, Hansen KT. Strength and power predictors of sports speed. J Strength Cond Res 2005;19(2):349–357.
12. Cronin JB, McNair PJ, Marshall RN. Force-velocity analysis of strength-training techniques and load: implications for training strategy and research. J Strength Cond Res 2003;17(1):148–155.
13. Deane RS, Chow JW, Tillman MD, Fournier KA. Effects of hip flexor training on sprint, shuttle run, and vertical jump performance. J Strength Cond Res 2005;19(3):615–621.
14. Doan BK, Newton RU, Marsit JL, et al. Effects of increased eccentric loading on bench press 1 RM. J Strength Cond Res 2002;16(1):19–13.
15. Dugan EL, Doyle TLA, Humphries B, et al. Determining the optimal load for jump squats: a review of methods and calculations. J Strength Cond Res 2004;18(3):668–674.
16. Hall SJ. Basic Biomechanics. 4th ed. New York: McGraw-Hill, 2003.
17. Hori N, Newton RU, Nosaka K, McGuigan MR. Comparison of different methods of determining power output in weightlifting exercises. Strength Cond J 2006;28(2): 34–40.
18. Hori N, Newton RU, Nosaka K, Stone MH. Weightlifting exercises enhance athletic performance that requires high-load speed strength. Strength Cond J 2005;27(4): 450–455.
19. Jones K, Bishop P, Hunter G, Fleisig G. The effects of varying resistance-training loads on intermediate–and high–velocity-specific adaptations. J Strength Cond Res 2001;15(3):349–356.
20. Kawamori N, Newton RU. Velocity specificity of resistance training: actual movement velocity versus intention to move explosively. Strength Cond J 2006;28(2):86–91.
21. Kreighbaum E, Barthels KM. Biomechanics: A Qualitative Approach for Studying Human Movement. 4th ed. Boston: Allyn & Bacon, 1996.
22. Livingstone C, White AA, Panjabi MM. Biomechanics in the Musculoskeletal System. Philadelphia: Elsevier, 2000.
23. Lockie RG, Murphy AJ, Spinks CD. Effects of resisted sled towing on sprint kinematics in field-sport athletes. J Strength Cond Res 2003;17(4):760–767.
24. McBride JM, Triplett-McBride T, Davie A, Newton RU. A comparison of strength and power characteristics between power lifters, Olympic lifters, and sprinters. J Strength Cond Res 1999;13(1):58–66.
25. McBride JM, Triplett-McBride T, Davie A, Newton RU. The effect of heavy- vs. light-load jump squats on the development of strength, power, and speed. J Strength Cond Res 2002;16(1):75–82.
26. McGinnis PM. Biomechanics of Sport and Exercise. 2nd ed. Champaign, IL: Human Kinetics, 2004.
27. Newman MA, Tarpenning KM, Marino FE. Relationships between isokinetic knee strength, single-sprint performance, and repeated-sprint ability in football players. J Strength Cond Res 2004;18(5):867–872.
28. Newton RU, Dugan E. Application of strength diagnosis. Strength Cond J 2003;24(5):50–59.
29. Newton RU, McEvoy KI. Baseball throwing velocity: a comparison of medicine ball training and weight training. J Strength Cond Res 1994;8(3):198–203.
30. Nordin M, Frankel VH. Basic Biomechanics of the Musculoskeletal System. 3rd ed. Philadelphia: Lippincott Williams & Wilkins, 2001.
31. Robertson GE, Caldwell GE, Hamill JN, et al. Research Methods in Biomechanics. Champaign, IL: Human Kinetics, 2004.
32. Walsh M, Arampatzis A, Schade F, Brüggemann G-P. The effect of drop jump starting height and contact time on power, work performed, and moment of force. J Strength Cond Res 2004;18(3):561–566.
33. Zatsiorsky V. Kinetics of Human Motion. Champaign, IL: Human Kinetics, 2002.
34. Zatsiorsky VM. Science and Practice of Strength Training. Champaign, IL: Human Kinetics, 1995

CAPÍTULO

6

Respostas e adaptações do sistema endócrino ao treinamento

ANDREW C. FRY
JAY R. HOFFMAN

Introdução

O corpo humano é projetado para oferecer um extraordinário controle de seus sistemas fisiológicos durante o exercício físico e a prática esportiva. Cada um desses sistemas é rigorosamente regulado e coordenado. O resultado ótimo é uma melhora do desempenho. Assim como acontece com os outros sistemas fisiológicos, o sistema hormonal é rigidamente controlado e responde ao exercício e à atividade física para assegurar resultados ótimos. Mas o que exatamente é o sistema hormonal ou endócrino? Como ele funciona? Como ele pode influenciar os outros sistemas do corpo? E, talvez o mais importante neste capítulo, como o sistema endócrino responde às demandas de curta duração de uma única seqüência de exercícios, e como ele se adapta aos estresses crônicos de um programa de treinamento de longa duração?

O SISTEMA ENDÓCRINO

O sistema endócrino ajuda a manter a homeostase no corpo por meio da regulação das funções hormonais. Isso ocorre pela comunicação entre as substâncias químicas do corpo que regulam diferentes ações fisiológicas. Essas substâncias são chamadas mensageiros; eles são secretados na corrente sangüínea e transportados até seus respectivos sítios de ligação. Uma vez que chegam ao seu sítio de ligação designado, eles promovem alterações nas funções celulares.

O que são hormônios?

Nosso primeiro desafio é definir o termo *hormônio*. Para os propósitos deste capítulo, um **hormônio** é um composto químico que é secretado na circulação para regular uma função biológica em um local distante do corpo. Um hormônio é secretado diretamente na corrente sangüínea por um tecido conhecido como glândula endócrina. Essas glândulas contêm células especializadas, projetadas para criar e liberar seus respectivos hormônios. Um **neurohormônio** é bastante semelhante, exceto pelo fato de que é liberado por uma terminação nervosa para dentro da circulação. Independentemente da fonte, os hormônios e os neurohormônios percorrem várias partes do corpo até chegarem aos seus tecidos-alvo, onde eles podem ligar-se ou fixar-se a receptores especializados nas ou dentro das células dos tecidos-alvo. Dessa maneira, os hormônios são capazes de influenciar o modo como os tecidos-alvo funcionam.

Os hormônios são compostos químicos secretados pelos tecidos endócrinos e transportados através da circulação.

Tecidos endócrinos

Um grande número de hormônios e neurohormônios está envolvido no funcionamento adequado de um sistema saudável. Os hormônios são compostos químicos produzidos pelos tecidos endócrinos e, normalmente, liberados na circulação. Os neurohormônios são tipos de hormônios que também funcionam como neurotransmissores no sistema nervoso. São de especial interesse para este capítulo aqueles hormônios que respondem especificamente ao exercício físico e à prática esportiva. Obviamente, vários tecidos endócrinos do corpo participam desse processo, envolva ele as respostas **agudas** de curta duração ou repentinas a uma única seqüência de exercícios ou as adaptações **crônicas** de longa duração ao exercício e ao treinamento regulares. A Figura 6.1 ilustra as glândulas e os tecidos endócrinos responsáveis pelos hormônios e neurohormônios discutidos neste capítulo. Esses são os tecidos que produzem os principais hormônios examinados neste capítulo. Em geral, esses tecidos liberam seus produtos hormonais na circulação, através da qual eles são transportados para seus sítios-alvo por todo o corpo. Ao se estudarem os sistemas endócrino e neuroendócrino, é importante estar familiarizado com os vários tecidos endócrinos, bem como com as concentrações sangüíneas dos hormônios, conforme listadas na Tabela 6.1 (67,69).

Embora os profissionais da área médica e das ciências da saúde relacionadas geralmente utilizem unidades de medida convencionais, os relatos científicos requerem o uso de medidas definidas pelo **Sistema Internacional de Unidades (SI)**. O SI é universalmente reconhecido por cientistas do mundo inteiro e oferece um método lógico e sistemático de quantificação (69).

Vias de transporte hormonal

Apesar de a maioria dos hormônios discutidos neste capítulo ser liberada na circulação para transporte até seus respectivos alvos, existem outros métodos de transporte. Alguns hormônios nunca deixam seu tecido; outros nunca deixam suas células. A Figura 6.2 ilustra as vias autócrina, parácrina, endócrina e neuroendócrina de transporte hormonal.

AUTÓCRINA

Quando os hormônios ou neurohormônios são sintetizados em suas respectivas células, nem todos são liberados na circulação. Alguns desses componentes químicos nunca deixam a célula. Em vez disso, eles permanecem dentro dela e influenciam a atividade celular de alguma maneira. Eles são chamados hormônios **autócrinos** (58). Um exemplo desse hormônio é o fator-1 de crescimento insulina-símile (IGF-1). O IGF-1 é produzido em muitas células do corpo e é responsável por muitas das ações do hormônio do crescimento. O IGF-1 pode ser medido a partir do sangue circulante, mas alguma quantidade de IGF-1 nunca deixa a célula. Embora quantidades circulantes desse hormônio ainda sejam importantes, elas não respondem pelo IGF-1 que nunca deixa a célula e que funciona de forma autócrina.

PARÁCRINA

Alguns hormônios deixam suas células endócrinas, mas nunca entram na circulação. Em vez disso, eles percorrem as células adjacentes, onde exercem sua influência na atividade celular. Estes são chamados

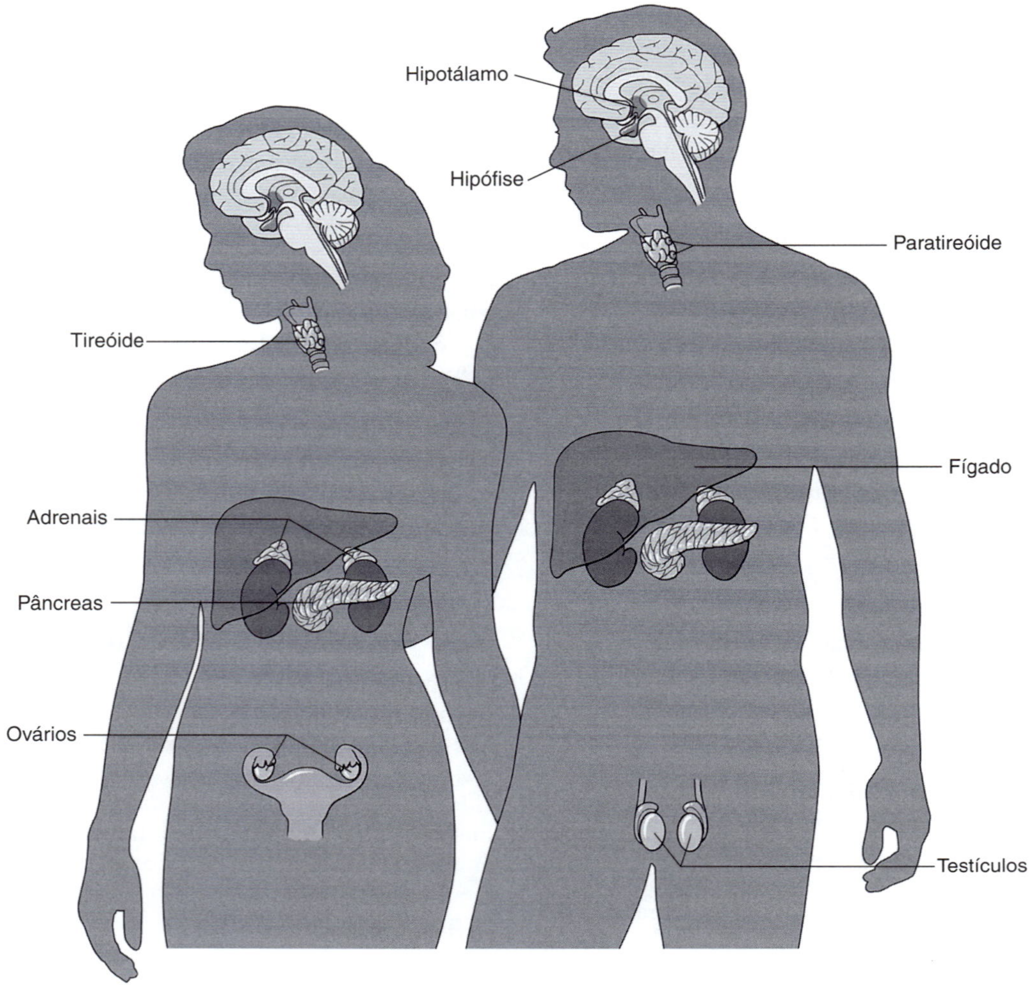

FIGURA 6.1 Localização anatômica das principais glândulas endócrinas.

hormônios **parácrinos** (14). Assim como acontece com um sistema autócrino, as quantidades circulantes desses compostos químicos parácrinos podem ser importantes, mas não respondem pela porção que nunca entra na circulação.

ENDÓCRINA

Este capítulo ocupa-se principalmente dos mecanismos endócrinos e neuroendócrinos. O termo **endócrino** refere-se a hormônios que são liberados na corrente sangüínea ou no sistema linfático para controlar o crescimento, o metabolismo, o humor e a reprodução; o termo **neuroendócrino** refere-se a hormônios que são liberados na corrente sangüínea ou no sistema linfático após a estimulação do sistema nervoso. Uma vez liberado o composto químico, este é transportado através da circulação até alcançar seu tecido-alvo ou ser quebrado em seus subprodutos metabólicos. Embora muitos fatores influenciem as concentrações desses hormônios no sangue, ainda é essencial medir suas concentrações sangüíneas para entender completamente seus papéis na função fisiológica.

Uma vez produzidos, muitos hormônios entram na circulação para serem transportados (endócrinos), alguns percorrem as células adjacentes (parácrinos) e outros nunca deixam a célula (autócrinos).

Tipos de hormônios

Como se poderia esperar, os hormônios apresentam-se em diferentes formas químicas (Fig. 6.3). Basicamente, três estruturas químicas respondem pelos hormônios que mais nos interessam (55).

TABELA 6.1 Concentrações séricas em um adulto normal em unidades do sistema internacional (SI) e convencionais (67,69)

Variável		Unidade SI	Unidade convencional
Testosterona (4 p.m.)	Homens Mulheres	10-35 nmol/L < 3,5 nmol/L	3-10 ng/mL < 0,1 ng/mL
Cortisol (4 p.m.)		50-410 nmol/L	2-15 μg/dL
Hormônio do crescimento	Homens Mulheres	0-5 μg/L 0-10 μg/L	0-5 ng/mL 0-10 ng/mL
Fator de crescimento insulina-símile I	Homens Mulheres	0,45-2,2 kU/L 0,34-1,9 kU/L	0,45-2,2 U/mL 0,34-1,9 U/mL
Insulina em jejum		35-145 pmol/L	5-20 μU/mL
Glucagon		50-100 ng/L	50-100 pg/mL
Epinefrina em repouso, supina		170-520 pmol/L	30-95 pg/mL
Norepinefrina em repouso, supina		0,3-2,8 nmol/L	15-475 pg/mL
Hormônio antidiurético		2,3-7,4 pmol/L	2,5-8,0 ng/L
Aldosterona		< 220 pmol/L	< 8 mg/dL
Tiroxina (T_4)		51-42 nmol/L	4-11 μg/dL
Triiodotironina (T_3)		1,2-3,4 nmol/L	75-220 ng/dL
Calcitonina		< 50 ng/L	< 50 pg/mL
Hormônio paratireóide		10-65 ng/L	10-65 pg/mL

HORMÔNIOS ESTERÓIDES

O primeiro grupo de hormônios é constituído pelos **hormônios esteróides**, que compartilham todos a mesma estrutura anelar de quatro carbonos e afetam o crescimento e o desenvolvimento dos órgãos sexuais. Todos os hormônios esteróides são formados por uma molécula de colesterol, que é chamada **molécula precursora**. Dependendo do tecido endócrino envolvido, a molécula de colesterol é convertida pelas **enzimas** (proteínas que funcionam como catalisadoras na mediação e na aceleração de uma reação química específica) no hormônio esteróide final a ser liberado. Diferentes glândulas endócrinas possuem diferentes enzimas hormonais que determinam qual hormônio esteróide será produzido. Uma vez que os hormônios esteróides são formados de colesterol, eles são **lipofílicos** (têm "afinidade" com lipídeos), o que significa que eles podem atravessar a membrana lipídica de uma célula. As formas farmacêuticas dos esteróides, que são oralmente ingeridas ou injetadas (e são chamadas esteróides **exógenos** – i.e., que provêm de fora do corpo), normalmente são variações dos hormônios produzidos naturalmente pelo corpo (que são conhecidos como esteróides **endógenos**). Este capítulo trata apenas da produção natural desses hormônios pelo corpo.

HORMÔNIOS PEPTÍDICOS

Um segundo grupo de hormônios compreende os **hormônios peptídicos**, que consistem em cadeias de **aminoácidos**, os blocos formadores de proteínas. As cadeias pequenas (de menos de 20 aminoácidos) são simplesmente denominadas *peptídeos*; as cadeias grandes são chamadas *polipeptídeos*. Esses hormônios podem ser bastante longos, conforme exemplificado pelo hormônio do crescimento, que tem 191 aminoácidos. Os formatos desses polipeptídeos são geralmente determinados por suas seqüências de aminoácidos e pela existência de ligações entre certos aminoácidos. Essas ligações fazem com que o peptídeo configure-se no formato específico requerido para que o hormônio funcione otimamente. Se ocorrer qualquer alteração na cadeia de aminoácidos, a função do hormônio pode ser afetada. Isso pode ocorrer quando um ou mais aminoácidos da cadeia são repostos com um aminoácido diferente, ou se a cadeia peptídica é cortada, resultando em uma cadeia peptídica pequena. Às vezes, essas formas alteradas do hormônio ainda têm uma função, mas geralmente é diferente daquela do hormônio original. Os hormônios peptídicos são mais propensos à **degradação** – quebra de um composto complexo em compostos mais simples – na circulação do que os hormônios

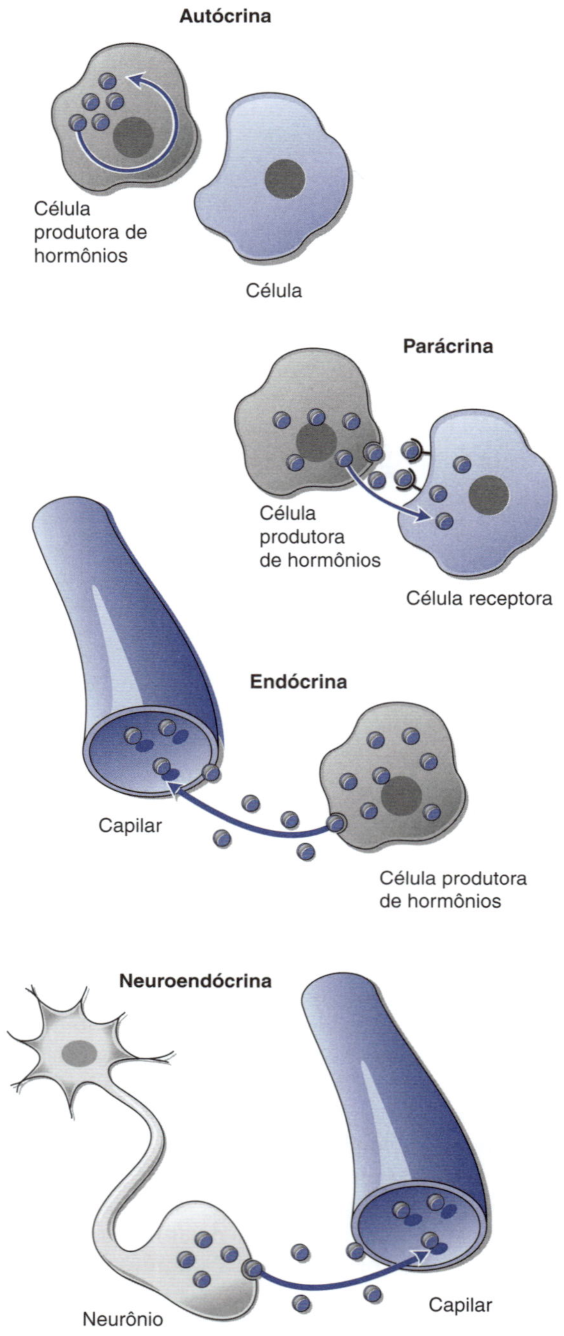

FIGURA 6.2 Vias autócrina, parácrina, endócrina e neuroendócrina de transporte de hormônios.

esteróides. Além disso, os hormônios peptídicos são **lipofóbicos** (têm "aversão" a lipídeos), o que significa que eles são repelidos por lipídeos e não conseguem atravessar facilmente a membrana celular. Dessa forma, eles precisam de um receptor na membrana que permita que eles ajam.

HORMÔNIOS AMINA

O último grupo de hormônios é constituído por **hormônios amina**, caracterizados por um anel de aminas. Uma vez que os hormônios amina são derivados dos aminoácidos, eles são, por vezes, classificados como hormônios protéicos. Esses hormônios são encontrados como hormônios ou neurohormônios e podem ser produzidos e secretados por tecidos endócrinos ou terminações nervosas. Alguns desses compostos também funcionam como neurotransmissores no sistema nervoso. A molécula precursora típica de hormônios amina é o aminoácido tirosina. No caso de não haver tirosina disponível em quantidades adequadas, a fenilalanina pode ser convertida em tirosina e então utilizada para a **síntese**, ou criação, de um hormônio amina. Alguns hormônios amina – tais como a epinefrina (também conhecida como adrenalina) e a norepinefrina (noradrenalina) – quebram rapidamente na circulação. Dessa forma, eles devem exercer sua influência nos tecidos-alvo rapidamente. Os hormônios amina são lipofóbicos; portanto, assim como os hormônios peptídicos, eles necessitam de um receptor na membrana.

> *Os três tipos de hormônios – esteróides, peptídicos e amina – são sintetizados cada um de uma maneira diferente.*

Produção hormonal

Como mostra a Figura 6.4, cada um dos três tipos de hormônios é produzido de uma maneira diferente. Um entendimento superficial de como o corpo produz esses hormônios pode nos fornecer uma melhor apreciação do complexo papel que eles têm no desempenho humano.

PRODUÇÃO DE HORMÔNIOS ESTERÓIDES

Conforme mencionado anteriormente, a síntese dos diferentes tipos de hormônios esteróides é dependente das várias enzimas presentes na glândula endócrina específica (10,36). A primeira reação é a conversão do colesterol em pregnenolona nas mitocôndrias da célula. Isso se chama reação **limitante** do processo, considerando que as reações subseqüentes ocorrem mais rapidamente. Uma vez que o estímulo para a síntese dos hormônios esteróides chega à célula endócrina, o processo inicia com a primeira reação na pregnenolona. Esta é então transportada para o retículo endoplasmático, onde é convertida no esteróide desejado por meio de várias reações enzimáticas. Para alguns dos hormônios esteróides, um processamento adicional ocorre de volta nas mitocôndrias. Uma vez completado o hormônio final, ele pode difundir-se através da membrana celular, que consiste em duas camadas lipí-

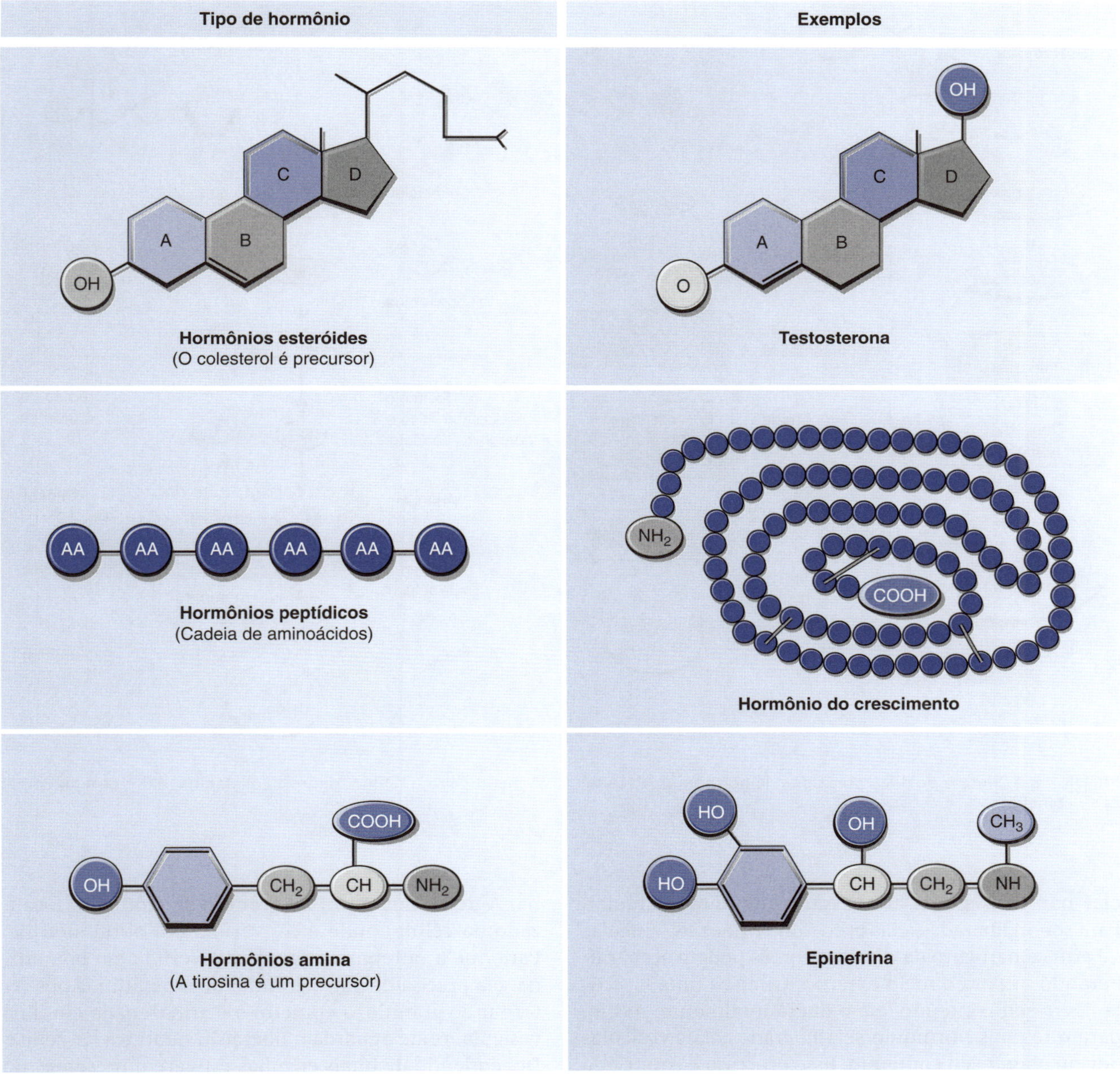

FIGURA 6.3 Diferentes tipos de hormônios incluem esteróides, peptídicos e amina.

dicas. Devido à capacidade dos hormônios de deixarem as células rapidamente, eles não são estocados e sim produzidos quando necessário.

PRODUÇÃO DE HORMÔNIOS PEPTÍDICOS

Os hormônios peptídicos são sintetizados quando o sinal adequado para a produção hormonal resulta na produção do **RNA mensageiro** (RNAm) no núcleo da célula (36). O RNAm serve como um código que indica quais aminoácidos são necessários e em que ordem. Ele é transportado até os ribossomos, para onde os aminoácidos apropriados são trazidos e dispostos em seqüências para produzir uma molécula precursora em um procedimento chamado **tradução**. As moléculas precursoras são então transportadas para o retículo endoplasmático e para o órgão tendinoso de Golgi, para mais modificações; esse processo é denominado **processamento pós-tradução**. Isso geralmente inclui juntar a cadeia de aminoácidos precursores para formar moléculas menores. Considerando que as moléculas peptídicas são **lipofóbicas** (repelidas por lipídeos),

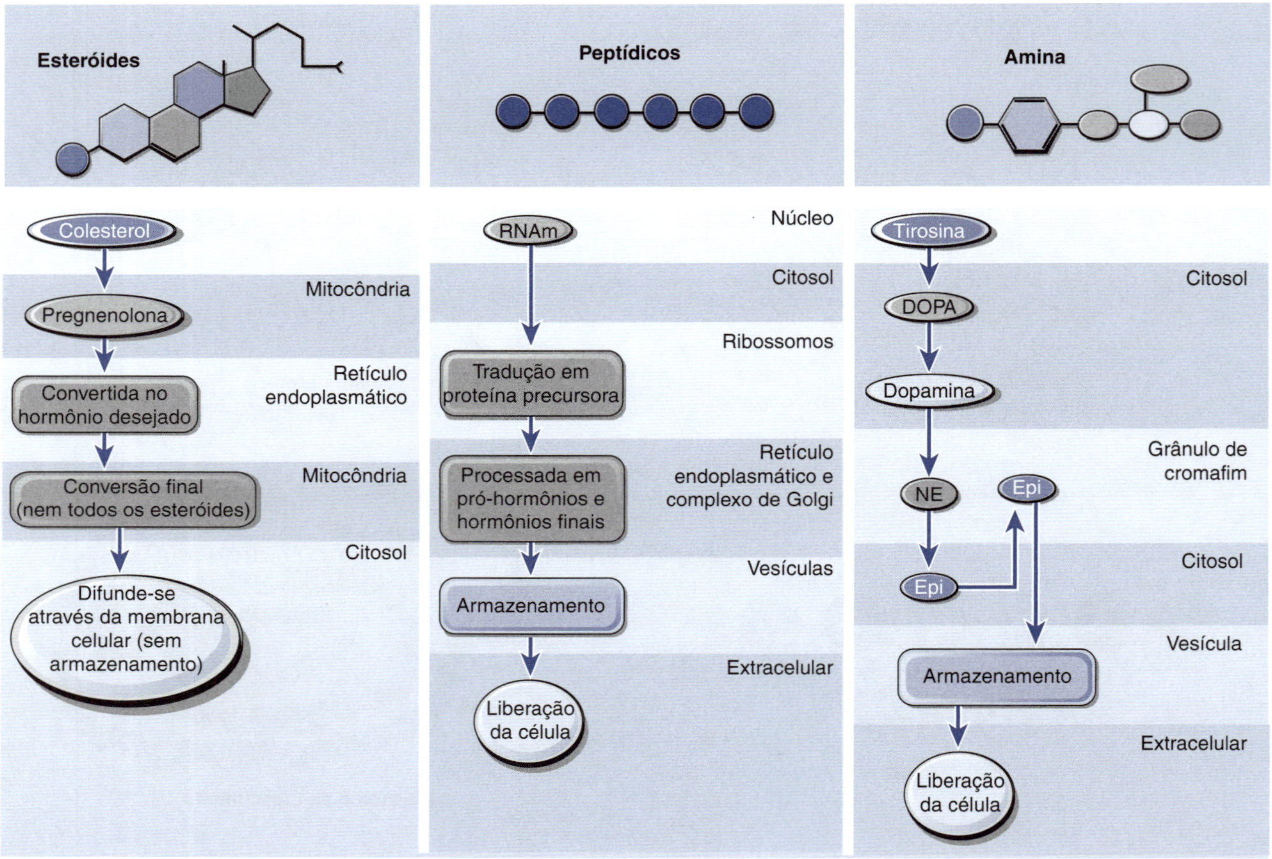

FIGURA 6.4 Síntese de diferentes tipos de hormônios. RNAm = RNA mensageiro; DOPA = diidroxifenilalanina; NE = norepinefrina; Epi = epinefrina.

elas não conseguem atravessar a membrana celular. Para serem liberadas, elas precisam entrar nas vesículas de armazenamento da célula, as quais podem acabar liberando-as para o meio externo. Quando uma vesícula libera seu conteúdo, ela o libera totalmente. Assim, para que mais hormônio seja liberado, mais vesículas devem liberar seu conteúdo. Esse processo é conhecido como **liberação quântica**, uma vez que a quantidade de hormônio secretado é sempre um múltiplo do número de vesículas envolvidas.

PRODUÇÃO DE HORMÔNIOS AMINA

Os hormônios amina são produzidos nas **células cromafim**, encontradas em vários tecidos do corpo (48). Essas células são denominadas com base na sua capacidade de absorver cromo quando tingidas. Uma família dos hormônios amina e dos neurohormônios são as **catecolaminas** (i.e., epinefrina, norepinefrina, dopamina, etc.). Conforme mencionado anteriormente, a molécula precursora tirosina entra no citosol da célula, onde as enzimas finalmente a convertem em dopamina. A dopamina entra no grânulo de cromafim localizado na célula, onde é convertida em norepinefrina. Para que a norepinefrina seja convertida em epinefrina, ela precisa deixar o grânulo de cromafim. Após retornar ao grânulo, a epinefrina é armazenada em uma vesícula, onde aguarda a liberação quântica da célula. Dependendo de quais enzimas estiverem presentes ou ausentes na célula, o processo de síntese pode parar em qualquer um dos hormônios preliminares. Outros hormônios amina, como os hormônios tireóideos, são produzidos nas células foliculares da glândula tireóide. Esses hormônios seguem um processo de síntese diferente, mas ainda se caracterizam por anéis de aminas.

Transporte hormonal e proteínas transportadoras

Uma vez que os hormônios são liberados na circulação, eles devem ser transportados de forma adequada para os tecidos onde devem agir. Um problema que os hormônios encontram é o **metabolismo**, ou a sua degradação. Diversos fatores podem evitar que as moléculas hormonais alcancem seus alvos devido à degradação. O tempo que um hormônio leva para ser parcialmente metabolizado na circulação, ou para a metade dele ser degradada, é chamado **meia-vida ($T_{1/2}$)**. Alguns hormônios têm uma meia-vida medida em segundos, enquanto as meias-vidas de outros são medidas em minutos ou horas. Para preservar um hormônio por períodos maiores, a molécula hormonal deve ser protegida fixando-se a uma **proteína transportadora**, que preserva o hormônio e o auxilia no seu transporte (Fig. 6.5) (54). Hormônios como os esteróides e os tireóideos são ligados a essas proteínas transportadoras, ao passo que as aminas e os hormônios protéicos não são. A **albumina**, uma proteína transportadora formada no fígado que ajuda a manter o volume sangüíneo nas artérias e veias, pode transportar vários hormônios diferentes, mas não exibe uma **afinidade** (atração) alta com nenhum deles. Independentemente disso, o complexo de proteínas transportadoras de hormônios pode atravessar a circulação sem que o hormônio seja degradado. O problema desse sistema é que o hormônio é incapaz de se ligar ao seu tecido-alvo até que seja liberado da proteína transportadora. Quando isso acontece, o hormônio é considerado **biologicamente ativo**, ou disponível para uso durante o metabolismo. A porção do hormônio não ligada a uma proteína transportadora é chamada percentual de **hormônio livre**, enquanto a **concentração hormonal total** inclui tanto a porção livre como a ligada. Normalmente, quando as proteínas transportadoras são utilizadas, a maior parte do hormônio circulante é ligada a uma proteína transportadora.

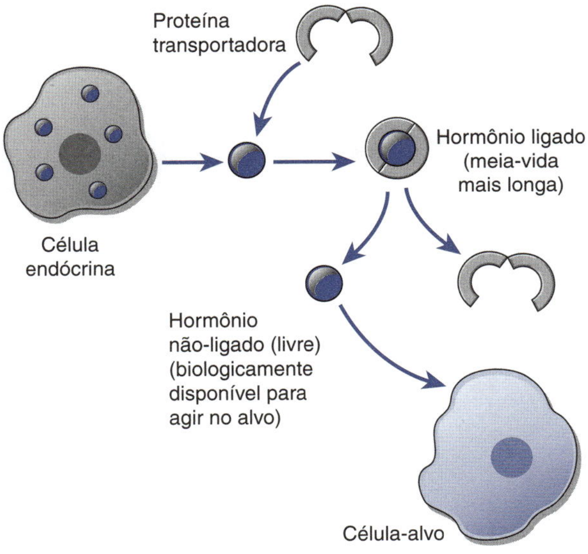

FIGURA 6.5 As proteínas transportadoras ajudam a proteger os hormônios circulantes.

Por exemplo, somente cerca de 1 a 2% da testosterona total na circulação é testosterona livre ou não ligada a sua proteína transportadora.

> *As proteínas transportadoras protegem o hormônio (hormônio ligado), mas o hormônio é biologicamente ativo somente quando se dissocia da proteína transportadora (hormônio livre).*

Fatores que afetam as concentrações circulantes

A concentração de hormônios no sangue pode ser extremamente variável, dependendo do hormônio e do número de fatores contribuintes (44).

PRODUÇÃO E LIBERAÇÃO HORMONAL

Inicialmente, poderia parecer que o principal fator seria simplesmente a quantidade de hormônio produzido pela glândula endócrina. Embora esse certamente seja um fator, o processo é muito mais complicado (Tabela 6.2). Três locais no corpo podem contribuir para as concentrações circulantes: a célula endócrina, o sangue circulante e o tecido-alvo. Na célula endócrina, não é

TABELA 6.2 Fatores que afetam as concentrações hormonais

Local	Fator
Célula endócrina	Síntese hormonal Liberação hormonal
Circulação	Método de transporte para o tecido-alvo Proteínas transportadoras Concentração hormonal Total Livre Ligada Desvios de fluido (plasma) Poças venosas Taxas de depuração hepática (rins) Taxas de depuração extra-hepática Degradação de hormônios
Tecidos-alvo Receptores	Afinidade de ligação Capacidade de ligação máxima Sensibilidade
Intracelulares	Sistemas de segundos-mensageiros Adaptações dos receptores nucleares

Fonte: Reproduzida com permissão de Kraemer WJ. Endocrine responses and adaptations to strength training. In: Komi PV, ed. Strength and Power in Sport. Oxford, UK: Blackwell, 1992: 291-304.

apenas a taxa de síntese hormonal que importa: outros fatores são a quantidade de hormônio liberado e a rapidez com que isso ocorre.

TRANSPORTE HORMONAL NA CIRCULAÇÃO

Na circulação, as proteínas transportadoras podem afetar a disponibilidade de um hormônio para seu tecido-alvo (52). Além disso, os hormônios são degradados em vários tecidos, afetando assim a quantidade de hormônio que chega ao sítio-alvo. A depuração hepática é um fator particularmente importante nesse processo, mas outros tecidos também estão envolvidos. Com relação ao exercício, após um esforço vigoroso, o sangue pode formar poças na circulação venosa, resultando em menos hormônios circulando para o tecido-alvo. Um dos principais fatores durante o exercício são os **desvios de fluido plasmático** (66). O plasma é a parte líquida do sangue; durante o exercício físico, esse líquido deixa o sangue. Isso por si só pode resultar em uma concentração hormonal mais alta. Os fatores que contribuem para esse deslocamento de fluido incluem a perda de fluido pelo suor devido a pressões arteriais aumentadas e alterações posturais. Desvios do volume plasmático de mais de 15% têm sido relatados para o exercício aeróbio de longa duração. Essa resposta é aumentada quando o exercício ocorre em um ambiente quente e úmido.

ATIVIDADE HORMONAL NA CÉLULA-ALVO

No tecido-alvo, as propriedades dos receptores de hormônios são fatores cruciais (40). Os **receptores** são as estruturas celulares às quais os hormônios se ligam, resultando na ação adequada na célula. O número de receptores (**densidade de receptores**) disponíveis, a facilidade com que os hormônios se ligam ao receptor (**afinidade**) e a sensibilidade do receptor ao hormônio podem variar. Além disso, a **atividade pós-receptora** pode variar. Isso envolve o papel das **vias de transdução de sinais**, que informam à célula como responder uma vez que o hormônio tenha-se ligado ao receptor. Alguns desses sinais são iniciados nos receptores na membrana celular, enquanto outros, no núcleo celular, dependendo do hormônio.

Os hormônios afetam seus tecidos-alvo mediante a ligação a receptores hormônio-específicos. A ligação a esses receptores inicia as repostas celulares específicas ao hormônio.

Hormônios tróficos e pulsatilidade

Para que um hormônio seja secretado por sua glândula endócrina, esta deve receber algum tipo de sinal. O sinal para muitos hormônios é um **hormônio trófico** de outra glândula endócrina ou do sistema nervoso (39). Quando concentrações aumentadas de um hormônio são requeridas, o corpo detecta essa necessidade e provoca o aumento do sinal hormonal trófico. Esse sinal não se baseia simplesmente na concentração hormonal; em vez disso, os hormônios tróficos são liberados de forma **pulsátil** (Fig. 6.6) (63). Isso significa que o hormônio é liberado em picos periódicos. O sinal trófico é ampliado pelo aumento da freqüência dos pulsos ou pelo aumento da sua magnitude ou amplitude. Não é preciso dizer que, para estudar esses sinais de forma

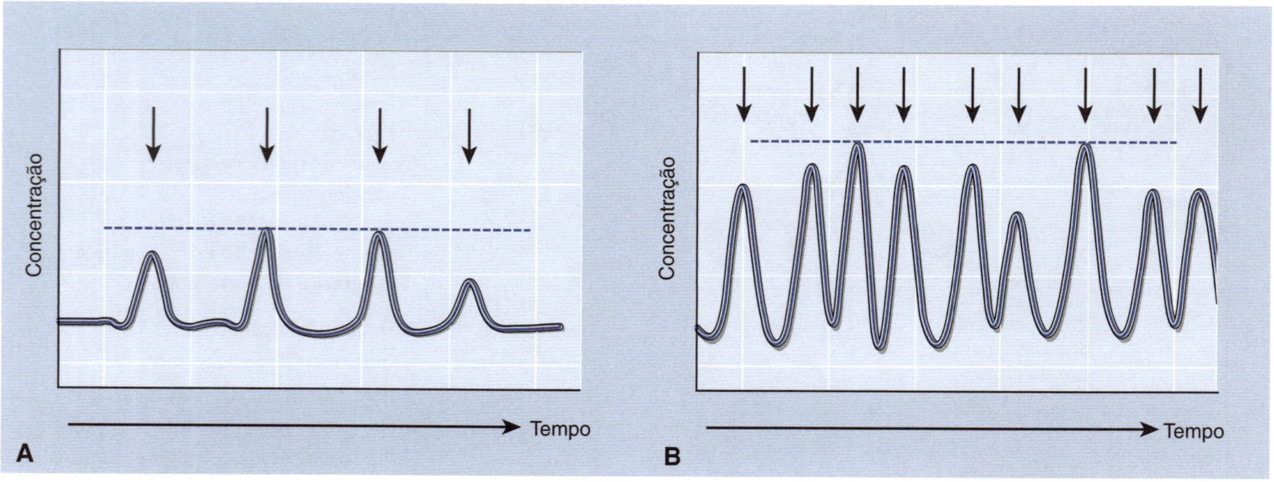

FIGURA 6.6 Pulsatilidade. Os hormônios tróficos aumentam seu sinal mediante o aumento do número e da magnitude de pulsos. Cada seta indica um pulso do hormônio trófico. **A.** Um sinal trófico basal. **B.** Um sinal trófico amplificado. Note que o sinal é amplificado pelo aumento da freqüência e da magnitude dos pulsos.

apropriada, muitas amostras de sangue devem ser coletadas para medir a freqüência e a amplitude de pulso. Por exemplo, o principal hormônio trófico para a testosterona nos homens é o hormônio luteinizante (LH), que é secretado pela hipófise anterior. Por sua vez, o hormônio luteinizante é regulado pelo hormônio liberador do LH (LH-RH) do hipotálamo. Dessa forma, o controle dos nossos hormônios é muito complexo e altamente dependente do padrão de transdução de sinais dos hormônios tróficos.

As concentrações circulantes são geralmente reguladas por hormônios tróficos, que sinalizam a síntese e a liberação dos hormônios. Esse sistema é sincronizado por um sistema de feedback *negativo, que pode detectar as concentrações sangüíneas correntes.*

Ritmos hormonais

Muitos hormônios apresentam concentrações sangüíneas distintas em diferentes horas do dia (12). Nos sistemas biológicos, as variações hormonais ocorrem ao longo de diversos períodos de tempo [p. ex., de hora em hora, em menos de 24 horas, a cada 24 horas, ou em diferentes períodos do ano (sazonalmente)]. São de particular interesse para este capítulo os **ritmos circadianos**, ou ciclos diários de processos fisiológicos, também conhecidos como **variação diurna**. A Figura 6.7 ilustra um exemplo da variação diurna do cortisol. Conforme demonstrado, as concentrações de referência podem ser bastante altas ao final do ciclo de sono típico e no início da manhã. Assim, qualquer interpretação das respostas hormonais ao exercício e ao esporte deve considerar onde se encontravam os valores de referência antes da atividade física (31,60). Muitos pesquisadores simplesmente evitam as horas do dia quando as concentrações hormonais estão elevadas (p. ex., no início da manhã para o cortisol). Além disso, quando os níveis hormonais estiverem sendo estudados durante um longo período, como em um estudo de treinamento, a hora do dia em que as amostras de sangue são coletadas deve manter-se constante para minimizar o efeito das variações diurnas.

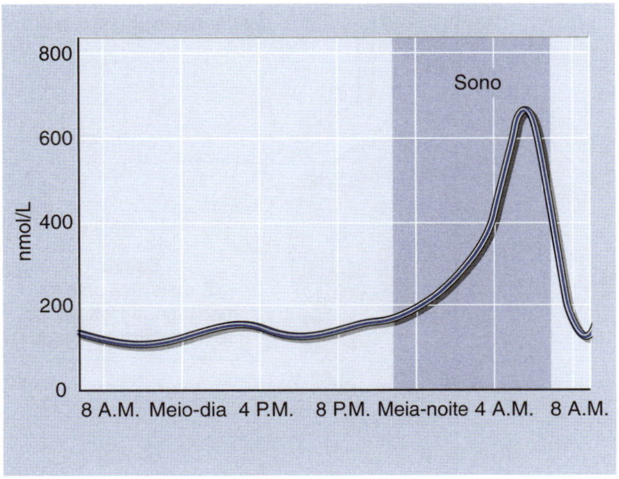

FIGURA 6.7 Exemplos de variações das concentrações de cortisol durante um dia típico. A área sombreada indica um ciclo de sono típico. (Modificado com permissão de Goodman HM. Basic Medical Endocrinology. New York: Raven Press, 1998:103.)

As concentrações hormonais são influenciadas pela hora do dia e pela participação de um estressor iminente, tal como um exercício ou uma competição.

Respostas antecipatórias

A resposta hormonal que ocorre antecipadamente a um exercício ou esporte iminente é denominada **resposta antecipatória** (48). O corpo possui uma quantidade de hormônios coletivamente chamados **hormônios do estresse**. Esses hormônios ajudam o corpo a se preparar para uma experiência estressante, seja uma atividade física, um estresse cognitivo ou ambos. Eles são parte de uma resposta de **fuga ou luta** (8). Todo sistema biológico possui métodos para responder a situações estressantes e lidar com elas, seja combatendo a ameaça ou esquivando-se dela. Atletas experientes estão bem familiarizados com o "nervosismo" que enfrentam antes de uma competição importante. Sensações semelhantes também são comuns em outras situações, tais como ao prestar exames, falar em público e em recitais de música. Ao se examinarem as respostas hormonais à atividade física, é importante separar as respostas devidas à antecipação do estresse daquelas devidas à atividade física real. A catecolamina (epinefrina), que é particularmente sensível a uma resposta antecipatória, é ilustrada na Figura 6.8, embora o cortisol também possa exibir uma resposta antecipatória. Amostras de sangue devem ser coletadas previamente à resposta antecipatória para determinar o valor real de referência em repouso. Deve-se notar que alguns indivíduos exibirão uma resposta antecipatória ao próprio processo de extrair uma amostra de sangue com uma agulha. Nesses casos, a amostra deve ser coletada quando a agulha tiver sido previamente inserida (i.e., por meio de um cateter intravenoso), depois que o indivíduo tenha tido tempo para relaxar ou retornar ao valor de referência.

Biocompartimentos

O método típico de medir concentrações hormonais envolve a extração de amostras de sangue venoso. Muitos hormônios importantes são liberados diretamente na circulação; portanto, essa é geralmente a maneira mais sensível de medir as respostas endócrinas. Já as infor-

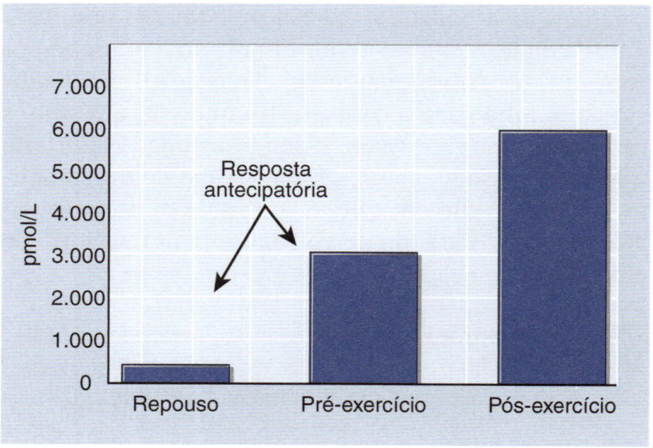

FIGURA 6.8 Exemplo da resposta antecipatória da epinefrina a uma tarefa de levantamento estressante. A diferença entre as concentrações em repouso e as em pré-exercício representa a resposta antecipatória ao exercício iminente. [Reproduzida com permissão de Fry AC, Kraemer WJ, van Borselen F, et al. Catecholamine responses to short-term high-intensity resistance exercice overtraining. J Appl Physiol 1994;77(2):941-496.]

mações sobre a atividade hormonal podem ser coletadas de outros locais, ou **biocompartimentos**, do corpo (64). Considerando que os hormônios acabam sendo degradados em seus subprodutos metabólicos, a urina pode servir de amostra para determinar indiretamente a quantidade de hormônio produzido ao longo de um período de tempo. Por exemplo, quando níveis reais de referência ou de repouso são de interesse, **medidas de urina noturna** são analisadas para verificar os subprodutos hormonais. Desse modo, pode-se estimar a quantidade total de hormônio produzida durante as horas de sono (quando se está em maior repouso). Outro biocompartimento comum é a saliva, que também pode ser analisada para determinar as concentrações hormonais, uma vez que as **concentrações salivares** estão relacionadas com as concentrações sangüíneas. Uma limitação das amostras salivares é que essa medida é menos sensível a pequenas flutuações nas concentrações sangüíneas e leva mais tempo para responder à atividade física. Por outro lado, tanto a urina como a saliva são obtidas de forma **não-invasiva**, o que significa que elas podem ser obtidas sem penetração na pele, sendo mais fáceis de coletar do que as amostras coletadas por **métodos invasivos**, que necessitam de uma incisão ou punção (Fig. 6.9).

Receptores e transdução celular de sinais

Quando uma molécula de hormônio chega ao seu tecido-alvo, ela interage com o tecido ligando-se a um receptor protéico. Os receptores têm muitas configurações, e cada hormônio tem o seu receptor específico. Isso é conhecido como **especificidade do receptor**

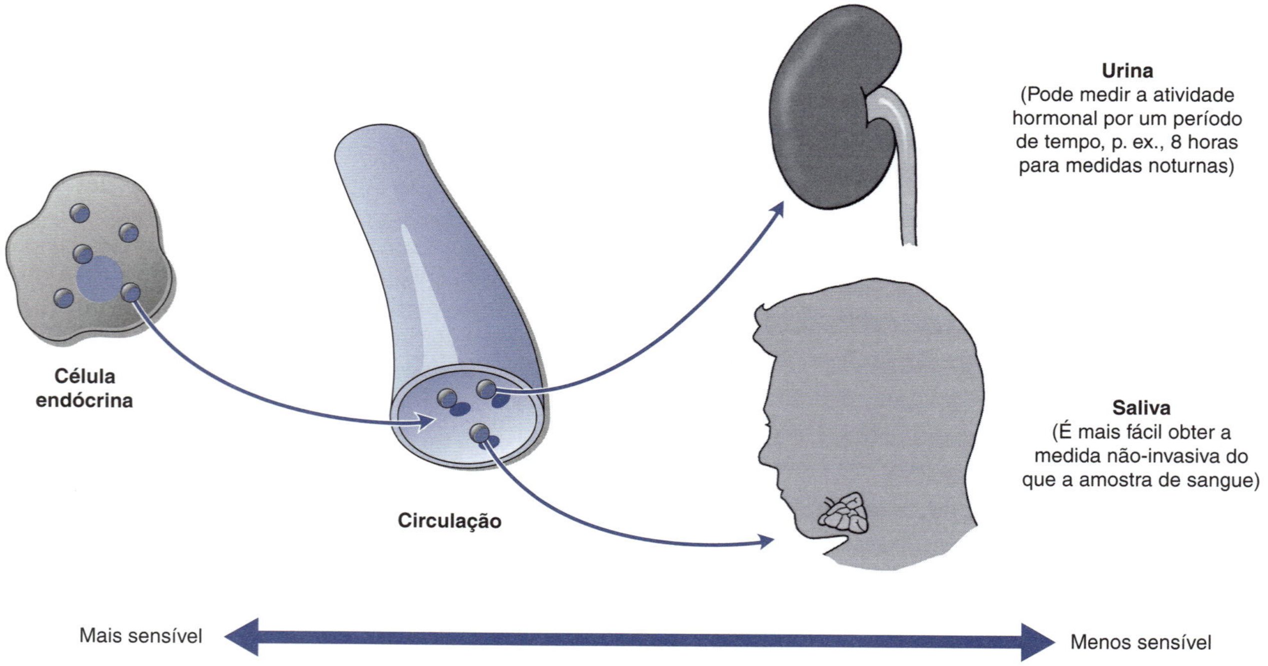

FIGURA 6.9 Os níveis hormonais podem ser determinados por extração de amostra de sangue (total, soro ou plasma) ou de biocompartimentos urinários ou salivares. A sensibilidade de uma amostra a flutuações hormonais diminui quando não obtida da circulação.

(10,40). Essa especificidade tem sido descrita como análoga a uma fechadura e uma chave. Assim como uma fechadura pode ser aberta com apenas determinada chave, um hormônio pode ligar-se a somente um tipo de receptor, resultando na resposta desejada ótima. Em alguns casos, no entanto, outros hormônios similares também podem ligar-se ao receptor, embora os resultados possam ser levemente diferentes ou menores em magnitude. Essa **reatividade cruzada** existe quando mais de um hormônio pode ligar-se a um dado receptor. Os receptores celulares são um dos sítios de ação favoritos para muitas das drogas farmacêuticas hoje em uso. Essas drogas agem como **análogos** dos químicos naturais do corpo, o que significa que elas são similares o suficiente para poderem ligar-se a seus respectivos receptores. Uma vez que não são idênticas aos hormônios, aos neurohormônios e aos neurotransmissores endógenos do corpo, elas podem resultar em diversos efeitos colaterais indesejados. Independentemente disso, a ciência moderna tem sido capaz de aperfeiçoar constantemente a especificidade dessas drogas, resultando em suas impressionantes efetividades. Os receptores geralmente localizam-se na membrana celular, onde os hormônios circulantes têm fácil acesso para ligação (Fig. 6.10). Os receptores esteróideos, contudo, situam-se no núcleo celular, uma vez que os esteróides podem facilmente entrar na célula devido a sua natureza lipofílica. Independentemente da localização do receptor, assim que um hormônio liga-se ao seu receptor, a atividade da célula é modificada de alguma maneira.

SISTEMAS DE SEGUNDOS-MENSAGEIROS

A Figura 6.10 ilustra vários dos sistemas de segundos-mensageiros utilizados por receptores ligados à membrana. Vemos nessa figura que diversos tipos de hormônios podem interagir com o **sistema adenilato ciclase-monofosfato de adenosina cíclico (AMPc)** (24,40). Quando o hormônio A (H_a) liga-se ao seu receptor, a **proteína G estimulante (G_s)** ativa o adenilato ciclase a produzir AMPc a partir de trifosfato de adenosina (ATP). Isso, por sua vez, faz com que uma cinase modifique uma enzima na célula para aumentar ou diminuir sua atividade. Outros hormônios, por outro lado, trabalham de forma oposta, ativando uma

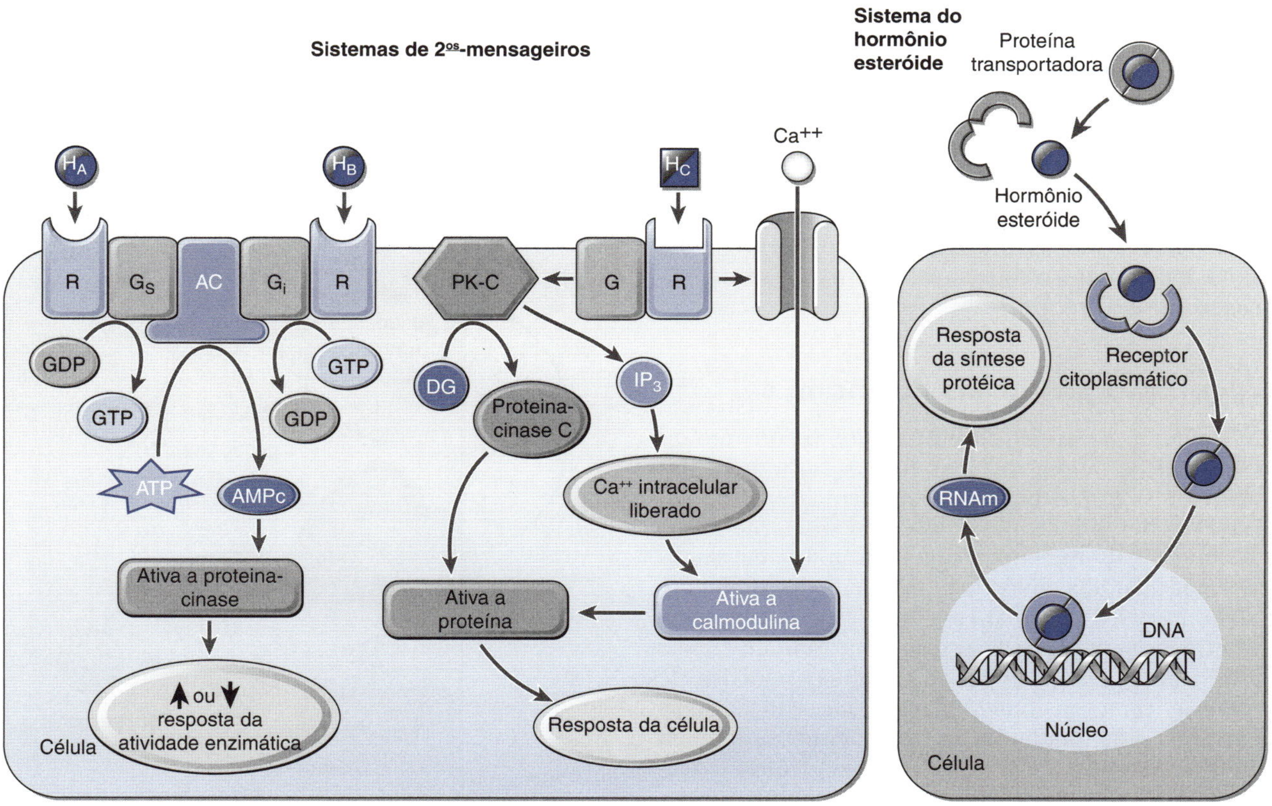

FIGURA 6.10 Sistemas de transdução de sinais intracelular hormonal. H_{abc} = diferentes hormônios; R = receptor; G_s = proteína G estimulante; G_i = proteína G inibidora; AC = adenilato ciclase; GDP = difosfato de guanosina; GTP = trifosfato de guanosina; ATP = trifosfato de adenosina; AMPc = monofosfato de adenosina cíclico; PK-C = proteinacinase C; DG = diacilglicerol; IP_3 = trifosfato de inositol.

proteína G inibidora (G_i) que impede a atividade do adenilato ciclase. Outros hormônios (H_c) ligam-se a receptores associados com um sistema de segundo-mensageiro diferente, o **sistema diacilglicerol (DG)-trifosfato de inositol (IP_3)** (38,40). A ativação do DG resulta em uma resposta celular ativada por proteínas; já a produção de IP_3 libera cálcio dos sítios de armazenamento dentro da célula. Esse cálcio ativa a calmodulina, o que, por sua vez, resulta em uma resposta da célula ativada pela proteína. Um mecanismo de ação alternativo é um **influxo** de cálcio ativado pelo receptor, partindo de fora da célula. Da mesma forma que com o IP_3, isso ativa a calmodulina, que finalmente produz a resposta celular desejada.

INTERAÇÕES NUCLEARES

Os hormônios esteróides trabalham de uma maneira completamente diferente (5,10,25). Uma vez que podem atravessar facilmente a membrana celular, eles são capazes de entrar no **citosol**, onde se ligam a uma **proteína acompanhante**, por vezes chamada **receptor citoplasmático**. Essa proteína acompanha o esteróide até o núcleo celular, onde ele pode ligar-se a um sítio no DNA da célula. Isso inicia um processo chamado **transcrição**, que resulta no sinal codificado para a produção em uma proteína celular. Esse sinal deixa o núcleo na forma de **ácido ribonucléico mensageiro (RNAm)**. Nos ribossomos, a proteína é formada a partir de vários aminoácidos, resultando na resposta celular desejada. Independentemente de qual sistema é utilizado, cada hormônio liga-se ao seu receptor-alvo, que ativa uma torrente de eventos que resultam na resposta celular adequada. Embora complexos, esses sistemas funcionam surpreendentemente bem e ajudam nosso corpo a lidar com estresses como o exercício e o esporte.

Regulação dos níveis hormonais

Conforme mencionado anteriormente, o aumento ou a diminuição na produção de muitos hormônios depende do sinal dos hormônios tróficos (39). Quando o sistema nervoso central detecta a necessidade de níveis hormonais aumentados ou diminuídos, ele sinaliza a uma glândula endócrina trófica para que aumente ou diminua seu sinal para a glândula endócrina-alvo. A natureza pulsátil da liberação do hormônio trófico envia o sinal adequado para a glândula endócrina de interesse. Uma vez aumentadas as concentrações hormonais, a glândula endócrina reguladora no sistema nervoso central e a glândula endócrina trófica detectam essas concentrações aumentadas e diminuem seus sinais. Esse mecanismo regulador é chamado **sistema de *feedback* negativo**, que opera de forma muito semelhante a um termostato em uma casa. Quando a temperatura da casa está muito alta ou muito baixa, o termostato sinaliza à caldeira para ligar ou desligar a fim de manter a temperatura desejada. Esse mecanismo regulador também é conhecido como **regulação cibernética** (Fig. 6.11). O sistema de regulação da testosterona em homens previamente descrito é um bom exemplo de regulação de *feedback* negativo. As concentrações circulantes de testosterona são detectadas pelo hipotálamo, que produz LH-RH, e pela hipófise anterior, que produz LH. Isso faz com que o sinal para os testículos seja alterado, dependendo da necessidade de mais ou menos testosterona. Desse modo, o corpo é capaz de controlar estritamente os níveis dos hormônios encontrados no sangue circulante.

HORMÔNIOS VITAIS PARA O EXERCÍCIO

Embora muitos hormônios e neurohormônios sejam responsáveis pelo funcionamento saudável do corpo humano, a seção a seguir identifica os principais hormônios de interesse para este capítulo.

Testosterona

A testosterona é um hormônio esteróide produzido principalmente pelas **células de Leydig** nos **testí-**

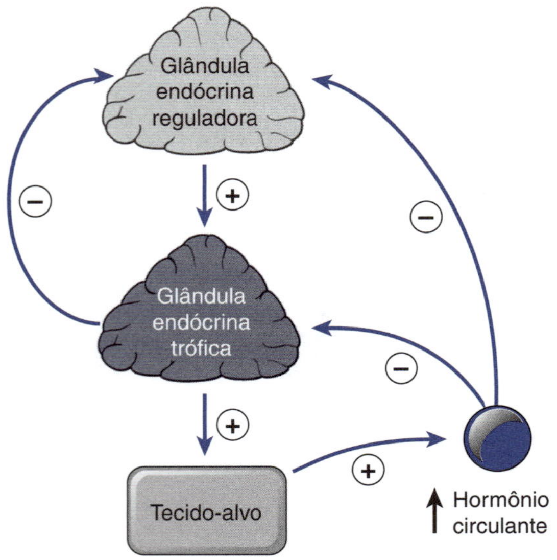

FIGURA 6.11 Exemplo de regulação de *feedback* negativo de hormônios circulantes. + = supra-regulação; – = infra-regulação; ↑ = aumentado.

culos. A testosterona circulante nas mulheres é cerca de 10% daquela nos homens e é derivada dos **ovários**, glândulas sexuais femininas – que produzem estrogênio, testosterona e progesterona –, e do córtex adrenal. Durante a maturação, a testosterona contribui para muitas das características sexuais masculinas associadas com o desenvolvimento. A testosterona é regulada pelo **eixo hipotálamo-hipófise**. Nessa estrutura reguladora, o hipotálamo detecta as concentrações circulantes de testosterona e secreta LH-RH. Isso, por sua vez, estimula a liberação de LH pela hipófise anterior, o que funciona como o principal estímulo para a liberação de testosterona pelos testículos. Esse processo leva até 15 minutos para ocorrer; assim, respostas mais rápidas provavelmente são devidas à inervação direta dos testículos ou à atividade nervosa simpática via epinefrina ou norepinefrina circulantes. Uma vez liberada, a testosterona liga-se à **globulina transportadora dos hormônios sexuais (SHBG)**, sua proteína transportadora. Talvez o efeito celular de maior interesse para este capítulo seja o efeito anabólico no músculo esquelético.

Cortisol

O cortisol é um hormônio esteróide secretado pela camada externa das glândulas adrenais (**córtex adrenal**). É às vezes chamado **hormônio do estresse**, uma vez que é liberado quando o indivíduo experiencia estresses físicos ou psicológicos. A principal função do cortisol é garantir a disponibilidade de energia. Nesse papel, o cortisol aumenta a produção de glicose proveniente da gordura ou da proteína no fígado, processo chamado **gliconeogênese**; diminui a utilização de glicose; aumenta a produção de glicogênio no músculo esquelético; e provoca a mobilização de aminoácidos a partir do músculo esquelético. Devido a essa quebra de proteínas em aminoácidos, o cortisol é freqüentemente denominado **hormônio catabólico**. Os níveis circulantes de cortisol são detectados pelo hipotálamo, que secreta o **hormônio liberador de corticotropina (CRH)**, hormônio polipeptídico envolvido na resposta de estresse. O CRH então estimula a hipófise anterior a liberar o **hormônio adreno-corticotrópico (ACTH)**, que, por sua vez, sinaliza ao córtex adrenal para produzir e liberar cortisol.

Razão testosterona/cortisol

A razão entre a testosterona, um **hormônio anabólico** que provoca a síntese de moléculas em moléculas mais complexas, e o cortisol, um hormônio catabólico, tem sido utilizada como um indicador hormonal de estresse de treinamento (18). Isso pode ser considerado tanto para uma única sessão de treinamento aeróbio como para uma fase de treinamento de longa duração. Com uma só sessão estressante de exercícios, a testosterona ou aumenta inicialmente ou diminui. Por outro lado, o cortisol aumenta em maior proporção. O resultado final é que a razão diminui. Quanto mais estressante for a sessão, mais a razão diminuirá. A razão também diminuirá com o tempo na realização de uma fase de treinamento estressante que envolva sessões múltiplas. À medida que o indivíduo diminui a intensidade ou recua o treinamento, a razão retorna aos níveis iniciais. Desse modo, essa razão tem sido utilizada como um marcador de estresses de treinamento, e alguns pesquisadores defendem seu uso para monitorar a recuperação. Alguns também defendem o uso da razão entre a **testosterona livre**, porção de testosterona circulante não ligada à SHBG, e o cortisol como um indicador mais sensível. Essa idéia é fundamentada no fato de que a testosterona livre é o hormônio que de fato está biologicamente disponível para exercer suas ações no tecido-alvo.

Hormônio do crescimento

O hormônio do crescimento (GH) é um hormônio polipeptídico que consiste em 191 aminoácidos e duas ligações de dissulfeto. É produzido pela hipófise anterior e dela secretado de forma pulsátil. As concentrações de hormônio do crescimento são aumentadas por seu hormônio trófico, o GH-RH, e diminuídas pelo **hormônio inibidor do GH (GH-IH)**, ambos originários do hipotálamo. Muitas variações do hormônio do crescimento parecem existir, pois várias formas do peptídeo original são produzidas. Isso às vezes torna os dados do GH difíceis de interpretar. Muitas das ações do GH ocorrem devido a seus efeitos nos fatores de crescimento insulina-símile. Embora o GH seja freqüentemente mais associado com suas propriedades de crescimento (incluindo do músculo esquelético), ele também exerce uma enorme influência no sistema metabólico e na disponibilidade de energia. Ele aumenta a utilização muscular de aminoácidos bem como a quebra de lipídeos via **lipólise**. O resultado final é que os aminoácidos são preferencialmente utilizados para fins anabólicos pelo músculo, e as fontes de energia glicolítica são dispensadas em favor das fontes de energia lipídica.

Insulina e glucagons

A insulina e os glucagons são considerados juntos, uma vez que suas ações são estreitamente associadas.

A insulina é um hormônio peptídico de 51 aminoácidos produzido pelas **células beta** do **pâncreas**, órgão que secreta insulina e glucagon. A insulina consiste em uma cadeia A de 21 aminoácidos e uma cadeia B de 30 aminoácidos conectadas por duas ligações de dissulfeto. O glucagon também é uma cadeia polipeptídica, mas com apenas 29 aminoácidos. É produzido pelas **células alfa** do pâncreas. A insulina e os glucagons são liberados em resposta a níveis de glicose sangüínea crescentes ou decrescentes, respectivamente. Concentrações crescentes de insulina indicam que a glicose circulante está pronta para ser absorvida:

1. pelas células adiposas para conversão em triglicerídeos;
2. pelas células hepáticas para conversão em glicogênio;
3. pelas células musculoesqueléticas para conversão em glicogênio.

O resultado final é o controle dos níveis de glicose sangüínea ascendentes e a reserva de energia para uso futuro. Por outro lado, o glucagon resulta nas respostas exatamente opostas. Os triglicerídeos são metabolizados em tecido adiposo, e os aminoácidos e o glicogênio são metabolizados no fígado. Estes, coletivamente, aumentam a glicose circulante durante os momentos de altas demandas energéticas, como no exercício e no esporte. A insulina e o glucagon também estão sob o controle da epinefrina e da norepinefrina do sistema nervoso simpático, provocando a diminuição da insulina e o aumento do glucagon.

Epinefrina

A epinefrina, por vezes chamada adrenalina, é um neurohormônio amina. Embora ela funcione como um **neurotransmissor** no sistema nervoso central e transmita sinais entre as sinapses das células nervosas, nosso interesse está no seu papel na circulação. A epinefrina conduzida pelo sangue vem das **células cromafim** na parte central (medula) das glândulas adrenais. Sob estimulação neural, a medula adrenal descarrega seu conteúdo na veia renal, resultando em uma resposta de epinefrina muito rápida. Além disso, a medula adrenal é completamente envolvida pelo córtex adrenal; assim, ela está constantemente exposta ao cortisol. Essa interação com o cortisol é crucial para manter os níveis de epinefrina em repouso. Quando liberada na circulação, a epinefrina interage com uma variedade de **alfa e beta-receptores** em muitos tecidos diferentes do corpo. A epinefrina é responsável por muitas das **respostas de "fuga ou luta"** discutidas anteriormente. As respostas fisiológicas ao estresse preparam o corpo para combater ou esquivar-se de uma ameaça iminente e incluem excitação e débito cardíaco aumentados, padrões alterados de fluxo sangüíneo, contrações musculares aumentadas e maior disponibilidade de energia.

Norepinefrina

A norepinefrina, também conhecida como noradrenalina, é também um neurohormônio amina. Diferentemente da epinefrina, que é derivada originalmente da medula adrenal, a maior parte da norepinefrina circulante provém do **excedente** das sinapses do sistema nervoso central. Dessa forma, a norepinefrina é às vezes considerada um indicador da atividade do sistema nervoso central. A medula adrenal também produz um pouco de norepinefrina, mas normalmente é menos de 20% da epinefrina liberada.

Aldosterona

A aldosterona é um hormônio esteróide secretado pelo córtex adrenal. Desempenha uma função-chave na regulação de líquidos, respondendo a diminuições da pressão sangüínea devidas a reduções do volume de líquido no sangue. Para combater esse problema, a aldosterona age nos rins para impedir a secreção de sódio. Quando o sódio é retido, a água também é, ajudando assim a combater a perda de água previamente detectada. Essa resposta não é rápida e requer 30 minutos ou mais para entrar em ação. Pequenas quantidades de perda de água são denominadas *hipohidratação*, ao passo que perdas maiores são chamadas *desidratação*. Isso pode ocorrer devido a ingestas de líquido reduzidas e/ou ao exercício em um ambiente quente.

Hormônio antidiurético

O hormônio antidiurético (ADH) é um hormônio peptídico secretado pela hipófise posterior sob o controle hipotalâmico. Também conhecido como arginina vasopressora, o ADH responde ao estado de hidratação tal como a aldosterona; no entanto, os mecanismos subjacentes ao ADH são um tanto diferentes. A concentração de proteínas no sangue é conhecida como osmolalidade sangüínea, e ela aumenta quando o líquido deixa a porção de plasma do sangue. Essa alteração na osmolalidade é prontamente detectada na circulação arterial e venosa, resultando em uma rápida resposta de ADH. Com a estimulação do ADH, os rins absorvem mais rápido a água que normalmente teria sido excretada. O ADH é também um potente vasoconstritor. Dessa forma, as pressões sangüíneas são mantidas mesmo quando os níveis de água estão diminuídos.

Hormônios tireóides

Os hormônios tireóides tiroxina (T_4) e triiodotironina (T_3) são secretados pela glândula tireóide. Eles são derivados da tirosina e contêm quatro ou três moléculas de iodo, respectivamente. São regulados pela tireotropina, também conhecida como hormônio estimulante da tireóide (TSH) da hipófise. A T_4 é secretada em maiores quantidades do que a T_3, mas a maior parte da T_4 é convertida em todo o corpo em T_3, mais potente. Os hormônios tireóides são basicamente responsáveis pelo aumento da taxa metabólica corporal e pela intensificação da ação de outros hormônios.

Hormônios reguladores de cálcio

Dois hormônios são essenciais na regulação das concentrações de cálcio na circulação: a calcitonina, da glândula tireóide, e o hormônio paratireóide, da glândula paratireóide. À medida que os níveis de cálcio no sangue são detectados, a calcitonina é liberada para suspender a retirada de cálcio do osso e para aumentar a excreção de cálcio nos rins. Já o hormônio paratireóide trabalha de maneira oposta: quando os níveis de cálcio no sangue estão baixos, a liberação do hormônio paratireóide estimula o osso a liberar cálcio e inibe a excreção de cálcio nos rins. Uma vez que o maior acúmulo de cálcio no corpo é encontrado no sistema esquelético, tem-se especulado que alterações desses hormônios podem ser cruciais para as adaptações esqueléticas ao exercício físico.

EFEITOS DO EXERCÍCIO NO SISTEMA ENDÓCRINO

Assim como acontece com qualquer outro sistema do corpo, o sistema endócrino responde e adapta-se aos estresses impostos a ele, incluindo o treinamento esportivo e outras formas de exercício e atividade física. Dessa forma, o corpo adapta-se ao estresse e acaba produzindo melhores desempenhos ou, pelo menos, uma tolerância aos níveis de atividade presentes (57). Embora a resposta hormonal não seja a única adaptação do corpo ao exercício, ela é certamente muito importante, uma vez que esses hormônios interagem com vários outros tecidos e sistemas do corpo. Nossa tarefa agora é verificar exatamente como esses hormônios respondem e adaptam-se, e como isso influencia a prescrição de treinamento que administramos.

Adaptações agudas e crônicas ao treinamento

O treinamento e a atividade física regulares resultam em uma adaptação do corpo para ajustar-se ao estresse. Hormonalmente, isso pode levar à supra-regulação ou à infra-regulação de diferentes hormônios, dependendo dos tipos de atividade física e do sistema fisiológico envolvido. A **supra-regulação** refere-se a um aumento do número de receptores na superfície das células-alvo, tornando-as mais sensíveis a um hormônio ou outra molécula; a **infra-regulação** é um decréscimo no número de receptores na superfície das células-alvo, tornando-as menos sensíveis a um hormônio ou outra molécula. Por um lado, essas alterações podem ser bem simples – elas aumentam ou diminuem as concentrações circulantes encontradas no sangue – embora as mudanças possam ser mais complexas. A Figura 6.12 ilustra um exemplo de como alguns hormônios podem aumentar e diminuir em reposta ao treinamento crônico (de longa duração) (42,68). Previamente ao treinamento, os indivíduos podem exercitar-se somente até certo ritmo de trabalho devido a seu estado não-treinado. À medida que eles aumentam a intensidade do exercício, a resposta hormonal aumenta de acordo. Depois de o treinamento de longa duração ter resultado em uma capacidade aumentada para o exercício, eles podem exercitar-se em um ritmo de trabalho mais alto. Agora, quando se exercitam no mesmo ritmo de trabalho de antes do treinamento, eles requerem uma resposta hormonal menor para a mesma atividade. Por outro lado, quando se exercitam na sua capacidade

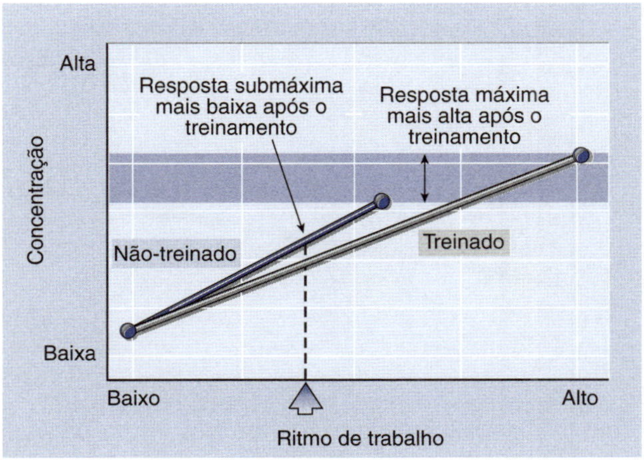

FIGURA 6.12 Adaptações comuns ao treinamento de longa duração para respostas hormonais a uma sessão de exercícios. Observe a resposta hormonal diminuída em um ritmo de trabalho submáximo absoluto após o treinamento de longa duração (indicada pela seta grande), mas a resposta hormonal aumentada em ritmos de trabalho máximos. O indivíduo treinado é capaz de exercitar-se em ritmos de trabalho mais altos.

máxima, eles podem produzir uma resposta hormonal maior, permitindo assim o ritmo de trabalho mais alto. Dessa forma, o indivíduo torna-se mais eficiente durante o exercício submáximo, sendo, ao mesmo tempo, capaz de funcionar em intensidades muito mais altas. Em geral, as respostas agudas ao exercício são determinadas imediatamente ou logo após se completar a seqüência de exercícios. Esses valores representam a resposta hormonal a uma única sessão de exercícios. Por outro lado, as respostas hormonais crônicas são freqüentemente determinadas a partir de alterações nas concentrações hormonais em repouso. Esses valores representam as concentrações de longa duração que são continuamente expostas ao tecido-alvo. Naturalmente, conforme mostrado na Figura 6.12, as adaptações crônicas também alteram, às vezes, a resposta aguda ao exercício.

Respostas e adaptações dos hormônios ao exercício de resistência aeróbia

A seção a seguir trata dos principais hormônios que interessam para este capítulo e de como eles respondem de forma aguda a diferentes intensidades e durações de exercício aeróbio. Quando disponíveis, as respostas crônicas ao treinamento de longa duração também são incluídas. Observe que as figuras para cada hormônio indicam valores e respostas representativos, que podem variar entre indivíduos e com diferentes condições de teste.

Durante atividades aeróbias, a maioria dos hormônios aumenta conforme a intensidade e a duração aumentam. Contudo, algumas exceções importantes devem ser percebidas.

TESTOSTERONA E EXERCÍCIO DE RESISTÊNCIA AERÓBIA

Durante o exercício aeróbio, a testosterona aumenta de maneira dependente da intensidade. Baixas intensidades de exercício promovem pequena ou nenhuma resposta, e intensidades máximas ou próximas da máxima resultam em uma elevação significativa (Fig. 6.13). Durante o exercício aeróbio prolongado, a testosterona exibe uma resposta bifásica (11). Contanto que a intensidade seja alta o bastante, as concentrações de testosterona aumentarão inicialmente. Se a duração do exercício for longa o suficiente, as concentrações diminuirão. Exemplos disso são os níveis diminuídos de testosterona relatados após eventos como uma maratona. Em razão de as quantidades de testosterona em mulheres serem pequenas, uma pequena ou nenhuma resposta é observada (3). Algumas vezes, o treinamento de resistência aeróbia de longa duração foi associado a concentrações mais baixas de testosterona, mas isso pode ser simplesmente devido aos efeitos dos enormes volumes de treinamento relatados para esses indivíduos. A testosterona é inversamente relacionada ao estresse de treinamento; à medida que o estresse aumenta, os níveis de testosterona diminuem.

Em mulheres, em vez da testosterona, os principais hormônios relacionados ao sexo que nos interessam são os estrogênios (estradiol, estrona e estriol). Assim como

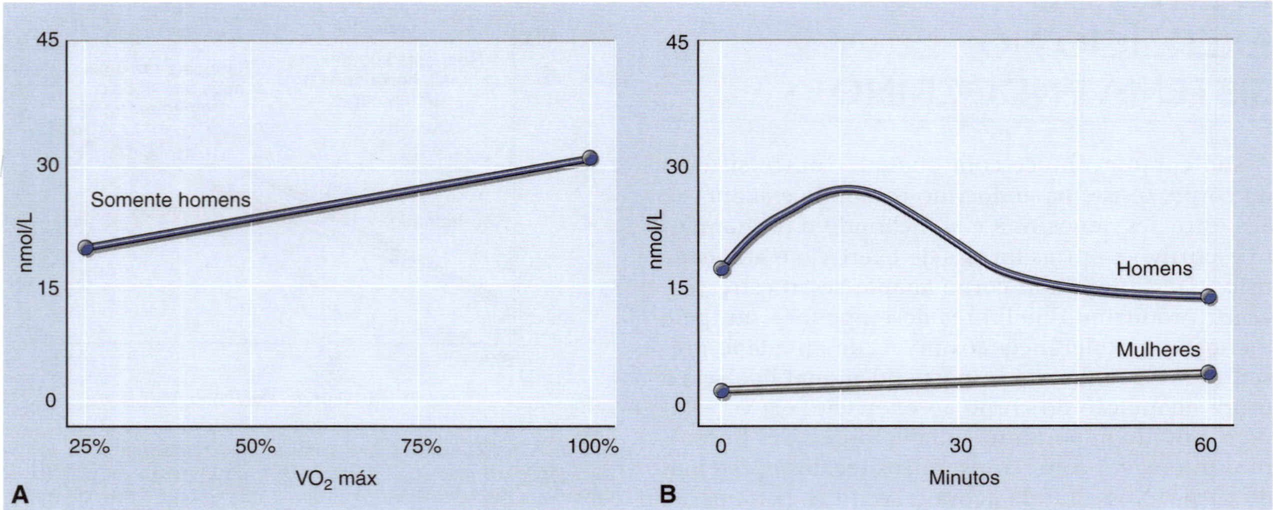

FIGURA 6.13 Respostas das concentrações circulantes de testosterona total a atividades aeróbias (3,11). **A.** Respostas típicas para homens em diferentes intensidades aeróbias (% $\dot{V}O_{2máx}$). **B.** Concentrações de testosterona durante 60 minutos de exercício de resistência aeróbia de alta intensidade para homens e mulheres.

acontece com a testosterona, esses hormônios aumentam um tanto de maneira dependente da intensidade (4). No entanto, a fase do ciclo menstrual pode influenciar as respostas. Igualmente, o uso de contraceptivos orais à base de hormônio pode alterar essas respostas.

CORTISOL E EXERCÍCIO DE RESISTÊNCIA AERÓBIA

Durante o exercício aeróbio, o cortisol aumenta, na maioria dos casos, de maneira dependente da intensidade (23,59). Em intensidades muito baixas, ele não aumenta e pode na verdade diminuir levemente devido ao estresse muito baixo nos sistemas metabólicos nessas intensidades. Intensidades mais altas que 50% do $\dot{V}O_2$máx resultam em elevações do cortisol devidas às demandas de energia para exercitar-se nesses níveis (Fig. 6.14). Uma resposta similar é observada para o exercício aeróbio prolongado, em que os níveis de cortisol aumentam com a duração do exercício (7). A resposta ao treinamento de longa duração inclui concentrações de cortisol mais baixas (68), refletindo a capacidade do corpo para utilizar mais efetivamente o substrato energético disponível.

RAZÃO TESTOSTERONA/CORTISOL E EXERCÍCIO DE RESISTÊNCIA AERÓBIA

Devido aos volumes de treinamento extremamente altos que os atletas de resistência geralmente realizam, essa razão hormonal freqüentemente é reduzida entre esses atletas (50-52). No entanto, isso não precisa acontecer, uma vez que essa razão pode ser recuperada quando o volume diminuir.

HORMÔNIO DO CRESCIMENTO E EXERCÍCIO DE RESISTÊNCIA AERÓBIA

Considerando que o hormônio do crescimento (GH) está fortemente vinculado à disponibilidade de energia, as concentrações circulantes estão positivamente relacionadas à intensidade do exercício (23,59). Aumentos bastante elevados nos níveis de GH são observados em intensidades máximas de exercício aeróbio. De forma semelhante, os níveis de GH aumentam com durações progressivas de exercício aeróbio (49). O treinamento de longa duração resulta em um sistema metabólico mais eficiente; assim, concentrações mais baixas de GH são produzidas quando o exercício é realizado na mesma intensidade absoluta. Por outro lado, esforços máximos resultam em uma resposta de GH maior em indivíduos treinados (23) (Fig. 6.15).

INSULINA, GLUCAGON E EXERCÍCIO DE RESISTÊNCIA AERÓBIA

Durante o exercício aeróbio, a insulina diminui, minimizando assim a utilização de glicose sangüínea quando esta é necessária para energia. Entretanto, o glucagon aumenta, permitindo assim que a glicose torne-se disponível para energia. Desse modo, esses dois hormônios trabalham combinados para regular adequadamente a disponibilidade de glicose durante a atividade física (23,59). Após treinamento de longa duração, o decréscimo de insulina é menos pronunciado, muito provavelmente devido à alteração quase inexistente no glucagon. A utilização de glicose torna-se menos dependente de insulina, uma vez que o treinamento crônico resulta no aumento da ativação de proteínas transportadoras de

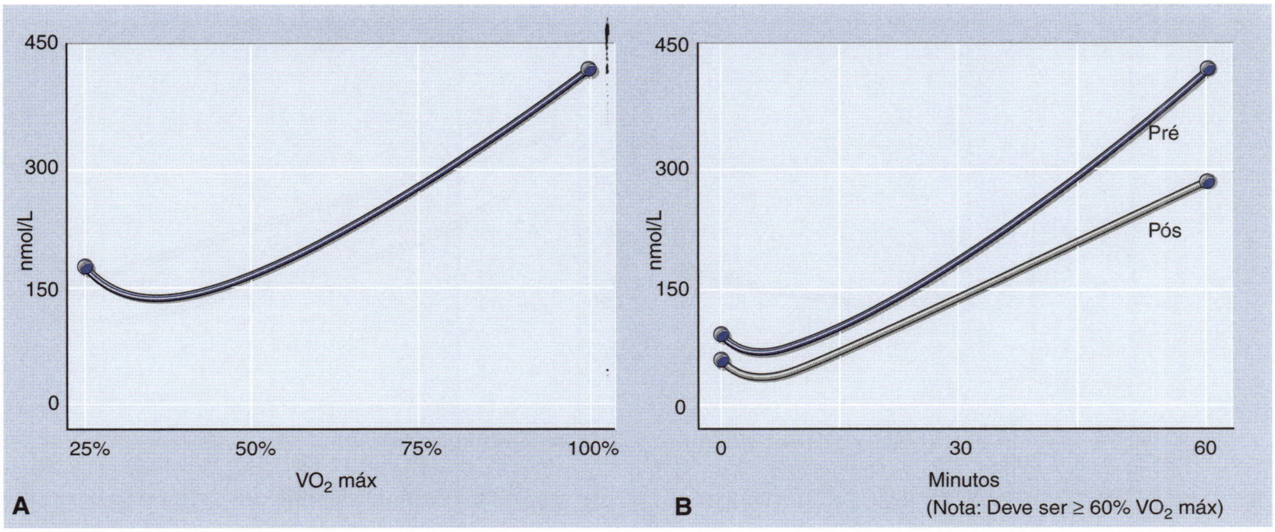

FIGURA 6.14 Respostas das concentrações circulantes de cortisol a atividades aeróbias (7,23,57,66). **A.** Respostas típicas em diferentes intensidades aeróbias (% $\dot{V}O_{2máx}$). **B.** Concentrações de cortisol durante 60 minutos de exercício de resistência aeróbia a ≥ 60% $\dot{V}O_{2máx}$. *Pré* e *pós* referem-se a antes e depois de treinamento de longa duração.

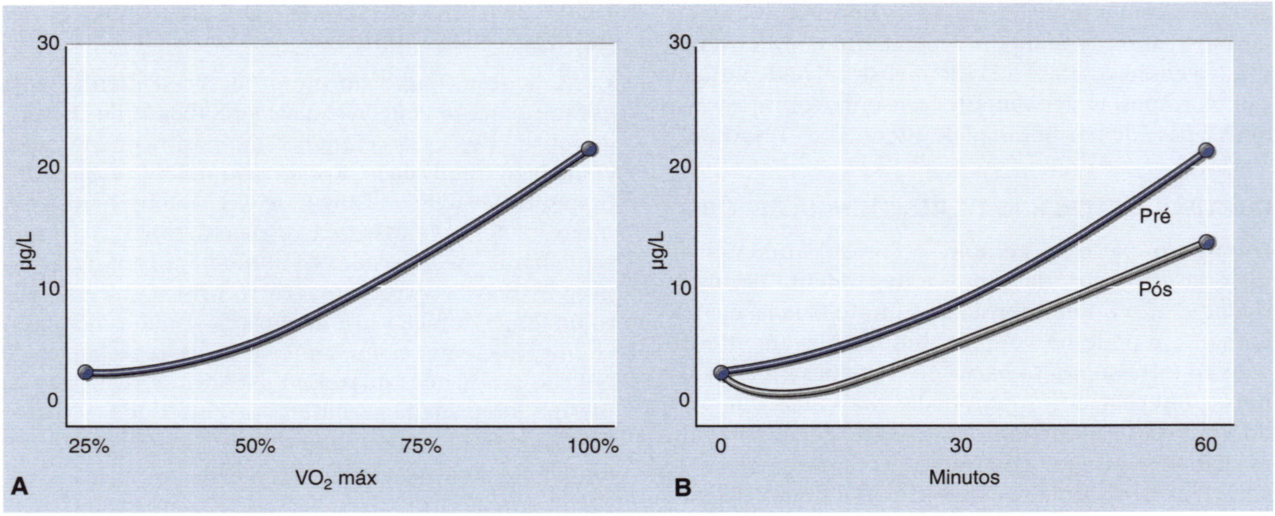

FIGURA 6.15 Respostas das concentrações circulantes de hormônio do crescimento a atividades aeróbias (23,47,57). **A.** Respostas típicas em diferentes intensidades aeróbias (% $\dot{V}O_{2máx}$). **B.** Concentrações de hormônio do crescimento durante 60 minutos de exercício de resistência aeróbia de alta intensidade. *Pré* e *pós* referem-se a antes e depois de treinamento de longa duração.

glicose da membrana, as quais regulam o transporte de glicose através da membrana celular plasmática. Além disso, o treinamento crônico resulta em uma diminuição da resposta do sistema nervoso simpático; assim, os níveis de insulina diminuem, e o glicogênio aumenta em menor medida. A Figura 6.16 mostra as respostas de insulina a atividades aeróbias; a Figura 6.17 mostra as respostas de glucagon a atividades aeróbias.

EPINEFRINA E EXERCÍCIO DE RESISTÊNCIA AERÓBIA

Comparadas a outros hormônios, as catecolaminas exibem respostas extremamente elevadas ao exercício físico. A epinefrina é particularmente suscetível a uma resposta antecipatória (20,22). Em resposta ao exercício aeróbio, as concentrações de epinefrina aumentam de maneira dependente da intensidade (9,43) (Fig. 6.18), embora as respostas em baixas intensidades sejam às vezes mínimas. Além disso, as concentrações aumentam com a duração progressiva do exercício aeróbio (23,41). O treinamento aeróbio de longa duração resulta em uma capacidade aumentada de secretar epinefrina em intensidades máximas. Por outro lado, intensidades submáximas absolutas resultam em concentrações mais baixas após o treinamento, indicativas de

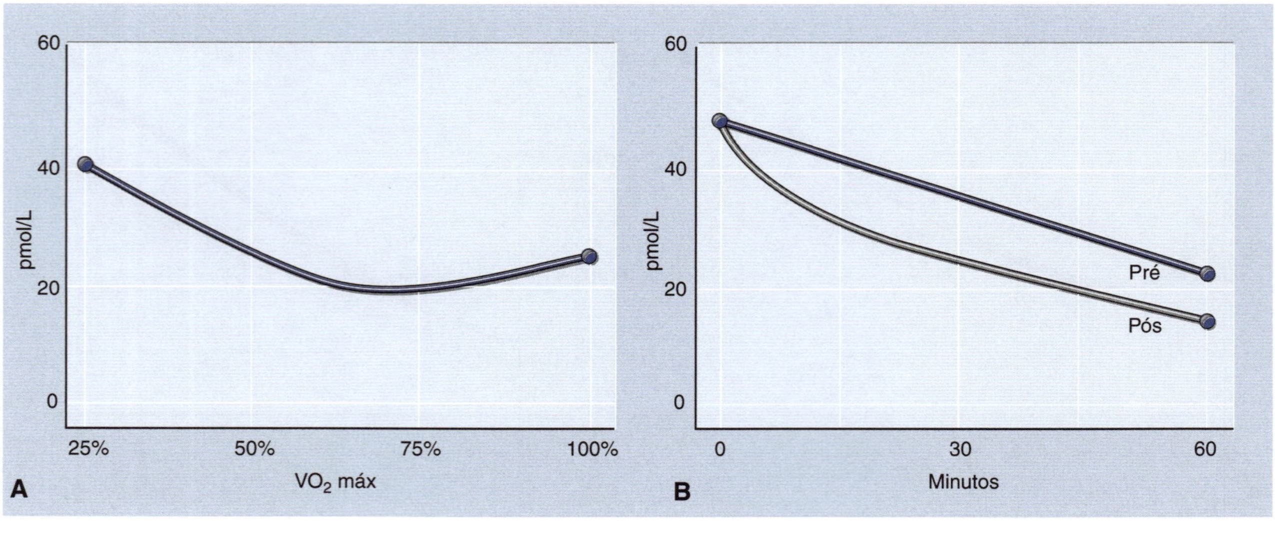

FIGURA 6.16 Respostas das concentrações circulantes de insulina a atividades aeróbias (23,57). **A.** Respostas típicas em diferentes intensidades aeróbias (% $\dot{V}O_{2máx}$). **B.** Concentrações de insulina durante 60 minutos de exercício de resistência aeróbia de alta intensidade. *Pré* e *pós* referem-se a antes e depois de treinamento de longa duração.

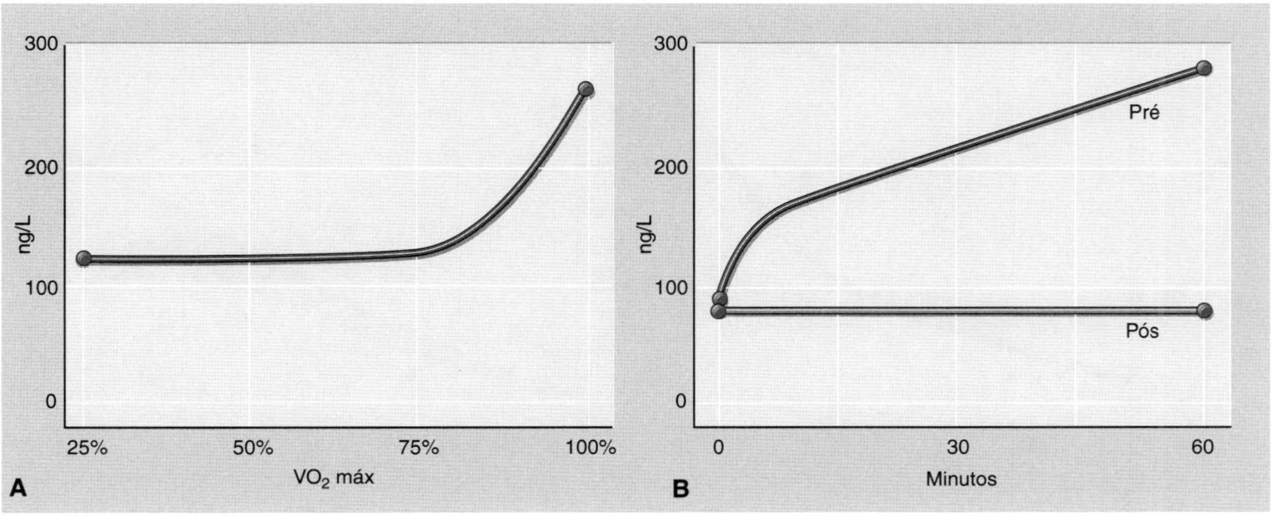

FIGURA 6.17 Respostas das concentrações circulantes de glucagon a atividades aeróbias (23,57). **A.** Respostas típicas em diferentes intensidades aeróbias (% $\dot{V}O_{2máx}$). **B.** Concentrações de glucagon durante 60 minutos de exercício de resistência aeróbia de alta intensidade. *Pré* e *pós* referem-se a antes e depois de treinamento de longa duração.

um sistema mais eficiente (ver Fig. 6.12). Os receptores para a epinefrina são muito sensíveis a concentrações circulantes e prontamente diminuirão em número ou em responsividade se os níveis de epinefrina permanecerem elevados por um período longo demais (2).

NOREPINEFRINA E EXERCÍCIO DE RESISTÊNCIA AERÓBIA

Embora a epinefrina e a norepinefrina pareçam responder de forma semelhante, elas são originalmente derivadas de diferentes fontes, e suas respostas ao exercício não são absolutamente idênticas. Dessa forma, elas representam diferentes fenômenos fisiológicos. A norepinefrina aumenta de maneira dependente da intensidade aeróbia, com intensidades mais altas induzindo respostas mais elevadas (9,43). Assim como a epinefrina, a norepinefrina aumenta com o exercício aeróbio de maior duração (23,41) (Fig. 6.19). O treinamento de longa duração resulta em concentrações mais altas de norepinefrina com o exercício máximo; o exercício submáximo produzirá concentrações mais baixas, novamente indicativas de um sistema mais eficiente (ver Fig. 6.12). Se o exercício resultar em uma elevação

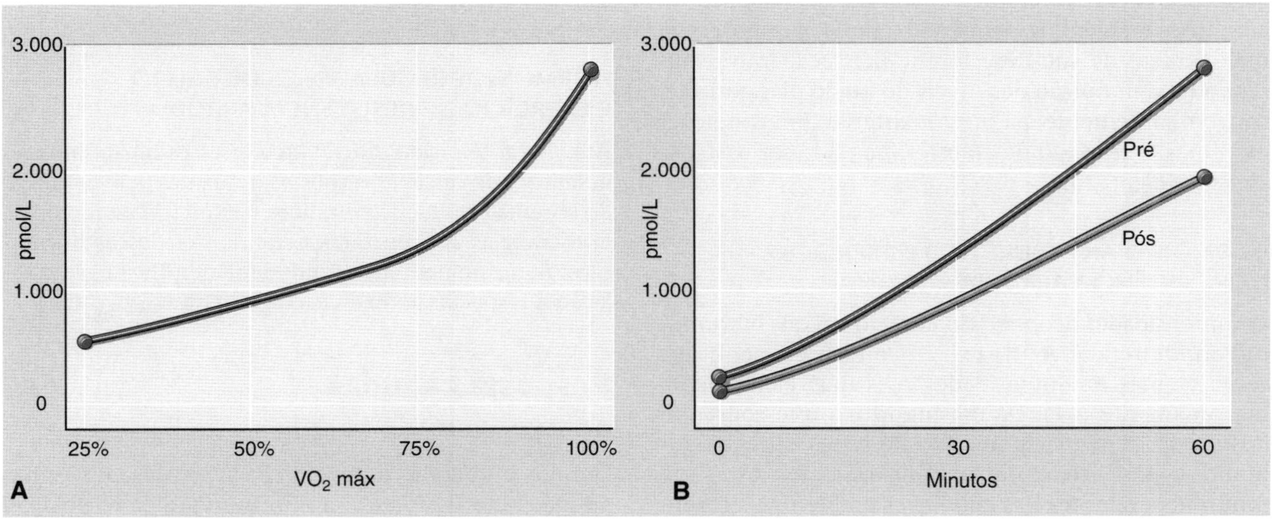

FIGURA 6.18 Respostas das concentrações circulantes de epinefrina a atividades aeróbias (9,23,40,42). **A.** Respostas típicas em diferentes intensidades aeróbias (% $\dot{V}O_{2máx}$). **B.** Concentrações de epinefrina durante 60 minutos de exercício de resistência aeróbia de alta intensidade. *Pré* e *pós* referem-se a antes e depois de treinamento de longa duração.

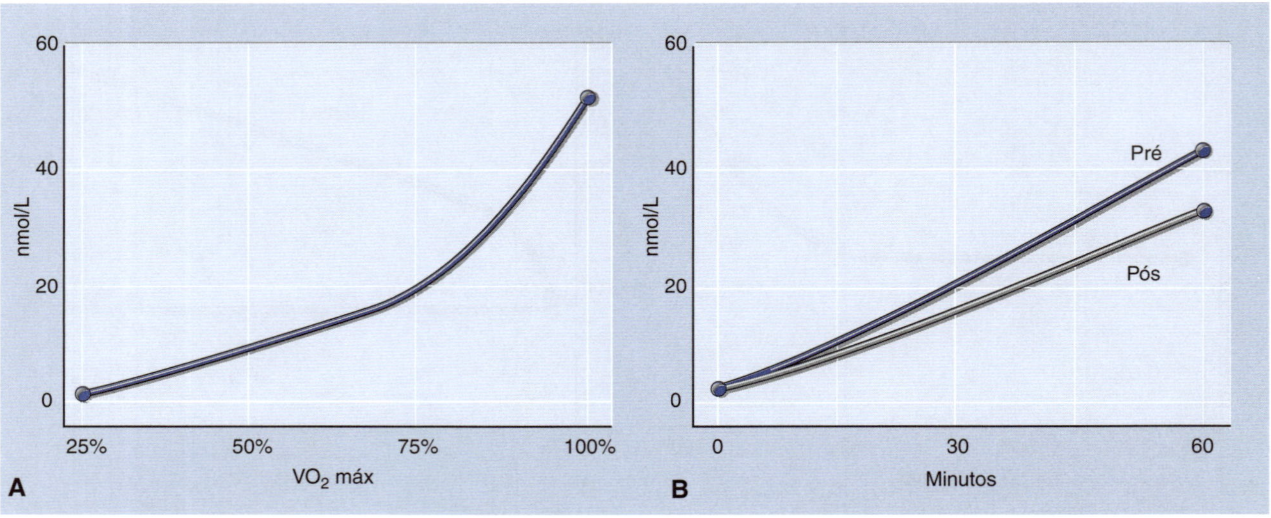

FIGURA 6.19 Respostas das concentrações circulantes de norepinefrina a atividades aeróbias (9,23,40,42). **A.** Respostas típicas em diferentes intensidades aeróbias (% $\dot{V}O_{2máx}$). **B.** Concentrações de norepinefrina durante 60 minutos de exercício de resistência aeróbia de alta intensidade. *Pré* e *pós* referem-se a antes e depois de treinamento de longa duração.

excessiva das catecolaminas por períodos estendidos de tempo, o sistema fisiológico responsável (sistema nervoso central) pode ficar exaurido, resultando em desempenhos prejudicados (18). Isso tem implicações para o sobretreinamento, discutido mais adiante.

ALDOSTERONA E EXERCÍCIO DE RESISTÊNCIA AERÓBIA

Assim como acontece com muitos hormônios, a aldosterona aumenta durante o exercício aeróbio de maneira dependente da intensidade (61). Embora a aldosterona aumente durante o exercício aeróbio de longa duração, a extensão desse aumento é altamente dependente das condições ambientais (16). Por exemplo, condições em que as taxas de sudorese forem altas acabarão resultando na diminuição dos níveis de fluido plasmático e, concomitantemente, da pressão arterial. Em condições extremas, a resposta de aldosterona pode ser bastante elevada (Fig. 6.20).

HORMÔNIO ANTIDIURÉTICO E EXERCÍCIO DE RESISTÊNCIA AERÓBIA

Em intensidades de exercício aeróbio baixas, o hormônio antidiurético (ADH) exibe pequena ou nenhuma resposta; mas, em intensidades mais altas, ele aumenta marcadamente (61). Da mesma forma que com a aldosterona, o exercício aeróbio de longa duração aumenta o ADH, mas, novamente, essas respostas são muito dependentes das condições ambientais presentes (16). Conforme mostrado na Figura 6.21, o treinamento aeróbio de longa duração resulta em respostas de ADH diminuídas na mesma intensidade de exercício absoluta, ao passo que a resposta aumenta na mesma intensidade relativa.

HORMÔNIOS TIREÓIDES E EXERCÍCIO DE RESISTÊNCIA AERÓBIA

Embora os hormônios tireóides sejam, sem dúvida, importantíssimos para a saúde, suas respostas ao exercício são, segundo relatos, bastante variáveis (53), e pouco se sabe sobre suas respostas e adaptações ao exercício agudo e crônico. Existem algumas evidências de que os hormônios tireóides diminuem durante as fases estressantes do treinamento, mas esses dados não são definitivos.

HORMÔNIOS REGULADORES DE CÁLCIO E EXERCÍCIO DE RESISTÊNCIA AERÓBIA

Até agora, tem sido difícil vincular esses hormônios reguladores de cálcio às respostas induzidas pelo exercício do sistema esquelético. Embora o exercício agudo possa aumentar as concentrações circulantes desses hormônios, nenhum padrão definitivo foi identificado com relação a respostas ao exercício agudo ou crônico (53).

Respostas agudas ao exercício de força

Um dos problemas do estudo das repostas endócrinas ao exercício de força é a enorme variedade possível com esse estímulo de treinamento. Isso é mais bem ilustrado pelas cinco variáveis do treinamento agudo para o exercício de força (15,17). São elas:

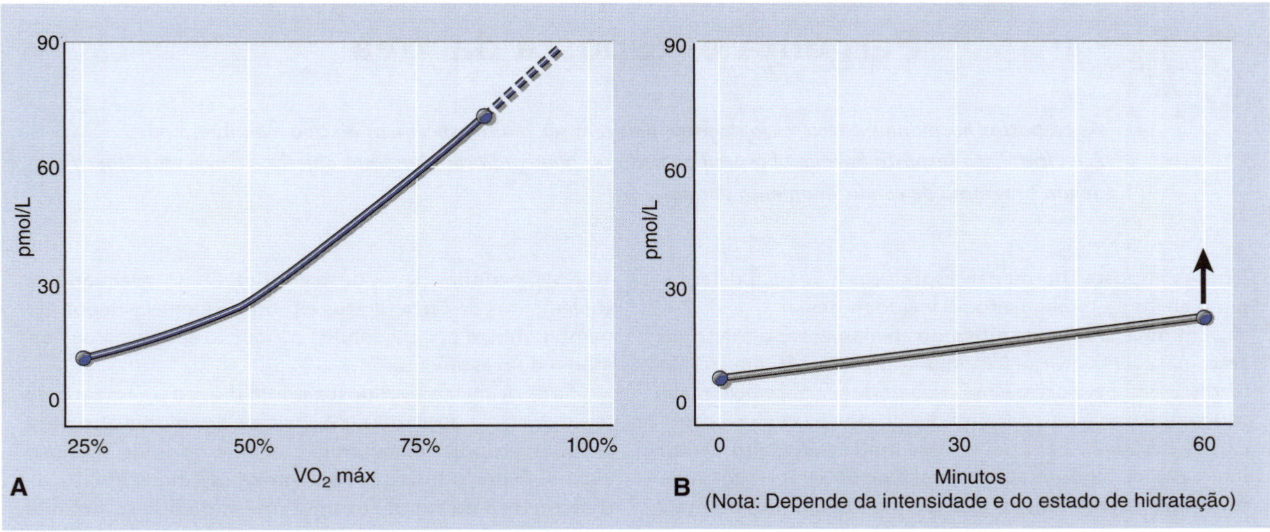

FIGURA 6.20 Respostas das concentrações circulantes de aldosterona a atividades aeróbias (16,59). **A.** Respostas típicas em diferentes intensidades aeróbias até 80% $\dot{V}O_{2máx}$. A linha pontilhada indica os valores esperados para intensidades mais altas. **B.** Concentrações de aldosterona durante 60 minutos de exercício de resistência aeróbia de alta intensidade. Note que a resposta de aldosterona é altamente dependente da intensidade do exercício e do estado de hidratação atual do indivíduo.

1. Escolha do exercício;
2. Ordem do exercício;
3. Volume do exercício;
4. Intensidade (ou carga) do exercício;
5. Intervalos de repouso entre séries.

Essas cinco variáveis representam todas as variáveis possíveis para uma única sessão de treinamento de força. Não é necessário dizer que cada variável inclui muitas opções. Quando todas as cinco variáveis são consideradas, o número de combinações possíveis torna-se extremamente grande, representando assim a enorme quantidade de estímulos que o exercício de força pode apresentar. Quando se junta a isso o programa de longa duração, as características do programa de treinamen-

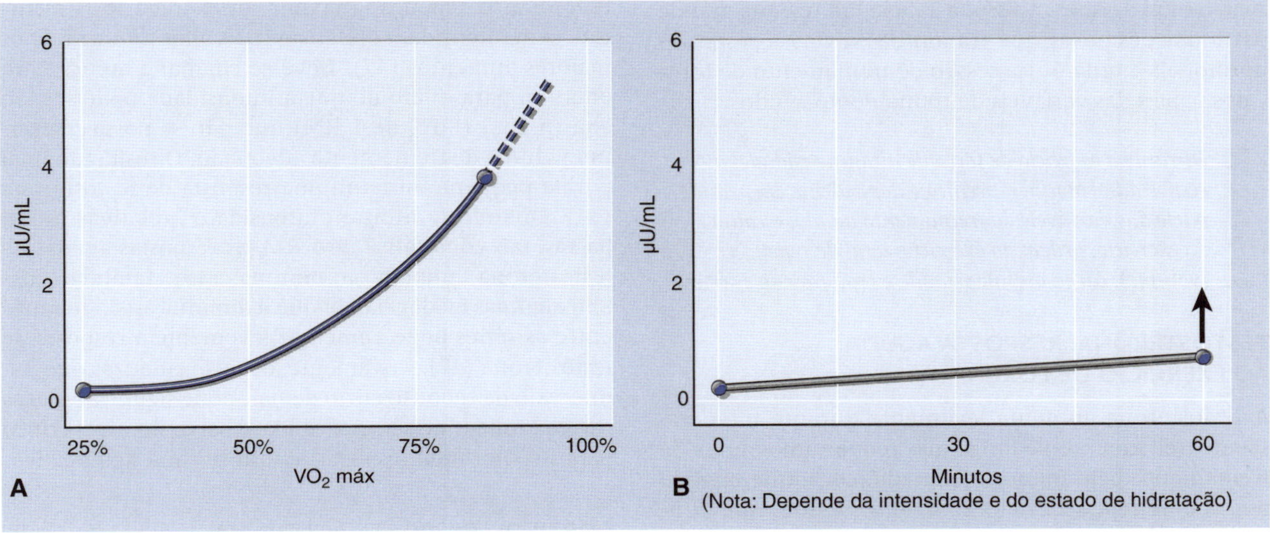

FIGURA 6.21 Respostas das concentrações circulantes de hormônio antidiurético a atividades aeróbias (16,59). **A.** Respostas típicas em diferentes intensidades aeróbias até 80% $\dot{V}O_{2máx}$. A linha pontilhada indica os valores esperados para intensidades mais altas. **B.** Concentrações de hormônio antidiurético durante 60 minutos de exercício de resistência aeróbia de alta intensidade. Note que a resposta de hormônio antidiurético é altamente dependente da intensidade do exercício e do estado de hidratação atual do indivíduo.

Pergunta e resposta da área

As respostas hormonais ao exercício de força parecem ser muito específicas ao tipo e à intensidade do exercício. Essa resposta hormonal específica pode ser planejada com base nos objetivos e períodos específicos de um programa de condicionamento periodizado?

Sim. As respostas hormonais específicas ajudam a determinar o efeito do treinamento no tecido muscular.

Em uma fase hipertrófica do treinamento, o atleta do sexo masculino desejará estimular a produção natural de testosterona pelo organismo. Isso pode ser mais bem realizado com exercícios para grandes grupos musculares, com cargas elevadas e com um volume moderado a alto, tendo intervalos de repouso curtos (cerca de 60 s). A resposta de testosterona em homens atletas é maior com dois ou mais anos de experiência em treinamento de força.

Para estimular a produção natural de hormônio do crescimento, utilize protocolos de treinamento de força que estimulem a alta produção de ácido lático (alta intensidade, 10 RMs, períodos de repouso curtos). O uso adequado de suplementos de carboidratos e proteínas antes e depois do treino também pode ajudar na produção endógena de hormônio do crescimento.

Para otimizar a resposta adrenal ao treinamento de força, o atleta deve utilizar exercícios de volume alto para grandes grupos musculares, com períodos de repouso curtos. Expor o atleta a uma variedade de estímulos de treinamento de força em uma intensidade alta permite que a resposta adrenal assuma um papel ativo na recuperação. Em um protocolo de alta intensidade como esse, sempre monitore o atleta a fim de detectar sinais de sobretreinamento.

to podem ser quase esmagadoras. Independentemente disso, muito progresso tem sido feito com relação ao efeito das variáveis do treinamento agudo nas respostas hormonais subseqüentes. Infelizmente, muitas questões permanecem sem resposta no tocante às respostas hormonais a cada uma dessas variáveis do treinamento agudo. Por exemplo, pouco se sabe sobre como a alteração da ordem do exercício influencia as respostas e adaptações hormonais. Além disso, pouco se sabe também sobre como os diversos hormônios respondem ao exercício de força. Apesar disso, a Tabela 6.3 resume grande parte das pesquisas que tratam das diversas respostas hormonais a uma única sessão de treinamento de força e dos papéis das variáveis do treinamento agudo.

Durante o exercício de força de alta intensidade, a resposta hormonal específica é dependente em grande parte das variáveis do treinamento agudo: escolha do exercício, ordem do exercício, total de repetições (volume), carga ou intensidade e repouso entre séries.

TESTOSTERONA: RESPOSTA AGUDA AO EXERCÍCIO DE FORÇA

A testosterona aumenta facilmente durante uma sessão de treinamento de força, mas requer um volume de treinamento pelo menos moderado, conforme medido no total de repetições (13,27,47,65). Sessões que utilizam exercícios multiarticulares para desenvolver grandes grupos musculares parecem provocar respostas mais elevadas do que aquelas que utilizam apenas exercícios para pequenos grupos musculares (35,45). Além disso, sessões de exercícios que incorporam exercícios de alta potência, como os movimentos do levantamento olímpico (arranque, e arranque e arremesso), também podem produzir aumentos consideráveis de testosterona (45). Esses tipos de exercícios (p. ex., agachamentos, supinos, arranques, levantamentos-terra, etc.) demandam muita energia e ativam os sistemas endócrino e neuroendócrino do corpo em maior medida do que outros tipos de exercícios de força (p. ex., roscas diretas, extensões e flexões de joelhos, etc.). A intensidade relativa (percentual de uma repetição máxima, ou % de 1 RM) é crucial, com intensidades relativas mais altas produzindo os maiores aumentos (47). Deve-se chamar a atenção, no entanto, para o fato de que a intensidade pode ser tão alta (p. ex., 100% de 1 RM) que não se possa realizar um volume de treinamento adequado. O resultado final é uma pequena ou nenhuma resposta de testosterona (34). Quando se utilizam intensidades relativas muito baixas, tais como 40% de 1 RM, as respostas agudas de testosterona também são mínimas (35). Também existem algumas evidências de que a diminuição do repouso entre as séries pode aumentar levemente a resposta de testosterona (47). Novamente, deve-se enfatizar que um intervalo de repouso curto demais pode significar que as cargas tenham de ser diminuídas abaixo do nível crítico para se obter uma resposta de testosterona significativa.

CORTISOL: RESPOSTA AGUDA AO EXERCÍCIO DE FORÇA

Comparado à testosterona, o cortisol tende a exibir uma resposta aguda maior ao exercício de força (47).

TABELA 6.3 Efeitos conhecidos das variáveis do treinamento de força agudo em diversas respostas hormonais a uma única sessão de exercícios (13,1,27,28,34,35,44,45,47,56,62,65)

Variável do treinamento agudo	Testosterona	Cortisol	Hormônio do crescimento	Lactato
Escolha do exercício	↑ Com exercícios para grandes grupos musculares e exercícios de alta potência, volumes moderadamente altos são necessários	↑ Com exercícios para grandes grupos musculares e exercícios de alta potência, ↑ geralmente com sessão de treinamento para o corpo todo	↑ Com exercícios para grandes grupos musculares e exercícios de alta potência, ↑ com pesos livres >↑com equipamentos	↑ Com exercícios para grandes grupos musculares e exercícios de alta potência
Volume dos exercícios	Respostas variáveis, depende de outros fatores	↑ Com volume progressivo. Nota: O volume pode ser baixo se a intensidade for alta o bastante	↑ Com volume progressivo. Nota: A resposta do GH está relacionada ao trabalho total	↑ Com volume progressivo
Intensidade do exercício	↑ Com intensidade relativa progressiva (% de 1 RM)	↑ Com intensidade relativa progressiva (% de 1 RM). Nota: Cortisol ↑ > testosterona ↑	↑ Com intensidade relativa progressiva (% de 1 RM). Nota: O volume deve ser alto o bastante	Uma intensidade muito alta → resposta HLa menor
Intervalos de repouso entre séries	↓ Repouso pode ↑ testosterona (as respostas são variáveis)	↑ Com intervalos de repouso decrescentes	↑ Com intervalos de repouso decrescentes	↑ Com intervalos de repouso decrescentes

↑= aumenta; ↓ = diminui; RM = repetição máxima; > = maior do que.

Assim como acontece com a testosterona, o cortisol responde mais quando são realizados exercícios multiarticulares para grandes grupos musculares e quando são utilizados exercícios de alta potência (45). Devido às demandas metabólicas, os níveis de cortisol aumentarão quando forem realizadas sessões de treinamento para todo o corpo. O cortisol responde de forma dependente da intensidade relativa e do volume (47). Quando os intervalos de repouso entre séries são reduzidos, as respostas de cortisol também são aumentadas, mais uma vez devido muito provavelmente às demandas metabólicas da sessão (47). Deve-se notar que alguns suplementos alimentares têm sido promovidos com a alegação de que diminuem a resposta de cortisol ao exercício. Embora o cortisol seja um hormônio catabólico, ele também desempenha uma importante função na remodelação do tecido muscular. Dessa forma, diminuir ou eliminar a resposta de cortisol pode não ser desejável.

HORMÔNIO DO CRESCIMENTO: RESPOSTA AGUDA AO EXERCÍCIO DE FORÇA

O uso de exercícios multiarticulares para grandes grupos musculares, bem como de exercícios de alta potência, é novamente crucial para uma resposta elevada de hormônio do crescimento (45,47). Há algumas evidências de que os pesos livres podem produzir uma resposta mais elevada do que os exercícios em equipamentos, mas isso pode simplesmente estar relacionado ao envolvimento dos grupos musculares (56). A intensidade relativa e o volume do exercício também estão positivamente relacionados à resposta de hormônio do crescimento (47,62). O intervalo de repouso entre séries é extremamente importante, com intervalos de repouso muito curtos promovendo respostas agudas de hormônio do crescimento extremamente elevadas.

LACTATO: RESPOSTA AGUDA AO EXERCÍCIO DE FORÇA

Embora não seja um hormônio, o lactato possibilita uma compreensão das características metabólicas de diferentes sessões de treinamento de força. Em geral, os protocolos que utilizam exercícios para grandes grupos musculares, multiarticulares e de alta potência, com grandes volumes de treinamento e intervalos curtos de repouso entre séries, produzem respostas de lactato mais elevadas (28,45,47). No entanto, se a intensidade relativa for grande demais, o volume que pode ser realizado torna-se baixo demais, comprometendo, assim, a resposta de lactato.

TABELA 6.4	Efeitos hormonais do treinamento de força normal de longa duração (5,29-32,37,46,53)
Hormônio	**Efeitos**
Testosterona	Leve aumento
Cortisol	Leve aumento
Hormônio do crescimento	Leve aumento
Insulina	Aumento
Glucagon	Decréscimo
Epinefrina	Intensidade máxima: aumento Intensidade submáxima: decréscimo
Norepinefrina	Intensidade máxima: aumento Intensidade submáxima: decréscimo
Hormônio antidiurético	Leve decréscimo (depende das condições ambientais)
Aldosterona	Leve decréscimo (depende das condições ambientais)
Tiroxina	Nenhuma alteração conhecida
Triiodotironina	Nenhuma alteração conhecida
Calcitonina	Nenhuma alteração conhecida
Hormônio paratireóide	Nenhuma alteração conhecida

Adaptações de longa duração ao exercício de força

A Tabela 6.4 lista as respostas de longa duração (crônicas) ao exercício de força de alta intensidade (29-32). Em geral, as concentrações de repouso desses hormônios não são alteradas, mas podem ocorrer diferenças nas respostas agudas a uma sessão de treinamento de força. Em alguns casos, a resposta aumenta, indicando uma capacidade melhorada das glândulas endócrinas envolvidas. Em outros, a resposta diminui, indicando uma eficiência aumentada desses hormônios. Até o momento, as respostas de um número de hormônios não são conhecidas.

As adaptações hormonais de longa duração ao treinamento são mais sutis do que a resposta aguda a uma única sessão, mas podem fornecer uma importante adaptação ao treinamento.

Sobretreinamento e sistema endócrino

Embora um programa de treinamento bem planejado seja desejável para resultados ótimos, às vezes o programa de exercícios é inadequadamente prescrito, resultando em inadaptações ou sobretreinamento. O sobretreinamento ocorre quando o volume e/ou a intensidade do treinamento são excessivos e resultam em decréscimos prolongados no desempenho (17,18). Decréscimos de curta duração no desempenho são às vezes chamados pré-sobretreinamento e, freqüentemente, são parte de um programa de treinamento planejado (p. ex., duas sessões de treinamento por dia para muitos esportes). Como se poderia esperar, o sistema endócrino tem sido implicado nas adaptações inadequadas que ocorrem durante o sobretreinamento. Tem-se sugerido que o monitoramento de certos hormônios pode permitir o monitoramento dos estresses de treinamento, evitando assim o início de um estado de sobretreinamento (1). O que não é muitas vezes apreciado é que diferentes tipos de sobretreinamento parecem promover diferentes respostas hormonais (18).

O sobretreinamento que ocorre a partir de atividades que enfatizam a resistência aeróbia é geralmente caracterizado por volumes de treinamento muito altos (50-52). A Tabela 6.5 indica que, com exceção do hormônio do estresse cortisol, a maioria das respostas hormonais acaba diminuindo. O decréscimo das catecolaminas parece refletir a exaustão do sistema nervoso simpático. Volumes altos de exercício de força exibem muitas das mesmas características endócrinas (17,18,21). Talvez a variável mais comumente citada para monitorar o sobretreinamento seja a razão testosterona/cortisol (1). Em geral, isso parece ser indicativo dos estresses do treinamento coletivo, embora alterações nessa razão possam freqüentemente ocorrer, quando o sobretreinamento não está presente. Portanto, não se pode diagnosticar o sobretreinamento utilizando essa variável sozinha. Parece que exposições subseqüentes ao sobretreinamento de exercício de força de alto volume podem permitir que o corpo adapte-se ao estresse, resultando na evitação do sobretreinamento (21,22).

TABELA 6.5 Respostas Endócrinas no Sobretreinamento (1,17,18,50-52)

Hormônio	Sobretreinamento aeróbio	Sobretreinamento no EF de alto volume	Sobretreinamento no EF de alta intensidade
Testosterona	Diminui	Diminui	Inalterado ou moderadamente aumentado
Cortisol	Aumenta	Aumenta	Inalterado
TEST/CORT	Diminui	Diminui	Inalterado
Hormônio do crescimento	Aumenta → Diminui	Inalterado	Inalterado
Epinefrina	Diminui	Diminui?	Aumenta
Norepinefrina	Diminui	Diminui?	Aumenta

EF = Exercício de força.

Contrário a muitas das características comuns do sobretreinamento aeróbio ou do exercício de força de alto volume, o sobretreinamento do exercício de força de alta intensidade exibe um perfil endócrino bastante diferente. Em geral, os hormônios esteróides e o hormônio do crescimento freqüentemente não são afetados. Na realidade, alguns estudos mostraram um aumento da testosterona, exatamente o oposto de outros tipos de sobretreinamento (19). As catecolaminas de fato exibem respostas aumentadas ao exercício (20,22). Acredita-se que o sistema nervoso simpático ainda esteja tentando preservar o desempenho e ainda não tenha atingido um estado de exaustão conforme descrito anteriormente para outros tipos de sobretreinamento.

O uso do sistema endócrino para monitorar o treinamento

Uma questão crucial para muitos treinadores e atletas é o monitoramento dos efeitos fisiológicos do programa de treinamento. Isso pode ser relevante para a sessão de treinamento individual ou para os efeitos de longa duração de uma fase do ciclo de treinamento. Obviamente, obter amostras de sangue de um atleta é freqüentemente mais fácil de dizer do que de fazer, e analisar o sangue pode ser ainda mais difícil. Uma alternativa poderia ser coletar amostras de saliva ou urina, mas as análises ainda são demoradas e caras. Independentemente disso, muitas informações valiosas podem ser obtidas se forem acessadas.

Tem-se proposto que os níveis de fadiga, recuperação e sobretreinamento podem às vezes ser monitorados rastreando-se as respostas hormonais e as adaptações ao treinamento.

EFEITO DE TREINAMENTO DE UMA ÚNICA SESSÃO

A resposta hormonal a uma única sessão de treinamento pode auxiliar o treinador a determinar se o estímulo de treinamento desejado está sendo aplicado (64). As respostas de testosterona, cortisol e hormônio do crescimento podem ajudar a determinar as características anabólicas do estímulo de treinamento. Tem-se até sugerido que os hormônios tireóides e a insulina sejam também monitorados por essa razão, uma vez que também têm sido associados com as respostas anabólicas do músculo.

INTENSIDADE DE TREINAMENTO DE UMA ÚNICA SESSÃO

Tem-se sugerido que informações úteis sobre se as intensidades de treinamento adequadas têm sido aplicadas podem ser deduzidas a partir dos perfis hormonais agudos. Se as respostas hormonais forem normalmente monitoradas, pode ser possível avaliar se a intensidade prescrita é adequada com base nas respostas dos hormônios dependentes da intensidade (64).

Pode-se planejar uma sessão de treinamento que otimize ou minimize as respostas hormonais anabólicas.

DIAGNÓSTICO DE FADIGA

Todos os treinadores e atletas gostariam de saber o quão bem o programa de treinamento está sendo tolerado (17,18,64). Quando o treinamento passa a ser excessivo, é muito importante detectar esse problema antes que ele se torne uma síndrome de sobretreinamento de longa duração. Para fazer isso de forma adequada, as variáveis hormonais devem ser medidas regularmente para determinar os valores normais para cada indivíduo. As variáveis possíveis de se monitorar incluem a testosterona, o cortisol, a razão testosterona/cortisol e as catecolaminas. É importante lembrar que, apenas porque algumas das variáveis endócrinas alteram-se, isso não significa que tenha ocorrido sobretreinamento ou que haja fadiga excessiva. Isso pode, entretanto, servir de alerta de problemas iminentes.

MONITORAMENTO DA RECUPERAÇÃO

Uma vez determinados os níveis hormonais normais para um indivíduo, é possível descobrir quando um indivíduo fatigado retorna a seus estados pré-fadiga (64). Qualquer hormônio ou neurohormônio que responda ao estresse de treinamento pode ter de retornar aos níveis normais para aquele indivíduo antes que a recuperação fisiológica seja considerada completa. Esse pode ser um passo muito importante ao se avaliar se um programa de treinamento periodizado foi planejado para permitir a recuperação adequada durante certas fases do treinamento.

OTIMIZAÇÃO DO PROGRAMA DE TREINAMENTO

O último desafio para o leitor deste capítulo é utilizar as informações fornecidas no planejamento de um programa de força e condicionamento. Um programa como esse dependerá, naturalmente, dos objetivos traçados para o propósito específico do treinamento. Embora vários sistemas fisiológicos do corpo devam ser considerados, uma compreensão sobre o desenvolvimento de programas de treinamento pode ser deduzida a partir dos dados endócrinos disponíveis.

Objetivo: Hipertrofia muscular

Ao planejar um programa em que a hipertrofia muscular seja o objetivo principal, será importante delinear o estímulo de treinamento para otimizar a resposta hormonal anabólica. Por exemplo, as repostas de hormônio do crescimento são otimizadas quando se utilizam exercícios para grandes grupos musculares, com cargas de aproximadamente 10 RMs e intervalos de repouso bem curtos (1 min ou menos). Além disso, algum trabalho com cargas relativamente altas é necessário para otimizar a resposta aguda de testosterona.

Objetivo: Não desenvolver hipertrofia muscular

Alguns esportes podem exigir que um indivíduo mantenha determinado peso corporal (p. ex., esportes com categorias de peso, atividades em que uma grande massa muscular não seja desejada). Ao planejar um programa para tais indivíduos, talvez seja prudente minimizar a resposta de hormônios anabólicos. Por exemplo, evitar exercícios para grandes grupos musculares pode minimizar algumas das respostas de hormônio do crescimento a uma sessão de treinamento. Naturalmente, isso também depende das intensidades e dos intervalos de repouso prescritos. Em alguns casos, exercícios multiarticulares para grandes grupos musculares são necessários para os propósitos do treinamento. Em tais casos, permitir intervalos de repouso mais longos definitivamente minimizará a resposta de hormônio do crescimento.

Objetivo: Desempenho de alta potência

Tem-se sugerido que os desempenhos de potência ótimos ocorrem quando as concentrações de repouso de testosterona são relativamente altas (6). Se esse for o caso, o programa de treinamento deve permitir uma elevação de longa duração dos níveis de testosterona de repouso. Um método de se fazer isso é diminuir os estresses de treinamento (i.e., diminuir o volume e/ou a intensidade) durante a fase de estreitamento (33). Adicionalmente, a utilização crônica de intensidades relativas altas usando exercícios de alta potência para grandes grupos musculares pode contribuir para pequenas elevações dos níveis de repouso de testosterona (32).

Objetivo: Pico de desempenho

Se um pico de desempenho é desejado, o estreitamento do treinamento precedente deve permitir que as concentrações de repouso de certos hormônios sejam adequadamente recuperadas. Nesse caso, a diminuição do volume de carga (repetições vezes peso) pode resultar em elevações da testosterona de repouso e aumentos da razão testosterona/cortisol (33).

Objetivo: Evitar sobretreinamento

Embora muitos fatores possam contribuir para o sobretreinamento e os decréscimos no desempenho associados, diversas variáveis de treinamento facilmente administradas podem ajudar (17). Quando os volumes de treinamento e as cargas-volume forem altos, decréscimos pequenos mas cruciais no volume ou na intensidade relativa podem resultar na evitação do sobretreinamento. Embora não seja sempre o caso, altos volumes de exercício de força normalmente diminuem a testosterona de repouso e a razão testosterona/cortisol. Simplesmente possibilitar um dia de recuperação por semana, ou pelo menos um decréscimo acentuado no volume (e usualmente na intensidade), pode evitar esse problema. Uma alteração como essa no volume de treinamento é fácil de administrar, mas muitas vezes é ignorada.

RESUMO

O sistema endócrino compreende interações complexas de hormônios e neurohormônios entre si e com outros sistemas fisiológicos. Respostas adequadas do sistema endócrino são essenciais para adaptações ótimas a um programa de treinamento. Embora você possa não ter a capacidade de medir e analisar essas variáveis, um entendimento completo de como o corpo responde e adapta-se aos estresses aplicados é imperativo para desenvolver programas realmente efetivos e compreender por que eles são efetivos. Finalmente, o entendimento de como o sistema endócrino responde às diversas variáveis do treinamento agudo possibilita delinear uma prescrição de treinamento que ofereça um ótimo ambiente hormonal para os resultados desejados.

QUESTÕES TÉCNICAS

1. Utilizando este texto e outros recursos, revise a resposta hormonal ao treinamento de força em homens e mulheres e explique como eles diferem.
2. Utilizando este texto e outros recursos, explique a reposta hormonal ao exercício de resistência aeróbia prolongado.
3. Utilize este texto e outros recursos para discutir o sobretreinamento relacionado aos níveis hormonais no corpo. O monitoramento dos níveis hormonais pode ser utilizado para predizer o sobretreinamento?

REFERÊNCIAS

1. Adlercreutz H, Harkonen M, Kuoppasalmi K, et al. Effect of training on plasma anabolic and catabolic steroid hormones and their response during physical exercise. Int J Sports Med 1986;7;S27–S28.
2. Atgie C, D'Allaire F, Bukowiecki LJ. Role of beta1 and beta3 adrenoceptors in the regulation of lipolysis and thermogenesis in rat brown adipocytes. Am J Physiol 1997;273:C1136–C1142.
3. Baker ER, Mathur RS, Kirk RF, et al. Plasma gonadotropins, prolactin, and steroid hormone concentrations in female runners immediately after a long-distance run. Fertil Steril 1984;38:38–41.
4. Bonen A, Ling WYU, MacIntyre KP, et al. Effects of exercise on the serum concentrations of FSH, LH, progesterone, and estradiol. Eur J Appl Physiol 1979;42:15–23.
5. Borer K. Exercise Endocrinology. Champaign, IL: Human Kinetics, 2003:45.
6. Bosco C, Tihanyi J, Viru A. Relationship between field fitness test and basal serum testosterone and cortisol levels in soccer players. Clin Physiol 1996;16:317–322.
7. Brandenberger G, Follenius M. Influence of timing and intensity of muscle exercise on temporal patterns of plasma cortisol levels. J Clin Endocrinol Metab 1975;40: 845–849.
8. Cannon WB. Bodily changes in pain, hunger, fear, and rage. New York: Appleton, 1922.
9. Christensen NJ, Galbo H, Hansen JF, et al. Catechol- amines and exercise. Diabetes 1979;28:58–62.
10. Clark JH, Schrader WT, O'Malley BW. Mechanisms of action of steroid hormones. In: Wilson JD, Foster DW, eds. Williams Textbook of Endocrinology. 8th ed. Philadelphia: Saunders, 1992:35–90.
11. Cumming DC, L. A. Brunsting LA III, Strich G, et al. Reproductive hormone increases in response to acute exercise in men. Med Sci Sports Exerc 1986;18:369–373.
12. Czeisler CA, Klerman EB. Circadian and sleep-dependent regulation of hormone release in humans. Rec Progr Horm Res 1999;54:97–130.
13. Fahey TD, Rolph R, Moungmee P, et al. Serum testosterone, body composition, and strength of young adults. Med Sci Sports 1976;8:31–34.
14. Feyrter F. Ueber die These von den peripheren endokrinen Druesen. Wien Zeitschr Inn Med 1946;27:9–38.
15. Fleck SJ, Kraemer WJ. Designing Resistance Exercise Programs. 2nd ed. Champaign, IL: Human Kinetics, 1997.
16. Francesconi RP, Sawka MN, Pandolf KB, et al. Plasma hormonal responses at graded hypohydration levels during exercise-heat stress. J Appl Physiol 1985;59:1855–1860.
17. Fry AC. Overload and regeneration during resistance exercise. In: Lehmann M, Foster C, Gastmann U, et al, eds. Overload, Performance Incompetence, and Regeneration in Sport. New York: Kluwer Academic/Plenum, 1999.
18. Fry AC, Kraemer WJ. Resistance exercise overtraining and overreaching: neuroendocrine responses. Sports Med 1997;23(2):106–129.
19. Fry AC, Kraemer WJ, Ramsey LT. Pituitary-adrenal-gonadal responses to high-intensity resistance exercise overtraining. J Appl Physiol 1998;85(6):2352–2359.
20. Fry AC, Kraemer WJ, van Borselen F, et al. Catecholamine responses to short-term high-intensity resistance exercise overtraining. J Appl Physiol 1994;77(2):941–946.
21. Fry AC, Kraemer WJ, Stone MH, et al. Endocrine and performance responses to high volume training and amino acid supplementation in elite junior weightlifters. Int J Sport Nutr 1993;3(3):306–322.
22. Fry AC, Kraemer WJ, Stone MH, et al. Endocrine responses to over-reaching before and after 1 year of weightlifting training. Can J Appl Physiol 1994;19(4): 400–410.
23. Galbo H. Hormonal and Metabolic Adaptation to Exercise. New York: Thieme-Stratton, 1983.
24. Gilman AG. G-proteins and regulation of adenyl cyclase. JAMA 1989;262:1819–1825.
25. Glass CK. Differential recognition of target genes by nuclear receptor monomers, dimers, and heterodimers. Endocrinol Rev 1994;15:391–407.
26. Goodman HM. Basic Medical Endocrinology. New York: Raven Press, 1988:103.
27. Gotschalk LA, Loetbel DD, Nindl BC, et al. Hormonal responses of multi-set versus single-set heavy resistance exercise protocols. Can J Appl Physiol 1997;22(3): 244–255.
28. Guezennec Y, Leger L, Lhoste F, et al. Hormone and metabolite response to weight-lifting training sessions. Int J Sports Med 1986;7:100–105.
29. Hakkinen K. Neuromuscular and hormonal adaptations during strength and power training. J Sports Med Phys Fit 1989;29:9–24.
30. Hakkinen K, Pakarinen A, Alen M, Komi PV. Serum hormones during prolonged training of neuromuscular performance. Eur J Appl Physiol 1985;53:287–293.

31. Hakkinen K, Pakarinen A, Alen M, et al. Daily hormonal and neuromuscular responses to intensive strength training in 1 week. Int J Sports Med 1988;9:422–428.
32. Hakkinen K, Pakarinen A, Alen M, et al. Neuromuscular and hormonal adaptations in athletes to strength training in two years. J Appl Physiol 1988;65(6):2406–2412.
33. Hakkinen K, Pakarinen A, Alen M, et al. Relationships between training volume, physical performance capacity and serum hormone concentrations during prolonged training in elite weight lifters. Int J Sports Med 1987; 8(Suppl):61–65.
34. Hakkinen K, Pakarinen A. Acute hormonal responses to two different fatiguing heavy-resistance protocols in male athletes. J Appl Physiol 1993;74(2):882–887.
35. Harber MP, Fry AC, Rubin JC, et al. Skeletal muscle and hormonal adaptations to circuit weight training. Scand J Med Sci Sports 2004;14(3):176–185.
36. Hebener JF. Genetic control of hormone function. In: Wilson JD, Foster DW, eds. Williams Textbook of Endocrinology. 8th ed. Philadelphia: Saunders, 1992:9–34.
37. Hoffman J. Physiological Aspects of Sport Training and Performance. Champaign, IL: Human Kinetics, 2002:15–26.
38. Hokin LE. Receptors and phosphoinositide-generated second messengers. Annu Rev Biochem 1985;54:202–235.
39. Houk JC. Control strategies in physiological systems. FASEB J 1988;2:97–107.
40. Kahn CR, Smith RJ, Chin WW. Mechanism of action of hormones that act at the cell surface. In: Wilson JD, Foster DW, eds. Williams Textbook of Endocrinology. 8th ed. Philadelphia: Saunders, 1992:91–134.
41. Kinderman W, Schnabel A, Schmitt WM, et al. Catecholamines, growth hormone, cortisol, insulin, and sex hormones in anaerobic and aerobic exercise. Eur J Appl Physiol 1982;49:389–399.
42. Kjaer M, Galbo H. Effect of physical training on the capacity to secrete epinephrine. J Appl Physiol 1988;64:11–16.
43. Kotchen TA, Hartley LH, Rice TW, et al. Renin, norepinephrine, and epinephrine responses to graded exercise. J Appl Physiol 1971;31:178–184.
44. Kraemer WJ. Endocrine responses and adaptations to strength training. In: Komi PV, ed. Strength and Power in Sport. Oxford, UK: Blackwell, 1992:291–304.
45. Kraemer WJ, Fry AD, Warren BJ, et al. Acute hormonal responses in elite junior weightlifters. Int J Sports Med 1992;13(2):103–109.
46. Kraemer WJ, Koziris LP. Olympic weightlifting and power lifting. In: Lamb DR, Knuttgen HG, Murray R, eds. Physiology and Nutrition for Competitive Sport. Carmel, IN: Cooper Publishing, 1994:1–54.
47. Kraemer WJ, Marchitelli L, McCurry R, et al. Hormonal and growth factor responses to heavy resistance exercise. J Appl Physiol 1990;69(4):1442–1450.
48. Landsberg L, Young JB. Catecholamines and the adrenal medulla. In: Wilson JD, Foster DW, eds. Williams Textbook of Endocrinology. 8th ed. Philadelphia: Saunders, 1992:621–705.
49. Lassare C, Girard F, Durand J, Reynaud J. Kinetics of human growth hormone during submaximal exercise. J Appl Physiol 1974:37:826–830.
50. Lehmann M, Foster C, Netzer N, et al. Physiological responses to short- and long-term overtraining in endurance athletes. In: Kreider RB, Fry AC, O'Toole ML, eds. Overtraining in Sport. Champaign, IL: Human Kinetics, 1998: 19–46.
51. Lehmann, M, Gastmann U, Petersen KG, et al. Training-overtraining: performance, and hormone levels, after a defined increase in training volume vs training intensity in experienced middle- and long-distance runners. Br J Sports Med 1992;26:233–242.
52. Lehmann M, Gastmann U, Baur S, et al. Selected parameters and mechanisms of peripheral and central fatigue and regeneration in overtrained athletes. In: Lehmann M, Foster C, Gastmann U, et al, eds. Overload, Performance Incompetence, and Regeneration in Sport. New York: Kluwer Academic/Plenum, 1999:7–26.
53. McMurray RG, Hackney AC. Endocrine responses to exercise and training. In: Garrett WE, Kirkendall DT, eds. Exercise and Sport Science. Philadelphia: Lippincott, Williams & Wilkins, 2000:135–164.
54. Mendel CM. The free hormone hypothesis: a physiologically based mathematical model. Endocr Rev 1989;10: 232–274.
55. Ojeda SR, Griffin JE. Organization of the endocrine system. In: Ojeda SR, Griffin JE, eds. Textbook of Endocrine Physiology. New York: Oxford University Press, 1988:3–16.
56. Schilling BK, Fry AC, Ferkin MH, Leonard ST. Hormonal responses to free-weight and machine exercise [abstract]. Med Sci Sports Exerc 2001;33(5 Suppl):S270.
57. Selye H. The Stress of Life. New York: McGraw-Hill, 1956.
58. Sporn MB, Todaro GJ. Autocrine secretion and malignant transformation of cells. N Engl J Med 1980;303:878–880.
59. Sutton JR, Farrell PA, Harber VJ. Hormonal adaptations to physical activity. In: Bouchard C, Shephard RJ, Stephens T, et al, eds. Exercise, Fitness, and Health. Champaign, IL: Human Kinetics, 1990:217–257.
60. Thuma JR, Gilders R, Verdun J, Loucks A. Circadian rhythm of cortisol confounds cortisol responses to exercise: implications for future research. J Appl Physiol 1995;78(5): 1657–1664.
61. Tidgren B. Hjemdal; P. Theodorsson E, et al. Renal neurohormonal and vascular responses to dynamic exercise in humans. J Appl Physiol 1991;70:2279–2286.
62. Vanhelder WP, Radomski MW, Goode RC. Growth hormone responses during intermittent weight lifting exercise in men. Eur J Appl Physiol 1984;53(1):31–34.
63. Veldhuis JD, Johnson LM. Cluster analysis: a simple, versatile, and robust algorithm for endocrine pulse detection. Am J Physiol 1988;250:E486–E493.
64. Viru A, Viru M. Biochemical Monitoring of Sport Training. Champaign, IL: Human Kinetics, 2001:61–65.
65. Weiss LW, Cureton KJ, Thompson FN. Comparison of serum testosterone and androstenedione responses to weightlifting in men and women. Eur J Appl Physiol 1983;50(3):413–419.
66. Wilkerson JE, Gutin B, Horvath SM. Exercise-induced changes in blood, red cell, and plasma volumes in man. Med Sci Sports 1977;9:155–158.
67. Wilson JD, Foster DW, eds. Williams Textbook of Endocrinology. Philadelphia: Saunders, 1992: inside front cover.
68. Winder, WW, Hickson RC, Hagberg JM, et al. Training-induced changes in hormonal and metabolic responses to submaximal exercise. J Appl Physiol 1979;46:766–771.
69. Young DS. Implementation of SI units for clinical laboratory data. Ann Intern Med 1987;106:114–128.

CAPÍTULO

7

Nutrição

JOSÉ ANTONIO
JOHN BERARDI
CHRISTOPHER R. MOHR

Introdução

A ingesta nutricional é essencial para otimizar as adaptações do desempenho iniciadas na academia ou em qualquer situação de prática esportiva. Dos fatores modificáveis que contribuem para a prática de exercícios ótima, a ingesta nutricional é uma das mais facilmente utilizadas. Embora as adaptações ao treinamento possam levar semanas para ocorrer, diversas manipulações nutricionais agudas – tais como ingestão de cafeína (57), suplementação de carboidrato durante o exercício de resistência aeróbia (63,64), consumo de bebidas à base de eletrólitos e glicose durante o treinamento em ambientes quentes (95,139) ou suplementação de creatina (72,134) – têm um impacto muito mais rápido no desempenho. Habitualmente, satisfazer as necessidades de macro e micronutrientes durante períodos de treinamento de alta intensidade pode melhorar a ressíntese de proteína muscular (quebra de um tecido antigo e remodelação de um novo tecido mais funcionalmente adaptado) (12-14,22,35,102,111,129), bem como a função e a recuperação dos sistemas nervoso (19,42,84), imunológico (17,18,92) e musculoesquelético (62,68,77,83,93,100,101,114). Os profissionais da área de força e condicionamento devem inculcar em seus atletas a importância de compreender como abastecer o corpo de forma adequada às demandas do treinamento específico para programas e esportes. Esses são os treinadores que não limitarão sua própria eficácia em termos de ajudar seus atletas a melhorarem.

DEMANDAS DE ENERGIA

O **equilíbrio energético** é a relação entre a energia acumulada e a energia gasta. É um importante determinante do desempenho no exercício, da composição corporal, da adaptação ao treinamento e do funcionamento fisiológico ótimo em atletas (117) e praticantes de exercícios em geral. Infelizmente, muitas pessoas têm uma visão simplista demais do equilíbrio energético. Freqüentemente se assume, de forma equivocada, que o acúmulo de energia total está predominantemente relacionado ao ganho ou à perda de peso. Por exemplo, se um atleta deseja perder gordura ou massa total, comer menos produzirá um equilíbrio energético negativo. A Figura 7.1 lista os fatores envolvidos na ingesta e no gasto calóricos. Nosso corpo absorve 90 a 95% das calorias ingeridas, então a ingesta calórica não é 100% eficiente. Muitos fatores relacionam-se com o gasto energético, alguns dos quais não são afetados pela dieta e pelo exercício.

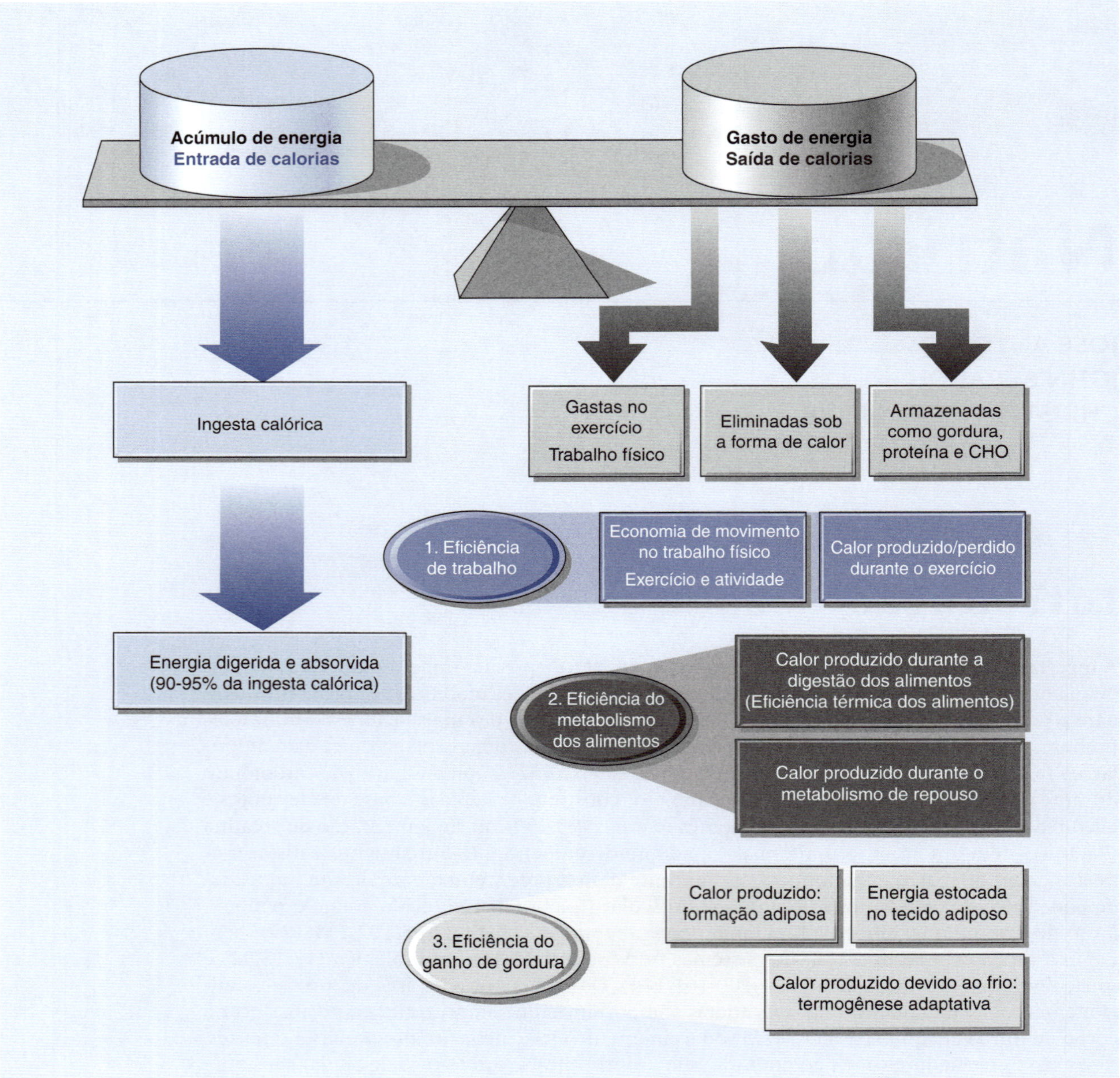

FIGURA 7.1 Fatores relacionados à eficiência do acúmulo e do gasto de energia. (Reproduzida com permissão de Rampone, AJ; Reynolds, PJ. Obesity: thermodynamic principles in perspective. Life Sci 1988;43:93-110.)

A Figura 7.2 demonstra a relação entre o acúmulo e o consumo de energia. Essa relação determina como o acúmulo de energia afetará a massa e a composição corporais. A diminuição da ingesta calórica diminuirá a taxa metabólica do atleta, e sua massa muscular ficará comprometida (10), com um efeito negativo no desempenho. O desempenho e a saúde ótimos estão relacionados ao acúmulo de energia total, à taxa metabólica, à remodelação de tecido e à massa muscular (27,117).

Uma vez que o conteúdo de micronutrientes da dieta está estreitamente relacionado ao acúmulo de energia, decréscimos nesse acúmulo podem levar a deficiências de nutrientes. Assim, os atletas devem ingerir alimentos densos em nutrientes para aumentar a razão nutrientes ingeridos/energia acumulada. A **densidade de nutrientes** é a quantidade de nutrientes (carboidratos, proteínas, gorduras, vitaminas, minerais) por unidade de energia em um dado alimento. Por exemplo, os atletas que habitualmente comem cereais matinais com açúcar em uma tentativa de aumentar a ingesta de carboidrato terão benefícios se trocarem esses cereais por uma combinação de frutas, hortaliças e farelo de aveia integral. Estes alimentos não apenas são mais densos em nutrientes: também têm mais fibras e um índice glicêmico mais baixo, o que significa que eles causam um menor aumento do nível de açúcar no sangue do que os carboidratos refinados. O **índice glicêmico** é um termo que descreve a rapidez e a extensão com que um carboidrato específico aumenta a glicose sangüínea. Alimentos com um índice glicêmico superior a 100 elevam a glicose sangüínea mais rapidamente, enquanto alimentos com um índice glicêmico inferior a 100 elevam a glicose sangüínea mais lentamente. Além disso, carboidratos ricos em fibras e com um índice glicêmico baixo ajudam a promover a saúde e melhorar a composição corporal. A Tabela 7.1 lista os índices glicêmicos de fontes comuns de carboidratos.

Os atletas precisam encontrar maneiras de consumir mais alimentos energéticos e ainda manter uma composição e uma massa corporais ótimas para suas atividades específicas. Embora possa parecer contraintuitivo sugerir que um indivíduo possa perder massa de gordura comendo mais, valer-se da seleção adequada de alimentos e da regulação estratégica dos horários

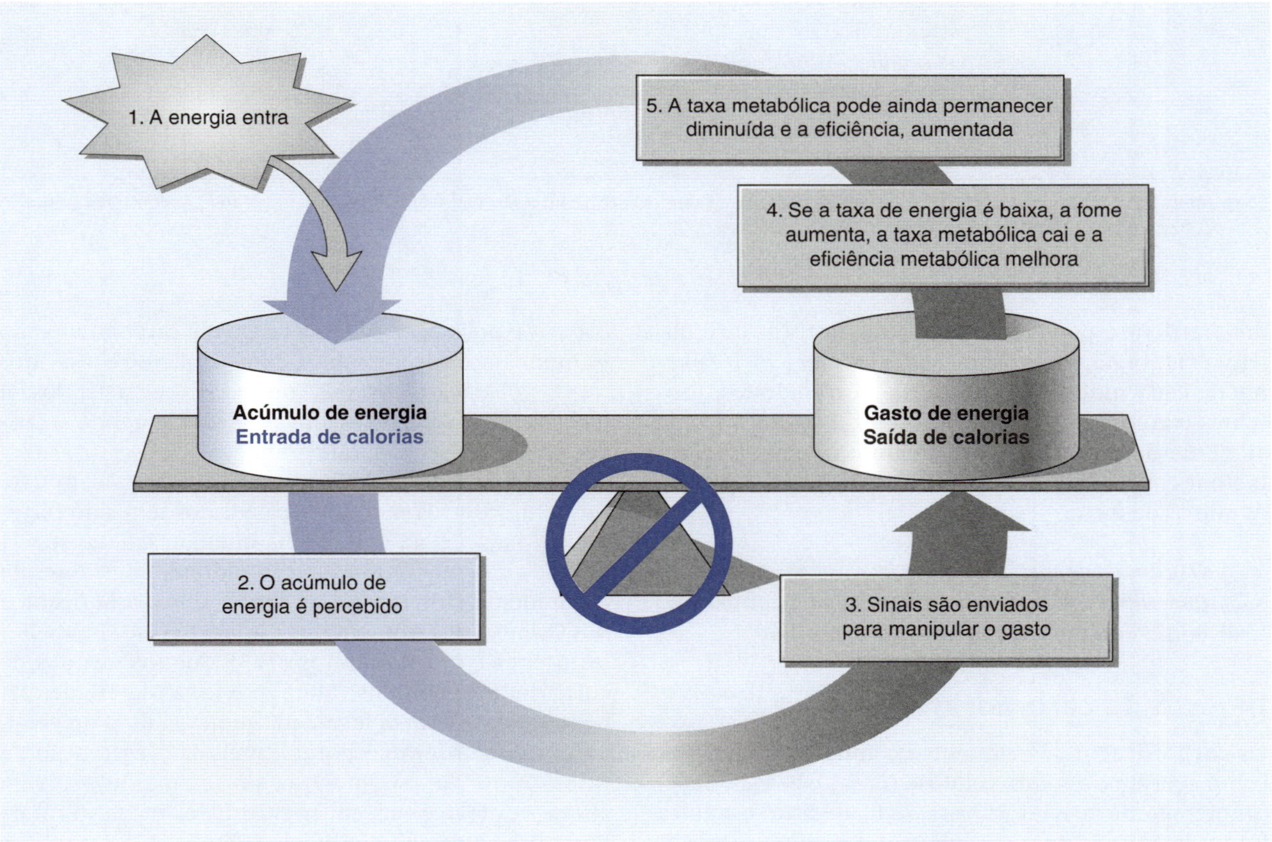

FIGURA 7.2 A relação entre acúmulo e gasto de energia. Essa relação determina como o acúmulo de energia afetará a massa e a composição corporais.

TABELA 7.1 Índice glicêmico de fontes comuns de carboidratos

Índice glicêmico	Fonte	Índice glicêmico	Fonte
Extremamente alto (superior a 100)	Doughnut (tipo bolo)	Moderadamente alto (60-80)	Coquetel de suco de *cranberry*
	Waffles		Suco de tomate
	Gatorade		Sorvete de baunilha
	Bagel		Banana
	Pretzels		Uvas
	Cereais de flocos de milho		Laranja
	Cheerios		Feijão cozido
	Cereal Rice Chex		*Nuggets* de frango
	Cereal Rice Krispies		Espaguete
	Melancia		Leite com chocolate
	Pipoca		Barra energética
	Balas jujubas		
Padrão glicêmico = 100%	Pão de forma	Moderado (40-60)	Maçã
Alto (80-100)	Bolo de claras		Suco de maçã
	Bolo inglês		Pizza *super supreme* (Pizza Hut)
	Muffin de farelo		Cereal All-bran
	Massa para torta		Leite desnatado
	Coca-Cola (250 ml)		Iogurte
	Suco de laranja		Amendoins M&Ms®
	Suco de abacaxi		Feijões-de-lima
	Salgadinhos de milho		Ervilhas secas
	Pão de aveia		
	Pão sírio		
	Cereal Special K	Baixo (inferior a 40)	Grãos-de-bico
	Abacaxi		Feijões-comuns
	Arroz branco		Amendoins

Fonte: Adaptada com permissão de Foster-Powell K, Holt SHA, Brand-Miller JC. International table of glycemic index and glycemic load values: 2002. Am J Clin Nutr [Special Article] 2002;76:5-56.s

dos nutrientes pode contribuir para alcançar esse objetivo (11,44,45,49,54,78,83,111,116,118,134). O exame de cada **macronutriente** (i.e., carboidratos, proteínas e gorduras) e de como otimizar os horários da alimentação permitirá aos indivíduos desenvolver um melhor entendimento de como essas estratégias afetam os atletas de força.

> *O acúmulo de energia total é o fator isolado mais importante que determina a resposta adaptativa de atletas de força/potência ao treinamento físico.*

Ingesta de carboidratos

Os **carboidratos** são alimentos comumente referidos como açúcares, amidos, celulose (fibra) e gomas. São a primeira fonte de energia para atividade física e a única fonte de energia para o cérebro e o sistema nervoso. Estruturalmente, podem ser classificados como mono-, di-, tri- e polissacarídeos. Os menores carboidratos são os monossacarídeos simples, como a glicose e a sacarose. Os polissacarídeos, tais como o amido, a celulose e o glicogênio, são cadeias longas de moléculas de sacarídeos e podem ser bastante grandes.

A ingesta de carboidratos alimentares tornou-se um tema controverso. Os carboidratos têm sido fortemente atacados na mídia, e há quem desafie as sugestões de alimentação rica em carboidratos constantes na Pirâmide de Orientação Alimentar norte-americana e nas Orientações Alimentares Canadenses, e sugira dietas pobres em carboidratos (123). Alguns estudos de curta duração demonstraram que uma ingesta de carboidratos mais baixa leva a maior perda de peso geral, perdas de gordura corporal e melhor preservação da massa muscular. Além disso, normalmente ocorrem alterações favoráveis em triglicerídeos e colesterol de lipoproteína de alta densidade (HDL) (137) quando as ingestas de carboidratos são diminuídas. No entanto, dietas muito pobres em carboidratos (i.e., dietas cetogênicas) reduzirão o acúmulo de energia total de um atleta, prejudicarão a prática de exercícios de alta intensidade, reduzirão a capacidade de trabalho, suprimirão a função imunológica e aumentarão a percepção de esforço durante tarefas de exercício normais (59,75,76,89). Esses dados levam à sugestão de que, embora os atletas possam beneficiar-se potencialmente de uma leve redução na ingesta de carboidratos durante períodos de repouso e períodos de treinamento de volume/intensidade baixos, geralmente não é recomendado que atletas de força/potência restrinjam os carboidratos para menos de 10% do acúmulo de energia total.

Embora alguns autores recomendem que 70% da dieta provenha de carboidratos, essa quantidade pode significar uma ingesta reduzida de proteína e gordura alimentares e também dificultar ainda mais a perda de gordura, particularmente se forem escolhidos carboidratos mais refinados do que integrais. Em vez de uma dieta crônica rica em carboidratos, uma melhor estratégia poderia ser enfatizar o tipo de carboidrato (p. ex., carboidratos integrais *versus* refinados) e os horários (antes, durante e após uma sessão de exercícios).

Os dados são claros de que os carboidratos são importantes em uma população de atletas. Dietas mais ricas em carboidratos podem levar a concentrações aumentadas de glicogênio muscular e podem, assim, retardar a fadiga (60,160), prevenir imunossupressão induzida pelo estresse do exercício (15,16,18) e – quando combinados com proteínas durante os períodos de exercício e pós-exercício – estimular um aumento da síntese de proteína muscular e da ressíntese de glicogênio (62,74,91,105,131). Os atletas, no entanto, freqüentemente consomem os tipos errados de carboidratos nos horários também errados. Em vez de simplesmente ingerir grandes quantidades de calorias "vazias" durante o dia, os atletas devem substituir suas escolhas de carboidratos com alto índice glicêmico e livres de nutrientes por escolhas de carboidratos com baixo índice glicêmico e ricos em fibras. O termo **caloria vazia** refere-se a um alimento que não ofereça outro valor nutricional que não a própria energia. Alimentos como legumes, grãos integrais (pães, massas e outros grãos minimamente processados), frutas e verduras são digeridos mais lentamente e fornecem mais energia continuada ao longo do dia. Substituindo escolhas de carboidratos e regulando os horários de sua ingesta, os atletas conseguirão controlar melhor as flutuações de energia, ingerir suas recomendações diárias de fibras, perder gordura preservando massa muscular e reduzir as chances de desenvolver as deficiências de micronutrientes que são comuns nas populações de atletas (60). Ao contrário, carboidratos com índices glicêmicos mais altos podem ser ingeridos após o exercício para promover recuperação e reserva de glicogênio – uma fonte de energia rápida quando ela é mais necessária (durante o treinamento e as competições). Esse é o momento em que a elevada resposta de insulina que acompanha a ingesta de carboidratos com alto índice glicêmico pode levar a uma melhora na recuperação muscular. Seguindo essas recomendações, os atletas poderão controlar melhor sua composição corporal e ainda melhorar a recuperação.

Diferentes tipos de carboidratos conferem diferentes respostas fisiológicas. A maioria da nossa ingesta calórica deve ser derivada do consumo de carboidratos não-processados e ricos em fibras.

Ingesta de proteínas

A **proteína** é composta de aminoácidos individuais, que se unem para formar cadeias de peptídeos. Embora a estrutura de cada cadeia de peptídeos seja única, as estruturas peptídicas coletivamente são conhecidas como proteínas. Dos 20 aminoácidos, nove são indispensáveis ou **essenciais** (o termo *essencial*, quando relacionado à nutrição, descreve os nutrientes que devemos consumir, porque nosso organismo não os produz endogenamente); isto é, eles devem vir da dieta. Como resultado da essencialidade desses aminoácidos, a proteína, diferentemente do carboidrato, deve estar presente na dieta. A **RDA** (recomendação diária de nutrientes) de proteína alimentar para indivíduos sedentários é de 0,8 g por quilograma de massa corporal. Poucos atletas estão em risco de uma real deficiência protéica, embora alguns cientistas tenham sugerido que os atletas podem necessitar de mais proteína do que seus pares sedentários (1,5 a 2,0 g/kg massa corporal). Se isso é ou não verdade, e os atletas de fato *necessitam* de mais proteína (para prevenir um *status* negativo de nitrogênio e uma degradação protéica), tem sido discutido amplamente sem ainda se chegar a uma conclusão (29,80,81,108-110). O mais importante para a nutrição esportiva é a questão da otimização.

Muitos atletas podem beneficiar-se de uma ingesta mais alta de proteína alimentar (23,24,26,31,34,44,77, 79,81,85,115) que exceda suas necessidades protéicas calculadas. Certas populações terão necessidades protéicas mais altas: jovens atletas que estão ainda crescendo, atletas treinando para desenvolver força e massa muscular, atletas de esportes de contato e gestantes. Às vezes, mais de uma dessas situações pode estar presente no mesmo atleta, aumentando ainda mais suas necessidades protéicas.

Os atletas freqüentemente escolherão uma ingesta protéica mais alta do que a convencionalmente recomendada. Na busca pela otimização da ingesta protéica de um atleta, uma regra prática simples é planejar sua dieta a partir da base de 2,2 g por quilograma de massa corporal. Isso é mais fácil para o atleta entender e monitorar, e oferece um pequeno fator de segurança para garantir uma ingesta protéica adequada. Uma vez fixada a ingesta protéica, as ingestas de carboidratos e gorduras devem ser adicionadas para satisfazer as demandas diárias totais de energia. A melhor maneira de otimizar a ingesta protéica de um atleta seria experimentar vários níveis de proteína alimentar, e avaliar os resultados em termos de desempenho pessoal e composição corporal para determinar qual ingesta leva à melhor resposta. As estratégias nutricionais sempre devem ser avaliadas utilizando-se uma abordagem baseada em resultados.

Além de experimentar a ingesta de proteína em geral, é importante certificar-se de que uma grande porcentagem de proteínas diárias provenha de fontes protéicas completas (proteínas que contêm todos os aminoácidos essenciais). Mesmo que a ingesta protéica diária total seja adequada, se a proteína provier de uma fonte de proteína incompleta (p. ex., arroz, grãos, etc.), o atleta pode experienciar uma adaptação subótima ao treinamento. Essa situação pode ser melhorada assegurando-se de que a maior parte da proteína alimentar provenha de fontes de proteínas completas (p. ex., proteínas animais, incluindo ovos e laticínios), ou consumindo energia total suficiente com quantidades suficientes de proteínas incompletas. As proteínas animais são importantes não apenas como fontes de proteínas completas, mas também porque elas fornecem uma quantidade de nutrientes altamente biodisponíveis, tais como vitaminas B, zinco e ferro, cujas deficiências são mais prevalentes em uma população de atletas. Finalmente, nenhuma evidência atual mostra que indivíduos saudáveis sofreriam algum dano devido a uma dieta rica em proteínas (25,103,121).

Atletas de força/potência necessitam de mais proteína do que a RDA. Além disso, não há evidências de que o consumo de proteínas em níveis duas a três vezes mais altos do que a RDA seja prejudicial a indivíduos saudáveis de qualquer tipo.

Ingesta de gordura

Apesar de anos de um sentimento antigordura, especialmente entre os atletas, está cada vez mais claro que a gordura alimentar é essencial ao programa de nutrição do atleta. Os três principais tipos de ácidos graxos alimentares são os saturados, os monoinsaturados e os poliinsaturados (as gorduras ômega-3 e ômega-6 são tipos de ácidos graxos poliinsaturados). Os **ácidos graxos** são a principal forma armazenada de gordura. Os triglicerídeos são formados a partir de uma estrutura de glicerol com três *ácidos graxos* ligados. Cada um dos três tipos de gordura oferece benefícios exclusivos. Antigamente, tinha-se uma visão simplista da gordura, porque os treinadores e atletas acreditavam que a gordura alimentar engordava; no entanto, as pesquisas demonstraram que isso é falso (138). Na realidade, algumas gorduras (conhecidas como ácidos graxos essenciais) são absolutamente necessárias à sobrevivência. Ademais, os tipos certos de gordura alimentar podem melhorar a composição corporal pela promoção da perda de gordura (8,56,73,96,124). Além disso, certas gorduras podem melhorar o *status* hormonal de treinamento (46,107), aumentar a capacidade corporal para queimar gordura (43,56,124) e melhorar a saúde geral pela promoção dos efeitos antiinflamatório, anticarcinogênico, antioxidante e antitrombótico (53,122). Com essa lista de benefícios, deve ficar claro que evitar as gorduras é difícil e improdutivo. Embora a American Dietetic Association recomende que menos de 30% da dieta de um indivíduo sedentário deve provir das gorduras, pesquisas sugerem que os atletas devem compor aproximadamente 30% da dieta com gorduras, contanto que as proporções individuais de ácidos graxos sejam distribuídas adequadamente. Para saúde e desempenho ótimos, é necessária uma abordagem equilibrada em relação ao consumo de gordura: aproximadamente 10% da energia alimentar deve provir de fontes saturadas (p. ex., laticínios integrais, gorduras animais, etc.); aproximadamente 10% de fontes monoinsaturadas (muitas das gorduras vegetais, especialmente o azeite de oliva); e aproximadamente 10% de fontes poliinsaturadas (predominantemente gorduras vegetais, especialmente os óleos de linhaça e de peixe). Das gorduras poliinsaturadas, aproximadamente 50% devem provir dos ácidos graxos ômega-6, e aproximadamente 50%, dos ácidos graxos ômega-3. É importante perceber que a distribuição de ácidos graxos na dieta é tão importante quanto a quantidade absoluta de gordura. Portanto, os atletas devem atentar para ambos.

Uma consideração final relacionada ao consumo de gorduras é a gordura trans. As **gorduras trans** são gorduras artificiais criadas quando óleos vegetais poliinsaturados (ricos em ácidos graxos ômega-6) são combinados com moléculas de hidrogênio para aumentar o prazo de validade do óleo poliinsaturado e estabilizá-lo. Esse processo torna a gordura não-hidrogenada similar à gordura saturada (que é naturalmente saturada com hidrogênio), o que pode produzir o colesterol LDL "ruim" e, potencialmente, provocar uma cardiopatia. De acordo com o *American Journal of Clinical Nutrition*, mais de 30.000 mortes por ano são atribuídas ao consumo de gordura trans (3,120). O consumo de gorduras trans causa a inibição de diversos processos enzimáticos cruciais no organismo, anormalidades nos lipídeos do sangue e um risco aumentado de doenças cardiovasculares (3). Infelizmente, as gorduras trans são encontradas em muitos alimentos processados. Qualquer alimento que traga gorduras hidrogenadas ou parcialmente hidrogenadas na sua lista de ingredientes contém gorduras trans.

É importante que os atletas consumam predominantemente gorduras insaturadas. Tanto os atletas como a população geral devem limitar (mas não eliminar) as gorduras saturadas em suas dietas.

NUTRIÇÃO PARA O TREINAMENTO

Durante e após o treinamento ou uma competição, as demandas de energia do organismo são altas (32,115,130); as necessidades de líquidos aumentam (36,41,69,95,139); a sensibilidade à insulina e a tolerância à glicose melhoram drasticamente (33,55,61,97,98); e o músculo esquelético é preparado para o anabolismo desde que sejam fornecidos aminoácidos (22,83,105,110,128,129). A nutrição durante e após o exercício deve focar o fornecimento de energia dos carboidratos, a prevenção da desidratação, o estímulo à ressíntese de glicogênio e o estímulo a aumentos da síntese protéica do músculo esquelético. Conforme indicado, durante e após a sessão de exercícios, a sensibilidade à insulina e a tolerância à glicose são melhoradas, e a eficiência do armazenamento de glicogênio é mais alta. Isso torna o período pós-exercício a melhor hora para ingerir uma quantidade maior de carboidratos. Além disso, uma vez que um grande aumento de insulina pode facilitar uma ressíntese de glicogênio e uma síntese de proteína muscular maiores, carboidratos com um índice glicêmico mais alto (i.e., bebidas esportivas contendo glicose ou polímeros de glicose) devem ser ingeridos durante esses períodos. Provendo-se de uma grande quantidade de carboidrato durante esse período crítico, menos carboidratos podem ser ingeridos durante o resto do dia, e, ao mesmo tempo, alcança-se um melhor controle da composição corporal e promove-se a recuperação máxima. Como ponto de partida, os atletas poderiam começar ingerindo suplementos líquidos de carboidratos e proteínas imediatamente após o exercício (62,83,105,128,131,132). Para facilitar a reposição de fluidos bem como um aporte de energia rápida, as duas bebidas devem ser diluídas em concentrações de 8 a 12% (80 a 120 g de substrato por 1.000 mL de água) e prover aproximadamente 0,8 g de carboidrato e 0,4 g de proteína por quilograma de massa corporal. É importante experimentar diferentes quantidades de energia para determinar a melhor composição de cada atleta. O Quadro 7.1 oferece dicas para se alcançar uma boa nutrição.

HORÁRIO DOS NUTRIENTES

Uma nova e excitante aventura da pesquisa é a área do **horário dos nutrientes**, horário específico em que se consomem certos nutrientes para melhorar a resposta adaptativa ao exercício. Certamente, sabemos que a composição do alimento que ingerimos é importante para promover ganhos em proteína muscular; no entanto, o horário do consumo de nutrientes pode ser tão importante quanto.

QUADRO 7.1 SETE DICAS SIMPLES PARA ALCANÇAR UMA BOA NUTRIÇÃO

1. Faça em torno de seis refeições por dia. Isso incluiria, por exemplo, café da manhã, um lanche no meio da manhã, almoço, um lanche no meio da tarde, um lanche após a sessão de treino, jantar e outro lanche antes de dormir. Nos dias em que você não treinar, obviamente pule o lanche pós-treino.
2. A maior parte da sua alimentação deve provir de alimentos à base de carboidratos não-processados (p. ex., verduras de todos os tipos, farinha de aveia, arroz integral, inhame, batata-doce, etc.).
3. Proteínas devem ser consumidas, aproximadamente 2 g de proteína por quilograma de massa corporal total. (Não há nenhum mal em se consumir essa quantidade de proteína.)
4. Gorduras insaturadas, tais como a gordura de peixe, as gorduras das nozes e dos legumes e o azeite de oliva, devem ser enfatizadas, mas você ainda precisa consumir gordura saturada (p. ex., da carne vermelha, dos ovos, etc.) de vez em quando.
5. Após a sessão de exercícios, consuma sempre uma batida de carboidrato e proteína que consista em um carboidrato com alto índice glicêmico e uma proteína de absorção rápida (p. ex., soro de leite).
6. Limite sua ingesta de carboidratos processados. Carboidratos simples ou com alto índice glicêmico, no entanto, devem ser consumidos como parte de sua bebida pré-, durante e pós-exercício.
7. Sem incluir o intervalo antes, durante e após a sessão de exercícios, tente limitar seu consumo de calorias líquidas (p. ex., refrigerante, cerveja, etc.).

Em um estudo dividido em duas partes, cientistas examinaram os efeitos na resposta hormonal de uma bebida à base apenas de carboidrato (1,2 g/kg por hora), e de 0, 0,2 ou 0,4 g/kg por hora de uma mistura de hidrolisado protéico e aminoácido (131). Oito ciclistas do sexo masculino foram testados sob diferentes condições nutricionais em que consumiam essas bebidas a cada 30 minutos durante 5 horas após pedalarem para depleção de glicogênio. Os cientistas descobriram que as bebidas que continham 0,2 e 0,4 g de proteína produziam respostas de insulina significativamente superiores comparadas à bebida de carboidrato apenas. É possível que a adição de proteínas aos carboidratos produza um efeito anabólico superior por meio da resposta de insulina. Além disso, os investigadores retiraram biópsias musculares das coxas dos atletas para determinar quais eram as melhores bebidas para reporem o glicogênio utilizado. Novamente, a adição de proteína à bebida de carboidrato melhorou a reposição de glicogênio.

Em outro estudo, os sujeitos pedalaram intensamente por 2,5 horas, a fim de depletar completamente os níveis de glicogênio muscular nos músculos das coxas (62). Eles beberam os seguintes suplementos imediatamente e 2 horas após o exercício:

- Grupo 1: carboidrato, proteína e gordura (80 g de carboidrato, 28 g de proteína e 6 g de gordura);
- Grupo 2: carboidrato e gordura (108 g de carboidrato e 6 g de gordura);
- Grupo 3: carboidrato e gordura (80 g de carboidrato e 6 g de gordura).

Observe que as bebidas consumidas pelos grupos 1 e 2 eram isoenergéticas, ou seja, continham o mesmo número de calorias. Após 4 horas de recuperação, os investigadores descobriram que a maior quantidade de glicogênio muscular foi reposta no grupo 1. Assim, a reposição de alguns carboidratos com proteína pode acelerar a repleção de glicogênio pós-exercício.

Outras investigações produziram resultados similarmente interessantes. A suplementação pós-exercício com proteína adicionada melhorou o tempo até a exaustão durante um teste de resistência (116). Homens de mais idade que consumiram um suplemento protéico (10 g de proteína, 7 g de carboidrato e 3 g de gordura) imediatamente após o treinamento (programa de treinamento de força de 12 semanas, três dias por semana) tiveram ganhos muito maiores de força, tamanho das fibras musculares e massa corporal magra comparados ao grupo que ingeriu o suplemento 2 horas após o treinamento (49). Tem-se sugerido que a disponibilidade de aminoácidos é mais importante do que a disponibilidade de energia imediatamente após o exercício para promover o reparo e a síntese de proteína muscular (82).

Outros benefícios à saúde podem manifestar-se ao se ingerir proteína imediatamente após o exercício. Em um estudo com recrutas saudáveis do sexo masculino do Corpo de Fuzileiros Navais dos Estados Unidos, os sujeitos receberam, durante seu período de treinamento básico de 54 dias, um suplemento pós-exercício que era ou um placebo (0 g de carboidrato, 0 g de proteína, 0 g de gordura), ou um suplemento controle (8,0,3), ou um suplemento protéico (3,8,10,50). O grupo que ingeriu o suplemento protéico teve uma média de 33% menos consultas médicas em geral, 28% menos consultas devidas a infecções bacterianas/virais, 37% menos consultas devidas a problemas musculares/articulares e 83% menos consultas devidas a exaustão térmica comparado com os grupos placebo e controle. A dor muscular imediatamente após o exercício foi reduzida significativamente nos dias 34 e 54 pela suplementação protéica, mas não pelos suplementos placebo ou controle.

Algumas evidências sugerem que o horário dos nutrientes afeta a composição corporal (45). Em um estudo, 17 homens com leve sobrepeso foram inseridos em um programa de 12 semanas que consistia em restrição calórica moderada (17% de redução) e um programa de treinamento de força de baixa intensidade utilizando anilhas. Um grupo ingeriu um suplemento protéico (10 g de proteína, 7 g de carboidrato, 3,3 g de gordura e 33% da RDA de vitaminas e minerais) imediatamente após o exercício. O outro grupo não consumiu um suplemento. As ingestas de proteínas e energia eram as mesmas para os dois grupos, e a ingesta protéica atendia à RDA. Ambos os grupos perderam quantidades iguais de gordura; no entanto, o grupo que ingeriu o suplemento protéico manteve a massa livre de gordura (MLG), enquanto o grupo que não ingeriu suplemento perdeu MLG.

Embora a maioria dos estudos tenha examinado a nutrição pós-exercício, alguns dados disponíveis também comparam a suplementação pré-exercício (129). Pesquisadores compararam as respostas anabólicas ao consumo de uma combinação de um aminoácido essencial (6 g) mais carboidrato (35 g de sacarose) antes *versus* depois do exercício de força de alta intensidade. A absorção de fenilalanina através da perna (uma medida do anabolismo protéico muscular), ao longo de um período de 3 horas, foi 160% maior quando o suplemento de aminoácido e carboidrato foi tomado antes do que quando foi tomado depois de uma sessão de exercícios. Portanto, consumir os nutrientes adequados antes do exercício pode ser mais anabólico e facilitar mais a recuperação do que esperar até depois do exercício.

Para otimizar a resposta adaptativa ao exercício, todo atleta de força/potência deve consumir uma bebida à base de carboidrato e proteína após a sessão de exercícios. Isso também pode ser benéfico aos praticantes de exercício em geral para promover ganhos de massa muscular magra.

Razão carboidrato/proteína

Existe uma controvérsia em relação à combinação correta ou ideal de carboidratos e proteínas consumidos após a sessão de exercícios. É difícil realizar comparações diretas entre investigações devido a diferenças nas populações de sujeitos, nas durações dos tratamentos, nos tipos de exercícios realizados, nos nutrientes ingeridos, etc. No entanto, pode-se extrapolar esses estudos para sugerir que a regulação dos horários pode ser tão importante (se não mais) quanto a composição dos nutrientes. Por exemplo, você encontrará uma razão carboidrato/proteína em torno de 3:1 (aproximadamente três vezes mais carboidrato do que proteína), e uma tão baixa como 0,7:1 (30% menos carboidrato do que proteína), comparáveis para promover recuperação. Além disso, o conteúdo de energia de suplementos de recuperação varia de 500 calorias a tão pouco quanto 100 calorias. Portanto, os nutricionistas do esporte devem considerar cada atleta individualmente para determinar as combinações de nutrientes mais efetivas para aquela pessoa.

INGESTA DE VITAMINAS E MINERAIS

Poucos estudos examinaram as ingestas de micronutrientes (vitaminas e minerais) de atletas de força/potência. Claramente, no entanto, o consumo subótimo de certas vitaminas e minerais pode predispor o indivíduo a diversas doenças. Por exemplo, de acordo com um estudo,

> Níveis subótimos de ácido fólico, aliados a níveis subótimos das vitaminas B_6 e B_{12}, são um fator de risco de cardiopatia, defeitos no tubo neural e cânceres de colo e mama; níveis baixos de vitamina D contribuem para osteopenia e fraturas; e níveis baixos das vitaminas antioxidantes (vitaminas A, E e C) podem aumentar o risco de diversas doenças crônicas. Muitas pessoas não consomem uma quantidade ótima de todas as vitaminas apenas na dieta. Subseqüentemente, parece prudente para todos os adultos tomar suplementos vitamínicos, especialmente com as crescentes evidências de efetividade oriundas dos experimentos randomizados (52).

Até o momento, não está claro que o consumo de vitaminas extras ou suplementares pode melhorar o desempenho esportivo. No entanto, alguns dados intrigantes sobre ingestas de nutrientes de atletas de força/potência sugerem um benefício potencial da suplementação com micronutrientes específicos. Um estudo comparou dados da ingesta de nutrientes com lipídeos do sangue e dados antropométricos de fisiculturistas competidores de ambos os sexos (6). A ingesta de proteína, gordura e carboidrato representou 40, 12 e 48%, respectivamente, da ingesta calórica total. A ingesta de vitamina C foi menos de 200 mg por dia. Outro estudo descobriu que a ingesta calórica diária média (em torno de 4.469 kcal) e a ingesta protéica (cerca de 252 g), bem como as ingestas de vitaminas e minerais de fisiculturistas que usam esteróides, excederam em muito a RDA norte-americana (70). De forma interessante, contudo, a ingesta de vitamina B_6 de atletas alemães de força e potência rápida foi abaixo da RDA alemã em mais de 30% dos atletas do estudo (112).

Independentemente de qual seja a combinação de dados referentes às ingestas médias de macro- ou micronutrientes de atletas, certamente poderia ser argumentado que esses dados são desimportantes na orientação individual dos atletas. Para avaliar se um indivíduo atleta está satisfazendo suas necessidades nutricionais, não há utilidade em tirar conclusões com base na literatura científica; isso porque cada indivíduo deve ter sua ingesta alimentar separadamente analisada para determinar se alterações em determinado programa nutricional podem ser benéficas.

> *É impossível determinar as necessidades de macro- ou micronutrientes de um indivíduo com base em um quadro formado a partir de estudos na literatura científica.*

Vitamina E

A **vitamina E** é uma vitamina solúvel em gordura que pode ter efeitos benéficos em atletas. Por exemplo, em um estudo, 12 homens treinados em força foram divididos em dois grupos: um grupo recebeu 1.200 UI de vitamina E uma vez ao dia, por duas semanas, enquanto o grupo controle recebeu uma pílula de placebo à base de celulose (90). Os níveis de creatinacinase (CK) (marcador indireto de lesão nas fibras musculares) aumentaram significativamente nos dois grupos, após 24 e 40 horas; em 24 horas, no entanto, o aumento da CK foi menor no grupo que ingeriu o suplemento de vitamina E do que no grupo placebo. O malondialdeído plasmático (MDA), um indicador da interação de radicais livres com membranas celulares, foi elevado em ambos os grupos; todavia, os níveis de MDA permaneceram mais altos por mais tempo no grupo placebo. Assim, a vitamina E pode reduzir a lesão sofrida pelas fibras musculares esqueléticas decorrente de exercícios de força de alta intensidade; além disso, seus efeitos antioxidantes podem ser potencialmente benéficos para atletas.

Outros estudos mostram um efeito neutro da suplementação de vitamina E. Homens jovens saudáveis realizaram cerca de 240 contrações musculares excêntricas isocinéticas máximas (0,52 $rad.s^{-1}$) após ingerirem um suplemento com um placebo (óleo de cártamo) ou 1.200 UI diárias de vitamina E por 30 dias. Esses investigadores não encontraram diferenças na ruptura da banda Z, no torque isométrico e concêntrico ou nos valores de CK sérica entre os grupos (7).

Ademais, não foram encontrados efeitos da suplementação de vitamina E (1.200 UI por três semanas em homens não-treinados em força) nas respostas de recuperação a seqüências repetidas de exercícios de força. De acordo com os pesquisadores, "A suplementação de vitamina E não foi efetiva na atenuação de supostos marcadores de dano à membrana, estresse oxidativo e decréscimos no desempenho após seqüências repetidas de exercício de força concêntrica/excêntrica para todo o corpo" (4).

Vitamina C

A **vitamina C** é uma vitamina solúvel em água que é necessária para a formação de colágeno, e pode ter efeitos benéficos para indivíduos ativos por seus efeitos no cortisol e via um efeito antioxidante.

Vinte e quatro sujeitos jovens fisicamente ativos que ingeriram vitamina C (400 mg) ou vitamina E (400 mg) ou um placebo por 21 dias antes e sete dias depois de realizarem 60 minutos de exercício de *step* em caixa foram examinados. Os pesquisadores testaram a função do músculo tríceps sural e, comparativamente ao grupo placebo, não encontraram alterações significativas na contração voluntária máxima (CVM) imediatamente após o exercício; no entanto, a recuperação da CVM foi superior no grupo que ingeriu vitamina C durante as primeiras 24 horas após o exercício. De acordo com os autores do estudo, "... a suplementação prévia de vitamina C pode exercer um efeito de proteção contra o dano muscular induzido pelo exercício excêntrico". Não foram observados efeitos no grupo que ingeriu o suplemento de vitamina E.

Um estudo contou com 16 sujeitos do sexo masculino randomizados em um grupo placebo ou de vitamina C (125). Esses sujeitos realizaram um teste prolongado de corrida de ida e volta intermitente de 90 minutos, e a suplementação começou após a cessação do exercício. Isto é, imediatamente após o exercício, eles tomaram uma bebida de 500 mL contendo 200 mg de vitamina C (ou placebo) dissolvidos em solução. Mais tarde no mesmo dia e pelos próximos dois dias, consumiram novamente suas bebidas de tratamento. Como resultado, descobriu-se que a suplementação de vitamina C não teve efeito nas concentrações de CK pós-exercício, na dor muscular ou na função muscular dos extensores e flexores dos joelhos. Portanto, nessa investigação, a suplementação de vitamina C de curta duração não teve efeito. Outro estudo dos mesmos pesquisadores descobriu que a ingesta aguda de 1 g de vitamina C duas horas antes do exercício (corrida de ida e volta intermitente de 90 min) foi ineficaz como auxílio ergogênico (126). Deve-se notar que os estudos mencionados anteriormente foram muito breves. Pode-se considerar, portanto, se eles têm relevância para condições "reais" em que os atletas ingerem suplementos com vitamina C (ou outros nutrientes) por semanas, meses e quiçá anos.

Certamente, o consumo prolongado de vitamina C deve ser mais bem examinado. Em um estudo, 16 sujeitos do sexo masculino consumiram vitamina C (200 mg duas vezes ao dia, por duas semanas) ou placebo. Eles realizaram 90 minutos de corrida de ida e volta intermitente 14 dias após iniciada a suplementação. Como resultado, descobriu-se que a vitamina C não teve efeitos benéficos sobre a dor muscular, a função muscular e as concentrações plasmáticas de malondialdeído sérico (127). Uma dose de 1.500 mg de vitamina C tomada diariamente por sete dias antes de uma maratona de 90 km, no dia da corrida e por dois dias após a corrida revelou atenuar aumentos de cortisol sérico, adrenalina e polipeptídeos antiinflamatórios (99). Não está claro se essa observação também se aplica a atletas de força/potência.

Com base nos dados bastante limitados sobre as vitaminas C e E, pode-se concluir com fundamento que a suplementação pode ter efeitos benéficos em um subconjunto de indivíduos. Parece não haver efeitos nocivos em nenhum dos parâmetros medidos nos estudos publicados.

Minerais

O **magnésio** é um mineral essencial que regula as funções neuromuscular, cardiovascular, imunológica e hormonal (20). O exercício pode depletar magnésio, o que – combinado com uma ingesta inadequada – pode prejudicar o metabolismo energético. Em um estudo investigando os efeitos da suplementação de magnésio no desenvolvimento de força durante um programa de treinamento de força duplo-cego de sete semanas, ambos os grupos envolvidos ganharam força; no entanto, o grupo que ingeriu o suplemento de magnésio demonstrou um desempenho significativamente melhor, comparado ao grupo-controle, em torque absoluto, torque relativo à massa corporal total (T/MCT) e torque relativo à massa corporal magra (T/MCM) quando os valores "antes" foram utilizados como a covariável.

Pergunta e resposta da área

Como a desidratação afeta o atleta de força/potência, e que recomendações você daria para prevenir o dano causado pela perda de líquidos?

A *desidratação* refere-se à hipohidratação (estar desidratado antes do exercício) e à desidratação induzida pelo exercício (i.e., aquela que se desenvolve durante o exercício). A ingesta inadequada de líquidos pode afetar adversamente o metabolismo muscular, a regulação da temperatura corporal, a função cardiovascular (aumento da freqüência cardíaca) e a percepção de esforço (desenvolvimento mais rápido de fadiga).

Têm-se demonstrado efeitos negativos no desempenho com uma desidratação modesta (< 2% da massa corporal total). Em um estudo, atletas universitários de luta romana foram desidratados ativamente (4,9% da massa corporal total) após seus desempenhos isocinéticos da região superior do corpo terem sido medidos (136). Houve um decréscimo de força de 7,6% na puxada dorsal, 6,6% no supino vertical e 12% nas repetições do desenvolvimento. Ao contrário, a musculatura da região inferior do corpo não foi afetada significativamente pela perda de 4,9%.

Muitos atletas relutam em beber durante o exercício e não ingerem líquidos em taxas iguais à sua perda. Para promover a hidratação adequada para a saúde e o desempenho de atletas, siga estas recomendações (39):

1. Recomenda-se aos atletas que bebam 410 a 650 mL de líquido duas horas antes do exercício para promover uma hidratação adequada e permitir tempo para a excreção do excesso de água ingerido.
2. Durante o exercício, os atletas devem começar a beber no início da sessão e a intervalos regulares. Se o treino continuar por mais de uma hora, uma bebida contendo carboidrato deve ser ingerida a uma taxa de 30 a 60 mL/h para manter a oxidação de carboidratos e retardar a fadiga.
3. Imediatamente após o exercício, os atletas devem consumir 1.040 a 1.560 mL para cada quilograma de massa corporal total perdido durante o exercício. Todo atleta (de força, potência ou resistência aeróbia) precisa maximizar sua ingesta de líquidos e empregar estratégias comportamentais antes, durante e após o exercício para melhorar seu desempenho em treinamentos e competições. (Cortesia de Jennifer Hofheins, MS, RD, LD, do Ohio Institute of Health & Human Performance.)

Os efeitos de oito semanas de suplementação de cromo em 36 homens treinados em força também foram examinados (88). A suplementação de cromo aumentou a concentração sérica de cromo e a excreção de cromo na urina. Entretanto, não houve efeito na composição corporal e na força. A preponderância de evidências sugere que o cromo seja ineficaz como auxílio ergogênico (30,86). Deve-se notar que a forma do cromo (cloreto *versus* picolinato) não fez diferença.

O **zinco** é um mineral requerido para a atividade de mais de 300 enzimas (47). Recentemente, tem-se reconhecido que o zinco pode ter um papel importante no metabolismo dos hormônios tireóides. Os efeitos da suplementação de zinco em atletas foram estudados anteriormente. Ademais, o exercício crônico pode ter efeitos de longa duração no metabolismo do zinco (40). Tem-se relatado que corredores apresentam níveis plasmáticos de zinco mais baixos do que os controles. Uma conseqüência de baixos níveis séricos de zinco poderia ser uma redução nas concentrações musculares de zinco, possivelmente resultando em uma redução da capacidade de resistência aeróbia. O zinco pode também agir diretamente no nível da membrana; tem-se relatado que alterações nos níveis extracelulares de zinco influenciam a relação contração-tensão no músculo. Se for consumida uma dieta adequada rica em zinco, é provável que a suplementação de zinco não tenha conseqüências para o músculo esquelético ou para a função hormonal. No entanto, se a dieta for inadequada (p. ex., vegetarianos ou indivíduos em dietas de baixo teor energético), a suplementação de zinco pode ser considerada.

Há várias revisões disponíveis sobre metabolismo dos minerais e exercício (38,48,86,87).

> *Um exame da literatura científica mostra que a suplementação de vitaminas e minerais apresenta um efeito neutro ou positivo em vários índices de saúde e desempenho em indivíduos que se exercitam. Como estratégia, seria interessante consumir um multivitamínico como uma "apólice de seguro" contra hábitos alimentares pobres. Uma dieta rica em carboidratos não-processados com alto teor de fibras, carnes magras e outras fontes protéicas de alta qualidade deve constituir a base da ingesta energética de uma pessoa.*

DIETAS

Há poucas pesquisas disponíveis que tratem da manipulação de dietas para melhorar o desempenho relativo à força e à hipertrofia em comparação a dietas para melhorar o desempenho de atletas de resistência aeróbia (5). Existem diversas teorias, crenças e recomendações de profissionais da área da saúde com relação à maneira apropriada de abastecer o corpo para um melhor desempenho. Embora se tenha um número infinito de prescrições de dietas, essencialmente elas se enquadram em quatro categorias gerais: dietas com teor muito alto de carboidratos e muito baixo de gorduras (p. ex., Pritikin e Ornish); com alto teor de carboidratos e baixo teor de gorduras (p. ex., o sistema de orientação alimentar MyPyramid do Departamento de Agricultura dos Estados Unidos – USDA, Fig. 7.3); com teor muito baixo de carboidratos e alto de proteínas e com gorduras (p. ex., as dietas Atkins ou South Beach); e teor moderado de carboidratos e mais alto de proteínas (p. ex., a dieta Zona). A Tabela 7.2 compara essas abordagens. A maioria das pessoas tem suas próprias crenças nutricionais que podem ter funcionado para elas ou para os atletas que elas treinam; no entanto, existe uma sustentação científica significativa para cada uma das abordagens mencionadas acima.

Os transtornos da alimentação são uma preocupação importante entre as populações de atletas e praticantes de exercícios. Como profissionais do exercício, devemos estar atentos a esses transtornos e ser capazes de tratar o assunto de forma adequada. Isso inclui uma compreensão básica dos transtornos e da abordagem de equipe para o tratamento (Quadro 7.2).

Dietas com teor muito alto de carboidratos e muito baixo de gorduras

Os carboidratos são os açúcares e amidos, e representam o principal macronutriente consumido pelos norte-americanos. Quando consideramos as necessidades alimentares de um atleta de força, os carboidratos devem ser a base de um bom programa nutricional. Os carboidratos fornecem a principal fonte de energia para o atleta mediante a quebra de glicogênio (forma armazenada de carboidrato) durante o exercício (1,9). Além disso, está bem estabelecido que uma ingesta de carboidrato aumentada retarda a fadiga (60,106) e pode melhorar a síntese protéica pós-exercício sozinha (21) (embora não na mesma medida que os aminoácidos) ou sinergicamente quando combinada com proteína durante a recuperação (105,131). Embora os carboidratos sejam uma parte crucial de um bom programa

FIGURA 7.3 Sistema de orientação alimentar MyPyramid do USDA.

TABELA 7.2 Comparação de dietas populares

Plano de refeições	Recomendações de nutrientes	Comentários
Planos Ornish e Pritikin	≥ 80% carboidratos 10% proteínas ≤10% gorduras	Atletas de força não necessitam de uma ingesta de carboidratos tão alta. Felizmente, pelo menos uma distinção é feita, e carboidratos de alta qualidade são recomendados nesses dois planos. As ingestas de proteínas e gorduras são muito baixas para promover os benefícios positivos que esses dois macronutrientes oferecem, o que ficou demonstrado em vários estudos.
Pirâmide de Orientação Alimentar (POA)	55-60% carboidratos 12-15% proteínas < 30% gorduras	Também um pouco rica demais em carboidratos para atletas de força. Sem a orientação de um profissional da nutrição, pode-se assumir que todos os carboidratos são criados iguais e, portanto, consumir carboidratos refinados em excesso seguindo a POA. Ela também coloca as gorduras na categoria "use modestamente", quando sabemos que diferentes tipos de gorduras estão claramente relacionados a benefícios à saúde e a alterações positivas para o atleta de força. Outro problema é que ela não diferencia fontes protéicas com alto teor de gordura saturada (p. ex., carne de gado moída) de fontes protéicas magras (p. ex., proteína do soro do leite em pó) ou que contenham gordura saudável (p. ex., salmão).
Dieta Zona	40% carboidratos 30% proteínas 30% gorduras	Essa dieta não supre o atleta de força com energia adequada para formar massa corporal magra. Ela não foi originalmente planejada para atletas de força/potência. Contudo, se a ingesta energética for aumentada seguindo-se um plano 40:30:30, ele deve prover proteínas adequadas, carboidratos saudáveis e gorduras insaturadas.
Dieta Atkins	Baixo teor de carboidratos (25-90 g/dia; a recomendação típica é 35-40 g) Gorduras e proteínas compõem o restante da dieta. Nenhum tipo de gordura está fora de questão.	Atletas de força não têm as mesmas necessidades de macronutrientes que atletas de resistência aérobia; todavia, o desempenho será prejudicado pela quase eliminação do consumo regular de carboidratos, especialmente a variedade com baixo índice glicêmico e alto teor de fibras. Ademais, embora haja consenso da maior parte da comunidade científica sobre as necessidades protéicas aumentadas superiores à RDA dos atletas de força, não se justifica aumentar as proteínas à custa de carboidratos não-processados. Carboidratos não-processados devem constituir a parte principal do programa de nutrição de um indivíduo.

nutricional para o atleta de força, eles não desempenham o mesmo papel com o atleta de resistência aeróbia que esgote as reservas de glicogênio mais rapidamente por meio de atividades aeróbias contínuas de intensidade mais baixa. Algumas evidências científicas sugerem que a suplementação de carboidrato, antes ou durante o treinamento de força de alto volume, resulta na manutenção da concentração de glicogênio muscular, que potencialmente resulta na manutenção ou no aumento do desempenho durante uma seqüência de treinamento (58). Além disso, a ingesta de carboidratos após o exercício de força pode melhorar a ressíntese de glicogênio muscular, que pode resultar na aceleração do tempo de recuperação do treinamento de força, assim permitindo, possivelmente, um maior volume de treinamento. É improvável que o treinamento de força deplete o glicogênio muscular na mesma medida que o treinamento de resistência aeróbia.

QUADRO 7.2 TRANSTORNOS DA ALIMENTAÇÃO

Os transtornos da alimentação são freqüentemente relacionados a distúrbios de auto-imagem, autoconceito e auto-estima. Eles não são incomuns entre as populações de atletas e praticantes de exercícios, constituindo um componente da tríade da mulher atleta (discutida no Capítulo 4). Além disso, o exercício compulsivo pode ser um componente de alguns transtornos alimentares.

Três transtornos alimentares são discutidos brevemente a seguir.

SUPERALIMENTAÇÃO COMPULSIVA

A superalimentação compulsiva é uma "adicção" à comida. Indivíduos que se superalimentam compulsivamente usam a comida e o ato de comer para ajudar em seus estresses diários e na solução de problemas. Esses indivíduos tendem a ter sobrepeso. Eles estão cientes da sua incapacidade de controlar a alimentação e podem ser particularmente sensíveis a comentários sobre seu peso ou sua dieta. Pelo fato de a obesidade ser uma grande preocupação de saúde na sociedade de hoje, devemos estar cientes do papel potencial que a superalimentação compulsiva pode ter nesse transtorno.

ANOREXIA NERVOSA

A pessoa com anorexia nervosa pode perceber-se gorda ou ter receio de engordar. Esse indivíduo provavelmente tem um transtorno emocional e reage controlando seus comportamentos alimentares.

Sinais de anorexia podem incluir exercício obsessivo; contagem de calorias ou de gramas de gordura; vômitos auto-induzidos e uso de pílulas dietéticas, laxantes ou diuréticos; e uma preocupação persistente com a imagem corporal. Indivíduos com anorexia podem passar por períodos de bulimia, e sua massa corporal total é geralmente abaixo da média.

BULIMIA NERVOSA

Os primeiros sintomas de bulimia são episódios de gula e purgação. O indivíduo come uma grande quantidade de comida em um período relativamente curto e depois induz o vômito ou toma laxantes, práticas freqüentemente relacionadas à culpa da superalimentação. Os episódios de gula e purgação podem estar relacionados a sentimentos de raiva, depressão, estresse ou ansiedade. Os indivíduos que sofrem de bulimia podem estar cientes de seu transtorno alimentar e usualmente gostar de falar sobre alimentos e dieta. Também podem estar com sobrepeso, ou seu peso pode flutuar bastante.

RESUMO

Semelhanças podem ser encontradas entre vários transtornos alimentares; a mais comum é alguma forma de transtorno emocional. Com a anorexia e a bulimia, pode parecer que não é nada além de uma preocupação obsessiva com a imagem corporal. Para muitos desses indivíduos, questões emocionais mais profundas podem precisar ser resolvidas.

Considera-se que atletas jovens do sexo feminino em esportes como ginástica estejam em alto risco de sofrer transtornos alimentares, especificamente anorexia e bulimia. Os esportes não causam o transtorno, mas pode ser que alguns atraiam atletas anoréxicos/bulímicos, possilitando que eles mascarem seu problema de saúde. Deve-se considerar uma abordagem de equipe para o tratamento, a qual potencialmente envolva o treinador/profissional do exercício, os pais, um médico, um nutricionista, um psicólogo e talvez outras pessoas. Esses não são transtornos com os quais o profissional do exercício possa ou deva tentar lidar sozinho.

Como se vê na Tabela 7.2, dietas com teor muito alto de carboidratos e muito baixo de gorduras, tais como aquelas desenvolvidas por Pritikin e Ornish, recomendam uma composição de macronutrientes de aproximadamente 80% de carboidratos e 10% de proteínas, enquanto defendem menos de 10% de gorduras (71). Essas abordagens são apoiadas por vários estudos científicos (2,113) em termos de regular positivamente os efeitos à saúde (p. ex., cardiopatia, valores lipídicos, pressão arterial, etc.); no entanto, nenhuma pesquisa direta sustenta sua aplicabilidade a atletas de força. Na realidade, essas dietas podem ser contra-indicadas se o objetivo for causar hipertrofia ou aumentar a velocidade ou outras variáveis que um atleta que participa de esportes de alta intensidade pode desejar, uma vez que essas dietas têm baixos teores de proteína e gordura. Embora as dietas muito ricas em carboidrato e pobres em proteína e gordura possam satisfazer as necessidades de um paciente com cardiopatia, devido à ingesta aumentada de carboidratos fibrosos e à ingesta reduzida de gordura saturada, as quantidades limitadas de proteína e gordura recomendadas não beneficiarão o atleta de força.

A manipulação de macronutrientes é comumente utilizada pelos atletas de força para influenciar positivamente o ambiente hormonal (testosterona, hormônio do crescimento, insulina, etc.), com a intenção de favorecer a hipertrofia. Conforme discutido anteriormente, vários estudos têm mostrado que a gordura alimentar correlaciona-se com os hormônios sexuais séricos (46,135,107), melhora a composição corporal por seus efeitos antiinflamatórios (66,122) e até aumenta a capacidade do corpo de armazenar glicogênio (43). Esses fatos, juntamente com os conhecidos benefícios à saúde e aumentos nas concentrações hormonais resultantes do próprio treinamento de força (94), demonstram a importância de se consumirem quantidades adequadas de gordura alimentar (i.e., maiores do que os 10% recomendados por esses planos).

Usemos o exemplo de um atleta treinado em força pesando 68 kg que precise de 2.500 kcal/dia. Utilizando o modelo 80/10/10% (carboidratos/proteínas/gorduras, respectivamente) de Ornish ou Pritikin, esse indivíduo estaria obtendo aproximadamente 500 g de carboidrato por dia, ou cerca de 7,3 g de carboidrato por quilograma por dia, e cerca de 63 g de proteína e gordura por dia (i.e., em torno de 0,9% de proteína e 0,4% de gordura por quilograma por dia). Obviamente, consumir uma dieta que substitui a maior parte da gordura e da proteína alimentares por carboidrato impossibilita a obtenção de níveis adequados de gordura ou proteína. Conforme discutido anteriormente, o atleta treinado em força necessita mais do que a RDA de proteínas por dia [de 1,5 a 2,0 g/kg por dia (14)], o que é claramente muito mais alto do que as 0,9 g/kg por dia que o indivíduo do nosso exemplo consumiria. Similarmente, considerando que o glicogênio não é depletado na mesma medida em um atleta de força como o é em um atleta de resistência aeróbia, não é necessária uma ingesta alta de carboidratos como essa regularmente. Conseqüentemente, essa dieta não é recomendada para atletas saudáveis de treinamento de força de nenhum tipo.

Dietas com alto teor de carboidratos e baixo teor de gorduras

Na mesma linha dos planos com teor muito alto de carboidratos descritos acima, as dietas com alto teor de carboidratos e baixo teor de gorduras, tais como a da Pirâmide de Orientação Alimentar (POA), recomendam uma composição de nutrientes de aproximadamente 55 a 60% de carboidratos, 12 a 15% de proteínas e menos de 30% de gorduras. A Tabela 7.3 lista os alimentos recomendados que contêm cada macronutriente. A quantidade de alimentos recomendada para cada bloco da POA depende do nível de atividade de um indivíduo; no entanto, novamente, nenhuma recomendação específica de energia é fornecida. Usando o modelo da POA, o mesmo atleta de 68 kg do exemplo anterior, que necessita de 2.500 kcal/dia, teria de consumir aproximadamente 340 a 375 g de carboidratos (~5–5,5 g CHO/kg/dia), 75 a 90 g de proteínas (cerca de 1,1 a 1,3 g/kg por dia) e 83 g de gorduras (~1,2 g/kg por dia).

Semelhantemente às prescrições de dieta descritas anteriormente, uma deficiência da POA do USDA é que temos um indivíduo nesse exemplo que acharia

TABELA 7.3 Seleções recomendadas para cada macronutriente

Carboidrato	Proteína	Gordura
Farinha de aveia	Carne vermelha magra	Óleo de peixe
Farelo de aveia	Frango (carne branca sem pele)	Azeite de oliva
Arroz integral	Todos os frutos do mar	Óleo de linho
Massa integral	Queijo *cottage* com baixo teor ou livre de gordura	Nozes (p. ex., amêndoas, amendoins, etc.)
Inhames/batatas-doces	Ovos	Pasta de amendoim
Batatas vermelhas	Proteína em pó composta de soro de leite, caseína ou combinações disso	Abacate
Todas as verduras		
Todas as frutas		
Quinoa		
Legumes		
Lentilhas		
Pão integral (p. ex., pão de centeio integral)		
Laticínios com baixo teor ou livres de gordura		
Trigo-mouro		

Nota: Alguns alimentos, tais como legumes, lentilhas, laticínios e pasta de amendoim, atravessam outras categorias (i.e., as lentilhas também têm proteína). Eles são colocados na categoria do macronutriente que é mais abundante.

difícil obter níveis adequados de proteína (1,5 a 2,0 g/kg de proteína por dia para a maioria dos atletas que treinam força) seguindo as orientações do USDA. Outra limitação da POA é a falta de especificidade quanto às recomendações de carboidratos e gorduras. Não há dúvida de que os carboidratos são utilizados como uma forma de energia. Na verdade, eles são a principal fonte de energia do cérebro e dos músculos esqueléticos. Entretanto, nem todos os carboidratos são iguais. Embora a POA enfatize uma dieta à base de carboidratos, faltou-lhe diferenciar os vários tipos de carboidrato. Carboidratos processados, como arroz branco e massa, devem ser limitados (não eliminados). Conhecendo os benefícios dos outros macronutrientes durante o treinamento de força – as proteínas e as gorduras –, seria sensato substituir os carboidratos refinados na dieta por proteínas magras e gorduras saudáveis. Em vez disso, a POA coloca a proteína perto do topo e a gordura alimentar na categoria "use moderadamente", no pico da pirâmide. Separar os vários tipos de proteínas (p. ex., carne vermelha *versus* salmão) e de gorduras (p. ex., manteiga *versus* azeite de oliva) é a melhor abordagem para desenvolver um bom programa nutricional para atletas.

Dietas com baixo teor de carboidratos e alto teor de proteínas

Diversas dietas enquadram-se nessa categoria. A mais comumente discutida e pesquisada é a Zona. Barry Sears, seu criador, recomenda uma razão 40/30/30 (carboidratos/proteínas/gorduras, respectivamente), que, afirma ele, sustentará até mesmo os esforços dos atletas mais competitivos. A intenção dessa razão específica de macronutrientes é controlar a razão insulina/glucagon do corpo, melhorando enfim o desempenho e a capacidade de mobilizar gordura corporal. Embora nenhum estudo específico tenha utilizado essa dieta em particular com atletas de força, uma revisão recente (37) e um estudo de curta duração mediram o desempenho de resistência aeróbia utilizando a dieta Zona (67). Ambas as publicações chegaram a conclusões semelhantes: os atletas não devem implementar a dieta Zona em suas práticas.

O acúmulo de energia é o componente mais importante de qualquer estratégia alimentar. Sem energia adequada o corpo não consegue refazer-se, reparar-se ou recuperar-se do treinamento. Um estudo demonstrou, por meio de registros de dietas, que, ao final do período de estudo de sete semanas, os sujeitos que seguiam a dieta Zona consumiram 1.994 ± 438 kcal/dia (51). Considerando-se que esses sujeitos eram homens ativos com uma idade média de 26 anos, esse acúmulo de energia é baixo demais para sustentar qualquer tipo de esforço atlético. É impossível melhorar a força e o desempenho se o corpo não está sendo nutrido o quanto precisa. Voltando ao nosso exemplo do atleta de 68 kg que necessita de 2.500 kcal/dia, ele ingeriria 250 g de carboidrato por dia (3,7 g CHO/kg/dia), cerca de 188 g de proteína por dia (em torno de 2,75 g de proteína por quilograma por dia) e cerca de 83 g de gordura (em torno de 1,2 g de gordura por quilograma por dia).

Um aspecto positivo desse plano é que ele fornece um pouco mais de proteína do que as dietas mencionadas anteriormente. Com essa dieta de baixa energia, a proteína é especialmente importante a fim de prevenir a perda de tecido muscular. Além disso, a dieta Zona recomenda o consumo de mais carboidratos integrais para reduzir a oscilação dos níveis de insulina associada ao consumo de carboidratos refinados. Finalmente, Sears também separa as gorduras em seus vários componentes e recomenda o aumento da ingesta de mais gorduras saudáveis em vez de gorduras saturadas. Esse modelo de macronutrientes é mais próximo daquilo que recomendaríamos diariamente para atletas de força; no entanto, as demandas de energia devem ser satisfeitas para otimizar as adaptações ao treinamento dos atletas de força/potência.

Dietas com baixo teor de carboidratos e alto teor de gorduras e proteínas

Os carboidratos foram recentemente atacados com o ressurgimento de livros sobre dietas com baixo teor de carboidratos. Esses tipos de dietas são essencialmente planejados para a perda de peso; todavia, eles estão aumentando sua popularidade também no meio esportivo. Examinando a dieta Atkins (um dos planos de baixo teor de carboidrato mais populares) como um modelo, ela recomenda o consumo de 25 a 90 g de carboidrato por dia. A extremidade inferior (25 g) dessa escala é chamada "fase de indução", quando a pessoa inicia o programa. Com o passar do tempo, o indivíduo atinge o topo (90 g) da escala e finalmente alcança o seu objetivo. Com esse plano, as gorduras e as proteínas formam a energia restante, o que significa que as ingestas desses dois macronutrientes são ilimitadas e um tanto altas. Nosso atleta de 68 kg mencionado antes, ao consumir 2.500 kcal/dia, teria na fase de indução uma ingesta de 25 g de carboidrato. Dividindo a proteína e a gordura igualmente para suprir as demandas de energia remanescentes nesse exemplo, proveríamos 300 g de proteína (cerca de 4,5 g/kg por dia) e em torno de 133 g de gordura (cerca de 1,95 g/kg por dia). Essa quantidade de proteína não é apenas extremamente alta como também desnecessária. A quantidade de gordura nesse plano de dieta é relativamente alta (p. ex., ingesta ilimitada), especialmente considerando-se que Atkins alega que as gorduras saturadas não são mais nocivas à saúde do que as gorduras insaturadas e poliinsaturdas.

Cientistas começaram a medir os efeitos de dietas com baixo teor de carboidratos e alto teor de gorduras na prática de exercícios (28,51,133). A suposição aqui é de que, embora o glicogênio seja a forma armazenada de carboidrato alimentar, reduzir drasticamente os carboidratos causará apenas um efeito negativo transitório nos níveis de energia, uma vez que os metabólitos de gordura e proteína podem ao final ser utilizados como fontes de energia. Toda a pesquisa nessa área tem sido conduzida com atletas de resistência aeróbia, pois os carboidratos e o glicogênio são mais cruciais em termos de desempenho de resistência aeróbia. Eliminar ou reduzir drasticamente os carboidratos é mais provável de ser prejudicial para atividades de resistência aeróbia do que para atividades de força.

Com o treinamento de força, o objetivo último normalmente é hipertrofia, velocidade e/ou potência. Conforme foi discutido, a proteína é necessária para desenvolver massa muscular, e a gordura alimentar está correlacionada à produção de hormônios sexuais séricos. É óbvio que a dieta Atkins proverá abundantes proteínas e gorduras alimentares. Infelizmente, com essa dieta, o propósito de altas ingestas de proteína e gordura é reduzir a ingesta de carboidrato alimentar. Embora o carboidrato não seja tão importante em atividades de curta duração e alta intensidade, a redução drástica de carboidrato alimentar e, subseqüentemente, das reservas de glicogênio prejudicarão o desempenho. Além disso, a dieta Atkins (e dietas similares) é pobre em energia total. Independentemente de qual seja a razão ou a combinação de macronutrientes, a energia total é, no fim das contas, o fator mais importante na dieta de um atleta.

Outra consideração para muitos treinadores de força é o efeito da dieta na composição corporal, em relação à estética e/ou ao desempenho. Pesquisas demonstraram que uma dieta com teor mais baixo de carboidratos e mais alto de gorduras e proteínas pode, na realidade, ter efeitos positivos na composição corporal. Autores adeptos à redução de carboidratos sugerem que essa mudança positiva (p. ex., perda de gordura corporal) é devida à ausência de oscilações de insulina causadas pelos carboidratos alimentares. Até o momento, nenhum dado de longa duração demonstra a superioridade de uma dieta desse tipo sobre outra, e os estudos até agora que apóiam dietas ricas em gordura foram todos de curta duração (com exceção de um estudo de 12 meses, que não mostrou alterações significativas na massa corporal total *versus* a dieta rica em carboidratos ao final dos 12 meses). Deve-se mencionar que é praticamente impossível estudar cientificamente os efeitos de uma dieta em longo prazo (i.e., mais de um ano). Assim, comparações entre dietas são relegadas a estudos de curta duração, que representam pequenas janelas de tempo.

Outro fator limitante à substituição regular do carboidrato alimentar por gorduras e proteínas é a falta de variedade nos alimentos permitidos, o que dificulta seguir um estilo de vida com baixo teor de carboidratos por um período estendido. A falta de variedade também limita a ingesta de micronutrientes, fitoquímicos, antioxidantes e outros componentes benéficos dos alimentos, os quais estão todos correlacionados com uma menor incidência de várias doenças. Um atleta saudável é aquele que pode continuamente treinar com mais intensidade e, com isso, ter um melhor desempenho. Também considere os estudos previamente discutidos que demonstram que os carboidratos em momentos específicos antes, durante e após as sessões de exercícios podem melhorar a síntese protéica, a recuperação e, finalmente, o crescimento (62,49,129). Reduções drásticas da ingesta de carboidratos não permitirão aos atletas aproveitar essa oportunidade, quando os níveis de insulina estão altos em decorrência do exercício de força e as células musculares necessitam justamente desses nutrientes que são aportados mais rapidamente com a ingesta de carboidratos com alto índice glicêmico. Conseqüentemente, a sugestão de que uma dieta com baixo teor de carboidratos e alto teor de gorduras possa melhorar o desempenho não é verdadeira nem tem base científica.

É praticamente impossível fazer recomendações gerais a atletas de alto rendimento sem primeiro determinar suas ingestas alimentares atuais. Contudo, a imposição de restrições severas em certos macronutrientes provavelmente não é a melhor abordagem.

RESUMO

Vários especialistas em nutrição esportiva podem fornecer diferentes respostas à mesma pergunta com base parcialmente na ciência, em casos e na experiência pessoal. É difícil fazer recomendações alimentares gerais, porque muitos fatores afetam a dieta ótima. Não apenas o treinamento de força em si é importante, mas também a história do treinamento, os objetivos de desempenho (p. ex., hipertrofia *versus* potência *versus* alterações na composição corporal), o planejamento do programa, as respostas individuais ao treinamento e à dieta e as adaptações agudas *versus* crônicas ao treinamento terão todos uma função nas recomendações nutricionais.

Alguns princípios nutricionais básicos podem ser aplicados a todos os atletas. Primeiro, os atletas devem tentar acumular o máximo de energia possível enquanto alcançam massa e composição corporais ótimas para seus respectivos esportes. Para tanto, devem procurar ingerir aproximadamente 2 g de proteína por quilograma de massa corporal total. Essa recomendação simplifica os cálculos necessários para determinar as necessidades, e o valor pode ser ajustado com base nas medidas de resultados estabelecidas. A energia dos carboidratos e das gorduras alimentares deve compensar o restante da dieta com uma proporção maior de carboidratos do que de gorduras. As fontes primárias de carboidratos devem ser fundamentalmente carboidratos de baixo índice glicêmico para fornecer suficientes fibras e abundantes nutrientes. A ingesta de carboidratos de alto índice glicêmico deve ser limitada aos períodos antes, durante e após o exercício. A ingesta de gorduras deve ser substancial (aproximadamente 30% da energia total), com especial atenção para equilibrar as gorduras saturadas, monoinsaturadas e poliinsaturadas. Finalmente, o horário dos nutrientes por meio da ingesta energética (preferencialmente na forma líquida, para facilitar a absorção e o uso) durante e após o exercício é crucial para melhorar a resposta e a recuperação ao treinamento.

As recomendações alimentares devem ser específicas à modalidade de treinamento em vigor e regularmente ajustadas para suprir as necessidades variáveis de um atleta. Procurar o auxílio de um bom nutricionista do esporte permitirá ao atleta atingir os objetivos desejados de uma maneira saudável e adequada.

QUESTÕES TÉCNICAS

1. Sue, uma fundista que compete nas distâncias de meia-maratona até maratona (42 km), pede a sua orientação a respeito do seu programa nutricional. Atualmente ela faz 5 a 6 refeições por dia com ênfase em proteínas magras; gorduras saudáveis das nozes, do peixe e do azeite de oliva; e carboidratos não-processados. Com 167 cm de altura, 52 kg e 25 anos de idade, ela ingere aproximadamente 2.300 kcal/dia. Sua quilometragem varia de 80 a 112 km/semana. No entanto, ela sente que não está recuperando tão rapidamente quanto gostaria. Que perguntas você lhe faria, e de que orientação nutricional ela pode precisar, que seja simples e efetiva?
2. Como treinador de força, você identificou uma atleta que parece estar exibindo os sintomas de anorexia/bulimia. Seu peso flutua semanal a mensalmente. Ela está alternando entre períodos de peso normal e inferior a normal. Suas colegas de equipe dizem que ela é emotiva e que se chateia facilmente. Você a observou fazendo uma refeição apenas em duas ocasiões. Sob observação atenta, ela foi ao toalete imediatamente após comer; por isso, você suspeita de vômito induzido.
3. Um atleta de 16 anos de idade está preocupado por não estar ingerindo proteínas suficientes. Ele está jogando futebol americano e treinando para aumentar a massa muscular; e, devido a sua idade, você sabe que ele também está crescendo ainda. Sua massa corporal total é de 100 kg. Calcule os gramas de proteína que ele deve consumir por dia.

REFERÊNCIAS

1. Ahlborg B, et al. Muscle glycogen and muscle electrolytes during prolonged physical exercise. Acta Physiol Scand 1967;70:129–142.
2. Aldana SG, Greenlaw R, Thomas D, et al. The influence of an intense cardiovascular disease risk factor modification program. Prev Cardiol 2004;7(1):1;19–25.
3. Ascherio A, Willett WC. Health effects of trans fatty acids. Am J Clin Nutr 1997;66:1006S–1010S.
4. Avery NG, Kaiser JL, Sharman MJ, et al. Effects of vitamin E supplementation on recovery from repeated bouts of resistance exercise. J Strength Cond Res 2003; 17(4):801–809.
5. Batheja A, Stout JR. Food: The Ultimate Drug. In: Antonio J, Stout JR, eds. Sports Supplements. Philadelphia: Lippincott Williams & Wilkins, 2001.
6. Bazzarre TL, Kleiner SM, Ainsworth BE. Vitamin C intake and lipid profiles in competitive male and female bodybuilders. Int J Sport Nutr 1992;2(3):260–271.
7. Beaton LJ, Allan DA, Tarnopolsky MA, et al. Contraction-induced muscle damage is unaffected by vitamin E supplementation. Med Sci Sports Exerc 2002;34(5):798–805.
8. Beermann C, Jelinek J, Reinecker T, et al. Short term effects of dietary medium-chain fatty acids and n-3 long-chain polyunsaturated fatty acids on the fat metabolism of healthy volunteers. Lipids Health Dis 2003;2:10.
9. Bergstrom J et al. Diet, muscle glycogen and physical performance. Acta Physiol Scand 1967;71:140–150.
10. Berthoud HR. Multiple neural systems controlling food intake and body weight. Neurosci Biobehav Rev 2002; 26:393–428.
11. Bielinski R, Schutz Y, Jequier E. Energy metabolism during the postexercise recovery in man. Am J Clin Nutr 1985;42:69–82.
12. Biolo G, Declan Fleming RY, Wolfe RR. Physiologic hyperinsulinemia stimulates protein synthesis and enhances transport of selected amino acids in human skeletal muscle. J Clin Invest 1995;95:811–819.
13. Biolo G, Maggi SP, Williams BD, et al. Increased rates of muscle protein turnover and amino acid transport after resistance exercise in humans. Am J Physiol 1995;268: E514–E520.
14. Biolo G, Tipton KD, Klein S, et al. An abundant supply of amino acids enhances the metabolic effect of exercise on muscle protein. Am J Physiol 1997;273: E122–E129.

15. Bishop NC, Blannin AK, Walsh NP, et al. Nutritional aspects of immunosuppression in athletes. Sports Med 1999;28:151–176.
16. Bishop NC, Gleeson M, Nicholas CW, et al. Influence of carbohydrate supplementation on plasma cytokine and neutrophil degranulation responses to high intensity intermittent exercise. Int J Sport Nutr Exerc Metab 2002;12:145–156.
17. Bishop NC, Walsh NP, Haines DL, et al. Pre-exercise carbohydrate status and immune responses to prolonged cycling: I. Effect on neutrophil degranulation. Int J Sport Nutr Exerc Metab 2001;11:490–502.
18. Bishop NC, Walsh NP, Haines DL, et al. Pre-exercise carbohydrate status and immune responses to prolonged cycling. II: Effect on plasma cytokine concentration. Int J Sport Nutr Exerc Metab 2001;11:503–512.
19. Blomstrand E. Amino acids and central fatigue. Amino Acids 2001;20:25–34.
20. Bohl CH, Volpe SL. Magnesium and exercise. Crit Rev Food Sci Nutr 2002;42:533–563.
21. Borsheim E, Cree MG, Tipton KD, et al. Effect of carbohydrate intake on net muscle protein synthesis during recovery from resistance exercise. J Appl Physiol 2004; 96:674–678.
22. Borsheim E, Tipton KD, Wolf SE, et al. Essential amino acids and muscle protein recovery from resistance exercise. Am J Physiol Endocrinol Metab 2002;283: E648–E657.
23. Bos C, Benamouzig R, Bruhat A, et al. Short-term protein and energy supplementation activates nitrogen kinetics and accretion in poorly nourished elderly subjects. Am J Clin Nutr 2000;71:1129–1137.
24. Bouthegourd JC, Roseau SM, Makarios-Lahham L, et al. A preexercise alpha-lactalbumin–enriched whey protein meal preserves lipid oxidation and decreases adiposity in rats. Am J Physiol Endocrinol Metab 2002;283: E565–E572.
25. Brandle E, Sieberth HG, Hautmann RE. Effect of chronic dietary protein intake on the renal function in healthy subjects. Eur J Clin Nutr 1996;50:734–740.
26. Burke DG, Chilibeck PD, Davidson KS, et al. The effect of whey protein supplementation with and without creatine monohydrate combined with resistance training on lean tissue mass and muscle strength. Int J Sport Nutr Exerc Metab 2001;11:349–364.
27. Burke LM. Energy needs of athletes. Can J Appl Physiol 2001;26(Suppl):S202–S219.
28. Burke LM, Kiens B, Ivy JL. Carbohydrates and fat for training and recovery. J Sports Sci 2004;22(1):15–30.
29. Butterfield GE, Calloway DH. Physical activity improves protein utilization in young men. Br J Nutr 1984;51: 171–184.
30. Campbell WW, Joseph LJ, Anderson RA, et al. Effects of resistive training and chromium picolinate on body composition and skeletal muscle size in older women. Int J Sport Nutr Exerc Metab 2002;12:125–135.
31. Campbell WW, Trappe TA, Wolfe RR, et al. The recommended dietary allowance for protein may not be adequate for older people to maintain skeletal mus-cle. J Gerontol Ser A Biol Sci Med Sci 2001;56: M373–M380.
32. Carter SL, Rennie C, Tarnopolsky MA. Substrate utilization during endurance exercise in men and women after endurance training. Am J Physiol Endocrinol Metab 2001;280:E898–E907.
33. Casey A, Mann R, Banister K, et al. Effect of carbohydrate ingestion on glycogen resynthesis in human liver and skeletal muscle, measured by (13)C MRS. Am J Physiol Endocrinol Metab 2000;278:E65–E75.
34. Castaneda C, Gordon PL, Fielding RA, et al. Marginal protein intake results in reduced plasma IGF–I levels and skeletal muscle fiber atrophy in elderly women. J Nutr Health Aging 2000;4:85–90.
35. Chesley A, MacDougall JD, Tarnopolsky MA, et al. Changes in human muscle protein synthesis after resistance exercise. J Appl Physiol 1992;73:1383–1388.
36. Cheuvront SN, Carter R III, Sawka MN. Fluid balance and endurance exercise performance. Curr Sports Med Rep 2003;2:202–208.
37. Cheuvront SN. The zone diet and athletic performance. Sports Med 1999;29(4):213–228.
38. Clarkson PM, Haymes EM. Exercise and mineral status of athletes: calcium, magnesium, phosphorus, and iron. Med Sci Sports Exerc 1995;27:831–843.
39. Convertino VA, et al. American College of Sports Medicine position stand. Exercise and fluid replacement. Med Sci Sports Exerc 1996; 1:i–vii.
40. Cordova A, Alvarez–Mon M. Behaviour of zinc in physical exercise: a special reference to immunity and fatigue. Neurosci Biobehav Rev 1995;19:439–445.
41. Coyle EF. Physiological determinants of endurance exercise performance. J Sci Med Sport 1999;2: 181–189.
42. Davis JM, Alderson NL, Welsh RS. Serotonin and central nervous system fatigue: nutritional considerations. Am J Clin Nutr 2000;72:573S–578S.
43. Delarue J, Couet C, Cohen R, et al. Effects of fish oil on metabolic responses to oral fructose and glucose loads in healthy humans. Am J Physiol 1996;270: E353–E362.
44. Demling RH, DeSanti L. Effect of a hypocaloric diet, increased protein intake and resistance training on lean mass gains and fat mass loss in overweight police officers. Ann Nutr Metab 2000;44:21–29.
45. Doi T, Matsuo T, Sugawara M, et al. New approach for weight reduction by a combination of diet, light resistance exercise and the timing of ingesting a protein supplement. Asia Pacific J Clin Nutr 2001;10:226–232.
46. Dorgan JF, Judd JT, Longcope C, et al. Effects of dietary fat and fiber on plasma and urine androgens and estrogens in men: a controlled feeding study. Am J Clin Nutr 1996;64(6):850–855.
47. Dorup I, Clausen T. Effects of magnesium and zinc deficiencies on growth and protein synthesis in skeletal muscle and the heart. Br J Nutr 1991;66:493–504.
48. Dreosti IE. Magnesium status and health. Nutr Rev 1995;53:S23–S27.
49. Esmarck B, Andersen JL, Olsen S, et al. Timing of postexercise protein intake is important for muscle hypertrophy with resistance training in elderly humans. J Physiol 2001;535:301–311.
50. Flakoll PJ, Judy T, Flinn K, et al. Postexercise protein supplementation improves health and muscle soreness during basic military training in marine recruits. J Appl Physiol 2004;96:951–956.
51. Fleming J, Sharman MJ, Avery NG, et al. Endurance capacity and high-intensity exercise performance responses to a high fat diet. Int J Sport Nutr Exerc Metab2003; 13(4):466–478.
52. Fletcher RH, Fairfield KM. Vitamins for chronic disease prevention in adults: clinical applications. JAMA 2002; 287(23):3127–3129.
53. Ford F. Health benefits of omega–3s for the whole family. J Fam Health Care 2002;12:91–93.

54. Forslund AH, El Khoury AE, Olsson RM, et al. Effect of protein intake and physical activity on 24–h pattern and rate of macronutrient utilization. Am J Physiol 1999; 276:E964–E976.
55. Fournier PA, Brau L, Ferreira LD, et al. Glycogen resynthesis in the absence of food ingestion during recovery from moderate or high intensity physical activity: novel insights from rat and human studies. Comp Biochem Physiol A: Mol Integr Physiol 2002;133:755–763.
56. Garcia-Lorda P, Megias RI, Salas-Salvado J. Nut consumption, body weight and insulin resistance. Eur J Clin Nutr 2003;57(Suppl 1):S8–S11.
57. Graham TE. Caffeine and exercise: metabolism, endurance and performance. Sports Med 2001;31: 785–807.
58. Haff GG, Lehmkuhl MJ, McCoy LB, Stone MH. Carbohydrate supplementation and resistance training. J Strength Cond Res 2003;17:187–196.
59. Hawley JA. Effect of increased fat availability on metabolism and exercise capacity. Med Sci Sports Exerc 2002; 34:1485–1491.
60. Hawley JA, Schabort EJ, Noakes TD, et al. Carbohydrate-loading and exercise performance. An update. Sports Med 1997;24:73–81.
61. Ivy JL. Glycogen resynthesis after exercise: effect of carbohydrate intake. Int J Sports Med 1998;19(Suppl 2): S142–S145.
62. Ivy JL, Goforth HW, Jr., Damon BM, et al. Early postexercise muscle glycogen recovery is enhanced with a carbohydrate–protein supplement. J Appl Physiol 2002; 93:1337–1344.
63. Ivy JL, Res PT, Sprague RC, et al. Effect of a carbohydrate–protein supplement on endurance performance during exercise of varying intensity. Int J Sport Nutr Exerc Metab 2003;13:382–395.
64. Jacobs KA, Sherman WM. The efficacy of carbohydrate supplementation and chronic high–carbohydrate diets for improving endurance performance. Int J Sport Nutr 1999;92–115.
65. Jakeman P, Maxwell S. Effect of antioxidant vitamin supplementation on muscle function after eccentric exercise. Eur J App Physiol 1993;67(5):426–430.
66. James MJ, Gibson RA, Cleland LG. Dietary polyunsaturated fatty acids and inflammatory mediator production. Am J Clin Nutr 2000;71(Suppl):343S–348S.
67. Jarvis M, Seddon A, McNaughton L, et al. The acute 1-weed effects of the zinc diet on body composition, Blood lipid levels, and performance in recreational endurance athletes. J Strength Cond Res 2002;16(1): 50–57.
68. Jentjens R, Jeukendrup A. Determinants of post–exercise glycogen synthesis during short–term recovery. Sports Med 2003;33:117–144.
69. Kay D, Marino FE. Fluid ingestion and exercise hyperthermia: implications for performance, thermoregulation, metabolism and the development of fatigue. J Sports Sci 2000;18:71–82.
70. Keith RE, Stone MH, Carson RE et al. Nutritional status and lipid profiles of trained steroid-using bodybuilders. Int J Sport Nutr 1996;6(3):247–254.
71. Koertge J, Weidner G, Elliott–Eller M, et al. Improvement in medical risk factors and quality of life in women and men with coronary artery disease in the Multicenter Lifestyle Demonstration Project. Am J Cardiol 2003; 91(11):1316–1322.
72. Kreider RB. Effects of creatine supplementation on performance and training adaptations. Mol Cell Biochem 2003;244:89–94.
73. Kriketos AD, Robertson RM, Sharp TA, et al. Role of weight loss and polyunsaturated fatty acids in improving metabolic fitness in moderately obese, moderately hypertensive subjects. J Hypertens 2001;19: 1745–1754.
74. Kuo CH, Hunt DG, Ding Z, et al. Effect of carbohydrate supplementation on postexercise GLUT-4 protein expression in skeletal muscle. J Appl Physiol 1999;87: 2290–2295.
75. Lambert EV, Goedecke JH. The role of dietary macronutrients in optimizing endurance performance. Curr Sports Med Rep 2003;2:194–201.
76. Lambert EV, Hawley JA, Goedecke J, et al. Nutritional strategies for promoting fat utilization and delaying the onset of fatigue during prolonged exercise. J Sports Sci 1997;15:315–324.
77. Layman DK. Role of leucine in protein metabolism during exercise and recovery. Can J Appl Physiol 2002; 27:646–663.
78. Layman DK, Boileau RA, Erickson DJ, et al. A reduced ratio of dietary carbohydrate to protein improves body composition and blood lipid profiles during weight loss in adult women. J Nutr 2003;133:411–417.
79. Layman DK, Shiue H, Sather C, et al. Increased dietary protein modifies glucose and insulin homeostasis in adult women during weight loss. J Nutr 2003;133: 405–410.
80. Lemon PW. Effects of exercise on dietary protein requirements. Int J Sports Nutr 1998;8:426–447.
81. Lemon PW, Berardi JM, Noreen EE. The role of protein and amino acid supplements in the athlete's diet: does type or timing of ingestion matter? Curr Sports Med Rep 2002;1:214–221.
82. Levenhagen DK, Carr C, Carlson MG, et al. Postexercise protein intake enhances whole-body and leg protein accretion in humans. Med Sci Sports Exerc 2002; 34:828–837.
83. Levenhagen DK, Gresham JD, Carlson MG, et al. Post-exercise nutrient intake timing in humans is critical to recovery of leg glucose and protein homeostasis. Am J Physiol Endocrinol Metab 2001;280:E982–E993.
84. Lieberman HR. Nutrition, brain function and cognitive performance. Appetite 2003;40:245–254.
85. Long SJ, Jeffcoat AR, Millward DJ. Effect of habitual dietary-protein intake on appetite and satiety. Appetite 2000;35:79–88.
86. Lukaski HC. Magnesium, zinc, and chromium nutrition and athletic performance. Can J Appl Physiol 2001; 26(Suppl):S13–S22.
87. Lukaski HC. Magnesium, zinc, and chromium nutriture and physical activity. Am J Clin Nutr 2000;72: 585S–593S.
88. Lukaski HC, Bolonchuk WW, Siders WA, et al. Chromium supplementation and resistance training: effects on body composition, strength, and trace element status of men. Am J Clin Nutr 1996;63(5):954–965.
89. Maughan RJ, Greenhaff PL, Leiper JB, et al. Diet composition and the performance of high–intensity exercise. J Sports Sci 1997;15:265–275.
90. McBride JM, Kraemer WJ, Triplett-McBride T, et al. Effect of resistance exercise on free radical production. Med Sci Sports Exerc 1998;30:67–72.
91. Miller SL, Wolfe RR. Physical exercise as a modulator of adaptation to low and high carbohydrate and low and high fat intakes. Eur J Clin Nutr 1999;53(Suppl 1): S112–S119.
92. Nieman DC. Exercise immunology: nutritional countermeasures. Can J App Physiol 2001;26(Suppl):S45–S55.

93. Niles, ES, Lachowetz T, Garfi, J, et al. Carbohydrate-protein drink improves time to exhaustion after recovery from endurance exercise. JEP online 2001;4.
94. Nindl BC, Kraemer WJ, Gotshalk LA, et al. Testosterone responses after resistance exercise in women: influence of regional fat distribution. Int J Sport Nutr Exerc Metab 2001;11(4):451–465.
95. Noakes TD. Fluid replacement during exercise. Exerc Sport Sci Rev 1993;21:297–330.
96. Parrish CC, Pathy DA, Parkes JG, et al. Dietary fish oils modify adipocyte structure and function. J Cell Physiol 1991;148:493–502.
97. Pascoe DD, Costill DL, Fink WJ, et al. Glycogen resynthesis in skeletal muscle following resistive exercise. Med Sci Sports Exerc 1993;25:349–354.
98. Pascoe DD, Gladden LB. Muscle glycogen resynthesis after short term, high intensity exercise and resistance exercise. Sports Med 1996;21:98–118.
99. Peters EM, Anderson R, Nieman DC, et al. Vitamin C supplementation attenuates the increases in circulating cortisol, adrenaline, and anti–inflammatory polypeptides following ultramarathon running. Int J Sports Med 2001;22(7):537–543.
100. Petibois C, Cazorla G, Poortmans JR, et al. Biochemical aspects of overtraining in endurance sports: a review. Sports Med 2002;32:867–878.
101. Petibois C, Cazorla G, Poortmans JR, et al. Biochemical aspects of overtraining in endurance sports: the metabolism alteration process syndrome. Sports Med 2003; 33:83–94.
102. Phillips SM, Tipton KD, Aarsland A, et al. Mixed muscle protein synthesis and breakdown after resistance exercise in humans. Am J Physiol 1997;273:E99–E107.
103. Poortmans JR, Dellalieux O. Do regular high protein diets have potential health risks on kidney function in athletes? Int J Sport Nutr Exerc Metab 2000;10:28–38.
104. Rampone AJ, Reynolds PJ. Obesity: thermodynamic principles in perspective. Life Sci 1988;43:93–110.
105. Rasmussen BB, Tipton KD, Miller SL, et al. An oral essential amino acid–carbohydrate supplement enhances muscle protein anabolism after resistance exercise. J Appl Physiol 2002;88:386–392.
106. Rauch LH, Rodger I, Wilson GR, et al. The effects of carbohydrate loading on muscle glycogen content and cycling performance. Int J Sport Nutr 1995;5: 25–36.
107. Reed MJ, Cheng RW, Simmonds M, et al. Dietary lipids: an additional regulator of plasma levels of sex hormone binding globulin. J Clin Endocrinol Metab 1987;64: 1083–1085.
108. Rennie MJ. Control of muscle protein synthesis as a result of contractile activity and amino acid availability: implications for protein requirements. Int J Sport Nutr Exerc Metab 2001;11(Suppl):S170–S176.
109. Rennie MJ, Bohe J and Wolfe RR. Latency, duration and dose response relationships of amino acid effects on human muscle protein synthesis. J Nutr 2002;132: 3225S–3227S.
110. Rennie MJ and Tipton KD. Protein and amino acid metabolism during and after exercise and the effects of nutrition. Annu Rev Nutr 2000;20:457–483.
111. Robinson SM, Jaccard C, Persaud C, et al. Protein turnover and thermogenesis in response to high–protein and high–carbohydrate feeding in men. Am J Clin Nutr 1990;52:72–80.
112. Rokitzki L, Sagredos, AN, Reuss F, et al. Assessment of vitamin B6 status of strength and speedpower athletes. J Am Coll Nutr 13(1):87–94.
113. Rosenthal MB, Barnard RJ, Rose DP, et al. Effects of a high-complex-carbohydrate, low-fat, low-cholesterol diet on levels of serum lipids and estradiol. Am J Med 1985;78(1):23–27.
114. Rotman S, Slotboom J, Kreis R, et al. Muscle glyco-gen recovery after exercise measured by 13C–magnetic resonance spectroscopy in humans: effect of nutritional solutions. Magn Res Mat Phys Biol Med 2000;11: 114–121.
115. Rowlands DS and Hopkins WG. Effect of high-fat, high-carbohydrate, and high-protein meals on metabolism and performance during endurance cycling. Int J Sport Nutr Exerc Metab 2002;12:318–335.
116. Roy BD, Luttmer K, Bosman MJ, et al. The influence of post-exercise macronutrient intake on energy balance and protein metabolism in active females participating in endurance training. Int J Sport Nutr Exerc Metab 2002;12:172–188.
117. Saris WH. The concept of energy homeostasis for optimal health during training. Can J Appl Physiol 2001; 26(Suppl):S167–S175.
118. Schutz Y, Bray G, Margen S. Postprandial thermogenesis at rest and during exercise in elderly men ingesting two levels of protein. J Am Coll Nutr 1987;6:497–506.
119. Sears B. The Zone. New York: Regan Books, 1995.
120. Shapiro S. Do trans fatty acids increase the risk of coronary artery disease? A critique of the epidemiologic evidence. Am J Clin Nutr 1997;66:1011S–1017S.
121. Skov AR, Toubro S, Bulow J, et al. Changes in renal function during weight loss induced by high- vs low-protein low-fat diets in overweight subjects. Int J Obes Rel Metab Disord 1999;23:1170–1177.
122. Stark AH and Madar Z. Olive oil as a functional food: epidemiology and nutritional approaches. Nutr Rev 2002;60:170–176.
123. Taubes G. What if it's all been a big fat lie? New York Times 2000;July 7.
124. Terpstra AH. Effect of conjugated linoleic acid on body composition and plasma lipids in humans: an overview of the literature. Am J Clin Nutr 2004;79:352–361.
125. Thompson D, Williams C, Garcia-Roves P, et al. Post-exercise vitamin C supplementation and recovery from demanding exercise. Eur J Appl Physiol 2003;89: 393–400.
126. Thompson D, Williams C, Kingsley M, et al. Muscle soreness and damage parameters after prolonged intermittent shuttle–running following acute vitamin C supplementation. Int J Sports Med 2001;22(1):68–75.
127. Thompson D, Williams C, McGregor SJ, et al. Prolonged vitamin C supplementation and recovery from demanding exercise. Int J Sport Nutr Exerc Metab 2001; 11(4):466–481.
128. Tipton KD, Borsheim E, Wolf SE, et al. Acute response of net muscle protein balance reflects 24-h balance after exercise and amino acid ingestion. Am J Physiol Endocrinol Metab 2003;284:E76–E89.
129. Tipton KD, Rasmussen BB, Miller SL, et al. Timing of amino acid–carbohydrate ingestion alters anabolic response of muscle to resistance exercise. Am J Physiol Endocrinol Metab 2001;281:E197–E206.
130. van Loon LJ, Greenhaff PL, Constantin–Teodosiu D, et al. The effects of increasing exercise intensity on muscle fuel utilisation in humans. J Physiol 2001;536: 295–304.
131. van Loon LJ, Kruijshoop M, Verhagen H, et al. Ingestion of protein hydrolysate and amino acid–carbohydrate mixtures increases postexercise plasma insulin responses in men. J Nutr 2000;130:2508–2513.

132. van Loon LJ, Saris WH, Kruijshoop M, et al. Maximizing postexercise muscle glycogen synthesis: carbohydrate supplementation and the application of amino acid or protein hydrolysate mixtures. Am J Clin Nutr 2000;72:106–111.
133. Vogt M, Puntschart A, Howald H, et al. Effects of dietary fat on muscle substrates, metabolism, and performance in athletes. Med Sci Sports Exerc 2003:35(6):952–960.
134. Volek JS. Strength nutrition. Curr Sports Med Rep 2003;2:189–193.
135. Volek JS, Kraemer WJ, Bush JA, et al. Testosterone and cortisol in relationship to dietary nutrients and resistance exercise. J App Physiol 1997;82(1):49–54.
136. Webster S, et al. Physiological effects of a weight loss regimen practiced by college wrestlers. Med Sci Sports Exerc 1990;22(2):229–234.
137. Westman EC, Mavropoulos J, Yancy WS, et al. A review of low-carbohydrate ketogenic diets. Curr Atheroscler Rep 2003;5:476–483.
138. Willett WC and Leibel RL. Dietary fat is not a major determinant of body fat. Am J Med 2002;113(Suppl 9B): 47S–59S.
139. Wong SH, Williams C, Adams N. Effects of ingesting a large volume of carbohydrate–electrolyte solution on rehydration during recovery and subsequent exercise capacity. Int J Sport Nutr Exerc Metab 2000;10: 375–393.

PARTE

II

Organização e Administração

CAPÍTULO

8

Aplicação e interpretação de testes

LEE E. BROWN
DANIEL MURRAY
PATRICK HAGERMAN

Introdução

Os testes e as medições estão no centro de qualquer programa de treinamento de força. É quando as decisões iniciais são tomadas em relação à prescrição de exercícios e a questões como freqüência, intensidade e volume. Os testes, no entanto, não são uma tarefa realizada uma única vez, mas sim um método contínuo de avaliação ao longo de todo o programa prescrito. Nesse sentido, eles constituem o início, o meio e o fim de um verdadeiro regime periodizado individual. Os resultados podem ser usados para avaliar o desempenho e tomar decisões relacionadas ao futuro de um programa ou indivíduo. Também podem ser utilizados para predizer o desempenho, da mesma forma que os escores de um exame vestibular para ingresso na universidade são utilizados para predizer a probabilidade de graduação de um indivíduo. Por fim, os escores dos testes podem ser usados em um ambiente de pesquisa como parte de uma análise profunda de uma questão importante. Enfim, o resultado de todo esse processo é a prescrição de exercícios individualizada que melhor servirá para cada atleta ou cliente.

Os testes físicos são uma tarefa contínua para avaliar o estado do atleta e do programa.

OBJETIVO DOS TESTES

A principal razão de os testes e as medições estarem no centro do treinamento de força é que eles determinam onde um indivíduo encontra-se no momento em relação ao seu estado de treinamento e, o mais importante, o que ele está enfocando. O resultado final de qualquer programa de treinamento é chegar a um pico de desempenho ou alcançar alguns objetivos predeterminados (9). Portanto, de nada adianta ter objetivos se nem o praticante nem o profissional de força e condicionamento souberem o estado atual do atleta. Em resumo, antes que possamos planejar o destino de uma viagem, devemos primeiro saber onde estamos no momento. Nesse sentido, pode-se planejar e implementar uma estratégia convincente com base nas demandas individuais e únicas do atleta, que foram determinadas por meio de testes e medições.

O uso dos resultados de um protocolo de testes e medições adequadamente planejado e implementado possibilitará ao avaliador ou treinador tomar decisões objetivas, e não subjetivas, com relação ao programa de um cliente ou atleta. A avaliação final será fundada em dados sólidos, coletados mediante o uso criterioso de testes apropriados e reunidos sob o exame minucioso de um avaliador bem-preparado. Dessa forma, a tendenciosidade individual pode ser reduzida e o preconceito do avaliador eliminado ao medir um atributo em um teste. Ainda há, no entanto, um espaço para o raciocínio subjetivo durante um processo de avaliação, mas ele é mais bem utilizado na sinergia geral de como as habilidades do atleta podem ser capazes de se coordenarem com as exigências do esporte do que na coleta independente de dados brutos.

O propósito deste capítulo é estabelecer a estrutura para um procedimento claro e conciso de avaliação de clientes ou atletas. Antes de prosseguir, é importante entender a nomenclatura utilizada durante esse processo:

População: Um grupo inteiro de indivíduos que compartilham algumas características comuns. Uma população poderia ser todos os alunos do terceiro ano nos Estados Unidos ou todas as saltadoras com vara da 1ª Divisão da NCAA. Grupos como esses são quase sempre grandes demais para que se teste cada membro, então uma amostra menor é escolhida como representativa.

Subpopulação: A amostra menor mencionada acima, contendo um número manejável de pessoas das quais se obtêm medidas de desempenho. Os resultados são, então, utilizados para extrapolar os dados da população total.

Teste: Uma ferramenta utilizada para medir o desempenho. Ela pode assumir a forma de um teste de salto vertical, um teste de força de uma repetição máxima (1 RM) ou um teste de resistência muscular com tempo predeterminado. O teste é apenas uma ferramenta usada para coletar dados no decorrer do procedimento de avaliação.

Medição: O escore quantitativo obtido com o teste. Será expressa na forma das unidades descritas pelo teste individual, tais como centímetros, metros ou quilogramas. Sozinha, ela tem pouco significado, uma vez que testes diferentes possuem escalas diferentes, o que dificulta ou impossibilita comparações.

Avaliação: Atribuir um valor à medição obtida com o teste. Esse é o ponto em que o escore deve ser comparado com uma escala e receber um valor. Essa parte do procedimento requer um profissional treinado para escolher a escala de classificação adequada e atento às complexidades envolvidas na tomada de decisões diante de variáveis extrínsecas bem como de diferenças individuais associadas com idade, gênero e estado de treinamento.

Processo de avaliação: É a união dos três eventos mencionados acima. Escolha um teste, meça o escore e depois faça uma avaliação com base em uma escala de comparação.

Escala normativa: Uma escala de pós-medição obtida dos escores de um grupo homogêneo. Ao fazer comparações dentro de uma subpopulação, essa escala é geralmente determinada colocando-se o escore mais alto no topo e depois listando-se os escores descendentes por ordem de magnitude. Em outras palavras, se os escores de um teste de salto vertical variarem entre 71 e 30 cm, então todos os outros escores serão classificados entre esses limites e algum valor posicionado em cada desempenho. Os intervalos na escala podem ser estabelecidos de acordo com normas estatísticas tais como tendência central, desvio padrão ou intervalos naturais.

Critério: Uma escala *a priori* em que os pontos de intervalo são conhecidos antes do teste, e cada pessoa deve chegar a um nível estabelecido de desempenho para alcançar esse nível de valor. É importante compreender que essa escala é geralmente obtida a partir de muitas seqüências de testes normativos. Quando uma quantidade considerável de dados é coletada em subpopulações suficientes para constituir uma inferência lógica dos resultados da população total, então uma escala critério pode ser estabelecida e utilizada para avaliar escores subseqüentes. Essa escala requer que os participantes apresentem um nível-padrão de rendimento. Esse nível pode ser alcançar uma altura específica durante o salto vertical para uma equipe de basquetebol, levantar uma quantidade específica de peso como em um exame médico para admissão em um emprego ou atingir determinada altura antes de ser autorizado a curtir um passeio ao parque de diversões.

Os dados de testes podem ser úteis para justificar um programa ou um método de treinamento.

SELEÇÃO DE TESTES

Para avaliar atletas de forma acurada, devem-se escolher os testes apropriados que permitam uma visão aprofundada do nível de desempenho de um indivíduo. Isso é mais bem realizado escolhendo-se testes específicos planejados para medir somente um aspecto do desempenho humano (10,12). Freqüentemente, muitos testes separados serão necessários para medir com precisão o estado de treinamento de um atleta, e cada teste deve ser escolhido tendo-se os riscos e os resultados em mente. Treinadores esportivos às vezes fazem escolhas com base em casos de que se tem conhecimento ou usam testes insensíveis que são incapazes de discriminar o desempenho humano variável. O procedimento adequado é primeiro determinar qual é o resultado desejado, depois planejar um protocolo de teste e medição em torno desse resultado (2).

Os testes escolhidos devem ser específicos ao esporte e à população que está sendo testada.

Os testes físicos incluem medições das funções cardiovascular e respiratória, medições de força, potência e resistência e medições antropométricas, apenas para nomear algumas. Cada uma dessas categorias consiste em uma infinidade de escolhas, cada qual planejada para medir um único fator de desempenho segundo orientações específicas e detalhadas (8). A violação dessas orientações resultará em dados falsos, que não terão qualquer utilidade.

Tomar decisões sobre o estado físico de um indivíduo não é uma tarefa trivial e traz conseqüências tanto para o avaliador como para o cliente. A utilização de dados falsos acaba levando a conclusões errôneas. As conseqüências rigorosas de se prescreverem para um indivíduo exercícios que estejam além da sua capacidade ou de se autorizar que atletas voltem a jogar antes de terem condições de participar sem risco indevido de perigo não podem ser superenfatizadas. Lembre-se de que dados falsos são piores do que a ausência de dados, pois podem constituir uma base instável para o desenvolvimento do novo treinamento.

Validade

A **validade** é o aspecto mais importante de qualquer procedimento de avaliação. Para que um teste seja válido, ele deve testar o que ele pretende testar (11). Isto é, se o que se quer é medir força de pernas, então um teste válido poderia ser o agachamento, a pressão de pernas ou o levantamento-terra. Cada teste resultaria em escores diferentes, e seria preciso ter cuidado na escolha do teste adequado para uma subpopulação única, mas cada um seria um teste válido de força de pernas. Já o teste de salto vertical inclui força de pernas como um componente, mas é um teste de potência de pernas. Portanto, o teste de salto vertical não é um teste válido de força de pernas, porque mede a capacidade de um indivíduo de produzir potência. Por mais que a força e a potência possam estar relacionadas, elas ainda são mecanismos distintos de desempenho físico. Novamente, isso ilustra a natureza sensível da seleção de testes.

A validade tem sido historicamente medida contra um "padrão-ouro" de desempenho. Por exemplo, se alguém projetou um novo equipamento para testar força de pernas, então o procedimento seria obter medidas usando o novo equipamento e compará-las com o método-padrão (3). Usando técnicas estatísticas, é possível determinar se os dois testes são conceitualmente similares e até que ponto seus resultados diferem. Uma análise de correlação tal como o produto-momento (r) de Pearson pode responder à questão conceitual pela determinação da associação dos dois escores, enquanto uma análise de variância (ANOVA) pode responder até que ponto os escores dos testes diferem. Essas técnicas estão além do escopo deste capítulo, mas o conceito não deve ser perdido no leitor. O conceito é de que um teste deve medir aquilo que foi planejado para medir, para que os resultados sejam uma quantificação válida desse componente físico.

Os cinco tipos principais de validade são:

1. A validade **aparente** indica que o teste é lógico na superfície, como quando se faz uma pessoa levantar um peso para medir força.
2. A validade **de conteúdo** indica que o teste inclui uma matéria que foi ensinada ou tratada; por exemplo, testar velocidade após o treinamento de velocidade.

APLICAÇÃO NA REALIDADE

Cálculo da velocidade média durante um sprint

O exemplo é um atleta completando um *sprint* de 40 m. Temos células fotelétricas a 10, 20 e 30 m do sinal de partida. A velocidade média ao longo dos últimos 10 m poderia ser usada como uma indicação da velocidade máxima de corrida. Assumamos que os tempos e as distâncias sejam estes:

Distância	10	20	30
Tempo	1,741	2,890	3,995

A velocidade é a alteração da distância sobre a alteração do tempo. Assim, a velocidade = (30-20)/(3,995-2,890) = 10/1,105 = 9,05 m/s.

3. A validade **preditiva** indica que os escores do teste podem predizer acuradamente o desempenho. Um exemplo seria a National Football League medindo jogadores universitários de futebol americano, antes da escalação, a fim de determinar seu potencial.
4. A validade **simultânea** indica que o teste é uma medida do nível de desempenho atual do indivíduo. Isso acontece quando o teste ocorre logo depois de finalizado o treinamento.
5. A validade **de construto** indica que o teste mede uma parte da habilidade total, como medir a força de supino para *linemen* de futebol americano.

Fidedignidade

A **fidedignidade** é livremente definida como repetibilidade, isto é, a capacidade de um teste de chegar ao mesmo escore ou aproximar-se dele a partir de medições repetidas, na ausência de qualquer estratégia de intervenção. Um teste fidedigno deve resultar em escores consistentes. Para conseguir isso (usando como exemplo o novo equipamento mencionado anteriormente), o procedimento seria medir os indivíduos usando o novo equipamento, depois permitir um atraso de tempo de aproximadamente 48 a 72 horas, a fim de que nenhum efeito de treinamento significativo possa interferir nos resultados, e então medir cada pessoa uma segunda vez, usando procedimentos idênticos aos da primeira medição. Se a fidedignidade for alta, então as pessoas que apresentaram um bom escore no primeiro teste também deverão apresentar um bom escore nos testes subseqüentes (4,5).

A ordem de classificação dos participantes deve permanecer relativamente constante, como em dias consecutivos de testes de força de preensão palmar. Uma ordem de classificação perfeita entre os testes significaria que cada pessoa manteve sua posição na se-

APLICAÇÃO NA REALIDADE

Reprodução de resultados de testes físicos no treinamento e no condicionamento

Reproduzir os resultados de testes físicos é importante para manter a validade e a fidedignidade do teste. Testar os atletas na sala de musculação ou em campo apresenta desafios especiais em termos de reprodução dos dados do teste.

Por que a reprodutibilidade é importante no treinamento e no condicionamento? É importante por diversos motivos, ainda que os dados possam não ser utilizados para fins de pesquisa.

Você tomará uma decisão sobre o tipo de programa adotado com base nos resultados que obtiver. Se os seus resultados não forem acurados, você pode estar tomando a decisão errada e escolhendo um programa que não está produzindo os resultados que você procura obter. O pré- e o pós-testes devem utilizar procedimentos reproduzíveis de modo que você possa tomar sua decisão acuradamente.

Os programas de condicionamento devem focar os pontos fracos específicos de determinado atleta. Esses pontos devem ser monitorados regularmente utilizando-se testes reproduzíveis. Se os testes utilizados não forem reproduzíveis, então, novamente, será tomada uma decisão incorreta.

Resultados de teste inconsistentes podem não motivar o atleta a melhorar. Sabemos que o trabalho duro é recompensado com escores melhorados; mas, se os escores são inconsistentes, estamos fornecendo informações falsas.

A documentação da melhora nos atletas que você treina é uma indicação de que você, como treinador de condicionamento, está fazendo o seu trabalho. Fornecer aos seus administradores registros de teste acurados obtidos pelo uso de testes reproduzíveis é um passo importante para justificar a sua posição.

Existem passos que o profissional do condicionamento pode seguir para melhorar a reprodutibilidade dos resultados dos testes? É claro!

- Padronize os procedimentos de teste para cada teste. Tenha os procedimentos por escrito e forneça uma cópia para cada coletor de dados.
- Treine os coletores de dados para colherem os resultados dos testes de forma acurada e consistente.
- Use os mesmos coletores de dados sempre que possível.
- Possibilite o mesmo número de tentativas para cada teste.
- Teste nas mesmas condições ambientais sempre que possível. As condições ambientais são melhor controladas em locais fechados, então teste em locais fechados sempre que for possível e prático.
- Padronize a quantidade e o tipo de motivação externa oferecida ao atleta, e a mantenha consistente de uma sessão de teste para a próxima.
- Teste na mesma hora do dia, se possível.
- Sempre teste após um dia de repouso, se possível. O treinamento vigoroso de grupos musculares específicos pode diminuir o desempenho em alguns testes.
- Mantenha a mesma ordem dos testes.

Controle a dieta o máximo possível. Talvez você não consiga controlar muito a dieta, mas lembre-se de que ela pode ter um efeito no desempenho, tanto positivo como negativo.

qüência ordinal relativa a todos os outros. Isso quase nunca ocorre com os testes em humanos. O emprego das técnicas estatísticas de *r* de Pearson estabeleceria essa ordem de classificação das duas medições, bem como a fidedignidade em um *continuum* variando entre 1,0 e –1,0. A fidedignidade não é uma proposição alternada, mas uma escala flutuante de diferentes níveis.

A Tabela 8.1 representa uma estratégia a ser utilizada para categorizar o nível de fidedignidade entre duas medições tomadas em dois horários diferentes e usando a mesma população. Lembre-se de que uma correlação negativa ainda representa fidedignidade, mas simplesmente indica que um escore aumenta e outro diminui, invertendo assim a ordem de classificação dos participantes. Isso pode ocorrer ao se compararem dois testes diferentes, tais como altura de salto vertical e percentual de gordura corporal. A Figura 8.1 mostra representações gráficas dos escores conforme eles aparecem quando plotados de forma dispersa. A linha de tendência (às vezes chamada "linha de melhor ajuste") foi adicionada para ilustrar relações positivas, negativas e nulas, respectivamente.

Embora a correlação *r* de Pearson possa ser usada para determinar a relação entre testes subseqüentes no nosso exemplo de um novo equipamento, ela não é mais o padrão-ouro na determinação da fidedignidade. Em vez disso, um **coeficiente de correlação intraclasse (CCI)** pode ser usado para melhor estabelecer a fidedignidade. Um escore de *r* de Pearson próximo de 1 ou –1 denotará que um indivíduo apresentou um escore similar aos de seus pares, mas isso não leva em consideração quaisquer alterações no escore médio do teste. O que aconteceria se todo o grupo de atletas que testamos no nosso novo equipamento terminasse na mesma ordem de classificação no segundo teste, mas cada um tivesse um escore vários pontos mais alto? Seria um caso em que a correlação *r* de Pearson seria alta, porque todos os atletas apresentaram desempenhos similares aos de seus pares em ambos os testes. No entanto, o teste não seria fidedigno, porque o escore médio foi mais alto no segundo teste. Portanto,

TABELA 8.1 Sistema de categorização para determinar o nível de fidedignidade

Valor *R*	Relação
1,0-0,8	Muito alta
0,79-0,6	Alta
0,59-0,4	Moderada
0,39-0,2	Baixa
0,19-0	Muito baixa

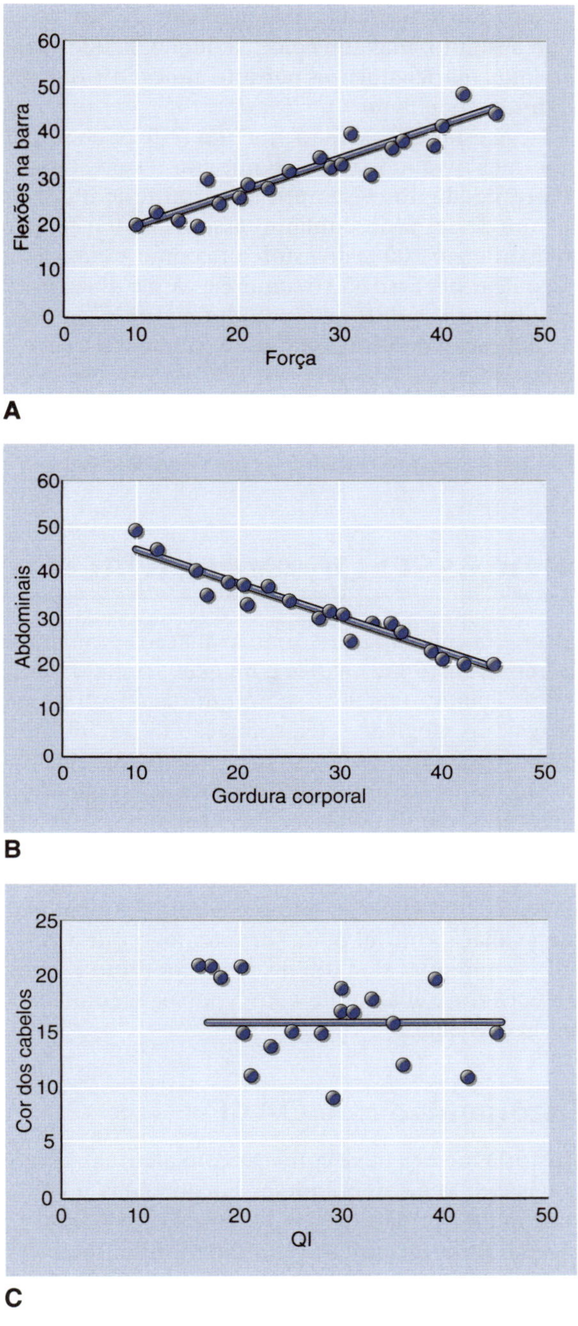

FIGURA 8.1 Representação gráfica de escores quando plotados de forma dispersa. **A.** Relação positiva entre força e número de flexões na barra. **B.** Relação negativa entre gordura corporal e número de abdominais. **C.** Relação nula entre QI e cor dos cabelos.

os resultados não são repetíveis. O CCI leva em consideração qualquer diferença que possa estar presente, não apenas na classificação de cada atleta mas também na diferença total no valor dos escores (7). É importante lembrar que o CCI, assim como a correlação *r* de

Pearson, não determina a fidedignidade de um teste de modo absoluto, mas sim coloca a fidedignidade em um *continuum* teórico que nos permite indicar até que ponto o teste é fidedigno.

Deve estar claro, então, que um teste pode ser fidedigno mas inválido, ao passo que um teste válido será sempre fidedigno. É sempre importante lembrar que cada um desses procedimentos assume a total cooperação do atleta e 100% do esforço máximo durante cada sessão de teste. Esse não é sempre o caso e deve ser cuidadosamente monitorado pelo indivíduo responsável pela aplicação do teste, ou o teste submáximo deve ser realizado (20).

Os testes escolhidos devem ser válidos e fidedignos, e administrados utilizando-se um protocolo fidedigno.

PROCESSO DE AVALIAÇÃO

A primeira coisa a fazer é uma avaliação completa, incluindo as histórias médica e de exercício; a obtenção de uma liberação médica, se necessária; a realização de um teste fisiológico; a determinação do estado nutricional de referência (para determinar a necessidade de encaminhamento a um nutricionista, se necessário); e a determinação dos objetivos do programa. O objetivo da avaliação é fornecer uma visão abrangente do atleta: qual a sua capacidade, quais as suas limitações, e quaisquer necessidades que precisem ser trabalhadas. Essa avaliação inicial pode ser feita logo que vocês se conhecerem, mas será um processo contínuo à medida que você for trabalhando com a pessoa e conhecendo suas necessidades.

História médica e QAAF

A história médica deve começar com algumas perguntas básicas, tais como aquelas encontradas no Questionário de Aptidão para Atividade Física (QAAF). O QAAF é uma ferramenta limitada que não deve ser considerada para abarcar todas as informações de que você precisará. É uma forma rápida e fácil de determinar se um cliente em potencial está em risco de quaisquer complicações mais sérias durante o exercício de intensidade baixa a moderada mas não vigoroso. Além do QAAF, é adequado determinar o seguinte:

- A pessoa é diabética? Se for, ela é capaz de controlar os níveis de glicose sangüínea, e como estes são monitorados? Além disso, essa pessoa já participou de algum programa de exercícios regulares como diabética?
- A pessoa é asmática? Se for, sua asma é induzida pelo exercício, e em que nível? Ela usa um inalador de ação rápida ou outra medicação para controlar ataques?
- A pessoa é fumante? Se for, quanto e com que freqüência ela fuma?
- Ela tem história médica de ataque cardíaco, cirurgia de desvio coronário ou morte súbita antes dos 55 anos de idade em homens e 65 em mulheres?
- Esse indivíduo tem uma história de hipertensão (pressão sistólica ≥ 140 ou pressão diastólica ≥ 90) ou faz uso de medicamentos anti-hipertensivos?
- Essa pessoa tem um nível de colesterol total acima de 200 mg/dL?
- Esse indivíduo é obeso, definido como um índice de massa corporal ≥ 30, confirmado com uma medida da cintura > 100 cm?

Você também precisará saber de quaisquer lesões anteriores que possam interferir na capacidade do seu cliente de realizar certos exercícios. Pergunte sobre coisas como entorses e distensões, artrites, lesões esportivas, dores ou inchaços incomuns em qualquer articulação e qualquer rigidez que possa limitar a capacidade de se movimentar com facilidade.

Entender as histórias médica e de exercício de um indivíduo vai ajudá-lo a tomar sua decisão sobre a melhor prescrição de exercícios ou a decidir se é indicado um encaminhamento a um profissional médico para exames adicionais.

Liberação médica

A frase "Por favor, consulte seu médico antes de iniciar um programa de exercícios" é freqüentemente encontrada nos painéis de controle de equipamentos cardiovasculares. Não importa o quão completa seja a história médica que você obtiver, um médico é mais competente para avaliar a capacidade médica de uma pessoa para iniciar um programa de exercícios e pode ter informações que ajudem você a determinar o melhor modo de ação para essa pessoa. É prudente ter um formulário de liberação médica que descreva cada componente de exercício, incluindo os níveis de intensidade e duração.

Nutrição

É importante ter uma compreensão básica do estado nutricional da pessoa. A programação nutricional deve ser realizada somente por um nutricionista. Você pode, no entanto, obter informações básicas – tais como a escolha dos alimentos, a quantidade e os horários das refeições – de uma simples recordação de três dias. Fazer o cliente recordar tudo que ingeriu durante os três últimos dias permitirá que você decida se são necessárias intervenções alimentares mais específicas; nesse caso, é necessário o encaminhamento a um nutricionista.

Análise de necessidades

Duas preocupações principais na hora de escolher os testes apropriados a serem administrados a atletas são as necessidades do indivíduo e as necessidades da atividade. Cada uma delas traz exigências específicas à tarefa de seleção dos testes e deve ser tratada com igual atenção.

Deve-se realizar uma análise de necessidades para avaliar as necessidades do atleta e as demandas do esporte.

Primeiro, as necessidades individuais devem ser avaliadas por meio de métodos fisiológicos tradicionais, tais como as avaliações de gordura corporal, capacidade cardiovascular, força/potência muscular e flexibilidade. Esses testes são planejados para avaliar o estado de aptidão atual do indivíduo para participar da atividade escolhida. Nem todos os testes serão exigidos para cada pessoa, assim como nem todas as variáveis fisiológicas são igualmente requeridas ao longo das atividades esportivas. Ademais, cada categoria pode instigar o investigador a selecionar formas apropriadas de medir o indivíduo.

Em segundo lugar, as necessidades do esporte ou da atividade em questão são únicas e requerem diferentes níveis de desempenho fisiológico do atleta ou cliente. Alguns esportes, tais como a luta romana, requerem movimentos isométricos máximos da região superior do corpo; outros, tais como o ciclismo e a corrida, requerem movimentos contínuos submáximos da região inferior do corpo. Novamente, a especificidade de um esquema de testes e medições é crucial para o sucesso do programa.

Em resumo, a preparação de um sistema abrangente de testes e medições requer tempo e atenção do avaliador no começo do programa, a fim de escolher testes que meçam as condições necessárias tanto do participante como da atividade. Essas necessidades devem considerar todos os aspectos do desempenho humano, incluindo, mas não se limitando a, os sistemas energéticos, a duração de cada repetição, a duração de todo o evento, os músculos e as ações musculares utilizados, a amplitude de movimento envolvida e a velocidade do movimento (16,17).

A Tabela 8.2 mostra uma variedade de testes planejados para medir força e potência, porém cada um é único no sentido de que requer diferentes músculos, ações musculares, limites de tempo, limitações da cadeia cinética e sistemas energéticos. Os testes apresentados neste capítulo de maneira nenhuma são os únicos métodos disponíveis para avaliar força e potência: eles foram selecionados meramente para representar a enorme variedade de opções de que se dispõe para avaliar as necessidades de treinamento de um atleta.

TESTE ANAERÓBIO DE WINGATE EM CICLOERGÔMETRO

Esse teste foi planejado como forma de medir a potência anaeróbia dos membros inferiores. O atleta é orientado a pedalar o mais rápido possível, por 30 segundos, com uma resistência predeterminada (Fig. 8.2). Essa resistência é obtida multiplicando-se o peso corporal (kg) do atleta pela constante 0,075 (1,13).

Cicloergômetros especializados registrarão o pico de potência e a potência média do atleta durante o teste de 30 segundos. Esse teste é uma boa avaliação geral da potência dos membros inferiores, na medida em que requer contribuições de todos os principais grupos musculares dos membros inferiores. Ele pode ser usado para medir não apenas o pico de potência, mas também a potência média ao longo do período de 30 segundos. Por essa razão, é um bom teste a ser incluído com esportes que requeiram esforço máximo em seqüências que durem mais do que apenas alguns segundos. Um aspecto negativo desse teste é a necessidade de um cicloergômetro especializado que forneça o pico de potência e a potência média do atleta. Esses ergômetros custam caro e são utilizados principalmente para fins de pesquisa.

TESTE DE SUBIDA DE ESCADA DE MARGARIA-KALAMEN

Esse teste de potência dos membros inferiores é fácil e rápido de realizar. É realizado em uma escadaria e é uma boa medida de potência e explosão dos membros inferiores, o que é importante para atletas que requerem velocidade, agilidade e rapidez. Primeiro, meça o peso corporal do sujeito e calcule a altura de cada degrau. O teste começa em frente a uma escadaria de pelo menos 12 degraus. A altura de cada degrau é de aproximadamente 17,5 cm. Tapetes de contato são colocados no terceiro e no nono degraus, conectados a um cronômetro e ativados pelo peso corporal do sujeito. O sujeito posiciona-se a 6 m do primeiro degrau e então sobe correndo a escadaria, pisando de três em três degraus (Fig. 8.3). O resultado (potência) é o produto do peso corporal, da distância vertical dos degraus e da gravidade, dividido pelo tempo total do terceiro ao nono degraus. Os resultados desse teste têm mostrado uma correlação moderada com o teste de Wingate em cicloergômetro (15).

TABELA 8.2 Diversos testes de força e potência

Testes	Grupos musculares e articulações utilizados	Ações musculares	Limites de tempo	Cadeia cinética	Sistema energético
Anaeróbio de Wingate em cicloergômetro	Quadris, quadríceps, tornozelos	Concêntricas	30 s	Fechada	Anaeróbio
Subida de escada de Margaria-Kalamen	Quadris, quadríceps, tornozelos	Concêntricas e excêntricas	2 s	Fechada	ATP-PC
Espectro de velocidade isocinética	Cada um individualmente	Concêntricas e excêntricas	5 a 60 s	Aberta	ATP-PC e anaeróbio
Salto com contramovimento	Quadris e tornozelos	Concêntricas e excêntricas	2 s	Fechada	ATP-PC
1 RM de metida ao peito	Braços, ombros, costas, quadris, quadríceps, tornozelos	Isométricas e Concêntricas e excêntricas	5 s	Fechada	ATP-PC
1 RM de agachamento	Toda a região inferior do corpo	Isométricas e Concêntricas e excêntricas	5 s	Fechada	ATP-PC
1 RM de supino	Toda a região superior do corpo	Isométricas e Concêntricas e excêntricas	5 s	Fechada	ATP-PC
Repetições máximas relativas ao peso corporal no supino	Toda a região superior do corpo	Isométricas e Concêntricas e excêntricas	30 a 60 s	Fechada	Anaeróbio
Tiro de corrida de 36 m	Toda a região inferior do corpo	Concêntricas e excêntricas	5 s	Fechada	ATP-PC
Salto em distância em pé	Toda a região inferior do corpo	Concêntricas e excêntricas	2 s	Fechada	ATP-PC

ESPECTRO DE VELOCIDADE ISOCINÉTICA

O teste isocinético envolve o controle da velocidade de um dado movimento e não da força ou da potência com que é realizado. Um dinamômetro computadorizado é programado a uma velocidade específica em que o braço de alavanca do equipamento pode ser movido. Em seguida, o atleta tenta mover o braço de alavanca o mais rápido que puder dentro de uma amplitude de movimento preestabelecida. O torque (força rotacional) e a potência produzidos durante o movimento são, então, registrados pelo dinamômetro. Essas medidas podem ser expressas como valores máximos ou médios, ao longo de várias repetições, para se obterem os valores médios de torque e potência. Esse teste é geralmente realizado dentro de uma faixa, ou espectro, de velocidades, de forma que o avaliador pode ter uma melhor indicação da existência ou não de déficits potenciais durante movimentos de baixa ou alta velocidade.

Dinamômetros isocinéticos (Fig. 8.4) podem ser utilizados para testar uma variedade de articulações nas posições sentado ou reclinado. Esses equipamentos podem testar cada articulação de forma isolada e não como parte de um movimento dinâmico. Assim, sua aplicação é limitada aos padrões de movimento específicos de um esporte individual. No entanto, eles fornecem dados precisos e altamente fidedignos que podem ser facilmente comparados entre atletas, membros lesionados e não-lesionados ou grupos musculares agonistas e antagonistas (5,21,22).

SALTO VERTICAL COM CONTRAMOVIMENTO

O salto vertical é realizado principalmente utilizando os grupos musculares extensores dos quadris e flexores plantares dos tornozelos. O atleta é instruído a saltar o mais alto que puder após um rápido movimento de agachamento. A altura do salto do atleta pode ser registrada simplesmente medindo-se a diferença entre as marcas de giz feitas primeiro em uma parede com o atleta de pé no solo, com uma mão acima da cabeça e tentando alcançar a altura máxima, e depois no ponto

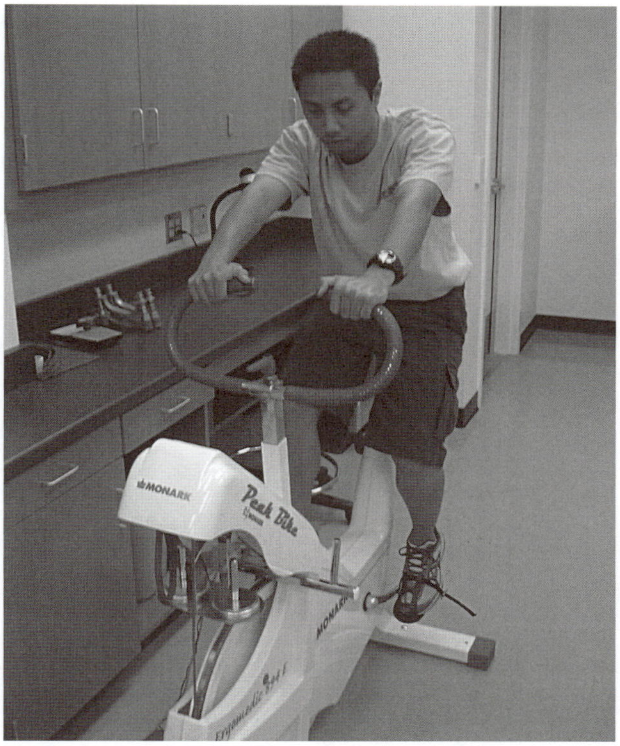

FIGURA 8.2 Teste anaeróbio de Wingate em cicloergômetro. Esse teste é um bom indicador de potência anaeróbia geral dos membros inferiores.

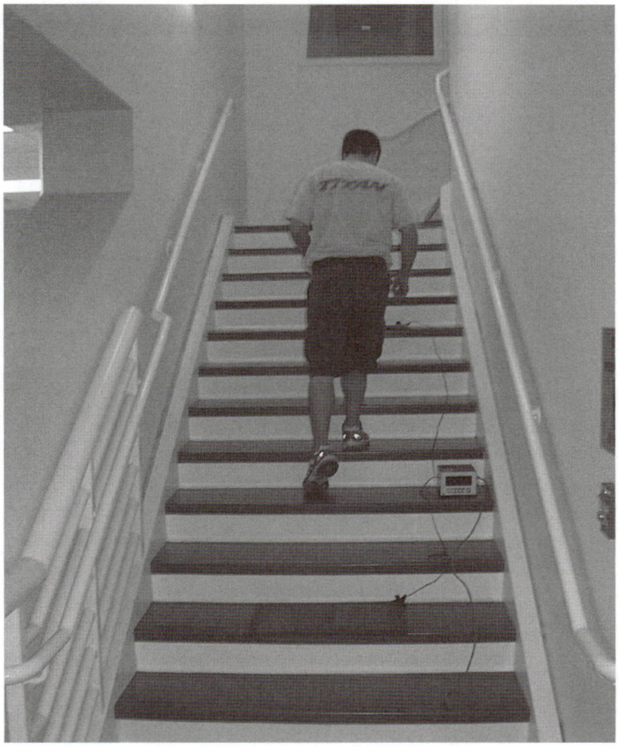

FIGURA 8.3 Teste de subida de escada de Margaria-Kalamen. Esse teste é um bom indicador de potência dos membros inferiores.

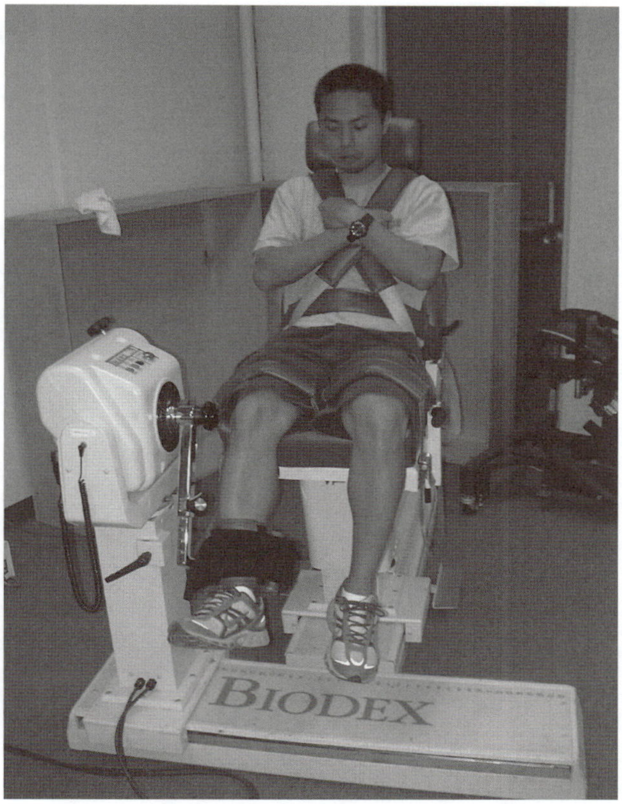

FIGURA 8.4 Teste isocinético. Usando um dinamômetro computadorizado, esse teste mede torque e potência em várias velocidades.

mais alto que ele pôde alcançar ao realizar o salto com contramovimento. Produtos comerciais envolvendo uma série de varetas plásticas que rotam em torno de um eixo vertical quando tocadas também estão disponíveis para medir a altura do salto vertical (Fig. 8.5).

Esse teste geralmente é uma boa opção, já que é uma habilidade essencial em muitos esportes. Portanto, o padrão de movimento e as demandas metabólicas são similares aos que o atleta pode encontrar em uma situação de jogo. Além disso, a melhora em um teste como esse pode ter um efeito direto no rendimento esportivo. Uma limitação do teste de salto vertical com contramovimento é que a técnica muitas vezes difere entre os atletas. Assim, o examinador deve estar atento ao fato de que as diferenças nos escores nos testes subseqüentes são devidas ao treinamento e não a variações na técnica de salto do atleta.

UMA REPETIÇÃO MÁXIMA DE METIDA AO PEITO

A metida ao peito é um exercício realizado utilizando-se vários grupos musculares dos membros superiores e inferiores e do tronco (Fig. 8.6). Em virtude de o exercício ser planejado para o atleta levantar o peso o mais rápido possível, ele é uma boa indicação de força balística.

FIGURA 8.5 Salto vertical com contramovimento. **A.** Primeiro, determine a altura que o atleta consegue alcançar em pé no solo. **B.** Depois, peça que o atleta salte para determinar a altura máxima.

FIGURA 8.6 Metida ao peito. **A.** Posição inicial. **B.** Agarre.

O valor de 1 RM no exercício de metida ao peito é considerada a maior carga com a qual o atleta pode realizar uma repetição do movimento de forma adequada. Esse teste é útil para atletas de potência que são exigidos a se moverem de forma explosiva por curtas durações.

UMA REPETIÇÃO MÁXIMA DE AGACHAMENTO

O valor de 1 RM no exercício de agachamento é considerada a maior carga com a qual o atleta pode realizar o exercício em boa forma (Fig. 8.7). Esse teste é um bom indicador de força geral da região inferior do corpo, uma vez que o movimento requer contribuições de todos os principais grupos musculares dessa região. É um teste importante para atletas cujos esportes requeiram bastante força na região inferior do corpo, tais como o basquetebol e o voleibol.

UMA REPETIÇÃO MÁXIMA DE SUPINO

Assim como o teste de agachamento para a região inferior do corpo, o valor de 1 RM no exercício de supino é freqüentemente utilizada para estimar a força geral da região superior do corpo (Fig. 8.8). Novamente, esse valor é obtido determinando-se a maior carga com a qual o atleta pode realizar o movimento com boa forma. É um teste particularmente útil para esportes que requeiram força na região superior do corpo, como o futebol americano. Uma vez que todo atleta pode beneficiar-se da melhora da sua base geral de força, um teste geral para a região superior do corpo como esse é bom de ser incluído para todos os atletas.

Encontrar um valor real de 1 RM pode ser difícil e desnecessário em alguns casos. Como outros testes de RM, o teste de supino pode ser demorado para aplicar (6). São necessários longos períodos de repouso entre as tentativas, e várias tentativas são necessárias para cada teste. Por isso, RMs freqüentemente são obtidas usando-se equações de predição. Existem muitas equações de predição, e elas se baseiam na massa levantada e no número de repetições realizadas.

FIGURA 8.7 Agachamento. A. Posição inicial. B. Movimento descendente.

REPETIÇÕES MÁXIMAS RELATIVAS AO PESO CORPORAL NO SUPINO

Esse teste é outro bom indicador de força geral da região superior do corpo e de resistência muscular. Pode ser uma medida mais válida do que o teste de 1 RM, porque leva em consideração diferenças individuais de massa. O uso desse teste permitirá ao treinador de força comparar um atleta com seus pares de forma mais adequada.

Embora esse teste possibilite variações na força devidas à massa, ele não considera diferenças na experiência de treinamento. Atletas com mais tempo de treinamento podem ser capazes de levantar uma carga equivalente ao seu peso corporal no supino várias vezes sem muita dificuldade. Assim, esse teste pode fornecer um valor de referência da força para alguns e da resistência muscular para outros. A decisão sobre um teste adequado para a força da região superior do corpo deve levar em consideração as diferenças em massa e tempo de treinamento.

TIRO DE CORRIDA DE 36,6 METROS

Esse é outro teste altamente funcional para medir a potência total da região inferior do corpo. Correr em velocidade máxima é uma habilidade requerida em muitos esportes. Portanto, o tiro de corrida de 36,6 m é geralmente um bom teste a ser incluído, já que a sua realização pode ter aplicação direta nos esportes de muitos atletas. Embora existam muitos equipamentos de marcação do tempo de alta precisão, o teste pode ser facilmente realizado utilizando-se um cronômetro.

Todavia, um aspecto negativo desse teste é o seu potencial de ser superenfatizado. Na realidade, é dada tanta importância a esse teste, que atletas altamente competitivos freqüentemente despendem muito tempo e esforço treinando exaustivamente na esperança de correrem alguns décimos de segundo mais rápido. Embora seja um teste bastante funcional e útil, seus re-

Pergunta e resposta da área

O treinador principal de força e condicionamento da equipe de futebol americano da nossa universidade utiliza somente quatro testes com os jogadores: o teste de tiro de corrida de 36,6 m, o salto vertical, o 1 RM no agachamento e 1 RM no supino. Tivemos uma temporada tão boa no ano passado, quando vencemos nosso campeonato da liga, que os testes parecem adequados; mas devemos realizar mais testes?

– estudante de pós-graduação em estágio

Certamente devemos levar muitas coisas em consideração ao planejar um protocolo de testes. Um grupo de jogadores maduros e bem-treinados pode ser capaz de continuar apresentando um bom desempenho com um mínimo de testes. Para determinar quais testes são adequados, devemos revisar os motivos para testar atletas. Lembre-se das principais razões para realizar testes:

1. Determinar a base de aptidão física do atleta
2. Determinar as características de desempenho dos melhores jogadores no esporte
3. Motivar os atletas a continuarem treinando duro

Há outras razões possíveis para a realização de testes. Uma delas poderia ser que o treinador de condicionamento e força está na fase de justificar sua posição na equipe técnica. Dados bons e sólidos demonstrando melhora em algumas características de desempenho nas equipes que ele treina forneceriam uma evidência sólida de que ele está prestando um importante serviço a esses atletas.

Para obter um quadro completo da base de aptidão física do atleta, você provavelmente precisará de testes em algumas áreas de desempenho. Essas áreas poderiam incluir o seguinte:

1. força da região superior do corpo
2. força da região inferior do corpo
3. resistência da região superior do corpo
4. resistência da região inferior do corpo
5. potência da região superior do corpo
6. potência da região inferior do corpo
7. capacidade aeróbia
8. velocidade
9. resistência de velocidade
10. capacidade anaeróbia máxima.

Você pode escolher alguns testes que envolvam duas dessas características ou pode determinar que um teste não é adequado a um esporte específico. Testes de capacidade anaeróbia máxima que causam uma elevação acentuada na produção de ácido lático podem não ser apropriados para um jogador de golfe, por exemplo. Lembre-se de que, no entanto, a capacidade aeróbia é utilizada na recuperação, mesmo em esportes anaeróbios. Lembre-se também de que baseamos nossas decisões sobre o tipo de programa de treinamento necessário nos resultados dos testes. Em um grupo de atletas maduros e de alto rendimento, é possível que os protocolos de treinamento sejam bem estabelecidos e os dados dos testes não afetem muito o programa. Assim, um protocolo de testes mínimo poderia funcionar em algumas situações específicas. Levar menos tempo testando permite mais tempo para o condicionamento ou a prática do esporte, o que pode ser uma vantagem em algumas situações.

Em suma, há diversos motivos para considerar a inclusão de testes no protocolo de testes descrito acima. Também é possível despender tempo e energia demais em testes, tomados do tempo de treinamento e de prática. A resposta correta à sua pergunta depende dos objetivos do seu protocolo de testes. Os atletas precisam de mais motivação para treinar duro? Testes adicionais podem dar a motivação adicional. É importante para o treinador de força e condicionamento fornecer dados para justificar seu valor para a equipe? Testes adicionais podem provar essa importância. Os testes escolhidos representam adequadamente as demandas físicas do esporte? Se não, testes adicionais podem fornecer os dados que faltam. Os testes são específicos para cada posição? No futebol americano, as demandas físicas das diferentes posições podem variar. Um tiro de corrida de 36,6 m pode ser adequado para *backs*, enquanto um tiro de corrida de 9,1 ou 18,3 m pode ser mais adequado para *linemen*. Ajustar os testes às demandas físicas específicas de cada posição fornecerá informações úteis. O programa de treinamento deve oferecer a cada atleta benefícios específicos à sua posição.

Cada grupo de atletas diferirá em certa medida, e a filosofia dos programas de condicionamento também variará de escola para escola. Um treinador de força e condicionamento está sempre pensando no que pode fazer para manter a motivação alta e os atletas trabalhando duro, com uma atitude positiva com respeito ao treinamento. O protocolo de testes deve avaliar a melhora do desempenho específica do esporte de futebol americano, bem como da posição do atleta. Um protocolo de testes adequadamente planejado pode ser um componente-chave no alcance desses objetivos!

sultados devem ser combinados com os de outros testes para identificar os pontos fortes e fracos de um atleta. Ele não deve ser utilizado como um preditor direto de como será o desempenho do atleta no campo.

SALTO EM DISTÂNCIA EM PÉ

O salto em distância em pé também é um bom teste funcional que mede a potência total da região inferior do corpo (Fig. 8.9). Embora o salto vertical seja utiliza-

FIGURA 8.8 Supino. **A.** Posição inicial. **B.** Movimento descendente.

do para medir a potência vertical, o salto em distância é usado para medir a potência horizontal. Como outro teste de potência da região inferior do corpo, também é uma boa opção para atletas que requerem velocidade, agilidade e rapidez. O teste é muito fácil de conduzir, uma vez que uma fita métrica é o único material necessário. Embora essa seja uma medida válida da potência da região inferior do corpo, o padrão de movimento do salto em distância em pé não é específico para muitos esportes. Portanto, outros testes de campo, tais como o tiro de corrida de 36,6 m e o salto vertical, talvez tenham aplicações mais específicas para muitos atletas.

INTERPRETAÇÃO DE TESTES

Aplicar um teste e registrar uma medição são as partes simples de qualquer rotina de avaliação. A parte final e mais complicada é fazer uma avaliação desses escores. Isso envolve atribuir um valor ao escore registrado de forma que ele possa ser utilizado para auxiliar no planejamento de um programa de treinamento específico para o indivíduo. Para se conseguir isso, os escores devem ser colocados em uma ordem lógica e analisados para se verificar sua significância prática. Uma vez coletados os escores, eles devem ser comparados com um critério próprio ou uma escala normativa baseada na subpopulação (14,18,19). O escopo deste livro não permite uma discussão aprofundada de significância estatística; por isso, esta seção foca os usos práticos dos escores de testes.

Uma vez coletados os dados do teste, eles devem ser interpretados com precisão para o treinador e o atleta em termos de normas e melhora esperada.

Escalas de ordenação

Os escores de testes enquadram-se em três categorias principais. Os escores **nominais** são aqueles codificados para entrada em uma planilha ou um *software* estatístico. Eles representam o item "real" mediante o uso de números. Um exemplo é codificar o sexo como 1 para homem e 2 para mulher, ou vice-versa. Também poderia ser utilizado um código para diferenças de posição em uma equipe esportiva, como 1 para atacantes de ponta, 2 para levantadores e 3 para bloqueadores centrais em uma equipe de voleibol. Esse procedimento permite ao avaliador somar o número de participantes que possuem características similares, mas não realizar cálculos matemáticos a partir desses valores.

Os escores **intervalados** são aqueles que não possuem um zero absoluto, o que significa que o zero não representa a ausência dessa variável, mas que essa variável às vezes contém escores negativos e não há uma unidade padrão de diferença entre os escores. A forma mais popular de escores intervalados é a temperatura expressa em graus Fahrenheit. O congelamento é expresso como 32°: zero não constitui nenhuma temperatura, os números negativos são usados para expressar temperaturas mais baixas, e 66° não é duas vezes mais quente que 33°.

Os escores de **razão** possuem todos os traços inexistentes nos escores intervalados. Eles têm um zero absoluto, o que significa que um escore zero é uma ausência dessa variável, como no escore de 0 cm de salto vertical de uma pessoa idosa. Eles não contêm números negativos, e há uma escala absoluta de medição entre os escores, de modo que levantar 22,5 kg equivale exatamente à metade do escore de levantar 45 kg. Essa é a forma mais popular de medição fisiológica e é predominantemente utilizada na literatura sobre atividade física e testes.

Por vezes uma quarta forma de ordenação de escores é expressa como **ordinal**, a qual é mais precisamente descrita como um sistema de classificação do que como uma escala de escores. Um sistema ordinal classifica escores de cima para baixo, do mais alto ao mais baixo, ou do maior ao menor. Todas as outras escalas de medição podem ser listadas em classificação ordinal, mas isso não altera a sua forma de escala original.

FIGURA 8.9 Salto em distância em pé. **A.** Posição inicial. **B.** Salto. **C.** Aterrissagem.

Medidas matemáticas

Algumas variáveis estão associadas com uma tendência central; elas precisam ser discutidas porque possibilitam ao investigador chegar a conclusões a partir dos dados coletados. Essas variáveis são de natureza fundamental e, apesar de requererem pouca habilidade matemática, fornecem ao avaliador informações valiosas em relação aos dados como um todo e ao relacionamento de cada indivíduo com todo o grupo.

O **mínimo** e o **máximo** referem-se aos escores menor e maior, respectivamente.

A **amplitude** é a diferença entre o mínimo e o máximo, e representa a distribuição geral dos escores como um número inteiro. A fórmula é máx – mín.

A **soma** é o total de todos os escores combinados e somados. A fórmula é $X_1 + X_2 + X_3 + X_4$, etc.

N é o símbolo utilizado para denotar o número de pessoas no grupo de teste, e é usado em combinação com a soma para se chegar a outras variáveis importantes.

A **média** é simplesmente a média aritmética obtida da soma dividida por *N*. É a mais suscetível de todas as medidas de tendência central e também é utilizada com bastante freqüência. Ela considera cada escore no grupo e é extraída do ponto central para os escores extremos. A fórmula é soma/*n*.

A **mediana** é o meio exato do número total de escores. Ela não é afetada por *outliers*, mostra somente uma posição e é raramente utilizada para cálculos estatísticos. Para se encontrar a mediana, os escores devem primeiro ser colocados em uma classificação ordinal; depois, se houver um número ímpar de escores, a mediana será o escore do meio (p. ex., se houver 11 escores, a mediana será o escore nº 6, considerando que cinco escores são maiores e cinco são menores). Se o número de escores for par, a mediana será uma média dos dois escores do meio (p. ex., se houver 12 escores, a mediana será a média dos escores 6 e 7).

Moda é o escore que ocorre com mais freqüência. Pode haver múltiplas modas ou nenhuma moda. Ela também não é afetada pelos escores extremos nem é muito utilizada em cálculos estatísticos.

Distribuição de escores

Uma vez coletados todos os escores, é útil determinar suas medidas de tendência central. A **tendência central** é a medida do meio de uma distribuição de escores. A comunidade científica confia em escores que seguem algumas regras básicas, o que os faz tomar formas familiares quando apresentados graficamente. Os escores podem, então, ser analisados utilizando-se suposições estatísticas básicas. A Figura 8.10 mostra uma curva normal, elemento básico e ponto de partida de muitas técnicas estatísticas. A curva normal é um histograma de freqüência que plota o número de vezes que um escore ocorre na vertical, ou eixo y, contra o próprio número bruto na horizontal, ou eixo X, onde os escores aumentam à medida que se movem da esquerda para a direita. O pico central convencional demonstra que o maior número de escores concentra-se no meio da distribuição, com pouquíssimos escores nos extremos de cada lado. A maioria dos testes produzirá um gráfico que é pelo menos em parte similar a uma curva normal. Em outras palavras, haverá alguns escores muito baixos e muito altos, e a maioria dos escores será muito semelhante. É de suma importância lembrar que, embora muitos cálculos estatísticos baseiem-se na curva normal, *ela quase nunca ocorre em dados reais*. Portanto, em toda estatística são cometidos alguns erros, e a estatística deve sempre ser lida com isso em mente. A única curva normal verdadeira ocorre quando a média, a mediana e a moda são exatamente o mesmo número.

O pico na curva normal mostra a probabilidade dos escores. Se muitos dos atletas apresentarem escores similares, então o pico será alto e fino; ao passo que, em um grupo com muitos escores variados, ele será baixo e chato. Em alguns casos, a curva não segue uma forma tão simétrica como a da curva normal. A Figura 8.11A mostra uma curva **assimétrica positiva,** com uma longa cauda à direita e um pico próximo ao lado esquerdo do gráfico. A Figura 8.11B mostra uma curva **assimétrica negativa,** com uma longa cauda à esquerda e um pico próximo ao lado direito do gráfico.

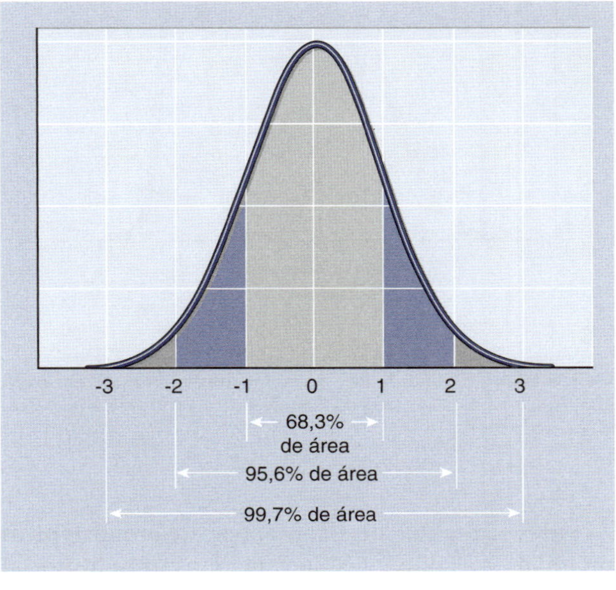

FIGURA 8.10 Curva normal. Esse histograma de freqüência de ocorrência comum demonstra que o maior número de escores concentra-se no meio da distribuição, com poucos escores nos extremos.

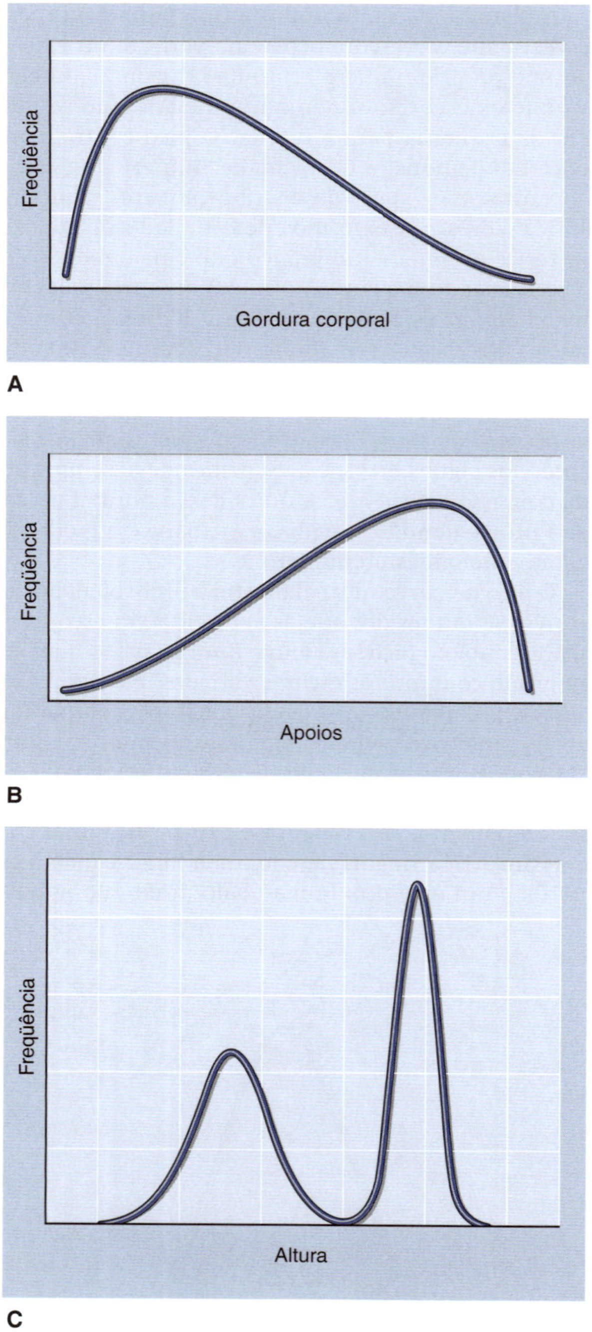

FIGURA 8.11 Similitude de escores mostrada por picos em gráficos. **A.** Curva assimétrica positiva. **B.** Curva assimétrica negativa. **C.** Curva bimodal.

Às vezes, um grupo de escores pode até produzir picos múltiplos. A Figura 8.11C mostra uma **curva bimodal** em que a freqüência de escores foi maior em duas partes diferentes do resultado final. Considerando que o pico exibe similaridade de escores, uma curva bimodal pode revelar que o grupo contém dois grupos de pessoas com características semelhantes (p. ex., dois sexos, duas equipes esportivas, etc.).

Variabilidade

A medida de variabilidade de escores mais comumente utilizada é o **desvio padrão (DP)**. Ele descreve a dispersão dos escores em torno da média e é utilizado para mostrar a inclusão de escores para diferentes porcentagens da população; também pode ser utilizado como uma medida de homogeneidade quando comparado à média. É obtido mediante alguns passos matemáticos simples:

1. Calcule o desvio de cada escore da média subtraindo a média de cada escore bruto. Metade dos escores de desvio será negativa, uma vez que a metade dos escores ficará abaixo da média. Não se preocupe com isso, pois será reparado no próximo passo.
2. Eleve ao quadrado cada escore de desvio. Isso converterá todos os escores negativos em escores positivos.
3. Some todos os desvios ao quadrado.
4. Divida a soma dos desvios ao quadrado por $N - 1$ (p. ex., se $N = 11$, divida por 10); a resposta é denominada **variância**. A eliminação de um participante do grupo ajudará mais o avaliador no uso dos dados resultantes para predizer o desempenho de outros grupos similares que não foram testados.
5. Obtenha a raiz quadrada da variância para contrabalançar o processo de elevação ao quadrado realizado no segundo passo. A resposta é o DP.

Agora o DP pode ser usado para explicar a variabilidade dos escores previamente exibida na curva normal. A Figura 8.10 mostra como a média e o DP podem ser utilizados para calcular números de inclusão de grupo. Dito de forma simples, a média mais ou menos 1 DP inclui aproximadamente 68% da população total do grupo. Em outras palavras, se após um teste os escores revelassem uma média de 25 e um DP de 10, então poderia ser afirmado que aproximadamente 68% da população do grupo apresentou escores entre 15 e 35 (p. ex., 25 – 10 = 15, e 25 + 10 = 35). Se $N = 75$, então 68% dessa população seria 51 (p. ex., 75 x 0,68). Da mesma forma, a média mais ou menos 2 DPs inclui aproximadamente 95% da população, enquanto a média mais ou menos 3 DPs inclui aproximadamente 99% ou quase todos na população do teste. Lembre-se de que, uma vez que a curva normal quase nunca ocorre (média, mediana e moda devem ser exatamente o mesmo número), há sempre algum erro no sistema. Portanto, as porcentagens raramente equivalem a esses números; na maioria das vezes, elas se aproximam deles.

Escores padronizados

Outro uso importante do DP é para calcular **escores padronizados**. Eles são escores que expressam cada escore individual como um DP, facilitando a determinação da distância-padrão de cada escore da média. Esse procedimento permite que testes com diferentes unidades de medida sejam comparados sem confusão (p. ex., salto vertical em centímetros *versus* 1 RM em quilogramas). Dessa forma, eles são comumente utilizados com testes de conhecimento padronizados ou para grupos de grandes populações após a aplicação de uma bateria de testes.

Os escores padronizados são divididos em dois tipos. Primeiro, os **escores Z**, que variam entre –3 e +3, e são expressos em duas casas decimais. Eles são calculados subtraindo-se a média do escore bruto e depois dividindo-se pelo DP. Se um escore bruto fosse 35, e a média fosse 25, com um DP de 10, a equação seria (35 - 25)/10 = 1. O escore Z resultante de 1 significa que o escore bruto de 35 é exatamente 1 DP maior do que a média. Conseqüentemente, o escore Z médio é zero, e todos os escores Z positivos são escores brutos maiores do que a média, enquanto todos os escores Z negativos são escores brutos menores do que a média.

Segundo, os **escores T**, que variam de 30 a 80, e são quase idênticos aos escores Z. Eles são os mesmos porque são derivados dos escores Z. O procedimento para os escores T é multiplicar o escore Z por 10 e depois somar 50. Os escores T são sempre números inteiros positivos (i.e., sem casas decimais). Conseqüentemente, o escore T médio é 50, e todos os escores T maiores que 50 são escores brutos maiores do que a média, ao passo que todos os escores T menores que 50 são escores brutos menores do que a média. Os escores T são utilizados porque o valor resultante é sempre positivo e fácil para a pessoa leiga entender.

RESUMO

Um protocolo de avaliações válidas e fidedignas começa com uma cuidadosa análise de necessidades tanto do cliente/atleta como da atividade/esporte. Testes adequados são então escolhidos com base nas necessidades individuais da situação, e os resultados são analisados atentamente utilizando-se cálculos matemáticos básicos de tendência central e variabilidade. Realizando-se esses cálculos simples, podem ser feitas suposições com relação ao valor de cada escore para cada participante. Os escores podem então ser comparados com valores normativos específicos de uma população ou com uma escala de critério desenvolvida a partir dessas normas. Na análise final, o avaliador bem preparado e familiarizado será capaz de avaliar as necessidades de cada indivíduo e, subseqüentemente, prescrever um programa de treinamento adequado aos objetivos específicos do cliente.

QUESTÕES TÉCNICAS

1. Uma estudante de pós-graduação queria saber alguma coisa sobre o salto vertical das suas colegas. Ela testou cada uma na turma e alcançou o seguinte conjunto de dados: 19,5; 20; 21,5; 18; 17,5; 16; 22,5; 25; 24,5; 17,5. Encontre a média, a mediana e a moda do conjunto de dados e explique como usar esses números para descrever uma equipe a um técnico.
2. O técnico de basquetebol solicitou-lhe uma avaliação da equipe. Você planeja realizar uma "análise de necessidades" focando cada jogador e também o jogo de basquetebol. Liste os testes que você precisará realizar para responder à consulta do técnico referente ao estado da equipe.
3. Um colega seu desenvolveu recentemente uma nova ferramenta de avaliação e pediu-lhe para estabelecer a sua validade e fidedignidade. O que você faria para realizar isso? Qual a diferença entre as duas?

EXEMPLO DE CASO

Planejamento de um protocolo de testes de desempenho para um atleta juvenil de elite de tênis

HISTÓRICO

Você está empregado em um grande e bem-equipado centro esportivo e tem todos os equipamentos de teste disponíveis para você. Solicitam a você que prepare uma avaliação completa de aptidão física para um jogador de tênis de nível internacional de 16 anos de idade que está se preparando para se tornar profissional. O jogador é o atual campeão nacional da faixa etária abaixo de 16 anos. Ele foi o segundo colocado no *Junior U.S. Open* este ano.

O atleta tem experiência em todas as áreas de treinamento e condicionamento. Ele usa treinamento de força com pesos livres regularmente em seu programa e realiza uma variedade de levantamentos poliarticulares e olímpicos. Também pratica vários exercícios de treinamento de velocidade e agilidade.

O atleta participa de torneios em quadra de saibro de tempos em tempos, mas sua superfície principal, aquela em que se espera que seu jogo se sobressaia, é uma superfície de quadra dura.

Utilizando uma análise de necessidades do esporte tênis e de um atleta típico de tênis, planeje uma sessão completa de testes de aptidão física para avaliar esse atleta.

RECOMENDAÇÕES/CONSIDERAÇÕES

Comece com uma análise de necessidades da modalidade tênis. O tênis profissional é um jogo explosivo e rápido em superfícies de quadra dura. Ao atleta de tênis é exigido mudar rapidamente de direção várias vezes em um ponto. A capacidade de gerar força de reação do solo e transferir essa força para a região superior do corpo é um componente-chave do sucesso no tênis. O protocolo de testes para esse atleta provavelmente incluirá testes de resistência muscular; força muscular de membros inferiores; potência de membros inferiores; força muscular de membros superiores; potência, velocidade e agilidade de membros superiores; resistência cardiorrespiratória; e amplitude de movimento articular. As lesões devem ser percebidas, e as adaptações musculoesqueléticas a essas lesões, consideradas.

IMPLEMENTAÇÃO

Ergoespirometria em esteira. Embora o tênis seja um esporte fundamentalmente anaeróbio, a recuperação entre os pontos é aeróbia. Níveis moderados a moderadamente altos de consumo de oxigênio são desejáveis no atleta de tênis. Esse teste fornecerá informações sobre a capacidade do atleta de trabalhar aerobiamente e recuperar-se entre os pontos.

Supino. Considerando que o atleta treina usando pesos livres, o supino é uma boa medida de força da região superior do corpo.

Agachamento. Novamente, uma vez que o atleta treina usando pesos livres, o agachamento é uma boa opção para medir força geral de membros inferiores. A capacidade de um jogador de tênis de gerar força de reação do solo é um componente decisivo do desempenho no tênis.

Salto vertical. Esta é uma excelente opção para medir potência da região inferior do corpo. O desempenho nesse teste é relevante para o tênis, já que é um indicador da capacidade do atleta de ter reações rápidas e também pode ser um indicador da sua capacidade de gerar potência no movimento de serviço.

Arremesso de* medicine ball *sentado. Esse teste é uma medida da potência geral da região superior do corpo.

Corrida de 18 metros. A velocidade no tênis é limitada a pequenas distâncias, e 18 metros seriam o máximo que um jogador teria de correr a toda velocidade, sem parar ou mudar a direção.

Hexágono. Esse teste é utilizado para medir o trabalho dos pés e a agilidade.

Teste "T". Esse teste mede os movimentos laterais, para trás e para a frente em pequena distância, e a capacidade de transição entre eles.

Corrida de agilidade de cinco pontos. Esse teste mede a capacidade do atleta de mover-se em padrões diagonais, mudar a direção, ganhar velocidade, desacelerar e parar.

Pesagem hidrostática. Essa é uma forma acurada de determinar a composição corporal.

Apoios em 60 s. Nesse atleta, os apoios constituem um teste de resistência muscular da região superior do corpo. No atleta que pode realizar somente alguns apoios, ele se torna um teste de força muscular.

Abdominais em 60 s. Os abdominais são uma medida geral de força e resistência do tronco. O tronco é muito importante no tênis, uma vez que transfere forças do solo para os membros superiores.

RESULTADOS

Os resultados são relatados por classificação de percentis utilizando-se um banco de dados de mais de 100 atletas tenistas do sexo masculino de 16 anos de idade.

Ergoespirometria em esteira. Percentil 90.
Supino. Percentil 96.
Agachamento. Percentil 91.
Salto vertical. Percentil 60.
Arremesso de* medicine balll *sentado. Percentil 88.
Corrida de 18 metros. Percentil 88.
Hexágono. Percentil 85.
Teste "T". Percentil 89.
Corrida de agilidade de cinco pontos. Percentil 87.
Pesagem hidrostática. Percentil 90.

Esses resultados devem ser relatados ao atleta, ao técnico e/ou aos pais do jogador. A área de aptidão física que obviamente mais precisa ser trabalhada é a potência dos membros inferiores. Lembre-se: ao comunicar os resultados ao jogador, aponte as áreas que precisam melhorar e prescreva regimes de exercícios adequados para corrigir os déficits identificados.

REFERÊNCIAS

1. Bar-Or O. The Wingate test: An update on methodology, reliability and validity. Sports Med 1987;4:381–394.
2. Brown LE, Weir JP. ASEP procedures recommendations for the accurate assessment of muscular strength and power. J Exerc Physiol [serial online]. 2001;4(3):1–21. Available at: http://faculty.css.edu/tboone2/asep/August2001JEPonline.html. Accessed October 16, 2003.
3. Brown LE, Whitehurst M, Bryant JR. A comparison of the LIDO sliding cuff and the tibial control system in isokinetic strength parameters. Isokinet Exer Sci 1992;2(3):101–109.
4. Brown LE, Whitehurst M, Bryant JR. Reliability of the LIDO active isokinetic dynamometer concentric mode. Isokinet Exer Sci 1992;2(4):191–194.
5. Brown LE, Whitehurst M, Bryant JR, Buchalter DN. Reliability of the Biodex system 2 isokinetic dynamometer concentric mode. Isokinet Exer Sci 1993;3(3):160–163.
6. Chapman, PP, Whitehead JR, Binkert RH. The 225-lb reps-to-fatigue test as a submaximal estimate of 1-RM bench press performance in college football players. J Strength Cond Res 1998;12:258–261.
7. Chinn S, Burney PGJ. On measuring repeatability of data from self-administered questionnaires. Int J Epidemiol 1987;16:121–127.
8. Conway DP, Decker AS. Utilizing a computerized strength and conditioning testing index for assessment of collegiate football players. Natl Strength Cond Assoc J 1992; 14(5):13–16.
9. Dolezal BA, Thompson CJ, Schroeder CA, et al. Laboratory testing to improve athletic performance. Strength Cond 1997;19(6):20–24.
10. Enoka RM. Neuromechanical Basis of Kinesiology. Champaign, IL: Human Kinetics, 1988.
11. Graham J. Guidelines for providing valid testing of athletes' fitness levels. Strength Cond 1994;16(6):7–14.
12. Magill RA. Motor Learning: Concepts and Applications. 5th ed. Madison, WI: Brown & Benchmark, 1998.
13. Maud PJ, Shultz BB. Norms for the Wingate anaerobic test with comparison to another similar test. Res Q Exerc Sport 1989;60:144–151.
14. Mayhew JL, Ware JR, Prinster JL. Using lift repetitions to predict muscular strength in adolescent males. Natl Strength Cond Assoc J 1993;15(6):35–38.
15. Patton JF, Duggan A. An evaluation of tests of anaerobic power. Aviat Space Environ Med 1987;58:237–142.
16. Plisk SS. Anaerobic metabolic conditioning: a brief review of theory, strategy and practical application. J Strength Cond Res 1991;5(1):22–34.
17. Plisk SS, Gambetta V. Tactical metabolic training: Part 1. Strength Cond 1997;19(2):44–53.
18. Schweigert D. Normative values for common preseason testing protocols: NCAA division II women's basketball. Strength Cond 1996;18(6):7–10.
19. Semenick D, Connors J, Carter M, et al. Rationale, protocols, testing/reporting forms and instructions for wrestling. Natl Strength Cond Assoc J 1992;14(3):54–59.
20. Swank AM, Adams K, Serapiglia L, et al. Submaximal testing for the strength and conditioning professional. Strength Cond J 1999;21(6):9–15.
21. Taylor NAS, Sanders RH, Howick EI, Stanley SN. Static and dynamic assessment of the Biodex dynamometer. Eur J Appl Physiol 1991;62:180–188.
22. Timm KE, Fyke D. The effect of test speed sequence on the concentric isokinetic performance of the knee extensor muscle group. Isok Exerc Sci 1993;3(2):123–128.

CAPÍTULO

9

Aquecimento e flexibilidade

DUANE V. KNUDSON

Introdução

Atletas, bem como o público em geral que pratica exercício físico, ao procurar incrementar o desempenho desportivo ou estender a sua carreira desportiva pela modificação da exposição aos riscos de lesão, freqüentemente introduzem exercícios de aquecimento e flexibilidade nas suas rotinas de treino. Um número considerável de pesquisas tem sido realizado nessas áreas, e os resultados apresentam uma conjuntura surpreendente. Recentes investigações propõem que a prevenção de lesões originadas do treino está relacionada ao aquecimento. No entanto, crenças comuns relacionadas à flexibilidade e ao alongamento estão mudando. Este capítulo aborda os benefícios do aquecimento e da flexibilidade proporcionados ao treino e à prevenção de lesões, uma vez que ambos apresentam uma relação complexa com o desempenho e o risco de lesões musculoesqueléticas. O capítulo apresenta, na parte final, um conjunto de recomendações gerais para a prescrição de exercícios e programas de alongamento.

AQUECIMENTO

É importante compreender que aquecimento e alongamento são atividades diferentes. O aquecimento é planejado para elevar a temperatura corporal, e o alongamento é realizado principalmente para aumentar a amplitude de movimento (AM) de uma ou mais articulações. É consenso que os movimentos globais de aquecimento são importantes para maximizar o rendimento desportivo e reduzir o risco de lesões na prática da atividade física. O **aquecimento** consiste de exercícios realizados de forma ativa ou passiva, direcionados aos diferentes tecidos corporais, em preparação à prática da atividade física. O **aquecimento ativo** consiste de movimentos de baixa intensidade que são efetivos para a elevação da temperatura corporal, o aquecimento tecidual e a produção de um número significativo de melhorias na função fisiológica. O **aquecimento passivo** inclui fontes externas de calor, como bolsas térmicas, jatos de água quente (ou turbilhão de água quente) ou ultra-som. Antes de realizarem um esforço físico vigoroso, os atletas deveriam realizar durante vários minutos movimentos globais de aquecimento corporal (**aquecimento global**) de intensidade progressiva. Esses movimentos deveriam imitar os movimentos característicos do desporto ou da atividade física de origem. Os movimentos de baixa intensidade específicos ao desporto ou à atividade física são definidos como **aquecimento específico**.

O aquecimento beneficia o desempenho físico por meio dos efeitos térmicos, neuromusculares e fisiológicos (9,10,22,46,87,89). Em alguns indivíduos, o aquecimento pode também reduzir a ocorrência de respostas cardíacas de risco em conseqüência de exercícios vigorosos de curta duração (5). As atividades que envolvem o aquecimento ativo mobilizam fontes metabólicas e aumentam a temperatura dos tecidos corporais. Muitos dos benefícios decorrentes do aquecimento originam-se do aumento da temperatura corporal (22). O aquecimento ativo de moderada intensidade (movimentos globais) e o aquecimento passivo (p. ex., diatermia, bolsas de água quente, turbilhão de água quente) podem incrementar o rendimento muscular entre 3 e 9% (9,10). As habilidades motoras amplas, características dos grandes grupos musculares, são mais beneficiadas do que as habilidades motoras finas (22).

Outra razão que justifica a realização do aquecimento é a preparação dos tecidos para maiores estresses originados da atividade física vigorosa e, como resultado, a redução do risco de lesão da unidade musculotendínea. Evidências biomecânicas suportam essa hipótese "protetora de lesão", uma vez que o aquecimento muscular em modelos animais tem evidenciado um maior alongamento dessa unidade muscular antes da falha (28,80,86,91). Isso, combinado com estudos prospectivos sobre aquecimento, sugere que a realização do aquecimento global antes de atividades físicas vigorosas pode reduzir o risco de lesões da unidade musculotendínea em comparação à condição em que o aquecimento não é realizado. Evidências mais diretas dessa relação seriam úteis, mas não é possível projetar estudos que submetam indivíduos a riscos de lesão.

> *Atividades de aquecimento são necessárias para preparar o corpo para uma atividade física vigorosa, porque elas incrementam o desempenho e reduzem o risco de lesões musculares.*

Atletas e outros praticantes de exercício físico deveriam, portanto, realizar aquecimento antes de competições, exercícios e condicionamento físico. Recomendações para rotinas eficazes de aquecimento variam dependendo da natureza e da duração do exercício a ser realizado (10). Em geral, rotinas de aquecimento deveriam usar movimentos corporais globais acima de 40-60% da capacidade aeróbia durante cinco a 10 minutos e seguidos de recuperação (10). O Colégio Americano de Medicina do Desporto (ACSM) recomenda de cinco a 10 minutos de exercícios do tipo calistênico e cinco minutos de atividade aeróbia progressiva como aquecimento (5). Por exemplo, tenistas podem realizar cinco minutos de corrida leve, seguida pelo tradicional aquecimento de cinco minutos que envolve os golpes em quadra e saques antes do jogo principal. Movimentos e contrações musculares comumente usados no aquecimento ativo também reduzem a tensão passiva (76,94) e aumentam a AM tanto quanto ou mais do que aqueles realizados no alongamento passivo (40,77).

Muitas das sessões de aquecimento deveriam iniciar com movimentos corporais globais de intensidade gradualmente aumentada, focados nos músculos e articulações usados durante o treino ou a competição. Atualmente, o alongamento estático não é recomendado durante as rotinas de aquecimento (51). As razões para essa mudança em relação à prática tradicional são exploradas nas seções seguintes sobre flexibilidade e alongamento.

FLEXIBILIDADE

A flexibilidade é um importante componente da aptidão e do desempenho físico. O uso inconsistente da terminologia associada ao termo *flexibilidade*, por um grande número de profissionais de saúde e ciência do exercício, tem levado a alguma confusão. Há uma clara diferença entre flexibilidade e lassidão articular. **Flexibilidade** é "a propriedade intrínseca dos tecidos corporais que determina a amplitude de movimento (AM) alcançada sem lesão em uma ou mais articulações" (37). A habilidade de mover uma articulação sem causar lesão geralmente se refere mais propriamente às rotações anatômicas de maior amplitude nas articulações do que aos testes de lassidão articular ou de movimento acessório que ortopedistas, fisioterapeutas e preparadores físicos freqüentemente realizam para testar a integridade articular e/ou ligamentar. A flexibilidade pode ser avaliada de várias formas, e várias variáveis de interesse têm surgido.

Uma variável é a medida clínica comum dos limites de rotação através de uma determinada AM, referida como **flexibilidade estática**, que é estimada por meio da medida linear ou angular dos limites de movimento de uma ou mais articulações. Por exemplo, pode ser de interesse clínico saber a flexibilidade estática de uma região corporal que tende a perder AM com a inatividade, como ocorre com a região lombar ou com o grupo dos isquiotibiais. Alguns profissionais realizam o teste de sentar-e-alcançar (Fig. 9.1), usando uma medida linear que fornece uma boa medida de campo da flexibilidade estática dos isquiotibiais (34). Esses testes são limitados pela elevação na tensão passiva à medida que os músculos e tecidos conectivos são alongados.

Testes de flexibilidade estática, apesar de fáceis de administrar, têm várias limitações. A principal fragilidade desse teste é que a medida obtida é subjetiva e amplamente relacionada à tolerância do sujeito ao alongamento (28,32,68,70), bem como à forma na qual o ponto final da AM é determinado. Medidas acuradas também dependem da metodologia utilizada nos testes. Variações nos instrumentos de medida, na posição corporal, nas instruções ou no protocolo de teste utilizado podem influenciar profundamente os resultados. Outro problema é a variedade de condições em que as medidas são realizadas. Por exemplo, um fisioterapeuta utiliza ambos os testes de AM ativa (sem auxílio) e AM passiva (com auxílio) (81). A AM obtida no teste com auxílio (passiva) é geralmente maior do que a AM obtida no teste sem auxílio. A parte mais importante da informação deve estar relacionada às condições em que o teste foi realizado, possibilitando assim a interpretação dos dados relativos à flexibilidade estática.

FIGURA 9.1 Desde o seu desenvolvimento nos anos 1950, os testes de sentar-e-alcançar e diversas vaiações têm se tornado testes de campo populares de flexibilidade estática dos isquiotibiais.

Na perspectiva da investigação, temos agora a capacidade de medir as propriedades mecânicas corporais em adição às medidas clínicas da AM. Medidas laboratoriais da flexibilidade utilizando dinamômetros computadorizados têm permitido a medida de novas variáveis biomecânicas relacionadas às propriedades mecânicas do músculo e do tendão. Duas dessas variáveis que podem estar relacionadas ao desempenho e ao risco de lesão são a rigidez * e a histerese. Esses termos são usados na física para descrever as propriedades de materiais. Visto que o corpo humano é composto de materiais que reagem a forças externas exatamente da mesma forma que outros materiais, esses termos são também aplicáveis ao corpo humano.

O termo **rigidez**, algumas vezes também conhecido como flexibilidade dinâmica, refere-se à velocidade de elevação da resistência da unidade musculotendínea quando esta é alongada. Com o alongamento passivo, a rigidez da unidade musculotendínea mede o quão rápido a tensão passiva é elevada logo, antes da ocorrência de lesão. Estudos mostram que a flexibilidade dinâmica é responsável por apenas 44 a 66% da variância da flexibilidade estática (70,74). Portanto, essas variáveis são associadas, mas provavelmente representam diferentes propriedades funcionais da musculatura.

A Figura 9.2 ilustra, de forma esquemática, a fase de alongamento de uma curva ângulo-torque em resposta

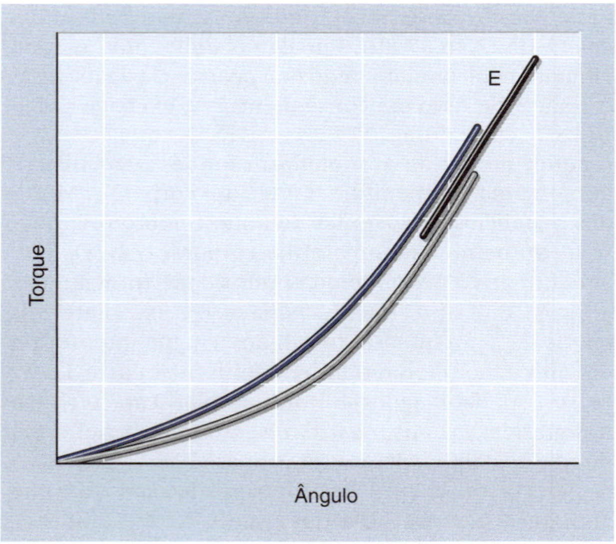

FIGURA 9.2 Representação esquemática da relação ângulo articular-torque obtida a partir de alongamentos passivos repetidos de um grupo muscular. O relaxamento do estresse produz o torque passivo em um determinado ângulo em alongamentos subseqüentes (cinza), menos do que no primeiro alongamento (azul). No entanto, a rigidez (E) do grupo muscular nesses alongamentos não é diferente .

* N. de R.T.: Da expressão inglesa *stiffness*.

a alongamentos passivos repetidos de um determinado grupo muscular. Essas variáveis angulares aproximam-se bem da curva de deformação-carga (linear) do músculo esquelético (67) e promovem *in vivo* (modelo animal) a estimativa funcional da rigidez passiva de grupos musculares (25,70,74). Cientistas normalmente usam medidas lineares de carga e deformação para definir as propriedades mecânicas de materiais. Note que no gráfico o torque (e também a tensão) no músculo é elevado de uma forma complexa, lenta na fase inicial e então rápida quando o músculo fica mais alongado.

Os tecidos biológicos têm um comportamento diferente e complexo que influencia sua função. A unidade musculotendínea é considerada **viscoelástica**. Isso significa que essa unidade pode estender imediatamente quando um estresse de tensão é aplicado, e que esse alongamento igualmente continua ocorrendo durante a aplicação contínua do estresse. Um alongamento rápido teria um mesmo formato, mas uma maior rigidez conseqüente desse comportamento viscoelástico. A tensão desenvolvida durante um alongamento depende do grau e da taxa de alongamento. Note na Figura 9.2 que a rigidez (E) do grupo muscular não muda com a continuidade do alongamento. Evidências preliminares sugerem que, apesar de o alongamento não afetar a rigidez muscular, movimentos passivos promovem uma redução significativa da rigidez muscular (76).

Uma questão freqüentemente discutida em relação à rigidez do músculo esquelético diz respeito à diferença entre os significados científico e usual de *rigidez* e *elasticidade*. Em biomecânica, rigidez e **elasticidade** têm o mesmo significado. Sendo assim, um músculo que apresenta uma rápida elevação da tensão durante o alongamento tenderá a recuperar-se rapidamente quando este é diminuído. Isso conflita com o significado coloquial do termo *elasticidade*, o qual se refere à baixa resistência ao alongamento.

Embora a aplicação das ciências dos materiais ao corpo humano possa parecer complexa, é importante compreender que o corpo humano é um material que responde ao estresse de uma forma previsível. Na ciência dos materiais, a rigidez é definida como a inclinação da curva de estresse-tensão na região elástica (linear), que está relacionada ao tempo de atraso da elevação rápida da tensão em resposta ao alongamento antes do limite da elasticidade. O limite de elasticidade é o ponto que, no gráfico, descreve o alongamento da unidade musculotendínea exatamente antes de o material começar a falhar ou o início de lesão permanente. Além do limite elástico está a região plástica, assim chamada porque é onde a deformação não é imediatamente recuperável. Felizmente, alongamentos leves além do limite elástico podem ser reparados pelo corpo se é dado um tempo de recuperação suficiente, mas um alongamento muito intenso pode causar ruptura ou falha completa do tecido. Cientistas de materiais denominam **força mecânica** a máxima força ou energia absorvida antes da falha completa do material.

Quando um músculo é alongado, mas não além do seu limite elástico, poderá retornar ao comprimento de repouso e recuperar parte da energia nele estocada antes de ser alongado. Parte da energia, no entanto, é perdida como calor. A energia perdida no retorno ao comprimento normal de um material deformado é denominada **histerese**. Ela representa a energia perdida e pode ser visualizada na Figura 9.3 como a área (linha) entre as fases de sobrecarga (alongamento) e descarga (restituição). Essa figura ilustra esquematicamente as fases de alongamento (linha azul) e restituição (linha cinza) de uma curva ângulo-torque de um alongamento estático.

Na Figura 9.3, representativa de um alongamento estático, note que 40 a 50% da energia estocada no alongamento é perdida à medida que o músculo retorna ao comprimento normal (64). Muito dessa energia perdida está nos componentes dos tecidos contrátil e conectivo dentro do músculo. Ao contrário, estudos envolvendo tendões longos em atividade normal mostram que eles recuperam a maior parte (80 a 90%) da energia neles estocada em ações cíclicas de alongamento-encurtamento (2,55).

A medida da energia pode ser mais vantajosa para a avaliação do efeito do alongamento no músculo, ao contrário da rigidez, porque o tecido muscular não alcança a região elástica da curva de estresse/tensão em alongamentos típicos dos isquiotibiais. O alongamento tem um maior efeito na histerese do que na rigidez do músculo. Isso é importante pois aponta para onde de-

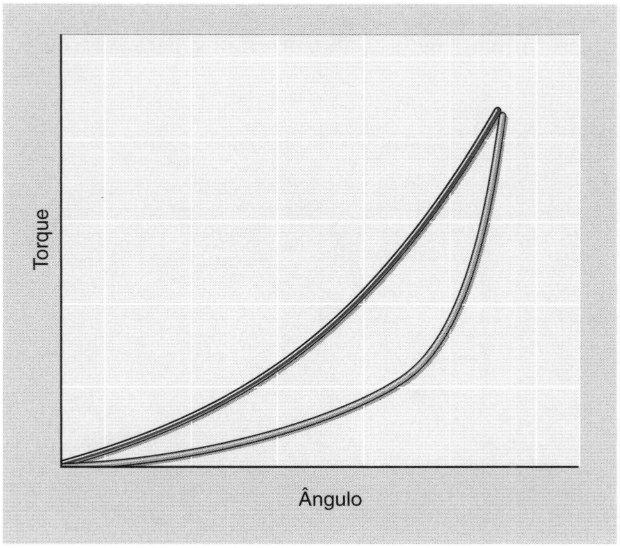

FIGURA 9.3 Representação esquemática da relação ângulo articular-torque obtida das fases de alongamento (azul) e restituição (cinza) de um alongamento passivo de um grupo muscular. A energia perdida (histerese) é a área do laço entre as fases de sobrecarga e descarga.

vemos direcionar a pesquisa no futuro, caso esta seja direcionada em termos práticos e significativos ao incremento do rendimento.

A habilidade de mover as articulações corporais livremente sem lesão é conhecida como flexibilidade, e várias propriedades mecânicas podem ser usadas para documentar aspectos da flexibilidade.

Flexibilidade estática normal

A abundância de pesquisas relacionadas à medida da flexibilidade estática oferece uma perspectiva dos limites da flexibilidade estática normal para a maioria das articulações e populações. A flexibilidade estática normal corresponde a um movimento articular característico permitido entre dois extremos (Figura 9.4): ancilose e hipermobilidade (85,93). A **ancilose** é a perda patológica da AM, enquanto a **hipermobilidade** é a AM excessiva. A flexibilidade estática não é uma característica do corpo todo, mas, como a aptidão física, é específica de cada articulação e direção de movimento (33,39). As pessoas podem ter flexibilidade reduzida em uma determinada região do corpo e flexibilidade normal ou aumentada em outras regiões. É também claro que mulheres têm maiores níveis de flexibilidade estática do que homens (33), e algumas dessas diferenças estão relacionadas às diferenças antropométricas (13).

Profissionais da área do *fitness* podem coletar dados em amplitudes normais de flexibilidade estática, para muitas das articulações, a partir de várias fontes profissionais (4-6,27). Têm sido publicadas várias revisões sobre flexibilidade (1,23,42,51,64,59) que fornecem mais informações sobre o tema. No entanto, é incerto se há níveis "ótimos" de flexibilidade estática para determinados grupos musculares ou regiões corporais. Nesse caso, é provável que diferentes esportes requeiram níveis diferentes de flexibilidade estática. Futuras investigações deveriam ser projetadas na determinação de amplitudes de movimentos estáticos "normativas" em atletas de esportes específicos, bem como poderiam registrar anomalias que acometem atletas e pessoas ativas que se encontram fora dessas amplitudes normativas. É muito cedo para se fazer uma afirmação definitiva, mas é possível que um atleta ou pessoa ativa cujos músculos são demasiadamente rígidos seja mais propenso a lesões musculares e que outro com músculos mais frouxos seja mais propenso a lesões articulares e que tenha um desempenho reduzido em atividades de força e potência.

Desvios comuns da flexibilidade estática normal estão presentes em muitas articulações. Algumas pessoas perdem AM como resultado da inatividade física. Outras podem também perder flexibilidade estática em função da atividade laboral, de posições específicas do desporto e/ou de gestos repetitivos. Por exemplo, o movimento repetitivo, em muitos desportos em que o padrão de arremesso ocorre acima da cabeça (beisebol, tênis, etc.), sem intervenção de alongamento específico (47), pode resultar em um déficit de rotação interna da articulação glenoumeral. O uso persistente de sapatos de salto alto pode reduzir a amplitude de movimento da dorsiflexão dos tornozelos (Fig. 9.5).

Muitas fontes apresentam dados normativos relativos à flexibilidade estática característica da maioria das articulações corporais, mas em pesquisas recentes não foi identificado um nível ótimo de flexibilidade estática.

Flexibilidade e risco de lesão

Com base em dados relativos à incidência de lesão, parece indicado evitar o desenvolvimento de índices elevados

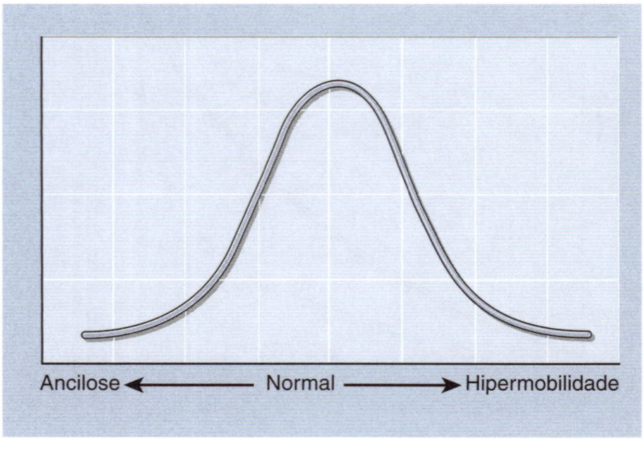

FIGURA 9.4 Representação esquemática de um *continuum* de flexibilidade estática. Há um número considerável de pesquisas que documentam os limites normais de flexibilidade estática, mas há um pequeno número de pesquisas prospectivas que liguem níveis específicos de flexibilidade estática a riscos de lesão em casa extremo.

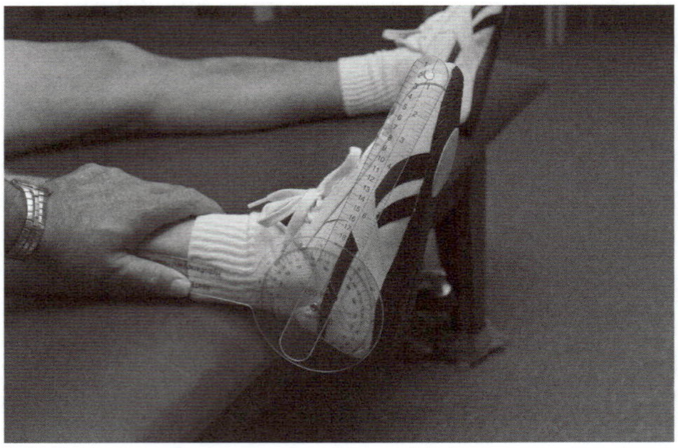

FIGURA 9.5 Trabalho repetitivo ou posições do corpo (como usar sapatos de salto alto) podem criar músculos rígidos (tesos) e reduzir a flexibilidade estática dos tornozelos.

de flexibilidade estática. Atletas e praticantes de atividade física em geral que apresentam índices elevados de flexibilidade estática parecem estar mais propensos às lesões musculoesqueléticas (45,48). No que se refere ao papel da flexibilidade no risco de lesões e no desempenho físico, a literatura clínica e a ciência básica suportam um conceito muito diferente do que se acredita e se realiza na prática. Esta seção é focada na associação entre flexibilidade e risco de lesão. Nas seções sobre alongamento, a seguir, é discutida a associação entre alongamento e alterações no desempenho muscular e no risco de lesão.

No futebol, baixos níveis de flexibilidade dos músculos isquiotibiais têm sido associados a maiores riscos de lesão muscular (103). No entanto, a crença comum de que maiores níveis de flexibilidade estática sempre reduziriam os riscos de lesão muscular parece não ser válida. Isso pode ser explicado pelo paradoxo estabilidade-mobilidade. A estabilidade mecânica e a AM em uma articulação (ou articulações) são inversamente relacionadas (14,59,93). É possível que, com o aumento da flexibilidade além das amplitudes normais, os potenciais benefícios de movimentos mais amplos e de menor resistência dos tecidos sejam compensados por uma grande instabilidade da articulação. Muitas investigações são necessárias para definir as amplitudes de movimento das várias articulações, de maneira que seja promovido um ajuste o mais adequado possível da estabilidade e da mobilidade das articulações, associado com um menor risco de lesão.

Um bom exemplo da falta de associação entre elevados níveis de flexibilidade estática e baixos riscos de lesão é apresentado pelos testes de aptidão lombar. Apesar de parecer lógico que níveis mais baixos de flexibilidade dos músculos lombares estariam relacionados a uma maior incidência de dores lombares, poucas evidências suportam essa associação. Uma revisão da literatura refere um suporte limitado (resultados mistos) para uma associação entre flexibilidade lombar/isquiotibiais e a ocorrência de dores lombares (82). Mais recentemente, um estudo prospectivo mais abrangente não encontrou relação entre flexibilidade estática e dor lombar subseqüente em adultos (43). Sendo assim, os testes de campo para a avaliação da flexibilidade estática dos isquiotibiais comumente usados em baterias de testes para a aptidão física podem não ser úteis para predizer o aparecimento futuro de dores lombares.

As pessoas também acreditam que músculos menos "rígidos" resultam em maior flexibilidade e menor risco de lesão. Infelizmente, há pouca investigação disponível sobre a associação entre flexibilidade dinâmica e risco de lesão. Músculos menos rígidos podem ser menos suscetíveis a lesões musculares por esforço (102), mas somente um estudo foi realizado nessa área (73). Parece que o músculo com maior rigidez é mais suscetível à lesão muscular quando contraído excentricamente. Atualmente, as evidências são insuficientes para concluir que o decréscimo da flexibilidade dinâmica promoveria um benefício protetor de lesão. Devido à natureza incerta dos níveis exatos de flexibilidade estática que estariam associados à redução dos riscos de lesão, seria conveniente que os profissionais de força e condicionamento educassem os atletas sobre a complexa relação entre flexibilidade e risco de lesão.

> *Existe uma relação complexa entre flexibilidade estática e risco de lesão muscular. Altas taxas de lesão parecem estar associadas a músculos muito ou pouco flexíveis.*

APLICAÇÃO NA REALIDADE

O paradoxo estabilidade-mobilidade

A flexibilidade estática é como o exercício, na medida em que mais nem sempre é melhor. O movimento articular (mobilidade) é inversamente proporcional à estabilidade da articulação (93). A redução da tensão passiva muscular ao redor de uma articulação aumenta sua AM, mas também faz com que ela seja mais facilmente retirada da posição normal. Isso apresenta um paradoxo para o profissional da área do *fitness*. Qual é a quantidade certa de flexibilidade estática? Que quantidade de movimento é necessária para que esse movimento seja normal e seguro sem afetar adversamente as articulações ou os ligamentos? É impossível dar respostas fáceis a essas questões. A quantidade de movimento depende da articulação, dos requisitos do esporte/atividade em que uma pessoa se engaja e de outros fatores. Posto que as taxas mais baixas de lesão parecem corresponder a uma flexibilidade normal e que taxas mais altas de lesão parecem corresponder aos extremos em flexibilidade (inflexibilidade e hipermobilidade), a manutenção de quantidades normais ou moderadas de flexibilidade estática deveria ser o objetivo para a maioria das pessoas. A menos que uma pessoa participe de uma atividade que requer extrema flexibilidade (dança, ginástica, mergulho), a maioria das prescrições de exercício deveria focar na manutenção de níveis normais de flexibilidade estática.

Avaliação da flexibilidade

A prescrição de exercícios para incrementar a flexibilidade deve se basear em medidas válidas, obtidas a partir de testes padronizados. Os testes de flexibilidade se baseiam em medidas lineares e angulares de movimento de uma ou mais articulações. Esses testes podem focar uma única articulação ou uma combinação de movimentos de vários segmentos corporais e articulações.

Os testes de flexibilidade estática uniarticulares são normalmente usados em nível clínico por profissionais da área da saúde (4,6,24,27,81), e freqüentemente envolvem mais medidas angulares (com goniômetros ou inclinômetros) do que lineares. Os testes uniarticulares são considerados melhores do que os multiarticulares para a avaliação da flexibilidade estática, pois isolam de forma mais adequada músculos específicos e são menos afetados por diferenças antropométricas (15,58). Os testes de flexão do quadril com o joelho estendido (30) e de extensão do joelho com o quadril fletido (26) são testes comuns de flexibilidade dos isquiotibiais usados em fisioterapia. Muitas das variações do teste de sentar-e-alcançar (31,36,38) são testes combinados e normalmente validados a partir dos testes de flexão do quadril com o joelho estendido ou extensão do joelho com o quadril fletido.

Os escores dos testes de sentar-e-alcançar são associados com a flexibilidade dos isquiotibiais, mas não com a flexibilidade da região lombar (72). Embora o teste de sentar-e-alcançar tenha se mostrado uma medida moderadamente válida da flexibilidade dos isquiotibiais, apenas levemente afetada por variações antropométricas (41,72), o valor prescritivo dessas medidas é limitado. Um estudo mostrou que 6% das crianças avaliadas foram equivocadamente aprovadas e 12% foram erroneamente reprovadas no teste de sentar-e-alcançar, quando esses resultados foram comparados aos do teste de flexão do quadril com o joelho estendido (15). Se esses dados são consistentes ao longo de todas as idades, as pessoas que falham no teste de sentar-e-alcançar deveriam ser retestadas nos testes de flexão do quadril com o joelho estendido ou extensão do joelho com o quadril fletido, com o objetivo de confirmar se eles apresentam níveis de flexibilidade estática limitada.

Normas atuais associadas à sáude relativas aos testes de sentar-e-alcançar ou a outros testes de flexibilidade estática devem ser utilizadas somente para identificar indivíduos com valores extremos, os quais podem estar sujeitos a risco elevado de lesões musculares. Não há dados suficientes disponíveis que estabeleçam valores de referência (normativos) para a flexibilidade estática específica, além daqueles que definem a flexibilidade normal. Profissionais da área da aptidão física devem também ter em mente que, durante a avaliação da flexibilidade, é necessária uma atenção minuciosa em relação aos detalhes que estão associados aos testes. Os escores de flexibilidade estática são subjetivos e dependem da tolerância dos sujeitos aos níveis elevados de tensão muscular (desconforto) durante a execução dos testes. A medida clínica da flexibilidade dinâmica não é cotidianamente praticável; ela é limitada a ambientes de pesquisa por causa de problemas relacionados ao custo dos equipamentos, à padronização insuficiente e à ausência de dados normativos.

DESENVOLVIMENTO DA FLEXIBILIDADE

Níveis normais de flexibilidade devem ser mantidos pela atividade física regular e por meio de programas específicos de alongamento e de exercícios de reforço muscular. Profissionais de cinesiologia devem avaliar a flexibilidade e a história de seus clientes e, com base nesses dados, desenvolver um programa de incremento da flexibilidade. Embora uma flexibilidade reduzida possa ser tratada com a combinação de exercícios de flexibilidade e de reforço muscular (1), esta seção focaliza recomendações gerais para a prescrição de exercícios de flexibilidade. A prática regular de exercícios de alongamento é geralmente recomendada para a maioria das pessoas porque elas freqüentemente têm uma prática reduzida de atividade física e também pelo fato de que a participação regular em algumas atividades físicas é associada com desequilíbrios de flexibilidade característicos do desporto. Em geral, recomendações relativas ao alongamento deveriam ser limitadas à manutenção dos níveis normais de flexibilidade estática, por causa da natureza complexa da flexibilidade, bem como pela ausência de dados que relacionem níveis específicos de flexibilidade à redução do risco de lesão. Esta seção é finalizada com evidências recentes sobre os efeitos do alongamento no desempenho muscular, o que traz implicações para a inserção do alongamento no ciclo de treinamento.

Os exercícios de alongamento são geralmente classificados em quatro grupos: passivo, estático, balístico (dinâmico) e de **facilitação neuromuscular proprioceptiva ou FNP** (8). O **alongamento passivo** usa uma força externa, normalmente outra pessoa, para alongar determinados grupos musculares (Fig. 9.6). O **alongamento estático** envolve um aumento lento no comprimento muscular e a fixação dessa posição de alongamento durante um período de tempo pequeno (geralmente 15 a 30 segundos). O **alongamento balístico** é tradicionalmente associado à velocidade em que movimentos vigorosos de alongamento são realizados. Esses alongamentos são geralmente evitados, sobretudo por causa da natureza viscoelástica do músculo. Para um determinado comprimento muscular, um alongamento rápido resulta em uma taxa de força mais ele-

FIGURA 9.6 O alongamento passivo freqüentemente usa força externa de outra pessoa para produzir um maior alongamento de um grupo muscular.

vada sobre os tecidos e em um grande risco de lesão (61,88,95). Alguns desses alongamentos referem-se aos movimentos de aquecimento ativos mencionados anteriormente como **alongamento dinâmico**. Esses alongamentos podem ser aceitáveis se forem realizados de uma maneira relativamente lenta, de forma a alongar o músculo sem a imposição de altas taxas de força nos tecidos. Essa é provavelmente a maneira como a atividade física regular pode manter a flexibilidade estática.

O último grupo de exercícios de alongamento refere-se ao FNP. Rotinas de alongamento FNP usam uma série específica de movimentos e contrações que utilizam o reflexo neuromuscular com o objetivo de relaxar os músculos quando estes são alongados. Exercícios de alongamento do tipo FNP podem ser realizados com ou sem assistência. O procedimento FNP simples se baseia na técnica "contrai-relaxa", em que o sujeito realiza uma contração isométrica de um determinado músculo a ser alongado, que é imediatamente seguida por um alongamento estático do músculo. Essa estratégia tira vantagem dos efeitos inibitórios dos **órgãos tendinosos de Golgi** quando o músculo é lentamente alongado. Métodos de alongamento assistidos, como o FNP, devem ser realizados com cuidado por sujeitos treinados ou pelo conjunto de profissionais da medicina do desporto. A prática de treinar atletas em duplas utilizando o método passivo de alongamento deve ser evitada até que estes tenham sido cuidadosamente treinados sobre os procedimentos corretos, e tenham compreendido os riscos da execução de alongamentos errados ou de alta tensão muscular.

As recomendações relativas aos procedimentos de alongamento baseiam-se em revisões de estudos científicos relacionados à resposta viscoelástica do músculo ao alongamento (49,50). Essas recomendações (Tabela 9.1) são elaboradas para a prescrição de exercícios de indivíduos normais. Exercícios de alongamento estáticos ou do tipo FNP devem ser realizados pelo menos três vezes por semana, preferencialmente todos os dias e após a execução de atividade física de intensidade moderada ou vigorosa (na fase de resfriamento da sessão de treino). É recomendada uma precisa execução técnica durante a realização do alongamento para focar a tensão de forma segura em determinado grupo muscular, sem estresse sistemático sobre outras estruturas de estabilização articular (ligamentos, cápsula articular, cartilagem). Alguns especialistas têm sugerido, com base na anatomia funcional, que alguns exercícios de alongamento são contra-indicados por causa do risco potencial sobre os ligamentos e tecidos de sustentação (60,62,63).

Programas de alongamento devem incluir de quatro a cinco alongamentos para cada grande grupo muscular, durando entre 15 e 30 segundos cada um. A intensidade (força) de cada alongamento deve ser minimizada, os músculos devem ser lentamente alongados e a posição mantida somente até o ponto de desconforto. O Colégio Americano de Medicina Esportiva sugere manter o alongamento estático em "uma posição de leve desconforto" (5). O alongamento lento dos músculos gera menor contração reflexa por meio da ação de **fusos musculares**. Estes sentem o comprimento muscular e são responsáveis pela contração do músculo alongado (reflexo miotático). Essa contração reflexa é mais sensível aos alongamentos rápidos; sendo assim, o alongamento mais lento nos exercícios ajuda a manter o relaxamento do grupo muscular que está sendo alongado.

Alongamentos estáticos vão provocar um aumento a curto prazo na AM e uma redução na tensão passiva no músculo devido ao **relaxamento de estresse**, que reduz gradualmente o estresse (força por unidade de área) no material alongado e mantido em comprimento constante. A maioria das pessoas pode sentir essa redução de tensão passiva no grupo muscular que é mantido em posição alongada. Esse relaxamento de estresse que se segue do alongamento fornece uma redu-

TABELA 9.1 Recomendações para a prescrição de alongamento

Variável	Recomendação
Freqüência	No mínimo três vezes por semana, de preferência diariamente e após atividade física moderada ou vigorosa
Intensidade	Alongar lentamente a musculatura e mantê-la em nível leve de tensão
Tempo	Até quatro ou cinco alongamentos devem ser mantidos por 15 a 30 segundos. Alongar normalmente após a realização da atividade física. Devem ser alongados os músculos que tiverem sido utilizados durante a atividade física. Lembrete: alongamentos no aquecimento antes da atividade física podem enfraquecer ou diminuir o desempenho muscular
Tipo	Alongamentos estáticos ou FNP para todos os grandes grupos musculares

Fonte: Reproduzida com permissão de Knudson D, Magnusson P, McHugh M. Current issues in flexibility fitness. PCPFS Res Digest 2000;3(10):1-8 (51).

Pergunta e resposta da área

Praticantes de atletismo do ensino médio normalmente alongam-se antes, durante e após as suas atividades esportivas. Eu sei que a flexibilidade é um importante componente do desempenho, mas tenho escutado há alguns anos, entre a comunidade de corredores, rumores de que alongar-se antes de provas de velocidade não é uma boa idéia. É verdade que o alongamento antes de eventos de corrida de pista de alta intensidade não é aconselhável?

— treinador de atletismo de escola de ensino médio

Atletas alongam-se durante o aquecimento para eventos de corrida de pista por acreditarem que isso diminui os riscos de lesões e melhora o seu desempenho. Infelizmente, pesquisas têm mostrado que essa prática não se justifica para a maioria dos atletas. A menos que o atleta tenha um grande déficit na AM, alongamentos antes de exercício vigoroso, na verdade, reduzem o desempenho muscular máximo durante aproximadamente uma hora. Também tem sido mostrado que alongamentos antes de atividades de alta intensidade não têm nenhum efeito sobre o risco de lesão. A orientação mais importante que o treinador deve ensinar aos seus atletas é que um bom aquecimento é essencial para um máximo desempenho e uma redução dos riscos de lesões. O atleta deve focar sua rotina de pré-competição em torno de um aquecimento progressivo e específico. A maioria dos atletas com flexibilidade normal deve realizar suas rotinas de alongamento após a prática ou a competição.

ção imediata de 10 a 30% de tensão passiva (65,71,76), mas o efeito se dissipa depois de aproximadamente uma hora (69). Manter o alongamento por 20 segundos é uma boa diretriz, porque a grande parte do relaxamento de estresse no alongamento passivo ocorre nos primeiros 20 segundos (64,75,95).

> *Alongamentos que têm como objetivo aumentar a flexibilidade estática de um grupo muscular devem normalmente utilizar de quatro a cinco alongamentos estáticos mantidos por 15 a 30 segundos.*

Os alongamentos devem ser realizados no fim da prática esportiva em função de três fatores importantes:

1. Tecidos mais aquecidos são menos propensos a lesões.
2. A inserção de alongamentos dentro do programa de exercício não afeta ganhos em flexibilidade estática (16).
3. Pode haver uma redução no desempenho físico após o alongamento.

Programar alongamentos estáticos durante a fase final do exercício é lógico também em função de o alongamento relaxar ou inibir a ativação muscular (7,96). Por exemplo, alongamentos estáticos são normalmente usados para o alívio agudo de cãibras musculares ou de dor muscular tardia (DMT). O uso do alongamento para o alívio de cãibras é indicado, mas pesquisas indicam que não há efeito do alongamento antes (44,99) ou após a atividade (11,99) na DMT que ocorre após um exercício com o qual o atleta não está acostumado. Rotinas de alongamentos estáticos após os exercícios físicos servem principalmente para manter os níveis normais de flexibilidade estática.

Efeitos biomecânicos do alongamento

Exercícios de alongamento são prescritos rotineiramente para aumentar a flexibilidade estática. Pesquisas têm mostrado que o alongamento pode gerar aumentos de flexibilidade estática de 5 a 20%, porém a curto prazo e ao longo de várias semanas (50). São menos conhecidos os efeitos do alongamento na rigidez muscular (ver Fig. 9.2), na redução do desempenho muscular e na modificação da recuperação energética do músculo alongado.

O alongamento passivo pode gerar grande carga de tensão no músculo; assim, se tornam possíveis o enfraquecimento e a lesão muscular com programas de alongamento vigoroso. Exercícios de alongamento funcionam como qualquer outro estímulo de treinamento, pois resultam no enfraquecimento temporário antes de o corpo ser recuperado e atingir a supercompensação para a atividade. Essa redução no desempenho muscular em resposta ao alongamento tem sido documentada em vários estudos e tem se tornado consensual na literatura. Uma redução do desempenho entre 4 e 30% tem sido observada em testes de força máxima (7,52,78,79) e saltos (12,17,35,104). A redução do desempenho muscular induzida pelo alongamento parece ser igualmente relacionada à inibição neuromuscular e à redução da força de contração (16) e pode durar até uma hora (21). É por isso que a maioria dos exercícios de alongamento deve ser realizada na fase final da atividade física e evitada no período de aquecimento, em atletas de competição. Somente atletas que requerem extrema flexibilidade estática para o desempenho (dançarinos, ginastas, mergulhadores) podem precisar de alongamentos no período final da fase de aquecimento.

Alongamentos devem normalmente ser realizados na fase final da atividade física, em função de o alongamento antes da atividade reduzir o desempenho muscular.

Vimos anteriormente que o alongamento não gera, a curto prazo, uma redução da rigidez muscular, mas muitos estudos têm mostrado também que o treinamento de alongamento *ao longo do tempo* não reduz a rigidez muscular (51). Isso é difícil de as pessoas entenderem, visto que elas sentem uma menor tensão passiva no grupo muscular em um certo ângulo da articulação. Alguns pesquisadores têm definido incorretamente essa rigidez muscular como a mudança na tensão ao longo da alteração no ângulo a partir do início do alongamento, e não como a verdadeira rigidez mecânica do tecido (o declive na região linear). Profissionais de força e condicionamento devem instruir seus atletas e outros esportistas sobre o fato de que o primeiro benefício do alongamento é manter a AM e reduzir a tensão passiva no músculo. A rigidez ou elasticidade do músculo e do tendão constitui uma variável mecânica complexa que não é facilmente compreendida ou experimentada.

Outra variável mecânica relacionada ao desempenho após o alongamento é a histerese. A histerese é a energia perdida (ver Fig. 9.3) quando o material viscoelástico retorna à sua forma normal após o alongamento. Apenas recentemente os estudos começaram a examinar os efeitos do alongamento sobre a histerese de grupos musculares. Embora o alongamento tenha efeito mínimo sobre a rigidez passiva do músculo ou tendão, ele tem efeito significativo na histerese desde que a perda de energia seja de 17 a 37% após o alongamento (53,54,66). Esta parece ser uma nova área promissora de pesquisa sobre os efeitos do alongamento. Infelizmente, não está claro se o alongamento a curto ou a longo prazos vai aumentar o desempenho muscular por meio da redução da histerese.

A relação entre variáveis mecânicas musculares, como a flexibilidade estática e dinâmica e o desempenho, é bastante complexa. Por exemplo, níveis mais baixos de flexibilidade estática têm sido associados com melhor economia de corrida (18,29), mas menor rigidez muscular é mais efetiva na utilização de energia elástica, em movimentos que envolvem o ciclo alongamento-encurtamento (CAE) (56,57,97,100,101). É provavel que os efeitos do alongamento e da flexibilidade no desempenho muscular sejam complexos e específicos da atividade (28).

Efeitos profiláticos do alongamento

A outra lógica tradicional para a prescrição de alongamentos pré-atividade é uma hipotética redução do risco de lesão. A lógica era de que, se houvesse melhor flexibilidade estática pela realização do alongamento, seria reduzida a chance de lesão caso o músculo fosse alongado além desse limite. No caso da flexibilidade, essa lógica não tem sido comprovada por evidências científicas. Estirões musculares normalmente ocorrem em ações musculares excêntricas em vez de em ações de alongamentos passivos (87).

Os maiores e melhores estudos prospectivos têm mostrado pouco ou nenhum efeito do alongamento sobre a taxa de lesões (3,83,84,98). Estudos com amostras maiores e melhores controles (83,84) suportam a conclusão de que a flexibilidade e o alongamento podem ser alheios ao risco de lesão. Atualmente, os dados são insuficientes para afirmar que um programa de alongamento comum possa modificar a flexibilidade com base na hipótese de redução dos riscos de lesão muscular. Muitas pesquisas sobre os efeitos do alongamento e as associações entre os diferentes níveis de flexibilidade e os riscos de lesões se fazem necessárias antes que diretrizes específicas sobre alongamento estejam disponíveis.

Pesquisas não confirmam a crença de que o alongamento reduz o risco de lesão muscular; ou seja, alongamentos gerais antes da atividade física provavelmente não conferem nenhum efeito protetor.

RESUMO

Aquecimentos passivos e ativos são atividades preparatórias comuns antes do exercício e de competições desportivas. Muitas linhas de pesquisa têm suportado os efeitos benéficos do aquecimento na melhoria do desempenho físico e na redução do risco de lesão. Aquecimentos típicos devem consistir de movimentos gerais de intensidade gradualmente maior. A intensidade do aquecimento deve ser moderada (de 40 a 60% da capacidade aeróbia) e sustentada (5 a 10 minutos) para aumentar a temperatura do tecido. A flexibilidade é uma propriedade importante do sistema musculoesquelético que determina a AM e a resistência ao movimento em uma articulação ou um grupo de articulações. Essa propriedade pode ser examinada pela mensuração dos limites do movimento realizável (flexibilidade estática) ou da rigidez do grupo muscular alongado passivamente (flexibilidade dinâmica). Amplitudes normais de flexibilidade estática são bem documentadas para a maioria das articulações por meio de uma variedade de testes. Existem evidências de que extremos na flexibilidade estática (superior ou inferior a 20% dos valores normais) podem estar associados com uma maior incidência de lesão muscular. Pesquisas na área da ciência do esporte e estudos prospectivos de flexibilidade e alongamento sugerem que o alongamento não deve ser realizado em aquecimentos. Realizá-lo antes da atividade física piora o desempenho muscular e não reduz o risco de lesões musculoesqueléticas. Atualmente, poucas evidências científicas estão disponíveis nas quais se possam basear, precisamente prescrições individualizadas de alongamento, além da manutenção de níveis normais de flexibilidade estática. Alongamento estático ou facilitação neuromuscular proprioceptiva (FNP) devem normalmente ser realizados na fase final da atividade física. Os exercícios devem alongar lentamente e manter os músculos com baixos níveis de tensão, durante 15 a 30 segundos. Quatro a cinco alongamentos por grupo muscular ou área corporal são normalmente recomendados.

QUESTÕES TÉCNICAS

1. Dançarina – Uma dançarina ou líder de torcida pede a sua ajuda para aumentar a AM na flexão e na abdução do quadril para facilitar uma série de acrobacias. Qual programa de alongamento você recomendaria?
2. Cliente de treinamento personalizado – Um gerente busca alívio para as dores que sente no pescoço e no ombro após alguns dias trabalhando no computador. Quais alongamentos e exercícios de força você recomendaria?
3. Atleta – Um atleta que sofreu uma lesão aguda quer retornar a jogar e aumentar a AM dos flexores plantares após uma entorse de tornozelo. Quais avaliações você usaria para documentar os progressos e qual programa de alongamento você empregaria?

EXEMPLO DE CASO

Rotina de Exercícios de Flexibilidade Após Partida de Tênis

HISTÓRICO

Você é um treinador de força que está trabalhando com o pessoal médico da universidade e com um jogador de tênis de nível colegial com idade de 20 anos. O jogador tem AM limitada na rotação interna do ombro do braço dominante, o que é comum em esportes de ações repetitivas como o tênis.

RECOMENDAÇÕES/CONSIDERAÇÕES

Após uma partida, prática ou sessão de condicionamento, a fase final da atividade consistirá em uma rotina de alongamentos estáticos. Esta consistirá em uma rotina típica de exercícios para todo o corpo, mas será focada em alongamentos extras para os desequilíbrios específicos do esporte, comuns em jogadores de tênis: reduzida rotação interna de ombro e flexibilidade dos músculos lombares e isquiotibiais.

IMPLEMENTAÇÃO

Três alongamentos de 20 segundos dos flexores e extensores de punho

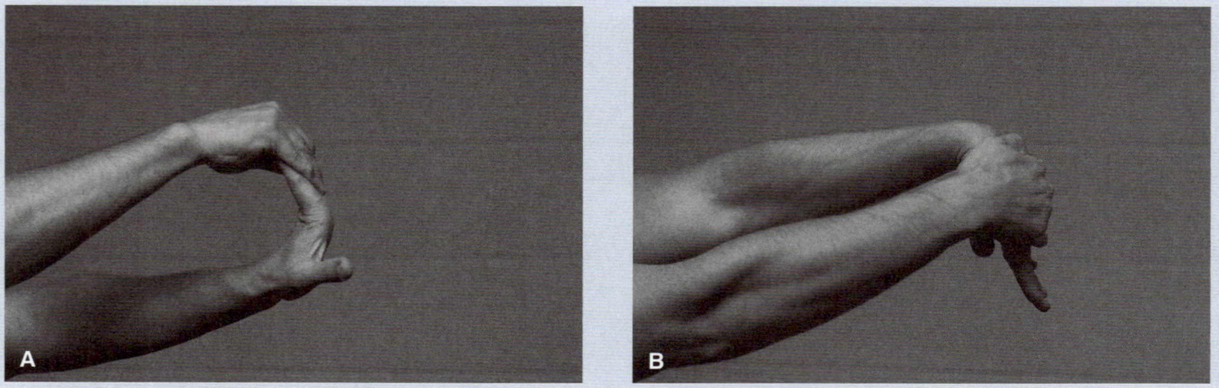

Alongamentos de flexor e extensor de punho.

(continua)

Quatro alongamentos de 20 segundos sustentados do peitoral maior

Alongamento sustentado do peitoral maior.

Quatro alongamentos de 20 segundos dos rotadores internos do ombro

Alongamento dos rotadores internos do ombro.

Quatro alongamentos de 20 segundos da coluna lombar em que os joelhos devem ser deslocados em direção ao peito

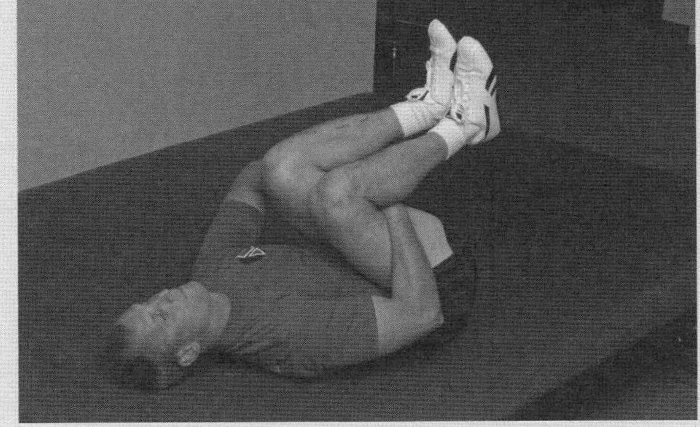

Alongamento da coluna lombar com joelhos em direção ao peito.

Três alongamentos de 20 segundos dos rotadores internos do quadril em posição de "borboleta"

Alongamento em posição de "borboleta" dos rotadores internos do quadril.

(continua)

Quatro alongamentos de 20 segundos dos isquiotibiais na posição sentada

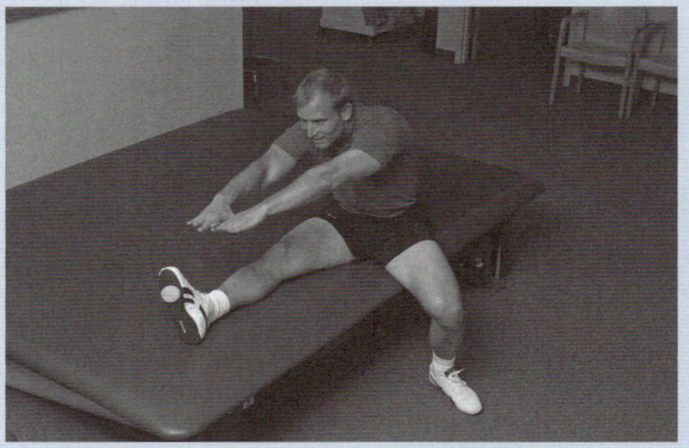

Alongamento sentado de isquiotibiais.

Três alongamentos de 20 segundos dos flexores plantares do tornozelo na posição sentada

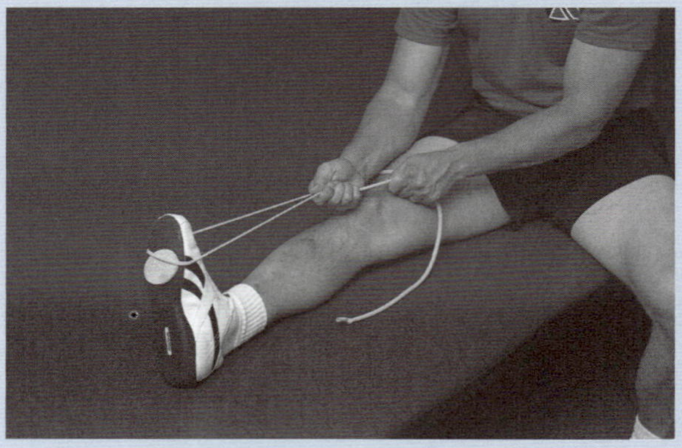

Alongamento sentado dos flexores plantares do tornozelo.

Três alongamentos de 20 segundos dos dorsiflexores do tornozelo na posição sentada

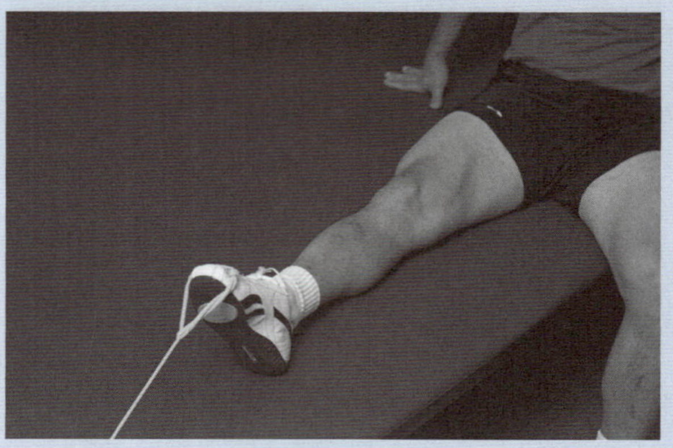

Alongamento sentado de dorsiflexores.

RESULTADOS

Resultados antes e depois (10 semanas de um programa de flexibilidade) indicam uma melhoria da AM após período de programa de treinamento de movimentos específicos. Os testes incluíram AM de rotação interna do ombro, de flexão de quadril e de sentar-e-alcançar.

AM de rotação interna do ombro

Inicial: dominante, 33 graus; não-dominante, 66 graus

Pós-treinamento: dominante, 48 graus; não-dominante, 70 graus

Como é típico em atletas de arremesso sobre a cabeça, a rotação interna do ombro foi reduzida na extremidade dominante. O programa prescrito causou uma mudança na AM do braço dominante em rotação interna na direção ao normal. Em função da demanda do esporte, é improvável que o braço dominante chegue à mesma AM do braço não-dominante.

AM dos flexores de quadril com joelho estendido

Inicial: dominante, 40 graus; não-dominante, 39 graus

Pós-treinamento: dominante, 49 graus; não-dominante, 49 graus

Na flexão de quadril, a diferença entre o membro dominante e o não-dominante não foi tão significativa quanto a dos membros superiores. Ambas as extremidades demonstraram pequeno aumento na AM em resposta ao programa de flexibilidade prescrito.

Flexibilidade no teste sentar-e-alcançar

Inicial: + 1 cm

Pós-treinamento: + 3 cm

O programa de flexibilidade resultou em um ligeiro aumento na AM de flexão do tronco.

Teoricamente, esses aumentos na AM indicariam redução no risco de lesões para ombros, isquiotibiais e coluna lombar. O efeito no desempenho físico (potência, explosão muscular) é indeterminado até o presente momento.

REFERÊNCIAS

1. Alter MJ. Science of Flexibility. 3rd ed. Champaign, IL: Human Kinetics, 2004.
2. Alexander RM. Tendon elasticity and muscle function. Comp Biochem Physiol Part A 2002; 133:1001–1011.
3. Amako M, Oda T, Masuoka K, et al. Effect of static stretching on prevention of injuries for military recruits. Mil Med 2003;168:442–446.
4. American Academy of Orthopaedic Surgeons. Joint motion: method of measuring and recording. Chicago, IL: AAOS, 1965.
5. American College of Sports Medicine. ACSM's Guidelines for Exercise Testing and Prescription, 7th ed. Philadelphia: Lippincott Williams & Wilkins, 2005.
6. American Medical Association. Guides to the Evaluation of Permanent Impairment. Chicago: AMA, 1988.
7. Avela J, Kyrolainen H, Komi PV. Altered reflex sensitivity after repeated and prolonged passive muscle stretching. J Appl Physiol 1999;86:1283–1291.
8. Beaulieu JE. Developing a stretching program. Phys Sportsmed 1981;9(11):59–66.
9. Bishop D. Warm up I: potential mechanisms and the effects of passive warm up on exercise performance. Sports Med 2003a;33:439–454.
10. Bishop D. Warm up II: performance changes following active warm up and how to structure the warm up. Sports Med 2003b;33:483–498.
11. Buroker KC, Schwane JA. Does postexercise static stretching alleviate delayed muscle soreness? Phys Sportsmed 1989;17 (6):65–83.
12. Church JB, Wiggins MS, Moode EM, et al. Effect of warm-up and flexibility treatments on vertical jump performance. J Strength Cond Res 2001;15:332–336.
13. Corbin CB. Flexibility. Clin Sports Med 1984;3:101–117.
14. Corbin CB, Noble L. Flexibility: a major component of physical fitness. J Phys Ed Rec 1980; 51(6),23–24,57–60.
15. Cornbleet SL, Woolsey NB. Assessment of hamstring muscle length in school-aged children using the sit-andreach test and the inclinometer measure of hip joint angle. Phys Ther 1996;76:850–855.
16. Cornelius W, Hagemann RW, Jackson AW. A study on placement of stretching within a workout. J Sports Med Phys Fit 1988;28:234–236.
17. Cornwell A. Nelson AG, Heise GD, et al. Acute effects of passive muscle stretching on vertical jump performance. J Hum Mov Stud 2001;40:307–324.
18. Craib MW, Mitchell VA. The association between flexibility and running economy in sub-elite male distance runners. Med Sci Sports Exerc 1996;28:737–743.
19. Eckstrand J, Gillquist J, Liljedahl S. Prevention of soccer injuries: supervision by doctor and physiotherapist. Am J Sports Med 1983;11:116–120.
20. Fitness and Lifestyle Research Institute. Fitness and Lifestyle in Canada. Ottawa: Fitness and Lifestyle Research Institute, 1983.
21. Fowles JR, Sale DG, MacDougall JD. Reduced strength after passive stretch of the human plantar flexors. J Appl Physiol 2000;89:1179–1188.
22. Franks DB. Physical warm-up. In: Williams M H, ed. Ergogenic Aids in Sport. Champaign, IL: Human Kinetics, 1983:340–375.
23. Gajdosik RL. Passive extensibility of skeletal muscle: review of the literature with clinical implications. Clin Biomech 2001;16:87–101.
24. Gajdosik RL, Bohannon RW. Clinical measurement of range of motion: review of goniometry emphasizing reliability and validity. Phys Ther 1987;67:1867–1872.
25. Gajdosik RL, Guiliani CA, Bohannon RW. Passive compliance and length of the hamstring muscles of healthy men and women. Clin Biomech 1990;5:23–29.
26. Gajdosik R, Lusin G. Hamstring muscle tightness: reliability of an active-knee extension test. Phys Ther 1983;63: 1085–1088.
27. Gerhardt JJ, Russe OA. International SFTR Method of Measuring and Recording Joint Motion. Bern: Hans Huber, 1975.
28. Gleim GW, McHugh MP. Flexibility and its effects on sports injury and performance. Sports Med 1997;24: 289–299.
29. Gleim GW, Stachenfeld NS, Nicholas JA. The influence of flexibility on the economy of walking and jogging. J Orthop Res 1990;8:814–823.
30. Goeken LN, Holf AL. Instrumental straight-leg raising: results in healthy subjects. Arch Phys Med Rehabil 1993; 74:194–203.
31. Golding LA. Flexibility, stretching, and flexibility testing. ACSM Health Fit J 1997;1(2):17–20,37–38.
32. Halbertsma JPK, Goeken LNH. Stretching exercises: effect on passive extensibility and stiffness in short hamstrings of healthy subjects. Arch Phys Med Rehabil 1994;75:976–981.
33. Harris ML. Flexibility. Phys Ther 1969;49:591–601.
34. Hartman JG, Looney M. Norm-referenced and criterion-referenced reliability and validity of the back-saver sit-and-reach. Meas Phys Ed Exerc Sci 2003:7:71–87.
35. Hennig EM, Podzielny S. The effects of stretch and warming-up exercises on the vertical jump performance [German]. Dtsch Zeitschr Sportmed 1994;45:253–260.
36. Hoeger WW, Hopkins, DR. A comparison of the sit and reach and the modified sit and reach in the measurement of flexibility in women. Res Q Exerc Sport 1992; 63:191–195.
37. Holt J, Holt LE, Pelham TW. Flexibility redefined. In: Bauer T, ed. Biomechanics in Sports XIII. Thunder Bay, Ontario: Lakehead University, 1996:170–174.
38. Holt LE, Pelham TW, Burke DG. Modifications to the standard sit-and-reach flexibility protocol. J Athlet Train 1999;34:43–47.
39. Hoshizaki TB, Bell RD. Factor analysis of seventeen joint flexibility measures. J Sports Sci 1984;2:97–103.
40. Hubley CL, Kozey JW, Stanish WD. The effects of static stretching exercises and stationary cycling on range of motion at the hip joint. J Orthop Sports Phys Ther 1984; 6:104–109.
41. Hui SC, Yuen PY, Morrow JR, et al. Comparison of the criterion-related validity of sit-and-reach tests with and without limb length adjustment in Asian adults. Res Q Exerc Sport 1999;70:401–406.
42. Hutton RS. Neuromuscular basis of stretching exercise. In: Komi P, ed. Strength and Power in Sports. Oxford, UK: Blackwell, 1993:29–38.
43. Jackson AW, Morrow JR, Brill PA, et al. Relation of sit-up and sit-and-reach tests to lower back pain in adults. J Orthop Sports Phys Ther 1998;27:22–26.

44. Johansson PH, Lindstrom L, Sundelin G, et al. The effects of preexercise stretching on muscular soreness, tenderness and force loss following heavy eccentric exercise. Scand J Med Sci Sports 1999;9:219–225.
45. Jones BH, Knapik JJ. Physical training and exercise-related injuries. Sports Med 1999;27:111–125.
46. Karvonen J. Importance of warm-up and cool down on exercise performance. In: Karvonen, J, Lemon P, Iliev I, eds. Medicine in Sports Training and Coaching. Basel: Karger, 1992:189–214.
47. Kibler WB, Chandler TJ. Range of motion in junior tennis players participating in an injury risk modification program. J Sci Med Sport 2003:6:51–62.
48. Knapik JJ, Jones BH, Bauman CL, et al. Strength, flexibility, and athletic injuries. Sports Med 1992:14:277–288.
49. Knudson D. Stretching: science to practice. J Phys Ed Rec Dance 1998;69(3):38–42.
50. Knudson D. Stretching during warm-up: do we have enough evidence? J Phys Ed Rec Dance 1999;70 (7): 24–27,51.
51. Knudson D, Magnusson P, McHugh M. Current issues in flexibility fitness. PCPFS Res Dig 2000;3(10):1–8.
52. Kokkonen J, Nelson AG, Cornwell A. Acute muscle stretching inhibits maximal strength performance. Res Q Exerc Sport 1998;69:411–415.
53. Kubo K, Kanehisa H, Fukunaga T. Effect of stretching on the viscoelastic properties of human tendon structures in vivo. J Appl Physiol 2002a;92:595–601.
54. Kubo K, Kanehisa H, Fukunaga T. Effect of transient muscle contractions and stretching on the tendon structures in vivo. Acta Physiol Scand 2002b;175:157–164.
55. Kubo K, Kanehisa H, Fukunaga T. Gender differences in the viscoelastic properties of tendon structures. Eur J Appl Physiol 2003;88:520–526.
56. Kubo K, Kanehisa H, Kawakami Y, et al. Elastic properties of muscle-tendon complex in long-distance runners. Eur J Appl Physiol 2000;81:181–187.
57. Kubo K, Kawakami Y, Fukunaga T. Influence of elastic properties of tendon structures on jump performance in humans. J Appl Physiol 1999;87:2090–2096.
58. Leighton JR A simple objective and reliable measure of flexibility. Res Q 1942;13:205–216.
59. Liebesman J, Cafarelli E. Physiology of range of motion in human joints: a critical review. Crit Rev Phys Rehabil Med 1994;6:131–160.
60. Liemohn W, Haydu T, Phillips D. Questionable exercises. PCPFS Res Digest 1999;3(8):1–8.
61. Lin RM, Chang GL, Chang LT. Biomechanical properties of muscle-tendon unit under high-speed passive stretch. Clin Biomech 1999;14:412–417.
62. Lindsey R, Corbin C. Questionable exercises—some safer alternatives. J Phys Ed Rec Dance 1989;60(8):26–32.
63. Lubell A. Potentially dangerous exercises: are they harmful to all? Phys Sportsmed 1989;17(1):187–192.
64. Magnusson SP. Passive properties of human skeletal muscle during stretch maneuvers: a review. Scand J Med Sci Sports 1998;8:65–77.
65. Magnusson SP, Aagaard P, Nielson JJ. Passive energy return after repeated stretches of the hamstring muscle-tendon unit. Med Sci Sports Exerc 2000a;32:1160–1164.
66. Magnusson SP, Aagard P, Simonsen E, et al. A biomechanical evaluation of cyclic and static stretch in human skeletal muscle. Int J Sports Med 1998;19: 310–316.
67. Magnusson SP, Aagaard P, Simonsen EB, et al. Passive tensile stress and energy of the human hamstring muscles in vivo. Scand J Med Sci Sports 2000;10:351–359.
68. Magnusson SP, Simonsen EB, Aagaard P, et al. A mechanism for altered flexibility in human skeletal muscle. J Physiol 1996;487:291–298.
69. Magnusson SP, Simonsen EB, Aagaard P, et al. Biomechanical responses to repeated stretches in human hamstring muscle in vivo. Am J Sports Med 1996b;24: 622–628.
70. Magnusson SP, Simonsen EB, Aagaard P, et al. Determinants of musculoskeletal flexibility: viscoelastic properties, cross-sectional area, EMG and stretch tolerance. Scand J Med Sci Sports 1997;7:195–202.
71. Magnusson SP, Simonsen EB, Aagaard P, et al. Visocoelastic response to repeated static stretching in human skeletal muscle. Scand J Med Sci Sport 1995;5:342–347.
72. Martin SB, Jackson AW, Morrow JR, et al. The rationale for the sit and reach test revisited. Meas Phys Ed Exerc Sci 1998;2:85–92.
73. McHugh MP, Connolly DAJ, Eston RG, et al. The role of passive muscle stiffness in symptoms of exercise-induced muscle damage. Am J Sports Med 1999;27: 594–599.
74. McHugh MP, Kremenic IJ, Fox MB, et al. The role of mechanical and neural restrains to joint range of motion during passive stretch. Med Sci Sports Exerc 1998;30: 928–932.
75. McHugh MP, Magnusson SP, Gleim GW, et al. Viscoelastic stress relaxation in human skeletal muscle. Med Sci Sports Exerc 1992;24:1375–1382.
76. McNair PJ, Dombroski EW, Hewson DJ, et al. Stretching at the ankle joint: viscoelastic responses to holds and continuous passive motion. Med Sci Sports Exerc 2000; 33:354–358.
77. Medeiros JM, Smidt GL, Burmeister LF, et al. The influence of isometric exercise and passive stretch on hip joint motion. Phys Ther 1977;57:518–523.
78. Nelson AG, Guillory IK, Cornwell A, et al. Inhibition of maximal voluntary isokinetic torque production following stretching is velocity specific. J Strength Cond Res 2001;15:241–246.
79. Nelson AG, Kokkonen J. Acute ballistic muscle stretching inhibits maximal strength performance. Res Q Exerc Sport 2001;72:415–419.
80. Noonan TJ, Best TM, Seaber AV, et al. Thermal effects on skeletal muscle tensile behavior. Am J Sports Med 1993;21:517–522.
81. Norkin CC, White DJ. Measurement of Joint Motion: A Guide to Goniometry. 3rd ed. Philadelphia: Davis, 2003.
82. Plowman SA. Physical activity, physical fitness, and low-back pain. Exerc Sport Sci Rev 1992;20:221–242.
83. Pope RP, Herbert RD, Kirwan JD. Effects of flexibility and stretching on injury risk in army recruits. Aust J Physiother 1998;44:165–172.
84. Pope RP, Herbert RD, Kirwan JD, et al. A randomized trial of preexercise stretching for prevention of lower-limb injury. Med Sci Sports Exerc 2000;32:271–277.
85. Russek LN. Hypermobility syndrome. Phys Ther 1999; 79:591–599.
86. Safran MR, Garrett WE, Seaber AV, et al. The role of warm-up in muscular injury prevention. Am J Sports Med 1988;16:123–129.
87. Safran MR, Seaber A, Garrett, WE Warm-up and muscular injury prevention: an update. Sports Med 1989;8: 239–249.

88. Sapega AA, Quedenfeld TC, Moyer R, et al. Biophysical factors in range-of-motion exercise. Phys Sportsmed 1981;12(9):57–65.
89. Shellock FG, Prentice WE. Warming-up and stretching for improved physical performance and prevention of sports-related injuries. Sports Med 1985;2:267–278.
90. Shephard RJ, Berrirdge M, Montelpare W. ON the generality of the "sit and reach" test: an analysis of flexibility data for an aging population. Res Q Exerc Sport 1990; 61:326–330.
91. Strickler T, Malone T, Garrett WE. The effects of passive warming on muscle injury. Am J Sports Med 1990;18: 141–145.
92. Suni JH, Miilunpalo SI, Asikainen A, et al. Safety and feasibility of a health-related fitness test battery for adults. Phys Ther 1998;78:134–148.
93. Surburg PR. Flexibility exercise re-examined. Athl Train 1983; 18:37–40.
94. Taylor DC, Brooks DE, Ryan JB. Viscoelastic characteristics of muscle: passive stretching versus muscular contractions. Med Sci Sports Exerc 1997;29:1619–1624.
95. Taylor DC, Dalton JD, Seaber AV, et al. Visoelastic properties of muscle-tendon units. Am J Sports Med 1990; 18:300–309.
96. Vujnovich AL, Dawson NJ. The effect of therapeutic muscle stretch on neural processing. J Orthop Sports Phys Ther 1994;20:145–153.
97. Walshe AD, Wilson GJ, Murphy AJ. The validity and reliability of a test of lower body musculotendinous stiffness. Eur J Appl Physiol 1996;73:332–339.
98. Weldon SM, Hill RH. The efficacy of stretching for prevention of exercise-related injury: a systematic review of the literature. Manual Ther 2003;8:141–150.
99. Wessel J. Wan A. Effect of stretching on the intensity of delayed-onset muscle soreness. Clin J Sports Med 1994; 4:83–87.
100. Wilson GJ, Elliott BC, Wood GA. Stretch shorten cycle performance enhancement through flexibility training. Med Sci Sports Exerc 1992;24:116–123.
101. Wilson GJ, Wood GA, Elliott BC. Optimal stiffness of series elastic component in a stretch-shorten cycle activity. J Appl Physiol 1991;70:825–833.
102. Wilson GJ, Wood GA, Elliott BC. The relationship between stiffness of the musculature and static flexibility: an alternative explanation for the occurrence of muscular injury. Int J Sports Med 1991;12:403–407.
103. Witvrouw E, Danneels L, Asselman P, et al. Muscle flexibility as a risk factor for developing muscle injuries in male professional soccer players: a prospective study. Am J Sports Med 2003;31:41–46.
104. Young W, Elliot S. Acute effects of static stretching, proprioceptive neuromuscular facilitation stretching, and maximum voluntary contractions on explosive force production and jumping performance. Res Q Exerc Sport 2001;72:273–279.

CAPÍTULO

10

Exercícios de força: técnicas e auxílio

JOHN F. GRAHAM

Introdução

Este capítulo fornece uma descrição dos benefícios e dos aspectos fisiológicos, da segurança, dos equipamentos e das técnicas de treinamento de força. Também inclui descrições detalhadas de 22 exercícios com pesos livres, oito exercícios de treinamento de força em equipamentos e três exercícios para o tronco nas seguintes categorias: exercícios de potência (explosivos) para todo o corpo, poliarticulares para a região inferior do corpo, monoarticulares para a região inferior do corpo, poliarticulares para a região superior do corpo e monoarticulares para a região superior do corpo. Os exercícios para todo o corpo enfatizam a imposição de cargas à coluna direta ou indiretamente, de maneira explosiva. Os exercícios poliarticulares envolvem duas ou mais articulações que alteram seus ângulos durante o movimento de uma repetição. Os exercícios monoarticulares envolvem somente uma articulação que altera seu ângulo durante a execução de uma repetição. Cada exercício descrito neste capítulo é acompanhado de uma explicação detalhada do tipo de exercício, dos músculos utilizados, do alinhamento do corpo e dos membros, dos movimentos ascendente e descendente, dos pontos de segurança e das variações da técnica.

BENEFÍCIOS DO TREINAMENTO DE FORÇA

Os músculos adaptam-se ao treinamento de força crescendo e se desenvolvendo. Esse processo, chamado **hipertrofia** (3), envolve um aumento na área de secção transversa das fibras musculares, e não a divisão do músculo em novas fibras musculares, o que se chama **hiperplasia**. Tem-se demonstrado que a hipertrofia ocorre como resultado de um aumento da espessura e do número de miofibrilas (8). Acredita-se que este seja o mecanismo determinante do crescimento muscular. Diversos fatores geralmente são responsáveis pela hipertrofia muscular:

- **Sobrecarga.** A resistência deve ser maior do que o nível de adaptação muscular prévio.
- **Recrutamento muscular.** O número máximo de fibras musculares deve ser recrutado.
- **Ingesta de energia.** Uma quantidade adequada de carboidrato e proteína deve ser ingerida (3).

O treinamento de força pode aumentar as forças musculares absoluta e relativa (4,8). A **força muscular absoluta** é a força que um indivíduo pode desenvolver independentemente da sua massa corporal. A **força muscular relativa** é definida pela força muscular absoluta dividida pela massa corporal em quilogramas. Aumentos do músculo e da força explosiva estão geralmente vinculados a adaptações inter- e intramusculares e à hipertrofia muscular. O termo **adaptação intermuscular** refere-se à execução adequada da técnica de exercício, para exercícios realizados em velocidades tanto lentas como explosivas. À medida que um indivíduo adquire a técnica de exercício apropriada, menos energia é necessária para realizar o exercício; assim, a resistência utilizada pode ser aumentada. A **adaptação intramuscular** refere-se a quantas unidades motoras são recrutadas durante o esforço, à rapidez com que são recrutadas e à interferência ou não das unidades motoras antagonistas interferem no movimento (4). Realizando um treinamento de força, os indivíduos podem esperar o recrutamento de um número aumentado de unidades motoras a uma velocidade acelerada, juntamente com uma inibição aumentada do(s) músculo(s) agonista(s). À medida que um músculo aumenta sua área de secção transversa (hipertrofia), ele desenvolve mais força e potência do que os músculos com uma área de secção transversa menor.

Aumentos de força do treinamento de força são devidos a adaptações hipertróficas e neurológicas.

Outros benefícios do treinamento de força incluem melhoras na densidade corporal e na utilização e no estoque de energia. A falta de atividades que envolvam a sustentação do peso corporal com a idade tem sido freqüentemente relacionada à **osteopenia** (redução da massa mineral óssea a um desvio padrão abaixo dos níveis de um jovem normal) e à **osteoporose** (redução da massa mineral óssea a mais de 2,5 desvios padrão abaixo dos níveis de um jovem normal). Conforme discutido no Capítulo 4, o osso adapta-se ao treinamento de força aumentando a mineralização em determinada região do osso para aumentar sua força e sua habilidade de manejar o estresse resultante do treinamento de força (7). Isso pode ser realizado por meio de exercícios que utilizem cargas maiores que 75% de 3 RMs de um indivíduo (o peso máximo que um indivíduo pode utilizar para três repetições) e que envolvam a sustentação do peso corporal (exercícios poliarticulares de cadeia cinética fechada, tais como pressões de perna, agachamentos e levantamentos-terra com os joelhos estendidos). Se o treinamento de força incluir cargas leves a moderadas (40 a 60% de 1 RM), repetições mais altas (12 a 25) e períodos de repouso mais curtos (30 a 60 s), podem ser esperados aumentos moderados de 5% no $\dot{V}O_2$ (consumo de oxigênio) (2). Com o treinamento de força, os indivíduos utilizarão e estocarão energia de forma mais eficiente. Isso resultará na capacidade do músculo de treinar com resistências mais altas e por períodos de tempo mais longos. O treinamento de força realizado com boa técnica e total amplitude de movimento (AM) pode aumentar a flexibilidade muscular e reduzir a probabilidade de lesões (2).

Os efeitos de um programa de treinamento de força dependem de variáveis de treinamento tais como repetições, intensidades e períodos de repouso.

Embora não seja surpresa que os homens são normalmente mais fortes do que as mulheres, as diferenças na força muscular não estão vinculadas à qualidade do tecido muscular ou à sua capacidade de produzir força ou potência, uma vez que, nesses aspectos, não há diferença entre gêneros. No entanto, uma diferença significativa existe de fato na quantidade média de tecido muscular no homem (40%) *versus* na mulher (23%), a qual é largamente responsável pela vantagem masculina em força. É essa diferença que também ajuda a explicar por que as mulheres são normalmente 43 a 63% mais fracas na força da região superior do corpo e 25 a 30% mais fracas na força da região inferior do corpo (2). Os programas de condicionamento para homens e mulheres atletas para o mesmo esporte devem ser essencialmente iguais, já que as demandas fisiológicas do esporte são as mesmas.

Os homens geralmente têm uma força absoluta maior do que a das mulheres, mas homens e mulheres são muito similares em força relativa.

O **sobretreinamento** caracteriza-se por um declínio do desempenho ao longo do tempo. Isso ocorre quando ao corpo de um indivíduo não é dado tempo suficiente para recuperar-se do treinamento antes da próxima sessão de treinamento (2). Os sintomas de sobretreinamento incluem mas não se limitam a estes:

- Um aumento da freqüência cardíaca matinal em repouso
- Um decréscimo não-intencional da massa corporal total
- Incapacidade de realizar os exercícios em uma sessão de treinamento no mesmo nível de força, potência ou resistência alcançado anteriormente
- Um aumento da dor muscular de uma sessão de treinamento para a próxima
- Dor e rigidez musculares extremas no dia seguinte a uma sessão de treinamento
- Uma diminuição do apetite

Uma vez que um indivíduo fica sobretreinado – isto é, exibindo dois ou mais dos sinais de alerta listados acima –, a freqüência, a intensidade e a duração da atividade devem ser reduzidas até que os sintomas desapareçam. Obviamente, é mais efetivo prevenir o sobretreinamento do que se recuperar dele. As orientações para prevenir o sobretreinamento incluem aumentar a intensidade e a duração do treinamento gradualmente (< 5%), utilizar treinamento periodizado (ciclagem gradual de especificidade, intensidade e volume de treinamento para atingir níveis máximos de desempenho e/ou aptidão física em um tempo determinado), seguir uma boa orientação nutricional e dedicar um tempo adequado para dormir e recuperar-se. O risco de sobretreinamento pode ser aumentado no treinamento de atletas poliesportivos (ver adiante o estudo de caso).

> *O planejamento adequado utilizando um programa de treinamento de força periodizado ajudará a prevenir o sobretreinamento.*

APLICAÇÃO NA REALIDADE

Treinamento de homens e mulheres atletas para o mesmo esporte

Foi-lhe solicitado avaliar os programas de condicionamento dos meninos e das meninas das equipes de basquetebol da sua escola de ensino médio. Pediram que você fizesse recomendações aos técnicos com relação a mudanças que poderiam considerar.

Observação: Após observar os programas de treinamento, você percebeu que a equipe das meninas utiliza apenas exercícios envolvendo o peso do próprio corpo, enquanto a equipe dos meninos está usando apenas equipamentos.

Recomendações: As equipes masculina e feminina não devem utilizar programas separados, uma vez que estão treinando para o mesmo esporte. Recomenda-se que ambas utilizem exercícios com pesos livres que foquem a potência da região inferior do corpo. Devem-se utilizar equipamentos para treinar as áreas de fraqueza ou desequilíbrio muscular.

SEGURANÇA

Os equipamentos e as instalações de treinamento podem oferecer um ambiente seguro para o exercício contanto que sejam seguidas orientações básicas de segurança.

Auxílio

Provavelmente o aspecto mais crucial do treinamento seguro, uma vez inspecionados as instalações e os equipamentos utilizados, é o uso de um auxiliar ou auxiliares, particularmente em exercícios com pesos livres. Um **auxiliar** é um indivíduo instruído que ajuda na execução adequada de um exercício (5). Ele é responsável por garantir que o praticante complete todas as repetições com uma boa técnica, auxiliá-lo na realização de uma repetição quando necessário, e solicitar ajuda quando necessário (5). Essa responsabilidade deve ser levada muito a sério, já que uma falha nessas tarefas pode resultar em uma lesão séria, não apenas em quem está executando o exercício, mas também no auxiliar. Os exercícios que envolvem o uso de pesos livres, sejam acima da cabeça (desenvolvimento com barra em pé), com a barra apoiada nas costas (passada à frente ou agachamento dorsal), colocada no *rack* na frente da parte superior dos ombros (agachamento frontal) ou acima do rosto (supino ou rosca tríceps deitado) exigirão o uso de um ou mais auxiliares experimentados na tarefa de auxiliar com segurança, uma vez que essas manobras são as mais potencialmente perigosas para o atleta. Exercícios de potência e exercícios que envolvam a elevação da barra ou dos halteres lateralmente ou em frente ao corpo, abaixo da linha dos ombros, geralmente não requerem um auxiliar.

> *Nas barras, a carga deve ser igualmente distribuída dos dois lados, e as anilhas, fixadas com presilhas.*

Exercícios acima da cabeça e com a barra na frente ou atrás dos ombros devem ser executados dentro de um *rack* para levantamento, com as barras de segurança colocadas em uma altura adequada. Os indivíduos que não

Pergunta e resposta da área

Você percebe que um atleta do seu programa parece fatigado. Que perguntas você poderia fazer-lhe? Que possíveis causas da fadiga devem ser consideradas?

Quanto tempo ele tem dormido? Quais são os seus hábitos alimentares? Ele está tendo um período de recuperação suficiente entre as sessões de treinamento? Seus exercícios são variados o bastante? Você deve considerar o sobretreinamento, o uso de drogas, doença, problemas fisiológicos e estresses emocionais normais como possíveis causas.

estiverem auxiliando ou executando o exercício devem permanecer a uma distância segura do *rack*. Considerando que as cargas utilizadas nesses exercícios podem ser bastante elevadas, o ideal é que os auxiliares se aproximem em força e altura dos praticantes. Todas as barras, as presilhas, as anilhas e os suportes de anilhas devem ficar fora da área que circunda o *rack* de levantamento. Devem-se utilizar presilhas independentemente do nível da carga que está sendo utilizada, a fim de evitar que as anilhas deslizem para fora da barra. Para máxima segurança, três auxiliares (um logo atrás do praticante e um de cada lado da barra) devem estar presentes. Todos os três devem auxiliar na remoção da carga do *rack* e na sua recolocação ao final das repetições.

Para exercícios executados acima do rosto, o auxiliar deve segurar a barra com uma empunhadura alternada dentro do espaço de empunhadura do praticante para garantir que a barra não se solte das mãos deste e caia no seu rosto, no seu pescoço ou no seu peito. No caso de um exercício em que a empunhadura do atleta seja média, o auxiliar deve agarrar a barra imediatamente fora do espaço de empunhadura do atleta. Os auxiliares devem estar cientes do alinhamento corporal (costas eretas, pés afastados na largura dos ombros em uma base sólida e uma posição com os joelhos flexionados), já que podem ser chamados rapidamente a socorrer o praticante segurando a barra ou ajudando-o a levantar a carga. Os exercícios com halteres podem apresentar um desafio diferente ao auxiliar, uma vez que requerem mais habilidade para auxiliar nos exercícios. Para a segurança do praticante, é importante que os auxiliares posicionem-se o mais próximo possível dos halteres e aproximem suas mãos dos punhos do praticante, de forma que possam ampará-lo rapidamente se os seus cotovelos não suportarem a carga e perderem força, evitando, assim, que os halteres caiam para dentro em direção ao peito ou ao rosto do praticante. Para exercícios em que se utilize um haltere, tais como rosca tríceps acima da cabeça sentado ou *pullover* com haltere deitado, é importante posicionar as mãos diretamente no haltere ou ligeiramente abaixo dele.

Ao selecionar o número de auxiliares para um dado exercício, um atleta deve considerar a carga a ser levantada, a força física e a altura dos auxiliares, e o nível de experiência, tanto seu como dos auxiliares. Quanto mais pesada for a carga, maiores serão o risco e a gravidade de lesão para o praticante e o auxiliar, caso o praticante não consiga completar uma repetição e seja prestado um auxílio inadequado. Para a maioria dos exercícios que envolvem o levantamento de uma barra acima da cabeça ou uma barra no *rack* ou sobre os ombros com cargas mais pesadas, bem como para exercícios acima do rosto com cargas mais pesadas, um auxiliar-guia deve posicionar-se imediatamente atrás do levantador para coordenar os outros auxiliares situados de cada lado da barra. À medida que o número de auxiliares aumenta, também aumenta o potencial de erros de sincronização. Antes de cada levantamento, o praticante deve dizer ao(s) auxiliar(es) como a barra será levantada do *rack*, quantas repetições serão realizadas e como a barra será recolocada no *rack*. Isso assegura que o exercício possa ser executado com segurança e que os auxiliares não atrapalhem o exercício.

Exercícios que requerem potência explosiva não devem utilizar um auxiliar. O auxílio a esses praticantes coloca tanto o praticante como o auxiliar em risco aumentado de lesão. Aos praticantes que executam esses levantamentos explosivos deve ser ensinada a técnica adequada para falhar um levantamento. Para falhar um levantamento quando a barra está em frente ao corpo, a técnica adequada é o levantador empurrar a barra para a frente e soltá-la ao mesmo tempo em que move o corpo para trás. Para falhar um levantamento com a barra atrás do corpo, o levantador deve soltar a barra e saltar para a frente. Para a segurança não somente do praticante como também de outros praticantes na área ao redor, os exercícios de potência devem ser executados em uma plataforma de potência isolada de outros praticantes e equipamentos.

Vestimenta de exercício

O vestuário apropriado ao se exercitar com equipamentos de força é crucial por duas razões principais: segurança e protocolo. É importante vestir uma camiseta esportiva que cubra o peito, a região dorsal e os ombros para evitar perder o controle da barra em exercícios em que ela fica apoiada na parte superior dos ombros (p. ex., agachamentos dorsais). Sem uma camiseta que cubra essas áreas, a barra pode escorregar do corpo, colocando o praticante, os auxiliares e outros praticantes próximos em risco de lesão. Cobrir a região superior do corpo com uma camiseta também é importante em exercícios que requerem que o praticante deite-se em um banco, na posição pronada ou supinada. Não a cobrir fere o protocolo e pode também danificar o estofamento do equipamento.

O calçado também é importante no treinamento de força. Devem-se sempre utilizar tênis que ofereçam uma base sólida estável. Os calçados adequados garantirão que o praticante tenha uma base de levantamento estável, a qual é crucial para todo exercício explosivo para a região inferior do corpo e para agachamentos, levantamentos acima da cabeça ou levantamentos do solo. Sapatos também oferecem alguma proteção contra quedas de anilhas, barras e halteres. Sandálias e pés descalços nunca devem ser permitidos na área de treinamento de força, por motivos de segurança e higiene.

A segurança é extremamente importante em um programa de treinamento de força, e sempre devem ser tomadas as precauções adequadas.

TÉCNICA DE TREINAMENTO DE FORÇA

Em termos de maximização de benefícios, todo exercício de força oferecerá seus próprios desafios. Muitos exercícios apresentam semelhanças e diferenças. Entender essas semelhanças e diferenças é essencial para a seleção apropriada de exercícios no planejamento de uma prescrição de treinamento de força. A execução adequada de um exercício de força envolve oito componentes básicos:

1. Objetivo da seleção do exercício
2. Alinhamento do equipamento
3. Alinhamento corporal
4. Estabilização corporal
5. Movimento corporal durante o exercício
6. Velocidade do movimento
7. Respiração
8. Iniciação e retorno do equipamento de exercício

Ao selecionar um exercício, é essencial assegurar que ele se ajuste ao objetivo do programa de treinamento de força. Por exemplo, os praticantes freqüentemente executam várias séries de exercícios para a região peitoral sem contrabalançá-los com um número adequado de exercícios para a região dorsal ou sem executar exercícios de perna. Não se pode aumentar ou reduzir de forma localizada uma dada região corporal (1). É essencial que os praticantes reconheçam a importância do equilíbrio em uma prescrição de exercícios de força. Você é apenas tão bom quanto seu ponto mais fraco.

Como regra geral, selecione exercícios que trabalhem grupos musculares antagonistas.

O alinhamento do equipamento significa ajustá-lo de forma que o exercício possa ser executado com segurança e máximo benefício. Deve-se selecionar a resistência apropriada para um exercício em equipamento, a barra deve ter cargas iguais de cada lado, ou devem-se escolher halteres de pesos idênticos. As presilhas devem ser firmemente fixadas em cada lado da barra para que os pesos não deslizem ou caiam da barra, fazendo com que ela incline. Os ganchos para os exercícios com barra nos quais esta é apoiada nos ombros devem ser colocados de 7,5 a 10 cm abaixo do nível dos ombros, de forma que o praticante possa descer até embaixo da barra para removê-la do *rack* e iniciar a série, e depois recolocá-la no *rack* acima dos ganchos antes de deslizá-la de volta baixando-a nos ganchos na finalização da série. As barras de segurança no *rack* para levantamento devem ser posicionadas um pouco abaixo da AM final nos exercícios de agachamento ou de potência executados dentro do *rack*. Os CAMs, os cintos e os comprimentos de braços e pernas nos equipamentos devem ser ajustados para a AM segura ótima do praticante.

No posicionamento do corpo durante o treinamento de força, o esqueleto axial e suas fixações imediatas são da mais alta prioridade (1). Isso significa que se deve continuamente dar especial atenção ao posicionamento da pelve, da coluna vertebral e da cintura escapular antes e durante qualquer exercício de força. A coluna vertebral está na sua posição mais estável e, portanto, mais forte quando ela e a pelve estão em posições neutras, com uma cifose torácica e uma lordose lombar leves. Para colocar o tronco em uma posição ideal para o treinamento de força, o atleta deve puxar as escápulas para trás e levemente para baixo, elevar o esterno ligeiramente para fora e para cima, e puxar o queixo levemente para trás e para baixo, criando ou mantendo o arco natural nas regiões torácica e lombar da coluna vertebral (1). Uma vez posicionado corretamente o corpo, o posicionamento das mãos é importante. As duas principais posições de empunhadura são a **empunhadura pronada** (palmas para baixo e articulações dos dedos para cima) e a **empunhadura supinada** (palmas para cima e articulações para baixo). Uma variação dessas empunhaduras é a **empunhadura neutra** (articulações apontadas lateralmente). Outra é a **empunhadura alternada** (uma mão supinada e a outra pronada). Ao executar exercícios que requeiram uma empunhadura mais forte (levantamentos olímpicos), utiliza-se uma **empunhadura em gancho** (os dedos indicador e médio encobrindo o polegar, que é posicionado contra a barra primeiro, e os dedos anelar e mínimo segurando a barra frouxamente), planejada para adicionar pelo menos 10% a qualquer movimento de puxada (6). Junto com a empunhadura, também a sua largura deve ser considerada. As três larguras são a **comum** (a largura dos ombros), a **ampla** (maior que a largura dos ombros) e a **estreita** (menor que a largura dos ombros).

Antes de executar qualquer exercício, é importante saber a posição e a largura corretas da empunhadura.

Independentemente de o exercício ser executado utilizando-se uma barra, um haltere ou um equipamento, a estabilização do corpo é crucial. Uma posição estável possibilita ao executante manter o alinhamento corporal adequado durante um exercício, o que, por sua vez, garante que o estresse apropriado seja aplicado nos músculos e nas articulações pretendidos. Exercícios realizados na posição em pé requerem que os pés fiquem posicionados na largura dos ombros e seguramente em contato com o solo. Se o exercício for sentado, pronado (de barriga para baixo) ou supinado (de barriga para cima), a cabeça, os ombros (parte anterior ou posterior), o peito ou a região dorsal, a região lombar, e as nádegas ou a pelve devem estar em contato com o banco ou o equipamento. Os pés devem manter contato com o solo, a menos que a altura do equipamento não o permita ou requeira, ou se trate de um exercício de cadeia aberta para a região inferior do corpo.

O movimento do corpo durante um exercício não tem um padrão único. Embora os exercícios geralmente tenham uma AM máxima, a AM ideal dependerá de variações nos sistemas musculoesquelético, neurológico e biomecânico. Equipamentos de exercícios modernos são geralmente projetados com uma série de controles para ações musculares excêntricas e concêntricas. Adicionalmente, os *racks* para levantamento permitem ao executante controlar a AM em exercícios com barra, quando necessário, por questões de segurança, reabilitação de lesões ou técnica.

A velocidade do movimento nos exercícios depende do tipo de exercício que está sendo realizado. Com exceção de levantamentos de potência ou explosivos, os exercícios devem ser executados de forma lenta e controlada para aumentar a probabilidade de uma AM completa ser alcançada. A ação muscular excêntrica deve ser executada por um período de 4 s com uma retenção de 1 s na finalização, antes de iniciar o movimento concêntrico. O movimento concêntrico deve ser executado por 2 a 4 s, com uma retenção de 1 s na finalização, antes de iniciar a ação muscular excêntrica. Quando os exercícios são executados rapidamente, o momento aumenta, impactando negativamente no alinhamento e na estabilização corporais e no movimento.

Ao instruir os atletas sobre a respiração durante o treinamento de força, o mais importante a ser enfatizado é respirar em algum ponto durante cada repetição. A parte mais extenuante de uma repetição, normalmente quando a probabilidade de o levantador falhar é maior, é chamada **ponto crítico**, ou ponto de maior sobrecarga. Esse é o ponto da AM de qualquer articulação em que a vantagem mecânica do sistema de alavanca é a mais baixa. O ângulo exato do ponto crítico dependerá das propriedades mecânicas de uma articulação específica. Uma regra prática geral é que os atletas inspirem antes de iniciar um exercício ou na fase menos estressante da repetição e expirem ao passar pelo ponto crítico ou na fase mais estressante da repetição. Para exercícios mais avançados, que utilizem resistências mais pesadas, tais como aqueles que sobrecarregam a coluna vertebral e, portanto, impõem um estresse a ela, o uso da **manobra de Valsalva** (expiração contra a glote fechada, que, quando combinada com a contração dos músculos do abdome e do gradil costal, cria compartimentos rígidos de fluido na cavidade abdominal e de ar no tórax) pode ser necessário na manutenção do alinhamento e da sustentação vertebrais adequados (5). Essa manobra, no entanto, deve ser utilizada somente ao longo do ponto crítico de um levantamento. Prender a respiração por mais de 1 a 2 s ao se trabalhar contra uma resistência pode provocar tontura, desorientação, hipertensão excessiva e desmaio.

Como um aspecto final da técnica de treinamento de força, é muito importante que os atletas reconheçam a importância do levantamento adequado de uma carga no início de uma série e do retorno dessa carga à sua posição inicial na finalização da série. Ao usar uma barra com um *rack* de levantamento ou um banco para executar exercícios que requeiram a sobrecarga da coluna vertebral ou exercícios acima da cabeça ou do rosto, o atleta deve contar com pelo menos um auxiliar para guiá-lo na remoção da carga da sua posição inicial e depois no seu retorno na finalização da série, para assegurar que a barra seja removida e recolocada com segurança. Para a segurança do atleta e de outros que estejam na área próxima, bem como para a manutenção dos equipamentos, o exercício deve ser iniciado com a carga sendo levantada da sua posição de repouso e retornada à sua posição inicial lentamente.

Exercícios de treinamento de força

Exercícios de potência

"Metida ao peito"*
Arranque
Arremesso desenvolvido com barra

Exercícios para quadris/coxas

Agachamento dorsal
Agachamento frontal
Levantamento-terra
Passada à frente com barra
Levantamento-terra com os joelhos estendidos (ou "peso morto")
Pressão de pernas 45°
Extensão dos joelhos
Flexão dos joelhos
Flexão plantar em pé

Exercícios para o peitoral

Supino reto com halteres
Supino reto com barra
Supino inclinado com halteres
Supino inclinado com barra
Crucifixo com halteres

Exercícios para a região dorsal

Serrote com haltere
Puxada pela frente
Remada sentado

Exercícios para os ombros

Desenvolvimento sentado com halteres
Desenvolvimento em equipamento
Remada vertical com barra
Crucifixo dorsal

Exercícios para os tríceps

Rosca tríceps deitado
Rosca tríceps

Exercícios para os bíceps

Rosca bíceps com barra
Rosca bíceps alternada com halteres sentado

Exercícios para os antebraços

Rosca punho direta
Rosca punho invertida

Exercícios abdominais e para a região lombar

Abdominal parcial
Extensão lombar

* N. de R. T.: Em inglês, *Power clean.*

EXERCÍCIOS DE POTÊNCIA

"Metida ao peito"

Tipo de exercício

Exercício de potência (explosivo) para todo o corpo

Músculos envolvidos

Glúteo máximo, isquiotibiais (semimembranoso, semitendinoso, bíceps femoral), quadríceps (vasto lateral, vasto intermédio, vasto medial, reto femoral), sóleo, gastrocnêmio, trapézio e deltóide (partes clavicular, acromial e espinal).

Posição inicial

Use uma barra-padrão. A posição de levantamento é idêntica à do arranque, exceto pela posição das mãos. Os pés ficam afastados a uma distância entre a largura dos quadris e a dos ombros, e apontados para a frente ou ligeiramente para fora. Agache e agarre a barra com as mãos pronadas na largura dos ombros ou um pouco mais ampla, usando uma empunhadura fechada ou em gancho. Os braços ficam do lado de fora dos joelhos; os cotovelos, estendidos e apontados para fora. Posicione-se em pé de forma que a barra fique acima da parte central do dorso dos pés e próxima das pernas. As costas ficam rígidas e eretas ou levemente arqueadas. A cabeça fica reta ou ligeiramente hiperestendida. O peito fica reto e para fora. As escápulas devem ficar retraídas. O trapézio e a região dorsal devem ficar relaxados e levemente alongados. Com os calcanhares sempre em contato com o solo, o peso do corpo deve ficar equilibrado na parte central dos pés. Os ombros ficam ligeiramente à frente ou acima da barra (Fig. 10.1A,B).

Movimento ascendente: primeira puxada

Inicie a "metida ao peito" inspirando profundamente e prendendo a respiração. Levante a barra do solo mediante uma vigorosa extensão dos quadris e joelhos. Mantenha uma posição constante do tronco em relação ao solo, do começo ao fim da primeira puxada. Em outras palavras, certifique-se de que os quadris não se elevem mais rápido ou antes que os ombros e mantenha as costas eretas ou levemente arqueadas. A cabeça deve permanecer em uma posição neutra em relação à coluna vertebral. Os ombros devem permanecer ligeiramente adiante ou acima da barra. Os cotovelos ainda devem estar totalmente estendidos. Durante a primeira puxada, mantenha a barra o mais próximo possível das pernas. Continue a prender a respiração (Fig. 10.1C,D).

"Metida ao peito" (*continuação*)

FIGURA 10.1 "Metida ao peito". **A.** Posição inicial, vista frontal. **B.** Posição inicial, vista lateral. **C.** Primeira puxada, vista frontal. **D.** Primeira puxada, vista lateral. **E.** Agarre, vista frontal. **F.** Agarre, vista lateral.

(continua)

"Metida ao peito" (*continuação*)

Movimento ascendente: transição

Empurre explosivamente os quadris à frente e flexione um pouco mais os joelhos para permitir que eles se movam sob a barra e que as coxas se movam contra ela. À medida que a flexão dos joelhos aumenta, transfira o peso do corpo para a metade dianteira dos pés, mantendo ainda os calcanhares em contato com o solo. As costas devem permanecer levemente arqueadas ou eretas; os ombros, acima ou adiante da barra; e a cabeça, alinhada com a coluna vertebral. Mantenha os cotovelos totalmente estendidos e apontados para fora. Continue prendendo a respiração inicial. Ao final da transição, o corpo deve ficar posicionado para o início da segunda puxada.

Movimento ascendente: segunda puxada (fase de potência)

Com a barra tocando o corpo entre os joelhos e o meio das coxas, inicie a segunda puxada estendendo explosivamente os quadris, joelhos e tornozelos. Mantenha os ombros acima da barra. Mantenha os cotovelos estendidos o maior tempo possível, enquanto os quadris, joelhos e tornozelos são também estendidos. Simultaneamente, estenda completamente as articulações dos membros inferiores e, rapidamente, contraia os ombros para cima. Os cotovelos devem continuar estendidos e apontados para fora durante o movimento de contração dos ombros. Com os ombros bem elevados, flexione rapidamente os cotovelos para começar a tracionar o corpo sob a barra. Com os cotovelos movendo-se lateralmente para cima e para baixo, puxe mantendo os braços o mais alto possível. A potente aceleração para cima da segunda puxada resultará no tronco e no pescoço eretos. Os pés deixarão o solo.

Movimento ascendente: agarre

Depois de a parte inferior do corpo ficar totalmente estendida e a barra ter alcançado uma altura próxima da máxima, tracione o corpo sob a barra rotando os braços e as mãos ao redor e abaixo dela. Rapidamente, flexione os joelhos e os quadris até uma posição de meio-agachamento. Os pés devem retornar ao solo apontando para a frente ou ligeiramente para fora a uma largura um pouco mais ampla do que a da posição inicial. A barra deve ser sustentada nas clavículas e na parte clavicular do deltóide, com a cabeça voltada à frente; o pescoço neutro; os pés planos no solo, apontados para a frente ou ligeiramente para fora; o peso do corpo transferido para a metade dianteira dos pés, com os calcanhares em contato com o solo; os joelhos e os quadris flexionados até uma posição de meio-agachamento, para absorver o impacto do peso; as costas eretas; os braços paralelos ao solo; os cotovelos totalmente flexionados; e os punhos estendidos. A barra é sustentada com o tronco quase totalmente ereto e os ombros ligeiramente adiante das nádegas. A posição é semelhante à posição intermediária do agachamento frontal, permitindo que a barra fique diretamente acima do centro de gravidade do corpo. Contudo, se o tronco estiver ereto demais, o torque da barra comprimirá os ombros para trás e, possivelmente, hiperestenderá a região lombar, resultando em um risco potencial de lesão. Sustentada a barra e estabelecidos o controle e o equilíbrio, finalize o agarre colocando-se em pé até uma posição completamente ereta. Expire e volte a respirar normalmente (Fig. 10.1E,F).

Movimento descendente

A menos que cargas máximas ou próximas da máxima sejam utilizadas, a barra deve ser retornada ao solo de forma controlada. Abaixe a barra em dois movimentos separados. Com as costas eretas, flexione lentamente os quadris e os joelhos, e abaixe a barra até as coxas, mantendo-a próxima ao corpo. Continue mantendo as costas eretas e flexionando os quadris e os joelhos à medida que a barra é abaixada até o solo. Mantenha a barra próxima às coxas e às pernas durante a descida. Deve-se evitar descer ou soltar rapidamente a barra com qualquer resistência abaixo ou próxima do nível máximo. Uma vez atingido o solo, reposicione a barra e o corpo para a próxima repetição. Ao utilizar cargas submáximas, a barra deve ser abaixada até o solo sem relaxar ou liberar a tensão: encoste as anilhas no solo e, imediatamente após (sem uma pausa, uma vez que o corpo está na posição inicial correta), levante explosivamente a barra para a próxima repetição.

Arranque

Tipo de exercício

Exercício de potência (explosivo) para todo o corpo

Músculos envolvidos

Glúteo máximo, isquiotibiais (semimembranoso, semitendinoso, bíceps femoral), quadríceps (vasto lateral, vasto intermédio, vasto medial, reto femoral), sóleo, gastrocnêmio, trapézio (parte descendente), deltóide (partes clavicular, acromial e espinal) e tríceps braquial.

Posição inicial

Use uma barra-padrão. A posição de levantamento é idêntica à da "metida ao peito", exceto pela posição das mãos. Os pés ficam afastados a uma distância entre a largura dos quadris e a dos ombros, e apontados para a frente ou ligeiramente para fora. Agache e agarre a barra com uma empunhadura mais ampla do que a largura dos ombros [meça a distância a partir da extremidade das articulações dos dedos da mão fechada de um braço estendido lateralmente e paralelo ao solo, pela parte posterior do braço/região dorsal, até a extremidade externa do ombro oposto (acrômio)], com as mãos pronadas e uma empunhadura fechada ou em gancho. Os braços ficam do lado de fora dos joelhos; os cotovelos, estendidos e apontados para fora. Posicione-se em pé de forma que a barra fique acima do centro do pé e próxima das pernas. As costas ficam rígidas e eretas ou levemente arqueadas; o pescoço, reto ou ligeiramente hiperestendido; o peito para fora; e as escápulas retraídas. O trapézio e a região dorsal devem ficar relaxados e levemente alongados. Com os calcanhares sempre em contato com o solo, o peso do corpo deve ficar equilibrado entre as articulações dos dedos do pé e o centro do pé. Os ombros ficam ligeiramente à frente ou acima da barra (Fig. 10.2A,B).

Movimento ascendente: primeira puxada

Inicie o arranque inspirando profundamente e prendendo a respiração. Levante a barra do solo mediante uma vigorosa extensão dos quadris, joelhos e tornozelos. Mantenha uma posição constante do tronco em relação ao solo, do começo ao fim da primeira puxada. Certifique-se de que os quadris não se elevem mais rápido ou antes que os ombros e mantenha as costas eretas ou levemente arqueadas. A cabeça deve permanecer em uma posição neutra em relação à coluna vertebral. Os ombros devem permanecer ligeiramente adiante ou acima da barra. Os cotovelos ainda devem estar totalmente estendidos. Durante a primeira puxada, mantenha a barra o mais próximo possível das pernas. Continue a prender a respiração (Fig. 10.2C,D).

Movimento ascendente: transição

Empurre de forma explosiva os quadris à frente e flexione um pouco mais os joelhos para permitir que eles se movam sob a barra e que as coxas se movam contra ela. À medida que a flexão dos joelhos aumenta, transfira o peso do corpo para a metade dianteira dos pés, mantendo ainda os calcanhares em contato com o solo. As costas devem permanecer levemente arqueadas ou eretas. Os ombros devem permanecer acima ou adiante da barra. A cabeça deve permanecer alinhada com a coluna vertebral. Mantenha os cotovelos totalmente estendidos e apontados lateralmente para fora. Ao final da transição, o corpo deve ficar posicionado para o início da segunda puxada.

Movimento ascendente: segunda puxada (fase de potência)

Com a barra tocando o corpo entre os joelhos e o meio das coxas, inicie a segunda puxada estendendo explosivamente os quadris, joelhos e tornozelos. Mantenha os ombros acima da barra. Mantenha os cotovelos estendidos o maior tempo possível, enquanto os quadris, joelhos e tornozelos são também estendidos. Simultaneamente, estenda completamente as articulações dos membros inferiores e, rapidamente, contraia os ombros para cima. Os cotovelos devem continuar estendidos e apontados para fora durante o movimento de contração dos ombros. Com os ombros bem elevados, flexione rapidamente os cotovelos para começar a deslocar o corpo sob a barra. O movimento da região superior do corpo assemelha-se ao de uma remada alta alongada com empunhadura ampla. Com os cotovelos movendo-se lateralmente para cima e para baixo, puxe a barra mantendo os braços o mais alto possível. A potente aceleração para cima da segunda puxada resultará no tronco e no pescoço eretos. Os pés deixarão o solo.

Movimento ascendente: agarre

Depois de a parte inferior do corpo ficar totalmente estendida e a barra ter alcançado uma altura próxima da máxima, desloque o corpo sob a bar-

(continua)

Arranque *(continuação)*

FIGURA 10.2 Arranque. **A.** Posição inicial, vista frontal. **B.** Posição inicial, vista lateral. **C.** Primeira puxada, vista frontal. **D.** Primeira puxada, vista lateral. **E.** Agarre, vista frontal. **F.** Agarre, vista lateral.

ra rotando os braços e as mãos ao redor e abaixo dela. Rapidamente, flexione os joelhos e os quadris até uma posição de meio agachamento. Os pés devem retornar ao solo apontando para a frente ou ligeiramente para fora a uma largura um pouco mais ampla do que a da posição inicial. Quando os braços atingem um ponto sob a barra, os cotovelos estendem rapidamente para empurrar a barra para

Arranque *(continuação)*

cima e o corpo para baixo sob a barra. A barra deve ser sustentada acima da cabeça, com os cotovelos totalmente estendidos, o tronco ereto/rígido, a cabeça em uma posição neutra em relação à coluna vertebral, os joelhos moderadamente flexionados, os pés planos no solo, o peso corporal sobre o centro de gravidade, e a barra ligeiramente atrás ou diretamente acima da cabeça. Sustentada a barra e estabelecidos o controle e o equilíbrio, finalize o agarre colocando-se em pé até uma posição totalmente ereta. Expire e retorne ao padrão de respiração normal (Fig. 10.2E,F).

Movimento descendente

Se forem utilizadas anilhas revestidas de borracha, a barra deve ser retornada mediante uma descida controlada à frente até o solo. O balanço da barra deve ser controlado com as mãos sobre a barra ou próximas dela. Todavia, a menos que cargas máximas ou próximas da máxima sejam utilizadas, a barra deve ser retornada ao solo de forma controlada. Abaixe a barra em dois movimentos separados. Com as costas eretas, flexione lentamente os quadris e os joelhos, reduzindo simultaneamente a tensão da musculatura da região superior do corpo, e abaixe a barra até as coxas, mantendo-a próxima ao corpo. Simultaneamente, flexione os joelhos e os quadris para amortecer o impacto da barra sobre as coxas. Continue mantendo as costas eretas e flexionando os quadris e os joelhos à medida que a barra é abaixada até o solo. Mantenha a barra próxima às coxas e às pernas durante a descida. Deve-se evitar descer ou soltar rapidamente a barra com qualquer resistência abaixo ou próxima do nível máximo. Uma vez atingido o solo, reposicione a barra e o corpo para a próxima repetição. Ao utilizar cargas submáximas, a barra deve ser abaixada até o solo sem relaxar ou liberar a tensão: encoste as anilhas no solo e, imediatamente após (sem uma pausa, uma vez que o corpo está na posição inicial correta), levante explosivamente a barra para a próxima repetição.

Arremesso desenvolvido com barra

Tipo de exercício

Exercício de potência (explosivo) para todo o corpo

Músculos envolvidos

Glúteo máximo, isquiotibiais (semimembranoso, semitendinoso, bíceps femoral), quadríceps (vasto lateral, vasto intermédio, vasto medial, reto femoral), sóleo, gastrocnêmio, eretores da coluna, trapézio e deltóide (partes clavicular, acromial e espinal).

Posição inicial

Posicione uma barra-padrão no nível do peito, em um *rack* para agachamento ou levantamento. Com uma empunhadura pronada fechada e ligeiramente mais ampla do que a largura dos ombros, levante a barra de seu suporte. Se estiver colocada em frente ao corpo, mantenha a cabeça levemente para trás com o queixo para dentro, e os ombros elevados com os cotovelos altos/à frente da barra. Se a barra estiver colocada atrás da cabeça, mantenha a cabeça em uma posição neutra ou levemente inclinada para frente. Assuma uma posição natural dos pés (calcanhares afastados na largura dos ombros e pés apontados ligeiramente para fora). Os pés devem ficar bem firmes na plataforma de treinamento, com o peso distribuído entre o calcanhar e o antepé. O tronco fica rígido e ereto (Fig. 10.3A,B).

Movimento ascendente

Mergulhe 15 a 20 cm (10% da estatura) flexionando os quadris e os joelhos, alcançando uma "posição de potência", com os pés totalmente em contato com a plataforma. Inverta imediatamente a direção com uma extensão explosiva dos quadris, joelhos e tornozelos; o peso pode ser transferido para o antepé. Saltando e empurrando explosivamente o bastante para estender completamente o corpo e levantar os pés da plataforma, finalize a impulsão para cima. Impulsione a barra acima da cabeça com uma ação potente de pernas (não pressionada com os ombros/braços) (Fig. 10.3C,D).

Movimento descendente

A menos que cargas máximas ou próximas da máxima sejam utilizadas, a barra deve ser descida até os ombros e então recolocada no *rack* (ou na plataforma) de forma controlada (deve-se evitar descê-la ou soltá-la rapidamente com uma resistência submáxima).

(continua)

Arremesso desenvolvido com barra *(continuação)*

FIGURA 10.3 Arremesso desenvolvido com barra. **A.** Posição inicial, vista frontal. **B.** Posição inicial, vista lateral. **C.** Movimento ascendente, vista frontal. **D.** Movimento ascendente, vista lateral.

Arremesso desenvolvido com barra *(continuação)*

*Variação no movimento ascendente: arremesso com uma perna à frente e a outra atrás**

O atleta explosivamente coloca uma perna à frente e a outra atrás quando a barra deixa o tronco e os pés elevam-se da plataforma. A chave é o posicionamento dinâmico do pé dianteiro a um ou dois pés de distância à frente dos quadris (com os pés totalmente em contato com a plataforma). As pernas ficam na vertical. O pé traseiro é posicionado à distância de dois a três pés atrás dos quadris; sustentado no antepé (calcanhar elevado da plataforma); e o joelho ligeiramente flexionado. Deve-se manter a posição dos pés na largura dos quadris para garantir uma base estável. O atleta impulsiona-se sob a barra, então estende e trava os cotovelos, e segura a barra acima da cabeça. A cabeça muda para a posição neutra; a barra é empunhada diretamente acima dos quadris, ombros e cotovelos. Nota: Uma vez dominados os mecanismos básicos do levantamento, essa posição de uma perna à frente e a outra atrás permite ao atleta receber a barra em uma posição acima da cabeça mais baixa. O atleta começa primeiro com a perna dianteira, trazendo-a para trás dos quadris. A perna traseira é trazida à frente dos quadris. A posição final (barra, cotovelos, ombros, quadris, joelhos e tornozelos) no mesmo plano vertical. Assuma uma posição natural dos pés (calcanhares afastados na largura dos ombros e pontas dos pés ligeiramente para fora). Os pés devem tocar firmemente a plataforma de treinamento, com o peso distribuído entre o calcanhar e o antepé. Os quadris e os joelhos ficam totalmente estendidos, e o tronco, rígido e ereto. Com os ombros elevados e os cotovelos totalmente estendidos e travados, a barra é sustentada acima da cabeça. A cabeça fica na posição neutra. Olhe sempre à frente e não para a barra acima. A barra fica sob controle.

* N. de R. T.: Relativo ao arremesso desenvolvido, dividido.

Segurança: técnica de como falhar

Se o atleta perder o controle da barra ou não conseguir completar uma repetição por qualquer motivo, ele deve sair rapidamente debaixo dela e deixá-la cair (sem tentar ampará-la na descida). Utilize o momento ascendente da barra para sair do caminho (o atleta é orientado a "manter sua empunhadura e repelir-se da barra enquanto ela cai"). Fique entre as anilhas (isso não significa que o atleta deva permanecer debaixo de uma barra em queda, mas sim que deve mover-se para trás ou para a frente – não para os lados – para escapar).

EXERCÍCIOS PARA OS QUADRIS/COXAS

Agachamento dorsal

Tipo de exercício

Poliarticular para a região inferior do corpo

Músculos envolvidos

Glúteo máximo, quadríceps (vasto lateral, vasto intermédio, vasto medial, reto femoral) e isquiotibiais (semimembranoso, semitendinoso, bíceps femoral).

Posição inicial

Posicione uma barra-padrão no nível do peito, em um *rack* para agachamento ou levantamento. Coloque-se sob a barra e posicione a base do pescoço/metade superior das costas, os quadris e os pés diretamente embaixo dela. Agarre-a com uma empunhadura pronada ligeiramente mais ampla do que a largura dos ombros. Coloque a barra de maneira equilibrada sobre a parte espinal do deltóide, na base do pescoço (posição alta da barra). Eleve os cotovelos para propiciar um local seguro para repousar a barra e evitar que ela escorregue até as costas durante a execução do levantamento. Para levantar a barra do *rack*, estenda os quadris e os joelhos e dê um passo para trás. Os pés ficam afastados entre a largura dos quadris e a dos ombros, e apontados para a frente ou ligeiramente para fora. O tronco deve permanecer ereto. Mantenha o peito para fora, os ombros para trás, a cabeça e o pescoço retos, e o olhar à frente. Antes de começar a descida inicial, inspire e prenda a respiração (Fig. 10.4A,B).

(continua)

Agachamento dorsal *(continuação)*

FIGURA 10.4 Agachamento dorsal. **A.** Posição inicial, vista frontal. **B.** Posição inicial, vista lateral. **C.** Movimento descendente, vista frontal. **D.** Movimento descendente, vista lateral.

Movimento descendente

Inicie o exercício flexionando lentamente os joelhos e os quadris. Desça com controle. Mantenha as costas eretas com uma posição alta dos cotovelos. Evite inclinar à frente ou arredondar a região dorsal durante a fase descendente. Olhe sempre à frente, com a cabeça ereta. O peso do corpo deve ficar sobre os calcanhares e a porção média dos pés. Ambos os calcanhares devem permanecer em contato com o solo durante toda a descida. Mantenha os joelhos acima ou ligeiramente à frente dos tornozelos. Não permita que os joelhos se movam à frente dos pés. Continue a descida até que a região posterior das coxas fique paralela ao solo, os calcanhares comecem a elevar-se do solo, ou o tronco comece a arredondar ou flexionar. A flexibilidade da região inferior do corpo determinará a profundidade da descida. Na posição inferior da descida, evite desestabilizar o corpo ou acelerar a descida antes de começar a subir. Continue prendendo a respiração do início da descida (Fig. 10.4C,D).

Movimento ascendente

Levante a barra vigorosa e controladamente estendendo os joelhos e os quadris. Mantenha as costas eretas. Não arredonde a região dorsal ou se incline à frente durante a subida. Os braços devem permanecer rígidos; a cabeça, ereta; e o olhar, à frente. Certifique-se de que as plantas dos pés estão firmemente em contato com o solo. Mantenha os quadris diretamente abaixo da barra. Evite que o peso do corpo desloque-se para as pontas dos pés. Mantenha os joelhos posicionados acima até ligeiramente à frente dos tornozelos. Continue a subida esten-

Agachamento dorsal *(continuação)*

Pergunta e resposta da área

Observando uma atleta no agachamento, você percebe que ela inclina demais o tronco à frente durante a descida. Além disso, ela apóia os calcanhares em blocos de madeira para elevá-los do solo. Que orientação você daria a essa atleta?

Essa atleta deve abaixar a posição da barra e procurar manter a cabeça erguida durante o levantamento. Ela também deve trabalhar a AM do gastrocnêmio para permitir que os calcanhares fiquem planos durante o levantamento.

dendo as articulações da região inferior do corpo em um ritmo consistente até alcançar a posição em pé inicial. Continue prendendo a respiração do início da descida até o meio da subida, depois expire e respire normalmente antes de iniciar a descida da repetição seguinte.

***Retorno da barra ao* rack**

Ao final da série, retorne a barra ao *rack* caminhando lentamente à frente e recolocando-a nos ganchos de suporte.

Variação: agachamento dorsal com a posição baixa da barra

Coloque a barra de forma equilibrada sobre a parte espinal do deltóide, no meio do trapézio. Agarre-a com uma empunhadura pronada fechada mais ampla do que a largura dos ombros. A empunhadura é geralmente mais ampla do que na posição alta da barra, para ajustar a posição mais baixa da barra.

Agachamento frontal

Tipo de exercício

Poliarticular para a região inferior do corpo

Músculos envolvidos

Glúteo máximo, quadríceps (vasto lateral, vasto intermédio, vasto medial, reto femoral) e isquiotibiais (semimembranoso, semitendinoso, bíceps femoral).

Posição inicial

Posicione uma barra-padrão no nível do peito, em um *rack* para agachamento ou levantamento. Agarre-a com uma empunhadura pronada ligeiramente mais ampla do que a largura dos ombros. Rote os braços de maneira que a barra possa ser colocada de forma equilibrada sobre a parte clavicular do deltóide/clavículas. As costas das mãos devem ficar levemente para fora dos ombros. Eleve os cotovelos à frente (os braços devem ficar paralelos ou o mais próximos possível ao solo) para aumentar a estabilidade da barra sobre os ombros. Os punhos devem ficar hiperestendidos, e os cotovelos, totalmente flexionados. Para levantar a barra do *rack*, estenda os quadris e os joelhos e dê um ou dois passos para trás. Os pés ficam afastados entre a largura dos quadris e a dos ombros, e apontados para a frente ou ligeiramente para fora. O tronco deve permanecer ereto. Mantenha o peito para fora, os ombros para trás, a cabeça e o pescoço retos, e o olhar à frente. Antes de começar a descida inicial, inspire (Fig. 10.5A,B).

(continua)

Agachamento frontal *(continuação)*

FIGURA 10.5 Agachamento frontal. **A.** Posição inicial, vista frontal. **B.** Posição inicial, vista lateral. **C.** Movimento descendente, vista frontal. **D.** Movimento descendente, vista lateral.

Movimento descendente

Inicie o exercício flexionando lentamente os joelhos e os quadris. Desça com controle. Mantenha as costas eretas com uma posição alta dos cotovelos. Evite inclinar à frente ou arredondar a região dorsal durante a fase descendente. Olhe sempre à frente, com a cabeça ereta. O peso do corpo deve ficar sobre os calcanhares e a porção média dos pés. Ambos os calcanhares devem permanecer em contato com o solo durante toda a descida. Mantenha os joelhos acima ou ligeiramente à frente dos tornozelos durante a descida. Não permita que os joelhos se movam à frente dos pés. Continue a descida até que a região posterior das coxas fique paralela ao solo, os calcanhares comecem a elevar-se do solo, ou o tronco comece a arredondar ou flexionar. A flexibilidade da região inferior do corpo determinará a profundidade da descida. Na posição inferior da descida, evite desestabilizar o corpo ou acelerar a descida antes de começar a subir (Fig. 10.5C,D).

Movimento ascendente

Levante a barra vigorosa e controladamente estendendo os joelhos e os quadris. Mantenha as costas eretas. Não arredonde a região dorsal ou se incline à frente durante a subida. Os braços devem permanecer rígidos; a cabeça, ereta; e o olhar, à frente. Certifique-se de que as plantas dos pés estejam firmemente em contato com o solo. Mantenha os quadris diretamente abaixo da barra. Evite que o peso do corpo desloque-se para as pontas dos pés.

Agachamento frontal *(continuação)*

Mantenha os joelhos posicionados acima até ligeiramente à frente dos tornozelos. Continue a subida estendendo as articulações da região inferior do corpo em um ritmo consistente até alcançar a posição em pé inicial. Continue prendendo a respiração do início da descida até o meio da subida, depois expire e respire normalmente antes de iniciar a descida da repetição seguinte.

Retorno da barra ao rack

Ao final da série, retorne a barra ao *rack* caminhando lentamente à frente e recolocando-a nos ganchos de suporte.

Variação: agachamento frontal com os braços cruzados

Flexione os cotovelos e cruze os antebraços em frente ao peito. Coloque a barra de forma equilibrada sobre a parte clavicular do deltóide, sem tocá-la. Após a barra ser corretamente posicionada, coloque as duas mãos no topo da barra e pressione com os dedos para manter essa posição. Essa é uma empunhadura aberta, uma vez que os polegares não conseguirão rodear a barra porque os ombros estão no caminho.

Levantamento-terra

Tipo de exercício

Poliarticular para a região inferior do corpo

Músculos envolvidos

Glúteo máximo, eretores da coluna, isquiotibiais (semimembranoso, semitendinoso, bíceps femoral), quadríceps (vasto lateral, vasto intermédio, vasto medial, reto femoral), trapézio, rombóides, deltóide e flexores dos dedos.

Posição inicial

Utilize uma barra-padrão. A posição de levantamento é idêntica à do arranque e da "metida ao peito", exceto pela posição das mãos. Os pés ficam afastados entre a largura dos quadris e a dos ombros, e apontados para a frente ou ligeiramente para fora. Agache e agarre a barra com uma empunhadura alternada [uma palma supinada (voltada para cima) e a outra pronada (voltada para baixo)], com as mãos a uma largura ligeiramente mais ampla do que a dos ombros. Os braços ficam do lado de fora dos joelhos; os cotovelos, estendidos e apontados para fora. Posicione-se em pé de forma que a barra fique acima do centro dos pés e próxima das pernas. As costas ficam rígidas e eretas ou levemente arqueadas; o pescoço, reto ou ligeiramente hiperestendido; o peito para fora; e as escápulas retraídas. O trapézio e a região dorsal devem ficar relaxados e levemente alongados. Com os calcanhares sempre em contato com o solo, o peso do corpo deve ficar equilibrado entre as articulações dos dedos e o centro dos pés. Os ombros ficam ligeiramente à frente ou acima da barra (Fig. 10.6A,B).

Movimento ascendente

Inicie o levantamento-terra estendendo os quadris e os joelhos, e mantendo um ângulo constante do tronco em relação ao solo. Com o peso do corpo transferido para o centro dos pés, certifique-se de que os quadris não se elevam mais rápido do que os ombros e mantenha as costas rígidas e eretas ou levemente arqueadas. Os ombros devem permanecer ligeiramente adiante ou acima da barra, e os cotovelos, totalmente estendidos. Mantenha a barra o mais próximo possível das pernas durante a subida e transfira o peso do corpo para os calcanhares. Assim que a barra alcançar os joelhos, transfira o peso do corpo para os metatarsos, mantendo os calcanhares no solo. As costas devem permanecer rígidas e eretas ou ligeiramente arqueadas; os ombros, ligeiramente adiante ou acima da barra; os cotovelos, totalmente estendidos; e o pescoço deve estar ereto ou levemente hiperestendido. Simultaneamente, continue a estender os quadris e os joelhos até o corpo alcançar uma posição do tronco completamente ereta. Os cotovelos devem permanecer totalmente estendidos, como duas barras de aço, durante toda a execução da subida. Durante a subida, deve-se prender a respiração até que a barra alcance os joelhos; depois expire e então respire normalmente (Fig. 10.6C,D).

(continua)

Levantamento-terra *(continuação)*

FIGURA 10.6 Levantamento-terra. **A.** Posição inicial, vista frontal. **B.** Posição inicial, vista lateral. **C.** Movimento ascendente, vista frontal. **D.** Movimento ascendente, vista lateral.

Movimento descendente

Mantendo as costas rígidas e eretas ou ligeiramente arqueadas, flexione os quadris e os joelhos, e abaixe a barra até o solo, com controle. A barra deve permanecer próxima ao corpo (joelhos e pernas) durante toda a descida. Toque levemente as anilhas da barra no solo e pare sem liberar a tensão na barra. Inspire durante a descida. Comece a subida para a próxima repetição.

Variação

O levantamento-terra pode ser executado com uma empunhadura na largura dos ombros, com as mãos pronadas para estimular a posição inicial utilizada em uma "metida ao peito". Com essa empunhadura, podem-se utilizar munhequeiras para melhorar o agarre da barra.

Passada à frente com barra

Tipo de exercício

Poliarticular para a região inferior do corpo

Músculos envolvidos

Glúteo máximo, iliopsoas, quadríceps (vasto lateral, vasto intermédio, vasto medial, reto femoral), isquiotibiais (semimembranoso, semitendinoso, bíceps femoral), sóleo e gastrocnêmio.

Posição inicial

Posicione uma barra-padrão no nível do peito, em um *rack* para agachamento ou levantamento. Colo-

Passada à frente com barra *(continuação)*

que na barra cargas iguais dos dois lados e fixe-as com presilhas. Coloque-se sob a barra e posicione a base do pescoço/metade superior das costas, os quadris e os pés diretamente embaixo dela. Agarre-a com uma empunhadura pronada ligeiramente mais ampla do que a largura dos ombros. Coloque a barra de maneira equilibrada sobre a parte espinal do deltóide, na base do pescoço (posição alta da barra). Eleve os cotovelos para propiciar um local seguro para repousar a barra e evitar que ela escorregue até as costas durante a execução do levantamento. Para levantar a barra do *rack*, estenda os quadris e os joelhos, e dê dois ou três passos para trás para se afastar do *rack* e permitir espaço adequado à execução da passada à frente. Os pés ficam afastados entre a largura dos quadris e a dos ombros, e apontados para a frente. O tronco deve permanecer ereto. Mantenha o peito para fora, os ombros para trás, a cabeça e o pescoço retos, e o olhar à frente. Antes de dar a passada à frente, inspire (Fig. 10.7A,B).

FIGURA 10.7 Passada à frente com barra. **A.** Posição inicial. **B.** Movimento descendente.

Movimento descendente

Dê uma larga passada à frente com uma perna (a perna dominante). Mantenha os braços firmes e o tronco em uma posição ereta à medida que o pé dominante vai à frente e toca o solo. A perna posterior (contralateral) permanece constante na posição inicial; mas, quando a perna dominante move-se à frente, o equilíbrio deve ser transferido para os metatarsos da perna contralateral à medida que esta começa a flexionar. Posicione o pé dominante plano no solo, apontado à frente. Para manter o equilíbrio, certifique-se de que a perna dominante mova-se diretamente à frente a partir da sua posição inicial original, e que o tornozelo, o joelho e o quadril dominantes permaneçam no mesmo plano vertical. Evite dar um passo à direita ou à esquerda, ou que o joelho penda para um lado ou outro. Estabelecido o equilíbrio nos dois pés, flexione o joelho dominante para permitir que a perna contralateral incline-se em direção ao solo. A perna contralateral deve flexionar levemente menos do que a dominante. O tronco deve permanecer ereto, com os ombros mantidos diretamente acima dos quadris, e a cabeça, ereta e voltada à frente. A posição final inferior da subida deve ocorrer quando a perna contralateral estiver a 2,5 a 5 cm do solo, a perna dominante estiver flexionada a 90°, e o joelho estiver diretamente acima ou ligeiramente à frente do tornozelo. Para evitar forças de cisalhamento potencialmente prejudiciais na articulação do joelho dominante, é crucial que este não estenda adiante do pé dominante. Na conclusão da subida, deve-se fazer um esforço concentrado para "sentar" sobre a perna contralateral, como se estivesse sentando na borda dianteira de um banco na sala de musculação. A profundidade da passada à frente depende da flexibilidade articular dos quadris do atleta, particularmente dos músculos iliopsoas. O pé dominante permanece plano no solo, enquanto os dedos do pé contralateral são estendidos e o tornozelo é dorsifletido (Fig. 10.7B).

Movimento ascendente

Mantendo o tronco ereto, transfira o ponto de equilíbrio para o pé dominante e empurre-se vigorosamente do solo com o pé dominante, aplicando-lhe uma dorsiflexão e estendendo as articulações do joelho e do quadril dominantes. À medida que o pé dominante retorna à posição inicial, o ponto de equilíbrio deve ser transferido para o pé contralateral, de forma que este recupere o total contato com

(continua)

Passada à frente com barra *(continuação)*

o solo. O pé contralateral deve ser elevado de volta à sua posição inicial original com os pés afastados entre a largura dos quadris e a dos ombros e apontados à frente. Evite que o pé dominante toque o solo até que ele retorne à posição final (a menos que se perca o equilíbrio). Retornado o pé dominante à posição inicial, divida o peso do corpo igualmente sobre os dois pés. O tronco deve permanecer ereto, como na posição inicial. Expire na finalização da subida. Faça uma pausa momentânea para recuperar completamente o equilíbrio, alterne a perna dominante e repita o procedimento.

Retorno da barra ao rack

Ao final da série, retorne a barra ao *rack* caminhando lentamente à frente e recolocando-a nos ganchos de suporte.

Variação: passada à frente com halteres

Se equilibrar uma barra for muito difícil para o executante, segurar halteres lateralmente pode ser uma alternativa.

Levantamento-terra com os joelhos estendidos (ou "peso morto")

Tipo de exercício

Monoarticular para a região inferior do corpo

Músculos envolvidos

Glúteo máximo, eretores da coluna e isquiotibiais (semimembranoso, semitendinoso, bíceps femoral).

Posição inicial

Utilize uma barra-padrão. A posição de levantamento é idêntica à da "metida ao peito". Os pés ficam afastados entre a largura dos quadris e a dos ombros, e apontados para a frente ou ligeiramente para fora. Agache e agarre a barra com uma empunhadura pronada fechada e as mãos na largura dos ombros ou ligeiramente mais ampla. Os braços ficam do lado de fora dos joelhos; os cotovelos, estendidos e apontados para fora. Posicione-se em pé de forma que a barra fique acima do centro dos pés e próxima das pernas. As costas ficam rígidas e eretas ou levemente arqueadas; o pescoço, reto ou ligeiramente hiperestendido; o peito para fora; e as escápulas retraídas. O trapézio e a região dorsal devem ficar relaxados e levemente alongados. Com os calcanhares sempre em contato com o solo, o peso do corpo deve ficar equilibrado entre as articulações dos dedos e o centro dos pés. Os ombros ficam ligeiramente à frente ou acima da barra. Levante a barra do solo executando o exercício de levantamento-terra. O alinhamento corporal e a posição da barra na conclusão da subida do levantamento-terra (quadris e joelhos estendidos, tronco ereto, a barra tocando a parte anterior das coxas e os cotovelos estendidos) são a posição inicial para o levantamento-terra com os joelhos estendidos (Fig. 10.8A,B).

Movimento descendente

Inspire antes de começar a descida. Flexione levemente os joelhos para reduzir o estresse nas suas articulações antes de iniciar a descida. Mantendo as costas eretas e os joelhos ligeiramente flexionados, reduza gradualmente o estresse na região lombar, nos glúteos e nos isquiotibiais para permitir que os quadris e o tronco flexionem, e a barra seja descida lentamente e com total controle até o solo. Continue flexionando os quadris e o tronco até que este comece a arredondar ou os calcanhares comecem a elevar-se do solo (esse é o ponto final da descida). Mantenha a barra próxima às coxas e às pernas durante toda a descida. Não a solte ou desça rapidamente. Sempre a desça sem relaxar ou liberar a tensão, mantendo os joelhos levemente flexionados (Fig. 10.8C,D).

Movimento ascendente

Estenda lentamente os quadris e o tronco, e levante a barra mantendo os joelhos imóveis e levemente flexionados. Mantenha uma posição com as costas eretas e os cotovelos estendidos. Não flexione os cotovelos para auxiliar no movimento de subida da barra. Uma vez alcançada a extensão completa dos quadris, fique na posição ereta. Expire na conclusão da subida.

Variação

Esse movimento também pode ser executado com um par de halteres de pesos iguais ou um equipamento de musculação especialmente projetado.

Levantamento-terra com os joelhos estendidos *(continuação)*

FIGURA 10.8 Levantamento-terra com os joelhos estendidos. **A.** Posição inicial, vista frontal. **B.** Posição inicial, vista lateral. **C.** Movimento ascendente, vista frontal. **D.** Movimento ascendente, vista lateral.

Pressão de pernas 45°

Tipo de exercício

Poliarticular para a região inferior do corpo

Músculos envolvidos

Glúteo máximo, quadríceps (vasto lateral, vasto intermédio, vasto medial, reto femoral) e isquiotibiais (semimembranoso, semitendinoso, bíceps femoral).

Posição inicial

Selecione a carga adequada no equipamento. Regule o assento e/ou o encosto na posição apropriada (os quadris e o tronco devem formar um ângulo de 90°). Sente-se no equipamento, acomodando a região lombar, com os quadris e as nádegas pressionados igualmente e no centro do assento. Todos os segmentos corporais que não as pernas devem ficar firmemente posicionados e protegidos contra qualquer movimento durante o exercício, de forma a oferecer apoio máximo à coluna vertebral e à região lombar. Afaste os pés entre a largura dos ombros a dos quadris, com as pontas apontadas para cima da plataforma dos pés. É importante que os dois pés estejam na mesma posição vertical e horizontal de cada lado. Posicione as pernas e as coxas paralelas umas às outras. Agarre os pega-mãos nas laterais da estrutura do equipamento e estenda os quadris e os joelhos sem travar estes últimos. Mantenha os quadris seguramente posicionados no assento e as costas contra o encosto à medida que a plataforma é elevada. Remova o mecanismo de apoio da plataforma. A região lombar deve permanecer imóvel à medida que absorve o peso da plataforma. Quan-

(continua)

Pressão de pernas 45° *(continuação)*

do a plataforma estiver livre do seu suporte, agarre novamente os pega-mãos laterais na estrutura do equipamento para ajudar a manter o corpo firmemente no lugar. Todas as repetições subseqüentes devem ser iniciadas nessa posição. Logo antes da descida, inspire profundamente e prenda a respiração (Fig. 10.9A).

Movimento descendente

Comece a descida flexionando os joelhos e os quadris com controle. Não permita que a plataforma acelere à medida que for baixada. Assegure-se de que as pernas e as coxas permaneçam paralelas umas às outras durante toda a descida; saídas dessa posição poderiam impor um estresse indevido na região lombar, nos quadris ou nos joelhos. Os quadris e as nádegas devem permanecer imóveis contra o assento, e as costas, planas contra o encosto. Evite deslocar os quadris ou que as nádegas percam contato com o assento. Evite soltar as mãos durante a descida. Segurar-se firmemente nos pega-mãos é essencial para uma posição estacionária do corpo. Continue a descida flexionando os joelhos e os quadris até que um destes eventos ocorra: as coxas fiquem paralelas à plataforma; os quadris elevem-se do assento; as nádegas percam contato com o assento; ou os calcanhares saiam da plataforma dos pés (Fig. 10.9B).

Nota: O ponto em que um desses quatro eventos ocorrer deve ser considerado a AM final ou a conclusão da descida. A extensão da AM do exercício depende da magnitude da flexibilidade da coluna vertebral, dos quadris, dos joelhos e dos tornozelos do indivíduo, bem como das capacidades de regulagem e ajustamento individuais do equipamento. Na conclusão da descida, evite desestabilizar a plataforma, soltar a empunhadura ou relaxar o tronco para iniciar a subida.

Movimento ascendente

Pressione vigorosamente a plataforma para cima, sob o controle dos calcanhares, extendendo os joelhos e os quadris. Mantenha as coxas e as pernas paralelas umas às outras; não permita que os joelhos movam-se para dentro ou para fora. Evite deslocar os quadris ou que as nádegas escorreguem do assento. Continue pressionando a plataforma para cima até que os joelhos fiquem totalmente estendidos mas não travados. Expire quando a plataforma passar o ponto médio da AM. Ao final da série, recoloque os suportes nos seus lugares e saia do equipamento.

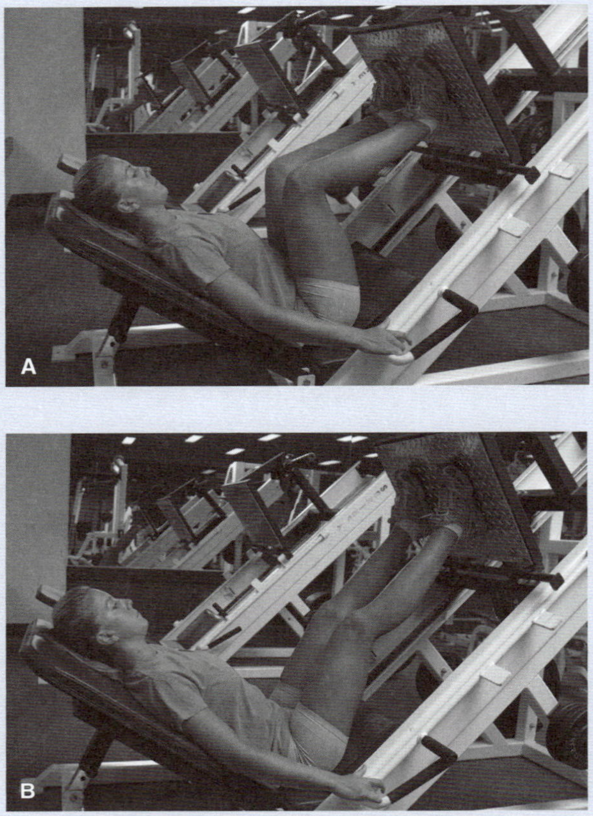

FIGURA 10.9 Pressão de pernas 45°. **A.** Posição inicial. **B.** Posição final.

Extensão dos joelhos

Tipo de exercício

Monoarticular para a região inferior do corpo

Músculos envolvidos

Quadríceps (vasto lateral, vasto intermédio, vasto medial e reto femoral).

Posição inicial

Ajuste o assento de modo que a região posterior dos joelhos toque a frente do estofamento do assento e a articulação dos joelhos alinhe-se com o eixo do braço de alavanca. Sente-se reto no assento, com as costas e os quadris pressionados igualmente contra

Extensão dos joelhos *(continuação)*

seus estofamentos. Coloque os pés por baixo do rolo estofado dos tornozelos de forma que os dorsos dos pés toquem o rolo quando os tornozelos estiverem dorsifletidos. As coxas, as pernas e os pés devem ficar paralelos uns aos outros. Agarre os pega-mãos laterais ou as bordas da plataforma do assento para estabilizar o corpo durante todo o movimento. Inspire antes de iniciar o exercício (Fig. 10.10A).

Movimento ascendente

Mantendo as coxas, as pernas e os pés paralelos uns aos outros, estenda os joelhos com controle até que as pontas dos pés alinhem-se com a altura dos joelhos. Evite levantar rapidamente a carga ou acelerar o peso na fase final do movimento. Para evitar o movimento dos membros superiores e inferiores, mantenha contato com os estofamentos do equipamento durante todo o movimento ascendente, mantendo uma empunhadura firme nos pega-mãos laterais ou nas bordas da plataforma do assento. Expire quando a carga passar o ponto crítico (Fig. 10.10B).

Movimento descendente

Lentamente, permita que os joelhos flexionem de volta à posição inicial. Evite descer rapidamente a carga. Mantenha as costas e as coxas em contato com seus respectivos estofamentos. Mantenha as coxas, as pernas e os pés paralelos uns aos outros durante toda a descida. Pare a descida exatamente antes que a carga entre em contato com o restante dos pesos e comece o movimento de subida. Inspire à medida que a carga é baixada.

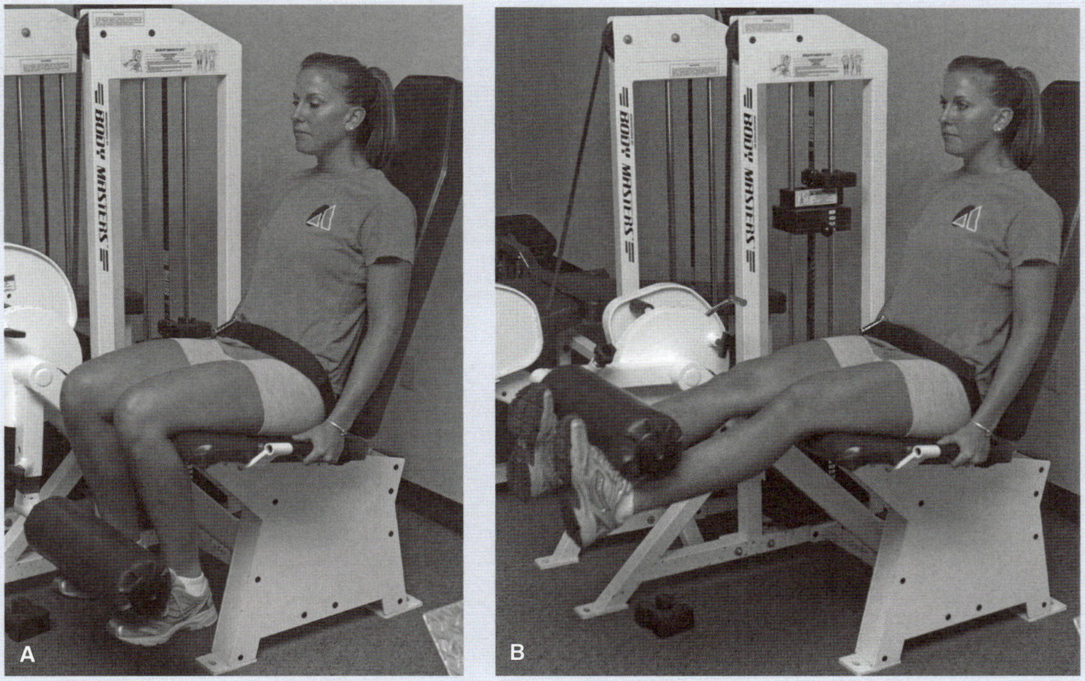

FIGURA 10.10 Extensão dos joelhos. **A.** Posição inicial. **B.** Movimento ascendente.

Flexão dos joelhos

Tipo de exercício

Monoarticular para a região inferior do corpo

Músculos envolvidos

Isquiotibiais (semimembranoso, semitendinoso e bíceps femoral).

Posição inicial

Em decúbito ventral no equipamento, com os quadris, as coxas e o tronco repousando na superfície estofada, coloque a parte superior das patelas ligeiramente para fora da borda do estofamento do equipamento, com os joelhos alinhados com o eixo do braço de alavanca. Ajuste a posição do rolo estofado dos tornozelos de forma que a parte inferior do rolo fique 7,5 cm acima dos calcanhares (logo acima da parte posterior dos tênis). Posicione os pés, as pernas e as coxas paralelos uns aos outros. Agarre os pega-mãos laterais ou o estofamento do equipamento (Fig. 10.11A).

Movimento ascendente

Inspire antes de iniciar a subida. Flexione os joelhos com controle e levante a carga até que o rolo estofado dos tornozelos quase toque as nádegas, dependendo do nível de flexibilidade dos quadríceps e do comprimento dos membros. Para evitar o uso do movimento dos quadris e da região superior do corpo, mantenha contato com a superfície estofada e uma empunhadura firme nos pega-mãos ou no estofamento do tronco durante todo o movimento ascendente. Evite levantar rapidamente a carga ou chutar para levantá-la. Também evite levantá-la rapidamente ao passar pelo ponto crítico antes de expirar (Fig. 10.11B).

Movimento descendente

Lentamente, permita que os joelhos estendam de volta à posição inicial. Evite descer rapidamente a carga. Mantenha as coxas, as pernas e os pés paralelos uns aos outros durante toda a descida. Pare a descida exatamente antes que a carga entre em contato com o restante dos pesos e comece o movimento de subida. Inspire antes de iniciar o movimento ascendente.

FIGURA 10.11 Flexão dos joelhos. **A.** Posição inicial. **B.** Movimento ascendente.

Flexão plantar em pé

Tipo de exercício

Monoarticular para a região inferior do corpo

Músculos envolvidos

Gastrocnêmio e sóleo.

Posição inicial

Os rolos estofados para os ombros no equipamento devem ser ajustados de modo que o executante precise flexionar os joelhos para colocar-se sob os rolos. O corpo deve ser posicionado equilibradamente sob

Flexão plantar em pé *(continuação)*

os rolos. Os pés devem ser posicionados de forma que os calcanhares fiquem suspensos para fora da borda posterior e ligeiramente abaixo do degrau, com as regiões central e anterior dos pés na borda externa do degrau. As pernas e os pés devem ficar paralelos uns aos outros. O executante, então, põe-se ereto e levanta a carga da pilha de pesos. Os quadris devem ficar diretamente abaixo dos ombros, com os joelhos estendidos mas não travados (Fig. 10.12A).

Movimento ascendente

Inspire antes de iniciar a subida. Execute uma flexão plantar mediante uma AM total, mantendo a cabeça e o tronco eretos, e as pernas e os pés paralelos uns aos outros. Pressione igualmente os metatarsos dos pés durante todo o movimento ascendente. Não vire os tornozelos para dentro nem para fora. Mantenha os joelhos estendidos mas não travados durante toda a subida. Evite levantar rapidamente a carga ao passar pelo ponto crítico antes de expirar (Fig. 10.12B).

Movimento descendente

Lentamente, permita uma dorsiflexão dos tornozelos de volta à posição inicial, com os calcanhares ligeiramente abaixo do degrau. Inspire à medida que os calcanhares são baixados até a posição inicial. Pare na posição inferior antes de reiniciar lentamente o movimento ascendente para a próxima repetição.

FIGURA 10.12 Flexão plantar em pé. **A.** Posição inicial. **B.** Movimento ascendente.

EXERCÍCIOS PARA O PEITORAL

Supino reto com halteres

Tipo de exercício

Poliarticular para a região superior do corpo

Músculos envolvidos

Peitoral maior, peitoral menor, deltóide (parte clavicular), serrátil anterior e tríceps braquial.

Posição inicial

Escolha dois halteres de pesos iguais e segure-os com uma empunhadura fechada. Coloque-os no solo, próximos à extremidade inferior de um banco ajustável. Levante-os do solo usando as pernas. Alinhe-os de forma que a extremidade mais próxima ao dedo mínimo fique contra a parte anterior das coxas (as mãos voltadas para dentro e os halteres paralelos um ao outro). Sente-se na extremidade inferior do banco, com os halteres apoiados na parte superior das coxas. Recline para a posição de supino, de modo que os halteres movam-se para os aspectos laterais do peito, próximos às axilas e alinhados com o meio do peito quando você reclinar. Posicione os pés planos no solo, com a cabeça, os ombros e as nádegas equilibrados e firmes no banco. Os halteres devem ser rotados para posicionar os lados dos polegares nos halteres contra as partes laterais do peito, de modo que fiquem alinhados, simulando uma barra. Outra opção é executar o exercício com os halteres mantidos na posição neutra (paralelos um ao outro). Cada repetição iniciará nessa mesma posição (Fig. 10.13A,B).

Movimento ascendente

Empurre os halteres para cima e juntos, com controle. Mantenha a cabeça, o corpo e os pés nas suas posições originais. Não arqueie a região lombar nem eleve as nádegas do banco. Os punhos devem permanecer firmes e retos; os antebraços, quase perpendiculares ao solo; e as mãos, alinhadas uma com a outra. Não permita que os halteres movam-se sem controle durante a subida. Empurre-os para cima até que os cotovelos fiquem totalmente estendidos mas não travados. Traga os halteres juntos e com controle na conclusão do movimento; não bata um no outro. Expire enquanto eles são elevados (Fig. 10.13C,D).

Movimento descendente

Abaixe e separe os halteres com controle, em direção ao meio do peito. Para manter uma posição estável no banco, abaixe os dois halteres com a mesma velocidade. Mantenha os punhos firmes e retos, os antebraços quase perpendiculares ao solo e as mãos alinhadas uma com a outra. Evite movimentos para cima e para trás ou de um lado para o outro. Abaixe os halteres até as partes laterais do peito, próximas das axilas e da linha do centro do peito, de forma que fiquem alinhados um com o outro, onde uma barra tocaria o peito. Os halteres não devem ser balançados para fora do peito na posição superior, tampouco as costas devem arquear para elevar o peito. Mantenha uma posição estável com os pés planos no solo, e a cabeça, os ombros e as nádegas equilibrados e firmes no banco. Inspire enquanto os halteres são abaixados.

Finalização da série

Após abaixar os halteres até as laterais do peito, na última repetição, rote-os até a região abdominal. Sente-se lentamente e retorne os halteres até as coxas antes de ficar em pé e recolocá-los no *rack* ou no solo.

Supino reto com halteres *(continuação)*

FIGURA 10.13 Supino reto com halteres. **A.** Posição inicial, vista frontal. **B.** Posição inicial, vista lateral. **C.** Movimento ascendente, vista frontal. **D.** Movimento ascendente, vista lateral.

Supino reto com barra

Tipo de exercício

Poliarticular para a região superior do corpo

Músculos envolvidos

Peitoral maior, peitoral menor, deltóide (parte clavicular), serrátil anterior e tríceps braquial.

Posição inicial

Posicione uma barra em dois suportes iguais de um banco ou dois ganchos iguais de um *rack* para levantamento com um banco ajustável. Os dois suportes ou ganchos devem ser colocados de forma que os cotovelos fiquem ligeiramente flexionados (10°) ao se agarrar a barra. Coloque cargas iguais dos dois lados da barra e fixe-as com presilhas. Deite-se no banco, na posição supina, e escorregue para cima ou para baixo até que os olhos fiquem diretamente abaixo da barra. A cabeça, os ombros/região dorsal e as nádegas devem ficar posicionados de modo firme e equilibrado no banco, e ambos os pés, bem firmes no solo, de cada lado do banco. As escápulas devem ficar retraídas, e a pelve, inclinada posteriormente. Estabelecida essa posição, deve-se mantê-la durante toda a série. Agarre a barra com uma empunhadura fechada pronada ligeiramente mais ampla que a largura dos ombros, de forma que as mãos fiquem acima dos cotovelos. Levante a barra dos suportes ou ganchos até uma posição diretamente acima do peito, com os cotovelos totalmente estendidos. Todas as repetições subseqüentes começam nessa posição (Fig. 10.14A).

Movimento descendente

Inspire e comece a descida abaixando a barra de forma lenta e controlada em direção ao peito. Os cotovelos abaixarão passando pelo tronco, ligeiramente distantes do corpo. Mantenha os punhos firmes e rígidos, assegurando que a barra permaneça acima do eixo longitudinal da ulna e não na porção distal das mãos. Os antebraços ficam paralelos um ao outro e perpendiculares ao solo. Abaixe a barra até tocar levemente o meio do peito; evite balançá-la para fora do peito ou elevar as nádegas do banco para levantar a barra. Mantenha a cabeça, os ombros/região dorsal e as nádegas em contato com o banco, e os dois pés firmes no solo. Mantenha o corpo rígido durante toda a descida (Fig. 10.14B).

FIGURA 10.14 Supino reto com barra. **A.** Posição inicial. **B.** Movimento descendente.

Movimento ascendente

Empurre vigorosamente a barra para cima e levemente para trás. Expire no ponto médio da subida. Evite arquear a região lombar ou elevar os pés ou as nádegas de suas posições. Mantenha os punhos rígidos e os antebraços perpendiculares ao solo e paralelos um ao outro. Continue empurrando a barra para cima até que os cotovelos fiquem totalmente estendidos, mas não vigorosamente travados. Ao término do levantamento, a barra deve ficar alinhada com as articulações de sustentação (i.e., punhos, cotovelos, ombros). Ao final da série, recoloque a barra no *rack*. Não solte a empunhadura até que as duas extremidades da barra estejam seguras nos suportes ou ganchos. Mantenha o corpo rígido durante toda a subida.

Supino reto com barra *(continuação)*

Pergunta e resposta da área

Uma atleta afirma que alcançou um platô no supino e não consegue aumentar seu peso. Que variações você pode sugerir no programa para ajudar a superar esse platô?

Exercícios alternados tais como voadores, supino inclinado ou supino declinado podem ser utilizados para conferir variedade. Podem-se utilizar halteres para que a atleta tenha de equilibrar a carga, e pesos mais leves podem ser utilizados explosivamente para aumentar a potência. A atleta pode estar sobretreinando, e uma folga ou um período de repouso ativo pode ser necessário.

Supino inclinado com halteres

Tipo de exercício

Poliarticular para a região superior do corpo

Músculos envolvidos

Peitoral maior, peitoral menor, deltóide (parte clavicular), serrátil anterior e tríceps braquial.

Posição inicial

Escolha dois halteres de pesos iguais e segure-os com uma empunhadura fechada. Coloque-os no solo, próximos à extremidade inferior de um banco ajustável. Ajuste o banco de modo que a sua extremidade superior fique a 45° de ângulo de inclinação e a sua base fique inclinada para cima para evitar que o levantador escorregue. Levante os halteres do solo usando as pernas. Alinhe-os de forma que a extremidade mais próxima ao dedo mínimo fique contra a parte anterior das coxas (as mãos voltadas para dentro e os halteres paralelos um ao outro). Sente-se na extremidade inferior do banco, com os halteres apoiados na parte superior das coxas. Recline para a posição inclinada, de modo que os halteres movam-se para os aspectos laterais do peito, próximos às axilas e alinhados com o meio do peito, quando você estiver na posição inclinada. Posicione os pés planos no solo, com a cabeça, os ombros e as nádegas equilibrados e firmes no banco. Os halteres devem ser rotados para posicionar os lados dos polegares nos halteres contra as partes laterais do peito, de modo que fiquem alinhados, simulando uma barra. Outra opção é executar o exercício com os halteres mantidos na posição neutra (paralelos um ao outro). Cada repetição iniciará nessa mesma posição (Fig. 10.15A,B).

Movimento ascendente

Empurre os halteres para cima e juntos, com controle. Mantenha a cabeça, o corpo e os pés nas suas posições originais. Não arqueie a região lombar. Os punhos devem permanecer firmes e retos; os antebraços, quase perpendiculares ao solo; e as mãos, alinhadas uma com a outra. Não permita que os halteres movam-se sem controle durante a subida. Empurre-os para cima até que os cotovelos fiquem totalmente estendidos mas não travados. Traga os halteres juntos e com controle na conclusão do movimento, diretamente acima dos olhos; não bata um no outro. Expire enquanto eles são elevados (Fig. 10.15C,D).

Movimento descendente

Abaixe e separe os halteres com controle, em direção à parte superior do peito. Para manter uma posição estável no banco inclinado, abaixe os dois halteres com a mesma velocidade. Mantenha os punhos firmes e retos, os antebraços quase perpendiculares ao solo e as mãos alinhadas uma com a outra. Evite movimentos para cima e para trás ou de um lado

(continua)

Supino inclinado com halteres *(continuação)*

FIGURA 10.15 Supino inclinado com halteres. **A.** Posição inicial, vista frontal. **B.** Posição inicial, vista lateral. **C.** Movimento ascendente, vista frontal. **D.** Movimento ascendente, vista lateral.

Supino inclinado com halteres *(continuação)*

para o outro. Abaixe os halteres até as partes laterais do peito, próximas das axilas e da linha do centro do peito, de forma que fiquem alinhados um com o outro, onde uma barra tocaria o peito. Os halteres não devem ser balançados para fora do peito na posição superior. Evite arquear as costas para elevar o peito. Mantenha uma posição estável com os pés planos no solo, e a cabeça, os ombros e as nádegas equilibrados e firmes no banco. Inspire enquanto os halteres são abaixados.

Finalização da série

Após abaixar os halteres até as laterais da parte superior do peito, na última repetição, rote-os até a linha média do corpo e desça-os até as coxas. Sente-se completamente e recoloque os halteres no *rack* ou no solo.

Supino inclinado com barra

Tipo de exercício

Poliarticular para a região superior do corpo

Músculos envolvidos

Peitoral maior, peitoral menor, deltóide (parte clavicular), serrátil anterior e tríceps braquial.

Posição inicial

Posicione uma barra em dois suportes iguais de um banco ou dois ganchos iguais de um *rack* para levantamento com um banco ajustável. Os dois suportes ou ganchos devem ser colocados de forma que os cotovelos fiquem ligeiramente flexionados (10°) ao se agarrar a barra. Coloque cargas iguais dos dois lados da barra e fixe-as com presilhas. Deite-se no banco, na posição supina, e escorregue para cima ou para baixo até que os olhos fiquem diretamente abaixo da barra. A cabeça, os ombros/região dorsal e as nádegas devem ficar posicionados de modo firme e equilibrado no banco, e ambos os pés, bem firmes no solo, de cada lado do banco. Estabelecida essa posição, deve-se mantê-la durante toda a série. Agarre a barra com uma empunhadura fechada pronada ligeiramente mais ampla que a largura dos ombros, de forma que as mãos fiquem acima dos cotovelos. Levante a barra dos suportes ou ganchos até uma posição diretamente acima do peito, com os cotovelos totalmente estendidos. Todas as repetições subseqüentes começam nessa posição (Fig. 10.16A,B).

Movimento descendente

Inspire e prenda a respiração durante toda a descida e a mudança de direção. Comece a descida abaixando a barra de forma lenta e controlada em direção ao peito. Os cotovelos abaixarão passando pelo tronco, ligeiramente distantes do corpo. Mantenha os punhos firmes e rígidos, assegurando que a barra permaneça acima do eixo longitudinal da ulna e não na porção distal das mãos. Os antebraços ficam paralelos um ao outro e perpendiculares ao solo. Abaixe a barra até tocar levemente o terço superior do peito, entre as clavículas e o meio do peito; evite balançá-la para fora do peito ou elevar as nádegas do banco para levantar a barra. Mantenha a cabeça, os ombros/região dorsal e as nádegas em contato com o banco, e os dois pés firmes no solo. Mantenha o corpo rígido durante toda a descida (Fig. 10.16C,D).

Movimento ascendente

Empurre vigorosamente a barra para cima e levemente para trás. Expire no ponto médio da subida. Evite arquear a região lombar ou elevar os pés ou as nádegas de suas posições. Mantenha os punhos rígidos e os antebraços perpendiculares ao solo e paralelos um ao outro. Continue empurrando a barra para cima até que os cotovelos fiquem totalmente estendidos, mas não vigorosamente travados. Ao término do levantamento, a barra deve ficar alinhada com as articulações de sustentação (i.e., punhos, cotovelos, ombros). Ao final da série, recoloque a barra no *rack*. Não solte a empunhadura até que as duas extremidades da barra estejam seguras nos suportes ou ganchos. Mantenha o corpo rígido durante toda a subida.

(continua)

Supino inclinado com halteres *(continuação)*

FIGURA 10.16 Supino inclinado com barra. **A.** Posição inicial, vista frontal. **B.** Posição inicial, vista lateral. **C.** Movimento descendente, vista frontal. **D.** Movimento descendente, vista lateral.

Crucifixo com halteres

Tipo de exercício

Monoarticular para a região superior do corpo

Músculos envolvidos

Peitoral maior, peitoral menor, deltóide (parte clavicular) e serrátil anterior.

Posição inicial

Escolha dois halteres de pesos iguais e segure-os com uma empunhadura fechada. Coloque-os no solo, próximos à extremidade inferior de um banco ajustável. Levante-os do solo usando as pernas. Alinhe-os de forma que a extremidade mais próxima ao dedo mínimo fique contra a parte anterior das coxas (as mãos voltadas para dentro e os halteres paralelos um ao outro). Sente-se na extremidade inferior do banco, com os halteres apoiados na parte superior das coxas. Recline para a posição de supino, de modo que os halteres movam-se para os aspectos laterais do peito, próximos às axilas e alinhados com o meio do peito quando você reclinar. Empurre-os para cima até uma posição estendida dos cotovelos diretamente acima do peito. Posicione os pés planos no solo, com a cabeça, os ombros e as nádegas equilibrados e firmes no banco. Os halteres devem ser rotados até uma posição neutra (paralelos um ao outro), com os cotovelos voltados para fora. Flexione os cotovelos antes de iniciar o movimento descendente. Cada repetição iniciará nessa mesma posição (Fig. 10.17A).

Crucifixo com halteres *(continuação)*

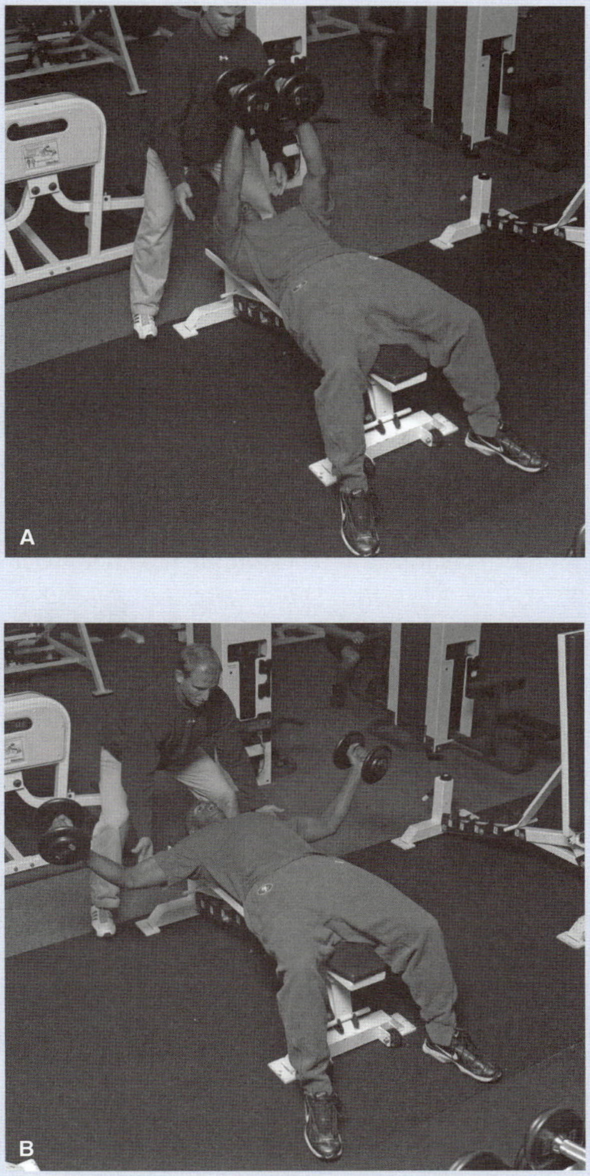

FIGURA 10.17 Crucifixo com halteres. **A.** Posição inicial. **B.** Movimento descendente.

Movimento descendente

Com um movimento controlado, abaixe lentamente os halteres descrevendo um amplo arco. Nenhum movimento deve ocorrer na articulação dos cotovelos, somente nos ombros. Inspire enquanto os halteres são abaixados. À medida que o movimento descendente continua, os cotovelos mudarão da posição apontados lateralmente para a posição apontados para o solo. Mantenha ombros, braços, cotovelos, antebraços, punhos e mãos em um plano quase vertical, paralelos ao solo. Os cotovelos e os punhos devem permanecer ligeiramente flexionados durante todo o movimento descendente. Continue a descida até que eles fiquem no nível do peito e paralelos uns aos outros. Evite movimentos para cima e para trás ou de um lado para o outro. Evite elevar as nádegas do banco no final da descida (Fig. 10.17B).

Movimento ascendente

Com um movimento controlado, eleve lentamente os halteres descrevendo um arco, simulando o ato de abraçar um grande pilar. Mantenha os pés planos no solo, e a cabeça, os ombros e as nádegas equilibrados e firmes no banco. Evite arquear a região lombar ou elevar os ombros para auxiliar a subida. Mantenha ombros, braços, cotovelos, antebraços, punhos e mãos em um plano quase vertical e paralelos ao solo, como no movimento descendente. Os cotovelos e os punhos devem permanecer ligeiramente flexionados durante todo o movimento ascendente. Expire enquanto os halteres passam pelo ponto crítico. Continue a lenta, controlada e ampla trajetória em arco dos halteres até que eles fiquem posicionados acima do peito, na posição inicial.

Finalização da série

Após abaixar os halteres até as laterais do peito, na última repetição, rote-os até a região abdominal. Sente-se lentamente e retorne os halteres até as coxas antes de ficar em pé e recolocá-los no *rack* ou no solo.

EXERCÍCIOS PARA A REGIÃO DORSAL

Serrote com haltere

Tipo de exercício

Poliarticular para a região superior do corpo

Músculos envolvidos

Latíssimo do dorso, trapézio (parte transversa), rombóides, redondo maior, deltóide (parte espinal), bíceps braquial, braquial e braquiorradial.

Posição inicial

Selecione um haltere de peso adequado. Coloque-o no solo, próximo à extremidade superior direita de um banco ajustável. Fique em pé à esquerda de um banco elevado a 30°, na extremidade superior do banco. Ajoelhe-se com a perna esquerda no banco e o pé direito plano no solo. Coloque a mão esquerda na extremidade superior do banco. Transfira o peso do corpo para o calcanhar direito, com uma mínima quantidade de estresse aplicada na mão esquerda. Posicione a perna direita, com o joelho levemente flexionado, no lado direito do banco, atrás da extremidade posterior do banco, com o pé apontado para a frente. O joelho direito deve permanecer ligeiramente flexionado durante todo o exercício. A extremidade superior deve ficar paralela ao banco elevado. Agarre o haltere que está no solo com uma empunhadura neutra fechada (palma da mão voltada para dentro) da mão direita. Posicione os quadris e o joelho e o cotovelo esquerdos de forma que o tronco fique em um ângulo de 30° com o solo (paralelo ao banco). Segure o haltere (em um ângulo ligeiramente inclinado) em suspensão, com o cotovelo totalmente estendido, no lado direito do corpo, mantendo os ombros paralelos um ao outro. Mantenha as costas retas e o olhar à frente. Inspire antes de elevar o haltere (Fig. 10.18A,B).

Movimento ascendente

Comece puxando o haltere para cima em direção ao tronco. Mantenha o braço e o cotovelo direitos próximos à lateral do corpo enquanto o haltere está sendo elevado. Mantenha o punho reto; não o estenda. O cotovelo direito deve ser puxado passando a lateral do corpo para permitir que o haltere seja puxado até o gradil costal, entre o ombro e o quadril. Mantenha as costas retas a um ângulo inclinado de 30°, e a cabeça, o ombro, o cotovelo, a mão e o joelho em uma posição estacionária durante toda a subida. Não balance ou sacuda para cima a região superior do corpo na tentativa de ajudar a elevar o haltere. Continue puxando o haltere até ele alcançar o gradil costal, entre o ombro e o quadril. Expire enquanto o haltere é levantado (Fig. 10.18C,D).

Movimento descendente

Abaixe o haltere, lentamente e com controle, até que o cotovelo fique totalmente estendido, mantendo os ombros paralelos um ao outro. Mantenha as costas retas a um ângulo inclinado de 30°; e a cabeça, o ombro, o cotovelo, a mão e o joelho em uma posição estacionária durante todo o exercício. Conserve o joelho direito ligeiramente flexionado e o pé direito plano no solo durante toda a descida. Inspire enquanto o haltere retorna à posição inicial. Após completar a série com o braço direito, solte o haltere, fique em pé do lado direito do banco e repita o procedimento usando o braço esquerdo.

Serrote com haltere *(continuação)*

FIGURA 10.18 Serrote com haltere. **A.** Posição inicial, vista frontal. **B.** Posição inicial, vista lateral. **C.** Movimento ascendente, vista frontal. **D.** Movimento ascendente, vista lateral.

Puxada pela frente

Tipo de exercício

Poliarticular para a região superior do corpo

Músculos envolvidos

Grande dorsal, trapézio (parte transversa), rombóides, redondo maior, deltóide (parte espinal), bíceps braquial, braquial e braquiorradial.

Posição inicial

Coloque o pino na carga de treinamento desejada na pilha de pesos do equipamento. Agarre a barra longa com uma empunhadura pronada fechada, ligeiramente mais ampla do que a largura dos ombros em uma barra estreita ou na curva descendente de uma barra curvada. Puxe a barra para baixo e sente-se no banco. Se o assento for ligado ao equipamento, sente-se de frente para a pilha de pesos, com as coxas debaixo do apoio estofado para as coxas. O assento deve ser ajustado para permitir que as coxas fiquem paralelas ao solo, com os pés planos no solo. Os cotovelos devem ficar totalmente estendidos, com a carga selecionada suspensa acima da pilha restante de pesos. Antes de iniciar a descida, incline levemente o tronco para trás e estenda o pescoço para permitir que a barra passe pelo rosto quanto for puxada. Essa posição também diminuirá o estresse de contato nas articulações dos ombros (Fig. 10.19A).

Movimento descendente

Inspire antes de iniciar a descida. Comece-a aduzindo as escápulas e os braços. Os cotovelos devem mover-se para baixo e para trás, enquanto o peito simultaneamente move-se para cima e para fora, à medida que a barra é descida. Continue puxando a barra para baixo e para trás até que ela toque levemente a parte superior do peito, próxima às clavículas. O tronco deve ser inclinado levemente para trás na conclusão da descida. A região inferior do corpo deve permanecer fixa durante toda a descida. Evite inclinar o tronco rapidamente e muito para trás ou jogá-lo bruscamente para ajudar a puxar a barra. Expire ao final da descida (Fig. 10.19B).

Movimento ascendente

Retorne a barra com controle à sua posição inicial. Evite que os braços retornem rapidamente para cima durante a subida. Mantenha a mesma inclinação do tronco para trás e a mesma posição da região inferior do corpo durante toda a subida. Inspire à medida que a barra é elevada para o início da descida. A conclusão da subida é alcançada quando os cotovelos atingem a extensão total.

FIGURA 10.19 Puxada pela frente. **A.** Posição inicial. **B.** Movimento descendente.

Remada sentado

Tipo de exercício

Poliarticular para a região superior do corpo

Músculos envolvidos

Latíssimo do dorso, trapézio (parte transversa), rombóides, redondo maior, deltóide (parte espinal), bíceps braquial, braquial e braquiorradial.

Posição inicial

Coloque o pino na carga de treinamento desejada na pilha de pesos do equipamento. Sente-se no banco com as costas eretas, olhando para os pega-mãos e a polia. Agarre os pega-mãos com uma empunhadura neutra fechada (uma palma de frente para a outra) e os cotovelos totalmente estendidos. Coloque os pés contra o apoio dos pés, com os joelhos flexionados. Mantendo as costas eretas, deslize para trás no banco até que os joelhos fiquem flexionados apenas levemente, deixando os cotovelos totalmente estendidos. Inspire antes de iniciar o movimento (Fig. 10.20A).

Movimento para trás

Puxe os pega-mãos em direção à parte superior do abdome, de forma controlada. Mantenha o tronco ereto durante todo o movimento para trás. Os cotovelos devem ficar próximos ao corpo enquanto os pega-mãos são puxados para trás. Não os puxe rapidamente nem arqueie as costas para mover a carga. Expire à medida que a carga é puxada ao longo do ponto crítico (Fig. 10.20B).

Movimento para a frente

Mantendo o tronco ereto e erguido, e os cotovelos apontados para baixo, permita que os braços estendam totalmente e com controle, retornando a carga à posição inicial. Inspire à medida que a barra é retornada à posição inicial.

Finalização da série

Com o tronco ereto, deslize para trás no banco, permitindo que os joelhos flexionem e os cotovelos mantenham-se totalmente estendidos, até que a carga atinja a pilha de pesos. Evite arredondar as costas para retornar a carga.

FIGURA 10.20 Remada sentado. **A.** Posição inicial. **B.** Movimento para trás.

EXERCÍCIOS PARA OS OMBROS

Desenvolvimento sentado com halteres

Tipo de exercício

Poliarticular para a região superior do corpo

Músculos envolvidos

Deltóide (partes clavicular e acromial), trapézio (parte descendente), serrátil anterior e tríceps braquial.

Posição inicial

Escolha dois halteres de pesos iguais e segure-os uma empunhadura fechada. Coloque-os no solo, próximos à extremidade inferior de um banco ajustável. Ajuste o banco de forma que a sua extremidade superior fique a um ângulo inclinado de 90° e a sua base fique paralela ao solo para evitar deslizamentos. Levante os halteres do solo usando as pernas. Alinhe-os de forma que a extremidade mais próxima ao dedo mínimo fique contra a parte anterior das coxas (as mãos voltadas para dentro e os halteres paralelos um ao outro). Sente-se na extremidade inferior do banco, com os halteres apoiados na parte superior das coxas. Levante os halteres até a posição inicial flexionando rapidamente os quadris, um quadril por vez, usando as coxas para ajudar a elevar os halteres até o nível dos ombros. Posicione os pés planos no solo, com a cabeça, os ombros e as nádegas equilibrados e firmes no banco. Os halteres devem ser rotados para posicionar os lados dos polegares nos halteres contra as extremidades laterais dos ombros, de modo que fiquem alinhados, simulando uma barra. Outra opção é executar o exercício com os halteres mantidos na posição neutra (paralelos um ao outro). Cada repetição iniciará nessa mesma posição (Fig. 10.21A,B).

Movimento ascendente

Empurre os halteres para cima e juntos, com controle. Mantenha a cabeça, o corpo e os pés nas suas posições originais. Não arqueie a região lombar. Os punhos devem permanecer firmes e retos; os antebraços, quase perpendiculares ao solo; e as mãos, alinhadas uma com a outra. Não permita que os halteres movam-se sem controle durante a subida. Empurre-os para cima até que os cotovelos fiquem totalmente estendidos mas não travados. Na conclusão do movimento, traga os halteres juntos e com controle diretamente acima do meio da cabeça; não bata um no outro. Expire enquanto eles são elevados passando pelo ponto crítico (Fig. 10.21 C,D).

Movimento descendente

Abaixe e separe os halteres com controle, em direção à parte externa dos ombros. Para manter uma posição estável no banco, abaixe os dois halteres com a mesma velocidade. Mantenha os punhos firmes e retos, os antebraços quase perpendiculares ao solo e as mãos alinhadas uma com a outra. Evite movimentos para cima e para trás ou de um lado para o outro. Abaixe os halteres até a parte externa dos ombros, de forma que fiquem alinhados um com o outro, onde uma barra tocaria a parte superior dos ombros. Os halteres não devem ser balançados para fora dos ombros na posição superior. Evite arquear as costas. Mantenha uma posição estável com os pés planos no solo, e a cabeça, os ombros e as nádegas equilibrados e firmes no banco. Inspire enquanto os halteres são abaixados.

Finalização da série

Após abaixar os halteres até a parte externa dos ombros, na última repetição, rote os halteres em direção à linha média do corpo e abaixe-os até as coxas. Depois os recoloque no *rack* ou no solo.

Desenvolvimento sentado com halteres *(continuação)*

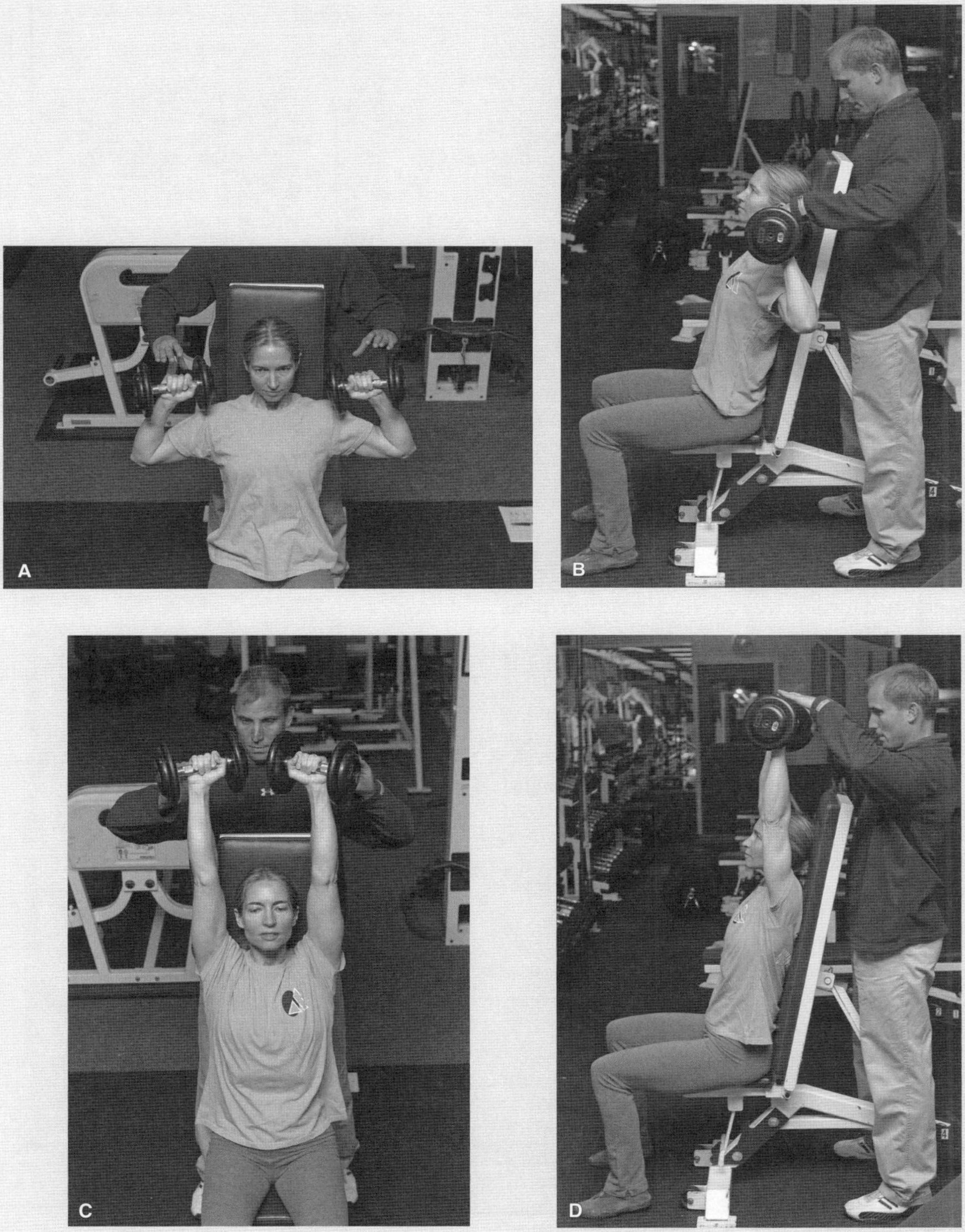

FIGURA 10.21 Desenvolvimento sentado com halteres. **A.** Posição inicial, vista frontal. **B.** Posição inicial, vista lateral. **C.** Movimento ascendente, vista frontal. **D.** Movimento ascendente, vista lateral.

Desenvolvimento em equipamento

Tipo de exercício

Poliarticular para a região superior do corpo

Músculos envolvidos

Deltóide (partes clavicular e acromial), trapézio (parte descendente), serrátil anterior e tríceps braquial.

Posição inicial

Coloque o pino na carga de treinamento desejada na pilha de pesos do equipamento. Ajuste a altura do assento de forma que as empunhaduras fiquem alinhadas com a parte superior dos ombros e a base do pescoço. Posicione os pés planos no solo, com a cabeça, os ombros e as nádegas equilibrados e firmes no equipamento. A cabeça, os ombros e a região dorsal devem ficar pressionados contra o encosto vertical do banco. Agarre os pega-mãos com uma empunhadura pronada fechada ou neutra (opcional) (Fig. 10.22A).

Movimento ascendente

Comece o movimento empurrando os manetes para cima. Expire à medida que a carga passar pelo ponto crítico. Evite arquear a região lombar ou elevar os pés ou as nádegas das suas posições. Mantenha os punhos rígidos e os antebraços perpendiculares ao solo e paralelos um ao outro. Continue empurrando a carga para cima até que os cotovelos fiquem totalmente estendidos, mas não totalmente travados. Ao final do levantamento, os manetes do equipamento devem estar alinhados com as articulações de sustentação (i.e., punhos, cotovelos, ombros). Mantenha o corpo rígido durante todo a subida (Fig. 10.22B).

Movimento descendente

Comece a descida abaixando a carga, de forma lenta e controlada, em direção ao peito. Os cotovelos abaixarão passando pelos ombros, ligeiramente distantes do corpo. Mantenha os punhos firmes e rígidos, assegurando que a barra permaneça acima do eixo longitudinal da ulna e não na porção distal das mãos. Os antebraços ficam paralelos um ao outro e perpendiculares ao solo. Abaixe a carga até a altura dos ombros; evite balançá-la para fora da pilha de pesos, ou elevar as nádegas do banco, ou ainda arquear as costas. Mantenha a cabeça, os ombros/região dorsal e as nádegas em contato com o banco, e os dois pés firmes no solo. Mantenha o corpo rígido durante toda a descida.

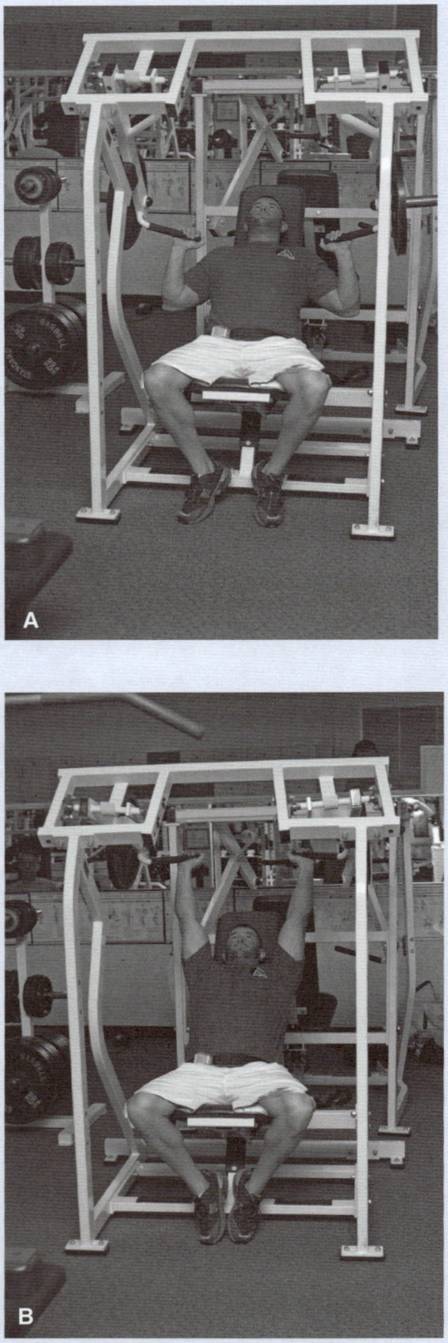

FIGURA 10.22 Desenvolvimento em equipamento. **A.** Posição inicial. **B.** Movimento ascendente.

Remada vertical com barra

Tipo de exercício

Poliarticular para a região superior do corpo

Músculos envolvidos

Deltóide (partes clavicular, acromial e espinal), trapézio, serrátil anterior, braquial, bíceps braquial.

Posição inicial

Coloque na barra cargas iguais dos dois lados e fixe-as com presilhas. Agarre-a com uma empunhadura pronada fechada mais estreita que a largura dos ombros, mas não mais fechada que a distância entre os polegares. Segure a barra contra a parte anterior das coxas, com os cotovelos totalmente estendidos. Posicione os pés planos no solo, afastados na largura dos ombros; os joelhos ligeiramente flexionados; o tronco ereto; os ombros para trás; e o olhar à frente (Fig. 10.23A,B).

Movimento ascendente

Comece o movimento levantando a barra verticalmente ao longo do corpo, passando pelo abdome e pelo peito, flexionando os cotovelos e abduzindo os ombros. Mantenha a parte superior do tronco ereta, com os joelhos ainda ligeiramente flexionados e os pés planos no solo. A barra não deve balançar afastada do corpo ou para cima sem controle. Evite elevar o corpo nas pontas dos pés, estender os joelhos ou encolher os ombros para auxiliar a subida da barra. Mantenha os punhos rígidos durante toda a subida. Continue com a tração da barra para cima até que os cotovelos fiquem levemente mais altos do que os ombros e os punhos (a barra deve ser elevada até um ponto entre o esterno e o queixo, dependendo do comprimento dos braços e da flexibilidade dos ombros do indivíduo). Expire na conclusão da subida (Fig. 10.23C,D).

FIGURA 10.23 Remada vertical com barra. **A.** Posição inicial, vista frontal. **B.** Posição inicial, vista lateral. **C.** Movimento ascendente, vista frontal. **D.** Movimento ascendente, vista lateral

(continua)

Remada vertical com barra *(continuação)*

Movimento descendente

Abaixe a barra lenta e controladamente, mantendo-a próxima ao corpo durante toda a descida, até que os cotovelos fiquem totalmente estendidos e a barra fique contra a parte anterior das coxas. Evite bater a barra contra as coxas, estender rapidamente os cotovelos, flexionar o tronco ou transferir o peso do corpo para o centro dos pés. Mantenha o tronco ereto, os joelhos levemente flexionados e os pés planos no solo, afastados na largura dos ombros. Inspire enquanto a barra é abaixada.

Crucifixo dorsal

Tipo de exercício

Monoarticular para a região superior do corpo

Músculos envolvidos

Infra-espinhoso, redondo menor, trapézio e deltóide (partes clavicular, acromial e espinal).

Posição inicial

Escolha dois halteres de pesos iguais. Coloque-os no solo, próximos à extremidade superior de um banco ajustável levemente elevado. Deite-se na posição pronada no banco, com os quadris, as coxas e o tronco apoiados na superfície estofada. Deslize para cima de modo que o queixo fique apoiado na borda superior do banco. Agarre os halteres com uma empunhadura fechada e rote-os até uma posição neutra das mãos, com os halteres paralelos um ao outro e os cotovelos apontados lateralmente. Os braços ficam elevados lateralmente quase na altura dos ombros, com os cotovelos levemente flexionados (Fig. 10.24A,B).

Movimento ascendente

Inspire e eleve lateralmente os halteres, simultaneamente e com controle, mantendo os cotovelos ligeiramente flexionados; o movimento não deve ocorrer nas articulações dos cotovelos, somente nas dos ombros. Durante todo o movimento ascendente, os braços e cotovelos devem ser elevados juntos, antes e ligeiramente mais altos do que os antebraços e as mãos. Evite levantar rapidamente os halteres. Mantenha a cabeça, o pescoço e a parte superior do tronco em contato com o banco durante toda a subida. Expire enquanto a carga é elevada passando pelo ponto crítico. Continue levantando os halteres até que os braços fiquem aproximadamente paralelos ao solo ou quase se alinhem com a altura dos ombros (Fig. 10.24C,D).

Movimento descendente

Abaixe os halteres com controle, mantendo a cabeça, o pescoço e a parte superior do tronco em contato com o banco durante todo o movimento descendente. Permita que os halteres continuem a descer, mantendo-os paralelos um ao outro, até retornarem à sua posição suspensa inicial. Inspire à medida que eles retornam a essa posição.

Crucifixo dorsal *(continuação)*

FIGURA 10.24 Crucifixo dorsal. **A.** Posição inicial, vista frontal. **B.** Posição inicial, vista lateral. **C.** Movimento ascendente, vista frontal. **D.** Movimento ascendente, vista lateral.

EXERCÍCIOS PARA OS TRÍCEPS

Rosca tríceps deitado

Tipo de exercício

Monoarticular para a região superior do corpo

Músculos envolvidos

Tríceps braquial

Posição inicial

Coloque cargas iguais dos dois lados de uma barra W e fixe-as com presilhas. Sente-se em uma extremidade de um banco ajustável reto e então se coloque em decúbito dorsal, de forma que a cabeça fique apoiada na outra extremidade do banco. A cabeça, os ombros/região dorsal e as nádegas devem ser posicionados de modo firme e equilibrado no banco, e ambos os pés, bem firmes no solo, de cada lado do banco. Você vai precisar de um auxiliar para levantar a barra, de maneira que ela seja agarrada com uma empunhadura pronada fechada, seja na posição interna ou externa das mãos na barra. Mova a barra até que os braços fiquem paralelos um ao outro e perpendiculares ao solo; isso requer que a barra seja segurada de forma que as mãos fiquem acima dos cotovelos. Levante a barra dos suportes com os cotovelos estendidos acima dos olhos. Os braços devem ser rotados externamente, de modo que os cotovelos apontem para os pés (Fig. 10.25A).

Movimento descendente

Abaixe a barra com controle em direção ao topo da testa. Os cotovelos devem apontar para os pés quando começarem a flexionar. Os braços devem permanecer paralelos um ao outro e perpendiculares ao solo. Mantenha a cabeça, os ombros/região dorsal e as nádegas firmes e equilibrados no banco, com os dois pés firmes no solo, de cada lado do banco. Evite arquear as costas durante o movimento descendente. A barra deve quase tocar a testa na sua posição inferior. Deve-se ter cuidado para controlar a velocidade da descida, a fim de que a barra não atinja o rosto. Inspire durante a descida (Fig. 10.25B).

Movimento ascendente

Levante a barra verticalmente e com controle, estendendo os cotovelos e mantendo os cotovelos e os braços imóveis. Mantenha a cabeça, os ombros/região dorsal e as nádegas firmes e equilibrados no banco, com os dois pés firmes no solo, de cada lado do banco. Continue empurrando a barra até que os cotovelos fiquem totalmente estendidos, com a barra diretamente acima dos olhos. Expire enquanto a barra é elevada passando pelo ponto crítico.

FIGURA 10.25 Rosca tríceps deitado. **A.** Posição inicial. **B.** Movimento descendente.

Rosca tríceps

Tipo de exercício

Monoarticular para a região superior do corpo

Músculos envolvidos

Tríceps braquial

Posição inicial

Coloque o pino na carga de treinamento desejada na pilha de pesos do equipamento. Agarre uma barra ou uma corda com uma empunhadura pronada fechada. As mãos devem ficar afastadas aproximadamente 20 a 25 cm. Afaste os pés na largura dos quadris, com o tronco ereto e os joelhos ligeiramente flexionados. Posicione o corpo de forma que o cabo fique em um ângulo perpendicular na posição inicial. Empurre a barra para baixo a partir da sua posição estacionária até uma posição em que os cotovelos fiquem próximos à parte anterior do tronco, tocando a parte inferior do gradil costal; os antebraços ficam retos lateralmente ao corpo, com os punhos retos e as mãos no mesmo nível do peito. Mantenha o pescoço em uma posição neutra, com o cabo diretamente em frente ao nariz, os ombros para trás e os músculos abdominais ligeiramente contraídos. Evite inclinar-se à frente ou posicionar a cabeça para o lado do cabo. Inspire antes de iniciar a descida. Todas as repetições subseqüentes devem começar nessa posição (Fig. 10.26A).

Movimento descendente

Mantendo uma postura ereta, empurre a barra para baixo com controle, do nível do peito até a parte superior das coxas. Os cotovelos devem permanecer junto à parte anterior do tronco, tocando a parte inferior do gradil costal. Mantenha o corpo centrado, com o cabo em frente ao meio do rosto. Conserve os joelhos ligeiramente flexionados durante toda a descida. Evite travar os cotovelos na posição superior (Fig. 10.26B).

Movimento ascendente

Estenda os cotovelos com controle para permitir que a barra retorne à posição inicial. Na posição inicial, os cotovelos ficam próximos à parte anterior do tronco, tocando a parte inferior do gradil costal; os antebraços ficam retos lateralmente ao corpo, com os punhos retos e as mãos no mesmo nível do peito. Durante toda a subida, é crucial garantir que os cotovelos fiquem próximos à parte anterior do tronco, tocando a parte inferior do gradil costal. Inspire à medida que a barra retorna à posição inicial.

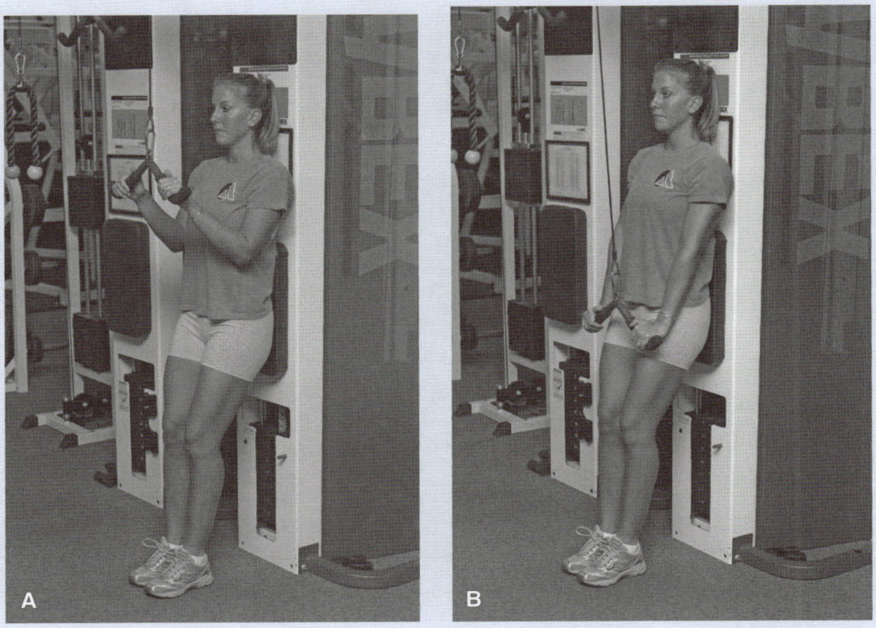

FIGURA 10.26 Rosca tríceps. **A.** Posição inicial. **B.** Movimento descendente.

EXERCÍCIOS PARA OS BÍCEPS

Rosca bíceps com barra

Tipo de exercício

Monoarticular para a região superior do corpo

Músculos envolvidos

Bíceps braquial, braquial e braquiorradial.

Posição inicial

Coloque na barra cargas iguais dos dois lados e fixe-as com presilhas. Agarre-a de forma equilibrada, com uma empunhadura supinada fechada na largura dos ombros. Segure a barra contra a parte anterior das coxas, com os cotovelos totalmente estendidos. Posicione os pés planos no solo, afastados na largura dos ombros; os joelhos ligeiramente flexionados; o tronco ereto; os ombros para trás; e o olhar à frente. Inspire antes de iniciar o movimento ascendente (Fig. 10.27A,B).

Movimento ascendente

Flexione os cotovelos, levantando a barra com controle e descrevendo um arco. Mantenha os cotovelos junto à parte anterior do tronco, tocando a parte inferior do gradil costal, à medida que a barra é elevada. O movimento deve ocorrer nos cotovelos, não nos ombros. Mantenha os pés planos no solo, afastados na largura dos ombros; os joelhos ligeiramente flexionados; o tronco ereto; os ombros para trás; e o olhar à frente. Evite balançar a barra, arquear a região lombar, elevar o corpo nas pontas dos pés ou encolher os ombros para levantar a barra. Continue flexionando os cotovelos até que a barra alcance um ponto acima do nível do peito, a aproximadamente 5 a 7,5 cm do corpo. Evite mover os cotovelos à frente na conclusão da subida. Expire enquanto a barra passa pelo ponto crítico (Fig. 10.27C,D).

FIGURA 10.27 Rosca bíceps com barra. **A.** Posição inicial, vista frontal. **B.** Posição inicial, vista lateral. **C.** Movimento ascendente, vista frontal. **D.** Movimento ascendente, vista lateral.

Rosca bíceps com barra *(continuação)*

Movimento descendente

Abaixe a barra com controle, até que os cotovelos fiquem totalmente estendidos. Evite bater a barra nas coxas na posição inferior. Evite também flexionar o tronco, elevar o corpo na ponta dos pés ou estender forçosamente os cotovelos durante a descida. Mantenha os cotovelos junto à parte anterior do tronco, tocando a parte inferior do gradil costal, à medida que a barra é abaixada. Conserve uma postura ereta da região superior do corpo, os joelhos levemente flexionados e os pés planos no solo. Inspire durante o movimento descendente.

Rosca bíceps alternada com halteres sentado

Tipo de exercício

Monoarticular para a região superior do corpo

Músculos envolvidos

Bíceps braquial, braquial e braquiorradial.

Posição inicial

Escolha dois halteres de pesos iguais e segure-os com uma empunhadura fechada. Coloque-os no solo, próximos à extremidade inferior de um banco ajustável. Ajuste o banco de forma que a extremidade superior fique em um ângulo inclinado de 75° e a base fique paralela ao solo para evitar deslizamento. Levante os halteres do solo usando as pernas. Sente-se na extremidade inferior do banco, com os halteres apoiados na parte superior das coxas. Permita que os halteres fiquem suspensos lateralmente, com os cotovelos totalmente estendidos e as mãos supinadas (palmas voltadas à frente). Inspire antes de levantar o primeiro haltere (Fig. 10.28A,B).

Movimento ascendente

Inicie o exercício elevando um haltere com controle e descrevendo um arco, flexionando o cotovelo. Mantenha o cotovelo junto à parte anterior do tronco, tocando a parte inferior do gradil costal à medida que o haltere é elevado. O movimento deve ocorrer no cotovelo, não no ombro. Mantenha os pés planos no solo, o tronco ereto, os ombros para trás e o olhar à frente. Evite balançar o haltere, arquear a região lombar, elevar o corpo nas pontas dos pés ou encolher os ombros para levantar o haltere. Continue flexionando o cotovelo até que o haltere alcance um ponto acima do nível do peito, a aproximadamente 5 a 7,5 cm do corpo. Evite mover o cotovelo à frente na conclusão da subida. Expire enquanto o haltere passa pelo ponto crítico. Mantenha o braço oposto imóvel lateralmente ao corpo (Fig. 10.28C,D).

Movimento descendente

Abaixe o haltere com controle, até que o cotovelo fique totalmente estendido. Evite estender forçosamente o cotovelo durante a descida. Mantenha o cotovelo junto à parte anterior do tronco, tocando a parte inferior do gradil costal, à medida que o haltere é abaixado. Conserve uma postura ereta da região superior do corpo, com os pés planos no solo. Inspire durante o movimento descendente. Mantenha o braço oposto imóvel lateralmente ao corpo até que a repetição seja concluída, e depois repita os movimentos ascendente e descendente com o braço oposto.

(continua)

Rosca bíceps alternada com halteres sentado *(continuação)*

FIGURA 10.28 Rosca bíceps alternada com halteres sentado. **A.** Posição inicial, vista frontal. **B.** Posição inicial, vista lateral. **C.** Movimento ascendente, vista frontal. **D.** Movimento ascendente, vista lateral.

EXERCÍCIOS PARA OS ANTEBRAÇOS

Rosca punho direta

Tipo de exercício

Monoarticular para a região superior do corpo

Músculos envolvidos

Flexor radial do carpo, flexor ulnar do carpo, palmar longo, flexor superficial dos dedos e flexor profundo dos dedos.

Posição inicial

Coloque na barra cargas iguais dos dois lados e fixe-as com presilhas. Sente-se na extremidade de um banco. Segure a barra com uma empunhadura supinada fechada, na largura de 25 cm. Posicione os joelhos a 90°, com os pés e as pernas paralelos uns aos outros, e os pés apontados à frente. Apóie os antebraços e os cotovelos nas coxas e flexione levemente o tronco. Os punhos devem estender ligeiramente passando pela frente dos joelhos. Estenda os punhos com controle em direção ao solo e abra os dedos de forma que a barra fique apoiada nas pontas dos dedos. Inspire antes de iniciar o movimento ascendente (Fig. 10.29A,B).

Movimento ascendente

Eleve a barra com controle flexionando os dedos e depois os punhos através de uma AM total, sem mover os antebraços ou os cotovelos. Não arremesse ou mova rapidamente a barra para cima. Expire enquanto a barra passa pelo ponto crítico (Fig. 10.29C,D).

Movimento descendente

Retorne a barra com controle até a posição inicial, primeiro estendendo os punhos e depois os dedos. Evite baixar rapidamente a barra durante a descida. Inspire na conclusão do movimento descendente.

Variação: rosca punho direta com halteres

Este exercício também pode ser executado com halteres no lugar da barra, conforme mostra a Figura 10.29.

FIGURA 10.29 Rosca punho direta. **A.** Posição inicial, vista frontal. **B.** Posição inicial, vista lateral.

(continua)

Rosca punho direta *(continuação)*

FIGURA 10.29 (*continuação*) Rosca punho direta. **C.** Movimento ascendente, vista frontal. **D.** Movimento ascendente, vista lateral.

Rosca punho invertida

Tipo de exercício

Monoarticular para a região superior do corpo

Músculos envolvidos

Extensor radial do carpo longo, extensor radial do carpo curto, extensor ulnar do carpo, extensor dos dedos, extensor do dedo mínimo e extensor do indicador.

Posição inicial

Sente-se na extremidade de um banco. Segure a barra com uma empunhadura supinada fechada, na largura de 25 cm. Posicione os joelhos a 90°, com os pés e as pernas paralelos uns aos outros, e os pés apontados à frente. Apóie os antebraços e os cotovelos nas coxas e flexione levemente o tronco. Os punhos devem estender ligeiramente passando pela frente dos joelhos. Estenda os punhos com controle em direção ao solo, mantendo as mãos fechadas. Inspire antes de iniciar o movimento ascendente (Fig. 10.30A).

Movimento descendente

Abaixe a barra com controle, em direção ao solo, flexionando os punhos. Evite baixar rapidamente a barra durante a descida. Inspire na conclusão do movimento descendente (Fig. 10.30B).

Movimento ascendente

Eleve a barra com controle estendendo os punhos através de uma AM total, sem mover os antebraços ou os cotovelos. Não arremesse ou mova rapidamente a barra para cima. Expire enquanto a barra passa pelo ponto crítico.

Variação: rosca punho invertida com halteres

Este exercício também pode ser executado com halteres no lugar da barra, conforme mostra a Figura 10.30.

Rosca punho invertida *(continuação)*

FIGURA 10.30 Rosca punho invertida. **A.** Posição inicial. **B.** Movimento ascendente.

EXERCÍCIOS ABDOMINAIS E PARA A REGIÃO LOMBAR

Abdominal parcial

Tipo de exercício

Para o tronco

Músculos envolvidos

Reto abdominal, oblíquo externo, tensor da fáscia lata e reto femoral.*

Posição inicial

Coloque-se em decúbito dorsal em uma esteira ou em um colchonete no solo. Coloque as mãos atrás da cabeça, com os dedos entrelaçados e os cotovelos apontados lateralmente. Flexione os joelhos a um ângulo de 90° e mantenha os pés planos no solo. Inspire antes de iniciar o exercício (Fig. 10.31A).

Movimento ascendente

Mantendo o pescoço reto e imobilizado nas mãos, a região lombar e as nádegas planas no solo, e os joelhos em um ângulo de 90° com os pés no solo, enrole o tronco para cima, com controle, até que a região dorsal seja elevada do solo ou da esteira. Mantenha os dedos entrelaçados atrás da cabeça. Expire ao passar pelo ponto crítico (Fig. 10.31B).

Movimento descendente

Com controle, mantendo o pescoço reto e imobilizado nas mãos, a região lombar e as nádegas planas no solo e os joelhos em um ângulo de 90° com os pés no solo, desenrole o tronco até a posição inicial,

(continua)

* N. de R. T.: Neste exercício, o tensor da fáscia lata apresenta uma ação secundária. Já os músculos oblíquo e iliopsoas, não citados, são ativados no referido exercício (Rasch e Burke. Cinesiologia e Anatomia Aplicada. 5a edição. Guanabara Koogan, 1977).

Abdominal parcial *(continuação)*

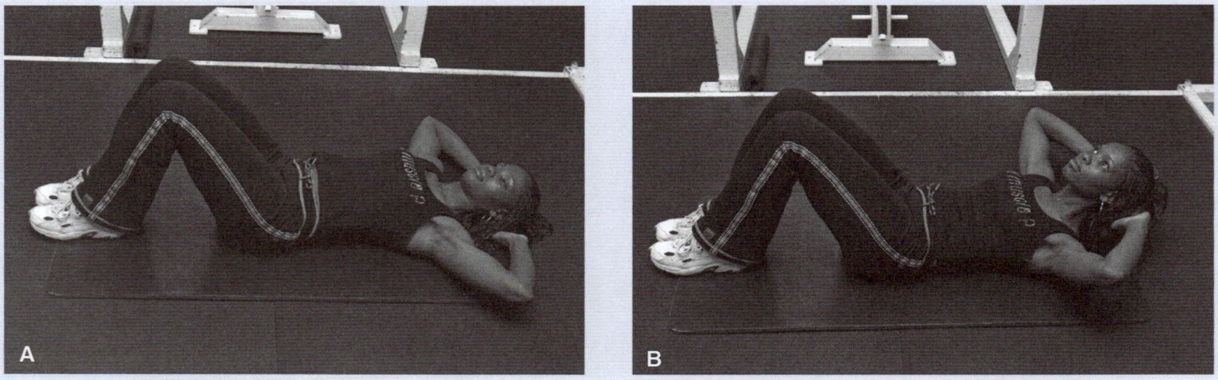

FIGURA 10.31 Abdominal parcial. **A.** Posição inicial. **B.** Movimento ascendente.

quando a região dorsal atinge o solo ou a esteira. Mantenha os dedos entrelaçados atrás da cabeça. Inspire na conclusão do movimento descendente.

Variação do exercício

Para praticantes mais experientes, as pernas podem ser elevadas paralelas ao solo ou colocadas em um banco, com a região lombar e as nádegas planas no solo e os joelhos em um ângulo de 90° perpendiculares ao solo.

Extensão lombar

Tipo de exercício

Para o tronco

Músculos envolvidos

Longuíssimo do tórax, quadrado lombar, iliocostal lombar, intertransversários laterais lombares, iliocostal torácico, glúteo máximo e isquiotibiais (semimembranoso, semitendinoso, bíceps femoral).

Posição inicial

Sente-se no equipamento adotando uma postura ereta, com os pés na plataforma apropriada, de forma que os joelhos fiquem ligeiramente inclinados e as costas fiquem em contato com o assento. Certifique-se de que a almofada das costas fique em contato com as escápulas; então coloque as mãos, sobrepostas, cruzando o peito (Fig. 10.32A).

Movimento para trás

Mantenha a cabeça e o pescoço em uma posição neutra e comece, lentamente, a estender o tronco até alcançar uma posição reta dos pés à cabeça (Fig. 10.32B).

Movimento para a frente

Inverta a sua posição flexionando lentamente o tronco até retornar à posição sentado ereto.

Extensão lombar *(continuação)*

FIGURA 10.32 Extensão lombar. **A.** Posição inicial. **B.** Movimento descendente.

RESUMO

O treinamento de força tem vários benefícios, incluindo a hipertrofia e o aumento da densidade mineral óssea. Antes de iniciar um programa de treinamento de força, o atleta deve familiarizar-se com o vestuário adequado, as técnicas de auxílio e as técnicas de respiração. Antes de executar um exercício específico, o atleta deve saber os movimentos adequados do exercício descritos neste capítulo.

QUESTÕES TÉCNICAS

1. Um participante experiente de treinamento de força está executando um exercício com sobrecarga equivalente a 3 RMs no supino. Quantos auxiliares são necessários? Onde eles devem posicionar-se? Quais são as suas responsabilidades?
2. Complete na Tabela 10.1 os exercícios listados para a região superior do corpo.
3. Complete na Tabela 10.2 os exercícios listados para a região inferior do corpo.

TABELA 10.1 Exercícios para a região superior do corpo

Exercício	Supino reto com barra	Remada vertical com barra	Rosca tríceps deitado
Tipo de exercício			
Músculos envolvidos			
Tipo de empunhadura			
Largura da empunhadura			
Número de auxiliares			

TABELA 10.2 Exercícios para a região inferior do corpo

Exercício	"Metida ao peito"	Agachamento dorsal	Levantamento-terra
Tipo de exercício			
Músculos envolvidos			
Tipo de empunhadura			
Largura da empunhadura			
Número de auxiliares			

EXEMPLO DE CASO

Planejamento de um programa de treinamento de força para um atleta poliesportivo jovem

HISTÓRICO

Você é um treinador de força que trabalha com um atleta de 14 anos de idade que pratica mais de um esporte. Ele foi treinado no ano passado com equipamentos de musculação. Ele deseja aumentar sua força específica ao esporte.

RECOMENDAÇÕES/CONSIDERAÇÕES

Antes de proceder a uma análise de necessidades e com base no potencial do seu cliente, você decide começar utilizando pesos livres para agachamentos e supino. Os pesos livres são escolhidos pela sua especificidade aumentada aos esportes.

IMPLEMENTAÇÃO

O agachamento com pesos livres e o supino com pesos livres serão implementados, no programa de treinamento de força, ao longo de um período de 10 semanas.

Semanas 1 e 2. As duas primeiras semanas servem para introduzir os exercícios com pesos livres. Os pesos leves são utilizados, e a forma adequada é enfatizada. Metade das séries executadas utilizará os equipamentos tradicionais, e a outra metade utilizará os exercícios com pesos livres.

Semanas 3 a 6. Uma vez aprendida a forma adequada, o atleta poderá utilizar uma resistência moderada da terceira à sexta semanas. A maioria das séries é executada com pesos livres, mas uma a duas séries por semana ainda serão executadas em equipamentos.

Semanas 7 a 10. Nesse ponto o atleta deve estar confortável com os pesos livres e executando todas as séries com eles, utilizando resistência moderada.

RESULTADOS

Ao final do período de 10 semanas, o atleta foi incorporando com sucesso o supino e o agachamento com pesos livres em seu programa. Os testes após o programa encontraram os seguintes resultados:

- Aumento da massa corporal
- Nenhum aumento no percentual de gordura corporal
- Aumento no salto vertical
- Aumento no número de apoios em um minuto

REFERÊNCIAS

1. Aaberg E. Resistance Training Instruction. Champaign, IL: Human Kinetics, 1999:35–48.
2. Baechle TR, Groves BR. Weight training: steps to success 2nd ed. Champaign, IL: Human Kinetics, 1998:6–10.
3. Brooks GA, Fahey TD, White TP. Exercise Physiology: Human Bioenergetics and Its Applications. 2nd ed. Mountain View, CA: Mayfield, 1996.
4. Cissik JM. The Basics of Strength Training. New York: McGraw-Hill, 2001:17–21.
5. Fleck SR, Kraemer WJ. Designing Resistance Training Programs. 3rd ed. Champaign, IL: Human Kinetics, 2004.
6. Newton H. Explosive Lifting for Sports. Champaign, Il: Human Kinetics, 2002:49–51.
7. Nutter J. Physical activity increases bone density. NSCA J 1986;8:3;67–69.
8. Zatsiorsky VM. The Science and Practice of Strength Training. Champaign, IL: Human Kinetics, 1995.

CAPÍTULO 11

Administração e planejamento de instalações esportivas

STEVEN PLISK

Introdução

A profissão da área de força e condicionamento envolve as competências combinadas de ciência do esporte/exercício, administração, gerenciamento, ensino e treinamento. Esses profissionais também devem sujeitar-se a várias leis e regulamentos. Coletivamente, isso gera grandes desafios em termos de administração e projeto de instalações esportivas, o que requer, por sua vez, experiência, *expertise* e recursos consideráveis. Os profissionais e seus empregadores são juntamente responsáveis por se dedicarem a esses desafios, e, cada um, por atender ao padrão de cuidados envolvidos no oferecimento de programas e serviços seguros e efetivos aos atletas.

As principais questões administrativas envolvem o número de atletas e a disponibilidade de treinadores competentes, equipamentos, espaço e tempo (35). Este capítulo discute esses tópicos em um contexto mais amplo, que envolve instalações esportivas e equipamentos; obrigações e conceitos legais; exposição à responsabilidade; políticas e procedimentos.

INSTALAÇÕES E EQUIPAMENTOS

Os arquitetos têm uma máxima: *A forma segue a função* – isto é, o desenho de uma estrutura deve ser determinado pela sua finalidade. Embora esse conceito pareça bastante simples, a realidade é que muitas instalações esportivas foram originalmente projetadas para outros fins. Além disso, elas contêm equipamentos obsoletos. Mesmo em instalações de última geração, atualizações periódicas podem ser necessárias, pois a indústria de produção de equipamentos é dinâmica, oferecendo regularmente novas características e inovações com base em informações dos profissionais de condicionamento e força.

Outra máxima pode ser útil: *Administre seus programas de tal forma que você se orgulhe em permitir que um inspetor observe o funcionamento normal.* Uma vez que o projeto das instalações e a administração do programa estão inter-relacionados, isso significa que o conteúdo e a disposição dos equipamentos devem possibilitar que outros profissionais com filosofias compatíveis implementem seus programas nessas instalações sem requerer mudanças significativas. Esse conceito também parece bastante simples, mas na verdade requer um planejamento cuidadoso.

> *Administre seus programas de tal forma que você se orgulhe de deixar um inspetor observar as operações normais.*

Disposição e horários

O primeiro passo no planejamento e no projeto de novas instalações esportivas é formar uma comissão. Todo esse processo pode ser subdividido nas fases de pré-projeto, projeto, construção e pré-execução (21).

O profissional deve avaliar os equipamentos existentes com base nas necessidades dos programas de todos os grupos de treinamento que utilizam as instalações (21). Esse passo deve envolver diversas questões, incluindo o número de atletas que usam o local; os tipos específicos de treinamento requeridos por cada grupo; faixa etária e experiência de treinamento (i.e., necessidades desenvolvimentais) de atletas que utilizam as instalações; quando o treinamento encaixa-se nos horários do grupo; bem como quaisquer consertos ou adaptações que devam ser realizados para suprir necessidades especiais.

O projeto das novas instalações deve ser considerado ao se dispor os equipamentos existentes (21). As questões a considerar incluem localização, acesso, local de supervisão, altura do teto, piso, fatores ambientais, instalação elétrica, espelhos, entre outras (p. ex., bebedouros, salas de repouso, telefones, sinalizadores, mural de avisos, depósito e áreas de manutenção).

No arranjo dos equipamentos, a segurança é uma preocupação fundamental, juntamente com a finalidade e a função de cada peça (21). Questões a serem abordadas incluem a disposição, o espaçamento e o fluxo de tráfego. A Figura 11.1 mostra um exemplo de uma área de força/potência bem planejada. Preocupações específicas a determinadas áreas (p. ex., de alongamento/aquecimento, treinamento em circuito, pesos livres, levantamento olímpico, metabólica) devem ser consideradas ao se calcular as necessidades de espaço. Por exemplo (37):

- Para a execução de exercícios em pé a partir de um *rack*, considere o comprimento da barra mais o dobro da largura (1,8 m) da área de amortecimento de segurança e multiplique pelo espaço sugerido

FIGURA 11.1 Uma área de força/potência deve ser projetada levando-se em conta a disposição e o arranjo das instalações esportivas bem como a segurança e a função dos equipamentos.

de 2,4 a 3 m para um usuário [p. ex., se usar uma barra olímpica de 2 m para o exercício de agachamento, (2 m + 1,8 m) x (3 m) = 11,4 m^2].

- Para a execução de exercícios de levantamento olímpico, considere o comprimento da plataforma mais uma área de distanciamento de segurança de 1,2 m de perímetro e multiplique pela largura da plataforma mais outra área de distanciamento de segurança de 1,2 m de perímetro [p. ex., (2,4 m + 1,2 m) x (2,4 m + 1,2 m) = 12,96 m^2].

Ao organizar os horários das instalações esportivas, considere as prioridades esportivas sazonais com relação aos horários de pico (recomendações específicas são fornecidas abaixo na seção "Obrigações e Responsabilidades: Exposição a Responsabilidades"). Outras questões a considerar incluem as razões equipe de apoio/atleta e a disponibilidade de equipamentos relativa ao tamanho do grupo.

Independentemente das estratégias utilizadas, um objetivo do projeto e da disposição das instalações esportivas é otimizar a visibilidade e a acessibilidade. Em muitos casos, isso deve ser alcançado a despeito da equipe de apoio limitada, do alto volume de atletas e da pressão do tempo. Dependendo de como vários métodos e movimentos de treinamento são priorizados, o desafio é equipar e organizar o local de treinamento para a capacidade máxima sem comprometer a efetividade, a eficiência e a segurança.

Embora o conteúdo específico de cada sala de treinamento seja uma questão de critério, algumas diretrizes básicas podem ser inferidas a partir de evidências disponíveis e da experiência prática. Os profissionais de condicionamento e força devem avaliar criticamente os prós e os contras de várias opções de equipamentos, em vez de tomar decisões com base em crenças dogmáticas sobre "pesos livres *versus* equipamentos", "treinamento funcional *versus* tradicional" e assim por diante.

Por um lado, o aparato de treinamento deve ser escolhido de acordo com a transferência do efeito de treinamento. Essa questão pode ser abordada sob diversos aspectos, incluindo a especificidade mecânica (também chamada "correspondência dinâmica" – i.e., os mecanismos básicos de movimentos de treinamento devem ser específicos às demandas da atividade competitiva); os efeitos metabólicos (i.e., a influência dos custos energéticos e das repostas endócrinas nas adaptações ao treinamento); e a aquisição de coordenação/habilidades. Por outro lado, devem-se considerar questões práticas tais como estas:

- Versatilidade
- Requisitos de treinamento/orientação (e as responsabilidades correspondentes da equipe de apoio/auxiliares)
- Segurança
- Custo, eficiência espaço/tempo

Em termos de treinamento de força/potência, o consenso que emerge da literatura é de que os equipamentos com resistência não-guiada são superiores em muitos sentidos, particularmente quando utilizados com instrução e supervisão qualificadas (43,45,57,59). Parece haver diversas razões para isso, as quais, por sua vez, fornecem critérios úteis para escolher equipamentos. Em geral, as instalações esportivas devem ser projetadas e equipadas para uma variedade de tarefas de treinamento consistentes com as metas e os objetivos do programa, possibilitando aos atletas executarem vários movimentos poliarticulares em múltiplos planos que desafiem suas habilidades coordenativas. Embora certas estações provavelmente tenham uma prioridade mais alta do que outras, a maioria deve ser adequada a exercícios em que a amplitude de movimento seja um padrão de aceleração, envolvendo níveis de alta potência e taxas de produção de força, bem como diferentes regimes de trabalho muscular (concêntrico, excêntrico, isométrico e de ciclo alongamento-encurtamento onde for apropriado). Critérios adicionais são discutidos abaixo, em "Obrigações e responsabilidades: exposição a responsabilidades", mas aqueles esboçados acima podem ser utilizados como um ponto de partida na maioria dos locais.

Manutenção e segurança

A responsabilidade principal do profissional de condicionamento e força é prover um ambiente de treinamento seguro para todos os atletas (20). A melhora do desempenho e a prevenção de lesões também têm alta prioridade (20). Atividades e responsabilidades especializadas podem ser delegadas entre os membros da equipe de apoio, os quais, por sua vez, devem trabalhar cooperativamente como uma equipe.

Os profissionais de condicionamento e força têm a responsabilidade de providenciar a manutenção e a limpeza das instalações e dos equipamentos de treinamento (20). Estabelecer horários de manutenção e limpeza freqüentes – e manter os suprimentos, ferramentas e outros itens necessários à mão – ajudam a manter a segurança, proteger os investimentos e manter a aparência, o asseio e a funcionalidade.

Os fatores ambientais são importantes para a saúde e a segurança dos participantes. Estas são algumas questões específicas a serem consideradas (20):

- Controle de sistemas de som/vídeo pelo coordenador e supervisores qualificados das instalações (p. ex., volume baixo o bastante para permitir uma comunicação clara entre o auxiliar e o levantador, em todos os momentos)
- Temperatura do ar mantida constante de 22 a 26°C
- Sistemas de ventilação operando adequadamente (ideal de 12 a 15 trocas de ar/h; mínimo de oito a

Pergunta e resposta da área

Eu recém aceitei o cargo de coordenador de força e condicionamento em uma pequena universidade. A sala de musculação da equipe esportiva principal é cheia de equipamentos obsoletos e não-funcionais, e o orçamento é pequeno demais para prover todos os itens de que necessitamos para reequipar as instalações esportivas este ano. O que devo fazer?

Essa é uma situação comum e pode ser um grande desafio e também uma oportunidade. Eis algumas sugestões:

Faça uma lista de prioridades dos equipamentos que você planeja substituir ou modernizar. Seja específico em termos da quantidade de que você precisará de cada item e do valor que custará, tendo em mente que muitos fornecedores oferecem descontos na compra de várias unidades de equipamentos. Planeje modernizá-los em etapas e seja o mais objetivo possível, de forma que suas preferências pessoais não influenciem suas escolhas. Comece com os itens que você "precisa ter", não importa o quanto você queira os que "seria bom ter". Se for feio mas funcional, protele sua substituição para mais tarde; por exemplo, barras e anilhas velhas/enferrujadas podem não ser bonitas mas serão adequadas temporariamente. Gaste o dinheiro disponível em equipamentos de prioridade alta, que não possam ser doados ou construídos no local.

Uma vez elaborado seu plano de modernização, coordene seus esforços com seu diretor de esportes. Considere várias questões aqui. Peça permissão para recorrer a apoiadores ou comerciantes locais em busca de "donativos em espécie". A maioria das universidades tem um programa de incentivos abrangente para tais doações, e muitos apoiadores ficam felizes em trocar serviços e/ou materiais por ingressos ou outros créditos. O importante é cuidar para não minar os esforços de angariação de fundos de seu diretor de esportes – ele pode já estar planejando procurar algumas das mesmas pessoas que você tem em mente. Muitos diretores de esporte reservam algum recurso orçamentário até o final do ano fiscal para o caso de haver alguma despesa imprevista. Peça-lhe que considere destinar parte desse recurso (ou todo ele) à modernização da sala de musculação, não esquecendo de enfatizar o quanto isso pode beneficiar o rendimento de todas as equipes bem como o recrutamento!

Se você tiver um fornecedor em mente para a maior parte do projeto de modernização, pergunte sobre as capacidades de desenho computadorizado da empresa. Eles podem vir a oferecer plantas de pisos, desenhos técnicos em projeção frontal ou outros desenhos que ajudarão todos os envolvidos no projeto a visualizarem o resultado final.

Assumindo que o diretor de esportes dê a sua aprovação, procure o coordenador de desenvolvimento/angariação de fundos do departamento de esportes. Solicite sua apresentação a apoiadores específicos que possam oferecer produtos ou serviços úteis – por exemplo, lojas de materiais de construção que possam doar madeira para as plataformas; soldadores que possam fabricar equipamentos; etc. Faça o seu dever de casa antes de contatá-los; os apoiadores geralmente sentem-se gratificados em saber que você está dando preferência a eles e que viu seus anúncios em catálogos de propaganda, programas impressos dos jogos, sinalização no estádio, e outros.

Uma advertência: ao recrutar os serviços de soldadores, carpinteiros ou outros empreiteiros, trabalhe com eles para assegurar que tudo que construírem ou modificarem atenda às especificações. Se o equipamento falhar em algum momento, a universidade será responsável por quaisquer lesões ou danos resultantes.

10 trocas de ar/h); nenhum odor forte detectável na sala
- Equipamentos e piso não-escorregadiço devido à umidade
- Salas bem-iluminadas e sem áreas escuras; lâmpadas trocadas regularmente
- Sinal de saída bem-iluminado
- Fios de extensão compridos o suficiente para carga elétrica, e bem-direcionados, seguros e aterrados
- Avisos de segurança, regulamento e política afixados em local bem visível

Na manutenção dessas áreas de responsabilidade, é imperativo compreender questões de litígio (8,15,22,23,28,37,49,51). Ao fazer isso, os profissionais de condicionamento e força podem efetivamente controlar – mas não eliminar totalmente – o risco de lesões dos participantes. Também é importante entender o conceito de **responsabilidade civil** [i.e., as responsabilidades legais de um fabricante e/ou fornecedor se alguém alegar lesão ou dano devido principalmente a um defeito ou deficiência no projeto ou na produção (8), bem como ações que podem colocá-lo em risco de litígio]. Essas questões são discutidas em detalhe nas seções seguintes. O Quadro 11.1 fornece diretrizes básicas para o planejamento e o projeto de novas instalações esportivas.

QUADRO 11.1 INSTALAÇÕES E EQUIPAMENTOS

Forme uma comissão de profissionais para fazer o que segue:

- Avaliar os equipamentos existentes com base nas necessidades de todos os grupos de treinamento que utilizam as instalações.
- Considerar o projeto das instalações e fazer o arranjo dos equipamentos existentes. A segurança e a função são as prioridades máximas na determinação do arranjo dos equipamentos.
- Considerar as prioridades de treinamento sazonais, as razões equipe de apoio/atleta e a disponibilidade dos equipamentos em relação ao tamanho do grupo.
- Estabelecer horários de freqüente manutenção e limpeza para garantir a segurança; proteger os investimentos; e manter a aparência, o asseio e a funcionalidade das instalações.

Uma consideração importante relativa ao planejamento de instalações esportivas é avaliar as necessidades dos atletas e das equipes que utilizarão as dependências.

OBRIGAÇÕES E CONCEITOS LEGAIS

Os profissionais de condicionamento e força e seus empregadores compartilham obrigações legais para fornecer um nível adequado de supervisão e instrução para fazer o que segue: satisfazer um padrão de cuidado razoável; oferecer e manter um ambiente seguro para atletas; informar os usuários sobre os riscos inerentes e relacionados às suas atividades; e prevenir riscos ou danos sem motivo, resultantes de uma instrução ou supervisão negligente (15,22,23,28). Na realidade, essas obrigações e conceitos legais definem as tarefas organizacionais e administrativas da profissão.

A principal responsabilidade do profissional de condicionamento e força é oferecer um ambiente de treinamento seguro para todos os atletas.

Um profissional da área de força e condicionamento deve ter uma compreensão clara dos seguintes termos legais (21):

- **Assunção de riscos.** A participação voluntária em uma atividade com o conhecimento de seu(s) risco(s) inerente(s). Os profissionais de condicionamento e força devem fornecer aos participantes informações completas sobre o(s) risco(s) envolvido(s) nas atividades esportivas e de condicionamento. De forma ideal, deve-se solicitar aos atletas que assinem uma declaração de que compreendem e aceitam esse(s) risco(s).
- **Responsabilidade.** Uma responsabilidade legal. Os profissionais de condicionamento e força devem seguir os passos certos para garantir a participação segura nas atividades de condicionamento, prevenir lesões e agir com prudência quando uma lesão ocorrer (8).
- **Negligência.** Falha em exercer os cuidados que uma pessoa prudente exerceria em circunstâncias semelhantes. Para que um profissional seja culpado por negligência, deve haver uma obrigação, descumprimento de obrigação, causa imediata e danos (51). Ele é negligente se for provado que ele tem a obrigação de agir e não o fez com o padrão de cuidado adequado, causando lesão ou danos imediatos a outra pessoa.
- **Padrão de cuidado.** O que uma pessoa prudente e sensata faria em circunstâncias semelhantes. Espera-se que um profissional de condicionamento e força aja de acordo com a sua educação, seu treinamento e seu tipo de certificação.

Os profissionais de condicionamento e força e seus empregadores compartilham a obrigação legal de oferecer um nível adequado de supervisão e instrução.

Tipos de normas

Além de normas de procedimentos operacionais desejados publicadas por organizações profissionais tais como a National Strength and Conditioning Association (NSCA), normas de especificações técnicas/físicas têm sido publicadas por organizações independentes. Em uma ação judicial de negligência, padrões de cuidado estabelecidos podem ser utilizados para aferir a competência de um profissional de condicionamento e força comparando-se a sua conduta efetiva com parâmetros de comportamento esperado. Além dos padrões e das diretrizes estabelecidos por organizações afins, tais como o American College of Sports Medicine (ACSM) (7,60), a American Heart Association (AHA) (7,40) e a National Athletic Trainers Association (NATA) (44), outras associações também delinearam normas de procedimento (Aerobics and Fitness Association of America, American Physical Therapy Association, National Association for Sport and Physical Education). Ademais, especificações técnicas/físicas relevantes foram publicadas pela U.S. Consumer Product Safety Commission (p. ex., "Prevenção de lesões em crianças decorrentes do uso de equipamentos de exercícios"; Documento n. 5028 da CPSC) e pela American Society for Testing and Materials (2,3).

Aplicação de normas de procedimento à administração de riscos

A **administração de riscos** é um processo administrativo proativo que ajuda a minimizar a responsabilidade legal e também minimiza a freqüência e a severidade de lesões e de reclamações e ações judiciais subseqüentes (14,15). Pode não ser possível eliminar riscos de lesões e exposição a responsabilidades, mas isso pode ser efetivamente minimizado com estratégias de administração de riscos. Embora o coordenador seja o responsável em última instância pela administração de riscos, todos os profissionais de condicionamento e força devem envolver-se em vários aspectos do processo. Eickhoff-Shemek (16) propõe um procedimento de quatro etapas [adaptado de Head e Horn (25)] para a aplicação de normas de procedimento ao processo de administração de riscos:

1. *Identifique e selecione normas de procedimento bem como todas as leis aplicáveis.* Pelo fato de um grande número de normas de procedimento ser publicado por várias organizações, é um desafio para os profissionais de condicionamento e força ficar a par de todas elas e determinar quais são apropriadas na implementação do plano de administração de riscos. Em termos de segurança do participante, as normas mais conservadoras ou estritas em uma determinada indústria geralmente são adotadas.
2. *Desenvolva estratégias de administração de riscos que reflitam as normas de procedimento e todas as leis aplicáveis.* Essa etapa envolve escrever procedimentos definindo as responsabilidades ou obrigações específicas que a equipe de apoio teria em determinadas situações. Os procedimentos devem ser descritos de forma clara e sucinta, e sem detalhes excessivos. Uma vez finalizada a descrição dos procedimentos, eles devem ser incluídos no manual de políticas e procedimentos da equipe de apoio.
3. *Implemente o plano de administração de riscos.* A implementação desse plano envolve primeiramente o treinamento da equipe de apoio para assegurar que a conduta diária dos profissionais seja consistente com as políticas e os procedimentos descritos, e com as leis e normas de procedimento selecionadas. O manual de políticas e procedimentos deve ser utilizado em conjunto com o treinamento inicial de novos empregados, bem como durante os cursos regulares de capacitação/aperfeiçoamento no trabalho, em que todos os empregados praticam determinado procedimento. Do ponto de vista legal, também é importante explicar à equipe de apoio por que é essencial executar tais obrigações de forma adequada.
4. *Avalie o plano de administração de riscos.* Assim como as leis, as normas de procedimento não são estáticas e precisam ser atualizadas periodicamente, a fim de refletir mudanças. O plano de administração de riscos deve ser formalmente avaliado pelo menos anualmente, bem como após cada incidente de acidente ou lesão, para determinar se os procedimentos de emergência foram realizados corretamente e o que poderia ser feito para prevenir futuros incidentes similares.

> *A aplicação de normas de procedimento ao processo de administração de riscos envolve um processo de quatro etapas: (1) identifique e selecione normas de procedimento bem como todas as leis aplicáveis; (2) desenvolva estratégias de administração de riscos que reflitam as normas de procedimento e todas as leis aplicáveis; (3) implemente o plano de administração de riscos; e (4) avalie o plano de administração de riscos.*

APLICAÇÃO NA REALIDADE

Políticas e procedimentos

Eis uma política simples para um centro de treinamento de força e condicionamento: *"Trabalhe com um auxiliar atento – e use equipamentos de segurança adequados (p. ex.,* racks *de levantamento) – para executar movimentos em que pesos livres sejam apoiados no tronco ou movidos acima da cabeça/rosto.* Os levantamentos olímpicos são uma exceção à regra do auxiliar e devem ser realizados em uma plataforma de 2,4 x 2,4 m, desobstruída de pessoas e equipamentos".

Lembre que quando você estabelece uma política, precisa pensar em como fazer com que seja cumprida. Para levar a cabo essa política e assegurar que seja executada, vários passos devem ser seguidos: (1) a equipe de apoio deve ser treinada naquilo que se espera dela, em termos tanto de ensinar um auxiliar quanto de lidar com atletas que não utilizam um auxiliar; (2) os atletas devem ser treinados em técnicas de auxílio, quais levantamentos necessitam de um auxiliar e quantos auxiliares são necessários. É necessário treinar os atletas logo que ingressam no programa, e talvez você ache necessário reforçar esse treinamento todo ano. (3) Decida antecipadamente sobre as conseqüências de não se seguir a política. Seja justo, mas, se você deixar alguns descumprirem a política e outros não, considere as implicações legais caso o atleta que não a seguiu sofra uma lesão.

O Apêndice B contém um exemplo de documento de políticas e procedimentos para um centro de treinamento de força e condicionamento.

OBRIGAÇÕES E RESPONSABILIDADES: EXPOSIÇÃO A RESPONSABILIDADES

Embora cada programa e cada instalação esportiva sejam únicos, recomenda-se examinar as obrigações e responsabilidades dos profissionais de condicionamento e força em termos de áreas comuns de exposição à responsabilidade (49). Elas se inter-relacionam – por exemplo, a instrução e a supervisão adequadas estão associadas com as qualificações do quadro funcional, bem como com a disposição e a organização dos horários das instalações esportivas. O não-atendimento em uma área pode afetar outras, constituindo assim o risco de negligência e de um potencial litígio. Os profissionais de condicionamento e força e seus empregadores compartilham as obrigações e responsabilidades correspondentes.

As *Strength and Conditioning Professional Standards and Guidelines* (Normas e Diretrizes Profissionais na Área de Força e Condicionamento) da NSCA (49) identificam nove áreas de exposição à responsabilidade: avaliação e liberação pré-participação; qualificações do quadro funcional; supervisão do programa e instrução; arranjo, inspeção, manutenção, conserto e sinalização de instalações e equipamentos; plano e resposta de emergência; registros e manutenção de registros; igualdade de oportunidades e de acesso; participação de crianças; e suplementos, recursos ergogênicos e drogas. Dentro dessas áreas de exposição à responsabilidade, um total de 11 normas ("é obrigado fazer") e 13 diretrizes ("deve-se fazer") é proposto (ver Apêndice C). Elas ainda definem as tarefas envolvidas na organização e na administração das instalações esportivas.

Avaliação e liberação pré-participação

Uma avaliação física (preferencialmente conduzida por um médico) é imperativa para todos os atletas previamente à participação em um programa. Ela deve incluir uma história de saúde e de imunização abrangente (conforme definido pelas diretrizes atuais dos Centros de Controle e Prevenção de Doenças), bem como um exame físico relevante, incluindo uma avaliação ortopédica. Uma avaliação cardiovascular, conforme discutido abaixo, também é recomendada. O profissional de condicionamento e força não precisa de uma cópia dos resultados, mas deve requerer uma declaração assinada que comprove a liberação médica para participar. Aos atletas que estiverem retornando após uma lesão ou doença ou que tenham necessidades especiais, deve-se solicitar que apresentem uma comprovação de liberação médica antes de começarem ou voltarem a participar.

Atualmente, não há normas aceitas universalmente disponíveis para examinar atletas, nem há procedimentos de certificação aprovada para os profissionais da saúde que realizam tais avaliações. No entanto, o esforço conjunto de cinco organizações publicou uma monografia relativa ao tema Avaliação Física Pré-Participação, sendo esta amplamente aceita. Nela estão incluídas instruções detalhadas de como conduzir um exame físico e da história de saúde pré-participação, determinando a liberação para participação, e um formulário de avaliação médica para copiar e usar em cada exame (50). A American Heart Association e o American College of Sports Medicine também publicaram declarações sobre avaliação pré-participação para pessoas envolvidas em atividades relacionadas à aptidão física (7,40,41). Questões relevantes podem ser resumidas conforme seguem:

Instituições de ensino possuem obrigações éticas, médicas e possivelmente legais para implementar estratégias de avaliação pré-participação econômicas (incluindo uma história médica e uma avaliação física completas), garantindo assim que atletas do ensino médio e universitários não fiquem sujeitos a riscos inaceitáveis. O apoio a tais esforços – especialmente em grandes populações esportivas – é mitigado por considerações de economia, limitações práticas e a consciência de que não é possível alcançar o risco zero em esportes competitivos.

Um profissional de saúde qualificado (com o treinamento necessário, habilidades médicas e experiência para realizar uma avaliação física de forma confiável, obter uma história cardiovascular detalhada e reconhecer uma cardiopatia) deve conduzir a avaliação pré-participação esportiva. É preferível um médico, mas uma enfermeira ou outro profissional da saúde bem-treinado pode ser aceitável sob certas circunstâncias, em estados onde se permite que profissionais da saúde que não médicos realizem avaliações pré-participação. Nesta última situação, um processo de certificação formal deve ser estabelecido para demonstrar a *expertise* do avaliador na condução de avaliações cardiológicas.

A melhor e mais prática abordagem disponível para avaliar populações de praticantes de esportes competitivos é uma história médica, pessoal e familiar, e uma avaliação física completas e cuidadosas, a fim de identificar (ou levantar a suspeita de) fatores de risco cardiovascular conhecidos por causarem morte súbita ou progressão da doença. Tal avaliação é um objetivo alcançável e deve ser obrigatória para todos os atletas. Inicialmente, uma história médica e uma avaliação física completas devem ser realizadas antes da participação em competições esportivas organizadas (ensino médio). Uma história parcial deve ser obtida nos anos subseqüentes. Para atletas universitários, uma história pessoal/familiar e uma avaliação física abrangentes devem ser realizadas por um avaliador qualificado, inicialmente quando do ingresso na instituição, antes de iniciar o treinamento e a competição. A avaliação deve ser repetida a cada dois anos, a menos que exames mais freqüentes sejam indicados; uma história parcial e uma medição de pressão arterial devem ser obtidas em cada ano subseqüente, para determinar se outra avaliação física e possíveis testes adicionais são necessários (p. ex., devido a anormalidades ou alterações no estado clínico).

Para classificar inicialmente os participantes pelo risco para a triagem e a tomada de decisão preliminar, deve-se utilizar questionários de avaliação de saúde antes dos testes de esforço e/ou treinamento físico. Os participantes podem, ainda, ser classificados para o treinamento físico com base em características individuais, após a avaliação de saúde inicial (e consulta médica e/ou teste de esforço supervisionado se indicado). Uma comunicação ativa e por escrito entre a equipe das instalações esportivas e o médico ou outro profissional da saúde do participante é fortemente recomendada quando uma avaliação/recomendação médica é aconselhada ou requerida. Os participantes também devem ser instruídos sobre a importância da avaliação de saúde e da avaliação/recomendação médica (se indicada) pré-participação, bem como sobre os riscos potenciais a que ficam sujeitos sem elas.

Qualificações do quadro funcional

Para supervisionar e instruir adequadamente os atletas que utilizam as instalações esportivas e os equipamentos, deve-se contratar funcionários qualificados e instruídos. Recomenda-se uma abordagem em três frentes:

1. *O profissional de condicionamento e força deve adquirir* expertise *– e ter um título de uma universidade/faculdade regionalmente reconhecida – em um ou mais dos tópicos que compreendem o domínio dos "fundamentos científicos" identificado na Descrição do Conteúdo do Exame do Especialista Certificado em Força e Condicionamento (CSCS) (46) ou em uma área relevante.* Ele deve também fazer um esforço contínuo para adquirir conhecimento e competência nas áreas de conteúdo fora da sua primeira área de especialidade.
2. *Organizações profissionais oferecem certificações com exigências de educação continuada bem como um código de ética para profissionais interessados em adquirir as competências necessárias.* Dependendo das obrigações, responsabilidades e interesses específicos da pessoa, certificações relevantes oferecidas por outras entidades governamentais também podem ser apropriadas.
3. *O modelo de "equipe executora" – isto é, formar uma equipe composta de profissionais qualificados com* expertise *interdependente e funções de liderança compartilhadas – pode intensificar o conhecimento e o desenvolvimento de habilidades do profissional (ver Apêndice D)* (33,34). A esfera de atuação da profissão expandiu-se e diversificou-se ao ponto em que é um desafio – e muitas vezes impossível – para um indivíduo adquirir proficiência em todas as áreas. O modelo de equipe também pode melhorar a produtividade de um grupo de trabalho hierárquico (um só líder), bem como a aprendizagem e a aquisição de habilidades de cada indivíduo (33).

É difícil superenfatizar a importância de um quadro de funcionários qualificado no cumprimento das obrigações legais compartilhadas da instituição e do profissional no tocante à segurança, supervisão e padrão de cuidado. A falta de instrução e supervisão qualificadas pode ser identificada – seja direta ou indiretamente – como um fator causador nas informações disponíveis sobre lesões e litígios associados com o treinamento de força. Em alguns casos, isso está claramente documentado (31,53,54); enquanto em outros pode ser inferido. Por exemplo, não obstante a natureza técnica e esportiva do levantamento olímpico, a razão treinador/atleta e seu correspondente padrão de cuidado relativamente altos são os motivos prováveis para sua baixa incidência de lesões (24,56).

Supervisão do programa e instrução

Cerca de 80% de todos os casos judiciais relativos a lesões esportivas lidam com algum aspecto da supervisão (8). Embora acidentes sérios sejam raros em programas de exercícios supervisionados, os custos de responsabilidade associados com uma supervisão inadequada ou negligente são altos; a taxa de recuperação do querelante nessas ações judiciais de negligência é de quase 56% (42). Uma manutenção falha das instalações esportivas, equipamentos defeituosos e uma instrução ou supervisão inadequada são as principais causas desses acidentes. A importância do quadro de funcionários é aparente em cada circunstância. Por exemplo, em uma revisão de 32 litígios originados de supervisão negligente de treinamento de força, três questões foram levantadas pelo advogado do querelante em cada caso (52): instrução ou qualificações do instrutor deficitárias; supervisão negligente/malfeita; e a não-advertência dos perigos inerentes aos equipamentos, às instalações esportivas ou aos exercícios. A questão das qualificações profissionais do instrutor, conforme discutido na seção anterior, é uma característica prevalente em litígios como esses.

Os atletas devem ser sempre bem-supervisionados e instruídos para garantir a máxima segurança. Bucher e Krotee (9) recomendam os seguintes princípios:

- Esteja sempre por perto.
- Seja ativo e prático.
- Seja prudente, cuidadoso e preparado.
- Busque a qualificação.
- Esteja alerta.
- Informe os atletas sobre os procedimentos de segurança e emergência.
- Conheça o estado de saúde dos atletas.
- Monitore e faça cumprir as normas e os regulamentos.
- Monitore e inspecione o ambiente.

Além da presença física de profissionais qualificados, a instrução e a supervisão efetivas envolvem diversas considerações práticas (5,11,26,28,42):

- Uma visão clara de todas as áreas das instalações esportivas – ou pelo menos da zona que está sendo supervisionada por cada profissional – e dos atletas dentro delas (essa questão está relacionada ao desenho e à disposição das instalações; i.e., a colocação dos equipamentos com respeito à visibilidade, à versatilidade e à acessibilidade)
- A proximidade de um profissional de condicionamento e força ao grupo de atletas sob seus cuidados; isto é, a capacidade de um ver e comunicar-se claramente com o outro, e o acesso rápido aos atletas que necessitam de assistência ou auxílio imediato
- Número e disposição de atletas; isto é, fazer ótimo uso dos equipamentos, espaços e tempo disponíveis
- Idade(s), nível/níveis de experiência e necessidade(s) dos atletas
- Tipo de programa que está sendo conduzido (i.e., movimentos de habilidade complexa/explosivos com pesos livres *versus* exercícios com resistência guiada) e a correspondente necessidade de um treinador ou auxiliar.

Teoricamente, os profissionais de condicionamento e força devem promover um ótimo ambiente de treinamento mediante a distribuição de atividades durante todo o dia. No entanto, mesmo com um planejamento cuidadoso, muitas instalações esportivas possuem horários de pico de utilização (p. ex., em conseqüência dos treinos das equipes e dos horários de aula dos atletas). Além de certo ponto, não é prático simplesmente agendar atividades em horários muito diversos a fim de manter uma razão profissional/atleta aceitável. A questão central é prover instalações adequadas e uma equipe de apoio qualificada, de modo que todos os atletas sejam adequadamente instruídos e supervisionados durante os horários de pico de utilização (30,39,60). Da mesma forma, os profissionais devem enfatizar as técnicas apropriadas, a mecânica dos movimentos e a segurança – e utilizar métodos, procedimentos e progressões de treinamento consistentes com as práticas profissionais aceitas – para minimizar o risco de lesões e a exposição à responsabilidade.

Mesmo quando são tomadas medidas razoáveis para fazer um ótimo uso das instalações e da equipe de apoio, existe um potencial desacordo entre os recursos disponíveis e a demanda de programas e serviços em muitos setores. Os efeitos combinados de crescimento explosivo da participação de atletas universitários/escolares (especialmente entre as mulheres), a correspondente exposição a responsabilidades e as leis de igualdade de oportunidades/acesso geram uma considerável carga de padrão de cuidado e um desafio à responsabilidade para os profissionais de condicionamento e força e seus empregadores. Pode-se recomendar, então, uma abordagem em duas frentes:

1. *Durante os horários de maior utilização, as atividades devem ser planejadas – e uma quantidade exigida de pessoal de apoio deve estar presente – de forma que as diretrizes relativas à concessão mínima de espaço médio por atleta (30,5 m^2)*, às razões profissional/atleta (1:10 para as 7ª e 8ª séries do ensino fundamental; 1:15 para o ensino médio; 1:20 para o ensino superior) e ao número de atletas por barra ou estação de treinamento ($\leq$ 3) sejam atendidas (5,30,32,37). De forma ideal, isso corresponde a um profissional de condicionamento e força por três a quatro estações de treinamento e/ou uma área de 305 m^2 (7ª e 8ª séries do ensino fundamental); cinco estações de treinamento e/ou uma área de 457 m^2 (ensino médio); ou seis a sete estações de treinamento e/ou uma área de 609,6 m^2 (ensino superior), respectivamente. Critérios profissionais podem ser utilizados para ajustar essas diretrizes com respeito às considerações práticas discutidas acima.
2. *Os profissionais de condicionamento e força e seus empregadores devem trabalhar juntos para atingir uma meta de longo prazo de igualar a razão profissional/atleta das instalações esportivas com a respectiva razão treinador/atleta de cada esporte.* Isso é relativamente simples em universidades, onde a NCAA (National Collegiate Athletic Association) limita o número de treinadores por esporte e coleta dados de participação nos esportes. Na ausência de informações similares em outros locais, essas determinações podem ser feitas com base em uma só instituição (ou, possivelmente, de acordo com as características dentro de um distrito, uma divisão ou um estado).

Arranjo, inspeção, manutenção, conserto e sinalização de instalações e equipamentos

Em alguns casos, os profissionais de condicionamento e força são envolvidos em todas as fases do projeto e da disposição das instalações esportivas. Talvez mais comumente, eles assumam a responsabilidade por instalações esportivas já existentes, caso em que as oportunidades de planejá-las e modificá-las podem ser limitadas. Em qualquer caso, o profissional e seu empregador são juntamente responsáveis por maximizar a segurança, a efetividade e a eficiência das instalações, de tal forma que os espaços e o tempo destinados possam ser otimamente utilizados.

Os profissionais de condicionamento e força devem estabelecer e redigir políticas e procedimentos para seleção, aquisição, instalação, arranjo, inspeção, manutenção e conserto dos equipamentos/instalações. Eles devem ser incluídos no manual de políticas e procedimentos gerais (conforme discutido na próxima seção). Verificações de segurança e inspeções periódicas de equipamentos, manutenções e consertos devem ser conduzidas; e relatórios de *status* devem ser emitidos. Manuais do usuário, garantias, guias de operação e outros registros relevantes fornecidos pelo fabricante relacionados à operação e à manutenção de equipamentos (p. ex., seleção, aquisição, instalação, arranjo, inspeção, manutenção e conserto) devem ser mantidos em arquivo e seguidos (9).

Conforme mencionado anteriormente, os profissionais de condicionamento e força devem compreender o conceito de **responsabilidade civil** – isto é, as responsabilidades legais de um fabricante ou fornecedor se alguém sustentar lesão ou dano devido principalmente a um defeito ou uma deficiência de projeto ou de produção (6). Embora essa questão aplique-se a fabricantes e fornecedores, certas ações e/ou condutas podem aumentar a responsabilidade do profissional de condicionamento e força, conseqüentemente colocando-o em risco de reclamações ou ações judiciais. As seguintes medidas podem minimizar a exposição à responsabilidade relacionada a equipamentos (8,9,36):

- Compre equipamentos exclusivamente de fabricantes bem-conceituados e assegure-se de que eles atendem às normas e diretrizes existentes para uso profissional/comercial (não doméstico).
- Utilize equipamentos somente para os fins pretendidos pelo fabricante; não os modifique das condições em que foram originalmente vendidos, a menos que tais adaptações sejam claramente designadas, e as instruções para fazê-las constem nas informações do produto.
- Afixe qualquer sinalização fornecida pelo fabricante nos equipamentos ou bem próximo deles.
- Não permita que atletas utilizem sem supervisão os equipamentos.
- Inspecione regularmente os equipamentos contra avarias e desgastes que possam colocar os atletas em risco de lesões.

Plano e resposta de emergência

Um plano de resposta de emergência é um documento escrito delineando os procedimentos adequados para tratar de lesões que podem ocorrer aos participantes durante uma atividade (ver Apêndice E). Todas as instalações esportivas devem ter esse documento; mas ele, por si só, não salva vidas. Na realidade, ele pode oferecer uma falsa sensação de segurança se não for afirmado com treinamento e prontidão adequados de uma equipe profissional e astuta. Portanto, os profissionais de condicionamento e força devem:

- Conhecer o plano de resposta de emergência e os procedimentos adequados para lidar com uma emergência (i.e., localização de telefones, acionamento de serviços médicos de emergência, pessoal designado para tratar de lesões, acesso a uma ambulância e localização de suprimentos de emergência) (4,55).
- Revisar e praticar regularmente as políticas e os procedimentos de emergência (i.e., pelo menos trimestralmente).
- Manter atualizada a certificação em diretrizes para ressuscitação cardiopulmonar (CPR) (1). Treinamento e certificação em primeiros socorros também podem ser necessários se não houver pessoal da área de medicina do esporte [p. ex., treinador esportivo certificado (ATC), médico] imediatamente disponível.
- Tomar precauções universais para prevenir a exposição a agentes patogênicos transportados pelo sangue e a sua transmissão (10,47).

Registros e manutenção de registros

A documentação é fundamental para a administração do programa e das instalações. Deve-se manter arquivada uma variedade de registros (9,13,17,29):

- Manual de políticas e procedimentos (conforme discutido na próxima seção).
- Manuais do usuário, garantias e guias de operação fornecidos por fabricantes, bem como registros de seleção, aquisição, instalação, arranjo, inspeção, manutenção e consertos de equipamentos.
- Credenciais dos funcionários.
- Normas e diretrizes profissionais (ver Apêndice C).
- Políticas e procedimentos de segurança, incluindo um plano escrito de resposta de emergência (ver Apêndice E).
- Registros de treinamentos, anotações sobre o andamento dos trabalhos e/ou apontamentos de instrução/supervisão de atividades.
- Relatórios de lesões/incidentes, liberação médica pré-participação e documentos de liberação para retorno às atividades (após a ocorrência de uma lesão, doença, alteração no estado de saúde ou um período estendido de ausência) de cada participante sob os cuidados do profissional de condicionamento e força.
- Em escolas e universidades, os atletas podem já ter sido solicitados a assinar documentos legais de proteção (p. ex., termo de consentimento informado, concordância de participação, renúncia; ver Apêndice F) abrangendo todas as atividades relacionadas ao esporte, ao passo que, em outros locais, o profissional de condicionamento e força deve considerar a possibilidade de os participantes assinarem esses documentos legais.

Registros legais e médicos devem ser mantidos arquivados pelo maior tempo possível no caso de uma reclamação ou ação judicial de lesão. É uma boa prática manter os arquivos indefinidamente ou consultar uma autoridade legal, pois as leis de prescrição variam de estado para estado (29). Assim como em outras tarefas organizacionais e administrativas, é necessário pessoal adequado para manter esses registros.

Igualdade de oportunidades e de acesso

Na maioria das organizações, instituições e profissões, a discriminação e o tratamento desigual (p. ex., de acordo com raça, credo, nacionalidade, sexo, religião, idade, deficiência/incapacidade ou outras classificações legais como essas) são proibidos por leis e regulamentos federais, estaduais e possivelmente locais. Por exemplo, os profissionais de condicionamento e força empregados em instituições de ensino financiadas pelo Governo Federal devem sujeitar-se ao código de direitos civis, incluindo o Direito IX das Emendas da Educação de 1972, que determina a igualdade de gênero no oferecimento de oportunidades e acesso a instalações, programas e serviços esportivos. Esses profissionais devem obedecer o sentido exato e o espírito dessas leis ao trabalharem com atletas e pessoal de apoio.

Participação de crianças em atividades de força e condicionamento

O treinamento de força pode ser um importante componente de aptidão física, promoção da saúde e prevenção de lesões em jovens. Quando adequadamente planejados e supervisionados, esses programas são seguros e podem aumentar a força, as habilidades de aptidão motora, o rendimento esportivo, o bem-estar psicossocial e a saúde geral de crianças (18,19). Muitos dos benefícios associados com as atividades de adultos são alcançáveis por atletas pré-púberes e adolescentes que participam de treinamento específico à idade, mas é importante que o profissional de condicionamento e força tome certas precauções.

Uma alarmante incidência de lesões em crianças jovens foi observada em uma revisão retrospectiva de 20 anos de lesões por treinamento de força, avaliadas e/ou tratadas em departamentos de emergência de hospitais nos Estados Unidos (31). Crianças abaixo de sete anos de idade são quase seis vezes mais prováveis de sofrer lesões do que as acima de 15 anos de idade, e a maioria dessas lesões (80%) resulta de brincarem com ou ao redor de equipamentos de treinamento de força em casa. De acordo com a U.S. Consumer Product Safety Comission ("Prevent Injuries to Children from Exercise Equipment"; documento da CPSC nº 5.028), cerca de 8.700 crianças abaixo de cinco anos de idade sofrem lesões a cada ano com equipamento de exercício, com 16.500 lesões adicionais por ano em crianças de cinco a 14 anos de idade. Isso tem implicações claras com relação a expor crianças com essas faixas etárias a tais equipamentos ou instalações esportivas e à importância da supervisão.

Suplementos, recursos ergogênicos e drogas

A questão dos suplementos nutricionais e das drogas é complicada por diversos fatores. De acordo com o Dietary Supplement Health and Education Act de 1994, os suplementos são regulados como alimentos e não como drogas. Isso suscita preocupações nos consumidores com relação a controle/garantia de qualidade.

Os profissionais de condicionamento e força são muitas vezes procurados por pessoas pedindo orientação nutricional e sobre suplementação, e devem estar cientes disto: a Comissão Federal de Comércio dos Estados Unidos tem a responsabilidade principal de publicar reclamações. Dito de forma simples, o anúncio de qualquer produto – incluindo suplementos dietéticos – deve ser confiável, substanciado e não-enganoso. A U.S. Food and Drug Administration tem a responsabilidade principal por reclamações referentes a rótulos de produtos. A legislação reforçada por essa agência inclui "Current Good Manufacturing Practices" e partes selecionadas do Federal Food, Drug and Cosmetic Act relacionadas a suplementos dietéticos. As práticas de produção para suplementos nutricionais estabelecidas pelo U.S. Pharmacopeia and National Formulary são citadas como principais recursos nessa legislação.

Os limites entre os suplementos dietéticos, as drogas e os alimentos convencionais não estão claros. Isso constitui um desafio especial para atletas competidores e treinadores, pois esses produtos podem conter substâncias proibidas por um ou mais organismos governamentais, apesar de um fabricante ou fornecedor utilizar termos tais como *herbáceo, legal, natural, orgânico, seguro e efetivo*, e assim por diante. Além disso, os fabricantes de suplementos estão constantemente desenvolvendo novos produtos com diferentes combinações de ingredientes, dificultando ainda mais a identificação daqueles que podem ser problemáticos.

Políticas e procedimentos referentes a substâncias proibidas, protocolos de testes, e regras e regulamentos relacionados diferem entre organismos governamentais esportivos. Um composto que é legal de acordo com um órgão governamental pode, portanto, ser ilegal de acordo com outro.

Normas e diretrizes podem ser identificadas através de nove áreas de exposição à responsabilidade: avaliação e liberação pré-participação; qualificações do quadro funcional; supervisão do programa e instrução; arranjo, inspeção, manutenção, conserto e sinalização de instalações e equipamentos; plano e resposta de emergência; registros e manutenção de registros; igualdade de oportunidades e de acesso; participação de crianças; e suplementos, recursos ergogênicos e drogas

POLÍTICAS E PROCEDIMENTOS

Profissionais de força e condicionamento devem desenvolver políticas e procedimentos que lhes permitam oferecer programas e serviços seguros e efetivos, e cumprir com o padrão de cuidado para atletas. Isso requer um entendimento básico das considerações das instalações e dos equipamentos, conceitos legais, e obrigações e responsabilidades ditadas por exposições a responsabilidades, conforme descrito nas seções anteriores.

É importante que o programa tenha uma missão bem-definida, juntamente com metas e objetivos identificáveis (17). Segurança, melhora do desempenho e prevenção de lesões são metas fundamentais. Elas devem ser complementadas com objetivos específicos como parte de uma declaração de missão holística.

Defina e distinga claramente as denominações, descrições e obrigações para os vários cargos (17). Estas devem ser desenvolvidas pelo diretor, sócio(s) e/ou assistente(s), supervisor(es) das instalações e outros membros da equipe de apoio, incluindo estagiários, assistentes administrativos e assim por diante.

Fique inteirado das políticas e atividades pertinentes à equipe de apoio envolvidas no alcance da missão – isto é, as metas e os objetivos específicos do programa (17). Os membros da equipe de apoio devem ser responsáveis por manter um código de conduta profissional e por trabalhar cooperativamente como uma equipe. Isso envolve uma série de questões – por exemplo, reuniões de equipe, orientação de atletas, planejamento anual, definição do orçamento, uso das dependências da equipe de apoio, relações entre atletas e outras equipes, metas profissionais, divulgação de informações, visitas guiadas, procedimentos de treinamento e de auxílio, testes, manutenção de registros, incentivos a atletas, etc.

Fique inteirado das decisões administrativas envolvidas na implementação de qualquer programa de força e condicionamento para garantir segurança e efetividade (17). Essas questões são interdependentes, conforme discutido ao longo deste capítulo.

A redação de um manual de políticas e procedimentos é essencial para implementar um programa seguro e efetivo (17). Além das questões relacionadas acima, o manual deve abordar o acesso às instalações, a operação diária, o uso do sistema de telefonia/som, as normas e os regulamentos, os procedimentos de emergência, bem como a seleção, a instalação, o arranjo, a inspeção, a manutenção e o conserto de equipamentos/instalações. Esse tipo de documentação pode parecer trivial, mas é fundamental para administrar programas ou instalações envolvidas no atendimento de pessoas.

As políticas e os procedimentos devem ser claramente delineados para toda a equipe de apoio e todos os atletas que utilizam as instalações, e não precisam ser rígidos ou estáticos. Ao contrário, devem ser compilados com discernimento e critério, e revisados periodicamente conforme as circunstâncias. O Quadro 11.2 fornece diretrizes básicas para a definição de políticas e procedimentos.

APLICAÇÃO NA REALIDADE

Declaração de missão

Eis um exemplo de uma declaração de missão de um programa de força e condicionamento: "O programa de força e condicionamento capacitará os atletas e treinadores a otimizarem suas habilidades – e assim alcançarem a excelência – por meio da aprendizagem e da aplicação de princípios fundamentalmente sólidos".

Note que essa missão é ampla, então ela deve ser acompanhada de metas e objetivos para ajudar os profissionais a aderirem à declaração de missão. As declarações de missão serão distintas em diferentes instituições e devem ser um produto das crenças essenciais da administração e da equipe de apoio. De tempos em tempos, a declaração de missão deve ser reavaliada para assegurar que ela ainda reflita as crenças essenciais do programa.

O Apêndice A contém essa declaração de missão e exemplos de metas e objetivos que a sustentam.

Políticas e procedimentos sensatos devem ser desenvolvidos para garantir a segurança do atleta e guiar as decisões administrativas.

RESUMO

As questões relacionadas à administração e ao projeto de instalações esportivas são fundamentalmente importantes em todos os aspectos da prática de força e condicionamento. Infelizmente, elas muitas vezes envolvem tarefas nas quais o profissional de condicionamento e força possui pouco conhecimento formal.

Recursos amplos estão disponíveis em alguns locais; em muitos outros, no entanto, não estão. Orçamentos, equipamentos, espaço físico e recursos humanos são ge-

QUADRO 11.2 DIRETRIZES PARA POLÍTICAS E PROCEDIMENTOS

- Segurança, melhora do desempenho e prevenção de lesões são metas fundamentais no desenvolvimento e no esclarecimento da missão, das metas e dos objetivos do programa.
- As denominações, descrições e atribuições dos cargos devem ser claramente definidas e diferenciadas para as respectivas posições.
- Os profissionais de condicionamento e força devem ser responsáveis por manter um código de conduta profissional e trabalhar cooperativamente como uma equipe.
- Conheça as decisões administrativas envolvidas na implementação de um programa seguro e efetivo.
- Redija um manual de políticas e procedimentos.

ralmente limitados ou completamente inexistentes. Isso resulta em um desacordo entre a demanda – e a provisão – de programas e serviços seguros e efetivos. Os profissionais e seus empregadores compartilham a obrigação de atender ao seu padrão de cuidado de atletas; o profissional de condicionamento e força não é o único responsável por isso (a menos que ele seja autônomo).

As *Strength and Conditioning Professional Standards and Guidelines* (Normas e Diretrizes Profissionais na Área de Força e Condicionamento) da NSCA são uma das principais fontes citadas neste capítulo. Sua implementação apresentará desafios significativos e envolverá mudanças ambiciosas em muitos programas. Provavelmente, pode-se esperar a resistência de alguns diretores de esporte/empregadores pelo fato de que essa implementação irá induzi-los a alocar mais recursos em seus programas. Não obstante, a instituição ou empresa empregadora tem a responsabilidade legal de auxiliar os profissionais de condicionamento e força a proverem ou obterem os recursos necessários ao atendimento de seus padrões de cuidado.

QUESTÕES TÉCNICAS

1. Você é o coordenador do programa de força de condicionamento de uma universidade. A treinadora de uma equipe procura-lhe com um programa obtido de outra universidade e pede-lhe para implementá-lo com sua equipe, no lugar daquele que você ofereceu. Desenvolva e explique a sua política com relação a esses treinos, incluindo como ela afetará a programação e os horários da equipe na sala de musculação da universidade.
2. Você é o coordenador do programa de força de condicionamento de uma universidade, e seu diretor de esportes está expressando sua preocupação com o fato de as instalações estarem parecendo uma "sala de musculação de futebol americano", equipada com um excesso de pesos livres. Ele sente que isso está causando vários problemas (comprometendo os programas e serviços oferecidos a outras equipes, desestimulando os novatos de outras equipes a freqüentarem a escola e colocando a universidade em risco de uma ação judicial por descumprimento do Direito IX das Emendas da Educação de 1972). Em seguida, você é designado para formular uma proposta de como reequipar a sala de musculação com mais equipamentos e menos pesos livres, a fim de torná-la mais favorável a todos os esportes. Desenvolva e explique a sua política de seleção de equipamentos em relação à melhora do desempenho e à prevenção de lesões.

EXEMPLO DE CASO

Horários, supervisão e instrução do programa

HISTÓRICO

Você coordena o programa de força e condicionamento de uma universidade, o qual atende um total de 362 atletas estudantes em 16 esportes:

ESPORTE	TAMANHO DA EQUIPE (MASCULINA)	TAMANHO DA EQUIPE (FEMININA)
Beisebol	31	–
Basquetebol	16	14
Cross country	13	13
Futebol americano	96	–
Golfe	10	8
Futebol	26	23
Softball	–	18
Tênis	10	10
Atletismo	32	28
Voleibol	–	14
Total de atletas	234	128

(continua)

Incluindo você, há uma equipe de apoio de três pessoas e uma sala de musculação de 1.830 m^2 equipada com oito plataformas de levantamento olímpico; oito estações de treinamento de potência completas; quatro estações para exercícios pliométricos; e vários equipamentos (secundários). É a primeira semana de setembro, os atletas de esportes de outono terminaram o estágio pré-temporada, e as aulas começaram. Sua tarefa é organizar os horários de treino das equipes para as primeiras seis semanas do semestre do outono, de forma que os praticantes de esportes da temporada (*cross country*, futebol americano, futebol, voleibol) treinem duas vezes por semana, enquanto os de esportes fora da temporada devem treinar três dias por semana. Seus programas envolvem o treinamento periodizado de séries múltiplas com pesos livres, incluindo movimentos explosivos.

RECOMENDAÇÕES E CONSIDERAÇÕES

Comece fazendo um levantamento junto aos treinadores sobre os dias em que eles preferem treinar e se suas equipes estão disponíveis pela manhã (p. ex., antes das oito horas) ou pela tarde (normalmente após as 15 horas). De antemão, deixe claro a todos que os esportes da temporada têm prioridade de uso da sala de musculação, porque seus horários são menos flexíveis devido aos treinos/encontros e jogos. As equipes de esportes de outono geralmente competem duas vezes por semana (p. ex., quartas-feiras e sábados), limitando assim o número de dias que têm para treinar.

A vantagem das sessões de treinamento matutinas é que elas reduzem a demanda de tempo da sala de musculação durante as horas de pico (vespertinas). As desvantagens são que elas não podem colidir com os horários de sono e/ou refeições dos atletas e acabam estendendo o dia de trabalho da equipe de apoio. Este último problema pode ser minorado até certa medida flexibilizando-se os horários do pessoal de apoio que trabalha no turno matutino (p. ex., sair do trabalho depois de terminadas as sessões da manhã e retornar à tarde).

Certos treinadores de equipes podem permitir que alguns ou todos os seus atletas treinem fora dos horários de pico, individualmente ou em pequenos grupos (p. ex., entre as oito e as 15 horas; da mesma forma, em determinada semana, pode haver atletas em várias equipes que tenham compromissos acadêmicos durante seus treinos de equipe e precisem utilizar essa opção). Mais uma vez, isso reduz a demanda na sala de musculação durante os horários de pico. E, é claro, alguns treinadores não utilizam os programas e serviços de força e condicionamento, reduzindo, assim, ainda mais a demanda.

Alguns treinadores também podem estar querendo treinar atletas universitários das equipes principal e juvenil em diferentes horários. Isso pode ser extremamente proveitoso com equipes grandes em esportes como o futebol americano.

Finalmente, é útil recrutar estagiários qualificados para auxiliarem na implementação dos programas, especialmente durante os períodos de maior movimento.

IMPLEMENTAÇÃO

Com um espaço de 1.830 m^2 e uma equipe de apoio de três pessoas, pode haver oportunidades de agendar duas ou três equipes juntas durante os horários de maior utilização. Com equipes menores, pode ser praticável iniciar duas sessões simultaneamente; em situações com grupos maiores, talvez seja aconselhável programar seus horários iniciais a cada 20-30 minutos. Uma vez que a maioria desses esportes tem demandas comuns em termos de potência corporal total e taxa de produção de força (TPF), e pode beneficiar-se dos mesmos exercícios/equipamentos, é conveniente designar estações de treinamento específicas para cada grupo para minimizar o congestionamento. Em todo caso, os treinos devem ser planejados para atender às seguintes diretrizes:

- Destinação de um espaço médio de 30,5 m^2 por atleta = capacidade máxima de 60 atletas
- Razão profissional/atleta de 1:20 = até a capacidade de três grupos, com cada profissional de condicionamento e força supervisionando um grupo e até seis ou sete estações de treinamento (ou uma área de 609,6 m^2)
- $\leq$ 3 atletas por barra ou estação de treinamento = capacidade dos equipamentos de 60 atletas (se distribuídos entre as plataformas, estações de potência e estações para exercícios pliométricos)

RESULTADOS

Este é um exemplo de programação (o **negrito** indica as equipes da temporada; os blocos sombreados já estão com a capacidade máxima):

(continua)

DIA *Horário*	SEG	TER	QUA	QUI	SEX
7:00	**Futebol M. (26)** **Futebol F. (23)**			**Futebol M. (26)** **Futebol F. (23)**	Basquete M. (16) *Softball* (18) Tênis F. (10)
8:00	**Futebol Am. Univ. (10)**	**Futebol Am. Univ. Juvenil (10)**	**Futebol Am. Univ. (10)**	**Futebol Am. Univ. Juvenil (10)**	**Futebol Am. Univ. Juvenil (10)**
9:00	**Futebol Am. Univ. (10)**	**Futebol Am. Univ. Juvenil (10)**	**Futebol Am. Univ. (10)**	**Futebol Am. Univ. Juvenil (10)**	**Futebol Am. Univ. Juvenil (10)**
10:00	**Futebol Am. Univ. (10)** Golfe M. (3)	**Futebol Am. Univ. Juvenil (10)**	**Futebol Am. Univ. (10)**	**Futebol Am. Univ. Juvenil (10)**	**Futebol Am. Univ. Juvenil (10)**
11:00	**Futebol Am. Univ. (10)**	**Futebol Am. Univ. Juvenil (10)**	**Futebol Am. Univ. (10)**	**Futebol Am. Univ. Juvenil (10)**	**Futebol Am. Univ. Juvenil (10)**
12:00	Fechado	Fechado	Fechado	Fechado	Fechado
13:00	**Futebol Am. Univ. (10)** Golfe M. (5)	**Futebol Am. Univ. Juvenil (10)**	**Futebol Am. Univ. (10)**	**Futebol Am. Univ. Juvenil (10)**	**Futebol Am. Univ. Juvenil (10)**
14:00	14:45 Basquete F. (14)		14:45 Basquete F. (14)		Basquete F. (14) 14:30 Golfe F. (8)
15:00	15:30 Beisebol (31)	Tênis F. (10)	15:30 Beisebol (31)	Golfe M. (10)	15:30 Beisebol (31)
16:00	*Softball* (18)		*Softball* (18)		
17:00	Atletismo (60)	***Cross country* M. (13)** ***Cross country* M. (13)**	Atletismo (60)	***Cross country* M. (13)** ***Cross country* M. (13)**	Atletismo (60)
18:00	Basquete M. (16) **Voleibol (14)**	Golfe F. (8) Tênis M. (10)	Basquete M. (16) **Voleibol (14)**	Tênis M. (10)	

Tenha em mente que, cada vez que as temporadas dos esportes de outono, inverno ou primavera começarem ou terminarem, você tem de refazer toda a programação. Isso significa que você precisa planejar seis versões diferentes da programação a cada ano letivo!

O autor gostaria de agradecer a Tom Baechle, Mike Barnes, Roger Earle, Mike Greenwood e Bob Jursnick.

REFERÊNCIAS

1. American Heart Association in collaboration with the International Liaison Committee on Resuscitation. Guidelines 2000 for cardiopulmonary resuscitation and emergency cardiovascular care: international consensus on science. Circulation 2000;102(Suppl 8).
2. American Society for Testing and Materials. ASTM Standard Consumer Safety Specification for Stationary Exercise Bicycles: Designation F1250-89. West Conshohocken, PA: ASTM, 1989.
3. American Society for Testing and Materials. ASTM Standard Specification for Fitness Equipment and Fitness Facility Safety Signage and Labels: Designation F1749-96. West Conshohocken, PA: ASTM, 1996.
4. Anderson JC, Courson RW, Kleiner DM, McLoda TA. National Athletic Trainers' Association Position Statement: Emergency Planning in Athletics. J Athlet Training 2002; 37(1):99–104.

5. Armitage-Johnson S. Providing a safe training environment: part I. Strength Cond 1994;16(1):64–65.
6. Armitage-Johnson S. Providing a safe training environment: part II. Strength Cond 1994;16(2):34.
7. Balady GJ, Chaitman B, Driscoll D, et al. American Heart Association and American College of Sports Medicine. Recommendations for cardiovascular screening, staffing and emergency policies at health/fitness facilities. Circulation 1998;97(22):2283–2293; Med Sci Sports Exerc 1998; 30(6):1009–1018.
8. Baley JA, Matthews DL. Law and Liability in Athletics, Physical Education and Recreation. Boston: Allyn & Bacon, 1984.
9. Bucher CA, Krotee ML. Management of Physical Education and Sport. 11th ed. New York: McGraw-Hill, 1998.
10. Centers for Disease Control and Prevention/U.S. Department of Health and Human Services. Perspectives in disease prevention and health promotion update: universal precautions for prevention of transmission of human immunodeficiency virus, hepatitis B virus, and other bloodborne pathogens in health-care settings. MMWR 1988;37(24):377–388.
11. Clark M et al. Position Paper on the College Strength and Conditioning Professional. Colorado Springs CO: National Strength and Conditioning Association, 1998.
12. Coalition of Americans to Protect Sports. Sports Injury Risk Management. 2nd ed. North Palm Beach, FL: CAPS, 1998.
13. Cotten DJ, Cotten MB. Legal Aspects of Waivers in Sport, Recreation and Fitness Activities. Canton, OH: PRC Publishing, 1997.
14. Eickhoff-Shemek J. Distinguishing protective legal documents. ACSM Health Fit J 2001;5(3):27–29.
15. Eickhoff-Shemek J. Standards of practice. In: Cotten D, Wilde J, Wlohan J, eds. Law for Recreation and Sport Managers. 2nd ed. Dubuque, IA: Kendall/Hunt Publishing, 2001:293–302.
16. Eickhoff-Shemek J, Deja K. Four steps to minimize legal liability in exercise programs. ACSM Health Fit J 2000; 4(4):3–18.
17. Epley B. Developing a policies and procedures manual. In: Baechle TR, Earle RW, eds. National Strength and Conditioning Association. Essentials of Strength Training and Conditioning. 2nd ed. Champaign, IL: Human Kinetics, 2000:567–585.
18. Faigenbaum AD, Kraemer WJ, et al. National Strength and Conditioning Association. Youth resistance training: position statement paper and literature review. Strength Cond 1996;18(6):62–75.
19. Faigenbaum AD, Micheli LJ. Current Comment from the American College of Sports Medicine: Youth Strength Training. Indianapolis, IN: American College of Sports Medicine, 1998.
20. Greenwood M. Facility layout and scheduling. In: Baechle TR, Earle RW, eds. National Strength and Conditioning Association. Essentials of Strength Training and Conditioning. 2nd ed. Champaign, IL: Human Kinetics, 2000:549–566.
21. Greenwood M, Greenwood L. Facility maintenance and risk management. In: Baechle TR, Earle RW, eds. National Strength and Conditioning Association. Essentials of Strength Training and Conditioning. 2nd ed. Champaign, IL: Human Kinetics, 2000:587–601.
22. Halling DH. Liability considerations of the strength and conditioning specialist. NSCA J 1990;12(5):57–60.
23. Halling DH. Legal terminology for the strength and conditioning specialist. NSCA J 1991;13(4):59–61.
24. Hamill BP. Relative safety of weightlifting and weight training. J Strength Cond Res 1994;8(1):53–57.
25. Head GL, Horn S. Essentials of Risk Management, vol I. 3rd ed. Malvern, PA: Insurance Institute of America, 1995.
26. Herbert DL, Herbert WG. Legal Aspects of Preventive, Rehabilitative and Recreational Exercise Programs. 3rd ed. Canton, OH: PRC Publishing, 1993.
27. Herbert D. L. Legal aspects of strength and conditioning. NSCA J 1993;15(4):79.
28. Herbert DL. Supervision for strength and conditioning activities. Strength Cond 1994;16(2):32–33.
29. Herbert DL. A good reason for keeping records. Strength Cond 1994;16(3):64.
30. Hillmann A, Pearson DR. Supervision: the key to strength training success. Strength Cond 1995;17(5):67–71.
31. Jones CS, Christensen C, Young M. Weight training injury trends: a 20-year survey. Phys Sportsmed 2000; 28(7):61–72.
32. Jones L. USWF Coaching Accreditation Course: Club Coach Manual. Colorado Springs, CO: U.S. Weightlifting Federation, 1991.
33. Katzenbach JR, Smith DK. The Wisdom of Teams. Boston: Harvard Business School, 1993.
34. Katzenbach JR, Beckett F, Dichter S, et al. Real Change Leaders. New York: Times Books/Random House, 1995: 217–224.
35. Kraemer WJ, Dziados J. Medical aspects and administrative concerns in strength training. In: Kraemer WJ, Häkkinen K, eds. Strength Training for Sport. Oxford, UK: Blackwell Science, 2002:163–175.
36. Kroll W. Selecting strength training equipment. NSCA J 1990;12(5):65–70.
37. Kroll B. Structural and functional considerations in designing the facility: part I. NSCA J 1991;13(1):51–58.
38. Kroll W. Structural and functional considerations in designing the facility: part II. NSCA J 1991;13(3): 51–57.
39. Kroll B. Liability considerations for strength training facilities. Strength Cond 1995;17(6): 16–17.
40. Maron BJ, Thompson PD, Puffer JC, et al. American Heart Association. Cardiovascular preparticipation screening of competitive athletes. Circulation 1996;94(4):850–856; Med Sci Sports Exerc 1996;28(12):1445–1452.
41. Maron BJ, Thompson PD, Puffer JC, et al. American Heart Association. Cardiovascular preparticipation screening of competitive athletes: addendum. Circulation 1998;97(22): 2294.
42. Morris GA. Supervision—an asset to the weight room? Strength Cond 1994;16(2):14–18.
43. Morrissey MC, Harman EA, Johnson MJ. Resistance training modes: specificity and effectiveness. Med Sci Sports Exerc 1995;27(5):648–660.
44. National Athletic Trainers' Association. Recommendations and Guidelines for Appropriate Medical Coverage of Intercollegiate Athletics. Dallas: NATA, 2003.
45. Nosse LJ, Hunter GR. Free weights: a review supporting their use in rehabilitation. Athlet Training 1985;20(4): 206–209.
46. NSCA Certification Commission. Certified Strength and Conditioning Specialist (CSCS) Examination Content Description. Lincoln, NE: NSCA Certification Commission, 2000.

47. Occupational Safety and Health Administration. U.S. Department of Labor. OSHA Regulations (Standards-29 CFR) 1910.1030: Blood-Borne Pathogens. Washington DC: OSHA, 1996.
48. Patton RW, Grantham WC, Gerson RF, Gettman LR. Developing and Managing Health/Fitness Facilities. Champaign, IL: Human Kinetics, 1989.
49. Plisk SS, Brass MS, Eickhoff-Shemek J, et al. Strength and Conditioning Professional Standards and Guidelines. Colorado Springs CO: National Strength and Conditioning Association, 2001.
50. Preparticipation Physical Evaluation Task Force. American Academy of Family Physicians, American Academy of Pediatrics, American Medical Society for Sports Medicine, American Orthopaedic Society for Sports Medicine and American Osteopathic Academy of Sports Medicine. Preparticipation Physical Evaluation. 2nd ed. New York: McGraw-Hill, 1996.
51. Rabinoff MA. Weight room litigation: what's it all about? Strength Cond 1994;16(2):10–12.
52. Rabinoff MA. 32 reasons for the strength, conditioning, and exercise professional to understand the litigation process. Strength Cond 1994;16(2):20–25.
53. Reeves RK, Laskowski ER, Smith J. Weight training injuries: part 1. Diagnosing and managing acute conditions. Phys Sportsmed 1998;26(2):67–96.
54. Reeves RK, Laskowski ER, Smith J. Weight training injuries: part 2. Diagnosing and managing chronic conditions. Phys Sportsmed 1998;26(3):54–63.
55. Schluep C, Klossner DA, eds. National Collegiate Athletic Association. 2003–04 NCAA Sports Medicine Handbook. 16th ed. Indianapolis, IN: NCAA, 2003.
56. Stone MH, Fry AC, Ritchie M, et al. Injury potential and safety aspects of weightlifting movements. Strength Cond 1994;16(3):15–21.
57. Stone MH, Borden RA. Modes and methods of resistance training. Strength Cond 1997;19(4):18–24.
58. Stone MH, Collins D, Plisk SS, et al. Training principles: evaluation of modes and methods of resistance training. Strength Cond J 2000;22(3):65–76.
59. Stone M, Plisk S, Collins D. Training principles: evaluation of modes and methods of resistance training—a coaching perspective. Sports Biomech 2002;1(1):79–103.
60. Tharrett SJ, Peterson JA, eds, for the American College of Sports Medicine. ACSM's Health/Fitness Facility Standards and Guidelines. 2nd ed. Champaign IL: Human Kinetics, 1997.

PARTE III

Prescrição de Exercícios

CAPÍTULO

12

Força e condicionamento para o esporte

MICHAEL H. STONE
MEG E. STONE

Introdução

Até recentemente, a maioria dos cientistas do exercício e do esporte concentrava suas pesquisas nos efeitos fisiológicos e no desempenho do treinamento aeróbio. Muitos dos fatores relacionados com a complexidade do treinamento de força/potência e suas adaptações subseqüentes, particularmente as diferenças de gênero, estão começando a emergir somente agora.

O objetivo deste capítulo é discutir brevemente as adaptações do desempenho ao treinamento de força periodizado, bem como a periodização de modelos e métodos de treinamento que podem incrementar adaptações específicas. A discussão inclui métodos básicos e tradicionais de programação para o treinamento de força. Para uma discussão mais detalhada de métodos de treinamento avançados, consulte Plisk e Stone (29).

PRÍNCÍPIOS BÁSICOS DE TREINAMENTO

Estudos e revisões recentes indicam claramente que o método de treinamento (repetições e séries, velocidade de movimento, variação adequada, etc.) pode fazer uma diferença significativa nas adaptações fisiológicas e de desempenho resultantes de um programa de treinamento de força (16,21,33). Por exemplo, programas de alto volume geralmente têm uma maior influência na composição corporal e na resistência do que programas de baixo volume (8,10,33,43). Também é provável que a escolha da modalidade de treinamento (tipo de equipamento) possa influenciar as adaptações ao programa de treinamento (42).

Os três princípios de treinamento básicos são sobrecarga, variação e especificidade (43). Se cada um deles for adequadamente observado na prescrição de exercícios, o rendimento/desempenho será melhorado, e as chances de sobretreinamento serão reduzidas.

Os três princípios de treinamento básicos são sobrecarga, variação e especificidade; para otimizar as adaptações ao treinamento, esses princípios devem ser adequadamente integrados no plano de treinamento.

A **sobrecarga** envolve o fornecimento de um estímulo adequado para atingir um nível desejado de adaptação física, fisiológica ou de desempenho. A sobrecarga pode ser conceituada como um estímulo de exercício e de treinamento que vai além dos níveis normais de desempenho físico. Uma prescrição de exercícios na perspectiva de sobrecarga poderia incluir os fatores amplitude de movimento, níveis de intensidade absoluta e relativa, freqüência e duração. Todos os estímulos de sobrecarga terão algum nível de intensidade, intensidade relativa (percentual do máximo) e volume. A quantificação dos estímulos de sobrecarga para vários tipos (pesos, equipamentos de resistência variável, equipamentos semi-isocinéticos, bandas elásticas, etc.) de treinamento de força pode ser desafiadora. A quantificação de algumas formas de sobrecarga – resistência elástica, por exemplo – é difícil. Para essa discussão, a quantificação dos estímulos de sobrecarga faz parte do treinamento de força.

A intensidade é um componente geralmente mal compreendido de uma prescrição de exercícios. Há vários aspectos do componente intensidade. Os fatores da intensidade estão associados com a taxa de realização do trabalho e a taxa em que a energia é despendida (43). Os fatores da intensidade podem ser separados em dois aspectos: intensidade do treinamento e intensidade do movimento, ou do exercício (43).

A **intensidade do treinamento (IT)** refere-se à taxa em que um exercício de treinamento ou uma sessão de treinamento ocorre. Pode ser estimada pela massa (peso) média levantada por exercício, por dia, por semana, etc., e está relacionada à densidade do treinamento. Por exemplo, dentro de uma sessão, a carga média levantada está diretamente relacionada ao tempo levado para completar o exercício.

A **intensidade relativa** é um percentual de uma repetição máxima (1 RM). O valor de 1 RM é estável somente em treinadores de força de nível avançado. Assim, o uso da intensidade relativa para planejar programas de treinamento deve ser efetuado com esse aspecto em mente.

A **intensidade do exercício** é a produção real de potência de um movimento. A potência é definida como uma taxa de trabalho ou como o produto da força e da velocidade. O produto da força e da velocidade forma um U invertido, e o pico de potência ocorre a aproximadamente 30% do pico de força isométrica em exercícios monoarticulares. O pico de potência tem demonstrado estar associado com aproximadamente 30 a 80% de 1 RM, dependendo do tipo de exercício e do nível de treinamento. O percentual exato de 1 RM em que o pico de potência ocorre parece depender das seguintes condições: se o exercício envolve uma ou múltiplas articulações; se o peso corporal também está envolvido no movimento; e se o movimento é ou não balístico ou limitado pela amplitude da articulação (27). Normalmente, em exercícios monoarticulares, o pico de potência ocorre a aproximadamente 30-40% de 1 RM; em movimentos envolvendo todo o corpo, ele ocorre a aproximadamente 30-50% em saltos com sobrecarga (30) e a 70-85% em movimentos do levantamento de peso (13,14).

O nível de treinamento também pode influenciar o percentual de 1 RM em que a potência máxima ocorre, com atletas de força mais fortes ou mais experientes produzindo potência máxima em percentuais levemente mais altos do que atletas menos treinados ou mais fracos (2,27,39). Assim, a intensidade relativa pode ser utilizada para estimar (e manipular) a intensidade do exercício, com pesos muito pesados ou muito leves produzindo potências mais baixas do que aqueles na faixa média.

A **densidade do treinamento** refere-se à freqüência de treinamento por sessão, por dia, por semana, etc. Por exemplo, o dia 1 poderia conter quatro sessões de treinamento de mesmo volume, e o dia 2, duas sessões de mesmo volume. O dia 1 teria uma densidade de treinamento mais alta. Uma semana poderia conter cinco sessões de treinamento, enquanto uma outra, dez; a densidade de treinamento na semana 2 seria mais alta.

O **volume de treinamento** é uma medida ou estimativa do trabalho total executado e está fortemente relacionado ao gasto de energia total (6,25,47). Embora a intensidade do treinamento (e a intensidade relativa)

TABELA 12.1 Dia 1: fase de preparação geral

	Série	Repetições	Carga	VC	IT	Tempo para execução da série (s)	Kg/s
	1	10	60	600		40	15,0
	2	10	100	1.000		45	22,2
	3	10	140	1.400		47	29,8
	4	10	140	1.400		52	26,9
	5	10	140	1.400		55	25,5
TOTAL	5	50	580	5.800		239	119,4
Média					116	47,8	23,9

Volume de carga (VC) = soma da carga levantada (séries x massa); intensidade do treinamento = VC/repetições (ou carga média/séries).

possa ser estimada pela quantidade de peso levantado, o volume de treinamento relaciona-se ao número de repetições e séries por exercício, ao número e aos tipos de exercícios utilizados (massa muscular grande *versus* pequena), e à freqüência (i.e., quantidade de vezes por dia, semana, mês, etc.) com que esses exercícios são repetidos.

O **volume de carga (VC)** é a melhor estimativa da quantidade de trabalho realizada durante o treinamento e é comumente utilizado em situações de pesquisa e em sessões práticas de treinamento. O VC é calculado somando-se o produto da carga e do número de repetições para cada série. A aplicação da intensidade e do volume de treinamento pode ser considerada em termos da sessão de treinamento (i.e., todos os exercícios executados durante um período específico) ou em termos de exercícios isolados. Uma compreensão dos fatores de sobrecarga pode auxiliar na programação do treinamento, incluindo métodos (i.e., séries e repetições), velocidade do exercício e seleção de exercícios.

A interação/associação do VC e da IT pode ser ilustrada calculando-se esses fatores para dois exemplos de sessões de treinamento (utilizando-se dados reais do agachamento como exemplo). A Tabela 12.1 contém os dados para o dia 1, a fase de preparação geral; a Tabela 12.2 contém os dados para o dia 2, a fase de competição.

Nesse exemplo, o VC no dia 1 foi maior do que no dia 2 (5.800 kg *versus* 3.375 kg); entretanto, a IT foi maior no dia 2 do que no dia 1 (135 *versus* 116). O VC e a IT são inversamente relacionados. Além disso, a IT é diretamente relacionada à taxa em que a carga é deslocada (quilogramas por segundo) e é uma indicação

TABELA 12.2 Dia 2: fase de competição

	Série	Repetições	Carga	VC	IT	Tempo para execução da série (s)	Kg/s
	1	5	60	300		15,0	20,0
	2	5	120	600		17,0	35,3
	3	5	165	825		25,0	33,0
	4	5	165	825		26,0	31,7
	5	5	165	825		28,0	29,4
TOTAL	5	25	675	3.375		111,0	149,4
Média					135	22,2	29,9

Volume de carga (VC) = soma da carga levantada (séries x massa); intensidade do treinamento = VC/repetições (ou carga média/séries).

da taxa de treinamento. O cálculo da IT, embora reflita a taxa de trabalho (quilogramas por segundo), leva menos tempo do que medir e calcular os quilogramas por segundo, e, portanto, tem uma vantagem prática. O VC e a IT médios podem ser facilmente calculados por semana, mês ou fase de treinamento. Desse modo, utilizando-se essas variáveis, pode-se fazer um registro aceitável do progresso do treinamento.

A **variação** envolve a manipulação adequada da intensidade do treinamento, da velocidade do movimento, do volume e da seleção de exercícios. A variação adequada é uma das principais considerações para a adaptação continuada ao longo de programas de treinamento de longa duração (17,18). A organização seqüencial apropriada do volume, da intensidade e da seleção de exercícios, incluindo exercícios de força rápida de forma periodizada, pode levar a um aumento superior de uma variedade de habilidades de desempenho (16).

Vários níveis de variação diferentes são possíveis em um programa de treinamento (i.e., de longa duração, de curta duração, diário, etc.). O nível de variação no programa de treinamento é diretamente relacionado ao nível do atleta.

A **especificidade do exercício e do treinamento** é a consideração mais importante na seleção de métodos e modelos de treinamento de força, especialmente se a melhora do rendimento esportivo for um dos objetivos principais. A especificidade inclui a bioenergética e a mecânica do treinamento. Essa discussão está relacionada com os aspectos mecânicos da especificidade.

ESPECIFICIDADE E EFEITO DE TRANSFERÊNCIA DO TREINAMENTO

Conforme observado anteriormente, a *especificidade mecânica* refere-se às associações cinéticas e cinemáticas entre o exercício de treinamento e um desempenho físico. Isso inclui parâmetros como padrões de movimento, pico de força, taxa de produção de força, aceleração e velocidade. Quanto maior a semelhança entre um exercício de treinamento e a atividade física praticada pelo indivíduo, maior a probabilidade de transferência (3,30,42,43). A especificidade mecânica tem sido extensivamente estudada, na medida em que afeta o exercício de treinamento de força. A força e a potência explosivas são de particular importância.

O **efeito de transferência do treinamento** *refere-se ao grau em que um exercício de treinamento promove adaptação no desempenho. Para maximizar o potencial do "efeito de transferência do treinamento", um exercício de treinamento deve utilizar níveis aceitáveis de especificidade e sobrecarga relacionados ao padrão de movimento.*

Força explosiva e potência

Entre sujeitos não-treinados e moderadamente treinados, o treinamento de força de alta intensidade pode produzir efeitos positivos no desempenho, em toda a curva força-velocidade (15-21). Evidências observacionais e objetivas indicam, no entanto, que, entre sujeitos com nível avançado de treinamento de força, é necessário um treinamento de alta velocidade para promover alterações adicionais na porção final da curva força-velocidade (15,16).

Embora o treinamento isométrico possa resultar em um pico aumentado da taxa da produção de força e da velocidade do movimento, especialmente em sujeitos não-treinados (3), o efeito do treinamento isométrico na produção de força explosiva é relativamente menor, particularmente entre atletas bem-treinados (15,23). Embora diversos parâmetros possam ser afetados, o treinamento de força de alta intensidade tradicional aumenta principalmente a força máxima, especialmente quando medida por 1 RM. Já no treinamento balístico típico, o principal efeito é um aumento da taxa da produção de força e da velocidade do movimento (15,16,21,23). Adicionalmente, o treinamento de alta potência pode alterar inúmeras variáveis de rendimento esportivo em maior escala do que o treinamento de força de alta intensidade tradicional, especialmente em sujeitos com um nível inicial razoável de força máxima (16,49). De fato, um nível inicial alto de força máxima parece potencializar o desenvolvimento de altas produções de potência e velocidades de movimento aumentadas (36,42,45).

O tipo de programa de treinamento (i.e., alto volume, alta intensidade) pode fazer uma diferença significativa no tipo de adaptação (i.e., composição corporal, força, potência, etc.) ao programa.

Também é importante selecionar tipos de exercício que promovam o maior efeito de transferência do treinamento. É incerto que exercícios monoarticulares promovam tanto impacto no desempenho, que é de natureza poliarticular, quanto exercícios de treinamento poliarticulares (42,50). Na seleção dos tipos de treinamento, algumas considerações e alguns critérios de desempenho podem ser utilizados (32,42). Esses critérios podem maximizar o efeito de transferência do treinamento.

As características do padrão de movimento incluem estas (32,42):

1. O tipo de ação muscular
2. Regiões acentuadas de produção de força
3. A complexidade, a amplitude e a direção do movimento
4. Movimentos balísticos *versus* não-balísticos

Também deve haver uma aplicação de sobrecarga para a adaptação bem-sucedida do desempenho. Se não houver uma sobrecarga contínua, o rendimento esportivo não terá uma melhora para além da adaptação à simples prática do esporte. Os fatores a serem sobrecarregados incluem produção de força, taxa de produção de força e produção de potência. Na escolha de exercícios para treinar o rendimento esportivo explosivo, os movimentos balísticos e a taxa de produção de força são especialmente importantes.

PLANEJAMENTO DE PROGRAMAS

O planejamento de programas envolve tomar decisões relacionadas ao número de séries, à intensidade do exercício, ao volume, à carga e à taxa de progressão. Em geral, programas de treinamento periodizados de séries múltiplas demonstrarão ganhos maiores no desempenho em longo prazo do que programas de série única ou não-periodizados.

Série única *versus* séries múltiplas

Embora tenha havido controvérsia (7), a maioria dos estudos e revisões que examinaram cuidadosamente o treinamento com uma série *versus* o treinamento com séries múltiplas, com homens e mulheres, indica que se podem obter resultados superiores em uma ampla variedade de variáveis de desempenho e fisiológicas usando-se séries múltiplas (4,19,31,43). Força máxima, potência e adaptações positivas na composição corporal estão entre as variáveis que podem ser alteradas em maior escala utilizando-se séries múltiplas. Os efeitos superiores das séries múltiplas são particularmente aparentes entre treinadores de força de nível avançado (17-19,43). Além disso, esses efeitos podem ser aumentados pelo uso de técnicas de periodização/variação juntamente com os protocolos de séries múltiplas.

Periodização

A **periodização** pode ser definida como um método lógico, organizado em fases, em que variáveis de treinamento serão manipuladas com o objetivo de aumentar o potencial para alcançar metas de desempenho específicas (40,41). Assim, um princípio básico da periodização é treinar a não-linearidade. As metas principais da periodização são (1) a redução do potencial de sobretreinamento e (2) a maximização do desempenho em um período determinado ou o oferecimento de um programa de manutenção para esportes com uma temporada específica. As metas são alcançadas mediante a manipulação adequada dos fatores volume e intensidade e a seleção apropriada dos exercícios. É importante entender que a variação pode ocorrer em vários níveis diferentes. O Quadro 12.1 traz uma visão geral da periodização.

> *A periodização envolve uma variação planejada do volume e da intensidade do treinamento para promover o desempenho máximo no período desejado e diminuir as chances de sobretreinamento.*

QUADRO 12.1 PERIODIZAÇÃO

A periodização é a manipulação das variáveis de treinamento para promover o rendimento máximo no período apropriado do ano e, ao mesmo tempo, diminuir as chances de sobretreinamento. Os princípios da periodização também podem ser aplicados a esportes de temporada, tais como o rúgbi e o futebol americano.

Na sua forma simples, a periodização é o planejamento – de longa e curta durações – da variação. À medida que a temporada de competição vai-se aproximando, o treinamento deve progredir de menos para mais específico. O treinamento menos específico é realizado fora da temporada ou durante períodos com menos ênfase na competição e depois progride para o treinamento específico ao esporte, à medida que a temporada de competição aproxima-se.

As decisões tomadas no planejamento de um programa de treinamento periodizado devem basear-se em evidência científica. A ciência do condicionamento é um processo de adaptação a novas informações, e os programas de condicionamento devem envolver-se com a ciência. Um fator limitante potencial na aplicação dos princípios e da teoria do treinamento é que alguns esportes ou grupos etários ainda não foram bem estudados. Nesse caso, devemos extrapolar os resultados das pesquisas disponíveis e planejar os melhores programas de treinamento possíveis para esses atletas.

Hoje os programas de treinamento periodizados têm sido aplicados a uma variedade de esportes individuais e de equipe. Alguns desses programas estão fundamentados em evidência científica direta; outros, na aplicação lógica de princípios científicos baseados em esportes ou atividades similares.

A aplicação da periodização em programas de treinamento para melhorar o rendimento esportivo é uma ciência em expansão.

Pergunta e resposta da área

Ultimamente eu tenho escutado o uso dos termos periodização linear *e* ondulatória. *O que eles significam?*

O termo *periodização linear* é utilizado para descrever programas periodizados que aumentam a carga e a intensidade de uma forma linear direta ao longo de um período de tempo específico. O termo, no entanto, é incorreto, uma vez que todo programa periodizado deve utilizar variações de carga que incluam dias difíceis seguidos por dias mais fáceis ou dias de recuperação. *Periodização ondulatória* é um termo usado para descrever programas periodizados com grandes variações das cargas e intensidades de um dia para o outro. Atletas principiantes, por exemplo, geralmente respondem melhor a programas com menos variação da carga e da intensidade. Atletas de nível avançado geralmente conseguem manter cargas e intensidades mais elevadas e uma variação maior de um dia para o próximo. Todo programa periodizado deve variar a carga e a intensidade de treinamento; alguns programas contêm mais variação, e outros, menos.

O treinamento periodizado tradicional pode ser dividido em três estágios ou níveis: o **macrociclo** (ciclo de longa duração), o **mesociclo** (ciclo de média duração) e o **microciclo** (ciclo de curta duração, ou variação diária). Cada macro e mesociclo geralmente começa com alto volume e baixa intensidade de treinamento, e termina com alta intensidade e baixo volume de treinamento. O macro e o mesociclo podem conter quatro fases: (1) preparação (geral e especial), (2) competição, (3) pico e (4) transição ou recuperação ativa. Cada uma dessas fases normalmente tem metas diferentes e requer graus diferentes de variação das variáveis de treinamento. A Figura 12.1 ilustra um macrociclo tradicional para um atleta principiante.

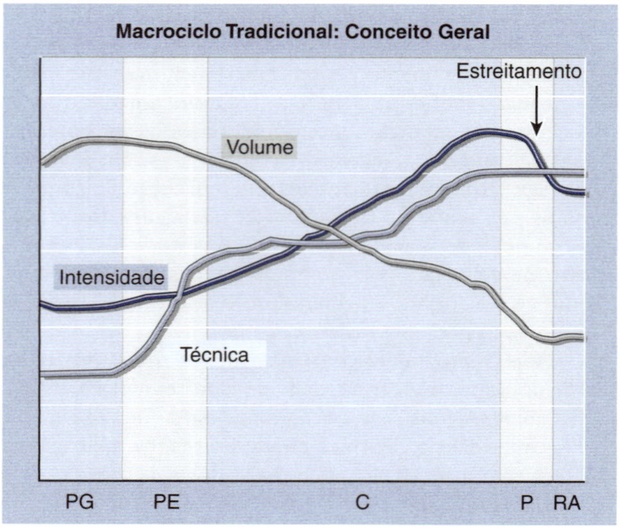

FIGURA 12.1 Macrociclo tradicional para principiantes. PG = preparação geral; PE = preparação especial; C = competição; P = pico; RA = recuperação ativa.

A **preparação geral (PG)** é uma fase de alto volume, usualmente com duração de poucas semanas, planejada para melhorar a capacidade específica ao esporte e associada a parâmetros fisiológicos. A **preparação especial ou específica (PE)** refere-se a um treinamento de volume relativamente alto, em que os exercícios são mais específicos à atividade em termos de padrão de movimento e velocidade. É utilizada como uma fase de transição que liga o treinamento de preparação geral menos específico e de alto volume ao treinamento bastante específico e de alta intensidade associado com a competição. Durante a **fase de competição (C)**, os fatores de intensidade são ajustados na preservação das características do esporte. Por exemplo, em um esporte que requer altas produções de potência, despende-se mais tempo na utilização de intensidades de exercício elevadas; em um esporte em que se requer maior força, pode-se dar maior ênfase a intensidades de treinamento elevadas. O volume durante a fase de competição é reduzido. Essa fase pode durar vários meses.

> *A fase de competição é geralmente caracterizada por um baixo volume e uma alta intensidade de treinamento. A intensidade de treinamento deve equiparar-se à intensidade requerida para a participação no esporte.*

O **pico (P)** é uma fase de curta duração (geralmente menos de quatro semanas). Durante a parte inicial da fase de pico, o volume normalmente é reduzido à medida que a intensidade do treinamento (ou intensidade do exercício, dependendo do esporte ou das metas de desempenho) é aumentada ou mantida em níveis relativamente altos. Durante os últimos dias antes da competição, os fatores da intensidade também são reduzidos para promover uma recuperação adequada. A última parte de uma fase de pico, quando o volume é marcadamente reduzido, é chamada "estreitamento" (26).

O pico é uma fase curta geralmente caracterizada por um baixo volume de treinamento e pela manutenção de intensidades específicas ao esporte. Nos últimos dias antes da competição, o volume e a intensidade são reduzidos para promover a recuperação.

A **recuperação ativa (RA)** é uma fase em que o volume e a intensidade são marcadamente diminuídos para facilitar a recuperação do ciclo de treinamento. A recuperação inclui o restabelecimento e a reabilitação de quaisquer lesões que possam ter ocorrido, bem como a recuperação dos apelos emocionais da competição. A recuperação completa faz com que a aptidão específica ao esporte deteriore-se até um ponto do qual é difícil recuperar-se sem treinamento extensivo. Comparada à recuperação completa, a recuperação ativa possibilita menos deterioração da aptidão e um retorno mais rápido ao pico de aptidão durante o próximo ciclo. A recuperação ativa geralmente dura cerca de uma semana. Pode-se efetuar uma modificação do esquema típico para esportes com uma temporada definida, em que uma das metas seja vencer todas as competições (jogos), como o basquetebol. Uma modificação geral típica para esportes de temporada é prolongar a fase de competição e remover a fase de pico. Para uma discussão mais detalhada do treinamento de periodização, ver Plisk e Stone (29) e Stone e colaboradores (40,41,43).

Treinamento de atletas de nível avançado

A maioria dos atletas de nível avançado e de elite utiliza alguma forma de periodização (Fig. 12.2). Atletas de nível avançado e de elite podem requerer maior variação e abordagens mais criativas do treinamento comparados a atletas de nível mais baixo e principiantes. Uma maior variação é necessária em conseqüência de diversos fatores, incluindo os fatos de que: (1) atletas de nível avançado treinam com maiores volumes e intensidades do que principiantes, então eles podem estar mais próximos de um limiar de sobretreinamento; (2) à medida que os limites genéticos vão surgindo, uma maior variação e abordagens novas do treinamento podem ser necessárias para "provocar" uma adaptação adicional. Diversas abordagens criativas de treinamento de força podem estimular adaptações de força-potência adicionais.

Atletas de nível avançado podem requerer maiores variações do volume e da intensidade de treinamento, comparados a atletas principiantes, para promover adaptações contínuas ao estímulo de treinamento.

TREINAMENTO SEQÜENCIAL

Conforme observado anteriormente, a exposição prévia ao treinamento de força e a níveis de força máxima aumentados pode potencializar ganhos de potência resultantes do treinamento de potência. O exame de

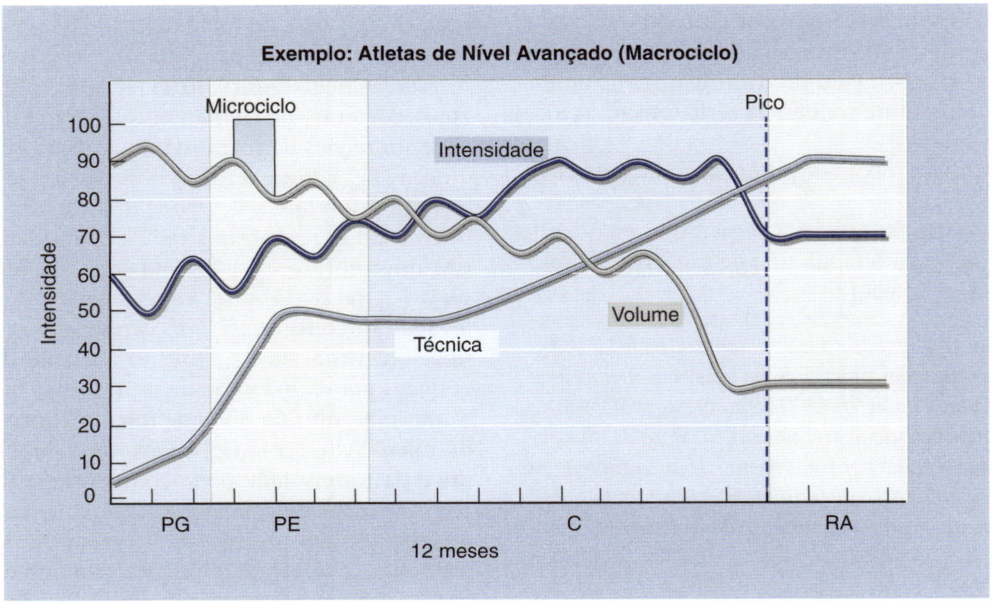

FIGURA 12.2 Abordagem periodizada tradicional típica para atletas de nível avançado. Observe a maior variação comparada com a Figura 12.1. PG = preparação geral; PE = preparação especial; C = competição; P = pico; RA = recuperação ativa.

Pergunta e resposta da área

Eu pensava que a velocidade fosse uma dessas variáveis que não poderiam realmente ser melhoradas. O treinamento de força pode realmente melhorar a velocidade de corrida dos meus atletas?

Sim, o programa de treinamento de força adequado pode melhorar a velocidade de corrida, assumindo-se que o atleta não tenha atingido seu pico fisiológico. A velocidade de corrida é uma combinação de diversos fatores, alguns dos quais são genéticos e imutáveis. Eis alguns componentes que você pode provavelmente modificar com o treinamento de força: (1) um fator na velocidade de corrida é gerar força de reação do solo; quanto mais força você aplicar ao solo na direção adequada, mais rápido você se moverá; (2) outro fator é a freqüência da passada, que envolve não apenas a força que você aplica ao solo mas também a velocidade com que você pode ciclar a sua passada. Um fator limitante aqui é trazer a perna suspensa à frente rapidamente. O treinamento de força dos flexores dos quadris e a integração desse treinamento na forma de corrida podem melhorar a velocidade. (3) A velocidade de movimento é, em parte, decorrente da ativação das fibras musculares de contração rápida. Programas de treinamento de força bem planejados facilitam o desenvolvimento de velocidade e potência pelo treinamento e pela melhora da capacidade de fibras musculares de contração rápida.

estudos longitudinais e transversais (15,43) sugere que o treinamento seqüencial – o treinamento de força de alta intensidade durante algumas semanas, seguido por treinamento de força rápida, ou o treinamento combinado (treinamento de alta intensidade mais treinamento de alta potência ou alta velocidade) – pode produzir resultados superiores em ganhos de velocidade e potência comparado ao treinamento de força de alta intensidade ou ao treinamento de força rápida sozinhos. Ainda mais importante, evidências indicam que esse tipo de treinamento seqüencial (uma forma de periodização) pode alterar positivamente inúmeras variáveis de rendimento esportivo em maior grau do que o treinamento de força de alta intensidade ou o treinamento de força rápida (16,24). Para produzir ganhos de potência máximos, a seguinte seqüência seria sensata (16):

Força resistente → força → potência e velocidade

Cada fase pode durar várias semanas, dependendo das necessidades do atleta, do tipo de esporte e da colocação no macrociclo geral.

> *Evidências sugerem que o treinamento seqüencial pode produzir resultados superiores em termos de melhora da velocidade e da potência. O treinamento seqüencial começa com um ciclo de treinamento de força de alta intensidade seguido por treinamento de força rápida, ou com uma combinação de treinamento de alta intensidade e treinamento de alta potência ou alta velocidade.*

MICROCICLOS

Um microciclo é o ciclo repetível mais curto e é normalmente definido como uma semana. A variação é realizada por alterações diárias dos fatores de volume e intensidade. A variação é necessária para reduzir o potencial de sobretreinamento; a redução do sobretreinamento é melhor efetuada no nível de microciclo do que em qualquer outro nível de treinamento. Sabe-se que cargas de treinamento de alta intensidade são necessárias para o máximo rendimento esportivo; no entanto, as cargas de alta intensidade freqüentes e a monotonia do treinamento aumentam a "extenuação do treinamento" e o potencial para resultados de treinamento negativos (9,35). Além disso, dados de modelos humanos (9) e animais (5) indicam que dias "leves" múltiplos dentro de um microciclo podem permitir que uma dada carga de treinamento seja executada com um maior potencial para adaptações positivas e menos resultados negativos (9,40,41). Alguns dos efeitos nocivos decorrentes do treinamento podem estar associados com alterações da força máxima disponível no treinamento ($T_{\text{máx}}$). Por exemplo, observações feitas pelos autores indicam que a $T_{\text{máx}}$ pode diminuir ao longo de um microciclo em resposta à fadiga acumulada; assim, o 1 RM que representa a $T_{\text{máx}}$ na segunda-feira pode não ser a $T_{\text{máx}}$ na sexta-feira. Se a fadiga acumulada não for levada em consideração, as cargas que se baseiam em um percentual da $T_{\text{máx}}$ (ou no máximo de uma competição) podem na verdade representar um percentual muito mais alto do nível de força máxima real ao final do microciclo. Portanto, a variação adequada do volume e da intensidade pode compensar as alterações da $T_{\text{máx}}$ induzidas pela fadiga. Adicionalmente, as variáveis de treinamento podem ser alteradas diariamente para promover a variação do movimento, um fator que, por sua vez, pode oferecer um estímulo adicional para o desenvolvimento de força e potência máximas (16). Embora haja várias maneiras de produzir alterações nas variáveis de treinamento, a variação pode ser pro-

APLICAÇÃO NA REALIDADE

Fadiga e diminuição do rendimento

Uma levantadora de peso treinando para uma competição está tendo dificuldade para sustentar um nível razoável de rendimento no treinamento e está se sentindo bastante fatigada. Como você examinaria sua condição e que fatores você manipularia (como treinador) para remediar esse problema?

Múltiplos fatores podem levar à diminuição do desempenho e à fadiga em um atleta. Considere todas as possibilidades, mas se concentre nos fatores mais prováveis para o atleta com quem você está trabalhando.

1. O fator óbvio a ser considerado primeiro é um potencial desequilíbrio entre treinamento e recuperação. Avalie a intensidade do treinamento.
2. Avalie os hábitos nutricionais da levantadora. A atleta está alimentando-se adequadamente? Está ingerindo calorias totais suficientes? Carboidratos? Proteínas?
3. Qual o estado emocional/psicológico da atleta? Talvez ela esteja esgotada ou não esteja mais gostando do esporte. Talvez haja problemas pessoais com membros da família, amigos, etc.
4. Há algum problema médico que poderia estar provocando a fadiga? Talvez um exame médico seja necessário para descartar condições clínicas específicas.
5. Existe a possibilidade de a atleta estar usando ou abusando de drogas? Drogas específicas estão relacionadas a comportamentos específicos, e o uso e/ou abuso de drogas pode certamente estar relacionado à fadiga.

Obviamente, alguns desses problemas precisam da assistência de outros profissionais: um médico, um psicólogo do esporte, etc. Como treinador, você pode fazer várias coisas para ajudar a atleta:

1. Certifique-se de que o programa de treinamento não esteja intenso demais e a atleta esteja recuperando-se em tempo adequado. Dias de treinamento pesados devem ser seguidos por dias mais leves ou dias de recuperação. Deve haver variação da intensidade de uma sessão para a próxima. Deve-se permitir um tempo de recuperação adequado. Um sono adequado é crucial para a recuperação. Certifique-se de que a atleta não está participando de uma atividade física adicional que esteja prejudicando o desempenho do levantamento de peso.
2. Certifique-se de que a dieta da atleta seja balanceada, que ela esteja ingerindo calorias suficientes e que esteja bem hidratada.
3. Monitore a atleta em relação a sintomas comuns de sobretreinamento.

duzida de forma simples e eficiente utilizando-se um sistema de dia pesado/leve.

> *Variações apropriadas do volume e da intensidade de treinamento são importantes para permitir uma recuperação adequada de sessões de treinamento intensas e reduzir as chances de fadiga acumulada e sobretreinamento.*

QUADRO 12.2 EXEMPLO DE PROGRAMA DE TREINAMENTO DE AGACHAMENTO

Agachamentos: Seg. e Qui.: 3 x 5 na carga-alvo
Puxadas: Qua. e Sáb.
Agachamento $T_{máx}$ = 200 kg

Dia	Seg	Ter	Qua	Qui	Sex	Sáb	Dom
IR	A	R	MA	M	R	M	R

Intensidade relativa (IR) = % da $T_{máx}$ para 3 x 5.

A (alta)	80-85%
MA (moderadamente alta)	75-80%
M (moderada)	70-75%
B (baixa)	65-70%
R	Repouso

O Quadro 12.2 ilustra um exemplo em que a ênfase do treinamento está no desenvolvimento de força de pernas e quadris utilizando principalmente o agachamento.

Nesse exemplo, diversos fatores devem ser considerados. O primeiro é o nível do atleta: esse tipo de variação da intensidade não funcionará bem com principiantes por causa da instabilidade da $T_{máx}$. O segundo aspecto é que a intensidade do treinamento é alterada por meio de variações da intensidade relativa; o percentual exato utilizado modificará de acordo com cada atleta, com o tipo de exercício, com o esquema de séries/repetições e com a fadiga (37). Devido a esses fatores, deve-se utilizar uma faixa de percentuais. Assim, no exemplo anterior, o atleta poderia realizar o agachamento com 160 kg na segunda-feira, mas somente 140 kg na sexta-feira, para três séries de cinco repetições. Nos dois dias, esforços máximos seriam feitos para promover adaptações adequadas (22). A intensidade relativa também pode ser calculada com base no número máximo de séries e repetições em vez de em 1 RM, conforme segue. Lembre-se de que a intensidade relativa (IR) é o percentual do máximo para o protocolo de séries e repetições.

DA (demasiadamente alta) = 100%
A (alta) = 90 a 95%
MA (moderadamente alta) = 85 a 90%
M (moderada) = 80 a 85%

TABELA 12.3 Alterações do VC resultantes de modificações nas repetições

	Dia 1: 3 x 10 repetições (Carga-alvo)				Dia 2: 3 x 5 repetições (Carga-alvo)			
	Série	*Repetições*	*Carga (kg)*	*VC (kg)*	*Série*	*Repetições*	*Carga (kg)*	*VC (kg)*
	1	10	60	600	1	5	60	300
	2	10	100	1.000	2	5	100	500
	3	10	140	1.400	3	5	140	700
	4-6	30	160	4.800	4-6	15	160	2.400
Total	6	60		7.800	6	30		3.900
Média			115				115	

MB (moderadamente baixa) = 75 a 80%
B (baixa) = 70 a 75%

Assim, por exemplo, se 100 kg forem o máximo para 3 x 5 no agachamento (i.e., 100% = DA), então, em um dia de levantamento moderado (M), somente 80 a 85% seriam utilizados. Esse método funciona bem com atletas de nível avançado, para os quais estimativas de 100% para séries e repetições podem ser preditas para vários exercícios, com razoável precisão, uma vez que sua $T_{máx}$ e suas cargas de treinamento são relativamente estáveis por longos períodos.

Na criação da variação efetiva do microciclo, os efeitos de outras atividades de treinamento também devem ser considerados. Se a corrida ou outras atividades de condicionamento também forem incluídas no programa de treinamento global, as demandas de energia adicionais e o estresse emocional e físico aumentado devem ser levados em conta. Nesse contexto, planejar e acompanhar as alterações pelo volume de carga (VC) pode ter mais valor do que acompanhar as alterações da intensidade. O VC pode mudar com o tipo de exercícios, as repetições e a intensidade. A Tabela 12.3 ilustra alterações do VC resultantes de modificações nas repetições.

Pode-se perceber que, mesmo quando a carga é constante, a adição ou a remoção de repetições pode alterar o VC e, conseqüentemente, o trabalho total realizado. É importante notar que o volume mais alto de trabalho no dia 1 provavelmente exigirá mais tempo e energia para recuperação (25). Por outro lado, intensidades de treinamento mais altas exigirão mais tempo de recuperação e energia se os VCs forem iguais.

O VC também pode ser fortemente afetado por alterações na intensidade do treinamento, conforme pode ser visto na Tabela 12.4.

Nesse exemplo, o uso de séries e repetições constantes e o aumento da carga (intensidade do treinamento) podem produzir um aumento significativo do VC e, com isso, do trabalho total e do gasto de energia total (exercício mais recuperação). Na prática, combinações de mudanças na intensidade e nas repetições produzem alterações do VC. Freqüentemente, aumentos da carga necessitam de séries de "aquecimento"

TABELA 12.4 Alterações do VC resultantes de modificações na intensidade

	Dia 1: 3 x 5 repetições (Carga-alvo)				Dia 2: 3 x 5 repetições (Carga-alvo)			
	Série	*Repetições*	*Carga (kg)*	*VC (kg)*	*Série*	*Repetições*	*Carga (kg)*	*VC (kg)*
	1	5	60	300	1	5	60	300
	2	5	100	500	2	5	120	600
	3	5	140	700	3	5	160	800
	4-6	15	160	2.400	4-6	15	180	2.700
Total	6	30		3.900	6	30	520	4.400
Média			115				130	

TABELA 12.5	Dados de um dia pesado dentro de um microciclo: VC de segunda-feira (pesado) séries de 5 (alvo x 85)								
Exercício	**Série**	**1**	**2**	**3**	**4**	**5**	**6**	**7**	**Total**
Agachamento	(1 RM = 200)	300	500	700	850	850	850	450*	4.500
Desenvolvimento	(1 RM = 100)	250	300	400	400	400	250*		2.000
Supino	(1 RM = 140)	300	500	600	600	600	325*		2.925
Total									9.425

*Séries de carga reduzida para produção ótima de potência.

adicionais. A designação de dias pesados e leves com base no VC deve levar em consideração a intensidade do treinamento, a intensidade relativa, o número de séries e repetições e o nível de treinamento. As Tabelas 12.5 e 12.6 ilustram dados reais de dias pesados e leves dentro de um microciclo, em dois dias em que os exercícios foram repetidos.

A partir desse exemplo, pode-se observar que uma redução da carga-alvo em 20% (com alterações apropriadas nas séries de aquecimento) pode resultar em uma redução do volume de carga de aproximadamente 22%.

Devido ao gasto de energia total estar relacionado ao VC, deve-se tomar cuidado ao se "equiparar" o programa de treinamento de força às exigências de outros aspectos do condicionamento. Se um aspecto estiver sendo enfatizado – por exemplo, adaptação de força –, então um dia leve de treinamento deve continuar um dia leve. Deve-se notar que aumentar a quantidade de trabalho executado em aspectos não do treinamento de força, de forma que o dia torne-se um dia de alta carga de trabalho, anula o propósito de ter um dia leve e pode aumentar a probabilidade de adaptação negativa. Assim, por exemplo, em um esporte que requeira treinamento de força/potência e que também requeira outros aspectos do condicionamento como corrida e treinamento tático, é imperativo que as cargas de trabalho para componentes individuais complementem-se e não interfiram nas metas da fase do período de treinamento.

A Tabela 12.7 fornece um exemplo de um mesociclo cuja meta é melhorar a força máxima, em que diferentes aspectos do treinamento seriam ajustados de modo que o desenvolvimento de força não fosse reduzido.

Ou, se o treinamento tático fosse uma prioridade, por exemplo, durante uma temporada de futebol, um arranjo diferente seria apropriado, como na Tabela 12.8.

Microciclos Somados

Os microciclos podem ser agrupados ou somados em "blocos", de forma que cada bloco apresente um padrão específico de volume e intensidade da carga. Os blocos podem então ser repetidos ao longo de todo o mesociclo, de modo que estímulos específicos sejam "reapresentados" de forma cíclica. Geralmente, um bloco consiste em quatro semanas. Um bloco típico seria aquele em que o volume e a intensidade fossem aumentados durante três semanas, seguidas por uma semana "sem progressão da carga", criando um bloco 3/1 (12,20). A semana sem progressão da carga pode ser utilizada para reduzir o potencial de sobretreinamento e permitir a adaptação e a supercompensação (Fig. 12.3). Deve-se tomar cuidado ao se usar esse tipo de abordagem 3/1, porque a maior aplicação de carga ocorre na terceira semana, e a fadiga acumulada dos microciclos 1 a 3 pode impedir a adaptação ao trabalho de força rápida (daí a necessidade de uma semana sem

TABELA 12.6	Dados de um dia leve dentro de um microciclo: vc de quinta-feira (leve) com séries de 5 (séries-alvo com carga reduzida em 20%)								
Exercício	**Série**	**1**	**2**	**3**	**4**	**5**	**6**	**7**	**Total**
Agachamento	(1 RM = 200)	300	500	700	700	700	450		3.350
Desenvolvimento	(1 RM = 100)	250	300	325	325	325	250*		1.775
Supino	(1 RM = 140)	300	400	475	475	475	325*		2.450
Total									7.575

*Séries de carga reduzida para produção ótima de potência.

TABELA 12.7 Mesociclo para melhora da força máxima

DIA	SEG	TER	QUA	QUI	SEX	SÁB	DOM
VCTF	A	R	MA	R	B	M	R
C/VA	B	M	R	M	R	M	R
VTT	B	B	R	B	R	B	R

VCTF = volume de carga de treinamento de força; C/VA = corrida, volume de treinamento de agilidade; VTT = volume de treinamento tático.

carga). Para atletas de nível avançado, se as metas de treinamento forem força máxima, potência e velocidade, talvez outras estratégias sejam mais efetivas. Uma delas acarreta o **pré-sobretreinamento planejado**.

> *Os microciclos somados consistem em microciclos agrupados em "blocos", de modo que cada bloco apresente um padrão específico de volume e intensidade da carga. Os blocos podem ser repetidos de forma cíclica, com o resultado desejado de maximização da adaptação ao treinamento.*

O **pré-sobretreinamento** pode ocorrer em conseqüência de um grande aumento do volume de carga. Ele pode resultar em fadiga crônica e em outros sintomas semelhantes aos dos estágios iniciais do sobretreinamento (35). Contanto que a fase de pré-sobretreinamento não seja demasiado extensa, um retorno aos volumes de treinamento normais pode resultar em um "efeito de supercompensação", promovendo um desempenho aumentado. Esses efeitos de supercompensação podem estar associados com o estado anabólico e com alterações na razão testosterona:cortisol (11,34). Planejando-se cuidadosamente a fase de pré-sobretreinamento (com o retorno subseqüente ao treinamento normal e a adição de um estreitamento), pode-se incrementar o desempenho (Fig. 12.4). Também pode ser possível incorporar uma fase de pré-sobretreinamento curta dentro de um esquema de bloco somado, de forma que a fase de pré-sobretreinamento seja periodicamente repetida e um efeito cumulativo seja alcançado. A Figura 12.5 representa esse tipo de abordagem. Essa abordagem de usar o pré-sobretreinamento planejado

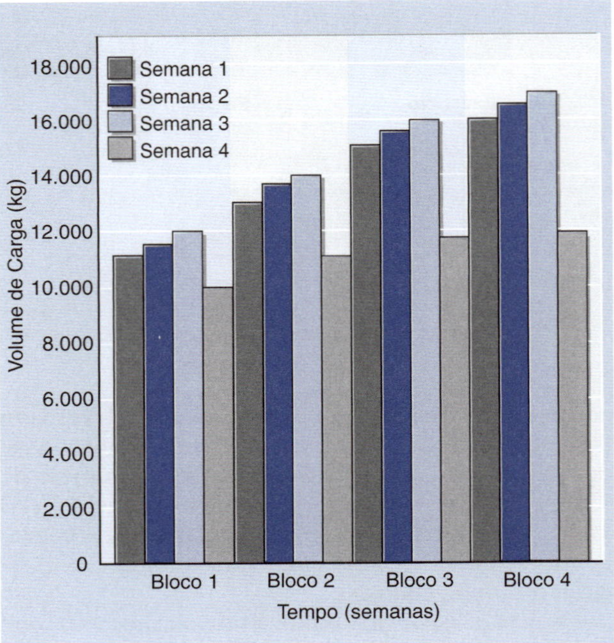

FIGURA 12.3 Microciclos somados. Este gráfico representa um ciclo 3/1, ou 3 semanas de VC (volume de carga) progressivo seguidas por 1 semana com suavização ou redução da carga.

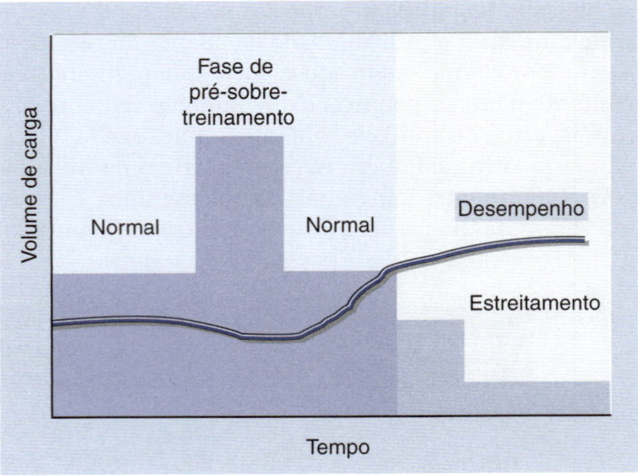

FIGURA 12.4 Pré-sobretreinamento planejado (conceitual) . O volume de treinamento é marcadamente aumentado durante um curto período. O desempenho pode diminuir durante o pré-sobretreinamento. Um retorno ao "treinamento normal" pode resultar em uma elevação do desempenho. Um estreitamento pode incrementar ainda mais o desempenho.

TABELA 12.8 Mesociclo para melhora do treinamento tático

DIA	SEG	TER	QUA	QUI	SEX	SÁB	DOM
VCTF	B	R	B	R	B	M	R
C/VA	B	M	R	M	R	M	R
VTT	A	B	M	MA	R	M	R

VCTF = volume de carga de treinamento de força; C/VA = corrida, volume de treinamento de agilidade; VTT = volume de treinamento tático.

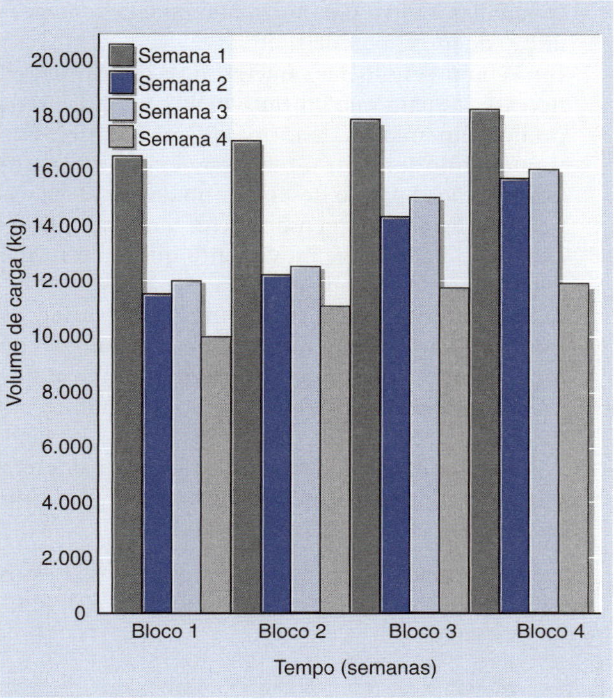

FIGURA 12.5 Pré-sobretreinamento planejado (microciclos somados). Cada bloco começa com um microciclo de pré-sobretreinamento seguido por um estreitamento, produzindo um bloco 1/2/1 (1 semana de pré-sobretreinamento/2 semanas de treinamento normal/1 semana de estreitamento). Retirada de dados reais entre arremessadores universitários que utilizam o agachamento.

com blocos somados pode ser adotada por atletas de níveis intermediário e avançado.

> *O pré-sobretreinamento planejado é um aumento intencional do volume e da intensidade que coloca o atleta em um estado anterior ao sobretreinamento. Se a fase de pré-sobretreinamento não for extensa demais, a recuperação pode resultar em um "efeito de supercompensação", promovendo o incremento do desempenho.*

O condicionamento fundamental utiliza parâmetros de aptidão física especificamente associados com um esporte. Ele geralmente enfatiza aspectos de resistência específicos. Por exemplo, em esportes de força/potência, a força resistente seria uma prioridade. Os autores têm observado que atletas de nível avançado e seus treinadores freqüentemente reduzem ou negligenciam completamente o condicionamento fundamental, acreditando que os anos de treinamento removem a necessidade de mais exercícios básicos ou de um trabalho de volume mais alto. No entanto, há várias razões pelas quais as fases de condicionamento fundamental podem ser benéficas:

1. Todo programa de treinamento requer reduções ocasionais ou periódicas do volume e da intensidade do treinamento ou períodos de recuperação. Essa redução pode resultar em uma perda de aptidão física específica ao esporte, o que pode incluir alterações negativas na composição corporal, nas capacidades de resistência e na capacidade de recuperação.
2. Reintroduzir periodicamente esse tipo de variação do treinamento oferece uma pausa (tanto fisiológica quanto psicológica) do treinamento de intensidade mais alta.
3. Aplicado de forma adequada como uma carga concentrada unidirecional (46), o treinamento fundamental pode melhorar a adaptação subseqüente ao exercício de intensidade mais alta.

A Figura 12.6 representa um protocolo de mesociclo em que uma carga concentrada (CC) que dura por quatro semanas é introduzida como parte de uma fase de preparação geral. As vantagens de uma fase inicial de carga concentrada têm sido avaliadas tanto em pesquisas (28,38,48,51) como em aplicações/observações práticas.

A fase de carga concentrada também pode ser integrada com fases de pré-sobretreinamento repetidas ciclicamente para produzir um protocolo de treinamento, que pode fazer uso das vantagens de ambas as fases (Fig. 12.7). Dados objetivos utilizando treinadores de força de nível avançado (44), bem como atletas de níveis nacional e internacional, indicam que essa abordagem pode produzir ganhos superiores de força máxima comparada a outros esquemas de variação ou ao treinamento tradicional.

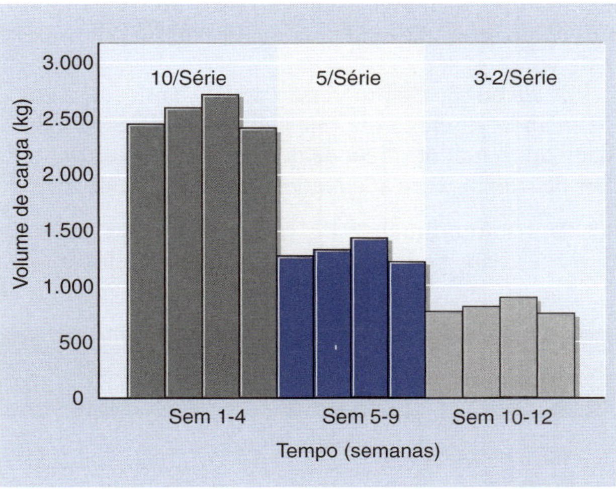

FIGURA 12.6 Treinamento de força: modelo 1 (46). Carga concentrada (semanas 1 a 4), seguida por treinamento normal (semanas 5 a 9) e depois um estreitamento do volume (semanas 10 a 12).

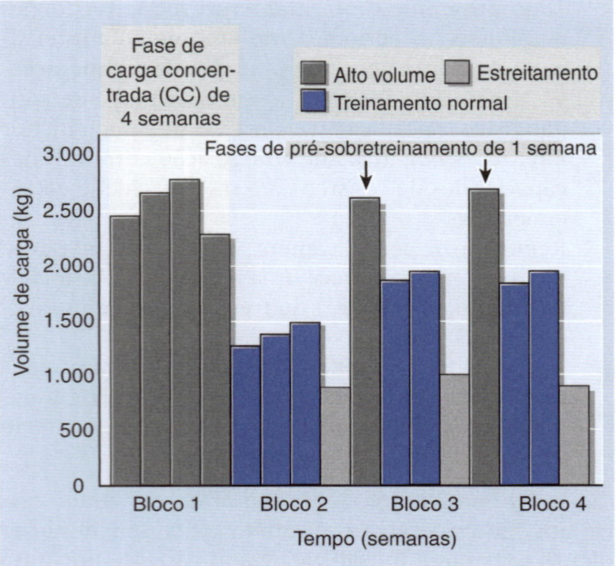

FIGURA 12.7 Treinamento de força/potência: modelo 2 (29). A combinação de carga concentrada e pré-sobretreinamento de curta duração.

RESUMO

Planejar um programa de treinamento para atletas de força/potência requer uma compreensão dos princípios e da teoria do treinamento. Os princípios do treinamento são a sobrecarga, a variação e a especificidade. Cada um desses princípios deve ser incorporado a um sistema de treinamento adequado. O conceito de periodização envolve os princípios do treinamento e oferece vantagens no planejamento, permitindo a integração e a manipulação lógicas de variáveis do treinamento, tais como seleção de exercícios e fatores de intensidade e de volume.

A adaptação e a progressão do atleta estão, em grande medida, diretamente relacionadas ao talento/habilidade do treinador/atleta de desenvolver e executar planos de treinamento adequados. Essa capacidade inclui:

1. Um entendimento de como diferentes tipos de exercícios podem afetar as variáveis de força e relacionadas à força (i.e., força máxima, taxa de produção de força, potência, etc.).
2. Uma compreensão das características dos exercícios necessárias para maximizar o efeito de transferência do treinamento, de forma que os exercícios de treinamento tenham o maior potencial de serem transportados para o desempenho da atividade específica. Essa compreensão inclui tanto a especificidade do padrão de movimento quanto a forma como sobrecarregar de maneira específica.
3. A implementação de programas com variações nos níveis adequados (macro, meso e micro), de modo que o progresso no desempenho seja aumentado, e o potencial de sobretreinamento, reduzido.
4. A implementação de programas que considerem diferenças no estado de treinamento (i.e., praticantes novatos *versus* avançados e de elite).

Para o treinador/atleta, o desenvolvimento dessas capacidades é crucial e serve para aumentar o desempenho esportivo.

QUESTÕES TÉCNICAS

1. Você é treinador de força e condicionamento de atletismo em uma escola de ensino médio. Desenvolva um plano generalizado para: (a) um arremessador; (b) um velocista; (c) um fundista; e (d) um jogador de basquetebol.
2. Um fundista universitário está treinando para os campeonatos da liga; que tipo de programa de treinamento de força deveria ser executado durante a temporada de competição?
3. Você está treinando um velocista universitário; que tipo de exercícios de treinamento de força seria executado nas fases de preparação geral e competição? Haveria diferenças com base no gênero?
4. Você está treinando uma equipe de futebol americano de ensino médio. Como você manipularia os fatores volume e intensidade durante várias partes do programa de treinamento (verão *versus* outono *versus* na temporada)?

EXEMPLO DE CASO

Programa de treinamento para um lançador de peso novato

HISTÓRICO

Um lançador de peso novato (do ensino médio) está em uma fase de competição. Ele o procura para pedir orientação sobre seu programa de treinamento. Você vai aconselhá-lo a trabalhar mais velocidade e potência ou força? Considere as implicações de longa duração do programa de treinamento, já que o atleta tem os próximos dois anos para competir e, potencialmente, tem também uma carreira universitária pela frente.

RECOMENDAÇÕES/CONSIDERAÇÕES

Para o atleta principiante, é crucial estabelecer uma base de força a ser desenvolvida nos próximos dois anos. Embora o programa de treinamento de força deva ter variações dentro de ciclos e de um ciclo para o seguinte, um atleta novato deve passar a maior parte do tempo estabelecendo uma base de força.

IMPLEMENTAÇÃO

Para o primeiro ano, incluindo a fase de competição, o atleta poderia ser aconselhado a treinar durante todo o ano com metas de treinamento estabelecidas principalmente com respeito à força. Ciclos de velocidade e potência ou ciclos que sejam um misto de força e potência podem ser utilizados ocasionalmente para se ter variedade. No segundo ano, com uma base de força adequada, o atleta pode passar mais tempo trabalhando velocidade, potência e explosão.

RESULTADOS

Força e potência máximas devem ser medidas regularmente. Os resultados no primeiro ano devem refletir ganhos consideráveis de força básica, especialmente força de pernas e quadris. Embora a força esteja sendo enfatizada nos primeiros anos, algum ganho de potência e velocidade também deve ser alcançado. Deve-se lembrar que, nessa idade (ensino médio), os ganhos no desempenho serão uma combinação de maturação e adaptações ao treinamento. Para um jovem atleta entusiasta e bem-motivado, o segredo pode não ser exigir-lhe o máximo na sala de musculação, mas sim o frear. Embora o treinador não queira refrear o entusiasmo do atleta, deve ter cuidado para não produzir fadiga excessiva ou lesões. Por exemplo, durante o primeiro ano, para um lançador de peso novato, com 15 anos de idade, 95 kg e boa motivação, não seria raro esperar um aumento de 50 kg no 1RM do agachamento, de 25 kg no supino e de 5 a 10 cm no salto vertical com contramovimento.

REFERÊNCIAS

1. American College of Sports Medicine. Position stand (WJ Kraemer, chairperson): Progression models in resistance training for healthy adults. Med Sci Sports Exerc 2002;34:364–382.
2. Baker D, Nance S, Moore M. The load that maximizes mechanical power output during jump squats in power-trained athletes. J Strength Cond Res 2001;15:92–97.
3. Behm DG. Neuromuscular implications and applications of resistance training. J Strength Cond Res 1995;9:264–274.
4. Borst SE, De Hoyos DV, Garzarella L, et al. Effects of resistance training on insulin-like growth factor-I and IGF binding proteins. Med Sci Sports Exerc 2001;33:648–653.
5. Bruin G, Kuipers H, Keizer HA, Vander Vusse GJ. Adaptation and overtraining in horses subjected to increasing training loads. J Appl Physiol 1994;76:1908–1913.
6. Burleson MA, O'Bryant HS, Stone MH, et al. Effect of weight training exercise and treadmill exercise on post-exercise oxygen consumption. Med Sci Sports Exerc 1998;30:518–522.
7. Carpenelli RN, Otto RM. Strength training: single versus multiple sets. Sports Med 1998; 26:75–84.
8. Conley MS, Rozenek RR. Health aspects of resistance exercise and training. Strength Cond 2001;23:9–23.
9. Foster C. Monitoring training in athletes with reference to overtraining syndrome. Med Sci Sports Exerc 1998;30:1164–1168.
10. Frobase I, Verdinck A, Duesberg F, Mucha C. Auswirkungen untersheidllicher belastungs-intensitaten im rahmen eines post-operativen stationaren aufbautrainings auf leistungsdefizite des m quadriceps femoris. Zeitshr Ortop 1993;131:164–167.
11. Fry AC, Kraemer WJ, Stone MH, et al. Relationships between serum testosterone, cortisol and weightlifting performance. J Strength Cond Res 2000;14(3):338–343.
12. Fry RW, Morton AR, Keast D. Periodisation of training stress: a review. Can J Sports Sci 1992;17:234–240.
13. Garhammer JJ. A comparison of maximal power outputs between elite male and female weightlifters in competition. Int J Sport Biomech 1991;7:3–11.
14. Garhammer JJ. A review of the power output studies of Olympic and powerlifting: methodology, performance prediction and evaluation tests. J Strength Cond Res 1993;7:76–89.
15. Hakkinen K. Neuromuscular adaptation during strength training, aging, detraining and immobilization. Crit Rev Phys Rehabil Med 1994;6:161–198.
16. Harris G, Stone MH, O'Bryant HS, et al. Short term performance effects of high speed, high force and combined weight training. J Strength Cond Res 2000;14:14–20.
17. Kraemer WJ. A series of studies: the physiological basis for strength training in American football: fact over philosophy. J Strength Cond Res 1997;11:131–142.
18. Kramer J, Stone MH, O'Bryant HS, et al. Effects of single versus multiple sets of weight training: impact of volume, intensity and variation. J Strength Cond Res 1997;11:143–147.
19. Marx JO, Ratames NA, Nindl BC, et al. Low-volume circuit versus high-volume periodized resistance training in women. Med Sci Sports Exerc 2001;33:635–643.
20. Matveyev LP. Fundamentals of Sports Training. Moscow: Progress Publishers, 1981.
21. McBride JM, Triplett-McBride TT, Davie A, Newton RU. A comparison of strength and power characteristics between power lifters, Olympic lifters and sprinters. J Strength Cond Res 1999;13:58–66.
22. McBride JM, Triplett-McBride TT, Davie A, Newton RU. The effect of heavy- vs light-load jump squats on the development of strength, power, and speed. J Strength Cond Res 2002;16:75–82.
23. McDonagh MJN, Hayward CM, Davies CTM. Isometric training in human elbow flexor muscles. J Bone Joint Surg 1983;64:355–358.
24. Medvedev AS, Rodionov VF, Rogozkin VN, Gulyants AE. Training content of weightlifters during the preparation

period. Yessis M (trans). Teoriya I Praktika Fizicheskoi Kultury 1981;12:5–7.
25. Melby C, Scholl C, Edwards G, Bullough R. Effect of acute resistance exercise on postexercise energy expenditure and resting metabolic rate. J Appl Physiol 1993;75:1847–1853.
26. Mujika I, Padilla S. Scientific basis for precompetition tapering strategies. Med Sci Sports Exerc 2003;35:1182–1187.
27. Newton RU, Kraemer WJ, Hakkinen K, et al. Kinematics, kinetics and muscle activation during explosive upper body movements. J Appl Biomech 1996;12:31–43.
28. O'Bryant HS, Byrd R, Stone MH. Cycle ergometer and maximum leg and hip strength adaptations to two different methods of weight training. J Appl Sports Sci Res 1988;2:27–30.
29. Plisk S, Stone MH. Periodization strategies. Strength Cond 2003;25:19–37.
30. Sale DG. Neural adaptations to strength training. In: Komi PV, ed. Strength and Power in Sport. London: Blackwell, 1992:249–265.
31. Rhea MR, Alvar BA, Ball SD, Burnett LN. Three sets of weight training superior to 1 set with equal intensity for eliciting strength. J Strength Cond Res 2002;16:525–529.
32. Siff M. Biomechanical foundations of strength and power training. In: Zatsiorsky V, ed. Biomechanics in Sport. London: Blackwell, 2001:103–139.
33. Stone MH, Fleck SJ, Triplett NT, Kraemer WJ. Health- and performance-related potential of resistance training. Sports Med 1998;11:210–231.
34. Stone MH, Fry AC. Increased Training Volume in Strength/Power Athletes. Overtraining in Sport. Champaign, IL: Human Kinetics, 1997:87–106.
35. Stone MH, Keith R, Kearney JT, et al. Overtraining: A review of the signs and symptoms of overtraining. J Appl Sports Sci Res 1991;5:35–50.
36. Stone MH, Moir G, Glaister M, Sanders R. How much strength is necessary? Phys Ther Sport 2002;3:88–96.
37. Stone MH, O'Bryant H. Weight Training: A Scientific Approach. 2nd ed. Minneapolis: Burgess Publishing, 1987.
38. Stone MH, O'Bryant H, Garhammer J, et al. theoretical model of strength training. NSCA J 1982;4:36–39.
39. Stone MH, O'Bryant HS, McCoy L, et al. Power and maximum strength relationships during performance of dynamic and static weighted jumps. J Strength Cond Res 2003;17:140–147.
40. Stone MH, O'Bryant HS, Pierce KC, et al. Periodization: Effects of manipulating volume and intensity. Part 1. Strength Cond 1999;21:56–62.
41. Stone MH, O'Bryant HS, Pierce KC, et al. Periodization: effects of manipulating volume and intensity. Part 2. Strength Cond 1999;21:54–60.
42. Stone MH, Plisk S, Collins D. Training principle: evaluation of modes and methods of resistance training—a coaching perspective. Sport Biomech 2002;1:79–104.
43. Stone MH, Plisk SS, Stone ME, et al. Athletic performance development: volume load—1 set versus multiple sets, training velocity and training variation. Strength Cond 1998;20:22–31.
44. Stone MH, Potteiger J, Proulx CM, et al. Comparison of the effects of three different weight training programs on the 1 RM squat. J Strength Cond Res 2000;14:332–337.
45. Stone MH, Sanborn K, O'Bryant HS, et al. Maximum strength-power-performance relationships in collegiate throwers. J Strength Cond 2003;17:739–745.
46. Verkhoshansky YV. Fundamentals of Special Strength Training in Sport. Moscow: Fizkultura i Spovt, 1977; [English version (trans Charniga A Jr)] Livonia, MI: Sportivny Press, 1986.
47. Williamson DL, Kirwan JP. A single bout of concentric resistance exercises increases BMR 48 hours after exercise in healthy 59–77 year old men. J Gerontol 1997;52A:M352–M355.
48. Willoughby DS. The effects of mesocycle-length weight training programs involving periodization and partially equated volumes on upper and lower body strength. J Strength Cond Res 1993;7:2–8.
49. Wilson GJ, Newton RU, Murphy AJ, Humphries BJ. The optimal training load for the development of dynamic athletic performance. Med Sci Sports Exerc 1993;25:1279–1286.
50. Zajac FE, Gordon ME. Determining muscle's force and action in multi-articular movement. In: Pandolph K, ed. Exercise and Sport Sciences Reviews. Baltimore: Williams & Wilkins, 1989;17:187–230.
51. Zatsiorsky VM. Science and Practice of Strength Training. Champaign, IL: Human Kinetics, 1995.

CAPÍTULO

13

Prescrição de exercícios de força

BARRY A. SPIERING
WILLIAM J. KRAEMER

Introdução

A prescrição de um programa de exercícios de força apresenta um formidável desafio para o profissional de força e condicionamento. Na tentativa de elaborar programas adequados de treinamento de força que satisfaçam as necessidades de atletas de várias modalidades desportivas e atividades físicas, devem ser consideradas algumas variáveis (p. ex., escolha dos exercícios e número de repetições). Felizmente, no entanto, seguindo uma sequência de procedimentos com base em evidências científicas e não em recomendações grotescas, o profissional pode elaborar um programa de treinamento que seja específico para um desporto/atividade, individualizado às necessidades do atleta, seja permita a progressão a longo prazo e possibilite a realização atlética.

ANÁLISE DE NECESSIDADES

O primeiro passo na elaboração de um programa de treinamento de força é a realização de uma análise de necessidades. Para assegurar o desempenho ótimo, é imperativo que o programa de treinamento seja individualizado de acordo com as necessidades específicas do desporto/atividade e do atleta. Essas necessidades podem ser verificadas pela resposta às seguintes questões:

- Quais são as necessidades fisiológicas do desporto (p. ex., força muscular, hipertrofia)?
- Quais grupos musculares são os mais importantes para o desporto?
- Que tipos de ações musculares são necessários e usados no desporto?
- Quais são os tipos de força e de fraqueza físicas do atleta? (Essas qualidades são apresentadas no Capítulo 8, "Administração e Interpretação dos Testes")
- Que tipos de equipamentos estão disponíveis?
- Em qual fase da competição está o atleta?
- O atleta tem alguma preocupação com a saúde/lesão?
- Quais são os locais de lesão mais comuns no desporto/atividade?

A resposta a essas questões proporcionará informações fundamentais e necessárias à elaboração do programa de treinamento de força, e determinará o período para a implementação das variáveis agudas do programa.

A análise das necessidades possibilita ao profissional de força e condicionamento elaborar um programa de exercícios de força específico e individualizado.

VARIÁVEIS AGUDAS DO PROGRAMA

Uma vez que as necessidades individuais tenham sido determinadas, o profissional pode iniciar a elaboração do programa de treinamento. Como qualquer outro profissional, um especialista em força e condicionamento tem "ferramentas" com as quais trabalha, referidas como *variáveis agudas do programa*. Uma apreciação de como implementar e manipular adequadamente as variáveis agudas do programa de treinamento assegura que este encontrará as necessidades específicas do atleta, permite uma progressão ótima ao longo do tempo e previne platôs no treinamento. Então, esta seção introduz as variáveis agudas do programa e sua influência nas respostas e adaptações aos exercícios de força.

Seleção dos Exercícios

Em geral, os exercícios comumente usados nos programas de treinamento de força podem ser classificados de acordo com o número de articulações (uma ou múltiplas articulações) ou de acordo com o tamanho dos grupos musculares envolvidos no exercício (pequenos ou grandes grupos musculares). Os **exercícios monoarticulares** estressam uma articulação (ou grupo muscular). Por exemplo, a rosca bíceps estressa os flexores do cotovelo. Esses exercícios são usados para isolar e ativar grupos musculares específicos e parecem apresentar menos risco de lesão em virtude do reduzido nível de habilidade e técnica envolvidas (66). De forma alternativa, os **exercícios poliarticulares** estressam duas ou mais articulações (ou grupos musculares).

Os exercícios poliarticulares estressam grandes grupos musculares e promovem um maior estímulo metabólico e hormonal do que os exercícios monoarticulares, que estressam grupos musculares menores.

Por exemplo, o agachamento dorsal estressa os extensores do quadril e do joelho (glúteo máximo, isquiotibiais e quadríceps). Esses exercícios requerem uma ativação neural mais complexa e maior coordenação; porém, acredita-se que eles são mais efetivos para o incremento da força muscular e da potência (66) (Quadro 13.1). Muitas formas de treinamento de força (Quadro 13.2) podem ser utilizadas no desenvolvimento de um programa de condicionamento específico ao desporto.

Exercícios que envolvem grandes grupos musculares (p. ex., agachamento dorsal) promovem respostas

QUADRO 13.1 PESOS LIVRES E MÁQUINAS

Profissionais de força e condicionamento freqüentemente precisam optar por usar pesos livres, máquinas ou ambos para treinar movimentos ou grupos musculares específicos. No entanto, antes de fazer essa escolha, é importante que estejam atentos às vantagens e desvantagens de cada um. O uso de máquinas é considerado geralmente mais seguro do que o uso de pesos livres, porque o uso delas é facilmente aprendido e permite ao atleta realizar exercícios que podem ser mais difíceis de serem realizados com pesos livres (p. ex., extensão do joelho, flexão do joelho, puxadas) (35,66). Contudo, o uso de pesos livres pode necessitar de padrões de coordenação muscular que se aproximam mais dos movimentos requeridos em habilidades específicas e, dessa forma, são mais benéficos para o incremento do desempenho (66). Por essa razão, é recomendado que atletas principiantes usem ambos os exercícios, com pesos livres e com máquinas, enquanto os exercícios com pesos livres são enfatizados para atletas experientes (66).

metabólicas mais significativas do que exercícios que envolvem pequenos grupos musculares (p. ex., rosca bíceps) (8). Além disso, exercícios para grandes grupos musculares provocam uma maior resposta hormonal (72). Por exemplo, exercícios como o levantamento terra (31), o salto com agachamento* (130) e o levantamento olímpico (72) promovem uma maior resposta de testosterona e hormônio do crescimento do que exercícios como o supino e o desenvolvimento. Conseqüentemente, a quantidade de massa muscular envolvida tem uma implicação direta nas respostas metabólica e hormonal ao treinamento de força.

Um importante conceito a ser considerado na elaboração de um programa de treinamento de força é a relação de estabilização agonista/antagonista. A partir da realização da atividade física ou do treinamento de força específico ao desporto, os principais músculos sofrem adaptações significativas que incrementam o desempenho. Da mesma forma que os agonistas incrementam a sua capacidade, os antagonistas podem se tornar progressivamente mais suscetíveis a lesão. Por essa razão, é recomendado que todos os grandes grupos musculares sejam treinados durante os programas de exercícios de força, de forma a assegurar que uma atenção adequada seja dada para ambos os grupos musculares agonistas e antagonistas. Dessa forma, é prevenido o desequilíbrio muscular e minimizado o risco de lesão.

Todos os grandes grupos musculares devem ser treinados durante um programa de exercícios de força.

Ordem dos exercícios

A **ordem dos exercícios** (seqüência de exercícios específicos dentro de uma sessão de treinamento) afeta significativamente a taxa de produção de força e de fadiga durante uma sessão de treinamento de força (45). Como já discutido, os exercícios poliarticulares são considerados mais efetivos do que os monoarticulares no aumento da força muscular. Por essa razão, esses exercícios devem ser priorizados na sessão de treinamento (i.e., colocados na fase inicial da sessão de treino, quando a fadiga é mínima). As seguintes recomendações relativas à ordem dos exercícios devem ser observadas (66). Quando todos os principais grupos musculares estiverem sendo treinados em uma sessão de treinamento:

- Realize os exercícios para os grandes grupos musculares antes dos exercícios para os pequenos grupos musculares
- Realize os exercícios poliarticulares antes dos monoarticulares
- Alterne os exercícios para os membros superiores e inferiores
- Para o treinamento de potência, realize os exercícios que envolvam todo o corpo (do mais para o menos complexo) antes dos exercícios básicos. Por exemplo, realize os arremessos antes dos agachamentos (73). Isso é especialmente importante quando são ensinados novos exercícios.

É especialmente importante verificar a técnica adequada em um exercício sempre que uma alteração é realizada no formato do programa (p. ex., alteração na ordem de exercício, no tempo de repouso), visto que isso poderia ter um impacto na habilidade de um levantamento específico, com os exercícios poliarticulares mais complexos (p. ex., arremessos) sendo mais sensíveis a tais alterações no programa devido às demandas técnicas mais altas. Quando os exercícios para os membros superiores e inferiores são realizados em dias diferentes:

- Realize os exercícios para os grandes grupos musculares antes dos exercícios para os pequenos grupos musculares.
- Realize os exercícios poliarticulares antes dos monoarticulares.
- Alterne exercícios opostos (agonistas e antagonistas).

Quando grupos musculares individuais são treinados:

- Realize os exercícios poliarticulares antes dos monoarticulares.
- Realize os exercícios de alta intensidade (i.e., aqueles que requerem uma maior porcentagem da 1 RM do exercício) antes dos exercícios de menor intensidade.

QUADRO 13.2 FORMAS DE TREINAMENTO DE FORÇA

Embora o treinamento de força tipicamente envolva barra, halteres e máquinas, deve-se salientar que outras formas de treinamento de força estão disponíveis. Por exemplo, um especialista pode também escolher exercícios com *medicine balls*, pliométricos, com tubos elásticos e com a ajuda de um companheiro. Essas formas de resistência acrescentam diversidade à variável aguda do programa "escolha do exercício". Além disso, uma vez que menos resistência é aplicada durante esses exercícios, movimentos de alta velocidade podem ser efetivamente treinados de uma forma específica ao desporto (p. ex., exercícios pliométricos).

Aplicação da carga

A **carga** (i.e., a intensidade) refere-se à quantidade de peso levantado ou à resistência com a qual um exercí-

* N. de T. 1: Relativo ao exercício *squat jump*.

cio é realizado; ela é altamente dependente de outras variáveis agudas do programa, tais como a ordem dos exercícios (114), a ação muscular (62) e o período de intervalo (64). Além disso, há uma relação inversa entre a carga e o número máximo de repetições realizadas: conforme a carga aumenta, o número de repetições que podem ser realizadas diminui. A aplicação de carga é tipicamente prescrita como uma porcentagem da 1 RM do atleta (p. ex., 85% de 1 RM) (Quadro 13.3) ou como um peso que permita a realização de um determinado número de repetições (p. ex., 6 RMs). Alterações na carga de treinamento afetam as respostas e adaptações hormonais (67-69,72,103), neurais (63,107) e metabólicas (32,123) ao treinamento.

Determinadas características musculares são mais bem treinadas usando-se cargas RM específicas (Fig. 13.1). Por exemplo, ganhos ótimos na força muscular são obtidos com cargas superiores a 6 RMs. Isso não é equivalente a dizer que melhoras na hipertrofia e na resistência muscular não ocorreriam com tais cargas; porém essas carcterísticas não seriam otimamente treinadas.

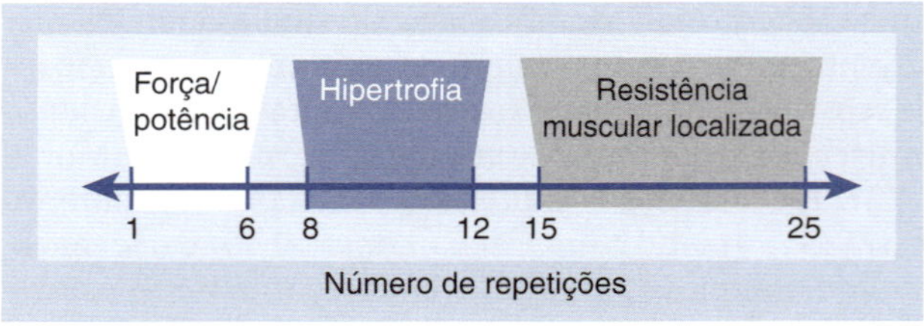

FIGURA 13.1 *Continuum* de repetições máximas (RMs). Determinadas características musculares são mais bem treinadas usando-se uma carga de RM específica.

Volume

O **volume** de treinamento é tipicamente expresso como (66):

Volume = séries (número) × repetições (número) × resistência (peso)

O volume de treinamento pode ser manipulado pela alteração do número de exercícios realizados por sessão, do número de séries realizadas por exercício, ou do número de repetições realizadas por série. Assim como ocorre com a intensidade de treinamento, alterações no volume de treinamento influenciam as respostas e adaptações neurais (48), metabólicas (132) e hormonais (23,39,65,67-69,95,129) ao exercício de força.

> *O aumento das respostas metabólicas e hormonais está associado ao volume alto de treinamento.*

QUADRO 13.3 PROTOCOLO PARA DETERMINAR A FORÇA DE 1 REPETIÇÃO MÁXIMA (1 RM)

1. Dez repetições com uma carga correspondente a 50% de 1 RM estimada
   - Um a dois minutos de intervalo
2. Três a cinco repetições com uma carga correspondente a 75% de 1 RM estimada
   - Dois a quatro minutos de intervalo
3. Uma repetição com uma carga correspondente a 90% de 1 RM estimada
   - Dois a quatro minutos de intervalo
4. Aumente a carga em 5 a 10% e tente outro levantamento de 1 RM
   - Dois a quatro minutos de intervalo
5. Continue o processo de aumento de 5 a 10% da carga e tente levantamentos de 1 RM até que o atleta não consiga mais levantar o peso em toda a amplitude de movimento usando a técnica correta. O valor de 1 RM deve ser determinado em até cinco tentativas.

Intervalos de repouso

Intervalos de repouso entre as séries e os exercícios podem ter influência significativa nas respostas e adaptações ao treinamento de força. Entre as respostas a pequenos intervalos de repouso, estão incluídos a elevação da freqüência cardíaca e da taxa subjetiva de esforço percebido (TEP) (71), o aumento das concentrções de lactato (21) e de hormônio do crescimento (67-69) e a redução do desempenho durante as séries subseqüentes (64). Em um período de quatro semanas, pequenos intervalos de repouso (30 a 40 segundos) mostraram atenuar os ganhos de força, quando comparados a longos intervalos de repouso (dois a três minutos) (102,105).

> *Pequenos intervalos de repouso são associados a maiores níveis de respostas metabólicas e hormonais; no entanto, pequenos intervalos de repouso podem atenuar os ganhos de força.*

Freqüência e estrutura das sessões de treinamento

A **freqüência** de treinamento corresponde ao número de sessões de treino realizadas durante um período específico de tempo (p. ex., três sessões por semana), e é dependente do volume, da intensidade, da seleção dos exercícios, do nível de condicionamento e/ou *status* de treinamento, da habilidade de recuperação, da ingesta alimentar e dos objetivos de treinamento. Sessões de treinamento que usam cargas de alta intensidade, contrações excêntricas intensas e/ou grandes grupos musculares ou exercícios poliarticulares podem requerer um aumento no tempo de recuperação antes das sessões subseqüentes. Por exemplo, tem sido mostrado que mulheres destreinadas de vários grupos etários recuperam somente 90 a 94% de sua força dois dias após uma rotina de cinco séries de 10 repetições no exercício de pressão de pernas, com uma carga correspondente a 10 RMs (42), indicando que um período adicional de recuperação pode ser requerido para tal população antes da próxima sessão de treinamento.

Estudos têm mostrado que duas a três sessões semanais de treinamento em dias alternados são apropriadas para indivíduos destreinados (22,52); entretanto, isso não implica que um aumento na freqüência deva ser requerido para sujeitos de nível intermediário ou avançado. A principal vantagem de aumentar a freqüência de treinamento é que isso permite uma maior especialização (i.e., maior número de exercícios e/ou volume por grupo muscular de acordo com objetivos específicos). Por exemplo, compare as duas amostras de sessões na Tabela 13.1. O modelo de sessão A utiliza exercícios de corpo inteiro elaborados com uma freqüência de duas sessões semanais. De forma alternativa, o modelo de sessão B utiliza uma **rotina dividida** elaborada com uma freqüência de quatro sessões semanais. Se o tempo disponível permite a realização de quatro exercícios durante a sessão de treinamento, então a utilização do modelo B permite que o atleta realize duas vezes mais exercícios por grupo muscular, por sessão de treinamento, do que a utilização do modelo A, mantendo o número de vezes por semana que cada grupo muscular é treinado; porém o total de tempo semanal utilizado é duas vezes maior para o modelo de sessão B.

Com isso em mente, são sugeridas as seguintes recomendações (66):

- Para o treinamento de exercícios de corpo inteiro, é recomendado que os atletas treinem dois a três dias por semana.
- Para as sessões que incluem a rotina dividida, uma freqüência total de três a quatro dias por semana é recomendada, enquanto é assegurado que cada grupo muscular seja treinado somente um a dois dias por semana.

A freqüência do treinamento é afetada pela fase do período competitivo (Quadro 13.4). A Tabela 13.2 fornece recomendações para a frequência do treinamento de força com base no período competitivo.

Ação muscular

A maioria dos exercícios de força inclui ações musculares concêntricas (CON) e excêntricas (EXC). CON significa que o músculo é encurtado à medida que é ativado; EXC indica que o músculo é alongado à medida que é ativado. Por exemplo, considere o exercício rosca bíceps. Quando o peso é levantado, o bíceps braquial realiza uma ação CON. Por outro lado, quando ele é abaixado, o músculo bíceps braquial realiza uma ação EXC. Embora as ações musculares EXC resultem em maior dor muscular tardia (DMT) do que as ações musculares CON, as melhores na força muscular dinâmica são as maiores possíveis quando as ações EXC são incluídas nas repetições de um movimento (em oposição aos movimentos que incluem somente ações CON) (25). Considerando que os exercícios tipicamente usados nos programas de treinamento de força incluem ações musculares CON e EXC, que a exclusão de movimentos CON reduz os ganhos em força, e que não há muito potencial para a variação nessa variável agu-

TABELA 13.1 Exemplos de freqüência e estruturas de sessões de treinamento

	Segunda-feira	Terça-feira	Quarta-feira	Quinta-feira	Sexta-feira
Sessão A	1. Agachamento	Dia livre	Dia livre	1. Agachamento	Dia livre
Freqüência:	2. Levantamento terra			2. Levantamento terra	
2 sessões sem^{-1}	3. Supino			3. Supino	
Planejamento: Exercícios para todo o corpo	4. Puxada por trás			4. Puxada por trás	
Sessão B	1. Agachamento	1. Supino	Dia livre	1. Agachamento	1. Supino
Freqüência:	2. Levantamento terra	2. Puxada por trás		2. Levantamento terra	2. Puxada por trás
4 sessões sem^{-1}	3. Extensão do joelho	3. Extensão do cotovelo		3. Extensão do joelho	3. Extensão do cotovelo
Planejamento: Rotina dividida	4. Flexão do joelho	4. Flexão do cotovelo		4. Flexão do joelho	4. Flexão do cotovelo

QUADRO 13.4 FREQUÊNCIA DE TREINAMENTO E O PERÍODO COMPETITIVO

A prescrição da freqüência do treinamento de força é afetada pela fase do período competitivo (i.e., fora da temporada, na temporada). Como uma maior ênfase é colocada na habilidade desportiva e prática, o profissional de força e condicionamento deve reduzir a freqüência do treinamento de força, o que reduz a possibilidade de sobretreinamento do atleta e é necessário devido a restrições de tempo. Veja a Tabela 13.2 para recomendações de freqüência com base no período competitivo.

da do programa de treinamento, é recomendado que ações musculares CON e EXC sejam incluídas em todos os programas de treinamento de força.

Exercícios de treinamento de força devem incluir ações musculares concêntricas e excêntricas.

Velocidade de repetição

A força é igual à massa vezes aceleração; sendo assim, reduções significantes na força podem ocorrer quando as repetições são executadas vagarosamente. De forma intencional ou não, repetições lentas podem ocorrer durante exercícios de força. De forma não intencional, velocidades lentas ocorrem quando indivíduos tentam exercer força máxima, mas, devido às grandes cargas ou à fadiga, a execução se realiza com velocidade lenta. Esse fenômeno foi demonstrado em um estudo que verificou a velocidade de repetição durante uma série de cinco repetições máximas (5 RMs) no supino. Foi demonstrado que as primeiras três repetições tiveram a duração de aproximadamente 1,2 a 1,6 segundo, enquanto as últimas duas repetições tiveram 2,5 e 3,3 segundos de duração, respectivamente (92).

TABELA 13.2 Recomendações da frequência do treinamento de força com base na temporada competitiva (34,121,125)

Fase da temporada competitiva	Frequência de treinamento (sessões por semana)
Fora de temporada	4–6
Pré-temporada	3–4
Temporada	1–2
Pós-temporada	1–3

Velocidades intencionalmente lentas são usadas com cargas submáximas, o que permite ao indivíduo um melhor controle da velocidade. Pesquisas têm mostrado que a produção de força concêntrica foi significativamente menor com uma velocidade intencionalmente lenta (5 segundos CON; 5 segundos EXC) comparada a uma velocidade voluntária (771 *versus* 1.167 N, respectivamente) (61). Mais do que isso, ao longo do curso de 10 semanas, a utilização de um programa de velocidade muito lenta (10 segundos CON; 5 segundos EXC) comparada a uma velocidade lenta (2 segundos CON; 4 segundos EXC) levou a ganhos em força significativamente menores (60). Comparadas a velocidades lentas, velocidades moderadas e rápidas têm demonstrado ser mais eficientes para o aumento do número de repetições executadas, para o trabalho e a produção de potência muscular, para o volume (77,94) para o aumento da taxa de ganhos de força (51).

Atletas devem procurar realizar exercícios com velocidade rápida, já que velocidades intencionalmente lentas diminuem os ganhos de força.

PRESCRIÇÃO DE TREINAMENTO DE FORÇA

Após ter sido realizada a análise de necessidades, o próximo passo ao desenvolver um programa de treinamento de força é implementar um programa de variáveis agudas dentro de um regime individualizado. Um dos princípios mais difíceis de o praticante de força e condicionamento manter em mente enquanto desenvolve o programa é o **princípio SAID****: adaptações específicas para exigências impostas. A essência desse princípio é de que as adaptações ao exercício de força são específicas às exigências do programa; as exigências do programa, em contrapartida, são determinadas pelas variáveis agudas do programa.

A *especificidade* se refere ao grupo muscular que está sendo treinado, à velocidade do movimento e às necessidades metabólicas do exercício. Por exemplo, se um atleta necessita aumentar a resistência muscular dos extensores de joelho a fim de melhorar o desempenho em seu desporto, então, para alcançar os resultados desejados, o treinador de força e condicionamento deve implementar um programa específico para os membros inferiores e as necessidades metabólicas em questão. A partir disso, as seções seguintes discutem a influência de um programa de variáveis agudas nas características treináveis; especificamente, força, potência, hipertrofia e resistência muscular localizada.

** N. de T. 2: Da sigla inglesa SAID, que significa ***S****pecific* ***A****daptations to* ***I****mposed* ***D****emands*.

Força muscular

A **força muscular** é a habilidade do sistema neuromuscular para gerar força. A expressão da força muscular é dependente da habilidade do sistema nervoso de recrutar unidades motoras e da capacidade de contração das fibras musculares. O treinamento de força é comumente prescrito para aumentar a força muscular pelo fato de que melhora a função neural (p. ex., o aumento do recrutamento de unidades motoras e a freqüência de estimulação) (78,90,107), além de aumentar a capacidade de gerar força das fibras musculares por meio do aumento da área de secção transversa (4,85,116).

SELEÇÃO DE EXERCÍCIOS

Pesquisas têm mostrado que exercícios mono e poliarticulares (46,47,64,120) são eficientes para o aumento da força muscular. Para otimizar ganhos em força, entretanto, é recomendado (66) que a ênfase seja dada a exercícios poliarticulares (p. ex., agachamento, supino). Esses exercícios são considerados os mais eficientes para o aumento da força como um todo, uma vez que permitem uma maior quantidade de peso a ser levantado (122). Alternativamente, exercícios monoarticulares devem ser usados para enfatizar grupos musculares específicos (p. ex., flexores de cotovelo). Exercícios monoarticulares também podem representar menor risco de lesão, visto que requerem menor habilidade e técnica.

Para otimizar ganhos em força muscular, é recomendado que exercícios poliarticulares sejam enfatizados.

APLICAÇÃO DA CARGA

A prescrição da carga inicial depende estritamente do nível de treinamento do atleta. Para iniciantes, cargas baixas como 45 a 50% de 1 RM têm mostrado aumento na força muscular (5,37,108,118,131). Essa fase inicial de ganho de força em indivíduos destreinados é caracterizada pela melhoria da coordenação e do aprendizado motor (106); sendo assim, cargas muito intensas não devem ser impostas. Diferentemente, para levantadores de peso experientes, são necessárias cargas mais elevadas para melhorar a força muscular. Estudos (13,17,131) têm mostrado que cargas mais elevadas do que aproximadamente 80 a 85% de 1 RM (i.e., 1 a 6 RM) são as mais eficientes para o aumento da força muscular.

A carga de treinamento para ganhos em força é dependente do nível inicial de treinamento; iniciantes podem melhorar a força com cargas baixas em torno de 45 a 50% de 1 RM, enquanto levantadores de peso experientes requerem cargas de no mínimo 80 a 85% de 1 RM.

VOLUME

Programas de volume baixo (i.e., cargas altas, poucas repetições e um número moderado a alto de séries) são característicos do treinamento de força (46). Pesquisas têm mostrado que a força muscular pode ser melhorada utilizando-se duas (24,83), três (12,13,64,116,117), quatro a cinco (25,53,56,89) e seis ou mais (54,108) séries por exercício. Assim como a intensidade do treinamento, entretanto, o volume do treinamento parece depender do nível de treinamento.

Estudos têm comparado programas de treinamento de série única e séries múltiplas. Alguns estudos têm reportado que o treinamento de série única em indivíduos destreinados foi tão efetivo quanto programas de séries múltiplas no aumento da força muscular (20,115); embora outros estudos tenham sugerido que programas de séries múltiplas mostraram-se superiores (12,15,109,119,124). Isso é provavelmente devido ao fato de que adaptações iniciais do treinamento são resultado de adaptações neurais (p. ex., melhoria da ativação e da coordenação muscular) (106). Por outro lado, atletas treinados parecem necessitar de volumes mais altos de treinamento do que atletas destreinados. Estudos com séries múltiplas têm se mostrado superiores para a melhoria da força em indivíduos treinados (64,74,75,111), com apenas um estudo mostrando resultados equívocos (49).

Programas de séries múltiplas são recomendados para a melhoria da força muscular em todos os atletas; entretanto, programas de série única devem ser usados durante as semanas iniciais de treinamento em indivíduos destreinados.

INTERVALOS DE REPOUSO

Como afirmado previamente, o intervalo de repouso afeta as respostas e adaptações fisiológicas e de desempenho ao exercício de força. Visto que estudos longitudinais têm mostrado melhores aumentos em força com longos intervalos de repouso, é recomendado que períodos de repouso de no mínimo dois a três minutos sejam usados entre séries de **exercícios primários** (p. ex., agachamento). Para **exercícios secundários** (p. ex., flexão de perna), um a dois minutos de repouso mostram-se suficientes (66).

Programas com o objetivo de melhorar a força muscular requerem períodos longos de repouso (i.e., > 2 a 3 minutos) entre as séries e os exercícios.

VELOCIDADE DE REPETIÇÃO

Pesquisas têm mostrado que a força muscular deve ser aumentada utilizando-se velocidades de repetição entre 30 e $300° \cdot s^{-1}$ (22,30,54,58,76,91,96,128). Aumen-

Perguntas e respostas da área

O treinador de força de uma universidade vizinha treina seus atletas com uma série até a exaustão para cada exercício. Tenho notado outros treinadores adotarem a mesma filosofia. Esta é a melhor opção para melhorar o desempenho atlético?

— especialista em fisiologia do exercício

Programas de "uma série até a exaustão" são usados em alguns poucos programas de força e condicionamento das principais universidades; entretanto, isso não significa que esta seja a melhor abordagem para treinar atletas.

Em atletas destreinados (p. ex., calouros de faculdade com pouca experiência em treinamento de força), uma série *pode* ser tão boa quanto múltiplas séries para ganhos de força iniciais a curto prazo (20,115). Para atletas com grande experiência em treinamento de força, porém, está claro que os ganhos de força decorrentes de rotinas de múltiplas séries são superiores (64,74,75,111). Sendo assim, embora relatórios anedóticos sugiram que programas de série única são aceitáveis para atletas, evidências científicas suportam o uso de rotinas de treinamento com séries múltiplas em atletas experientes para ganhos em força a longo prazo.

tos em força são específicos à velocidade de repetição do treinamento, entretanto, com alguns ocorrendo acima e abaixo da velocidade de treinamento (~ $30°.s^{-1}$) (34) treinamento com uma velocidade moderada (180-$240°.s^{-1}$) parece produzir os melhores aumentos de força ao longo de todos os testes de velocidade (58).

Velocidades moderadas de treinamento devem ser enfatizadas para o aumento da força muscular.

Potência muscular

A expressão da potência muscular é importante na perspectiva do desporto, já que é tipicamente requerido dos atletas que produzam um alto nível de força em um pequeno limite de tempo; por exemplo, em uma tacada no beisebol ou um salto com sobressalto. A *potência* é definida como o trabalho dividido pelo tempo. Na prática, a potência é aumentada por um melhor desempenho no trabalho realizado em um mesmo período de tempo, ou pelo mesmo trabalho realizado em um menor tempo. Contribuições neuromusculares para a potência muscular máxima incluem taxa máxima de produção de força (43), força muscular em velocidades de contração rápida e lenta (59), desempenho do ciclo de alongamento-encurtamento (16) e habilidade e coordenação de movimentos-padrão (112,135). A potência mecânica máxima parece ser mais bem treinada com cargas entre 30 e 45% de 1 RM em exercícios com fases de desaceleração mínimas no levantamento (p. ex., arremessos, saltos com agachamento, etc.). A produção de potência pode ser treinada em porcentagens mais altas de 1 RM, mas a tradução para a produção de potência mecânica máxima deve incluir exercícios com produção de velocidades mais altas utilizando cargas mais leves. Assim, o treinamento periodizado com variações de carga torna-se essencial para otimizar o treinamento da potência muscular.

SELEÇÃO DE EXERCÍCIOS

Exercícios poliarticulares para o corpo todo (p. ex., arranque e arremesso, desenvolvimento) têm sido extensivamente usados no treinamento de potência e têm mostrado exigência de produção rápida de força (36). O problema inerente associado com exercícios de força tradicionais é que a carga é desacelerada em uma porção significante do movimento. Estudos em que foi observado o exercício supino mostraram que a desaceleração ocorre durante 24 a 40% do movimento concêntrico (27,99); a fase de desaceleração aumenta para 52% na execução do levantamento com uma porcentagem mais baixa (81%) de 1 RM (27), e ela aumenta com a tentativa de mover a barra rapidamente para treinar em alta velocidade de movimento (99). Exercícios balísticos (movimentos explosivos que possibilitam a aceleração ao longo de todo o curso do movimento) têm sido apresentados a fim de limitar esse problema (97,98,134). Por exemplo, saltos a partir da posição agachada com cargas de 30% de 1 RM têm mostrado aumentos mais expressivos no desempenho do salto vertical do que o agachamento tradicional (134).

Exercícios balísticos poliarticulares que minimizam a desaceleração são recomendados para melhorar a potência muscular.

APLICAÇÃO DA CARGA

Muitos estudos têm mostrado melhoras no desempenho da potência após programas tradicionais de treinamento de força (2,10,19,133,134). Entretanto, o treinamento de força tradicional melhora tipicamente a potência somente em velocidades lentas de movimento (41). Programas que utilizam cargas relativamente leves mostram-se mais efetivos na melhora dos saltos verticais do que programas de treinamento de força tradicionais (43,44). Parece

APLICAÇÃO NA REALIDADE

Curva força-velocidade da contração concêntrica

A curva força-velocidade de uma contração concêntrica é um importante conceito para o treinamento de potência e para o desempenho máximo do atleta. Todos os exercícios apresentam uma produção de potência, algumas altas e outras muito baixas. A maior produção de potência é vista com cargas muito pesadas movidas explosivamente. A potência é um componente crítico para vários desportos competitivos. "A" representa alta força, baixa velocidade de movimento, assim como 1 RM em um agachamento. "B" representa baixa força, alta velocidade de movimento, como um arremesso no beisebol em alta velocidade. "C" representa o treinamento intencionalmente lento, afastando-se da curva força-velocidade. Para mudar a curva força-velocidade para cima e para a direita (para melhorar a potência), o treinamento deve ser o mais próximo possível da curva. Se o desempenho específico ao desporto ocorre na extremidade de alta força/baixa velocidade da curva força-velocidade, assim como ocorre no levantamento de peso, por exemplo, o treinamento deveria se mover para a extremidade alta força/baixa velocidade do *continuum*, à medida que a temporada de competição se aproxima. Se o desempenho específico ao desporto ocorre na extremidade alta velocidade/baixa força da curva força-velocidade, como o arremessador do beisebol, por exemplo, o treinamento deveria se mover para a extremidade alta velocidade/baixa força do *continuum*, à medida que a temporada de competição se aproxima.

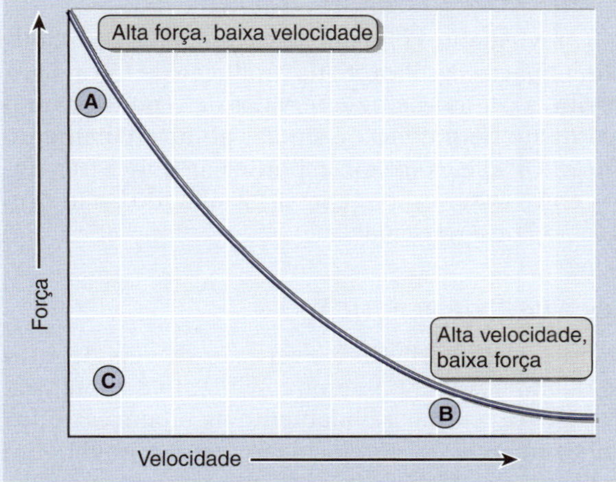

que o uso de cargas leves a moderadas com velocidades altas aumenta a produção de força em velocidades mais altas (44). A carga adequada para potência máxima varia entre 30 e 60% de 1 RM, dependendo da escolha do exercício. Pesquisas com atletas treinados mostram que cargas de 30% de 1 RM maximizam o desempenho após treinamento balístico de saltos com agachamento (134), enquanto cargas de 45 a 60% de 1 RM maximizam a produção de potência durante os saltos com agachamento e arremessos no supino, precedidos por sobressaltos (6,7). Entretanto, é importante notar que os treinamentos simultâneos de força (i.e., exercícios com cargas de alta intensidade) e potência (i.e., exercícios com cargas leves) promovem a base para o desenvolvimento ótimo da potência e para aumentos continuados na produção de potência por meio do aumento da força e dos componentes de tempo da equação de potência. A Figura 13.2 demonstra que o treinamento com uma variedade de velocidades e cargas vai promover adaptações positivas ao longo de toda a curva força-velocidade.

Para o desenvolvimento ótimo da potência, é recomendado um programa periodizado que enfatize o desenvolvimento da força (i.e., 85 a 100% de 1 RM), com a integração de cargas leves e movimentos rápidos (30 a 45% de 1 RM). O treinamento com cargas e velocidades variadas maximizará a potência ao longo de todas as velocidades.

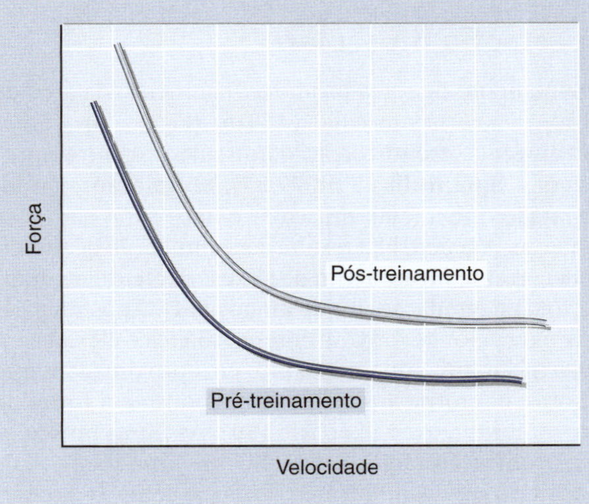

FIGURA 13.2 Impacto do treinamento de potência com velocidades rápida, moderada e lenta na curva força-velocidade. O treinamento deve seguir um espectro de velocidades para que se possam observar aumentos da potência ao longo de todas as velocidades de movimento.

VOLUME

O volume recomendado para o treinamento de potência é similar ao recomendado para o treinamento de força. Para a maximização do desenvolvimento da potência, são recomendadas de uma a seis repetições de múltiplas séries (três a seis) de exercícios de potência, integradas em um programa de treinamento de força.

INTERVALOS DE REPOUSO

Como previamente comentado, os intervalos de repouso têm impacto significante na produção de força. Sendo assim, a prescrição de intervalos de repouso para o treinamento de potência é similar ao do treinamento de força. Os atletas devem repousar de dois a três minutos entre as séries e os exercícios quando estão treinando potência muscular.

VELOCIDADE DE REPETIÇÃO

Embora seja importante a execução de repetições o mais rápido possível no desenvolvimento da potência, a *intenção* de realizar rapidamente as repetições é influente seja qual for a velocidade real do movimento (11). Estudos têm demonstrado que realizar as repetições com a máxima aceleração concêntrica pretendida aumenta mais o desenvolvimento da potência do que levantar a mesma carga em uma velocidade de repetições intencional (136) e voluntariamente (57) lentas.

Independentemente da carga utilizada, no treinamento para a potência muscular, as repetições devem ser realizadas com a máxima aceleração concêntrica pretendida.

Hipertrofia muscular

O treinamento de força promove o aumento da área de secção transversa muscular (ASTm) (Fig. 13.3). Lesões mecânicas decorrentes da ação muscular excêntrica promovem a hipertrofia (9,38,79,87); entretanto, não foi constatado que a lesão muscular é necessária para essa adaptação. A hipertrofia resulta da acumulação de proteínas decorrente do aumento da síntese protéica, da diminuição da degradação, ou de ambos (14). Após uma série de exercícios de força, a síntese protéica é elevada em duas a três horas, atingindo o pico em aproximadamente 24 horas, e retorna aos valores de repouso em torno de 36 a 48 horas após o exercício (80). As fibras musculares de contração rápida normalmente aumentam mais a ASTm do que as fibras de contração lenta (4,50,85). O processo de remodelamento do tecido é afetado pelas concentrações de testosterona, hormônio do crescimento, cortisol, insulina e fator de crescimento semelhante à insulina, os quais aumentam durante e após uma série de exercícios de força (1,65,68,69,72,86,103,116).

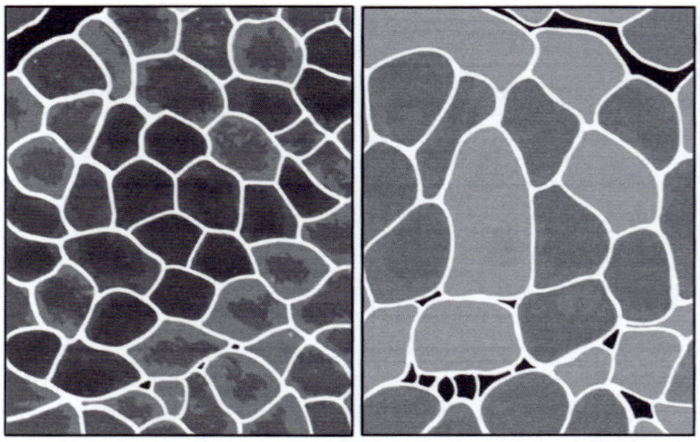

FIGURA 13.3 Micrografias de uma biópsia muscular **A.** antes e **B.** após oito semanas de treinamento de força. É fácil observar a hipertrofia das fibras após o programa de treinamento.

O tempo de ocorrência da hipertrofia muscular tem sido examinado durante curtos períodos de treinamento em sujeitos destreinados. Durante as semanas iniciais de treinamento, parece que o sistema nervoso desempenha um papel principal nos incrementos observados na força (93). A hipertrofia muscular é evidente após a sexta ou sétima semana de treinamento (101), embora mudanças na qualidade das proteínas (116), nos tipos de fibra (116) e na síntese protéica (101) ocorram muito antes. A partir desse ponto, surge a interação entre as adaptações neurais e a hipertrofia na expressão de força (107).

SELEÇÃO DE EXERCÍCIOS

Exercícios mono e poliarticulares vêm se mostrando eficientes para o aumento da hipertrofia muscular (21,64). Curiosamente, a complexidade dos exercícios pode afetar o tempo da hipertrofia muscular. Exercícios poliarticulares requerem uma fase de adaptação neural mais longa, o que pode atrasar a resposta hipertrófica (18). Como previamente comentado, entretanto, exercícios poliarticulares induzem a uma melhor resposta hormonal, a qual é importante para ganhos no tamanho do músculo.

A hipertrofia muscular pode ser induzida por exercícios mono e poliarticulares; entretanto, exercícios poliarticulares devem ser enfatizados para maximizar os ganhos hipertróficos a longo prazo.

CARGA E VOLUME

Vários programas de treinamento de força parecem promover a hipertrofia muscular. Programas que enfatizam a máxima hipertrofia, normalmente, utilizam cargas moderadas a pesadas (70 a 85% de 1 RM) e alto volume (múltiplas séries de 8 a 12 repetições) (72). Esses programas estimulam maior aumento de testosterona e hormônio do crescimento do que cargas altas e baixo volume (i.e., programas que enfatizam ganhos em força muscular) (68,69). Isso tem sido sustentado em parte pela grande hipertrofia associada a um programa com grande volume e múltiplas séries, comparado a um programa de baixo volume e série única em indivíduos treinados em força (64,74).

Para otimizar a hipertrofia muscular, o programa de treinamento de força deve enfatizar cargas moderadas a altas (70 a 85% de 1 RM) e grandes volumes (séries múltiplas de 6 a 12 repetições).

INTERVALOS DE REPOUSO

Períodos pequenos de repouso (de um a dois minutos) utilizados em concordância com volume e intensidade moderados a altos geram melhores respostas de hormônios anabólicos do que programas que utilizam cargas muito pesadas e longos períodos de repouso (p. ex., três minutos) (68,69). Um estudo, entretanto, não verificou diferença significativa na circunferência muscular, na dobra cutânea ou na massa corporal entre protocolos utilizando 30, 90 e 180 segundos de repouso entre as séries, em homens recreacionalmente treinados, durante cinco semanas (105). Com isso, não está claro se a implementação de curtos períodos de repouso para maximizar as respostas hormonais anabólicas ao exercício de força é também importante para maximizar a hipertrofia muscular. Com base nessas informações e no fato de que o tempo de repouso afeta significativamente os ganhos em força, são recomendados intervalos de repouso de dois a três minutos entre as séries de exercícios primários, e de um a dois minutos entre as séries de exercícios secundários.

VELOCIDADE DE REPETIÇÃO

Pouco é conhecido sobre o efeito da velocidade de repetição na hipertrofia muscular. Tem sido sugerido que velocidades mais altas promovem menores estímulos para a hipertrofia do que velocidades lentas e moderadas (127); no entanto, mais pesquisas são necessárias para afirmar essa proposição. Portanto, no treinamento que visa à hipertrofia muscular, a prescrição da velocidade de repetição é secundária à carga, ao número de repetições e aos objetivos do exercício em questão.

Resistência muscular localizada

Exercícios de força têm sido indicados para a melhoria da resistência muscular localizada (5,55,81,88,123). Normalmente, exercícios de força são orientados para a melhoria da resistência muscular absoluta, que é o número de repetições realizadas com uma carga específica (p. ex., 68 kg, (5,55,64); no entanto, efeitos sobre a resistência muscular relativa, que é o número máximo de repetições que pode ser realizado com uma intensidade relativa específica (p. ex., 50% de 1 RM), também têm sido encontrados (84).

SELEÇÃO DE EXERCÍCIOS

Exercícios para múltiplos ou grandes grupos musculares estão associados com as melhores respostas metabólicas agudas (8,110,126). Isso é importante pelo fato de que grandes demandas metabólicas são estímulos para adaptações que promovam a melhoria da resistência muscular localizada (p. ex., aumento da densidade mitocondrial e do número de capilares, transição dos tipos de fibra, capacidade de tamponamento). Com isso, é recomendado que exercícios para múltiplos e grandes grupos musculares sejam enfatizados em programas com o objetivo de melhorar a resistência muscular localizada.

CARGA E VOLUME

Cargas leves usadas com um grande número de repetições (20 ou mais) têm sido indicadas para um aumento mais eficiente da resistência muscular localizada (5,118). Cargas moderadas a pesadas também são eficazes para o aumento da alta intensidade e da resistência muscular absoluta quando conjugadas com curtos períodos de repouso (5,88). Em geral, programas com grandes volumes são essenciais para a melhoria da resistência (64,82,118), especialmente quando são realizadas séries múltiplas de exercícios (64,82,88).

Cargas leves, muitas repetições e grandes volumes devem ser enfatizados para a melhoria da resistência muscular localizada.

INTERVALOS DE REPOUSO

Atletas que utilizam grandes volumes e curtos períodos de repouso em seus treinamentos (p. ex., fisiculturistas) demonstram uma menor taxa de fadiga em comparação com atletas que treinam com volume baixo a moderado e longo período de repouso (p. ex., atletas de levantamento de potência) (71). Esses dados suportam o uso de intervalos pequenos de repouso para o treinamento de resistência muscular localizada. Com isso, têm sido recomendados (66) intervalos de repouso de um a dois minutos para séries de muitas repetições (15 a 20 repetições), e de menos de um minuto para séries com um número moderado de repetições (10 a 15 repetições).

VELOCIDADE DE REPETIÇÃO

Estudos que examinam o desempenho em exercícios isocinéticos têm mostrado que o treinamento com alta velocidade (p. ex., $180° \cdot s^{-1}$) é mais eficiente do que o treinamento com velocidades baixas (p. ex., $30° \cdot s^{-1}$) para a melhoria da resistência muscular localizada

(3,34). Velocidades altas e baixas, entretanto, podem ser eficientes para a melhoria da resistência muscular localizada durante o treinamento de força com carga externa constante. Portanto, tem sido recomendado (66) que velocidades intencionalmente baixas sejam utilizadas quando um número moderado de repetições (10 a 15) for usado, e que velocidades moderadas a rápidas sejam utilizadas quando for realizado um número grande de repetições (15 ou mais).

PROGRESSÃO

Até o momento, foi discutida a manipulação das variáveis agudas de um programa de treinamento para alcançar um resultado desejado. Devemos notar que essas variáveis necessitam de constantes alterações para que ocorra uma progressão a longo prazo. A **progressão** foi previamente definida como "o ato de seguir ou avançar em direção a um objetivo específico" (66). Embora seja impossível melhorar na mesma proporção no curso de um programa de treinamento de força de longo prazo, a adequada manipulação das variáveis agudas do programa pode limitar os platôs e permitir alcançar um nível elevado de aptidão muscular. Os três princípios gerais da progressão são a sobrecarga progressiva, a variação e a especificidade.

Sobrecarga progressiva

A **sobrecarga progressiva** é o aumento gradual do estresse imposto sobre o corpo durante um treinamento de força (66). Com a progressão do programa de treinamento, ocorre um aumento da tolerância ao exercício. No entanto, ganhos contínuos no desempenho ocorrem somente se os processos adaptativos forem progressivamente impostos. Portanto, são necessários aumentos graduais nas demandas fisiológicas para melhorias a longo prazo da aptidão física.

A sobrecarga progressiva pode ser induzida por meio dos seguintes critérios:

1. Aumento da carga
2. Aumento de repetições com a carga atual
3. Alteração da velocidade de repetição de acordo com o objetivo do programa
4. Alteração do tempo de intervalo de repouso de acordo com o objetivo do programa
5. Aumento do volume dentro de limites razoáveis (2 a 5% até que nova adaptação ocorra) (34)

Em alguns casos, o aumento do volume pode ser maior, dependendo do nível de adaptação e da carga inicial; por exemplo, cargas iniciais extremamente baixas podem ser aumentadas rapidamente nas fases iniciais do programa, em que a técnica é o fator limitante.

Variação

A **variação** (ou *periodização*) é a alteração das variáveis agudas de um programa ao longo do tempo. Variações sistemáticas de volume e intensidade são mais eficientes em uma progressão a longo prazo (33,120). Para assegurar esses ganhos no desempenho a longo prazo, é obrigatório o planejamento de mudanças sistemáticas na escolha do exercício, na intensidade, no volume e na velocidade de repetição. Conceitos de periodização são discutidos detalhadamente no Capítulo 12.

Especificidade

As adaptações do treinamento são específicas às ações musculares envolvidas (25), à velocidade do movimento (58), à amplitude de movimento (76), aos grupos musculares treinados (70), aos sistemas energéticos envolvidos (71,113) e à intensidade e ao volume de treinamento (17,104,111). Esses fatos justificam a realização de uma análise de necessidades prévia à prescrição de um programa de exercícios de força. Após identificar as necessidades do atleta, o praticante de força e condicionamento deve mantê-los em mente no planejamento de um programa de exercícios de força para garantir que os objetivos pretendidos sejam alcançados.

Adicionalmente, a progressão de exercícios de força deve seguir um modelo do geral para o específico (73). Por exemplo, se um dos objetivos é melhorar o desempenho do salto vertical, a escolha dos exercícios deve progredir de exercícios gerais de força para membros inferiores (p. ex., levantamento terra, agachamento) para exercícios específicos de explosão para os mesmos grupos musculares (p. ex., arranque, saltos com agachamento). O Quadro 13.5 fornece pontos-chave para a prescrição de treinamento de força para melhorar o desempenho atlético.

QUADRO 13.5 PONTOS-CHAVE NA PRESCRIÇÃO DO TREINAMENTO DE FORÇA PARA A MELHORA DO DESEMPENHO ATLÉTICO

1. A análise de necessidades determina os objetivos do programa.
2. Os objetivos do programa determinam a implementação de um programa de variáveis agudas.
3. A implementação de um programa de variáveis agudas determina as respostas e adaptações ao exercício de força.
4. As respostas e adaptações ao exercício de força influenciam o desempenho atlético.

TABELA 13.3 Resumo relativo à prescrição de exercícios de treinamento de força

	Seleção de exercícios	Carga	Volume	Intervalos de repouso	Velocidade de repetições
Força					
Principiantes	Mono e poliarticulares	45 a 70% de 1 RM	Séries: 1 a 3 Repetições: 8 a 12	2 a 3 min para primários 1 a 2 min para secundários	Baixa, moderada
Experientes	Ênfase nos poliarticulares	> 80% de 1 RM	Séries: múltiplas Repetições: 1 a 6	2 a 3 min para primários 1 a 2 min para secundários	Baixa, moderada, rápida
Potência					
Principiantes	Poliarticulares	Força: > 80% de 1 RM Velocidade: 30 a 60% de 1 RM	Séries: 1 a 3 Repetições: 3 a 6	2 a 3 min para primários 1 a 2 min para secundários	Intencionalmente rápida
Experientes	Poliarticulares	Força: > 80% de 1 RM Velocidade: 30 a 60% de 1 RM	Séries: múltiplas Repetições: 1 a 6	2 a 3 min para primários 1 a 2 min min para secundários	Intencionalmente rápida
Hipertrofia					
Principiantes	Mono e poliarticulares	60 a 70% de 1 RM	Séries: 1 a 3 Repetições: 8 a 12	1 a 2 min	Baixa, moderada
Experientes	Mono e poliarticulares	70 a 85% de 1 RM	Séries: múltiplas Repetições: 6 a 12	1 a 2 min	Baixa, moderada
Resistência muscular					
Principiantes	Mono e poliarticulares	50 a 70% de 1 RM	Séries: 1 a 3 Repetições: 10 a 15	< 1 min	Baixa a moderada para repetições moderadas Moderada a alta para muitas repetições
Experientes	Ênfase nos poliarticulares	30 a 80% de 1 RM	Séries: múltiplas Repetições: 10 ou mais	1 a 2 min para exercícios de muitas repetições < 1 min para moderado número de repetições	Baixa a moderada para repetições moderadas Moderada a alta para muitas repetições

RESUMO

A prescrição de um programa de treinamento de força é um processo seqüencial que inicia com a análise das necessidades para identificar as exigências individuais dos atletas. As necessidades identificadas podem ser atingidas de uma forma precisa pela manipulação das variáveis agudas do programa, de maneira que seja alcançado o objetivo desejado. Portanto, um programa de treinamento de força confiável pode ser desenvolvido por meio da compreensão das variáveis agudas do programa e de seu respectivo impacto nas características treináveis. Um resumo detalhado dos componentes essenciais deste capítulo pode ser encontrado na Tabela 13.3.

QUESTÕES TÉCNICAS

1. Antes de elaborar um programa de exercícios de força, você deve primeiro analisar as necessidades do indivíduo. Analise as necessidades de uma equipe de basquetebol usando como um guia as questões apresentadas na seção "Análise de necessidades", na página 274.
2. Assuma que você é um treinador de força e condicionamento de uma equipe escolar de futebol americano. Durante a temporada, o treinador principal designa você para elaborar uma sessão de treinamentos dentro desse período que tenha uma duração não muito maior do que 45 minutos. Você pode escolher exercícios de força. Liste os exercícios que você escolheria e as razões da sua escolha.
3. Você é um treinador de força e condicionamento de uma escola secundária. A escola está construindo uma nova sala de treinamento de força, e o diretor desportivo da escola quer equipar a sala com equipamentos de força. Você tem um encontro com o diretor desportivo para discutir sua preferência por equipamentos de peso livre. Saliente os principais pontos que você apresentaria ao diretor nesse encontro.

EXEMPLO DE CASO

Elaborando um programa de treinamento de força para um atleta de futebol americano universitário

HISTÓRICO

Você é um profissional de força e condicionamento em uma universidade e foi solicitado a elaborar um programa de treinamento de força para um jogador de futebol americano. O jogador é um atacante que está entrando na temporada júnior e tem cinco anos de experiência no treinamento de força, incluindo exercícios poliarticulares e levantamentos estilo olímpico. Analise as necessidades e elabore um programa de treinamento individualizado.

CONSIDERAÇÕES

O futebol americano é um desporto de alta intensidade com períodos curtos de jogo (aproximadamente cinco segundos) alternados com pequenos períodos de repouso (aproximadamente 30 segundos). Os atacantes requerem força, velocidade e potência para terem sucesso. Esses atletas apresentam adequada massa muscular e pouca gordura corporal; por essa razão, alterações na hipertrofia e na massa corporal não são necessárias. O atleta está iniciando suas férias de verão e está na fase de treinamento pré-temporada. O atleta não tem lesões ou problemas de saúde.

IMPLEMENTAÇÃO

Seleção de exercícios. Exercícios poliarticulares, exercícios que envolvam grandes grupos musculares e que incluam exercícios de potência devem ser enfatizados.
Ordem dos exercícios. (1) Exercícios de potência; (2) exercícios poliarticulares de grande massa muscular; (3) exercícios monoarticulares de pequena massa muscular.
Carga. Exercícios de potência: 30 a 50% de 1 RM; exercícios de força: > 80% de 1 RM
Volume. Múltiplas séries, uma a seis repetições por série
Intervalos de repouso. Exercícios primários: dois a três minutos; exercícios secundários: um a dois minutos
Freqüência. Quatro sessões por semana
Estrutura da sessão. Rotina dividida
Ações musculares. Concêntricas e excêntricas
Velocidade das repetições. Exercícios de potência – as repetições devem ser realizadas o mais rapidamente possível; exercícios de força: velocidade volitiva

RESULTADOS

Exemplo de uma semana de treinamento.

Segunda-feira	**Terça-feira**	**Quarta-feira**	**Quinta-feira**	**Sexta-feira**
Arremessos no banco:	Arremessos:	Dia livre	Supino inclinado:	Salto agachado:
4 séries	3 séries		3 séries	4 séries
3 repetições	3 repetições		6 repetições	3 repetições
30% de 1 RM (uso de *medicine ball*)	30% de 1 RM		6 RMs	30% de 1 RM

Segunda-feira	Terça-feira	Quarta-feira	Quinta-feira	Sexta-feira
Supino:	Levantamento terra:		Puxada por trás:	Agachamento dorsal:
3 séries	3 séries		3 séries	3 séries
3 repetições	6 repetições		6 repetições	3 repetições
3 RMs	6 RMs		6 RMs	3 RMs
Remada curvada:	Agachamento frontal:		Extensão do cotovelo:	Pressão de pernas:
3 séries	3 séries		3 séries	3 séries
6 repetições	6 repetições		6 repetições	6 repetições
6 RMs	6 RMs		6 RMs	6 RMs
Desenvolvimento:	Extensão do joelho:		Flexão do cotovelo:	Flexão plantar:
3 séries	3 séries		3 séries	3 séries
6 repetições	6 repetições		6 repetições	6 repetições
6 RMs	6 RMs		6 RMs	6 RMs
Flexões na barra:	Flexão do joelho:			
3 séries	3 séries			
6 repetições	6 repetições			
6 RMs	6 RMs			

Nota: Esse exemplo é para uma semana de treinamento. Siga os fundamentos da progressão para assegurar ganhos de longo prazo no desempenho.

REFERÊNCIAS

1. Adams GR. Role of insulin-like growth factor-I in the regulation of skeletal muscle adaptation to increased loading. Exerc Sport Sci Rev 1998;26:31–60.
2. Adams KJ, O'Shea JP, O'Shea KL, et al. The effect of six weeks of squat, plyometric and squat-plyometric training on power production. J Appl Sport Sci Res 1992;6:36–41.
3. Adeyanju K, Crews TR, Meadors WJ. Effects of two speeds of isokinetic training on muscular strength, power and endurance. J Sports Med Phys Fit 1983;23:352–356.
4. Alway SE, Grumbt WH, Gonyea WJ, et al. Contrasts in muscle and myofibers of elite male and female bodybuilders. J Appl Physiol 1989;67:24–31.
5. Anderson T, Kearney JT. Effects of three resistance training programs on muscular strength and absolute and relative endurance. Res Q Exerc Sport 1982;53:1–7.
6. Baker D, Nance S, Moore M. The load that maximizes the average mechanical power output during explosive bench press throws in highly trained athletes. J Strength Cond Res 2001;15:20–24.
7. Baker D, Nance S, Moore M. The load that maximizes the average mechanical power output during jump squats in power-trained athletes. J Strength Cond Res 2001;15:92–97.
8. Ballor DL, Becque MD, Katch VL. Metabolic responses during hydraulic resistance exercise. Med Sci Sports Exerc 1987;19:363–367.
9. Barnett JG, Holly RG, Ashmore CR. Stretch-induced growth in chicken wing muscles: biochemical and mor phological characterization. Am J Physiol 1980;239: C39–C46.
10. Bauer T, Thayer TE, Baras G. Comparison of training modalities for power development in the lower extremity. J Appl Sport Sci Res 1990;4:115–121.
11. Behm DG, Sale DG. Intended rather than actual movement velocity determines velocity-specific training response. J Appl Physiol 1993;74:359–368.
12. Berger RA. Effect of varied weight training programs on strength. Res Q 1962;33:168–181.
13. Berger RA. Optimum repetitions for the development of strength. Res Q 1962;33:334–338.
14. Booth FW, Thomason DB. Molecular and cellular adaptation of muscle in response to exercise: perspectives of various models. Physiol Rev 1991;71:541–585.

15. Borst SE, De Hoyos DV, Garzarella L, et al. Effects of resistance training on insulin-like growth factor-I and IGF binding proteins. Med Sci Sports Exerc 2001;33: 648–653.
16. Bosco C, Komi PV. Potentiation of the mechanical behavior of the human skeletal muscle through prestretching. Acta Physiol Scand 1979;106:467–472.
17. Campos GE, Luecke TJ, Wendeln HK, et al. Muscular adaptations in response to three different resistance-training regimens: specificity of repetition maximum training zones. Eur J Appl Physiol 2002;88:50–60.
18. Chilibeck PD, Calder AW, Sale DG, et al. A comparison of strength and muscle mass increases during resistance training in young women. Eur J Appl Physiol Occup Physiol 1998;77:170–175.
19. Clutch D, Wilton M, McGown C, et al. The effect of depth jumps and weight training on leg strength and vertical jump. Res Q 1983;54:5–10.
20. Coleman AE. Nautilus vs universal gym strength training in adult males. Am Correct Ther J 1977;31:103–107.
21. Colliander EB, Tesch PA. Effects of eccentric and concentric muscle actions in resistance training. Acta Physiol Scand 1990;140:31–39.
22. Coyle EF, Feiring DC, Rotkis TC, et al. Specificity of power improvements through slow and fast isokinetic training. J Appl Physiol 1981;51:1437–1442.
23. Craig BW, Kang H. Growth hormone release following single versus multiple sets of back squats: total work versus power. J Strength Cond Res 1994;8:270–275.
24. Dudley GA, Djamil R. Incompatibility of endurance- and strength-training modes of exercise. J Appl Physiol 1985;59:1446–1451.
25. Dudley GA, Tesch PA, Miller BJ, et al. Importance of eccentric actions in performance adaptations to resistance training. Aviat Space Environ Med 1991;62: 543–550.
26. Ebbeling CB, Clarkson PM. Exercise-induced muscle damage and adaptation. Sports Med 1989;7:207–234.
27. Elliott BC, Wilson GJ, Kerr GK. A biomechanical analysis of the sticking region in the bench press. Med Sci Sports Exerc 1989;21:450–462.
28. Eloranta V, Komi PV. Function of the quadriceps femoris muscle under maximal concentric and eccentric contractions. Electromyogr Clin Neurophysiol 1980;20: 159–154.
29. Evans WJ, Patton JF, Fisher EC, et al. Muscle metabolism during high intensity eccentric exercise. In: Biochemistry of Exercise. Champaign, IL: Human Kinetics, 1982.
30. Ewing JL Jr, Wolfe DR, Rogers MA, et al. Effects of velocity of isokinetic training on strength, power, and quadriceps muscle fibre characteristics. Eur J Appl Physiol Occup Physiol 1990;61:159–162.
31. Fahey TD, Rolph R, Moungmee P, et al. Serum testosterone, body composition, and strength of young adults. Med Sci Sports 1976;8:31–34.
32. Fleck SJ. Cardiovascular adaptations to resistance training. Med Sci Sports Exerc 1988;20:S146–151.
33. Fleck SJ. Periodized strength training: a critical review. J Strength Cond Res 1999;13:82–89.
34. Fleck SJ, Kraemer WJ. Designing Resistance Training Programs. 3rd ed. Champaign, IL: Human Kinetics, 2004.
35. Foran B. Advantages and disadvantages of isokinetics, variable resistance and free weights. NSCA J 1985;7: 24–25.
36. Garhammer J, Gregor R. Propulsion forces as a function of intensity for weightlifting and vertical jumping. J Appl Sport Sci Res 1992;6:129–134.
37. Gettman LR, Ayres JJ, Pollock ML, et al. The effect of circuit weight training on strength, cardiorespiratory function, and body composition of adult men. Med Sci Sports 1978;10:171–176.
38. Gibala MJ, Interisano SA, Tarnopolsky MA, et al. Myofibrillar disruption following acute concentric and eccentric resistance exercise in strength-trained men. Can J Physiol Pharmacol 2000;78:656–661.
39. Gotshalk LA, Loebel CC, Nindl BC, et al. Hormonal responses of multiset versus single-set heavy-resistance exercise protocols. Can J Appl Physiol 1997;22:244–255.
40. Graves JE, Pollock ML, Jones AE, et al. Specificity of limited range of motion variable resistance training. Med Sci Sports Exerc 1989;21:84–89.
41. Häkkinen K. Neuromuscular and hormonal adaptations during strength and power training. J Sports Med 1989; 29:9–26.
42. Häkkinen K. Neuromuscular fatigue and recovery in women at different ages during heavy resistance loading. Electromyogr Clin Neurophysiol 1995;35:403–413.
43. Häkkinen K, Komi PV. Changes in electrical and mechanical behavior of leg extensor muscles during heavy resistance strength training. Scand J Sports Sci 1985;7:55–64.
44. Häkkinen K, Komi PV. The effect of explosive type strength training on electromyographic and force production characteristics of leg extensor muscles during concentric and various stretch-shortening cycle exercises. Scand J Sports Sci 1985;7:65–76.
45. Haäkkinen K, Komi PV, Alen M. Effect of explosive type strength training on isometric force- and relaxation-time, electromyographic and muscle fibre characteristics of leg extensor muscles. Acta Physiol Scand 1985; 125:587–600.
46. Häkkinen K, Komi PV, Alen M, et al. EMG, muscle fibre and force production characteristics during a 1 year training period in elite weight-lifters. Eur J Appl Physiol Occup Physiol 1987;56:419–427.
47. Häkkinen K, Pakarinen A, Alen M, et al. Neuromuscular and hormonal adaptations in athletes to strength training in two years. J Appl Physiol 1988;65:2406–2412.
48. Häkkinen K, Pakarinen A, Alen M, et al. Relationships between training volume, physical performance capacity, and serum hormone concentrations during prolonged training in elite weight lifters. Int J Sports Med 1987;8(Suppl 1):61–65.
49. Hass CJ, Garzarella L, de Hoyos D, et al. Single versus multiple sets in long-term recreational weightlifters. Med Sci Sports Exerc 2000;32:235–242.
50. Hather BM, Tesch PA, Buchanan P, et al. Influence of eccentric actions on skeletal muscle adaptations to resistance training. Acta Physiol Scand 1991;143:177–185.
51. Hay JG, Andrews JG, Vaughan CL. Effects of lifting rate on elbow torques exerted during arm curl exercises. Med Sci Sports Exerc 1983;15:63–71.
52. Hickson RC, Hidaka K, Foster C. Skeletal muscle fiber type, resistance training, and strength-related performance. Med Sci Sports Exerc 1994;26:593–598.
53. Hortobagyi T, Barrier J, Beard D, et al. Greater initial adaptations to submaximal muscle lengthening than maximal shortening. J Appl Physiol 1996;81:1677–1682.
54. Housh DJ, Housh TJ, Johnson GO, et al. Hypertrophic response to unilateral concentric isokinetic resistance training. J Appl Physiol 1992;73:65–70.
55. Huczel HA, Clarke DH. A comparison of strength and muscle endurance in strength-trained and untrained women. Eur J Appl Physiol Occup Physiol 1992;64: 467–470.

56. Jones DA, Rutherford OM. Human muscle strength training: the effects of three different regimens and the nature of the resultant changes. J Physiol 1987;391:1–11.
57. Jones K, Hunter G, Fleisig G, et al. The effects of compensatory acceleration on upper-body strength and power in collegiate football players. J Strength Cond Res 1999;13:99–105.
58. Kanehisa H, Miyashita M. Specificity of velocity in strength training. Eur J Appl Physiol Occup Physiol 1983;52:104–106.
59. Kaneko M, Fuchimoto T, Toji H, et al. Training effect of different loads on the force-velocity relationship and mechanical power output in human muscle. Scand J Sports Sci 1983;5:50–55.
60. Keeler LK, Finkelstein LH, Miller W, et al. Early-phase adaptations of traditional-speed vs. superslow resistance training on strength and aerobic capacity in sedentary individuals. J Strength Cond Res 2001;15:309–314.
61. Keogh JWL, Wilson GJ, Weatherby RP. A cross-sectional comparison of different resistance training techniques in the bench press. J Strength Cond Res 1999;13:247–258.
62. Komi PV, Kaneko M, Aura O. EMG activity of the leg extensor muscles with special reference to mechanical efficiency in concentric and eccentric exercise. Int J Sports Med 1987;8(Suppl 1):22–29.
63. Komi PV, Vitasalo JH. Signal characteristics of EMG at different levels of muscle tension. Acta Physiol Scand 1976;96:267–276.
64. Kraemer WJ. A series of studies—the physiological basis for strength training in American football: fact over philosophy. J Strength Cond Res 1997;11:131–142.
65. Kraemer WJ. Endocrine responses to resistance exercise. Med Sci Sports Exerc 1988;20:S152–157.
66. Kraemer WJ, Adams K, Cafarelli E, et al. American College of Sports Medicine position stand. Progression models in resistance training for healthy adults. Med Sci Sports Exerc 2002;34:364–380.
67. Kraemer WJ, Fleck SJ, Dziados JE, et al. Changes in hormonal concentrations after different heavy-resistance exercise protocols in women. J Appl Physiol 1993;75: 594–604.
68. Kraemer WJ, Gordon SE, Fleck SJ, et al. Endogenous anabolic hormonal and growth factor responses to heavy resistance exercise in males and females. Int J Sports Med 1991;12:228–235.
69. Kraemer WJ, Marchitelli L, Gordon SE, et al. Hormonal and growth factor responses to heavy resistance exercise protocols. J Appl Physiol 1990;69:1442–1450.
70. Kraemer WJ, Nindl BC, Ratamess NA, et al. Changes in muscle hypertrophy in women with periodized resistance training. Med Sci Sports Exerc 2004;36:697–708.
71. Kraemer WJ, Noble BJ, Clark MJ, et al. Physiologic responses to heavy-resistance exercise with very short rest periods. Int J Sports Med 1987;8:247–252.
72. Kraemer WJ, Ratamess NA. Endocrine responses and adaptations to strength and power training. In Komi PV, eds. Strength and Power in Sport. Malden, MA: Blackwell, 2003.
73. Kraemer WJ, Ratamess NA. Fundamentals of resistance training: progression and exercise prescription. Med Sci Sports Exerc 2004;36:674–688.
74. Kraemer WJ, Ratamess N, Fry AC, et al. Influence of resistance training volume and periodization on physiological and performance adaptations in collegiate women tennis players. Am J Sports Med 2000;28:626–633.
75. Kramer JB, Stone MH, O'Bryant H, et al. Effects of single vs. multiple sets of weight training: impact of volume, intensity, and variation. J Strength Cond Res 1997;11: 143–147.
76. Knapik JJ, Mawdsley RH, Ramos MU. Angular specificity and test mode specificity of isometric and isokinetic strength training. J Orthop Sports Phys Ther 1983;5: 58–65.
77. Lachance PF, Hortobagyi T. Influence of cadence on muscular performance during push-up and pull-up exercises. J Strength Cond Res 1994;8:76–79.
78. Leong B, Kamen G, Patten C, et al. Maximal motor unit discharge rates in the quadriceps muscles of older weight lifters. Med Sci Sports Exerc 1999;31:1638–1644.
79. MacDougall JD. Adaptability of muscle to strength training: a cellular approach. In: Biochemistry of Exercise, vol VI. Champaign, IL: Human Kinetics, 1986.
80. MacDougall JD, Gibala MJ, Tarnopolsky MA, et al. The time course for elevated muscle protein synthesis following heavy resistance exercise. Can J Appl Physiol 1995;20:480–486.
81. Marcinik EJ, Potts J, Schlabach G, et al. Effects of strength training on lactate threshold and endurance performance. Med Sci Sports Exerc 1991;23:739–743.
82. Marx JO, Ratamess NA, Nindl BC, et al. Low-volume circuit versus high-volume periodized resistance training in women. Med Sci Sports Exerc 2001;33:635–643.
83. Mayhew JL, Gross PM. Body composition changes in young women with high resistance weight training. Res Q 1974;45:433–440.
84. Mazzetti SA, Kraemer WJ, Volek JS, et al. The influence of direct supervision of resistance training on strength performance. Med Sci Sports Exerc 2000;32:1175–1184.
85. McCall GE, Byrnes WC, Dickinson A, et al. Muscle fiber hypertrophy, hyperplasia, and capillary density in college men after resistance training. J Appl Physiol 1996; 81:2004–2012.
86. McCall GE, Byrnes WC, Fleck SJ, et al. Acute and chronic hormonal responses to resistance training designed to promote muscle hypertrophy. Can J Appl Physiol 1999;24:96–107.
87. McDonagh MJ, Davies CT. Adaptive response of mammalian skeletal muscle to exercise with high loads. Eur J Appl Physiol Occup Physiol 1984;52:139–155.
88. McGee D, Jessee TC, Stone MH, et al. Leg and hip endurance adaptations to three weight-training programs. J Appl Sport Sci Res 1992;6:92–95.
89. McMorris RO, Elkins EC. A study of production and evaluation of muscular hypertrophy. Arch Phys Med Rehabil 1954;35:420–426.
90. Milner-Brown HS, Stein RB, Lee RG. Synchronization of human motor units: possible roles of exercise and supraspinal reflexes. Electroencephalogr Clin Neurophysiol 1975;38:245–254.
91. Moffroid MT, Whipple RH. Specificity of speed of exercise. Phys Ther 1970;50:1692–1700.
92. Mookerjee S, Ratamess NA. Comparison of strength differences and joint action durations between full and partial range-of-motion bench press exercise. J Strength Cond Res 1999;13:76–81.
93. Moritani T, deVries HA. Neural factors versus hypertrophy in the time course of muscle strength gain. Am J Phys Med 1979;58:115–130.

94. Morrissey MC, Harman EA, Frykman PN, et al. Early phase differential effects of slow and fast barbell squat training. Am J Sports Med 1998;26:221–230.
95. Mulligan SE, Fleck SJ, Gordon SE, et al. Influence of resistance exercise volume on serum growth hormone and cortisol concentrations in women. J Strength Cond Res 1996;10:256–262.
96. Narici MV, Roi GS, Landoni L, et al. Changes in force, cross-sectional area and neural activation during strength training and detraining of the human quadriceps. Eur J Appl Physiol Occup Physiol 1989;59: 310–319.
97. Newton RU, Kraemer WJ. Developing explosive muscular power: implications for a mixed methods training strategy. Strength Cond 1994;16:20–31.
98. Newton RU, Kraemer WJ, Hakkinen K. Effects of ballistic training on preseason preparation of elite volleyball players. Med Sci Sports Exerc 1999;31:323–330.
99. Newton RU, Kraemer WJ, Hakkinen K, et al. Kinematics, kinetics, and muscle activation during explosive upper body movements. J Appl Biomech 1996;12: 31–43.
100. O'Hagan FT, Sale DG, MacDougall JD, et al. Comparative effectiveness of accommodating and weight resistance training modes. Med Sci Sports Exerc 1995;27: 1210–1219.
101. Phillips SM. Short-term training: when do repeated bouts of resistance exercise become training? Can J Appl Physiol 2000;25:185–193.
102. Pincivero DM, Lephart SM, Karunakara RG. Effects of rest interval on isokinetic strength and functional performance after short-term high intensity training. Br J Sports Med 1997;31:229–234.
103. Raastad T, Bjoro T, Hallen J. Hormonal responses to high- and moderate-intensity strength exercise. Eur J Appl Physiol 2000;82:121–128.
104. Rhea MR, Alvar BA, Ball SD, et al. Three sets of weight training superior to 1 set with equal intensity for eliciting strength. J Strength Cond Res 2002;16:525–529.
105. Robinson JM, Stone MH, Johnson RL, et al. Effects of different weight training exercise/rest intervals on strength, power, and high intensity exercise endurance. J Strength Cond Res 1995;9:216–221.
106. Rutherford OM, Jones DA. The role of learning and coordination in strength training. Eur J Appl Physiol Occup Physiol 1986;55:100–105.
107. Sale DG. Neural adaptations to strength training. In Komi PV, eds. Strength and Power in Sport. Oxford, UK: Blackwell, 1992.
108. Sale DG, Jacobs I, MacDougall JD, et al. Comparison of two regimens of concurrent strength and endurance training. Med Sci Sports Exerc 1990;22:348–356.
109. Sanborn K, Boros R, Hruby J, et al. Short-term performance effects of weight training with multiple sets not to failure vs a single set to failure in women. J Strength Cond Res 2000;14:328–331.
110. Scala D, McMillan J, Blessing D, et al. Metabolic cost of a preparatory phase of training in weight lifting: a practical observation. J Appl Sport Sci Res 1987;1:48–52.
111. Schlumberger A, Stec J, Schmidtbleicher D. Single- vs multiple-set strength training in women. J Strength Cond Res 2001;15:284–289.
112. Schmidtbleicher D. Training for power events. In: Komi PV, ed. Strength and Power in Sport. Boston: Blackwell, 2001.
113. Schuenke MD, Mikat RP, McBride JM. Effect of an acute period of resistance exercise on excess post-exercise oxygen consumption: implications for body mass management. Eur J Appl Physiol 2002;86:411–417.
114. Sforzo FA, Touey PR. Manipulating exercise order affects muscular performance during a resistance exercise training session. J Strength Cond Res 1996;10:20–24.
115. Starkey DB, Pollock ML, Ishida Y, et al. Effect of resistance training volume on strength and muscle thickness. Med Sci Sports Exerc 1996;28:1311–1320.
116. Staron RS, Karapondo DL, Kraemer WJ, et al. Skeletal muscle adaptations during early phase of heavy-resistance training in men and women. J Appl Physiol 1994;76:1247–1255.
117. Staron RS, Malicky ES, Leonardi MJ, et al. Muscle hypertrophy and fast fiber type conversions in heavy resistance-trained women. Eur J Appl Physiol Occup Physiol 1990;60:71–79.
118. Stone MH, Coulter SP. Strength/endurance effects from three resistance training protocols with women. J Strength Cond Res 1994;8:231–234.
119. Stone MH, Johnson RL, Carter DR. A short term comparison of two different methods of resistance training on leg strength and power. Athlet Train 1979;14:158–161.
120. Stone MH, O'Bryant H, Garhammer J. A hypothetical model for strength training. J Sports Med Phys Fit 1981; 21:342–351.
121. Stone MH, O'Bryant H, Garhammer J, et al. A theoretical model of strength training. NSCA J 1982;4:36–39.
122. Stone MH, Plisk SS, Stone ME, et al. Athletic performance development: volume load-1 set vs. multiple sets, training velocity and training variation. NSCA J 1998; 20:22–23.
123. Stone MH, Wilson GD, Blessing D, et al. Cardiovascular responses to short-term olympic style weight-training in young men. Can J Appl Sport Sci 1983;8:134–139.
124. Stowers T, McMillian J, Scala D, et al. The short-term effects of three different strength-power training models. NSCA J 1983;5:24–27.
125. Tan B. Manipulating resistance training program variables to optimize maximum strength in men: a review. J Strength Cond Res 1999;13:289–304.
126. Tesch PA. Short- and long-term histochemical and biochemical adaptations in muscle. In: Komi PV, ed. Strength and Power in Sport. Boston, MA: Blackwell, 1992.
127. Tesch PA, Komi PV, Hakkinen K. Enzymatic adaptations consequent to long-term strength training. Int J Sports Med 1987;8(Suppl 1):66–69.
128. Tomberline JP, Besford JR, Schwen EE. Comparative study of isokinetic eccentric and concentric quadriceps training. J Orthop Sports Phys Ther 1991;14: 31–36.
129. Vanhelder WP, Radomski MW, Goode RC. Growth hormone responses during intermittent weight lifting exercise in men. Eur J Appl Physiol Occup Physiol 1984;53: 31–34.
130. Volek JS, Boetes M, Bush JA, et al. Response of testosterone and cortisol concentrations to high-intensity resistance exercise following creatine supplementations. J Strength Cond Res 1997;11:182–187.

131. Weiss LW, Coney HD, Clark FC. Differential functional adaptations to short-term low-, moderate-, and high-repetition weight training. J Strength Cond Res 1999; 13:236–241.
132. Willoughby DS, Chilek DR, Schiller DA, et al. The metabolic effects of three different free weight parallel squatting intensities. J Hum Mov Stud 1991;21:53–67.
133. Wilson GJ, Murphy AJ, Walshe AD. Performance benefits from weight and plyometric training: effects of initial strength level. Coach Sport Sci J 1997;2:3–8.
134. Wilson GJ, Newton RU, Murphy AJ, et al. The optimal training load for the development of dynamic athletic performance. Med Sci Sports Exerc 1993;25:1279–1286.
135. Young WA, Jenner A, Griffiths K. Acute enhancement of power performance from heavy squat loads. J Strength Cond Res 1998;12:82–84.
136. Young WB, Bilby GE. The effect of voluntary effort to influence speed of contraction on strength, muscular power, and hypertrophy development. J Strength Cond Res 1993;7:172–178.

CAPÍTULO

14

Melhora do rendimento aeróbio

JOHN M. CISSIK

Introdução

O exercício aeróbio é freqüentemente usado como uma forma de treinamento e condicionamento para a aptidão física e esportiva. Ele é obviamente importante para atletas de resistência aeróbia como corredores, nadadores, triatletas, etc. Não está claro, no entanto, em que magnitude o exercício aeróbio é necessário para atletas de esportes que não envolvam resistência (p. ex., futebol americano, beisebol, basquetebol, etc.). Para atletas de explosão, nos quais o rendimento é medido em questão de poucos segundos ou menos, acredita-se que o rendimento aeróbio seja importante para a recuperação de competições e treinamentos (uma vez que nós usamos o sistema oxidativo para recuperar o treinamento anaeróbio) e que as vias energéticas aeróbias possam contribuir para o rendimento anaeróbio. À medida que refinamos o nosso conhecimento sobre a especificidade do treinamento, a utilidade do exercício aeróbio para atletas de atividades anaeróbias tem chamado a atenção. Embora o treinamento aeróbio tradicional possa não ser apropriado para atletas de explosão, dependendo do esporte, o treinamento intervalado ou de *sprint* pode ser útil na manutenção ou, de certa forma, na melhora do metabolismo aeróbio.

Parece não haver relação entre o consumo máximo de oxigênio e a recuperação de exercícios anaeróbios em jogadores de basquetebol (10). Além disso, diferenças na potência aeróbia não explicam as diferenças no rendimento durante várias fases de um teste anaeróbio de 30 segundos (13). Neste estudo, a potência aeróbia forneceu apenas contribuições marginais para o rendimento anaeróbio; por isso, pode ser que não valha a pena dedicar tempo de treinamento para essa intervenção em tipos específicos de atletas.

Embora resultados como esses sejam de difícil conclusão, nós devemos parar e reconsiderar o papel do exercício aeróbio em atletas de esportes que não envolvam resistência aeróbia. Devemos também lembrar que as necessidades aeróbias/anaeróbias do rendimento físico demandam continuação. Alguns atletas precisam tanto do treinamento anaeróbio quanto do treinamento aeróbio, e a forma como isso é integrado ao programa global de treinamento do atleta é importante. Sendo este o caso, o restante deste capítulo examina a prescrição de exercício aeróbio da perspectiva de um atleta de resistência aeróbia e considera como esses programas se aplicam às necessidades do atleta que precisa de programa de treinamento tanto anaeróbio quanto aeróbio. É importante para profissionais do condicionamento físico entender isso para que eles também identifiquem quais atletas de resistência aeróbia estão indo adiante com seus treinamentos antes de adicionar um programa de força.

Embora nós entendamos a importância do exercício aeróbio para atletas de resistência aeróbia, nós devemos avaliar novamente seu papel para atletas de esportes que não envolvam esse tipo de resistência aeróbia.

FATORES QUE INFLUENCIAM O RENDIMENTO EM EXERCÍCIOS AERÓBIOS

Entender os fatores que influenciam o rendimento em exercícios aeróbios é importante para ajudar tanto na seleção de atletas quanto no planejamento de programas de treinamento de resistência aeróbia. Uma série de fatores influencia o rendimento aeróbio. Estes incluem:

1. Consumo máximo de oxigênio
2. Limiar de lactato
3. Utilização de substrato
4. Características do tipo de fibra
5. Economia de movimento

O **consumo máximo de oxigênio** refere-se à taxa máxima na qual um indivíduo pode consumir oxigênio. Essa variável é limitada pelo débito cardíaco, pela função pulmonar e pelo metabolismo celular (3). O consumo máximo de oxigênio relativo em mulheres ciclistas (i.e, mililitros por quilograma por minuto) contribui para uma parte significativa do rendimento em uma prova de ciclismo (20). Os resultados de estudos como este devem ser interpretados com cuidado, pois eles não observam fatores suficientes para determinar se outros aspectos poderiam ter uma contribuição mais significativa para o rendimento. Por exemplo, as únicas outras variáveis estudadas foram ventilação minuto, freqüência cardíaca, ventilação minuto dividida pelo consumo máximo de oxigênio e freqüência cardíaca dividida pelo consumo máximo de oxigênio. Como mostram os próximos parágrafos, outros fatores podem ter impacto significativo sobre o rendimento da resistência aeróbia.

O **limiar de lactato** refere-se ao percentual do consumo máximo de oxigênio no qual o lactato sangüíneo aumenta acima dos valores de repouso. Isto é algumas vezes referido como início do acúmulo de lactato (OBLA)*. Em um estudo, dois grupos de ciclistas foram comparados (5). Um grupo (grupo H) teve uma média de consumo máximo de oxigênio de aproximadamente 68 mL/kg/min e cinco anos de experiência com ciclismo. O segundo grupo (grupo L) teve uma média de consumo máximo de oxigênio de aproximadamente 66 mL/kg/min e quase três anos de experiência com ciclismo. Ambos os grupos se exercitaram a 88% do consumo máximo de oxigênio e o tempo até a fadiga e o acúmulo de lactato foi determinado. Os investigadores constataram que o grupo H se exercitou por mais de uma hora (em média), enquanto o grupo L se exercitou apenas por 30 minutos. O grupo L acumulou duas vezes mais lactato do que o grupo H. Em outras palavras, como o consumo máximo de oxigênio foi similar entre os dois grupos, outros fatores, um dos quais pode ter sido o acúmulo de ácido lático, influenciaram o rendimento de resistência aeróbia.

A habilidade para usar substrato eficientemente pode ter um grande impacto sobre o rendimento de resistência aeróbia. No mesmo estudo mencionado acima (5), a utilização do glicogênio foi comparada com os sujeitos realizando exercícios a 80% do consumo máximo de oxigênio. O grupo L oxidou duas vezes mais carboidrato do que o grupo H, além de ter utilizado mais do que o dobro de glicogênio por quilograma. Em outras palavras, o grupo com melhor rendimento (grupo H) preservou seus estoques de glicogênio durante o exercício, permitindo assim que se exercitasse por mais tempo e em uma maior intensidade.

O tipo de fibra muscular também influencia o rendimento da resistência aeróbia. Teoricamente, indivíduos com um maior percentual de fibras musculares do

* N. de R. T. Da sigla inglesa, *onset of blood lactate*.

tipo I rendem melhor em tarefas de resistência aeróbia. O grupo com melhor rendimento (5) apresentou uma média de aproximadamente 66% de fibras do tipo I, enquanto o grupo com menor rendimento apresentou aproximadamente 47%.

Por fim, a economia com a qual uma pessoa se exercita afeta o rendimento. Essa economia refere-se à habilidade de realizar exercícios de resistência aeróbia. Aquele que pode realizar os exercícios mais eficientemente pode preservar energia e se locomover mais rápido do que aquele que não pode.

A resistência aeróbia é afetada pelo consumo máximo de oxigênio, pelo limiar de lactato, pela utilização de substrato, pelo tipo de fibra muscular e pela economia de movimento.

MODELOS DE TREINAMENTO AERÓBIO

Assim como com outras formas de exercício (p. ex., treinamento de força, pliométrico, de agilidade, de velocidade, etc.), existem muitas opiniões sobre como treinar a resistência aeróbia e que tipo de exercício usar. Da mesma forma como com os outros tipos de exercício, muita confusão é gerada em função da falta de padronização de termos, da falta de suporte científico para sustentar algumas formas de treinamento e do preconceito dos treinadores. Este capítulo tenta esclarecer algumas confusões, agrupando as diferentes formas de treinamento aeróbio em categorias e explicando as vantagens e desvantagens de cada.

A falta de padronização de termos e, de suporte científico e o preconceito dos treinadores podem dificultar o entendimento de diferentes tipos de treinamento aeróbio.

Diversos modelos de treinamento de resistência são considerados neste capítulo:

1. Treinamento contínuo
2. Treinamento *fartlek*
3. Treinamento intervalado
4. Repetições

Treinamento contínuo

O **treinamento contínuo** é elaborado para aumentar a base, o consumo máximo de oxigênio e a capacidade de respiração tecidual do atleta de resistência aeróbia (2,3). É também conhecido como treinamento longo, treinamento lento de distância, treinamento de distância superior e treinamento de limiar aeróbio (1,2). Tipicamente, o treinamento contínuo dura de 30 minutos a duas horas em ritmo constante (baixa inten-

APLICAÇÃO NA REALIDADE

Treinamento de força e atletas de resistência aeróbia

O treinamento de força, sem dúvida, é importante para atletas de resistência aeróbia. Ele pode ajudar a prevenir lesões fortalecendo músculos e articulações que tendem a lesar-se. Por exemplo, ele pode ajudar a corrigir os desequilíbrios de força nos joelhos de um corredor ou nos ombros de um nadador. Também pode ajudar a melhorar a habilidade do atleta em aplicar força. Mesmo quando atletas de resistência aeróbia estão dando muitas passadas com impacto durante uma corrida, um atleta que pode gerar mais força ainda terá a habilidade de se deslocar mais rápido do que os outros.

Existem inúmeras recomendações para treinamento de força e atletas de resistência aeróbia:

1. Mantenha uma perspectiva. Atletas de resistência aeróbia não são atletas de força ou de potência. Eles não podem tolerar grandes volumes e intensidades de treinamento de força combinados com o treinamento de resistência aeróbia; isso pode levar ao sobretreinamento e a lesões. O treinamento de força demasiadamente intenso também pode ser contraprodutivo de outra forma; adicionar muita massa muscular em um atleta de resistência aeróbia afetará negativamente sua economia de movimento, limitando dessa forma o evento de resistência aeróbia.
2. Treinamento de força não tem o significado de treinamento com pesos. Uma vez que o foco não é o aumento drástico da força máxima ou de hipertrofia, o treinamento de força pode ser feito de diversas formas, inclusive na sala de musculação, por meio de calistenia e com *medicine ball* ou outros acessórios.
3. Mantenha os estresses do treinamento de resistência aeróbia do atleta em mente. Se o treinamento de resistência aeróbia do atleta estressa uma dada articulação (p. ex., o efeito do impacto da corrida sobre os joelhos), o treinamento de força não deve agravar isto.
4. O treinamento de força é uma terrível ferramenta para o treinamento do consumo máximo de oxigênio; ele não realiza um bom trabalho para melhorar o metabolismo aeróbio. No entanto, ele realiza um excelente trabalho melhorando o metabolismo anaeróbio e a tolerância anaeróbia. Ajustes no tamanho das séries e nos intervalos de recuperação podem ser uma boa forma para acentuar essas vias metabólicas.

sidade ao invés de ritmo de corrida), geralmente entre 60 e 70% do consumo máximo de oxigênio (1,8,19). Alguns treinadores recomendam basear-se no treinamento de competições de distância. O treinamento de distâncias superiores tem sido recomendado para que o atleta suporte entre duas e cinco vezes as competições de distância (17). Esse modelo pode ser funcional para atletas de 800 a 5.000 m, mas pode ser mais difícil para um maratonista.

Alguns especialistas recomendam uma pequena variação do treinamento contínuo (1). O método inclui um modelo similar ao treinamento intervalado, porém usando maiores intervalos de trabalho (veja abaixo mais detalhes sobre o treinamento intervalado). Repetições com duração entre 10 minutos e duas horas são recomendadas. Cada repetição é realizada entre uma e seis vezes a aproximadamente 60% do consumo máximo de oxigênio, com um a dois minutos de recuperação entre as repetições.

Existe uma discussão sobre a utilidade do treinamento contínuo para o atleta de resistência aeróbia. Em um estudo, sete semanas de treinamento em *steady-state* (21) melhoraram o consumo máximo de oxigênio de corredores em uma média de 5 mL/kg/min, melhoraram o rendimento de corrida de 3,22 km em uma média de apenas um minuto, melhoraram em aproximadamente seis minutos o tempo de 10 km e melhoraram a potência anaeróbia em torno de 0,5 W/kg de peso corporal. As desvantagens desse modelo podem ser a perda de especificidade, já que ele poderia ensinar o atleta a ser lento e não desenvolver um senso de ritmo de corrida e expor o atleta a lesões por uso excessivo (*overuse*) (2,3).

O treinamento contínuo pode levar à perda da especificidade e pode levar o atleta a lesões por uso excessivo, mas parece aumentar o consumo máximo de oxigênio e potencializar o rendimento de atletas de resistência aeróbia.

O treinamento contínuo não é o único tipo de treinamento usado para construir a base de resistência aeróbia e aumentar o consumo máximo de oxigênio de um atleta. Um outro modelo popular é o treinamento *fartlek*.

Treinamento *fartlek*

O **treinamento *fartlek***, freqüentemente chamado de "jogo de velocidade", tem sido o principal suporte do treinamento de resistência por décadas. Refere-se a um treinamento estruturado de forma livre e geralmente realizado em trilhas *cross-country*. O corredor alterna entre velocidade, corrida intensa e recuperações em baixa velocidade, geralmente permitindo que o terreno dite a intensidade. Por exemplo, um corredor pode trotar na primeira subida, imprimir velocidade, trotar, correr em ritmo de corrida por alguns minutos, etc. Teoricamente, o *fartlek* proporciona as vantagens do treinamento intervalado sem o tédio de realizar voltas em uma pista ou os riscos de trabalho intenso em superfícies duras (2,8). Ele também pode ser uma forma específica para desenvolver reforço para a corrida, especialmente no tornozelo e na tíbia, à medida que o atleta deve suportar superfícies irregulares encontradas no terreno *cross-country* (8). Um aspecto negativo do treinamento *fartlek* é a dificuldade de prescrever freqüência cardíaca específica e/ou intensidades de exercício com esse modelo.

Nem todos concordam que o treinamento *fartlek* deve ser livremente estruturado. Um pesquisador, de maneira irrisória, refere-se à forma como o *fartlek* é tradicionalmente realizado como "vá como se sentir melhor e corra como você gosta", indicando que a forma como ele é tipicamente praticado pode não permitir que ele seja tão efetivo quanto poderia ser. O pesquisador recomenda que o treinamento *fartlek* seja intenso, contínuo e estruturado (p. ex., corra por um minuto em velocidade de corrida e depois realize um trote de recuperação por um minuto, repita 25 vezes) (7).

Teoricamente, o treinamento fartlek *promove os benefícios do treinamento intervalado sem algumas desvantagens. No entanto, ele pode ser desestruturado, no entanto, para maximizar os ganhos de um treino. À medida que cresce o conhecimento na área do treinamento e condicionamento, mais evidências com base em pesquisa são disponibilizadas para serem usadas na prescrição de programas de treinamento* fartlek *específico para cada esporte.*

Embora os treinamentos *fartlek* e contínuo possam ser úteis para melhorar a base de resistência aeróbia dos atletas, eles podem não permitir uma intensidade de exercício elevada o suficiente para conseguir melhorar o metabolismo anaeróbio, o consumo máximo de oxigênio e o ritmo de corrida. O treinamento intervalado pode ser uma ferramenta útil para contemplar esses componentes.

Treinamento intervalado

O **treinamento intervalado** permite que uma grande quantidade de exercícios exaustivos seja executada (17). Um aumento no trabalho total em um determinado período de tempo pode ser obtido como resultado de um programa de treinamento intervalado bem-estruturado. Ele apresenta uma série de benefícios para o atleta de resistência aeróbia. Primeiro, ele ensina o ritmo de corrida (3). Segundo, dependendo de como as variáveis são manipuladas, ele pode melhorar o metabolismo anaeróbio (3,12,17,18). Finalmente, ele pode acentuar o consumo máximo de oxigênio (3,12,18).

Estudos realizados com ciclistas altamente treinados demonstram que o programa de treinamento intervalado melhora o tempo de desempenho nos 10 km contra-relógio, o consumo máximo de oxigênio, o pico de potência, o tempo até a exaustão a 150% do pico de potência e a capacidade de tamponamento (15, 16, 25). O treinamento intervalado também melhora a velocidade de corrida no consumo máximo de oxigênio e o tempo de corrida em corredores de meia distância (23).

Diversas variáveis podem ser manipuladas durante o treinamento intervalado (17):

- A intensidade do exercício
- A duração do intervalo do exercício
- O tamanho da recuperação
- O número de repetições do intervalo de recuperação do exercício

INTENSIDADE DO EXERCÍCIO

Obviamente, a intensidade do exercício intervalado afetará o volume total de trabalho. Ela também afetará o resto dos treinamentos na semana (p. ex., sessões de exercício mais intensas necessitarão de mais dias de recuperação ou de esforço reduzido). O treinamento intervalado intenso pode resultar em uma dramática redução na concentração de glicogênio muscular, um aumento na concentração de lactato muscular e queda do pH. Em um estudo, sete ciclistas altamente treinados (média do consumo máximo de oxigênio de 5,14 L/min) realizaram oito intervalos em um ergômetro (24). Cada intervalo durou cinco minutos, foi realizado a 86% do consumo máximo de oxigênio e foi seguido de 60 segundos de recuperação ativa. Após o último intervalo, a concentração de glicogênio muscular de repouso tinha diminuído mais de 50%. O lactato muscular tinha aumentado em torno de 500% e o pH estava notavelmente reduzido (24).

Recomendações para a intensidade de uma sessão intervalada variam. Alguns autores usam o consumo máximo de oxigênio como determinante da intensidade do exercício. Eles recomendam qualquer intensidade entre 75% e 90% do consumo máximo de oxigênio (9,22). Além da grande variabilidade de intensidades de exercício sugeridas, a outra desvantagem deste modelo é que o consumo máximo de oxigênio (e ritmo de corrida, pedalada ou nado) do atleta deve ser conhecido. Embora útil, isso pode não ser prático ou possível em cada situação do treinamento físico.

A distância entre o intervalo a ser percorrido e o melhor tempo do atleta para aquele intervalo de distância representam uma outra forma, talvez mais prática, para determinar a intensidade do intervalo. Por exemplo, as recomendações de treinamento intervalado são determinadas pelo melhor tempo em que se percorre uma dada distância (17). Se os intervalos são realizados em 180 m, pode-se adicionar entre 1,5 e 5 segundos ao melhor tempo dessa distância e percorrer os intervalos com o novo tempo. Esta pode ser uma alternativa mais prática para determinar as intensidades dos intervalos do que se baseando no consumo máximo de oxigênio.

DURAÇÃO DO EXERCÍCIO INTERVALADO

A duração do exercício intervalado será determinada pelos objetivos do treinamento e, algumas vezes, pela distância a ser percorrida na prova. O treinamento intervalado pode ser organizado visando a sistemas de energia específicos (2,12,17). Nós sabemos que os primeiros seis segundos de exercício serão sustentados primariamente por ATP e CP. Aos dois minutos, o exercício será sustentado pelo glicogênio e, se o exercício for intenso o suficiente, ácido lático será produzido. Após dois ou três minutos de exercício, o oxigênio será usado para quebrar glicogênio e outros combustíveis para a produção de energia.

Além dos consensos sobre magnitude do tempo, a duração dos intervalos também pode ter como base as distâncias a serem percorridas na corrida. Uma recomendação é realizar intervalos por um quarto da distância da corrida, com a recuperação com base no sistema de energia que o atleta deseja treinar (2). Deve-se ter cuidado com essa recomendação, pois isso seria útil para um corredor de 800 m, mas não para atletas de resistência aeróbia de longa duração.

TEMPO DE RECUPERAÇÃO

Se a duração do intervalo pode afetar o sistema de energia que está sendo treinado, a duração da recuperação pode afetar como o sistema de energia é treinado e como ele se adapta. Por exemplo, se o objetivo for aumentar a tolerância do atleta ao ácido lático, os intervalos teriam duração de dois a três minutos, não permitindo ao atleta longos períodos de recuperação. Isso resultaria em acúmulo de ácido lático nos músculos. Se, no entanto, o objetivo for acentuar a habilidade dos atletas em remover ácido lático, intervalos intensos com duração de dois ou três minutos ainda seriam usados, mas a recuperação completa entre os intervalos seria permitida.

Os tempos de recuperação devem também ser determinados pela intensidade do exercício. Algumas recomendações duplicam o volume de tempo de recuperação entre os intervalos movendo de uma intensidade de 80% do consumo máximo de oxigênio para 90% (de 90 a 120 segundos para 120 a 300 segundos) (22). A menos que o objetivo seja acostumar o atleta a render com elevados níveis de ácido lático, os tempos de recuperação devem ser aumentados à medida que a intensidade aumenta.

Pergunta e resposta da área

A universidade tem tido uma excelente equipe de cross-country nos últimos anos. Recentemente eu fui encarregado de programar seus treinamentos. Eu sei como incorporar os diferentes tipos de treinamento de resistência aeróbia, mas estou tendo dificuldade em equilibrar os dias de treinamento pesados e leves. Como posso determinar isso?

–Treinador assistente da graduação

Este pode ser um tópico confuso para qualquer profissional da preparação física. Primeiro, determine quando serão as competições; isso ditará o calendário de treinamentos. O período em torno da competição será a sua fase de competição. Esse período envolverá o treinamento mais intenso. O período restante será dividido entre preparação e pré-competição. A fase pré-competição geralmente dura quatro semanas e consiste em treinamento de intensidade progressiva. A preparação deve idealmente contemplar o volume de treinamento, com intensidades baixas e moderadas (a intensidade deve aumentar ao longo do tempo).

Uma vez que o esboço do calendário esteja definido, divida cada fase em ciclos de quatro semanas. A forma mais fácil para fazer isso é ter um modelo 3:1 (p. ex., a intensidade aumenta nas primeiras três semanas, depois a semana 4 é uma semana de recuperação). Isso significa que a semana 2 é mais difícil do que a semana 1, a semana 3 é mais difícil do que a semana 2 e a semana 4 é menos difícil do que a semana 2 (embora um pouco mais difícil do que a semana 1).

Dentro de um ciclo de quatro semanas, decida os níveis de intensidade para cada semana. Eles podem ser de alta intensidade (p. ex., três picos), média intensidade (p. ex., dois picos), ou baixa intensidade (p. ex., um pico) de trabalho. Lembre-se que uma corrida sempre conta como um pico. Em geral, as semanas na fase de competição consistirão de semanas de alta intensidade; o resto do tempo de treinamento (preparação e pré-competição) consistirá primariamente em semanas de baixa e média intensidades, com poucas semanas de alta intensidade sendo empregadas.

Uma vez que você tenha determinado quantos picos uma semana terá, organize a semana de treinamento em torno dos picos como descrito na Figura 14.1 (ver p. 324).

Em resumo, existem muitos passos para ajudar a determinar como equilibrar os dias difíceis e fáceis:

1. Determinar quando serão as competições.
2. Dividir o calendário em competição, pré-competição e fase de preparação.
3. Quebrar cada fase em ciclos de quatro semanas.
4. Decidir a intensidade de cada semana dentro do ciclo de quatro semanas.

Distribua os picos de acordo com as recomendações descritas neste capítulo.

NÚMERO DE REPETIÇÕES

Existe uma série de modelos para calcular o número de repetições (ou volume total) das sessões de exercício intervalado. O volume de exercícios pode se basear no comprimento de distância competitiva do atleta, com o volume de exercícios entre uma e três vezes a distância da competição (2). Por exemplo, um corredor de 800 m realizaria entre 800 e 2.400 m de intervalos em uma sessão. Deve-se tomar cuidado com tal recomendação, uma vez que ela não servirá muito bem para um maratonista.

Um segundo método baseia o volume na intensidade em que os intervalos serão realizados. À medida que a intensidade aumenta, o volume total de exercícios diminui. Por exemplo, tem sido recomendada a redução de volume de intervalos de 2.000 m de 12.000 a 16.000 m para 6.000 nos 12.000 m por exercício quando a intensidade aumenta para mais de 85%.

Um método final é a determinação do volume pela fadiga. Usando-se esse método, é recomendado que os intervalos sejam percorridos até que a freqüência cardíaca do atleta seja maior do que 120 batimentos por minuto após dois minutos de recuperação (9). Isso é simples, uma forma prática para determinar o volume do exercício, mas falha ao levar em consideração a idade, as respostas de freqüência cardíaca dos indivíduos ao exercício, etc.

Ao iniciar um treinamento intervalado, lembre-se de que a demanda é extrema para o atleta e ele precisará uma base de condicionamento antes de iniciar. Ingressar nesse tipo de treinamento antes de a forma de corrida do atleta ser consistente, a base de resistência aeróbia ser construída e os tecidos conectivos e musculoesqueléticos estarem prontos é induzir à lesão.

O treinamento intervalado parece ser uma forma efetiva de atingir as deficiências, mas demanda muito do atleta e requer uma base de condicionamento antes que essa atividade de treinamento seja iniciada.

Como descrito, o treinamento intervalado pode não ser difícil o suficiente para atingir as necessidades de resistência aeróbia do atleta. Quando grande intensidade é desejada, repetições são usadas.

Repetições

As repetições são uma versão mais intensa do treinamento intervalado. As repetições são realizadas em um ritmo mais rápido com recuperação completa entre as sessões (2). Elas são elaboradas para o aumento da velocidade bem como da capacidade e tolerância do metabolismo anaeróbio. Geralmente as repetições são definidas na literatura como sendo de alta intensidade, 90% do consumo máximo de oxigênio e acima, com recuperação completa entre as repetições (2,22).

Elas são geralmente realizadas em sessões de 30 a 90 segundos, com uma taxa de trabalho/repouso de 1:5. Por exemplo, se um atleta realiza uma sessão de 30 segundos a 90% do consumo máximo de oxigênio, ele realizaria depois uma recuperação ativa de 150 segundos. O modelo de exercício recém descrito seria ideal para ciclistas, nadadores, atletas amadores de resistência aeróbia e outros atletas que necessitam desse tipo de trabalho.

Recomendações mais concretas sobre repetições e treinamento para corredores de distância podem ser usadas (22). Corredores de meia distância devem realizar repetições com um volume total entre 2/3 e 1 1/2 vezes o comprimento das distâncias de corrida. Por exemplo, um corredor de 5 km deve ter um volume total de repetições entre 3.300 e 7.500 m por sessão de exercício. Corredores de longa distância devem cobrir um décimo, um quinto ou um terço da distância total de corrida em cada repetição de exercício. Os tempos de recuperação ficariam entre cinco e 30 minutos (22).

Agora que nós revisamos os diferentes modelos de treinamento usados com atletas de resistência aeróbia, podemos considerar como diferentes modelos atuam juntos para o treinamento de um atleta.

ORGANIZANDO O TREINAMENTO AERÓBIO

O restante deste capítulo fornece os princípios básicos para ajudar no processo de elaboração do programa. Por isso, ele oferece amostras de programas de treinamento para ilustrar a aplicação dos princípios, como o seguinte:

1. Aqueça-se apropriadamente (ver Capítulo 9). Aquecer é importante para reduzir os riscos de lesão e para maximizar o rendimento. Recentemente, métodos de aquecimento têm sido reavaliados por profissionais da preparação física. No passado, um atleta de resistência aeróbia iniciaria lentamente por cinco ou 10 minutos, produzindo pouco suor, depois alongando por mais cinco ou 10 minutos, iniciando então o exercício, gradualmente ganhando velocidade e intensidade. Embora iniciar de forma lenta pelos primeiros cinco ou 10 minutos seja importante (isso direciona o sangue para os músculos, aquece as articulações para serem treinadas e aumenta gradualmente a freqüência cardíaca), hoje o pensamento é que o alongamento estático realizado antes do exercício é contraprodutivo (4,11). Uma opção é realizar exercícios de flexibilidade específicos da atividade de forma ativa (como movimentar a perna, exercícios de elevação do joelho, etc.) por 20 ou 30 minutos antes da atividade principal. Esses exercícios treinam os músculos e as articulações de forma similar ao seu uso no exercício, direcionam mais sangue para as articulações, elevam a temperatura, etc. (4). Os exercícios podem se tornar gradualmente mais rápidos e mais intensos à medida que o atleta progride ao longo do aquecimento, permitindo que iniciem em velocidade total. Um exemplo de aquecimento para corredor é oferecido na Tabela 14.1.
2. Equilibre os dias difíceis e fáceis. Muitos autores recomendam alternar dias fáceis e difíceis (2,3,6), o que obviamente será complicado se existir uma competição durante a semana. Os dois dias que antecedem a competição devem ser de baixa intensidade (6). Dias de treinamento de baixa intensidade são compostos por 30 ou 40 minutos de exercícios de baixa intensidade (9). Uma outra possibilidade é começar a semana de treinamento com exercícios de baixa intensidade, usando o seguinte esquema, dependendo do número de exercícios de alta intensidade (1) (há amostras gráficas na Fig. 14.1; observe que estas são semanas sem competição):
   a. Um exercício intenso por semana: Isso deve ser programado para o meio da semana (p. ex., quarta ou quinta-feira).
   b. Dois exercícios intensos por semana: Separe os exercícios intensos com um ou dois dias menos intensos entre as sessões.
   c. Três exercícios intensos por semana: Separe as sessões de exercício intenso com dias de baixa intensidade (p. ex., alta intensidade na terça, quinta e sábado, etc.).
3. Estabeleça uma base de condicionamento primeiro. Muitos programas de resistência aeróbia enfatizam o treinamento contínuo e o treinamento *fartlek* na primeira parte do ano de treinamento. O objetivo disso é proporcionar chance para que as articulações, os músculos e o esqueleto se adap-

TABELA 14.1 Exemplo de aquecimento para um corredor

Exercício	Repetição/duração	Séries	Repouso
Corrida leve	800 m	1	Caminhada de recuperação
Movimentos de perna para a frente e para trás	10 cada perna	2	Trote de 20 m após cada série
Movimentos de perna para os lados	10 cada perna	2	Trote de 20 m após cada série
Movimentos circulares no quadril	10 cada perna	2	Trote de 20 m após cada série
*Abdominal Flexor (unilateral)	10 cada perna	2	Trote de 20 m após cada série
Abdominal Infra (unilateral)	10 cada perna	2	Trote de 20 m após cada série
Passadas para a frente	20 m	2	Trote de 20 m após cada série
Passadas para trás	20 m	2	Tiro de velocidade de 20 m após cada série
#Caminhada em Apoio	20 m	2	Tiro de velocidade de 20 m após cada série
Caminhada com os joelhos elevados	20 m	2	Tiro de velocidade de 20 m após cada série
Saltitos com elevação do joelho	20 m	2	Tiro de velocidade de 20 m após cada série
Corrida com diferentes comprimentos de passada	Tiros de velocidade de 20m, série de recuperação a 80% do comprimento de passada inicial na marca de 20m, realizar o exercício por 40-60m	2	Caminhada de recuperação

*O abdominal Flexor é realizado com o atleta deitado em posição supina, braços alongados ao lado. Mantendo a perna direita estendida, o atleta tenta elevá-la cruzando o corpo até tocar na mão esquerda. Deve ser repetido com a perna esquerda. Repita o número desejado de execuções.
#A caminhada em Apoio inicia na posição de apoio. O atleta manterá as pernas retas enquanto tenta caminhar em direção às mãos, e deve colocar as mãos adiante até ficar novamente na posição de apoio. Repita até cobrir a distância necessária.

tem ao treinamento, bem como desenvolver o sistema cardiovascular do atleta (1,3,6). O volume de treinamento deve ser aumentado não mais do que 5% a 10% por semana (6). Qualquer aumento mais significativo pode resultar em lesões por uso repetido e *burnout*, e menos significativo pode não promover máximo desenvolvimento fisiológico. Por exemplo, um atleta que corre um volume semanal total de 50 km/semana na primeira semana de treinamento, deve passar para apenas 52,5 a 55 km/semana na segunda semana.

4. Determine os pontos fracos e treine-os. Como em todos os outros esportes, uma vez que a base de condicionamento tenha sido estabelecida, é importante determinar o que está limitando o rendimento do atleta e focar nisso durante o treino. Por exemplo, intervalos podem ser usados para acostumar o atleta a tolerar o ácido lático ou a se recuperar da acidose. O treinamento contínuo pode ser modificado para ajudar a retardar o ponto onde o acúmulo de ácido lático começa a exceder a sua remoção. Para completar, faça o atleta treinar por 20 ou 30 minutos no seu limiar de lactato. Algumas vezes, esse tipo de treinamento é chamado "treinamento de tempo".
5. Para atletas de resistência aeróbia somente, não despreze o treino de força. O treinamento de força é geralmente desprezado pelos atletas de resistência aeróbia. De forma curiosa, ele é importante para prevenir lesões e para melhorar a habilidade de executar força. O treinamento de força não tem de ser todo realizado em salas de musculação; pode ser executado de forma calistênica, com corrida *cross-country*, corrida em aclives, etc.

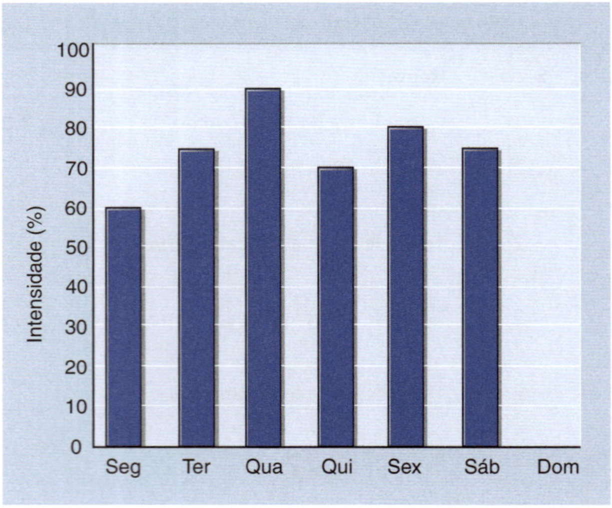

A

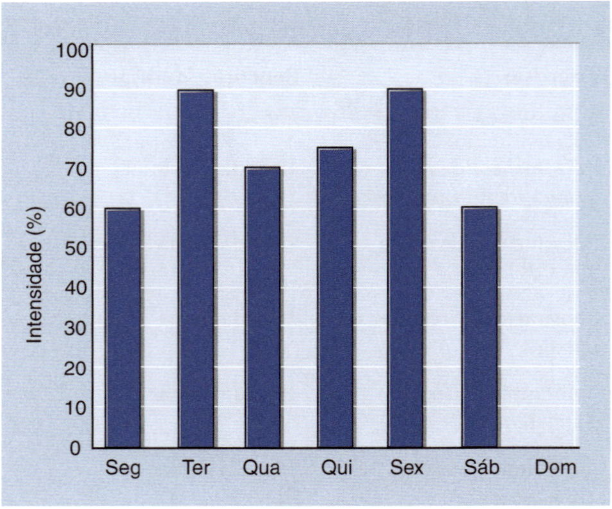

B

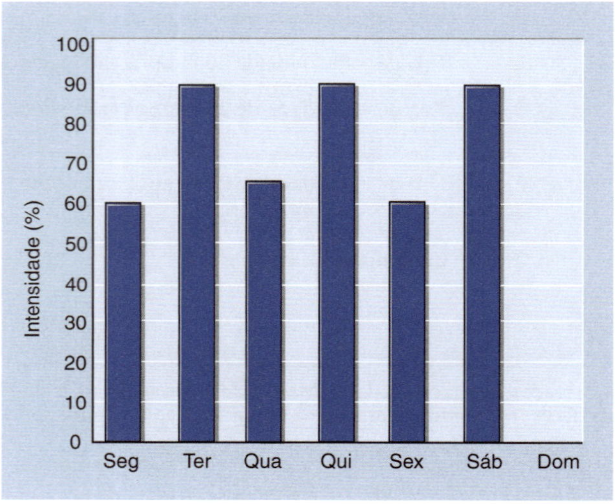

C

FIGURA 14.1 Exemplos de exercícios com diferentes números de picos. **A**. Semana com um pico. **B**. Semana com dois picos. **C.** Semana com três picos.

Ao desenhar um programa de treinamento aeróbio, tenha em mente os seguintes fatores: aquecimento apropriado, equilíbrio entre os dias difíceis e fáceis, estabelecer uma base de condicionamento primeiro, determinar os pontos fracos e depois treiná-los e não desprezar alguns tipos de treinamento de força.

Embora existam pesquisas mostrando que cada tipo de treinamento de resistência aeróbia é efetivo, muitas delas referem-se a um tipo de treinamento. Por exemplo, os estudos citados acima examinando o treinamento intervalado (15,16,23,25) demonstram que ele é efetivo. Este, no entanto, foi o único tipo de treinamento estudado; ou seja, não foi comparado com outros tipos de treinamento. Por exemplo, o treinamento intervalado é mais ou menos efetivo do que o treinamento contínuo para desenvolver o consumo de oxigênio? Esta é a maior limitação das pesquisas sobre tipos de treinamento de resistência aeróbia.

Além de não estar claro se tipos específicos de treinamentos são mais efetivos do que outros, existe pouca pesquisa sobre como o treinamento deve ser combinado, equilibrado e cronometrado. Isso torna difícil a combinação de programas de treinamento de resistência aeróbia cientificamente.

O efeito de diferentes tipos de treinamento sobre o rendimento de corredores universitários de *cross-country* foi avaliado (14). O estudo avaliou o treino de 14 equipes da primeira divisão de *cross-country* classificadas para o campeonato nacional de *cross-country* NCAA e 16 equipes da primeira divisão que não se classificaram. O treinamento foi dividido em três fases; de maio a agosto (transição), de agosto a outubro (competição) e novembro (pico). O campeonato era em novembro.

As formas de treinamento de resistência aeróbia foram divididas em intervalo, tempo, repetição, aclive e *fartlek*. Observe que as formas têm pequenas diferenças de definições em comparação às que foram descritas neste capítulo (14).

Na fase de transição, aqueles times que se classificaram para o campeonato tiveram mais dias de repouso e usaram mais treinamento cruzado do que aqueles que não se classificaram. Em média, a corrida mais longa da semana foi de 3,2 km a mais para os desclassificados do que para os classificados. Eles também encontraram uma correlação positiva entre o rendimento no tempo de corrida, as repetições, os intervalos, o *fartlek* com o treinamento de duas vezes por semana e o rendimento da equipe (i.e., quanto mais formas foram usadas, mais lenta foi a média de tempo de 10 km) (14).

Durante a fase de competição, as equipes classificadas realizaram mais corridas de velocidade e tiveram mais quilometragem do que os times desclassificados. Uma correlação positiva foi encontrada entre a média do tempo da equipe com os intervalos de corrida e a média do tempo da equipe com o treinamento *fartlek* durante a fase de competição. Quanto mais o treinamento *fartlek* foi usado, mais lenta foi a média de tempo de 10 km da equipe (14).

Durante a fase de pico, quanto mais intervalos uma equipe usou, mais alta foi a sua colocação (14). Esses resultados podem ser limitados porque eles baseiam-se em relatórios de vários treinadores. Esses relatórios podem, ou não, ter refletido com precisão o que realmente foi feito no treino.

Esse estudo sugere uma série de possibilidades interessantes para uma equipe universitária de *cross-country* que se prepara para o campeonato nacional NCAA de novembro. Primeiro, o uso extensivo de intervalos durante as fases de transição e competição pode ser demasiadamente intenso. Segundo, o treinamento *fartlek* pode não ser estruturado e difícil o suficiente para produzir adaptações ao treinamento. Por fim, o treinamento em dois turnos, ou pelo menos quantidades excessivas de treinamento, pode resultar em sobretreinamento, o que pode ter impacto negativo no rendimento.

O estudo acima tem implicações para um treinador de *cross-country*, mas a aplicação para outras situações é limitada. No entanto, o estudo demonstrou que esse tipo de pesquisa é possível e poderia ser feito em outras situações esportivas.

O restante deste capítulo envolve uma amostra de programa de treinamento para *cross-country*, usando as recomendações deste capítulo, para um corredor de 10 km. A temporada de *cross-country* pode ser dividida nas seguintes fases:

1. Preparação geral: junho (4 semanas)
2. Preparação especial: julho (4 semanas)
3. Pré-competição: agosto (4 semanas)
4. Competição: de setembro até novembro (10 semanas)

Fase de preparação geral

Durante essa fase, como o atleta deve desenvolver sua base de condicionamento, o foco será o treinamento contínuo. Para o propósito deste capítulo, a fase de preparação geral consistirá em semanas com um único pico (quarta-feira). Durante essa fase, o pico será a corrida mais longa da semana, que será duas vezes a distância de competição na primeira semana de treinamento. A sexta-feira consistirá em uma sessão estruturada de treinamento *fartlek*. O trabalho de força será realizado nas terças e sábados. O volume de treino aumentará em 5% da primeira para a segunda semana e posteriormente em 7,5% da segunda para a terceira. A Tabela 14.2 fornece uma amostra de trabalho semanal de uma fase de preparação geral de treinamento.

A Figura 14.2 mostra um exemplo de como este programa ocorreria durante um período de quatro semanas. Observe que o volume aumenta durante as primeiras três semanas e diminui durante a quarta semana para proporcionar recuperação ao atleta.

TABELA 14.2 Exemplo de um treinamento semanal durante a fase de preparação geral

Dia da semana	Sessão de treinamento
Segunda	10.000 m de corrida, esforço equivalente à 60%
Terça	Manhã: 5.000 m de corrida, esforço equivalente à 70% Tarde: Treinamento de força
Quarta	20.000 m de corrida, esforço equivalente a 60%
Quinta	Manhã: 5.000 m de corrida, esforço equivalente à 60% Tarde: Treinamento em aclive, 10 esforços de 30 segundos, 1 minuto de recuperação
Sexta	*Fartlet* estruturado: 15 corridas de 400 m com passadas em velocidade envolvida, 200 m de corrida leve para recuperação.
Sábado	Circuito com exercícios calistênicos/ *medicine ball*
Domingo	Repouso

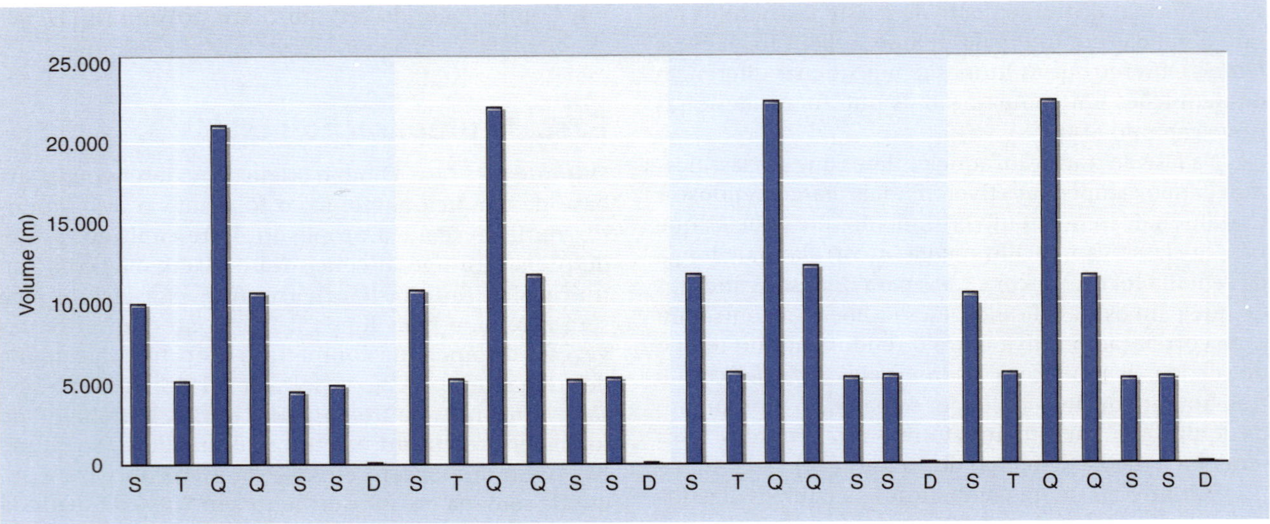

FIGURA 14.2 Fase de preparação geral. Volume de corrida em metros ao longo de quatro semanas.

Fase de preparação especial

A fase de preparação especial continuará aumentando o volume. Trabalhos mais especializados começarão a ser empregados no treinamento. O treinamento será reorganizado em torno de dois picos por semana; terça-feira será o dia de longa distância (embora o volume não passe de 22.600 m do pico atingido na fase de preparação geral). Segunda e sábado serão os dias de treinamento de baixa intensidade. Sexta incluirá uma sessão de treinamento intervalado (sexta é o segundo pico). Observe que as intensidades dos trabalhos contínuos serão aumentadas se comparadas à fase de preparação geral. A tabela 14.3 apresenta uma amostra de uma semana de treinamento na fase de preparação especial.

Os trabalhos de preparação especial continuarão a seguir uma regra de aumento de volume de 5% a 10%. Entre a primeira e segunda semanas, o volume aumentará em 5%. Entre as semanas 2 e 3, o volume aumentará em 7,5%. A quarta semana servirá novamente como uma semana de recuperação. Observe que a distância de corrida na terça nunca excederá 22.600 m.

Fase pré-competição

Agora que a base do atleta foi estabelecida, o treinamento pré-competição será utilizado para corrigir as deficiências. O treinamento intervalado pode ser utilizado mais extensivamente, enquanto o treinamento contínuo é usado para a recuperação e para manter a resistência aeróbia. O treinamento contínuo mais especializado (p. ex., no ponto onde o acúmulo de lactato começa a exceder a remoção) pode ser realizado dependendo da necessidade.

Os trabalhos nessa fase envolverão em torno de três picos: terça (intervalados), quinta (intervalados) e sábado (treinamento contínuo especializado). Segunda, quarta e sexta serão os dias de menos esforço. A tabela 14.4 apresenta uma amostra de trabalhos para essa fase.

Assim como nas outras fases, essa fase aumentará o volume da semana 1 até a semana 3. A quarta semana será uma semana de recuperação.

TABELA 14.3 Amostra de trabalhos da semana de preparação especial

Dia da semana	Trabalho
Segunda	10.500 m de corrida a 65% do esforço
Terça	21.000 m de corrida a 60% do esforço
Quarta	Manhã: 5.250 m a 65% do esforço Tarde: Treinamento de força
Quinta	Treinamento *fartlek* estruturado; 15X500 m em velocidade de corrida (com trotes de 250 m para recuperação)
Sexta	Intervalados: corrida 2X4X600 m (com 2 minutos de trote para a recuperação)
Sábado	Manhã: 5.000 m de corrida a 60% do esforço Tarde: Treinamento de força com *medicine ball* e calistenia
Domingo	Repouso

TABELA 14.4	Amostra de trabalhos da semana pré-competição
Dia da semana	**Trabalho**
Segunda	15.000 m de corrida a 65% do esforço
Terça	Intervalado: 2X6X600 m de corrida a 80% do esforço (com trotes de 200 m para a recuperação)
Quarta	Manhã: 5.500 de corrida a 60% do esforço Tarde: Treinamento de força
Quinta	Intervalado: 2X4X400 m de corrida a 85% do esforço (com trotes de 150 m para a recuperação)
Sexta	5.000 m de corrida a 60% do esforço
Sábado	10.000 m de corrida no limiar
Domingo	Repouso

TABELA 14.5	Amostra de trabalhos da semana de competição
Dia da semana	**Trabalho**
Segunda	Repetições: 6 tiros de 1.000 m a 90% do esforço com trotes de 5 min para a recuperação
Terça	Manhã: 15.000 m de corrida a 60% do esforço Tarde: Treinamento de força com *medicine ball* e calistenia
Quarta	Intervalado: 10 tiros de 1.000 m a 80% do esforço com 2 minutos de recuperação
Quinta	7.500 m de corrida a 60% do esforço
Sexta	Repouso
Sábado	Corrida
Domingo	Repouso

Fase de competição

A fase de competição é elaborada para garantir que o atleta esteja na sua melhor forma durante as competições importantes. O processo de determinar as deficiências do atleta e corrigi-las continuará. Todos os tipos de treinamento serão incluídos conforme necessário; no entanto, essa fase será composta, na sua maioria, por treinamentos de repetição e intervalado. Para este exemplo, essa fase também terá três picos. Pelo fato de as competições ocorrerem nos finais de semana, a competição será um dos três picos. Os outros picos serão na segunda e quarta, para que quinta e sexta possam servir como dias de recuperação. A tabela 14.5 lista os trabalhos para a fase de competição.

RESUMO

O rendimento no exercício aeróbio depende da interação de inúmeros fatores, incluindo o consumo máximo de oxigênio, o limiar de lactato, a utilização de substrato, os tipos de fibras musculares e a economia de movimento. Existem muitos modelos de treinamento para melhorar o rendimento aeróbio, cada um com o objetivo de desenvolver um ou mais fatores que limitam o rendimento. Cada um destes modelos apresenta vantagens e limitações que devem ser cuidadosamente avaliadas durante o planejamento do treinamento de um atleta. A decisão sobre como estes tipos de treinamento devem ser organizados, balanceados e cronometrados ainda está longe de uma definição, embora pesquisas tenham sido realizadas nessa área.

QUESTÕES TÉCNICAS

1. Um treinador quer que você determine as distâncias para as sessões de treinamento contínuo para corredores de 800 m. Se você se baseasse nas distâncias de comprimento da prova, qual deveria ser a distância do treinamento contínuo?
2 Um treinador de *cross-country* está tentando determinar a duração, o tempo de recuperação e o número de intervalos de seus atletas. Quais são as diferentes formas apresentadas neste capítulo para determinar essa informação? Qual delas seria mais apropriada para a situação do treinador?
3. Uma corredora recreacional de 5 km está tendo problemas com seus aquecimentos. Ela reclama de preguiça e de dores no tendão da perna durante a corrida. Seus aquecimentos atualmente consistem em alongamento por cinco minutos e depois ela inicia sua corrida, gradualmente aumentando o ritmo ao longo do primeiro quilômetro. Liste algumas coisas que possam ser modificadas em seu aquecimento para melhorar sua efetividade.

EXEMPLO DE CASO

Montando programas de treinamento contínuo, intervalado e de repetição para ciclista recreacional

INTRODUÇÃO

Você está empregado como *personal trainer* e pago por uma ciclista que quer competir em uma prova de 32 km que acontecerá dentro de 16 semanas. Ela tem pedalado por três anos recreacionalmente e pode facilmente completar os 32 km; no entanto, ela gostaria de melhorar sua velocidade e não sabe como fazer isso. Aplique as orientações apresentadas neste capítulo para montar um programa de treinamento de 16 semanas, com treinos três vezes na semana, para melhorar o seu rendimento em uma prova de 32 km.

RECOMENDAÇÕES/CONSIDERAÇÕES

Nós temos 16 semanas. Começando de trás para a frente da competição, as quatro semanas anteriores (que nós designaremos semanas 1 até 4, a semana 1 sendo a semana da competição) serão a nossa fase de competição e consistirão de trabalhos mais intensos (intervalado e de repetição, com algum trabalho contínuo). As semanas 5 até 8 serão a fase de pico e consistirão de uma integração gradual de trabalhos de alta intensidade (trabalho contínuo e intervalado). As semanas 9 até 16 são a nossa fase de preparação e consistirão primariamente de trabalhos de baixa e média intensidades, com predominância de trabalho contínuo.

IMPLEMENTAÇÃO

Fase de preparação. Nossa atleta treinará três vezes por semana: terças, quintas e sábados. O percurso mais longo da semana ocorrerá no sábado (i.e., sábados serão os picos). Nas terças haverá um tiro curto a aproximadamente 60% do esforço. Na quinta haverá uma pedalada moderada a 60-70% do esforço. Na semana 16 (primeira semana de treinamento) a sessão de treinamento mais longa será realizada na distância da prova (32 km); o trabalho de terça será conduzido a 50% da distância de sábado (16 km); o trabalho de quinta será conduzido a 75% da distância de sábado (24 km). O volume será aumentado nas seguintes semanas: 15, 14, 12, 11 e 10. O volume será aumentado em 5% em cada uma destas semanas. As semanas 13 e 9 servirão como semanas de recuperação, os volumes dessas semanas serão iguais aos das semanas 15 e 11. Isso significa que na semana 10 as distâncias para cada dia serão:

Terça: 20 km
Quinta: 30 km
Sábado: 40 km

Fase de pico. Nossa atleta continuará treinando três vezes por semana. Iniciando esta fase, a quinta vai se tornar o pico e consistirá de treinamento intervalado. O sábado permanecerá o dia mais longo, com a terça como uma pedalada de recuperação. A distância de sábado nunca será maior do que 40 km. O treinamento intervalado será montado inicialmente para melhorar a capacidade da nossa atleta em recuperar-se do ácido lático. Como ela não é uma atleta de elite, a intensidade será de 75%. Os intervalos terão duração de três minutos. Uma vez que nós tenhamos atingido a recuperação, ela chegará perto da recuperação completa entre os intervalos (i.e., dois minutos de pedalada lenta entre cada intervalo).

A semana 8 consistirá de pedaladas de longa distância iguais às da semana 12; este passo para trás será realizado em função da adição de intervalos. Na semana 8, a nossa atleta realizará apenas quatro intervalos. O número de intervalos, como a distância de outras pedaladas, aumentará durante as semanas 7 e 6, sendo a semana 5 a semana de recuperação. Com isso em mente, a semana 6 (a semana mais difícil) será da seguinte forma:

Terça: 20 km
Quinta: seis intervalos de três minutos (com pedaladas de recuperação de dois minutos)
Sábado: 40 km

Fase de competição. Nesta fase, as repetições serão usadas nos trabalhos de terça, a quinta permanecerá com treinamento intervalado e o sábado continuará com sessões de treinamento contínuo. As repetições consistirão de 90 segundos de atividade quase máxima, seguida de 450 segundos de recuperação pedalando (p. ex., Razão trabalho: Repouso equivalente a 1:5). Os intervalos vão agora focar na tolerância a elevados níveis de ácido lático; eles continuarão com três minutos de duração, mas a recuperação será cortada pela metade para um minuto. O treinamento contínuo continuará sendo realizado em 40 km.

A semana 4 consistirá de treinamento contínuo com distâncias equivalentes às da semana 7 e o rendimento de apenas 4 intervalos dos trabalhos de quinta. Esse passo para trás é realizado devido à adição de repetições na terça. O trabalho de terça consistirá de quatro repetições durante a semana 4. Nas semanas 3 e 2 haverá um aumento no número de repetições, intervalos e distância do treinamento contínuo (para 40 km). A semana 1 será uma semana de recuperação, com a prova ocorrendo no fim dessa semana.

A semana 2 (a semana mais difícil) ocorrerá da seguinte forma:

Terça: Seis repetições de 90 segundos (com 450 segundos de pedalada de recuperação)
Quinta: Seis intervalos de três minutos (com um minuto de pedalada de recuperação)
Sábado: 40 km

REFERÊNCIAS

1. Bompa TO. Periodization: Theory and Methodology of Training. 4th ed. Champaign, IL: Human Kinetics, 1999.
2. Bowerman WJ, Freeman WH. High-Performance Training for Track and Field. 2nd ed. Champaign, IL: Leisure Press, 1991.
3. Brooks GA, Fahey TD, White TP. Exercise Physiology: Human Bioenergetics and Its Applications. 2nd ed. Mountain View, CA: Mayfield, 1996.
4. Cissik JM, Barnes M. Sport Speed and Agility. Monterey, CA: Coaches Choice, 2004.
5. Coyle EF, Coggan AR, Hopper MK, Walters TJ. Determinants of endurance in well-trained cyclists. J Appl Physiol 1988;64(6):2622–2630.
6. Daniels J. Designing periodized training programs: Distance running. In: Foran B, ed. High-Performance Sports Conditioning. Champaign, IL: Human Kinetics, 2001.
7. de Swardt A. Cross-country methods for year 2000. Mod Athl Coach 2000;28(4):38–40.
8. Dick FW. Sports Training Principles. 4th ed. London: A & C Black, 2002.
9. Freeman W. Peak When It Counts. 3rd ed. Mountain View, CA: Tafnews Press, 1996.
10. Hoffman JR, Epstein S, Einbinder M, Weinstein Y. The influence of aerobic capacity on anaerobic performance and recovery indices in basketball players. J Strength Cond Res 1999;13(4):407–411.
11. Holdeman J. Minimizing injury and maximizing performance in fast running: warming up and warming down. Track Coach 2004;167:5336–5341, 5346.
12. Karp JR. Interval training for fitness professionals. Strength Cond J 2000;22(4):64–69.
13. Koziris LP, Kramer WJ, Patton JF, et al. Relationship of aerobic power to anaerobic performance indices. J Strength Cond Res 1996;10(1):35–39.
14. Kurz MJ, Berg K, Latin R, DeGraw W. The relationship of training methods in NCAA division I cross country runners and 10,000 meter performance. Strength Cond J 2000;14(2):196–201.
15. Laursen, PB, Shing CM, Peake JM, et al. Interval training program optimization in highly trained endurance cyclists. Med Sci Sports Exerc 2002;34(11):1801–1807.
16. Lindsay FH, Hawley JA, Myburgh KH, et al. Improved athletic performance in highly trained cyclists after interval training. Med Sci Sports Exerc 1996:28(11):1427–1434.
17. McArdle WD, Katch FI, Katch VL. Exercise Physiology: Energy, Nutrition, and Human Performance. 6th ed. Baltimore: Lippincott William & Wilkins, 2006.
18. McNeely E. Adding precision to aerobic exercise prescription. 26th Annual National Strength and Conditioning Association National Conference and Exhibition Conference Proceedings. Colorado Springs, CO: NSCA, 2003.
19. Pfeifer H, Harre D. Fundamentals and methods of endurance training. In: Harre D, ed. Principles of Sports Training. Berlin: Sportverlag, 1982.
20. Pfeiffer RP, Harder BP, Landis D, et al. Correlation indices of aerobic capacity with performance in elite women road cyclists. J Strength Cond Res 1993;7(4):201–205.
21. Priest JW, Hagan RD. The effects of maximum steady state pace training on running performance. Br J Sports Med 1987:21(1):18–21.
22. Schmolinsky G. Track and Field: The East German Textbook of Athletics. Toronto, Ontario: Sports Books Publishers, 1996.
23. Smith TP, McNaughton LR, Coombes JS. Effects of a 4-week interval training program using Vo2max and Tmax on performance in middle distance athletes. Med Sci Sports Exerc 1999;31(5 Suppl):S282.
24. Stepto NK, Martin DT, Fallon KE, Hawley JA. Metabolic demands of intense aerobic interval training in competitive cyclists. Med Sci Sports Exerc 2001;33(2):303–310.
25. Weston AR, Myburgh KH, Lindsay FH, et al. Skeletal muscle buffering capacity and endurance performance after high-intensity interval training by well-trained cyclists. Eur J Appl Physiol 1997;75(1):7–13.

CAPÍTULO

15

Prescrição de exercícios pliométricos, de velocidade e de agilidade

JASON D. VESCOVI

Introdução

A participação em muitos esportes individuais e de equipe requer que os atletas realizem tiros curtos (5-20 m) ou longos (20-40 m), mudanças de direção em velocidade e saltos na máxima altura ou distância. Em outras palavras, aceleração linear e velocidade, agilidade e ações de saltos laterais, horizontais e verticais são elementos essenciais para o sucesso do rendimento físico. Essas habilidades motoras são aprendidas durante a infância à medida que as crianças participam em atividades recreativas. A maturação e a experiência ajudam a refinar os padrões de movimentos associados a estas habilidades; no entanto, instruções sobre os aspectos mecânicos da locomoção ainda são necessárias. Uma vez que os aspectos mecânicos de uma habilidade tenham sido masterizados, o treinamento pode focar na melhora e, dessa forma, no aumento do rendimento. Os tipos de exercícios prescritos a um atleta terão como base as falhas mecânicas identificadas ou fraquezas musculares. Até hoje a manipulação de variáveis do treinamento agudo de velocidade, de agilidade e pliométrico não está clara, mas certamente dependerá do estágio de desenvolvimento de um atleta bem como de sua idade cronológica e de treinamento.

Para montar um programa de treinamento para um atleta, os profissionais do rendimento esportivo devem considerar aspectos de diversos domínios. Primeiro, um claro entendimento da seqüência do desenvolvimento motor da infância até a vida adulta para correr, saltar e trocar de direção é importante. Isso contribuirá como guia para a seleção apropriada dos exercícios para atletas sem experiência, maduros e avançados. Segundo, os profissionais do rendimento esportivo devem claramente reconhecer padrões de movimentos eficientes associados com a mecânica global e de cada segmento, e entender as ações musculares envolvidas. Isso ajudará a identificar as falhas de movimento, instruir os atletas sobre as alterações apropriadas e trabalhar as habilidades durante a infância e a adolescência. Por fim, entender como manipular variáveis do programa de treinamento agudo (p. ex., séries, repetições, freqüência, volume) será o aspecto mais desafiador para melhorar e maximizar o rendimento, devido à escassez de pesquisa sobre tiros, agilidade e treinamento pliométrico. De qualquer modo, os princípios apropriados de treinamento devem ser aplicados para garantir estímulo suficiente para melhorar o rendimento e minimizar a sobrecarga excessiva.

Este capítulo inicia com uma visão geral dos ciclos de alongamento-encurtamento (CAE) e descreve brevemente os fatores que influenciam a eficiência do CAE. Posteriormente, a seqüência de desenvolvimento de tiros, saltos e mudanças de direção será ilustrada, a qual inclui características para o rendimento de habilidades motoras maduras. Depois, uma breve lista de exercícios é fornecida para contribuir no desenvolvimento e melhora dos tiros, saltos e agilidade. Por fim, um guia geral para a montagem do programa é recomendado.

CICLO ALONGAMENTO-ENCURTAMENTO

Uma tendência comum que relaciona tiros, saltos e troca de direção é o **ciclo alongamento-encurtamento (CAE)**, que pode ser simplesmente descrito como a realização de uma ação excêntrica seguida de ação concêntrica. Em outras palavras, quando um músculo ou um grupo muscular é estimulado excentricamente (i.e., alongado) e é imediatamente seguido de uma ação de encurtamento, podemos dizer que ocorreu um CAE. Embora os CAEs sejam comuns em tarefas diárias (p. ex., caminhada), o seu uso na prática de exercícios físicos tem por intenção o aumento do rendimento. Pela combinação rápida de ações excêntricas-concêntricas, a força muscular e a produção de potência durante a fase concêntrica são acentuadas (83). Isso, em termos, permite que o atleta corra mais rápido, salte mais alto e mude de direção mais rápido.

Embora o CAE tenha sido estudado com grande detalhe, os mecanismos responsáveis pela maior produção de potência ainda são debatidos (12,13,29,31,83). Dois modelos podem contribuir para um mecanismo complexo, os quais resultam em uma acentuada produção de potência durante a porção concêntrica do CAE. O modelo mecânico, inicialmente ilustrado por A. V. Hill (40), descreve os elementos contráteis e não-contráteis (dicutido no Capítulo 3).

Os **elementos contráteis** estão presentes dentro do sarcômero muscular e consistem de actina e miosina. Os **elementos não-contráteis** consistem de componentes elásticos em série (CES), também conhecidos como unidade músculo-tendão (31), e componente elástico paralelo (CEP), que consiste de tecido conectivo em torno de fibras individuais, fáscias musculares e músculos inteiros (i.e., endomísio, perimísio e epimísio). O modelo mecânico estabelece que a força muscular é aumentada devido à reutilização da energia elástica pelo CES (31). Em outras palavras, quando um músculo é excentricamente estimulado (i.e., alongado) e imediatamente seguido de uma ação concêntrica, energia é produzida, estocada e posteriormente liberada de uma unidade músculo-tendão e aumenta a força e a produção de potência.

Por outro lado, o modelo neuromuscular sugere que a pré-ativação de um músculo ou um grupo muscular é parcialmente responsável pelo aumento da força e da potência durante a fase concêntrica do CAE (13,83). Uma comparação de saltos iniciados tanto de uma posição estática de agachamento (salto sem contramovimento) quanto com um contramovimento demonstra que existe uma maior quantidade de tempo para desenvolver força e ativação muscular antes do encurtamento pelo elemento contrátil durante o salto contramovimento (13). Além disso, habilidades

APLICAÇÃO NA REALIDADE

Elasticidade muscular

A liberação de uma banda elástica em posição esticada promoverá o retorno imediato dessa banda para o seu formato original. Da mesma forma, a energia elástica armazenada promoverá força adicional quando o encurtamento muscular for precedido imediatamente de alongamento. Durante o alongamento, a energia é armazenada no músculo, da mesma forma que é armazenada na banda elástica esticada. A energia elástica armazenada do músculo é uma das razões pelas quais exercícios pliométricos aumentam a produção de potência.

de tiro e agilidade demonstram uma pré-ativação da maioria dos músculos da perna antes da fase de suporte (7,49,84), sugerindo que o movimento de velocidade seria, caso contrário, dramaticamente reduzido.

Em todas as probabilidades, ambos os modelos contribuem para a acentuação da força e da potência mecânica durante o CAE. De fato, durante a fase de extensão inicial de um salto sem contramovimento, tem sido demonstrado que o CES é alongado apenas moderadamente (48). Isso é muito provável devido à grande quantidade de encurtamento do elemento contrátil. Pouco antes da perda de contato do pé com o solo (em torno de 100 milissegundos) existe uma inversão de papéis onde o elemento contrátil não altera o seu comprimento e o CAE rapidamente encurta e libera a energia pré-armazenada (48). Por isso, cada modelo pode fornecer um estímulo durante momentos diferentes de um CAE.

O CAE é um reflexo fisiológico importante que acentua a potência muscular. Tanto fatores mecânicos quanto fatores neurais contribuem para o aumento na potência.

O controle neural e os reflexos do músculo esquelético são governados por dois receptores: fusos musculares e órgão tendinoso de Golgi. Cada um tem uma função distinta de facilitação e inibição, respectivamente (32,79). Os **fusos musculares** contêm diversas fibras intrafusais que estão arranjadas em paralelo com fibras extrafusais. Elas fornecem informações via **neurônios sensoriais** sobre o comprimento do músculo. Especificamente, os fusos detectam as taxas de alterações no comprimento (velocidade) e levam a informação para o sistema nervoso central (SNC). Em resposta a um rápido alongamento muscular, **neurônios motores alfa** são estimulados, causando contração dos músculos agonistas. É por essa razão que as instruções para os exercícios do CAE se baseiam na realização de uma ação excêntrica rápida (alongamento) para estimular de forma rápida o reflexo de estiramento (71); pouco se sabe, no entanto, sobre a taxa de alongamento e rendimento no CAE (13).

O outro receptor muscular é o órgão tendinoso de Golgi. Os **órgãos tendinosos de Golgi (OTGs)** estão localizados no complexo músculo-tendão e monitoram a tensão, que em parte promove um reflexo inibitório nos neurônios motores dos músculos agonistas (32,63). A estimulação do OTG pode ser mascarada, no entanto, por impulsos voluntários e sob certas circunstâncias pode promover um estímulo excitatório (70). Por isso, considerando as atividades do CAE, o efeito geral da estimulação do OTG permanece em questão.

Os fusos musculares e os OTGs são responsáveis por acentuar ou inibir as ações musculares monitorando a taxa de alongamento e detectando tensões no músculo.

Fatores de impacto

Ao realizar exercícios que envolvam CAE, existem muitos fatores que podem influenciar o aumento da força ou da potência do movimento. Por exemplo, a distribuição do tipo de fibra pode afetar significativamente o CAE (80). Um atleta com predominância de fibras de contração lenta deve ter vantagens do modelo neuromuscular e velocidades lentas para permitir mais tempo para produzir força muscular. Isso pode não ser uma opção realística, no entanto, quando o atleta está interessado em tiros, mudanças de direção ou saltos para o rendimento máximo. Ao contrário, um indivíduo com predominância de fibras rápidas deve priorizar o aumento de velocidade de movimento para maximizar a produção de potência.

Como um exemplo, vamos considerar um velocista de 100 m e compará-lo a um corredor de distância (3.000 a 4.000 m). Nós assumiremos que ambos os atletas tenham uma boa técnica em suas respectivas atividades. Por um lado, para garantir que a potência será melhorada no velocista, exercícios de velocidade e exercícios pliométricos devem priorizar movimentos com máxima velocidade, especialmente durante a ação excêntrica. Por outro lado, devido ao fato de a fase de suporte durante a corrida ser de 60 a 70% maior comparado ao velocista (57), os movimentos podem ser realizados em velocidades um pouco mais lentas, mantendo a especificidade da atividade em particular. Tenha em mente que essas sugestões podem diferenciar apenas o que é necessário para a parte excêntrica do CAE e devem ser aplicadas apenas a certos tipos de movimentos do CAE (i.e., saltos) (13). Por isso, a velocidade de alongamento pode necessitar alterações para que taxas de desaceleração apropriadas favoreçam um maior retorno no rendimento (78), mas todos os movimentos devem ser realizados para maximizar a velocidade de encurtamento concêntrico, atuando para potenciar o elemento contrátil e a atividade do CES.

Um outro fator que afeta o CAE, especialmente durante os saltos, é o uso das extremidades superiores. O impulso dos braços durante a realização de um salto com contramovimento cria mais atrito vertical como força de reação; conseqüentemente uma maior quantidade de força vertical é gerada (Lei de Newton de ação e reação), propelindo o corpo mais pra cima ou mais para a frente durante o vôo (36). O impulso dos braços também contribui para a velocidade de decolagem durante ações de saltos vertical e horizontal (2,36), e é importante para maximizar o momento da perna durante saltos altos (50). O impulso dos braços, durante o salto, aumenta a velocidade comparado a saltos sem a ação dos braços (84). Portanto, escolher o uso ou não do impulso dos braços pode contribuir significativamente para execução de exercícios do CAE e conseqüentemente afetar o rendimento físico.

Estudos têm reportado diferenças relacionadas ao sexo quanto à habilidade no CAE pelo uso de medidas indiretas como altura no salto contramovimento ou habilidade de corrida. Tipicamente meninos e homens exibem maior potência absoluta do que meninas e mulheres. Além disso, aumentos mais consideráveis na potência máxima são observados em meninos comparados a meninas durante o crescimento e a maturação (59). Acredita-se que maiores quantidade de tecido corporal magro (p. ex., massa muscular) são responsáveis por essas diferenças; no entanto, quando normalizados pelo peso corporal, as diferenças entre meninos e meninas são frequentemente minimizadas (46,81). Artigos têm demonstrado maior pico de velocidade durante saltos com contramovimento para homens quando comparados a mulheres (20,37). De fato, um estudo concluiu que a diferença no pico de potência entre homens e mulheres foi somente devido à velocidade do movimento (20). Outros fatores, como a composição do tipo de fibra, o metabolismo anaeróbio e aspectos neuromusculares, também podem contribuir para a diferença de sexo (59). Embora essas diferenças existam, não existe evidência para sugerir que homens e mulheres respondem ao treinamento de CAE de forma diferente; por isso, a elaboração do programa deve refletir o estágio de desenvolvimento, a experiência de treino e o esporte em particular, e não o sexo.

Tiros, saltos e mudanças de direção requerem movimentos multiarticulares complexos, os quais devem ter coordenação específica entre agonistas e antagonistas para garantir a eficiência do movimento. Seria extremamente ineficiente, por exemplo, se durante o tiro os flexores do quadril fossem estimulados na fase lenta de impulso, quando a máxima atividade de extensão do quadril é necessária. Existem reflexos que estimulam os agonistas enquanto simultaneamente inibem os antagonistas. Isso é chamado de **inervação recíproca** (32,63). Alterações nessa relação podem ser influenciadas pelo aumento na força ou na fadiga (3,43,44). Por exemplo, o reforço dos agonistas aumentará a aceleração do movimento, enquanto o reforço dos antagonistas permitirá a desaceleração ao longo de um curto período de tempo (44). O efeito geral seria um aumento na capacidade de realizar ações CAE explosivas.

A fadiga, por outro lado, reduz a efetividade do CAE por uma série de mecanismos, cujos efeitos podem persistir por muitos dias (6,41). Tem sido demonstrado que ocorre uma redução na sensibilidade do fuso muscular, que limita a utilização de energia elástica e em parte reduz o potencial do CAE (3–5). Os mecanismos responsáveis pela função alterada do CAE podem ser influenciados se a fadiga foi gerada durante o exercício máximo ou submáximo (75,76). Dessa forma, a duração da recuperação de uma sessão prévia de treinamento pode ser dependente do tipo e da intensidade dos exercícios de CAE realizados.

Esta breve visão geral do CAE identifica diversos aspectos que devem ser considerados na montagem do programa de treinamento ou da sessão de exercício. Primeiro, o uso do impulso dos braços é um componente integral da locomoção e deve ser considerado na seleção dos exercícios. Por exemplo, a ação apropriada dos braços deve sempre ser implementada para adolescentes, atletas inexperientes que ainda estão aprendendo as habilidades fundamentais de locomoção. Para atletas avançados, limitar a ação dos braços pode ser uma alternativa em certas fases do treinamento para resultados específicos. Segundo, melhorar a força geral deve ser considerado uma prioridade para melhorar as habilidades motoras que requerem CAE. Crianças se tornam mais fortes à medida que crescem e se desenvolvem, mas elas podem ainda se beneficiar de atividades recreativas ou exercícios com peso corporal que podem aumentar a força. Atletas maduros podem incluir treinamento de força para acentuar esta capacidade. Embora o sexo tenha um papel na diferença de força e produção de potência durante a puberdade, variações entre meninos e meninas em idades jovens são mínimas. Dessa forma, movimentos mecânicos apropriados devem ser ensinados para crianças considerando o sexo; no entanto, além da puberdade o programa de treinamento deve objetivar limitações no rendimento do atleta e pode ser montado de acordo com as diferenças particulares de sexo. Por fim, a menos que existam necessidades específicas requeridas por uma atleta para realizar tiros, saltos e mudanças de direção em um estado fadigado, os exercícios de CAE devem ser realizados cedo dentro de uma sessão de treinamento, e deve ser dado repouso apropriado entre sessões subseqüentes de treinamento.

Muitos fatores podem contribuir para a função do CAE, como a distribuição do tipo de fibra, o sexo, a idade, o padrão de ativação muscular, a fadiga e a ação dos braços.

Pergunta e resposta da área

Eu trabalho com muitas equipes de futebol (12 a 14 anos de idade) e continuamente encontro necessidade de trabalhar habilidades de movimentos fundamentais, como velocidade e agilidade. Quais são os exercícios e progressões apropriados para se usar com essa faixa etária?

– Treinador e preparador físico colegial

A habilidade de realizar tarefas de paradas e arrancadas em esportes como futebol é importante. Agregar desaceleração com reaceleração, no entanto, pode ser um dos maiores desafios ao ensinar habilidades motoras para atletas jovens, uma vez que outras coisas como equilíbrio, orientação, ritmo e antecipação serão a base para habilidades mais avançadas. Além disso, uma progressão adequada é uma consideração importante ao selecionar exercícios para o seu atleta.

Primeiro, ensine os seus atletas como acelerar apropriadamente. Depois, desenvolva as habilidades de parar e desacelerar. Depois disso comece a combinar estas habilidades em uma aceleração linear, desaceleração e reacelereção em seqüência. Por fim, junte paradas lineares com reaceleração em diferentes direções. Cada um desses passos deve iniciar com velocidades baixas e progredir para movimentos mais rápidos, para que os atletas estejam aptos a arrancar, parar e arrancar novamente em uma variedade de direções em velocidade máxima. Abaixo estão dois exercícios para incluir em seu plano de treinamento.

Caminhada linear a passos largos: Instrua os atletas para transitarem de uma caminhada para um trote retornando a seguir para caminhada ao longo de uma distância curta (5 a 10 m). Uma vez que as velocidades lentas estejam aperfeiçoadas, faça seus atletas aumentarem a velocidade de aceleração. Certifique-se de que eles estejam usando uma técnica de passos múltiplos e paradas. Você também pode especificar a distância em que seus atletas devem parar (p. ex.: 2 a 4 m) e posteriormente aumentar a intensidade.

Trote-parada-virada-Trote: Uma vez que seus atletas consigam realizar exercícios de paradas e arrancadas lineares em velocidades mais elevadas, você pode introduzir pequenas mudanças de direção fazendo os atletas se movimentar entre cones. Inicialmente, instrua seus atletas a parar completamente ao atingir um cone, tocar no lado de fora dos pés, rotar simultaneamente em torno do cone para uma nova direção, e novamente retomar o trote. Você deve iniciar com ângulos rasos (130 a 160 graus) e progressivamente aumentá-los (90, 60 e 45 graus). Quando o seu atleta puder realizar mudanças de direção em velocidades lentas com mínimas falhas, aumente gradualmente a velocidade.

Certifique-se de progredir lentamente; pode ser que o atleta leve muitos meses para desenvolver habilidades apropriadas de movimento. Forneça um tempo amplo de prática quando os atletas estiverem frios (no início da prática) e continuamente forneça *feedback*.

PLIOMETRIA

Exercícios pliométricos são especificamente prescritos para utilizar CAE. Existem muitos exercícios de membros superiores e inferiores; não é objetivo deste capítulo incluir uma lista de todos os exercícios, mas muitos exemplos serão fornecidos no fim do capítulo. Esta seção apresenta uma discussão sobre o uso intencional, a importância das instruções, as respostas complexas do treinamento e a terminologia apropriada para o treinamento pliométrico.

Os exercícios pliométricos devem incluir atividades como saltos, quedas, pular de um pé para outro, trotes e saltitos. Realizando essas atividades de forma explosiva, nós treinamos o corpo primeiro para utilizar o sistema nervoso a ajudar a nos movermos mais rápido e depois a utilizar a energia armazenada nos músculos quando nós os alongamos rapidamente. As atividades demonstradas nestas figuras devem ser realizadas de forma explosiva para que o exercício seja considerado pliométrico.

Terminologia

A literatura relativa à pliometria ainda tem que definir claramente as habilidades de movimentos que utilizam as extremidades inferiores do corpo para propelir o corpo do solo. Em um esforço para esclarecer a linguagem usada por profissionais do rendimento esportivo, a terminologia de educação física é usada neste capítulo para descrever habilidades motoras pliométricas. Existem três habilidades principais de movimento; algumas das derivações estão descritas abaixo. Primeiro, um **salto** envolve uma decolagem de um ou ambos os pés simultaneamente. Segundo, um **pulo** ocorre quando se decola em um pé e se aterrissa com o pé oposto. Por fim, **saltitar** é quando a decolagem e a aterrissagem ocorrem no mesmo pé. Outras habilidades fundamentais comuns são o galope, o arrasto dos pés e o passo com salto. **Galopar** e **arrastar os pés** constituem uma combinação de um passo e um pulo, enquanto o passo com saltos requer a combinação de um passo com um saltito.

Torna-se mais complicado distinguir os tipos de ações com as extremidades superiores. Uma diferenciação que pode ser usada é arremessar e atirar. Ações de **arremesso** são consideradas quando um movimento manual (acima da cabeça) é usado para propelir um objeto, enquanto **atirar** ocorre quando uma ação manual (abaixo da cabeça) é empregada. Exercícios pliométricos também existem para o tronco. Exercícios para o tronco podem ser classificados como de estabilidade, flexão e extensão ântero-posterior, rotação e flexão e extensão lateral.

Seqüência de desenvolvimento

Saltar, pular e saltitar são as três habilidades motoras fundamentais primárias para projetar o corpo do solo. Todos os indivíduos desenvolvem essas habilidades com base em experiências ao longo da infância, e alguns as aperfeiçoarão mais tarde com treinamento e intervenção de instrutores. É importante entender alguns dos movimentos-chave característicos bem como ter condições de identificar as dificuldades de desenvolvimento associadas com essas habilidades motoras. Dito isso, não é objetivo deste capítulo fornecer todos os critérios de avaliação dos diferentes estágios de todas as habilidades de saltos; por isso, uma breve visão geral será apresentada para saltos verticais e pulos horizontais. Informação mais detalhada pode ser encontrada nas referências (33,38).

O salto vertical é comum em muitos esportes, e sua iniciação pode começar já com dois anos de idade (33). Muitos passos envolvem a transição de desenvolvimento de um salto ineficiente até habilidades proficientes de movimento. Em saltadores jovens ou inexperientes, existe apenas uma pequena ação preparatória com contramovimento. Além disso, a extensão completa dos quadris, joelhos e tornozelos não acontece. Geralmente as pernas estão dobradas (flexão de joelho) durante a fase aérea, portanto o centro de massa não é elevado. Uma outra característica é que existe dificuldade em saltar e aterrissar em ambos os pés. Um pequeno passo pode usualmente ser observado quando ocorre a decolagem e aterrissagem de um único pé. A ação dos braços também é assimétrica e não necessariamente coordenada com o corpo e com as pernas. Padrões de saltos eficientes diferem dramaticamente, e alterações ocorrem rapidamente. Por exemplo, existe uma apropriada ação preparatória com contramovimento das pernas que é seguida de uma extensão forçada dos quadris, joelhos e tornozelos (33). Os padrões de movimento das pernas são agora coordenados com os dos braços, para que exista um aumento nas forças de reação do solo (fase preparatória com contramovimento) bem como uma melhora na velocidade vertical de pico (fase de extensão). Durante a fase aérea, o tronco permanece ereto; e após aterrissar, ocorre uma flexão apropriada dos quadris, joelhos e tornozelos para reduzir as forças de impacto.

O pulo horizontal é uma outra habilidade comum de salto que é similar à fase aérea da corrida no momento em que ocorre a transferência do peso corporal de uma perna para a outra. Diferentemente da corrida, o salto requer uma fase aérea prolongada com maior altura vertical e maior distância horizontal. Tentativas iniciais de pulos tipicamente remetem a movimentos exagerados de corrida. Observa-se uma incapacidade de propelir o corpo acima para maior distância horizontal (33). Existe um alto grau de esforço consciente para realizar este movimento; por isso, o movimento inteiro é ineficiente e geralmente parece exagerado. Os braços não são usados para gerar força, mas sim para manter o equilíbrio. Pulos eficientes incluem potente extensão da perna de suporte para maximizar as distâncias horizontais e verticais, e os braços são agora coordenados e ajudam no desenvolvimento da força.

De forma interessante, a idade cronológica não garante um padrão eficiente de salto ou pulo, pois ado-

APLICAÇÃO NA REALIDADE

Movimento angular e movimento humano

O corpo humano é desenhado para realizar movimentos em torno das articulações, os quais causam deslocamentos lineares no centro de gravidade do corpo. Imagine o ato de remar um bote: a pá do remo entra na água, o remo é relativamente inflexível, e existe uma trava no remo proporcionando um eixo. Este sistema de alavancas funciona de forma a fornecer a propulsão que movimenta o barco adiante. O contato dos pés durante a fase de suporte, a ativação muscular promovendo rigidez e os movimentos em torno da articulação do quadril permitem o movimento horizontal.

APLICAÇÃO NA REALIDADE

Absorção de energia

Um ovo que foi arremessado em você se quebrará quando você pegá-lo, a menos que você amorteça o impacto. Da mesma forma, ao aterrissar de um salto, ou movimento similar, o atleta pode aprender a amortecer a queda. Ao invés de toda energia se dissipar no impacto, ela se espalhará ao longo de um maior período. Amortecer o impacto diminui as chances de lesões relacionadas ao impacto. A transição de ações musculares excêntricas e concêntricas, no entanto, deve ocorrer rapidamente para utilizar a energia elástica armazenada no músculo.

lescentes e adultos parecem demonstrar características mecânicas ineficientes. Essas deficiências são observadas nas fases preparatórias, de decolagem, de aterrissagem. Por isso, profissionais do rendimento esportivo não devem assumir que as habilidades de movimento são determinadas simplesmente devido à idade cronológica. Um exame detalhado destas habilidades motoras é importante para identificar deficiências de rendimento. Apenas quando as características decolagens e aterrissagens apropriadas forem evidentes, um programa de treinamento deve focar na melhora e na maximização do rendimento.

Objetivo pretendido

Os exercícios pliométricos são usados em uma variedade de séries (p. ex., treinamento físico, força e condicionamento, fisioterapia); embora um sistema formal de classificação não tenha sido desenvolvido, é importante entender o objetivo e a resposta esperada dos exercícios pliométricos escolhidos para um programa de treinamento. Para simplicidade, a seção seguinte descreve instruções usadas por duas áreas bem diferentes do desenvolvimento motor: prevenção de lesões e aumento do rendimento, ambas as quais são importantes para qualquer atleta.

PREVENÇÃO DE LESÕES

Alguns modelos de prevenção de lesão têm usado exercícios pliométricos na tentativa de melhorar o controle neuromuscular, alterar fatores de risco biomecânico e fornecer instruções sobre o desenvolvimento proprioceptivo geral e estabilidade (19,35,39,73). Esses objetivos requerem instruções específicas que tipicamente priorizam a redução das forças de aterrissagem para minimizar os riscos potenciais. Esses tipos de instruções podem ser efetivos por um curto período (p. ex., de uma a três sessões) (62,66), mas elas devem ser usadas regularmente, pois as adaptações parecem temporárias (69).

Um mecanismo comum de lesão ocorre na aterrissagem de um salto, o que acontece devido a falhas mecânicas, nas quais as forças de impacto não são apropriadamente dissipadas porque os quadris, os joelhos ou os tornozelos estão estendidos e/ou rotados. Como um exemplo, essas falhas mecânicas estão associadas com lesões sem contato do ligamento cruzado anterior (LCA). Ao instruir os atletas a aterrissarem com ampla flexão de quadril, joelho e tornozelo, a força de impacto pode ser significativamente reduzida (39,55). Embora programas que usam esses tipos de instruções tenham demonstrado sucesso em reduzir as forças de impacto e lesões de LCA, o efeito sobre o aumento do rendimento é extremamente questionável, devido à falta de atenção dada à maximização da velocidade do movimento concêntrico. Por isso, esses tipos de instruções para exercícios pliométricos podem ser reservados para atletas jovens que requeiram desenvolvimento motor e proprioceptivo ou manter o contexto de reabilitação clínica. Atletas saudáveis ou mais avançados também podem se beneficiar desse tipo de trabalho se habilidades motoras fundamentais não estiverem completamente desenvolvidas; no entanto, se o objetivo for a melhora no rendimento, outras instruções podem ser necessárias.

MELHORAR A POTÊNCIA

Exercícios pliométricos são freqüentemente incorporados em programas de força e condicionamento físico com a intenção de melhorar a capacidade do CAE, potência e por fim o rendimento (p. ex., salto vertical, tiros de velocidade lineares). Uma vez que a potência é relacionada tanto com a força quanto com a velocidade, a questão sobre qual das duas valências é mais responsável pela melhora na potência é freqüentemente colocada.

Tem sido reportado que o uso de exercícios pliométricos isolados pode melhorar a habilidade de salto (17,30,53,85). A velocidade de pico durante a fase concêntrica, no entanto, parece ser o componente-chave para o rendimento no salto contramovimento (2,36,50). Uma pesquisa demonstrou que melhoras de 12,7% na velocidade de decolagem contribuiu 71% com a melhora observada no rendimento do salto (2). Além disso, o uso de saltos agachados com cargas leves (30% de 1RM) comparado ao mesmo salto com cargas pesadas (80% de 1RM) parece promover maior velocidade específica, melhoras nos saltos e na aceleração (61). Isso reforça a importância da instrução para a técnica de decolagem e a habilidade de decolar com velocidade máxima. Por isso, a mecânica de salto e de aterrissagem devem ser vistas como habilidades motoras separadas e treinadas de forma independente.

> *Exercícios pliométricos usados para a prevenção de lesões, a reabilitação ou o desenvolvimento de habilidades motoras devem priorizar mecânicas apropriadas de salto e aterrissagem. O treinamento com a intenção de aumentar o rendimento (velocidade máxima de aterrissagem) deve ser a prioridade.*

A realização de exercícios de CAE isolados durante o treinamento não é comum, e a combinação de treinamento de força e exercícios pliométricos é geralmente empregada aos programas de treinamento. Um estudo clássico demonstrou que a combinação de treinamento de força e pliométrico causou melhoras mais significativas na habilidade de saltos verticais do que qualquer modalidade de treinamento isolada (1). Outra pesquisa forneceu evidência indireta para esse achado ao reportar que nem o treinamento de força nem exercícios pliométricos pode fornecer um estímulo maior do que o outro quando o objetivo for melhora de rendimento (85). Portanto, parece que um atleta não pode aumentar a potência simplesmente tornando-se mais forte, e que utilizar qualquer aumento na força em velocidades apropriadas é um fator-chave para aumentos no rendimento (14). Esses dados, no entanto, reforçam o fato de que o aumento na força dos agonistas acentua a capacidade do CAE e o rendimento.

A implementação de exercícios pliométrios em momentos apropriados para maximizar o rendimento para uma competição em particular requer uma cuidadosa prescrição. A duração de um dado mesociclo pode ser tão curta como levar muitas semanas e ser tão longa como levar muitos meses. Programas de duração curta (seis semanas) não promovem estímulo adequado ou tempo suficiente para que ocorra adaptação (89), mas intervenções implementadas ao longo de oito a 12 semanas podem melhorar a altura do salto vertical e a produção de potência (30,34). Por isso, um mínimo de oito semanas deve ser usado na prescrição do programa de treinamento que inclui pliometria para melhorar o rendimento físico.

A combinação de treinamento de força e pliométrico promove um estímulo significativo para o aumento do rendimento. O uso de exercícios de alta intensidade para um mínimo de oito semanas parece necessário.

Variáveis agudas do treinamento

As variáveis agudas do treinamento – volume, freqüência e intensidade – devem ser planejadas diariamente e são componentes-chave do exercício, que se relacionam fortemente com a potencial efetividade do programa de treinamento.

VOLUME

O contato dos pés ou a distância percorrida são os métodos mais comuns para a determinação do volume na pliometria. Geralmente o volume é prescrito baseando-se na classificação do indivíduo como atleta iniciante, intermediário ou avançado (71); no entanto, não existe evidência científica para esse modelo. De fato, estudos que examinaram os efeitos da pliometria sobre o rendimento usaram entre 30 e 20 saltos por dia (1,17,21,24,34,68,85,89), o que é bem fora do número freqüentemente citado. O volume de trabalho deve ter como base o objetivo da sessão (p. ex., rendimento x aprendizagem), a intensidade dos exercícios (p. ex., alta x baixa), a idade de treinamento do atleta (p. ex., inexperiente *versus* avançado) e outras variáveis como as características do esporte e os objetivos particulares do ciclo de treinamento.

FREQÜÊNCIA

O número de sessões de treinamento pliométrico realizados semanalmente será determinado por muitos fatores. Em geral, uma ou duas sessões durante a temporada e de três a quatro sessões no período fora de competição podem ser suficientes; no entanto, evidências sugerem que dois ou três dias por semana pode ser ótimo para o aumento do rendimento (1,17,21,24,34,68,85,89). A freqüência das sessões pliométricas será ditada pela necessidade de recuperação de outra sessão de treinamento ou prática, o que também pode ser afetado pelas demandas do esporte. Por exemplo, voleibol e basquetebol requerem um grande volume de realização de saltos diariamente. Por isso, pode ser desnecessário incluir sessões pliométricas durante a temporada. Se exercícios pliométricos forem implementados com o objetivo de ensinar o desenvolvimento de alguma habilidade motora apropriada e a demanda for pequena, sessões mais freqüentes (4 a 5 dias por semana) podem ser prescritas.

INTENSIDADE

A intensidade dos exercícios pliométricos é geralmente classificada como *alta, moderada* ou *baixa*. Infelizmente, nenhuma pesquisa identificou quantitativamente a intensidade de exercícios pliométricos por meio de medidas de forças de impacto para um exercício em particular. Mesmo que tal informação existisse, existem muitos fatores que afetam a intensidade de um exercício pliométrico. Um atleta com uma massa corporal maior terá maior força de impacto. Um atleta pesado que aterrissa com ampla flexão do quadril, joelho e tornozelo, no entanto, pode ter menos força de impacto do que um atleta mais leve que aterrissa com uma menor flexão nestas articulações. Por isso, a mecânica de aterrissagem também afetará a intensidade dos exercícios pliométricos. A adição de complexidade a um exercício alterará a intensidade. Por exemplo, um pulo com uma perna com rotação será mais intenso do que um salto contramovimento.

A intensidade dos exercícios utilizados pode interferir na resposta quando o objetivo for aumento de rendimento. Por exemplo, um estudo comparou o treinamento com saltos em profundidade com o treinamento com saltos com contramovimento; embora ambos os grupos tenham melhorado a altura do salto, a magnitude da melhora foi maior nos indivíduos que realizaram o salto em profundidade (34).

Por outro lado, se a prevenção de lesão for o objetivo principal, seria interessante implementar uma variedade de exercícios menos desafiadores. Um número maior de pesquisas é necessário nessa área antes de se estabelecer qualquer conclusão definitiva quanto a um sistema de classificação de intensidade para a pliometria.

TIRO DE VELOCIDADE LINEAR

O tiro de velocidade linear é um componente-chave para um rendimento atlético bem-sucedido em muitos esportes. O tiro de velocidade linear pode geralmente ser dividido em três fases distintas: **aceleração** (0 a 10 m), **alcance** (10 a 35 m) e **manutenção** (acima de 35 m). Essas distâncias certamente diferem entre indivíduos e devem ser usadas somente como um guia temporário para as várias fases. Um entendimento dos movimentos envolvidos e das ações musculares específicas responsáveis por criar o movimento permitirá que o profissional do rendimento físico prescreva exercícios e desenvolva programas de treinamento que são apropriados para melhorar o rendimento dos tiros lineares. Muitos exercícios-chave de mecânica de tiro estão disponíveis no final deste capítulo.

Seqüência de desenvolvimento

A principal diferença entre caminhar e correr é a ausência da fase dupla de suporte e a presença da fase aérea, respectivamente. As tentativas iniciais de corrida ocorrem em torno dos dois ou três anos de idade ou aproximadamente seis a sete meses após a criança aprender a caminhar (33,38). Observando esses movimentos em crianças, é possível observar uma breve fase aérea com limitada amplitude de movimento nas pernas. Isso resultará em um encurtamento do comprimento da passada. Além disso, o impulso das coxas e dos braços para fora do corpo, muito provavelmente, atua para ajudar a estabilizar e equilibrar o corpo durante as fases de suporte e aérea (38). Também para contribuir com o equilíbrio, o apoio é geralmente amplo. À medida que as crianças vão maturando, elas desenvolvem padrões de movimento que são mais eficientes e potentes. Por exemplo, a maturidade é acompanhada de aumento na massa muscular e na força, aumentando o comprimento de passada. Outras alterações na mecânica do tiro incluem a extensão completa do joelho, manutenção das ações das extremidades no plano ântero-posterior e inclinação dos cotovelos (38). O desenvolvimento dos padrões de habilidades motoras afeta o gasto energético, a taxa de fadiga, o risco de lesão e finalmente o rendimento no tiro.

Passada no tiro de velocidade

O tiro de velocidade é uma habilidade motora complexa da qual emergem padrões cinemáticos e cinéticos específicos. O Quadro 15.1 demonstra uma quebra básica das ações das pernas para o tiro de velocidade. Além disso, a Figura 15.1 mostra os momentos médios em torno das articulações do quadril, do joelho e do tornozelo durante uma passada completa. A discussão a seguir descreve brevemente as duas fases do tiro: a **fase de impulso** e a **fase de suporte**. Essa visão geral descreve fatores associados com padrões de movimentos avançados e deve fornecer um contexto para que a prescrição de exercícios e o desenvolvimento do programa de treinamento objetivem a melhora ou a maximização da velocidade do tiro em atletas avançados.

FASE DE IMPULSO

No momento em que os pés perdem o contato com o solo, a extensão máxima (em torno de 185 graus) do quadril acontece (74), enquanto a extensão de joelho é de aproximadamente 145 graus (47). Durante o início da arrancada, a atividade muscular tanto dos flexores de quadril quanto dos extensores de joelho aumenta significativamente à medida que eles são carregados excentricamente, atuando de forma a desacelerar a rotação da perna (58) e ajudando na rápida recuperação da perna (Fig. 15.2). A transição da arrancada para o tiro é o primeiro CAE observado no ciclo do tiro. Isso ocorre devido à ação concêntrica dos flexores de quadril, que leva a perna mais alta para a frente (57). A flexão

QUADRO 15.1 PASSADA NO TIRO DE VELOCIDADE (57)

1. Fase de impulso. O momento em que o pé está suspenso no ar e não está em contato com o solo
2. Arrancada. Do momento em que o pé perde o contato com o solo até a extensão máxima do quadril
3. Impulso adiante. Do início da flexão do quadril até a máxima flexão do quadril
4. Descida do pé. Da máxima flexão do quadril até o contato do pé no solo
5. Fase de suporte. O momento em que o pé está tocando no solo
6. Contato do pé. Momento do contato inicial do pé até a transferência de todo o peso corporal
7. Meio suporte. Da transferência total do peso corporal até o início da flexão plantar na articulação do tornozelo
8. Perda de contato do pé com o solo. Do início da flexão plantar até a perda de contato do pé com o solo

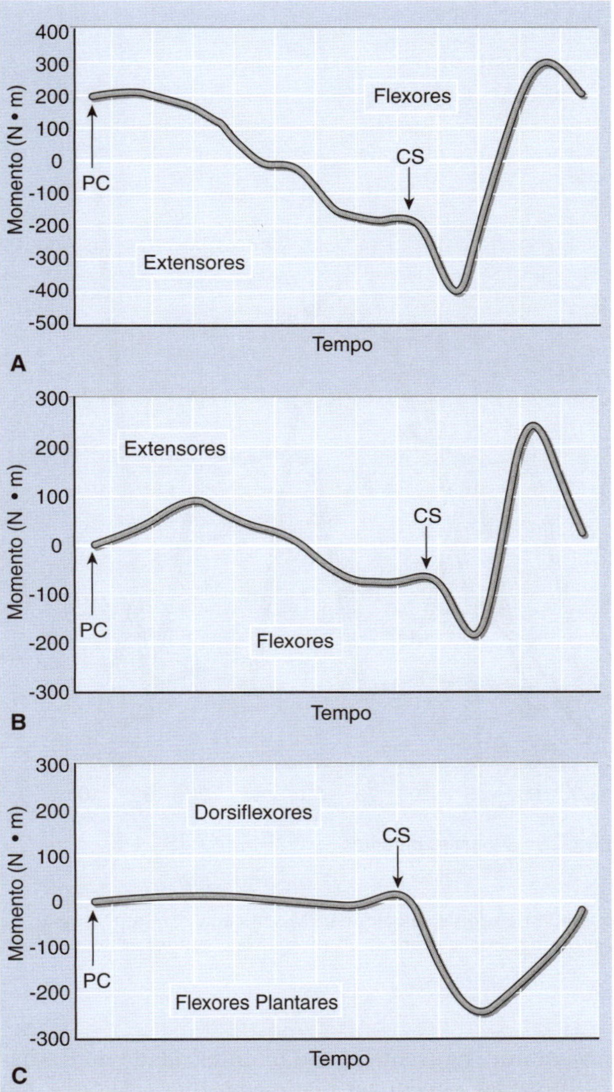

FIGURA 15.1 Dominância dos músculos durante o tiro de velocidade no **A.** quadril, no **B.** joelho e no **C.** tornozelo. PC = Perda de contato com o solo; CS = Contato com o solo. (Modificado com a permissão de Mann RV. A kinetic analysis of sprinting. Med Sci Sports Exerc 1981; 13:325-328.)

máxima do quadril ocorre a dois terços do caminho durante a fase de impulso e corresponde com o momento em que o pé contralateral perde o contato com o solo. Neste momento existe uma mudança da flexão do joelho para a extensão do joelho. A Figura 15.2 mostra uma pequena ativação muscular do quadríceps durante esse período no ciclo do impulso (84), indicando que a extensão do joelho é principalmente realizada no momento de flexão do quadril, a qual proporciona uma ação tipo chicote da perna mais baixa durante a fase de impulso. Os tendões da coxa atuam agora excentricamente, interrompendo a extensão do joelho enquanto simultaneamente inicia a extensão do quadril durante a fase descendente do pé (56). Este é o segundo CAE observado durante a fase de impulso do ciclo do tiro.

Os adutores estão ativos durante a fase inicial de arrancada (logo após o momento em que o pé perde o contato com o solo) e no início da fase descendente do pé, estabilizando o joelho por meio do contrabalanço das ações de rotação externa e abdução dos glúteos (84) (veja Fig. 15.2). A atividade do tibial inicia no momento em que o pé perde o contato com o solo e permanece ao longo de toda a fase de impulso, enquanto a atividade do gastrocnêmio é mínima durante quase toda essa fase e não aumenta até imediatamente antes do contato do pé (25). Acredita-se que essa pré-atividade ajude a preparar as articulações a diminuírem as forças verticais no contato do pé bem como a criarem um CAE mais eficiente no gastrocnêmio.

FASE DE SUPORTE

Uma vez que o pé tenha feito contato com o solo, os músculos extensores do quadril (p. ex., posteriores da coxa e glúteos) atuam concentricamente até a fase de meio suporte (49). O glúteo máximo é continuamente ativo (42), estendendo o quadril, mas também o estabilizando (veja Fig. 15.2). Os músculos posteriores da coxa são responsáveis pela força necessária para propelir o corpo à frente e são a chave para a velocidade de tiro linear (84). Velocistas de alto nível têm demonstrado a habilidade para diminuir a freada horizontal criando forças maiores e gerando mais potência nos extensores de quadril e nos flexores de joelho durante o início da fase de suporte (58). Essa breve semifase deve ser reconhecida como o momento mais importante do ciclo de tiro de velocidade; imagine que a extensão do quadril é a principal ação responsável pelo tiro de velocidade linear. Por isso, para maximizar a velocidade, a potência deve ser criada o quanto antes na fase de suporte.

Uma transição de ação muscular ocorre entre a fase de meio suporte e a perda de contato do pé com o solo quando os flexores de quadril começam a atuar excentricamente e desaceleram a rotação da perna (58). Parece que a principal função da articulação do joelho durante a fase de suporte é transferir a potência na direção proximal-distal (i.e., do quadril para o tornozelo). Existe uma grande atividade dos músculos extensores de joelho durante a fase de meio suporte para estabilizar o joelho, transferir forças do quadril para o tornozelo e manter a altura do centro de massa constante. Adicionando suporte para esta idéia, um estudo reportou potência desprezível do joelho durante a fase de meio suporte (45). Por isso, durante as fases de chegada e manutenção de um tiro de velocidade, os extensores do joelho não devem ser considerados um grupo muscular que produz propulsão à frente. De fato, se os extensores de joelho fossem ativados de forma máxi-

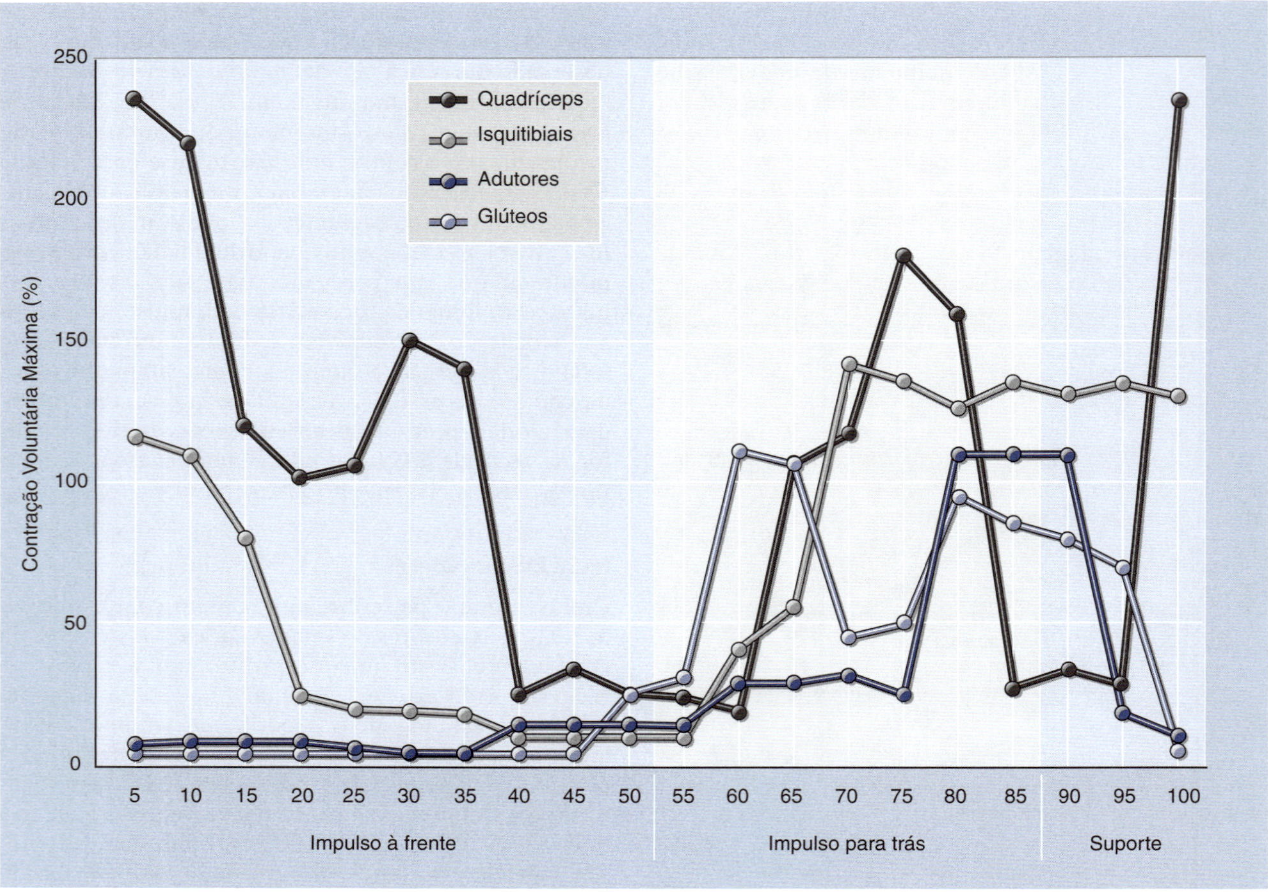

FIGURA 15.2 Padrões relativos de ativação muscular durante uma passada de tiro de velocidade. [Modificada com a permissão de Wiemann K, Tidow GN. Relative activity of hip and knee extensors in sprinting: implications for training. New studies athletics 1995; 10(1):29-49.]

ma durante a fase suporte, eles produziriam uma força desproporcional para cima em vez de uma propulsão à frente. Isso levaria a uma maior e mais longa fase aérea (84), reduzindo em parte o rendimento do tiro de velocidade linear. A função primária da musculatura em torno da articulação do tornozelo é contribuir na manutenção da altura do centro de massa no contato do pé e promover confiança, apesar de mínima, do corpo no plano ântero-posterior (25,56).

Tiros de velocidade requerem produção de potência horizontal dos extensores do quadril e flexores de joelho para propelir o corpo à frente durante a porção inicial da fase de suporte. A manutenção do centro de gravidade ocorre por meio de ações excêntricas dos seguintes grupos musculares: glúteos, quadríceps e gastrocnêmios.

Varávieis agudas do treinamento

As variáveis agudas do treinamento são variáveis específicas que são manipuladas para produzir variação no volume, na freqüência e na intensidade do treinamento. Elas devem ser planejadas diariamente e são componentes-chave do exercício, que está fortemente relacionado com a efetividade potencial do programa de treinamento.

VOLUME

O volume de trabalho de tiros de velocidade linear é caracterizado pela distância total percorrida durante uma dada sessão de treinamento. Pode ser benéfico realizar atividades de tiros de velocidade (p. ex., A – passadas, B – saltitos, etc.) e exercícios de capacidade de tiros de velocidade separadamente. As atividades de tiros de velocidade devem ser incluídas diariamente durante a rotina de aquecimentos com o objetivo de aperfeiçoar a técnica mecânica. Por outro lado, o volume de trabalho dedicado para a melhora da capacidade de tiros de velocidade será governado pela característica do esporte e possivelmente pelas necessidades de uma posição específica. Isso inclui características lineares e metabólicas dos tiros de velocidade (i.e., média de freqüência e distância). Tiros de velocidade de distâncias curtas (< 60 m) dependem fundamentalmente do metabolismo anaeróbio. Por isso, o esquema de série e repetição deve objetivar a melhora da atividade das enzimas associadas com este sistema de energia em particular. Embora muitas pesquisas tenham examinado o impacto do treinamento intervalado com tiros de velocidade sobre as adaptações metabólicas (22,27,54,65), existe grande possibilidade de variação no desenho do programa, por isso as orientações sobre volume de tiros de velocidade linear são limitadas.

FREQÜÊNCIA

A realização de treinamento de tiros de velocidade em alta intensidade tem alta demanda física; por isso, o número de sessões semanais dependerá da recuperação da outra sessão de treinamento ou prática. Pode ser suficiente programar de duas a três sessões por semana, dependendo das demandas adicionais submetidas ao atleta.

INTENSIDADE

Treinar para melhorar a capacidade de tiros de velocidade linear normalmente envolve esforço máximo; no entanto, sessões de trabalho submáximo podem ser usadas com atletas inexperientes para induzir adaptações metabólicas. Será necessário que a maior parte do treinamento seja de alta intensidade, portanto deve ser prescrito apenas para atletas que tenham mecânica avançada de tiros de velocidade. Tendo isso em mente, jovens atletas devem focar em atividades que acentuem a mecânica, enquanto atletas mais avançados podem receber a prescrição de sessões de trabalho de esforço máximo, com o objetivo específico de distâncias de tiro de velocidade linear.

Dois métodos adicionais geralmente usados no treinamento de tiros de velocidade são os tiros de velocidade assistidos e resistidos. Ambos os métodos são considerados de alta intensidade e não devem ser prescritos para atletas que não tenham mecânica avançada dos tiros de velocidade. Cuidado extremo é recomendável mesmo para atletas que tenham padrões de movimentos avançados, pois tiros de velocidade resistidos e assistidos podem ter conseqüências negativas.

A corrida assistida (p. ex., exercício em alta velocidade na esteira, corrida com resistência de borracha ou corrida em declive) permite que o atleta corra mais rápido do que seu ritmo natural e geralmente prescrito para ajudar a aumentar a freqüência de passada (i.e., melhora no ciclo). Apesar de algumas evidências empíricas, pesquisas demonstram claramente que correr em velocidades supra-máximas aumenta o comprimento da passada e diminui a freqüência de passada em comparação com a corrida máxima (16,23,67). Essas alterações causam conseqüentemente um aumento da distância horizontal do pé para o centro de massa no contato com o solo, resultando em maior força de frenagem durante a fase de suporte e aumentando a probabilidade de lesões (23). Além disso, séries de alta velocidade na esteira abaixo de 80% e acima de 90% da velocidade máxima de corrida causam quebra na mecânica dos tiros de velocidade (47). Por isso, esse tipo de treinamento deve ser limitado a atletas de elite e completamente evitado por atletas jovens inexperientes.

A corrida resistida inclui puxar um trenó ou correr em aclive e é geralmente prescrita para aumentar a produção de força e conseqüentemente o comprimento de passada em tiros de velocidade não-resistidos. Muitas alterações mecânicas ocorrem com o tiro de velocidade resistido. Por exemplo, ocorre maior flexão do quadril, joelho e tornozelo, que indica menos rigidez na cadeia cinética completa e menor potencial para maximizar a velocidade do tiro. Além disso, a postura é alterada quando a corrida é realizada em aclive com modesto grau (três graus) ou puxando um peso mínimo (12% da massa corporal) (52,67). Durante os tiros de velocidade resistidos, um maior número de ciclos com as pernas é realizado na fase de suporte e existe uma diminuição no comprimento de passada (52,67,77,90). Essas alterações mecânicas nos tiros de velocidade podem ser prejudiciais para a velocidade linear; por isso, é necessário cuidado extremo na prescrição de atividades de tiros de velocidade resistidos.

Evidentemente mais pesquisa é necessária para determinar se as alterações agudas na mecânica dos tiros de velocidade podem ser permanentes se métodos de treinamento resistido e assistido são interados de forma crônica na rotina de um atleta. Com base nas informações disponíveis seria prudente evitar qualquer tipo de método assistido ou resistido em atletas jovens e inexperientes.

AGILIDADE

Mudanças de direção ocorrem geralmente durante muitas atividades atléticas e incluem desaceleração seguida de imediata reaceleração do corpo inteiro ou segmento(s) corporais. Esta habilidade, chamada de **agilidade**, tem sido descrita como um movimento eficiente, coordenado, em múltiplos planos executados em muitas velocidades (26,82). Um lutador preparando um soco ou chute, um bailarino dançando mambo ou um lutador de luta livre finalizando um golpe são exemplos de agilidade. Indivíduos envolvidos no desenvolvimento e na melhora do rendimento esportivo, no entanto, geralmente consideram a agilidade como uma habilidade de locomoção na qual o atleta muda de direção por meio de desaceleração do corpo e reaceleração em uma nova direção (26,82). Embora tenha sido demonstrado que a agilidade é um atributo atlético independente (51), qualidades adicionais são consideradas importantes, incluindo equilíbrio dinâmico, noção espacial, ritmo e processamento visual (28). Um alto grau de complexidade está presente nessa habilidade motora fundamental.

Seqüência de desenvolvimento

Aprender a tornar-se ágil requer o desenvolvimento de padrões de movimento apropriados e, ainda mais importante, a habilidade de integrar as habilidades locomotoras de forma eficiente (p. ex., correr, saltar) com noção proprioceptiva. Na medida em que a crianças caminham rápido e correm (1,5 a três anos de idade), elas tentam ser elusivas e mudar de direção quando brincam de correr. A eficiência de movimento é geralmente pobre, no entanto, é associada com movimentos estranhos dos braços, postura desequilibrada, além de falta de tempo e coordenação. Estas são todas as características que foram descritas previamente na seção da seqüência de desenvolvimento dos tiros de velocidade. Como uma variedade de aspectos está incluída na habilidade de mudar de direção, é difícil identificar precisamente uma seqüência de desenvolvimento, como visto em outras habilidades motoras.

Apesar disso, em uma janela de tempo específica ou períodos importantes, tanto atividades gerais quanto específicas podem ser implementadas para desenvolver a agilidade de forma apropriada. Por exemplo, crianças com idade entre cinco e oito anos devem realizar uma maior variedade de padrões de movimentos gerais com o intuito de desenvolver o fundamento das habilidades motoras. Isso poderia incluir movimentos de braços e pernas em posição estacionária, saltos rítmicos parados ou atividades locomotoras que incorporem orientação espacial. Aprender as características temporais de movimentos gerais é extremamente benéfico, especialmente antes de iniciar exercícios ou atividades mais específicas. Durante esse período, devem predominar exercícios de agilidade fechada, em que o exercício, a execução e o término estejam claramente estabelecidos. Crianças envolvidas com atletismo devem ser aptas a realizarem exercícios gerais com falhas mínimas antes de avançar para exercícios mais complexos.

Atletas jovens com idade entre nove e 13 anos conseguem correr mais rápido à medida que eles maturam. Por razões de segurança e prevenção de lesão, no entanto, eles devem inicialmente realizar exercícios em velocidades submáximas. Além disso, os exercícios não devem ainda incluir alterações agudas de direção, mas sim envolver padrões de contorno. Contornar uma série de cones lineares, correr sobre um padrão de oito figuras ou aprender a integrar habilidades locomotoras distintas em um exercício são exercícios aceitáveis durante esta fase de desenvolvimento. Exercícios que incluem mudanças agudas de direção não são benéficos para o desenvolvimento da agilidade, especialmente quando a eficiência ainda não foi atingida (10,72). Exercícios fechados devem ainda predominar nesta janela de tempo; no entanto, alguns exercícios abertos podem ser incluídos de forma reduzida para adicionar um componente reativo com estímulo auditivo e visual.

Alterações no tamanho corporal, na estrutura e na massa corporal influenciam a coordenação e a propriocepção de um atleta jovem. Durante este estágio, use o tempo para aperfeiçoar as habilidades motoras que já estiverem desenvolvidas, permitindo que o atleta se torne mais confortável com seu "novo corpo" (26). Exercícios com grandes dificuldades e mais desafiadores podem certamente ser adicionados ao regime de treinamento, mas durante este estágio a especificidade esportiva deve ser evitada, pois isto pode atrapalhar o desenvolvimento atlético geral.

Mais especificidade e complexidade são o foco do treinamento de agilidade durante idade mais avançada na adolescência (além dos 17 anos) e podem ser agora regularmente implementadas no plano de treinamento (26). O mesmo exercício pode ser realizado de forma mais difícil simplesmente usando diferentes condições de campo, incluindo um parceiro ou implementando uma restrição. Estes são métodos aceitáveis para aumentar gradualmente a habilidade de um atleta para mudar de direção efetivamente (26). Os atletas devem realizar quase todos os exercícios em alta velocidade, uma vez que movimentos lentos têm demonstrado alterar os padrões de ativação muscular (64). Uma mudança de direção aberta e fora dos exercícios fechados é geralmente típica; no entanto, entenda que a realização de exercícios de reação abertos em alta velocidade representa uma sobrecarga articular com pequena alteração na magnitude ou padrão de ativação muscular. Isto sugere que estresses maiores serão empregados sobre as articulações, com um risco potencial aumentado de lesão (9,10).

Existem períodos importantes do desenvolvimento e geralmente correspondem a um intervalo de idade cronológica. Esses períodos importantes podem certamente guiar o desenvolvimento apropriado do atleta, mas, ao selecionar as atividades ou exercícios, também é importante considerar o estágio de desenvolvimento de um atleta e a idade de treinamento. Em outras palavras, pode ser apropriado usar uma grande variedade de atividades fechadas com um atleta de 16 anos de idade que tem menos do que um ano de experiência de treino. Por outro lado, pode ser apropriado incluir uma maior proporção de atividades abertas com um atleta de 13 anos de idade que tem quatro anos de treinamento consistente como experiência e tem habilidades locomotoras avançadas. Não dependa somente da idade cronológica, mas gaste um tempo para entender as limitações individuais de cada atleta. Isso promoverá uma fundamentação mais forte para a prescrição do exercício.

Fatores de impacto

A habilidade em coordenar uma transição suave e rápida entre parar e iniciar é uma vantagem distinta para atletas que realizam mudanças de direção. Transições ineficientes causadas por desaceleração mecânica ou fase de suporte prolongada podem permitir que um defensor mantenha proximidade, sem permitir que o atacante torne-se apto a receber o passe (p. ex., futebol, futebol americano e lacrosse). A agilidade acentuada deve ser desenvolvida em conjunto com muitas outras habilidades sinestésicas e proprioceptivas, tais como equilíbrio, orientação, reação, ritmo, processamento visual, tempo e antecipação (28). Com isso em mente, muitas variáveis irão influenciar a forma como as atividades e exercícios serão executados, especialmente a velocidade do movimento, o ângulo de mudança de direção e se o movimento é planejado (habilidade fechada) ou não-planejado (habilidade aberta).

Efeitos da velocidade do movimento

Atividades de agilidade podem ser realizadas em velocidades de corrida lentas ou rápidas. Velocidades lentas estão associadas com maior tempo de contato com o solo durante a fase de desaceleração se comparadas com velocidades mais rápidas de corrida (300 *versus* 170 milissegundos, respectivamente) (8,64,72). Como nos tiros de velocidade, a pré-ativação dos flexores e extensores de joelho ocorre imediatamente antes do contato com o solo, que serve para preparar as articulações para a sobrecarga excêntrica durante a desaceleração. Um aumento na pré-ativação em velocidades de corrida mais rápida tem levado alguns a sugerir que existe um mecanismo antecipatório para proteger as articulações do quadril e do joelho da sobrecarga excêntrica aumentada e sobrecarga rotacional. Um **mecanismo neural antecipatório** indica que a musculatura de proteção pré-ativaria como um mecanismo de proteção por meio do controle motor para reduzir as chances de lesões. Isso também estimula um aumento da habilidade do CAE e acentua a transição das ações musculares excêntricas para concêntricas.

Durante a fase de suporte, os adutores e os glúteos médios são constantemente ativados e primariamente responsáveis pela estabilização do quadril. Uma relação agonista-antagonista altamente integrada entre o quadríceps e os músculos posteriores da coxa proporciona a capacidade de mudar de direção (64). Mais especificamente, os extensores de joelho trabalham para desacelerar o corpo no contato com o solo, enquanto a atividade dos extensores do quadril predomina durante a fase de suporte tardia. A extensão do quadril promove a propulsão horizontal necessária do corpo para a nova direção. Recapitule a seção sobre tiro de velocidade linear onde a extensão de quadril é importante durante a porção inicial da fase de suporte. Essa diferença aparente do tiro de velocidade linear deve ser considerada no desenvolvimento de atividades ou exercícios que têm como objetivo a melhora no rendimento de agilidade.

Efeitos dos ângulos

Mudanças de direção podem ser consideradas rasas (menos do que 45 graus) ou agudas (mais do que 45 graus). Quando os atletas são observados no laboratório e orientados a realizarem mudanças agudas de direção, existe uma grande redução na produção de velocidade. Geralmente existe uma incapacidade de executar apropriadamente a atividade mesmo com reduções de velocidades (10,72). O fato de esses movimentos serem pré-planejados destaca a dificuldade de realizá-los. Isso também indica a necessidade de incorporar atividades no regime de treinamento para atletas de elite com habilidades avançadas de movimento. Atividades que focam na habilidade de realizar mudanças drásticas de movimento enquanto mantêm a velocidade proporcionam o estímulo necessário para adaptação e transferência para a competição. Por outro lado, atletas inexperientes devem focar em padrões de contorno realizados em velocidades mais lentas para evitar atividades com maiores demandas.

Mudanças de direção podem ser realizadas com um passo aberto ou cruzado. Durante os estágios iniciais do desenvolvimento, pode ser benéfico ensinar atletas ambos os tipos de movimento. Esses passos devem ser realizados em velocidades lentas, com atenção específica para a mecânica apropriada. Uma análise de mudança de direção com passada aberta apresenta rotação interna, enquanto a passada cruzada produz rotação interna do joelho. Essas cargas podem ser mais do que cinco vezes maiores do que no tiro de velocidade linear (10,11). Além disso, passadas cruzadas produzem cargas varas, enquanto a passada aberta produz uma mistura de carga vara e valga no joelho (10,11). Uma mudança de direção usando uma passada aberta aumenta a atividade do vasto medial e do glúteo médio (9,72), atuando para (a) criar estabilidade na articulação do quadril para manter a postura e (b) para conter as cargas varas associadas com este movimento. Observe atentamente seus atletas durante as atividades de agilidade para garantir uma mecânica apropriada, e inclua exercícios de força que tenham como objetivo fortalecer o quadríceps e os glúteos, o que ajuda a estabilizar o joelho.

Efeitos da antecipação

Se uma habilidade for planejada (fechada) ou não-planejada (aberta) também altera os padrões de movimento e cargas no joelho. Por exemplo, um atacante de lacrosse pode tentar muitas manobras pré-planejadas para driblar um defensor. Por outro lado, o defensor pode continuamente ajustar o estímulo visual e antecipar os movimentos do atacante, fazer mudanças de direção reativas ou não-planejadas. A diferença entre mudanças de direção pré-planejadas e não-planejadas tem efeitos nas cargas rotacionais externas vara/valga e internas/externas (9,10), padrões de ativação muscular (9) e preparação do corpo (72).

Comparado às mudanças de direção não-planejadas, uma mudança de direção com passada aberta pré-planejada demonstra um suave cruzamento da passada antes do eixo do pé ser plantado, uma rotação inicial do eixo do pé em uma nova direção, e maior inclinação do corpo (72). As cargas de flexão/extensão são similares nas ações de corte planejada e não-planejada, mas existe uma maior flexão de joelho quando os movimentos não são planejados (11). Além disso, ocorre uma redução no ângulo total do movimento durante mudanças de direção não-planejada (10,72). Todos estes são mecanismos de proteção que promovem um período adicional para a ativação muscular apropriada, estabilização articular apropriada e reduzidas forças de impacto.

A realização de uma manobra de corte não-planejada aumenta a sobrecarga de rotação externa e valga em 70 e 90%, respectivamente. De forma interessante, a ativação dos músculos aumenta apenas de 10 a 20% (9,10). Além disso, os padrões de ativação muscular geral surgem durante as mudanças de direção não-planejadas, indicando coordenação não-específica entre os pares musculaes sinergistas anterior/posterior e medial/lateral (10). Por outro lado, ações pré-planejadas produzem padrões de ativação específicos do vasto medial e bíceps femoral para contabilizar as cargas externas valgas e de rotação interna, respectivamente (10). A incapacidade do sistema neuromuscular em iniciar os ajustes apropriados durante mudanças de direção não-planejadas reduz a eficiência e velocidade do movimento. Por isso, para acentuar a habilidade de desacelerar, inclua exercícios que aumentem a capacidade excêntrica dos músculos (p. ex., treinamento de força) bem como atividades que objetivem a melhora da capacidade de reação (p. ex., pliometria).

Fatores como a velocidade de movimento, o ângulo de mudança ou a antecipação afetam os padrões de ativação muscular, cinemática e impacto articular. Exercícios que desenvolvam estabilidade muscular, força muscular excêntrica e capacidade de reação devem ser incluídos para o desenvolvimento atlético máximo.

Variáveis agudas do treinamento

Está disponível informação limitada sobre como melhorar a agilidade; no entanto, o treinamento para tiros de velocidade linear não melhora a capacidade de mudar de direção e vice-versa (87,88). De fato, tiros de velocidade linear, potência e agilidade são independentes características de rendimento, em que a capacidade em uma variável não está associada com as outras (60). Isso significa que o treinamento de agilidade deve ser um componente integral do regime de treinamento de um atleta. Devem existir diferenças, no entanto, entre atletas inexperientes e avançados.

VOLUME

Sessões de treinamento específico dedicados ao desenvolvimento ou melhora da agilidade podem utilizar um guia similar ao do treinamento de tiros de velocidade linear, em que o volume é a distância total percorrida. Atletas inexperientes podem levar mais tempo para aprender os mecanismos apropriados e realizar padrões gerais de movimentos. Por outro lado, atletas avançados podem realizar um grande volume de trabalho. Entender a contribuição relativa das mudanças de direção ao esporte ou posição ajudará a guiar o profissional a determinar o volume apropriado para atletas de alto rendimento.

Existem inúmeras atividades de agilidade; o especialista em condicionamento é limitado somente pela imaginação ao prescrever estes exercícios. Exercícios de agilidade devem focar em mudanças rápidas de direção e usar múltiplos padrões de passada. Esses exercícios também devem ser específicos ao esporte em termos de padrões de movimento, padrões de passada, distância, intervalos de trabalho, intervalos de repouso e intensidades. Embora seja impossível fazer uma lista completa de exercícios de agilidade, amostras de exercícios estão descritas nas Figuras 15.19 até 15.21. Esses exercícios podem ser facilmente alterados de um treino para outro com o objetivo de variação.

FREQÜÊNCIA

Atletas inexperientes podem incluir a agilidade diariamente como parte de uma rotina de aquecimento. Atenção regular para a mecânica apropriada é vital para o desenvolvimento de capacidades apropriadas de movimento. A prescrição do programa para atletas avançados depende do período do ano, das demandas específicas do esporte e de outras necessidades do treino. O objetivo ou foco dos exercícios pode ser ajustado para incorporá-los com mais ou menos freqüência.

INTENSIDADE

A intensidade dos exercícios de agilidade depende de fatores como velocidade de corrida, exercício pré-planejado (fechado) *versus* não-planejado (aberto) e magnitude dos ângulos. Atletas jovens e inexperientes precisam de aperfeiçoamento geral, padrões motores pré-planejados antes de realizarem atividades específicas do esporte. As atividades devem incluir padrões de contornos realizados em velocidades lentas ou moderadas. Exercícios de força com o peso corporal e atividades pliométricas com demandas reduzidas também beneficiam a capacidade de mudança de direção. Na medida em que um atleta se torna avançado, padrões de movimentos específicos podem ser incluídos. As atividades podem aumentar a reatividade e podem incluir uma maior variedade de ângulos.

INTEGRAÇÃO DE EXERCÍCIOS DE VELOCIDADE E AGILIDADE

Dependendo do esporte e do tempo do ciclo de treinamento, o foco pode ser tanto na velocidade quanto na agilidade ou possivelmente nas duas. Se o foco for maximizar a velocidade de corrida, três ou quatro sessões de treinamento por semana podem ser devotadas para a velocidade. O treinamento de agilidade pode ser realizado ocasionalmente como variação. O oposto ocorre se o foco for a agilidade.

Alguns esportes (futebol, por exemplo) requerem tanto velocidade quanto agilidade. Se velocidade e agilidade forem as metas do treinamento, de uma a duas sessões por semana podem ser destinadas para a velocidade, e de uma a duas para a agilidade. Atletas bem condicionados podem estar aptos a se beneficiarem de sessões combinadas, usando tanto exercícios de velocidade quanto de agilidade. Esses exercícios devem ser realizados no início da sessão de treinamento para que o atleta esteja inteiro. A realização de exercícios de velocidade e agilidade enquanto o atleta está fadigado de forma repetida pode não ser eficiente para melhorar o rendimento.

Exercícios de velocidade e agilidade

EXERCÍCIOS PLIOMÉTRICOS

Salto contramovimento

Posição inicial

O atleta está em pé com os pés alinhados com os ombros, com postura ereta e olhando para a frente (Fig. 15.3A).

Seqüência do movimento

Inicie com um contramovimento preparatório flexionando os quadris e os joelhos. Mantenha uma postura corporal ereta (Fig. 15.3B). Uma vez na posição de base, salte imediatamente na vertical (Fig. 15.3C). O atleta deve aterrissar no mesmo local de onde o salto foi iniciado e flexionar o quadril e os joelhos para reduzir o impacto.

Variações

Manipule a profundidade do contramovimento preparatório. Mantenha as mãos no quadril para eliminar o movimento dos braços. Adicione graus de rotação para que o atleta aterrisse em direções diferentes.

(continua)

Salto com contramovimento *(continuação)*

FIGURA 15.3 Salto com Contramovimento. **A.** Posição inicial. **B.** Contramovimento. **C.** Salto.

Salto tesoura

Posição inicial

O atleta está em pé com os pés alinhados com os ombros, a postura ereta e olhando para a frente. Dê meio passo à frente com o pé direito e meio passo atrás com o pé esquerdo.

Seqüência de movimento

Comece com um contramovimento preparatório com a flexão dos quadris e do joelho. Mantenha uma postura ereta (Fig. 15.4A). Uma vez na posição de base, salte imediatamente na vertical (Fig. 15.4B). Durante a fase aérea, modifique a posição das pernas para que a aterrissagem ocorra com a perna esquerda à frente e a direita atrás. Certifique-se de que os joelhos permaneçam apontados para a frente evitando movimentos para dentro (Fig. 15.4C).

Variações

Mantenha as mãos posicionadas nos quadris para eliminar o impulso dos braços. Tente realizar uma dupla troca das pernas durante a fase aérea, para que a aterrissagem ocorra na mesma posição da decolagem.

FIGURA 15.4 Salto tesoura. **A.** Contramovimento. **B.** Salto, com a perna direita à frente.

(continua)

Salto tesoura *(continuação)*

FIGURA 15.4 (continuação) Salto tesoura. **C.** Aterrissagem, com a perna esquerda para frente.

Salto amplo

Posição inicial

O atleta está em pé com os pés alinhados com os ombros, com postura ereta e olhando para a frente.

Seqüência de movimento

Inicie com um contramovimento preparatório flexionando os quadris e os joelhos. Durante o movimento de descida, o corpo se inclina levemente para a frente e os braços devem estar coordenados com o impulso posterior (Fig. 15.5A). Na base do contramovimento, salte horizontalmente para a frente (Fig. 15.5B). Aterrisse com a postura ereta e olhando para a frente. Flexione os quadris e os joelhos para reduzir as forças de impacto e certifique-se de que os joelhos estejam apontados para a frente evitando movimentos para dentro (Fig. 15.5C).

Variações

Elimine o impulso dos braços. Decole com os dois pés e aterrisse com um pé.

Salto amplo *(continuação)*

FIGURA 15.5 Salto amplo. **A.** Contramovimento. **B.** Salto. **C.** Aterrissagem.

Saltitos lineares

Posição inicial

Embora seja possível iniciar em posição estacionária, pode ser mais confortável iniciar com vários *lead-in steps*.

Seqüência de movimentos

Este exercício pode ser comparado a uma corrida exagerada. Retire vigorosamente a perna de trás do solo (Fig. 15.6A) com a intenção de ganhar o máximo de altura e distância horizontal possível (Fig. 15.6B). Ao aterrissar com a perna contralateral, produza imediatamente força máxima para propelir o corpo novamente.

FIGURA 15.6 Saltito linear. **A.** Posição Inicial. **B.** Saltito.

Salto lateral com cone

Posição inicial

O atleta está em pé com os pés alinhados com os ombros, com postura ereta e olhando para a frente, com um cone colocado ao lado.

Seqüência de movimento

Inicie com um contramovimento preparatório flexionando os quadris e os joelhos (Fig. 15.7A). Mantenha a postura ereta. Uma vez na posição de base,

Salto lateral com cone *(continuação)*

salte imediatamente, propelindo o corpo verticalmente e lateralmente (Fig. 15.7B). Aterrisse no lado oposto do cone e flexione os quadris e os joelhos para reduzir o impacto (Fig. 15.7C).

Variações

Mantenha as mãos posicionadas nos quadris para eliminar o impulso dos braços. Adicione graus de rotação para aterrissar em direções distintas.

FIGURA 15.7 Salto lateral com cone. **A.** Contramovimento. **B.** Salto lateral. **C.** Aterrissagem.

Saltitos laterais

Posição inicial

O atleta está em pé com os pés alinhados com os ombros, com postura ereta e olhando para a frente.

Seqüência de movimento

Inicie com um contramovimento preparatório flexionando os quadris e os joelhos. Mantenha a postura ereta. Durante a fase de descida, comece a transferir o peso corporal para a perna esquerda (Fig. 15.8A). Uma vez na posição de base, impulsione o corpo lateralmente com a perna esquerda (Fig. 15.8B) e aterrisse na direita (Fig. 15.8C). Certifique-se de flexionar os quadris e os joelhos na aterrissagem enquanto mantém o corpo dentro do plano vertical do joelho (Fig. 15.8D).

Variações

Adicione movimentos para a frente nos quais o atleta possa seguir um padrão ziguezague ou diagonal em cada saltito.

(continua)

Saltitos laterais *(continuação)*

FIGURA 15.8 Saltitos laterais **A.** Contramovimento. **B.** Movimento lateral. **C.** Movimento de descida. **D.** Aterrissagem.

Arremesso de peito

Posição inicial

O atleta está em pé com os pés alinhados com os ombros, segurando uma *medicine ball* no centro do peito.

Seqüência de movimento

Inicie com um contramovimento preparatório flexionando os quadris e os joelhos. Mantenha a postura ereta (Fig. 15.9A). Durante a fase de descida, inicie a estender simultaneamente os braços e as pernas. À medida que as pernas atingem o pico da extensão, a *medicine ball* é liberada com a intenção de obter a maior distância horizontal (Fig. 15.9B).

Variações

Realize este exercício a partir dos seus joelhos ou com um companheiro.

Arremesso de peito *(continuação)*

FIGURA 15.9 Arremesso de peito. **A.** Contramovimento. **B.** Arremesso.

Salto com arremesso

Posição inicial

O atleta está em pé com os pés alinhados com os ombros, segurando uma *medicine ball* na altura dos quadris com os braços estendidos.

Seqüência de movimento

Inicie com um contramovimento preparatório flexionando os quadris e os joelhos. Mantenha a postura ereta e os braços estendidos (Fig.15.10A). Durante a fase de descida, enquanto as pernas estão estendidas, comece a flexionar os ombros, mantendo os cotovelos estendidos (Fig. 15.10B). Quando a extensão completa das pernas for atingida (Fig. 15.10C), libere a *medicine ball* com a intenção de obter a máxima altura vertical (Fig. 15.10D).

Variações

Realize esta atividade com um parceiro.

(continua)

Salto com arremesso *(continuação)*

FIGURA 15.10 Salto com arremesso **A.** Contramovimento. **B.** Fase de subida. **C.** Extensão completa das pernas. **D.** Arremesso.

Arremesso sobre a cabeça

Posição inicial

O atleta está em pé com um pé na frente do outro, com a postura ereta, segurando a *medicine ball* sobre a cabeça com os cotovelos estendidos.

Seqüência de movimento

Inicie com a flexão preparatória dos cotovelos para que a *medicine ball* fique atrás da cabeça (Fig. 15.11A). Estenda imediatamente os cotovelos (Fig. 15.11B) e libere a bola contra a parede (Fig. 15.11C). Tente acertar a parede para que a bola retorne diretamente em suas mãos com seus cotovelos ainda estendidos.

Variações

Realize este exercício mantendo os cotovelos estendidos, movendo apenas os ombros.

FIGURA 15.11 Arremesso sobre a cabeça. **A.** Posição inicial com os cotovelos flexionados. **B.** Extensão de cotovelos. **C.** Arremesso.

Arremesso lateral

Posição inicial

O atleta está em pé com os pés alinhados com os ombros, segurando uma *medicine ball* na altura dos quadris com os braços estendidos.

Seqüência de movimento

O atleta rota o torso para a esquerda enquanto flexione simultaneamente os quadris e os joelhos (Fig. 15.12A). Durante o retorno, os quadris e os joelhos estão estendidos e a bola é liberada em direção à parede em um ângulo baixo (Fig. 15.12B). Quando a bola retorna da parede, o atleta pega a bola e realiza a mesma ação para o lado oposto do corpo (Fig. 15.12C).

Variações

Realize este exercício com um parceiro. Mantenha a rotação para o mesmo lado do corpo.

FIGURA 15.12 Arremesso lateral. **A.** Posição inicial. **B.** Arremesso. **C.** Pegada

Arremesso com as duas mãos

Posição inicial

O atleta está em pé com os pés alinhados com os ombros, segurando uma *medicine ball* no centro do peito.

Seqüência de movimento

Inicie realizando a rotação do torso para a direita (Fig. 15.13A) e flexione os quadris e joelhos para uma posição de agachamento (Fig. 15.13B). Uma vez na posição de base, estenda imediatamente os quadris e os joelhos e simultaneamente faça a rotação em direção à posição inicial. A *medicine ball* será arremessada com a mão direita (guiada pela esquerda). Estenda completamente os quadris, joelhos e o cotovelo direito, tentando maximizar a altura vertical da bola (Fig. 15.13C). Prossiga o movimento em rotação para a direita (Fig. 15.13D).

Variações

Realize este exercício com um parceiro.

FIGURA 15.13 Arremesso com as duas mãos. **A.** Posição inicial com o torso em rotação. **B.** Posição de agachamento.

(continua)

Arremesso com as duas mãos *(continuação)*

FIGURA 15.13 (continuação) Arremesso com as duas mãos. **C.** Extensão completa e arremesso. **D.** Continuação do movimento.

Arremesso lenhador

Posição inicial

O atleta está em pé com os pés alinhados com os ombros, segurando uma *medicine ball* no centro do peito (Fig. 15.14 A).

Seqüência de movimento

Inicie com a rotação do torso para a direita e com a flexão dos quadris e joelhos para uma posição de semi-agachamento (Fig. 15.14B). Mova a bola em arco da altura do joelho até logo acima da cabeça (Fig. 15.14C). Faça a rotação do tronco em direção ao solo (Fig. 15.14D).

Variações

Tente se posicionar de forma a pegar a bola e iniciar a próxima repetição.

Arremesso lenhador *(continuação)*

FIGURA 15.14 Arremesso lenhador. **A.** Posição Inicial. **B.** Posição de semi-agachamento. **C.** Movimento em arco. **D.** Arremesso.

MECÂNICA DOS EXERCÍCIOS DE TIROS DE VELOCIDADE

Passada rápida

Posição inicial

Este exercício inicia com o atleta trotando/correndo no lugar (Fig. 15.15A).

Seqüência de movimento

Balance as mãos rapidamente, certificando-se de iniciar o movimento na articulação do ombro. O pé deve tocar o solo com o início da planta em toda a fase de suporte. Os ombros devem permanecer relaxados. Mantenha um ponto de foco visual à frente (Fig. 15.15B).

A proposta deste exercício é permitir que o atleta estabeleça padrões próprios de movimento (p. ex., alinhamento corporal, posição de suporte dos pés, impulso dos braços) sem cargas mecânicas ou metabólicas associadas com movimentos horizontais em alta velocidade.

Variações

Inicie com movimentos lentos e aumente gradualmente a velocidade de um trote para uma corrida e finalmente tiros de velocidade.

FIGURA 15.15 Passada rápida. **A.** Posição inicial. **B.** Movimento de passada.

Marcha-B

Posição inicial

O atleta deve iniciar o exercício em uma postura de "marcha" olhando para a frente (Fig.15.16A).

Seqüência de movimento

Eleve o joelho (Fig. 15.16B) e puxe o joelho de volta para o solo. Embora o joelho seja elevado e puxado de volta, deve ser entendido que o movimento que se origina é desenhado para acentuar a ação sobre o quadril. Mantenha a perna de baixo relaxada (não chute; a perna de baixo terá naturalmente um movimento quando relaxada). Toque o solo com o início da planta do pé e concentre-se em "empurrar" o corpo horizontalmente. Mantenha o ponto de foco visual à frente. Mantenha os ombros relaxados. O impulso apropriado dos braços deve ser mantido durante o movimento.

O objetivo deste exercício é criar a ativação muscular apropriada durante o final do impulso por meio do suporte médio.

Variação

Comece com uma ação de marcha e avance com saltitos e finalmente faça a transição para um tiro curto de velocidade.

FIGURA 15.16 Marcha-B. **A.** Posição inicial. **B.** Extensão de joelho.

Ciclos de passada

Posição inicial

O atleta deve iniciar o exercício em uma postura de "marcha" olhando para a frente (Fig.15.17B).

Seqüência de movimento

Trote ou corra com os calcanhares durante uma distância pré-determinada (p. ex., 20 ou 30 m) (Fig. 15.17B). Com um número prescrito de passadas, realize um ciclo completo de tiros de velocidade com uma perna. Complete essa repetição em uma velocidade elevada, toque o solo com o início da planta do pé e novamente empurre o corpo horizontalmente com a extensão do quadril (Fig. 15.17C). Permita que o atleta transite de um tiro de velocidade linear máximo para ciclos de tiros de velocidade com uma única perna (fases de impulso e suporte) em intervalos prescritos. Todos os ciclos devem ser realizados em velocidades máximas ou próximas do máximo.

Variações

Inicie com um número maior de passadas de trotes/corridas (de cinco a sete) entre os ciclos, reduzindo gradualmente (de um a três), e finalmente junte tudo em um ciclo duplo (ambos os pés completam um ciclo sem passadas de trote/corrida no meio).

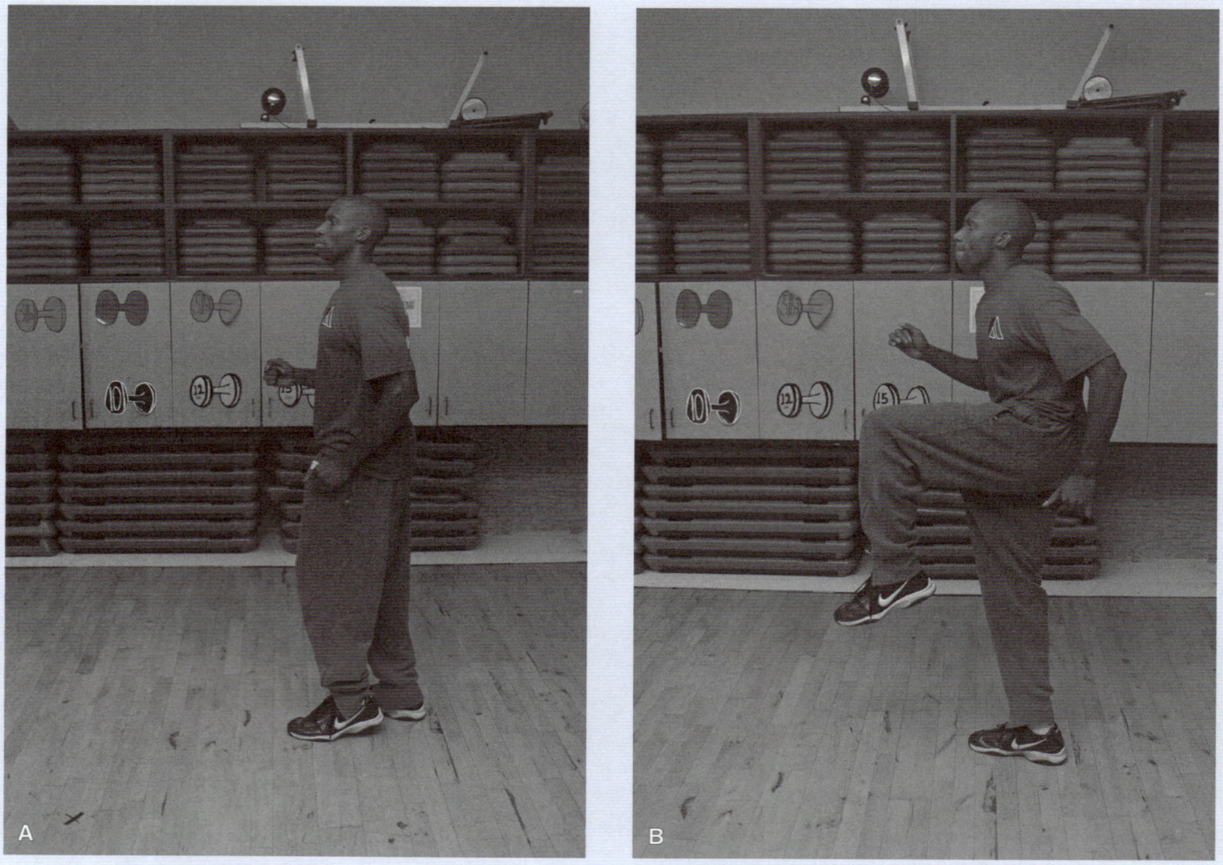

FIGURA 15.17 Ciclo de passadas. **A.** Posição inicial. **B.** Movimento de trote.

Ciclos de passada *(continuação)*

FIGURA 15.17 (continuação) Ciclos de Passada. **C.** Extensão de quadril.

Corrida de agilidade de cinco pontos

Posição inicial

O atleta deve iniciar em uma posição de atenção atlética olhando na direção do primeiro tiro de velocidade.

Seqüência de movimento

Inicie em uma posição X e corra para a posição 1 o mais rápido possível, retornando para a posição X. Continue correndo para as posições de dois a cinco, sempre retorne para a posição X após cada uma (Fig. 15.18). A proposta deste exercício é melhorar a agilidade requerendo paradas rápidas, inícios rápidos, acelerações em alta velocidade e mudanças de direção.

Priorize um início explosivo e acelere até a velocidade máxima o mais rápido possível, mantendo o centro de gravidade baixo para parar rapidamente, e mantenha o centro de gravidade na ponta de trás da base de suporte.

Variações

Este exercício pode ser realizado com vários movimentos, inclusive tiros de velocidade, deslizando os pés e deslocando-se de costas. Também pode ser realizado no sentido horário e no sentido anti-horário, e a distância de cada tiro de velocidade pode ser variada.

(continua)

Corrida de agilidade de cinco pontos *(continuação)*

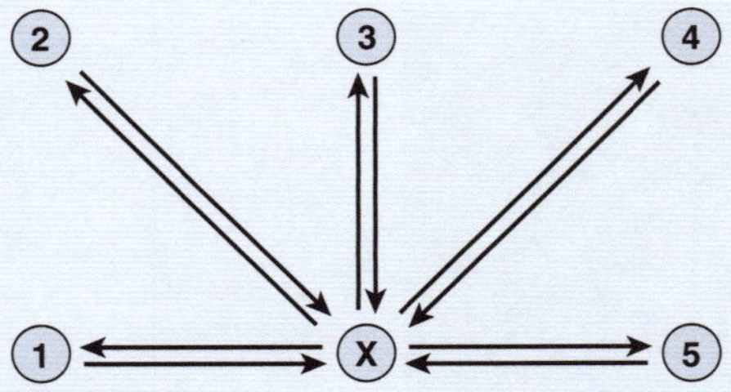

FIGURA 15.18 Corrida de agilidade de cinco pontos.

Exercício em T com movimentos combinados laterais anteriores/posteriores

Posição inicial

O atleta deve iniciar em uma posição de expectativa atlética olhando na direção do primeiro tiro de velocidade.

Seqüência de movimento

Inicie no cone um e corra para o lado esquerdo do cone dois. Siga em torno do cone dois e deslize para a direita para o cone três. Depois deslize para a esquerda no caminho de volta em torno do cone quatro. Depois deslize para o lado direito de volta para o cone dois, depois corra de costas de volta para o cone um (Fig. 15.19). A proposta do exercício em T é treinar o atleta para transições rápidas e efetivas com padrões de movimentos de frente e de costas, para a frente e lateral, e para trás e lateral.

A prioridade deste exercício não é apenas movimentos para a frente, para trás e laterais, mas também a habilidade de transitar de um para o outro. O centro de gravidade deve ser mantido baixo, e na ponta de trás da base de suporte quando mudar de direção.

Variações

O padrão de trabalho dos pés e a distância entre os cones podem ser alterados.

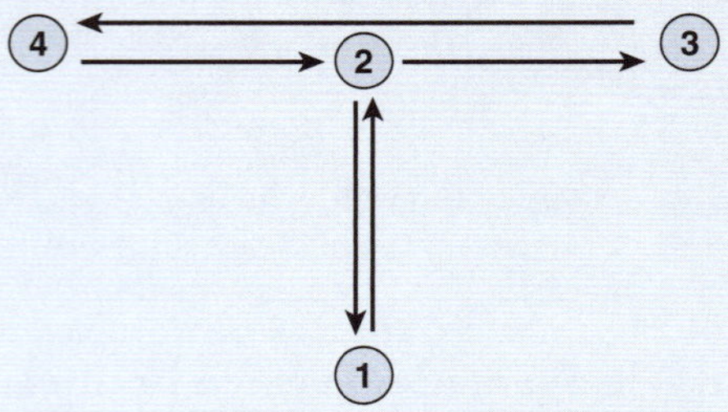

FIGURA 15.19 Exercício em T com movimentos combinados laterais anteriores/posteriores.

Exercício de cinco pontos

Posição inicial

O atleta deve iniciar em uma posição de expectativa atlética olhando à frente.

Seqüência de movimentos

Existem vários padrões de movimento para este exercício. Um padrão comum é com o atleta iniciando com os pés próximos de cada um dos dois pontos, aproximadamente 2 m afastados. O atleta salta em direção aos dois pontos próximos, aproximadamente 3 m à frente. O atleta salta para trás da mesma maneira da posição inicial (Fig. 15.20). Este movimento é repetido quantas vezes forem desejadas.

O atleta deve manter seu centro de gravidade o mais próximo possível do centro do ponto para facilitar a movimentação rápida e manter o equilíbrio. O atleta deve manter uma posição atlética durante o exercício com o centro de gravidade baixo. Encoraje o atleta a mover-se o mais rápido possível. A proposta deste exercício é desenvolver a habilidade de mover os pés rapidamente enquanto mantém uma postura equilibrada, usando movimentos para a frente e para trás.

Exercício de cinco pontos *(continuação)*

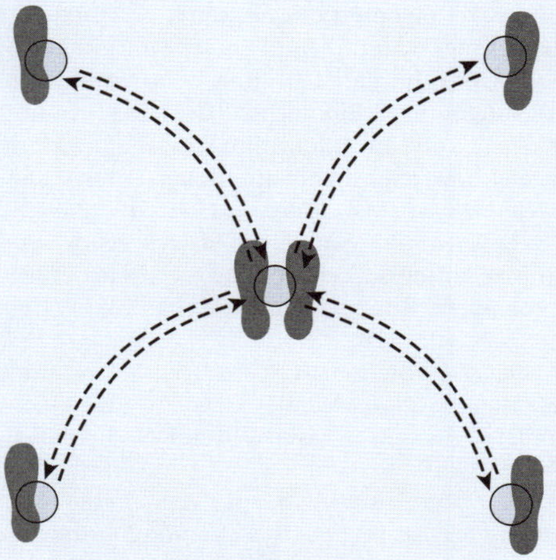

FIGURA 15.20 Exercício de cinco pontos.

Variações

Outros padrões de movimentos podem ser usados para este exercício, como saltar com os dois pés juntos e saltar individualmente em cada ponto. O espaço entre os pontos também pode ser aumentado ou diminuído. Qualquer variação ou combinação de movimento pode ser usada em um exercício específico. A duração do exercício pode ser modificada, ou o número de contatos duplos pode ser usado como uma sobrecarga estimada.

Exercício hexagonal

Posição inicial

O atleta deve iniciar em posição de expectativa no meio do hexágono olhando em frente.

Seqüência de movimentos

Salte para um lado do hexágono e retorne para o meio. Depois salte para cada um dos seis lados do hexágono em ordem, sempre retornando ao meio após cada salto (Fig. 15.21). A proposta deste exercício é desenvolver a habilidade de se mover rapidamente enquanto mantém uma posição equilibrada usando padrões com uma perna ou com as duas.

Variações

O padrão pode ser realizado no sentido horário ou anti-horário. O tamanho do hexágono também pode ser variado.

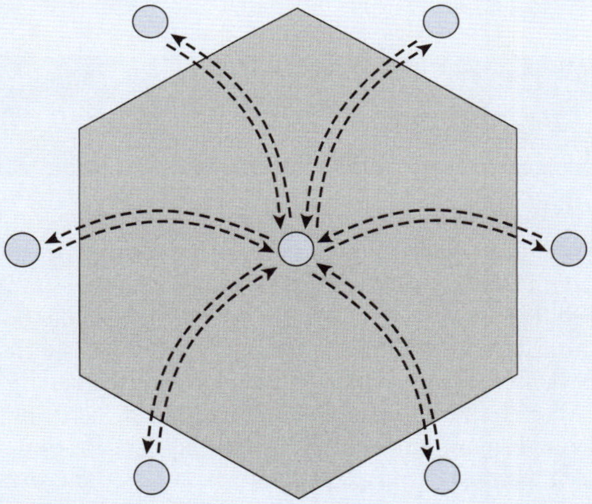

FIGURA 15.21 Exercício hexagonal.

RESUMO

Tiros de velocidade, saltos e mudanças de direção fazem parte de quase todos os esportes. Cada uma dessas habilidades motoras básicas utiliza CAE, ações musculares concêntricas e excêntricas acopladas, para aumentar a produção de potência e por fim acentuar o rendimento. Evidências científicas indicam que tanto fatores mecânicos quanto neurais regulam a habilidade de CAE. Além disso, a distribuição dos tipos de fibras, o uso das extremidades superiores, o sexo, a idade, a força agonista e antagonista e a fadiga podem tanto atenuar quanto aumentar o CAE. Ainda mais importante, a prescrição do programa e a seleção dos exercícios devem considerar fortemente a experiência do(s) atleta(s), com o foco no desenvolvimento motor geral para atletas jovens e maior especificidade esportiva para atletas avançados. Programas de treinamento utilizando pliometria, tiros de velocidade e exercícios de agilidade devem considerar esses fatores bem como considerar as respostas esperadas ao fornecer instruções para os atletas sobre o rendimento no exercício.

QUESTÕES TÉCNICAS

1. Um treinador universitário de basquetebol pergunta para a nova preparadora física se ela observará as atletas realizarem suas rotinas de pliometria, que incluem saltos em profundidade. Quando elas realizam os saltos em profundidade, ela observa que muitas delas têm uma pobre mecânica de aterrissagem (p. ex., pouca flexão dos quadris e joelhos, os joelhos se encurvam para dentro). Qual seria uma sugestão apropriada sobre como os exercícios devem ser realizados?
2. Um velocista amador quer começar a levantar pesos em uma tentativa de tornar-se mais rápido. Ele nunca esteve envolvido em treinamento de força antes. Inicialmente, quais grupos musculares e quais tipos de treinamento seriam mais benéficos?
3. Um time profissional de futebol quer sua sugestão para uma nova forma de aumentar a capacidade do time em mudar de direção. Quais variáveis do programa devem ser o foco do treinamento e como elas podem ser manipuladas para estimular aumentos no rendimento?

REFERÊNCIAS

1. Adams K, O'Shea J, O'Shea K, et al. The effect of six weeks of squat, plyometric, and squat-plyometric training on power production. J Appl Sports Sci Res 1992;6:36–41.
2. Ashby BM, Heegaard JH. Role of arm motion in the standing long jump. J Biomech 2002;35:1631–1637.
3. Avela J, Komi PV. Interaction between muscle stiffness and stretch reflex sensitivity after long-term stretch-shortening cycle exercise. Muscle Nerve 1998;21:1224–1227.
4. Avela J, Komi PV. Reduced stretch reflex sensitivity and muscle stiffness after long-lasting stretch-shortening cycle exercise in humans. Eur J Appl Physiol Occup Physiol 1998;78:403–410.
5. Avela J, Kyrolainen H, Komi PV. Neuromuscular changes after long-lasting mechanically and electrically elicited fatigue. Eur J Appl Physiol Occup Physiol2001;85: 317–325.
6. Avela J, Kyrolainen H, Komi PV, et al. Reduced reflex sensitivity persists several days after long-lasting stretch-shortening cycle exercise. J Appl Physiol 1999;86:1292–1300.
7. Belli A, Kyrolainen H, Komi PV. Moment and power of lower limb joints in running. Int J Sports Med 2002;23:136–141.
8. Bencke J, Naesborg H, Simonsen EB, et al. Motor pattern of the knee joint muscles during side-step cutting in European team handball. Scand J Med Sci Sports 2000;10:68–77.

EXEMPLO DE CASO

Prescrevendo um programa de treinamento pliométrico para uma jogadora da equipe feminina universitária de voleibol (atacante de ponta)

HISTÓRICO

Você está empregado como preparador físico da primeira divisão universitária. Uma de suas responsabilidades é treinar o time feminino de voleibol durante o ano. O treinador pediu atenção especial para melhorar o rendimento do salto vertical de três ponteiras. Elas jogam voleibol há mais de sete anos e têm um mínimo de três anos de experiência com o treinamento de força. Suas aterrissagens e mecânicas de salto são seguras e elas possuem os três maiores valores de 1 RM no salto agachado. Utilizando as análises necessárias, identifique as características do salto das ponteiras universitárias e desenvolva um ciclo pliométrico de oito semanas para ser realizado na pré-temporada.

RECOMENDAÇÕES/CONSIDERAÇÕES

Inicie com a análise necessária do volume de saltos para o grupo de jogadoras. Assistir a vídeos da temporada passada deve proporcionar um entendimento razoável dos tipos e volumes de saltos realizados. Você encontra que o número de ataques e bloqueios realizados por set são aproximadamente 34 e 27, respectivamente. Se for necessário jogar quatro sets para determinar o resultado de uma partida, uma atacante de ponta realiza aproximadamente 250 saltos por jogo (136 ataques e 108 bloqueios). Uma análise de movimento indica que para realizar um ataque, a atleta deve primeiramente gerar uma velocidade horizontal e transferi-la para um movimento vertical. Por outro lado, um bloqueio inicia em uma posição de semi-agachamento e tem apenas o movimento vertical.

IMPLEMENTAÇÃO

Selecione os exercícios que são associados com as habilidades motoras. Por exemplo, saltitos de potência realizados para distância linear ou altura máxima proporcionam estímulos para esse grupo de atletas. Saltos em profundidade também poderiam ser usados para desenvolver a capacidade de desacelerar e mudar de direção rapidamente, como observado no ataque. Qualquer tipo de exercício para salto vertical seria apropriado para a habilidade de bloqueio. Mais especificamente, o bloqueio é iniciado de uma posição de semi-agachamento; por isso, um exercício como saltos em caixa serviriam bem no programa de treinamento. As atletas devem ser instruídas a realizar todos os exercícios com velocidade máxima de decolagem durante o ciclo inteiro de treinamento. Deve-se tentar igualar o volume observado durante a competição ao que é prescrito no treinamento, o que ocorreria durante várias semanas e seria apenas implementado durante sessão de treinamento selecionada. Carga progressiva e uma periodização permitirão uma recuperação apropriada entre os estímulos de treinamento.

RESULTADOS

Usar uma progressão apropriada para o volume e intensidade de treinamento bem como promover repouso adequado devem promover o estímulo necessário para melhorar o rendimento e aumentar a capacidade de salto. Avaliações regulares (a cada duas ou três semanas) do rendimento usando testes com saltos verticais específicos para o voleibol fornecerá o *feedback* necessário para monitorar o seu programa.

9. Besier TF, Lloyd DG, Ackland TR. Muscle activation strategies at the knee during running and cutting maneuvers. Med Sci Sports Exerc 2003;35:119–127.
10. Besier TF, Lloyd DG, Ackland TR, et al. Anticipatory effects on knee joint loading during running and cutting maneuvers. Med Sci Sports Exerc 2001;33:1176–1181.
11. Besier TF, Lloyd DG, Cochrane JL, et al. External loading of the knee joint during running and cutting maneuvers. Med Sci Sports Exerc 2001;33:1168–1175.
12. Bobbert MF. Dependence of human squat jump performance on the series elastic compliance of the tri-ceps surae: a simulation study. J Exp Biol 2001;204:533–542.
13. Bobbert MF, Gerritsen KG, Litjens MC, et al. Why is countermovement jump height greater than squat jump height? Med Sci Sports Exerc 1996;28:1402–1412.
14. Bobbert MF, Van Soest AJ. Effects of muscle strengthening on vertical jump height: a simulation study. Med Sci Sports Exerc 1994;26:1012–1020.
15. Bobo M, Yarborough M. The effects of long-term aerobic dance on agility and flexibility. J Sports Med Phys Fit 1999;39:165–168.
16. Bosco C, Vittori C. Biomechanical characteristics of sprint running during maximal and supra-maximal speed. NSA 1986;1:39–45.
17. Brown ME, Mayhew JL, Boleach LW. Effect of plyometric training on vertical jump performance in high school basketball players. J Sports Med Phys Fit 1986;26:1–4.
18. Bushey SR. Relationship of modern dance performance to agility, balance, flexibility, power, and strength. Res Q Exerc Sport 1966;37:313–316.
19. Caraffa A, Cerulli G, Projetti M, et al. Prevention of anterior cruciate ligament injuries in soccer. A prospective controlled study of proprioceptive training. Knee Surg Sports Traumatol Arthrosc 1996;4:19–21.
20. Caserotti P, Aagaard P, Simonsen EB, et al. Contraction-specific differences in maximal muscle power during stretch-shortening cycle movements in elderly males and females. Eur J Appl Physiol 2001;84:206–212.
21. Clutch M, Wilton M. The effect of depth jumps and weight training on leg strength and vertical jump. Res Q Exerc Sport 1983;54:5–10.
22. Creer AR, Ricard MD, Conlee RK, et al. Neural, metabolic, and performance adaptations to four weeks of high intensity sprint-interval training in trained cyclists. Int J Sports Med 2004;25:92–98.
23. Corn RJ, Knudson D. Effect of elastic-cord towing on the kinematics of the acceleration phase of sprinting. J Strength Cond Res 2003;17:72–75.
24. Diallo O, Dore E, Duche P, et al. Effects of plyometric training followed by a reduced training programme on physical performance in prepubescent soccer players. J Sports Med Phys Fit 2001;41:342–348.
25. Dietz V, Schmidtbleicher D, Noth J. Neuronal mechanisms of human locomotion. J Neurophysiol 1979;42: 1212–1222.
26. Drabik J. Children & Sports Training: How Your Future Champions Should Exercise to be Healthy, Fit, and Happy. Island Pond, VT: Stadion, 1996.
27. Dupont G, Akakpo K, Berthoin S. The effect of in-season, high-intensity interval training in soccer players. J Strength Cond Res 2004;18:584–589.
28. Ellis L, Gastin P, Lawrence S, et al. protocols for the physiological assessment of team sports players. In: Gore CJ, ed. Physiological Tests for Elite Athletes. Champaign, IL: Human Kinetics, 2000.
29. Ettema GJ. Muscle efficiency: the controversial role of elasticity and mechanical energy conversion in stretch-shortening cycles. Eur J Appl Physiol 2001;85:457–465.
30. Fatouros IG, Jamurtas AZ, Leontsini D, et al. Evaluation of plyometric exercise training, weight training, and their combination on vertical jumping performance and leg strength. J Strength Cond Res 2000;14:470–476.
31. Finni T, Ikegawa S, Lepola V, et al. Comparison of force-velocity relationships of vastus lateralis muscle in isokinetic and in stretch-shortening cycle exercises. Acta Physiol Scand 2003;177:483–491.
32. Fox SI. Human Physiology. 8th ed. New York: McGraw-Hill, 2004.
33. Gallahue DL, John CO. Understanding Motor Development. 6th ed. New York: McGraw-Hill, 2006.
34. Gehri DJ, Ricard MD, Kleiner DM, et al. A comparison of plyometric training techniques for improving vertical jump ability and energy production. J Strength Cond Res 1998;12:85–89.
35. Griffin LY. The Henning Program. In Griffin LY, ed. Prevention of Noncontact ACL Injuries. Rosemont, IL: American Academy of Orthopaedic Surgeons, 2001.
36. Harman EA, Rosenstein MT, Frykman PN, et al. The effects of arms and countermovement on vertical jumping. Med Sci Sports Exerc 1990;22:825–833.
37. Harrison AJ, Gaffney S. Motor development and gender effects on stretch-shortening cycle performance. J Sci Med Sport 2001;4:406–415.
38. Haywood KM, Getchell N. Life Span Motor Development. 3rd ed. Champaign: Human Kinetics, 2001.

39. Hewett TE, Stroupe AL, Nance TA, et al. Plyometric training in female athletes. Decreased impact forces and increased hamstring torques. Am J Sports Med 1996;24:765–773.
40. Hill AV. Mechanics of the contractile element of muscle. Nature 1950;166:415–419.
41. Horita T, Komi PV, Hamalainen I, et al. Exhausting stretch-shortening cycle (SSC) exercise causes greater impairment in SSC performance than in pure concentric performance. Eur J Appl Physiol 2003;88:527–534.
42. Jacobs R, van Ingen Schenau GJ. Intermuscular coordination in a sprint push-off. J Biomech 1992;25:953–965.
43. Jaric S. Changes in movement symmetry associated with strengthening and fatigue of agonist and antagonist muscles. J Motor Behav 2000;32:9–15.
44. Jaric S, Ropret R, Kukolj M, et al. Role of agonist and antagonist muscle strength in performance of rapid movements. Eur J Appl Physiol Occup Physiol 1995;71:464–468.
45. Johnson MD, Buckley JG. Muscle power patterns in the mid-acceleration phase of sprinting. J Sports Sci 2001;19:263–272.
46. Kearney JT, Rundell KW, Wilber RL. Measurement of work and power in sport. In: Kirkendall DT, ed. Exercise and Sport Science. Philadelphia: Lippincott Williams & Wilkins, 2000.
47. Kivi DM, Maraj BK, Gervais P. A kinematic analysis of high-speed treadmill sprinting over a range of velocities. Med Sci Sports Exerc 2002;34:662–666.
48. Kurokawa S, Fukunaga T, Fukashiro S. Behavior of fascicles and tendinous structures of human gastrocnemius during vertical jumping. J Appl Physiol 2001;90:1349–1358.
49. Kyrolainen H, Komi PV, Belli A. Changes in muscle activity patterns and kinetics with increasing running speed. J Strength Cond Res 1999;13:400–406.
50. Lees A, Rojas J, Ceperos M, et al. How the free limbs are used by elite high jumpers in generating vertical velocity. Ergonomics 2000;43:1622–1636.
51. Little T, Williams AG. Specificity of acceleration, maximum speed, and agility in professional soccer players. J Strength Cond Res 2005;19:76–78.
52. Lockie RG, Murphy AJ, Spinks CD. Effects of resisted sled towing on sprint kinematics in field-sport athletes. J Strength Cond Res 2003;17:760–767.
53. Luebbers PE, Potteiger JA, Hulver MW, et al. Effects of plyometric training and recovery on vertical jump performance and anaerobic power. J Strength Cond Res 2003;17:704–709.
54. MacDougall JD, Hicks AL, MacDonald JR, et al. Muscle performance and enzymatic adaptations to sprint interval training. J Appl Physiol 1998;84:2138–2142.
55. Mandelbaum BR, Silvers HJ, Watanabe DS, et al. Effectiveness of a neuromuscular and proprioceptive training program in preventing anterior cruciate ligament injuries in female athletes: 2-year follow-up. Am J Sports Med 2005;33:1003–1010.
56. Mann R, Sprague P. A kinetic analysis of the ground leg during sprint running. Res Q Exerc Sport 1980;51:334–348.
57. Mann RA, Moran GT, Dougherty SE. Comparative electromyography of the lower extremity in jogging, running, and sprinting. Am J Sports Med 1986;14:501–510.
58. Mann RV. A kinetic analysis of sprinting. Med Sci Sports Exerc 1981;13:325–328.
59. Martin RJ, Dore E, Twisk J, et al. Longitudinal changes of maximal short-term peak power in girls and boys during growth. Med Sci Sports Exerc 2004;36:498–503.
60. Mayhew JL, Piper FC, Schwegler TM, et al. Contributions of speed, agility, and body composition to aerobic power measurement in college football players. J Appl Sports Sci Res 1989;3:101–106.
61. McBride JM, Triplett-McBride T, Davie A, et al. The effect of heavy- vs light-load jump squats on the development of strength, power, and speed. J Strength Cond Res 2002;16:75–82.
62. McNair PJ, Prapavessis H, Callender K. Decreasing landing forces: effect of instruction. Br J Sports Med 2000;34:293–296.
63. Moritani T. Motor Unit and motorneurone excitability during explosive movements. In: Komi PV, ed. Strength and Power in Sport. Oxford, UK: Blackwell, 2003.
64. Neptune RR, Wright IC, van der Bogert AJ. Muscle coordination and function during cutting movements. Med Sci Sports Exerc 1999;31:294–302.
65. Nummela A, Mero A, Rusko H. Effects of sprint training on anaerobic performance characteristics determined by the MART. Int J Sports Med 1996;17(Suppl 2):S114–119.
66. Onate JA, Guskiewicz KM, Sullivan RJ. Augmented feedback reduces jump landing forces. J Orthop Sports Phys Ther 2001;31:511–517.
67. Paradisis GP, Cooke CB. Kinematic and postural characteristics of sprint running on sloping surfaces. J Sports Sci 2001;19:149–159.
68. Potteiger J, Lockwood R, Daub M, et al. Muscle power and fiber characteristics following 8 weeks of plyometric training. J Strength Cond Res 1999;13:275–279.
69. Prapavessis H, McNair PJ, Anderson K, et al. Decreasing landing forces in children: the effect of instructions. J Orthop Sports Phys Ther 2003;33:204–207.
70. Pratt CA. Evidence of positive force feedback among hindlimb extensors in the intact standing cat. J Neurophysiol 1995;73:2578–2583.
71. Radcliffe JC, Farentinos RC. High-Powered Plyometrics. Champaign, IL: Human Kinetics, 1999.
72. Rand MK, Ohtsuki T. EMG analysis of lower limb muscles in humans during quick change in running directions. Gait Posture 2000;12:169–183.
73. Silvers HJ, Mandelbaum BR. Preseason conditioning to prevent soccer injuries in young women. Clin J Sport Med 2001;11:206.
74. Sinning WE, Forsyth HL. Lower-limb actions while running at different velocities. Med Sci Sports 1970;2:28–34.
75. Strojnik V, Komi PV. Fatigue after submaximal intensive stretch-shortening cycle exercise. Med Sci Sports Exerc 2000;32:1314–1319.
76. Strojnik V, Komi PV. Neuromuscular fatigue after maximal stretch-shortening cycle exercise. J Appl Physiol 1998;84:344–350.
77. Swanson SC, Caldwell GE. An integrated biomechanical analysis of high speed incline and level treadmill running. Med Sci Sports Exerc 2000;32:1146–1155.
78. Takarada Y, Iwamoto H, Sugi H, et al. Stretch-induced enhancement of mechanical work production in frog single fibers and human muscle. J Appl Physiol 1997;83:1741–1748.
79. Trimble MH, Kukulka CG, Thomas RS. Reflex facilitation during the stretch-shortening cycle. J Electromyogr Kinesiol 2000;10:179–187.
80. van Ingen Schenau GJ, Bobbert MF, de Haan A. Does elastic energy enhance work and efficiency in the stretch-shortening cycle? J Appl Biomech 1997;13:389–415.

81. Van Praagh E. Development of anaerobic function during childhood and adolescence. Pediatr Exerc Sci 2000;12:150–173.
82. Verstegen M, Marcello B. Agility and coordination. In: Foran B, ed. High Performance Sports Conditioning. Champaign, IL: Human Kinetics, 2001.
83. Walshe AD, Wilson GJ, Ettema GJ. Stretch-shorten cycle compared with isometric preload: contributions to enhanced muscular performance. J Appl Physiol 1998;84:97–106.
84. Wiemann K, Tidow GN. Relative activity of hip and knee extensors in sprinting: implications for training. New Studies Athletics 1995;10(1):29–49.
85. Wilson GJ, Murphy AJ, Giorgi A. Weight and plyometric training: effects on eccentric and concentric force production. Can J Appl Physiol 1996;21:301–315.
86. Wilson GJ, Newton RU, Murphy AJ, et al. The optimal training load for the development of dynamic athletic performance. Med Sci Sports Exerc 1993;25:1279–1286.
87. Wroble RR, Moxley DP. The effect of winter sports participation on high school football players: strength, power, agility, and body composition. J Strength Cond Res 2001;15:132–135.
88. Young WB, McDowell MH, Scarlett BJ. Specificity of sprint and agility training methods. J Strength Cond Res 2001;15:315–319.
89. Young WB, Wilson GJ, Byrne C. A comparison of drop jump training methods: effects on leg extensor strength qualities and jumping performance. Int J Sports Med 1999;20:295–303.
90. Zafeiridis A, Saraslanidis P, Manou V, et al. The effects of resisted sled-pulling sprint training on acceleration and maximum speed performance. J Sports Med Phys Fit 2005;45:284–290.

PARTE IV

Tópicos Específicos

CAPÍTULO

16

Fundamentos do treinamento de força para populações especiais

MOH H. MALEK
ANN M. YORK
JOSEPH P. WEIR

Introdução

As pessoas estão vivendo por mais tempo, freqüentemente com uma ou mais doenças crônicas. Os atletas com deficiência apresentam estereótipo fragmentado. Médicos estão recomendando exercícios para seus pacientes para o manejo de condições patológicas tais como doenças cardiovasculares e diabetes. A limitada garantia de seguro pode levar as pessoas com hemiplegia a saírem da fisioterapia clínica e irem para as academias. Estas são apenas algumas das razões pelas quais o exercício para populações especiais tem se tornado importante.

Locais como centros hospitalares e centros de aptidão física têm uma ampla rede de clientes com necessidades especiais. Uma pesquisa com instrutores de atividade física no sul da Califórnia revelou que muitos deles deixam a desejar quanto ao nível de conhecimento necessário para treinar seguramente populações especiais (105). Por isso, o objetivo deste capítulo é apresentar ao leitor uma variedade de populações especiais e os achados atuais relacionados ao exercício como uma forma de intervenção. Este capítulo deve ser usado como referência pelos instrutores de atividade física e, não como um guia de receitas. A Tabela 16.1 lista fontes da internet para os distúrbios discutidos neste capítulo, como referências futuras.

Como em qualquer programa de treinamento, o instrutor de atividade física precisa elaborar um programa individualizado com a constante orientação ao cliente. Por exemplo, um cliente com lesão na coluna vertebral pode desejar força e resistência aeróbia para ingressar em uma competição atlética; um outro pode desejar força e resistência muscular para levantar-se da cama de forma independente. Em qualquer caso, é importante que se trabalhe em constante comunicação com o médico, o fisioterapeuta ou outros profissionais da saúde para garantir a segurança ao cliente de populações especiais. O instrutor de atividade física deve entender as necessidades e precauções do cliente, saber onde obter mais informações e, mais importante, estar alerta aos problemas e saber quando entrar em ação ou chamar ajuda médica. Embora o cuidado seja essencial, é igualmente importante não negar para aqueles com necessidades especiais a oportunidade de desfrutar dos benefícios do exercício.

Embora este capítulo aborde exercício cardiovascular e de flexibilidade, o foco é sobre o treinamento de força. O **treinamento de força** tem se tornado um importante componente do programa de exercícios para atletas, em forte contraste com gerações passadas que eram instruídas a evitarem o treinamento de força pelo medo de tornarem-se "musculosos". Além disso, o treinamento de força tem se tornado reconhecido como um importante componente da saúde e aptidão física da população em geral (2). Para alguns grupos de indivíduos, no entanto, a participação no treinamento de força requer exame detalhado. Neste capítulo, o treinamento de força para diversas populações com necessidades especiais será discutido, e aspectos únicos e possíveis contra-indicações serão considerados. Para aquelas populações em que o treinamento de força é apropriado, os princípios gerais

TABELA 16.1 Fontes na internet

Doenças	Website
Sarcopenia	www.nia.nih.gov/
Osteoporose	www.nof.org/
Artrite	www.arthritis.org/ www.niams.nih.gov/
Paralisia cerebral	www.ninds.nih.gov/health_and_medical/disorders/cerebral_palsy.htm
Retardo mental/Síndrome de Down	www.ndss.org/
Distrofia muscular	www.mdausa.org/ www.ninds.nih.gov/health_and_medical/disorders/md.htm
Acidente vascular cerebral	www.ninds.nih.gov/health_and_medical/disorders/stroke.htm
Fibromialgia	http://fmaware.org/
Síndrode pós-pólio	www.ninds.nih.gov/health_and_medical/disorders/post_polio_short.htm
Esclerose múltipla	www.nmss.org/
Lesão de coluna espinal	www.asia-spinalinjury.org/ www.spinalcord.uab.edu/
HIV/AIDS	www.sis.nlm.nih.gov/HIV/HIVMain.html
Doença pulmonar obstrutiva crônica	www.nhlbi.nih.gov/health/public/lung/other/copd_fact.htm
Obesidade	www.nhlbi.nih.gov/health/public/heart/obesity/lose_wt/ www.cdc.gov/nccdphp/dnpa/obesity/index.htm
Diabete melito	diabetes.niddk.nih.gov/dm/pubs/statistics/index.htm
Câncer	www.nci.nih.gov/

de elaboração do programa são os mesmos para a população em geral. Isto é, fatores como aquecimento adequado, periodização e especificidade precisam ser incorporados em todos os programas. Embora o emprego de cuidado seja necessário para evitar lesões e trabalho excessivo, deve ser observado que os benefícios do treinamento de força ocorrem apenas por meio da aplicação de sobrecarga progressiva, e treino de alta intensidade (em termos de 1 RM) é sempre necessário para um ótimo benefício mesmo em populações especiais.

GERIATRIA

Em 2003, houve quase 36 milhões de pessoas com idade superior a 65 anos vivendo nos Estados Unidos, contabilizando apenas 12% da população total ou em torno de uma a cada oito pessoas. Este número continuará crescendo ao longo das próximas duas décadas em função do envelhecimento dos *baby boomers*. As pessoas que atingem os 65 anos têm uma expectativa de vida adicional de 18,2 anos; muitas ainda terão de lidar com uma condição crônica que causará impacto na qualidade de vida. Entre aqueles com idade entre 65 e 74 anos, quase 20% têm dificuldades com atividades de vida diária (AVDs), e mais da metade daqueles com 85 anos de idade ou mais tem dificuldades com AVDs. Infelizmente, apenas 26% das pessoas com idade entre 65 e 74 anos e 16% das pessoas mais velhas do que 75 anos se envolvem em atividade física regular no período de lazer. Devido ao tamanho demográfico e à necessidade de atividade física, profissionais da saúde vão interagir cada vez mais com a população geriátrica. A ênfase para muitos desses clientes será para manter ou melhorar a habilidade de realizar AVDs.

Envelhecimento normal e sarcopenia

O típico processo de envelhecimento tem efeitos deletérios sobre o músculo esquelético humano e está associado com a redução da massa muscular, força e potência muscular, e eventualmente dificuldades com AVDs. A perda progressiva de massa muscular com a idade avançada é chamada de **sarcopenia** (50). A perda de massa magra associada com a idade pode não apenas afetar a qualidade de vida do idoso como também levar à lesão evitável como fratura de quadril. A taxa de alteração na força pode ser dramática. Reduções na força isocinética ocorrem em taxas de 1,4 a 2,5% por ano após os 65 anos, dependendo do grupo muscular e da velocidade de contração (69). Dos 20 aos 80 anos, existe uma perda no número de fibras de aproximadamente 40%, a qual é acompanhada por uma redução geral no tamanho da fibra muscular (97). Alguns estudos encontraram que, entre os 20 e 80 anos de idade, a massa muscular esquelética diminui de 35 a 40% (49,51). A atrofia da fibra tende a ser maior nas fibras tipo II (97). Além disso, a sarcopenia é acompanhada pela perda de unidades motoras. A reinervação de fibras musculares órfãs por neurônio motor alfa sobrevivente leva o músculo com poucas unidades motoras totais a ter unidades motoras que contêm mais fibras. Muito do declínio de força resulta da perda de massa muscular, mas a qualidade muscular (força por unidade de músculo) também pode diminuir (68). Os efeitos totais da sarcopenia provavelmente contribuem para a redução da taxa metabólica basal com a idade e um aumento progressivo no percentual de gordura corporal. Parece que as alterações relativas (%) na massa muscular e força corporal de membros superiores podem ser maiores em homens do que em mulheres (79); no entanto, os efeitos absolutos da sarcopenia podem ser mais severos nas mulheres. Na verdade, aproximadamente 50% das mulheres com idade acima de 65 anos não podem elevar 4,5 kg acima da cabeça (83).

Para contrapor os efeitos da sarcopenia, pesquisadores têm focado nos efeitos do treinamento de força em idosos (95,171,183). Felizmente, exercícios de força são um potente estímulo para melhorar os efeitos da sarcopenia nos idosos (50). Um estudo de 1980 foi o primeiro a mostrar que o exercício de força poderia resultar em aumento significativo da força muscular em idosos (116). Desde lá, um grande número de estudos tem demonstrado que o treinamento de força resulta em melhoras na força muscular em pessoas idosas. Além disso, o treinamento de força pode resultar em aumentos significativos na massa muscular, até mesmo em indivíduos com 90 anos (60). Por exemplo, um estudo examinou os efeitos de um treinamento de força de três meses em 17 idosos com idades entre 72 e 92 anos (184). O programa de treinamento foi realizado em máquinas e consistiram de oito diferentes exercícios (Fig. 16.1). Os sujeitos levantaram pesos de 65 a 75% de 1 RM e progrediam gradualmente para 85 e 100% de 1 RM inicial. Os investigadores encontraram um aumento significativo na massa muscular dos sujeitos após três meses de treinamento de força, concluindo que as proteínas musculoesqueléticas estão aptas a adaptarem-se a uma demanda contrátil aumentada mesmo em idades avançadas (184). Um outro estudo examinou os efeitos da manutenção da força e do tamanho muscular no músculo quadríceps após 12 semanas de treinamento de força em 10 homens (70 ± 4 anos) (166). Os sujeitos realizaram extensão isotônica do joelho a 80% do 1 RM concêntrico três vezes por

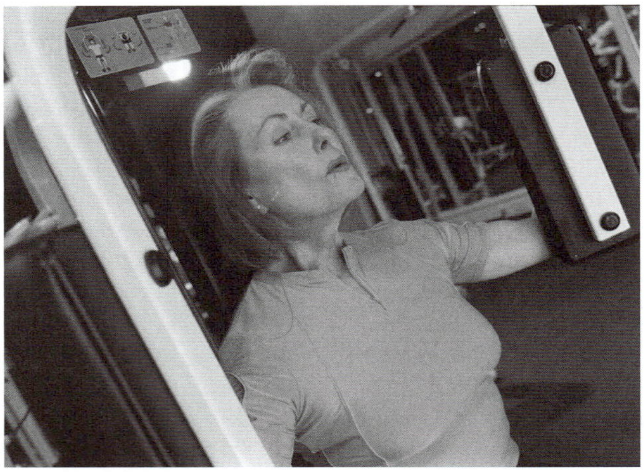

FIGURA 16.1 Treinamento de força entre idosos tem demonstrado aumentar a massa muscular e preservar a força.

semana. Ao final das 12 semanas, os sujeitos foram divididos em dois grupos, um realizando treino de força uma vez por semana e o outro sem realizar exercícios por cinco meses. Os investigadores encontraram uma redução de 11% na força de 1 RM no grupo que não realizou exercício, porém sem redução no grupo que se exercitou uma vez por semana, concluindo que o treino a 80% de 1 RM por 12 semanas [p. ex., **treinamento de força progressivo (TFP)**] preserva tanto a massa muscular quanto as características de força em idosos (166).

É claro que o treinamento de força pode promover melhoras significativas na força e na massa muscular em idosos. Não está tão claro se o treinamento de força melhora a funcionalidade em idosos, mas medidas como velocidade de passada e teste de caminhada de seis minutos tendem a demonstrar modesta melhora com o treinamento de força (96). Pelos benefícios bem-documentados do treinamento de força em idosos, exercícios de força são agora reconhecidos como um componente importante da aptidão física para adultos de todas as idades (2,51). Na verdade, tem sido observado que o aumento na força e na massa muscular em idosos melhora não apenas o estado funcional e a independência como também a qualidade de vida (51). Além disso, os exercícios devem abordar especificamente grandes grupos musculares usados nas AVDs (51).

Um programa progressivo de treinamento de força para indivíduos idosos pode reduzir os efeitos da sarcopenia pelo aumento da massa muscular e da capacidade funcional e da melhora na qualidade de vida.

Osteoporose

A **osteoporose** é um processo sistêmico de diminuição da massa óssea e deterioração da estrutura óssea interna que resulta em risco aumentado de fratura. É conhecida como "doença silenciosa", porque o primeiro sinal da doença pode ser uma fratura; por isso, o conhecimento dos fatores de risco é importante (Quadro 16.1). O diagnóstico de osteoporose está melhorando, no entanto, com o advento do teste de densidade mineral óssea (DMO). Aproximadamente 44 milhões de americanos, ou 55% das pessoas com 50 anos de idade e acima, têm osteoporose, e aproximadamente mais 34 milhões são estimados como tendo risco aumentado. Mulheres apresentam um maior risco devido às alterações hormonais que levam a uma rápida depleção da densidade mineral óssea com a menopausa.

Mais de 1,5 milhão de fraturas anualmente são atribuídas à osteoporose, com fraturas de punho, quadril e vértebras sendo as mais comuns. Fraturas de quadril freqüentemente trazem sérias conseqüências; uma média de 24% dos pacientes com fraturas de quadril com 50 ou mais anos de idade morrem no ano seguinte à fratura (122). O gasto nacional estimado (hospitais e enfermagem domiciliar) por fraturas relacionadas à osteoporose foi de $18 bilhões em 2002, e o custo está aumentando; assim, esta é claramente uma preocupação de saúde pública (122).

O exercício tem se tornado uma recomendação primária no tratamento da osteoporose. Para entender

QUADRO 16.1 FATORES DE RISCO PARA OSTEOPOROSE

- Mulheres
- Magras/esqueleto frágil
- Idade avançada
- Histórico familiar de osteoporose
- Pós-menopausa (incluindo cirurgicamente induzido)
- Amenorréia (ausência anormal de período menstrual)
- Anorexia nervosa
- Baixo consumo de cálcio ao longo da vida
- Deficiência de vitamina D
- Medicamentos (corticoesteróides, quimioterapia e outros)
- Estilo de vida inativo
- Fumar cigarros
- Uso excessivo de álcool
- Baixos níveis de testosterona em homens

como o exercício pode afetar a osteoporose, considere o processo de remodelagem óssea. O osso é um tecido dinâmico no qual o tecido velho e enfraquecido é reabsorvido e depois reposto por material novo e mais forte. O pico de massa óssea é atingido durante a idade adulta jovem; posteriormente há uma diminuição gradual, pois mais osso é reabsorvido do que criado. A **osteopenia** é definida como reduzida massa óssea ou DMO entre 1,0 e 2,5 desvios abaixo da média de adultos jovens normais. A osteoporose é definida como DMO menor do que 2,5 desvios padrões abaixo do normal. Pelo fato de o osso responder às forças físicas com a construção de mais tecido, seria lógico assumir que o estresse criado durante o exercício poderia levar a uma densidade óssea aumentada. Pesquisas suportam essa afirmação em geral, mas ainda existem algumas variabilidades nos achados.

Em uma metanálise que incluiu 18 ensaios randomizados controlados, exercícios aeróbios de sobrecarga e de força foram todos efetivos sobre a DMO da coluna vertebral. Estudos sobre programas de treinamento de força variam em intensidade, tipo e duração, levando a alguma variabilidade nos achados (24). Apesar disso, a evidência é consistente o suficiente para sugerir que o treinamento de força e exercícios resistidos são fundamentais para o cliente com osteoporose.

Embora o programa ideal de treinamento para melhorar a DMO ainda necessite ser identificado, existem recomendações práticas que podem ser incorporadas no regime de atividade física estruturado. Evitar flexão da coluna durante o exercício e AVD mantendo a coluna reta e a postura ereta. Isso minimizará a sobrecarga nos corpos vertebrais, a qual pode causar fratura por compressão levando a cifose. Cargas compressivas acima da cabeça e posturas rotacionais também podem colocar em risco a coluna. Atividades cardiovasculares devem enfatizar a segurança e evitar movimentos de equilíbrio. Exercícios de flexibilidade que melhoram a postura e o equilíbrio são recomendados. Reduzir os riscos de quedas implementando estratégias simples de segurança. Focar em exercícios funcionais que melhoram a força central e dos membros inferiores bem como o equilíbrio para evitar quedas. Aquisição de massa óssea cedo na vida e manutenção com exercício, dieta e escolhas de estilo de vida são o melhor caminho para prevenir a osteoporose, mas melhoras podem ser obtidas com um programa bem elaborado, incluindo o treinamento de força (77).

Evidências sugerem que o treinamento de força e exercícios resistidos são essenciais para o cliente com osteoporose.

Artrite

Doenças musculoesqueléticas contabilizam aproximadamente 240 bilhões de dólares ou 2,9% do produto nacional bruto (44,185). Em particular, a artrite é uma das mais prevalentes condições crônicas no mundo (44), e a projeção é de afetar 60 milhões de indivíduos até o ano de 2020 somente nos Estados Unidos (44). Os dois tipos mais comuns são artrite reumatóide e osteoartrite.

A **artrite reumatóide** (AR) é uma doença crônica multiarticular sistêmica. Tipicamente afeta as articulações das mãos, punho, cotovelo, ombro, joelhos, pés e coluna cervical de uma forma simétrica. A inflamação da articulação sinovial pode levar a dor crônica, dano, deformidade articular e perda da função. Em 20% dos casos, outros sistemas orgânicos tais como o coração e os pulmões estão envolvidos (57). O início da AR é primariamente entre os 30 e 50 anos de idade, mas pode estender-se da infância até a idade avançada. A AR afeta 1% da população norte-americana, ou 2,1 milhões de americanos, sendo 70% mulheres (14). Embora a etiologia da AR seja desconhecida, ela é classificada como um distúrbio auto-imune (57). Por não existir cura para AR, o manejo médico da doença foca o controle da inflamação com uma combinação de medicamentos, incluindo antiinflamatórios não-esteróides (AINEs), glicocorticóides ou predinisona, drogas anti-reumáticas que mascaram doenças (DARMD), modificadores de resposta biológica e analgésicos (14).

Tradicionalmente, a administração de exercícios na AR foca a preservação da mobilidade articular e minimização do estresse exercido sobre as articulações. Por isso, exercícios com amplitude de movimento e/ou exercícios que não envolvam sustentação do peso corporal são os tipos predominantes de exercícios prescritos por profissionais da saúde. O uso de terapia com exercício dinâmico, no entanto, tem se tornado uma alternativa de aproximação para o tratamento de pacientes com AR (170). Embora o exercício de força possa ser contra-indicado como um tipo de treinamento para pacientes com AR, um estudo demonstrou que o exercício dinâmico é efetivo para aumentar a força muscular sem efeitos negativos ou aumento da dor (170). Evidências quanto aos efeitos benéficos do exercício de força estão aumentando na literatura e isso pode, a longo prazo, ser uma alternativa para a terapia tradicional medicamentosa, que resulta em custos substanciais aos pacientes (44,185).

Mais recentemente, um ensaio clínico multicêntrico chamado Pacientes com Artrite Reumatóide em Treinamento (RAPIT) examinou os efeitos a longo prazo de um programa de exercícios de alta intensidade (40). Para esse estudo, 309 pacientes com AR foram recrutados e separados randomicamente em grupos de cuidado usual ou grupo RAPIT. O grupo RAPIT realizou 80 minutos de exercício duas vezes por semana. Cada sessão incluía um componente aeróbio de ciclismo (20 minutos), treinamento em circuito (20 minutos) e atividades esportivas/jogos (20 minutos), tais como badminton. O treinamento em circuito incluiu exercícios para acentuar a funcionalidade diária (p. ex., se virar na cama) junto com treinamento de força com cargas leves e elevado número de repetições. Os investigadores descobriram que a força muscular aumentou significativamente no grupo RAPIT quando comparado com o grupo de cuidado usual (25% contra 10%) ao longo do período de dois anos (40). Os investigadores também descobriram que as habilidades funcionais e capacidades físicas estavam aumentadas, e os níveis de estresse psicológico mensurados pela Escala de Depressão e Ansiedade (EDA) estavam reduzidos, melhorando significativamente esses aspectos no grupo RAPIT (40). Um outro estudo avaliou a aderência e a satisfação em 146 pacientes com AR que estavam realizando o programa RAPIT e descobriu que a freqüência após dois anos foi de 74%; no fim do quinto ano, 78% dos pacientes participantes recomendaram o programa a outro paciente com AR (118).

Reforçando o exercício como manejo da AR, um outro estudo ainda examinou os efeitos de um programa de treinamento de força de dois anos fundamentado em treinamento caseiro em 70 pacientes com AR que foram separados randomicamente nos grupos treinamento de força e controle (75). Os pacientes do grupo treinamento de força realizaram duas séries de 12 repetições de 50% a 70% de intensidade para todos os músculos dos braços, pernas e tronco usando bandas de borracha e halteres como resistência, enquanto o grupo controle realizou exercícios de amplitude articular e alongamentos. Ambos os grupos realizaram seus exercícios duas vezes por semana. Os investigadores descobriram que o treinamento de força aumentou significativamente as forças de extensão de joelho (59%), de preensão manual (50%), de extensão de tronco (19%) e de flexão de tronco (24%) quando comparado ao grupo controle (75). Embora o grupo controle tenha apresentado aumento nas variáveis descritas acima em relação aos valores de base, este aumento foi substancialmente menor do que aquele do grupo treinamento de força. Da mesma forma, os investigadores observaram que os níveis de força permaneceram 50% acima dos valores de base durante um período de acompanhamento de cinco anos (75). Tais resultados foram similares àqueles de um outro estudo que examinou os efeitos do treinamento concorrente (treinamentos de força e aeróbio associados) e treinamento de resistência em mulheres com artrite reumatóide precoce ou de longo prazo (73). Os pesquisadores concluem que um treinamento de força individualmente prescrito deve ser parte dos cuidados-padrão quando se trabalha com clientes com AR. Pelo fato de a AR ser caracterizada por períodos de exacerbação, as articulações que estão inflamadas devem repousar em vez de realizar dolorosas amplitudes. Halteres podem ser modificados para atender aqueles com fraqueza de pegada.

Uma outra forma comum de artrite, especialmente na população de idosos, é a osteoartrite, também referida como doença articular degenerativa. A osteoartrite afeta mais de 20 milhões de indivíduos nos Estados Unidos e poderá afetar 70 milhões em 2030 (94,98,149). A doença é caracterizada pela degeneração da cartilagem, que recobre a extremidade óssea na articulação. Embora o mecanismo que causa a osteoartrite ainda esteja sendo investigado, os pesquisadores têm sugerido que fatores como sobrepeso, lesões articulares e o processo de envelhecimento podem contribuir para o seu desenvolvimento (111). Embora inúmeros modelos de tratamentos como técnicas de alívio da dor, cirurgia e/ou intervenções farmacêuticas, uma pesquisa recente demonstrou que o exercício é um dos melhores tratamentos para a osteoartrite (141) e isto pode ser efetivo em termos de custo.

Recentemente, um estudo examinou a efetividade e o custo da realização de um programa de exercícios caseiro *versus* um programa caseiro de exercício suplementado com oito semanas de um programa de exercício com base em aula (111). Mais de 200 pacientes que foram diagnosticados com osteoartrite de joelho, de acordo com a classificação do Colégio Americano de Reumatologia, participaram do programa caseiro de exercícios ou suplementado com oito semanas de exercícios com base em aulas regulares. Ambos os programas envolveram modalidades de exercícios incluindo aumento de força dos membros inferiores bem como melhora do equilíbrio e mobilidade. Todos os pacientes foram avaliados no sexto e 12° meses de intervenção do exercício. Os pacientes do grupo suplementado demonstraram grandes melhoras na força, no equilíbrio e na redução de dor durante a caminhada quando comparados com os pacientes que receberam apenas o programa de exercícios caseiros. Além disso, os investigadores sugeriram que o programa suplementado pode ser efetivo em termos de custo para o manejo de pacientes com osteoartrite de joelhos (111).

Um outro estudo realizou uma metanálise de 17 ensaios clínicos randomizados publicados em 2002 que examinaram os efeitos de várias intervenções para o tratamento de 2.562 pacientes com osteoartrite (65). De acordo com a auto-avaliação da função física e escala de dor, os resultados indicaram que os programas com base em aulas demonstraram um maior efeito para os dois índices quando comparados ao tratamento individual ou programa caseiro. Considerando o tipo de programa prescrito, pacientes com doença músculo-esquelética crônica devem focar o desenvolvimento da flexibilidade, coordenação, força muscular, equilíbrio, mobilidade e de uma forma geral o condicionamento aeróbio.

Embora o treinamento de força para pacientes com AR possa parecer contra-indicado, estudos demonstram aumento na capacidade funcional que pode ser mantida por mais de cinco anos de treino.

PEDIATRIA

Muitas crianças são ativas em esportes competitivos, mas existe um número crescente que é sedentário e apresenta sobrepeso. A prevalência da obesidade entre adolescentes duplicou ao longo dos últimos 25 anos. De acordo com a Associação Americana de Obesidade, aproximadamente 30% das crianças e adolescentes estão com sobrepeso e em torno de 15% são obesas (7). Com essa tendência surge um aumento nos fatores de risco para condições como asma, diabetes e hipertensão, as quais acompanham a criança até a vida adulta e possivelmente resultam em doenças ou incapacidade.

Algumas crianças nascem com incapacidades como paralisia cerebral, síndrome de Down ou distrofia muscular. Como essas condições também são encontradas em adultos, elas estão incluídas nessa seção pois afetam significativamente o funcionamento físico, durante a infância. As famílias e escolas podem recorrer a centros de condicionamento físico, como alternativa para essas crianças, como um adjunto na fisioterapia ou quando os planos de saúde estão saturados. Profissionais da saúde e do condicionamento físico podem desempenhar um papel-chave na iniciação da população pediátrica a uma vida longa de aptidão física (Fig. 16.2).

Crianças e adolescentes saudáveis

O processo de crescimento e desenvolvimento na **criança** (pré-puberdade) e no **adolescente** (pós-puberdade) resulta em aumento no tamanho e força muscular (52-56). Muito do aumento de força ao longo do desenvolvimento é simplesmente devido ao aumento do tamanho do músculo. A maturação do músculo esquelético e do sistema nervoso, no entanto, leva a aumentos na força muscular em indivíduos de todas as idades, que pode ser maior do que aquela contabilizada simplesmente pelo aumento da massa muscular (52-56). Isto é, existe um "efeito da idade" nesse sentido, o qual significa que crianças e adolescentes mais velhos serão mais fortes, quilo por quilo, do que indivíduos mais jovens (173).

FIGURA 16.2 Encorajar adolescentes ao treinamento de força significa iniciá-los em uma vida longa de atividades físicas.

Os efeitos do treinamento de força no contexto do crescimento e maturação têm despertado interesse. Especificamente, o treinamento de força pode acentuar o desenvolvimento da força além do que pode ser esperado como conseqüência normal do crescimento e desenvolvimento. Inúmeros estudos demonstraram que o treinamento de força em crianças e adolescentes efetivamente aumenta a força muscular (54,56,132) e os benefícios parecem transferir-se para outras habilidades motoras, tais como aquelas neces-

Pergunta e resposta da área

Um atleta colegial quer aumentar sua força iniciando um programa de treinamento de força progressivo. No entanto, seus parentes leram em uma revista popular sobre educação física que o treinamento de força na adolescência pode ser prejudicial à placa epifisária. É verdade que o treinamento de força pode retardar o crescimento ósseo do adolescente?

Embora a crença popular seja que o treinamento de força para adolescentes pode afetar negativamente o crescimento ósseo, as pesquisas não sustentam esta posição. Diversos estudos demonstram que uma supervisão apropriada no programa de treinamento de força progressivo não afeta negativamente a placa epifisária. No entanto, estudos demonstram que técnicas impróprias e o levantamento de cargas excessivas podem resultar em danos à placa epifisária. Por isso, atletas colegiais se beneficiariam de um programa de treinamento de força consistindo da elevação de quantidades baixas e moderadas de pesos que possa ser realizado com oito a 12 repetições.

sárias para o salto vertical (54). Antes da puberdade, as concentrações de hormônios anabólicos são baixas, o que limita o potencial do treinamento de força em causar hipertrofia. Fora isso, o treinamento de força aumenta a força muscular nessa população, sugerindo que o efeito dominante ocorra por meio de adaptações neurológicas (21,54). Após a puberdade, tanto homens quanto mulheres são capazes de induzir alterações substantivas tanto no tamanho quanto na força muscular com programas de treinamento de força propriamente implementados.

Uma preocupação primária com o treinamento de força em jovens é a segurança; especificamente, o treinamento de força impróprio tem um potencial para causar danos à **placa epifisária** (placas de crescimento) nas extremidades dos ossos longos (53). A fratura dessas placas epifisárias leva a um crescimento impróprio dos ossos longos. Além disso, tensões e rotações, especialmente da região lombar, são riscos associados com o treinamento de força em jovens (e adultos). Muitos estudos examinando o treinamento de força em jovens, no entanto, encontraram que o treinamento é seguro e associado com um risco de lesão comparável ao treinamento de força em adultos (21,53,54). Um posicionamento da National Strengh and Conditioning Association (NSCA) sobre treinamento de força observa que "Não existem razões justificáveis de segurança para impedir [indivíduos] pré-púberes ou adolescentes de participarem em um programa de treinamento de força supervisionado" (54). A chave para um treinamento de força seguro em crianças é garantir que exista supervisão apropriada para o treino e que as cargas de 1 RM ou próximas de 1 RM sejam evitadas (21). Em vez disso, cargas mais leves que permitam um número relativamente elevado de repetições são preferidas para o treinamento, embora alguns estudos demonstrem que o teste de 1 RM seja seguro (53) e reprodutível (55). Também pode ser que o treinamento de força possa reduzir o risco de lesões. Em adultos, o treinamento de força reforça estruturas como os ligamentos, tendões e ossos, o que reduz o risco de lesões. Além disso, o treinamento de força pode ser usado para corrigir desequilíbrios de força. Respostas similares são prováveis em jovens, mas um limitado número de dados está disponível sobre a redução do risco de lesão com o treinamento de força em jovens.

Um programa de treinamento de força propriamente elaborado deve incorporar princípios de periodização, variando volume e intensidade ao longo do ano. Cada sessão deve incluir um período abrangente de aquecimento. Os programas de treinamento devem objetivar todos os grandes grupos musculares, incluindo predominantemente exercício multiarticulares. A intensidade e o volume iniciais devem ser relativamente leves, mas devem progredir para dois ou três dias por semana de uma a três séries por exercício com cargas que permitam de seis a 15 repetições por série (54). Uma variedade de diferentes modalidades de treino é apropriada, incluindo pesos livres, calistenia peso-corporal resistida e máquinas. A progressão deve enfatizar aumento nas repetições relativo ao aumento na resistência, e cargas muito leves devem ser empregadas quando novos movimentos estão sendo ensinados para garantir a aprendizagem de técnicas práticas. Na verdade, o uso de um cabo de vassoura no lugar de uma barra de pesos pode ser apropriado na aprendizagem inicial da técnica de exercícios complexos com pesos livres.

Um programa de treinamento de força propriamente supervisionado tem demonstrado ser benéfico na população pediátrica, sem riscos para as placas epifisárias.

Paralisia cerebral

A **paralisia cerebral** (PC) é um termo guarda-chuva usado para descrever um grupo de distúrbios motores infantis tipicamente causados por várias fontes de isquemia cerebral durante o período pré-natal, perinatal ou pós-natal. Fatores como trauma físico e distúrbios metabólicos podem levar à PC. Problemas motores comuns incluem: convulsividade, hiperreflexia, dificuldades com o controle da motricidade fina e disfunção do modo de andar (p. ex., passada encolhida) (129). A paralisia cerebral é a causa mais comum de incapacidade física na infância e ocorre na taxa de 2,0 e 2,5 casos por 1.000 recém-nascidos (137).

A fraqueza muscular é freqüentemente presente em um (hemiplegia) ou ambos os membros (diplegia) em indivíduos com PC. Fraqueza de quadríceps tem demonstrado correlação com uma pobre performance de passada em PC (36,37), sugerindo que o treinamento de força pode ajudar a melhorar a função do modo de andar em PC. Uma variedade de fatores parece contribuir para esta fraqueza. Dois fatores neurais parecem estar envolvidos. Primeiro, indivíduos com PC demonstram ter elevados níveis de co-contração dos antagonistas (47), para que a ativação dos antagonistas crie um torque oposto na articulação e diminua o torque articular promovido pelos agonistas. Segundo, a ativação dos agonistas parece ser diminuída em comparação aos controles pareados por idade (47) (p. ex., indivíduos com PC são menos aptos a recrutarem unidades motoras disponíveis). Além disso, diferenças nas características do tecido muscular provavelmente influenciam a força. Primeiro, o tamanho do músculo tende a ser menor em indivíduos com PC (47). Além disso, elevados níveis de colágeno estão presentes no músculo de indivíduos com PC (26). Coletivamente, essas observações indicam que menos proteínas contráteis podem ser recrutadas para contribuir na produção de força. Baixos níveis de tensão específica (força por unidade de massa muscular) estão presentes na PC, os quais podem refletir alterações tanto no tecido muscular quanto na ativação neural (recrutamento e contração) (47).

Historicamente, o treinamento de força tem sido desencorajado para indivíduos com PC, freqüentemente em função de medos de que ele desencadeie espasmos (resistência dependente de velocidade de alongamento). No entanto, não existem evidências na literatura indicando que o trabalho de força aumente a espasticidade, e muitos estudos demonstram que o treinamento de força resulta em aumento na força muscular de crianças com PC. Um estudo demonstrou que um programa de treinamento de força de seis semanas (com três sessões por semana) do quadríceps usando pesos no tornozelo como resistência (quatro séries de cinco repetições a 65% de 1 RM) resultou em ganho significativo na força (em torno de 50% sobre os valores pré-treinos) em crianças (de seis a 14 anos de idade) com PC que exibiam espasticidade e diplegia (37,38). Índices selecionados da função do modo de andar também apresentaram melhoras; no entanto, os efeitos foram muito inferiores do que aqueles reportados em crianças com PC exibindo hemiplegia ou diplegia (36). Melhoras na velocidade de passada com o treinamento de força foram primeiramente influenciadas por aumentos na freqüência da passada sem alterações no seu comprimento.

A paralisia cerebral ocorre na infância, e os efeitos perduram durante a vida. Como destacado previamente, a paralisia cerebral é uma doença caracterizada por sintomas como espasticidade, fraqueza, elevada co-contração dos antagonistas e geralmente coordenação motora pobre. Muitas pesquisas sobre o treinamento de força na paralisia cerebral têm examinado seus efeitos em crianças e adolescentes. É comum indivíduos com PC pararem de treinar quando adultos em função da quantidade de sessões de fisioterapia que realizaram durante a infância (11). Até hoje, existe pouca pesquisa publicada sobre os efeitos do treinamento de força em adultos com PC. Um estudo demonstrou que 10 semanas de treinamento duas vezes por semana resultou em aumento significativo na força muscular (11). Mais importante ainda, houve melhora significativa nos índices de amplitude de movimento, função motora e habilidade de andar. Além disso, não houve aumento de espasticidade. Embora dados com adultos sejam limitados a um estudo, parece que o treinamento de força é efetivo para melhorar tanto a força muscular quanto a habilidade funcional de adultos com PC.

O treinamento de força em indivíduos com PC tem demonstrado aumentar a força muscular. Estes aumentos na força não acentuam os sintomas da PC tais como a espasticidade. Eles podem, no entanto, ajudar a melhorar o rendimento das AVD.

Retardo mental e síndrome de Down

Muitos estudos demonstram que pessoas com retardo mental têm menos força muscular e resistência aeróbia do que controles do mesmo sexo e idade (12,29).

Uma das maiores causas do retardo mental é a síndrome de Down. A **síndrome de Down** é um distúrbio genético que afeta um em 600–1.000 recém-nascidos (72,78), e é caracterizada por retardo cognitivo, traços faciais distintos como dobras evidentes no supercílio, ponte occiptonasal relativamente achatada e membros encurtados (72). Entre as suas manifestações está o pobre tônus muscular (hipotonia) e a lassidão articular (59,72), fatores que podem levar a um risco aumentado de problemas musculoesqueléticos e ortopédicos (72). Além disso, indivíduos com síndrome de Down tendem a ser fisicamente menos ativos do que controles e apresentam riscos de obesidade, diabetes e doenças cardiovasculares (59). O aumento da aptidão física em indivíduos com síndrome de Down é importante no manejo da doença, especialmente devido à baixa aptidão física associada com esse distúrbio, juntamente com o declínio típico na aptidão física com a idade, que provavelmente levará os indivíduos a risco de perda prematura da habilidade física para realizar trabalhos que requerem pouco esforço (59).

Indivíduos com síndrome de Down têm demonstrado serem significativamente mais fracos do que controles do mesmo sexo e idade, bem como relativo a indivíduos do mesmo sexo e da mesma idade com outros retardos mentais que não síndrome de Down (12,29). Essa fraqueza está correlacionada com baixa densidade mineral óssea; por isso, o risco de osteoporose é elevado naqueles indivíduos com síndrome de Down (12). Até agora, apenas poucos estudos examinaram os efeitos do treinamento de força em pessoas com retardo mental em geral ou com síndrome de Down especificamente. Um programa de treinamento de força realizado com máquinas durante nove semanas demonstrou um aumento considerável na força muscular (mais do que 42%) em adultos com retardo mental (QI de 40 a 70) que não apresentavam síndrome de Down (138). Aumentos comparáveis na força isocinética sucederam 12 semanas de treinamento de força (exercícios em máquinas hidráulicas) em indivíduos com retardo mental leve (QI de 52 a 67) a moderado (QI de 36 a 51) (159). Um outro estudo combinou o treinamento de força com treinamento de resistência cardiovascular em um programa para adultos (idade média, 39 anos) com síndrome de Down (139). Relativo aos controles não-treinados, um programa de 12 semanas (três vezes por semana, 10 a 20 repetições por série) de exercícios em máquinas, incluindo pressão de pernas e supino, resultou em aumento na força de 1 RM de aproximadamente 40%. Embora os dados ainda sejam limitados, esses estudos sugerem que pessoas com retardo mental são capazes de promover melhoras substanciais na força muscular com o treinamento de força. Dada a importância da força nas habilidades vocacionais de pessoas com retardo mental, o potencial para melhora na força com o treinamento é uma observação importante.

O benefício do treinamento de força para indivíduos com síndrome de Down é um aumento no tônus muscular e na atividade motora.

Distrofia muscular

A **distrofia muscular** é um termo guarda-chuva que descreve uma família de doenças musculares genéticas que envolvem disfunção do complexo distrofina-glicoproteína no músculo esquelético. A distrofia muscular leva a uma perda progressiva de músculo, fraqueza e falta de preparo físico. Destas, a forma mais comum é de longe a **distrofia muscular de Duchenne** (DMD). A DMD é a doença genética infantil fatal mais comum (1 em 3.500 nascidos) e é encontrada apenas em meninos. O gene para a proteína muscular distrofina é encontrado no cromossomo X e é defeituoso na DMD, resultando em falta de distrofina. A distrofina é um filamento citoesquelético protéico que serve para ligar a proteína contrátil actina na membrana basal via complexo distrofina-glicoproteína, localizado na membrana celular do músculo (sarcolema). A falta de distrofina, por isso, afeta a transmissão de força da célula muscular para o tecido conectivo. A distrofina está presente no músculo esquelético, músculo liso, músculo cardíaco e tecido cerebral. Devido à falta de distrofina, o potencial de contração muscular leva a um excessivo dano tecidual muscular, incluindo o sarcolema. A marca da DMD é o elevado nível de creatina fosfoquinase no sangue, que evidencia dano ao sarcolema, pois tal dano permite que proteínas musculares escapem para o sangue [isso também é sintomático no dano muscular associado com a dor muscular de início retardado (DMIR) no músculo saudável]. Na DMD, muito do dano muscular é mediado pelas proteases de cálcio ativadas, que são ativadas pelo influxo de cálcio depois do dano ao sarcolema. Ao longo do tempo, ciclos repetidos de degeneração e regeneração muscular levam a uma degeneração total do tecido muscular (reposta por gordura e tecido conectivo), fraqueza, perda de mobilidade e eventualmente a morte. Esta deve-se geralmente a complicações secundárias que afetam os sistemas pulmonar e cardíaco. Relativamente poucos estudos examinaram os efeitos do treinamento de força na DMD (89), e os dados não são sugestivos de um benefício significativo. Na verdade, indivíduos com DMD são especialmente suscetíveis ao dano por contrações excêntricas, e o treinamento de força que incorpora contrações excêntricas pode acelerar a progressão da DMD, devendo, portanto, ser evitado.

Formas alternativas de um programa de treinamento de força progressivo podem construir músculos e manter a saúde corporal em indivíduos com DMD.

DOENÇA NEUROMUSCULAR

A doença neuromuscular pode acontecer devido ao dano ou disfunção do SNC, dos nervos periféricos (**neuropatias**) ou do tecido muscular (**miopatias**). Além disso, condições complexas multissistêmicas podem ocorrer, tais como acidente vascular cerebral e fibromialgia. Enquanto doenças específicas têm efeitos primários sobre certos tecidos, efeitos neurológicos também levam a alterações nos tecidos musculares. Sintomas comuns de doenças neuromusculares incluem espasticidade, que é a resistência para alongamento dependente de velocidade, rigidez, fraqueza e perda sensorial. Esses sintomas podem futuramente levar à inatividade e descondicionamento, o qual pode exacerbar a disfunção motora. Historicamente, atividades como exercícios de força foram desencorajados para aqueles com doença neuromuscular devido a preocupações com excesso de trabalho e possível exacerbação de espasticidade. Agora está se tornando claro, no entanto, que em muitos casos o risco de excesso de trabalho é muito menor do que previamente temido e que preocupações quanto à exacerbação da espasticidade não apresentam fundamento (34,64). Na verdade o exercício, em particular o exercício de força, pode ser uma ferramenta útil na reabilitação e subseqüente manejo de muitas condições neuromusculares, especialmente aquelas onde a fraqueza é o contribuinte primário de perda de função motora.

Acidente vascular cerebral (AVC)

Um **acidente vascular cerebral** (AVC) é a morte de células cerebrais como resultado de limitado fluxo sangüíneo cerebral. É tipicamente reportado que aproximadamente 500 mil pessoas apresentam acidente vascular cerebral a cada ano nos Estados Unidos (19,109). Estimativas mais recentes reportam um aumento de 50% para aproximadamente 750 mil (180). O AVC é a terceira causa de morte (após doença cardíaca e câncer) nos Estados Unidos (19,93) e a principal causa de incapacidade em adultos (109). O AVC é a segunda principal causa de morte, atrás da doença cardíaca, no mundo inteiro (145). Aproximadamente 31% dos primeiros casos de AVC resultam em morte dentro do primeiro ano (42), com o maior risco de mortalidade ocorrendo dentro de 30 dias após o evento (144); no entanto, a taxa média de mortalidade por AVC nos Estados Unidos tem diminuído (25). A combinação dos custos diretos e indiretos com AVC está estimada em US$ 30 bilhões anualmente (108).

O AVC ocorre dentro de duas categorias gerais. Um AVC isquêmico é conceitualmente similar a um infarto do miocárdio onde ocorre a oclusão de uma artéria cerebral em conseqüência da formação de placa. Em contraste, um AVC hemorrágico resulta da perda da integridade estrutural de um vaso sangüíneo cerebral com sangramento subseqüente. Ambos os tipos de AVC podem levar a alterações significativas na função muscular, incluindo fraqueza e espasticidade. Os sintomas motores são tipicamente mais severos de um lado do corpo (contra lateral ao lado da lesão no cérebro), por isso a hemiplegia é comum, embora até mesmo o lado "bom" demonstre freqüentemente déficit motor. Pensava-se previamente que o déficit motor que não era corrigido dentro dos primeiros seis meses de reabilitação após o AVC era permanente, e houve limitada plasticidade neural na qual a melhora na função motora pudesse ser efetuada. Agora está claro, no entanto, que a extensão da plasticidade neural é maior do que previamente pensado e que melhoras significativas podem ocorrer bem após o estágio agudo de recuperação do AVC.

Historicamente, o treinamento de força tem sido desencorajado para pessoas após o AVC, freqüentemente com o argumento de que o treinamento de força levaria a uma espasticidade aumentada. Muitos estudos em indivíduos pós-fase aguda de reabilitação do AVC (> 6 semanas pós-AVC), no entanto, demonstram que a espasticidade, caracterizada pelo alongamento passivo dependente de velocidade, não é exacerbado pelo treinamento de força (18,150), e indivíduos que tiveram AVC são capazes de apresentar melhoras significativas na força (18,48,150,163). Além disso, muitos estudos demonstram que o treinamento de força tem o potencial para melhorar a função. Um estudo reportou que o treinamento de extensão isocinética excêntrica do quadríceps do joelho paralisado não apenas aumentou a força muscular, mas também reduziu a assimetria de distribuição do peso corporal ao longo das pernas durante o sentar-levantar, enquanto o treinamento isocinético com contração concêntrica melhorou os índices de rendimento de passada (48). Um outro estudo demonstrou que 10 semanas (três vezes por semana) de treinamento de força combinado com exercício de resistência aeróbia (caminhada, step, ciclismo) resultaram em melhora significativa da velocidade da passada, cinemática de passada e da estimativa de atividade física e qualidade de vida baseada em questionário (162,163). Em contraste, seis meses de treinamento de força usando cargas nos punhos e nas pernas não resultaram em melhoras significativas no teste de caminhada de dois minutos ou índice de incapacidade relativo ao grupo-controle que realizou os mesmos exercícios com apenas o peso corporal (115). O estudo não apresenta informações quanto à intensidade (% de 1 RM) ou progressão de carga, portanto é difícil de julgar a eficácia da intervenção.

Assim como em outras populações, muito das melhoras na força podem ser atribuídas ao controle neural. Na eletromiografia, o treinamento excêntrico e o concêntrico têm demonstrado um aumento na força dos agonistas de 24% a 33% (48). O potencial hipertrófico do músculo paralisado pelo AVC ainda não foi examinado. Parece provável, no entanto, que ocorram adaptações significativas em nível muscular, especialmente considerando que a musculatura paralisada esteja significativamente descondicionada e seria altamente responsiva ao aumento da carga. Na verdade, melhoras significativas na força isocinética ocorrem após treinamento de passada na esteira em pessoas com AVC (153).

Até agora, muitos estudos empregaram períodos de treinamento relativamente curtos (10 semanas ou menos), e efeitos a longo prazo são desconhecidos. Além disso, os estudos são limitados pela ausência de grupos-controle (18,48,150) ou protocolos de treinamento de força pobremente definidos (115). Mais pesquisas são necessárias para futuramente definir os efeitos do treinamento de força sobre a função motora pós-AVC e para melhorar o nosso entendimento sobre os diferentes protocolos de treinamento de força (p. ex., intensidade ótima, freqüência apropriada e volume de treinamento, treinamento unilateral *versus* bilateral) no resultado. Por enquanto, um programa individualizado enfatizando atividades funcionais parece ser uma opção viável. Atenção especial deve ser tomada quanto à segurança e à prevenção de quedas; modificações nos exercícios podem ser necessárias para pessoas com hemiplegia.

> *Um programa de treinamento de força estruturado pode melhorar a eficiência cardiovascular e respiratória de pacientes com AVC, melhorando dessa forma a qualidade de vida.*

Fibromialgia

A **fibromialgia** não é uma doença por si, mas, particularmente, é uma síndrome de dor crônica (síndrome de fibromialgia ou SFM) com uma variedade de sintomas (71). Líder entre os sintomas é a presença de pontos fracos espalhados pelo corpo (71,182), tipicamente no tecido muscular. É estimado que a prevalência da SFM seja de 2% da população, predominantemente nas mulheres (182). A prevalência aumenta com a idade (182). Indivíduos com SFM geram uma duplicação anual dos gastos com a saúde se comparados àqueles sem SFM (140). O diagnóstico da SFM é difícil e requer a presença de dor em pelo menos 11 de 18 locais comuns ao longo do corpo (71,182). Além disso, outros sintomas – como fadiga (física e mental), distúrbios do sono e problemas de visão – são comuns. Uma variedade de manifestações também está presente na SFM, e incluem índices endócrinos, como níveis elevados da substância P, níveis diminuídos de serotonina e baixos níveis de hormônio tireóideo (182). Além disso, sintomas envolvendo o sistema nervoso autônomo incluem elevada freqüência cardíaca, pressão arterial baixa e controle alterado do fluxo sangüíneo durante o exercício (71). Um ciclo de dor/descondicionamento é freqüentemente observado na SFM, pois indivíduos com essa condição geralmente evitam a atividade física devido a sua dor muscular. Essa inatividade leva ao descondicionamento, o qual torna os músculos mais suscetíveis ao dano e a dores futuras (84).

A fisiopatologia da SFM ainda é precariamente entendida, mas parece estar ligada com processo alterado de informação aferente no sistema nervoso central, geralmente secundário à dor prévia, como a do trauma ou doença crônica, como o câncer. A exposição à dor inicial é considerada a causa da "sensibilização central" do corno dorsal do neurônio, pontos de hiperalgesia (resposta exagerada do receptor nociceptivo) (20).

O exercício é freqüentemente prescrito como uma intervenção para SFM (84). O exercício aeróbio demonstrou aliviar a dor em alguns indivíduos com SFM. O exercício, no entanto, também pode exacerbar a dor muscular em indivíduos com SFM. O microtrauma no músculo esquelético, como ocorre com exercícios excêntricos, pode levar a resposta aumentada de dor sensorial no sistema nervoso central e aumentar a sensação de dor via processo nociceptivo (i.e., sensibilização central) (84).

Estudos têm sido realizados para examinar os efeitos do exercício de força na SFM. Um estudo encontrou que 21 semanas de treinamento de força tradicional (duas vezes na semana) em mulheres na pré-menopausa com SFM usando exercícios como agachamento e supino resultaram em aumento na força em comparação com os sujeitos da mesma idade que não tinham SFM (74). Essas adaptações foram acompanhadas por melhoras significativas no salto vertical e taxa de desenvolvimento de força isométrica. Além disso, os sujeitos com SFM demonstraram quedas significativas nas dores no pescoço, fadiga e depressão. Resultados similares foram encontrados com programas de treinamento comparáveis em mulheres idosas (em torno de 60 anos) com SFM (169). Em contraste, um outro estudo não encontrou diferenças entre um grupo de treinamento de força e um grupo de fortalecimento (85); no entanto, a intervenção com treinamento de força foi extremamente leve (pesos manuais de 0,5 a 1,5 kg) relativo aos protocolos dos dois estudos prévios (74,169), o que sugere que benefícios são obtidos apenas quando uma sobrecarga suficiente é aplicada. Embora mais pesquisas sejam necessárias para o delineamento de um protocolo ótimo de treinamento e para definir os benefícios e riscos do treinamento de força a longo prazo na SFM, parece que o treinamento de força é uma intervenção promissora.

Um programa de treinamento de força para pacientes com SFM pode ajudar a reduzir a dor e manter o tônus muscular.

Síndrome pós-polio

A **poliomielite** é uma doença viral na qual o vírus pólio ataca o corpo celular do neurônio motor na coluna vertebral e haste cerebral. Indivíduos que contraem o vírus podem ser assintomáticos, podem desenvolver sintomas de resfriado leve com possíveis problemas gastrintestinais ou podem desenvolver sintomas de "paralisia". Aqueles com a forma de paralisia desenvolvem sintomas que variam dependendo do grau de dano neuronal. Embora a morte devido à falha respiratória não seja incomum, muitos indivíduos atingem algum nível de recuperação, desde vários graus de paralisia até recuperação aparentemente completa. Muitas das fibras musculares inervadas por neurônio motor degenerado são reinervadas por neurônios motores sobreviventes, resultando em uma menor união total de unidades motoras mas com unidades motoras maiores (mais fibras musculares por neurônio motor alfa) devido à reinervação. Com o advento de vacinas efetivas (p. ex., vacina de Salk) nos anos 50 e 60, novos casos de poliomielite tornaram-se extremamente raros (154).

Indivíduos com a **síndrome pós-pólio** (SPP) são aqueles que tiveram suas funções recuperadas após poliomielite inicial e apenas desenvolvem sintomas de fraqueza e fadiga 30 anos mais tarde, ou mais (89). O desenvolvimento da SPP parece ser conseqüência dos efeitos prolongados da reinervação. Especificamente pelo fato de sobreviventes da pólio terem menos unidades motoras e cada unidade motora sobrevivente conter muito mais fibras musculares do que unidades motoras de sujeitos controles, as conseqüências das perdas de unidades motoras relacionadas à idade são mais severas naqueles com SPP. Além disso, ao longo do tempo unidades motoras sobreviventes parecem perder a habilidade de se adequarem ao serviço de grandes números de fibras musculares inervadas por cada neurônio motor alfa; por isso, a "exaustão" neuronal pode contribuir para a "nova" fraqueza da SPP. Um interesse primário considerando o treinamento de força em SPP tem sido a possibilidade de exacerbação dos sintomas. Especificamente, tem sido sugerido que o exercício que induz fadiga pode futuramente contribuir para a perda do neurônio motor. Em geral, no entanto, o treinamento de força tem demonstrado melhorar a força muscular na SPP (5,32,89,156). Uma porção significativa do aumento da força parece ser devido a um aumento na habilidade de recrutar o máximo de unidades motoras disponíveis (32). Além disso, os números estimados de unidades motoras não parecem ser afetados pelo treinamento de força (32), indicando que seja improvável que o treinamento de força aumente a taxa de progressão da doença. Pelo fato de a literatura sobre treinamento de força em SPP ser escassa, ainda não estão disponíveis recomendações específicas de treinamento; dessa forma, parece prudente o cuidado para que a intensidade de treino inicial seja baixa e a progressão ocorra lentamente.

Estudos demonstraram que o exercício é seguro e efetivo para indivíduos com SPP desde que a tolerância individual (p. ex., ponto em que se iniciam as sensações de fadiga ou desconforto) seja usada para monitorar a intensidade do exercício.

Esclerose múltipla

A **esclerose múltipla** (EM) é uma doença crônica inflamatória auto-imune de etiologia desconhecida que afeta o sistema nervoso central. Ela causa perda de mielina, a camada de gordura que isola o nervo, resultando em rompimento da condução do nervo. Os sintomas podem incluir fraqueza; espasticidade; tremor; fadiga; distúrbio sensorial; sensibilidade ao calor e dificuldade de equilíbrio, coordenação, visão, fala, deglutição, cognição, função intestinal e da bexiga. Perdas funcionais vão de leves a severas, geralmente exibem padrão de remissão-exacerbação e são no final das contas progressivas (90). A EM afeta aproximadamente 400 mil de pessoas nos Estados Unidos, com 200 novos casos diagnosticados por semana, e 2,5 milhões no mundo inteiro. A idade de início é tipicamente de 20 a 50 anos, sendo a maioria dos afetados mulheres. Não existe cura conhecida, mas o tratamento sintomático inclui o uso de drogas para combater a doença (como interferons), medicação para exacerbações (como corticosteróide), reabilitação, e tratamentos alternativos que incluem dieta, ioga e expressão corporal (127).

Inúmeros estudos foram conduzidos para demonstrar que o exercício é benéfico para pessoas com EM. Programas individuais de exercícios aeróbios usando bicicleta estacionária demonstraram melhora na aptidão física e qualidade de vida de pacientes com EM (117,133). As sessões de exercício em grupo consistiram de uma hora de aula de aquecimento e alongamento, exercícios posturais, exercícios na esteira durante 10 semanas também foram benéficos (66). Os resultados indicaram alterações positivas de curta duração em testes padrão para equilíbrio, resistência e fadiga em um grupo de 10 pacientes ambulatoriais de EM. O treinamento de força em combinação com exercício aeróbio foi estudado em um ensaio randomizado e controlado com 95 indivíduos com EM (160). As 47 pessoas do grupo exercício completaram cinco sessões supervisionadas de atividade aeróbia em uma piscina ou bicicleta ergométrica a 65%-75% da freqüência cardíaca máxima predita pela idade. Cinco sessões de treinamento de força foram alternadas com a sessão aeróbia consistindo de treinamento em circuito, realizando de 10 a 15 repetições a 50%-60% de 1 RM de treinamento em circuito em 10 máquinas com ênfase nos grandes grupos musculares. Estas sessões foram seguidas por 23 semanas de programa de exercícios caseiros usando bandas elásticas para trabalhar os mesmos grupos musculares das sessões de treinamento de força, junto com exercício aeróbio de baixa intensidade. Os 48 participantes do grupo controle continuaram com suas AVDs normais ao longo do estudo. Os resultados indicaram que a fadiga motora dos flexores e extensores de joelho das pessoas do grupo exercício foi reduzida em mulheres com problemas leves de EM quando comparado ao grupo controle. A mensagem clínica sugerida pelos autores foi que o exercício deve ser o mais específico possível, e suas respostas serão melhores em pessoas com limitação leve e moderada.

Em resumo, os estudos indicam que pessoas com EM podem melhorar a força, aptidão física e qualidade de vida por meio de treinamento de força e aeróbio. Os programas de exercícios devem ser desenvolvidos de forma individual, considerando a variabilidade dos sintomas da doença como equilíbrio, perda sensorial, espasticidade, cognição e exacerbação dos sintomas. Em caso de uma exacerbação, o foco deve ser sobre exercícios de alongamento e movimentos suaves de amplitude articular; exercícios de força e aeróbios devem ser descontinuados até o desaparecimento dos sintomas. Uma potencial contra-indicação para o exercício é o superaquecimento, pois pessoas com EM podem ter uma sudorese atenuada ou até mesmo ausente que pode resultar em exacerbação temporária de sintomas e causar fadiga. O uso de ar-condicionado, ventiladores, hidratação e vestimenta adequada ajuda a evitar esse problema. Para a terapia em piscina, a temperatura da água de 26°C a 28°C é recomendada (178). Os períodos de exercício podem ser alternados com períodos de repouso para evitar o superaquecimento e a fadiga. Os exercícios de força devem focar os grandes grupos musculares e exercícios de cadeias funcionais fechadas.

Um programa de treinamento de força e aeróbio pode ajudar a melhorar a aptidão física e qualidade de vida em pessoas com EM.

Lesão da medula espinal

A lesão da medula espinal (LME) muito freqüentemente resulta de acidentes de veículos automotores (50,4%) e quedas (23,8%), seguidos por violência (11,2%) e lesões esportivas (9%). De acordo com a rede de informações sobre lesão de medula espinal, existe aproximadamente 247 mil pessoas com LME nos Estados Unidos hoje, com 11 mil novos casos por ano com uma relação de homens para mulheres de 3:1. O custo de vida estimado para um indivíduo de 25 anos que sobrevive à LME vai de US$600 mil a US$2,5 milhões para casos complexos.

A categorização da LME é complexa e depende não apenas do nível da lesão, mas também se ela é completa ou parcial. Para uma explanação detalhada, consulte o International Standards for Neurological Classification of Spinal Cord Injury da Associação Americana de Lesão da Medula Espinal, atualizado em 2002. Brevemente, lesões de C1 a T1 resultam em tetraplegia (formalmente chamada de quadriplegia) e causam limitações nos braços, tronco, pernas e órgãos pélvicos; lesões de T2 a T12 resultam em paraplegia e causam limitação de tronco, pernas e órgãos pélvicos. Esses dois grupos são considerados danos de neurônios motores superiores e são definidos por paralisia espastica e hiperreflexia abaixo da lesão. Lesões na T12 e abaixo resultam em paraplegia com limitações do tronco, perna e órgãos pélvicos e são consideradas lesões de neurônios motores inferiores, determinadas por paralisia e arreflexia abaixo do nível da lesão.

Alem desses déficits primários, aqueles com LME estão sob elevado risco de problemas secundários como doenças cardiovasculares, insuficiência circulatória, osteoporose, rachaduras na pele, disfunção músculoesquelética e dor (81). Pesquisas têm indicado que alguns destes problemas podem ser aliviados com um programa estruturado de exercício incorporando precauções apropriadas; no entanto, os efeitos do condicionamento com exercícios são inversamente proporcionais à severidade da lesão primária (81). Por exemplo, aqueles com tetraplegia podem requerer estimulação elétrica ou movimentos passivos usando um ergômetro para membros superiores, resultando em uma redução notável nos efeitos do treinamento aeróbio (61).

As pesquisas envolvendo treinamento de força e LME focam aqueles com paraplegia. Dor na cintura escapular é uma reclamação comum entre aqueles com paraplegia, aparentemente devido ao estresse causado pela propulsão e transferência da cadeira de rodas, indicando a necessidade de treinamento de força (81). A ergometria de braços é um método comum para o treinamento de resistência, mas usada isoladamente não é suficiente para promover ganho de força funcional devido a limitações para atingir os músculos escapulares necessários para as atividades de vida diária (39). Aumento na força dos ombros foi observado em um estudo que empregou exercícios de força de ombro usando bandas elásticas (35). O treinamento de força em circuito, que incorpora períodos de baixa intensidade e número elevado de repetições (como ergometria sem rodas) interpostas por uma série de exercícios de força (como pesos livres, máquinas de peso ou bandas elásticas), tem demonstrado ser um método efetivo para aumentar a força e reduzir a dor (81) (Fig.16.3).

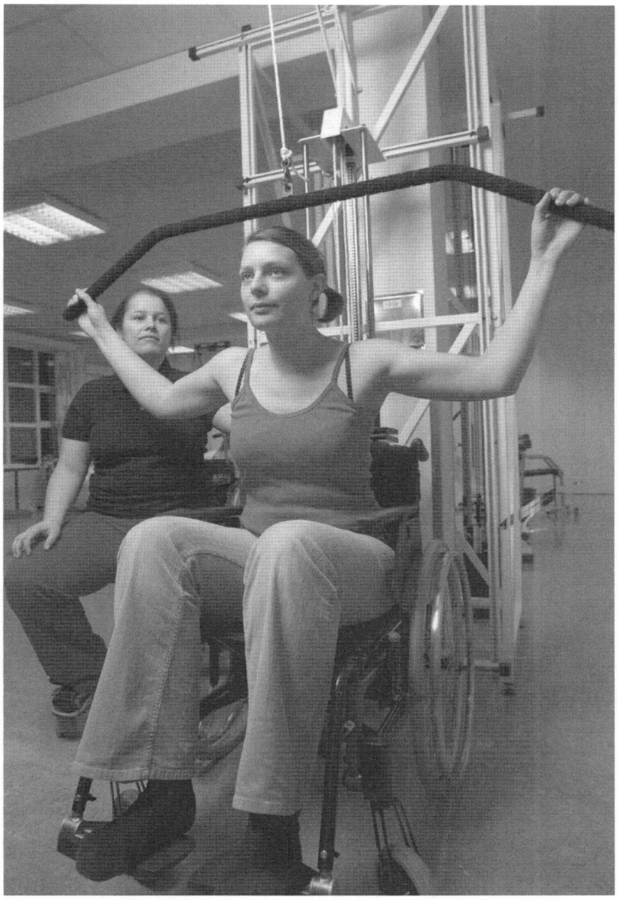

FIGURA 16.3 Exercícios de força podem ser uma forma efetiva para pessoas com lesões de medula espinal aumentar com a força e reduzirem as dores.

Em geral, as recomendações para os treinamentos de força e aeróbio para pacientes com LME não são significativamente diferentes daquelas para a população em geral e devem levar em consideração especificidade, sobrecarga, progressão e regularidade (61). Muitas precauções, no entanto, merecem atenção devido a déficits motores e sensoriais que resultam de LME. Uma precaução em trabalhar com pessoas com LME de T6 ou superior é saber da potencial condição de risco de vida conhecida como disreflexia autonômica (Quadro 16.2). Os sintomas incluem aumento excessivo da pressão arterial, reduzida freqüência cardíaca, dor de cabeça, visão borrada e congestão. Isso pode ser classificado como um estímulo nocivo abaixo do nível da lesão, como pressão em um membro ou bexiga cheia. Uma intervenção imediata consiste na identificação e na remoção do estímulo nocivo, na monitoração da pressão arterial e na busca de ajuda médica (61). Outras precauções devem considerar o risco de fratura devido à osteoporose, dor por uso excessivo devido a

QUADRO 16.2 SINAIS E SINTOMAS DE DISREFLEXIA AUTONÔMICA

- Dor de cabeça
- Visão borrada
- Congestão nasal
- Piloereção
- Sudorese profusa acima do nível de lesão
- Ansiedade
- Aumento repentino na pressão arterial sistólica
- Disritmia cardíaca

desequilíbrio muscular, hipotensão e dificuldade em manter a estabilidade térmica (81).

O conhecimento do tipo de lesão e as precauções relacionadas podem minimizar os riscos e acentuar os ganhos do programa de exercícios para pessoas com LME.

AIDS/HIV

O **vírus da imunodeficiência humana (HIV)** pode levar à **síndrome da imunodeficiência adquirida (AIDS)**, que é uma doença epidêmica que atualmente não tem cura (174). Até o ano de 2003, aproximadamente 40 milhões de indivíduos no mundo inteiro foram diagnosticados com HIV/AIDS (31,63,168). Além disso, relatórios estimam que 5 milhões de novas infecções por HIV ocorreram no mundo inteiro somente em 2003 (168). Nos Estados Unidos, aproximadamente 40 mil novos casos de HIV/AIDS ocorrem a cada ano, principalmente entre homens (70%) (31,168). Além dos efeitos do HIV/AIDS sobre o sistema imune, a doença também está associada com a perda de peso (caquexia) que é reconhecidamente um forte preditor de mortalidade (151,175,176). A caquexia é definida como perda progressiva de mais de 10% do peso corporal do indivíduo (31). Os sintomas de caquexia incluem, mas não são limitados, a febre, ausência de apetite e diarréia (99,101). De forma mais evidente, a caquexia afeta o sistema músculoesquelético, resultando em fraqueza. Como discutido nos capítulos anteriores, o treinamento de força aumenta o peso corporal magro, reforça os tecidos conectivos e aumenta o tamanho do músculo esquelético. Dessa forma, pesquisadores têm examinado os efeitos do treinamento de força, junto com terapias medicamentosas tradicionais, para contrapor os efeitos da caquexia nesta população (22,43,113,142,143,146).

Um estudo examinou os efeitos de um programa progressivo de treinamento de força sobre o estado funcional em indivíduos com HIV com e sem caquexia (143). Todos os sujeitos treinaram os maiores grupos musculares do corpo três vezes por semana durante oito semanas. Os investigadores encontraram um aumento de 5,2% na massa corporal magra após as oito semanas de treino no grupo com caquexia. Além disso, este grupo aumentou a força, avaliado por 1 RM, em 57% se comparado aos valores iniciais. Os investigadores concluem que o treinamento de força progressivo é benéfico para aumentar o estado funcional de pacientes com HIV que apresentam caquexia (143). Da mesma forma, um outro estudo observou que o tratamento com testosterona e os exercícios de força aumentaram os ganhos de peso corporal magro e massa muscular em homens infectados com HIV com perda de peso e baixos níveis de testosterona (23). Os investigadores concluíram, no entanto, que a combinação de tratamento com testosterona e treinamento de força não resultou em ganhos adicionais quando comparada a ambas intervenções isoladas (23).

Devido aos efeitos de perda de peso durante a infecção com HIV e do resultante aumento na mortalidade, a incorporação do treinamento de força pode aumentar a massa muscular e facilitar os benefícios para a saúde.

DOENÇA PULMONAR OBSTRUTIVA CRÔNICA

A **doença pulmonar obstrutiva crônica (DPOC)** é uma enfermidade respiratória progressiva que não é completamente reversível (16). A primeira patologia da DPOC é a limitação no fluxo expiratório (17). Aproximadamente 12 milhões de adultos com 25 anos ou mais foram diagnosticados com DPOC em 2001 (119). Além disso, uma análise econômica recente revelou que o custo social anual para o tratamento de um único paciente com DPOC nos Estados Unidos e Europa foi de US$5.646 (76,136). Deve ser observado que a DPOC engloba um número de condições pulmonares como asma, enfisema e bronquite crônica. Embora a condição seja geralmente associada ao hábito de fumar, outros fatores como infecções, ambientes poluídos e hereditariedade podem também trazer a DPOC (167). Biópsias do músculo quadríceps de pacientes com DPOC revelaram um percentual reduzido de fibras do tipo I bem como uma redução nas enzimas oxidativas (82,107). Este achado e a sobrecarga respiratória podem parcialmente explicar a fadiga associada com a execução de AVD. Os sintomas associados com a DPOC também incluem dispnéia e reduzida qualidade de vida. Dependendo da gravidade desta condição, tratamentos tradicionais têm incluído intervenções farmacológicas, terapia com oxigênio, transplante de pulmão ou cirurgia de redução de volume pulmonar (16,17). Mais recentemente, clínicas de reabilitação pulmonar estão incorporando treinamentos com exercícios como procedimento padrão no tratamento de pacientes com DPOC.

De forma interessante, o exercício parece ter apenas um efeito moderado sobre a função pulmonar (92).

Enquanto muitos estudos focaram sobre os efeitos do exercício de resistência aeróbia envolvendo as extremidades superiores e inferiores (103,106), poucos examinaram os efeitos do treinamento de força (130,157) como uma modalidade para melhorar a habilidade funcional e qualidade de vida. Pelo fato de pacientes com DPOC apresentarem fraqueza de músculos respiratórios e periféricos, o treinamento de força pode ser usado como contra-medida para estimular e fortalecer a musculatura afetada (102). Embora os benefícios desse tipo de exercício tenham sido bem documentados em outras populações clínicas (58,95), ainda existe o debate sobre a efetividade do treinamento de força para pacientes com DPOC.

Um estudo examinou os efeitos do treinamento de força e resistência aeróbia em 47 pacientes com DPOC moderada e grave ($VEF_1 \leq 4{,}1\% \pm 11\%$ do predito) ao longo de um período de 12 semanas (128). Os pacientes foram randomicamente separados em apenas treinamento de resistência aeróbia, apenas treinamento de força ou treinamento de resistência aeróbia e força combinados. O protocolo de treinamento de força consistiu de cinco exercícios: puxada pela frente, elevação lateral, desenvolvimento, flexão e extensão de joelho. Os pacientes realizaram quatro séries de seis a oito repetições para cada exercício em uma intensidade de 70% a 85% de 1 RM. Ajustes na carga foram realizados a cada duas semanas à medida que a força dos pacientes aumentavam. Os investigadores encontraram que os pacientes do grupo treinamento de força aumentaram suas distâncias de caminhada (513 m) comparado com as outras duas modalidades de treino (501 e 493 m, respectivamente) (128). Adicionalmente, os investigadores observaram que os pacientes classificaram seus níveis de fadiga, dispnéia e nível de limitações funcionais (medido por questionários) menores no grupo treinamento de força após 12 semanas.

Um outro estudo avaliou a efetividade de 12 semanas de treinamento de força envolvendo o corpo inteiro em nove pacientes com DPOC ($VEF_1 \leq 41{,}9\% \pm 16\%$ do predito) que estavam realizando treinamento aeróbio como parte da reabilitação pulmonar (130). Os pacientes realizaram três séries de oito a 12 repetições a 32%-64% de 1 RM em 12 máquinas de exercícios de força. Os exercícios incluíam movimentos multiarticulares (p. ex., supino na máquina) bem como monoarticulares (p. ex., rosca bíceps). Os pacientes tiveram um aumento de 5% e 29,2% na massa corporal magra e distância percorrida durante o teste de caminhada de seis minutos, respectivamente. Ainda mais importante, os pacientes com DPOC que receberam o treinamento de força melhoraram significativamente mais do que o grupo controle em três das cinco funções físicas avaliadas (p. ex., levantamento total dos braços em um minuto, sentar e levantar em um minuto e tempo para subir escadas). Com base nos resultados, os investigadores recomendam que o treinamento de força envolvendo o corpo inteiro seja incorporado com o regime de treinamento aeróbio para a reabilitação pulmonar de pacientes com DPOC (130).

Um efeito benéfico do treinamento de força para pacientes com DPOC é a redução da ansiedade e fadiga bem como a independência para executar atividades de vida diária.

DOENÇA CARDIOVASCULAR

A **doença cardiovascular**, que inclui a doença arterial coronariana e o AVC, permanece a principal causa de morte entre americanos e é estimada ter um custo econômico maior do que US$350 bilhões (33). O maior fator de risco para doença cardiovascular inclui hipertensão, elevado colesterol total sérico, hábito de fumar e diabete melito (8). Dados indicam que aproximadamente 40% das mortes nos Estados Unidos durante 1999 foram causadas por doença cardiovascular (10,121). Para reduzir a mortalidade e a morbidade associada com a doença cardiovascular, pesquisadores têm examinado os efeitos do exercício (2,88). Uma recente metanálise examinou a relação dose-resposta da atividade física sobre fatores de risco cardiovascular (124). Os investigadores revisaram sistematicamente estudos publicados de 1966 a 2003 nos quais os efeitos do exercício sobre os fatores de risco cardiovascular foram avaliados. Eles observaram que o exercício está associado com a redução dos fatores de risco cardiovascular de uma forma dose-resposta (124). Isto é, elevados níveis de atividade física estavam associados com um reduzido risco de desenvolver doença cardiovascular. Além disso, os investigadores observaram que mesmo uma hora de caminhada por semana tende a reduzir os fatores de risco cardiovascular (124).

Os efeitos do treinamento de força também podem reduzir os fatores de risco cardiovascular (134). Um estudo encontrou que a pressão arterial sistólica e diastólica de repouso reduziu em torno de 2% a 4% após treinamento com exercícios de força em adultos (86). Resultados similares foram encontrados para a redução da pressão arterial de crianças e adolescentes (87). Além disso, o treinamento de força melhora a sensibilidade à insulina, a tolerância à glicose e melhora a força muscular provavelmente reduzindo o estresse fisiológico das atividades de vida diária (70,112,134).

Além de reduzir os fatores de risco cardiovascular, o treinamento de força tem sido cada vez mais incorporado em programas de reabilitação cardíaca de pacientes com doença arterial coronariana. Por exemplo, um estudo examinou os efeitos do treinamento de força sobre a capacidade funcional de mulheres idosas com doença arterial coronariana (DAC) (4). Quarenta e duas participantes com DAC foram divididas em dois grupos, os quais realizaram duas séries de oito exercícios para grandes grupos musculares ou se encontravam três vezes por semana por 40 minutos com um especialista em reabilitação cardíaca. Os investigadores observaram que as mulheres do grupo treinamento de força melhoraram a capacidade funcional e, por isso, estavam aptas a realizarem as AVDs sem efeito adverso (4). Os princípios do treinamento de força não diferem para aqueles com doença arterial coronariana em comparação com aqueles que não apresentam a doença, mas atenção particular deve ser tomada para minimizar os riscos de eventos cardiovasculares durante o treino. As contra-indicações para o treinamento de força incluem angina instável, hipertensão descontrolada (pressão arterial sistólica igual ou maior do que 16 mmHg, diastólica igual ou maior do que 100 mmHg), disritmia descontrolada, doença valvular severa, cardiomiopatia hipertrófica, refluxo com obstrução de ventrículo esquerdo e parada cardíaca congestiva não-tratada (9, 134). Os pacientes necessitam de aprovação médica antes de iniciar o programa de treino, a intensidade inicial deve ser baixa, e a progressão deve ser relativamente lenta. Após cirurgia, um período de recuperação de três meses pode ser necessário antes de iniciar o treinamento de força (134).

Para aqueles com insuficiência cardíaca congestiva (ICC), o treinamento de força também pode ser um benefício. Indivíduos com ICC têm fadiga significativa e dificuldade em respirar durante a atividade física; muitos desses efeitos parecem ser devido a alterações no tecido musculoesquelético, incluindo atrofia das fibras musculares do tipo I. Um estudo observou que 10 semanas de treinamento de força aumentaram a força muscular (43%), a resistência muscular (299%) e o rendimento no teste de caminhada de seis minutos (13%) em 16 mulheres com ICC (135). Um outro estudo observou que o treino de força combinado com o de resistência aeróbia aumentou o VO_2 de pico e função ventricular esquerda mais do que o treino com apenas o exercício de resistência aeróbia (41). Um terceiro estudo examinou os efeitos de oito semanas de treinamento aeróbio e de força sobre a função vascular periférica do antebraço em 12 homens com ICC (104). A sessão de treino consistiu de exercícios de força para os membros superiores e inferiores, enquanto pedalar em uma bicicleta estacionária compreendeu o componente aeróbio do treinamento de intervenção. Os investigadores encontraram que a função vascular do antebraço melhorou no membro treinado quando comparado com o membro que não foi treinado (104). Esses resultados demonstram que uma combinação de treinamento aeróbio e de força é benéfica para melhorar a função vascular em paciente com ICC.

> *Uma combinação de exercícios aeróbios e treinamento de força em circuito melhora a função musculoesquelética, vasculatura do músculo esquelético, bem como a capacidade funcional em pacientes com doença cardiovascular.*

OBESIDADE

O sobrepeso e a obesidade são questões de saúde que atingiram proporções epidêmicas nos Estados Unidos (28). O sobrepeso é definido como índice de massa corporal (IMC) de 25–29,9; a obesidade é definida como IMC maior do que 30 (120). Um estudo recente dos custos nacionais atribuiu de 5,5% a 9,1% dos gastos médicos totais nos Estados Unidos com tratamentos para sobrepeso e obesidade, o que é consideravelmente maior do que 2% a 3,5% relatado por outros países (62,164). Em nível de estado, os cuidados médicos atribuídos à obesidade estimam gastos de US$15 milhões (Wyoming) a US$1,7 bilhões (Califórnia) (62). A obesidade nos Estados Unidos está associada com muitas doenças como câncer, diabete tipo II, hipertensão, hiperinsulinemia e doença arterial coronariana (28,123,158). Embora o tamanho corporal, a forma e a composição sejam influenciados por fatores genéticos (147,148,177), estudos têm encontrado sucesso com um regime de restrição calórica (161). O uso do treinamento de força em conjunto com restrição calórica pode contribuir na batalha contra a obesidade (Fig. 16.4).

Um estudo investigou os efeitos do exercício sobre a taxa metabólica de repouso em mulheres moderadamente obesas (27). Os sujeitos foram divididos em um grupo de treinamento de força e um outro que recebeu treinamento de força bem como regime de caminhada. O programa de treinamento de força foi desenvolvido para promover aumentos na força e na massa livre de gordura. Os investigadores observaram que os sujeitos do grupo que fez apenas o treinamento de força aumentaram significativamente a taxa metabólica de

FIGURA 16.4 Treinamento de força e restrição calórica atuam em conjunto para combater a obesidade.

repouso após a intervenção com o treinamento (27). Assim, foi concluído que o treinamento de força tem um potencial para aumentar a taxa metabólica de repouso pelo aumento da massa livre de gordura. Uma análise sistemática separada de estudos que examinaram os efeitos de regimes de exercícios em crianças obesas descobriu que exercícios aeróbios e/ou de força, contribuíram para 86% da variância nas alterações do percentual de gordura corporal em um ano (110). Os benefícios do exercício não são limitados à composição corporal. Um outro estudo examinou os efeitos de oito semanas de treinamento de força em circuito sobre a função de condução vascular em 19 adolescentes obesos (172). Além da redução no percentual de gordura corporal, os investigadores encontraram que o fluxo vascular, que estava limitado antes da intervenção, normalizou após oito semanas de treinamento em circuito (172). Embora nós tenhamos focado nos benefícios do treinamento de força, deve ser observado que a combinação dos treinamentos de força e o aeróbio (131) bem como a restrição calórica constituem o melhor modelo para reduzir a gordura corporal de forma segura e efeitva (181).

Uma combinação de treinamento de força, exercícios aeróbios e restrição calórica é o método ótimo para reduzir a gordura corporal de forma segura e efetiva em indivíduos obesos.

DIABETE MELITO

Existem em geral duas categorias de diabete melito. O diabete tipo I é uma doença caracterizada por dano pancreático, resultando em uma secreção reduzida de insulina no pâncreas. Isso ocorre tipicamente devido a uma condição auto-imune na qual o sistema imunológico ataca o pâncreas, mas isso pode também acontecer por dano pancreático devido a outras doenças como câncer pancreático. Indivíduos com diabete tipo I, também chamada de diabete juvenil, precisam de injeções de insulina para controlar os níveis de glicose no sangue. Em contraste, o diabete tipo II é uma condição caracterizada pela resistência à insulina. Isto é, uma dada quantidade de glicose requer uma maior resposta da insulina. A obesidade é a principal causa do diabete tipo II, e o aumento na prevalência da obesidade está levando a uma maior incidência de diabete tipo II. Notavelmente, taxas aumentadas de obesidade infantil estão levando ainda a mais casos de diabete tipo II na infância. Em casos avançados, o diabete tipo II leva à redução da função pancreática e, eventualmente, à necessidade de insulina exógena.

Está bem estabelecido que o exercício aeróbio pode tanto reduzir o risco de desenvolvimento de diabete tipo II quanto ajudar no controle da glicemia. Além dos efeitos do exercício aeróbio sobre a composição e peso corporal, que diminui a resistência à insulina, os efeitos do exercício aeróbio sobre o metabolismo muscular também são benéficos. Especificamente, os aumentos nos níveis de transportadores de glicose GLUT4 na membrana das células musculares em resposta ao exercício e os efeitos do exercício aeróbio sobre o metabolismo celular da glicose contribuem para a prevenção e o tratamento do diabete tipo II.

É menos apreciado o fato de o treinamento de força também ter benefícios significativos na prevenção e tratamento do diabete tipo II (179). Estudos demonstram que o exercício de força, como o aeróbio, aumenta a sensibilidade à insulina e tolerância à glicose (80) e diminui os níveis de hemoglobina glicosilada (30,45), resultando em melhor controle glicêmico. O exercício de força é recomendado para pacientes com diabete tipo II tanto pela Associação Americana de Diabete (15) quanto pelo Colégio Americano de Medicina do Esporte (6). As características específicas dos protocolos de treinamento de força que otimizam os benefícios de tolerância à glicose, sensibilidade à insulina e controle glicêmico ainda não são conhecidas; no entanto, tem sido sugerido que o treinamento de força de alta intensidade pode ser mais efetivo do que o treinamento de baixa intensidade e com volume aumentado (30,179). Mesmo assim, efeitos significativos podem ser obtidos com treinamento de baixa intensidade (de 40% a 50% de 1 RM) (80), pelo menos por curta duração.

O controle da glicemia em pacientes diabéticos pode ser melhorado com a prática regular de exercícios.

CÂNCER

No ano 2000, o **câncer** foi a segunda principal causa de morte nos Estados Unidos, atrás das doenças do coração (114). Em 2003, foi estimado que 1.334.100 novos casos e 556.500 mortes foram associadas com câncer (155). Afora esse quadro, a taxa de sobrevivência relativa a cinco anos para todos os cânceres combinados é de 62% (155). Geralmente, o tratamento do câncer envolve certo nível de radiação, quimioterapia, cirurgia ou uma combinação destas. Pelo fato de muito destes tratamentos serem intensivos e afetarem a função fisiológica, fadiga, perda de massa muscular e baixa energética são freqüentemente resultantes (3,126). Estudos têm demonstrado que várias formas de atividade física, tais como exercício aeróbio e de força, são benéficos em minimizar os efeitos do tratamento do câncer (3,67).

Um estudo examinou os efeitos de 10 semanas de um programa de bem-estar de pacientes sobre variáveis de aptidão física em 20 pacientes com câncer com idade média de 50 anos (46). Além de realizarem exercícios aeróbios, os pacientes foram supervisionados durante um treinamento de força progressivo usando máquinas. Eles observaram que, após 10 semanas de treino, a força muscular aumentou de 45% a 98% dependendo do músculo exercitado. Adicionalmente, os pacientes classificaram suas capacidades funcionais para realizar AVDs (p. ex., tarefas domésticas, preparação de refeições, etc.) como significativamente maior após 10 semanas de programa de treinamento. Resultados similares foram encontrados em um estudo com 23 pacientes com câncer com idades entre 18 e 65 anos (3). Os pacientes foram engajados em nove horas semanais de exercício supervisionado, que incluiu uma combinação de treinamento aeróbio e de força. Os investigadores encontraram aumentos significativos na resistência cardiorespiratória e na força muscular (3). Para uma revisão mais extensiva dos efeitos do exercício físico sobre o câncer, nós recomendamos dois artigos recentes (165,125).

O treinamento de força e exercícios aeróbios podem ajudar a contrapor a perda de massa muscular e a fadiga associadas com o tratamento do câncer.

GRAVIDEZ

Aspectos do exercício durante a **gravidez** focam os problemas potenciais da aumentada temperatura corporal, limitado fluxo sangüíneo uterino, oferta de nutrientes e risco de parto prematuro. Estudos demonstram que, para a mãe, os benefícios superam os riscos. O exercício regular e moderado durante a gravidez tem muitos benefícios para a mãe, incluindo a redução no ganho de peso, a perda de peso mais rápida após a gravidez, a sensação aumentada de bem-estar e o reduzido risco de dor muscular e diabete gestacional. Existem alguns riscos leves para o feto, mas felizmente os efeitos adversos de um programa de exercícios apropriado serão mínimos se prudentemente administrado (1,91,152).

American College of Obstetricians and Gynecologists (ACOG) estabeleceu um posicionamento sobre exercício durante a gravidez. Uma mulher grávida deve sempre ser orientada pelo seu médico antes de iniciar qualquer programa de exercício. Se a mulher se exercita antes da gravidez, ela deve continuar com seus exercícios com pequenas modificações. Se a mulher não se exercita antes da gravidez, ela pode cuidadosamente iniciar um programa de exercícios leves durante a gravidez e deve estar alerta ao cansaço extra e complicações.

O exercício cardiovascular deve consistir de 30 minutos ou mais de exercício moderado no maior número de dias possíveis por semana. A intensidade do exercício deve observar as taxas de percepção subjetiva de esforço (TPE) em um intervalo de leve a um pouco pesado (TPE 11–13) e, não o efeito sobre a freqüência cardíaca, e deve permitir que o participante passe pelo "teste da fala" durante o exercício. Mulheres podem achar atividades de baixo impacto e exercícios na água mais confortáveis devido ao peso aumentado e alterações posturais que ocorrem com o avanço da gravidez. Uma outra alteração músculoesquelética que ocorre durante a gravidez é o aumento da lassidão ligamentar devido a níveis aumentados de estrogênio e relaxina. Embora as pesquisas sobre o treinamento de força sejam esparsas, ele parece seguro. É prudente, no entanto, para minimizar as possibilidades de riscos de lesão, usar formas adequadas e uma forma variada de exercícios. Exercícios de força dinâmicos com pesos leves e múltiplas repetições são recomendados, evitando repetições isométricas ou levantamento de muita carga, que podem resultar em manobra de Valsalva

(13). Exercícios em supino devem ser evitados após o primeiro trimestre, em função de esta posição causar obstrução do retorno venoso, que pode afetar o débito cardíaco. Posições sem movimento podem levar à resistência venosa, por isso essa posição também deve ser minimizada. Hidratação apropriada, evitar o superaquecimento e uma nutrição apropriada devem ser observados.

O posicionamento do ACOG sugere evitar atividades que tenham riscos de queda ou impacto como hóquei no gelo, corridas a cavalo, esportes de raquete, kickboxe e futebol. Esforços em elevadas altitudes ou mergulho também devem ser evitados. Exercícios de qualquer natureza devem ser interrompidos imediatamente se ocorrer algum dos seguintes eventos: sangramento vaginal, enjôo, dificuldade em respirar, dor de cabeça, dor no peito, dor na perna ou tontura (possível tromboflebite), trabalho de parto prematuro, perda de líquido amniótico ou fraqueza muscular (Quadro 16.3). Uma mulher grávida com diabete, obesidade mórbida, hipertensão ou outras condições de risco aumentado não deve se exercitar até ser cuidadosamente avaliada por um médico, e depois somente com um programa individualizado.

Com aprovação médica, a mulher grávida saudável sem riscos obstétricos ou médicos pode seguramente realizar um programa de exercício regular.

RESUMO

O exercício de força em conjunto com exercícios cardiovasculares e de flexibilidade é um importante componente de programas de exercício para a população em geral. É cada vez mais visível que o exercício de força promove benefícios para crianças, adolescentes e idosos. Além disso, o exercício de força parece promover benefícios significativos para indivíduos com uma variedade de condições como DPOC, AIDS, diabete e doença neuromuscular. Com poucas exceções (distrofia muscular de Duchenne), os benefícios do exercício de força de longe superam os riscos potenciais, especialmente quando propriamente elaborados e supervisionados. Ainda assim, devem ser tomados cuidados na progressão dentro de um programa. Usando-se um trabalho em equipe com profissionais da área da saúde pode-se assegurar a segurança e efetividade de um programa. Pesquisas futuras são necessárias para delinear variáveis de elaboração de um programa (intensidade, freqüência, volume, etc.) que maximizam os benefícios (incluindo ganhos funcionais) e minimizam os efeitos deletérios de diferentes doenças e síndromes. Além disso, estudos de longa duração devem ser realizados para avaliar os benefícios e os riscos do exercício de força prolongado para populações especiais.

QUADRO 16.3 SINAIS DE CUIDADOS PARA SE INTERROMPER EXERCÍCIOS DURANTE A GRAVIDEZ

- Fadiga excessiva
- Dor (particularmente nas costas ou na região púbica)
- Enjôo
- Dificuldade ao respirar
- Palpitações cardíacas
- Diminuição dos movimentos fetais
- Contrações persistentes
- Ruptura de membranas
- Sangramento vaginal

QUESTÕES TÉCNICAS

1. Uma mulher de 32 anos quer assistência na elaboração de um programa de exercícios. Ela está com 50 kg de sobrepeso, fuma uma carteira de cigarros por dia e reclama de dores no joelho quando sobe escadas. Que parâmetros deve ter o seu programa? Existe alguma consideração especial?
2. Um senhor com 82 anos de idade teve um AVC há 5 anos e tem alguma fraqueza residual do lado direito com espasticidade leve, embora ele seja apto a caminhar independentemente e viva sozinho. Sua filha o levou para a academia para iniciar um programa de exercícios. O seu objetivo é se manter o mais independente possível. É seguro iniciar um programa de treinamento de força com ele? Que tipos de exercícios seriam mais apropriados neste caso?
3. Uma senhora com 52 anos de idade com histórico de diabete tipo II quer iniciar um programa de exercício. Que tipos de problemas físicos essa mulher pode apresentar? Existe alguma precaução que deve ser considerada? Elabore um programa de atividade física para esta senhora.
4. Um senhor de 44 anos, treinador voluntário do time de futebol americano da escola, quer começar a exercitar-se com o seu filho, que joga no time. Ele teve um ataque cardíaco há 6 meses e completou as fases 1, 2 e 3 da reabilitação cardíaca. Agora ele quer entrar em forma e pede alguns conselhos. Quais são as normas de precaução para um programa de exercício?

EXEMPLO DE CASO

Melhorando a qualidade de vida em idosos

HISTÓRICO

Senhor Smith, um excelente jogador de golfe de 76 anos de idade, reclama que está tendo dificuldade em se encurvar, caminhar em inclinações e em solos irregulares, e entrar e sair do carrinho de golfe. Ele tem histórico de osteoartrite bilateral no joelho controlada por medicamento, bem como hipertensão controlada por medicamento. Ele admite que não aderiu a programas de exercício no passado mas agora está motivado, pois quer continuar a jogar golfe.

RECOMENDAÇÕES/CONSIDERAÇÕES

Após o senhor Smith ter completado um questionário de saúde e ter o consentimento de seu médico, um teste de exercício é realizado como estabelecido no Capítulo 8. Os componentes do programa de aptidão física devem focar a força e a flexibilidade das extremidades inferiores, visando os grandes grupos musculares utilizados nas AVDs, incluindo golfe, condicionamento aeróbio e atividades de equilíbrio e coordenação. Revisar as seções precedentes sobre sarcopenia, osteoartrite e doença cardiovascular para mais informações.

IMPLEMENTAÇÃO

Para o treinamento de força, um aquecimento de cinco a 10 minutos seguido de exercícios de força para os grandes grupos musculares, enfatizando a extremidade inferior mas incluindo as extremidades superiores e o tronco, pois todas são importantes para o golfe e outras AVDs. Iniciar com 65% a 75% de 1 RM, e progredir para 85% e 100% de 1 RM quando tolerado de duas a três sessões por semana, com oito a doze repetições. A dor no joelho deve ser monitorada, e as atividades devem ser modificadas se aumentos na dor ou na inflamação forem reportados. Por exemplo, a extensão de joelho de cadeia aberta deve ser substituída por pressão de pernas de cadeia fechada, a carga deve ser reduzida ou o arco de movimento modificado para uma amplitude livre de dor. A sessão terminaria com alongamento dos grandes grupos musculares.

Para o condicionamento aeróbio, uma combinação de atividades pode ser usada incluindo caminhada na esteira, bicicleta estacionária e atividades na água. A caminhada na esteira é funcional, inclinações podem ser gradualmente inseridas para estimular a caminhada neste plano. A bicicleta estacionária tem a vantagem de oferecer uma amplitude definida de movimentos do joelho, que pode ser aumentada diminuindo a altura do selim. A hidroginástica pode promover condicionamento cardiovascular e minimizar o estresse articular. O senhor Smith deve ser ensinado a perceber o nível de esforço, freqüência cardíaca-alvo referente à idade e como monitorar sua pressão arterial. Ele pode ser encorajado a entrar em um grupo para acentuar a adesão. Atividades de coordenação supervisionadas, mas simples como caminhadas com deslocamento lateral, equilibrar-se em uma só perna, caminhar em uma caixa de areia para simular solo irregular, podem se tornar independentes desde que estabeleçam segurança. O senhor Smith deve ser educado sobre a importância de um programa continuado, sinais de cuidados para doenças cardiovasculares e precauções com a osteoartrite.

RESULTADOS

O senhor Smith desenvolverá tanto força muscular quanto resistência muscular. Como resultado, ele terá melhor equilíbrio e mobilidade, o que vai melhorar seus movimentos no golfe. Além disso, o senhor Smith pode ter menos dificuldade em caminhar em inclinações e em solos irregulares, e ao entrar e sair do carrinho de golfe.

REFERÊNCIAS

1. ACOG. ACOG Committee opinion. Number 267, January 2002: exercise during pregnancy and the postpartum period. Obstet Gynecol 2002;99:171–173.
2. ACSM. American College of Sports Medicine Position Stand. The recommended quantity and quality of exercise for developing and maintaining cardiorespiratory and muscular fitness, and flexibility in healthy adults. Med Sci Sports Exerc 1998;30:975–991.
3. Adamsen L, Midtgaard J, Rorth M, et al. Feasibility, physical capacity, and health benefits of a multidimensional exercise program for cancer patients undergoing chemotherapy. Support Care Cancer 2003;11: 707–716.
4. Ades PA, Savage PD, Cress ME, et al. Resistance training on physical performance in disabled older female cardiac patients. Med Sci Sports Exerc 2003;35:1265–1270.
5. Agre JC, Rodriquez AA, Franke TM. Strength, endurance, and work capacity after muscle strengthening exercise in postpolio subjects. Arch Phys Med Rehabil 1992;78:681–686.
6. Albright A, Franz M, Hornsby G, et al. American College of Sports Medicine position stand: exercise and type 2 diabetes. Med Sci Sports Exerc 2000;32:1345–1360.

7. American Obesity Association. Available at www.obesity.org. Accessed December 08, 2005.
8. American College of Sports Medicine. Franklin BA, Whaley MH, Howley ET, Balady GJ. ACSM's Guidelines for Exercise Testing and Prescription Philadelphia: Lippincott Williams & Wilkins, 2000:33–130.
9. American College of Sports Medicine. Whaley MH, Brubaker PH, Otto RM, Armstrong LE. ACSM's Guidelines for Exercise Testing and Prescription. 7th ed. 30th Anniversary ed. Philadelphia: Lippincott Williams & Wilkins, 2006:xxi, 366.
10. Anderson RN. Deaths: leading causes for 1999. Natl Vital Stat Rep 2001;49:1–87.
11. Andersson C, Grooten W, Hellsten M, et al. Adults with cerebral palsy: walking ability after progressive strength training. Dev Med Child Neurol 2003;45:220–228.
12. Angelopoulou N, Matziari C, Tsimaris V, et al. Bone mineral density and muscle strength in young men with mental retardation (with and without Down syndrome). Calcif Tiss Int 2000;66:176–180.
13. Artal R, O'Toole M. Guidelines of the American College of Obstetricians and Gynecologists for exercise during pregnancy and the postpartum period. Br J Sports Med 2003;37:6–12; discussion 12.
14. Arthritis Foundation. Disease Center: Rheumatoid Arthritis. Available at: www.arthritis.org/conditions/ diseasecenter/RA/default.asp. Accessed December 19, 2004.
15. Association, American Diabetes. Diabetes mellitus and exercise. Diabetes Care 2002;25(Suppl):S64–S68.
16. ATS. Pulmonary rehabilitation 1999. American Thoracic Society. Am J Respir Crit Care Med 1999;159: 1666–1682.
17. ATS/ERS. Skeletal muscle dysfunction in chronic obstructive pulmonary disease. A statement of the American Thoracic Society and European Respiratory Society. Am J Respir Crit Care Med 1999;159:S1–40.
18. Badics E, Wittman A, Rupp M, et al. Systematic muscle building exercises in the rehabilitation of stroke patients. Neurorehabilitation 2002;17:211–214.
19. Becker, RC. Editorial. Thromboneurology and the search for stroke therapies. Stroke. 1997;28:1657–1659.
20. Bennett RM. Emerging concepts in the neurobiology of chronic pain: evidence of abnormal processing in fibromyalgia. Mayo Clin Proc 1999;74:385–398.
21. Bernhardt DT, Gomez J, Johnson MD, et al. Strength training by children and adolescents. Pediatrics 2001; 107:1470–1472.
22. Bhasin S, Storer TW. Exercise regimens for men with HIV. JAMA 2000;284:175–176.
23. Bhasin S, Storer TW, Javanbakht M, et al. Testosterone replacement and resistance exercise in HIV-infected men with weight loss and low testosterone levels. JAMA 2000;283:763–770.
24. Bonaiuti D, Shea B, Iovine R, et al. Exercise for preventing and treating osteoporosis in postmenopausal women. Cochrane Database Syst Rev 2002;CD000333.
25. Bonita R. Epidemiology of stroke. Lancet 1992;339: 342–347.
26. Booth CM, Cortina-Borja MJ, Theologis TN. Collagen accumulation in muscles of children with cerebral palsy and correlation with severity of spasticity. Dev Med Child Neurol 2001;43:314–320.
27. Byrne HK, Wilmore JH. The effects of a 20-week exercise training program on resting metabolic rate in previously sedentary, moderately obese women. Int J Sport Nutr Exerc Metab 2001;11:15–31.
28. Calle EE, Rodriguez C, Walker-Thurmond K, Thun MJ. Overweight, obesity, and mortality from cancer in a prospectively studied cohort of U.S. adults. N Engl J Med 2003;348:1625–1638.
29. Carmeli E, Ayalon M, Barchad S, et al. Isokinetic leg strength of institutionalized older adults with mental retardation with and without Down's syndrome. J Strength Cond Res 2002;16:316–320.
30. Castaneda C, Layne JE, Munoz-Orians L, et al. An randomized controlled trial of resistance exercise training to improve glycemic control in older adults with type 2 diabetes. Diabetes Care 2002;25:2335–2341.
31. CDC. HIV and AIDS–United States 1981–2001. MMWR 2001;50:430–434.
32. Chan KM, Amirjani N, Sumrain M, et al. Randomized controlled trial of strength training in post-polio. Muscle Nerve 2003;27:332–338.
33. Chobanian AV, Bakris GL, Black HR, et al. Seventh report of the Joint National Committee on Prevention, Detection, Evaluation, and Treatment of High Blood Pressure. Hypertension 2003;42:1206–1252.
34. Curtis CL, Weir JP. Overview of exercise responses in healthy and impaired states. Neurol Rep 1996;20:13–19.
35. Curtis KA, Tyner TM, Zachery L. Effect of a standard exercise protocol on shoulder pain in long-term wheelchair users. Spinal Cord 1999;37:421–429.
36. Damiano DL, Abel MF. Functional outcomes of strength training in spastic cerebral palsy. Arch Phys Med Rehabil 1998;79:119–125.
37. Damiano DL, Vaughan CL, Abel MF. Muscle response to heavy resistance exercise in children with spastic cerebral palsy. Dev Med Child Neurol 1995;37:731–739.
38. Damiano DL, Kelly LE, Vaughn CL. Effects of quadriceps femoris muscle strengthening on crouch gait in children with spastic diplegia. Phys Ther 1995;75:658–671.
39. Davis GM, Shepard RJ. Strength training for wheelchair users. Br J Sports Med 1990;24:25–30.
40. de Jong Z, Munneke M, Zwinderman AH, et al. Is a long-term high-intensity exercise program effective and safe in patients with rheumatoid arthritis? Results of a randomized controlled trial. Arthritis Rheum 2003;48: 2415–2424.
41. Delagardelle C, Feiereisen P, Autier P, et al. Strength/ endurance training versus endurance training in congestive heart failure. Med Sci Sports Exerc 2002;34: 1868–1872.
42. Dennis MS, Burn JP, Sandercock PA, et al. Long-term survival after first-ever stroke: the Oxfordshire Community Stroke Project. Stroke 1993;24:796–800.
43. Dudgeon WD, Phillips KD, Bopp CM, Hand GA. Physiological and psychological effects of exercise interventions in HIV disease. AIDS Patient Care STDS 2004;18:81–98.
44. Dunlop DD, Manheim LM, Yelin EH, et al. The costs of arthritis. Arthritis Rheum 2003;49:101–1t3.
45. Dunstan DW, Daly RM, Owen N, et al. High-intensity resistance training improves glycemic control in older patients with type 2 diabetes. Diabetes Care 2002;25: 1729–1736.
46. Durak EP, Lilliy PC. The application of an exercise and wellness program for cancer patients: a preliminary outcomes report. J Strength Cond Res 1998;12:3–6.
47. Elder GCB, Kirk J, Stewart G, et al. Contributing factors to muscle weakness in children with cerebral palsy. Dev Med Child Neurol 2003;45:542–550.

48. Engardt M, Knutsson E, Jonsson M, Sternhag M. Dynamic muscle strength training in stroke patients: effects on knee extension torque, electromyographic activity, and motor function. Arch Phys Med Rehabil 1995;76:419–425.
49. Evans WJ. Effects of exercise on body composition and functional capacity of the elderly. J Gerontol 1995;50A: 147–150.
50. Evans WJ. Effects of exercise on senescent muscle. Clin Orthop Rel Res 2002;403S:S211–S220.
51. Evans WJ. Exercise training guidelines for the elderly. Med Sci Sports Exerc 1999;31:12–17.
52. Faigenbaum AD, Milliken LA, LaRosa R, et al. Comparison of 1 and 2 days per week of strength training in children. Res Q Exerc Sport 2002;73:416–424.
53. Faigenbaum AD, Milliken LA, Westcott WL. Maximal strength testing in healthy children. J Strength Cond Res 2003;17:162–166.
54. Faigenbaum AD, Kraemer WJ, Cahill B, et al. Youth resistance training: position statement paper and literature review. Strength Cond J 1996;18:62–75.
55. Faigenbaum AD, Westcott WL, Long C, et al. Relationship between repetitions and selected percentages of the one-repetition maximum in healthy children. Pediatr Phys Ther 1998;10:110–113.
56. Falk B, Tenenbaum G. The effectiveness of resistance training in children. Sports Med 1996;22:176–186.
57. Fassbender HG. The Pathology and Pathobiology of Rheumatic Disease. 2nd ed. New York: Springer, 2002.
58. Fenicchia LM, Kanaley JA, Azevedo JL Jr, et al. Influence of resistance exercise training on glucose control in women with type 2 diabetes. Metabolism 2004;53: 284–289.
59. Fernhall B. Physical fitness and exercise training of individuals with mental retardation. Med Sci Sports Exerc 1993;25:442–450.
60. Fiatarone MA, Marks EC, Ryan ND, et al. High-intensity strength training in nonagenarians: effects on skeletal muscle. JAMA 1990;263:3029–3034.
61. Figoni SF. Spinal cord disabilities: paraplegia and tetraplegia. In: Durstine JL, Moore GE, eds. ACSM's Exercise Management for Persons with Chronic Diseases and Disabilities. Champaign, IL: Human Kinetics, 2003: 247–253.
62. Finklestein EA, Fiebelkorn IC, Wang G. National medical spending attributable to overweight and obesity: how much, and who's paying? Health Affairs 2003; W3:219–226.
63. Fleming PL, Byers RH, Sweeney PA, Daniels D, Karon JM, Janssen RS. HIV prevalence in the United States, 2000. In: 9th Conference on Retroviruses and Opportunistic Infections. Seattle, WA: 2002.
64. Forrest G, Qian X. Exercise in neuromuscular disease. Neurorehabilitation 1999;13:135–139.
65. Fransen MS, McConnell S, Bell M. Exercise for osteoarthritis of the hip or knee. Cochrane Database Syst Rev 2003;CD004286.
66. Freeman J, Allison R. Group exercise classes in people with multiple sclerosis: a pilot study. Physiother Res Int 2004;9:104–107.
67. Friedenreich CM, Courneya CS. Exercise as rehabilitation for cancer patients. Clin J Sport Med 1996;6:237–244.
68. Frontera WR, Suh D, Krivickas LS, et al. Skeletal muscle fiber quality in older men and women. Am J Physiol 2000;279:C611–C618.
69. Frontera WR, Hughes VA, Fielding RA, et al. Aging of skeletal muscle: a 12-year longitudinal study. J Appl Physiol 2000;88:1321–1326.
70. Goldberg LD, Elliot DL, Keuhl KS. Cardiovascular changes at rest and during mixed static and dynamic exercises after weight training. J Appl Sport Sci Res 1998;2:42–45.
71. Goodman CC. The immune system. In: Goodman CC, Boissonault WG, Fuller KS, eds. Pathology. Implications for the Physical Therapist. 2nd ed. Philadelphia: Saunders, 2003:153–193.
72. Goodman CC, Glanzman A. Genetic and developmental disorders. In: Goodman CC, Boissonault WG, Fuller KS, eds. Pathology. Implications for the Physical Therapist. 2nd ed. Philadelphia: Saunders, 2003:829–870.
73. Hakkinen A, Hannonen P, Nyman K, et al. Effects of concurrent strength and endurance training in women with early or longstanding rheumatoid arthritis: comparison with healthy subjects. Arthritis Rheum 2003; 49:789–797.
74. Hakkinen A, Hakkinen K, Hannonen P, Alen M. Strength training induced adaptations in neuromuscular function in premenopausal women with fibromyalgia: comparison with healthy women. Ann Rheum Dis 2001; 60:21–26.
75. Häkkinen A, Sokka T, Hannonen P. A home-based two-year strength training period in early rheumatoid arthritis led to good long-term compliance: a five-year follow-up. Arthritis Rheum 2004;51:56–62.
76. Halpern MT, Stanford RH, Borker R. The burden of COPD in the U.S.A.: results from the Confronting COPD survey. Respir Med 2003;97(Suppl C):S81–S89.
77. Helleckson KL. NIH releases statement on osteoporosis prevention, diagnosis, and therapy. Am Fam Phys 2002; 66:161–162.
78. Hook EB. Epidemiology of Down syndrome. In: Pueschel SM, Rynders JE, eds. Down Syndrome: Advances in Biomedicine and the Behavioral Sciences. Cambridge, UK: Ware Press, 1982:11–88.
79. Hughes VA, Frontera WR, Wood M, et al. Longitudinal muscle strength changes in older adults: influence of muscle mass, physical activity, and health. J Gerontol Biol Sci 2001;56A:B209–B217.
80. Ishii T. Yamakita T, Sato T, et al. Resistance training improves insulin sensitivity in NIDDM subjects without altering maximal oxygen uptake. Diabetes Care 1998: 21:1353–1355.
81. Jacob PL, Nash MS. Exercise recommendations for individuals with spinal cord injury. Sports Med 2004;34: 727–751.
82. Jakobsson P, Jorfeldt L, Brundin A. Skeletal muscle metabolites and fibre types in patients with advanced chronic obstructive pulmonary disease (COPD), with and without chronic respiratory failure. Eur Respir J 1990: 3:192–196.
83. Jette AM, Branch LG. The Framingham Disability Study: II. Physical disability among the aging. Am J Public Health 1981;71:1211–1216.
84. Jones KD, Clark SR. Individualizing the exercise prescription for persons with fibromyalgia. Rheum Dis Clin North Am 2002;28:419–436.
85. Jones KD, Burckhardt CS, Clark SR, et al. A randomized controlled trial of muscle strengthening versus flexibility training in fibromyalgia. J Rheumatol 2002;29: 1041–1048.

86. Kelley GA, Kelley KS. Progressive resistance exercise and resting blood pressure: a meta-analysis of randomized controlled trials. Hypertension 2000;35:838–843.
87. Kelley GA, Kelley KS, Tran ZV. The effects of exercise on resting blood pressure in children and adolescents: a meta-analysis of randomized controlled trials. Prev Cardiol 2003;6:8–16.
88. Kelley GA, Kelley KS, Tran ZV. Walking and resting blood pressure in adults: a meta-analysis. Prev Med 2001;33:120–127.
89. Kilmer DD. Response to resistive strengthening exercise training in humans with neuromuscular disease. Am J Phys Med 2002;81(Suppl):S121–S126.
90. Klingbeil H, Baer HR, Wilson PE. Aging with a disability. Arch Phys Med Rehabil 2004;85:S68–S73.
91. Kramer MS. Aerobic exercise for women during pregnancy. Cochrane Database Syst Rev 2002;CD000180.
92. Lacasse Y, Wong E, Guyatt GH, et al. Meta-analysis of respiratory rehabilitation in chronic obstructive pulmonary disease. Lancet 1996;348:1115–1119.
93. Lackland D. Bacjam D:. Carter TD. et al. The geographic variation in stroke incidence in two areas of the southeastern stroke belt. Stroke 1998;29:2061–2068.
94. Lanes SF. Lanza LL, Radensky PW, et al. Resource utilization and cost of care for rheumatoid arthritis and osteoarthritis in a managed care setting: the importance of drug and surgery costs. Arthritis Rheum 1997;40: 1475–1481.
95. Latham NK, Bennett DA, Stretton CM, Anderson CS. Systematic review of progressive resistance strength training in older adults. J Gerontol A Biol Sci Med Sci 2004;59:48–61.
96. Latham NK, Bennett DA, Stretton CM, Anderson CS. Systematic review of progressive resistance strength training in older adults. J Gerontol Med Sci 2004; 59A:48–61.
97. Lexell J, Taylor CC, Sjostrom M. What is the cause of the ageing atrophy? Total number, size and proportion of different fiber types studied in whole vastus lateralis muscle from 15- to 83-year-old men. J Neurol Sci 1988; 84:275–294.
98. Liang MH, Cullen KE, Larson MG, et al. Cost-effectiveness of total joint arthroplasty in osteoarthritis. Arthritis Rheum 1986;29:937–943.
99. MaCallan DC. Metabolic abnormalities and the Ywasting syndrome" in HIV infection. Nutrition 1996;12: 641–642.
100. Macallan DC. Wasting in HIV infection and AIDS. J Nutr 1999;129:238S–242S.
101. Macallan DC, Griffin GE. Metabolic disturbances in AIDS. N Engl J Med 1992;327:1530–1531.
102. Mador MJ. Muscle mass, not body weight, predicts outcome in patients with chronic obstructive pulmonary disease. Am J Respir Crit Care Med 2002;166:787–789.
103. Mador MJ, Kufel TJ, Pineda LA, et al. Effect of pulmonary rehabilitation on quadriceps fatigability during exercise. Am J Respir Crit Care Med 2001;163:930–935.
104. Maiorana A. OíDriscoll G, Dembo L, et al. Effect of aerobic and resistance exercise training on vascular function in heart failure. Am J Physiol Heart Circ Physiol 2000;279:H1999–2005.
105. Malek MH, Nalbone DP, Berger DE, Coburn JW. Importance of health science education for personal fitness trainers. J Strength Cond Res 2002;16:19–24.
106. Maltais F, LeBlanc P, Simard C, et al. Skeletal muscle adaptation to endurance training in patients with chronic obstructive pulmonary disease. Am J Respir Crit Care Med 1996;154:442–447.
107. Maltais F, Simard AA, Simard C, et al. Oxidative capacity of the skeletal muscle and lactic acid kinetics during exercise in normal subjects and in patients with COPD. Am J Respir Crit Care Med 1996;153:288–293.
108. Matchar DB, Duncan PW. The cost of stroke. Stroke Clinical Updates 1994;5:9–12.
109. Mayo NE. Stroke. 1. Epidemiology and recovery. Phys Med Rehabil 1993;7:1–25.
110. Maziekas MT, LeMura LM, Stoddard NM, et al. Follow up exercise studies in paediatric obesity: implications for long term effectiveness. Br J Sports Med 2003;37: 425–429.
111. McCarthy CJ, Mills PM, Pullen R, et al. Supplementation of a home-based exercise programme with a class-based programme for people with osteoarthritis of the knees: a randomised controlled trial and health economic analysis. Health Technol Assess 2004;8:1–76.
112. McCartney N, McKelvie RS, Martin J, et al. Weight training induced attenuation of the circulatory response of older males to weight lifting. J Appl Physiol 1993;74: 1056–1060.
113. McDermott AY, Shevitz A, Knox T, et al. Effect of highly active antiretroviral therapy on fat, lean, and bone mass in HIV-seropositive men and women. Am J Clin Nutr 2001;74:679–686.
114. Mokdad AH, Marks JS, Stroup DF, Gerberding JL. Actual causes of death in the United States, 2000. JAMA 2004;291:1238–1245.
115. Moreland JD, Goldsmith CH, Huijbregts MP, et al. Progressive resistance strengthening exercises after stroke: a single-blind randomized controlled trial. Arch Phys Med Rehabil 2003;84:1433–1440.
116. Moritani T, deVries HA. Potential for gross muscle hypertrophy in older men. Am J Phys Med 1980;35:672–682.
117. Mostert S, Kesselring J. Effects of a short-term exercise training program on aerobic fitness, fatigue, health perception and activity level of subjects with multiple sclerosis. Mult Scler 2002;8:161–168.
118. Munneke M, de Jong Z, Zwinderman AH, et al. Adherence and satisfaction of rheumatoid arthritis patients with a long-term intensive dynamic exercise program (RAPIT program). Arthritis Rheum 2003;49:665–672.
119. NHLBI. Chronic Obstructive Pulmonary Disease (COPD) Data Fact Sheet. U.S. NIH Publication No. 03-5229. Bethesda, MD: National Heart, Lung, and Blood Institute, 2003:1–6.
120. NIH. Clinical Guidelines on the Identification, Evaluation, and Treatment of Overweight and Obesity in Adults. Bethesda, MD: National Institutes of Health, National Heart, Lung, and Blood Institute, 1998.
121. NIH. NIH develops consensus statement on the role of physical activity for cardiovascular health. Am Fam Physician 1996;54:763–764, 767.
122. NIH. Osteoporosis Prevention, Diagnosis, and Therapy. NIH Consensus Statement. 2000;17:1–45.
123. NIH. The Surgeon Generalís Call to Action to Prevent and Decrease Overweight and Obesity 2001. Rockville, MD: U.S. Department of Health and Human Services, 2001:1–39.
124. Oguma Y, Shinoda-Tagawa T. Physical activity decreases cardiovascular disease risk in women: review and meta-analysis. Am J Prev Med 2004;26:407–418.

125. Oldervoll LM, Kaasa S, Hjermstad MJ, et al. Physical exercise results in the improved subjective well-being of a few or is effective rehabilitation for all cancer patients? Eur J Cancer 2004;40:951–962.
126. Oldervoll LM, Kaasa S, Knobel H, Loge JH. Exercise reduces fatigue in chronic fatigued Hodgkins disease survivorsóresults from a pilot study. Eur J Cancer 2003; 39:57–63.
127. Olek ML. Multiple Sclerosis: Etiology, Diagnosis, and New Treatment Strategies. Totowa, NJ: Humana Press, 2005:xv, 245.
128. Ortega F, Toral J, Cejudo P, et al. Comparison of effects of strength and endurance training in patients with chronic obstructive pulmonary disease. Am J Respir Crit Care Med 2002;166:669–674.
129. Padget K. Alterations of neurologic function in children. In: McCance KL, Huether SE, eds. Pathophysiology. The Biological Basis for Disease in Adults and Children. St. Louis: Mosby, 1998:566–596.
130. Panton LB, Golden J, Broeder CE, et al. The effects of resistance training on functional outcomes in patients with chronic obstructive pulmonary disease. Eur J Appl Physiol 2004;91:443–449.
131. Park SK, Park JH, Kwon YC, et al. The effect of combined aerobic and resistance exercise training on abdominal fat in obese middle-aged women. J Physiol Anthropol Appl Human Sci 2003;22:129–135.
132. Payne VG, Morrow JR Jr, Johnson L, et al. Resistance training in children and youth: a meta-analysis. Res Q Exerc Sport 1997;68:80–88.
133. Petajan JH, Gappmaier E, White AT, et al. Impact of aerobic training on fitness and quality of life in multiple sclerosis. Ann Neurol 1996;39:432–441.
134. Pollock ML, Franklin BA, Balady GJ, et al. AHA Science Advisory. Resistance exercise in individuals with and without cardiovascular disease: benefits, rationale, safety, and prescription: An advisory from the Committee on Exercise, Rehabilitation, and Prevention, Council on Clinical Cardiology, American Heart Association; Position paper endorsed by the American College of Sports Medicine. Circulation 2000;101:828–833.
135. Pu CT, Johnson MT, Forman DE, et al. Randomized trial of progressive resistance training to counteract the myopathy of chronic heart failure. J Appl Physiol 2001;90: 2341–2350.
136. Ramsey SD, Sullivan SD. The burden of illness and economic evaluation for COPD. Eur Respir J Suppl 2003; 41:29s–35s.
137. Reddihough DS, Collins KJ. The epidemiology and causes of cerebral palsy. Aust J Physiother 2003;49:7–12.
138. Rimmer JH, Kelly LE. Effects of a resistance training program on adults with mental retardation. Adapt Phys Ed Q 1991;8:146–153.
139. Rimmer JH, Heller T, Wang E, Valerio I. Improvements in physical fitness in adults with Down syndrome. Am J Ment Retard 2004;109:165–174.
140. Robinson RL, Birnbaum HG, Morley MA, et al. Economic cost and epidemiological characteristics of patients with fibromyalgia claims. J Rheumatol 2003;30:1318–1325.
141. Roddy E, Zhang W, Doherty M, et al. Evidence-based recommendations for the role of exercise in the management of osteoarthritis of the hip or kneeóthe MOVE consensus. Rheumatology (Oxford) 2004.
142. Roubenoff R. Abad LW, Lundren N. Effect of acquired immune deficiency syndrome wasting on the protein metabolic response to acute exercise. Metabolism 2001; 50:288–292.
143. Roubenoff R, Wilson IB. Effect of resistance training on self-reported physical functioning in HIV infection. Med Sci Sports Exerc 2001;33:1811–1817.
144. Sacco RL. Risk factors, outcomes, and stroke subtypes for ischemic stroke. Neurology 1997;49(Suppl 4):S39–S44.
145. Sacco RL, Wolf PA, Gorelick PB. Risk factors and their management for stroke prevention: outlook for 1999 and beyond. Neurology 1999;53(7 Suppl 4):S15–S24.
146. Sattler FR, Jaque SV, Schroeder C, et al. Effects of pharmacological doses of nandrolone decanoate and progressive resistance training in immunodeficient patients infected with human immunodeficiency virus. J Clin Endocrinol Metab 1999;84:1268–1276.
147. Schousboe K. Visscher PM, Erbas B, et al. Twin study of genetic and environmental influences on adult body size, shape, and composition. Int J Obes Rel Metab Disord 2004;28:39–48.
148. Schousboe K, Willemsen G, Kyvik KO, et al. Sex differences in heritability of BMI: a comparative study of results from twin studies in eight countries. Twin Res 2003;6:409–421.
149. Sevick MA, Bradham DD, Muender M, et al. Cost-effectiveness of aerobic and resistance exercise in seniors with knee osteoarthritis. Med Sci Sports Exerc 2000;32: 1534–1540.
150. Sharp SA, Brouwer BJ. Isokinetic strength training of the hemiparetic knee: effects on function and spasticity. Arch Phys Med Rehabil 1997;78:1231–1236.
151. Sherlekar S, Udipi SA. Role of nutrition in the management of HIV infection/AIDS. J Indian Med Assoc 2002; 100:385–390.
152. SMA. SMA statement the benefits and risks of exercise during pregnancy. Sport Medicine Australia. J Sci Med Sport 2002;5:11–19.
153. Smith GV, Silver KHC, Goldberg AP, Macko RF. ìTask-orientedî exercise improves hamstring strength and spastic reflexes in chronic stroke patients. Stroke 1999; 30:2112–2118.
154. Smith MB. The peripheral nervous system. In: Goodman CC, Boissonnault WG, Fuller KS, eds. Pathology. Implications for the Physical Therapist. Philadelphia: Saunders, 2003:1161–1162.
155. Society, American Cancer. Cancer Facts and Figures 2003. Atlanta: American Cancer Society, 2003:1–48.
156. Spector SA. Gordon PL, Feuerstein IM, et al. Strength gains without muscle injury after strength training in patients with postpolio muscular atrophy. Muscle Nerve 1996;19:1282–1290.
157. Storer TW. Exercise in chronic pulmonary disease: resistance exercise prescription. Med Sci Sports Exerc 2001; 33:S680–S692.
158. Stunkard AJ. Wadden TA. Obesity: Theory and therapy. New York: Raven Press, 1993.
159. Suomi R, Surburg PR, Lecius P. Effects of hydraulic resistance strength training on isokinetic measures of leg strength in men with mental retardation. Adapt Phys Ed Q 1995;12:377–387.
160. Surakka J, Romberg A, Ruutiainen J, et al. Effects of aerobic and strength exercise on motor fatigue in men and women with multiple sclerosis: a randomized controlled trial. Clin Rehabil 2004;18:737–746.

161. Taylor E, Missik E, Hurley R, et al. Obesity treatment: broadening our perspective. Am J Health Behav 2004; 28:242–249.
162. Teixeira-Salmela LF, Nadeau S, McBride I, Olney SJ. Olney. Effects of muscle strengthening and physical conditioning training on temporal, kinematic and kinetic variables during gait in chronic stroke survivors. J Rehabil Med 2001;33:53–60.
163. Teixeira-Salmela LF, Olney SJ, Nadeau S, Brouwer B. Muscle strengthening and physical conditioning to reduce impairment and disability in chronic stroke survivors. Arch Phys Med Rehabil 1999;80:1211–1218.
164. Thompson D, Wolf AM. The medical-care cost burden of obesity. Obes Rev 2001;2:189–197.
165. Thune I, Furberg AS. Physical activity and cancer risk: dose-response and cancer, all sites and site-specific. Med Sci Sports Exerc 2001;33:S530–550; discussion S609-S510.
166. Trappe S, Williamson D, Godard M. Maintenance of whole muscle strength and size following resistance training in older men. J Gerontol A Biol Sci Med Sci 2002;57:B138–B143.
167. Trupin L, Earnest G, San Pedro M, et al. The occupational burden of chronic obstructive pulmonary disease. Eur Respir J 2003;22:462–469.
168. UNAIDS. AIDS Epidemic Update. Geneva: UNAIDS Information Centre, 2003:1–39.
169. Valkeinen H, Alen M, Hannonen A, et al. Changes in knee extension and flexion force, EMG and functional capacity during strength training in older females with fibromyalgia and healthy controls. Rheumatology 2004; 43:225–228.
170. Van den Ende CH, Vliet Vlieland TP, Munneke M, Hazes M. Dynamic exercise therapy in rheumatoid arthritis: a systematic review. Br J Rheumatol. 1998;37:677–687.
171. Villareal DT, Steger-May K, Schechtman K, et al. Effects of exercise training on bone mineral density in frail older women and men: a randomised controlled trial. Age Ageing 2004;33:309–312.
172. Watts K, Beye P, Siafarikas A, et al. Exercise training normalizes vascular dysfunction and improves central adiposity in obese adolescents. J Am Coll Cardiol 2004; 43:1823–1827.
173. Weir JP, Housh TJ, Johnson GO, et al. Allometric scaling of isokinetic peak torque: the Nebraska Wrestling Study. Eur J Appl Physiol 1999;80:240–248.
174. Wheeler DA. The human immunodeficiency virus. Cutis 1995;55:81–83.
175. Wheeler DA. Weight loss and disease progression in HIV infection. AIDS Read 1999;9:347–353.
176. Wheeler DA, Gibert CL, Launer CA, et al. Weight loss as a predictor of survival and disease progression in HIV infection. Terry Beirn Community Programs for Clinical Research on AIDS. J Acquir Immune Defic Syndr Hum Retrovirol 1998;18:80–85.
177. Whitaker RC, Wright JA, Pepe MS, et al. Predicting obesity in young adulthood from childhood and parental obesity. N Engl J Med 1997;337:869–873.
178. White LJ, Dressendorfer RH. Exercise and multiple sclerosis. Sports Med 2004;34:1077–1100.
179. Willey KA, Fiatarone Singh MA. Battling insulin resistance in elderly obese people with type 2 diabetes. Bring on the heavy weights. Diabetes Care 2003;26: 1580–1588.
180. Williams W, Jiang JG, Matcher DB, Samsa GP. Incidence and occurrence of total (first-ever and recurrent) stroke. Stroke 1999;30:2523–2528.
181. Wing RR. Physical activity in the treatment of the adulthood overweight and obesity: current evidence and research issues. Med Sci Sports Exerc 1999;31:S547–S552.
182. Wolfe F, Ross K, Anderson J, et al. The prevalence and general characteristics of fibromyalgia in the general population. Arthritis Rheum 1995;38:19–28.
183. Yarasheski KE. Exercise, aging, and muscle protein metabolism. J Gerontol A Biol Sci Med Sci 2003;58: M918–M922.
184. Yarasheski KE, Pak-Loduca J, Hasten DL, et al. Resistance exercise training increases mixed muscle protein synthesis rate in frail women and men ≥76 yr old. Am J Physiol 1999;277:E118–E125.
185. Yelin, E. Cost of musculoskeletal diseases: impact of work disability and functional decline. J Rheumatol Suppl2003;68:8–11.

CAPÍTULO

17

Princípios de prevenção e reabilitação de lesões

TODD S. ELLENBECKER
JAKE BEACHER
ANNA THATCHER

Introdução

Este capítulo oferece um panorama do papel da força e do condicionamento na prevenção de lesões e na transição entre a reabilitação e o retorno à atividade. Inclui uma visão geral dos profissionais de medicina do esporte responsáveis pelo tratamento dos atletas, bem como dos estágios de recuperação e restabelecimento de uma lesão musculoesquelética. Abrange, ainda, definições básicas das lesões musculoesqueléticas e descrições mais detalhadas da anatomia e da biomecânica dos ombros, dos joelhos e da coluna vertebral, juntamente com padrões de lesões comuns e implicações do exercício aplicáveis para profissionais da área de força e condicionamento que trabalham com atletas com uma história de lesão musculoesquelética, especialmente aqueles que procuram preveni-las.

Pergunta e resposta da área

Durante seus programas de força, os atletas devem executar exercícios para os membros inferiores de cadeia cinética aberta ou fechada?

Há vantagens e desvantagens nos exercícios tanto de cadeia cinética aberta quanto de cadeia fechada. Uma vez que as atividades diárias e esportivas ocorrem nas cadeias cinéticas aberta e fechada, ambos os tipos de exercícios devem ser incluídos em um programa de fortalecimento. Conforme descrito no texto, pode ser necessário tomar precauções em certas amplitudes de movimento se houver uma história de lesão de joelho.

Embora este capítulo forneça detalhes significativos sobre reabilitação e prevenção de lesões para o profissional de condicionamento e força, essa reabilitação deve ser realizada sob a supervisão de um médico e um fisioterapeuta. Este capítulo também inclui informações referentes às funções específicas de cada profissional da saúde em uma equipe de medicina do esporte, bem como uma visão geral de todas as fases do processo de prevenção e reabilitação de lesões, a fim de facilitar a compreensão do papel de cada indivíduo na abordagem da equipe para a prevenção de lesões e o retorno do atleta lesionado às atividades.

Alguns dos princípios de prevenção de lesões mais básicos têm profunda influência para profissionais da área de força e condicionamento e para outros clínicos em medicina do esporte. Tais princípios incluem um adequado desenvolvimento pré-atividade de força e resistência musculares e equilíbrio, boa flexibilidade, e – geralmente o mais importante – uma biomecânica ou técnica do esporte apropriada (45).

Muitas lesões em atletas ocorrem devido a sobretreinamento e lesão por uso excessivo (34). Níveis inadequados de força e resistência musculares são fatores cruciais no desenvolvimento de lesões como tendinite do manguito rotador (17), epicondilite umeral (40) e dor patelofemoral e *shin splints** (22).

Além disso, pesquisas na área de medicina do esporte que perfilam várias populações de atletas também identificaram padrões característicos de desenvolvimento muscular que geram desequilíbrios musculares e podem provocar lesões (9). Um **desequilíbrio muscular** ocorre com alterações adaptativas no comprimento e na força de um músculo, em um lado de uma articulação, resultando em forças assimétricas na articulação. O resultado é uma diminuição da participação de um músculo, levando à atrofia por desuso ou ao movimento excessivo na direção do músculo dominante.

Um exemplo de um desequilíbrio muscular identificado com testes isocinéticos da articulação glenoumeral de atletas de arremesso foi relatado em um estudo em que aumentos significativos na força dos rotadores internos foram medidos no braço dominante de lançadores de beisebol profissionais, sem aumentos concomitantes na força dos músculos rotadores externos, criando, assim, um desequilíbrio muscular (41). Estudos com jogadores de tênis de elite (18,20) identificaram desequilíbrios similares entre os rotadores internos e externos.

A avaliação e a aplicação atentas de programas de treinamento são outros fatores importantes na prevenção de lesões. Embora os estudos que relacionem diretamente o treinamento de flexibilidade e a prevenção de lesões não sejam bem-delimitados, o consenso geral entre os profissionais de medicina do esporte é que uma falta de flexibilidade muscular significativa pode inibir o desempenho ótimo no ambiente repetitivo onde os atletas treinam e competem (45). Apesar de mudanças recentes na aplicação de programas de alongamento estáticos e dinâmicos, cientistas do esporte ainda acreditam que alguns tipos de treinamento de flexibilidade sejam importantes na melhora do desempenho e na prevenção de lesões.

Finalmente, o uso da técnica e da biomecânica do esporte apropriadas é um fator crucial na prevenção de lesões. A ligação entre o uso inadequado da cadeia cinética em esportes com arremesso e raquete e lesão do braço tem sido esboçada (27). A **cadeia cinética** é formada por uma série de segmentos rígidos conectados por articulações móveis. O corpo inteiro ou qualquer uma de suas partes contendo uma ou mais articulações poderia ser considerado uma cadeia cinética.

Recomenda-se o uso de uma técnica esportiva que otimize a produção de potência a partir dos membros inferiores e do tronco, e permita a transferência de força partindo das forças de reação do solo que atuam dos membros inferiores e tronco até os membros superiores. Embora, em muitos casos, o profissional de força e condicionamento não possa avaliar diretamente essa

* N. de R. T. Relativo ao estiramento do músculo flexor longo dos dedos do pé, ocorrido formalmente em atletas e caracterizado por dor ao longo da face anterior da tíbia.

Pergunta e resposta da área

Uma atleta escolar desenvolveu dor nos joelhos na execução de agachamentos e passadas à frente com barra. Que possíveis erros de técnica ela pode estar cometendo?

Se ela apresentar fraqueza nos quadris ou redução do controle na execução do exercício, o quadril contralateral à perna de apoio pode abaixar durante o exercício. Seu(s) fêmur(es) pode(m) rotar internamente e seu(s) joelho(s) poderia(m) mover medialmente para uma posição valga. A atleta pode ter uma pronação excessiva dos pés durante o movimento.

faceta do programa de prevenção de lesões, é altamente recomendado o encaminhamento de atletas a indivíduos qualificados tais como treinadores específicos do esporte de alto nível e biomecânicos do esporte.

AVALIAÇÃO FÍSICA PRÉ-PARTICIPAÇÃO

Está além do escopo deste capítulo fazer um esboço completo de todas as facetas da avaliação física pré-participação; no entanto, a premissa básica da avaliação física bem como seus componentes-chave devem ser discutidos. Várias referências completas sobre avaliação física pré-participação podem servir como excelentes fontes no planejamento ou desenvolvimento de um exame como esse (1,27). Em geral, a **avaliação física pré-participação** é uma parte integrante do processo de prevenção de lesões. A avaliação física efetiva é planejada para avaliar o corpo do atleta usando uma série específica de métodos ou testes de avaliação que examinam ou identificam fatores-chave que poderiam provocar uma lesão se o atleta fosse participar do seu esporte sem reabilitação ou outras medidas preparatórias.

Enquanto alguns dos testes básicos são incluídos em quase toda avaliação física (medição de altura, peso, freqüência cardíaca, pressão arterial, etc.), a maioria das avaliações físicas é feita especificamente para o esporte ou a atividade que determinado atleta ou grupo de atletas pratica. Um exemplo seria a avaliação cuidadosa da força do manguito rotador e da flexibilidade dos ombros de jogadores de beisebol e tênis e de nadadores. Essa área não seria tão enfatizada para jogadores de futebol ou outros atletas de esportes que trabalham principalmente os membros inferiores. Faz-se necessário o desenvolvimento atento dos componentes efetivos da avaliação física pré-participação com toda a equipe de medicina do esporte, uma vez que muitos especialistas e diferentes tipos de clínicos são necessários para garantir que se faça a avaliação mais completa. Além disso, a importância que têm a reavaliação, o acompanhamento e, por último, o reteste não pode ser negligenciada.

As avaliações físicas pré-participação são uma parte importante do cuidado abrangente com o atleta. Utilizando-se um processo de avaliação estruturado, podem-se identificar déficits estruturais importantes e deficiências na força e na flexibilidade, o que pode diminuir o risco de lesões ou reincidência de lesões.

ATRIBUIÇÕES DOS PROFISSIONAIS DA SAÚDE ENVOLVIDOS COM PREVENÇÃO E REABILITAÇÃO DE LESÕES

Muitos profissionais da saúde estão envolvidos em vários aspectos do manejo de lesões esportivas. Dependendo do programa de esporte (p. ex., escola de ensino médio, universidade, equipe profissional, recreação comunitária), profissionais das áreas de medicina, quiropraxia, psicologia, biomecânica, nutrição, fisioterapia, treinamento esportivo e força e condicionamento podem estar envolvidos em diferentes estágios do manejo de lesões. A diversidade de profissionais da saúde envolvidos no manejo de lesões possibilita ao atleta recuperar-se não só fisicamente como também emocional e socialmente.

As áreas de prevenção, reconhecimento e reabilitação de lesões são de interesse comum entre médicos, fisioterapeutas, treinadores esportivos e profissionais de força e condicionamento. Essas quatro profissões, discutidas a seguir, geralmente exigem um grande envolvimento ao longo de todo o processo de reabilitação.

- *Médicos.* O médico é responsável pelo cuidado da saúde de um atleta lesionado, incluindo o diagnóstico e o tratamento de lesões. Quando uma lesão ocorre, o médico toma a decisão final sobre quando é seguro retornar às atividades esportivas. O médico orienta outros membros da equipe durante todo o processo de reabilitação.
- *Fisioterapeutas.* De acordo com a American Physical Therapy Association, a esfera de atuação de um fisioterapeuta inclui oferecer serviços a pacientes que tenham danos, limitações funcionais, incapacidades ou alterações na função física e no estado de saúde resultantes de lesão, doença ou outras causas; interagir e atuar em colaboração com diferentes profissionais; tratar de fatores de risco e comportamentos que possam impedir o funcionamento ótimo; prover prevenção e promover a saúde, o bem-estar e a aptidão física; dar consultas, educar e engajar-se em investigação criteriosa e administração; e dirigir e supervisionar pessoal de apoio (2).
- *Treinadores esportivos.* A esfera de atuação do treinador esportivo certificado, conforme definida pelo Conselho de Certificação, inclui prevenção; avaliação clínica e diagnóstico; atendimento imediato; tratamento, reabilitação e recondicionamento; organização e administração; e responsabilidade profissional (37). Escolas, faculdades e universidades, clínicas de medicina do esporte, equipes esportivas profissionais e indústrias podem contratar treinadores esportivos. O treinador esportivo freqüentemente está presente em práticas e jogos esportivos; e, portanto, provavelmente seja a primeira pessoa a avaliar uma lesão e proceder ao tratamento intensivo. Sua presença nas práticas esportivas também lhe permite um grande envolvimento durante todo o processo de reabilitação.
- *Profissionais de força e condicionamento.* Esses profissionais têm o conhecimento de técnicas de exercício apropriadas para trabalhar em conjunto com outros membros da equipe de saúde, no desenvolvimento e na supervisão de programas de recondicionamento. É importante que os profissionais da área de força e condicionamento sejam informados sobre lesões e quaisquer precauções em relação ao exercício, já que podem ser os únicos envolvidos com o atleta após seu retorno ao esporte. Eles têm um papel importante na transição de um programa de reabilitação controlado e supervisionado para um programa de exercícios independente para a vida toda, bem como no retorno do atleta ao esporte. O profissional de força e condicionamento tem, ainda, a função-chave de prescrever exercícios para prevenção de lesões no atleta não-lesionado.

O profissional da área de força e condicionamento tem uma função-chave na prevenção de lesões: a prescrição de exercícios específicos ao esporte que possam diminuir o risco de lesões comuns em determinado esporte. Esse profissional, trabalhando lado a lado com a equipe de medicina do esporte, também tem um papel importante na transição de um programa de reabilitação para a participação total no esporte.

Considerando que o manejo de lesões esportivas envolve uma equipe multidisciplinar, é essencial que se tenha uma boa comunicação para permitir um retorno seguro à atividade esportiva o mais rápido possível. Dentro de cada equipe de medicina do esporte, deve haver acordo sobre as funções específicas de cada membro. As funções dos profissionais de medicina do esporte estão progressivamente sobrepondo-se, à medida que eles extrapolam os ambientes de trabalho "tradicionais", concluem sua formação continuada e obtêm certificações de especialistas. Cada profissional traz sua opinião técnica de especialista para a equipe de medicina do esporte que melhorará a prevenção, o reconhecimento e a reabilitação de lesões. Apesar das evidências de pesquisas, a medicina do esporte (incluindo os critérios para manejo de lesões e retorno às atividades) não é uma ciência exata. A equipe de medicina do esporte deve discutir diversas filosofias e teorias para prover um cuidado consistente e atualizado. Também deve haver comunicação entre o atleta, o treinador, a equipe e os familiares, quando necessário. A fim de permitir uma recuperação ótima da lesão, as responsabilidades de todos os profissionais envolvidos no manejo da lesão incluem comunicação, educação continuada, promoção da segurança do atleta e compreensão das demandas mentais e físicas do esporte.

Trabalhar na área de medicina do esporte requer trabalho de equipe; e, para melhor servir o atleta, é necessário um ótimo conhecimento e entendimento das funções de todos os membros da equipe de medicina do esporte.

CLASSIFICAÇÃO DE LESÕES

As lesões ocorrem regularmente em atividades esportivas. Para tratá-las de forma bem-sucedida em clínicas de reabilitação, o profissional da saúde deve entender o mecanismo e o tipo de lesão envolvidos. Na classificação de uma lesão, utilizamos várias definições para esboçar seu grau e sua gravidade, a fim de adotar os métodos de tratamento adequados nos estágios de restabelecimento apropriados.

As lesões por uso excessivo são freqüentemente resultantes de um microtrauma, em que o tecido envolvido fica inflamado e dolorido por um tempo indeterminado em resposta a forças que excedem a força e a taxa de recuperação do tendão ou da estrutura envolvida. Um **microtrauma** é uma lesão em um tecido ou em uma estrutura, resultante da aplicação de estresse repetitivo sem o tempo de repouso ou recuperação adequado. A **tendinite** refere-se à inflamação do tendão e das bainhas associadas; ao passo que a **tendinose** envolve a degeneração do tendão causada por inflamação crônica (30).

A lesão aguda que ocorre em uma dada ocasião, com uma fonte identificável, é denominada **macrotrauma**. Há vários graus de eventos macrotraumáticos, e eles podem ser classificados como intrínsecos ou extrínsecos. As lesões intrínsecas resultam de forças (mecânicas, ambientais ou situacionais) que anulam a capacidade do atleta de responder à lesão e evitá-la (45). Um arremessador de pesos que rompe o tendão do músculo peitoral na tentativa de superar a distância do seu oponente sofreu uma lesão intrínseca. As lesões extrínsecas ocorrem quando uma fonte identificável que escapa ao controle do atleta é a principal causa do trauma. Um *running back* atingido diretamente em um joelho pelo capacete de um adversário, causando ruptura dos ligamentos do joelho, sofreu uma lesão extrínseca.

Existe um *continuum* na classificação da severidade de lesões do tecido mole. Uma **distensão** ocorre quando o(s) tecido(s) mole(s) envolvido(s) é/são sujeito(s) a forças que promovem uma resposta inflamatória local progressiva sem romper a integridade estrutural do tecido. Um arremessador de beisebol que arremessa 100 vezes em altas velocidades em uma só partida sente dor local na cintura escapular em resposta a uma distensão no tecido contrátil que envolve o ombro. Uma distensão como essa geralmente leva de vários dias até uma semana para ser curada se forem evitados outros estressores imediatos.

Uma **entorse** ocorre quando um tecido mole contrátil ou não-contrátil é sujeito a forças que excedem a força inerente do tecido, causando dor, inflamação local ou difusa, e graus variados de perda tecidual funcional e estrutural. Existem diferentes sistemas de classificação de entorses. Elas são normalmente classificadas com uma escala numérica (30,43,45): os números menores indicam a menor quantidade de dano tecidual; e os números maiores geralmente apontam para uma total ruptura ou perda funcional da estrutura. Por exemplo, uma entorse de tornozelo de primeiro grau, de acordo com Hershman e Nicholas, envolve a ruptura microscópica do ligamento sem perda de função e pode levar semanas para ser restabelecida; enquanto uma entorse de tornozelo de terceiro grau envolve a ruptura total do ligamento sem perda completa de função, e provavelmente será necessária uma intervenção cirúrgica (43). Assim, o tratamento do atleta varia com base na gravidade da lesão.

As **contusões** podem ocorrer em músculos, ossos e cartilagens, e são tipicamente o resultado de uma colisão com uma força externa tal como um oponente, o solo ou um objeto externo. As contusões no tecido muscular também podem ser classificadas pela gravidade, com base na quantidade de hematoma, dor, limitações da amplitude de movimento (AM) e no grau de envolvimento tecidual. O sistema de classificação é similar ao das lesões ligamentares: as lesões de primeiro grau envolvem dor moderada e limitações; e as lesões de terceiro grau são as mais severas, com herniação do músculo através do tecido fascial, juntamente com um possível trauma do osso subjacente. Contusões severas podem requerer cirurgia ou evacuação do hematoma. Deve-se tomar cuidado com contusões musculares moderadas a severas, a fim de evitar outras complicações, tais como perda funcional do músculo ou miosite ossificante, uma condição que envolve a calcificação dentro do tecido muscular em conseqüência de inflamação ou trauma adicional. A **cartilagem articular** é uma camada fina de tecido especializado que cobre as superfícies de articulações sinoviais tais como os joelhos ou os quadris. A cartilagem promove o movimento normal entre as superfícies articulares e reduz forças potencialmente nocivas, tais como de cisalhamento ou compressão entre elas. A cartilagem articular recebe nutrição através de componentes dentro do líquido sinovial que lubrificam a articulação durante o movimento normal. As lesões na cartilagem articular impõem um desafio devido à falta de um suprimento sangüíneo direto e a uma capacidade limitada de se auto-reparar. Quando ocorrem lesões na cartilagem articular ou nas articulações sinoviais, as metas devem ser promover o restabelecimento pela diminuição da efusão articular; manter a AM e o movimento entre as superfícies articulares; e prevenir a sobrecarga nas superfícies articulares.

Entender a classificação de várias lesões esportivas auxilia os profissionais da área de medicina do esporte no planejamento de programas de reabilitação e prevenção.

FASES DE RECONSTITUIÇÃO TECIDUAL: TRATAMENTO CLÍNICO E CONSIDERAÇÕES SOBRE O EXERCÍCIO

Seguindo-se a uma lesão musculoesquelética aguda, há três fases de reconstituição do tecido: inflamação, proliferação/reparação e maturação/remodelação. Os profissionais da saúde precisam identificar a fase de reconstituição para determinar o tratamento e o exercício apropriados. Embora cada fase seja definida por certas características, a reconstituição ocorre ao longo do tema, e as fases se sobrepõem. As durações das fases são dadas somente como diretrizes e variam com base em fatores que incluem o tipo de tecido e a gravidade da lesão. Deve-se usar a avaliação clínica para determinar o tratamento adequando à medida que a reconstituição progride. Os sinais e sintomas devem ser continuamente monitorados durante todas as fases; e o tratamento, ajustado conforme a necessidade. A fisiologia, os sinais e sintomas, o tratamento e as considerações de exercícios para cada fase estão descritos a seguir.

Fase inflamatória

A **inflamação** é a resposta do corpo a uma lesão, para se proteger contra materiais estranhos (bactérias, células danificadas, tecido morto) e removê-los, e iniciar o processo de reconstituição e regeneração do tecido. A **fase inflamatória** começa imediatamente após uma lesão e pode durar até aproximadamente seis dias (21). Os propósitos da inflamação são proteger o corpo contra materiais estranhos, destruí-los e removê-los (p. ex., bactérias, células danificadas, tecido morto), localizar a lesão, e, por último, promover a reconstituição e a regeneração teciduais (21,28). Embora a resposta inflamatória seja uma fase necessária do processo de reconstituição, ela pode tornar-se problemática se ocorrer em excesso. Por exemplo, a mesma resposta inflamatória ocorre na presença de um material estranho (p. ex., infecção) ou na ausência deste (p. ex., uma entorse de tornozelo). Outro exemplo envolve a resposta inflamatória de formação de tecido de cicatrização. Essa resposta é benéfica quando ocorre uma ruptura muscular como essa, mas pode ser prejudicial ao tecido e diminuir a função em condições inflamatórias crônicas. O pronto reconhecimento e o tratamento imediato de uma lesão ajudarão a controlar a resposta inflamatória, otimizar o ambiente de reconstituição e permitir um retorno mais rápido à atividade.

Após dano tecidual e morte celular resultantes de uma lesão, são liberadas substâncias químicas que causam várias alterações vasculares e celulares. Imediatamente após o trauma, as primeiras células a chegarem ao local lesado são as plaquetas. As plaquetas liberam serotonina, que produz vasoconstrição imediata no local lesado. Após um breve período de vasoconstrição, é liberada histamina dos mastócitos (células de tecido conjuntivo). A histamina aumenta a permeabilidade vascular e provoca vasodilatação, resultando no aumento do inchaço. A bradicinina é outra substância química liberada pelo tecido lesado que aumenta a permeabilidade. A maior permeabilidade vascular aumenta o inchaço, permitindo que fluidos e proteínas extravasem dos capilares e penetrem nos tecidos. À medida que proteínas do sangue e do plasma entram no espaço intersticial, é criado um desequilíbrio da pressão osmótica. O inchaço se dá conforme mais fluido entra na área para fazer a pressão voltar ao normal. As prostaglandinas e os leucotrienos são duas outras substâncias químicas que provocam aumento da permeabilidade e da vasodilatação, resultando em inchaço e dor. As prostaglandinas são produzidas em quase todos os tecidos e liberadas em resposta a células danificadas. Muitos medicamentos analgésicos e antiinflamatórios agem afetando a síntese de prostaglandina.

A resposta celular consiste na concentração de quantidades aumentadas de leucócitos (glóbulos brancos do sangue) na área lesada devida ao aumento da permeabilidade. Os neutrófilos e os macrófagos são dois tipos de leucócitos encontrados no local lesado. Eles são responsáveis pela fagocitose e pela remoção de detritos. Os neutrófilos destroem as bactérias quando estas estão presentes (28).

Para controlar a quantidade de fluido na área tecidual e localizar a lesão, deve ocorrer coagulação sangüínea. Esse processo começa com a liberação, pelas células danificadas, de tromboplastina, que atua na conversão de protrombina em trombina. Em seguida, fibrinogênio é convertido em um coágulo de fibrina, que corta o suprimento sangüíneo para a área lesada. Isso previne a propagação da infecção mediante a obstrução da área, mantém os agentes estranhos nos seus locais com a maior atividade dos leucócitos, forma um coágulo para estancar a hemorragia e provê a estrutura para a reparação tecidual (36).

Os sinais e os sintomas utilizados para identificar as alterações fisiológicas da fase inflamatória são inchaço, calor, função alterada, vermelhidão e dor. O inchaço é avaliado visualmente, mediante palpação e com medições antropométricas (medidas tomadas da circunferência de um membro). A intensidade da resposta inflamatória e o inchaço são, geralmente, proporcionais à magnitude do dano tecidual; no entanto, a magnitude do inchaço nem sempre é um preditor acurado da gravidade da lesão. A pele que é quente ao toque é outro sinal do processo inflamatório. A função alterada é uma conseqüência do tecido danificado, da hemorragia, do calor e da dor. A vermelhidão é avaliada visualmente com comparação bilateral. A dor é uma medida subjetiva; uma escala quantitativa de classificação da dor (p. ex., uma escala analógica visual que classifica a dor em uma escala de 0 a 10) pode ser utilizada para monitorar os níveis de dor ao longo do processo de reabilitação.

São metas do tratamento clínico e do exercício durante a fase inflamatória:

- Prevenir novas lesões
- Diminuir o inchaço e a dor
- Estabelecer medições de referência de sinais e sintomas (nível da dor, inchaço, AM, força, capacidade funcional)
- Manter o nível de aptidão física global

Muitas dessas metas são alcançadas por um método que consiste em proteção, repouso, gelo, compressão e elevação.

- *Proteção.* Com base na localização e na severidade da lesão, a proteção da área lesada pode ser alcançada mediante o uso de uma tala, uma tipóia, uma atadura ou um acessório (p. ex., um par de muletas). A tala ajuda a diminuir a utilização muscular e romper o ciclo dor-espasmo-dor.
- *Repouso.* O termo repouso é freqüentemente empregado como "repouso relativo" ou "função restrita". Com base na gravidade da lesão, a avaliação clínica é utilizada para determinar o equilíbrio entre a proteção e a mobilização inicial e segura. Embora o tecido lesado precise ser protegido e imobilizado, o repouso prolongado pode levar a contraturas do tecido e à perda de AM. Mesmo se a área lesada precisar ser imobilizada, o exercício apropriado pode ser executado com as áreas não-lesadas para minimizar perdas no nível de aptidão física global (ver "Considerações sobre o exercício", adiante).
- *Gelo/crioterapia.* O objetivo principal da crioterapia é diminuir a temperatura do tecido (28). Isso subseqüentemente resulta em outras alterações fisiológicas para promover o restabelecimento. A redução do metabolismo é um dos principais benefícios da crioterapia utilizados para lesões agudas. O metabolismo diminuído minimiza lesões hipóxicas resultantes, pela diminuição da necessidade de oxigênio da célula. A lesão hipóxica resultante é a morte tecidual que ocorre após a lesão inicial, devida à falta de suprimento de oxigênio. Os tecidos próximos ao local lesado morrem porque o processo inflamatório diminui o fluxo sangüíneo. Com o fluxo sangüíneo diminuído, as células que sobreviveram à lesão inicial morrem por não conseguirem obter oxigênio suficiente ou livrar-se dos resíduos. Outros benefícios da crioterapia são a diminuição da permeabilidade vascular e a vasoconstrição. A crioterapia deve ser aplicada o quanto antes, após a avaliação de uma lesão aguda. É importante, contudo, fazer uma avaliação adequada antes que o espasmo, a dor e a rigidez musculares aumentem. A aplicação de crioterapia não pode reverter o trauma inicial, mas a diminuição da lesão por hipoxia secundária reduzirá a quantidade total de tecido lesado. A crioterapia deve ser aplicada com uma razão resfriamento/reaquecimento de 1:2; inicialmente, pode-se aplicar gelo por aproximadamente 30 minutos, a cada 1 _ a 2 horas (28).
- *Compressão.* A compressão pode ser aplicada via uma bomba de compressão intermitente ou uma faixa elástica. A compressão controla a formação de edema e diminui o inchaço promovendo a reabsorção do fluido.
- *Elevação.* A elevação diminui a pressão hidrostática capilar, que força o fluido para fora dos capilares até um estado não-lesado.

> ***O profissional da área de força e condicionamento deve conhecer esse método de tratamento de lesões, que envolve proteção, repouso, gelo/crioterapia, compressão e elevação. Alguns desses métodos de tratamento também podem ser utilizados durante a transição pós-lesão, que vai da reabilitação até a participação total no esporte.***

Além dos tratamentos já discutidos, os profissionais da saúde podem usar várias outras modalidades para promover a reconstituição e controlar o processo inflamatório. Uma forma comum de estimulação elétrica utilizada para controle da dor aguda é a estimulação de nível sensorial. Unidades de estimulação elétrica nervosa transcutânea (TENS) são dispositivos que proporcionam estimulação de nível sensorial. Uma desvantagem dessa modalidade é que o alívio do sintoma ocorre somente enquanto o dispositivo TENS está sendo utilizado (42) (Fig. 17.1).

O ultra-som é outra modalidade que pode ser utilizada para promover a reconstituição. Durante a fase inflamatória, deve-se utilizar o ultra-som pulsado por seus efeitos não-térmicos, incluindo alteração da permeabilidade da membrana, para promover a reconstituição tecidual (21). O uso de ultra-som contínuo produz calor nos tecidos e é contra-indicado durante a fase inflamatória. Várias aplicações de estimulação

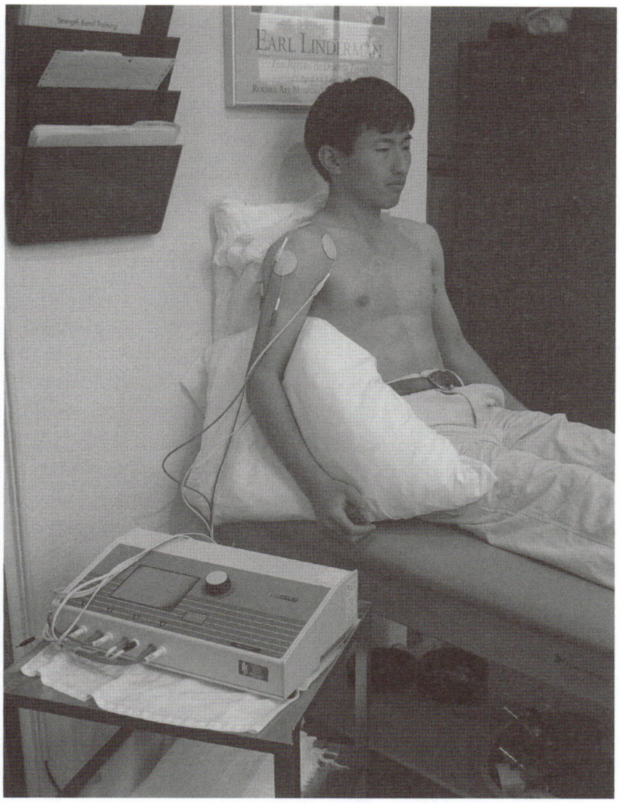

FIGURA 17.1 Estimulação elétrica. TENS é utilizada para controlar a dor aguda em pacientes com tendinite do manguito rotador.

elétrica e de ultra-som podem ser utilizadas para facilitar a introdução de uma droga tópica nos tecidos, conhecidas como iontoforese e fonoforese, respectivamente. O uso de qualquer das modalidades mencionadas é decidido por um profissional da saúde adequadamente treinado.

Com base na gravidade da lesão, exercícios com AM moderada podem ser indicados perto do final da fase inflamatória. A execução desses exercícios logo no princípio diminuirá os efeitos negativos da imobilização. Cada tipo de tecido responde de forma diferente à imobilização e à remobilização. Os efeitos negativos da imobilização no músculo incluem redução do tamanho das fibras musculares, redução do tamanho e do número de mitocôndrias, diminuição da tensão muscular produzida, aumento da concentração de lactato com o exercício e um decréscimo no peso muscular total. O movimento passivo ou ativo controlado desde cedo pode ser usado em pós-operatórios para retardar a atrofia muscular e a contratura do tecido. Ele também permite a difusão do líquido sinovial para nutrir a cartilagem articular, o menisco e os ligamentos. Em estados pós-operatórios, o protocolo do médico deve ser seguido em AM progressiva e exercícios de fortalecimento.

Embora o fortalecimento do tecido lesado geralmente não seja indicado durante essa fase, a manutenção da aptidão física global – incluindo força, flexibilidade e resistência aeróbia – é importante para o retorno físico e psicológico ao esporte (45). Um atleta com uma lesão de membro inferior pode utilizar um ergômetro para a região superior do corpo a fim de minimizar a perda de resistência cardiovascular. A fisioterapia aquática pode ser uma alternativa se houver restrições quanto à sustentação do peso dos membros inferiores. Podem ser executados exercícios de força para as áreas não-envolvidas se eles não oferecerem risco de nova lesão. Deve-se manter um equilíbrio entre fortalecimento para a aptidão física global e repouso, a fim de permitir o restabelecimento do corpo e prevenir fadiga.

Fase de reparação

A **fase de reparação** inicia depois de removido o resíduo inflamatório, aproximadamente três a 20 dias após a lesão (21). De acordo com algumas fontes, a fase de reparação pode durar até seis meses. Os eventos durante essa fase incluem cicatrização, regeneração tecidual e reparação tecidual, os quais aumentam a força no local lesado.

Uma falta de oxigênio no local lesado estimula a neovascularização, ou a formação de novos capilares. A formação de novos capilares aumenta o fluxo sangüíneo, o oxigênio e os nutrientes no local lesado. A síntese de colágeno ocorre quando as células fibroblásticas começam a produzir fibras de colágeno. Durante essa fase, o colágeno é depositado de forma irregular e tem uma estrutura fraca.

A formação de tecido de cicatrização após a lesão é uma resposta normal; no entanto, o depósito de colágeno e a cicatrização excessivos podem prejudicar o processo de reconstituição. Um tecido de cicatrização matura, torna-se inelástico e firme e sem fluxo sangüíneo. Esse tipo de tecido forma coalescências, que diminuem a AM e a função. Portanto, é importante promover uma boa reconstituição e diminuir a quantidade de formação de tecido de cicatrização.

Durante a fase de reparação, os sinais e sintomas da resposta inflamatória diminuem. A magnitude do inchaço permanece constante ou começa a diminuir. A temperatura e a cor da pele aproximam-se do lado contralateral. Embora a dor, de uma forma geral, diminua, pode ainda haver uma sensibilidade palpável ou dor com movimentos específicos. A cor da pele é semelhante à da extremidade contralateral; no entanto, pode haver equimose. A função melhora lentamente ao longo da fase de reparação.

As metas do tratamento durante a fase de reparação incluem:

- Uma contínua diminuição da inflamação
- Manutenção da AM pela minimização da contratura e da formação de coalescências
- Melhoras na força e na função

As modalidades devem ser utilizadas quando necessário, para aumentar a tolerância ao exercício e continuar a promover a reconstituição. Além de controlar a dor, as modalidades são utilizadas para aumentar a circulação antes do exercício e diminuir a circulação (e o inchaço) depois. A termoterapia, que foi contra-indicada na fase inflamatória, é segura para utilização uma vez diminuído o inchaço. O monitoramento dos sinais e sintomas da resposta inflamatória ajudará a determinar quando o inchaço não está mais ativo e começa a diminuir. A termoterapia promove a reconstituição aumentando a circulação, diminuindo a dor e aumentando a extensibilidade de colágeno. Algumas formas comuns de termoterapia são compressas quentes úmidas, turbilhões mornos e ultra-som contínuo. Após o exercício, muitas das mesmas intervenções de tratamento utilizadas durante a fase inflamatória devem ser continuadas. A crioterapia, a estimulação elétrica, a compressão e a elevação controlarão qualquer dor e inchaço que possa resultar do exercício.

Além das modalidades já mencionadas, técnicas de terapia manual, incluindo AM passiva e mobilização articular, podem ser utilizadas para diminuir ainda mais a dor e aumentar a AM. A mobilização articular ajudará a restaurar o movimento articular normal quando a AM estiver limitada devido à rigidez da cápsula articular.

Exercícios de AM assistida ativa e AM ativa devem ser iniciados se ainda não-incluídos no tratamento no final da fase inflamatória. A AM é realizada sob condições controladas e supervisionadas, já que o colágeno ainda está fraco durante essa fase. Tão logo a dor e o inchaço estejam controlados, podem ser iniciados exercícios de fortalecimento para a área lesada. A progressão adequada dos exercícios auxiliará na reconstituição mediante o aumento da circulação e do oxigênio, e a otimização do realinhamento de colágeno. Exercícios de AM e reforço promovem a reconstituição ótima do tecido mole e do colágeno por causarem o realinhamento ao longo das linhas de estresse de maneira semelhante a como o osso responde ao estresse de acordo com a lei de Wolff.

O exercício deve aplicar quantidades progressivas de estresse aos tecidos em reconstituição. Um estudo descreveu um *continuum* de progressão dos exercícios para ser utilizado durante a reabilitação (12). Embora todos os estágios estejam aqui listados, os últimos não são apropriados até a fase de reparação, devido ao estresse aumentado imposto ao tecido. A progressão dos exercícios se dá desta forma: exercícios isométricos submáximos em ângulos múltiplos; exercícios isométricos máximos em ângulos múltiplos; exercícios submáximos de pequena AM; exercícios máximos de pequena AM; exercícios submáximos de AM total; exercícios máximos de AM total.

Exercícios em ângulos múltiplos e de AM reduzida são executados para possibilitar o exercício ao longo da AM que não cause dor. Além de fortalecer os músculos na AM em que o exercício é executado, o fortalecimento também ocorre até 10° (isométrico) ou 15° (isocinético), em ambos os lados da AM em que o exercício é executado (12). Assim, a execução de exercícios em uma AM segura e ausente de dor aumentará a força nas áreas afetadas (Fig. 17.2). A pelve é travada pelos músculos glúteos nos primeiros 60° do movimento. À

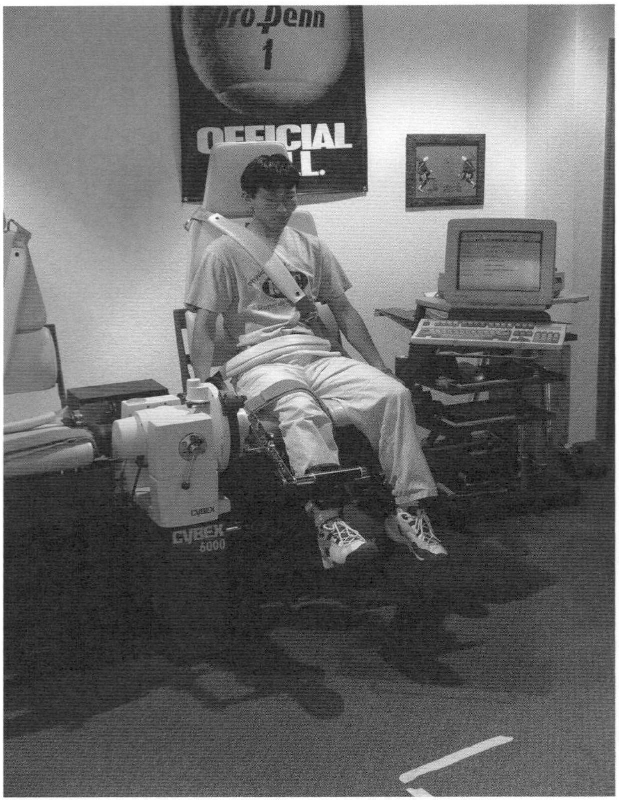

FIGURA 17.2 Exercício isocinético de extensão do joelho em um dinamômetro Cybex. O uso de exercício de pequena amplitude ou uma amplitude de movimento entre 90° e 60° possibilita uma forma não-dolorosa de aumentar a força.

medida que a coluna lombar é gradualmente flexionada, há uma quantidade crescente de atividade dos eretores da coluna e dos músculos superficiais das costas. Nos 25° de movimento seguintes (segunda fase), ocorre o relaxamento da pelve em relação aos fêmures. Na posição totalmente flexionada, o peso do tronco é sustentado pelos ligamentos e pela extensão passiva dos músculos, quando todos os músculos estão relaxados. A extensão partindo da flexão total até a posição neutra é alcançada na ordem inversa: a extensão pélvica é seguida pela extensão da coluna lombar.

Além do fortalecimento, os exercícios proprioceptivos devem ser incluídos. O termo **propriocepção** descreve a sensação de movimento articular (cinestesia) e posição articular (sentido de posição articular) (31). A propriocepção é diminuída após trauma a tecidos que contenham mecanorreceptores, tais como músculos, ligamentos e articulações. Uma articulação com o *feedback* proprioceptivo e o sentido de posição articular diminuídos tem maior risco de sofrer uma nova lesão. Incorporando exercícios proprioceptivos a um programa de reabilitação, o controle neuromuscular e a estabilização articular dinâmica necessárias para atividades esportivas são melhorados (31). Alguns exemplos de exercícios proprioceptivos básicos são o equilíbrio unilateral e atividades em prancha de equilíbrio. O equilíbrio unilateral está ilustrado na Figura 17.3.

FIGURA 17.3 Equilíbrio unilateral. Esse exercício proprioceptivo unilateral para os membros inferiores usando uma prancha de estabilidade melhora o controle neuromuscular e a estabilização articular dinâmica.

A resposta do tecido ao exercício deve ser constantemente monitorada. Dor e inchaço aumentados implicam que um estresse em demasia tem sido imposto ao tecido. Quando sinais e sintomas de inflamação reaparecem ou aumentam, o exercício deve ser diminuído; e o tratamento, discutido durante a fase inflamatória, conforme indicado.

Fase de remodelação

O último estágio do processo de reconstituição é a **fase de remodelação**. Muito embora uma pessoa possa ter retornado a seu nível de função anterior, a fase de remodelação pode continuar por mais de um ano após a lesão inicial (36). Perto do final da fase de reparação, a resistência à tração do colágeno aumenta, e o número de fibroblastos diminui, sinalizando o início da fase de maturação. De acordo com a lei de Davis, o realinhamento e a remodelação das fibras de colágeno resultam das forças de tração. À medida que o estresse sobre o colágeno é aumentado, as fibras realinham-se em uma posição de eficiência máxima, paralela às linhas de tensão. O colágeno fica mais organizado, e sua força aumenta.

Os sinais e sintomas presentes desde a fase inflamatória continuarão a diminuir e acabarão desaparecendo no final da fase de remodelação. Haverá um mínimo de inchaço até nenhum inchaço, dor ao movimento ou dor com palpação. A função continua aproximando-se dos níveis pré-lesão. As medições iniciais, incluindo inchaço, AM e força, devem ser reavaliadas.

O principal objetivo do tratamento durante a fase de remodelação é recuperar o nível anterior de função do tecido lesado. As modalidades serão continuadas como na fase de reparação, conforme necessário para manter ambientes de reconstituição ótimos e auxiliar na recuperação da AM total. O uso das modalidades é diminuído, no entanto, à medida que a tolerância ao exercício aumenta. A terapia manual e as mobilizações articulares devem ser continuadas até que se alcance a AM total. O colágeno continuará realinhando-se ao longo das linhas de tensão aplicadas pelas atividades de AM e de fortalecimento.

A recuperação da força total é uma ênfase durante a fase de remodelação. É durante essa fase que o papel do especialista em reabilitação é crucial para a função de restauração, mediante a aplicação de forças apropriadas ao longo do exercício; a terapia manual; e a educação do paciente a fim de prevenir qualquer dano de longa duração. Os exercícios são progredidos conforme discutido na fase de reparação. Os sinais e os sintomas são monitorados para prevenir que se aplique um estresse excessivo ao tecido e se arrisque uma nova lesão. O exercício proprioceptivo também deve ser progredido. À medida que a força e a propriocepção são aumentadas, deve-se incluir atividades funcionais que simulem as exigências do trabalho e do esporte. A velocidade de movimento, o tipo de contração muscular e a duração da atividade são fatores importantes a serem considerados no desenvolvimento de atividades funcionais. Exercícios funcionais e específicos ao esporte são incorporados à fase de retorno às atividades, discutida na próxima seção.

As fases de reconstituição devem ser mantidas em mente à medida que os profissionais da saúde continuam a estimular o retorno mais rápido ao esporte. A avaliação clínica determinará a progressão adequada dos exercícios e do tratamento ao longo das fases de reconstituição, para permitir um ótimo retorno ao esporte. Uma vez que as atividades esportivas competitivas freqüentemente ocorrem antes de terminadas as fases de reconstituição, o reforço continuado e os acessórios de estabilização articular devem ser incorporados, conforme a necessidade, para prevenir novas lesões. Um profissional da área de força e condicionamento é capaz de auxiliar na transição do ambiente controlado e supervisionado de uma clínica de reabilitação a um programa de exercícios independente para prevenção de lesões.

FASE DE RETORNO ÀS ATIVIDADES: O PAPEL DO PROGRAMA INTERVALADO

De todos os estágios do processo de reabilitação, o retorno ao esporte ou à atividade total é tranqüilamente o mais esperado por toda a equipe de medicina do esporte e, com certeza, também o mais esperado tanto física como mentalmente pelo paciente. Apesar da popularidade desse estágio do processo de recuperação, essa fase é provavelmente a menos bem-definida e repleta de diretrizes e normas ambíguas que, muitas vezes, não são oriundas de pesquisas, comportamento funcional ou evidências práticas. Muitos métodos podem ser utilizados para definir ou determinar se o atleta está pronto para um retorno à atividade total. A maioria dos clínicos e dos cientistas do esporte recomenda a inclusão de testes com a maior objetividade possível. O uso de testes clínicos enquadra-se em duas categorias principais: subjetiva e objetivos. Os testes subjetivos são elaborados para serem completados pelos próprios pacientes e, normalmente, envolvem questões orientadas para a obtenção do nível de função percebido pelo paciente. O teste objetivo é realizado em diversas áreas para determinar a conveniência do retorno ao esporte.

A determinação de um retorno da AM da articulação ou das articulações lesadas é cuidadosamente efetuada com um goniômetro, ou pode-se realizar um teste de flexibilidade adicional utilizando testes padronizados tais como a manobra de sentar e alcançar, que mede a flexibilidade da região lombar e dos isquiotibiais. Normalmente, esforça-se por readquirir a mesma AM do membro contralateral ou não-lesado. As exceções em igualar a AM ou a força para o lado oposto incluem lesão no lado oposto ou a presença de uma AM ou força excepcional em um lado, por praticar um esporte unilateral tal como o tênis ou o beisebol. Na maioria dos pacientes, no entanto, é apropriado adotar a meta de atingir pelo menos a AM ou os níveis de força do lado não-lesado.

Também se deve determinar a força do paciente antes que ele possa ser liberado para retornar ao esporte ou atividades agressivas sem lesão. As comparações de força normalmente utilizam o lado oposto como referência e empregam técnicas manuais de testes musculares ou equipamentos mais sofisticados, tais como dinamômetros isocinéticos ou de mão. Esses equipamentos conferem ainda mais objetividade aos níveis de força e são capazes de testar a força com segurança, em múltiplas velocidades que se igualam, de forma mais apropriada às velocidades do movimento humano em atividades da vida diária (AVDs) ou em algumas atividades esportivas. A iniciação de programas de retorno às atividades que envolvam correr e arremessar não é recomendada quando os déficits de força muscular são de 20% ou mais (12). Assim, embora esses tipos isolados de testes de capacidade muscular não possam simular todas as demandas funcionais, eles fornecem ao clínico uma medida ou um indicador válido e confiável da capacidade muscular em torno da articulação lesada.

Além dos testes objetivos de força e AM, recomenda-se testes especificamente planejados para avaliar a função do membro ou do indivíduo como um todo. Eles são normalmente chamados testes funcionais. Os **testes funcionais** são testes aplicados para avaliar se um indivíduo pode retornar com segurança ao esporte ou à função sem limitações. São exemplos de testes funcionais os testes de salto com sobressalto, tais como o saltito em uma perna só e o salto vertical.

O saltito em uma perna só é particularmente popular. No paciente com um joelho lesado, esse teste pode ser realizado em uma clínica, simplesmente usando uma fita métrica e um pedaço de fita para delinear a posição inicial. O paciente perde o contato com o solo e aterrissa no mesmo membro, e então é feita uma comparação entre um membro e o outro. A impossibilidade de alcançar a distância gerada no lado contralateral geralmente indica uma incapacidade de produzir potência no membro inferior, bem como uma hesitação em aterrissar e uma falta de controle excêntrico necessário para absorver a carga que se segue ao salto. Além da distância real, a avaliação quantitativa desses pacientes muitas vezes fornece uma compreensão clara e valiosa quanto à sua prontidão para absorver a carga de impacto na aterrissagem e à sua capacidade de aterrissar em uma perna só. Freqüentemente os pacientes aterrissarão nas duas pernas, em um esforço de proteger o membro lesado do estresse e da sobrecarga excêntrica inerentes à aterrissagem. As informações coletadas durante os testes funcionais são decisivas para o processo clínico de tomada de decisão, o qual deve ser empreendido ao se considerar a possibilidade de um paciente retornar totalmente às suas atividades.

A fase de retorno às atividades é uma parte extremamente importante do processo de reabilitação que deve basear-se na função e não no tempo ou nos sintomas. O profissional da área de força e condicionamento deve ter um papel definido nessa fase do processo de recuperação.

PROGRAMA INTERVALADO DE RETORNO AO ESPORTE

Um **programa intervalado de retorno ao esporte** é um programa de reabilitação planejado para acelerar a melhora do atleta para retornar à atividade esportiva. É um programa de intensidade e volume progressivos, com ênfase colocada no atleta que demonstra força, resistência e biomecânica adequadas para avançar com sucesso ao longo do programa. Vários componentes-chave são inerentes a um programa intervalado de retorno ao esporte: aquecimento, escala de atividades em dias alternados, integração com condicionamento, estágios de intensidade progressivos, biomecânica apropriada e avaliação da mecânica, e desaquecimento ou cuidados durante o período de readaptação. Cada um deles é um importante componente de programas intervalados de retorno ao esporte utilizados correntemente e pode ser facilmente adaptado em quase todo esporte ou atividade.

Aquecimento

Apesar da compreensível expectativa de um paciente ao retornar a um esporte após uma interrupção exigida por uma lesão ou durante a reabilitação, um aquecimento adequado deve preceder a execução dos exercícios no programa intervalado. Não obstante evidências recentes de que os efeitos agudos do alongamento podem diminuir o desempenho de salto e de potência por um período de até 20 minutos (2,29), os benefícios potenciais do alongamento e do aquecimento na prevenção de lesões ou de novas lesões tornam este um importante estágio inicial no programa intervalado. Tipicamente, o aquecimento consiste em uma sessão de exercícios cardiovasculares leves para elevar a temperatura tecidual local e aumentar o fluxo sangüíneo para os aspectos periféricos dos membros. Esse aquecimento é depois seguido por alongamentos estáticos com posicionamento isolado das origens e inserções dos músculos, de forma que ocorra um alongamento controlado e estático. Períodos de manutenção da posição de 15 a 30 segundos são geralmente utilizados para produzir deformação plástica do tecido e aumentar a flexibilidade e a AM dos isquiotibiais e outros músculos.

Escala de atividades em dias alternados

Os programas intervalados de prática esportiva normalmente possuem uma escala de atividades em dias alternados. Esta é planejada para permitir à musculatura e aos mecanismos de retenção estática que envolvem as articulações lesadas um período de recuperação antes de as atividades esportivas reiniciarem. Além disso, o dia de folga após as atividades possibilita ao paciente e ao clínico um tempo para determinar a tolerância do corpo ao nível de desempenho do dia anterior. O monitoramento cuidadoso de todos os sintomas subjetivos e sinais objetivos é uma parte importante da determinação de quando o estágio ou a intensidade de atividade seguinte deve iniciar. Assim, a prática de atividades em dias alternados do programa intervalado é recomendada.

Integração com condicionamento

Este talvez seja um dos aspectos mais difíceis do retorno dos pacientes aos seus esportes. A importância de continuar com exercícios de força e de AM durante o programa intervalado é amplamente reconhecida. A restauração do equilíbrio muscular final e a obtenção dos últimos graus de flexibilidade e movimento em torno de uma articulação antes restrita são aspectos que requerem exercícios de reabilitação e condicionamento continuados durante essa fase. Embora existam trabalhos limitados publicados nessa área, várias sugestões e diretrizes clínicas são normalmente seguidas. A prática de atividades específicas ao esporte é recomendada antes de qualquer treinamento de força ou de potência. Isso serve para garantir que a musculatura do corpo, que fornece a estabilidade dinâmica para as articulações, esteja funcionando adequadamente e não fique fatigada durante o desempenho funcional. Ademais, os exercícios para segmentos mesmo que distantes do segmento lesado podem complicar o desempenho funcional.

Estágios de intensidade progressivos

Para que um programa seja realmente intervalado, ele deve conter estágios progressivos de aumento da intensidade. Esses estágios progressivos permitem que os pacientes e os clínicos aumentem, de forma progressiva e responsável, os estresses aplicados ao tecido pós-operatório ou pós-lesão. Um exemplo seria um programa intervalado de arremesso. Esse programa contém estágios ou etapas progressivos de distância e volume (número de arremessos). O monitoramento cuidadoso dos pacientes ao longo desse programa encontra um aumento da distância de apenas 9 a 13,5 m inicialmente para 36,5 a 45,7 m, com base no tipo de posição ocupada. Dentro de cada distância há uma progressão também no número de arremessos. Isso permite aumentos independentes na intensidade do arremesso (maior distância), bem como um aumento no número de repetições, o que desafia a capacidade do paciente de resistir a estresses repetidos e desenvolve a resistência. Para uma descrição completa de um programa intervalado de arremessos utilizado na reabilitação do joelho, consulte Andrews e Wilk (47). Os programas intervalados de tênis seguem diretrizes semelhantes e estão revisados em Ellenbecker (17).

Biomecânica apropriada e avaliação da mecânica

Outra parte crítica do processo de retorno intervalado é a ênfase na biomecânica apropriada. Muitas vezes, o retorno de uma lesão ou cirurgia deixa o atleta com déficits no equilíbrio muscular, na AM e na propriocepção ou consciência cinestésica no membro ou na articulação afetada; e, por isso, possibilita-lhe padrões de movimentos compensatórios. Freqüentemente, esses padrões de movimento podem levar a uma lesão no segmento que está sendo reabilitado ou em segmentos adjacentes. Um exemplo perfeito disso é quando um tenista está retornando ao esporte após uma artroscopia de joelho e desenvolve cotovelo de tenista devido a problemas com o movimento dos membros inferiores e a um aumento da contribuição e da sobrecarga no braço. Outro exemplo seria o atleta voltando a arremessar após uma lesão de ombro e, devido a uma perda na AM de rotação externa, executa um arremesso da bola mais curto, resultando em uma maior sobrecarga na parte interna (face medial) da articulação do cotovelo (33).

Assim, o monitoramento cuidadoso da mecânica do atleta é indicado durante a fase de retorno à atividade. Isso pode ser realizado com o clínico de saúde observando o processo intervalado, bem como executando o processo intervalado na presença de um treinador ou mesmo de um biomecânico do esporte.

Desaquecimento ou cuidados durante o período de readaptação

Tão importante quanto o aquecimento, o desaquecimento, ou os cuidados durante o período de readaptação após o programa de retorno intervalado, é uma parte essencial desse processo. Nas fases mais iniciais do programa intervalado, um fisioterapeuta ou um preparador físico está sempre supervisionando o programa que está sendo executado na clínica; o restante do programa de reabilitação é normalmente finalizado no mesmo dia que o programa intervalado de retorno ao esporte. Assim, após o arremesso ou a corrida ou seja qual for a atividade esportiva, os exercícios de reabilitação ajustados para restabelecer o equilíbrio muscular ótimo, a resistência à fadiga, a amplitude de movimento articular, bem como a propriocepção e o equilíbrio, são iniciados. Isso permite ao atleta continuar aperfeiçoando as áreas lesadas durante o processo de retorno intervalado e assegura que um dia de recuperação quase completa transcorra um dia depois do programa intervalado e da sessão de exercícios de reabilitação. Os cuidados durante o período de readaptação são orientados por um profissional de reabilitação.

Nos últimos estágios do programa intervalado, os atletas geralmente estão realizando essas atividades de forma independente, fora do local de treino. Por isso, a instrução estrita com relação à quantidade, à intensidade e à duração dos exercícios de manutenção deve ser compartilhada com o atleta, bem como as instruções específicas para o alongamento e a colocação de gelo após as sessões. O uso de gelo para provocar vasoconstrição na área afetada é amplamente aceito tanto na medicina clínica como na medicina esportiva. A quantidade de tempo em que o gelo é utilizado após uma lesão ou seguindo-se a um retorno à atividade total varia e não foi formalmente estudada. As recomendações atuais são normalmente para aplicação de gelo seguindo-se ao alongamento pós-exercício. Seguir um programa organizado e consistente de cuidados durante o período de readaptação garantirá que a execução do programa intervalado fora do local de treino espelhe o programa inicialmente planejado na clínica, e acredita-se que minimize o risco de uma nova lesão e facilite o retorno à atividade.

PANORAMA DA BIOMECÂNICA ARTICULAR E APLICAÇÕES DE EXERCÍCIOS

A adequada análise biomecânica das articulações durante a execução de exercícios é importante para a segurança e a eficácia destes. Com atletas lesionados, a mecânica adequada torna-se ainda mais importante. Essas descrições destinam-se a aumentar a compreensão dos profissionais da área de força e condicionamento e permitem uma aplicação segura e ótima dos exercícios de força. Referências específicas a lesões esportivas comuns estão incluídas para compreender as modificações nos exercícios tradicionais baseadas na biomecânica das articulações.

> *O profissional da área de força e condicionamento deve ter uma compreensão básica dos conceitos biomecânicos do joelho, do ombro e da coluna, e ser capaz de oferecer aplicações de exercícios específicas baseadas nessas características biomecânicas articulares inerentes.*

Panorama da biomecânica do joelho e aplicações de exercícios

A articulação do joelho é comumente lesada durante atividades esportivas. O conhecimento da anatomia e da biomecânica do joelho deve ser considerado no planejamento de programas de exercícios para prevenir e reabilitar lesões dos membros inferiores. A articulação do joelho é classificada como uma articulação sinovial e consiste nas articulações tibiofemoral e patelofemoral. O movimento na articulação tibiofemoral ocorre na flexão, na extensão e nas rotações interna e externa. Na fase final da extensão do joelho, ocorre o mecanismo de rotação externa da tíbia com o fêmur fixo, em uma atividade de cadeia cinética aberta. Esse mecanismo é conhecido na língua inglesa como *screw home mechanism*.

Quatro ligamentos principais conferem estabilidade à articulação do joelho: o ligamento cruzado anterior, o ligamento cruzado posterior, o ligamento colateral medial e o ligamento colateral lateral. Outra estrutura comumente lesada no joelho é o menisco. O joelho possui um menisco lateral e um medial, este último com uma maior incidência de lesões. As funções do menisco são absorver choques dissipando forças sobre uma área de superfície maior, auxiliar na lubrificação articular e aumentar a congruência e a estabilidade articulares (7).

Em geral, a reabilitação de lesões de joelho incluirá exercícios de fortalecimento para os músculos quadríceps e isquiotibiais, o fortalecimento de todos os músculos dos membros inferiores e exercícios proprioceptivos. Restabelecer o equilíbrio entre as forças de flexão e extensão do joelho é uma importante meta de reabilitação. Uma razão 2:3 de força de flexão/extensão dos joelhos é desejável (13). O fortalecimento dos músculos dos membros inferiores é indicado, uma vez que a fraqueza do músculo proximal é freqüentemente associada com lesões da extremidade distal dos membros inferiores. Exercícios proprioceptivos são geralmente indicados após uma lesão de membro inferior, pois o trauma a tecidos que contenham mecanorreceptores diminuirá a propriocepção. Esses princípios de reabilitação são mais discutidos a seguir, em relação a duas lesões de joelho comuns: a síndrome da dor patelofemoral e a lesão do ligamento cruzado anterior (LCA).

SÍNDROME DA DOR PATELOFEMORAL E EXERCÍCIOS DE FORÇA

A patela é um osso sesamóideo que funciona para otimizar o mecanismo extensor aumentando a capacidade de força do músculo quadríceps (7). Diferentes áreas da patela tocam o fêmur quando a articulação do joelho move-se em AM total. A área lesada da superfície patelar determinará as amplitudes de movimento sintomáticas. Os sintomas ocorrem devido a uma força compressiva na articulação patelofemoral quando o músculo quadríceps contrai para estender o joelho. O quadríceps traciona a patela superiormente, e a resistência do tendão patelar traciona a patela inferiormente. A força resultante é a compressão da patela contra o fêmur. Retenções dinâmicas e estáticas, tais como as do músculo quadríceps e do retináculo, afetarão o movimento patelar.

Síndrome da dor patelofemoral é o nome freqüentemente dado ao sintoma de dor na parte anterior do joelho. Há várias causas possíveis dessa dor. Diagnósticos específicos que podem ser incluídos sob esse termo geral incluem condromalacia patelar, tendinite patelar, desalinhamento patelofemoral, plica sinovial patológica e doença de Osgood-Schlatter (14).

O sucesso no tratamento dessa síndrome depende da determinação da causa da dor, que muitas vezes pode ser multifatorial. Somente depois de identificar a(s) causa(s) da dor patelofemoral, o tratamento adequado pode ser determinado. Um sistema de classificação de distúrbios patelofemorais foi desenvolvido para servir de base para intervenções clínicas (50). As categorias dentro desse sistema de classificação incluem síndromes de compressão patelar, instabilidade patelar, disfunção biomecânica, trauma patelar direto, lesões do tecido mole, síndromes por uso excessivo, osteocondrite e distúrbios neurológicos. Descobertas patológicas a que talvez se precise recorrer ao se tratar a síndrome da dor patelofemoral incluem: alinhamento patelar, hipo- ou hipermobilidade patelar, fraqueza do vasto medial oblíquo, desequilíbrios de força/flexibilidade musculares. O **vasto medial oblíquo** (VMO) é o mais medial dos músculos quadríceps e freqüentemente é implicado em muitas formas de síndromes da dor patelofemoral.

A reabilitação da síndrome da dor patelofemoral comumente inclui o fortalecimento do quadríceps, o restabelecimento de desequilíbrios de força e flexibilidade musculares nos membros inferiores, o uso de acessórios ortopédicos, o alongamento do retináculo lateral, o condicionamento aeróbio, fitas adesivas e ataduras (22). A dor patelofemoral muitas vezes ocorre como uma lesão secundária. Portanto, é necessário considerar a articulação patelofemoral durante todos os programas de reabilitação da articulação do joelho para prevenir novas lesões.

Os exercícios para a síndrome da dor patelofemoral devem estar relacionados às descobertas patológicas específicas da avaliação. As sugestões gerais de exercícios a seguir aplicam-se ao desenvolvimento de programas de força para tratar e prevenir a síndrome da dor patelofemoral.

- *Execute exercícios apenas em AMs sem dor.* Tem-se recomendado AMs relativamente seguras para realizar a reabilitação patelofemoral. Devido aos diferentes efeitos da gravidade nas posições de cadeias cinéticas aberta e fechada, tem-se recomendado a execução de exercícios de cadeia cinética aberta entre os ângulos de 90° e 50° e de 10° a 0° de flexão do joelho. As atividades na cadeia cinética fechada devem ser realizadas entre 50° e 0°. Pode haver um aumento das forças de reação da articulação patelofemoral à medida que o ângulo de flexão aumenta durante um exercício de agachamento (47). Esses pesquisadores também recomendam que se evitem ângulos de flexão do joelho maiores do que aproximadamente 60° nas tentativas de reduzir a compressão patelofemoral durante atividades de cadeia cinética fechada tais como o exercício de agachamento. Exercícios isométricos de ângulos múltiplos e exercícios de pequena AM podem ser utilizados para fortalecimento em AMs sem dor.
- *Enfatize o fortalecimento do quadríceps/VMO.* Após uma lesão, a dor e o inchaço levam à inibição reflexa seletiva do quadríceps, especificamente do músculo VMO. Apesar de numerosos estudos de pesquisa, há pouco consenso sobre os exercícios mais efetivos para maximizar o recrutamento do músculo VMO. Exercícios sugeridos para o fortalecimento do VMO incluem *biofeedback* para monitorar a contração do VMO, utilizado de forma combinada com exercícios de cadeias cinéticas aberta e fechada; exercícios de arco curto para o quadríceps; e adução dos quadris combinada com o exercício de agachamento (14).
- *Incorpore exercícios para fortalecimento dos membros inferiores.* Os exercícios para os músculos proximais dos membros inferiores devem ser incluídos conforme indicado pela avaliação. O fortalecimento dos músculos flexores dos quadris e dos músculos isquiotibiais é freqüentemente indicado (14). Também se tem mostrado que os rotadores externos dos quadris (22,25) e os adutores dos quadris podem requerer fortalecimento, especialmente nas mulheres. O fortalecimento dos músculos dos quadris aumentará a estabilidade proximal e minimizará a rotação interna femoral e o movimento valgo do joelho, o que altera o estresse na articulação patelofemoral. Exemplos de exercícios para o fortalecimento dos músculos dos membros inferiores que geralmente não aumentam os sintomas incluem pedalar em bicicleta estacionária com um acento alto; flexão do quadril com os joelhos estendidos na posição supina; passada lateral em banco; e passada para trás em banco.

LESÃO DO LIGAMENTO CRUZADO ANTERIOR E EXERCÍCIOS DE FORÇA

Uma das lesões mais comuns do joelho durante lesões esportivas é uma ruptura do ligamento cruzado anterior (LCA). O LCA é o principal obstáculo para a translação anterior da tíbia no fêmur na cadeia cinética aberta. Na cadeia cinética fechada, o LCA tem a função de prevenir o deslocamento posterior do fêmur na tíbia. Dependendo da direção e da quantidade de força, também podem ocorrer lesões nos ligamentos colaterais medial e lateral, cruzado posterior, ou nos meniscos, com o rompimento do LCA. Dependendo da gravidade da lesão e do nível de atividade de um indivíduo, pode-se escolher o tratamento operatório ou não-operatório. Para indivíduos ativos com rompimento do LCA, a reconstrução cirúrgica é geralmente o tratamento escolhido.

Após cirurgia reconstrutora, a ênfase da reabilitação progride da AM para a força e a propriocepção. Readquirir a extensão total do joelho é importante para a biomecânica normal do joelho durante a marcha e para prevenir complicações secundárias. Uma vez iniciados os exercícios de fortalecimento, é importante considerar a tensão no LCA durante exercícios de força para os membros inferiores. A maior tensão é aplicada ao LCA entre 0° e 30° de flexão do joelho. As orientações para exercícios de fortalecimento são discutidas a seguir.

As metas para reconstrução e reabilitação do LCA incluem restauração da estabilidade do joelho, preservação da cartilagem do joelho, retorno oportuno às atividades diárias incluindo a prática esportiva, e o reconhecimento adiantado de complicações (15). A progressão dos exercícios terá como base no protocolo do cirurgião-ortopedista. Os fatores que podem influenciar a velocidade da recuperação e a progressão dos exercícios são a condição pré-operatória do joelho, o recurso cirúrgico utilizado e lesões concomitantes. As orientações gerais para exercícios após reconstrução do LCA são as seguintes:

- *Recupere a força de flexão e extensão do joelho.* Os músculos isquiotibiais restringem a translação anterior da tíbia no fêmur. O aumento da força e o controle dos músculos isquiotibiais aumentarão a estabilidade dinâmica da articulação do joelho e diminuirão a tensão no LCA. Os quadríceps também devem ser fortalecidos, uma vez que a atrofia ocorre devido à dor e ao inchaço. A recuperação da força do músculo quadríceps é necessária para o controle da articulação do joelho. Conforme mencionado acima, a razão do fortalecimento flexão/extensão do joelho deve ser de pelo menos 2:3 (13).
- *Incorpore exercícios proprioceptivos.* Exercícios proprioceptivos para os membros inferiores são indicados, uma vez que ocorre a diminuição da propriocepção após lesão do LCA. Os mecanorreceptores, que fornecem o estímulo do joelho para o sistema nervoso central, são lesados após a ruptura do LCA. Isso causa um decréscimo do estímulo da articulação do joelho para o sistema nervoso central (5). A resultante diminuição do controle e da propriocepção aumenta o risco de uma nova lesão. Inúmeros exercícios podem melhorar a propriocepção, incluindo atividades de equilíbrio unilateral sobre superfícies tais como uma espuma e pranchas de equilíbrio.
- *Inclua exercícios unilaterais.* Um estudo observou que sujeitos submetidos à reconstrução do LCA aliviaram significativamente a sobrecarga no membro envolvido ao executarem um exercício de agachamento paralelo seis a sete meses após a cirurgia (39). A sustentação do peso bilateral normalizou somente após 12 a 15 meses pós-operatórios. Assim, exercícios de força unilaterais devem ser executados para se alcançar ganhos de força máximos no membro envolvido.
- *Fortaleça os músculos nas cadeias cinéticas fechada e aberta.* Exercícios de fortalecimento devem estimular as atividades funcionais. Tanto atividades diárias comuns, como a marcha, quanto atividades esportivas requerem o trabalho muscular nas cadeias cinéticas fechada e aberta. Os exercícios de **cadeia cinética fechada** (CCF) envolvem a contração dos músculos ao redor do joelho e são caracterizados por um padrão de estresse linear e pela fixação do segmento distal do membro à superfície de apoio (19). Os exercícios de CCF utilizam articulações e eixos articulares múltiplos. Um exemplo primário de um exercício de CCF é o agachamento ou a passada à frente. O exercício de CCF nos membros inferiores envolve a contração dos músculos quadríceps e isquiotibiais. A translação da tíbia no fêmur é minimizada pela contração dos isquiotibiais, diminuindo a tensão no LCA. O exercício de **cadeia cinética aberta** (CCA) é caracterizado por um padrão de estresse de rotação e por uma função musculoarticular isolada. A parte distal pode tecnicamente girar livremente no espaço. Um exemplo de um exercício de CCA é a extensão do joelho. Os exercícios de CCA são necessários para promover o fortalecimento isolado do quadríceps. Devido à tensão aumentada no LCA de aproximadamente 0° a 30° de extensão do joelho na CCA, os exercícios devem ser executados com modificações adequadas (limite dos últimos 30° de extensão do joelho) (Fig. 17.4).

O tratamento não-operatório geralmente é o único escolhido por indivíduos menos ativos. A lassidão de um LCA rompido aumenta o risco de dano futuro ao menisco e à cartilagem articular. O dano à cartilagem continuará aumentando a dor no joelho e limitando

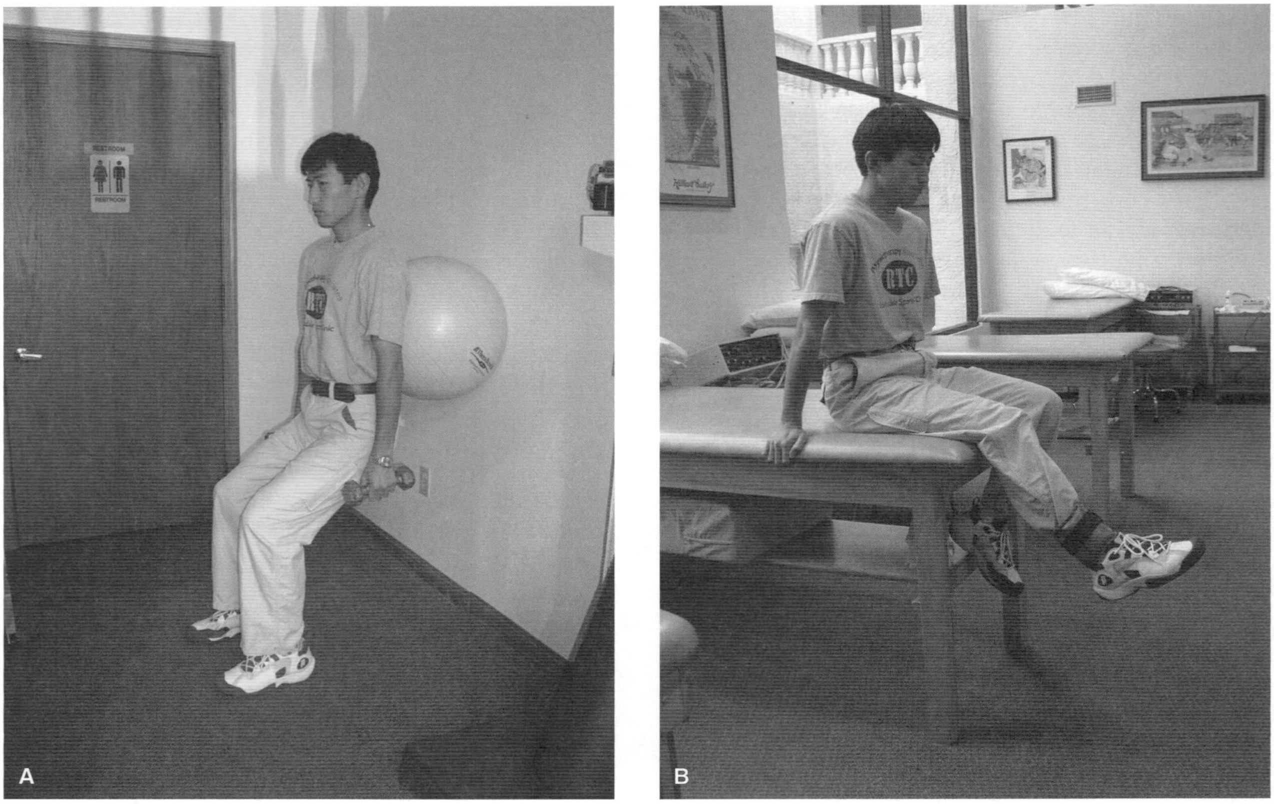

FIGURA 17.4 Exercícios de cadeias cinéticas fechada e aberta. **A.** Um exercício de cadeia cinética fechada utilizando uma bola suíça. **B.** Um exercício de cadeia cinética aberta de extensão do joelho.

sua função ao longo do tempo. Assim como as metas de reabilitação pós-operatória, as metas não-operatórias incluem a recuperação da força muscular dos isquiotibiais e do quadríceps e da propriocepção dos membros inferiores. Os mesmos princípios de exercícios discutidos anteriormente para o fortalecimento pós-operatório podem ser aplicados.

Panorama da biomecânica do ombro e aplicações de exercícios

A articulação do ombro ou glenoumeral é a mais móvel do corpo humano. O complexo do ombro é composto de diversas articulações; no entanto, a discussão aqui se centra principalmente nas articulações glenoumeral e escapulotorácica. Um pesquisador clássico identificou o equilíbrio delicado, durante a elevação dos membros inferiores, entre as articulações glenoumeral e escapulotorácica (10). Ele denominou isso **ritmo escapuloumeral**: para cada dois graus de movimento articular glenoumeral, ocorre um grau de movimento escapulotorácico. Essa relação aponta o importante papel da articulação escapulotorácica na função do ombro, e como a força e a resistência muscular apropriadas dos músculos estabilizadores são importantes para a função normal. Os músculos que estabilizam a escápula incluem o serrátil anterior, o trapézio, os rombóides e o elevador da escápula. A importante rotação da escápula para cima que o serrátil anterior e o trapézio realizam é requerida para otimizar a relação comprimento-tensão das unidades musculotendinosas do manguito rotador, bem como para mover o acrômio da rota do úmero em elevação (27).

A estabilidade da articulação esferoidal da articulação glenoumeral é oferecida por elementos estáticos e dinâmicos. Os elementos estáticos incluem o lábio glenóide e a cápsula articular, bem como a pressão intra-articular negativa (49). Os estabilizadores dinâmicos da articulação glenoumeral incluem as quatro unidades musculotendinosas do manguito rotador e a porção longa do bíceps.

Um dos princípios biomecânicos mais importantes na função do ombro é o binário de forças deltóide-manguito rotador. Um **binário de forças** é a combinação de força(s) muscular(es) agindo através de uma articulação e causando movimento rotacional ao redor de um eixo. Esse fenômeno explica como os músculos do manguito rotador e deltóide trabalham juntos para promover movimentos do braço (24). O deltóide produz força principalmente em uma direção superior ao contrair sem oposição durante a elevação do braço. O manguito rotador deve produzir força compressiva, bem como uma força direcionada inferiormente para prevenir o atrito dos tendões do manguito rotador contra o acrômio. A falha do manguito rotador em manter a congruência umeral provoca instabilidade da articulação glenoumeral, patologia do tendão do manguito rotador e lesão labral (49). Desequilíbrios no binário de forças deltóide-manguito rotador ocorrem principalmente durante o treinamento inadequado do deltóide sem o fortalecimento do manguito rotador e exacerbam a migração superior da cabeça do úmero desencadeada pelo deltóide, promovendo atrito. Os exercícios listados a seguir podem ser aplicados para garantir que um programa de treinamento equilibrado para os ombros e os membros superiores seja seguido e são particularmente importantes para atletas que realizam movimentos acima da cabeça com os braços, tais como jogadores de beisebol, tenistas e nadadores.

LESÕES COMUNS DO OMBRO

O início dos anos 70 presenciou a introdução do conceito de **atrito do ombro**, que se refere ao atrito ou compressão mecânica dos tendões do manguito rotador entre a cabeça do úmero e o acrômio (38). O espaço subacromial somente é relatado de 6 a 14 mm em sujeitos normais (11). Com desequilíbrio e/ou fadiga muscular, restrição da AM capsular e uso excessivo repetido em posições acima da cabeça, ocorre o atrito no manguito rotador, produzindo uma incapacidade progressiva. Essa progressão começa com edema e hematoma; e, com o uso excessivo continuado, pode levar a rupturas parciais e totais a partir dos estresses mecânicos de compressão e atrito (38). O atrito normalmente responde à reabilitação não-operatória, que consiste em modalidades para diminuir a inflamação e a dor, bem como em exercícios apropriados que ativam e fortalecem os músculos do manguito rotador, utilizando posições que não o colocam em uma postura comprimida ou de atrito, permitindo assim o restabelecimento.

Mais recentemente, profissionais médicos e cientistas compreenderam o importante papel da instabilidade da articulação glenoumeral na doença do manguito rotador. O atrito no manguito rotador contra o acrômio pode ocorrer de forma secundária à instabilidade glenoumeral a partir da atenuação dos estabilizadores estáticos, tais como lassidão capsular, patologia do lábio e trabalho anormal ou biomecânica do esporte (8,26). A translação ou subluxação excessiva da cabeça do úmero relativa à glenóide pode ocorrer em atletas e indivíduos com lassidão capsular, freqüentemente desenvolvida por uso excessivo repetitivo nos padrões de movimento acima da cabeça utilizados no arremesso ou no serviço (26). Além disso, a instabilidade do ombro pode ocorrer como resultado de um evento traumático tal como uma queda ou um movimento do braço com amplitude excessiva, ou ainda o movimento combinado de abdução e rotação externa em esportes de contato. Isso pode resultar em um deslocamento total da cabeça do úmero a partir da glenóide. A aplicação cuidadosa de exercícios para o manguito rotador e para a escápula e são novamente indicados nesses pacientes para melhorar a estabilização dinâmica.

APLICAÇÃO DE EXERCÍCIOS DE FORÇA PARA A ARTICULAÇÃO GLENOUMERAL

Os conceitos anatômicos e biomecânicos esboçados anteriormente neste capítulo fornecem uma base ao clínico para escolher posições de exercícios e padrões de movimentos para aumentar a força e a resistência muscular de pacientes e indivíduos com lesão ou fraqueza do ombro. Além dos conceitos tais como posição escapular plana, da evitação de posições de maior atrito e do importante papel dos binários de forças na produção de movimento articular glenoumeral controlado, há ainda os estudos eletromiográficos (EMG) que medem especificamente os padrões de atividade muscular individual com padrões de exercícios tradicionalmente utilizados.

Blackburn et al. (6) utilizaram a eletromiografia para medir a atividade muscular do manguito rotador posterior durante um exercício tradicional de ombro utilizando pesos isotônicos. Os autores identificaram uma posição que foi chamada "posição Blackburn", que consiste da posição de decúbito ventral, abdução horizontal com o ombro abduzido em 100° e o úmero rotado externamente. Essa posição foi relatada para envolver altos níveis de atividade muscular nos músculos supra-espinhoso, infra-espinhoso, redondo menor e estabilizadores da escápula (4,6,46). Essa posição pronada tornou-se um exercício clássico em muitos programas de reabilitação para atrito e instabilidade da articulação glenoumeral (6). Tem-se recomendado a modificação desse exercício usando apenas 90° de abdução para diminuir o atrito e a compressão subacromial potencial (16,17).

Além do estudo de Blackburn et al. (6), outro estudo ofereceu a análise mais abrangente da atividade muscular do ombro durante exercícios tradicionais utilizados em programas de reabilitação (46). Exemplos de exercícios utilizados durante a reabilitação do manguito rotador estão ilustrados na Figura 17.5. Esses exercícios adotam posições esboçadas neste capítulo e têm confirmado altos níveis de ativação muscular do manguito rotador ao colocarem o ombro em uma confortável "posição sem atrito". Exercícios para melhorar a força e a resistência muscular também são recomendados para os estabilizadores da escápula. Outro grupo de pesquisadores esboçou os padrões de ativação muscular dos músculos escapulares durante exercícios de reabilitação (35). Os exercícios de remada sentado e apoio com um "plus", que envolvem protrações escapulares acentuadas, são considerados exercícios escapulares "primários" segundo essa pesquisa.

Exercícios com 90° de abdução são indicados para promover o condicionamento específico ao esporte do manguito rotador (17). A Figura 17.6 mostra como a rotação externa pode ser executada com o ombro elevado a 90° no plano escapular. A **posição escapular plana** é o plano de 30° anterior ao plano frontal do corpo e é uma posição caracterizada por altos níveis de congruência óssea entre a cabeça do úmero e a glenóide, bem como a posição de tensão neutra na cápsula glenoumeral (44). O uso da posição do plano escapular é altamente recomendado durante a reabilitação.

Finalmente, a modificação de exercícios tradicionais executados por muitos atletas e indivíduos ativos na academia é seguida e recomendada. Limitar as elevações do ombro à frente e laterais a apenas 90° é altamente recomendado, juntamente com a execução de puxadas à frente da cabeça ao invés de atrás (23). A limitação da AM durante os exercícios de supino e voador direto a posições à frente do plano escapular para diminuir o estresse na parte anterior do ombro também é amplamente recomendada (23).

Panorama da biomecânica da coluna vertebral e aplicações de exercícios

A coluna vertebral consiste em 33 segmentos divididos em cinco regiões (cervical, torácica, lombar, sacral e coccígea). As primeiras 24 vértebras, as pré-sacrais, têm maior relevância clínica. A curva da coluna vertebral em forma de S permite uma absorção de impactos e uma flexibilidade global aumentadas, e deve-se à lordose cervical e lombar combinada com a cifose torácica e sacral. A coluna vertebral possui várias funções fundamentais dos pontos de vista anatômico e biomecânico. Ela serve para alojar e proteger a medula espinal e os órgãos vitais. Também funciona para dissipar as forças de sustentação do peso corporal da cabeça e do tronco para a pelve, e permite o movimento controlado

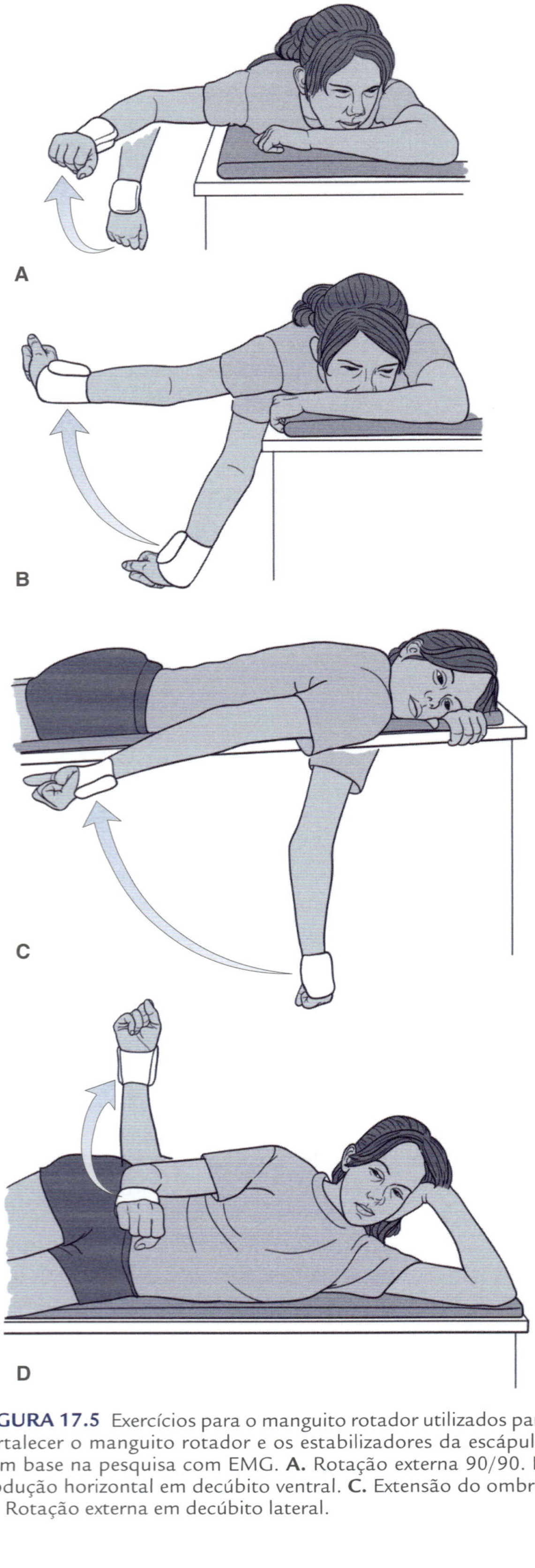

FIGURA 17.5 Exercícios para o manguito rotador utilizados para fortalecer o manguito rotador e os estabilizadores da escápula, com base na pesquisa com EMG. **A.** Rotação externa 90/90. **B.** Abdução horizontal em decúbito ventral. **C.** Extensão do ombro. **D.** Rotação externa em decúbito lateral.

FIGURA 17.6 Exercício de rotação externa com Thera-band, utilizando 90° de elevação no plano escapular. **A.** Posição inicial. **B.** Posição final.

da coluna contra a gravidade. A coluna vertebral pode ser dividida em blocos ou unidades individuais chamados segmentos vertebrais. O **segmento vertebral** é considerado a unidade funcional (Fig. 17.7) dentro da coluna vertebral e consiste na interface disco intervertebral-corpo vertebral; nas facetas ou articulações zigapofisárias; e nos ligamentos, músculos e vasos que compõem o segmento. Juntas, as unidades funcionais individuais ou segmentos da coluna funcionam como um todo para permitir o movimento coordenado.

O tamanho e a massa do segmento vertebral aumentam da coluna cervical à coluna lombar para permitir a sustentação aumentada do peso corporal nos segmentos inferiores. Além disso, as diferenças regionais na estrutura da coluna vertebral existem para acomodar as demandas funcionais e os padrões de movimento únicos de uma área particular da coluna vertebral. Na coluna cervical, por exemplo, a orientação e a forma das superfícies articulares permitem maior liberdade de movimento e posicionamento da cabeça no espaço. Já a coluna torácica tem significativamente menos AM total devido à articulação das costelas e ao formato dos segmentos vertebrais dessa região; isso por causa de seu papel principal de proteger os órgãos vitais e aumentar a eficiência respiratória. Na coluna lombar,

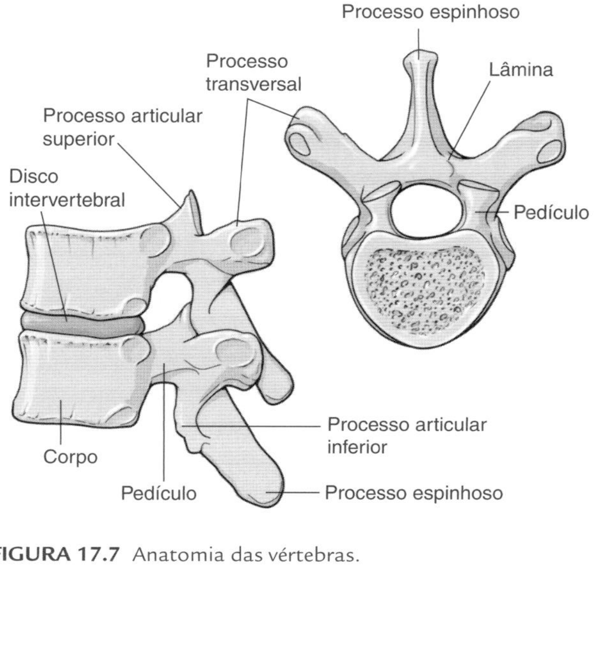

FIGURA 17.7 Anatomia das vértebras.

os discos intervertebrais são maiores para permitir uma maior sustentação do peso corporal; e a orientação das facetas articulares é basicamente no plano sagital, permitindo movimentos de flexão e extensão mais amplos com mínima rotação.

Em uma postura ereta, 84% das forças de sustentação do peso corporal são transmitidas pelo corpo vertebral e pela interface disco intervertebral-corpo vertebral; as 16% restantes são sustentadas pelas facetas articulares. A interface do disco intervertebral consiste nas placas terminais vertebrais cartilaginosas nas superfícies superior e inferior do corpo vertebral e nos discos interpostos. O disco intervertebral consiste no núcleo pulposo, composto de um material mucóide com uma capacidade de transporte de água, conferindo-lhe uma composição gelatinosa. O núcleo é rodeado pelo anel fibroso, que consiste em camadas concêntricas de colágeno e fibrocartilagem, cuja função é resistir a cargas de tração, torção e compressão sobre o disco intervertebral (Fig. 17.8). A orientação oblíqua das fibras anulares aumenta a força do disco intervertebral, permitindo que resista às forças e aos movimentos direcionais exercidos pelo núcleo. Com base no desenho do disco intervertebral, acredita-se que ele tenha as características de um sistema hidráulico, em que o núcleo encerrado não pode ser comprimido e, portanto, exerce pressão externa em direção às placas terminais vertebrais e aos anéis. Devido à relativa avascularidade do disco intervertebral, a maior parte da sua nutrição ocorre pela difusão via placa terminal vertebral, durante ciclos de carga e descarga, permitindo uma adequada permuta de nutrientes e resíduos. Com a idade, a composição do núcleo torna-se menos distinta daquela das fibras anelares devido às mudanças na composição química no núcleo.

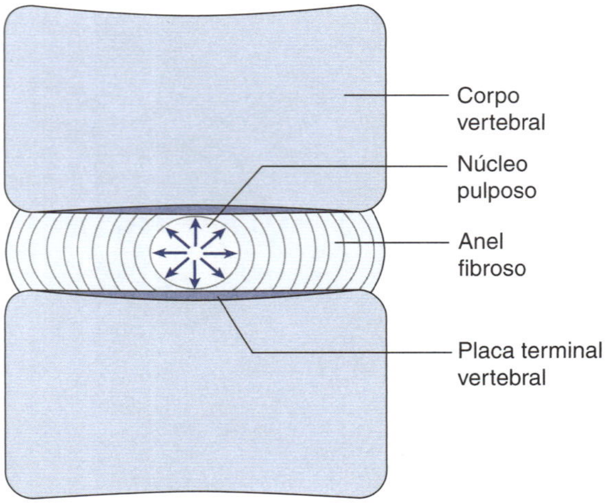

FIGURA 17.8 Estrutura do disco intervertebral.

O movimento na coluna vertebral ocorre de forma tridimensional, tendo os segmentos individuais seis graus de liberdade ou componentes de movimento. Basicamente, o movimento nos segmentos vertebrais envolve graus variados de translação e rotação que ocorrem quando o movimento é produzido em movimentos cardinais, tais como flexão, extensão, inclinação lateral e rotação. Os movimentos associados entre as vértebras quando os movimentos primários são produzidos são denominados **padrões de acoplamento**. Os padrões de acoplamento são o resultado da geometria das vértebras individuais, dos ligamentos e dos discos intervertebrais. Por exemplo, quando a coluna vertebral é flexionada, há uma translação ou deslizamento superior e inferior associado dos segmentos individuais, que responde pelos movimentos de acoplamento. Outro exemplo de acoplamento ocorre quando a coluna cervical é inclinada ou flexionada lateralmente; os segmentos vertebrais, então, rotarão na mesma direção do movimento de inclinação lateral (48). Os padrões de acoplamento precisam ocorrer para o movimento normal da coluna vertebral, e os graus e tipos de padrões variam conforme a região e a postura da coluna quando o movimento é produzido (48).

As manifestações clínicas dos padrões de acoplamento tornam-se relevantes quando ocorre disfunção devida ou à degeneração ou à travação mecânica da

APLICAÇÃO NA REALIDADE

Coluna vertebral

Os testes de sentar e alcançar e de flexão do quadril com o joelho estendido medem a AM dos isquiotibiais e dos paravertebrais lombares. Para executar o teste de flexão do quadril com o joelho estendido, pede-se ao sujeito que se posicione em decúbito dorsal, com os joelhos estendidos. Você segura a perna abaixo do tornozelo com o joelho estendido e, lentamente, eleva a perna em direção ao sujeito. Quando o movimento da pelve é detectado, indicando o fim da AM, o teste é terminado. A AM normal é considerada 80°.

O teste de sentar e alcançar é realizado com o sujeito na posição sentada, com as pernas juntas e os joelhos estendidos. Pede-se a ele que incline o tronco à frente e alcance as pontas dos pés. Se a pelve flexionar em direção à coxa a um ângulo de 80° entre o sacro e a superfície de apoio, ocorreu um movimento normal. Note que esse é o mesmo ângulo entre a perna e a superfície de apoio no teste de flexão do quadril com o joelho estendido. Quando o comprimento dos isquiotibiais é restrito, a pelve estará em uma orientação posterior, e o movimento ocorrerá pela coluna lombar.

articulação. Isso acontece freqüentemente quando se tenta executar um movimento combinado, tal como apanhar um objeto inclinando-se à frente e rotando, provocando a travação mecânica da faceta articular. Essa alteração biomecânica causa dor e restrição do movimento.

MÚSCULOS DA COLUNA VERTEBRAL

Os seres humanos dependem dos músculos da coluna vertebral para movimento, controle postural e estabilidade dos segmentos individuais, uma vez que executam atividades que vão de um nível muito básico até movimentos altamente avançados. O papel dos vários músculos vertebrais baseia-se no seu tamanho, nas suas ligações e na sua localização. A complexa interação da atividade muscular para produzir movimento harmoniosamente é a base do movimento vertebral eficiente.

Os músculos anteriores da região abdominal consistem em reto abdominal, oblíquos externo e interno, e transverso do abdome. Coletivamente, os principais movimentos produzidos por esses músculos são flexão e rotação do tronco, com mínima atividade muscular durante a posição normal ereta. Esses músculos também atuam para regular a posição pélvica contrabalançando a tração dos extensores lombares. O transverso do abdome tem um papel fundamental no alcance da estabilização da coluna vertebral mediante a formação de um cilindro rígido, aumentando a pressão intra-abdominal quando contraído. A orientação horizontal das fibras e a ligação na fáscia toracolombar possibilitam essa função estabilizadora. Tanto no levantamento de força de alta intensidade como no movimento do próprio atleta levantando-se do chão com as pontas dos dedos das mãos e dos pés, as forças dos músculos abdominais e paravertebrais são necessárias para estabilizar a coluna vertebral (Fig. 17.9).

Os músculos eretores da coluna situam-se posteriormente à coluna vertebral, percorrem todo o seu comprimento e consistem nas divisões superficial e profunda. Juntos, eles agem na extensão da coluna vertebral durante o levantamento e, conseqüentemente, são intermitentemente ativos para contrabalançar a tendência gravitacional de flexionar o corpo.

A função estabilizadora dos eretores profundos da coluna é evidente ao se considerar a linha de tração dos eretores profundos da coluna e do antagonista iliopsoas. A linha de tração ântero-posterior contralateral nesses músculos age como um fio de prumo para estabilidade da coluna lombar no plano sagital. O multífido é um importante estabilizador segmentar na coluna lombar. Está presente por toda a coluna vertebral, sendo mais espesso na região lombar. Com a ligação segmental,

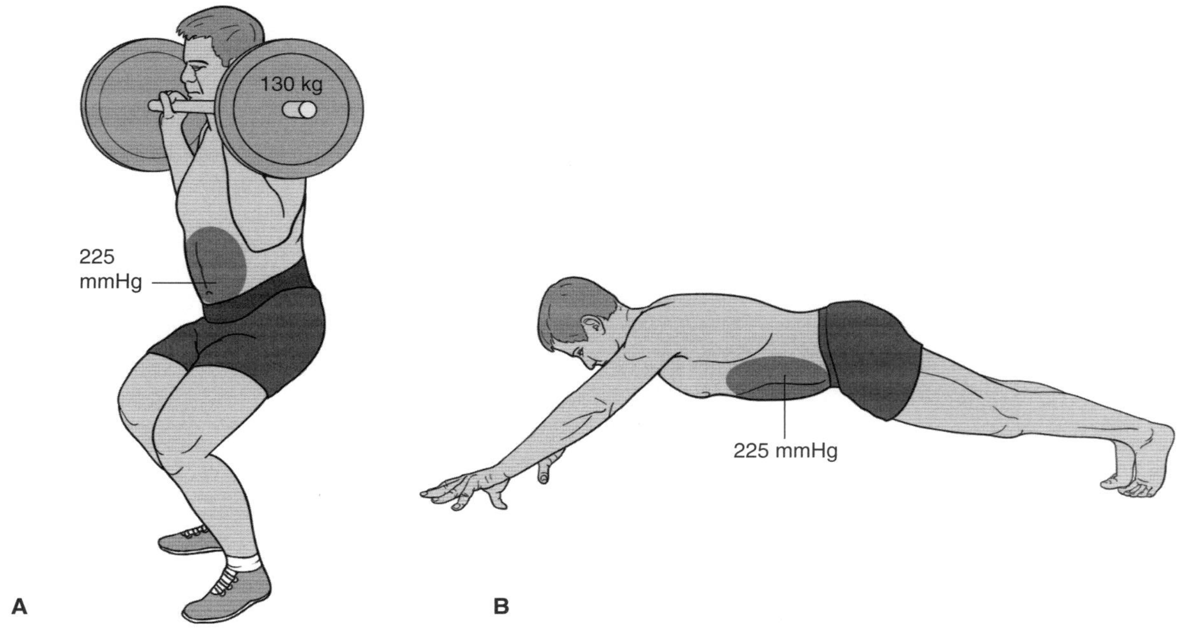

FIGURA 17.9 Papel da pressão intra-abdominal na proteção da coluna vertebral durante o levantamento. Tanto no **A.** levantamento de força de alta intensidade como no **B.** levantamento do peso corporal, pressões intra-abdominais extremas são necessárias para estabilizar a coluna vertebral.

juntamente com sua orientação de tração, acredita-se que os músculos multífidos atuem como importantes estabilizadores na coluna lombar durante os movimentos de levantamento e rotação do tronco (32).

TREINAMENTO E REABILITAÇÃO FUNCIONAIS DA REGIÃO LOMBAR

Lesões na coluna vertebral ocorrem freqüentemente. Estima-se que 80% da população geral experiencia dor lombar em algum momento de suas vidas (43). A etiologia da dor lombar não é completamente entendida; muitas vezes, é difícil identificar a fonte ou a causa de tal dor. Em muitos casos, no entanto, a dor mecânica nas costas é resultante de uma mecânica corporal falha, de hábitos posturais e de estresses repetitivos que podem ser evitados.

A **coluna neutra** é uma postura que reduz o estresse nas estruturas estáticas da coluna vertebral e minimiza o esforço muscular mediante o alinhamento ótimo dos segmentos em sua posição de repouso mais natural. A coluna neutra é alcançada encontrando-se a posição neutra da pelve. Isso se faz flexionando e estendendo a pelve até amplitudes finais, percebendo o senso dos extremos e encontrando a amplitude média, na qual há a menor quantidade de tensão na coluna vertebral. A manutenção dessa posição da coluna neutra proporciona a posição ótima das curvas vertebrais para a adequação do comprimento muscular e das posições articulares, bem como a igual distribuição das forças ao longo dos segmentos vertebrais.

Quando se levanta pesos ou se executa um levantamento funcional, diversos conceitos devem ser seguidos a fim de evitar o risco de lesões. Minimizar a distância do objeto a ser levantado mantendo-o próximo ao corpo reduz as forças de reação articular e a pressão intradiscal na coluna vertebral. Segurando-se um objeto pesado distante do corpo, o braço de alavanca é drasticamente aumentado, requerendo forças musculares mais altas para manter o equilíbrio enquanto eleva significativamente a pressão intradiscal (Fig. 17.10). Por exemplo, na execução de elevações frontais com halteres com os cotovelos estendidos, a pressão intradiscal é excessivamente alta. Simplesmente flexionando os cotovelos e mantendo os halteres mais próximos ao corpo, o braço de alavanca é reduzido, diminuindo assim as forças atuantes sobre a coluna vertebral. O papel da obesidade no desenvolvimento de problemas na região lombar também está relacionado à existência de um braço de alavanca maior agindo na região lombar quando o abdome protrai anteriormente.

Estudos demonstraram a importância de se gerarem pressões intra-abdominais altas na coluna vertebral por meio da contração dos músculos estabilizadores dos paravertebrais e abdominais no levantamento de cargas pesadas e na execução de movimentos de compressão contra uma carga de alta intensidade. A quantidade de peso bem como a velocidade em que o levantamento é executado correlacionam-se com o aumento nas pressões intra-abdominais para sustentar a coluna vertebral, reforçando a importância do papel dos músculos estabilizadores do tronco no levantamento ou nos movimentos que envolvam compressão (ver Fig. 17.9). Alguns dos levantamentos mais comuns que requerem uma estabilização adequada para reduzir o risco de lesões são o agachamento com sobrecarga e o levantamento-terra. Ao se executar um agachamento com sobrecarga ou um levantamento-terra, é importante manter a coluna vertebral em uma posição neutra, evitando o excesso de flexão ou extensão lombares durante todo o movimento, mediante o aumento da pressão intra-abdominal através da contração dos músculos estabilizadores abdominais e paravertebrais. Esse conceito de estabilização lombar através da contração muscular deve ser utilizado com qualquer tipo de treinamento de força em que a coluna vertebral careça de

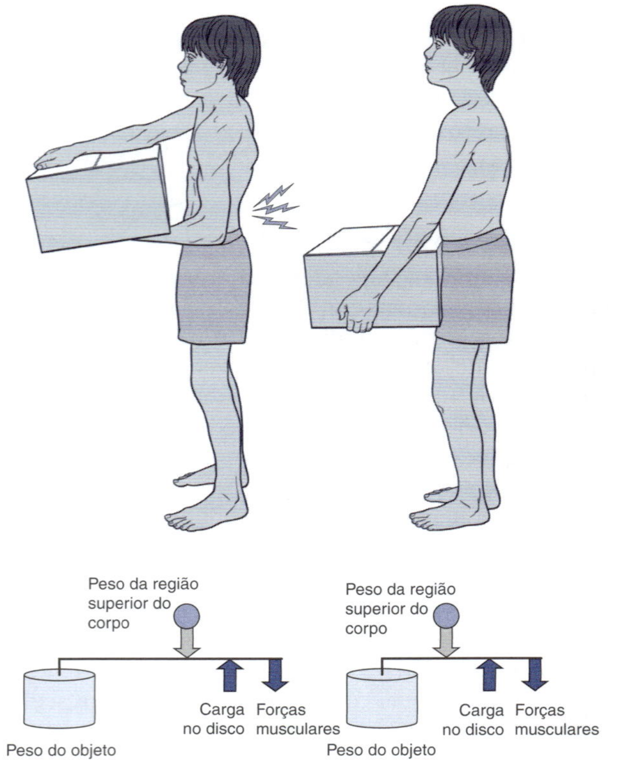

FIGURA 17.10 Mecânica de levantamento adequada. Minimizar a distância entre o objeto que está sendo levantado e o corpo reduz as forças de reação articular e a pressão intradiscal na coluna vertebral.

uma estabilização adequada; trata-se da vanguarda do treinamento de estabilização primária. O **treinamento de estabilização primária** envolve o fortalecimento dos músculos estabilizadores na região lombopélvica para geração de força e dissipação de energia adequadas para os segmentos distais da cadeia cinética.

A estabilização elementar é um conceito importante para o profissional da área de condicionamento e força em termos de desempenho e prevenção de lesões. Vários métodos apropriados podem ser utilizados para treinar a estabilização primária.

O treinamento de estabilização elementar alcançou novos níveis de popularidade dentro dos círculos de treinamento esportivo e físico, porque se tem mostrado que esse tipo de treinamento não apenas reduz o risco de lesões mediante a focalização do importante papel dos músculos estabilizadores, mas também aumenta o controle e a eficiência musculares. Métodos de levantamento tradicionais têm sido suplementados com exercícios que utilizam o treinamento elementar para melhorar o desempenho. Exercícios elementares de suplementação devem ser incluídos com exercícios de levantamento tradicionais durante os treinos diários para engajar esses músculos do tronco tão importantes. Eis alguns dos exercícios mais comuns:

1. Apoios com os pés ou as mãos em uma bola (Fig. 17.11A);
2. Supino com as costas apoiadas na bola, sem apoio nos quadris (Fig. 17.11B)
3. Abdominal invertido com os pés apoiados na bola
4. Rotação do tronco em pé ou sentado em uma bola
5. Quatro apoios com pés e mãos assimétricos
6. Abdominais isométricos em decúbito ventral
7. Ponte com os pés apoiados na bola (Fig. 17.11C,D)
8. Passadas à frente com rotação do tronco

FIGURA 17.11 Exercícios de estabilização elementar. **A.** Apoio de frente sobre uma bola suíça. **B.** Exercício de supino sobre uma bola suíça. **C.** Ponte com os pés apoiados em uma bola suíça. **D.** Flexão de quadris e joelhos com os pés apoiados em uma bola suíça.

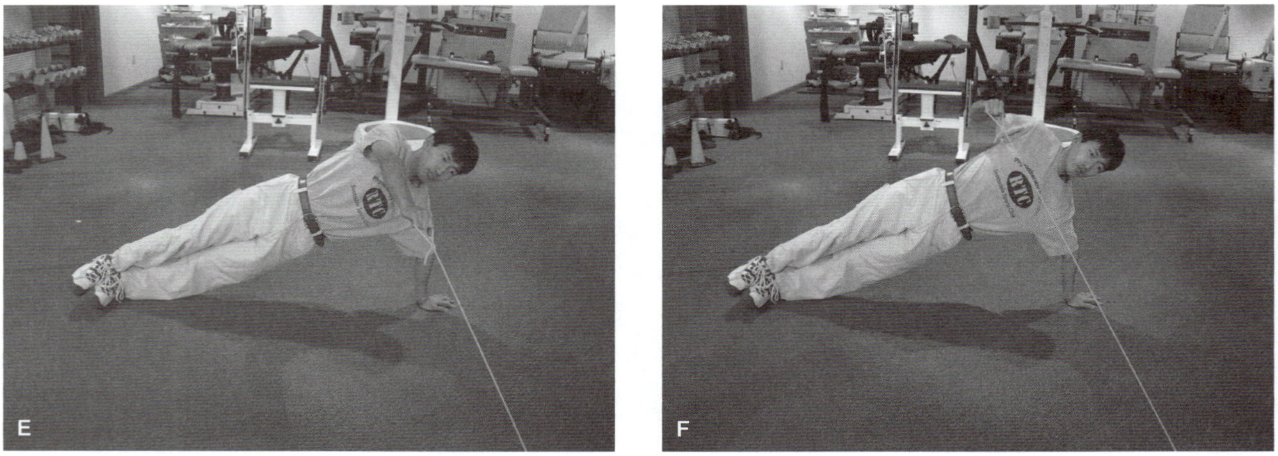

FIGURA 17.11 (continuação) Exercícios de estabilização elementar. **E.** Posição inicial de apoio unilateral com remada usando resistência elástica. **F.** Posição final da remada.

9. Deslocamento lateral com banda elástica
10. Remada em posição de apoio unilateral (Fig. 17.11E,F)

Manter uma flexibilidade adequada nos músculos da região lombar e dos membros inferiores também é muito importante devido à influência de ambos no alinhamento e no controle pélvicos. Isquiotibiais, paravertebrais ou flexores dos quadris retraídos podem, adversamente, posicionar a pelve em anteversão ou retroversão exageradas, predispondo o indivíduo a lesões ou a alterações degenerativas durante períodos mais longos. Um exemplo dessa necessidade de flexibilidade adequada pode ser demonstrado no que se denomina **ritmo lombopélvico**, que é uma divisão seqüencial do movimento entre os paravertebrais e os extensores dos quadris no ato de inclinar-se à frente para tocar as pontas dos pés. Durante o movimento de inclinação inicial, a pelve é travada pelos extensores dos quadris por aproximadamente os primeiros 60° do movimento, com este partindo dos segmentos lombares. Isso é seguido por aproximadamente 25° de movimento dos quadris, quando os músculos paravertebrais ficam mais ativos, a fim de permitir o movimento adicional para alcançar a completa inclinação à frente. A seqüência invertida ocorre com o retorno a partir da flexão completa, com a extensão lombar seguida pela extensão pélvica. As implicações são aquelas com AM ou ativação muscular inadequada em qualquer uma das áreas; lesões podem resultar de compensações do movimento devidas a um ritmo lombopélvico anormal (Fig. 17.12).

APLICAÇÃO NA REALIDADE

Postura

A dor nas costas está entre as formas mais comuns de dor e incapacidade musculoesqueléticas. Muitos casos de dor nas costas podem estar relacionados a desequilíbrios musculares; mais freqüentemente, eles são altamente corrigíveis com educação e exercícios adequados. Muitas vezes, os pacientes expressarão queixas de dor nas costas de origem indefinida ao longo do dia, sem qualquer história que explique seus sintomas. Eles demonstrarão uma flexibilidade muscular restrita e maus hábitos posturais.

A simples observação de uma pessoa em suas posturas sentada e em pé freqüentemente revela um mau alinhamento da coluna vertebral que, cumulativamente, pode levar à dor geral nas costas de que freqüentemente se queixam durante posturas prolongadas estáticas. Algumas das posturas habituais mais comuns que podem ser observadas são a postura sentada sacral ou "curvada" e uma postura da cabeça e dos ombros projetados à frente.

A influência da flexibilidade muscular na dor lombar é considerável. Na coluna lombar, o comprimento restrito dos isquiotibiais e dos flexores dos quadris pode ter um impacto tremendo na dor lombar devido à ligação desses músculos à pelve e à coluna lombar. Um comprimento inadequado dos isquiotibiais causará mais movimento e estresse nos discos intervertebrais lombares com a pelve em uma postura mais posterior ou cifótica. Com os flexores dos quadris retraídos, a coluna vertebral está em uma postura mais arqueada ou lordótica, o que causa maior alongamento e enfraquecimento dos abdominais, bem como comprimindo as facetas da coluna vertebral.

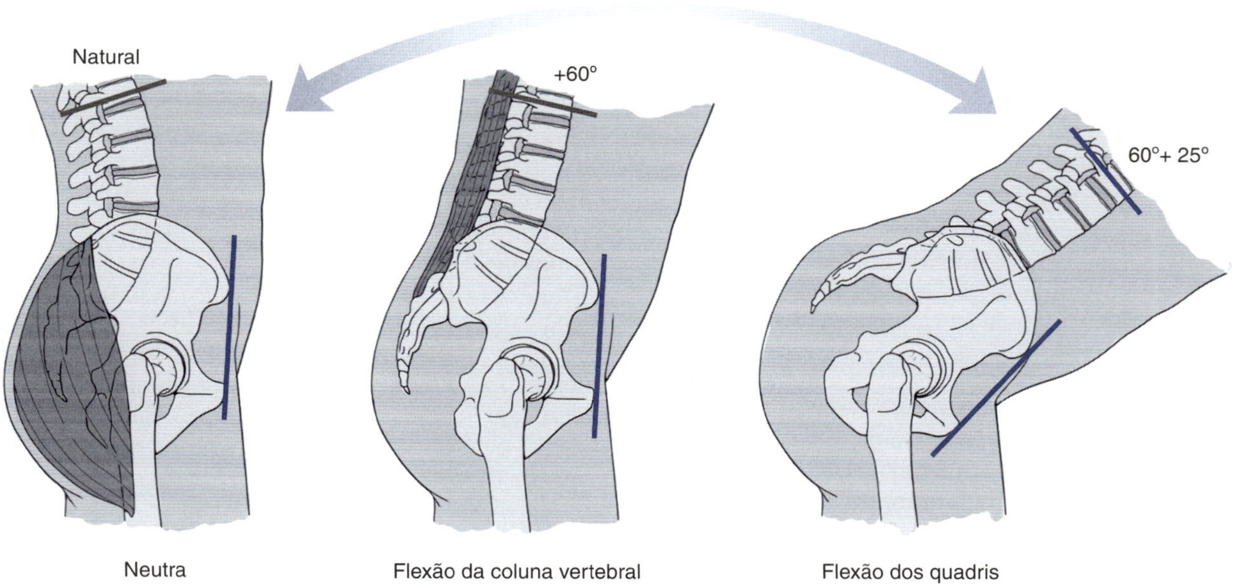

FIGURA 17.12 Atividade muscular na inclinação à frente. A inclinação à frente é um movimento em duas partes que envolve a coluna vertebral e a pelve. A primeira parte envolve os primeiros 60° de movimento; e a segunda parte, mais 25° de flexão do tronco à frente.

RESUMO

A prevenção e a reabilitação de lesões envolvem um esforço coordenado de vários profissionais da saúde. Os profissionais da área de condicionamento e força devem estar cientes do estresse imposto aos tecidos do corpo, durante exercícios de fortalecimento, para minimizar o risco de lesões. Quando ocorrer dor ou lesão, a atividade precisa ser modificada, e deve-se fazer o encaminhamento a um profissional da saúde apropriado conforme a necessidade. A comunicação entre os profissionais da medicina do esporte é vital ao se fazer a transição de um atleta de um programa de reabilitação supervisionado para um retorno a um programa esportivo intervalado e, por fim, a um programa de condicionamento independente. A condução de avaliações físicas pré-participação, a identificação de déficits de força e resistência musculares, o conhecimento dos mecanismos articulares e corporais durante exercícios de fortalecimento e a adequada progressão de atividades são maneiras de minimizar o risco de lesões e maximizar o rendimento esportivo.

QUESTÕES TÉCNICAS

1. Um jogador de basquetebol em uma escola rural de ensino médio sofreu uma entorse de tornozelo. Não há nenhum profissional da saúde presente no momento da lesão. Que ações devem ser tomadas?
2. Que músculos devem ser trabalhados pelos exercícios em um programa de estabilização elementar?

EXEMPLO DE CASO

Membros superiores

HISTÓRICO

Um atleta recreacional tem como meta retornar a um programa de levantamento de peso para aptidão física geral. Ele afirma que, cinco anos atrás, submeteu-se a uma cirurgia de ombro devida a uma longa história de tendinites no ombro que começou quando estava na faculdade jogando beisebol. Ele não tem idéia do tipo de levantamento que deve exe-

(continua)

cutar para a região superior do corpo, mas se sente muito fraco e deseja aumentar seus níveis de força e aptidão física geral.

RECOMENDAÇÕES/CONSIDERAÇÕES

Considerando que esse atleta descreve lesões anteriores, você precisará ter certeza de que ele não está mais sob os cuidados de um profissional médico nem tem nenhuma restrição de atividade por parte de seu médico. Dada a história de lesão e cirurgia de ombro desse indivíduo, deve-se tomar muito cuidado ao expô-lo aos estresses das manobras de levantamento tradicionais para os membros superiores. Modificações nas recomendações de levantamento típicas devem ser consideradas. Um formato de baixa resistência e elevado número de repetições deve ser utilizado inicialmente para minimizar o risco de lesões, além de modificações nas amplitudes e nos padrões de movimento utilizados no levantamento (discutidos neste capítulo).

IMPLEMENTAÇÃO

Esse indivíduo foi colocado em um programa de duas vezes por semana, inicialmente com uma carga de 15 RMs (uma carga que pode ser levantada 15 vezes mas não 16) e um paradigma de treinamento de séries múltiplas. Utilizaram modificações para o supino (somente AM parcial na fase descendente) e a puxada lateral (somente à frente do corpo); roscas tríceps foram usadas no lugar de pullovers ou mergulhos. Adicionalmente, ele foi educado sobre a importância do programa de baixa resistência e número elevado de repetições, e seu valor na promoção da resistência muscular local. Exercícios de remada e para o manguito rotador também foram realizados para garantir o desenvolvimento do equilíbrio muscular.

RESULTADOS

Esse atleta foi capaz de retornar a um programa de levantamento de peso para a região superior do corpo sem a ocorrência de novas lesões graças à utilização de um programa de treinamento de força anatomicamente seguro. Isso lhe permitiu obter os importantes benefícios do treinamento de força sem os estresses e as sobrecargas típicos, inerentes a muitos padrões de levantamento tradicionais.

REFERÊNCIAS

1. American College of Sports Medicine. Current Comment, Preparticipation Physical Examinations. Indianapolis, IN: ACSM, 1999.
2. American Physical Therapy Association. Guide to Physical Therapist Practice. 2nd ed. Alexandria VA: American Physical Therapy Association, 2001.
3. Avela J, Kyrolainen H, Komi PV. Altered reflex sensitivity after repeated and prolonged passive muscle stretching. J Appl Physiol 1999;86:1283–1291.
4. Ballantyne BT, O'Hare SJ, Paschall JL, et al. Electromyographic activity of selected shoulder muscles in commonly used therapeutic exercises. Phys Ther 1993; 73;668.
5. Beynnon BD, Ryder SH, Konradsen L, et al. Effect of anterior cruciate ligament trauma and bracing on knee proprioception. Am J Sports Med 1999;27:2:150–155.
6. Blackburn TA, McLeod WD, White B, et al. EMG analysis of posterior rotator cuff exercises. Athl Train 1990;25:40.
7. Brindle T, Nyland J, Johnson DL. The meniscus: review of basic principles with application to surgery and rehabilitation. J Athl Train 2001;36(2):160–169.
8. Burkhart SS, Morgan CD, Kibler WB. The disabled throwing shoulder: spectrum of pathology: Part I. Pathoanatomy and biomechanics. Arthroscopy 2003; 19(4):404–420.
9. Chandler TJ, Kibler WB, Stracener EC, et al. Shoulder strength, power, and endurance in college tennis players. Am J Sports Med 1992;20:455–458.
10. Codman EA. The Shoulder, Boston: privately printed, 1934.
11. Cotton RE, Rideout DF. Tears of the humeral rotator cuff: a radiological and pathological necropsy survey. J Bone Joint Surg 1964;46B:314.
12. Davies GJ. A Compendium of Isokinetics in Clinical Usage and Rehabilitation Techniques. 4th ed. Onalaska, WI: S and S Publishers, 1992.
13. Davies GJ, Heidersceit BC, Clark M. Open kinetic chain assessment and rehabilitation. Athl Train Sports Health Care Perspect 1995;1(4):347–370.
14. Davies GJ, Manske RC, Slamma K, et al. Selective activation of the vastus medialis oblique: what does the literature really tell us? Physiother Canada 2001;100–115.
15. DeCarlo M, Klootwyk T, Oneacre K. Anterior cruciate ligament. In: Ellenbecker TS, ed. Knee Ligament Rehabilitation. Philadelphia: Churchill Livingstone, 2000.
16. Ellenbecker TS. Clinical Examination of the Shoulder. Philadelphia: Saunders, 2004.
17. Ellenbecker TS. Rehabilitation of shoulder and elbow injuries in tennis players. Clin Sports Med 1995;14(1): 87–109.
18. Ellenbecker TS. Shoulder internal and external rotation strength and range of motion in highly skilled tennis players. Isokinet Exerc Sci 1992;2:1–8.
19. Ellenbecker TS, Davies GJ. The application of isokinetics in testing and rehabilitation of the shoulder complex. J Athl Train 2000;35(3):338–350.
20. Ellenbecker TS, Roetert EP. Age specific isokinetic glenohumeral internal and external rotation strength in elite junior tennis players. J Sci Med Sport 2003;6(1):63–70.

21. Fulcher SM, Kiefhaber TR, Stern PJ. Upper-extremity tendinitis and overuse syndromes in the athlete. Clin Sports Med 1998;17:3:433–448.
22. Fulkerson JP. Diagnosis and treatment of patients with patellofemoral pain. Am J Sports Med 2002;30(3): 447–456.
23. Gross ML, Brenner SL, Esformes I, Sonzogni JJ. Anterior shoulder instability in weight lifters. Am J Sports Med 1993;21(4):599–603.
24. Inman VT, Saunders JB, Abbott LC. Observations on the function of the shoulder joint. J Bone Joint Surg 1944; 26(1):1–30.
25. Ireland ML, Willson JD, Ballantyne BT, Davis IM. Hip strength in females with and without patellofemoral pain. J Orthop Sports Phys Ther 2002;33(11):671–676.
26. Jobe FW, Kivitne RS. Shoulder pain in the overhand or throwing athlete. Orthop Rev 1989;18:963–975.
27. Kibler WB. The role of the scapula in athletic shoulder function. Am J Sports Med 1998;26(2):325–337.
28. Knight KL. Cryotherapy in Sports Injury Management. Champaign IL: Human Kinetics, 1995.
29. Kokkonen J, Nelson A, Cornwell A. Acute muscle stretching inhibits maximal strength performance. Res Q Exerc Sport 1998;69(4):411–415.
30. Kraushaar BS, Nirschl RP. Tendonosis of the elbow (tennis elbow): Clinical features and findings of histological, immunohistochemical, and electron microscopy studies. J Bone Joint Surg 1999;81-A(2):259–278.
31. Lephart SM, Pincivero DM, Giraldo JL, et al. The role of proprioception in the management and rehabilitation of athletic injuries. Am J Sports Med 1997;25:130–137.
32. Macdonald DA, Lorimer Moseley G, Hodges PW. The lumbar multifidus: does the evidence support clinical beliefs? Man Ther 2006;11:254–263. PMID: 16716640 [PubMedóas supplied by publisher].
33. Marshall RN, Elliott BC. Long-axis rotation: the missing link in proximal to distal sequencing. J Sports Sci 2000; 18:247–254.
34. Marx RG, Sperling JW, Cordasco FA., Overuse injuries of the upper extremity in tennis players. Clin Sports Med 2001;20(3):439–451.
35. Moseley JB, Jobe FW, Pink M. EMG analysis of the scapular muscles during a shoulder rehabilitation program. Am J Sports Med 1992;20:128–134.
36. Mosesson MW. Fibrinogen and fibrin structure and functions. J Thromb Haemost 2005:8:1894–1904.
37. National Athletic Trainersí Association. Athletic Training Educational Competencies. 3rd ed. Dallas: National Athletic Trainersí Association, 1999.
38. Neer CS. Anterior acromioplasty for the chronic impingement syndrome in the shoulder. J Bone Joint Surgery (Am) 1972;54A:41–50.
39. Neitzel JA, Kernozek TW, Davies GJ. Loading response following anterior cruciate ligament reconstruction during the parallel squat exercise. Clin Biomech 2002;7(7): 551–554.
40. Nirschl RP, Sobel J. Conservative treatment of tennis elbow. Phys Sports Med 1981;9:43–54.
41. Noffal GJ. Isokinetic eccentric-to-concentric strength ratios of the shoulder rotator muscles in throwers and nonthrowers. Am J Sports Med 2003;31(4):537–541.
42. Nyland J, Nolan MF. Therapeutic modality: rehabilitation of the injured athlete. Clin Sports Med 2004;23(2): 299–313, vii.
43. Richardson JK, Iglarsh, A. Clinical Orthopaedic Physical Therapy. Philadelphia: Saunders, 1994.
44. Saha AK: Mechanism of shoulder movements and a plea for the recognition of ìzero positionî of glenohumeral joint. Clin Orthop 1983;173:3–10.
45. Taylor J, Stone R, Mullin MJ, et al. Comprehensive Sports Injury Management: From Examination Of Injury to Return to Sport. 2nd ed. Austin: PRO-ED, 2003.
46. Townsend H, Jobe FW, Pink M, et al. Electomyographic analysis of the glenohumeral muscles during a baseball rehabilitation program. Am J Sports Med 1991;19: 264–272.
47. Wallace DA, Salem GJ, Salinas R, et al. Patellofemoral joint kinetics while squatting with and without an external load. J Orthop Sports Phys Ther April 2002; 32:4;141–148.
48. White AA, Panjabi MM. Clinical Biomechanics of the Spine. 2nd ed. Philadelphia: Lippincott, 1990.
49. Wilk KE, Arrigo CA. Interval sport programs for the shoulder. In: Andrews JR, Wilk KE, eds. The Athleteís Shoulder, New York: Churchill Livingstone, 1994.
50. Wilk KE, Davies GJ, Mangine RE, et al. Patellofemoral disorders: a classification system and clinical guidelines for nonoperative rehabilitation. J Orthop Sports Phys Ther 1998;28(5):307–322.

CAPÍTULO

18

Recursos ergogênicos

JOSÉ ANTONIO
TIM ZIEGENFUSS
RON MENDEL

Introdução

Recursos ergogênicos são substâncias (incluindo nutrientes, suplementos nutricionais e drogas) que aumentam o rendimento atlético. Os recursos ergogênicos nutricionais incluem substâncias que contêm gorduras, carboidratos, proteínas, vitaminas e/ou minerais. Gorduras, carboidratos e proteínas fornecem energia (calorias) para a produção de trifosfato de adenosina (ATP). As vitaminas e os minerais regulam as rotas metabólicas para a produção de energia. Os suplementos nutricionais são nutrientes em uma forma concentrada. As drogas podem ter um efeito sobre a função celular que pode, direta ou indiretamente, aumentar o rendimento.

Numerosas substâncias têm sido estudadas em busca do aumento do rendimento. As condições sob as quais uma substância pode ter um efeito positivo variam dependendo da demanda metabólica do exercício, bem como de condições ambientais. A lista de recursos ergogênicos que não funcionam seria interminável. Este capítulo aborda os diversos recursos ergogênicos que apresentam efeitos positivos em condições específicas.

AMINOÁCIDOS DE CADEIA RAMIFICADA (BCAAs)

Aminoácidos são blocos constituintes das proteínas. Os aminoácidos leucina, isoleucina e valina são coletivamente conhecidos como **aminoácidos de cadeia ramificada** (BCAAs). A suplementação com BCAAs parece não aumentar o rendimento de exercícios de curta duração, mas pode reduzir a degradação muscular durante condições clínicas de debilitação (p. ex., falta de alimentos, pós-cirúrgico, queimaduras, etc.) e períodos de exercício prolongados (13,88,111). De acordo com a "hipótese da fadiga central", durante o exercício prolongado, os níveis plasmáticos de BCAAs diminuem, e os níveis de ácidos graxos aumentam. O aumento dos ácidos graxos causa um aumento nos níveis de triptofano livre, que é precursor de serotonina, um neurotransmissor que promove sensações de sonolência e depressão. Em outras palavras, a redução dos BCAAs durante o exercício prolongado pode, em teoria, aumentar o esforço mental necessário para a execução. O uso de BCAAs como recurso ergogênico pode atenuar o aumento da serotonina, assim reduzindo a percepção do esforço e a fadiga mental durante o exercício prolongado (13-15). Embora exista alguma evidência para esses efeitos durante o ciclismo, a maratona e provas contra-relógio, um número igual de estudos não demonstra efeitos da suplementação de BCAAs. Devido aos mínimos efeitos colaterais dos BCAAs, competidores de eventos com duração superior a duas horas, especialmente eventos no calor, podem preferir repetidas doses líquidas de BCAAs. Uma estratégia que tem promovido efeitos positivos é a ingesta total de 5 a 10 g de BCAAs dissolvidos em 1 L de fluido (p. ex., beber 150 mL da solução a cada 10-20 minutos) (16, 74).

Homens e mulheres que ingerem aproximadamente de 10 a 15 g de BCAAs por dia (5 a 7 g de leucina, 3 a 4 g de isoleucina e 3 a 4 g de valina), por pelo menos 30 dias, aumentaram suas massas corporais mais do que os controles (27,96). Um dos mecanismos destacados por trás desses efeitos parece ser a habilidade dos BCAAs em aumentar a síntese protéica durante a recuperação ao exercício de força (74).

Um aspecto interessante dos BCAAs que foi recentemente explorado é o seu potencial efeito sobre a perda de peso. Durante uma dieta moderada de proteína (1,5 g/kg de peso corporal por dia), baixa em carboidrato (100 a 200 g/dia), o consumo aumentado de BCAAs (especialmente a leucina) parece ter um efeito positivo sobre a síntese de proteína muscular, a sinalização da insulina e a economia no uso de glicose pelo estímulo do ciclo glicose-alanina. Isso leva a uma maior perda de gordura e a uma maior economia de tecido magro comparado com uma dieta isoenergética com alto teor de carboidrato (83). Pesquisas adicionais dos efeitos dos BCAAs sobre alterações na composição corporal são necessárias.

Os BCAAs podem ter efeitos ergogênicos positivos relacionados ao seu efeito anticatabólico; porém, doses grandes devem ser consumidas para se alcançar esse efeito.

CAFEÍNA

A **cafeína** é um alcalóide amargo ($C_8H_{10}N_4O_2$) freqüentemente derivado de chá ou café. Existe um grande número de pesquisas disponíveis sobre a cafeína. Talvez a droga mais comumente consumida nos Estados Unidos, a cafeína é um efetivo recurso ergogênico. Pode promover lipólise (1,6,30,61,69,71,115,127,170), estimula o sistema nervoso central (19,29,41,72,87,97,126) e atua como recurso de melhora de rendimento em muitos tipos de atividades atléticas (7-10, 33,34,38,41,42, 65,70,95,107,138). Tanto homens idosos (65 a 80 anos de idade) quanto jovens (19 a 26 anos de idade) apresentam uma resposta termogênica similar à ingesta de cafeína. Homens idosos, no entanto, apresentam um menor aumento na disponibilidade de ácidos graxos após a ingesta de cafeína (6). A ingesta de cafeína tem demonstrado estimular tanto a lipólise quanto o gasto energético (1). Não está claro se o efeito lipolítico da cafeína está associado a um aumento na oxidação de lipídeos ou meramente a um efeito cíclico entre triglicerídeos e ácidos graxos livres (AGL). Da mesma forma, não se sabe se os efeitos da cafeína são mediados via sistema nervoso simpático.

A cafeína também pode atuar como um potente recurso ergogênico. A cafeína foi removida da lista de substâncias proibidas da Agência Mundial Antidoping (AMA) (169). A ingesta de cafeína (5 mg/kg de peso corporal) pode aumentar significativamente o tempo até a exaustão (9). A ingesta de cafeína também pode melhorar a potência anaeróbia máxima (2) e a performance de tiros na natação em nadadores treinados (32). A Tabela 18.1 lista o conteúdo de cafeína em várias bebidas.

Um grande volume de dados comprova os efeitos ergogênicos da cafeína, bem como suas propriedades termogênicas.

TABELA 18.1 Conteúdo de cafeína de vários produtos (91, 129)

Produto	Volume (mL)	Miligramas de cafeína
Café do Starbucks	355	375
Red Bull	355	120
Mountain Dew	355	55
Coca Diet	355	45
Dr. Pepper	355	41
Sunkist Laranja	355	41
Expresso do Starbucks	355	35
Coca-cola	355	34
Chá Gelado Nestea Adoçado	355	26
Cerveja Barqs Root	355	22
Chocolate Quente	355	8

COLOSTRO

O **colostro** é um componente do leite materno ou do leite de vaca encontrado em elevadas concentrações dois a três dias após o parto. É uma rica fonte de proteínas, anticorpos e fatores de crescimento. Diversos estudos demonstram um efeito ergogênico da suplementação de colostro (4,21-24,35,62,75). Tal suplementação (20 g/por dia durante oito semanas), combinada com treinamento aeróbio e treinamento de força de alta intensidade, aumenta significativamente a massa corporal livre de tecido ósseo (aumento médio de 1,49 kg) comparada à proteína do soro do leite (4).

Uma outra investigação demonstrou o potencial efeito ergogênico da suplementação de colostro comparando os efeitos do colostro bovino e da proteína do soro do leite em pó. Utilizando um desenho randomizado, duplo-cego, placebo-controlado, 51 homens completaram oito semanas de treinamento de força e pliométrico enquanto consumiam 60 g/dia de colostro bovino ou proteína do soro do leite concentrada. Na oitava semana, o pico de potência de salto vertical e o pico de potência de pedalada estavam significativamente maiores no grupo colostro e menores no grupo proteína do soro do leite. Interessantemente, não houve diferença entre os grupos em relação à capacidade anaeróbia alática de trabalho, à produção de força máxima (1 RM) ou ao fator de crescimento semelhante à insulina 1 plasmático (IGF-1) (24).

Dados de suplementação de colostro suportam doses de 20 a 60 g para acentuar o rendimento bem como para promover ganhos de massa corporal magra.

CREATINA

A **creatina** é um composto nitrogenado de ocorrência natural produzido no fígado, nos rins e no pâncreas, derivado dos aminoácidos arginina, glicina e metionina. A creatina é encontrada em grandes quantidades nas carnes vermelha, de peixe e de frango. Na realidade, adultos e adolescentes que consomem regularmente esses alimentos tipicamente ingerem de 1 a 2 g de creatina por dia, uma quantidade igual a sua taxa de excreção pelos rins, onde a creatina é convertida em creatinina. Vegetarianos que não consomem carne vermelha ou de peixe apresentam estoques reduzidos de creatina. Interessantemente, quando essas pessoas ingerem a creatina, elas a retêm mais (em comparação com não-vegetarianos), sugerindo que a creatina pode, na verdade, ser essencial em uma dieta normal. Em um homem adulto de 70 kg, em torno de 120 g de creatina são encontradas no corpo, sendo 95% no músculo esquelético (145).

Há na literatura fartas demonstrações das propriedades ergogênicas da creatina (44,45,49-55,77, 80,81,136,137,139,140,143,144,154,155,157,160, 162). O que se segue não representa uma ampla discussão sobre a creatina; no entanto, oferece ao leitor uma visão parcial sobre esse efetivo recurso de rendimento.

Sobre a ingesta, a creatina é absorvida na corrente sangüínea pelo intestino delgado e atinge níveis de pico 60 a 90 minutos depois (145). Acredita-se que a creatina tenha pelo menos quatro funções vitais:

1. Estocar energia, que pode ser usada para regenerar ATP.
2. Acentuar a transferência de energia entre as mitocôndrias e as fibras musculares.
3. Servir como um tampão contra a acidose intracelular durante o exercício;
4. Estimular a glicogenólise (quebra do glicogênio) durante o exercício.

Coletivamente, esses efeitos enfatizam o papel central da creatina no metabolismo energético e explicam por que essa substância tem sido tópico intenso de estudos (77,154).

Uma analogia comum usada pelos cientistas do exercício é que a creatina é para o halterofilista/velocista o que o carboidrato é para o corredor de distância. Das coletas bem-controladas sobre creatina em humanos, em torno de dois terços demonstram os benefícios do seu uso. Dependendo do nível inicial de aptidão física do sujeito, os benefícios incluem:

- Aumento da força dinâmica e potência (aproximadamente de 5 a 15%)
- Aumento do peso corporal e massa corporal magra (aproximadamente de 2 a 5%)
- Aumento no rendimento de *sprints* (aproximadamente de 1 a 5%)

Apenas três dias de suplementação de creatina (0,35 g/kg de massa livre de gordura) podem aumentar o volume dos músculos da coxa e acentuar o rendimento de *sprints* de ciclismo em atletas de elite, com o efeito maior em mulheres quando os *sprints* são repetidos (171). A suplementação de creatina em conjunto com exercício de força de alta intensidade aumenta a massa corporal total, massa livre de gordura, volume da coxa, força muscular e proteínas miofibrilares (164,165).

Em geral a creatina é considerada benéfica para atletas de levantamento de peso e atletas envolvidos em esportes que requerem curtas e repetidas sessões de elevada potência (p. ex., luta livre, remo, corridas de velocidade/natação/ciclismo, futebol, voleibol, hóquei de grama/gelo, lacrosse). Adicionalmente, um número crescente de evidências aponta para os benefícios médicos e para a saúde da administração oral de creatina monoidratada. Momentaneamente, a suplementação de creatina pode reduzir a progressão de doença no neurônio motor em modelo animal (66) e melhorar várias condições, tais como encefalomiopatia mitocondrial (76); a creatina pode também proteger contra degeneração em esclerose amiotrófica lateral, doença de Huntington e neurotoxidade quimicamente mediada (142). A creatina pode proteger o cérebro imaturo de dano por hipoxia isquêmica (11). Da mesma forma, a suplementação de creatina tem um "efeito significativamente positivo na memória de trabalho (memória de curta duração) e na inteligência" (Matrizes Progressivas Avançadas de Raven) (117). A suplementação de creatina tem aplicações que vão além do meio atlético. Os benefícios relacionados à saúde podem realmente ser uma área de pesquisa potencial no futuro.

Quais são os riscos potenciais (efeitos colaterais) do uso da creatina? O único efeito colateral registrado em humanos é o ganho de peso. Apesar de haver alguns dados reportados na mídia sobre uma relação entre creatina e cãibras musculares, desidratação/hipertermia, distúrbios de rins/fígado, esses efeitos não foram documentados por pesquisas independentes. Ao contrário, estudos têm reportado ou a ausência de efeitos (sobre as funções de rins/fígado ou cansaço musculotendíneo) ou uma resposta aumentada com o uso de creatina (reduzida incidência de cãibras/espasmos musculares) (158). Em um estudo com 98 atletas, a suplementação de longa duração de creatina (mais do que 21 meses) não afetou adversamente 69 itens do soro, sangue total e marcadores urinários clínicos do estado de saúde (80).

Um mito bem difundido estabelece que a suplementação de creatina é perigosa para os rins. Este, claramente, não é o caso. Nem a suplementação de curto, médio e longo prazos causa efeitos sobre a saúde dos rins em indivíduos saudáveis (112). Em um posicionamento publicado na internet, uma comparação de 28 distribuidores de creatina revelou que mais da metade vendia produtos contendo contaminações. No total, a pureza de cada produto era em média de 90%, com consideráveis diferenças na quantidade de potenciais impurezas tóxicas. Atletas que pretendem usar a creatina devem tomar as seguintes precauções:

1. Ingerir de 20 a 30 g nos primeiros 5-7 dias e depois ingerir 5 g/dia; após, ingerir apenas 3-5 g diariamente.
2. Estabelecer ciclos de uso (4 a 8 semanas) e não-uso (4 semanas).
3. Comprar o produto de marcas que tenham boa reputação e que ofereçam "certificado de análise" incluindo as seguintes informações:

- Aparência (deve ser de branca a creme escuro)
- Composição (deve ser pelo menos 95% creatina)
- O teor de umidade deve ser menor ou igual a 12,5%
- Resíduos de ignição (deve ser menor ou igual a 1%)
- Contaminação microbial/patogênica (deve ser negativa para *Escherichia coli, Staphylococcus aureus* e *Salmonella*)
- Fermentos e bolores (deve ser menor do que 50/g)
- Venenos/metais pesados (deve ser menor do que 10 ppm para chumbo e mercúrio)
- Outros contaminantes (deve ser menor do que 3 ppm para arsênico, 30 ppm dicianodiamida e não-detectável para dihidrotriasina)

Talvez o recurso ergogênico mais estudado, a creatina, usada para a suplementação regular, tem demonstrado aumentar a massa musculoesquelética e o tamanho da fibra muscular, além do aumento no rendimento de exercícios anaeróbios. Não existem evidências disponíveis de que a suplementação regular de creatina seja perigosa para a saúde dos indivíduos.

AMINOÁCIDOS ESSENCIAIS

Dos 20 aminoácidos utilizados para formar proteínas, oito são considerados **aminoácidos essenciais (AAEs)**. Pelo fato de o seu corpo não produzi-los, você precisa consumi-los na sua dieta. Um crescente volume de literatura demonstra a eficácia da suplementação de aminoácidos essenciais em acentuar o rendimento físico (3,18,26,47,93,109,146,148,149,167,168). A resposta anabólica ao consumo de um coquetel contendo AAE mais carboidrato (AEC) antes *versus* depois de exercício de força de alta intensidade foi estudada (148). Seis sujeitos saudáveis (três homens e três mulheres; idade média de 30,2 anos, estatura 1,71 m, peso 66 kg) consumiram o AEC (6 g de AAE mais 35 g de sacarose em 500 mL de água) imediatamente antes ou depois do exercício (em ordem randomizada). A sessão de exercício consistiu de 10 séries de oito repetições de pressão de pernas (80% de 1 RM) e oito séries de oito repetições de extensão de joelho (80% de 1 RM). O período de intervalo foi em torno de dois minutos, contabilizando um tempo total de exercício de 45 minutos aproximadamente. Os investigadores examinaram o consumo de fenilalanina ao longo da perna como uma medida de crescimento muscular protéico. Durante um período de três horas, ingerir AEC antes do exercício resultou em um consumo líquido de fenilalanina 160% maior do que quando AEC foi ingerido depois do exercício. Além disso, um trabalho do mesmo laboratório encontrou que aminoácidos não-essenciais não são requeridos para estimular a síntese protéica. Por fim, existe um efeito dose-dependente da ingesta de AAE sobre a síntese protéica (18). Assim, uma dose relativamente pequena (6 g) de AAE pode conferir uma resposta anabólica significativa.

Os aminoácidos essenciais desempenham um papel importante na promoção do anabolismo do músculo esquelético.

GLUCOSAMINA

A **glucosamina** é uma combinação de glutamina e glicose (amino polissacarídeo). Após o consumo oral de glucosamina, ela é incorporada a moléculas chamadas proteoglicanos, que são partes das cartilagens articulares. Ela ajuda a manter a integridade das articulações bem como a reparar danos na cartilagem. A glucosamina pode também estimular os condrócitos, ou cartilagens produtoras de células, para produção de nova cartilagem. O consumo regular de glucosamina pode aliviar os sinais e sintomas de osteoartrite (OA). A suplementação com glucosamina pode promover certo grau de alívio da dor e melhora na função de pessoas com dor regular nos joelhos, a qual pode ser causada por lesão prévia na cartilagem e/ou OA. Em doses de 2.000 mg/dia, muitas das melhoras observadas ocorrem dentro de oito semanas (20). Uma meta-análise examinou ensaios clínicos com glucosamina de janeiro de 1980 a março de 2002. Esse estudo demonstrou que a glucosamina (sozinha ou em combinação com sulfato de condroitina) reduziu a dor e o dano na articulação do joelho. Não foram observadas diferenças em efeitos adversos entre placebo e glucosamina, indicando que a suplementação parece ser segura (122).

Suplementação regular de glucosamina pode reduzir os sintomas associados a OA.

GLUTAMINA

A **glutamina** é o mais puro aminoácido não-essencial no corpo humano, particularmente no plasma e no músculo esquelético, e tem numerosas funções fisiológicas (78). Embora o corpo possa sintetizar glutamina, ela se torna condicionalmente um aminoácido essencial em casos de traumas tais como cirurgias. Até mesmo um trabalho intenso ou múltiplas séries intensas que levam ao sobretreinamento são causas para reduzir os níveis de glutamina. Entre outras coisas, a glutamina atua como regulador do volume celular (121), agente anti-catabólico e "construtor intestinal"; suas funções mais definidas são como construtor de músculos pelo estímulo da síntese protéica (119,120) e estimulador imunológico. A glutamina tem sido largamente utilizada por halterofilistas por sua potencial função de construção muscular. Tem sido demonstrado que a glutamina não apenas aumenta a síntese protéica mas também estimula a síntese de glicogênio (150). Embora mais pesquisas sejam necessárias, existem dados limitados para suportar sua habilidade em aumentar a hidratação e estimular a síntese protéica (5,78), levando a aumentos de força e massa muscular.

Evidências clínicas do uso exógeno de suplementação de glutamina em pacientes com doenças crônicas para a manutenção da massa muscular e função imu-

Pergunta e resposta da área

Estou preocupada com meu namorado. Ele quer levantar pesos todos os dias e está sempre se olhando no espelho e contraindo seus músculos. Além disso, passa horas levantando pesos, embora seus músculos sejam extremamente bem-desenvolvidos. Ele está utilizando diversos suplementos diferentes. O que é dismorfia muscular e como posso ajudá-lo caso ele tenha isso?

Deixe-me apresentar um exemplo. Joe, um homem de 1,80 m de altura, com músculos extremamente bem hipertrofiados, caminha em direção ao *rack* para agachamento, com concentração. Ele freqüenta a academia regularmente e é admirado pelo seu peitoral bem desenvolvido, costas muito largas, braços que parecem estar desconfortavelmente metros à frente do seu corpo, além de potentes quadríceps. Mesmo com 120 Kg, Joe sente-se mirrado. Ele é envergonhado, pois percebe ter um corpo subdesenvolvido, e atormentado pelo medo de perder seus músculos se não se exercitar por horas diariamente e seguir a rigorosa dieta para crescimento muscular. Sua cozinha é repleta de potes de proteína em pó, armários cheios de suplementos preparados para os músculos crescerem e uma balança para pesar tudo, mas Joe ainda está desgostoso com o seu corpo.

Joe sofre de **dismorfia muscular**, uma preocupação com sua imagem corporal e a sensação de que seu corpo não é musculoso o suficiente. Como muitos outros homens que sofrem desse distúrbio, Joe na verdade tem um físico musculoso e bem definido (57,58,84,106,108,113,114). Devido a sua evidente similaridade com outras distorções da imagem corporal, a dismorfia muscular tem sido referida como "anorexia reversa" ou "bigorexia" e é considerada um tipo de transtorno dismórfico corporal visto primeiramente em homens. Não surpreende que um indivíduo com dismorfia corporal use muitos suplementos para ajudá-lo a atingir seus objetivos.

Homens que sofrem de dismorfia muscular freqüentemente levantam pesos por horas, prestam atenção meticulosa em sua dieta, usam vários recursos ergogênicos, freqüentemente conferem seus corpos no espelho e podem levar mais de cinco horas diárias preocupados com suas musculaturas. Como aqueles que sofrem de anorexia ou de outro transtorno de imagem corporal, esses indivíduos estão freqüentemente em depressão e podem também apresentar ansiedade, especialmente pensando em algo que atrapalhe seus treinos ou dieta.

Não se sabe quantos homens sofrem de dismorfia muscular, pois estudos em larga escala não foram conduzidos. Além disso, a etiologia da dismorfia muscular não está clara, embora muitas teorias tenham sido apresentadas; pesquisadores acreditam que isso possa seguir um modelo psicossocial com fundamento biológico ou predisposição genética combinada com influências sociais. A teoria sociocultural também é vista como um fator de contribuição. Esta visão descreve a pressão social exercida sobre os homens para seguir os padrões de masculinidade da mídia, que incluem um físico musculoso e em forma. Durante anos, mulheres foram sujeitas a imagens de como uma mulher desejada deveria parecer. Expectativas fora da realidade para homens, no entanto, se tornaram populares apenas nos últimos anos.

Aqueles que sofrem de dismorfia raramente procuram ajuda por muitas razões, incluindo a vergonha de sua preocupação, a ansiedade que eles sentem com a idéia de que terão que reduzir seu tempo de treinamento durante o tratamento e o medo de uma diminuição potencial na massa corporal uma vez que eles iniciem o tratamento. Opções de tratamento incluem terapia cognitivo-comportamental e uso de medicamento antidepressivo.

—Marie Spano, MS, RD

nológica são bem-documentadas. O papel da glutamina como recurso ergogênico, devido a sua função imunológica, pode ser de grande significância se comparado com a sua habilidade de aumentar a massa muscular. O uso de glutamina pode modificar a aparente imunodepressão que é observada após exercício exaustivo prolongado. Seguindo tais exercícios extenuantes, a concentração de glutamina no sangue é severamente diminuída. A suplementação de glutamina neste caso pode diminuir a incidência de doenças nesses atletas (28). A influência da glutamina sobre o tempo até a exaustão e sobre a potência antes e após uma sessão prolongada de exercício foram examinadas (110). Um grupo ingeriu uma bebida com carboidrato mais glutamina (Glu) e um grupo placebo ingeriu uma bebida contendo apenas carboidrato (Pl). O grupo Glu aumentou significativamente o tempo até a exaustão comparado ao Pl. O pico de potência no grupo Glu foi similar em ambas as sessões, enquanto no grupo Pl ainda estava significativamente reduzido após a segunda sessão, seis dias depois. Por isso, a suplementação de glutamina demonstrou contribuir para que o grupo Glu se exercitasse por mais tempo e recuperasse-se mais rápido do que o grupo Pl.

Existe um raciocínio fisiológico e alguma evidência de que a suplementação de glutamina possa ter um impacto positivo sobre a massa muscular e ganho de força em atletas. Mais convincentemente, contudo, é a evidência que suporta a suplementação exógena de glutamina para a função do sistema imunológico, especialmente com o exercício prolongado e exaustivo.

A glutamina é um aminoácido que pode ser necessário em grandes quantidades durante períodos de estresse severo.

GLICEROL

O exercício regular pode causar perda de fluidos que, se não forem repostos, podem potencialmente comprometer o rendimento e/ou a próxima sessão de exercício. Isso é particularmente verdade quando o exercício é intenso, prolongado e realizado no calor, pois elevada temperatura central e elevada perda de suor aceleram a perda de fluídos (82,156,166). Tão pouco quanto 2% a 3% de perda de massa corporal (como fluido) pode causar impacto negativo no rendimento; portanto, estratégias para otimizar a hidratação pré-exercício têm sido desenvolvidas. O método mais comum de "hiperidratação", uma condição na qual os estoques de água corporal são temporariamente elevados, é o consumo de glicerol (94,123). O **glicerol** é um xarope, líquido e claro, encontrado em todas as gorduras animais e vegetais e em óleos. Em contraste com a ingesta extra de água (a qual é processada pelos rins e removida em uma hora), a ingesta de glicerol causa um aumento na absorção de fluidos pelo sangue e pelos tecidos, prolongando a hidratação por mais de quatro horas (125). Pelo fato de não ser facilmente absorvido pelos olhos ou cérebro, tem sido usado clinicamente para tratar edema cerebral (inchaço do cérebro) e glaucoma (aumento da pressão intra-ocular pelo extravasamento de fluido nos olhos). A administração de glicerol causa uma saída de fluido do cérebro e dos olhos e de dentro do tecido periférico. Uma conseqüência infeliz desse efeito, no entanto, é a presença de dores de cabeça e visão embaçada que algumas vezes acompanham o uso do glicerol.

A pesquisa sobre a efetividade do glicerol como um acelerador do rendimento é equivocada. Diferenças metodológicas (p. ex., variações no tipo e intensidade da sessão de exercício, condições ambientais e padrões de dose) são difíceis de controlar. Melhoras são mais prováveis em resultados de sessões de exercício em desidratação substancial (quando a atividade é intensa, prolongada e é realizada sob condições de calor elevado e umidade). Neste caso, benefícios no rendimento durante eventos contra-relógio são provavelmente muito reduzidos. No entanto, podem ser significativos, considerando que muitos eventos atléticos em nível de elite são decididos por menos de 1%.

O glicerol pode ser um recurso adicional para a hidratação.

EXTRATO DE CHÁ VERDE

O extrato de chá verde tem elevado conteúdo de cafeína e catequina, os quais podem aumentar o gasto energético de 24 horas e a oxidação de gordura em humanos. A **epigalocatequina galato (EGCG)** é uma catequina derivada de chá verde e é o principal componente ativo da atividade biológica de chás de polifenóis. Por exemplo, um estudo comparou três tratamentos: extrato de chá verde (50 mg de cafeína e 90 mg de EGCG), cafeína (50 mg) e placebo, os quais foram ingeridos no café da manhã, almoço e janta. O extrato de chá verde resultou em um aumento significativo do gasto energético de 24 horas bem como uma diminuição no quociente respiratório, indicando uma maior utilização de ácidos graxos. O chá verde tem propriedades termogênicas e promove oxidação de gordura além daquela explicada pelo seu conteúdo de cafeína. O extrato de chá verde pode ter um papel no controle da composição corporal pela termogênese, oxidação de gordura ou ambas (43).

Interessantemente, uma investigação *in vitro* (teste em tubo) sugere que o chá verde pode ter atividade lipolítica devido ao seu conteúdo de vitamina C, o qual aparentemente inibe o acúmulo de triglicerídeos (60). Ainda tem de ser visto se o extrato de chá verde é um recurso ergogênico efetivo.

EGCG é um dos componentes ativos do chá verde.

HMB

Beta-hidroxi-beta-metilbutirato (HMB) é um componente natural de peixes e do leite. Sendo um produto da quebra do aminoácido essencial leucina, acredita-se que o HMB aumente a força e a massa corporal magra pela ação anticatabólica no músculo (p. ex., redução na degradação de proteína muscular)

(78,101-104). Muitos estudos verificaram esses efeitos benéficos, particularmente em homens não-treinados e mulheres que consumiam 1,5 a 3,0 g de HMB por dia, divididos em duas doses, por pelo menos quatro semanas. Um estudo sugere que seus efeitos sobre força e massa corporal magra podem ser acentuados pela co-ingesta de creatina (dose de Cr: 20 g/dia por sete dias seguidos de 10 g/dia desde então) (73). Embora o(s) mecanismo(s) exato(s) por trás de seus efeitos não seja(m) claro(s), uma hipótese é que o HMB ajude na síntese de colesterol nas células musculares danificadas, um efeito que manteria a função adequada da membrana celular. Esse efeito está em contraste com os efeitos dos hormônios anabólicos como a testosterona e a insulina, as quais, sob certas condições, aumentam o tamanho do músculo por acentuarem a síntese de proteínas e/ou glicogênio. A ingesta de HMB parece ser segura e pode até mesmo ter efeitos benéficos sobre a saúde cardiovascular (p. ex., reduzindo colesterol total, colesterol LDL e pressão arterial) quando doses de 3 g/dia são ingeridas por mais de oito semanas (102). Até hoje, as fontes de liberação de HMB não parecem ser efetivas (135).

A suplementação de HMB pode ter um efeito anticatabólico em indivíduos não-treinados.

HIDRATAÇÃO

A desidratação tem efeitos negativos sobre o rendimento (132,159). A hidratação inadequada refere-se tanto à hipoidratação (estar desidratado antes do exercício) quanto à desidratação induzida pelo exercício, a qual ocorre durante o exercício. Esses estados de desidratação podem ter um impacto negativo sobre o metabolismo muscular, a regulação da temperatura e a função cardiovascular, com quedas no rendimento ocorrendo com apenas 1% ou 2% de redução no peso corporal.

Água e bebidas esportivas comerciais podem ser muito efetivas na manutenção do rendimento ou no retardo da inevitável queda de rendimento, especialmente em eventos de resistência ou esportes coletivos com duração superior a uma hora. É recomendado que os indivíduos consumam uma dieta nutricionalmente balanceada e bebam fluidos adequados no período de 24 horas antes da competição ou do treino. O posicionamento sobre reposição de fluidos do Colégio Americano de Medicina do Esporte (1996) também recomenda o consumo de aproximadamente 500 mL de fluido duas horas antes do treino ou da competição para promover uma hidratação adequada e permitir que o excesso de fluido seja excretado. A manutenção de uma hidratação adequada antes do exercício é simples e geralmente não deve ser um problema se medidas de precauções forem seguidas.

A reposição de fluidos durante o exercício é fundamental não apenas para o rendimento mas também para a saúde. Sem uma reposição de fluidos apropriada durante o exercício prolongado ou em ambiente quente e úmido, doenças relacionadas ao calor e aspectos cardiovasculares podem se tornar um risco para a vida. Para minimizar essas condições, é recomendado que a perda de água via suor seja reposta em taxas iguais à taxa de sudorese (39,105). Atletas devem repor o peso perdido durante o exercício com a ingesta de fluidos. Infelizmente, os indivíduos geralmente não repõem suficientemente a perda de fluidos em taxas similares a perda de água. Isto é chamado de "desidratação voluntária" (56). A água sozinha nem sempre é suficiente para repor o déficit de fluidos causado devido ao exercício, especialmente em exercícios de longa duração com elevadas taxas de sudorese. A reposição completa dos fluidos perdidos durante o exercício não pode ocorrer sem a reposição de eletrólitos, principalmente o sódio (141).

Juntamente com o sódio, a adição de carboidratos em soluções de reposição de fluidos pode acentuar a absorção intestinal de água (133). Ainda mais importante, a ingesta de bebidas contendo carboidratos durante o exercício ajudará a manter a concentração sangüínea de glicose e assim reduzir a utilização das reservas de glicogênio muscular bem como reduzir a fadiga (31,36,40,98). Isso é especialmente verdade em sessões com duração maior do que uma hora. Uma ótima solução carboidratada de 4% a 8% ajuda a manter as concentrações sangüíneas de glicose e repor as perdas de fluidos via sudorese. A inclusão de carboidrato em soluções de reidratação é necessária para manter as concentrações sangüíneas de glicose para uma performance ótima em exercícios com duração maior do que uma hora. Também é importante observar que a frutose não deve ser o carboidrato predominante em uma solução, devido ao seu baixo índice glicêmico e seu relativamente lento aumento na glicose sangüínea. A ingesta freqüente de água e bebidas esportivas comerciais (contendo eletrólitos e carboidratos) durante o exercício é certamente uma das mais simples e mais benéficas formas de recurso ergogênico disponível.

A hidratação é um fator importante que governa o rendimento em exercícios no calor.

APLICAÇÃO NA REALIDADE

Suplementos versus alimentos

1. Faça em torno de seis refeições por dia. Alimentos saudáveis são a base para uma boa nutrição.
2. Suplementos devem ser tratados apenas como uma ferramenta adicional para atingir seus objetivos. Eles não são poções mágicas que irão curar efeitos adversos de um treino pobre ou dieta.
3. A creatina é claramente segura e um efetivo suplemento que pode acentuar a massa corporal magra, força e potência muscular.
4. Sempre consuma um *shake* de carboidrato-proteína pós-treino para promover recuperação e ganhos de massa corporal magra.
5. Suplementos *nunca* devem tomar o lugar do alimento real.

NUTRIÇÃO PRÉ E PÓS-TREINAMENTO

O exercício exaustivo, quer aeróbio ou anaeróbio, pode reduzir vários substratos energéticos [glicogênio, proteínas, estoques de fosfagênios (ATP, fosfocreatina), triglicerídeos intracelular], aumentar o catabolismo protéico muscular, causar danos na membrana celular e perda de fluidos, e temporariamente prejudicar a função imunológica. A maneira como essas alterações fisiológicas ocorrem e como elas respondem a diferentes intervenções tem fornecido uma pista para os pesquisadores quanto ao que comer e quando, para aumentar o rendimento.

Assumindo que a hidratação corporal e os níveis de glicogênio muscular estejam adequados, uma estratégia pré-exercício de sucesso é fornecer uma pequena quantidade de carboidratos (25 a 50 g) junto com 6 g de aminoácidos essenciais (ou 40 g de proteína completa) aproximadamente 15 minutos antes do treinamento de força (146-148). Essa combinação específica de carboidratos e aminoácidos essenciais tem demonstrado aumentar a síntese de proteína muscular 160% mais do que a ingesta do mesmo coquetel pós-exercício (154). Neste caso, a sessão de exercícios foi apenas para os membros inferiores (p. ex., 10 séries de oito repetições de pressão de pernas a 80% de 1 RM e oito séries de oito repetições de extensão de joelhos a 80% de 1 RM). Interessantemente, uma pesquisa do mesmo laboratório observou que a adição de aminoácidos não-essenciais à mistura não aumentou a síntese de proteínas. Em outras palavras, apenas os aminoácidos essenciais são necessários para promover processo anabólico no músculo (18).

A nutrição durante o período pós-exercício apresenta três objetivos: (a) frear a degradação de proteínas, (b) aumentar a síntese muscular protéica e (c) iniciar rapidamente o processo de regeneração do glicogênio muscular. Uma bebida/alimento "ideal" ainda precisa ser identificada. Com base nas pesquisas conduzidas nos últimos anos (13-16,27,74,88,96,111), no entanto, uma relação carboidrato/proteína de 4:1 para aproximadamente 1:1 pode promover recuperação, bem como acentuar a síntese de glicogênio muscular e o estado protéico líquido (46,48,67,68,146-148,161). Atletas devem usar baixas taxas de carboidrato/proteína quando o volume de trabalho (séries vezes repetições) realizado é baixo, e uma elevada taxa quando o volume de trabalho realizado é alto. Praticamente, isso significa que atletas interessados em aumentar a massa corporal magra bem como a força e potência musculares, devem consumir uma bebida pós-treino contendo pelo menos 100 cal e no máximo 500 cal (com combinação de carboidrato e proteína). É importante consumi-la esta imediatamente após o treino ou competição.

Curiosamente, muitos atletas acham que a adição de 3 a 5 g de creatina e de 5 a 10 g de BCAAs bebidas pré e pós-treino promove benefícios enormes.

> *Consumir uma combinação de carboidrato e proteína imediatamente após o exercício promoverá a recuperação e talvez melhore o rendimento subseqüente.*

OUTROS POTENCIAIS RECURSOS ERGOGÊNICOS

Recursos ergogênicos sempre serão parte do rendimento atlético e esportivo. Inúmeros recursos ergogênicos adicionais se tornam popular de tempos em tempos. Bloqueadores de miostatina, por exemplo, têm demonstrado acentuar a hipertrofia muscular.

Estimuladores do óxido nítrico (arginina e arginina alfa-cetoglutarato) são atualmente populares por aumentar a massa muscular. Até agora, pesquisas controladas não demonstram benefícios desse suplemento.

O foco deste capítulo é sobre recursos ergogênicos legais, embora substâncias ilegais tais como esteróides anabólicos androgênicos sejam comumente usados (Quadro 18.1).

Pergunta e resposta da área

Tenho escutado falar muito sobre o uso de bloqueadores da miostatina, mas não estou familiarizado com eles. Em que eles consistem e qual é a sua efetividade? Eles representam perigo?

Eu tenho visto esses suplementos em lojas de alimentos saudáveis; eles são vendidos com a propaganda de que se ligam à miostatina sérica e a inibem. A miostatina causa atrofia e degradação muscular. Dessa forma, os bloqueadores de miostatina podem basicamente remover a inibição do crescimento muscular e permitir um potencial ilimitado na massa muscular. Um estudo recentemente demonstrou que a *Cystoseira canariensis*, uma alga marrom marítima que é o ingrediente ativo dos bloqueadores de miostatina, exibe o transporte específico de ligantes da miostatina sérica (118). Nós demonstramos recentemente que a *C. canariensis* tem ligantes da miostatina; no entanto, quando combinada com treinamento de força de alta intensidade, 1.200 mg/dia de *C. canariensis* não têm efeito na redução dos níveis séricos de miostatina, no aumento da força e massa musculares e na redução da massa gorda (163). Portanto, os resultados desse estudo sugerem que não há aparente benefício anabólico pela ingesta de suplementos bloqueadores da miostatina.

A miostatina parece regular negativamente o crescimento do músculo esquelético. No sangue, ela parece trabalhar, em parte, diminuindo e inibindo o crescimento do músculo.

Estudos recentes com roedores adultos demonstraram que anticorpos foram criados contra a miostatina, aumentando a massa corporal total, a massa muscular, o tamanho do músculo e a força muscular absoluta (17). A implicação é a de que um bloqueador de miostatina pode de fato promover benefícios como recurso ergogênico ou no tratamento de pacientes com doenças musculares degenerativas.

—Darryn Willoughby, PhD, CSCS, FISSN,
Baylor University

Pergunta e resposta da área

Um colega de aula disse que está usando um suplemento que contém óxido nítrico. Ele diz que ganhou 5 kg de músculos em um mês. O que as pesquisas dizem sobre os estimuladores do óxido nítrico (arginina e arginina alfa-cetoglutarato)? Existe alguma evidência de que eles possam ajudar atletas no ganho de massa muscular?

O problema aqui é que você tem uma fisiologia bastante complexa sendo lançada sobre o óxido nítrico, sem dados significativos em humanos demonstrando um efeito sobre o rendimento no exercício ou composição corporal. Na verdade, nós sabemos que a arginina é um aminoácido que participa na manutenção dos tecidos magros e musculares no corpo. Ela pode ser convertida em ornitina, outro aminoácido. Sua presença pode estimular a liberação de alguns hormônios anabólicos endógenos, tais como hormônio do crescimento e fator de crescimento semelhante à insulina. Existe supostamente uma arginina de melhor absorção no mercado chamada arginina alfa-cetoglutarato. Esse suplemento é vendido sob vários nomes que declaram promover uma aceleração na produção natural de óxido nítrico (NO) no corpo, aumentando significativamente o fluxo sangüíneo muscular. Afirma-se também que esse produto adiciona novas fibras musculares em vez de água intramuscular, e que a adição de músculo combinada com a ingesta do suplemento diminuirá a gordura corporal e acentuará a recuperação. Infelizmente, parece não existirem estudos científicos para validar essas declarações. Pesquisas futuras irão revelar a efetividade desse suplemento.

Com base na pesquisa atual, a arginina pura pode ser melhor e mais efetiva do que a arginina alfa-cetoglutarato. A arginina tem sido bem estudada e apresenta muitos efeitos benéficos, especialmente em termos de saúde cardiovascular. Seu principal mecanismo de ação está situado no aumento de NO. O NO é uma molécula sinalizadora nas células musculares que pode ter muitos efeitos anabólicos, incluindo o aumento no transporte de nutrientes e vasodilatação. A arginina acentua o óxido nítrico pelo estímulo da óxido nítrico sintase, a enzima que produz NO. Pesquisa sugere que isto pode ajudar a melhorar o rendimento no exercício, suportar a síntese protéica, aumentar os níveis de hormônio do crescimento em doses altas e até mesmo ajudar na reposição dos estoques de glicogênio pós-treino. O OKG (um sal formado de uma molécula de alfa-cetoglutarato e duas moléculas de ornitina) é um regulador metabólico e precursor de glutamina e arginina. A glutamina promove síntese protéica no músculo esquelético. O OKG também é precursor de outros aminoácidos e cetoácidos, os quais são importantes para a síntese de proteínas. Ele estimula a secreção de hormônios tais como a insulina e o hormônio do crescimento humano e tem um efeito anabólico sobre o músculo. Ele também pode ajudar na desintoxicação da amônia. Isto pode ser interessante, porque elevados níveis de amônia são prevalentes entre fisiculturistas e outros atletas. Por isso, o OKG tem sido comercializado como um suplemento esportivo que ajuda a construir músculos.

—Darryn Willoughby, PhD, CSCS, FISSN,
Baylor University

QUADRO 18.1 ESTERÓIDES ANABÓLICOS ANDROGÊNICOS NO ESPORTE

Esteróides anabólicos androgênicos são formas sintéticas de testosterona, o principal hormônio masculino. A testosterona é responsável tanto pelos efeitos anabólicos (crescimento muscular) quanto androgênicos (características sexuais secundárias) que se iniciam na puberdade nos homens. As características anabólicas e androgênicas da droga atuam ao mesmo tempo, por isso o nome anabólico esteróides androgênicos (AEA). As propriedades androgênicas da droga são responsáveis por muitos dos negativos efeitos colaterais que todos nós conhecemos.

Os AEA são geralmente eficientes na promoção do crescimento muscular. Embora algumas formas de AEA possam ser obtidas com uma prescrição de medicamento para algumas condições médicas, elas são ilegais sem a devida prescrição. Os AEA podem ser prescritos para homens com retardo de puberdade, produção de testosterona endógena inadequada e indivíduos com doença de degradação muscular. Os AEA são contra as normas de muitos corpos esportivos. Devido a seu pronunciado efeito sobre o tamanho do músculo e força, essas drogas são amplamente usadas por atletas, particularmente em esportes de força e potência.

O abuso no uso de AEA, no entanto, pode levar a sérios problemas de saúde, alguns irreversíveis. Em adição ao uso de AEA para melhorar o rendimento atlético, muitos indivíduos estão usando simplesmente para melhorar a aparência física. Os esteróides anabólicos são encontrados tanto na forma oral quanto na injetável. Atletas, na tentativa de maximizar os benefícios do uso de AEA, realizam ciclos ao invés de utilizarem de forma contínua. Ciclo significa tomar múltiplas doses de esteróides durante um período de tempo e parar por um determinado período antes de começar novamente. Uma preocupação é que os atletas freqüentemente combinam diferentes tipos de esteróides de forma a maximizar os resultados e minimizar os efeitos colaterais. Muitos dos estudos sobre os efeitos negativos do uso de AEA procuram os efeitos de uma dose de prescrição e não uma dose que seja acumulada ou como um ciclo. É possível que doses elevadas usadas por atletas causem efeitos colaterais até mesmo mais pronunciados.

Os efeitos colaterais do abuso de AEA podem incluir tumor no fígado (geralmente benigno), alterações negativas nos lipídeos sangüíneos [aumento no colesterol de lipoproteína de baixa densidade (LDL) (mau)e redução no colesterol de lipoproteína de alta densidade (HDL) (bom)], retenção de líquidos, pressão arterial alta e acne severa. Pelo fato de serem hormônios masculinos, eles produzem efeitos colaterais diferentes em homens, mulheres e adolescentes. Em homens, efeitos colaterais comuns são encolhimento dos testículos, produção reduzida de esperma, infertilidade, calvície, ginecomastia (desenvolvimento de seios) e risco aumentado de câncer de próstata. Em mulheres, os esteróides anabólicos podem causar crescimento de pêlos masculinos na face e no corpo, calvície, aumento do clitóris e voz grave. Os adolescentes podem ter fechamento prematuro dos discos epifisários, cessando o crescimento. Os efeitos colaterais negativos são provavelmente resultados do tipo de AEA usado, da dose, freqüência e duração do uso. Note que homens tendem a desenvolver efeitos colaterais femininos e mulheres tendem a desenvolver efeitos colaterais masculinos. Em homens, os excessos de andrógenos (excesso de testosterona) são convertidos a estrogênio, principal hormônio sexual feminino. É esta produção de estrogênio em homens que está relacionada com os efeitos colaterais femininos. Muitos mas nem todos os efeitos colaterais são reversíveis quando os atletas param de usar AEA.

O que tudo isso significa para a força e o condicionamento profissional? Em primeiro lugar, nós devemos estar a par de que os atletas com que trabalhamos podem estar usando AEA para acentuar o rendimento ou a aparência. Segundo, nós devemos estar aptos a fornecer conselhos para atletas e familiares com base na segurança e legalidade do uso de AEA. Terceiro, competição e esporte devem ter como base o conceito de jogo limpo. O uso de AEA por atletas para acentuar o rendimento ultrapassa esse limite.

RESUMO

A Tabela 18.2 sumariza os principais recursos ergogênicos discutidos nesse capítulo. Preparadores físicos e professores devem estar a par dos vários recursos ergogênicos potencialmente disponíveis para os atletas. A pesquisa sobre uma substância específica será provavelmente sempre equivocada, como a eficácia do recurso ergogênico será ao seu mecanismo de ação. Pesquisas futuras devem continuar focando tanto na segurança quanto na eficácia dessas substâncias.

TABELA 18.2 Sumário dos recursos ergogênicos

Nutriente/ suplemento	Ação	Dose	Comentários	Referências
BCAA	Pode aumentar a massa livre de gordura; efeito anticatabólico;	BCAA (12-14 g/dia; 50% L-leucina, 25% L-isoleucina,	Doses elevadas da suplementação de BCAA podem ser ergogenia.	27,131

TABELA 18.2 Sumário dos recursos ergogênicos (continuação)

Nutriente/ suplemento	Ação	Dose	Comentários	Referências
	pode melhorar a taxa de queda no rendimento.	25% L-valina)		
Cafeína	Agente lipolítico; aumenta o alerta mental; aumenta a termogênese; pode acentuar a performance.	200-400 mg (dose aguda)	Não é mais considerada uma subtância proibida; droga muito comumente consumida	1,6,71,127
Colostro	Pode aumentar a massa livre de gordura; pode acentuar o rendimento.	20-60 g/dia por muitas semanas	Comparado às proteínas do soro do leite pode ser mais anabólico.	4,21-24,35,62,75
Creatina	Pode aumentar a massa livre de gordura; pode acentuar o rendimento (p. ex., *sprints*, 1 RM, sessões repetidas de exercícios anaeróbios, etc.).	3-5 g/dia; para fase de carga (se escolhido), 20-25 g/dia por uma semana	Enorme suporte científico para o efeito ergogênico.	12,25,44,45,139, 151-154,157,171
AAE	Pode promover a síntese protéica.	6 g (dose aguda aumenta o balanço muscular protéico)	Tem grande efeito anabólico quando ingerido pré-treino *versus* pós-treino.	18,93,146,148, 149,167,168
EGCG	Um componente do chá verde; pode aumentar a termogênese além dos efeitos normais da cafeína.	270 mg/dia	Pode ter efeitos antioxidante e anticarcinogênico; dados mostram termogênese acentuada.	43,59,124,128
Glucosamina	Pode tratar sintomas de osteoartrite.	1.500 mg de hidrocloreto de glucosamina (HG) e 1.200 mg de sulfato de condroitina (SC) diariamente	Pode melhorar os sintomas de osteoartrite.	134
Glutamina	Aumenta a função imune.	6-10 g	Pode ser mais efetiva como sustentador da função imune em períodos de estresse severo (exercício).	5
Glicerol	Pode aumentar o tempo até a exaustão; acentuar o estado de hidratação.	Ingesta de glicerol pré-exercício (1,2 g/kg glicerol em 26 mL/kg de solução (94)	Variada resposta individual.	37,89,130
HMB	Pode aliviar a proteólise e/ou o dano muscular induzido por exercício.	3 g/dia	Pode funcionar melhor em indivíduos não-treinados.	101,103

(continua)

TABELA 18.2 Sumário dos recursos ergogênicos (continuação)

Nutriente/ suplemento	Ação	Dose	Comentários	Referências
Suplementos pré- e pós-treino	Aumentam a massa muscular; aumentam a reposição de glicogênio; aumentam a recuperação.	Suplemento contendo 80 g CHO, 28 g PRO, 6 g de gordura imediatamente após o exercício (10 minutos) e duas horas pós-exercício (67), tão pouco quanto 100 calorias pode ajudar (48); 6 g de aminoácidos essenciais consumidos pré-treino (148)	Tempo de ingesta é importante. Necessário consumir uma bebida com carboidrato e proteína imediatamente após o exercício.	46,67, 68,85, 86
Bicarbonato de sódio	Tampona o aumento dos íons H+ que aumentam a acidose (diminui o pH) e afeta o rendimento.	0,3 g/kg de peso corporal	Potencialmente efetivo em exercícios máximos com duração de 2-5 minutos; pode melhorar o rendimento em *sprints*.	92,116
Bebidas esportivas	Carboidrato necessário para manter a glicose sangüínea e retardar a fadiga; eletrólitos (sódio) ajudam na absorção e restauração completa de fluidos.	Solução carboidratada 4-8%	A desidratação causa queda no rendimento; pode ser efetiva somente quando a duração do exercício excede uma hora; perda de fluidos e eletrólitos pelo suor é variável e depende de taxas de sudorese individuais; bebidas esportivas sem a adição de proteínas são inadequadas para promover recuperação musculoesquelética.	69, 90, 100

QUESTÕES TÉCNICAS

1. Um jogador de futebol da liga universitária pede sua opinião sobre um programa de nutrição e suplementação. Ele atualmente faz duas ou três refeições grandes por dia (almoço e janta). Ele freqüentemente pula o café da manhã porque não sente fome e toma café preto. Suas refeições são basicamente *fast food* (p. ex., hambúrgeres, fritas, refrigerante) bem como pizza e cerveja. Com 1,80 m de altura, pesando 100 kg e 18 anos de idade, ele consome aproximadamente 3.000 calorias por dia. Seus treinos de futebol são bastante rigorosos, e no dia após o jogo ele sente-se extremamente letárgico. Ele quer saber como ele pode melhorar sua dieta, bem como se suplementos podem melhorar seu rendimento e ajudá-lo a ganhar massa magra.
2. Existem milhares de recursos ergogênicos, sendo impossível listá-los em um único capítulo. Usando a internet ou a biblioteca como fontes para investigar uma substância, você fica a par se ela é capaz de ser ergogênica. Responda às seguintes questões referentes a essas substâncias:
   a. Existe um mecanismo de ação lógico pelo qual essa substância pode ter um efeito positivo sobre o rendimento humano?
   b. Se essa substância acarretar melhora no rendimento, que esportes ou eventos seriam mais prováveis de se beneficiarem?
   c. Que informações você pode encontrar considerando a efetividade desse recurso ergogênico?
   d. Que informações você pode encontrar considerando a segurança desse recurso ergogênico?
3. É difícil abordar as considerações éticas do uso de recursos ergogênicos. Muitos concordam que existe um limite e que nós não devemos ultrapassá-lo. Escreva a sua própria definição de um recurso ergogênico. Posteriormente, faça uma determinação sobre se essas substâncias devem ou não ser permitidas para serem utilizadas por atletas baseando-se na sua própria definição sobre:

a. Aminoácidos
b. Creatina monoidratada
c. Bebidas de reposição concentrada de glicose
d. Testosterona e componentes relacionados
e. Insulina
f. Fator de crescimento semelhante à insulina
g. Hormônio do crescimento
h. Concentrados de vitaminas
i. Concentrados de minerais
j. Café ou bebidas/tabletes derivados da cafeína
k. Injeções de vitamina B12
l. Barras de proteínas

EXEMPLO DE CASO

Boxeador profissional

HISTÓRICO

Você é um nutricionista do esporte que está sendo questionado por um boxeador profissional sobre como melhorar sua performance. Ele luta na divisão dos pesos-pesados de 100 kg (ele mede 1,80 m de altura e tem 26 anos) e está se preparando para uma luta em três meses, por isso precisa de orientação nutricional sobre como melhorar sua potência/velocidade de soco. Ele está atualmente trabalhando com um especialista em força para melhorar seu condicionamento. Esta luta tem 10 rounds (três minutos por round), com 1 minuto de intervalo entre os rounds.

RECOMENDAÇÕES/CONSIDERAÇÕES

Em função de ser peso-pesado, ele pode adicionar massa corporal magra extra sem se preocupar em exceder o limite de peso. Da mesma forma, ele é leve para um boxeador peso-pesado e provavelmente precisará de mais massa corporal magra.

IMPLEMENTAÇÃO

Informações descritivas. Primeiro colete informações básicas tais como altura, peso, percentual de gordura (dobras cutâneas), idade e histórico de treino. Examine lutas passadas para ver como ele desempenhou em diferentes categorias de pesos. Determine, se possível, se ele tem um peso ideal para boxeador.

Análise da dieta. Faça-o registrar o consumo de alimentos durante sete dias para determinar se atualmente ele está suprindo suas necessidades energéticas e suas necessidades de macronutrientes. É importante assegurar uma ingesta adequada de proteínas e ácidos graxos essenciais.

Suplementos. Este atleta está utilizando algum suplemento para ganho de peso? Novamente, você pode determinar isso na entrevista e recordatório alimentar. Talveza a suplementação com monoidrato de creatina seja necessária.

Repouso. O quanto o atleta está repousando?

Programa de condicionamento. Ele está treinando especificamente para a luta? O treinamento é central ou específico? Trabalhe com o treinador e preparador físico para responder essas questões.

RESULTADOS

Com base na informação obtida nesse processo, você faz a seguinte recomendação:

1. Aumentar o consumo calórico diário para 4.000 Kcal/dia, utilizando suplemento para ganho de peso se necessário para obter o consumo desejado.
2. Manter um consumo de proteína de 0,5 g/kg de peso corporal por dia.
3. Consumir uma bebida pré-treino contendo aminoácidos essenciais mais carboidrato.
4. Consumir um *shake* pós-treino para para promover a recuperação e promover ganhos de massa magra.
5. Consumir de 3 a 5 g de creatina monoidratada como suplemento diário.
6. Dormir de sete a oito horas todas as noites.

REFERÊNCIAS

1. Acheson KJ, Gremaud G, Meirim I, et al. Metabolic effects of caffeine in humans: lipid oxidation or futile cycling? Am J Clin Nutr 2004;79:40–46.
2. Anselme F, Collomp K, Mercier B, et al. Caffeine increases maximal anaerobic power and blood lactate concentration. Eur J Appl Physiol Occup Physiol 1992; 65:188–191.
3. Antonio J, Sanders MS, Ehler LA, et al. Effects of exercise training and amino-acid supplementation on body composition and physical performance in untrained women. Nutrition 2000;16:1043–1046.
4. Antonio J, Sanders MS, Van Gammeren D. The effects of bovine colostrum supplementation on body composition and exercise performance in active men and women. Nutrition 2001;17:243–247.

5. Antonio J, Street C. Glutamine: a potentially useful supplement for athletes. Can J Appl Physiol 1999; 24:1–14.
6. Arciero PJ, Gardner AW, Calles-Escandon J, et al. Effects of caffeine ingestion on NE kinetics, fat oxidation, and energy expenditure in younger and older men. Am J Physiol 1995;268:E1192–1198.
7. Armstrong LE. Caffeine, body fluid-electrolyte balance, and exercise performance. Int J Sport Nutr Exerc Metab 2002;12:189–206.
8. Battram DS, Shearer J, Robinson D, Graham TE. Caffeine ingestion does not impede the resynthesis of proglycogen and macroglycogen after prolonged exercise and carbohydrate supplementation in humans. J Appl Physiol 2004;96:943–950.
9. Bell DG, McLellan TM. Effect of repeated caffeine ingestion on repeated exhaustive exercise endurance. Med Sci Sports Exerc 2003;35:1348–1354.
10. Bell DG, McLellan TM. Exercise endurance 1, 3, and 6 h after caffeine ingestion in caffeine users and nonusers. J Appl Physiol 2002;93:1227–1234.
11. Berger R, Middelanis J, Vaihinger HM, et al. Creatine protects the immature brain from hypoxic-ischemic injury. J Soc Gynecol Invest 2004;11:9–15.
12. Bermon S, Venembre P, Sachet C, et al. Effects of creatine monohydrate ingestion in sedentary and weight-trained older adults. Acta Physiol Scand 1998;164:147–155.
13. Blomstrand E, Ek S, Newsholme EA. Influence of ingesting a solution of branched-chain amino acids on plasma and muscle concentrations of amino acids during prolonged submaximal exercise. Nutrition 1996;12:485–490.
14. Blomstrand E, Hassmen P, Ek S, et al. Influence of ingesting a solution of branched-chain amino acids on perceived exertion during exercise. Acta Physiol Scand 1997;159:41–49.
15. Blomstrand E, Hassmen P, Ekblom B, Newsholme EA. Administration of branched-chain amino acids during sustained exercise–effects on performance and on plasma concentration of some amino acids. Eur J Appl Physiol Occup Physiol 1991;63:83–88.
16. Blomstrand E, Saltin B. BCAA intake affects protein metabolism in muscle after but not during exercise in humans. Am J Physiol Endocrinol Metab 2001;281: E365–E374.
17. Bogdanovich S, Krag TO, Barton ER, et al. Functional improvement of dystrophic muscle by myostatin blockade. Nature 2002;420:418–421.
18. Borsheim E, Tipton KD, Wolf SE, Wolfe RR. Essential amino acids and muscle protein recovery from resistance exercise. Am J Physiol Endocrinol Metab 2002; 283:E648–E657.
19. Boyer M, Rees S, Quinn J, et al. Caffeine as a performance-enhancing drug in rats: sex, dose, housing, and task considerations. Percept Mot Skills 2003;97:259–270.
20. Braham R, Dawson B, Goodman C. The effect of glucosamine supplementation on people experiencing regular knee pain. Br J Sports Med 2003;37:45–49; discussion 49.
21. Brinkworth GD, Buckley JD. Bovine colostrum supplementation does not affect plasma buffer capacity or haemoglobin content in elite female rowers. Eur J Appl Physiol 2004;91:353–356.
22. Brinkworth GD, Buckley JD, Bourdon PC, et al. Oral bovine colostrum supplementation enhances buffer capacity but not rowing performance in elite female rowers. Int J Sport Nutr Exerc Metab 2002;12:349–365.
23. Buckley JD, Abbott MJ, Brinkworth GD, Whyte PB. Bovine colostrum supplementation during endurance running training improves recovery, but not performance. J Sci Med Sport 2002;5:65–79.
24. Buckley JD, Brinkworth GD, Abbott MJ. Effect of bovine colostrum on anaerobic exercise performance and plasma insulin-like growth factor I. J Sports Sci 2003;21:577–588.
25. Burke DG, Chilibeck PD, Davidson KS, et al. The effect of whey protein supplementation with and without creatine monohydrate combined with resistance training on lean tissue mass and muscle strength. Int J Sport Nutr Exerc Metab 2001;11:349–364.
26. Campbell WW, Trappe TA, Jozsi AC, et al. Dietary protein adequacy and lower body versus whole body resistive training in older humans. J Physiol 2002;542:631–642.
27. Candeloro N, Bertini I, Melchiorri G, De Lorenzo A. [Effects of prolonged administration of branched-chain amino acids on body composition and physical fitness]. Minerva Endocrinol 1995;20:217–223.
28. Castell LM. Can glutamine modify the apparent immunodepression observed after prolonged, exhaustive exercise. Nutrition 2002;18:371–375.
29. Cauli O, Pinna A, Valentini V, Morelli M. Subchronic caffeine exposure induces sensitization to caffeine and cross-sensitization to amphetamine ipsilateral turning behavior independent from dopamine release. Neuropsychopharmacology 2003;28:1752–1759.
30. Cheung WT, Lee CM, Ng TB. Potentiation of the anti-lipolytic effect of 2-chloroadenosine after chronic caffeine treatment. Pharmacology 1988;36:331–339.
31. Coggan AR, Coyle EF. Carbohydrate ingestion during prolonged exercise: effects on metabolism and performance. Exerc Sport Sci Rev 1991;19:1–40.
32. Collomp K, Ahmaidi S, Chatard JC, et al. Benefits of caffeine ingestion on sprint performance in trained and untrained swimmers. Eur J Appl Physiol Occup Physiol 1992;64:377–380.
33. Collomp K, Candau R, Millet G, et al. Effects of salbutamol and caffeine ingestion on exercise metabolism and performance. Int J Sports Med 2002;23:549–554.
34. Conway KJ, Orr R, Stannard SR. Effect of a divided caffeine dose on endurance cycling performance, postexercise urinary caffeine concentration, and plasma paraxanthine. J Appl Physiol 2003;94:1557–1562.
35. Coombes JS, Conacher M, Austen SK, Marshall PA. Dose effects of oral bovine colostrum on physical work capacity in cyclists. Med Sci Sports Exerc 2002;34:1184–1188.
36. Costill D, Hargreaves M. Carbohydrate nutrition and fatigue. Sports Med 1992;13:86–92.
37. Coutts A, Reaburn P, Mummery K, Holmes M. The effect of glycerol hyperhydration on olympic distance triathlon performance in high ambient temperatures. Int J Sport Nutr Exerc Metab 2002;12:105–119.
38. Cox GR, Desbrow B, Montgomery PG, et al. Effect of different protocols of caffeine intake on metabolism and endurance performance. J Appl Physiol 2002;93: 990–999.
39. Coyle EF, Montain SJ. Benefits of fluid replacement with carbohydrate during exercise. Med Sci Sports Exerc 1992;24: S324–S330.
40. Coyle EF, Hagberg JM, Hurley BF, Martin WH. Carbohydrate feeding during prolonged strenuous exercise can delay fatigue. J Appl Physiol 1983;55:30–35.
41. Davis JM, Zhao Z, Stock HS, et al. Central nervous system effects of caffeine and adenosine on fatigue. Am J Physiol Regul Integr Comp Physiol 2003;284: R399–R404.

42. Doherty M, Smith PM, Davison RC, Hughes MG. Caffeine is ergogenic after supplementation of oral creatine monohydrate. Med Sci Sports Exerc 2002;34:1785–1792.
43. Dulloo AG, Duret C, Rohrer D, et al. Efficacy of a green tea extract rich in catechin polyphenols and caffeine in increasing 24-h energy expenditure and fat oxidation in humans. Am J Clin Nutr 1999;70:1040–1045.
44. Earnest CP, Snell PG, Rodriguez R, et al. The effect of creatine monohydrate ingestion on anaerobic power indices, muscular strength and body composition. Acta Physiol Scand 1995;153:207–209.
45. Eckerson JM, Stout JR, Moore GA, et al. Effect of two and five days of creatine loading on anaerobic working capacity in women. J Strength Cond Res 2004;18: 168–173.
46. Esmarck B, Andersen JL, Olsen S, et al. Timing of postexercise protein intake is important for muscle hypertrophy with resistance training in elderly humans. J Physiol 2001;535:301–311.
47. Ferrando AA, Paddon-Jones D, Wolfe RR. Alterations in protein metabolism during space flight and inactivity. Nutrition 2002;18:837–841.
48. Flakoll PJ, Judy T, Flinn K, et al. Postexercise protein supplementation improves health and muscle soreness during basic military training in marine recruits. J Appl Physiol 2004;96:951–956.
49. Greenhaff PL. Creatine and its application as an ergogenic aid. Int J Sport Nutr 1995;5(Suppl):S100–S110.
50. Greenhaff PL. Creatine supplementation: recent developments. Br J Sports Med 1996;30:276–277.
51. Greenhaff PL. The creatine-phosphocreatine system: there's more than one song in its repertoire. J Physiol 2001;537:657.
52. Greenhaff PL, Bodin K, Soderlund K, Hultman E. Effect of oral creatine supplementation on skeletal muscle phosphocreatine resynthesis. Am J Physiol 1994;266: E725–E730.
53. Greenhaff PL, Casey A, Short AH, et al. Influence of oral creatine supplementation of muscle torque during repeated bouts of maximal voluntary exercise in man. Clin Sci (Lond) 1993;84:565–571.
54. Greenhaff PL, Nevill ME, Soderlund K, et al. The metabolic responses of human type I and II muscle fibres during maximal treadmill sprinting. J Physiol 1994; 478(Pt 1):149–155.
55. Greenhaff PL, Ren JM, Soderlund K, Hultman E. Energy metabolism in single human muscle fibers during contraction without and with epinephrine infusion. Am J Physiol 1991;260:E713–E718.
56. Greenleaf JE, Sargent F. Voluntary dehydration in man. J Appl Physiol 1965;20:719–724.
57. Gruber AJ, Pope HG Jr. Compulsive weight lifting and anabolic drug abuse among women rape victims. Comp Psychiatry 1999;40:273–277.
58. Gruber AJ, Pope HG Jr. Psychiatric and medical effects of anabolic-androgenic steroid use in women. Psychother Psychosom 2000;69:19–26.
59. Hakim IA, Harris RB, Brown S, et al. Effect of increased tea consumption on oxidative DNA damage among smokers: a randomized controlled study. J Nutr 2003; 133:3303S–3309S.
60. Hasegawa N, Niimi N, Odani F. Vitamin C is one of the lipolytic substances in green tea. Phytother Res 2002; 16(Suppl 1):S91–S92.
61. Hetzler RK, Knowlton RG, Somani SM, et al. Effect of paraxanthine on FFA mobilization after intravenous caffeine administration in humans. J Appl Physiol 1990;68:44–47.
62. Hofman Z, Smeets R, Verlaan G, et al. The effect of bovine colostrum supplementation on exercise performance in elite field hockey players. Int J Sport Nutr Exerc Metab 2002;12:461–469.
63. Holzmeister LA. Sports and energy drinks. Diabetes Self Mgtg 2003;20:96–97, 99–100, 102–103.
64. Hultman E, Soderlund K, Timmons JA, et al. Muscle creatine loading in men. J Appl Physiol 1996;81:232–237.
65. Hunter AM, St Clair Gibson A, Collins M, et al. Caffeine ingestion does not alter performance during a 100-km cycling time-trial performance. Int J Sport Nutr Exerc Metab 2002;12:438–452.
66. Ikeda K, Iwasaki Y, Kinoshita M. Oral administration of creatine monohydrate retards progression of motor neuron disease in the wobbler mouse. Amyotroph Lateral Scler Other Motor Neuron Disord 2000;1:207–212.
67. Ivy JL, Goforth HW Jr, Damon BM, et al. Early postexercise muscle glycogen recovery is enhanced with a carbohydrate-protein supplement. J Appl Physiol 2002; 93:1337–1344.
68. Ivy JL, Res PT, Sprague RC, Widzer MO. Effect of a carbohydrate-protein supplement on endurance performance during exercise of varying intensity. Int J Sport Nutr Exerc Metab 2003;13:382–395.
69. Izawa T, Koshimizu E, Komabayashi T, Tsuboi M. [Effects of Ca2+ and calmodulin inhibitors on lipolysis induced by epinephrine, norepinephrine, caffeine and ACTH in rat epididymal adipose tissue]. Nippon Seirigaku Zasshi 1983;45:36–44.
70. Jacobs I, Pasternak H, Bell DG. Effects of ephedrine, caffeine, and their combination on muscular endurance. Med Sci Sports Exerc 2003;35:987–994.
71. Jiang M, Kameda K, Han LK, et al. Isolation of lipolytic substances caffeine and 1,7-dimethylxanthine from the stem and rhizome of Sinomenium actum. Planta Med 1998;64:375–377.
72. Jones HE, Griffiths RR. Oral caffeine maintenance potentiates the reinforcing and stimulant subjective effects of intravenous nicotine in cigarette smokers. Psychopharmacology (Berl) 2003;165:280–290.
73. Jowko E, Ostaszewski P, Jank M, et al. Creatine and beta-hydroxy-beta-methylbutyrate (HMB) additively increase lean body mass and muscle strength during a weight-training program. Nutrition 2001;17:558–566.
74. Karlsson HK, Nilsson PA, Nilsson J, et al. Branched-chain amino acids increase p70S6k phosphorylation in human skeletal muscle after resistance exercise. Am J Physiol Endocrinol Metab 2004;287:E1–E7.
75. Kelly GS. Bovine colostrums: a review of clinical uses. Alt Med Rev 2003;8:378–394.
76. Komura K, Hobbiebrunken E, Wilichowski EK, Hanefeld FA. Effectiveness of creatine monohydrate in mitochondrial encephalomyopathies. Pediatr Neurol 2003; 28:53–58.
77. Kraemer WJ, Volek JS. Creatine supplementation. Its role in human performance. Clin Sports Med 1999;18: 651–666, ix.
78. Kreider RB. Dietary supplements and the promotion of muscle growth with resistance exercise. Sports Medicine 1999;27:97–110.
79. Kreider RB, Ferreira M, Wilson M, Almada AL. Effects of calcium beta-hydroxy-beta-methylbutyrate (HMB) sup-

plementation during resistance-training on markers of catabolism, body composition and strength. Int J Sports Med 1999;20:503–509.
80. Kreider RB, Melton C, Rasmussen CJ, et al. Long-term creatine supplementation does not significantly affect clinical markers of health in athletes. Mol Cell Biochem 2003;244:95–104.
81. Lambert CP, Archer RL, Carrithers JA, et al. Influence of creatine monohydrate ingestion on muscle metabolites and intense exercise capacity in individuals with multiple sclerosis. Arch Phys Med Rehabil 2003;84: 1206–1210.
82. Latzka WA, Sawka MN. Hyperhydration and glycerol: thermoregulatory effects during exercise in hot climates. Can J Appl Physiol 2000;25:536–545.
83. Layman DK, Baum JI. Dietary protein impact on glycemic control during weight loss. J Nutr 2004;134: 968S–973S.
84. Leit RA, Pope HG Jr, Gray JJ. Cultural expectations of muscularity in men: the evolution of playgirl centerfolds. Int J Eat Disord 2001;29:90–93.
85. Levenhagen DK, Carr C, Carlson MG, et al. Postexercise protein intake enhances whole-body and leg protein accretion in humans. Med Sci Sports Exerc 2002;34: 828–837.
86. Levenhagen DK, Gresham JD, Carlson MG, et al. Postexercise nutrient intake timing in humans is critical to recovery of leg glucose and protein homeostasis. Am J Physiol Endocrinol Metab 2001;280:E982–E993.
87. Lorist MM, Tops M. Caffeine, fatigue, and cognition. Brain Cogn 2003;53:82–94.
88. Madsen K, MacLean DA, Kiens B, Christensen D. Effects of glucose, glucose plus branched-chain amino acids, or placebo on bike performance over 100 km. J Appl Physiol 1996;81:2644–2650.
89. Magal M, Webster MJ, Sistrunk LE, et al. Comparison of glycerol and water hydration regimens on tennis-related performance. Med Sci Sports Exerc 2003;35: 150–156.
90. Maughan RJ, Leiper JB. Limitations to fluid replacement during exercise. Can J Appl Physiol 1999;24:173–187.
91. Mayo Clinic. Caffeine content of common beverages. Available at http://www.mayoclinic.com/health/drug-information/DR202105. Accessed June 26, 2006.
92. McNaughton L, Thompson D. Acute versus chronic sodium bicarbonate ingestion and anaerobic work and power output. J Sports Med Phys Fitness 2001;41: 456–462.
93. Miller SL, Tipton KD, Chinkes DL, et al. Independent and combined effects of amino acids and glucose after resistance exercise. Med Sci Sports Exerc 2003;35:449–455.
94. Montner P, Stark DM, Riedesel ML, et al. Pre-exercise glycerol hydration improves cycling endurance time. Int J Sports Med 1996;17:27–33.
95. Motl RW, O'Connor PJ, Dishman RK. Effect of caffeine on perceptions of leg muscle pain during moderate intensity cycling exercise. J Pain 2003;4:316–321.
96. Mourier A, Bigard AX, de Kerviler E, et al. Combined effects of caloric restriction and branched-chain amino acid supplementation on body composition and exercise performance in elite wrestlers. Int J Sports Med 1997;18:47–55.
97. Murphy JA, Deurveilher S, Semba K. Stimulant doses of caffeine induce c-FOS activation in orexin/hypocretin-containing neurons in rat. Neuroscience 2003;121: 269–275.
98. Murray R, Paul GL, Seifert JG, Eddy DE. Responses to varying rates of carbohydrate ingestion during exercise. Med Sci Sports Exerc 1991;23:713–718.
99. Nakamura T, Sugino K, Titani K, Sugino H. Follistatin, an activin-binding protein, associates with heparan sulfate chains of proteoglycans on follicular granulosa cells. J Biol Chem 1991;266:19432–19437.
100. Nicholas CW, Tsintzas K, Boobis L, Williams C. Carbohydrate-electrolyte ingestion during intermittent high-intensity running. Med Sci Sports Exerc 1999;31: 1280–1286.
101. Nissen SL, Sharp RL. Effect of dietary supplements on lean mass and strength gains with resistance exercise: a meta-analysis. J Appl Physiol 2003;94:651–659.
102. Nissen S, Sharp RL, Panton L, et al. Beta-hydroxy-beta-methylbutyrate (HMB) supplementation in humans is safe and may decrease cardiovascular risk factors. J Nutr 2000;130:1937–1945.
103. Nissen S, Sharp R, Ray M, et al. Effect of leucine metabolite beta-hydroxy-beta-methylbutyrate on muscle metabolism during resistance-exercise training. J Appl Physiol 1996;81:2095–2104.
104. Nissen S, Van Koevering M, Webb D. Analysis of beta-hydroxy-beta-methyl butyrate in plasma by gas chromatography and mass spectrometry. Anal Biochem 1990;188:17–19.
105. Noakes TD. Fluid replacement during exercise. Exerc Sport Sci Rev 1993;21:297–330.
106. Olivardia R, Pope HG Jr, Hudson JI. Muscle dysmorphia in male weightlifters: a case-control study. Am J Psychiatry 2000;157:1291–1296.
107. Paluska SA. Caffeine and exercise. Curr Sports Med Rep 2003;2:213–219.
108. Phillips KA, OíSullivan RL, Pope HG Jr. Muscle dysmorphia. J Clin Psychiatry 1997;58:361.
109. Phillips SM, Parise G, Roy BD, et al. Resistance-training-induced adaptations in skeletal muscle protein turnover in the fed state. Can J Physiol Pharmacol 2002;80:1045–1053.
110. Piattoly T, Welsch MA. L-Glutamine supplementation: effects on recovery from exercise. Med Sci Sports Exerc 2004; 36:S127.
111. Platell C, Kong SE, McCauley R, Hall JC. Branched-chain amino acids. J Gastroenterol Hepatol 2000;15:706–717.
112. Poortmans JR, Francaux M. Long-term oral creatine supplementation does not impair renal function in healthy athletes. Med Sci Sports Exerc 1999;31:1108–1110.
113. Pope HG Jr, Gruber AJ, Choi P, et al. Muscle dysmorphia. An underrecognized form of body dysmorphic disorder. Psychosomatics 1997;38:548–557.
114. Pope HG Jr, Gruber AJ, Mangweth B, et al. Body image perception among men in three countries. Am J Psychiatry 2000;157:1297–1301.
115. Powers SK, Dodd S. Caffeine and endurance performance. Sports Med 1985;2:165–174.
116. Price M, Moss P, Rance S. Effects of sodium bicarbonate ingestion on prolonged intermittent exercise. Med Sci Sports Exerc 2003;35:1303–1308.
117. Rae C, Digney AL, McEwan SR, Bates TC. Oral creatine monohydrate supplementation improves brain performance: a double-blind, placebo-controlled, cross-over trial. Proc R Soc Lond B Biol Sci 2003;270:2147–2150.
118. Ramazov, Z, Jimenez del Rio M, Ziegenfuss T. Sulfated polysaccharides of brown seaweed Cystoseira canariensis bind to serum myostatin protein. Acta Physiol Pharmacol 2003;27:1–6.

119. Rennie MJ. Amino acid transport in heart and skeletal muscle and the functional consequences. Biochem Soc Trans 1996;24:869–873.
120. Rennie MJ. Glutamine metabolism and transport in skeletal muscle and heart and their clinical relevance. J Nutr 1996;126:1142S–1149S.
121. Rennie MJ, Low SY, Taylor PM, et al. Amino acid transport during muscle contraction and its relevance to exercise. Adv Exp Med Biol 1998;441:299–305.
122. Richy F, Bruyere O, Ethgen O, et al. Structural and symptomatic efficacy of glucosamine and chondroitin in knee osteoarthritis: a comprehensive meta-analysis. Arch Intern Med 2003;163:1514–1522.
123. Riedesel ML, Allen DY, Peake GT, Al-Qattan K. Hyperhydration with glycerol solutions. J Appl Physiol 1987; 63:2262–2268.
124. Rietveld A, Wiseman S. Antioxidant effects of tea: evidence from human clinical trials. J Nutr 2003;133: 3285S–3292S.
125. Robergs RA, Griffin SE. Glycerol. Biochemistry, pharmacokinetics and clinical and practical applications. Sports Med 1998;26:145–167.
126. Ryan L, Hatfield C, Hofstetter M. Caffeine reduces time-of-day effects on memory performance in older adults. Psychol Sci 2002;13:68–71.
127. Ryu S, Choi SK, Joung SS, et al. Caffeine as a lipolytic food component increases endurance performance in rats and athletes. J Nutr Sci Vitaminol (Tokyo) 2001; 47:139–146.
128. Saffari Y, Sadrzadeh SM. Green tea metabolite EGCG protects membranes against oxidative damage in vitro. Life Sci 2004;74:1513–1518.
129. Schardt, D, Schmidt, S. Caffeine, the inside scoop. Nutrition Action Healthletter, December, 1996.
130. Scheett TP, Webster MJ, Wagoner KD. Effectiveness of glycerol as a rehydrating agent. Int J Sport Nutr Exerc Metab 2001;11:63–71.
131. Schena F, Guerrini F, Tregnaghi P, Kayser B. Branched-chain amino acid supplementation during trekking at high altitude. The effects on loss of body mass, body composition, and muscle power. Eur J Appl Physiol Occup Physiol 1992;65:394–398.
132. Schoffstall JE et al. Effects of dehydration and rehydration on the one-repetition maximum bench press of weight-trained males. J Strength Cond Res 2001;15:102–108.
133. Schedl HP, Maughan RJ, Gisolfi CV. Intestinal absorption during rest and exercise: implications for formulating an oral rehydration solution (ORS). Med Sci Sports Exerc 1994;26:267–280.
134. Segal L, Day SE, Chapman AB, Osborne RH. Can we reduce disease burden from osteoarthritis? Med J Aust 2004;180:S11–S17.
135. Slater GJ, Jenkins D. Beta-hydroxy-beta-methylbutyrate (HMB) supplementation and the promotion of muscle growth and strength. Sports Med 2000;30:105–116.
136. Steenge GR, Verhoef P, Greenhaff PL. The effect of creatine and resistance training on plasma homocysteine concentration in healthy volunteers. Arch Intern Med 2001;161:1455–1456.
137. Stevenson SW, Dudley GA. Creatine loading, resistance exercise performance, and muscle mechanics. J Strength Cond Res 2001;15:413–419.
138. Stine MM, OíConnor RJ, Yatko BR, et al. Evidence for a relationship between daily caffeine consumption and accuracy of time estimation. Hum Psychopharmacol 2002;17:361–367.
139. Stout J, Eckerson J, Ebersole K, et al. Effect of creatine loading on neuromuscular fatigue threshold. J Appl Physiol 2000;88:109–112.
140. Stout JR, Eckerson JM, May E, et al. Effects of resistance exercise and creatine supplementation on myasthenia gravis: a case study. Med Sci Sports Exerc 2001;33: 869–872.
141. Takamata A, Mack GW, Gillen CM, Nadel ER. Sodium appetite, thirst, and body fluid regulation in humans during rehydration without sodium replacement. Am J Physiol 1994;266:R1493–R1502.
142. Tarnopolsky MA, Beal MF. Potential for creatine and other therapies targeting cellular energy dysfunction in neurological disorders. Ann Neurol 2001;49:561–574.
143. Tarnopolsky MA, MacLennan DP. Creatine monohydrate supplementation enhances high-intensity exercise performance in males and females. Int J Sport Nutr Exerc Metab 2000;10:452–463.
144. Tarnopolsky MA, Parise G, Yardley NJ, et al. Creatine-dextrose and protein-dextrose induce similar strength gains during training. Med Sci Sports Exerc 2001;33: 2044–2052.
145. Terjung RL, Clarkson P, Eichner ER, et al. American College of Sports Medicine roundtable. The physiological and health effects of oral creatine supplementation. Med Sci Sports Exerc 2000;32:706–717.
146. Tipton KD, Borsheim E, Wolf SE, et al. Acute response of net muscle protein balance reflects 24-h balance after exercise and amino acid ingestion. Am J Physiol Endocrinol Metab 2003;284:E76–E89.
147. Tipton KD, Ferrando AA, Phillips SM, et al. Postexercise net protein synthesis in human muscle from orally administered amino acids. Am J Physiol 1999;276: E628–E634.
148. Tipton KD, Rasmussen BB, Miller SL, et al. Timing of amino acid-carbohydrate ingestion alters anabolic response of muscle to resistance exercise. Am J Physiol Endocrinol Metab 2001;281:E197–E206.
149. Tipton KD, Wolfe RR. Exercise, protein metabolism, and muscle growth. Int J Sport Nutr Exerc Metab 2001; 11:109–132.
150. Varnier M et al. Stimulatory effect of glutamine on glycogen accumulation in human skeletal muscle. Am J Physiol 1995;269:E309–E315.
151. Volek JS, Duncan ND, Mazzetti SA, et al. Performance and muscle fiber adaptations to creatine supplementation and heavy resistance training. Med Sci Sports Exerc 1999;31:1147–1156.
152. Volek JS, Kraemer WJ, Bush JA, et al. Creatine supplementation enhances muscular performance during high-intensity resistance exercise. J Am Diet Assoc 1997;97: 765–770.
153. Volek JS, Ratamess NA, Rubin MR, et al. The effects of creatine supplementation on muscular performance and body composition responses to short-term resistance training overreaching. Eur J Appl Physiol 2004; 91:628–637.
154. Volek JS, Rawson ES. Scientific basis and practical aspects of creatine supplementation for athletes. Nutrition 2004;20:609–614.
155. Vorgerd M, Grehl T, Jager M, et al. Creatine therapy in myophosphorylase deficiency (McArdle disease): a placebo-controlled crossover trial. Arch Neurol 2000; 57:956–963.

156. Wagner DR. Hyperhydrating with glycerol: implications for athletic performance. J Am Diet Assoc 1999;99: 207–212.
157. Warber JP, Tharion WJ, Patton JF, et al. The effect of creatine monohydrate supplementation on obstacle course and multiple bench press performance. J Strength Cond Res 2002;16:500–508.
158. Watsford ML, Murphy AJ, Spinks WL, Walshe AD. Creatine supplementation and its effect on musculotendinous stiffness and performance. J Strength Cond Res 2003;17:26–33.
159. Webster S et al. Physiological effects of a weight loss regimen practiced by college wrestlers. Med Sci Sports Exerc 1990;22:229–234.
160. Wiedermann D, Schneider J, Fromme A, et al. Creatine loading and resting skeletal muscle phosphocreatine flux: a saturation-transfer NMR study. Magma 2001;13: 118–126.
161. Williams MB, Raven PB, Fogt DL, Ivy JL. Effects of recovery beverages on glycogen restoration and endurance exercise performance. J Strength Cond Res 2003;17: 12–19.
162. Williams MH, Branch JD. Creatine supplementation and exercise performance: an update. J Am Coll Nutr 1998;17:216–234.
163. Willoughby DS. Effects of an alleged myostatin binding supplement and heavy resistance training on serum myostatin, muscle strength and mass, and body composition. Int J Sports Nutr Exerc Metab. In press.
164. Willoughby DS, Rosene JM. Effects of oral creatine and resistance training on myogenic regulatory factor expression. Med Sci Sports Exerc 2003;35:923–929.
165. Willoughby DS, Rosene J. Effects of oral creatine and resistance training on myosin heavy chain expression. Med Sci Sports Exerc 2001;33:1674–1681.
166. Wingo JE, Casa DJ, Berger EM, et al. Influence of a pre-exercise glycerol hydration beverage on performance and physiologic function during mountain-bike races in the heat. J Athlet Train 2004;39:169–175.
167. Wolfe RR. Control of muscle protein breakdown: effects of activity and nutritional states. Int J Sport Nutr Exerc Metab 2001;11(Suppl):S164–S169.
168. Wolfe RR. Effects of amino acid intake on anabolic processes. Can J Appl Physiol 2001;26(Suppl):S220– S227.
169. World Anti-Doping Agency. The World Anti-Doping Code: The 2006 Prohibited List International Standard. Available at http://www.wada-ama.org/rtecontent/ document/2006_LIST.pdf. Accessed June 26, 2006.
170. Zhang Y, Wells JN. The effects of chronic caffeine administration on peripheral adenosine receptors. J Pharmacol Exp Ther 1990;254:757–763.
171. Ziegenfuss TN, Rogers M, Lowery L, et al. Effect of creatine loading on anaerobic performance and skeletal muscle volume in NCAA Division I athletes. Nutrition 2002;18:397–402.

CAPÍTULO

19

Treinamento com acessórios

ALLEN HEDRICK

Introdução

No mundo do esporte competitivo de hoje, uma enorme ênfase é colocada na força e no condicionamento como um método de melhorar o rendimento esportivo. Cada vez com mais freqüência, recursos financeiros estão sendo direcionados à construção de maiores e melhores centros de força e condicionamento. Ademais, por meio da formação continuada e de organizações profissionais, a base de conhecimento dos treinadores de força e condicionamento continua a melhorar.

O treinamento de força é visto como um aspecto necessário do programa geral planejado para melhorar o rendimento esportivo.

SEMELHANÇA NOS PROGRAMAS DE TREINAMENTO

Embora haja exceções, a maioria dos programas de força e condicionamento esportivos hoje enfatiza os pesos livres como método de treinamento preferido (4,18,21,25). Ademais, muitos desses programas que enfatizam o treinamento com pesos livres priorizam o desempenho dos exercícios de estilo olímpico (17,9,19). Além disso, muitos treinadores de força e condicionamento aderem ao conceito de periodização, organizando seus programas de treinamento em ciclos, de forma que cada ciclo tenha um objetivo fisiológico específico, sendo o objetivo último levar seus atletas a um pico de performance em determinado momento do calendário de competições (2,14,15,23). Embora haja variações no modelo de periodização de um programa para outro, uma revisão dos programas de treinamento que estão sendo utilizados em instalações esportivas de força e condicionamento pelo país, provavelmente, revelaria grandes semelhanças no planejamento dos programas de um local para outro.

Isso significa que há um número significativo de atletas que treinam em centros esportivos de alta qualidade, cujos treinadores são profissionais de força e condicionamento com boa formação e que empregam programas com semelhanças no planejamento. Em conseqüência, torna-se difícil colocar os atletas em uma posição de vantagem competitiva significativa por meio de seus programas de força e condicionamento. O desafio para o treinador de força e condicionamento é encontrar maneiras de aperfeiçoar seus programas de força e condicionamento, de forma que os atletas tenham uma vantagem durante a competição.

> *A maioria dos treinadores de força e condicionamento enfatiza o treinamento com pesos livres e a prática de exercícios de estilo olímpico seguindo um programa de treinamento periodizado. Como resultado, é difícil colocar os atletas em uma posição de vantagem competitiva.*

BASE CIENTÍFICA

A área da Ciência do Esporte cresceu dramaticamente em termos da quantidade de pesquisa que está sendo realizada para avaliar um amplo espectro de tópicos relacionados ao treinamento de rendimento. Por causa disso, é importante que o treinador de força e condicionamento aproveite as informações disponíveis e aplique-as sempre que possível. Certamente a maior parte de qualquer programa de treinamento deve basear-se no que a Ciência do Esporte determinou ser a melhor abordagem para alcançar a meta de rendimento desejada. Por exemplo, a pesquisa nos diz (5) que o treinamento periodizado é superior ao treinamento não-periodizado no intento de efetuar novos aumentos de força e potência em atletas treinados. Como resultado, conforme mencionado anteriormente, a vasta maioria dos programas de força e condicionamento esportivos adere ao conceito de periodização.

> *Devido ao vasto espectro de pesquisas ocorrendo na área da Ciência do Esporte, a maior parte de qualquer programa de treinamento deve basear-se em pesquisa.*

Carência de pesquisa de treinamento com acessórios

Ainda há áreas relacionadas ao treinamento para melhorar o rendimento esportivo que possuem pouca ou nenhuma evidência que as sustente ou refute. Uma área do treinamento de rendimento esportivo que carece de pesquisa científica é a valia do treinamento com **acessórios** (utensílios não-padrão de treinamento de força, tais como barris e pneus) outros que não as barras, os halteres ou os equipamentos de treinamento de força tradicionais. Com base em uma revisão de literatura, pouca ou nenhuma pesquisa tem sido realizada que avalie a efetividade do treinamento com equipamentos não-padrão, tais como pneus, cilindros, barris, pedras e acessórios similares, para homens do tipo "forçudo", por falta de um melhor termo.

> *Uma área que carece de pesquisa é a valia de realizar treinamento com acessórios de treinamento de força não-tradicionais.*

PRINCÍPIOS DE TREINAMENTO

Apesar dessa carência de pesquisa, os mesmos princípios que se aplicam a métodos de treinamento tradicionais podem ser utilizados para guiar o uso de treinamento com acessórios. Talvez o mais importante seja o conceito de movimentos de treinamento, e não de grupos musculares (13,20,22,23). Isto é, aumentos de força e/ou potência ocorrerão primeiramente no movimento utilizado durante o treinamento. Daí a importância de pensar em termos de treinar um movimento específico e não um músculo individual.

Sempre que um treinador de força e condicionamento considerar o uso de um novo modo de treinamento, tais como aqueles descritos neste capítulo, deve-se considerar a transferência da especificidade. Isso diz respeito à porcentagem de transposição de uma

Pergunta e resposta da área

Existem diferenças de opinião na área sobre as modalidades de treinamento e o uso de vários acessórios. Muitos dos acessórios carecem de uma base sólida na literatura científica em termos de efetividade. Nós devemos, como profissionais, nos preocupar com esse fato? Como devemos lidar com questões relacionadas à falta de pesquisa ao falarmos com administradores, treinadores e pais?

Admitidamente, há uma carência de pesquisa sobre muitos dos acessórios discutidos neste capítulo. Isso significa que devemos esperar que essas pesquisas sejam realizadas antes de utilizar esses acessórios? Na verdade, não. Contanto que apliquemos princípios de treinamento seguros e efetivos, o treinamento com acessórios pode ser incluído com segurança em qualquer programa de treinamento. Para justificar o exercício como relacionado a um esporte específico, os conceitos de especificidade e capacidade de transferência podem ser utilizados.

Pesquisas futuras fornecerão novas evidências relacionadas à efetividade dos vários acessórios discutidos neste capítulo. Como profissionais, ainda que não precisemos esperar por essas pesquisas para utilizar esses métodos de treinamento inovadores, devemos acompanhar as novas pesquisas e estar prontos para ajustar nossos programas de treinamento de acordo com as mesmas. Também devemos considerar o conjunto de pesquisas em um tópico específico. É improvável que um único estudo "prove" ou "refute" a efetividade de um único acessório de treinamento.

atividade de treinamento para o esporte ou a atividade para a qual o indivíduo estiver treinando. O treinamento ótimo para o indivíduo deve maximizar a transferência ou a transposição de características treináveis das atividades de treinamento para o desempenho da atividade ou do esporte específico (3).

A execução de um movimento poliarticular complexo ajuda a estabelecer uma via neural, de forma que todos os músculos envolvidos no movimento trabalhem em um padrão sincronizado. Um exemplo disso é um atacante saindo em disparada de uma posição de três pontos. As principais ações envolvidas nesse movimento são a extensão dos joelhos e quadris, a flexão plantar, a flexão dos ombros e a extensão dos cotovelos. O movimento deve ser semelhante ao que ocorre ao se virar um pneu de trator (discutido a seguir) (24).

Diferentemente, quanto mais dessemelhante for o padrão de movimento para o esporte ou a atividade-alvo, menos valia terá esse treinamento. Conseqüentemente, fica óbvio que atividades em que o atleta carrega um acessório pesado em cada mão por uma distância ou tempo prescrito não se transferem bem para a maioria das atividades esportivas, exceto talvez como um método de alcançar um efeito de treinamento anaeróbio geral. De modo semelhante, carregar pedras pesadas e colocá-las em uma posição elevada, por causa do risco de lesões e da necessidade de uma técnica estrita, pode representar um tempo mais bem gasto na realização de um treinamento de tipo mais tradicional.

Embora haja uma carência de pesquisas que avaliem o treinamento com acessórios, os mesmos princípios que são aplicáveis a modos de treinamento convencionais podem ser aplicados ao treinamento com acessórios.

Capacidade de transferência do treinamento com acessórios para a prática esportiva

Por outro lado, alguns treinamentos não-tradicionais podem transferir-se com muita efetividade para a prática esportiva, e sua inclusão em um programa de treinamento de força e condicionamento esportivos pode ser de valia por duas razões principais. Primeira, o padrão de movimento pode ser semelhante àquele observado durante a competição (p. ex., o movimento de virar um pneu transfere-se bem a movimentos específicos do futebol americano e outros). Segunda, o treinamento com acessórios aumenta a variação no treinamento, reduzindo o atrofiamento que pode surgir quando se executam os mesmos movimentos de treinamento de força repetidamente.

Alguns métodos de treinamento não-tradicionais podem ser utilizados para treinar efetivamente movimentos específicos do esporte e conferir variação ao programa de treinamento.

Acessórios que utilizam água como sobrecarga

Um método de treinamento com acessórios que teoricamente parece ser de grande valia nos programas de treinamento de certos tipos de atletas (i.e., futebol, hóquei, luta romana) é o uso de acessórios cheios d'água. **Acessórios que utilizam água como sobrecarga** são objetos tais como barris ou cilindros ou halteres de treinamento especialmente desenhados em que a maior parte da resistência é oferecida pela água contida no objeto. A água como uma forma de resistência representa um estímulo de treinamento único, porque oferece **resistência ativa dos fluidos**; isto é, a água está constantemente movendo-se durante a execução do exercício e, assim, oferece uma resistência ativa ao invés de estática (10,11). Isso difere de um exercício típico em que a resistência (na forma de uma pilha de pesos ou de uma barra) é relativamente estática e, portanto, muito pouco ou nenhum movimento ocorre.

Infelizmente, poucas pesquisas, se houver, avaliam a valia do treinamento com uma resistência ativa dos fluidos. Mas aplicando o conceito de especificidade, faz sentido que o treinamento com uma resistência ativa dos fluidos ofereça um método de treinamento altamente específico ao esporte, para certos tipos de atletas, quando comparado ao levantamento exclusivamente com uma resistência estática, porque, em muitas situações, atletas deparam-se com resistência dinâmica na forma de um oponente, assim como acontece com uma resistência estática. Além disso, devido ao fato de a resistência ativa dos fluidos aumentar a necessidade de estabilidade e controle, esse tipo de treinamento pode reduzir a oportunidade de lesões por causa da estabilidade articular melhorada.

Acessórios cheios d'água dão ao atleta uma oportunidade de treinar contra uma resistência ativa dos fluidos em vez da resistência estática que métodos de treinamento mais tradicionais oferecem.

APLICAÇÃO NA REALIDADE

Resistência instável ou superfície instável?

Este capítulo discute diversas formas de acessórios utilizados em programas de treinamento que oferecem uma resistência instável: barris, sacos de areia, etc. Existem acessórios que oferecem uma superfície instável ou uma base instável a partir da qual o atleta deve produzir força. Convém então uma pergunta, em que modalidade é mais apropriada: uma resistência instável ou uma superfície instável?

A resposta a essa pergunta é mais certamente específica ao esporte. Um ponto de consideração será o grau em que uma superfície de apoio é "instável" durante a realização de atividades específicas ao esporte.

Uma bola suíça é um artefato comum utilizado hoje no treinamento de atletas. Um "disco de equilíbrio" ou uma "prancha de equilíbrio" é utilizado em alguns casos para oferecer uma superfície instável debaixo de uma base fixa. Como profissional da área de força e condicionamento, você deve ser capaz de avaliar essas modalidades de exercício e determinar se elas são específicas ao esporte para o qual o atleta está treinando.

Em muitos esportes, o solo é a principal superfície que o atleta usa para gerar força de reação. Em alguns casos, o solo é escorregadio (grama molhada) ou possibilita deslizamento (uma quadra de saibro). Uma superfície escorregadia é o mesmo que uma superfície instável? Provavelmente não.

Embora isso não signifique que uma superfície instável nunca deva ser utilizada, você como profissional da área de força e condicionamento deve ter uma razão para utilizar qualquer equipamento. Essas modalidades podem ser muito úteis na reabilitação de lesões específicas. Uma vez que os programas de condicionamento devem progredir do geral ao específico, pode ser que superfícies instáveis sejam úteis na fase de condicionamento geral, mas não aplicáveis à fase específica ao esporte.

Antes de utilizar uma superfície instável em uma fase de condicionamento específico ao esporte, avalie o esporte e tenha uma razão específica para usar a modalidade.

O treinamento com acessórios deve suplementar os métodos tradicionais

Não se está sugerindo que o treinamento com acessórios torne-se a principal forma de treinamento de força para atletas. Considerando que algumas pessoas participam de competições de força bruta, é importante lembrar, ao usar o treinamento com acessórios com um cliente ou um atleta, que há uma razão legítima para usá-lo. Os atributos físicos requeridos para realizar uma atividade, os movimentos que compõem a atividade e os objetivos do programa devem ser todos avaliados quando se considera integrar o treinamento com acessórios ao programa (24). Barras e halteres, afinal, são ferramentas comprovadas que se têm mostrado muito efetivas no desenvolvimento de aumentos de força e potência. No entanto, se o objetivo for usar a sala de musculação para obter uma vantagem competitiva, suplementar esse treinamento tradicional com o treinamento com acessórios pode ser uma opção viável.

O treinamento com acessórios deve ser utilizado para suplementar os exercícios (p. ex., barra e haltere) que compõem o programa de treinamento esportivo tradicional de força.

PLANEJAMENTO DO PROGRAMA

Exemplos de suplementação de métodos de treinamento tradicionais com treinamento com acessórios são oferecidos nos Quadros 19.1, 19.2 e 19.3. A lista abaixo fornece explicações das abreviações utilizadas nos exercícios apresentados nas tabelas a seguir:

- TC: Exercício para todo o corpo; esse é um dos levantamentos olímpicos ou exercício de treinamento relacionado.

QUADRO 19.1 CICLO DE FORÇA 1. HÓQUEI

Datas: 28 abril a 25 maio
Ciclo: Força 1
Meta: Aumentar a força muscular devido à relação positiva entre força e potência.
Duração: 4 semanas.
Intensidade: Completar todas as repetições requeridas na primeira série, e só depois disso aumentar a resistência.
Ritmo: Levantamentos para *todo* o corpo executados da forma mais explosiva possível. Nos demais exercícios, levantar em 2 s, abaixar em 3 s.
Repouso: 2,5 minutos de repouso entre os levantamentos para todo o corpo; 2 minutos entre os demais exercícios.
Séries/repetições:

28 abril a 04 maio: TC = 4 x 5; LE = 4 x 7; EA = 3 x 8
05 maio a 11 maio: TC = 4 x 2; LE = 4 x 4; EA = 3 x 8
12 maio a 18 maio: TC = 4 x 5; LE = 4 x 7; EA = 3 x 8
19 maio a 25 maio: TC = 4 x 2; LE = 4 x 4; EA = 3 x 8

Segunda-feira	Quarta-feira	Sexta-feira
Todo o corpo Agachamento (solo) TC	**Todo o corpo** Levantamento com HT/viradade pneu TC	**Todo o corpo** Arranque com pés alt TC
Região inferior do corpo Agachamento EE Agachamento lateral com barril EE Estabilização de 60 s	**Região inferior do corpo** Agachamento em uma perna com HT/barril/EE Passadas à frente do hóquei com barril/EE	**Peitoral** Supino(1 série do pé) EE
Tronco Rotação do tronco declinado CS 3 x 15 Extensão invertida do tronco CS	**Tronco** Rotação do tronco com MB 3 x 15 Levantamento-terra com joelhos estendidos com barril/EA	**Tronco** Rotação russa CS 3 x 15 Tocar os pés CS 3 x 15
Região dorsal Remada com RM 2 x 8	**Peitoral** Supino com HT/barril EE	**Ombros** Desenvolvimento com barril EE Elevação frontal com RM 2 x 8
Pescoço Flexão lateral com RM 2 x 8	**Região dorsal** Remada com HT EE	**Pescoço** Flexão/extensão com RM 2 x 8

- EE: Exercício elementar ou primário; esse é um exercício poliarticular, como o agachamento.
- EA: Exercício auxiliar; esse é um exercício monoarticular, como a rosca bíceps.
- HT: Haltere; o exercício é executado com um haltere.
- CS: Com sobrecarga; o exercício é executado com uma resistência externa para oferecer um acréscimo de intensidade;
- RM: Resistência manual; o exercício utiliza um assistente como forma de resistência.
- MB: *Medicine ball*; o exercício é executado com uma *medicine ball*.
- Alt: Alternado; o exercício é executado alternando pernas ou alternando braços (dependendo do exercício).
- Agachamento com HT/pneu: Nos dias em que os atletas executam agachamento com haltere, eles têm a oportunidade de executar uma virada de pneu. Essa virada de pneu é executada com um movimento similar à subida durante um levantamento.
- SA: Saco de areia; o exercício é executado com um saco de areia.
- ES: Estribo; o exercício é executado com estribo(s).
- CL: Cilindro; o exercício é executado com um cilindro.

DESCRIÇÃO DOS ACESSÓRIOS DE TREINAMENTO SUGERIDOS

Inúmeros acessórios de treinamento podem ser utilizados para conduzir um programa de treinamento. A lista a seguir oferece uma descrição de alguns desses acessórios, bem como orientações sobre como usá-los.

QUADRO 19.2 CICLO DE FORÇA 2. *RUNNING BACKS*/RECEPTOR (FUTEBOL AMERICANO)

Datas: 29 março a 02 maio
Ciclo: força 2
Meta: Aumentar a força muscular devido à relação positiva entre força e potência.
Duração: 5 semanas.
Intensidade: Selecionar uma carga que permita completar todas as repetições requeridas na primeira série, e só depois disso aumentar a resistência.
Ritmo: Levantamentos para todo o corpo executados de forma explosiva. Nos demais exercícios, levantar em 2 s, abaixar em 3 s.
Repouso: 2,5 minutos de repouso entre os exercícios para todo o corpo; 2 minutos entre as demais séries e exercícios.
Séries/repetições:

29 março a 04 abril: TC = 4 x 5; EE = 4 x 6; EA = 3 x 6
05 abril a 11 abril: TC = 4 x 3; EE = 4 x 4; EA = 3 x 6
12 abril a 18 abril: TC = 4 x 5; EE = 4 x 6; EA = 3 x 6
19 abril a 25 abril: TC = 4 x 3; EE = 4 x 4; EA = 3 x 3
26 abril a 02 maio: TC = 4 x 5; EE = 4 x 6; EA = 3 x 6

Segunda-feira	Quarta-feira	Sexta-feira
Todo o corpo Agachamento com levantamento (solo) TC Arremessos com pés alt TC	**Todo o corpo** Levantamento/virada de pneu com HT/ES TC	**Todo o corpo** Arranque com balanço, com pés alt TC
Peitoral Supino com corrente EE	**Região inferior do corpo** Agachamento em uma perna com HT/ES/barril/CL/SA EE Agachamento lateral com HT/ES/barril/CL/SA EE Flexão dos joelhos/flexão dos joelhos com RM EA	**Região inferior do corpo** Agachamentos com corrente EE Passadas em deslocamento com barril/CL/SA EE Estabilização 1 x 60 s
Tronco Arremessos declinados com um braço com MB 3 x 15 Extensão invertida do tronco com RM 3 x 12	**Tronco** Extensão com MB 3 x 15 Extensão com rotação com MB 3 x 15	**Tronco** Extensão alt CS/com MB 3 x 15 Extensão invertida com RM 3 x 12
Ombros Elevação frontal com RM	**Peitoral** LE inclinado com HT/ES/barril/EE/SA	**Região dorsal** Remada com barra em T/ HT/ES
Região dorsal Remada curvada EE Remada vertical com RM	**Braços** Tríceps em pé com RM	**Pescoço** Extensão/flexão com RM 2 x 8
Pescoço Flexão lateral com RM 2 x 8		

Barris

A quantidade necessária de **barris** (tonéis de aço cheios d'água) e a variação de peso requerida dependerão do número de atletas que treinam ao mesmo tempo com barris e da variedade de exercícios com barril incluídos no programa de treinamento. Pense em cada barril como uma estação de treinamento; o ideal é que você queira não mais do que três atletas por barril. Certos exercícios, tais como a elevação frontal com barril, requer um peso razoavelmente leve (p. ex., 9 kg); embora alguns atletas possam ser capazes de levantar até 127 a 136 kg.

Esteja ciente de que, devido às exigências de equilíbrio e estabilidade adicionais, os atletas não conseguirão utilizar a mesma quantidade de peso em um exercício com barril do que utilizariam na execução do mesmo exercício com uma barra. Embora isso possa parecer comprometer aumentos potenciais em força, considere que os atletas podem estar desenvolvendo um nível mais alto de força transferível – isto é, a força que pode ser utilizada efetivamente durante uma competição.

Os barris podem ser mais facilmente cheios até o peso desejado removendo-se o tampo, colocando-se o barril em uma balança e utilizando-se uma mangueira. Um barril grande cheio d'água normalmente pesará

QUADRO 19.3 CICLO DE FORÇA 2. VOLEIBOL

Datas: 31 maio a 27 junho
Ciclo: Potência 2
Meta: Aumentos na potência muscular, devido à relação positiva entre potência muscular e rendimento.
Duração: 4 semanas.
Intensidade: Completar todas as repetições requeridas em boa forma na primeira série, e só depois disso aumentar a resistência.
Ritmo: Levantamentos para todo o corpo executados da forma mais explosiva possível. Levantamentos cronometrados executados em um ritmo que permita completar o número exigido de repetições no período de tempo especificado.
Repouso: 3 minutos de repouso entre as séries e os exercícios para todo o corpo; 2,5 minutos entre as demais séries e exercícios.
Séries/repetições:

31 maio a 06 junho: TC = 5 x 2; EE = 4 x 4 em 5 segundos (1,3)
07 junho a 13 junho: TC = 5 x 3; EE = 4 x 6 em 9 segundos (1,5)
14 junho a 20 junho: TC = 5 x 2; EE = 4 x 4 em 5 segundos (1,3)
21 junho a 27 junho: TC = 5 x 3; EE = 4 x 6 em 9 segundos (1,5)

Segunda-feira	Quarta-feira	Sexta-feira
Todo o corpo Agachamento com levantamento TC	**Todo o corpo** Arranque com balanço, com pés alt com HT/ES TC Arranque com pés alt com HT TC	**Todo o corpo** Arranque com pés alt TC Arremessos com pés alt TC
Região inferior do corpo Agachamentos com corrente (2 séries) EE Agachamentos com barril/CL/SA (2 séries) EE Passada lateral com barril/CL/SA EE	**Região inferior do corpo** Agachamentos em uma perna com HT/ES/SA/CL EE Passada oblíqua com barril/ES/SA/CL EE Estabilização de 60 s	**Peitoral** Supino com corrente (2 séries) EE Supino (2 séries) EE *Pullovers* com HT EE
Tronco Rotação em pé com barra, com as duas mãos 3 x 10 Extensão do tronco CS 3 x 8	**Tronco** Flexão com rotação do tronco com MB 3 x 10 Extensão do tronco com rotação CS 3 x 8	**Tronco** Arremesso de MB com as duas mãos, em decúbito ventral 3 x 10
Região dorsal Remada curvada com barra/barril/SA EE	**Peitoral/ombro** Supino com HT/ES/SA EE	**Ombros** Desenvolvimento com barril/ES/SA EE
Manguito rotador Rotação interna 2 x 12	**Manguito rotador** Latas vazias 2 x 12	**Manguito rotador** Rotação funcional 2 x 12

cerca de 72,6 kg. Para aumentar ainda mais o peso do barril, pode-se misturar areia com a água. A areia tem a vantagem de ser barata e, por ficar molhada dentro do barril, manter suas características dinâmicas, movendo-se dentro do barril conforme o exercício é executado.

Para facilitar a execução de exercícios tais como agachamentos, passadas ou desenvolvimentos, pode-se construir estantes de barris. O propósito desses suportes é manter o barril no local com segurança, aproximadamente na altura dos ombros, facilitando a sua colocação na posição correta para executar o exercício desejado. Por exemplo, imagine os suportes de barris como um suporte de agachamento em que a barra é mantida no local na altura aproximada dos ombros, de forma que o atleta possa colocá-la nas costas para executar o agachamento.

Muitos barris são fabricados com uma alça no topo. O fundo é normalmente fabricado com uma borda para permitir que o usuário segure melhor essa extremidade. Agarrando a alça no topo e utilizando a borda do fundo, consegue-se segurar o barril com firmeza. Contudo, é preciso ter cautela ao utilizar os barris para executar exercícios de treinamento de força. A pegada do atleta no barril não será tão segura quanto em uma barra ou em um haltere. Além disso, a água estará movendo-se dentro do barril, criando uma resistência mais difícil de controlar. Deve-se ter o cuidado de auxiliar atentamente quando um exercício com barril estiver sendo executado, e o usuário deve lembrar-se de utilizar uma resistência mais leve do que utilizaria para executar o mesmo exercício com uma barra.

A quantidade de barris necessária para suplementar o programa de treinamento de força e a variação do peso necessário nos barris dependerão do número de atletas que treinam ao mesmo tempo com barris e dos tipos de exercícios com barril a serem executados. É importante lembrar que os exercícios executados com barril são muito mais difíceis do que os mesmos exercícios executados com barras ou halteres; por causa disso, o atleta terá de reduzir o peso do treinamento para executar um exercício com barril, comparado ao mesmo exercício executado com uma barra ou um haltere.

Cilindros

Os **Cilindros** ("tubos" de 1,8 m de comprimento e 30,5 cm de circunferência) também são cheios com água. Prolongando-se de cada lado do cilindro, têm-se tubos da espessura de uma barra-padrão; assim, pode-se adicionar anilhas no cilindro. A capacidade de mudar o peso do cilindro rapidamente adicionando-se anilhas limita a necessidade de se ter um grande número de cilindros de vários pesos.

Os cilindros são projetados com locais apropriados para empunhadura, os quais facilitam a sua sustentação. Devido ao comprimento dos cilindros, a água pode percorrer uma distância significativa comparada a dos barris, e isso aumenta a natureza dinâmica dos exercícios executados com esse acessório.

Assim como acontece com barris, os atletas não serão capazes de executar exercícios com o cilindro com o peso que utilizariam para executar os mesmos exercícios com uma barra. Peque por excesso de precaução e aumente lentamente a intensidade desse tipo de treinamento à medida que o atleta demonstrar a capacidade de controlar o acessório durante o exercício.

Como os cilindros medem 1,8 m de comprimento, a água nele contida tem o potencial de mover-se mais, aumentando assim as características dinâmicas do exercício e o grau de dificuldade do movimento.

Halteres cheios d'água

Os **Halteres cheios d'água** (versões menores dos cilindros cheios d'água) destinam-se a ser usados da mesma maneira que um haltere comum. Pelo fato de os halteres serem muito menores em comprimento do que os cilindros, o grau de movimento da água dentro deles é muito menor. No entanto, esse movimento ainda oferece um desafio a mais ao atleta, especialmente quando o acessório está sendo sustentado com apenas uma mão. Ele fornece um estímulo de treinamento único e, dessa forma, o potencial de colocar o atleta em uma posição de vantagem na competição.

Embora ocorra menos resistência dinâmica utilizando-se halteres cheios d'água comparados aos barris ou aos cilindros (pelo fato de os halteres serem muito mais curtos do que os barris ou os cilindros), os halteres ainda fornecem ao atleta um estímulo de treinamento diferente.

Pneus

Os **pneus** (simples pneus usados de caminhões e equipamentos pesados) são modificados de tal forma que o atleta possa adicionar peso ao centro do pneu para ajustar a resistência a seus níveis de força específicos. Diferentemente dos barris, cilindros e halteres cheios d'água, com os quais uma variedade de exercícios pode ser executada, os pneus podem apenas ser virados. O movimento nos tornozelos, joelhos e quadris é muito semelhante durante a puxada na execução de um levantamento ou na virada do pneu.

O uso de pneus oferece algumas vantagens. A primeira é que virar o pneu oferece aos atletas uma maior variedade em seus programas de treinamento, o que é positivo. A segunda, os atletas podem sofrer lesões que os impeçam de executar um levantamento (normalmente lesões nos punhos, cotovelos, ombros ou costas) com segurança e sem dor, mas eles podem executar uma virada de pneu sem agravar uma lesão existente. Finalmente, pelo fato de não haver uma fase de pegada na virada de pneu, o atleta às vezes sente-se mais capaz de concentrar-se na fase explosiva do movimento.

Os pneus oferecem uma variação singular e desafiante para atletas que executam regularmente levantamentos ou puxadas altas como partes de suas sessões de treino.

Estribos*

O esporte de levantamento de *kettlebells* originou-se na Rússia, na metade do século XIX. Embora não sejam novos, os *kettlebells* ainda são únicos nos Estados Unidos, apesar de estarem crescendo em popularidade. Os *kettlebells* têm sido descritos como semelhantes a bolas de boliche pretas, com uma alça de mala fixada às mesmas; elas normalmente pesam entre 15,9 a 45,4 kg.

Embora os exercícios normalmente executados com estribos também possam ser executados com halteres, os estribos oferecem algumas diferenças singulares. A primeira delas é que o local de empunhadura desse acessório é muito mais espesso do que o de um haltere, o que torna a pegada mais difícil. Isso pode ser um desafio para a força de pegada de um atleta. A segunda é que a

* N. de T.: Por não haver tradução conhecida do termo *kettlebells*, os tradutores, aqui, optaram por traduzir o termo como estribo devido à semelhança entre esses acessórios.

empunhadura em um estribo é projetada para permitir que esta balance livremente, gerando uma resistência mais ativa se comparada a de um haltere comum. Isso faz com que um número maior de músculos estabilizadores seja recrutado durante o treinamento com estribos comparado ao treinamento com halteres (16).

Dois dos principais exercícios normalmente executados com estribos são a metida ao peito e o arranque (6). Um dos motivos por que esses dois levantamentos são tão úteis (e isso não é exclusivo dos estribos) é a importância de treinar os movimentos e não os músculos (3). Essa diretriz salienta a importância de executar os movimentos esportivos durante o treinamento de força com um correto alinhamento postural; ademais, não é somente a quantidade de peso levantado durante o treinamento que importa, mas também a velocidade em que o movimento ocorre e como isso se transfere para o esporte (3).

Eis alguns dos exercícios que podem ser executados com estribos:

- Metida ao peito
- Arremesso desenvolvido
- Rotações
- Agachamento frontal
- Desenvolvimento incompleto
- Supino
- Supino inclinado
- Levantamento-terra unilateral
- Remada unilateral

Também é importante notar que, assim como as manobras com halteres, os exercícios com estribo(s) podem ser agrupados dentro de uma infinidade de rotinas. Eles também podem ser combinados com outros exercícios com pesos livres e exercícios que utilizam sobrecarga corporal.

Correntes

As **correntes** (medindo 1,8 a 2,1 m de comprimento e pesando 5,4 a 9 kg cada uma) são utilizadas em conjunto com uma barra comum e anilhas, e são penduradas nas extremidades da barra. Quando suspensas corretamente, uma parte da corrente repousa no solo, embaixo da barra. Conforme a barra é levantada, outros anéis da corrente elevam-se do solo, somando-se ao peso total da barra. O valor desse aumento gradual na quantidade de peso sendo levantado é que ele ocorre à medida que o corpo assume uma posição mecanicamente favorável (em certos exercícios tais como o agachamento, o levantamento-terra ou o supino). De forma semelhante, conforme a barra é abaixada, o peso total sobre ela é reduzido à medida que os elos da corrente juntam-se no solo e o corpo adota uma posição mecanicamente desfavorável.

Por exemplo, na execução de um agachamento paralelo, a posição mais fraca do movimento é no final da fase descendente do agachamento, na qual a maior parte da corrente repousa no solo. Quando a pessoa começa a retornar à posição em pé, ela se coloca na posição mais forte e mais elos são levantados do solo, aumentando o peso total sobre a barra (8). A utilização das correntes dessa maneira aumenta e diminui progressivamente a resistência durante a execução de um movimento, aproximando-se mais da curva de força que ocorre no corpo. Além disso, as correntes balançam e giram ao longo da amplitude de movimento, provocando um maior envolvimento dos músculos estabilizadores (3).

Ao executar um exercício comum com pesos livres ou em equipamento (dependendo do desenho deste), ao contrário da resistência que ocorre com o uso de correntes, a resistência externa (peso) selecionada permanece constante durante todo o exercício. Enquanto a resistência externa mantém-se constante, a força exercida pelo músculo varia à medida que a vantagem mecânica das articulações envolvidas no movimento altera-se conforme o exercício é realizado ao longo da amplitude de movimento (3).

Supõe-se que, aproximando-se da curva de força para produzir níveis de força próximos da máxima ao longo da amplitude de movimento e aumentando-se a necessidade de estabilização ao se executar um dado exercício devido ao movimento das correntes, a quantidade de transferência a uma tarefa é aumentada. Um exemplo comumente utilizado é um *lineman* no futebol americano, jogador que, normalmente, durante uma competição, fica em uma posição ereta e depara-se com forças de alta intensidade provenientes de muitos ângulos. Diferentemente do treinamento tradicional com halteres, o treinamento com correntes resulta na produção de forças intensas no quadrante final da amplitude de movimento do *lineman* (3).

Pesquisas que avaliaram a efetividade de agachamentos com corrente sugerem que a adição de correntes não oferece vantagem à execução do exercício. Utilizando eletromiografia (EMG) e forças de reação do solo (FRS) em agachamentos executados com barra e anilhas e agachamentos com barra, anilhas e correntes penduradas de cada lado, não foram encontradas diferenças significativas entre as adaptações ao treinamento decorrentes da execução de agachamentos com barra tradicionais quando comparados a agachamentos com barra com a adição de correntes (3).

Embora faltem evidências científicas, os casos suportando o uso de correntes para o aumento de força e potência estão aumentando entre treinadores e atletas de força. Com uma supervisão adequada que garanta que o treinamento com correntes seja executado de maneira segura, as correntes proporcionam a treinadores e levantadores um método de treinamento suplementar de baixo custo, que pode ser facilmente incorporado ao programa de treinamento (3).

Sacos de areia

Os **sacos de areia** são sacos de lona que revestem sacos plásticos cheios de areia. Eles podem variar de peso de 11,3 a 45,3 kg ou mais (17). Tais como os acessórios cheios d'água, os sacos de areia permitem espaço para que a areia se desloque, gerando uma resistência ativa ao invés de estática. Essa resistência ativa faz com que o levantador se movimente e se acomode à medida que executa o exercício, aumentando assim a ativação muscular e o gasto de energia.

Os sacos de areia também são muito efetivos em aumentar a força de empunhadura (12). Como não oferecem um ponto de empunhadura conveniente, eles desafiam a capacidade do levantador de empunhar o saco de areia enquanto executam uma ampla variedade de exercícios.

Os sacos de areia também possuem a vantagem de serem baratos e extremamente versáteis (12). Com pouco dinheiro (se comparado ao necessário para comprar equipamentos tradicionais de treinamento de força), eles podem facilmente ser feitos e oferecer um acessório de treinamento que pode ser utilizado para executar uma diversidade de exercícios.

Outra vantagem de incluir exercícios com sacos de areia no programa de treinamento é oferecer variedade ao atleta. Isso ajuda a evitar o aborrecimento que pode ocorrer quando os mesmos exercícios são repetidamente executados com os mesmos acessórios.

Devido à falta de jeito no manejo do saco de areia, é importante focar na boa postura de levantamento (12). A técnica utilizada para executar a vasta maioria de exercícios com saco de areia (agachamentos, flexão e extensão da coluna, passadas, supino, desenvolvimento, remadas e outros) é geralmente idêntica àquela para executar os mesmos exercícios com equipamentos tradicionais de treinamento de força.

DESCRIÇÃO DE EXERCÍCIOS COM ACESSÓRIOS E EXEMPLOS DE SESSÕES DE TREINAMENTO

A lista a seguir de exercícios que podem ser executados com os acessórios discutidos neste capítulo não abrange tudo, mas oferece descrições dos exercícios com acessórios incluídos nos exemplos de sessões de treinamento fornecidos anteriormente. A maioria dos exercícios com acessórios é executada de modo semelhante àqueles executados com equipamentos tradicionais de treinamento de força.

É importante observar que exercícios olímpicos não são executados com barris ou cilindros. Devido à dificuldade técnica de executar esse tipo de exercícios e à falta de jeito em utilizar esses acessórios, as chances de lesão durante a execução desses exercícios com esses implementos são muito grandes. Todos os exercícios de estilo olímpico, no entanto, podem ser executados com segurança com os halteres cheios d'água por aqueles atletas que possuem boa técnica de execução desses exercícios. Lembre que, em todos os exercícios executados com acessórios, a carga de treinamento deve ser reduzida em comparação à que o atleta utilizaria com uma barra ou um haltere tradicional.

Não estão incluídas nesta lista descrições de exercícios com halteres cheios d'água. Os movimentos que utilizam esses halteres são idênticos àqueles que utilizam halteres comuns e, portanto, não são discutidos aqui.

Exercícios de potência

Levantamentos com halteres/estribos
Arranque com balanço, com os pés alternados, com estribos
Arranque alternado, com os pés alternados, com estribos
Virada de pneu

Exercícios para os quadris/coxas

Agachamento com corrente
Agachamento com barril/cilindro/saco de areia
Agachamento lateral com barril/cilindro
Agachamento unilateral com estribos/barril/cilindro/saco de areia
Passada em deslocamento com barril/cilindro/saco de areia
Passada à frente do hóquei com estribos/barril/cilindro/saco de areia
Passada oblíqua com barril/cilindro/saco de areia
Levantamento-terra com os joelhos estendidos, com barril/cilindro/saco de areia

Exercícios para o peitoral

Supino com estribos/barril/cilindro/saco de areia
Supino com corrente
Supino inclinado com barril/cilindro/saco de areia

Exercício para a região dorsal

Serrote com estribo

Exercícios para os ombros

Desenvolvimento com estribos/barril/cilindro/saco de areia

Exercícios para as regiões abdominal e lombar

Rotação russa com saco de areia
Tocar os pés com saco de areia

EXERCÍCIOS DE POTÊNCIA

Levantamentos com halteres/estribos

Tipo de exercício

Exercício de potência (explosivo) para todo o corpo

Músculos envolvidos

Glúteo máximo, isquiotibiais (semimembranoso, semitendinoso, bíceps femoral), quadríceps femoral (vasto lateral, vasto intermédio, vasto medial, reto femoral), sóleo, gastrocnêmio, trapézio, deltóide (partes clavicular, acromial, espinal).

Posição inicial

Agarre os dois estribos. Posicione-se com os pés afastados na largura dos ombros, a cabeça erguida, as costas arqueadas e os pés planos. Os estribos devem ser mantidos na altura dos joelhos, em uma posição com as palmas para baixo, na parte lateral de cada perna. Os joelhos devem ficar levemente flexionados, as costas arqueadas, os ombros ligeiramente à frente dos estribos, e a cabeça/os olhos voltados à frente (Fig. 19.1A).

Movimento ascendente

Inicie o movimento saltando em uma posição dos quadris totalmente estendidos, depois encolha vigorosamente os ombros e, finalmente, puxe os estribos até que fiquem ao longo da parte externa do gradil costal, até aproximadamente a altura do esterno (Fig. 19.1B). Nesse ponto, traga os cotovelos para cima e junto ao corpo, de forma que se mantenham elevados à altura dos ombros, apontando diretamente à frente do corpo. Quando os estribos alcançarem a altura do esterno, desloque os quadris para trás e desça até uma posição de agachamento completo, depois retorne à posição em pé.

FIGURA 19.1 Levantamentos com estribos. **A.** Posição inicial. **B.** Movimento ascendente.

Arranque com balanço, com os pés alternados, com estribos

Tipo de exercício

Exercício de potência (explosivo) para todo o corpo

Músculos envolvidos

Glúteo máximo, isquiotibiais (semimembranoso, semitendinoso, bíceps femoral), quadríceps femoral (vasto lateral, vasto intermédio, vasto medial, reto femoral), sóleo, gastrocnêmio, trapézio (parte descendente), deltóide (partes clavicular, acromial, espinal), tríceps braquial.

Posição inicial

Em pé, com os pés afastados na largura dos ombros, agarrando os dois estribos na altura dos ombros, com as palmas voltadas à frente (Fig. 19.2A).

Movimento ascendente

Com uma pequena e rápida flexão e depois extensão dos quadris, impulsione os estribos até o alto e, simultaneamente, afaste os pés um à frente e outro atrás, de forma a segurar os estribos em uma posição de passada à frente, com os braços totalmente estendidos acima da cabeça (Fig. 19.2B). Retorne à posição inicial e repita o movimento, alternando a posição dos pés em cada repetição.

FIGURA 19.2 Arranque com balanço, com os pés alternados, com estribos. **A.** Posição inicial. **B.** Movimento ascendente.

Arranque alternado, com os pés alternados, com estribos

Tipo de exercício

Exercício de potência (explosivo) para todo o corpo

Músculos envolvidos

Glúteo máximo, isquiotibiais (semimembranoso, semitendinoso, bíceps femoral), quadríceps femoral (vasto lateral, vasto intermédio, vasto medial, reto femoral), sóleo, gastrocnêmio, trapézio (parte descendente), deltóide (partes clavicular, acromial, espinal), tríceps braquial.

Posição inicial

Em pé, com os pés afastados na largura dos ombros, os joelhos levemente flexionados, as costas arqueadas. Os estribos devem ser mantidos em uma posição com as palmas para baixo, na altura dos joelhos. Os ombros devem ficar ligeiramente à frente dos estribos nessa posição (Fig. 19.3A).

Movimento ascendente

Estenda rapidamente os quadris. No topo da extensão dos quadris, encolha vigorosamente os ombros e então puxe os estribos ao longo da parte lateral do gradil costal. No topo da puxada, os estribos devem ficar na altura do peito (Fig. 19.3B). Nesse ponto, afaste os pés um à frente e outro atrás, de forma a segurar os estribos em uma posição de passada à frente, com os braços totalmente estendidos acima da cabeça (Fig. 19.3B). Retorne à posição inicial e repita o movimento, alternando a posição dos pés em cada repetição.

FIGURA 19.3 Arranque com os pés alternados, com estribos. **A.** Posição inicial. **B.** Movimento ascendente.

(continua)

Arranque alternado, com os pés alternados, com estribos *(continuação)*

FIGURA 19.3 (continuação) Arranque com os pés alternados, com estribos. **C.** Posição final.

Virada de pneu

Tipo de exercício

Exercício de potência (explosivo) para todo o corpo

Músculos envolvidos

Glúteo máximo, isquiotibiais (semimembranoso, semitendinoso, bíceps femoral), quadríceps femoral (vasto lateral, vasto intermédio, vasto medial, reto femoral), sóleo, gastrocnêmio, trapézio, deltóide (partes clavicular, acromial, espinal).

Posição inicial

Afaste os pés aproximadamente na largura dos ombros. Mantendo as costas arqueadas, desloque os quadris para trás (não permita que os joelhos passem à frente das pontas dos pés) e assuma uma pegada supinada no pneu. As mãos devem ficar afastadas a uma largura um pouco maior do que a dos ombros. Use as pernas para levantar o pneu, de forma que as mãos sejam elevadas até o meio das pernas. Os braços devem ficar totalmente estendidos, as costas arqueadas e os pés planos no solo (Fig. 19.4A).

Puxada alta

Usando uma ação de impulsão, realize um movimento explosivo para cima a partir das pernas e vire o pneu na diagonal, lembrando-se de manter as costas arqueadas durante todo o movimento (Fig. 19.4B). Uma vez virado o pneu diagonalmente, dê um passo à frente e empurre-o vigorosamente para cima (Fig. 19.4C).

Virada de pneu *(continuação)*

FIGURA 19.4 Virada de pneu. **A.** Posição inicial. **B.** Puxada alta. **C.** Posição final.

EXERCÍCIOS PARA OS QUADRIS/COXAS

Agachamento com corrente

Tipo de exercício

Poliarticular para a parte inferior do corpo

Músculos envolvidos

Glúteo máximo, quadríceps femoral (vasto lateral, vasto intermédio, vasto medial, reto femoral), isquiotibiais (semimembranoso, semitendinoso, bíceps femoral).

Movimento

Este exercício é executado de modo idêntico a um agachamento normal com barra. A única diferença é que as correntes de levantamento são fixadas em cada extremidade da barra (Fig. 19.5A,B).

(continua)

Agachamento com corrente *(continuação)*

FIGURA 19.5 Agachamentos com corrente. **A.** Posição inicial. **B.** Movimento descendente.

Agachamento com barril/cilindro/saco de areia

Tipo de exercício

Poliarticular para a parte inferior do corpo

Músculos envolvidos

Glúteo máximo, quadríceps femoral (vasto lateral, vasto intermédio, vasto medial, reto femoral), isquiotibiais (semimembranoso, semitendinoso, bíceps femoral).

Posição inicial

Coloque o barril, cilindro ou saco de areia nas costas, como na execução de agachamentos com barra. Afaste os pés mais ou menos na largura dos ombros (Fig. 19.6A).

Movimento descendente

Mantendo as costas arqueadas, inicie o movimento deslocando os quadris para trás, não permitindo que os joelhos passem à frente das pontas dos pés. Continue nessa posição até que as coxas tenham alcançado a posição paralela ao solo (Fig. 19.6B). Mantendo as costas arqueadas, retorne à posição inicial.

Agachamento com barril/cilindro/saco de areia (*continuação*)

FIGURA 19.6 Agachamento com barril. **A.** Posição inicial. **B.** Movimento descendente.

Agachamento lateral com barril/cilindro

Tipo de exercício

Poliarticular para a parte inferior do corpo

Músculos envolvidos

Glúteo máximo, quadríceps femoral (vasto lateral, vasto intermédio, vasto medial, reto femoral), isquiotibiais (semimembranoso, semitendinoso, bíceps femoral), abdutores/adutores dos quadris.

Posição inicial

Coloque o barril ou cilindro nas costas, como na execução de agachamentos com barra. Afaste os pés 25 a 30 cm a mais do que a largura dos ombros (Fig. 19.7A).

Movimento descendente

Mantendo o joelho esquerdo estendido e o pé esquerdo totalmente apoiado ao solo, flexione o joelho direito, desloque os quadris para trás e mova-os lateralmente à direita (Fig. 19.7B). Retorne à posição inicial e alterne o movimento para o lado oposto, até executar o número solicitado de repetições (Fig. 19.7C).

Movimento alternativo: passada lateral com barril/cilindro/saco de areia

Coloque o barril, cilindro ou saco de areia nas costas, como na execução de agachamentos com barra. Afaste os pés mais ou menos na largura dos ombros. Dê um passo diretamente na lateral com o pé direito em uma amplitude de movimento confortável. Mantendo o joelho esquerdo estendido e o pé esquerdo totalmente apoiado ao solo, flexione o joelho direito, desloque os quadris para trás e mova-os lateralmente à direita. Retorne à posição inicial e alterne o movimento para o lado oposto até executar o número solicitado de repetições.

(continua)

Agachamento lateral com barril/cilindro *(continuação)*

FIGURA 19.7 Agachamento lateral com cilindro. **A.** Posição inicial. **B.** Movimento descendente, perna direita. **C.** Movimento descendente, perna esquerda.

Agachamento unilateral com estribos/barril/cilindro/saco de areia

Tipo de exercício

Poliarticular para a parte inferior do corpo

Músculos envolvidos

Glúteo máximo, quadríceps femoral (vasto lateral, vasto intermédio, vasto medial, reto femoral), isquiotibiais (semimembranoso, semitendinoso, bíceps femoral), abdutores/adutores dos quadris.

Posição inicial

Segure os estribos à distância de um braço, ao longo do corpo, ou coloque o barril, cilindro ou saco de areia nas costas, como na execução de agachamentos com barra. Fique em pé cerca de uma passada de distância de um banco. Leve uma perna para trás e coloque o pé sobre o banco (Fig. 19.8A).

Movimento descendente

Mantendo as costas arqueadas, inicie o movimento deslocando os quadris para trás, não permitindo que o joelho passe à frente da ponta do pé dianteiro. Continue nessa posição até que a coxa da perna de apoio tenha alcançado uma posição paralela (Fig. 19.8B). Mantenha as costas arqueadas e retorne à posição inicial. Repita com a outra perna.

Agachamento unilateral com estribos/barril/cilindro/saco de areia *(continuação)*

FIGURA 19.8 Agachamento unilateral com saco de areia. **A.** Posição inicial. **B.** Movimento descendente.

Passada em deslocamento com barril/cilindro/saco de areia

Tipo de exercício

Poliarticular para a parte inferior do corpo

Músculos envolvidos

Glúteo máximo, iliopsoas, quadríceps femoral (vasto lateral, vasto intermédio, vasto medial, reto femoral), isquiotibiais (semimembranoso, semitendinoso, bíceps femoral), sóleo, gastrocnêmio.

Posição inicial

Coloque o barril, cilindro ou saco de areia nas costas, como na execução de agachamentos com barra (Fig. 19.9A).

Movimento descendente

Dê uma passada bem larga com a perna direita à frente e depois abaixe o corpo, de forma que o joelho direito fique atrás da ponta do pé direito, e o joelho esquerdo fique flexionado sem tocar o solo (Fig. 19.9B). A partir dessa posição baixa, dê uma passada exagerada à frente em um movimento contínuo com a perna esquerda, conforme descrito acima; o joelho direito não deve tocar o solo (Fig. 19.9C). É importante manter as costas arqueadas durante toda a execução deste exercício.

(continua)

Passadas em deslocamento com barril/cilindro/saco de areia *(continuação)*

FIGURA 19.9 Passada em deslocamento com barril. **A.** Posição inicial. **B.** Movimento descendente, perna direita. **C.** Movimento descendente, perna esquerda.

Passada à frente do hóquei com estribos/barril/cilindro/saco de areia

Tipo de exercício

Poliarticular para a parte inferior do corpo

Músculos envolvidos

Glúteo máximo, quadríceps femoral (vasto lateral, vasto intermédio, vasto medial, reto femoral), isquiotibiais (semimembranoso, semitendinoso, bíceps femoral), abdutores/adutores dos quadris.

Posição inicial

Comece com a passada à frente com halteres antes de progredir para outros implementos. Segure os halteres ou os estribos à distância de um braço, ao longo do corpo, ou coloque o barril, cilindro ou saco de areia nas costas, como na execução de agachamentos com barra.

Movimento descendente

Dê uma passada bem larga com a perna direita à frente, de forma que o pé direito fique a 35-40 cm do ombro direito, e depois abaixe o corpo de tal forma que o joelho direito fique atrás da ponta do pé direito e o joelho esquerdo fique flexionado sem tocar o solo (Fig. 19.10A). A partir dessa posição baixa, dê uma passada exagerada à frente em um movimento contínuo com a perna esquerda, conforme descrito acima; o joelho direito não deve tocar o solo (Fig. 19.10B). É importante manter as costas arqueadas durante toda a execução deste exercício.

Passada à frente do hóquei com estribos/barril/cilindro/saco de areia *(continuação)*

FIGURA 19.10 Passada à frente com halteres. **A.** Movimento descendente, perna direita. **B.** Movimento descendente, perna esquerda.

Passada oblíqua com barril/cilindro/saco de areia

Tipo de exercício

Poliarticular para a parte inferior do corpo

Músculos envolvidos

Glúteo máximo, quadríceps femoral (vasto lateral, vasto intermédio, vasto medial, reto femoral), isquiotibiais (semimembranoso, semitendinoso, bíceps femoral), abdutores/adutores dos quadris.

Posição inicial

Coloque o barril, cilindro ou saco de areia nas costas, como na execução de agachamentos com barra. Afaste os pés aproximadamente na largura dos ombros (Fig. 19.11A).

Movimento descendente

Imagine um arco no solo, em frente a você, em pé. O arco começa à distância de uma passada diretamente lateral ao pé direito e termina a uma passada de distância diretamente lateral ao pé esquerdo. Inicie o movimento dando uma passada diretamente na lateral com o pé direito até a borda direita do arco, mantendo o joelho direito atrás da ponta do pé direito e o joelho esquerdo semi-estendido (Fig. 19.11B). Retorne à posição inicial. Alterne a passada com cada perna, trabalhando gradualmente de um canto ao outro do arco em cada passo (Fig. 19.11C). O número de passos e o posicionamento dos pés em cada passo dependerão do número de repetições a serem executadas.

(continua)

Passada oblíqua com barril/cilindro/saco de areia *(continuação)*

FIGURA 19.11 Passada oblíqua com saco de areia. **A.** Posição inicial. **B.** Movimento descendente, perna direita. **C.** Movimento descendente, perna esquerda.

Levantamento-terra com os joelhos estendidos, com barril/cilindro/saco de areia

Tipo de exercício

Monoarticular para a parte inferior do corpo

Músculos envolvidos

Glúteo máximo, eretores da coluna, isquiotibiais (semimembranoso, semitendinoso, bíceps femoral).

Posição inicial

Agache e, mantendo as costas arqueadas, pegue o barril, cilindro ou saco de areia. Segurando o acessório em frente ao corpo, com os cotovelos estendidos, flexione ligeiramente os joelhos (Fig. 19.12A).

Movimento descendente

Mantenha os joelhos ligeiramente flexionados e as costas arqueadas, então incline à frente à altura dos quadris e abaixe o acessório até o ponto em que quase toque o solo, próximo aos pés (Fig. 19.12B). Retorne à posição inicial.

FIGURA 19.12 Levantamento-terra com os joelhos estendidos com barril. **A.** Posição inicial. **B.** Movimento descendente.

EXERCÍCIOS PARA O PEITORAL

Supino com estribos/barril/cilindro/saco de areia

Tipo de exercício

Poliarticular para a parte superior do corpo

Músculos envolvidos

Peitorais maior e menor, deltóide (parte clavicular), serrátil anterior, tríceps braquial.

Posição inicial

Deite-se em um banco de uso geral, com os pés no solo e as nádegas no banco. Coloque o barril, cilindro ou saco de areia sobre o peito, como na execução do supino com barra, e agarre o acessório; ou empunhe os estribos como na execução do supino com halteres (Fig. 19.13A).

Movimento ascendente

Estenda totalmente os cotovelos, mantendo as nádegas no banco e os pés planos no solo (Fig. 19.13B). Abaixe com controle. O(s) auxiliar(es) deve(m) ficar atento(s) ao assistir(em) o levantador durante a execução do exercício.

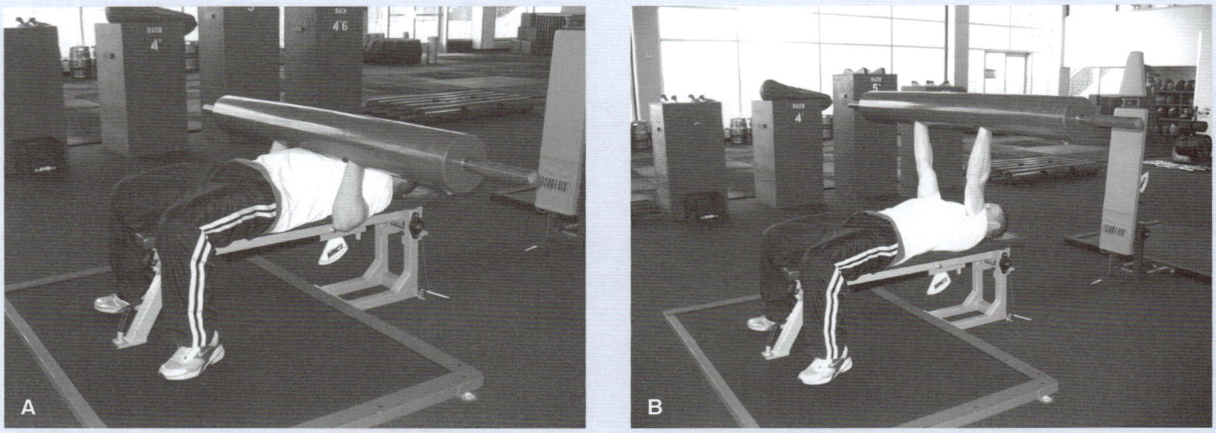

FIGURA 19.13 Supino com cilindro. **A.** Posição inicial. **B.** Movimento ascendente.

Supino com corrente

Tipo de exercício

Poliarticular para a parte superior do corpo

Músculos envolvidos

Peitorais maior e menor, deltóide (parte clavicular), serrátil anterior, tríceps braquial.

Posição inicial

Deite-se em um banco de uso geral, como faria para executar o supino normal com barra (Fig. 19.14A).

Movimento ascendente

Este exercício é executado de modo idêntico ao supino normal. A única diferença é que as correntes de levantamento são fixadas às extremidades da barra (Fig. 19.14B).

Supino com corrente *(continuação)*

FIGURA 19.14 Supino com corrente. **A.** Posição inicial. **B.** Movimento ascendente.

Supino inclinado com barril/cilindro/saco de areia

Tipo de exercício

Poliarticular para a parte superior do corpo

Músculos envolvidos

Peitorais maior e menor, deltóide (parte clavicular), serrátil anterior, tríceps braquial.

Posição inicial

Deite-se em um banco de uso geral, com os pés no solo e as nádegas no banco. Coloque o barril, cilindro ou saco de areia sobre o peito, como na execução do supino inclinado com barra, e agarre o acessório (Fig. 19.15A).

Movimento ascendente

Estenda totalmente os cotovelos, mantendo as nádegas no banco e os pés planos no solo (Fig. 19.15B). Abaixe com controle. O(s) auxiliar(es) deve(m) ficar atento(s) ao assistir(em) o levantador durante a execução deste exercício.

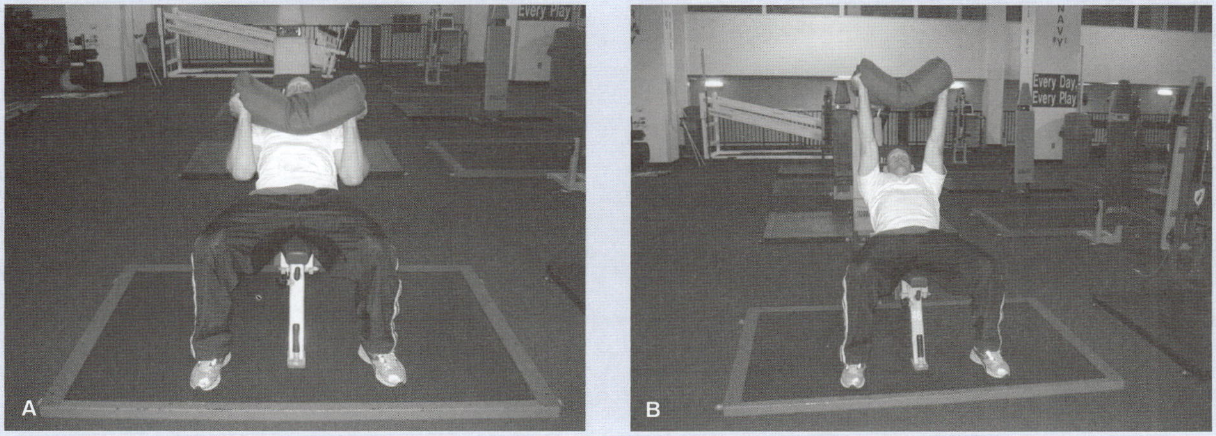

FIGURA 19.15 Supino inclinado com saco de areia. **A.** Posição inicial. **B.** Movimento ascendente.

EXERCÍCIO PARA A REGIÃO DORSAL

Serrote com estribo

Tipo de exercício

Poliarticular para a parte superior do corpo

Músculos envolvidos

Latíssimo do dorso, trapézio (parte transversa), rombóide, redondo maior, deltóide (parte espinal), bíceps braquial, braquial, braquiorradial.

Posição inicial

Apóie o joelho esquerdo e a palma da mão esquerda em um banco. A articulação do quadril esquerdo deve ficar bem acima do joelho esquerdo. As costas devem ficar planas e a cabeça erguida. Agarre o estribo com a mão direita (Fig. 19.16A).

Movimento ascendente

Encolha o ombro direito para trás, em direção ao teto, observando o quanto você pode levantar o estribo sem flexionar o cotovelo direito. No topo do movimento, finalize puxando o estribo com o braço direito para a lateral do gradil costal (Fig. 19.16B). Inverta a posição e repita com o braço esquerdo.

FIGURA 19.16 Serrote com estribo. **A.** Posição inicial. **B.** Movimento ascendente.

EXERCÍCIOS PARA OS OMBROS

Desenvolvimento com estribos/barril/cilindro/saco de areia

Tipo de exercício

Poliarticular para a parte superior do corpo

Músculos envolvidos

Deltóide (partes clavicular e acromial), trapézio (parte descendente), serrátil anterior, tríceps braquial.

Posição inicial

Agarre o barril, cilindro ou saco de areia no peito, ou empunhe os estribos como na execução do desenvolvimento com halteres. Fique em pé, com os pés afastados na largura dos ombros (Fig. 19.17A).

Movimento ascendente

Levante o acessório diretamente acima da cabeça, até que os cotovelos fiquem totalmente estendidos (Fig. 19.17B); depois o abaixe com controle. É importante não arquear as costas durante a execução do exercício. Desça o acessório na amplitude de movimento mais completa e confortável.

FIGURA 19.17 Desenvolvimento com cilindro. **A.** Posição inicial. **B.** Movimento ascendente.

EXERCÍCIOS PARA AS REGIÕES ABDOMINAL E LOMBAR

Rotação russa com saco de areia

Tipo de exercício

Para o tronco

Músculos envolvidos

Reto abdominal, oblíquos externo/interno, transverso do abdome.

Posição inicial

Assuma uma posição sentada em um banco para extensão lombar, com os pés entre os rolos almofadados e a parte superior do corpo reclinada moderadamente. Segure o saco de areia diretamente em frente ao corpo, com os cotovelos estendidos (Fig. 19.18A).

Movimento de rotação lateral

Rote na amplitude de movimento mais completa e confortável à direita, mantendo os cotovelos estendidos e a cabeça voltada diretamente à frente do saco de areia (Fig. 19.18B). Rote à esquerda na amplitude de movimento mais completa e confortável (Fig. 19.18C) e repita o número requerido de vezes.

FIGURA 19.18 Rotação russa com saco de areia. **A.** Posição inicial. **B.** Rotação lateral à direita. **C.** Rotação lateral à esquerda.

Tocar os pés com saco de areia

Tipo de exercício

Para o tronco

Músculos envolvidos

Reto abdominal, oblíquo externo, tensor da fáscia lata.

Posição inicial

Em decúbito dorsal no solo, mantenha os joelhos estendidos e levante as pernas, de forma que os pés fiquem quase diretamente acima dos quadris. Agarre o saco de areia com as duas mãos (Fig. 19.19A).

Movimento ascendente

Eleve do solo a região dorsal, "enrolando" a coluna, e suspenda o saco de areia em direção às pontas dos pés (Fig. 19.19B).

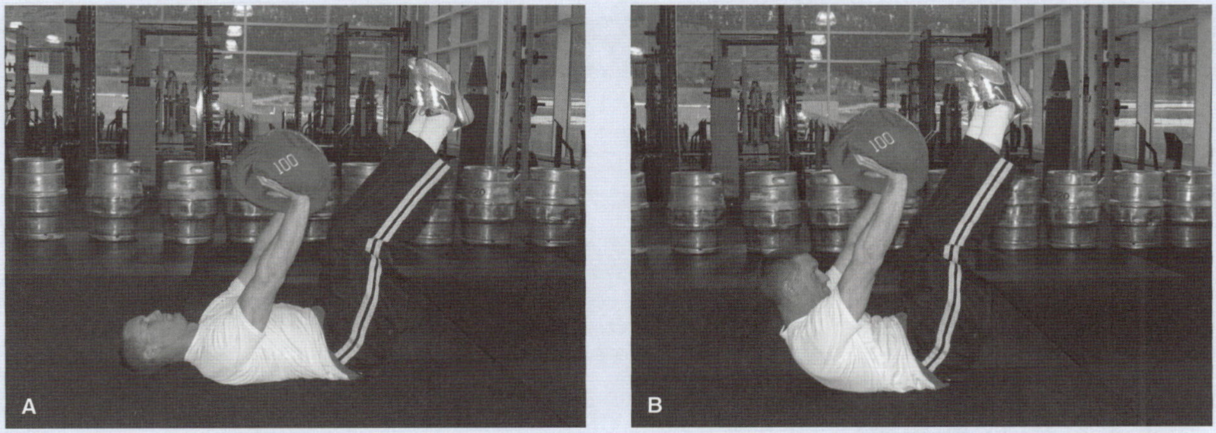

FIGURA 19.19 Tocar os pés com saco de areia. **A.** Posição inicial. **B.** Movimento ascendente.

RESUMO

Embora haja exceções, a maioria dos programas de exercícios de força e condicionamento enfatiza os pesos livres como o método de treinamento preferido para seus atletas. Além disso, muitos desses programas priorizam a execução de exercícios de estilo olímpico em um programa de treinamento periodizado.

Há uma carência de pesquisas que avaliem os benefícios do treinamento com acessórios. Apesar disso, os mesmos princípios que se aplicam aos tipos de treinamento convencionais podem ser aplicados ao treinamento com acessórios. Talvez o mais importante seja o conceito de movimentos de treinamento e não de grupos musculares. Isso porque aumentos de força e potência ocorrerão principalmente no movimento utilizado durante o treinamento.

Um benefício do treinamento com acessórios é que o padrão de movimento durante o treinamento pode ser semelhante ao padrão de movimento observado durante a competição. O treinamento com acessórios também aumenta a variação do treinamento, promovendo outras rotinas fisiológicas e psicológicas.

A água, como uma forma de resistência, oferece um estímulo de treinamento único por ela ser uma resistência ativa e não estática, como oferecem os tipos tradicionais de treinamento de força. Não estamos sugerindo, no entanto, que o treinamento com acessórios deva tornar-se o principal tipo de treinamento de força, e sim que ele deva ser utilizado para suplementar o treinamento tradicional com barras e halteres. Os acessórios discutidos neste capítulo incluem barris, cilindros, halteres cheios d'água, pneus, estribos, correntes e sacos de areia.

QUESTÕES TÉCNICAS

1. Você está introduzindo um novo acessório em seu programa de condicionamento para jogadores de beisebol. Cite qual é esse acessório, discuta brevemente como o introduzirá no programa ao longo das próximas quatro semanas, descreva brevemente os exercícios que utilizará com o acessório e explique como você espera que essa forma de treinamento beneficie os atletas.
2. Ao avaliar a habilidade esportiva de um jogador escolar de basquete, seu técnico diz a você que o atleta precisa melhorar o equilíbrio e a estabilidade. Ele já está realizando treinamento de força utilizando resistência de pesos livres. Você consideraria o uso de um tipo de treinamento que incorporasse uma resistência ativa dos fluidos? Justifique.
3. Alguns dos atletas no seu programa estão se queixando de dor lombar. A única alteração significativa no programa foi um aumento do volume e da intensidade do exercício de "metida ao peito" ao longo das duas últimas semanas. Você consideraria o exercício de virada de pneu como uma alternativa à "metida ao peito"? Justifique.

EXEMPLO DE CASO

Planejamento de um programa para um running back *de futebol americano universitário*

HISTÓRICO

Você está encarregado de planejar um programa de condicionamento para um *running back* que está na Divisão I, estudante do segundo ano, mede 183 cm e pesa 97,52 kg. Seus resultados de teste são os seguintes:

a. Supino – 168 kg
b. Agachamento – 227 kg
c. Arranque – 150 kg
d. Corrida de 36,6 m
e. Salto vertical – 96,52 cm

Ele é muito comprometido com seu programa de força e condicionamento, e raramente falta a uma sessão de treinamento. Apesar de seus impressionantes resultados de teste, ele está buscando formas de melhorar seu rendimento esportivo; o técnico da sua posição sente que ele precisa desenvolver mais força funcional para alcançar seu potencial como jogador de futebol americano. Quais técnicas de treinamento poderiam ser utilizadas para ajudar esse atleta a atingir suas metas?

RECOMENDAÇÕES/CONSIDERAÇÕES

Com seus níveis superiores de força, é inquestionável que um incremento adicional teria um efeito positivo no rendimento. Por exemplo, ele poderia focalizar o aumento do seu agachamento de 227 para 238 kg, mas não é certo que isso teria o efeito de melhorar seu rendimento em competições.

IMPLEMENTAÇÃO

O que poderia ser mais efetivo para a melhora do rendimento é a introdução de exercícios com acessórios cheios d'água em seu programa de treinamento, dando-lhe a oportunidade de treinar utilizando uma resistência ativa dos fluidos. Por exemplo, exercícios tais como supino com barril (para ajudar nas capacidades de passagem do bloqueio e extensão dos cotovelos) e passadas com cilindro (para ajudá-lo a manter o equilíbrio durante o contato) poderiam melhorar seu rendimento esportivo, convertendo a força aplicada durante o treino em "força funcional".

RESULTADOS

O atleta foi plenamente capaz de incorporar acessórios que utilizam água como sobrecarga em seu programa de treinamento. Pelo fato de seus níveis de força estarem relativamente altos no pré-teste, houve apenas ganhos pequenos ou nulos de força absoluta. O atleta progrediu em sua capacidade de levantar e controlar uma resistência ativa dos fluidos, aumentando a intensidade à medida que o programa avançava. Esses ganhos são difíceis de medir em termos de incrementos nos levantamentos tradicionais e difíceis de correlacionar com o rendimento.

REFERÊNCIAS

1. Allerheiligen B. In-season strength training for power athletes. Strength Cond J 2003;25(3):23–28.
2. Baker D. Applying the in-season periodization of strength and power training for football. Strength Cond 1998;20(2):18–24.
3. Berning JM, Coker CA, Adams KJ. Using chains for strength and conditioning. Strength Cond J 2004;26(5):80–84.
4. Brooks TJ. Women's collegiate gymnastics: a multifactorial approach to training and conditioning. Strength Cond J 2003;25(2):23–37.
5. Brown L, Greenwood M. Periodization Essentials and Innovations in Resistance Training Protocols. Strength Cond J 2005;27(4):80–85.
6. Davies J. KB Power, Part 1: the KB Power Clean. Kettlebell.com. The Ultimate Online Strength Resource. Available at http://www.kettlebell.com/training/jdavies/articles/kbpowerclean.html. Accessed June 5, 2006.
7. DeGarmo R. University of Nebraska in-season resistance training for horizontal jumper. Strength Cond J 2000;22(3):23–26.
8. Ebben WP. Electromyographic and kinetic analysis of traditional, chain, and elastic band squats. Journal of Strength Cond Res 2002;16(4):547–550.
9. Gadeken SB. Off-season strength, power, and plyometric training for Kansas State volleyball. Strength Cond J 1999;21(5):49–55.
10. Hedrick A. Using uncommon implements in the training programs of athletes. Strength Cond 2003;25(4):18–22.
11. Hedrick A. Athlete strongman. Pure Power 2003;3(5):66–74.
12. Henkin J. Effective sandbag training. Bodybuilding.com. Available at http://www.bodybuilding.com/fun/henkin37.htm. Accessed June 5, 2006.
13. Keogh J. Lower body resistance training: increasing functional performance with lunges. Strength Cond J 1999;21(1):67–72.
14. Kirksey B, Stone MH. Periodizing a college sprint program: theory and practice. Strength Cond 1998;20(3):42–47.
15. Kraemer WJ, Vescovi JD, Dixon P. The physiological basis of wrestling: implications for conditioning programs. Strength Cond J 2004;26(2):10–15.
16. Mahler M. The power of kettlebell training: time to train like a man again. Vegsource.com. Available at http://www.vegsource.com/articles2/mahler_kettlebell.htm. Accessed June 5, 2006.
17. Mannie K. Sandbag training. Coach Athl Dir, March 2004.
18. Murlasits Z, Langley J. In-season resistance training for high school football. Strength Cond J 2002;24(4):65–68.
19. Parakh AA, Domowitz FR. Strength training for men's and women's ice hockey. Strength Cond J 2000;22(6):42–45.
20. Pollitt D. Sled dragging for hockey training. Strength Cond J 2003;25(5):7–16.
21. Rosene JM. In-season, off-ice conditioning for minor league professional ice hockey players. Strength Cond J 2002;24(1):22–28.
22. Siff MC. Functional training revisited. Strength Cond J 2002;24(5):42–46.
23. Szymanski DJ, Fredrick GA. College baseball/softball periodized torso program. Strength Cond J 1999;21(4):42–47.
24. Waller M, Townsend R. Strongman events and strength and conditioning programs. Strength Cond J 2003;25(5):44–52.
25. Young W, Pryor J. Resistance training for short sprints and maximum-speed sprints. Strength Cond J 2001;23(2):7–13.

Exemplos de missão, metas e objetivos

MISSÃO

O programa de força e condicionamento vai permitir a atletas e técnicos otimizar suas capacidades devido fundamentalmente ao aprendizado e à aplicação de princípios válidos e, por meio disso, atingir a excelência.

FILOSOFIA

Vencer é a arte – e treinar é a ciência – de uma preparação sistemática. O trabalho eficiente é o caminho. Prioridades seguras e positivas e liderança empreendedora são as bases do sucesso.

- A destreza física é parte integral do processo educacional geral, mas a teoria deve ser priorizada.
- Promover sabedoria e espírito esportivo.
- Aplicar as normas profissionais na prática diária, conforme estabelecido pela(o):
  - Associação Nacional de Força e Condicionamento (NSCA) e Comissão de Certificados da NSCA;
  - Conselho Nacional para Padrões de Ensino Profissional;
  - Centro de Pesquisa em Educação, Diversidade e Excelência; e
  - Grupo de Trabalho do Centro de Aprendizado de Princípios da Associação Americana de Psicologia.
- Liderar preferencialmente por objetivos, e não por regras.
  - Persuadir e discernir com atitudes e exemplos proativos.
    - Cultivar uma atmosfera na qual inteligência, eficiência e alegria sejam um meio de vida.
    - Obter lealdade e cooperação promovendo disciplina e trabalho de equipe para evoluir naturalmente.
    - Encorajar os indivíduos para definirem seus objetivos e monitorarem seu progresso.
    - Evitar valer-se de medidas energéticas que possam criar resistência ou induzir reações negativas.
  - Usar uma abordagem simples e direta.
    - Dar explicações claras e concisas para evidenciar os fundamentos do principio básico que norteia todas as atividades.
    - Planejar o processo para que os atletas possam focar-se no controle de suas tarefas.
  - Reforçar o conceito de que força e condicionamento são estratégias de suporte.
    - *Competitividade* ... Devemos desafiar nós mesmos para nos distinguir, pois é por meio de liderança e trabalho em equipe que pessoas normais conquistam metas extraordinárias.
    - *Confiança* ... Devemos acreditar em nós mesmos e esperar a vitória.
    - *Fundamentos* ... Devemos estar fundamentados e executar nosso serviço com precisão.
    - *Persistência* ... Devemos ter uma mentalidade de "fazer acontecer" agressiva, estando dispostos a enfrentar riscos calculados e enfrentar nossos adversários com relativo empenho.
    - *Pense!* ... Devemos manter nosso equilíbrio e focar o tempo todo, eliminando erros mentais e penalidades tolas.
  - Manter linhas abertas de comunicação.
  - Aplicar os princípios da andragogia – mais do que os da pedagogia – quando possível.
    - Facilitar a auto-aprendizagem em vez de o ensino dependente de instrutores; usar métodos de instrução didáticos somente quando necessário.
    - Aumentar a necessidade de saber dos atletas, invocando motivações internas (auto-estima, reconhecimento, qualidade de vida, autoconfiança e atualização).
    - Devem ser propostos desafios realistas e deve ser estimulado o potencial para corrigir erros com o objetivo de promover a reflexão.
    - A aprendizagem é mais efetiva quando as tarefas são relevantes e os níveis de autenticidade, complexidade e auto-instrução são maximizados.

Princípios fundamentais

Estes princípios são diretos e interdependentes. O conceito operativo é otimizar a relação entre condicionamento e fadiga, enfatizando a qualidade de trabalho –

e recuperação – sobre a quantidade e maximizando a habilidade de cada atleta sem exceder sua capacidade adaptativa.

- *Adaptação.* Respostas biológicas a um constante estímulo em função do uso repetido. Estímulo novo/benéfico produzido pela supercompensação; contrário ao estímulo monótono/danoso produzido pela inatividade ou enfraquecimento.
- *Continuidade e Reversibilidade.* Os mecanismos correspondentes do sistema de aumento da expressão da homeostase do corpo em resposta ao treino e dos mecanismos de diminuição da expressão em resposta ao destreino.
- *Individualidade.* O mesmo método e/ou técnica gera respostas individuais em cada atleta conforme as diferenças genéticas, o nível de treinamento e os fatores ambientais.
- *Carga progressiva.* Estímulos acima do normal devem ser aplicados – enquanto permitirem adequada recuperação – para melhorarem o condicionamento. A qualidade de ambos, carga e recuperação, tem prioridade sobre a quantidade e é otimizada por meio de aumentos cíclicos na intensidade do treino e redução no volume.
- *Especificidade.* Adaptações específicas ocorrem de modo crescente por demandas impostas e melhora do condicionamento. De modo geral, as tarefas devem ser modificadas de forma progressiva, com especificidade, a fim de que correspondam dinamicamente às demandas biomecânicas, coordenativas e metabólicas da modalidade.
  - A lista de exercícios deve ser priorizada de modo que os movimentos fundamentais – i.e., aqueles que atingem os maiores efeitos de treinamento/aprendizagem – sejam enfatizados.
  - Os efeitos de aprendizagem e treinamento são otimizados pela realização de tarefas progressivamente mais desafiadoras de controle, direção e estabilidade (quando apropriado), bem como pelo aumento da carga.
- *Sinergia.* Qualidades de movimento (i.e., força, velocidade, flexibilidade, resistência) são integradas, e respostas de estresse são sistêmicas e melhores que respostas isoladas. Estímulos complementares e contrastantes devem ser planejados e executados para explorar seus efeitos cumulativos e interativos.
- *Variabilidade.* Repostas adaptativas a cargas vigorosas se manifestam durante subseqüentes períodos de destreino. O somatório dos efeitos do treinamento é alcançado – a adaptação é evitada – por meio da variação (preferível à progressão linear) do treinamento de carga e volume.

É simples aplicar esses princípios. Basta equilibrar as diferentes necessidades para variabilidade (de acordo com a lei da variabilidade) *versus* estabilidade (para satisfazer a demanda da especificidade).

Implicações práticas

Efetividade, eficiência e segurança são sempre as principais prioridades. A fim de assegurar um alto nível de profissionalismo, o grupo de força e condicionamento irá:

- Realizar e manter a habilidade nas capacidades definidas pela Comissão de Certificação da NASC *(National Study of the Certified Strength and Conditioning Specialist)* e aplicar o conhecimento da prática profissional baseada em evidências, bem como fundamentada nos princípios da prática diária.
- Realizar e manter as referências da CSCS (*Certified Strength and Conditioning Specialist*); cumprir os requerimentos da NSCA – Certificado da Comissão de Programa Educacional Continuado – e aplicar seu código de etica na prática diária.

A chave é a força-velocidade – a habilidade de aplicar força rapidamente e/ou em alta velocidade. Velocidade é o resultado da força explosiva, mas costuma ser erroneamente considerada como independente da força. É importante entender que ambas estão relacionadas, porque velocidade de execução e precisão técnica são os objetivos fundamentais do exercício. Essa concepção pode ser definida a partir dos movimentos mecânicos básicos:

- *Impulso = força x tempo.* A execução de gestos esportivos explosivos e hábeis requer aplicação de picos de força em curto espaço de tempo (i.e., geralmente em torno de 0,1 a 0,2 segundos, enquanto a força máxima absoluta desenvolvida ocorre em torno de 0,6 a 0,8 segundos). Aplicação de força contínua e prolongada não é a resposta. Em suma, força explosiva é o que separa o melhor dos demais.
- *Potência = força x velocidade.* Uma grande potência é requerida para desempenhar qualquer tipo de tarefa, especialmente no esporte. Dependendo do movimento, a geração de potência geralmente atinge picos de 30 a 50% da força e/ou velocidade máxima. Isso não significa que devemos abandonar os treinos de resistência, mas significa que a variação da produção de cargas aumenta além da "zona crítica de contração".
- *Força = massa x aceleração.* Esta é a mais simples das leis. Uma vez que o peso é determinado, o pico de força (relativo a uma das capacidades de força) e a atividade do neurônio motor são gerados somente

se a aceleração for maximizada até a posição de potência ou ponto final.

A força funcional é expressa em termos de aceleração, tempo de execução ou velocidade. Isso tem duas implicações no que diz respeito ao efeito do treinamento e à prática esportiva: em primeiro lugar, a intenção de se mover com explosão é mais importante que a velocidade atingida (i.e., uma tentativa deliberada de maximizar a aceleração de uma resistência, mesmo que esta seja muito pesada para ser movida rapidamente, produz uma grande ativação neuromuscular e uma subseqüente resposta adaptativa). Em segundo lugar, valor, direção e amplitude da força produzida são igualmente importantes (e treináveis). Sua curta aplicação em determinados momentos do movimento é mais importante que sua aplicação constante ao longo de toda sua duração ou distância.

Cada repetição é uma oportunidade de produzir determinado impulso ou potência. Existem vários caminhos interdependentes para alcançar isso: enfatizar movimentos básicos que possuam grande efeito no treinamento, alternando a execução de forma "forte" e "explosiva"; usar equipamento que exija do atleta controle, direção e estabilidade; ter um descanso apropriado para executar cada repetição de forma máxima; e usar um ciclo progressivo de carga em um período de 3 – 4 semanas, de maneira a acumular os efeitos do treinamento e evitar adaptação.

Grupos musculares que atuam em uma mesma tarefa funcional devem ser trabalhados simultaneamente via força de transmissão e acumulação, por meio da cadeia cinética. Impulso crítico (i.e., força por determinado tempo) e potência (i.e., força para dada resistência) devem ser empregados para realizar movimentos com habilidade/explosão. O treino de força não é exceção, e em todos os casos a amplitude de movimento deve ser considerada uma trajetória com aceleração. A única exceção é se o objeto é acelerado na região específica ou durante o movimento completo (p. ex., lançar de forma balística).

O treinos devem ser priorizado de acordo com a *dinâmica correspondente* às demandas do esporte. Seus mecanismos básicos devem ser específicos aos que ocorrem na competição. Valor e tempo do pico de força gerado (impulso) e a dinâmica do esforço (potência) são importantes critérios. Outras considerações incluem amplitude e direção do movimento, acentuando a região de aplicação de força, e o regime do trabalho muscular. Essa concepção é análoga ao princípio do aprendizado motor de uma prática específica com referência aos efeitos sensório-motor, de processamento e contextuais na aquisição, retenção e transferência de uma habilidade.

A execução técnica é determinada por princípios biomecânicos:

- Otimização da aceleração
- Força inicial
- Concentração/distribuição da força
- Coordenação do impulso (desaceleração/aceleração)
- Reação (movimento/contramovimento)
- Conservação do momento (velocidade angular/momento inercial)

As cargas devem ser determinadas para atingir o sistema neuromuscular e neuroendócrino de forma a estimular cada sistema no corpo. A ênfase deve ser colocada nas habilidades dos gestos esportivos para transferir os efeitos do controle motor/aprendizado na capacidade coordenativa dos atletas:

- Orientação
- Diferenciação
- Capacidade reativa
- Ritmo
- Equilíbrio
- Capacidade combinatória
- Capacidade adaptativa

Quanto maior o esforço nos movimentos básicos, mais alta a produção de hormônios endógenos (bem como a atividade e número dos receptores teciduais). Pesos moderados para elevado número de repetições e atividade de resistência de alta intensidade, em geral, tendem a maximizar as respostas somatotrópicas, enquanto cargas maiores para poucas repetições e curto esforço máximo em geral tendem a maximizar a resposta da testosterona.

A qualidade do esforço tem prioridade sobre a quantidade, e é interdependente da recuperação. Aptidão e fadiga são interligadas, e há um limiar de resposta reduzido, além do qual o esforço do atleta é atenuado e a recuperação/adaptabilidade são comprometidos. O efeito do tratamento, e não a manifestação da força ou velocidade, é o objetivo principal.

Resultados ideais são alcançados pela eficiência de um planejamento de longo prazo com variação cíclica de cargas de trabalho. Métodos de treino específicos de força e resistência deveriam ser implementados em períodos de 3 a 4 semanas, baseando-se nos efeitos da acumulação de treino e evitando adaptação.

Em resumo, condicionamento é um meio para se alcançar um fim: desenvolver habilidades e destrezas complementares e, por meio disso, unir esforços com realização. Potência, flexibilidade, agilidade, velocidade e resistência são os elementos básicos do esporte. Cada uma dessas qualidades é treinável, mas elas são partes interdependentes de um grande conjunto e devem, portanto, ser treinadas coletivamente. Nenhuma delas é uma coisa separada, e nenhuma é mais importante do que a outra.

APÊNDICE

B

Normas e procedimentos

REGULAMENTOS PARA SALAS DE TREINAMENTO DE FORÇA

- A sala de treinamento de força é um local de trabalho somente para atletas e treinadores.
- Consulte o planejamento da equipe de treinadores e contate-os caso você não esteja apto a cumprir o planejamento de treinamento de força. Os atletas podem trabalhar durante um período reservado ou durante períodos abertos/não-reservados, mas nunca durante o período ocupado por outra equipe (a menos que adaptações previstas tenham sido planejadas).
- Vestimenta adequada – incluindo calções e tênis – é necessária sempre. Sapatos, sandálias, chinelos, sapatos abertos ou sem cadarços não são permitidos. As normas de vestimenta e aparência (bem como conduta) de cada time influenciam a organização da sala de treinamento de força.
- Pense na segurança! Respeite as plataformas e prateleiras de suporte para pesos como estações de trabalho, e não como área de lazer ou ócio. Use os equipamentos corretamente, execute os exercícios de forma apropriada e nunca sacrifique a técnica por peso.
- Tenha orgulho da sala de treinamento de força e a mantenha em ordem. É responsabilidade de cada atleta recolher os pesos após o treino. Mantenha os equipamentos em suas posições (não desorganize ou remova). Suspenda as barras, guarde os pesos nas prateleiras corretamente e reponha todos os itens quando encerrar o treinamento. Os equipamentos devem ser mantidos fora do solo (exceto as plataformas) e adequadamente guardados quando não estiverem sendo usados.
- Alimentos, recepientes com bebidas, vidros ou tabaco de qualquer tipo não são permitidos na sala de treinamento de força. Garrafas esportivas podem ser usadas, mas copos devem permanecer próximos às máquinas de bebidas.
- Telefones e rádios comunicadores estão disponíveis para uso com a devida permissão dos treinadores e preparadores físicos. Músicas com letras obscenas ou conteúdos impróprios são inapropriadas na sala de treinamento de força. O uso de fones de ouvido não é permitido.
- Consulte o treinador ou o preparador físico em caso de qualquer questão, preocupação ou sugestão. Falhas na observação dessas regulamentações e desses planejamentos podem resultar em suspensão ou encerramento dos privilégios na sala de treinamento de força por parte do treinador.
- Demonstre liderança positiva e esforço por excelência.

REFORÇO DAS NORMAS E DOS PROCEDIMENTOS

Os treinadores e preparadores físicos se apresentarão de forma profissional o tempo todo. Sempre explicando as normas e procedimentos e respondendo questões, tendo em mente que toda situação representa um precedente. Não pode haver exceções nos regulamentos ou planejamentos:

- Informe o atleta sobre normas e planejamentos. Se o atleta reclamar que as normas e os planejamentos são novos, não hesite em esclarecer que existem razões para cada uma delas, elas estão visivelmente postadas e foram explicadas durante a orientação.
- Em caso de pequenas ofensas, siga o modelo 1-2-3 de advertência:
  - *Primeiro incidente:* Aborde o atleta com polimento.
  - *Segundo incidente:* Chame a atenção do atleta de forma firme.
  - *Terceiro incidente:* Tome uma atitude.
- Ao tomar uma atitude disciplinar, isto é, em caso de repetidas pequenas ofensas ou uma ofensa mais grave, use novamente o modelo 1-2-3 de advertência:
  - *Primeira ação:* Informe o atleta que seus privilégios na sala de treinamento de força estão sendo suspensos pelo resto do dia (ou da semana).
  - *Segunda ação:* Informe o atleta que seus privilégios na sala de treinamento de força estão sendo suspensos pelo resto da semana (ou mês).
  - *Terceira ação:* Informe ao atleta que seus privilégios na sala de treinamento de força estão sendo

suspensos pelo resto do mês, temporada, semestre ou ano acadêmico, se necessário.

- Registre qualquer incidente disciplinar e/ou ações tomadas em uma planilha de incidentes. Informe o respectivo técnico da equipe sobre a situação, marcando uma reunião a três para a resolução do problema.

O treinador ou preparador físico manterá a lealdade, a cooperação e a disciplina na sala de treinamento de força, lembrando que a relação com os atletas é limitada pelo fato de não controlarem as planilhas nem calendário de jogos. No entanto, o preparador físico não deve se colocar em uma posição em que problemas de atitude/comprometimento ou conflitos tenham que ser resolvidos sem o suporte do respectivo técnico responsável. Ao lidar com um atleta desafiador ou sem respeito, o preparador físico reserva o direito de suspender ou terminar o seu privilégio na sala de treinamento de força até que o técnico responsável pelo atleta resolva a situação de forma satisfatória.

- Dê ao atleta a oportunidade de se governar – e por meio disso prevenir ou resolver problemas internamente – sob a supervisão do capitão do time. Use essas situações para facilitar o papel do capitão como "jogador treinador".
- Quando desafiado por um atleta que não coopera, concentre-se nas questões de comportamento em vez de nas características pessoais. Mantenha o controle da situação e seja prudente para neutralizá-la. Use medidas disciplinares com discrição, protegendo sua iniciativa de utilizar medidas futuras se necessárias (até que o técnico possa intervir).
- Se o técnico do time não estiver disponível de forma imediata, o treinador ou preparador físico reserva o direito de contatar as autoridades do *campus* para retirar indivíduos problemáticos da sala de treinamento de força, se necessário.

HORÁRIO DE FUNCIONAMENTO

O horário de funcionamento da sala de treinamento de força é de segunda a sexta-feira das 7h até as 12h e das 13h até as 19h durante o ano acadêmico; das 14h até as 19h30min nas férias. Devido à disponibilidade limitada de preparadores físicos e treinadores e à existência alguns equipamentos em manutenção. Deve-se buscar eliminar conflitos de planejamento para promover um serviço de treinamento de força acessível para todos os esportes.

PROGRAMAÇÃO E PLANEJAMENTO

A equipe de preparadores físicos para cada esporte será determinada antes do comprometimento do time com o treinamento contínuo e de longo prazo.

- *O acesso à sala de treinamento de força e a programas e serviços é um privilégio do atleta.* Espera-se que o respectivo técnico e seus atletas aceitem as responsabilidades de aumentar a força e o condicionamento durante cada fase do período fora de competição – incluindo as férias – bem como a manutenção durante a temporada. A equipe de preparação física não pode devotar seu tempo e esforço àqueles que necessitam ser reensinados e retreinados devido à falta de comprometimento. Esses indivíduos serão alocados em programas de treinamento que envolvam máquinas ou exercícios com o peso do próprio corpo, que não requeiram técnica e que representem mínimo risco de lesão. Com a discrição da equipe de preparação física, o uso de equipamentos com pesos livres deve ser evitado até que se justifique o comprometimento do indivíduo e a ética no trabalho.
- *Devido à inutilidade do treinamento descontinuado, a equipe de preparação física reserva o direito de suspender ou terminar o privilégio de programação e planejamento de atletas ou equipes que não demonstrem continuidade e/ou comprometimento ao longo do ano.* Aqueles que não participam – ou cuja periodicidade ou ética sejam insatisfatórias – durante certos períodos do ano perderão os privilégios. Esses indivíduos ou equipes serão responsáveis pela implementação do seu próprio treinamento, serão delegados a horários abertos/não-reservados e deverão submeter-se à disponibilidade de equipamentos.
- *A equipe de preparação física deverá assumir uma atitude de cooperação com os treinadores das equipes, e não de competição.* Se o técnico da equipe escolher apresentar seu próprio programa de treinamento durante certos períodos do ano, a equipe de preparação física ficará livre de responsabilidade pelo ano inteiro. Isso inclui tanto prescrição como a implementação: o respectivo treinador terá de observar todos os aspectos de instrução/supervisão em todas as sessões de trabalho. O envolvimento da equipe de preparação física será limitado a oferecer a

sala de treinamento de força como um local para a realização do treinamento, para que possa se concentrar no trabalho com equipes cujos treinadores colaboram e cujos atletas aderem ao programa ao longo do ano inteiro.

Para aquelas equipes que preenchem a primeira série de requisitos, o planejamento e a prioridade de programação terão como base os seguintes critérios:

- O período durante a temporada *versus* o período fora de temporada
- Necessidades e demandas de cada esporte considerando o aumento do rendimento e a prevenção de lesões:
  - Colisão/contato *versus* sem colisão/sem contato
  - Balístico/com o peso do próprio corpo *versus* não-balístico/sem o peso do próprio corpo
  - Alto impulso/potência *versus* baixo impulso/potência
- Espaço permitido de $10m^2$ por atleta

Uma idéia de planejamento será enviada para todos os técnicos antes de cada etapa, e um encontro será agendado com cada técnico para planejar os horários e programas de trabalho. Em situações nas quais múltiplas equipes requisitarem o mesmo horário, opções diferentes devem ser consideradas.

- O turno da tarde é geralmente muito requisitado, especialmente após as 15h. O turno da manhã deve ser considerado sempre que possível.
- Se o turno da tarde for realmente a única opção, podem ser agendados grupos no mesmo horário quando necessário (p. ex., com intervalos de 20 a 30 min). Isso minimiza a competição por plataformas e outras peças fundamentais dos equipamentos e melhora a habilidade da equipe de preparação física em supervisionar grandes grupos.
- Em cada caso, o respectivo técnico deve ser orientado a observar a supervisão do trabalho de sua equipe.

Uma vez completo, o calendário de trabalho será postado e distribuído para todos os técnicos e preparadores físicos. Os técnicos serão orientados a repassarem o calendário para seus atletas.

Existe um problema potencial relacionado a trabalhos não agendados durante o período de pico da tarde. O acesso de atletas de cada esporte será permitido durante o horário destinado para a sua equipe/grupo e durante horários livres de baixo fluxo na sala. Geralmente existem horários em aberto para permitir alguma flexibilidade para todas as equipes, mas os atletas não poderão circular na sala, nos horários reservados para outra equipe, sem o consentimento prévio da equipe de preparação física. Os atletas que receberem permissão para trabalhar no horário reservado para outra equipe (devido à aula ou a outros conflitos de agendamento) serão delegados para equipamentos/exercícios que não interfiram no trabalho da equipe que reservou o horário.

ORIENTAÇÃO DA EQUIPE/TIME

O primeiro trabalho do time de cada segmento do treinamento ou semestre consistirá de uma sessão de orientação, incluindo os seguintes passos:

- Apresentação da equipe de preparação física.
- Apresentação do calendário de trabalho do time, objetivos, normas e procedimentos.
- Regulamentações. Em muitos casos não é necessário ler as regras para os atletas uma por uma. No entanto, é importante chamar atenção para o fato de que há uma razão para cada uma das regras que se baseia em efetividade, eficiência e segurança.
  - Discuta os aspectos básicos da sala de treinamento de força pontuando regras ou políticas que são freqüentemente quebradas, questionadas e, portanto, problemáticas.
  - Facilite o papel do capitão do time como "jogador treinador" para oportunizar que as equipes se organizem por si só na sala de treinamento de força.
  - As normas estabelecidas por cada técnico estão em vigor dentro da sala de treinamento de força.
  - Em caso de equipes/times que não incorporam as regulamentações em seus manuais de política, pode ser necessário distribuir um contrato por escrito (p. ex., incluindo princípios, normas e uma lista de itens importantes para o bom desenrolar do treinamento).
- Apresentação da proposta do programa de treinamento, de seus princípios fundamentais e de suas implicações práticas.
- Apresentação das responsabilidades das equipes/times – e de cada atleta individualmente – para melhorar os níveis de preparação durante cada fase do período fora de temporada (incluindo as férias) e manter durante a temporada.
- Apresentação da lista de itens importantes: "Pense como uma pessoa de atitude – aja como uma pessoa que pensa".

- *Explique que as instalações da sala, os programas e serviços são privilégios dos atletas.* Espera-se que os atletas apresentem a mesma atitude proativa e o mesmo esforço tanto durante as competições como fora delas.
- *Conflitos de agenda ocorrem.* Cada atleta é responsável por notificar a equipe de preparação física previamente para agendar uma sessão separada (ou ser desculpado em caso de lesão grave).
- *Deve-se distinguir entre o desconforto da exaustão e a dor de lesão.* Cada atleta pode esperar se lesionar ou ficar limitado em algum momento. Lesões ou outros problemas significam que nos adaptamos, improvisamos ou modificamos sem "saltar" exercícios ou trabalhos (a menos que indicado pela equipe de medicina esportiva).
- *Pense na segurança!* Plataformas e estantes são estações de trabalho, não áreas de lazer ou ócio.
- *Treine sempre com um auxiliar atento – e use equipamento apropriado de segurança quando os movimentos forem realizados com pesos livres sustentados sobre o tronco ou movidos em direção à cabeça/face.* O levantamento olímpico é uma exceção à regra do auxílio e deve ser realizado em uma plataforma de 2,5 por 2,5 m, livre de pessoas e equipamentos.
- *Planeje cada trabalho previamente e mantenha a precisão dos registros nas suas planilhas para acompanhar o progresso do programa.*
- *O objetivo é o efeito do treino, não a demonstração de força.* Não se treina para ser levantador de pesos, fisiculturista ou velocista, embora alguns conceitos e métodos de treinamento sejam retirados dessas modalidades.
- *Faça seu exercício da forma e na seqüência prescrita.* Quando e como a tarefa é executada é muito importante para o resultado.
- *Use séries de aquecimento como exercícios de técnica e amplitude de movimento.* Cargas submáximas não oferecem uma oportunidade para a realização desses movimentos.
- *Use uma técnica que permita a maximização do esforço e do resultado.* Isso não deve ser feito quando a falha na execução da técnica impede o progresso.
- *Repouse quando necessário para executar cada repetição na máxima potência.* Acelere até a posição de potência e não diminua a carga a menos que não consiga realizar a primeira repetição em boa forma.
- *Use o período entre as séries com sabedoria.* Utilize em torno de 6 minutos para alongamentos entre as primeiras (multiarticulares) séries de exerício. Posteriormente, alterne os exercícios (biarticulares). Por fim, utilize superséries ou circuitos (monoarticulares).
- *Não leve em consideração o quão bem-planejado foi o programa, ele é apenas tão bom quanto a sua habilidade de se recuperar e se adaptar.* Maximize seus ganhos – e conserve energia e tempo – com esforço eficiente. Evite diluir a qualidade do trabalho realizado e diminuir a capacidade de recuperação e adaptação do atleta ao estímulo do treinamento sacrificando folgas ou realizando sessões adicionais de trabalho.
- *Em conjunto com o treinamento, a nutrição e o sono são as formas mais importantes de recuperação e reposição.* Você não atingirá efeitos ótimos de treinamento – ou recuperação e adaptação completa – sem uma dieta equilibrada e um ciclo de sono estável. Uma aptidão física ótima é uma condição específica de saúde, e o treinamento não pode contrabalançar um estilo de vida pobre.

■ A situação dos equipamentos.

- Raciocine sobre a estrutura existente e planeje melhorias (i.e., ênfase nos equipamentos antigos e versáteis e movimentos de potência).
- Disponibilize as regras dos equipamentos em alguns locais.

■ A equipe de treinamento específico.

APÊNDICE C

Normas e diretrizes para profissionais da preparação física*

1. AVALIAÇÃO PRÉ-PARTICIPAÇÃO E LIBERAÇÃO

Padrão 1.1 Profissionais da preparação física devem exigir que os atletas passem por avaliação de saúde antes da participação, de acordo com as instruções especificadas pela AAFP – AAP – AMSSM – AOSSM – AOASM Força-Tarefa de Avaliação Física Pré-Participação (15), AHA e ACSM (6, 11,12), bem como corpos governamentais relevantes e/ou seus membros constituintes [p. ex., a NCAA (16) para atletas, legislatura ou associações atléticas universitárias/distritos para atletas escolares]. Em programas de atividades recreacionais, profissionais da preparação física devem exigir que os participantes realizem uma avaliação pré-participação de acordo com as recomendações do AHA e ACSM (6,11,12). Para crianças, a decisão de liberação deve incluir uma determinação ou certificação de que a criança tenha atingido um nível de maturação, permitindo a participação em atividades, como estabelecido pelos padrões das diretrizes de participação em atividades de força e condicionamento por crianças (ver item 8).

Diretriz 1.1 Os profissionais da preparação física devem cooperar com a promoção de saúde dos participantes no treinamento todo o tempo e prestar serviço de acordo com as instruções especificadas pelas associações.

2. QUALIFICAÇÃO DE PESSOAL

Diretriz 2.1 Os profissionais da preparação física devem ter bacharelado ou mestrado de alguma universidade ou escola com crédito (verificado por cópia ou transcrição do diploma) em um ou mais dos tópicos que compreendem o domínio dos fundamentos científicos identificado no Certificado de Especialista em Preparação Física (13) ou em assunto relevante. Um esforço contínuo deve ser realizado para adquirir conhecimento e habilidades em outros conteúdos.

Diretriz 2.2 O profissional da preparação física deve obter e manter as certificações profissionais com educação continuada e código de ética, como a credencial CSCS oferecida pela Comissão de Certificação da NSCA. Dependendo do objetivo da atividade, das responsabilidades e dos conhecimentos requeridos, certificações relevantes oferecidas por outras associações podem também ser apropriadas.

Diretriz 2.3 A produtividade da equipe de preparação física, bem como o desenvolvimento de aprendizagem e habilidade individual dos membros, deve ser acentuada pelo alinhamento do rendimento da equipe composta por profissionais qualificados independentes e com características de liderança. Uma vez que a equipe esteja formada, as respectivas atividades e as responsabilidades do domínio prático/aplicado identificado no certificado de especialista em preparação física (13) – bem como as relações apropriadas – devem ser delegadas de acordo com o conhecimento científico de cada membro.

3. PROGRAMA DE SUPERVISÃO E INSTRUÇÃO

Padrão 3.1 Os programas de condicionamento e força devem proporcionar supervisão adequada e apropriada com pessoal treinado e qualificado, especialmente durante momentos de muito movimento. Para garantir saúde, segurança e instrução, os profissionais devem estar presentes durante as atividades de condicionamento e força e ter uma clara visão do espaço inteiro (ou pelo menos da zona que está sendo supervisionada por cada profissional) e dos atletas. Os profissionais também devem estar próximos o suficiente do atleta sob sua responsabilidade para conseguir visualizar e comunicar-se de forma clara com ele e ter acesso àqueles que necessitam de assistência.

* Extraído de Plisk, SS (Char), Brass MS, Eickhoff-Shemek J, Epley B, Herbert DL, Owens J, Pearson DR, Wathen ND/National Strength & Conditioning Association. *Strength & Conditioning Professional Standards & Guidelines*. Colorado Springs, CO: NSCA, 2001

Padrão 3.2 Em combinação com equipamento seguro e apropriado (p. ex., plataformas de força), a assistência deve ser direcionada para atletas que estejam realizando atividades de peso livre em que os pesos estejam suportados sobre o tronco ou sejam movidos sobre a cabeça/face.*

Diretriz 3.1 As atividades de condicionamento e força devem ser planejadas – um número de profissionais qualificados (ver item 2) deve estar disponível – como recomendado pelas diretrizes sobre a média mínima de espaço permitido por atleta ($10m^2$), a taxa profissional-atleta (1:10 escolares júnior, 1:15 colegiais, 1:20 universitários), e o número de atletas por halteres ou estações de treinamento (< 3) que é atingido durante momentos de pico (4,5,8-10). Participantes jovens, novatos ou populações especiais envolvidos em atividades de condicionamento e força devem receber maior supervisão (ver item 8). Os profissionais da preparação física e seus estagiários devem trabalhar juntos, em uma perspectiva de longo prazo, para atingir a taxa profissional-atleta na sala de treinamento de força para cada taxa treinador-atleta do respectivo esporte.

4. DISPOSIÇÃO DO ESPAÇO E DOS EQUIPAMENTOS, INSPEÇÃO, MANUTENÇÃO, REPARO E SINALIZAÇÃO

Padrão 4.1 Aparelhos de exercício, máquinas e equipamentos – incluindo pesos livres – devem ser organizados e colocados nas áreas de atividade de acordo com as instruções, tolerâncias e recomendações do fabricante, com o acompanhamento do manual de segurança, de placas de instruções, observações e cuidados estabelecidos conforme os padrões da ASTM (2,3), para que sejam observados pelos usuários antes do uso. Na ausência de tais informações, os profissionais devem completar essas tarefas de acordo com informações disponíveis de outras fontes.

Padrão 4.2 Antes de começar o serviço, os aparelhos de exercício, as máquinas e os pesos livres devem ser completamente inspecionados e testados pelos profissionais da preparação física para garantir que estejam funcionando de forma apropriada como descrito pelo fabricante.

Padrão 4.3 Os aparellhos de exercício, os equipamentos e os pesos livres devem ser inspecionados e mantidos nos intervalos especificados pelos fabricantes. Na ausência de tais especificações, tais itens devem ser regularmente inspecionados e mantidos de acordo com o julgamento do profissional da preparação física.

Padrão 4.4 Aparelhos de exercício, máquinas, equipamentos e pesos livres que necessitam de reparos, como determinado pela inspeção regular ou quando reportado por usuários, devem ser imediatamente removidos do uso e até serem reativados e reparados para serem reinspecionados e testados, a fim de garantir que estejam funcionando apropriadamente antes de retornarem ao serviço. Se tais equipamentos estiverem envolvidos em incidentes ou lesões, consultores legais e administradores de risco devem ser consultados para orientação antes do reparo ou da destruição.

Diretriz 4.1 Os profissionais da preparação física e seus estagiários devem garantir que o espaço esteja apropriado para as atividades de condicionamento de força. Fatores a serem revisados e aprovados antes das atividades incluem (mas não estão limitados a) superfície do solo, iluminação, temperatura da sala e correntes de ar (10).

Diretriz 4.2 O manual do usuário fornecido pelo fabricante, garantias e guias operacionais devem ser preservados e seguidos (ver item 6).

Diretriz 4.3 Todos os equipamentos, incluindo pesos livres, devem ser limpos e/ou desinfetados regularmente e quando necessário. Os usuários devem ser encorajados a limparem a superfície de contato com a pele após cada uso.

5. PLANO DE EMERGÊNCIA E RESPOSTA

Padrão 5.1 Os profissionais da preparação física devem ser treinados e certificados por diretrizes atuais de ressuscitação cardiopulmonar (RCP) estabelecidas pela AHA/ILCOR (1) e de precauções universais para prevenção de transmissão de doenças estabelecidas pelo CDC (7) e pelo OSHA (14). Certificação e treinamento em primeiros socorros também são necessários se os profissionais de medicina esportiva (p. ex., médicos ou enfermeiros) não estiverem disponíveis

* Ver Earle RW, Baechle TR. Resistance Training and Spotting techniques. In: Baechle TR, Earle RW, eds. *National Strength & Conditioning association. Essentials of Strength training & conditioning*. 2nd ed. Champaign IL: Human Kinetics, 2000:343-388.

durante as atividades de condicionamento e força. Novos empregados envolvidos em atividades de condicionamento e força devem obter essas certificações até o 6º mês de emprego.

Padrão 5.2 Profissionais da preparação física devem desenvolver um plano de resposta emergencial por escrito para lidar com lesões e eventos inesperados dentro de cada espaço. O plano deve ser fixado em áreas estratégicas dentro de cada espaço, praticado e reforçado pelo menos de 4 em 4 meses. O plano de resposta emergencial deve ser inicialmente avaliado (p. ex., por administradores de risco, orientadores legais, médicos ou agências de respostas emergenciais) e modificado quando necessário em intervalos regulares. Como parte do plano, um telefone funcional e prontamente acessível deve estar disponível em caso de emergência.

Diretriz 5.1 Os componentes do plano emergencial devem incluir um acesso planejado a um médico e/ou à emergência quando necessário, incluindo um plano de comunicação e transporte entre a via e o espaço médico; um equipamento de emergência apropriado e necessário em local de fácil acesso; e um total entendimento por parte do pessoal e procedimentos associados com o plano por todos os indivíduos.

6. REGITROS E MANUTENÇÃO DOS REGISTROS

Diretriz 6.1 Juntamente com os documentos de normas e procedimentos, os profissionais da preparação física devem desenvolver e manter vários registros, incluindo manuais de usuários fornecidos pelos fabricantes, garantias e guias operacionais; seleção dos equipamentos, notas, disposição, inspeção, manutenção e reparos; credenciamento de pessoal; padrões profissionais e diretrizes; normas e procedimentos de segurança, incluindo o plano de resposta emergencial por escrito (ver item 5); gráficos de treinamento, progresso e/ou notas de instruções/supervisões de atividades; registros de lesões/incidentes, atestados médicos e documentos de liberação de retorno às atividades. Em situações em que os participantes não necessitam assinar documentos legais (p. ex., consentimento informado, concordância em participar, concessão) cobrindo todas as atividades atleticamente relacionadas, o profissional da preparação física deve ter tais documentos legais preparados para os atletas sob o seu cuidado. Esses registros devem ser preservados e mantidos por um período de tempo determinado e recomendado pelo profissional da lei consultado.

7. OPORTUNIDADE EQUIVALENTE E ACESSO

Padrão 7.1 O profissional da preparação física e seus estagiários devem fornecer o espaço, o treinamento, os programas, os serviços e oportunidades relacionadas, de acordo com todas as leis, regulamentações e requerimentos, proporcionando igualdade de oportunidade e acesso, sem discriminação. Tal legislação federal, estadual e possivelmente local se aplica a muitas organizações, instituições e profissionais. A discriminação ou o tratamento desigual com base em raça, credo, origem nacional, sexo, religião, idade, deficiência ou outras classificações legais é geralmente proibido.

8. PARTICIPAÇÃO DE CRIANÇAS EM ATIVIDADES DE CONDICIONAMENTO E FORÇA

Diretriz 8.1 Crianças menores de sete (7) anos de idade não devem ter permissão de participarem de atividades de condicionamento e força com pesos livres ou aparelhos de exercícios em locais designados para o uso por adultos e adolescentes, e devem ter o acesso negado a tais áreas de treinamento. Outras formas de atividades de condicionamento e força podem ser benéficas para tais crianças e devem ser recomendadas de acordo com o julgamento profissional e executadas com grau de instrução e supervisão mais elevado do que aquele dispensado a adolescentes e adultos. Crianças que participam de tais atividades devem ser liberadas como especificado nos padrões de avaliação e liberação de pré-participação do NSCA (ver item 1).

Diretriz 8.2 Crianças entre sete (7) e catorze (14) anos de idade que atingiram um nível de maturação que permita a participação em atividades específicas de condicionamento e força, como determinado e certificado pelo médico (ou por profissional da preparação física atuando em conjunto com o pediatra) e após liberação para participação como descrito nos padrões de avaliação e liberação de pré-participação do NSCA (ver item 1), devem ser individualmente avaliadas pelo profissional da preparação física, em conjunto com o responsável pela criança e o médico, para determinar se podem participar de tais atividades em áreas contendo pesos livres e aparelhos de exercícios geralmente usados por adultos e crianças mais velhas. Se permitida a participação, tais atividades devem ser desenvolvidas e implementadas de acordo com o julgamento do profissional da preparação física em conjunto com o médico da criança, com alto grau de instrução e supervisão.

Diretriz 8.3 Crianças maiores de catorze (14) anos de idade que, de acordo com o julgamento do profissional da preparação física, tenham atingido um nível de maturação que permita a participação em atividades específicas de treinamento de força (desde que tenham sido liberadas para a participação como descrito nos padrões de avaliação e liberação de pré-participação do NSCA – ver item 1), podem engajar-se em tais atividades em áreas contendo pesos livres e aparelhos de exercícios geralmente usados por adultos, e com grau de instrução e supervisão durante o treinamento maior do que aquele dedicado aos adultos.

9. SUPLEMENTOS, RECURSOS ERGOGÊNICOS E DROGAS

Padrão 9.1 Profissionais da preparação física não devem prescrever, recomendar ou oferecer drogas, substâncias controladas ou suplementos que sejam ilegais, proibidos ou perigosos para atletas com qualquer propósito, incluindo de melhora do rendimento, de condicionamento ou estético. Apenas aquelas substâncias que são permitidas e cientificamente comprovadas como sendo benéficas – ou pelo menos sem riscos – podem ser recomendadas ou oferecidas para os atletas pelos profissionais da preparação física.

REFERÊNCIAS

1. American Heart Association in collaboration with the International Liaison Committee on Resuscitation. Guidelines 2000 for cardiopulmonary resuscitation and emergency cardiovascular care: international consensus on science. Circulation 2000;102(8 Suppl).
2. American Society for Testing and Materials. ASTM Standard Consumer Safety Specification for Stationary Exercise Bicycles: Designation F1250-89. West Conshohocken PA: ASTM, 1989.
3. American Society for Testing and Materials. ASTM Standard Specification for Fitness Equipment and Fitness Facility Safety Signage and Labels: Designation F1749-96. West Conshohocken PA: ASTM, 1996.
4. Armitage-Johnson S. Providing a safe training environment: part I. Strength and Conditioning 1994;16(1): 64–65.
5. Armitage-Johnson S. Providing a safe training environment: part II. Strength and Conditioning 1994;16(2):34.
6. Balady GJ (chair), Chaitman B, Driscoll D, et al for the American Heart Association & American College of Sports Medicine. Recommendations for cardiovascular screening, staffing and emergency policies at health/fitness facilities. Circulation 1998;97(22): 2283–2293; Med Sci Sports Exerc 1998;30(6):1009–1018.
7. Centers for Disease Control & Prevention/U.S. Department of Health & Human Services. Perspectives in disease prevention and health promotion update: universal precautions for prevention of transmission of human immunodeficiency virus, hepatitis B virus, and other bloodborne pathogens in health-care settings. MMWR 1988;37(24):377–388.
8. Hillmann A, Pearson DR. Supervision: the key to strength training success. Strength and Conditioning 1995;17(5): 67–71.
9. Jones L. U.S. Weightlifting Federation. USWF Coaching Accreditation Course: Club Coach Manual. Colorado Springs, CO: USWF, 1991.
10. Kroll W. Structural and functional considerations in designing the facility, part I. NSCA J 1991;13:1;51–58.
11. Maron BJ (chair), Thompson PD, Puffer JC, et al for the American Heart Association. Cardiovascular preparticipation screening of competitive athletes. Circulation 1996; 94(4):850–856; Med Sci Sports Exerc 1996;28(12): 1445–1452.
12. Maron BJ (chair), Thompson PD, Puffer JC, et al for the American Heart Association. Cardiovascular preparticipation screening of competitive athletes: addendum. Circulation 1998;97(22):2294.
13. NSCA Certification Commission. Certified Strength and Conditioning Specialist (CSCS) Examination Content Description. Lincoln, NE: NSCA Certification Commission, 2000.
14. Occupational Safety and Health Administration. U.S. Department of Labor. OSHA Regulations (Standards-29 CFR) 1910.1030: Blood-Borne Pathogens. Washington, DC: OSHA, 1996.
15. Preparticipation Physical Evaluation Task Force. American Academy of Family Physicians, American Academy of Pediatrics, American Medical Society for Sports Medicine, American Orthopaedic Society for Sports Medicine and American Osteopathic Academy of Sports Medicine. Preparticipation Physical Evaluation. 2nd ed. New York: McGraw-Hill, 1996.
16. Schluep C, Klossner DA, eds. National Collegiate Athletic Association. 2003–04 NCAA Sports Medicine Handbook. 16th ed. Indianapolis, IN: NCAA, 2003.

APÊNDICE D

Desenvolvimento da equipe de preparação física*

Uma equipe é "um pequeno número de pessoas com habilidades complementares que estão comprometidas com uma proposta comum, metas de rendimento e abordagens pelas quais são mutuamente responsáveis" (2). As equipes devem ter preferencialmente liderança única quando existe a necessidade de produção de trabalho coletivo (i.e., múltiplas habilidades, decisões e experiências) por membros trabalhando em conjunto e em tempo real, alternando papéis de liderança e responsabilidade tanto mútua como individual. Grupos de trabalho com liderança mútua/hierarquia são apropriados quando a soma da contribuição independente dos componentes é adequada, a liderança individual é mais efetiva que a coletiva, tarefas e soluções correspondentes são conhecidas, as habilidades dos trabalhadores podem ser aplicadas produtivamente sem interação (exceto informações compartilhadas) e a velocidade e eficiência têm prioridade sobre os resultados de rendimento (1,2).

Extraordinariamente, as demandas de desafios são as forças que norteiam as equipes de alto rendimento. Aspectos comuns entre esses times incluem o seguinte (1,2):

- Os membros estão comprometidos em uma missão clara, com estratégias similares, colaboração e responsabilidade mútua.
- Expectativas e objetivos são difíceis, mas atingíveis, e as avaliações do rendimento têm base em resultados.
- As funções são interdependentes; a liderança é compartilhada; habilidades, experiências, especialidades, conhecimentos, técnicas e talentos são complementares; contribuição, participação e influência são equilibradas.
- A efetividade do rendimento é facilitada pelo encorajamento e pela recompensa da criatividade, da inovação e dos riscos corridos em todas as atividades de tomada de decisão ou solução de problemas.

Ao alinhar a equipe de preparação física, o conceito de "equipe de rendimento" pode ser aplicado contratando-se os serviços de profissionais com especialização e educação formal em um ou mais dos tópicos que compreendem os domínios da "fundamentação científica" (3) ou assunto relacionado. Uma vez reunida a equipe, as atividades correspondentes e responsabilidades que compreendem o domínio prático/aplicado (3) – bem como um pacto de união – podem ser estabelecidas. Além de aproveitar-se da coletividade das especialidades, essa estratégia proporciona a cada participante a oportunidade de aumentar a aquisição de conhecimento e habilidade em áreas fora de sua especialidade. O coordenador da preparação física é ainda responsável por supervisionar todos os aspectos do programa e determinar a utilização apropriada de associados/assistentes na provisão de segurança, saúde, efetividade e eficiência dos serviços. Obrigações e responsabilidades específicas podem ser determinadas de acordo com as áreas de especialidades ou subdisciplinas, da mesma forma que um técnico esportivo tem coordenações ofensivas/defensivas, comprometimento com a união, etc. A Tabela D.1 demonstra exemplos de como alinhar uma equipe de preparação física.

* Modificado de Plisk SS (chair), Brass MS, Eckhoff-Shemek J, Epley B, Herbert DL, Owens J, Pearson DR, Wathen ND/ National Stregth & Conditioning Association. Strength & Conditioning Professionals Standards & Guideliness. Colorado Springs, CO: NSCA, 2001.

TABELA D.1 Exemplos de formação de equipes de preparação física

Fundamentação científica/ especialidade	Atividades/responsabilidades práticas e aplicadas	Áreas relacionadas
Biomecânica; anatomia do esporte/exercício	Técnica do exercício Testes e avaliações Reabilitação e recondicionamento*	Faculdade de ciência do exercício e do esporte Treinadores da equipe Equipe de medicina esportiva
Fisiologia do esporte/ exercício	Delineamento do programa Testes e avaliações	Faculdade de ciência do exercício e do esporte Equipe de treinadores
Nutrição do esporte/exercício	Nutricionista	Faculdade de ciência do exercício e do esporte
Pedagogia do esporte/ exercício	Delineamento do programa Técnica do exercício Organização e administração	Faculdade de ciência do exercício e do esporte Administração atlética
Aprendizagem motora; psicologia do esporte/ exercício	Técnica do exercício Reabilitação e recondicionamento*	Faculdade de ciência do exercício e do esporte Equipe de medicina esportiva
Metodologia do treinamento	Delineamento do programa Organização e administração	Faculdade de ciência do exercício e do esporte Administração atlética
Cinesiologia, fisioterapia, medicina esportiva	Reabilitação e recondicionamento*	Equipe de medicina esportiva

* Uma área que merece cuidadosa consideração é a do especialista em reabilitação e recondicionamento - i.e., um membro da equipe que trabalha especificamente com atletas lesionados para reduzir o risco de reincidência de lesões e facilitar o retorno para a atividade normal. Devido ao fato de esses atletas necessitarem de um cuidado aumentado, é impraticável - especialmente durante horários de movimento intenso - para os profissionais atenderem participantes lesionados enquanto orientam simultaneamente grupos maiores. Em algumas situações, os espaços da preparação física e medicina esportiva são próximos (ou divididos), com alternância natural nas respectivas atividades e responsabilidades. Em muitas outras, no entanto, eles são separados; e não existe a opção de proporcionar interação, comunicação e provisão resultante de cuidado para o atleta lesionado. Em qualquer um dos casos, o especialista em reabilitação e recondicionamento seria uma escolha apropriada para juntar-se à equipe de medicina esportiva e preparação física.

REFERÊNCIAS

1. Katzenbach JR, Beckett F, Dichter S, et al. Real Change Leaders. New York: Times Books/Random House, 1995: 217–224.
2. Katzenbach JR, Smith DK. The Wisdom of Teams. Boston: Harvard Business School, 1993.
3. NSCA Certification Commission. Certified Strength and Conditioning Specialist (CSCS) Examination Content Description. Lincoln, NE: NSCA Certification Commission, 2000.

APÊNDICE

E

Planos e cuidados de emergência*

CUIDADOS E COBERTURA DE EMERGÊNCIA

Uma atenção razoável para todas as possíveis medidas preventivas não eliminará as lesões esportivas. Cada prática planejada ou evento de competição intercolegial patrocinado, bem como práticas fora de temporada e sessões técnicas, deve incluir um plano de emergência. Como bem-estar do estudante/atleta em geral, um plano é uma responsabilidade compartilhada de todo o departamento atlético; administradores, técnicos e médicos devem ter função no estabelecimento do plano, na busca de recursos e no entendimento dos procedimentos de resposta de emergência apropriados pela ação de todas as partes. Os componentes desse plano devem incluir:

1. A presença de pessoal qualificado e delegado para prover o cuidado de emergência requerido pelo participante.
2. A presença de um médico ou o acesso planejado para pronta avaliação médica da situação, quando necessário.
3. O acesso planejado a um desfibrilador.
4. O acesso planejado a um espaço médico, incluindo um plano de comunicação e transporte entre o local do exercício físico e o espaço médico, para um pronto serviço médico quando necessário. Acesso a um telefone funcional ou outro equipamento de telecomunicação tanto fixo quanto móvel.
5. Todo equipamento de emergência necessário deve estar em local de rápido acesso. Os equipamentos devem estar em boas condições de operação, e o pessoal deve ser treinado previamente para usá-los. Além disso, informações de emergência sobre o estudante/atleta devem estar disponíveis no *campus* e a caminho do espaço médico.
6. Uma norma de fenômenos naturais que inclui a provisão para tomadas de decisões e planos de evacuação (ver Diretriz 1d).
7. Um entendimento completo de todas as partes, incluindo os responsáveis pelas equipes visitantes, pelo pessoal e pelos procedimentos associados com o plano de emergência.
8. Certificação em técnicas de ressuscitação cardiopulmonar (RCP), primeiros socorros e prevenção de doenças transmissíveis (como descrito pelas diretrizes da OSHA) deve ser requerida para todos os profissionais envolvidos em práticas, competições, instruções técnicas e treinamento. Profissionais recentemente envolvidos nessas atividades devem obter essa certificação em até 6 meses de emprego.
9. Um membro da equipe médica institucional deve ter o poder e a autoridade para cancelar ou modificar um trabalho por razões de saúde e segurança (i.e., alterações ambientais) quando julgar apropriado.

* Modificado de Klossner DA, ed., and National Collegiate Athletic Association. Guideline 1c. 2006-06 NCAA Sports Medicine Handbook. 18th ed. Indianápolis IN: NCAA, 2005.

EXEMPLO DE PLANOS DE AÇÃO EMERGENCIAL

Reproduzido de: National Athletic Trainers'Association. Disponível *online*: http://www.nata.org/committees/cuatc/cuatc_emergency/cuatc_emergency.htm.

Reconhecimento

Os seguintes planos de ações emergenciais e protocolos de emergência foram desenvolvidos por Ron Courson, Diretor de Medicina Esportiva da Universidade de Geórgia, e pela Equipe de Medicina do Esporte da Universidade de Geórgia. Esses documentos são designados a servirem como exemplos e/ou proporcionarem um ponto de partida para o desenvolvimento institucional de planos de emergência individualizados para todas as atividades atléticas. A National Athletic Trainers Association e os comitês universitários recomendam que cada instituição tenha um documento específico por escrito contendo o plano de ação emergencial, o qual é revisado e repensado se necessário; encorajam também a posse institucional do plano de ação emergencial e exigem conhecimentos de RCP, primeiros socorros e treinamento do plano emergencial por todos os técnicos e preparadores físicos. O plano de ação emergencial deve ser aprovado pelo diretor médico e compartilhado por todos os indivíduos envolvidos no cuidado emergencial (i.e., administradores, técnicos, preparadores físicos, estudantes, segurança do *campus*, etc.). A instituição também pode eleger o desenvolvimento de protocolos de emergências para categorias específicas do cuidado emergencial. Todos os protocolos devem ser aprovados pelo diretor médico. Os protocolos de emergência devem se basear no nível de treinamento e experiência da equipe médica, na disponibilidade de equipamento apropriado e no reconhecimento dos estatutos locais e estaduais.

Introdução

Situações de emergência podem acontecer a qualquer momento durante os eventos atléticos. As ações do expediente devem ser realizadas para proporcionar o melhor cuidado possível de emergência ao participante do esporte. O desenvolvimento e a implementação de um plano de emergência ajudará a garantir que um maior cuidado seja proporcionado.

As organizações atléticas têm a obrigação de desenvolver um plano de emergência que possa ser implementado imediatamente quando necessário e proporcionar padrões de cuidados emergenciais apropriados para todos os participantes. Como lesões atléticas podem acontecer a qualquer momento e durante qualquer atividade, a equipe de medicina esportiva deve estar preparada. Essa preparação envolve formulação de um plano de emergência, cobertura adequada dos eventos, manutenção apropriada dos equipamentos de emergência, utilização de pessoal médico apropriado e educação contínua na área de emergência. Por meio de uma cuidadosa avaliação física pré-participação, adequada cobertura médica, cuidados práticos e técnicas de treinamento seguras, algumas emergências potenciais podem ser evitadas. No entanto, acidentes e lesões são inerentes à participação esportiva, e a preparação adequada por parte da equipe de medicina esportiva deve garantir que cada situação de emergência seja administrada apropriadamente.

Componentes do plano de emergência

Estes são os componentes básicos desse plano:

1. *Equipe de emergência.* Com a prática e a competição atlética, o primeiro a responder a uma situação de emergência é geralmente um membro da equipe de medicina esportiva, mais comumente um preparador físico certificado. Uma equipe médica nem sempre precisa estar presente em toda a prática ou competição organizada. O tipo e o grau de cobertura de medicina esportiva para um evento esportivo podem variar significativamente, com base em fatores como o esporte ou a atividade, a seleção e o tipo de treinamento ou competição. O primeiro a responder em alguns casos pode ser o treinador ou outro membro institucional. Certificação em ressuscitação cardiopulmonar (RCP), primeiros socorros, prevenção de doenças transmissíveis e plano de emergência revisado são necessários a todas as pessoas envolvidas com práticas, competições, instruções técnicas e treinamento. Cópias dos certificados de treinamento e/ou cartões devem ser mantidos na área de treinamento. O desenvolvimento de um plano emergencial não pode ser completo sem a formação de uma equipe de emergência. A equipe de emergência pode consistir de um número de profissionais da saúde, incluindo médicos, técnicos em enfermagem, preparadores físicos certificados, técnicos, administradores e, possivelmente, espectadores. A função desses indivíduos dentro de uma equipe de emergência pode variar dependendo de vários fatores, como o número de membros do time, a condição dos atletas ou a preferência do comandante técnico.
2. *Comunicação de emergência.* A comunicação é a chave para uma resposta emergencial imediata. Preparadores físicos e médicos devem trabalhar juntos para proporcionarem uma melhor resposta emergencial e devem ter contato com informações por meio de rede telefônica estabelecida como parte do pré-plano para situações emergenciais. A comunicação antes do evento é uma boa forma de estabelecer limites e ligações entre os grupos de profissionais. Se o transporte médico emergencial não estiver disponível no local durante um evento esportivo, a comunicação direta com o sistema de emergência médica no momento da lesão é necessária. O acesso a um telefone de trabalho ou outro equipamento de telecomunicação, tanto fixo quanto móvel, deve estar disponível. O sistema de comunicação deve ser testado antes de cada prática ou competição, para garantir o funcionamento adequado. Um plano reserva de comunicação deve estar disponível em caso de falhas do primeiro. O método mais comum de comunicação é um telefone público. No entanto, um telefone celular é preferível, se disponível. Em qualquer local esportivo é importante conhecer a localização do telefone funcional. Acessos predeterminados ao telefone devem ser estabelecidos se este não estiver facilmente acessível.

3. *Equipamentos de emergência.* Todos os equipamentos de emergência necessários devem estar em locais de rápido acesso, e a equipe deve estar familiarizada com seu funcionamento. Os equipamentos devem estar em boas condições de operação, e a equipe deve ser treinada previamente para usá-los apropriadamente. Tais equipamentos também devem ser testados regularmente e ser apropriados para o nível de treinamento dos membros da equipe. Criar um registro de inspeção para inspeções continuadas é fortemente recomendado, bem como treinar alguns membros da equipe para cuidar do equipamento. Os equipamentos devem ser guardados e limpos em áreas com controle de temperatura. Isso deve ser prontamente disponível em situações de emergência.
4. Normas de primeiro contato.
5. Vias de direções com mapas.
6. Lista de plano de ação emergencial para emergências não-médicas.

Ações da equipe de emergência

Existem quatro ações básicas da equipe de emergência. A primeira e mais importante é o estabelecimento de segurança no local e cuidado imediato do atleta. O pronto cuidado em uma situação de emergência deve ser proporcionado pelos indivíduos mais qualificados do local. Indivíduos com poucos conhecimentos devem permitir que aqueles com treinamento mais apropriado façam o atendimento. A segunda ação, ativação do Sistema de Emergência Médica (SEM), pode ser necessária em situações nas quais o transporte emergencial não está prontamente presente no evento esportivo. Isso deve ser feito sempre que uma situação necessita de uma emergência. O tempo é o fator mais crítico nas condições emergenciais. A ativação do SEM pode ser feita por qualquer membro da equipe. No entanto, a pessoa escolhida para essa função deve ser alguém capaz de manter-se calmo sob pressão e que se comunique bem ao telefone. Essa pessoa deve também estar familiarizada com o local do evento esportivo. A terceira ação, localização do equipamento, pode ser realizada por qualquer um da equipe de emergência que esteja familiarizado com os tipos e localização dos equipamentos específicos necessários. Preparadores físicos, administradores e técnicos são boas alternativas para ação. A quarta ação da equipe de emergência é a direção do SEM até o local. Um membro da equipe deve ser responsável por recepcionar o pessoal de emergência médica quando ele chega ao local da emergência. Dependendo da facilidade de acesso, essa pessoa deve ter as chaves de qualquer portão ou porta que estejam fechados e que possam retardar a chegada da equipe médica. O preparador físico, administrador ou técnico podem ser apropriados para essa função.

1. Garanta segurança no local de emergência e cuidado imediato para o atleta.
2. Ativação do Sistema de Emergência Médica.

   Fazendo a chamada:

   - 911* (se disponível)
   - Notificar a segurança do *campus*
   - Números telefônicos da polícia local, corpo de bombeiros e serviço de ambulância

   Fornecendo as informações:

   - Nome, endereço, número de telefone
   - Natureza da emergência, se médica ou não-médica
   - Número de atletas
   - Condições dos atletas
   - Tratamento de primeiros socorros iniciados no primeiro contato
   - Direções específicas quando necessário para localizar o local de emergência
   - Outras informações quando necessário.
3. Localização dos equipamentos de emergência.
4. Direção do SEM para o local de emergência.

Ao formar a equipe de emergência, é importante adaptá-la equipe a cada situação ou esporte. Também pode ser vantajoso ter mais do que um indivíduo designado para cada função. Isso permite que a equipe de emergência funcione mesmo que certos membros não estejam sempre presentes.

Transporte da emergência médica

É essencial ter uma ambulância em locais de eventos esportivos de alto risco. A resposta de tempo do sem é essencial na determinação do local de cobertura da ambulância. Os coordenadores da associação atlética devem disponibilizar ambulâncias para [atividades específicas]. As ambulâncias devem ser disponibilizadas para outros eventos especiais. Devem-se ser consideradas para as capacidades de transporte disponíveis (i.e., suporte básico de vida ou suporte avançado de vida) e o equipamento e o nível de treinamento do pessoal a bordo da ambulância. Em caso de a ambulância estar no local, deve haver uma localização designada com rápido acesso e uma rota livre para entrar e sair da via. Em caso de uma emergência, o sistema 911 será ainda utilizado pela ativação do transporte de emergência.

* N. de R. T.: No Brasil, o número de emergência é o 190.

Na avaliação da emergência médica, a primeira observação deve identificar as intervenções críticas necessárias e determinar as decisões de transportes. Em uma situação de emergência, o atleta deve ser transportado pela ambulância, na qual a equipe e o equipamento necessários devem estar disponíveis para garantir o cuidado apropriado. Os profissionais de emergência devem evitar o transporte de atletas em situação instável em veículos inapropriados. Deve-se tomar cuidado para garantir que as áreas de atividades sejam supervisionadas caso o profissional da emergência deixe o local para transportar o atleta. Qualquer situação de emergência em que exista comprometimento do nível de consciência, das vias aéreas, da respiração ou da circulação ou comprometimento neurovascular deve ser considerada uma situação crítica, com ênfase na rápida avaliação, tratamento e transporte. Para garantir o melhor cuidado possível, o transporte para um dos espaços médicos utilizados é feito de acordo com a capacidade de cada espaço. Todas as emergências cardíacas e vasculares devem ser transportadas para [listar hospital específico/centro médico], e todos os outros tipos de lesões devem ser transportados para [listar hospital específico/centro médico].

Emergências não-médicas

Consulte a lista do plano de ação emergencial e siga as instruções para as seguintes emergências não-médicas: incêndio, risco de bomba, temporais e comportamentos violentos ou criminosos. Todos os locais de emergência (delegacia específica, segurança pública, corpo de bombeiros e hospitais/centros médicos) devem estar em alerta durante a realização de eventos esportivos de alto risco.

Conclusão

Nunca é demais lembrar a importância de estar adequadamente preparado para uma emergência atlética. A sobrevivência de um atleta pode depender do quão treinados e preparados os profissionais estão. É prudente investir no departamento atlético, nos planos de emergência e no envolvimento dos profissionais da equipe. O plano de emergência deve ser revisado pelo menos uma vez ao ano com toda a equipe atlética, juntamente com o RCP e o treinamento de primeiros socorros. Com o desenvolvimento e a implementação do plano de emergência, a associação atlética ajuda a garantir que o atleta tenha um melhor cuidado quando uma situação de emergência acontecer.

APÊNDICE F

Documentos legais de proteção*

A seguir forneceremos informações legais gerais. Documentos legais e de proteção não devem ser adotados ou usados em qualquer contexto sem orientação legal individualizada.

TIPOS DE DOCUMENTOS LEGAIS DE PROTEÇÃO

Instituições como universidades e escolas geralmente exigem que os atletas leiam e assinem algum tipo de documento de proteção legal antes da participação em atividades atléticas, incluindo condicionamento e força. Esses documentos podem ajudar a proteger a instituição e seus empregados de potenciais reclamações legais e processos. A lei envolvida nos documentos legais de proteção é um tanto complexa, e o entendimento de suas funções e da específica proteção legal que ela proporciona causa confusão.

Existem muitos tipos de documentos legais de proteção. Três deles são comumente usados no campo de saúde/aptidão e podem ser aplicados nas questões de condicionamento e força: consentimento informado, concordância em participar e concessão. Cada um proporciona proteção de processos por certos tipos de lesões que podem ocorrer durante a participação em atividades, como é explicado a seguir.

CAUSAS DE LESÕES ASSOCIADAS COM A ATIVIDADE FÍSICA

Cotten e Cotten (1) descrevem três causas de lesões associadas à atividade física: *riscos inerentes, negligência e formas extremas de conduta.*

Risco inerente

Como o termo implica, esses riscos são inerentes à atividade. Geralmente, lesões causadas por riscos inerentes são acidentais por natureza, não-preventivas e sem culpados. Documentos de termo de consentimento e concordância de participação proporcionam a melhor proteção legal para processos provenientes dessas lesões. Embora documentos e conteúdos de proteção variem (e dependam de leis estaduais), os seguintes aspectos são geralmente incluídos nos documentos de termo de consentimento e concordância de participação:

Termo de consentimento

- Proposta da atividade
- Riscos da atividade*
- Benefícios da atividade
- Confidencialidade
- Questões
- Assinaturas

Concordância de participação

- Natureza da atividade
- Possíveis conseqüências de lesão*
- Comportamento esperado do participante
- Condições do participante
- Posicionamento de conclusão
- Assinaturas

Uma seção em cada um desses documentos é dedicada a informar o participante dos riscos potenciais, incluindo aqueles inerentes à atividade. É importante que essa seção descreva cuidadosamente esses riscos (p. ex., tipos de acidentes que podem ocorrer e as conseqüências desses acidentes) e que a linguagem usada seja clara para a pessoa que irá assinar esse documento. Isso garante uma defesa de "risco assumido" (i.e., o participante sabia e tinha conhecimento dos riscos, observou-os e voluntariamente assumiu-os). Em geral, a lei não permite que os indivíduos exijam compensações por lesões resultantes de riscos assumidos.

Negligência

Lesões podem ser causadas por negligências (p.ex., falha em atuar com prudência profissional). Os participantes podem se lesionar por atos negligentes da equipe de preparação física (p. ex., falha de inspeção/manutenção de equipamentos, falha em proporcionar RCP ou primeiros socorros quando necessário). Um do-

* Reimpresso de Eickhof-Shemek. Distinguishing protective legal documents. *ACSM Health Fit J* 2001; 5(3): 27-29.

* Nota: "Risco assumido" .

cumento de concessão – também chamado de liberação prospectiva – proporciona a melhor proteção legal contra processos por lesões causadas por negligência. Mais uma vez, enquanto as seções e conteúdos desses documentos variam dependendo da lei estadual, documentos de concessão geralmente incluem cláusulas justificatórias, descrição dos riscos ("riscos assumidos"), linguagem técnica (pode não ser válida), afirmação de capacidade legal e assinaturas.

A cláusula justificatória é a seção-chave do documento de concessão, em que o participante libera o espaço de treinamento de qualquer risco associado com negligência do espaço ou de seus empregados. Essa cláusula, que deve ser escrita com muito cuidado, contém evidências de que o participante desistiu (concedeu) do seu direito de mover um processo contra o espaço. No entanto, a cláusula justificatória não contém proteção contra processos de lesões devido a riscos inerentes, e uma seção de "risco assumido" é geralmente adicionada à concessão neste caso.

Formas de conduta extrema

Lesões também podem ser causadas por formas de conduta extrema (geralmente chamada de negligência total, conduta irresponsável). Por exemplo, se o preparador físico tem conhecimento prévio de um perigo ou risco existente mas não toma ação corretiva para ajudar a prevenir lesões resultantes, essa falha constituiria provavelmente uma forma de conduta extrema. Geralmente, nenhum documento pode proporcionar proteção legal por negligência total ou conduta irresponsável. Poucos Estados permitem o uso de uma concessão para proteger-se de tal conduta (1).

ELABORANDO DOCUMENTOS LEGAIS DE PROTEÇÃO

Documentos legais de proteção, assinados pelos participantes antes da participação em programas de exercício, podem proporcionar uma boa defesa para o espaço de atividade física após a lesão de um participante ou um processo. Uma variedade de fatores deve ser considerada para essas formas terem forças legais.

- Um advogado especialista em documentos de proteção deve revisar os seus documentos legais de proteção para ajudar a garantir que eles estejam escritos apropriadamente e reflitam a lei em seu Estado.
- Os documentos de consentimento informado e concessão são contratos e podem apenas ser assinados por adultos, pois menores não podem assumir um contrato. Documentos de concordância de participação não são contratos e por isso podem ser assinados tanto por adultos bem como por menores.
- A cláusula justificatória utilizada em uma concessão não é permitida no consentimento informado ou na concordância de participação. Se uma cláusula justificatória for adicionada em uma concordância de participação para adultos, isso se torna uma concessão.
- A cláusula justificatória utilizada em uma concessão não tem poder para questões médicas ou de pesquisa, ou em alguns Estados onde são contra as normas públicas (Virginia, Montana, Louisiana). Em âmbito educacional, como universidades e escolas, a regra geral é que concessões são contra as políticas públicas para atividades requeridas, mas podem ter poder para atividades voluntárias.
- Documentos de consentimento informado devem ser previamente administrados a um paciente que tenha passado por qualquer tipo de procedimento médico. Se o consentimento informado não for escrito ou administrado apropriadamente, o profissional (e o espaço médico) pode ser classificado como negligente por não informar ao paciente os riscos particulares. Isso também se aplica a questões de pesquisa, pois os indivíduos devem ser adequadamente informados dos riscos no consentimento informado (observe que este ponto se aplica às questões do treinamento físico em que os atletas participam como sujeitos humanos em estudos de pesquisa).
- Todos os documentos devem ser administrados apropriadamente. Por exemplo, os participantes devem ter tempo suficiente para ler, e um empregado bem-treinado deve explicar verbalmente o documento para cada participante.
- Documentos de proteção devem ser guardados em local seguro por um período de tempo compatível com o estatuto de limitações, que pode ser de até quatro anos em alguns estados.

A escolha do documento ou a combinação dos documentos a serem usados é uma decisão muito importante. Em situações em que as atividades de força e condicionamento não são cobertas por documentações legais, os profissionais da preparação física devem consultar um advogado qualificado para orientar essas decisões e revisar – ou escrever – os documentos antes da implementação. Como o dispositivo legal e a consulta podem ser caros, o profissional da preparação física pode reduzir os custos elaborando o seu próprio documento legal, usando informações de fontes aplicáveis [p. ex., ver Cotten e Cotten (1) para exemplos de documentos em concordância de participação e concessão; e

Herbert e Herbert (3) para exemplos sobre documentos de consentimento informado]. Essas fontes devem ser compartilhadas com o seu advogado quando ele revisar os rascunhos e fizer o documento final.

Documentos de proteção por escrito proporcionam evidências importantes no caso de um processo. Por exemplo, se um espaço de exercício físico é acusado de negligência, mas tem evidências de que a parte lesada assinou uma concessão propriamente escrita, este documento garante a evidência necessária para julgamento (i.e., situação na qual o juiz pode encerrar o caso, pois, de acordo com a lei, não existem questões a serem julgadas). Nesse caso, o documento legal protege o espaço dos custos potenciais de um processo por negligência.

REFERÊNCIAS

1. Cotten DJ, Cotten MB. Legal Aspects of Waivers in Sport, Recreation and Fitness Activities. Canton, OH: PRC Publishing, 1997.
2. Eickhoff-Shemek J. Distinguishing protective legal documents. ACSM Health Fit J 2001;5(3):27–29.
3. Herbert DL, Herbert WG. Legal Aspects of Preventive, Rehabilitative and Recreational Exercise Programs, 3rd ed. Canton, OH: PRC Publishing, 1993.

Índice

Os números de página seguidos por f denotam figuras; os seguidos por t denotam tabelas.

B

C

D

E

H

I

J

O

P

Q

R

S

T